城东镇志

CHENG DONG ZHEN ZHI

《城东镇志》编纂委员会 编

方志出版社
Publishing House of Local Records

图书在版编目（CIP）数据

城东镇志 / 城东镇志编纂委员会编. —北京：方志出版社，2019. 3

ISBN 978-7-5144-3709-6

Ⅰ. ①城… Ⅱ. ①城… Ⅲ. ①乡镇—地方志—海安市
Ⅳ. ①K295.34

中国版本图书馆CIP数据核字（2019）第082556号

城东镇志

编　　者：城东镇志编纂委员会
责任编辑：张　颢
出 版 者：方志出版社
地址　北京市朝阳区潘家园东里9号（国家方志馆4层）
邮编　100021
网址　http://www.fzph.org
发　　行：方志出版社发行中心
电话（010）67110500
经　　销：各地新华书店
印　　刷：南京顺和印刷有限责任公司
开　　本：889×1194　1/16
印　　张：39
字　　数：1193千字
版　　次：2019年3月第1版　2019年3月第1次印刷
印　　数：0001～1500册
ISBN　978-7-5144-3709-6　定价：360.00元

城东名片

- 全国文明镇
- 全国环境优美乡镇
- 全国模范劳动关系和谐工业园区
- 江苏省文明乡镇
- 江苏省水美乡镇
- 江苏省民间艺术（书法）之乡

七星湖音乐喷泉 （姜东杰摄）

序一

一地虽小，有史则名，一镇虽新，有志则显，城东概莫能外。古之城东称“郧”，春秋诸侯会盟之地也，沧海桑田，历史变迁，距今二千五百载矣。追溯古远之迹，典籍可考者渺渺，然古邗沟、发繇口、范公堤、平倭冢，今人耳熟能详；存世可见者几无，然“先有立发桥后有如皋城”之说，后世尤托遐想。此地东濒黄海，南望长江，西接扬泰，北连苏北，古有“三十六盐场咽喉，数十州县要道”之称，今有“动车时代，节点城市”之誉。然古镇之悠悠，经济之昌繁，人文之璀璨，不亦可赞可叹哉！

今之城东，承古风而奋进，藉新机而崛起，面貌已然天翻地覆。得区位交通之利，动车开通衢，高速畅物流，巨龙蜿蜒，通达江海，无缝对接特色，省内少有，江海联动优势，周边独占，诚乃长三角北翼之交通枢纽也。领开放开发之先，国家平台落户于此，中外合作生根是域，商贾一时云集，项目纷来汇聚，特色园区配套完善，领先企业蒸蒸日上，厂房林立之间，现代工业基地已成大势，创新涌动之际，高端产业新城行将卓然。点生态宜居之题，上湖、七星湖明珠闪耀，循环经济方兴未艾，绿色发展风生水起，绿树鲜花相摇曳，湖水蓝天共一色，徜徉其间，令人心旷神怡，居斯乐土，定当健体延年。固民生幸福之本，唯民心所向是瞻，以发展惠民生，以共享造民福，百姓安居乐业，社会和谐稳定，大美之镇独秀于林，首善之乡渐行渐近。

民乃政之根本，一方发展，万民幸福，为政者之责也。今之城东，平台持续跃升，功能日益完善，经济攀高奋进，民生普惠共享，可谓政通人和、风正气清。然全面小康任重道远，高端发展时不我待，唯“争第一，创唯一，第二就是末位”，方能转型升级、创新发展；唯“率先突破，领先发展，争先贡献”，不负万民所望、百姓重托。吾辈同仁当夙夜在公，戮力同心，鞠躬尽瘁，开发展之新局，创小康之佳绩。城东自古崇文重教、人才辈出，在外游子遍及宇内。家乡发展，游子挂念，或出力相助，或出谋划策，拳拳之心日月共见，殷殷之情天地同鉴。同胞之情，血肉之亲，每思及此，常令某感慨萦怀。深望吾乡游子始终关注家乡，眷顾故里，鼎力支持，积极贡献，携手家乡父老，同圆幸福之梦。

欣逢盛世，城东修志。唯古往今来，历经数千年，史之遗存大多淹灭，或一鳞半爪，或蛛丝马迹，探微之难仿佛登山，发幽之艰强如临险。然当此之时，此志不修，吾侪将愧对先人，亦有负今人所望，更无以交待后世。发修志之大愿，启续史之诚心，历经数载，校订无算，终得此志之成撰。史志之义，在于传承，修志之要，在于传真。修志工作浩繁，精神殊为难得，功在千秋，甚为感念。付梓之时，属余作文，欣然命笔，是为斯序。

城东镇党委书记 

2016 年 7 月 1 日

序二

欣闻家乡《城东镇志》编纂完稿，全书即将付梓。受命作序，感慨良多；游子在外，浮想联翩。

我的家乡城东镇源远流长。5000 年前新石器时代，家乡地域就有人类早期文明的踪迹。夏商时城东地区为扬州之域，西周为海阳地，春秋属吴国郧地，秦归东阳郡，三国归海陵，隋为宁海地。境域内立发古镇是古海阳的中心。“村井曾淘旧宋壶”，说的是古镇西场东郊有古井多口，淘出宋代韩瓶。通扬运河、栟茶运河（古盐河）、北凌河（洋河）流经家乡，千百年来滋润着家乡丰腴的土地，养育着一方勤劳的百姓，得天独厚的自然环境形成了江海平原独具一格的地理风光和丰硕富饶的物产，景明人和，物阜民康。

思念家乡，对她怀着一种敬仰之情。城东地域，文化之邦，名贤功绩，青史昭彰。鲁哀公十二年（前 483 年），吴王夫差、鲁哀公及大臣子贡、卫国出公、宋国代表皇瑗在郧（今立发桥）会盟，后建发繇亭于此，以示纪念。发繇口成为当时南北交通要冲。境域内西场自古为煎盐场亭，盐丁围堰引水，晒水成卤。垒灶架锅，煮卤成盐，载之以船，经立发桥至上官运盐河（老通扬运河）西下，运至扬州，复经邗沟入淮，行销中原。星月交替，沧海桑田，海岸东去渐远，煮盐之场亦随之东迁。西场为古沿海三十六盐场之咽喉，海安东十场之首，淮扬之门户，东南之锁钥，控江抑海，为海防前哨，兵家必争之地。唐著名开国将领尉迟敬德的帅府即设于西场。北宋天圣三年（1025 年）范仲淹任泰州西溪（东台）盐仓监时，筑“捍海堰”于城东镇东北。明洪武年，置西场巡警司，以巡管如皋北部大片地区。明嘉靖三十八年（1559 年），倭寇自东南沿海入侵，浙江海道兵备副使刘景韶锦袍白马，领兵于西场古道迎战倭寇，斩敌大酋以下 1596 人，生俘 215 人，西场大捷，威震东瀛。至此，河清海晏百余年。

城东镇是一个得灵气之先的地方。神奇的土地，灵秀的河水孕育出诸多英才，文事武功业绩辉煌，人文荟萃几经沧桑。从古至今孕育出了 30 多位文化名人，如一颗颗璀璨的明珠，镶嵌在岁月的长廊上，闪烁着耀眼的光芒，彪炳千秋，激励着一代又一代的城东人。

在革命战争年代，家乡的土地上洒满了许多仁人志士的鲜血。缅怀先烈，我们默然动容，“忆往昔，峥嵘岁月稠”，城东人民在党领导下，为民族独立、国家兴盛、人民幸福而上下求索，前仆后继，英勇奋斗。这当中有叱咤风云的军队指挥员，有冲锋陷阵的普通士兵，有舍生忘死的地下工作者，有鞠躬尽瘁的地方领导干部。像韩铁心、赵坚、沈立、范钦元、顾怀林等无数个英雄儿女，他们一个个无愧于英雄的称号，他们身上闪烁着时代的光辉。

家乡可谓是物华天宝，人杰地灵。今天，在城东镇这片沃土上，城东人民在党委、政府的领导下，弘扬“争第一，创唯一，第二就是末位”的精气神，以率先突破、领先发展、争先贡献为追求，开拓创新，锐意进取，奋力拼搏，镇主要经济指标月月保持全县第一，连续四年夺得全县年度综合优胜金杯，连续五年获得全县“红旗区镇”称号，圆满地完成了“十二五”规划既定的各项目标任务。展望“十三五”，随着改革不断向纵深推进，城东镇迎来“一带一路”、长江经济带等国家战略叠加机遇，她正承担着示范、引领、辐射和带动海安区域经济发展的重任，肩负着率先建成更高水平小康社会的使命。

述史以尚扬文明，修志以激励民气。城东镇领导高度重视修志工作，组织人员编纂镇志，这是很有眼光和意义的事情。《城东镇志》汇集了大量的史料，图文并茂，乃“一镇百科全书”，是一部记载当地自然、社会的历史和现在一应俱全的文献著述，是鼓舞广大干部和民众奋进之心，促进城东地域发展的无价之宝。修志是一项严谨细致科学的工作，也是一项十分繁重、辛苦的文化工程，它的编纂出版往往需要跨几个年度。镇党委、政府高度重视，遣精兵强将，费数年之功，从不全档案中悉心搜罗，认真考订，且不厌其烦，不畏其难，座谈、访问、外调，一一经营，终使《城东镇志》日臻完善。作为生于斯长于斯的城东赤子，我浏览此志书，既受激励，又受鼓舞，提笔述怀，感念往昔，祝福未来。是为小序。

中国石油大学原党委书记、校长

2016 年 3 月 6 日

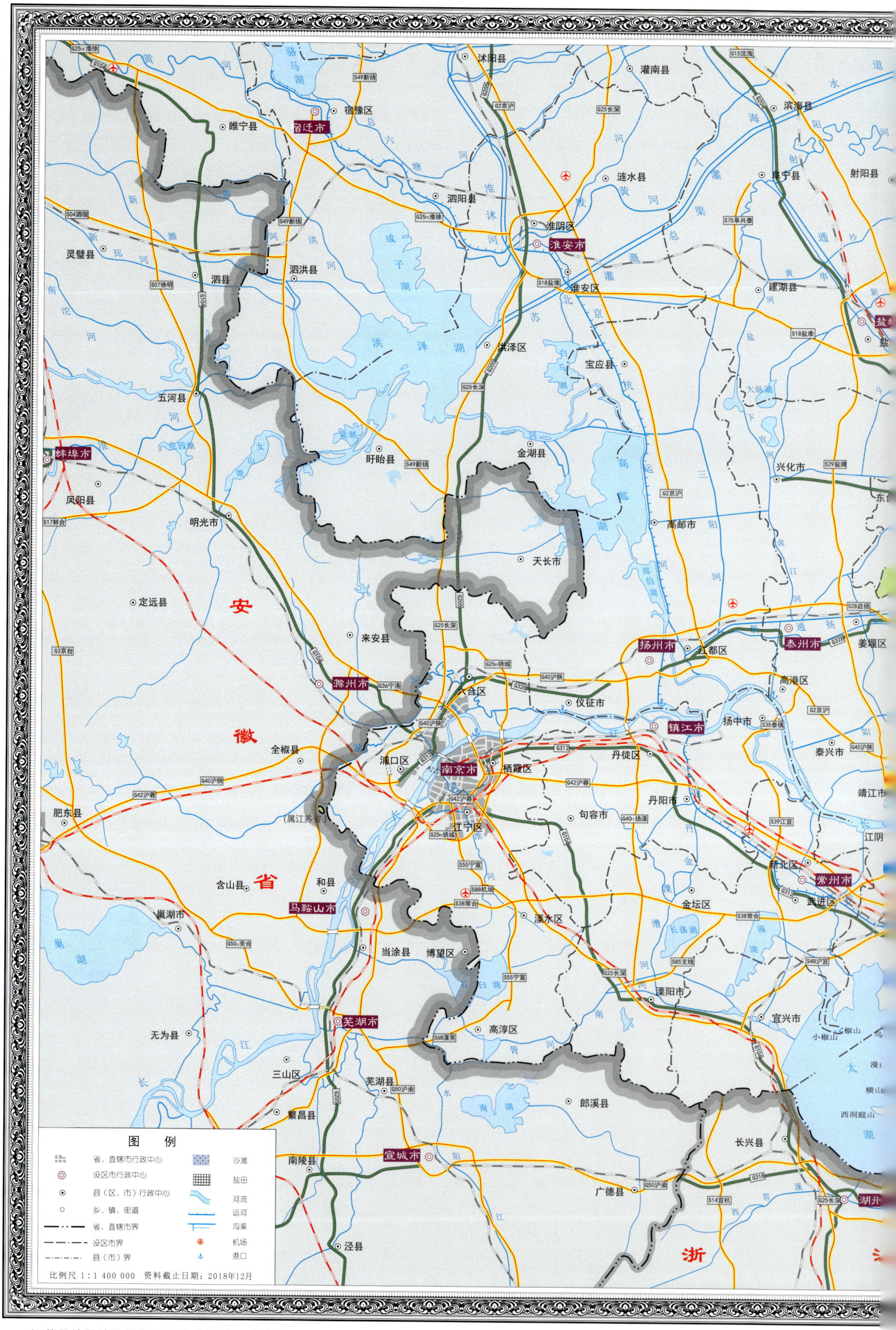

江苏天地图地理信息工程技术公司 编制

海安市城东镇位置图

城东镇
海安经济技术开发区
黄
海
东
沙
麻菜珩
外磕脚
射阳港
射阳河口
大丰港
大丰区
李堡
角斜
洋口
河口
丰利
东陈
袁庄
如皋市
如城
双甸
岔河
马塘
直镇
长沙
如东县
掘港
搬经
磨头
新店
曹埠
吴窑
下原
石港
十总
江安
九华
刘桥
三余
石庄
兴东
通州区
正余
长江
平潮
金沙
包场
吕四港
兴仁
二甲
四甲
余东
南通市
川姜
三星
常乐
悦来
海复
近海
王鲍
张家港市
新开
海门市
三厂
临江
南阳
海门
北新
启东市
省南通农场
省江心沙农场
海永
启隆
汇龙
寅阳
崇明区
明
上
岛
常熟市
长
兴
岛
横沙岛
太仓市
嘉定区
锡山区
相城区
昆山市
上海市
苏州市
海
吴中区
青浦区
浦东新区
吴江区
闵行区
松江区
东洞庭山
奉贤区
市
嘉善县
嘉兴市
金山区
平湖市
省
杭
州
湾
花鸟山岛
嵊泗列岛
泗礁山岛
嵊泗县
嵊山岛
大黄龙岛

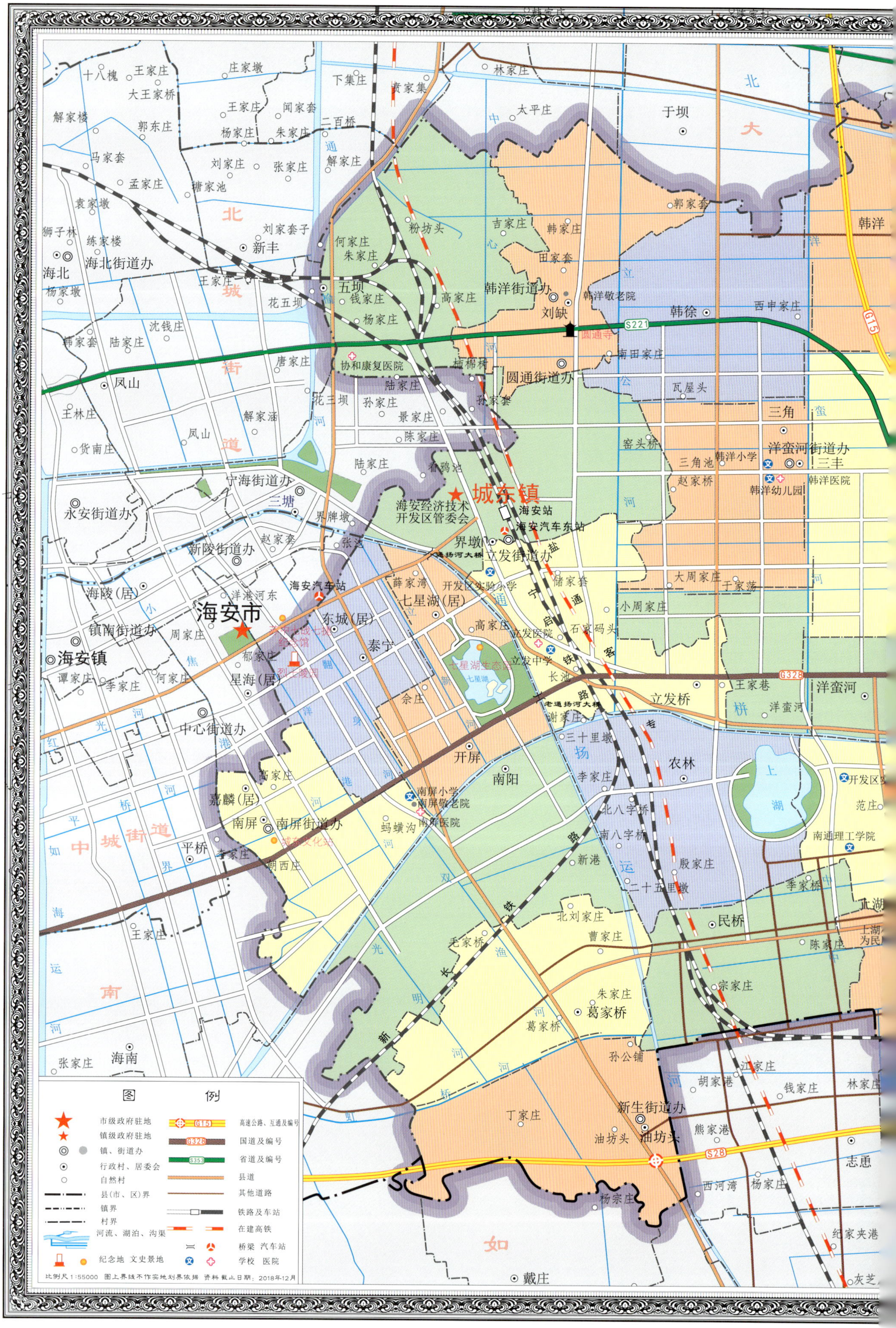

海安市
城东镇
海安镇
北城街道
中城街道
南
北
大
如
十八槐
王家庄
大王家桥
庄家墩
解家楼
郭东庄
王家庄
闻家套
杨家庄
朱家庄
下集庄
袁家集
二百桥
林家庄
太平庄
于坝
马家套
刘家庄
张家庄
解家庄
孟家庄
塘家池
袁家墩
狮子林
练家楼
刘家套子
新丰
海北
海北街道办
杨家墩
王家庄
五坝
钱家庄
花五坝
杨家庄
何家庄
朱家庄
粉坊头
吉家庄
韩家庄
田家套
郭家套
韩洋
韩洋街道办
刘缺
韩洋敬老院
高家庄
韩徐
西申家庄
S221
圆通寺
南田家庄
瓦屋头
沈钱庄
韩家套
陆家庄
唐家庄
协和康复医院
柿棉树
圆通街道办
凤山
陆家庄
孙家庄
孙家套
王林庄
花三坝
解家涵
景家庄
三角
窑头桥
货南庄
凤山
陈家庄
韩洋小学
洋蛮河街道办
三丰
陆家庄
三角池
宁海街道办
乔鸦池
赵家桥
韩洋幼儿园
韩洋医院
三塘
海安经济技术开发区管委会
海安站
永安街道办
界牌墩
海安汽车东站
赵家套
张池
界墩
立发街道办
新陵街道办
通扬河大桥
薛家湾
开发区实验小学
储家套
大周家庄
于家荡
海安汽车站
洋港河东
七星湖(居)
海陵(居)
小周家庄
东城(居)
高家庄
石家码头
海安市
烈士纪念馆
立发医院
镇南街道办
周家庄
泰宁
郁家庄
七星湖生态园
立发中学
G328
谭家庄
何家庄
烈士陵园
长池
王家巷
洋蛮河
李家庄
星海(居)
佘庄
老通扬河大桥
立发桥
洋蛮河
谢家庄
中心街道办
三十里墩
开屏
农林
开发区
南阳
李家庄
范庄
高家庄
嘉麟(居)
南屏小学
南屏敬老院
北八字桥
上湖
南屏
南屏街道办
南屏医院
南八字桥
南通理工学院
蚂蟥沟
平桥
李家庄
新港
殷家庄
朝西庄
二十五里墩
季家桥
北刘家庄
民桥
曹家庄
毛家桥
陈家庄
王家庄
宗家庄
朱家庄
葛家桥
葛家桥
孙公铺
张家庄
海南
江家庄
胡家港
钱家庄
林家庄
新生街道办
丁家庄
油坊头
油坊头
熊家港
S28
志愿
西河湾
杨家庄
杨宗庄
纪家夹港
戴庄
灰芝
新长铁路
宁启铁路
盐通客专
新通扬运河
G15
图例
市级政府驻地
镇级政府驻地
镇、街道办
行政村、居委会
自然村
县(市、区)界
镇界
村界
河流、湖泊、沟渠
纪念地 文史景地
高速公路、互通及编号
国道及编号
省道及编号
县道
其他道路
铁路及车站
在建高铁
桥梁 汽车站
学校 医院
G15
G328
S353
比例尺 1:55000 图上界线不作实地划界依据 资料截止日期：2018年12月

海安市城东镇行政区划图

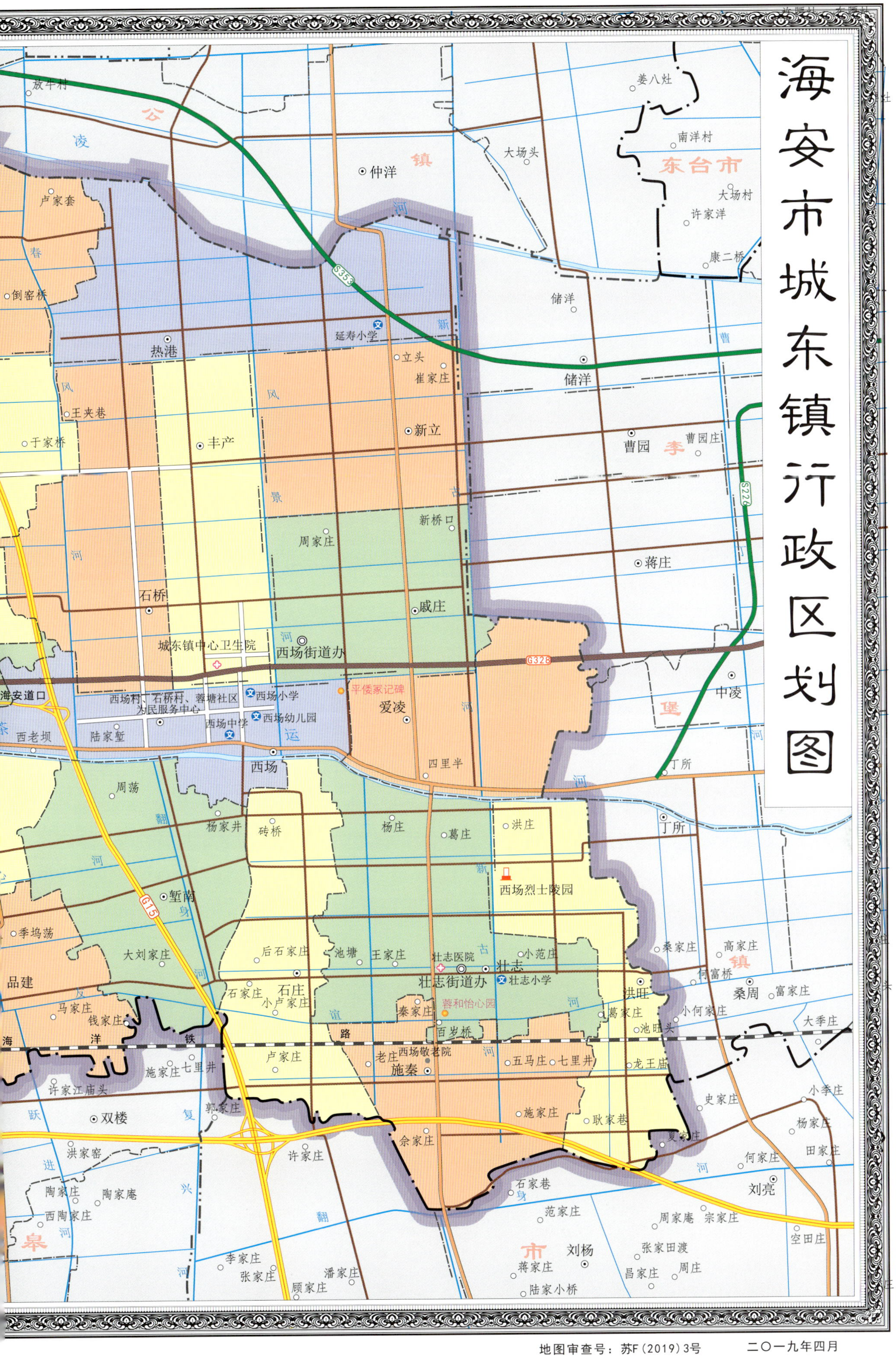

地图审查号：苏F（2019）3号　　二〇一九年四月

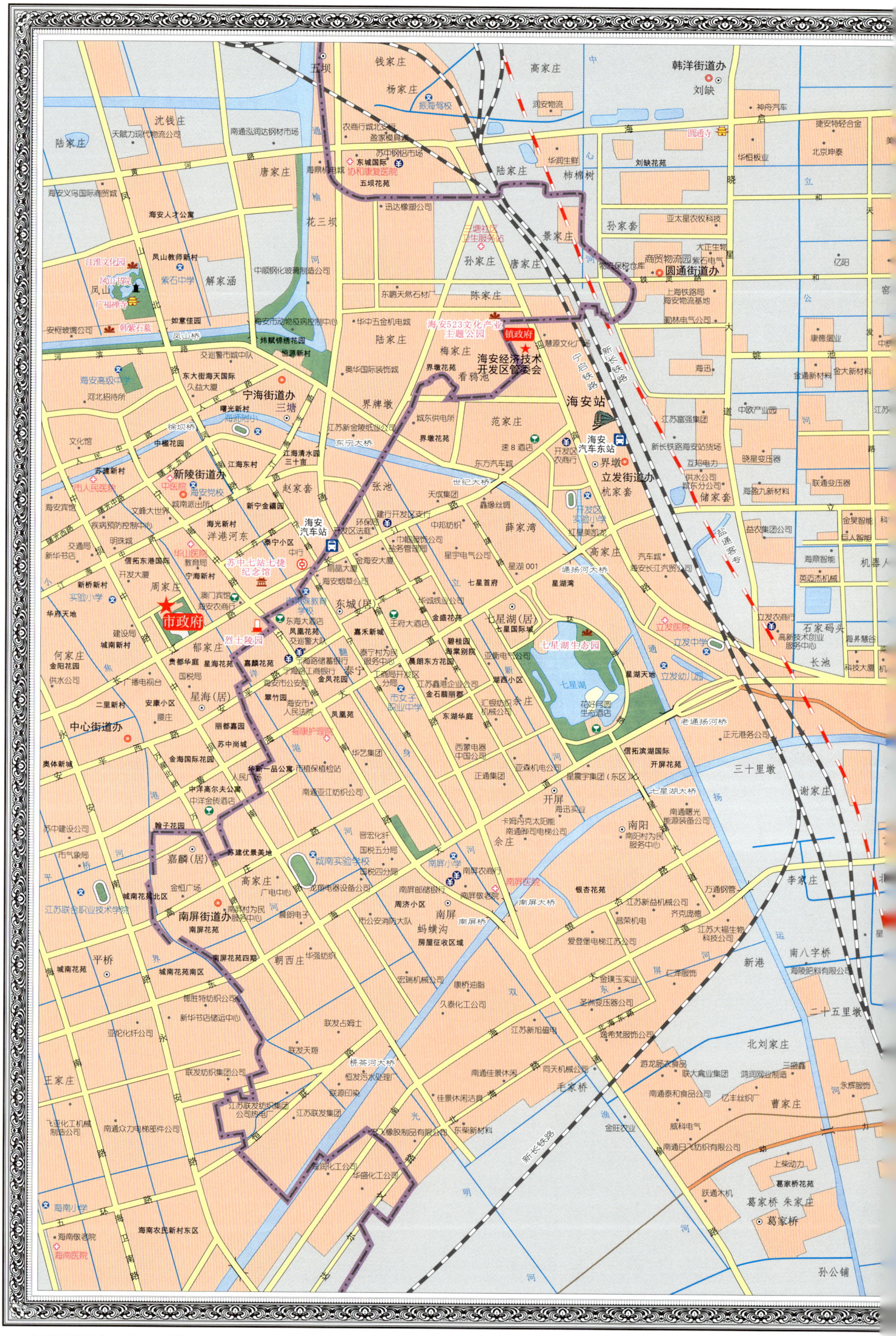

江苏天地图地理信息工程技术公司　编制

海安市城东镇区图
图例
市政府
镇政府
街道办
行政村
建成区
绿地
高速公路及编号
国道及编号
省道及编号
市道
乡道
街道
镇界
铁路及火车站
在建高铁
河流、湖泊、沟渠
桥梁
纪念馆
纪念碑
寺庙
其他景点
汽车站
一般企事业单位
学校
医院
酒店
比例尺：1：35000　图内界线不作实地划界依据　资料截止日期：2018年12月
G15
G328
S202
沈海高速
海安互通
西申家庄
王夹巷
于家桥
丰产
热港
三角池
洋蛮河街道办
三丰
三丰村为民服务中心
韩洋小学
韩洋医院
韩徐花苑
韩洋花苑
于家荡
王家巷
洋蛮河
洋蛮河花苑
洋蛮河村为民服务中心
洋蛮河综合体
通洋机床厂
西老坝
周荡
杨家井
石桥
常安纺织科技园
常安污水处理厂
南通常安能源有限公司
城北污水处理厂
中小企业创业园（伊顿、满乐）
文德福生态园
中国苏通轻纺城
中国东部家具产业基地
城东镇中心卫生院
西场
西场小学
西场中学
西场中心幼儿园
西场集镇
西场花苑A区
西场花苑B区
西场、石桥、蓉塘为民服务中心
供电所
蓉塘花苑
阳光地带
海安国洋机械公司
开发区实验学校
新生医院
南通理工学院（生活区）
南通理工学院（教学区）
范庄
上湖
上湖创新区
上湖街道办
上湖村、阻南村为民服务中心
新生幼儿园
新城花苑
季家桥
季坞荡
陈家庄
民桥
民桥花苑
品建
宗家庄
马家庄
海洋铁路

城东镇，地处海安市中东部，新城崛起，国家级开发区坐落其间。境域七星湖、上湖风光旖旎，天蓝地美、环境秀丽、美不胜收。城东镇是全国环境优美乡镇、江苏省水美乡镇、全国文明镇。

海安经济技术开发区（城东镇）办公大楼

七星湖风光

（孙宝峰摄于2014年11月）

城东镇城区一角

（孙宝峰摄于2017年11月）

（陈顺源摄于2016年7月）

南通理工学院海安校区

（顾俊摄于2017年9月）

城市居民花苑

（孙宝峰摄于2017年8月）

城市夜色

（孙宝峰摄于2017年10月）

位于南屏街道的海安市广电中心
（顾俊摄于2017年4月）

春之怡和亭

夏之圆通亭

秋之元鸿亭

冬之闲静亭

城东四季靓亭

（孙宝峰、陆鸿钧摄）

通榆路新貌

（孙宝峰摄于2017年8月）

城东镇，自古就有“三十六盐场咽喉，数十州县要道”之称。今有3条铁路、2条高速公路、2条国道、3条省道、3条运河纵横交错，公铁水无缝对接，海安火车站、海安汽车站、海安汽车东站坐落境内，成为苏中东部沿海地区承东启西、连南贯北的综合交通枢纽。

海安火车站（孙宝峰摄于2019年4月）

我坐上动车啦！（景圣红摄于2016年5月）

和谐号动车驶入海安站（顾俊摄于2016年5月）

宁启铁路城东段　　（董玉龙摄于2014年4月）

海安汽车客运站
（孙宝峰摄于2018年7月）

海安汽车客运东站
（顾俊摄于2018年8月）

沈海高速公路海安进出口（孙宝峰摄于2014年11月）

启扬高速公路南进出口

（顾彬斌、王浩楠摄于2017年11月）

沈海高速公路与海防公路交会处

（董玉龙摄于2012年9月）

221省道城东五坝段

（孙宝峰摄于2018年7月）

通榆路与长江路交会处
（孙宝峰摄于2017年10月）

黄海大道夜景
（孙宝峰摄于2017年10月）

境域内公路铁路网络 （顾俊摄于2019年5月）

南屏大桥
（孙宝峰摄于2017年8月）

七星湖大桥
（孙宝峰摄于2010年8月）

通扬运河城东段　　（陈顺源摄于2017年7月）

栟茶运河新姿　　（孙宝峰摄于2017年4月）

城东镇，工商业发达，是苏中工商重镇。海安经济技术开发区、海安商贸物流产业园是海安市工业经济、商贸物流的主阵地。全市第一家上市企业江苏联发集团股份有限公司、外商独资企业西蒙电气（中国）有限公司、上海期货交易所长江以北第一座有色金属交割库、清华启迪（海安）软件园、大型综合商场星湖001等大中型工商企业落户境内。至2018年，全镇亿元以上工业企业98家，一级以上资质建筑企业3家，大中型专业市场6家、规模以上物流企业10多家，200多条物流专线连通全国。

江苏联发集团
（向中林摄于2009年9月）

2010年4月23日，江苏联发股份有限公司在深交所上市　　（向中林摄）

华强纺织集团生产车间
（顾太山摄于2006年7月）

西蒙电气（中国）有限公司
（孙宝峰摄于2018年9月）

科创园机器人产业园生产车间
（顾俊摄于2017年4月）

海安智能制造展览中心
（孙宝峰摄于2019年11月）

海安软件园
（孙宝峰摄于2018年9月）

海关大楼
（孙宝峰摄于2018年9月）

海安保税物流中心　　（孙宝峰摄于2017年9月）

江苏海安商贸物流产业园管委会办公楼　　（孙宝峰摄于2018年9月）

百金汇物流有限公司

（顾俊摄于2017年12月

等待出埠的铝锭
（孙宝峰摄于2017年9月）

沿海大市场
（顾彬斌摄于2019年11月）

第二届中国东部家具博览会　　　　（顾俊摄于2017年12月）

星湖001商业广场　　　　（星湖001提供）

红星美凯龙全球家居生活广场
（顾彬斌摄于2019年11月）

汽车销售市场一角
（孙宝峰摄于2017年9月）

王府邦瑞国际大酒店
（孙宝峰摄于2018年7月）

城东农村，物产丰富，生机盎然，是著名的鱼米之乡。传统农业更新换代，现代农业方兴未艾。乡村建设亮点纷呈，居民集中居住区星罗棋布，健身休闲设施齐全，社会保障体系完善。稻麦飘香，硕果累累，生态家园，树木苍翠，居民生活幸福安康。

农村新貌　　（顾彬斌摄于2016年9月）

鸟瞰洋蛮河　　（周全摄于2012年11月）

农村民居雅园·玉平园
（陆鸿钧摄于2014年12月）

农民住房
（孙宝峰摄于2006年8月）

西场花苑 （孙宝峰摄于2018年8月）

农家小院
（徐松山摄于2006年9月）

工厂化养鸡
（任训摄于2017年4月）

农村景观河道
（胡仁杰摄于2017年6月）

水稻丰产方
（孙宝峰摄于2017年10月）

洪旺村阡陌农庄（宋丽萍摄于2016年6月）

壮志村花中花园艺休闲（孙宝峰摄于2017年7月）

怡心园葡萄采摘（董玉龙摄于2012年7月）

328国道边的居民休闲场所（孙宝峰摄于2017年9月）

居民晨练　　（孙宝峰摄于2015年7月）

泰宁村健身广场　　（孙宝峰摄于2018年6月）

养老护理院老人包粽子
（孙宝峰摄于2019年6月）

幸福的居民家庭
（孙宝峰摄于2006年7月）

城东境域传统文化绚丽灵秀，群众文化丰富多彩，文化底蕴深厚，是江苏省艺术之乡、江苏省群众文化先进乡镇。523文化产业园成为国家文化示范产业基地。诗文书画、扎染艺术、红木雕刻成果丰硕，当代书画家仲贞子、范韧庵等名扬中外，王奇寅的国画曾悬挂于天安门城楼，焦宝林扎染作品获中国民间文艺最高奖“山花奖”。

2007年5月28日，中华精品龙舞展示赛在七星湖举行　　（姜海摄）

城东镇中老年花鼓表演
（孙宝峰摄于2018年10月）

壮志街道农民乐一天活动　（向中林摄于2019年9月）

西场小学学生表演京剧《穆桂英挂帅》　（孙宝峰摄于2019年5月）

民间艺术表演·荡湖船　　（孙宝峰摄于2006年5月）

2009年10月18日，“激情广场”大型歌舞在海安七星湖公园月亮广场举行

2019年5月23日，523文化产业主题公园举办文化艺术节活动　（孙宝峰摄）

（胡仁杰、周皖芹摄）

艺术家齐聚“523”文化产业主题公园　（孙宝峰摄于2019年5月）

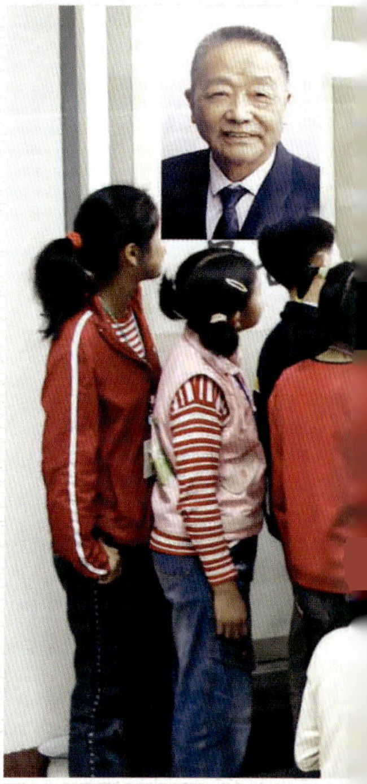

学生参观仲贞子艺术作品

国画：春暖花繁壮国风（该作品曾在2005年陈列于天安门城楼展厅）

（顾俊摄于2004年5月）

国画：月梅（2018年“夕阳红美丽中国杯”金奖作品）
（姜春桃作）

王奇寅作

元鸿18米长红木雕刻《清明上河图》

焦宝林创作的扎染艺术作品《水浒一百零八人物图》（该作品2015年12月获第十二届中国民间文艺“山花奖”）

（孙宝峰摄于2019年11月）

（仇稳山摄于2017年4月）

（顾俊摄）

外宾选购工艺品
（李存兴摄于2011年5月）

上湖、堑南村农家书屋一角
（孙宝峰摄于2018年7月）

慧源文化广场
（孙宝峰摄于2018年8月）

城东境域，历史悠久，春秋时期属郧，是吴、鲁、卫、宋会盟之地，汉代开挖上官运盐河至此。此后立发桥闻名江淮，宋代范仲淹修海堤过其境。明清时期，佛教文化兴盛。抗日战争时期，境域成为抗日根据地。解放战争初期，曾一度是苏中战役的指挥中心，粟裕将军在境域坐镇指挥了七战七捷中的两次重要战斗。新中国成立后，海安烈士陵园、苏中七战七捷纪念馆先后建成，成为传播红色文化的重要基地。进入新的时代，海安开发区（城东镇）在新的征程上扬帆远航。

江淮文化园中的春秋发繇亭
（孙宝峰摄于2017年10月）

清同治年间立发桥碑，现安放在海安县立发中学校园内
（董玉龙、孙宝峰摄）

西场街道内的范仲淹石像
（孙宝峰摄于2014年11月）

栟茶运河边的平倭冢纪念碑亭　（董玉龙摄于2010年5月）

如皋知县童蒙吉立碑刻文
（此碑石存放于刘景韶纪念馆）
（董玉龙摄于2010年5月）

西场集镇古遗存集萃

（顾俊、孙宝峰摄）

古井与石狮

牛拉大磨盘

石　鼓

古民居与屋脊

明代建筑——仲贞子故居

圆通寺·万缘宝塔
（顾俊摄于2019年5月）

惠民寺·大雄宝殿
（孙宝峰摄于2017年6月）

佑圣观
（孙宝峰摄于2017年6月）

革命烈士纪念塔
（孙宝峰摄于2017年8月）

粟裕铜像
（董玉龙摄于2014年8月）

苏中七战七捷纪念碑
（孙宝峰摄于2018年7月）

2012年11月18日，海安经济技术开发区举行挂牌庆典

（孙宝峰摄）

扬帆远航

（张光林摄于2016年5月）

凡　例

一、本志以马克思列宁主义、毛泽东思想、邓小平理论、“三个代表”重要思想、科学发展观和习近平新时代中国特色社会主义思想为指导，坚持历史唯物主义和实事求是原则，依照《地方志质量规定》，力求全面系统地记述城东镇自然、经济、政治、文化、社会的历史和现状。

二、本志贯通古今，上限因事而异，尽量追溯，下限迄于2011年12月，大事记、照片延伸至2018年。

三、本志所记述的地域范围，以2011年底城东镇境域为界。为保持历史的延续性和完整性，亦记述城东镇域未形成时的情况。

四、本志述、记、志、传、图、表、录诸体并用，全志记述层次采用章、节、目、子目，全志21章116节。

五、本志主体各章遵守横排纵写原则。章节设置按照事物性质归类，力求做到科学归类和社会分工有机统一；基本分类单元以时间先后顺序记述事物发生、发展过程和现状。

六、本志坚持生不立传原则，人物传排序以生年为序。在外乡贤主要收录对城东经济、社会、文化有突出贡献的人物和城东籍在外地有重大影响的人物；客籍人物着重记述与城东相关的事迹；居民章收录2011年健在的百岁老人；文明创建章收录县以上表彰的典型人物；在世人物坚持以事系人原则，在相关章节中体现。

七、本志纪年，中华人民共和国成立以前采用历史纪年，夹注公元纪年，以后采用公元纪年。用汉字表示历史纪年、农历日期，用阿拉伯数字表示公元纪年和时间。文中“解放前后”“新中国成立前后”“中共十一届三中全会前后”，分别为民国38年1月20日（1949年1月20日）、1949年10月1日、1978年12月。行文中未标明世纪的年代为20世纪。

八、行政区划、机构、职官、地名等一般依当时名称。必要时夹注现名，需用简称者，在首次出现时注明全称。一些简称约定俗成，如中共海安县委员会简称县委，海安县简称县，县人民委员会简称县人委，县人民政府简称县政府等。各公社（乡镇）指今城东镇辖区内原立发、韩洋、南屏、新生、西场、壮志6个公社（乡镇）。

九、本志计量单位，中华人民共和国成立前以各个历史时期计量单位为准，以后采用1984年3月国务院颁布的中华人民共和国法定计量单位。本志所载币值，中华人民共和国成立前，以当时货币名称和币值计算，新中国成立之后则按现行人民币币值计算。

十、本志资料主要来自海安市档案馆、如皋市档案馆、城东镇人民政府档案室所藏档案以及地方史志鉴资料、《海安统计年鉴》和城东镇人民政府各部门、各单位、各街道、村所提供的资料，一般不注明出处。

目　录

第二章 自然环境

第三章 居 民

第四章　镇村建设

第五章　农　业

第六章 工 业

第七章 建筑业

第八章 商贸服务业

第九章 财税金融

第十章 经济管理

第十一章　党群团体

第十二章　地方政权

第十三章　军　事

第十四章　社会管理

第十五章 社会保障

第十六章 教　育

第二十一章 人 物

附 录

索 引

概 述

一

城东镇地处海安县腹地，境域西部是县城东部城区的核心区域。东邻李堡镇，西靠海安镇，南与如皋市柴湾镇、东陈镇交界，北与大公镇为邻，总面积170.93平方公里。2011年，全镇辖8个街道办事处，31个行政村，2个社区，725个村民小组；耕地面积9.31万亩；总人口14.61万人，人口密度每平方公里855人。

城东镇属于长江三角洲北缘地带，位于长江冲积平原与滨海平原之间，最早成陆区域有6000多年历史。境域地貌按成因、地理位置、成陆先后显示，分成两个自然区。一是长江冲积平原区，即位于老通扬运河以南以西的原南屏地区，俗称“河南地区”“高沙土地区”，属海积冲积相沙嘴沙洲堆积平原，地面高程3.6~6米，由长江冲积而成，面积27.32平方公里，占全镇总面积16%。二是滨海平原区，位于通扬运河和通榆运河以东，俗称“河东地区”，即原立发、韩洋、新生、西场、壮志地区，属海积相滨海堆积平原，地面高程3.2~6米，为海相、河相沉积形成的古沙洲平原，面积143.61平方公里，占全镇总面积84%。境域主要为长江水系，地势低平，河道纵横，排灌畅通，水域面积1742.16公顷，占总面积的10.2%。境域地处北亚热带与温暖带过渡地带，属海洋性湿润季风气候，四季分明，雨水丰沛，日照充足，光、热、水高温基本同季，年平均气温14.5℃，年平均降水1025.8毫米，气温适宜，水量充足，土地肥沃，利于万物生长。水生动物丰富，草木繁茂，适宜多种淡水鱼类养殖，特别是青鱼、草鱼、鲢鱼、鳊鱼、鲤鱼、鲫鱼的繁养管理远近闻名。全镇主要农作物是小麦、水稻、玉米，另外还有蚕桑、油菜、豆类、瓜果蔬菜等。在养殖业方面，家禽家畜饲养较为发达。

城东镇古属海阳地。秦属东海郡。汉时初属东阳郡，后属吴国，再后属海陵县。西晋时属宁海县、如皋县。唐初属海陵县，后属海安县，再后仍分属海陵县、如皋县，至清一直沿袭不变。清乾隆三十三年（1768年）后，境域一直分治于如皋县、东台县、泰州境。民国后，分属泰县、如皋县、东台县管辖。民国29年（1940年）民主政府成立后，由于战争形势变化，先后分属如皋县、泰县、泰东县，如皋县、泰县、东台县、紫石县，如皋县、紫石县管辖，到民国38年5月，城东境域全部划归海安县境。2000年4月，西场镇、壮志乡合并为西场镇；2001年1月9日，新生乡、韩洋乡合并，以原辖区域设立洋蛮河镇；立发乡、南屏乡、开发区合并，以原辖区域设立城东镇。2004年7月20日，洋蛮河镇与城东镇合并为城东镇。2011年12月2日，西场镇与城东镇合并组建新城东镇。镇政府驻海安县城迎宾路199号。

城东镇历史源远流长，根据青墩遗址发掘和研究以及20世纪七八十年代西场地区人类早期文明踪迹的发现表明，早在6000多年前，这里已草木茂密，5700多年前，有人类聚居活动。

城东境域内立发古镇，古称发阳，是海阳的中心，春秋晚期称郧。鲁哀公十二年（前483年），吴王夫差、鲁国哀公及大臣子贡、卫国出公、宋国代表皇瑗在郧会盟，后建发繇亭于其上以示纪念，发繇口成为当时南北交汇要冲。西汉高祖十二年至景帝三年（前195—前154年），海阳成为吴王刘濞封地，并开凿上官运盐河，立发开始有桥。东晋义熙七年（411年），如皋县治设在立发桥，立发桥成为如皋县政治、经济、文化中心。唐大和五年（831年），设如皋场于立发桥。南唐开元元年，至宋开宝八年（937—975年），泰州至如皋设有驿道，在立发桥设驿站。南唐保大十年（952年），如皋场升为如皋县，县治由立发桥迁往如皋城。鄍、发繇口是南通地区见诸史册最早的地名。

境域内西场集镇，古为海安以东盐场之首。唐著名开国将领尉迟敬德在此设帅府（据韩紫石民国24年《重修惠民寺缘启》和民国《如皋县志》载）。北宋天圣三年（1025年），泰州西溪盐仓监范仲淹筑"范公堤"于集镇东北。明洪武二年（1369年），设巡检司署，管辖如皋以北大片地区。清光绪二年（1876年），为如皋17乡之一，设自治公所。1994年5月，西场作为行政镇，获"江苏省文化先进乡镇"称号，1998年10月又获"江苏省民间艺术之乡"称号。

城东镇交通发达，204（通榆公路）和328两条国道，202和221两条省道，新长和宁启两条铁路，通扬、栟茶和通榆三条运河，沈海和启扬两条高速公路分别在此交会，苏通大桥的建成和通车，把全镇融入上海"1.5小时经济圈"。

二

"海陵胜地多人杰"，城东镇丰腴的土地、灵秀的河川孕育出满目淑质英才。据部分姓氏族谱记载，明清以前"代有闻人、贤卿、名将"。近代，诸葛亮后裔葛步慈、葛佐霖、葛伯庚、商卫国等文武秀才一直在南阳村隐居。界牌墩景相妻史氏23岁丧夫，孝敬婆母，抚养儿子，后儿死孙早亡，她又以年迈之躯抚养侄孙，含辛茹苦六十四载，精神感动天下，清同治九年（1870年），皇帝下旨在界牌墩立"节孝坊"，旌表美德。乾隆年间（1736—1795年），西场进士仲鹤庆，书法、诗文俱佳，名载1982年版《中国画家大辞典》，还有仲鹤庆、仲振履父子进士传为佳话。仲鹤庆长子仲振奎，是将小说《红楼梦》编成戏剧的第一人。道光年间（1821—1850年），西场诗人仲贻菊，诗词颇丰，被如皋翰林沙元炳赞为"才子诗"。出生于光绪年间（1875—1908年）的南屏人张湘芃，13岁起拜师学道教、学吹弹乐、学徽戏、学京剧，具有深厚的道教音乐和戏曲音乐功底。民国31年（1942年），他汇集海安、如皋一带流传的86种民间吹弹曲调，编成《吹弹工尺谱》一部，同期还编成《法器谱》一部，《上海道教》刊物在《苏北如皋道教灵威观》一文中充分肯定他对道教音乐所做的贡献。

民国以来，城东地域政治、文化、科技等各界人物蔚起，进入当代，更是群星荟萃。

西场籍原中国科学院哲学社会科学部学部委员、北京大学副校长、著名语言学家魏建功，是中国现代语言及文字学大师，在音韵学上有很深的造诣，对古音、等韵、切韵和各种韵书都有比较深入的研究。在音韵书系统方面，其领导编纂的《新华字典》是新中国成立后影响最为广泛的一部工具书。

生于油坊头的旅美华人葛克全，曾任美国国家卫生院高级研究顾问、美国天主教大学研究教授、乔治·赫伯特·沃克·布什总统私人医生、医学顾问，兼任美国苏浙沪同学会名誉会长，受聘于浙江大学医学院等五所国内高校，担当名誉教授。

出生于洋蛮河的旅加华人葛琪，早年参加中国远征军，担任过孙立人的警卫连长，在反法西斯战争中立过功勋。改革开放后，他是第一个回海安投资的海外华人，多次捐款救助残疾儿童。

西场籍的无锡市文联主席、国家级书画家仲许，其作品先后在中国台北及日本、法国、比利时等国和地区展览；范韧庵，国家级书画家、书画理论家，从艺60年，其国画、书法、诗词三方面艺术成就显著；仲贞子，书法家、篆刻家，艺术成就甚丰，文化部2001年授予他"杰出华人艺术家"称号；陈歆耕，《上海文学报》社长、总编，著有中篇小说集、中短篇报告文学集、长篇报告文学等作品；吴义勤，中国现代文学馆馆长，获国家级"鲁迅文学奖"，全国优秀文学理论评论第一名；鲁羊，执教于南京师范大学文学院，出版多部小说、诗歌、散文和评论；李秀生，中国石油大学（北京）党委书记兼校长，编写、翻译多部教材，享受国务院特殊津贴；陆朝华，日本九州大学基因工程学博士，就职于美国波士顿大学；陆中光，国家著名水文地质专家。

1964年出生于韩洋村的王奇寅，中国美术家协会会员、江苏省书画院特聘画家、多所大学兼职教授。曾受业于刘海粟、黄胄、董寿平等大师和首都10多位书画大家，两度研修于中央美术学院国画系。其水墨画作品多次获文化部"群星奖"，作品《春暖花繁壮国风》在天安门城楼悬挂，2008年在北京设立王奇寅新水墨艺术馆。

1969年出生于城东镇的杨得智，上海师范大学书法篆刻专业毕业，师承著名书法家刘小晴，现为中国书法家协会会员。2010年为修建中的新四军江南指挥部司令部题写匾额、对联。

管怀进，出生于周济村，中山大学眼科学硕士研究生毕业，曾在日本东京顺天堂大学、澳大利亚拉筹伯大学学习。任教授、主任医师、研究生导师，南通大学附属医院眼科中心主任，眼科医院院长、眼科研究所所长。

新中国成立之后，城东籍人士葛存德、陈贯银、卢玉林、徐元生、朱知和、徐国锦、田友峦、张佳生、章曙东先后担任中共海安县委、海安县人民政府、海安县人大常委会、海安县政协主要负责人。

许多名人政要曾在城东大地留下足迹。曾任江苏省省长的爱国老人韩国钧生前多次到韩洋韩茂香家祭祖，并为南徐家庄地藏庵题写庙名。革命战争年代，陈毅、粟裕、谭震林、黄克诚、滕代远、陶勇、叶飞等老一辈无产阶级革命家曾在城东驻留，谋划设计、指挥战斗。1977年6月15日，国家计划生育领导小组办公室副主任林佳楣，在省地委、县委负责人陪同下到立发乡长池卫生室检查妇幼工作。1995年6月1日，中共中央政治局委员、全国人大常委会副委员长田纪云到海安考察，视察南屏乡小麦丰产方。同年6月23日，中共中央政治局委员国务院副总理姜春云视察南屏乡抛秧现场。2006年5月，致公党名誉主席杨纪珂、全国总工会书记处书记张鸣起及省市县领导考察南通鑫平制衣公司职工安全知识考试现场。江苏省工艺美术大师、省非遗保护项目"南通扎染"代表性传承人焦宝林等皆在城东创业。

城东镇人民崇文尚贤。明嘉靖三年（1524年），镇内设立发明善、西场时雍社学2所。辛亥革命后，政府举办国民学校，乡绅大姓创办私立小学，知识分子设塾授课。抗日战争与解放战争期间，大兴私人办学之风，全镇私人办塾馆70多处，到民国36年，境域有小学16所。中华人民共和国成立后，境域教育事业发展令人瞩目，到1951年，公办、民办小学基本上取代了私塾，继后，普通中学开始兴办。1994年，境域乡镇全部通过"普九"验收，1999年上半年，又通过县政府教育小康工程验收。1999年12月，韩洋乡在全县率先通过省政府"实施教育现代化工程先进乡镇"验收，2004年12月，合并后的城东镇又通过省政府"实施教育现代化工程先进乡镇"验收。2011年底，境域内除县属立发中学、县特殊教育学校、县二幼开发区分园外，全镇有初中4所，44个教学班，学生1994名；小学7所，105个教学班，学生4442名；幼儿园6所，61个教学班，在园幼儿2116人。中学适龄人口入学率、巩固率100%；小学适龄人口入学率、巩固率100%；学前三年幼儿入园率100%。

三

城东镇自古"系三十六盐场咽喉，数十州县要道""江北之保障，淮南之锁钥"，历来为交通要津。由于地理位置重要，向为兵家必争之地，每逢战乱，这里便干戈云集。传说唐朝名将薛仁贵、尉迟敬德先后率部在此驻营、练兵。为方便指挥，在西场设帅府；为方便兵马隐蔽训练、通行，在北至烟蛮坟，南到三十里墩地域内造一条长十多里、宽一丈二尺的"夹路"。界墩村内薛家庄，庄内无一人家姓薛，庄名即为纪念薛仁贵率军在此驻营而取。明朝永乐年间，朝廷在这里筑"信墩"，传递军事信息，防御外寇。

城东先民铸就了敢于抵御外侮、反抗压迫的不屈不挠性格。明嘉靖年间（1522—1566年），海防兵备副使刘景韶、扬州参将邱陞率先民们在西场与倭寇决战斩酋，在城东大地留下足迹。抗日战争、解放战争时期，境域内军民与日伪、国民党军队及还乡团作战数百次，邢白（后任江苏省人大常委会副主任）、孙颂山（后任安徽省合肥市市长）、顾田（后任江苏省公安厅厅长）、于济川（后任镇江市市长）等先后在城东群众家隐居落脚，组织群众开展游击战争，建立人民民主政权，留下许多可歌可泣的革命斗争故事。

民国35年（1946年）7月，国民党军队进攻解放区，华中野战军打响著名的苏中战役。华中野战军司令部机关设在立发景家庄，粟裕司令员在这里发出《关于攻击泰兴宣家堡之敌的作战命令》。此间，城东干部、民兵、百姓主动帮助部队站岗放哨，封锁消息，保卫部队机关安全。其中一次重要战斗发生在境域内。8月11日上午，华中野战军主力和地方部队、民兵在洋蛮河设防，伏击国民党新7旅21团，当场毙伤敌团长廖万里及所部3000余人，缴获机枪、步枪、手榴弹等大量武器。

1949年1月，华东野战军第一纵队司令兼政委叶飞率10兵团29军86师驻界牌墩进行渡江前的训练。界墩村群众腾房子，让部队住宿，卸门板、锯木头给部队练水上功夫。渡江作战期间，城东境域先后派出5批次，计5000多民工随军去前线救护伤员、运送物资。

为了民族的解放事业，城东土地上先后有韩铁心、许德银、张光富、夏吉章、乔德山、沙永才、沈立等600多名优秀儿女献出了宝贵生命，现有姓名记录在册的烈士369人。

新中国成立后，城东人民继承光荣革命传统，充分发挥地方武装民兵在巩固人民民主专政，建设社会主义事业中的重要作用。1960年3月14日，立发公社于沟大队民兵田久来、壮志公社洪庄大队民兵营长赵风和在民兵工作中成绩显著，赴北京参加全国民兵代表大会，受到中央首长接见，获中央军委奖品。进入21世纪，党委、政府不断进行民兵组织整顿工作，充分发挥民兵和预备役人员在带领农民创业致富中的带头作用和在完成急难险重任务中的攻坚作用。

四

城东镇，是全国环境优美乡镇、全国模范劳动关系和谐工业园区、江苏省文明镇、农业生产先进单位、体育先进乡镇；南通市外向型农业“十佳”乡镇、绿化造林“十佳”乡镇、高效农业规模化先行乡镇、农民健康工程先进乡镇；海安县明星镇、民营经济先进镇，被征地农民基本生活保障先进集体、服务业综合先进单位。

城东镇农业历史悠久。新中国成立后，经过土地改革，实现了耕者有其田。1951年，在党的号召下，积极走互助、合作化道路，练港乡农民祁常玉率先办起全县最大的农业生产互助组，成了全县走互助合作化道路的一面旗帜。1952年4月，在普遍发展农业生产互助组基础上，进一步发展初级农业生产合作社、高级农业生产合作社。1953年，祁常玉、陈兴玉又在全县带头办起“前进农业生产初级合作社”。1958年，全面实现人民公社化，农业经济实行统一管理、集中经营体制。1980年9月，普遍推行联产到劳生产责任制。1982年8月到1983年春，全面推行家庭联产承包经营责任制。1984年完成延长土地承包期15年不变和发放土地使用证工作。通过推行家庭联产承包经营责任制，广大农民的生产积极性极大提高，温饱问题得到解决。

1985年，国家取消农副产品统购派购制度，对粮、棉、油等产品实行尊重农副产品自主权的国家计划合同订购新政策，全镇迈出全面发展农村经济的新路子，在稳定发展农业的前提下，大力发展经济作物和特种农产品种植，乡镇企业蓬勃发展。1991年，城东农村的三产之比由1978年81.1∶14.5∶4.4调整为22.9∶68.8∶8.3，实现由一、二、三产业到二、一、三产业的进步。农村家庭联产承包责任制得到巩固完善，农业从单纯种植向种养加出拓展，向工商建运服等农村经济的各个领域延伸，农村经济跃上新台阶。

1990年后，全面开放农产品市场，全镇积极推进多种经营百项投入工程，扎实开展以多种经营为重点的亿元乡镇、千万元村、百万元组、十万元户活动。在农村集体土地使用上，积极探索土地流转机制，完成新一轮延长土地承包期30年不变的工作。这一阶段，农业结构和农村产业结构进一步优化，乡镇企业产权制度改革建立起新体制，个体经营经济迅速崛起，农村市场体系建设和小城镇建设步伐加快，农村经济实力显著增强，全镇实现小康目标步伐明显加快。

2003—2011年，国家对农业实施反哺政策，由过去农业支持工业、农村支持城市转变为工业反哺农业、城市支持农村。农业税于2006年1月退出历史舞台，实施粮食直补、良种直补、农机购置补贴、农资综合补贴和农业政策性保险等惠农政策。同时，不断推动传统农业向现代农业过渡。

2011年，全镇农作物总播种面积19.6万亩，粮食总产量8.8万吨，油料总产量1685吨，蚕茧总产2748吨。全年生猪出栏6.9万头，年末存栏10.5万头，水产品2287吨，农业总产值11.1亿元，农民人均纯收入12750元。全年引进1000万元以上农业项目10个，创建省、市级农业龙头企业5家，村营收入超20万元的村21个。

五

城东地区工业生产基础比较薄弱，新中国成立前后，仅西场、立发、洋蛮河、周庄等集镇有油坊、染坊、豆腐坊、茶食坊和铁、木、竹等手工作坊、工场。1958年，各公社掀起大办工业热潮，由于盲目上马、经济效益不高，不少企业又下马停办。1968年，新生丝绵片厂建成投产，生产丝绵片出口。1970年，各公社建农具（机）厂，积极试制多种型号的革新农具，大办为农服务工业。接着，社队工业兴起，织渔网、钩针衣、水泥制品、麻塑制品、服装制品等企业从无到有，从小到大，逐步发展壮大，形成门类、品种、行业较为齐全的企业框架结构。与此同时，缫丝、建材、柳器、化工、电子等工业企业也初步发展起来，砖瓦、石灰等建材产品年产能力大大增强。

80年代，国家从计划经济向市场经济转轨，原材料及产品逐步走向市场化，给乡镇企业增添了活力。80年代中期后，由于工业改革，推行经济责任制和厂长负责制，扩大自主权，城东镇境域内三产民营企业逐步壮大，外向型经济得到长足发展。

90年代开始，工业产品走向市场化、国际化，竞争越来越激烈，政府全面对企业进行整顿、改革、提高，实施关、停、并、转方案，使企业走上正常运转轨道。1992年8月，海安经济开发区在境域建立，城东工业开始迅速发展。与此同时，为吸引社会闲散资金，1995年，各乡镇成立招商引资领导组，1996年6月成立三产民营办公室，大力鼓励、引导、扶持农村资金转向三产服务业。

2001—2005年是第十个五年计划期，新建立的城东镇此期间为融合期、规划期、发展期。2006—2010年是“十一五”时期，城东镇实施千万元以上项目258个，完成外资到账4.69亿美元，引进市外民资61.3亿元。

2011年，全镇工业企业3500家，规模以上工业企业198家，工业从业人数47193人，工业总产值442.1亿元，新产品产值5.39亿元，工业销售产值434.1亿元，出口交货值32.81亿元，资产总计173.83亿元。先后在台湾、香港、上海、宁波、台州、苏南等地开展系列招商推介活动，取得显著效果。上柴动力、中机浦发、远东新材料、曙光新能源等重大项目开工建设；爱登堡电梯、中联科伟达新能源设备等重大项目加速推进；卡姆丹克、亚太轻合金、通润汽车零部件等项目竣工投产；浙江汽摩配海安产业园等共建园区先后落户，重特大项目建设如火如荼。全年有34家企业实现开票销售超亿元，新增年销售2000万元以上规模工业企业15家。全年工业开票完成186亿元，同比增加38.3%，工业设备投入10.2亿元，同比增长38.8%。

新中国成立之前，城东境域内从事建筑业人数较多，民间木匠、瓦匠、草匠村村皆有，能工巧匠不乏其人。1950年10月，西场建筑基层工会成立。1955年，西场镇成立建筑站。至1976年，各公社均成立建筑站。是年底，境域从事建筑的职工（包括个体工匠）已超过6200人，建筑业开始从无到有，从小到大，逐渐成为境域内各社（乡）的支柱产业。2011年底，全镇除江苏信拓建设（集团）股份有限公司、江苏新龙兴建设发展有限公司、江苏隆辉建设股份有限公司、南通市林兴建筑安装工程有限公司、海安县韩洋建筑安装有限公司等5家骨干建筑企业外，另有注册并持有总承包三级以上和专业承包资质的建筑企业38家，年施工总产值50亿元。

六

城东镇商贸服务业发展迅速。1949年前，境域内商业萧条，仅几个集镇有日杂商店，散落在小乡村落的小店小摊也为数不多，只能卖些洋油（火油）、洋火（火柴）、鞭炮、蜡烛、青条（水烟）、薄荷糖之类的日用商品。1950年后，境域商业逐渐兴旺起来，商业类型也日渐增多。1952年起，境域各乡镇在政府所在地建立供销社。计划经济时期，农村供销社是农村商业的主体，经营日用百货、农业生产资料或凭票供应的物资等。此后，洗澡堂子、药店、饭店、缝纫店、理发烫发店、服装鞋帽店等亦在乡镇政府所在地兴办，修锅匠、铜匠、铁匠、修锁的、炸米花的等个体商业经营者也逐渐增多。50年代至80年代中期，由于生产力落后等诸多因素，造成物资匮乏的局面，商业始终发展不快。1978年中共十一届三中全会后，改革开放政策使城东镇商贸服务业迅速得到发展。1990—2010年，城东镇出现商业类型多、规模大、服务好、效益高的全新局面。2011年，城东镇现代服务业发展加速集聚，苏中不锈钢铝型材市场、苏海国际汽车城、东部全球家具采购中心、正元棉花物流全国交割仓库等服务业大项目强势推进。海安软件科技园3500席呼叫中心投入运营，戴尔云计算应用终端用户超过600家，数据业务辐射至江城武汉。火车站、汽车站两大商圈已初具规模。全年完成服务业应税销售超过44.76亿元，年增幅65%。

新世纪，城东镇文明和谐创建不断深入，民生保障日臻完善，人民群众幸福指数不断攀升。2001—2011年，政府投入资金30多亿元，修建公路近百条，修建桥梁75座。其中2011年建设农路19.8公里，修建农桥6座，在建农桥6座。2004年后，清理、整治117条主干河道，河段总长度205公里，清理淤泥142万立方米，清理水生植物2.3万吨，清理河坡垃圾1.73万吨。全镇配备保洁员，实行河道保洁、农路管护、社会垃圾处置三位一体管理。

2011年，城东镇生产总值157.46亿元，其中第一产业6.08亿元，第二产业114.40亿元，第三产业36.98亿元；税收收入12.15亿元，财政收入13.80亿元，一般预算收入6.42亿元。有学校20所，在校学生1.11万人，教师1092人。有图书馆、文化站3个。有医院、卫生院11个，医生150人，病床320张；敬老院、福利院4个，收养524人；参加农村社会养老保险55590人，参加农村新型合作医疗85035人，享受最低生活保障2800人。固定电话装机49563部，拥有移动电话73400部；自来水普及率100%，有线电视入户率92%，生活用燃气普及率94%。镇建城区占地4050公顷，建设区总户数1.82万户，人口6万人。全镇51家单位被评为县“文明村镇”“文明单位”，13家单位被评为市“文明单位”。

城东镇走过的道路，是一条漫长而又曲折的道路，也是一条通往繁荣昌盛的道路。征途上，有困苦和艰辛，有机遇和挑战，更有欢欣和荣光。勤劳智慧的14.6万城东人民一定会鉴古知今，不屈不挠，团结拼搏，抓住历史机遇，凭借区位优势，创造出经济建设和精神文明建设的新辉煌。一个经济繁荣、科教发达、生活富裕、法制健全、社会文明的现代化新城东必将成为江海平原上一颗璀璨的明珠！

大　事　记

新石器时期

公元前3800—公元前2500年

根据青墩遗址的发掘和研究表明，早在5700多年前，海安县中部和西部已经成陆，并有人类聚居活动。

春秋战国时期

鲁哀公十二年（公元前483年）

吴王夫差、鲁哀公及大臣子贡、卫国出公、宋国皇瑗在郧（今立发桥，其时又为发阳、发繇口）相会，后建发繇亭于其上以示纪念。郧·发繇口（立发桥）成为当时南北交通要冲，是今南通地区见诸史册最早的地名。

周元王三年（公元前473年）

越国灭吴国，发繇口一带归属越国。

周显王三十五年（公元前334年）

楚国灭越国，发繇口改属楚国，"郧"改称海阳。

汉　朝

西汉高祖十二年至景帝三年（公元前195—公元前154年）

吴王刘濞召天下亡命之人到海边煮盐，并主持开凿上官运盐河（通扬运河），自扬州湾头经海安、立发至三十里墩。立发开始有桥，成为后来苏北三十六盐场之咽喉，数州县之要道。

晋　朝

东晋义熙七年（411年）

置海陵郡，辖建陵、宁海、如皋、蒲涛、临江五县，如皋县治设在立发桥。立发桥成为如皋县政治、经济、文化中心。

唐　朝

唐大（太）和五年（831年）

设如皋场于立发桥，辖五个乡。

五代十国

南唐昇元元年至宋开宝八年（937—975年）

泰州至如皋设有驿道，在立发桥设驿站。

南唐保大十年（952年）

如皋场升为如皋县，县治由立发桥迁往如皋。

宋　朝

上官运盐河（即老通扬运河）与串场河交汇处的河口新建一石桥，仍名"立发桥"。桥高四丈五尺、长九丈余，桥面宽一丈五尺许，两坡各有石阶数十级，两侧建有石栏，精雕"二龙戏珠"图案，下建拱形桥洞，可通舟楫。

天圣五年秋至六年春（1027—1028年）

范公堤筑成，蜿蜒363里，经镇境东北部。

明 朝

洪武二年（1369年）

西场设巡检司署，管辖如皋以北地区，延续至民国后废除。

成化六年（1470年）

大旱，上官运盐河干涸。

成化二十年（1484年）秋至二十一年（1485年）冬

大旱，上官运盐河干涸，百姓大饥。

弘治元年（1488年）至十八年（1505年）

两淮盐运使毕享从葛钦议修上官运盐河。

弘治十四（1501年）春至十六年（1503年）秋

连续两年半大旱不雨，百姓饥荒无食，瘟疫流行，死者甚众。

嘉靖二年（1523年）

七月，淫雨不止，河堤溃决，淹没田地房屋，发生大饥荒。

嘉靖三十八年（1559年）

四月十四日，刘景韶、邱陞率明军战倭于海安，奏捷；七月二十七日，再战于西场，全歼倭寇。

嘉靖四十一年（1562年）

巡盐御史金元奎檄江都县同泰州知州浚上官运盐河。

清 朝

康熙元年（1662年）

五至七月，未下雨，河水干涸，禾苗尽枯。

雍正六年（1728年）

浚泰州南门至如皋丁堰段上官运盐河。

雍正十一年（1733年）冬

海陵殿臣宫携妻吴夫人出资修建立发桥，改名“力乏桥”，并刻石留存。

乾隆四年（1739年）

江南河道总督高斌疏浚上官运盐河。

乾隆年间（1736—1795年）

《一统志》载：“立发桥，古时叫发繇口，又叫发阳，立发口。那里有个会盟原。”

咸丰五年（1855年）

立发桥设扬由关分关，征收过境货物税。

咸丰六年（1856年）

五至八月，不雨，上官运盐河干涸，五谷不生，赤地千里，飞蝗蔽天，饿死甚众。

咸丰十一年（1861年）

五月，地方人士联名奏请县令晓谕城乡盐场集镇富户募捐，乃重修立发桥，并于同治元年（1862年）立碑记之。

同治四年（1865年）

疏浚上官运盐河。

同治五年（1866年）

夏秋，多暴风雨。

光绪二年（1876年）

西场为如皋17乡之一，设自治公所。

光绪三十一年(1905年)夏

淮南发大水,立发桥被大水冲塌一桥垛,两江总督周建德到淮南巡查盐政,告诫地方官吏要将立发桥重新规划营造。吴县叶瀚甫到扬州经理盐政,自愿出资五千元,由此带动乡邑百姓纷纷捐助,遂筹款十万元,由汪云龙总督办理,于民国3年(1914年)夏告竣,民国4年12月立发桥立碑。

是年,玉成小学(今西场小学)创办,系如皋县北乡第一所小学。

宣统二年(1910年)

疏浚通扬运河。

中华民国

民国元年(1912年)

西场置镇,为如皋县重镇之一。

民国2年(1913年)

景家庄初级小学、葛家桥初级小学、立发桥初级小学创办。

民国4年(1915年)

洋蛮河初级小学、瓦屋头初级小学创办。

民国6年(1917年)

春旱,夏大旱,通扬运河干涸,庄稼歉收。

民国10年(1921年)

7月　淫雨,大水,低洼处皆成泽国。

民国14年(1925年)

10月15日　海安汽车路接蚂蟥沟,与如皋、南通通车。

民国16年(1927年)

7月　立发桥扬由关分关为泰县、如皋等县运河两岸21个分关之一,征收以百货为大宗,棉花、蚕豆、杂粮等过境货物税。民国31年撤销。

是年　私立油坊头小学创办。

是年　江苏省淮扬道废,泰县、如皋县仍属江苏省。栟茶河以北的韩洋、立发地区属泰县管辖,栟茶河以南的新生、南屏地区属如皋县管辖。

民国20年(1931年)

夏秋多雨,发生特大水灾,运河决口,江淮湖海并涨,平地水深数尺,一片汪洋。

民国27年(1938年)

4月18日　日寇一汽艇由栟茶运河西行,在陆堑遭如皋县保安队袭击后,从陆堑向西至印家码头沿河两岸挨家放火,烧毁河南81户、河北70户人家房屋家产,周玉林、许二小、王东宝和10名妇女、儿童被枪杀,洋蛮河关岳庙同时被烧毁。

民国29年(1940年)

10月中旬　中共泰县县委迁驻海安。下旬,泰县抗日民主政府在海安成立。全县所辖立发和海安、李堡、栟茶、雅周、蒋垛6个区建立抗日民主政权和党的区委会。

民国30年(1941年)

3月　东台县海富区三民乡成立。

8—9月　泰东县县长董希白派张蕴带领一个武装班到立发区开展工作,打开"二五"减租局面。

11月　泰东县委决定将立发区栟茶河北的立发、东屏、新运、卿云、练港、早稼、韩徐、三民8乡划给李堡区管辖,河南玉树、里仁、净土、太平4乡与李堡区河南8乡合并,建立新立发区。

民国31年(1942年)

年初　泰东县委派赵文尧深入海安东乡开展地下工作,组成五人小组,建立交通站、联络站,收集情报。同时发动群众,宣传马列主义,宣传抗日救国道理。

同期　立发区公所遭敌袭击,区委书记李鹏翔和县委于晶二人被捕。

2月5日　立发区区队员蔡光甫等四人在池旺乡打死西场伪军情报员李志和。

3月　东台县海富区东屏乡、韩徐乡成立。

秋 李堡区在韩徐学校召开各区、乡干部会，当场枪决三民乡伪乡长仲兆农，推动减租减息工作。

11月 中共苏中区委决定将泰东县、东台县合并为东台县。立发和李堡区隶属东台县管辖。

年底 邢白、孙颂山、苏明等深入新运、立发、练港等乡组织农会，发展民兵，培养骨干，发展党员，开辟新区，建立人民民主政权。

是年 党组织发动群众、民兵挖公路、割电线，组织工抗会、农抗会、妇抗会惩奸，实行“二五”减租减息。

民国32年（1943年）

年初 立发、新运、东屏、韩徐、三民、练港等乡由东台县划出，建立海富区，由兴东泰特区委领导。海富区新运乡在摇头桥后面贲厚宽家成立第一个党支部，孙颂山到会讲话。

4月4日 立发区队夜间在丁所河南周庵乡遭敌突袭，区队长刘亮不幸牺牲。

5月17日 中共立发区委召开第一次党代表大会，总结两年来党的斗争历史，提出下一步任务。

9月5日 驻洋蛮河伪二十六师一〇三团二营五连连长韦绪昆在中共政策感召下率部起义。

9月6日 如北土匪7人至十三里港抢劫，被立发区游击队包围，当场击毙匪首2人，捕获2人，缴枪2支，手榴弹数十枚。

10月1日 苏中行署决定，立发区划入如皋县，与丁东区合并为如皋县第一区。

10月 三民乡改属东台县李堡区。

民国33年（1944年）

3月 韩徐乡改属李堡区。

6月 东屏乡改属李堡区。

12月 海富区、李堡区从紫石县划出，属东台县管辖。

民国34年（1945年）

8月 三民乡改属紫石县嗵口区。

8月30日 中共领导地方武装“三东”（三民乡、东屏乡）游击连在连长范钦元带领下，于西洋蛮河王家码头设伏，夺取敌伪泰州总部军饷车一辆。

11月 海富区撤销，紫石县增设西场区、嗵口区。邢白、金恒分别任西场、嗵口区委书记，寇玉、金恒分别任西场、嗵口区区长。

民国35年（1946年）

4月7日 西场区召开行政扩大会，讨论救灾，认购公债。新生乡殷宗怀自愿将16亩田收入及卖出的10亩田买5000元公债，救济难胞。

5月 苏中一地委为贯彻中共中央“五四”土改指示，抽调县区干部近300人，组成3个大队到紫石县西场区、嗵口区进行土改试点，东屏乡为重点试点单位。

7月中旬 苏中一地委由如皋城移驻海安河南韩家庄，召开扩大会议。

8月11日 国民党新七旅旅长黄伯光率第二十一团自海安镇东开李堡接防，行至洋蛮河，受到华中野战军七纵和六师伏击，西场、嗵口两区各乡1000多名民兵配合主力部队作战，30分钟解决战斗，歼敌近3000人。

8月下旬 由韩永琪带队，三民、韩徐等乡组织担架300多副支援海安包围战。

10月中旬 苏中一地委专员蔡美江率领12人，带两挺机枪到西嗵区展开游击战争。

11月12日 华中一分区机关及南四县（如皋、靖江、泰兴、泰县）党政军领导机关和部分干部开始分批经油坊头等地北撤，至11月23日完成第四批北撤任务。

11月上旬 再次建立泰东县。12月，撤销，并入东台县。

11月上旬 韩徐、鸭港乡“铁叉队”活动猖狂。西嗵区邢白、仲跻山分别带队，化装成两组“铁叉队”到两乡引蛇出洞，当场处决5名“铁叉队”首恶分子。

12月6日 东台县团一连和唐洋区游击队、西嗵区队在冷水港遭九灶、海安、贲家巷、西场、李堡5路之敌进攻，伤亡80余人。

12月 西场、嗵口两区合并为西嗵区，邢白任区委书记，储友山任西嗵区区长，孙颂山任西嗵区副区长。同时成立西嗵区武工队、西嗵区游击连，配合县团作战。西嗵区归东台县管辖。

民国36年（1947年）

1月　东屏乡、韩徐乡改属西噇区管辖。

2月下旬　西噇区武工队开始边区除奸。在韩徐乡捕捉17人，全部请保具结释放；到三民、东屏、韩徐乡逮捕53人，当场枪毙吊打佃户、夺田倒租的反动地主1人，顽自卫队中队长1人，顽保长2人，缴步枪1支，其余交保释放；擒获敌“自新中队长”以下56人。

是月　东台县委决定苏明任西噇区区长兼区委副书记。

春　国民党东屏、立发、三民三个乡自卫队成立联防中队，在洋蛮河东北姚家码头筑碉堡，企图消灭中共地方武装，中断南北联络。

7月19日　东台县团参谋长石根率警卫连配合西噇区游击连攻克姚家码头据点，俘20余名自卫队员，缴获机枪1挺、步枪10余支、子弹600余发。

9月7—13日　东台地方武装某部配合西噇区游击连在洋河以南杀伤敌人40人。

12月1日　泰县地方武装一部攻打葛家桥，俘敌40余人，将碉堡平毁。

是年　三角池三民小学创办。

民国37年（1948年）

元宵节　西噇区召开13个乡2000多名群众联欢大会，孙颂山到会进行反“扫荡”动员，并进行文娱节目比赛。

3月22日　西噇区游击连在立发、三民、新运三乡交界处的朝东门附近设伏，毙俘国民党三民乡地方武装10人。

3月　东台县将西噇区划分为西场、噇口两区。东屏乡改属西场区，韩徐乡改属噇口区。

7月2日　中共噇口区地方武装击溃国民党东屏乡自卫队100余人。

民国38年（1949年）

1月7日　驻李堡镇国民党军队撤退，西场、李堡、丁所等地解放。

1月20日　驻海安镇国民党军队撤退，国民党立发区二中队和南阳、周济两乡自卫队60多人一起出逃，城东全境解放。

1月21日　立发乡召开各界代表会议。乡长奚鸿、指导员丁华忠主持会议。会上宣传党和政府政策法令，要求大家同心协力，加强社会治安，恢复发展生产，保卫胜利成果，重建家园。

是日　海南区委委派王明稳担任南屏乡乡长、王祥余担任南屏乡指导员。

1月下旬　立发、新运、练港三个乡分别召开各村干部会议，传达中共东台县委和噇口区委关于“维持革命秩序、保卫社会安宁”指示。

1月　噇口区三民乡改为鸭港乡。

2月上旬　噇口区委委派陈厚琪、景学甫、刘振宇分别担任立发小学、景庄小学、刘缺小学负责人，并去东台参加县委召开的文教工作会议，筹备开学工作。

2—3月　韩徐、鸭港、东屏、立发、新运、练港、南屏等乡组织民工支援大军渡江南下，三个乡投入参军、参战、支前总人数3400多人。

5月20日　东台县噇口、西场区划给海安县，东屏乡改属西场区管辖，鸭港、韩徐、立发、新运、练港划归噇口区管辖。

6月　东台县噇口区立发小学改名为海安县立发小学，为海安县第一批公布的6所公办小学之一，校址从原老尼姑庙迁至大圣寺。其他小学校名也更改为海安县某某小学。

中华人民共和国

1949年

10月1日　各乡分别召开庆祝大会，热烈庆祝中华人民共和国诞生。

12月9日　各乡分别召开乡党支部扩大会议，传达政务院发布的“关于生产自救的指示”和县委扩大会议精神，发动群众，生产自救。会后，境域人民响应县委“关于生产自救”号召，广开生产门路，调整种植布局，提高单位面积产量，节衣缩食，渡过灾荒。

是年　南屏区域内南阳小学、南屏小学、济民小学、佘南小学、姜桥小学相继在双池、尼姑庵、银杏、姜桥等地建立，周济小学恢复办学。

1950年

2月　县政府对部分区乡体制进行调整，全县设立11个区，由172个乡划并为145个乡。立发、新运、练港仍隶属嗹口区管辖，南屏、周济、佘庄等仍隶属海南区管辖，楼基、陆堑、新农、东屏乡、西场镇属西场区管辖。

是月　韩徐乡改为韩洋乡。

是月　海南区委召开土改工作会议，乡、村主要干部出席，此后土改复查运动开始。

5月2日　海安建立第一个农场——洋蛮河农场。

8月12日　西场人高万龙被评为全国农业劳动模范，赴北京参加首届全国工农兵劳动模范代表会议，县委、县政府举行欢送大会，各界群众近万人参加。

8月26日　西场、嗹口、海南3区划出9个乡建立立发区。

9月　立发区开展群众性镇压反革命运动。

10月上旬　立发供销合作社建立，有房屋18间，职工21人，设立棉布、南货、百货、粮食、线网、棉花、油坊7个门市部。12月下旬，立发供销社在南屏油坊头设立供销站。

10月　城东境域内人民响应党和国家号召，开展“抗美援朝、保家卫国”群众运动，出钱捐献，送人参军。其中南屏乡13人参加中国人民志愿军，赴朝参战。

是年　油坊头小学、佘庄小学建立，招生开学。

1951年

3月8日　嗹口、西场、立发三区棉农代表出席海安县在李堡召开的四区棉农代表会议。

3月　城东境域完成土地改革，开始为广大农民发放土地执照。

4月　各乡政府根据县、区指示，在群众中发放土地执照，并进行查田定产。

9月　嗹口区练港乡祁常玉等6户农民组建互助组，成为全县最早的6个互助组之一，是县委和嗹口区委的试点单位。

12月　油坊头联合诊所成立。

是年　立发粮站在立发桥西首中巷设立，万戴圣任粮站站长。

是年　南屏乡曙光村划属海安镇。

1952年

1月　东屏乡改属海安县立发区。

3月21日　美国飞机在西场等地上空散布细菌和带毒昆虫。

3月　南屏乡农民响应毛泽东关于“组织起来，走互助合作的道路”号召，成立乡第一个互助组——佘庄孙宝成互助组。1954年11月，与邻组联合建立佘庄农业生产合作社。

6月底　久旱不雨，农田受旱灾，蝗虫四处发生。

8月30日　县调整行政区划，立发、嗹口、西场设区公所。

9月　练港乡祁常玉互助组水稻亩产812斤，祁常玉出席江苏省劳动模范代表大会。10月初，练港乡祁常玉互助组和全县15个互助组一起，向全国互助组应战，向全县所有互助组和农民兄弟挑战，比谁农田产量高。

11月26日　特大寒潮早袭，城东地区已种青苗大部分冻死，政府号召及时补种晚茬麦。

是年　机关和工商业开展“三反”“五反”运动。

是年　各乡村兴办冬学，开展扫盲运动。

1953年

3月　南屏食品站于油坊头建立。

4月16日　海安县开始在立发区试点，实行普通民兵制。

4月　城东境域内开始推广使用化肥。

7月　练港乡52名党员和全乡干部参加互助组后，全乡1700户中有82%加入互助组，成为全县先进单位之一。

9月　境域各乡先后举行第一次普选，民主选举人民代表，调整乡村干部，召开乡人民代表大会，建立乡人民委员会。

是月　练港乡祁常玉互助组组建由20多户农民参加的前进初级农业生产合作社。这是嗹口区第一个初级农业社，也是全县15个最早的初级社之一。

10月　各乡人民学习、宣传建设社会主义总路线，拥护“一化三改造”（一化：逐步实现社会主义工业化；三改造：逐步实现对农业、手工业和资本主义工商业的社会主义改造）。

11月19日　粮食计划收购，计划供应，实行统购统销。

是年　东屏、鸭港、韩徐三乡内赵桥、新港、新桥、五港、新河、东屏、星火、新民、新余、周庄、光明、胜利、新平、杨和、周桥、鸭桥、民主、复兴、众立、民港、自由、杨港、联民、三角、丰源、红旗等初级社先后成立。

1954年

6月23日至7月30日　全县连续降雨1226.4毫米，通扬运河以南地区一片汪洋。立发、西场、嗱口及南屏等地农田淹水近两个月，入秋水退，广大干群努力实行生产自救。

9月　练港乡1村前进1社因遭受特大水灾、农业生产普遍歉收的情况下，水稻亩产仍在600斤以上，社长祁常玉参加地区先进代表会，获奖旗一面，县政府奖收音机一台、小型脚踏打稻机两部。

10月　棉花实行统购统销。

11月11日　撤销嗱口区，立发乡、新运乡、练港乡、新生乡、东屏乡、鸭港乡、范庄乡、韩洋乡属立发区管辖。

是年　串场河改道，立发桥被拆。

1955年

4月　南屏地区各乡先后成立73个农业生产合作社。

8月　农业合作化进入高潮，整顿老社、扩建新社进展迅速。

冬季　城东境域各乡组织民工参加开挖栟茶运河西场、壮志、南屏、立发、韩洋、新生地段。

12月　南屏全乡党员进行登记。

是年　立发乡先后组建8个初级农业生产合作社。

1956年

1月　西场乡爱国4社成立，由3个初级社的73户和347户单干农民合并组成，计1721人，分10个生产队，32个劳动组。

3月1日　立发铁木竹社成立，借用瓦房8间，工人30多人。县手工业联社委派陈水庆任立发铁木竹社主任。1957年7月上旬，改为立发铁木竹农具厂。

3月2日　开挖栟茶运河居家湾至西洋蛮河段，4月17日竣工。11月7日至12月30日，开挖西洋蛮河至青萍港段。

3月21日　立发乡联合诊所和练港乡联合诊所建立，立发乡联合诊所设在立发桥，5人组成，孙国凡为所长；练港乡联合诊所设在刘家缺，4人组成，贲德门为所长。立发集镇高维生、傅步鳌两家药店走集体化道路，组成医药合作商店。

4月　地处韩庄乡凤凰社1队的海安县烈士陵园落成，用地10亩，安葬无名烈士335名。1957年4月1日，陵园内海安县革命烈士塔建成。

5月3日　西场集镇大型交通便桥建成。

6月9日　立发乡乡长陈百川冒着大风暴雨，组织动员太平农业社社员，抢出浸泡在水中的1.3万公斤麦子。

9月　葛桥乡并入韩庄乡。

10月　周家庄粮站建成，占地10亩，房屋12间。

是年起　西场乡农业社推行“三包一奖制”，即包工、包本、包产，超产奖励。

1957年

4月　由于自然灾害和管理不善，境域部分高级社发生部分农民闹退社现象。

夏　曙光高级社划属韩庄乡。

6月7日　县委下发《关于立发乡组织生产运动的通报》，推介立发乡组织生产运动的办法。

8月　地方国营江河油厂由南屏乡迁至立发镇西首，更名为地方国营立发油厂，新建厂房和生活用房26间。

9月　“大鸣大放”运动开始，接着进行反右斗争，城东境域内各乡脱产干部和小学老师全部参加。

10月16日　韩洋乡乡人委成立并开始办公。

10月17日　海安区卫生工作者协会立发乡分会建立。

10月20日　韩庄乡第二届第一次人代会在韩家庄政府驻地召开，出席会议代表63人，会议总结前届乡人委工作，以举手表决形式，选举新一届乡人委。

10月27日　全县7个区公所全部撤销，由73个乡划并为36个乡（镇）。原新生、堑南乡合并为新生乡，原韩洋、东屏乡合并为韩洋乡，原陆堑、楼基、西场乡合并为西场乡，属西场区；原立发、练港乡合并为立发乡，原韩庄乡改为南屏乡，属海安区。

11月上旬　韩洋乡开办两个党员干部扫盲班。

11月18日　韩洋乡团委、韩洋乡妇女联合会建立。

10—11月　韩洋乡、新生乡、南屏乡等各乡分别召开第一届党员代表大会并选举产生第一届委员会，分别设常委。

12月17日　韩洋乡全乡动员，实施五岔港河工程。1958年1月25日，开始第一期开挖工程。新河全长16里，河面宽22米，河深4.4米，计挖土24.5万立方米，保证了全乡3.3万亩土地排涝出水。

是年　韩洋乡成立赵桥、三角、丰源、东屏、盐河、石荡、鸭港、大桥、王桥、滩桥、私河、南田12个高级社。

是年　南屏农具厂在南屏桥下西侧建成，占地8亩，造房12间。

是年　南屏乡团结小学在团结3队建立。

1958年

3月26日　南屏乡党委会发出在全乡开展“除四害”突击周活动通知，并下达各社除鼠雀任务。

3月29日　韩洋等乡开展劳动工具改革运动，创新改造劳动工具。

3月　韩洋农业中学、立发农业中学、南屏农业中学、南屏乡建设小学分别创办。

3—4月　农村进行全民整风和整党运动，并开展大鸣大放。

4月6日　海安县南屏乡扫除文盲协会成立。

4月7日　各乡中心小学建立。

4月26日　南屏乡党委会发出《关于成立地方工业发展委员会通知》，并公布组成人员名单。

5月6日　立发乡党委通知各社改进耕作技术，购买双轮双铧犁。全乡购54架，每架77.5元。

5月24日　立发乡人委彻夜召开社长以上干部会议，传达“鼓足干劲、力争上游，多快好省地建设社会主义总路线”精神，同时研究夏收、夏种、夏分以及工具改革等方面工作。

5月30日　撤销周庄粮食购销站，建立南屏乡粮油管理所。

7月1日　建立海安县立发乡农民医院。由立发联合诊所、练港联合诊所、立发中药合作商店联合组成。是日，南屏乡文化站、南屏乡农民医院建立。

7月12—13日　南屏乡党委在胜利社第四队大场召开群众大会。会上社队之间打擂台，挑应战，并表演文娱节目。

7月26日　海安县人委批准地方国营立发油厂征用立发乡第二农业社土地一亩五分，建设轧花厂和工人宿舍。

8月1日　南屏乡举行3000多人大会，庆祝建军节，成立“八一”农场。

8月22日　南通专区行政公署扫盲卫生团对新生乡进行扫盲验收，并对新生乡中心社三天突击扫盲经验做了题为《海安县新生乡中心社——苦战三昼夜，扫盲放卫星》的总结。

8月26日　南通专区行政公署水产资源勘察队到新生乡进行水产资源调查，并写出调查报告。

9月13日　新生乡召开党员大会。到会党员148人，列席84人，听取书记钱寿余动员报告后，11个农业社支部分组讨论阶级斗争成绩及存在问题。

9月16日　立发人民公社成立大会在前进大队6队举行，5000人参加大会。孙如金任公社党委第一书记，周星北任副书记，田久旺任公社社长，薛其云任副社长。至11月南屏、西场、韩洋、新生等各乡先后召开南屏人民公社成立大会，原高级社更名为生产大队。

10月3日　海安县人委通知，立发公社新河大队8队以蔬菜生产为主，以保证海安县蔬菜供应需要。

10月10日　途经立发、洋蛮河、西场一线的海李公路正式通车。

10月31日　中共南屏人民公社委员会发出通知，将南屏民兵团基干营300人集中食宿，油粮户口统一转给基干营，劳武结合，各项运动搞突击放样子。

11月　“共产风”蔓延，秋播大搞深翻运动，提出“深翻不达一尺五，种子坚决不下土”的口号；立发公社组织秋播深翻运动，并在刘缺8队、3队召开深翻现场会；男女劳力实行“组织军事化，生活集体化”，群众称为“四集体”，即集体生产，集体学习，集体吃饭，集体睡觉；农村大办公共食堂。

11月1日　各公社先后开办社员食堂，实行基本生活供给制——吃饭不要钱。立发等公社还实行理发、看病、上学、读报不要钱。各学校实行“学习、劳动、吃饭、住宿”四集体。至1959年3月，各公社集体食堂部分不能开伙，社员情绪不稳定。是年5月6日，新生公社党委就全社开办集体食堂情况向县委做书面汇报：全社有食堂102个，开办正常75个，不正常16个，停伙11个。1961年3月，农村食堂逐步停办。

11月5日　根据县委指示，为适应人民公社化的新形势，决定各大队建立党总支。原支部委员会为总支委员会。有党员3人以上成立支部。

12月　韩洋公社民工1960人到丁堡闸施工。

是月　韩洋公社筹集李盐公路碎砖8860箩，两天完成。

1958年冬到1959年春，韩洋公社共出民工16126人次，先后完成焦港河、杨家涵河、通扬运河、树凌河的施工任务，共完成土方8398万立方米，平均每人每天完成5.18立方米。

是年　南屏乡曙光高级社划属海安镇。

1959年

1月13日　县委任命韩永琪为韩洋公社党委第一书记，丁忠荣为社长。

1月15日　立发公社召开“人造煤”沼气现场会。

2月27日　立发公社1大队党支部书记倪富明出席江苏省农业社会主义建设先进单位代表大会。

2月　县人委决定建立西场中心税务所，3月10日起对外办公。

3月22日　新生公社组织650人检查团从砖桥、范庄大队开始，进行田间管理、备耕工作、生活福利、工副业四个方面的生产大检查。检查结束后，召开汇报会，并评比品建大队为红旗队、农业试验场为“黑旗队”。

3月23日　立发等公社组织公社、大队、生产队干部参加县五级干部大会，传达中央政治局郑州会议精神和毛泽东重要讲话。会议确定人民公社基本核算单位、分配比例、分配办法及全年生产指标等。

3月　立发公社新河大队通榆运河以西部分划给海安镇管辖，其余部分与太平大队合并，合并后称太平大队。

4月1日　立发公社党委在立发大队9队进行贯彻郑州会议精神试点工作，发动群众进行鸣放，向干部提意见。

4月17日　西场公社召开第一届第一次社员代表大会，456名代表出席。

4月19日　新生公社召开发展生猪及畜牧生产情况交流会。

5月8日　立发公社召开党员大会，选举产生第二届委员会和监察委员会。同日，召开第二届人代会第一次全体会议，产生立发公社第二届管理委员会和监察委员会。

5月10日　韩洋公社三角大队社员杨某一家七口，因误食“1605”农药浸过的诱雀大米，造成6人中毒、4人死亡事件。

5月11日　立发等公社部分医务人员到王家楼党校参加全县卫生系统“反右”整风学习。

5月12日　新生等公社开始普查全社土壤情况。

5月17—19日　新生公社召开全社党员大会。县委书记处书记张德义到会作报告。会议要求彻底算清1958年以前的一切账目。会议第二阶段派出材料员到各大队核实查账。大会结束时，党委书记钱寿余作总结报告。

5月　西场公社楼基大队24户新社员闹退社，公社党委处理、解决问题。

7月4日　立发公社畜牧兽医工作站建立。

8月20日　韩洋公社在赵桥大队召开公社、大队、小队306人参加的反右倾、鼓干劲、实产超包产现场会。

8月22日　新生等公社开始召开党员大会，学习贯彻八届八中全会公报精神，并通过有关决议。

8月　县公安局破获“为人民政府”反革命集团案，依法逮捕南屏公社界河6队吉某、5队张某、佘庄9队丁某等首犯。

9月1日　公私合营西场碾米厂更名为地方公私合营西场碾米厂。

9月26日　韩洋公社在赵桥大队召开秋播现场会，通过看、听、议、比，决定在当月27日“放深翻卫星迎国庆”，出动劳力4000人，完成任务2000亩。

9月　南屏公社组织百人参加卫生员训练班，并在葛桥大队五队开展灭螺运动，填沟两亩。

12月16日　西场公社党委第一书记朱兴才撰写的《大闹田间管理，为三麦持续而战》文章在南通地委党内刊物《卫星》发表。

12月16—26日　新生公社党委召开全社党员大会，党委书记钱寿余做《关于反右倾、鼓干劲，为实现大跃进，在群众中开展社会主义教育运动》的报告。

12月28日　立发公社党委决定建立公社副业办公室和工交党支部。

是年　南屏公社总户数5326户，人口21622人，参加收益分配的户数5216户21233人。韩洋乡社员年终分配人均纯收入38元。西场公社完成70人支边任务。

是年　曙光大队由海安公社划属南屏公社。

1960年

1月　立发公社先后成立农具综合加工厂、交通运输建筑站。

1月16日　韩洋公社工农业业余教育委员会成立。

1月18日　西场片在韩洋公社进行农业生产（深翻、松土）万人大检查。

1月20日　韩洋公社在石荡大队召开棉花播种现场会。

2月9日　新生公社召开“学扬中、赶扬中、超扬中”表决心大会。全体党团员、干部和社员代表参加大会。

2月20日　新生公社召开第三届人代会，选举产生17人组成的新一届管委会、监察委员会。

2月　南屏公社机关由韩庄迁至蚂蟥沟，建房24间。

3月11日　立发公社党委公社医院向病者收费一半，大队筹交一半。

3月14日　韩洋公社党委召开全委扩大会，制定1960年工作任务指标，提出“全面赛苏州，周围超四邻，项项争第一，全面夺冠军”口号。

是日　壮志公社洪庄7队民兵排长赵风和、立发公社于沟大队民兵英雄田久来、南屏公社曙光大队民兵营长张富，到北京参加全国民兵代表大会，受到罗荣桓、贺龙等中央首长接见。中央军委奖励每人五六式半自动步枪1支、卫生衣1套、人民币20元。

3月24日、25日　立发公社、新生公社先后召开第三次代表大会。

3月25日　南屏公社党委召开常委会，研究落实县下达240人支边任务。

4月7日　南屏公社党委召开常委会，传达省委六级干部大会精神。会议传达七个方面内容：所有制、社有经济、经济核算、分配和食堂、实行半自动化和自动化、政治思想、领导方法和领导作风。

4月12日　南屏公社召开民兵建师万人大会。

4月26日　新生公社召开民兵建师暨纪念红十四军建军三十周年大会（1930年5月1日，中国工农红军第十四军在如皋西南乡贲家巷成立）。

5月12日　南屏公社党委召开党员大会，传达县委四级干部大会精神：动员全党反右倾；紧急行动起来，投入四夏战斗；大搞多种经营。

6月2日　立发公社机电灌溉站建立。

8月29日至9月1日　立发公社召开“大办农业，大办粮食”会议，听取和讨论党中央关于全党动员、全民动手，大办农业、大办粮食和立即开展以保粮、保钢为中心的增产节约运动指示。

10月10日　南通医学院师生8人，海安卫校助产班学员10人，立发医院医生8人，各大队卫生员10人，组成除害灭病检查小组，普查立发公社人民寄生虫、血丝虫情况。检查发现钩虫病人占65%，蛔虫病人占90%，血丝虫病人16例，同时进行治疗。

11月3日 新生公社22人参加南通地委组织的万人检查团，并将新生公社与西场公社爱国大队和北凌公社新华大队检查情况作比较找差距，撰写题为《组织大检查 生产大发展 领导大提高 作风大改进》的书面报告向分团汇报。

12月9日 韩洋公社举行全社生产、生活检查评比总结大会。检查统计，全社有浮肿病人86人，消瘦病人19人，妇女闭经565人、子宫下垂150多人，7620人患钩虫病，327人患绦虫病，6000多人患疟疾。

12月30日 县委行文公布陈石青为韩洋公社社长。

是日 经县委推荐，南屏公社为全省蚕桑工作试点的5个公社之一。

是年 各公社分片集中治疗浮肿病人。

是年 南屏初中建成；南阳小学改为南屏公社中心小学；南屏公社农民医院从赵家庄迁址到蚂蟥沟，入驻停办的南屏农中。

是年 西场公社全社完成275人支边任务。

1961年

1月3日 立发公社168人参加县委召开的四级干部大会，听取县委书记邢白和南通地委书记左开运报告。立发公社党委书记孙如金在会上做"关于人民公社三年来的检查总结"，检查"共产风""十个不要钱""浮夸风"及"瞎指挥风""命令风"造成的极大危害，表示要总结经验接受教训，开展冬季整风整社运动，贯彻队为基础、三级所有政策，办好人民公社。1月14日，公社党委组织整风整社反"五风"试点工作组进驻五坝大队。

1月5日 火柴实行凭证定量供应。

1月12—14日 韩洋公社党委分别召开常委会、全委会，揭发党委自身在"五风三害"（"五风"：共产风、浮夸风、命令风、乱指挥风、特殊化风。"三害"：官僚主义、贪污和浪费。）方面的错误。

3月4日 南屏公社党委拟定"平调"退赔方案，退赔现金14713.08元，退赔物资额19047.46元。

3月7日 西场公社召开"平调兑现、生产动员"誓师大会，5328人出席。3月8日，南屏公社在原农中大操场召开整风整社万人大会。3月9日起，西场公社用5天时间进行"整风整社"。

3月17日 韩洋公社十番大队第1生产队调整为第1、2生产队；丰源大队第3生产队调整为第3、4生产队，第4生产队调整为第5、6生产队，第5生产队调整为第7、8生产队；丰港大队第3生产队调整为第3、9生产队。

3月20日 南屏公社党委会听取全社群众病情汇报。全社9日统计：浮肿病人826人（其中轻的611人、重的215人），消瘦病287人（其中轻的196人、重的91人），妇女闭经896人（轻的728人、重的158人），胃病134人，呼吸道感染157人，小孩营养不良51人，其他病人163人；因口粮奇缺、缺乏医疗死亡95人。

3月 农副产品实行换购，农民出售家禽、家畜、棉花、蚕茧等农副产品，优先供应火油、食糖等物资。部分商品采取发红、绿券，凭券优先供应。

4月1日 新生初中征用新生公社范庄大队土地6亩。

4月22日 立发公社党委召开社直机关全体干部职工会议，开展社直机关整风动员。

5月4日 立发公社党委和县委"三反"工作组研究决定，长池大队为开展"新三反"试点大队。

5月10日至6月10日 西场、新生等公社先后召开全社党员干部大会，学习贯彻中央六十条。

5月11日 立发公社党委建立审干肃反领导小组。

5月12日 中共韩洋人民公社第三届第一次代表会议、第四届第一次人代会召开，选举产生新一届党委会、管委会。5月15日，公社监委会成立。

6月1日 南屏公社党委在南屏初中召开"海安县红领巾电灌站"命名大会。团县委书记王明和县教育局负责人出席会议。电灌站试车时，出席会议领导与少先队员代表合影留念。

6月22日 新生公社体制调整，将规模大、人地不相宜的10个生产队划分为17个生产队，全社73个生产队增加到80个。

10月1日 韩洋公社盐河大队改为丰河大

队，石荡大队改为十番大队，鸭港大队改为丰港大队，滩桥大队改为翻身大队，私河大队改为兴旺大队，并从中划出南田大队。

11月5日　地方国营立发轧花厂实行党支部领导下的厂长负责制，明确分工，分户包工，推广班组核算。

12月5日　西场公社职工业余学校成立，党委副书记刘一萍任校长。

12月22日　立发公社第四届人代会第一次全体会议在立发大会堂召开，历时两天，到会代表141人，大小队干部312人列席会议。大会选举产生公社管委会、监委会以及出席县第四届人代会代表。

12月　立发公社统计，三年自然灾害困难时期，全社发生心、肝、肾及营养不良的浮肿病人1800多人次，国家补发药物进行治疗，并配发了营养品。

是年　韩洋公社社员年终分配人均纯收入28.04元，粮食102.5公斤。

1962年

1月1日　各公社大队党支部书记参加县生产小队核算工作会议，历时5天。

1月1—11日　由于管理不善，西场公社9头耕牛死亡，其中水牛3头、黄牛6头。

1月6日　新生公社召开全社社员大会，党委书记钱寿余在大会上做关于从大队核算改为小队核算的报告。会后，公社组织工作组进驻各大队。

2月23日　各公社党委组织公社、大队党员干部参加县委召开的全委扩大会议，历时10天。会议传达贯彻中央七千人大会精神。

3月15—20日　南屏公社对全社16个大队和140个生产队干部进行培训，内容为认清形势，总结成绩，联系实际，学习管理。

3月24日　立发公社党委、管委会举办全社114个生产队队长、会计集训班，时间7天。同时作出社队干部必须遵守的五项规定：(一)不得挪用多占粮食；(二)不拿集体和群众的一钱一物；(三)不准干部互相乱记杂工；(四)不得抬高和压低农家肥价格；(五)不用国家和集体的钱和物请客送礼。

3月　南屏公社农民医院改名为南屏公社医院。

4月14日　南屏公社党委召开"精简"工作会议。会议确定社直企事业单位下放130人，保留67人。

4月26日　海安县下发《关于撤销立发等四个公社邮电所的通知》。人员处理：凡1958年后参加工作的一律由公社下放参加农业生产。

5月8日　立发公社党委将开展增产节约、精简职工、下放80人的情况报告县委。

5月　新生公社撤销原太平保健室，资财与成员收回新生医院统一分配；建立医药合一体制，设立一个院部。医院下设白桥和三里两个保健室，各配医务人员4人。医院建立7人组成的院务委员会。

6月13日　立发铁木竹农具厂生产的铁木竹产品获县手工业联社奖旗一面。

6月22日下午　壮志乡遭受龙卷风袭击。10个大队全部受到影响，较严重的有池旺、中心、秦庄3个大队。被龙卷风袭击农户1728户，受灾5345人，受损房屋3085.5间。

7月2日　韩洋公社召开全社党员、三级干部大会，检查总结夏收夏种情况，动员大力开展以积肥追肥为中心的田间管理活动。

7月3日　立发公社举办大队小队治螟骨干训练班。

9月5日10时至7日24时　14号台风过境，连续降雨62小时，雨量242.9毫米。韩洋公社118个生产队，积水成涝109个生产队，2.6万亩农作物严重受淹，5200亩中稻倒伏，4000多亩玉米浸在水中。西场公社河港水位高于田岸，178个生产队中96个生产队积水成涝，62个生产队涝灾严重，积水总面积12229亩，其中积水二尺以上的300亩，一尺以上的704亩。

9月21—22日　新生公社召开全体党员大会，学习中央关于农村人民公社工作条例60条修订草案。

10月11—12日　新生公社召开第四届人代会第二次会议。

11月16—17日　立发公社召开党员干部大会，进行社会主义教育。

12月8—10日　韩洋公社召开农业先进代

表会议，389人出席。会议听取公社管委会《关于1962年农业生产总结报告和1963年农业生产任务报告》，选举出席县农先会代表。

12月25—28日　新生、韩洋、南屏、西场、立发公社先后召开党代会。会议选举产生出席县第三届党代会代表和新一届公社党委会。

是年　韩洋公社社员年终分配粮食人均96.1公斤。

1963年

1月上旬　立发农具厂1962年利润积累额在全县同级农具厂中名列前二位，获县手工业联社奖旗一面。

1月18日　南通专员公署转发县人委《关于南屏公社开展保护和繁殖耕牛检查评比情况报告》的通报。肯定南屏公社保护和繁殖耕牛的基本经验，要求各地结合当地情况，抓好此项工作。

1月27日　海安公社所属曙光大队划归南屏公社，此后南屏全社为17个生产大队。

1月31日至2月5日　立发、南屏公社党委召开党员干部大会，传达县第三次党代会精神，会议内容：阶级教育、形势教育以及各大队开展社会主义教育运动的计划安排。立发公社以长池大队作为运动试点大队。

3月22日　立发公社恢复立发信用社，地方国营海安县立发油厂与地方国营海安县大公油厂合并，原立发油厂为地方国营海安县大公油厂立发车间，1965年1月1日，原大公油厂立发车间改为独立核算单位，复名地方国营立发油厂，从1965年1月1日起单独管理与核算。

3月　各公社党委做出广泛开展"向雷锋同志学习"的决定，各行各业开展向雷锋同志学习活动。

4月22日至5月29日　立发、南屏、壮志、新生、韩洋等公社分别召开人代会，选举产生新一届管委会、监委会及出席县人大代表、人民陪审员。

7月31日　韩洋民办初级中学停办，在籍学生转入韩洋农中和西场、立发初级中学。

10月16日　西场油米厂更名为国营李堡油厂。

10月27日　立发农业中学恢复办学，借刘缺小学2间房屋做教室。

12月14日　立发公社党委在高庄大队召开传达中共中央《关于目前农村工作中若干问题的决定（草案）》和《农村社会主义教育运动中一些具体政策的规定（草案）》两个文件的试讲会议。

12月26日至1964年1月　南屏、立发、西场、新生等公社党委召开三级干部大会。内容为阶级斗争问题、社会主义教育问题、组织贫下中农阶级队伍问题、四清问题、干部参加集体生产劳动问题，经过学批揭和查上当、放包袱、干部下楼、"洗手洗澡"及总结工作等。

是年　韩洋公社大桥大队划分为大桥、韩洋两个大队。

1964年

1月8日　立发公社党委召开三级干部大会上，提出1964年农业生产指标。

1月11日　韩洋公社加工厂撤销，机灌站建立。

1月26日　韩洋公社组织公社干部在大会堂学习《反对自由主义》，交流学习毛主席著作情况。

2月20日至4月上旬　疏浚立公河，全长10.3公里，完成土方13.22万立方米，民力2500人，20日开工筑坝，28日民工正式上工，40天完成。

2月24日　立发公社12名代表、南屏公社29名代表以及其他各乡代表参加海安县农业生产先进代表会议。

3月3日　立发农业中学由刘缺小学迁到高庄8队，利用原药师庵庙房办学。

4月29日　新生公社高印大队民兵营、农业大队民兵营受到县人武部通报表扬。

5月28日　县长袁广文与工作队领导参加南屏公社干部会议，讨论研究"三五"规划。

5月　韩洋公社周彩桂等13人进疆支边。

5月　南屏公社广播站成立。

6月6日　新生公社医生王则明和医生张萌林个人开业行医。

6月22日至7月20日　全国第二次人口普查，南屏公社总人口23645人，其中男性11817人、女性11828人。韩洋公社总人口18222人，其中男9085人、女9137人,非农人口154人。

7月　立发公社医院从原石桥北边迁至集镇西首粮管所隔壁。

8月8—9日　南屏公社召开农业生产先进代表会议。

9月　南屏前进农中、曙光农中分别在前进3队、曙光大队办公室成立。

10月9日　各公社录用转复军人、回乡职工、农村知青参加社教工作队。

10月　南屏公社兽医站建于溪河大队。用地1.3亩,建房6间,职工28人。

11月29日　新生公社农场小学组织学生拾回落在地上的棉花25公斤送到轧花厂支援国家社会主义建设,受到县文教局通报表扬。

12月5日　韩洋公社大桥大队划分为大桥、丁桥两个大队。

12月12日　县社教工作队进驻南屏公社。

是日　立发公社医院开始实行统一核算及基本工资加奖励制度,由原来一院二室分级核算制度,调整为统一领导、统一核算奖励制度,每季评一次,每次金额不得超过单位工资总额的120%。

12月27日　立发公社召开679人参加的贫下中农代表大会(简称贫代会)。

是年　作为县多种经营的典型,南屏公社派代表出席江苏省农业先进单位代表会议。

1965年

1月10日　西场公社社会主义教育运动开始,公社党委做出《关于实现革命化决议》。

1月21日　立发公社党委为期16天的贫代会结束,参会人数679人。大小队干部从上而下进行政治上、组织上、经济上、思想上的“四不清”问题自我检查。到会贫下中农代表采取背对背、面对面、写大字报、人民来信、个别交换等方法,向干部提意见,帮助干部“洗手洗澡”。

1月22—28日　南屏公社党委、社教工作队在电灌二站召开贫代会,出席会议536人。会议对“四清”运动前后期工作进行总结、动员,揭发“四不清”问题;选举出席省贫协代表大会代表2人(圣稳有、王朋美);建立公社贫协筹备组织。2月28日,南屏公社贫代会在大会堂召开,选举产生公社贫协委员会。

1月24日　立发公社决定复训生产队卫生员,每队选1名知青参加培训,从而迅速扑灭脑膜炎。

2月18—26日　各公社党委、社教工作队分别召开三级干部大会,学习“二十三条”和上级领导讲话。

2月27日　立发公社党委、人武部在太平2队召开民兵比武大会。

3月26日　南屏公社在胜利大队13队大场召开三级干部大会,6000多人参加会议。内容:查上当、放包袱,比革命、表决心。4月29日,南屏公社在电灌二站召开“经济退赔兑现大会”,部分公社干部在会上检讨、发言,社教工作队负责人讲话。

5月4日　南屏公社在胜利13队大场召开“五四”青年节纪念大会,团地委书记林平参加并在会上做报告。会议最后举行入团宣誓仪式。

6月13日　新生公社召开三级干部大会,贯彻地委提出的“以夏促秋、秋熟超计划、全年过双关、突出抓棉花、棉花超指标、粮食超计划、全年争纲要”奋斗口号。

6月19日　立发公社兴建黄家涵子公路桥。

6月23日　立发公社决定集中力量对新华4队至人民8队、五坝5队至刘缺4队、太平10队至人民5队3条河捞浅,以解决5月以来干旱无雨、水源不足状况,共挖土3.5万立方米,1000人参加。

7月28—29日　南屏公社在农业中学召开第六次党代会,选举产生新一届党委会。

8月4—6日　南屏公社在电灌二站召开第六届人代会和贫代会,选举新一届公社管委会。

8月5日　“南屏公社民兵团”举行成立大会。

9月6日至11月24日　在南通地委社教工作团韩洋分团的参与下,韩洋公社党委成员人人“洗手洗澡”,过关检查。

10月30日　立发公社管委会下发对在社教运动中经评审地主分子作为候补社员的决定,要求在当地当众宣布执行,富农分子将逐一落实候补社员待遇。

11月2日　南屏公社栟茶运河段划给渔业大队发展养殖业生产。

11月10日　南屏公社党委组织全社民兵排长和民兵骨干，前往海安下坝杨桥做靶场，每个生产队3人，时间7天，每人每天完成两立方米土方。

11月28日　立发社教分团党委、公社党委下发《关于开展计划生育工作的意见》，立发公社人口出生率从1960年的1.4‰上升到1964年的4‰，并对计划生育做出规定，1967年人口增长控制在2‰。

12月1日　立发社教分团党委副书记姚世祥在立发公社三级干部大会上做报告，要求开展农业学大寨、学先进、创五好、树标兵，开展学比赶帮竞赛，掀起农业生产新高潮。

12月9日　立发、南屏、西场等公社组织大队团支书、民兵营长、中小学校长、各社教工作队团支部书记参加县委在海安电影院举行的王杰英雄事迹报告会，王杰生前战友做报告。

12月29日　立发公社组织文艺骨干训练班，宣传“援越抗美”斗争形势，宣传社教成果。

12月31日　立发公社开展麻风病普查，查出病人26人。

1966年

1月4日　原立发运输组改建为海安县立发搬运合作社。

1月6—8日　县委在南屏公社凤凰大队召开县、区农田基本建设样板工作会议。1月25日，县委印发在南屏公社凤凰大队召开的县区样板工作会议纪要，总结上一年样板工作，传达专区样板工作会议精神，研究和明确今后样板工作任务。

1月10日　立发公社召开民兵团建团大会，与会者4000多人。曹玉宽任公社民兵团政委，周星北任副政委，杨元稳任民兵团长。

1月30日　南屏公社召开民兵武装营成立大会。

2月14日　新生公社高印大队第7生产队会计史传富前往南京，代表新生公社出席省贫下中农代表和农业先进单位代表会议，会议时间10天。

2月14—15日、25—26日、26—28日，2月27日至3月1日　立发、韩洋、新生、壮志和西场公社分别召开第五届党代会，选举产生公社新一届委员会和监委会，通过关于加强党的思想建设、正常民主活动日制度决议。

2月16日　南屏公社在电灌二站召开三级干部大会，时间8天。前4天传达省党代会和县委三级干部大会精神，后4天讨论全社各项工作。

2月17日　新生公社召开第六届人代会，400多人参加。

2月19日　新生公社召开学习毛主席著作积极分子代表会议，400多名代表参加。

2月22日　韩洋公社阶级成分统计：全社4736户，其中雇农14户，贫农2463户，下中农444户，中农1006户，上中农267户，富农271户，地主99户，其他172户；全社“四类分子”（地主分子、富农分子、反革命分子、坏分子）497人。

3月31日　韩洋公社管委会决定动用民力600人，4月5日动工，进行中心河疏浚工程，完成土方3万立方米。

3月　各公社开展学习焦裕禄、王杰活动。

5月1—4日　新生公社召开三级干部大会，总结交流学习毛主席著作情况，贯彻南通地委政治工作会议精神。全社各级干部450多人参加会议。

5月2日　韩洋公社管委会请求西场区委批准借销储备粮食2万公斤，解决567户2377人的生活困难；并请求批准借稻种2250公斤。

5月13—14日　新生公社召开三级干部大会，进行“四夏”动员。

6月17日　景庄小学改名为海东小学。

6月　省巡回医疗队结合社教运动，到海安推广节育技术。在南屏公社设专科手术室，为22名育龄妇女实施绝育手术。

是月　各行各业、各条战线开展“文化大革命”，破“四旧”（旧思想、旧文化、旧风俗、旧习惯），狠批“四类分子”。

7月18—21日　新生、南屏公社分别召开全社党员、三级干部大会，传达党中央、毛主席关于“文化大革命”指示和有关文件，通过大会决议。

8月27日　新生公社在高印大队第五生产队召开多种经营现场会，250多人参加。

8月30日　暑假开始，全体中小学公办教师集中至海安中学办“训练班”67天，不少老师受到打击和迫害。

9月3日、9日　新生、立发公社分别召开大会，传达中央指示，布置抓革命、促生产任务。

9月13日　韩洋、大公、立发3个公社12个大队的民兵在情况不明的情况下盲目行动，受县人武部通报批评。

9月19日　新生公社在新生中学召开千人大会，传达八届十一中全会制定的“十六条”、县以下“文化大革命”规定和“抓革命、促生产”通知以及省委关于贯彻执行中央指示的通知。

9月20日　立发公社召开学习贯彻“四清”退赔政策动员会议。

10月1日　立发公社实行三级医疗网，10个大队卫生室账册由大队会计兼管。

10月3日　各中学选送红卫兵代表赴北京，接受毛泽东第六次检阅。各中学学生纷纷到全国各地串联。

11月15日　新生公社民兵团召开突出政治办民兵会议，西场区人武部领导到会讲话，新生中学顾趾铭介绍到北京串联情况。

11月25日　南屏公社于佘庄5队蚕室召开三级干部大会，公社主要负责人带头背诵“老三篇”（《为人民服务》《纪念白求恩》《愚公移山》）和毛主席语录。

11月29日　西场公社陆堑民兵营第三排政治教导员谢文来，因家中失火，烧坏枪械一支，枪号9467。

12月12—22日　新生公社人武部举办220多人民兵骨干训练班，贯彻角斜训练会议精神。

12月30日　立发公社召开烈军属、残废转业复员退伍军人大会，会上表彰先进人物，公社负责人到会做关于当前形势和任务报告。

12月　境域各单位纷纷建立群众造反组织，党政机关受到“造反派”冲击，领导人“靠边站”。

是年　韩洋公社干部参加社教运动“四不清”定案情况：参加干部总数197人，有“四不清”问题51人，涉及金额4933.32元、粮食895.75公斤。其中，挪用公款655.21元；多吃多占折合768.4元、粮食612.25公斤；贪污盗窃涉及金额2955.11元、粮食283.5公斤；投机倒把折合554.6元。西场公社从1965年9月1日到1966年3月，全社解决“四不清”问题，清出经济涉及金额2007.79元，粮食872.85斤，清理混入党和干部队伍内的阶级异己分子和蜕化变质分子3人。

是年　韩洋公社社员年终分配人均纯收入49.5元，粮食270公斤。

1967年

1月7日、13日　立发、新生公社分别召开三级干部会议，传达县委三级干部大会精神，学习中央《关于无产阶级文化大革命的决定》（即16条）、《关于抓革命、促生产的十条规定（草案）》等。

2月7日　南屏公社召开干部会议，讨论决定春节期间不放假，抓革命、促生产。

2月17日　立发公社在人民3队召开“抓革命，促生产”誓师大会，到会400多人。会议由“造反派”主持。造反派对公社当权派进行“训话”，由党委书记曹裕宽作春耕生产动员，部分大小队代表表决心。

是月　各公社、大队、生产队、机关、学校、工厂、商店“造反派”相继“夺权”。

3月10日　南屏公社建立抓革命、促生产领导组，由人武部干部总负责。

3月29日　立发公社生产领导组在大会堂召开全社计划生育工作会议，与会300多人。

4月5日　韩洋公社召开公社干部、社直单位负责人、各党支部书记会议，交流对“文化大革命”的认识、体会。

5月3日　新生公社召开紧急会议，动员全社干部群众立即行动起来，彻底消灭病虫危害，确保三麦丰收，500多人参加会议。

5月5日　南屏公社妇女学习毛主席著作讲用会在胜利大队13队蚕室举办，8名代表在大会上讲用，公社负责人最后讲话。

5月14日　立发公社召开活学活用毛主席著作先进单位、先进个人和贫下中农代表会议。

6月22日　南屏公社前进大队突击完成征购任务，县财政局要求各地向前进大队学习，掀起突击交好爱国粮的群众运动，胜利完成或超额完成征购任务。

6月27日　南屏公社召开党员大会，主要内容是“声讨”和“讲用”。会上发放毛主席著作，布置工作任务。9月8—9日，公社召开三级干部学习“毛选”(《毛泽东选集》简称)讲用会。

7月12日　立发公社在大会堂召开向一切暗藏的阶级敌人发动更加猛烈进攻的“对敌斗争大会”,对有关人员进行批判斗争。

8月15日　县抓革命促生产指挥部生产办公室转发《关于南屏公社各大队破“四旧”物资情况和讨论如何处理的调查报告》。

9月　南屏、新生、立发等公社分别召开学习毛主席著作积极分子代表大会。

9月12日　新生公社召开拥军爱民大会,大会宣读拥军公约,解放军代表宣读爱民公约。

10月16—17日　南屏公社召开全委扩大会议,讨论通过关于学洪泾、赶洪泾、赶角斜等有关决议。

10月26—31日　南屏公社举办学习班,全体社干、委员、社直单位负责人,各大队支部书记、大队长参加。学习班集中食宿,不得早出晚归。内容:学习文件、自我教育、自我革命。

11月中旬　境域各公社负责人前往大寨参观学习,回公社作参观情况报告。

12月7日晨　海安内燃机厂发生武斗,南屏公社、立发公社部分造反派参加。立发公社向东大队第四生产队会计杨树仁在武斗中被刺身亡。

12月17日　立发公社人武部生产领导组和“造反派联合委员会”,在前进大队第5生产队举办第一期毛泽东思想学习班,时间10天,参加人员98人。

是年　各公社开展“三忠于”“四无限”活动(忠于毛主席、忠于毛泽东思想、忠于毛主席的革命路线;无限忠于毛主席、无限热爱毛主席、无限敬仰毛主席、无限崇拜毛主席),到处扎“忠”字门,家家门上贴“忠”字画,人人跳“忠”字舞,饭前、上班、上工前向毛泽东像鞠躬,唱《东方红》,敬祝毛主席万寿无疆。

1968年

1月21日　各学校开始“复课闹革命”。

1月下旬至3月中旬　各公社召开三级干部大会,部署1968年征兵工作,至3月中旬完成春季征兵任务。

2月26日、29日　立发、新生等公社分别建立革命委员会(简称革委会)。

3月13—15日、17—19日　南屏、新生公社分别召开三级干部大会,传达大寨政治工作会议精神,研究革命化有关问题。西场、壮志、立发等公社也先后召开大寨政治工作会议。

3月17日　新生公社范庄大队贫协主席、军属范钦池在县六属(军属、烈属、复员、转业、退伍、残疾军人)代表大会上做“我是怎样活学活用毛泽东思想的”讲用发言。

3月23日　立发公社革委会举办公社、大队干部“毛泽东思想学习班”,进行形势教育、阶级教育、忆苦思甜、斗私批修。100多人参加会议。

3月下旬　新生初级中学等学校组成革委会。

4月1日　县人武部生产办公室转发《南屏公社曙光大队种子工作座谈会纪要》。

4月5日、9日　西场、南屏公社革委会成立。

3—4月　韩洋、新生公社在大会堂召开学习、宣传、发行毛主席著作誓师大会,组成学习、宣传、发行毛主席著作领导组。

4月　南屏等公社“文攻武卫指挥部”建立。

5月15日　韩洋公社文攻武卫指挥部召开“横扫一切牛鬼蛇神”进攻大会。

5月、6月　全国著名水稻专家陈永康,先后在曙光大队第6生产队作水稻落谷、栽插现场示范。

6月2日　立发公社新华7队贫农郭成英出席江苏省首届活学活用毛泽东思想积极分子代表大会。

6月29日　南屏公社在烈士陵园召开“三忠于”誓师大会,出席会议3418人。会上,民兵代表、贫协代表、造反派代表分别表决心。

7月16日　立发公社决定将办在药师庵的立发农中拆迁到刘缺小学东首,同时拆除老农中房屋。

8月1日　新生公社召开4000多人参加的群众大会,传达贯彻7·3布告精神,刘庄、民主等单位派代表在大会上发言,新生中学学生组织了游行。

8月12日　韩洋公社召开“对敌斗争”大会,揪斗“贪污分子”“自首分子”“腐化分子”“小爬虫”“死不改悔的走资派”。

8月17—19日　海安县在新生公社大会堂

召开卫生工作现场会，200多名代表参加。新生公社革委会副主任崔一田在会上作题为《高举毛泽东思想伟大旗帜，大力开展群众性爱国卫生运动》发言，光明五队民兵在会上做了军事表演。

8月29日　南屏公社1500人参加县在体育场召开的“人民公社成立十周年庆祝大会”，会后200人参加庆祝游行。

10月　西场、壮志、南屏等公社革委会举行阶级教育会议，学习毛主席最新指示，狠抓阶级斗争，深入开展“四忆苦”（吃忆苦饭、睡忆苦铺、演忆苦戏、走忆苦路）活动。

10月30日　新生公社召开贫下中农代表会议，400多名代表参加，会上通过《新生人民公社贫下中农代表大会决议》。

11月5日　立发公社召开庆祝党的八届十二中全会公报发表大会，参加会议的有全体民兵和各级干部3000多人，公社负责人在会上作报告，大会结束时举行“游行示威”。

11月16日、18日、12月3日　南屏、新生、立发、壮志、西场等公社学习毛主席著作积极分子代表大会先后召开。

是年　各公社实施大寨式记工；“贫宣队”进驻学校，参加斗、批、改，搞“教育革命”，开始“贫下中农管理学校”。

1969年

1月　韩洋等公社建立公社革委会毛泽东思想宣传队。

1月3—5日　韩洋公社在东屏1队举办赤脚兽医学习班。

1月25日　南屏公社革委会制定《合作医疗管理办法》，要求每个大队建立一个合作医疗保健室。

1月　南屏、西场、壮志、韩洋公社公办中小学下放到公社、大队办，农村小学学生至本大队上学，教师调回家乡学校工作。

1月　南屏公社东风4队饲养员陈宝英在县“活学活用”毛泽东思想积极分子代表大会上介绍“用毛泽东思想饲养好生猪”的情况；南屏公社贫下中农毛泽东思想宣传队介绍在建设大队蹲点经验。

2月　立发、壮志等公社全面推行合作医疗制度。

2月6日　立发镇15名知青到农村安家落户。

2月25—27日　立发公社革委会召开“农业学大寨掀起春季革命生产新高潮”动员大会，到会800人。

2月28日　韩洋公社召开革委会、贫代会、文攻武卫指挥部、贫宣队负责人会议，主题为学习角斜“红旗民兵团”，靠毛泽东思想实行一元化领导。

2—3月　韩洋、立发、西场、壮志等公社各大队先后建立革委会。

3月11日　立发公社培养新法接生员消息在《新华日报》第四版报道，题为《贫下中农培养自己的新法接生员》。

3月12日　南屏公社在大会堂举行学习毛泽东思想报告会，全社946人听取县活学活用毛泽东思想报告团肖金美老太讲用报告。

3月21日　新生公社举办历时20天社直职工学习班。

3月　立发、西场、壮志公社各大队成立革委会。

4月初　立发、新生等公社1200人出席庆祝中共九大召开大会，公社和各大队组织游行。

4月18日　立发公社医院与中药商店合并。

5月15日　南屏公社机关整党学习班在大会堂举办。公社党员干部进行斗私批修，大队、社直单位代表帮助公社干部找问题，提意见。

5月20日　立发油厂劳动模范韩芝仁出席南通地区劳模会。

5月　县革委会在洋蛮河农场筹建“五·七”干校。

7月4日　南屏公社在光明8队召开三级干部会议，交流大检举、大揭发、大批判经验。会议观看光明8队大批判现场。

8月　立发、西场等公社党的核心小组建立。

8月31日　上午11时30分，南屏公社大会堂舞台前两间第三个大梁折断，房屋倒塌伤人。其中重伤6人，经一二四医院抢救，4天后出院。

9月4—7日　南屏公社在凤凰大队召开全委扩大会议，学习中央7·23布告和8·28命令（内容是要准备打仗），开展大批判活动，动员建立地方武装部队。

9月　城市知识青年到各公社插队，接受贫下中农再教育。

是月　立发、西场、韩洋公社建立地方武装团，各大队先后建立民兵武装连，立发武装连编为县4营17连，南屏武装连为16连。

10月1日　立发轧花厂工人陈祥杰被推选参加国庆观礼，在天安门受到毛主席接见。

10月4日　县革委会召开计划生育会议，立发公社代表介绍立发公社计划生育、妇幼卫生工作情况。

11月　县委、县革委会组织万名民工，疏浚老通扬运河三十里墩至油坊头段面。

是月　立发公社被确定为全县经济领域阶级斗争试点单位。

12月31日　立发公社建立合作医疗管理委员会，制定下发《关于实施合作医疗制度管理办法（草案）》。

12月　南屏公社接受18名下放干部插队落户。

是年　各公社继续深挖、揪斗、审查、定案。截至1970年2月23日，韩洋公社被揪斗292人。

是年　韩洋公社社员年终分配人均纯收入72.34元，粮食287公斤。

1970年

1月4日　南屏公社在爱武大队大会堂召开抓革命促生产现场会。全体与会人员上午在曙光大队听取各生产队“讲用”，下午在爱武大队听取干部“斗私批修”“讲用”。

1月11日　南屏公社在大会堂召开经济领域阶级斗争三级干部大会，部分人在会上坦白交代。

2月19—23日　县民兵独立团4营16连（南屏武装连）从南屏公社出发到老坝港进行拉练，徒步来回120余公里。

3月1日、11日、13日　南屏公社分别在海安县烈士陵园召开群众批判斗争大会，每次1.1万人参加会议。区领导周克祥在会上讲话。

3月7日　西场区领导组在立发公社粮站召开8000人“对敌斗争”巡回批斗大会。

4月18日　新生公社购销社“五·七”购销站改建为海安县“五·七”干校购销社。

5月5日　隶属县工业交通系统的新生农具社、新生线网组调划给新生公社。立发农具社、立发搬运社、立发线网组3个单位调划给立发公社。

5月11日、6月5日　中国人民解放军南京军区326部队代表与南屏公社革委会代表签订测量标志委托保管书。

5月25日　中共立发公社第六届委员会选举大会召开，到会党员539人。选举产生公社党委会。

7月1日下午　韩洋公社丰河8队社员徐某，因下河洗澡潜入水中，被正在抽水的水泵吸入水管弯头处，经多方抢救无效死亡。7月20日，县革委会将上述事故向全县发出通报。

8月2日　立发公社举办“两医”学习班，全体医务人员集体食宿在立发中学，时间为3个月。

8月3日　南屏公社在光明5队召开学大寨、赶中心、超启东三级干部大会。

8月19日　韩洋公社召开下放干部“活学活用毛泽东思想”讲用会。

8月22日　南屏公社丝绵厂建成运行投产。

9月20日　立发公社党委开始筹办立发砖瓦厂。

9月底　韩洋公社革委会提出年度秋播口号：“举旗抓纲干革命，人人革命加拼命，一年粮食跨千斤，皮棉超过一百五，誓为革命争贡献”。

10月12—17日　南屏公社举办三级干部毛泽东思想学习班，学习九届三中全会公报和两个决议，动员搞好思想革命化，同时参观秋播样板。

10月24日　南屏公社召开全体党员大会，选举公社新的党委会。11月25日，中共南屏公社委员会举行成立大会。5000多人参加会议。

11月13日　南屏公社在立新大队第5队召开学大寨、反右倾、鼓干劲，实现农业新飞跃三级干部大会。5个社员代表在会上做学习毛泽东哲学著作“讲用”介绍。

11月15日　新生公社召开全委扩大会，传达省农业会议精神。公社全体干部、各大队党支部书记、社直单位负责人和全体贫宣队队员出席。

12月7日　新生公社召开第六次全体党员大

会，294名党员选举产生由12名委员组成的公社新一届党委会。

12月25日　南屏公社在县烈士陵园召开“坦白交代　检举揭发批斗大会”。除公开揭发批斗对象外，坦白交代登记的有187人。

12月31日　西场公社召开“一打三反”动员誓师大会。

是年　南屏中学增设高中班两个，招收新生120人。

是年　南屏公社制定第四个五年规划，提出口号：“备战备荒为人民，胸怀朝阳干革命，粮棉产量翻一番，林牧副渔大跃进，房屋成排树成荫，沟河路道一直线，农村面貌大改观，为革命做出新贡献”。

是年　韩洋公社社员年终分配劳动日单价0.427元，人均粮食225.5公斤。

1971年

1月　立发、西场、壮志等各公社党委要求每家每户张贴、陈列毛泽东画像，要“庄严、整洁、适当”。

1月15—16日、19日　南屏、立发公社先后召开“活学活用毛泽东思想‘四好’单位、‘五好’个人”代表大会。一些代表在会上“讲用”介绍。大会推选出席县活学活用毛泽东思想代表会代表。

1月30日至2月6日　南屏公社举办干部路线教育学习班。会议采用听（报告）、忆（苦）、讲（用）、查（觉悟）、揭（问题）、批（流毒）、表（决心）等方式进行。

2月8日　新生公社革委会研究决定以新生大队第1生产队为基点，建立新生公社农业科学研究所。

2月10日　立发高庄大队党支部书记田汉出席江苏省学习毛主席著作积极分子代表大会。

3月6日　立发公社党委在县革委会召开的春季育苗现场会上作《为革命植树造林决心大，为战备管树育苗抓得紧》专题发言。

3月6—8日　南屏公社举办“狠抓生产领域阶级斗争”学习班，批判“工分挂帅”“物质刺激”“低产有理”“右倾保守”“无政府主义”等思想。

3月29日　县革委会生产指挥组决定，以“五·七”干校的农业、林业两个大队，韩洋公社红星大队为全县棉花原种一代繁殖区，当年繁殖一代原种1530亩。

4月23—24日　韩洋公社党委、革委会在洋蛮河举办批修整风学习班。

4月　立发公社革委会“坚持用毛泽东思想教育人，搞好晚婚和计划生育工作”经验，在南通地区革委会计划生育座谈会交流。

5月22日　新生公社党委全委扩大会决定党委开门整风。

7月3日　南屏公社在烈士陵园召开“学大寨、赛泥城、赶中心、超启东，为革命争贡献”万人誓师大会。

7月15—21日　各公社中小学建立革委会。

8月18日　共青团海安县壮志公社委员会恢复建立。此后，各公社恢复建立团组织。

9月25日　县革委会生产指挥组抽调有关人员到新生公社进行合作医疗整顿试点工作。

11月29日　新生公社召开农业学大寨经验交流会，全体公社干部、生产队长出席会议。

12月1日至1972年元月4日　南屏公社革委会组织3000多民工，用35个晴天，完成备战（葛港）河疏浚工程。备战（葛港）河东起通扬运河，西接海南公社文化河，流经旭红、建设、利民、团结4个大队，河口宽36米，全长3065米。6000多亩农田受益。

12月　新生公社卫生院关于“为革命做好疟疾休止期根治工作”的经验在全县推广。是月，新生、壮志等公社组建贫宣队。

12月22日　立发公社向东大队党支部、革委会在南通地区多种经营会议上做《狠抓路线斗争，夺取五业丰收》经验交流。

是年　各大队、社直单位恢复建立党支部。

是年　韩洋公社社员年终分配，劳动日单价0.4978元，人均纯收入80.81元，粮食236.35公斤。

1972年

1月7日　南屏公社召开三级干部会议，学习中央82号文件（分配政策），同时由区计划生育宣讲队宣讲计划生育知识。

1月12—13日　西场区组织对新生公社革

命生产大检查,新生公社及各大队主要负责人和农技员参加检查活动。

1月30日至2月5日　南屏公社在大会堂举办三级干部路线教育学习班,662人出席。会议学习贯彻毛主席关于“要团结,不要分裂;要光明正大,不要阴谋诡计;要搞马克思主义,不要搞修正主义”指示,10人做学习心得交流,5人发言。

2月9日、26日至3月4日　县军管会、立发、南屏公社等革委会发出五类分子评审批准摘帽通知,部分五类分子分批摘帽成为正式社员。

3月3—6日　南屏、立发等公社召开三级干部大会,传达中央四号文件,批判林彪反革命阴谋集团篡党夺罪行和“571”工程纪要。此后,各公社普遍开展“批林整风”。

3月　县农业科学研究所在洋蛮河农场建成,有职工47人,实验用房3间。

4月27—28日、5月10日　西场、新生公社分别举行农民体育运动会。

5月1日　立发公社农具生产合作社和机电站合并,建立立发农机修配厂。

5月19日　南屏公社在大会堂召开“四夏”动员誓师大会。与会人员参观爱武、凤凰等大队现场,6人在会上表决心。

6月24日　南屏公社在县烈士陵园召开粮棉“三超”万人动员誓师大会。

7月1日　《新华日报》刊登《学习党的基本路线,加强党的思想建设——海安县界墩大队党支部的调查》一文。

8月12日　南屏食品站因疏浚老通扬运河,由油坊头迁至葛家桥。南屏公社丝绵厂由新桥4队迁至双鱼6队,建厂房49间,时有职工644人。

3—8月　南屏、立发、新生、壮志等公社党委改选公社党委,选举组成新一届党委会。

8月30—31日　南屏公社在前进大队召开三级干部大会。29日晚与会人员参加各队批判会;30日参加各队劳力管理和劳动组的活动安排。会议传达县委电话会议精神。

11月16日　新生公社三级干部参加公社组织的农业生产大检查,并以大队为单位召开检查汇报会。

12月　韩洋公社柳器厂建立。

是月　省革委会召开农业现场会,立发公社负责人在会上汇报农、副业生产情况。海安县召开农业会议,立发公社介绍向东11队推广两年五熟粮食、五熟饲料套种、复夹种做法。

是年　韩洋公社农机服务站、柳器厂、窑厂、农具厂、中学、供销社等13家单位搬迁、修扩建,动用集体耕地33.8亩。

1973年

1月9日　南屏公社党委组织“一打三反”宣传队,到东昇大队搞试点。

2月7—14日　南屏公社在胜利大队大会堂召开三级干部大会,485人参加。会议主要贯彻落实省委、县委全委扩大会议精神,批林批孔,总结工作,落实1973年工作任务。

2月11日　立发公社党委召开全委扩大会,下发《关于1972年工作情况和1973年工作任务的报告》。

2月13日至3月8日　西场公社各党支部和公社党委改选。

5月11日　中共壮志公社第七届委员会举行选举会议,383人参加会议。

6月4日　新生公社召开民兵独立团2营5连授枪大会。

6月19日　新生公社召开纪念毛主席民兵工作“三落实”指示发表十周年大会。

6月　省革委会商业局推广立发公社向东11队“两年五熟粮食、五熟饲料套、复夹种”的经验做法,供各地解决养猪饲料问题和科学养猪参考。

7月7日　立发公社开始对在“文化大革命”破“四旧”及清队中查抄的物资,进行逐户核实、登记和按政策处理落实,此后,各公社亦按政策处理落实。

7月22日　南屏公社革委会在南屏中学操场召开(万人)奖惩大会。大会对破获葛桥供销点案件有功单位和个人授奖,批斗盗窃犯、窝赃销赃犯。

7—10月　立发、新生、南屏、西场、韩洋、壮志分别召开妇代会,选举产生新一届妇联。

8月10日　西场公社召开党员大会,选举产生中共西场公社第五届委员会。

8月27日　新生公社红星大队1队领导组撰

写的经验总结《狠抓绿肥生产，夺取早稻丰收》，在县秋播、水利规划会议上交流。

9月22日　南屏公社革委会在南屏中学操场召开万人批斗大会。大会批斗奸污女知青、贪污投机等犯罪分子，并由县公检法军管会依法逮捕法办。

12月5日　南屏公社在“文化大革命”中查抄财物处理情况汇总：全社查抄总户数407户，被没收的户数95户。共查抄现金、金银、实物变价款103035.20元。退还物主92268.69元，交归集体1844.02元，没收9266.68元，查抄房屋77户，190间，作价退还187间，归队3间。

12月10日　立发公社党委负责人在县计划生育工作会议上介绍立发公社深入持久地开展晚婚节育工作的做法和体会。

是年　韩洋公社社员年终分配，人均纯收入66.2元，粮食113.3公斤。

1974年

2月3日　县委批林批孔宣传队到南屏立新大队蹲点。南屏公社在凤凰大队试点，县教育局工作组分别在南屏中学和东昇小学试点。

2月5日　西场公社组织1.47万人以生产队为单位，集中收听县委批林批孔广播动员誓师大会。境域其他公社亦组织群众收听大会实况。

2月25日　县革委会召开“上山下乡”工作会议，立发革委会负责人在会上做《充分发挥下乡知识青年的骨干作用》介绍。

2月27日至3月5日　南屏公社召开三级干部大会，12个单位作批林批孔发言，5个单位作抓革命促生产经验介绍，11个单位表决心。出席会议1000多人，时间7天。

2月　在海安县农业学大赛经验交流会上，南屏公社光明大队党支部作《继续革命不停步，蚕茧连年夺丰收》介绍，立发公社向东大队作《大办农业，大养其猪》经验交流。

3月6日　韩洋公社在丰源6队举办批林批孔骨干训练班。

3月15日　原海安县棉花复壮圃改名为海安县棉花原种场，恢复海安县洋蛮河原种场，并改名为海安县原种场。

3月　南屏公社东风4队饲养员陈宝英在海安县“上山下乡”知识青年代表大会上做《培育下乡知识青年是我们贫下中农的本分》发言。

4月4日　韩洋公社为25名地、富、反分子摘帽，给予社员待遇。

4月14—20日　立发公社党委书记刘宝民，代表陈锦宽、季远美、刘成龙，新生公社知青代表明粉娣和居民代表周德新出席南通地区、市第二次下乡知识青年建设社会主义新农村积极分子代表会议。刘宝民在会议上作《坚决同私有观念斗，当送子务农促进派》发言。

4月23日　西场粮库使用磷化锌做毒饵杀鼠，发生3个小孩误食中毒事故，经抢救，3个小孩全部脱险。

4月25日　县委将《立发公社界墩5队关于肥料布局的打算》印发到全县各区、社、大队、生产队，介绍界墩5队自力更生搞好肥料布局的经验。

6月25日　南屏公社召开抓革命、促生产万人大会。会上表彰批林批孔好人好事；两个大队向大会报喜；党委对当前工作做了进一步动员。

7月7日　南屏公社接受下插知青21人。

7月28日至8月18日　西场公社举办中小学教师路线教育学习班，155名教工参加，其中，公办人员93名、民办教师62名。

9月30日、10月25日、11月6日、11月14日　韩洋、南屏、立发、西场公社分别召开贫代会，选出公社贫协委员。各公社召开党委会，传达县水利会议精神，布置今冬明春水利建设任务。

10月8日　立发公社负责人在县党的建设经验交流会议上做《我们是怎样做好纳新工作的》经验介绍。

10月9日　韩洋公社投入资金40万元，砖45万~50万块，水泥15吨，钢材15吨开始筹建砖瓦厂。

11月2—12日　南屏公社革委会召开农业学大寨经验交流会，讨论农业学大寨形势，总结学大寨经验，提出今后任务。

11月15日　立发公社中心河、黄涵河工程全线开工，参加民工2060人。

11月19日　县委第二批批林整风蹲点宣传队到立发公社界墩大队蹲点。

11月　南通地区召开农业学大寨、农业机械化会议，立发公社党委书记刘宝民在会上做《以粮为纲，全面发展》发言，介绍立发公社正确处理农副关系，促进林、牧、副、渔全面发展情况。

12月2日　立发公社29名麻风病人到创新医院接受治疗。

是年　韩洋公社社员年终分配，劳动日单价0.452元，人均纯收入71.85元，粮食225公斤。

是年　兴修水利时，西场公社出土麋鹿角、巨鲸化石（推算为5000年前）。

1975年

2月8日　立发公社党委在海安县卫生工作会议上介绍《搞好疟疾休止期全民根治工作》经验。

3月3日　新生公社革委会召开农业学大寨经验交流会。

是日　立发公社在海安县多种经营生产会议上介绍“以粮为纲，全面发展”情况。

3月19日　《人民日报》第三版刊登立发公社党委书记刘宝民等领导成员学习的照片。

3月　立发公社党委《思想不断革命，生猪持续发展》，列为省农业学大寨大会交流材料。

4月8—10日　南屏公社召开“农业学大寨”三级干部会议，传达省农业学大寨会议精神，通过《南屏公社农业学大寨大会决议》。

4月28—29日、5月3日　西场、立发公社分别举办第六届农民体育运动会。

4月29日　南屏公社召开党代会，选举13人为公社党委委员，参加会议党员622人。

5月1日　南屏公社砖瓦厂建成投产。

5至6月　韩洋、西场、壮志、立发公社党委改选。

6月20—25日　城东境域普降暴雨，有360多毫米。各公社召开排涝抗灾现场会，干部分工定点，包干负责，组织排涝抗灾。

8月12—13日　立发公社先后在太平大队、人民大队、砖瓦厂发现3例2号病，其中中度病人1例、轻度病人2例 。省、县、区组织40人的医疗队到病区，公社党委成立除害灭病指挥部。

8月31日　立发农机厂划分为立发农机修理厂和立发机电管理站两个单位。

10月14日　南屏公社召开贫下中农管理农村商业代表大会。大会讨论通过《贫下中农管理商业工作实施细则》和《贫管商决议》。

10月24日　南屏公社农科所、“五·七”农大同时建立。组织形式为农科所、兽医站、公社猪场、“五·七”农大四位一体。经济形式为单独核算、收益归所。

10月25—26日　韩洋公社召开党委会，学习国务院副总理华国锋在大寨会议上的报告，提出全社“地成片，田成方，树成行，渠成线，改面貌”的口号。

11月26日　立发公社划属海安区。

12月　南通地区召开农业生产经验交流会，立发公社界墩大队《搞好育苗移栽，促进棉粮高产》的总结在会上交流。

是年　韩洋公社农科站成立；筹建公社建筑站。

是年　南屏公社革委会印发《南屏公社社办企业经营管理若干规定》，并研究制定南屏公社中学教育新体制的意见，要求学生掌握“十大员”（政治理论辅导员、三大革命运动通讯员、农业技术员、会计出纳记工员、农机驾驶维修员、电工员、测绘员、卫生员、畜牧兽医员、文艺宣传员）所具备的技能。

是年　韩洋等公社基本完成“地成片，田成方，渠成线”和水利“三竖十三横”工程。全社社员年终分配，劳动日单价0.39元，人均纯收入63.8元，粮食211公斤。

1976年

1月10日　境域内各公社组织干群集中学习中共中央、全国人大常委会、国务院关于周恩来总理逝世的讣告。大家决心化悲痛为力量，继承周总理遗志，为“四化”做贡献。

1月　韩洋等公社党委决定为知青点建房。

1月25日　南屏公社党委召开“党的建设和读书经验”交流会，7个单位交流党的建设经验，6人做读书心得交流。

2月22—24日　南屏公社召开农业学大寨先进代表会议，学习中央文件，总结1975年农业学大寨经验，落实1976年工作任务。

4月19日　新生公社知青陈月贵被评为南通地区上山下乡先进个人。

4月　境域各公社“地、富、反分子”全部摘帽为社员。

5月21日　立发公社农业机电管理站建立。

6月30日　南屏公社党委召开庆祝“七一”大会。

是月　县委召开三级干部大会，王元吉代表南屏公社党委在会上表决心，题目是《把批邓、反击右倾翻案风深下去，把农业生产促上去》。会后公社党委召开扩大会议，并将此文下发给各单位贯彻落实。

7月26日　立发公社召开“抓三抢夺三超”广播动员誓师大会，全社有1.2万人收听广播。

7月28日　立发医院医生陈爱华，因赴唐山探望生病姐姐，在唐山地震中不幸遇难。

7月　在南通地区公社党委书记会上，立发公社负责人做了《狠抓阶级斗争，促进五业兴旺》专题发言。

是月　各公社开始防震，普遍搭防震棚。

8月19日　立发公社党委在人民8队召开生产队长以上干部紧急会议，布置防震抗震工作。9月，逐渐拆除。

9月12日　韩洋公社党委决定，全社新增9名中学民办教师和15名中学赤脚教师。

9月14日　为悼念毛主席逝世，立发公社在大会堂陈设灵堂，各单位敬献花圈，干部、群众、职工、教师、学生1.5万多人前往灵堂吊唁。

10月1日　南屏公社召开三级干部大会，传达贯彻地委在海门召开的大样板会议精神，动员各级干部树雄心、立壮志、学先进、建好自己的样板片。

10月24日　立发公社党委召开广播大会，1.51万人收听首都军民庆祝华国锋担任党中央主席，庆祝粉碎“四人帮”（江青、张春桥、王洪文、姚之元）的伟大胜利大会实况转播。

10月31日　县委基本路线教育工作队进驻南屏公社，用6个月分4个阶段进行路线教育。

11月　立发公社进行妇女病普查普治工作。

12月31日　立发黄涵河（中心河）南段1150米疏浚工程竣工，完成土方12.97万立方米。

是年　韩洋公社社员年终分配，劳动日单价0.437元，人均纯收入73.1元，粮食226公斤。

是年　各公社建筑站、企业办公室、电影队、党校、农科站、民办文化站、农机站建立；邮电所与广播站分开经营。

1977年

1月30日至2月2日　西场公社召开三级干部大会，学习毛泽东著作和华国锋《在第二次农业学大寨会议上的讲话》，狠批“四人帮”罪行。

2月5日　立发交管站职工搞技术革新，自己设计制造安装3吨吊车1台，价值1.7万多元。

3月2日、13日、20日　新生、立发、西场公社党委分别召开工业学大庆、农业学大寨先进集体、先进个人代表大会。

3月11日　新生、立发、西场公社党委分别召开全委会和干部会，开展整党整风。

3月12日　卫生部王慧勤、李华到立发公社长池小学检查了解中草药采集和加工情况。

4月15日　立发公社举行庆祝《毛泽东选集》第五卷发行大会。

5月14日　壮志、南屏公社分别召开党代会，选举产生第九、七届委员会。

5月15日　县委在立发公社界墩大队召开“学五卷促四夏”工作动员大会。

5月　南屏各公社建立沼气办公室。

5月　韩洋公社增办13个小学班、9个初中班、4个高中班。

5月31日至9月26日　韩洋公社各党支部改选。

6月14日　立发公社界墩大队女赤脚医生贲桂兰出席省计划生育、妇幼卫生、幼托工作会议。

6月16日　立发油厂劳动模范韩芝仁出席省先进集体和先进个人代表会。

6月25日　国务院计划生育领导小组办公室副主任林佳楣在省、地、县委负责人陪同下，到立发公社长池卫生室检查妇幼工作。

7月　省革委会召开棉花生产先进代表会议，立发等公社各有一名负责人参加会议。

8月12日　韩洋公社党委决定撤销丰源小学，分别并入东屏、丰河小学。

9月8日　韩洋公社新吸收13名赤脚教师。

9月10—11日　历时36小时的八号强台风袭击城东地区，最大风力10级以上，各社干群积极投入抗台斗争。

9月21日　县委检查组到立发公社检查整党整风运动，刘宝民作整党整风情况汇报。

10月18日　韩洋公社党委决定建环社大路。

11月23日　开挖黄涵河南段工程动工，出工民工为全社总人数的8%。

11月　境域各公社教师代表出席县教师先进代表会。

12月4日　立发公社党委在公社大会堂召开党员大会，554名党员代表出席，选举产生第九届委员会。

是年　县工作队到南屏、立发公社有关大队开展农业学大寨运动，进行党的基本路线教育。

1978年

1月　各公社建立“三级农科网”，公社建农科站，大队建农科队，生产队建农科组。

3月3—6日　新生公社召开工业学大庆、农业学大寨先进集体、先进个人代表大会，县委副书记陈锦美到会讲话。

3月6—8日　南屏公社召开三级干部大会，854人参加，会议传达贯彻省委农村工作会议精神。

4月8日　立发公社党委召开农业学大寨先进集体、先进个人代表大会。

4月27日　西场街道十字街口东80米公路开始裁弯取直施工。

5月　南屏等公社建立爱国卫生运动委员会。

6月28日　各公社设考场，进行1978年高中入学考试。

5—9月　历史上罕见大旱出现，春旱接夏旱，伏旱连秋旱。

7月8日　南屏公社建设大队改为葛港大队，旭红大队改为葛桥大队，光明大队改为双桥大队，前进大队改为油坊头大队，胜利大队改为周庄大队。

8月15日　南屏公社党委向县委报告关于开展清查运动的情况。“文化大革命”期间农民三次进城武斗和清队期间全社被揪斗516人及举办各类学习班情况。

8月23—28日　县委工作组到南屏公社开展整党整风。

10月5日　立发公社党委、人武部在立发中学操场召开纪念毛泽东关于“大办民兵师”指示发表20周年大会，1000多人出席，武装班民兵进行全能比武表演。

12月25日　县革委会发出贺信，祝贺新生公社1978年出售皮棉6103担，亩售100.5斤。

是年　南屏公社医院陈必怀出席省先进工作者代表会。

是年　韩洋公社社员年终分配，劳动日单价0.487元，人均纯收入84.4元，粮食226.5公斤。

1979年

1月10日 西场小学改区中心小学。立发、新生、壮志等小学更名为公社中心小学。

1月11日　立发公社党委召开会议，对全社在“文化大革命”中受冲击、隔离、揪斗的129名群众重新做出复查结论。

1月13—18日　南屏公社党委举办党员学习班，832人参加。学习班主要内容：加深对学习重要性的认识，提高对党的基本知识的理解，适应党的工作中心转移等。

1月21日　县知识青年上山下乡办公室慰问团到新生公社慰问知青，并召开座谈会。

2月17—18日　新生公社召开全社农业生产先进个人、先进单位代表会议。

3月12日　立发公社党委召开三级干部会议，传达县委三级干部会议精神，将工作重点转移到经济建设上来，800多人参加会议。

3月13日　立发、壮志等各公社代表参加县妇女先进集体、先进个人代表大会。

3月14日　立发公社党委召开全社农业先进集体代表大会，共颁发奖状228张，奖金1825元。

3月24日　县革委会下发关于办好县农科所、撤销县原种场和将县农科所所辖3个大队划给新生公社领导的批复，同时将原种场“五·七”供销社改为供销站，信用社改为分社。

3月　西场公社获县“禽蛋生产先进集体”称号，立发公社被评为粮食、生猪、蚕茧生产先进公社。

4月21—23日　南屏公社召开三级干部会议，学习中央文件和《人民日报》社论《四化需要强有力的政治思想工作》。会议总结三中全会以来的形势，指出工作重点转移出现的问题，提出政治思想工作的内容、任务、方法和要求，部署有关工作。

4月　境域内韩洋、新生等各公社柳制品加工成为群众致富产业之一。4月25日，《人民日报》刊登立发大队社员翻晒柳制品的照片。

4月28日　立发公社革委会在高庄大队综合厂召开队办工业会议，各大队抓工业负责人、队办厂厂长、会计参加。

4月29日　南通军分区副司令员苗福昌等领导到新生公社团结大队等单位检查民兵工作“三落实”情况。

6月27日　韩洋粮站由赵桥11队迁至丰河5队。

6月27日　下午3—5时，南屏等区域连降暴雨240毫米，刮10级以上暴风，18个生产大队受灾，农田作物倒伏，房屋倒塌768间，大树拔起6127棵，广播线杆折断529根，下水涵洞倒塌32处。

8月9日　日本神荣客商第二次到南屏公社参观丝绵厂，进行技术交流（第一次是1979年3月）。

8月19日　南屏公社全体公社干部、大队党支部书记前往东台县富安公社4大队、海安县古贲公社团结1队参观学习。

8月25日　西场粮油市场建立。

9月1日　原种场农科站划并为新生公社林业大队第三生产队。

9月16日　南屏公社首批颁发“独生子女证”大会在公社会堂召开。首批领证的每人奖励10元，并佩戴大红花。

10月20日　县委在南屏公社召开秋播现场会。

11月　在12省市棉籽饼去毒作饲料会议上，立发公社革委会作《自力更生辟饲源、农牧生产齐发展》介绍。

12月14日　中共南通地委纪律检查委员会和海安县纪律检查委员会领导到立发公社检查纪检工作。

12月28日　海安县举办冬训骨干训练班，立发公社党委书记刘宝民在会上做《我们是怎样搞好基层干部和党员冬训的》介绍。

12月　新生公社召开扫盲工作会议。

是年　发生涝灾，韩洋公社冲倒下水渠道156条。

是年　韩洋公社社员年终分配，劳动日单价0.516元，人均纯收入89.1元，粮食229公斤。

1980年

1月21—28日　南屏公社举办党员干部训练班，1254人参加学习。训练班期间，学习《中共中央关于加快农业发展若干问题的决定》《中国共产党章程》《党内政治生活若干准则》等文件，畅谈新中国成立30年来的成就和教训，展开真理标准问题大讨论。

1月31日　立发公社召开社、队工厂正副厂长及总账会计总结会，会上确定1980年立发公社队办厂总产值要超过200万元。

2月3日　立发公社党委书记刘宝民和太平大队11队队长陈锦宽出席江苏省农业先进集体、个人授奖大会，立发公社和太平11队被评为农业先进单位，受到省政府嘉奖。

2月5日　立发公社是海安县党风建设的典型，省纪委转发县纪委《关于立发公社党委搞好党风的情况报告》。4月2日，新华社播发新华社通讯员吴其刚、记者赵明的报道《海安县立发公社党委带头执行<准则>，全社风气焕然一新》。6月25日，《人民日报》第四版刊登新华社《立发公社党委成员带头端正党风，全社社会风气焕然一新》一文。

2月13—15日　立发公社党委、革委会组织公社干部分别到全社烈属、五保户、重病人家中以及住院重病人病房走访慰问，送给慰问品。

3月4日　立发公社147名建筑民工启程去大庆油田建筑施工。

3月7日　立发砖瓦厂建立。

3月18日　立发公社党委、革委会在界墩7队召开2050人参加的计划生育工作大会。

3月21日　全国著名水稻专家、省农科院副院长陈永康到立发公社农科二队召开水稻育秧技术座谈会。

3月22日　曙光大队和海光1队从南屏公社划出，改属海安镇。

4月　南屏、西场、壮志等公社分别召开党员大会，传达中央对刘少奇平反的决定。

5月3日　立发公社革委会在立发粮站大场召开整顿社会治安综合治理大会。大会逮捕和拘留4名危害社会治安分子。

5月26日　出席省畜禽生产现场会全体代表200多人，到立发公社太平11队参观猪、鸡、兔、蘑菇场以及农副业生产，队长陈锦宽汇报畜禽及农副业生产情况。

6月2日　县委副书记陈文昌、县革委会副主任曹莲凤带领各区委书记到立发公社农科站2队检查指导工作。

6月12日　南通地委副书记唐真寿和参加地委农业生产会议的30多名代表到立发公社农科站2队检查指导工作。

6月15日　立发公社组织500名民工参加北凌河东段（闸东）工程施工。

6月20日　江苏省在丹阳县召开蚕桑工作会议，南屏公社革委会代表在会上介绍“狠抓基础，夺取春茧丰收”经验。

6月24日　韩洋公社文革小学更名为十番小学，四新小学更名为丰港小学，红卫兵小学更名为兴旺小学。立发公社卫东初级中学更名为刘缺初级中学。

6月27日23时左右　立发、西场等公社遭受台风暴雨袭击，集体粮仓、蚕室、牛舍及群众住房和农作物、树木、电线杆等受损严重，各公社组织抗灾。

7月9日　白天到夜里12小时内，降雨121毫米，境域受灾区域河水上涨，受淹面积3100多亩，立发公社组织排涝抗灾。

7月13日　全国妇联书记处书记吴权衡在省妇联主任秦素萍、南通地委常委顾静珍、县委副书记陈文昌等陪同下到立发公社，先后视察立发公社中心小学、幼儿园和公社医院。吴权衡等听了幼儿园一堂语数课，观看了幼儿文艺演出，并向幼儿教师问好，师生深受鼓舞。

10月18日　韩洋公社丰源大队团支部被团县委命名为新长征突击队。

12月2日　立发公社地名领导组在县地名会议作《我们是如何开展地名普查工作的》介绍。

12月6日　县委将县委宣传部、县妇联、县人民法院、县计生办在南屏公社进行新婚姻法宣传试点工作情况，批转给各公社、镇、场党委，供各地进行新婚姻法宣传时参考。

12月12日　《新华日报》第三版刊登《立发公社百岁老人受到关怀和照顾》文章，报道立发公社书记刘宝民专程到高庄3队看望百岁老人黄长英的情况。

是年　韩洋公社社员年终分配，劳动日单价0.59元，人均纯收入65.66元，粮食229公斤。

1981年

1月18—24日、2月11—17日　南屏、韩洋公社分别举办党员、干部冬训班。

1月25日　立发公社党委在大会堂召开全社党员干部大会，传达中央（1981）2号文件，并布置春节前后工作。

3月6日　新生公社召开表彰1981年先进集体和先进个人代表大会。表彰先进集体23个、单项先进单位68个、先进个人338人。

4月4日　韩洋公社组建副业办公室。

4月19日　南通地委副书记唐真寿、农业科科长马剑秋、县委副书记陈文昌到韩洋公社赵桥1队、十番5队、东屏1队检查棉花育苗情况。

4月　南屏公社召开计生工作总结、动员、奖罚兑现万人大会。

5月2日　南屏公社党委召开全体公社干部、大队、社直党支部委员会议，总结支部改选工作，县委书记杨振东到会讲话。

5月15日　立发公社制定《关于计划生育干部岗位责任制奖赔规定》，下发《关于计划生育有关问题的暂行规定的通知》。

5月20日　韩洋公社和立发公社联合发布保护立公河水产养殖公告。

6月至9月　西场、韩洋等公社由选民直选县人大代表。

7月15日　新生、韩洋、立发、南屏4个公社17个大队更名。

7月21日　海安区委在南屏公社召开蚕桑生产会议，各公社、大队分管负责人和供销社主任、负管出席会议，与会者参观了南屏7个大队桑园管理现场。

7月24日　南屏公社党委召开“三抢”（抢收、抢栽、抢培）万人大会。

7月28日　县委副书记葛存德等和省农林厅土肥处负责人一同到南屏公社检查绿萍保种等情况。

8月10日　广西壮族自治区农林厅有关负责人带领有关蚕场10多人到南屏葛桥3、4队和双渔6队参观蚕桑生产，县多管局、南屏公社负责人陪同参观。

9月4日　美籍华人、医学博士葛克全夫妇回老家南屏公社油坊头探亲。

9月17日　日本客商3人在省、地区、县外贸公司等有关人员陪同下，到南屏线网厂参观服装勾、结生产。

9月18日　南通地委、县革委会、县农业局有关负责人到南屏公社检查稻飞虱查治情况。

10—12月　立发、南屏、壮志、韩洋召开人代会，选举产生公社管委会主任、副主任和委员。

10月　韩洋公社农业办公室、农电站建立。

11月9日　下午，地委副书记唐真寿、县委书记杨振东、县委副书记陈文昌到韩洋公社检查秋收秋种及生产责任制执行情况，并到丰河6队调研。

12月21日　立发公社人民、向东、红旗、立新、雄文小学分别更名为新运、太平、五坝、练港、刘缺小学。韩洋公社东方红、兴旺、工农兵、红星、胜利小学分别更名为蒋庄、韩徐、韩西、丰源、大桥小学，王桥小学更名为韩西初级小学，培农学校更名为韩洋公社韩西初级中学。新生公社红星、永忠、红农、红旗、向阳、民胜小学分别更名为杨井、堑南、丁池、高印、品建、范桥小学。南屏公社前进、曙光初级中学分别更名为葛家桥、海光初级中学，前进、利民、光明、旭红、东升、胜利、东风、海光、红星小学分别更名为油坊头、济民、双桥、葛桥、南阳、周济、佘庄、姜桥、银杏小学。

是年　韩洋公社社员年终分配，劳动日单价0.58元，人均纯收入96.17元，粮食260公斤。

1982年

1月9日　省在海安召开蚕桑工作会议，与会全体人员到南屏葛桥3队参观蚕桑现场。

1月9—13日　各社人大代表出席县第七届人代会第一次会议。

1月16日　新生公社团委、妇联、文化站、电影队、计划生育领导小组联合举办首届青年集体婚礼。

1月18日　韩洋公社管委会制定《关于生产责任制规章制度》。

2月9日　南屏公社在大会堂召开缩棉扩桑三级干部大会，传达上级会议精神；下午到双桥大队看现场，并以大队集中讨论。

2月13日　南通档案馆组织各县有关人员到南屏公社检查档案工作。

2月18日　立发公社管委会下发《关于从一九八一年起普遍使用“生育证”的通知》。

2月19日　新生公社民主大队第6生产队划分为第6和第14两个生产队；民主大队第7生产队划分为第7和第13两个生产队。

2月25日　副县长胡明道和县农委负责人到南屏落实农业生产试点工作。

3月4日　立发公社下发深入开展“全民文明礼貌月”“五讲四美”活动意见。韩洋等公社组织开展“全民文明礼貌月”活动，大力提倡“五讲四美”。

3月20日、22日　立发、南屏召开党代会，选举出席县第五次党代会代表。

3月20日　南屏公社管委会发出《关于使用户口簿和加强户口管理的通知》，要求集体户和社员户都必须按照中华人民共和国户口登记条例规定，履行户口登记。

4月　立发公社前进大队周元富参加省治保调解工作积极分子代表会议。

4月6日　县人大常委会副主任花健带领县经委、县计委及各有关局负责人下厂办公，在洋蛮河县农机二厂召集韩洋公社管委会、赵桥大队管委会，第8、11生产队负责人和该厂代表协商解决厂方征用土地遗留问题。

4月　大丰县大龙公社、六合县、苏州地区、西场区各公社有关单位到南屏公社参观蚕桑生产。

5月5日　南屏公社人口普查试点会议在溪河大队召开。

5月10—16日　各公社代表出席县第九次党代会。

5月14日　县民兵武器检查组到南屏检查民兵武器，全体民兵第一持枪手到公社集中，接受检查。

5月22日　县委书记杨振东到南屏公社检查工作，县委办公室主任于济川一起参加。

是月　南屏公社管委会制定《关于加强和完善水利工程设施管理的规定》。

6月　各公社建立财政管理所。

6月14日　县开始在西场公社进行人口普查试点。16—23日，韩洋公社在三角大队进行第三次全国人口普查试点。

7月5日　西场公社管委会决定调整学校布局，调整后全社初级中学4所、完全小学9所、初级小学8所。

7月8日　县委组织整顿社会治安工作组21人到南屏蹲点。

7月14日　陕西省三元县组织20多人到南屏葛桥4队参观蚕桑生产。9月9日，大丰县有关公社组织120多人到南屏葛桥4队参观蚕桑生产。9月25日，安徽天长县60多人、江苏武进县50多人到南屏葛桥4队参观蚕桑生产。

8月19日　立发公社太平学校分为立发公社太平初级中学和太平小学。

8月22日　南屏公社组织党、团员、干部、民兵1000多人，到文化馆参观盛华事迹展览。

8月30日　南屏公社召开三级干部大会，动员干群进一步落实统一经营、联产到劳的农业生产责任制。

8月　4人参加全国19个省无线电报业业务比赛，南屏江爱东获全国第一名，魏金美获线路通报第三名。

9月12日　立发公社召开第八届人代会第二次全体会议。

9月14日　县长陈官、海安区委书记曹云生到南屏周济等大队检查水稻预防稻飞虱、棉花生产情况。是月17日，县长陈官、西场区委书记张信楼到韩洋公社检查稻飞虱危害情况。

9月15—20日　省军区在南京召开群众体育代表会议，南屏银杏大队魏金美参加。

9月15日　南通地区在如皋召开多种经营生产会议，与会人员到南屏葛桥4队、双鱼6队参观蚕桑生产和生猪饲养现场。

9月　立发综合合作商店体制调整，新建立发食品合作商店、立发太平综合合作商店、立发公社五坝综合合作商店。

9月30日　县司法局全面调查南屏公社形成的三级调解网络组织状况，并将调查报告上报给县政法委和地区行署司法局。

11月26日　省饲料工作会议与会人员和如皋县90多人先后参观南屏陵园5队、南屏高庄6队、陵园5队、双鱼6队生猪生产。

12月　壮志、西场等公社召开妇代会，选举出席县妇代会代表。

12月8日　新生公社在1982年11月的全国第四次“节能月”活动中被县计划委员会评为先进公社。

12月30日　南屏公社文化中心成立。

是年　西场公社有24个生产队实行了大包干责任制。

是年　韩洋公社194户社员申请建房，共建536间，建筑面积9172平方米，总投资28.53万元。韩洋公社社员年终分配，劳动日单价0.631元，人均纯收入119.33元，粮食282公斤。

是年　境域各公社组织第三次人口普查，其中壮志公社4238户，17543人，其中男8791人、女8752人。

1983年

1月3日　南屏公社第八届人代会第二次会议召开，出席代表75人。

2月3日　立发公社召开退休老干部和台属侨眷座谈会，进行春节慰问。

3月5日　立发公社处理1958年房屋遗留问题，为89户群众作补偿。

3月17日　南通市委副书记李明勋到葛桥4队参观太阳能使用情况。

3月20—23日　南屏公社组织公社干部、大队支部书记、社直单位负责人、部分社办厂负责人，前往苏南参观学习，历时4天。

3月25日　立发公社组织各单位负责人去苏南参观社队工业。

4月1日　新生公社五金刀剪厂改为县属大集体企业，由县、社双重领导，联合经营。

4月17日　韩洋公社在大会堂召开全社文明礼貌月活动表彰大会。

4月20日　立发公社革委会下发《关于征收

广播管理经费的通知》，决定对全社的广播用户，包括集体和个人，每只广播每月征收五分钱管理费，从1983年5月1日起执行。

4月27日　西场集镇建立居民委员会。

5月5日　南屏供销社召开社员代表大会。

5月7日　国家计委派员和县委书记杨振东到立发公社农科2队了解沼气生产情况。

5月19日　县委书记杨振东和县委办公室主任于济川到立发公社检查“四夏”工作。

5月20日　县委副书记葛存德到立发公社了解棉花枯萎病危害及“四夏”情况。

5月　南屏公社党委组成工作组，在张池大队和公社锁厂开展学习新党章和整顿基层党组织试点工作，历时两个月。

6月25日　县政府召开多种经营会议，南屏公社陵园5队集体养猪、养鸡承包给个人经验在会上做介绍；28日，与会人员分两批参观南屏陵园5队、6队猪、鸡饲养现场。

6月29日　省委副书记周泽、市委书记王益众、县委书记杨振东到南屏陵园5队检查指导工作。

7月7日　立发公社召开社队办工业誓师动员大会。

7月10日　韩洋公社科学技术普及协会成立。

7月20日　韩洋公社党委向全社发出学习《邓小平文选》通知。

是月　韩洋公社境域海栟公路开始兴建，全长3.95公里，占地63.87亩。

8月4日　南屏合作商店体制改革，建立海安县南屏集体商业总店，南屏、双鱼、葛桥和陵园综合合作商店4个核算单位。

9—10月　各公社政社分设工作开始。人民公社管理体制实行改革：原有公社范围建乡，原有大队范围建村。公社党委改为乡党委，建立乡人民政府和公社经济联合委员会；生产大队改建村党支部、村民委员会、村经济合作社；缴销旧章启用新章。人民经济联合委员会下设经营管理办公室、农业服务公司、多种经营服务公司、工业公司，1985年撤销。

9月14—15日　西场乡先后召开人代会、第七次党代会。

9月16—17日、16—19日、20—21日、27日　西场乡、立发乡、韩洋乡、南屏乡分别召开第八届人代会第三次会议，第三次会议，第二次会议、第三次会议，大会选举产生新一届乡政府和乡长、副乡长。

9月21—22日、23—24日、29日　立发乡、韩洋乡、南屏乡分别召开第十一次、第八次、第八次党代会，选举产生新一届委员会。

10月3日　新生乡召开第七届人代会第七次会议。

10月5—6日、11—12日　新生乡、壮志乡分别召开第八次、第十次党代会，选举产生新一届党委会。

9—10月　安徽省粮食厅一行20多人，省、市社队企业局一行40多人、如皋县各部门、公社负责人100多人及甘肃省有关领导10多人先后到南屏陵园5队参观生猪饲养。

10月22日　南通市妇联主任薛继芹及县妇联主任孙宝红一行7人到立发乡检查妇女工作。

10月29日　甘肃省有关领导10多人到南屏陵园5队参观。

12月21日　省工商行政管理局到南屏召开贩运户座谈会，南屏乡7人参加。

9月23日、11月9日、12月26日　陕西省渭南县一行26人、浙江省宁波市一行16人、省蚕研所蚕桑学会20多人先后到南屏乡葛桥4队参观蚕桑生产。

12月31日　南通市教育局5人到立发乡界墩小学检查普及小学义务教育情况。

是年　韩洋乡社员年终分配，人均纯收入175.35元，粮食142公斤。

1984年

1月12日　立发乡政府召开个体劳动者协会总结表彰大会。

1月12日　南屏乡召开各村第一次聘用的专业会计会议。全乡原有148个村民小组，每组1名会计，精简后为43人，精简71%。会议对设立专业会计的意义、要求、职责等进行培训。

1月29日　县人大常委会主任葛存德到立发乡港村4组慰问百岁老人黄长英。

2月　西场、壮志等各选区选举县第八届人

大代表。

2月25日　南屏乡离退休干部党支部建立。

3月　南屏乡召开专业户、重点户代表大会。

3月5日　立发乡党委组织机关干部学习县委贯彻执行省委关于减轻农民负担的十项规定。

3月8日　立发乡政府召开计生先进集体、先进工作者和五好家庭代表会议，表彰计生先进集体12个、先进工作者109名、五好家庭131户。

3月18日　全国人大常委会原副委员长粟裕部分骨灰安葬于海安烈士陵园。

3月26日、4月6日、4月9—10日、4月23—24日、26—27日　新生、西场、壮志、韩洋、南屏乡先后召开人代会，选举乡长、副乡长。

4月7日　韩洋乡党委决定兴建乡种子站。

5月23日　县委书记杨振东到立发乡了解“四夏”工作情况。

5月31日　在海安县扶贫工作会议上，立发乡扶贫领导组作《发挥扶贫组织作用，开拓治贫致富路》发言。

6月1日　立发乡各学校少年儿童近600人集会，庆祝“六一”儿童节。各单位捐给儿童价值1000多元礼品。

7月4日　县政府公布立发、南屏、西场等乡各村民委员会标准名称。

8月1日　韩洋乡动工兴建韩洋敬老院。

8—10月　西场、新生等各乡全面推行土地承包，发放农民土地使用证，明确土地承包期为15年。

9月13日　西场工业商场建立。

10月16日　西场区、西场乡文化站合署办公。

11月中下旬　各乡传达县围垦滩涂会议精神，组织民工参与围垦海堤。

是月　西场乡政府与泰州市泰东乡政府联办泰州砖瓦厂。

是年　韩洋乡缩棉扩桑3000亩。

1985年

2月4日　南屏乡第九届人代会第二次会议在乡政府会议室召开。会议采用无记名投票方法增选两名副乡长。会议通过三项统筹（烈军属、民办教师、民兵训练经费）决议。会议同时根据县委、县政府决定，撤销乡一级经联委体制。

2月5日　新生乡召开第八届人代会第二次会议，补选1名副乡长。

3月12日　海安县立发初级中学改为海安县立发中学。

4月12日　立发乡召开首届教职工代表大会。

5月　西场、南屏、壮志等乡建立司法办公室，具体负责司法业务工作。

7月11日　西场区生产检查团到韩洋乡检查旱粮作物田间一套沟情况。

8月13日　韩洋乡档案室被评为海安县1984年度文书档案工作先进集体。

8月16日　县委整党办公室决定南屏乡党委作为全县第二批整党试点单位。

8月27日　四川省内江市资中县负责人一行34人到新生乡参观罐头厂、供销社。

9月10日　西场、韩洋、南屏等乡政府召开庆祝第一个教师节大会，乡党委、政府负责人在会上讲话，并决定为教育办好实事。

9月23日　韩洋乡召开三级干部大会，传达南通市农村工作会议精神。

11月16日　韩洋乡党委决定购买14台14寸黑白电视机下发到各中小学。

12月12日　立发乡党委书记孙家治在海安县经济工作会议上作题为《团结奋斗，促进经济发展》介绍。

1986年

1月10日　立发乡党委、政府表彰1985年全乡工业企业产值首超1000万元有突出贡献的先进集体5个，安全生产单位3个，先进车间班组16个，先进个人189人。

1月18日　县科委题贺南屏乡陵园村养猪专业户韩忠银、张友美为全县农民科学致富、勤劳兴家的榜样。赠送“海安第一家”光荣匾。县科委、乡、村负责人到场祝贺。《新华日报》1986年1月15日刊登张友美1985年卖给国家猪肉8500公斤的消息。《南通日报》在1月28日头版头条刊登张友美“海安第一家”照片。3月1日，南通市妇联、科委、总工会、团委、广播事业局、南通日报社等9个单位授予张友美“饲养生猪良性循环创造发明二等奖”，并颁发荣誉证书和奖金。

1月20日　县政府决定西场撤乡建镇。

是月　立发乡机关档案室被评为全省档案工作先进集体，受到省档案局表彰。

3月6日　省丝绸公司颁发南屏乡“蚕茧产量进入万担乡的行列”奖状。南屏乡蚕茧1985年总量10162.68担，产值200.34万元，是南通市第一个蚕茧超万担的乡，列为全省蚕茧重点乡之一。

3月8日　立发乡党委、政府表彰五好家庭479户、先进妇女88人。

3月28日　壮志、新生、韩洋、南屏4所初级中学更名为乡中心初级中学。

4月3日　省委农工部、扬州市委、省水产局负责人一行12人及四川省畜牧局局长到南屏乡陵园村5组参观养猪专业户张友美家综合利用、良性循环现场。四川省万远县60人到南屏乡葛桥村4组，参观桑园和蚕室。

4月15—16日　韩洋乡召开第九届人代会第三次会议，出席大会正式代表68人。大会补选出正、副乡长，通过调整部分住宅区报告。

5月8—9日　南屏乡第九届人代会第三次会议在乡政府会堂召开。大会通过“七五”计划、教育事业附加费和水利统筹经费等决议。

5月12—13日　县教育局局长吴瑞祥与韩洋、南屏、立发等乡镇签订分级办学交接书。从1985年起实施中小学乡级办学。

5月15日　海安县南屏乡党委出台《关于建立人民群众来信来访工作责任制的意见》。

5月22日　北京夏令时4时25分39秒，在南黄海（北纬32° 42′，东经121° 36′）发生4.7级地震，城东境域有震感。

5月24日　县委组织部在韩洋、新生等乡镇，对领导班子进行信任投票和民主推荐活动，初步尝试改革干部制度。

5月30日　韩洋乡党委会通过对“文化大革命”中造反头头的处理意见。

6月13日、15日　祖籍南屏乡美籍华人博士葛克全、加拿大籍华人葛琪分别回故乡探亲。

6月24日　西场镇第九届人代会第三次会议召开。

10月　韩洋、壮志、西场等乡镇教育委员会建立。

11月15日晚　海安县建筑安装工程总公司韩洋工程处驻徐州工程队7名工人在徐州纺织东路刀削面馆吃晚饭时，遭持刀歹徒杀害1人、伤6人。

11月17—22日　韩洋、立发、南屏、新生、西场、壮志6乡镇分别召开妇代会，选举产生新一届乡妇联和出席县第八次妇代会的代表。

下半年　西场、新生等各乡镇开展全镇土壤普查。

冬　西场镇政府组织实施春风河捞浅工程，全长2000米。

1987年

1月　韩洋乡被评为“江苏省基础教育先进乡”。

2月17日　上午11时3分19秒，在北纬33° 41′，东经120° 38′发生5.1级地震，城东地区有明显震感。

2月25日　县政府对西场平倭冢记碑划定保护范围及建设控制地带。

3月9—10日、15—16日　新生乡、壮志乡分别召开第九届人代会第一次会议，选举乡长、副乡长、海安县人民法院人民陪审员。

3月11—12日、18—19日　立发乡、西场镇分别召开第十届人代会第一次会议，选举乡镇长、副乡镇长和海安县人民法院人民陪审员。

3月23日　立发乡被南通市政府表彰为体育先进乡，南通市15个。

4月3日　壮志乡工业公司下发《关于橡胶厂（胶粉粉碎车间）职工发生断指事故的情况通报》，强调安全生产，追究事故责任，落实安全措施。

4月7日、16—17日　南屏乡、韩洋乡分别召开第十届人代会第三次、第一次会议。会议听取、审议政府工作报告、财政预决算报告，通过并做出相关决议。

4月22日　县物价检查所下发《关于立发砖瓦厂擅自提高平瓦价格的处理决定》，对擅自提价所得3216.31元，收缴乡财政。

5月23日　立发乡党委、政府下发《关于建立乡、村红白理事会的决定》。

6月17日　新生丝绵纺织厂（后改名为海安县绢纺厂）绢纺绵球生产项目开工，填补了海安县蚕丝生产上的空白。

7月7日　南屏乡筹措抢修和维修危险校舍经费，向每个农民征收教育附加费2元，乡办企业职工每人捐资1元，国营大集体、事业单位每人捐资2元，个体户每户捐资2元，企业以产值、销售额每100万元集资100元，整个工作于7月20日完成。

8月　七号台风袭击境域内各乡镇，其中壮志乡155户房屋受损，大风暴雨使全部农田被淹，100多亩颗粒无收。

9月18日 南屏乡海光村、新桥村，立发乡太平村，海南乡镇南村，海北乡丹凤村、明道村、闸西村整体划交海安镇管辖。

9月15—16日、16—17日、17—18日、20—21日、22—23日　新生、西场、壮志、韩洋、南屏、立发6乡分别召开第九次、第八次、第十一次、第九次、第十次、第十二次党代会。会议选举产生新一届党委会和出席海安县第七次党代会代表。

10月25日　如皋县某厂排放污水，经如场河进入壮志乡友谊河，石庄、池塘、壮志3村受到严重污染，10万尾鱼苗和上千斤成鱼受损。

11月　1988年制定的新生乡合作医疗管理办法和乡直单位职工医疗保健管理办法在全县推广。

11月　韩洋等乡镇环境保护办公室成立。

是年　新生乡林业村九组12户农民组成经济联合体，坚持共同发展、共同富裕，其经验在全县推广。

是年　韩洋等各乡镇所属村开始大办村办厂。

1988年

2月2日　韩洋乡党委举办58人参加的党员、干部计生学习班。要求党员、干部带头计划生育。

3月9日、14日　立发乡、南屏乡第九次、第十一次团代会先后召开。大会选举乡新一届团委和出席县第九届团代会代表。

是月　猪肉供应取消定量，敞开供应，销价放开。

4月8—9日、12日、18日、19日　立发乡、韩洋乡、壮志乡、西场镇分别召开人代会。

是月　成立村级经济合作社。

6月　各乡镇农副业服务站更名为乡镇多种经营服务站。

6月29日　品建村共产党员蒋义芳义务赡养鳏寡老人白兴美，数十年如一日。新生乡党委做出《关于进一步开展学习优秀共产党员蒋义芳同志先进事迹活动的决定》。

7月　乡镇土地管理所建立。

8月　乡镇审计办公室建立。

8月27日　韩洋中心河更名为洋蛮河，新生中心河更名为新生河。

9月27日　地质矿产部华东石油地质局第六普查勘探大队在壮志乡砖桥村7组农田内钻一口油井。

10月31日　立发乡界墩1组宋少凤获海安县“敬老好儿女金榜奖”。

11月24—25日　南通市人大常委会副主任杨振东陪同铁道部设计四院总工程师，到海安研究新长铁路海安站址事宜。

11月26日　撤销南屏乡溪河村，将原溪河村1、2、3组划归周济村，4、5组划归陵园村。

是年　南屏乡第二步改革走出新路子，在机、电、水矛盾突出的新情况下，强化配套服务，完善双层经营，有效解决水旱互包矛盾，实现连片种植。

1989年

1月25日　南屏乡施行“村干部合作保养”，并印发《南屏乡合作保养基金会章程》。

2月22日　全镇普降大雪，最厚处积雪16厘米。

3月　立发、南屏、西场等乡镇列为省第二批对外开放重点工业卫星乡镇。

3月25日、28日、30日　和4月3日、7日　壮志、南屏、立发、西场、韩洋等乡镇分别召开人代会。

6月27日　韩洋乡被县政府表彰为筹集教育经费改善办学条件先进单位，并获二等奖。

7月1日　各乡镇开始收制证费，发放第一代居民身份证。

8月3—4日　15号台风过境，部分房屋倒塌，农作物受损。

8月15日　南屏乡党委、政府在廉政建设方面从六件实事抓起：（1）党员干部严禁违章营建私房；（2）坚决刹住“农转非”“农迁农”不正之风；（3）严格禁止用公款请客送礼；（4）认真清理干部职工挪借公款；（5）认真查处贪污受贿、弄权勒索、投机倒把等违法犯罪案件；（6）严格禁止党员干部赌博活动。其他各乡镇党委、政府也先后出台为政清廉守则。

8月　立发乡政府下发关于推行“两田制”中有关政策规定和具体问题的处理意见。

9月11日　南屏乡被县政府列为全县农机化和机电排灌泵站改造试点乡；南屏乡周济村、立发乡立发村、界墩村、五坝村及韩洋乡丰源村等被列为全县19个农机化试点先行村之一。

9月15日　新生乡政府下发《新生乡女职工劳动保护规定》。

是月　韩洋初中校长许秀龙、韩洋中心小学副教导主任王婉华被评为全国优秀教师，受到国家教委、人事部、全国总工会表彰。

10月15日　韩洋乡开展“两清”（即清理呆滞资金、清理呆滞账款）工作。

10月　立发乡开始兴建自来水厂。

是月　各乡镇建联防队。

11月25日　南通市委、市政府明确市县领导参加丰产方建设分工定位：市主要领导吴镕、张琛和县领导冯邦才在南屏乡粮食丰产方，县领导卢玉林在立发乡粮食丰产方。

11月25日　美籍华人、医学博士葛克全、严祥英夫妇捐资近10万元在家乡油坊头村兴建一幢医疗、文化楼。

12月　韩洋等乡镇通过普及六年制义务教育验收。

是年　韩洋乡购买国债、国库券2.99万元，购买保值公债2.17万元。

是年　对1961年1月1日至1965年6月9日下放农村的城镇老居民实施“农转非”。

1990年

1月20日　西场镇召开第十一届人代会。

2月5日　南屏乡分4个选区选举县第十届人代会代表8人；各村村委会成员和乡人代会代表57人同时选举产生。

2月28日　南通市卫生局授予韩洋乡卫生院“南通市文明乡镇（中心）卫生院”称号。

3月1—3日、9—10日、14—15日、26—27日、28—29日　壮志乡、新生乡、立发乡、韩洋乡、南屏乡先后召开人代会第一次会议，选举产生人代会主席团常务主席和新一届乡长、副乡长，选举人民陪审员。

3月10日夜　盐城市一辆货车途经葛家桥村时不慎坠入河中，退伍军人、锁厂职工葛乃杰闻讯后，身穿薄衣，跳入水中，将两名驾驶员、两名乘客救起，并帮助拦下过往的汽车送往医院。4月13日，南屏乡党委行文，转发乡人武部、乡团委《关于开展向雷锋式的好青年、好民兵葛乃杰同志学习活动的意见》的通知。4月28日，县人武部作出决定，给葛乃杰记三等功。

是月　韩洋乡被评为“南通市教育‘一无两有’先进单位”。

6月　立发乡界墩3组黄富群、黄富祥、黄富山三兄弟资助文化站举办农民画展。

6月26日　韩洋乡农技站成立种子站。

8月　境域各乡镇完成第四次人口普查统计，其中南屏全乡普查结果人口26604人，其中男13265人、女13339人。文化程度：大学本科3人，专科36人，中专112人，高中1725人，初中7061人，小学9624人，不识字或识字很少5829人。

8月　南屏等乡镇成立乡政府建设管理办公室，负责全乡村镇建设、环境保护、土地管理和建筑管理工作。

8月31日至9月1日　韩洋、西场等乡遭十五号台风袭击，损失极大。

10月18—20日　省政协常委、教育文化委员会副主任罗明率领农村教育综合改革调查组一行4人到韩洋乡中心小学调查。

11月5—6日、17—18日、21—22日和26—27日　立发乡、韩洋乡、南屏乡、壮志乡先后召开党代会，选举产生乡党委、纪委和出席县第八次党代会代表。

11月14—15日　南通市政协主席唐真寿一行6人到南屏乡进行农村贫困户调查。

是年　韩洋乡中心小学六年级学生吕薇薇在《中国儿童报》《中国初中生报》《中国少年报》《中国教育报》联合举办的“让精神世界更美好”读书竞赛活动中获全国银奖，这是南通市在本次竞赛活动中唯一获得的奖项。

是年　南屏乡被列为南通市科技综合试点乡。

1991年

1月5日　韩洋乡率先通过县政府实施九年义务教育检查验收，义务教育覆盖人口2.3万人。

3月14—15日、29日和4月9—10日、12—13日、20—21日　立发乡、新生乡、壮志乡、南屏乡、韩洋乡先后召开乡人代会第二次会议，会议听取和审议《政府工作报告》《财政预决算报告》《人大主席团工作报告》，并做出有关决议。

3月　南屏乡开展乡级文明单位创建活动。

4月　南屏乡党委、政府先后制定下发《科教兴乡的若干政策措施》《关于开展依法治乡、社会治安综合治理的意见》。

4月24日　反映西场镇纪委书记、全国优秀纪检干部刘念渠秉公执法先进事迹电视纪录片《党的忠诚战士刘念渠》在南通开拍。

5月　各乡镇建立统计站。

5月8日　县公安局韩洋派出所成立。

5月24日　西场、韩洋、立发动工整修海栟公路，其中韩洋段段面长2490米，每米积土3立方米。

5月下旬　省人大常委会副主任邢白到海安看望加拿大籍华人葛琪。

8月26日　县政府批准设置52个乡镇渡口，其中，南屏乡8个，新生乡1个，韩洋乡1个。

8—12月　县委派工作队在南屏乡进行社会主义思想教育试点。11月，根据南通市委、海安县委关于在农村广泛开展社会主义思想教育运动的决定，境域内所有乡镇均建立社会主义思想教育领导组，广泛开展社会主义思想教育运动。

9月9日　韩洋乡建立人民教育基金会。

11月19—21日　南通市委在海安召开各县（市、区）委书记会议。与会人员参观南屏、立发等乡秋播现场。

12月17日　县教育局与壮志乡落实六年义务教育施工任务，给中心小学新建8个合格教室，解决中心小学生均占地达标等问题。

12月25日　南通市委党建工作检查组到南屏乡检查工作。

是年　韩洋乡首次实施水稻抛秧和旱机直播，全乡完成200亩。

是年　韩洋乡新建洋蛮河排灌泵站。

1992年

1月　南屏乡在全乡率先开展“红旗文明户”创建评比活动。

4月1日、1—2日、2—3日和3日　新生乡、立发乡、壮志乡、韩洋乡分别召开乡人代会。

4月10日　韩洋乡建立个体经济管理办公室。

5月25—26日　盐城市政协副主席王智卿率农业科技组一行12人到海安考察，参观南屏乡蚕桑生产。

6月8日　立发乡政府下发《关于在全乡开办独生子女父母养老金保险的意见》。

6月　韩洋等乡镇建立会计管理中心。

7月8日　新生乡召开第十届人代会第四次会议，增选科技副乡长1名。

8月11日　经南通市政府批准，建立海安经济技术开发区。

9月　南屏等各乡镇合作基金会建立。

10月20日　韩洋乡蒋庄小学被南通市教育局命名为首批南通市模范村小。

12月10日　南屏乡陵园村更名为金凤村。

是年　城东境域有乡办企业91个，村办企业48个，工业产值1.73亿元。

1993年

1月　南屏乡等各乡镇选举县乡（镇）人代会代表及村委会委员。

2月1日　南屏乡政府印发《南屏乡工业企业职工退休养老基金统筹实施细则》，1993年1月1日起施行。

2月1—2日、18—19日、20—21日、22—23日和24—25日　立发乡、壮志乡、新生乡、韩洋乡、南屏乡、西场镇分别召开乡镇人代会第一次会议，选举产生乡（镇）人大主席、乡（镇）长、副乡（镇）长、县人民法院人民陪审员。

3月　韩洋等各乡镇殡葬改革领导组成立，从4月1日起实行殡葬改革，逝者一律实行火葬。

是月　城东境域内很多农户，为在企事业单位工作的农村户口子女花钱转为城镇户口。

3月31日　壮志乡老区建设会成立。

4月2日　县委决定调整南屏乡党委领导班子，丁宁任县开发区副主任，仍兼南屏乡党委书记，工作与南屏脱钩，陈绍富主持全面工作。

4月27日　韩洋乡关心下一代工作委员会成立。

8月6日　国务院开发区调查组到海安县经济技术开发区考察。

8月19日　县委副书记陈德新挂帅，县委农工部、县体改委、县乡镇企业局等10多人组成工作组进驻南屏乡，与乡党委、政府一起进行为期40多天的产权制度改革试点工作。

9月4日　县、乡人大代表在南屏乡大会堂评议“双管单位”，18人在会上发言。代表还分组对双管单位评议打分。

10月8日　南屏乡召开企业产权转让鉴证大会。县四套班子负责人，各区及部分乡镇负责人参加会议。会议宣读产权转让单位、签订协议，公证处宣读公证词，土管所宣读土地出让书，工商局颁发营业执照，出让方、受让方代表，县部门领导讲话。

11月2日　立发乡召开第十二届人代会二次会议，增选副乡长1名。

11月17日　韩洋乡组织对春风河北段和东西、南北中心河捞浅。

12月　西场等乡镇开展纪念毛泽东诞辰100周年系列活动。

12月5日、8日、9—10日、10—11日、18—19日　新生乡、韩洋乡、壮志乡、西场镇、南屏乡先后召开党代会，选举产生新一届党委和纪委。

12月30日　韩洋乡兴办海安县韩洋丝厂。

是年　各乡镇实现电话拨号自动化。

1994年

3月4日　韩洋乡建立乡工业资金协调领导小组、乡工业企业财务管理和审计领导小组、村镇建设领导组和村镇建设管理办公室。

3月22日　县委决定将南屏乡张池、金凤、薛湾、佘庄4个村划归县开发区管委会代管。

3月22日、22—23日、29—30日和4月1—2日、6日　西场、立发、壮志、新生、韩洋等乡镇先后召开人代会。

3月24日　美籍华人博士葛克全回乡探亲期间，决定捐资兴建油坊头小学教学大楼。

4月1日　南屏乡油坊头小学更名为南屏乡葛克全小学。

4月14日　南屏乡党委决定对村干部实行养老保险。

4月15日　西场镇、新生乡被省文化厅表彰为省第二批群众文化先进乡（镇）。

4月20日　壮志乡科学技术协会成立，各村配备专职科技人员。

7月2日　南屏乡政府将陵园、张池、佘庄、薛湾4个村1824户、7386人的户口移交给海安城南派出所。

9月1日　韩洋乡党委在全乡组织开展“学理论、学知识、学科学、学技术”活动。

10月28日　海安县地方税务局海安中心税务所立发乡税务所设立。

11月5日　韩洋乡党委决定在韩洋境域内实施黑色路面工程。1995年4月施建韩洋乡联网黑色路面，总长3685米，面积2.6万平方米。

11月11日　立发乡召开第十二届人代会第四次会议，增选副乡长1名。

12月24日　新生乡召开第十一届人代会第五次会议，补选乡长、副乡长。

1995年

3月1日、25日、27—28日、30—31日　壮志乡、立发乡、西场镇、南屏乡先后召开乡镇人代会，补选乡镇长。

3月15日　韩洋乡政府下发《关于缩棉扩桑的意见》，计划3年内扩桑5000亩。

3月27日　中日合资企业南岛针织有限公司在韩洋乡建立。

3月29日　韩洋乡海安县贸工联营包装制品厂经县人民法院裁定，宣告破产还债。

春　西场镇一村民在镇西郊挖石灰塘时，挖到一方明万历二十五年（1597年）地券砖，此砖长28厘米，宽25厘米，厚8.5厘米，考证为西场镇当时属扬州府泰州如皋县赤岸乡二十一都。

4月6—7日、13—14日 韩洋乡、新生乡分别召开乡人代会。

4月27日 韩洋乡党委决定，推广抛秧面积8000亩。

5月 各乡镇开展向孔繁森同志学习活动。

5月13日 韩洋广播站《今日韩洋》节目在江苏省乡镇自办节目评比中获省一等奖。

6月1日 中共中央政治局委员、全国人大常委会副委员长田纪云在省人大常委会副主任凌启鸿陪同下到海安考察，视察南屏乡小麦丰产方和养蚕现场。

6月23日 中共中央政治局委员、国务院副总理姜春云到海安南屏视察抛秧现场。

9月 韩洋初中副教导主任韩拥军被评为江苏省优秀教育工作者，受到省政府表彰。

9—10月 韩洋乡县乡人大代表分别评议城建、土管、邮电、个协等部门工作。

11月 西场、韩洋、新生等乡镇人大代表开始换届选举，同时各村委会换届选举，至1996年1月底完成换届选举。

11月15日 对海安县坩埚厂进行先出售后改制的产权制度改革试点，至1996年元月16日，完成改制工作。

12月28日 立发乡党委召开党代会，选举出席县第九次党代会代表。

是年 壮志乡发动群众搞多种经营和特种养殖，洪庄村成为“多种经营千万元村”。

1996年

1月6日、8日 韩洋乡、南屏乡分别召开第十二次党代会，选举产生两乡出席县第九次党代会代表。

1月10日起 韩洋乡企业改制。改组为股份合作制企业有韩洋建材设备厂、韩洋石粉厂、韩洋标牌厂、塑料三厂、洋蛮河造船厂、韩洋砖瓦厂、江海铝合金型材厂、海安县弘鑫焊材辅料厂、海安县鑫星丝织厂；“先出售，后改制”的企业有海安县皇家有色浇铸厂、海安县南洋皮件厂；改为二级核算的单位有海安三建一处。

2月28日 韩洋乡企业集体资产管理站和韩洋乡企业管理服务站成立。

3月15—17日 壮志乡、新生乡分别召开第十二届人代会第一次会议，会议选举人大正副主席、政府正副乡长。

3月15—17日、25—26日、28—30日 韩洋乡、西场镇、南屏乡先后召开第十三届人代会第一次会议，选举乡（镇）人大正副主席、正副乡（镇）长。

4月21日 立发乡政府与县政府签订《海安县公路路政管理责任状》。

5月28日 韩洋乡党委决定韩洋水厂新征土地、购电机、打新井，力争全乡每家都能接上自来水。

是月 韩洋乡政府制定《韩洋乡乡域规划》，经韩洋乡第十三届人代会第二次会议通过，并报上级批准后开始实施。

上半年 南屏乡完成改革的单位有南屏线网厂、南屏建筑物件材料厂、海安县聚氨酯制品厂、海安县家用电器厂、南屏工业供销经理部。

7月1日 韩洋乡建立农村贫困老党员基金会。

7月9日 韩洋乡中心小学副校长蔡方俊参加山东烟台全国“科研兴校，提高办学效益”学术研讨会，所撰写的教育管理论文《整体大于各个孤立部分的总和——试用系统理论的观点考察学校管理中人力资源的效能发挥》一文在会上交流，并获全国二等奖。

8月6日 南屏乡党委决定下半年派出工作组对沪屏丝织厂等19个单位实行产权制度改革。

9月26日 县政府决定关停立发装潢建材厂等17个重污染企业。

10月 各乡镇开展农业普查。

11月4日 新生乡政府在高印村4组和9组分别征地2.8亩和2.61亩，建设农民一条街，建筑面积分别为1750平方米和2100平方米，项目总投资分别为78.9万元和94.5万元。

11月5日、12—13日、20—21日、21—22日、22—23日 立发乡、西场镇、韩洋乡、壮志乡、南屏乡先后召开党代会，选举产生新一届党委会。

11月26日 南屏乡第十三届人代会第二次会议召开，补选乡人代会主席、乡长，讨论南屏乡乡域规划并做出决议。

是年　韩洋乡村民私人建房279户1317间，建筑面积3.48万平方米，其中楼房3.01万平方米。

1997年

1月31日　县国土规划管理局派员调查挂钩的新生乡新中国成立前老党员情况，对较贫困3位老党员资助1800元，同时向12名国营大集体特困户资助1.2万元。

3月4—5日、8—9日　新生乡、壮志乡、韩洋乡、西场镇、南屏乡分别召开人代会，通过有关决议。

是月　韩洋乡被省文化厅命名为江苏省第三批群众文化先进乡镇。

是月　各乡镇党委、政府全面开展“三同三争”（三同：同心、同步、同调，三争：争做贡献、争当先进、争创一流）主题教育活动。

4月16日　南屏乡建立乡关心下一代工作委员会（简称乡关工委），南屏乡老区开发促进会、扶贫开发协会建立。各村各学校同时建立关心下一代工作领导组。

5月16日　立发乡建立体育运动委员会。

5月18日　南屏乡自来水厂建立。

5月20日　南屏乡政府决定在全乡范围内实施有线电视工程，确保入网户80%以上。

6月19日　南屏乡建立“夕阳工程”基金。

6月下旬　西场镇举行“迎接香港回归，共创美好未来”职工文艺汇演。

7月11日　壮志乡台胞储森、吉桂瑛向壮志乡施秦小学捐款1万元，作为奖学基金。

8月底　各乡镇党委会讨论教育问题，决定派出工作组到各村开展第二轮土地承包工作，11月全面结束。

8月21日　韩洋乡撤销丰源小学，建立“四二五”教育模式，即在全乡办“四个中心”（中心初中、中心小学、中心幼儿园、成人教育中心）、两所村小、五所幼儿园。

9月2日　新生乡审计所建立。

11月6日　县安装公司向壮志乡政府捐款20万元，支持杨港小学建设教学楼。

11月14日　县政府同意新生乡外接公路工程规划，向西经南屏接204国道，全长4.7公里（新生乡段3.3公里、南屏乡段1.4公里），建通扬运河大桥1座；同意新生乡中心路与如皋市柴湾乡路段沟通，新生乡段2.8公里，建桥2座，另外与柴湾乡合建友谊河桥1座。

11月　韩洋乡拓宽环乡路，全长20公里。

12月15日、28日　西场镇、南屏乡分别召开第十三届人代会第四次会议，补选镇（乡）领导干部，通过相关决议。

12月11日　南屏乡政府决定从1998年起在全乡实施渠道硬质化。

12月29日　韩洋乡被省技术监督局表彰为1997年度江苏省执行标准优秀乡镇。

1998年

2月15日　南屏乡调整村干部养老保险金标准。

2月23—24日、25—26日　壮志乡、新生乡分别召开第十二届人代会第三次会议。

2月26日　仲贞子艺术馆在西场中学落成并举行开馆仪式，省文史馆馆长王葆权、市人大常委会副主任李炎、市政协副主席储长林、县领导洪锦华、秦厚德、卢玉林、朱知和、储有杰、刁宝发，日本丰桥市日中友好协会会长伊藤般展等中外宾客赴会致贺。

2月26—27日、3月12—13日　南屏乡、西场镇分别召开第十三届人代会第五次会议，各增选副乡（镇）长1名。

是月　新生乡农技站“水稻抛秧综合增产技术”获“全国农牧渔业丰收奖”三等奖。

4月2日　西场镇应用技术研究所曹庆华发明的八功能无能耗自动摇篮获美国爱迪生发明中心寄来的世界优秀专利技术认证证书及999纯金国际荣誉勋章。

4月8日　农村用电实行一价到户计费方法。

是月　202省道韩洋段着手拓宽。

6月29日　新生乡党委讨论新长铁路拆迁组织工作，需拆迁48户，面积5783平方米，涉及3个村、7个小组，拆迁费69.16万元，包干使用。

8月1日　南屏乡政府建立南屏乡集体资产管理委员会，下设乡集体资产管理办公室。

9月20日　南通市书协第五次代表大会理事

会名誉主席、著名书法家仲贞子赴南京参加江苏省书协第三届书代会。

9月21日　各乡开展第十届科普宣传周活动。

是月　韩洋乡中心小学副校长蔡方俊撰写的教育管理论文《系统理论与学校人力资源的开发》被中共中央党校科学社会主义教研部、全国报纸理论宣传研究会、北京大学社会学系联合收藏。此文曾于1997年1月发表于上海《中小学教育管理》杂志。

10月　西场镇获“江苏省民间艺术之乡”称号。

10月20日　南屏乡建立老年学校。

是月　韩洋乡丰港小学学生丁刘网、丁美荣参加“全国少年儿童防灾、减灾、自护金点子大赛”，分别获金牌奖和优秀奖（大赛由《农村孩子报》《中国少年报》等19家少儿报刊联合举办）。

11月20日　县大交通指挥部副指挥姜光炘在南屏乡政府召开协调会议，研究解决南新大桥（南屏与新生）建设有关问题，县政府办公室、交通局、南屏乡、新生乡、县大交通办公室等有关人员出席会议。会议经过充分协商，对大桥建设中的问题形成一致意见，并由县政府办公室发出会议纪要（第十五期）。

12月6—7日、10—13日、15—16日、17—18日　韩洋乡、西场镇、新生乡、南屏乡党代会先后分别召开，分别选举产生新一届党委和纪委。

12月16日　县政协主席朱知和、副主席王金龙和部分政协委员视察南屏乡农田水利建设情况，就水利设施存在问题向党委、政府提出意见。

12月22日　西场镇西场村2组农民张策篆书作品“弘扬民族艺术，建设精神文明”“舍己为民，当仁不让，赴汤蹈火，见义勇为”，参加《中国书画报》举办的“楚汉杯”中国书画大赛获优秀作品奖。

12月23日　南屏乡政府开始实施“通达工程”（即全乡实施村村通公路目标），村主干道路路面宽不小于7米，村组道路路面不小于5米，道路全部砂石化，分步实施黑色化。

是年　南屏乡开始实施村级道路和电网改造，至1999年底，计改造村级公路1400米，铺砂石路面3.7万平方米，建防渗渠5.1万米，农网改造高压线路41.8公里、低压线路146公里。

1999年

1月7—8日、8—9日、15—16日、19—20日　西场镇、新生乡、韩洋乡、壮志乡先后召开镇乡人代会第一次会议，选举产生镇乡人代会主席、副主席，乡镇长、副乡镇长、科技副乡镇长。

1月8日　韩洋乡、新生乡等被南通市政府命名为第七批市体育先进乡。

2月1日　新生自来水厂建立。

2月2日　县委副书记翟厚才、县有关部门负责人、南屏乡负责人到南屏乡葛桥村，慰问全县唯一的特等革命伤残军人高兴书（高兴书是1950年11月8日在朝鲜黄草岭战斗中因潜伏冻伤而致残，两下肢及左手切除。其老伴蒋文彩也是复员军人。）和济民村一等革命伤残军人吴强。

3月1日至4月底　南屏、韩洋、新生、立发、西场、壮志分别进行第五届村委会换届选举和精简村干部工作。其中南屏乡由原有104人，精简定编为61人。

4月　境域韩洋等各乡镇重大疑难纠纷调处中心建立。

4月15日　南屏乡举行纪念省农林厅长江流域蚕桑生产和优质原料茧试验攻关点10周年活动。特邀参加纪念活动的有省农林厅原厅长朱竹雯、蚕桑处原处长陈瑞兵、蚕桑高级工程师孙兆钰和南通市蚕桑站站长周明佳及县多管局有关领导。

5月17日　各乡镇党委在党员干部中开展以“讲学习、讲政治、讲正气”为主要内容的“三讲”主题教育活动。

5月21日　壮志乡政府开展实施农村社会养老保险工作，全乡参加农村社保16428人，保费24.6万元。

6月4日　省农业税定点坐收现场会在南屏乡双桥村召开，全省各市、县财政局主要负责人出席会议。与会人员到双桥村观看定点坐收现场。南屏乡财政所长丁文松介绍乡财政所实行农业税定时定点坐收的做法和经验。

8月3日　南屏等乡镇党委、政府开始推行政务公开。

8月20日　立发乡党委下发《关于加强宗教

活动管理的意见》。

10月11日　由旅美华人葛克全捐资50万元，南屏乡政府投资31万元，1998年6月开工兴建的南屏克信职业中学大楼在南屏初中举行落成暨揭牌仪式。

11月15日　新生乡商会召开成立大会。

11月　中央电视台到海安拍摄专题片《与世纪同行的老人》，立发乡徐文英为拍摄对象之一。

12月　各乡镇合作基金会开始清盘关闭。

是年　立发、南屏乡获省群众文化先进乡镇称号。

2000年

1月6日　韩国三真集团贸易株式会社在海安开发区独资兴办南通三真时装有限公司，注册资本30万元，征地13.2亩，独资年限30年。

1月8日　新生乡通过南通市第二批农村中医工作合格乡（镇）验收。

2月27—28日、28—29日　壮志乡、南屏乡和西场镇先后召开人代会，听取审议有关报告。

3月2日　海安县电信局洋蛮河、立发、南屏、开发区支局设立。

3月2—3日　韩洋乡、新生乡分别召开人代会第二次会议，选举产生人大主席、乡长，做出有关决议。

4月　各乡镇对全乡灌溉泵站改制，予以出售。

4月20日　西场镇、壮志乡合并为西场镇，镇政府设于西场集镇。

4月30日　各乡镇在乡机关、事业单位开展创建“三优三满意”（优质服务、优良作风、优美环境，群众满意、基层满意、领导满意）活动。

5月8日　新长铁路海安站举行铺架庆典仪式，新长公司总经理徐开通、市领导宋家新、省铁路办纪检书记尚祚才、县领导蔡树东、施工单位代表中铁一局副局长曹根子和县支铁办负责人包松鹤讲话。县委书记秦厚德宣布铺架开始，副县长徐国锦主持仪式。是月15日，新生乡范桥6组与如皋柴湾交界的友谊桥架设结束，标志着新长铁路海安段首期工程铺轨工作圆满完成。

5月15—16日　西场镇第十三次党代会召开，172名代表出席。会议听取和审议党委、纪委工作报告，作出有关决议，选举产生第十三届党委会和纪委会。

5月　全国第五次人口普查工作开始。

7月15日　中午11时50分，南通汽运公司车号为苏F06536的东风牌5吨卡车，在204国道由南向北行驶至县内南屏乡葛桥三组地段时，与由北向南的上海金卫五金厂车号为沪AC8882东风牌5吨卡车猛烈相撞并起火燃烧，造成5人死亡2人重伤。11时52分，县“110”指挥中心接到报警后，70多名民警、消防官兵赶赴现场，在烈日下开展紧张救人救火工作。

8月17日　江苏省外向型农业综合开发区交流工作会议在海安开发区农业园举行，全省15家农业开发区主要负责人到会。

9月10—11日　农业部、省农林厅农业产业化办公室组成考察验收组对县茧丝绸集团公司申报国家级农业产业龙头企业项目进行系统考察验收，考察南屏乡桑园种植基地、南通鑫来服装公司等单位。

10月10日　海安县慈善会南屏分会设立。

10月24日　兴建南屏乡私营经营投资区，地点在栟茶运河北侧，窑厂路南侧，204国道东侧，首期用地4公顷。

11月17—19日　海安县韩洋初中通过江苏省示范初中验收组验收。

12月23日　西场大桥举行通车仪式。

2001年

1月9日　新生乡、韩洋乡合并，以原辖区设立洋蛮河镇；立发乡、南屏乡、县经济开发区合并，以原辖区设立城东镇。县经济开发区与城东镇合署办公。

1月18日、19日　城东镇、洋蛮河镇第一次党代会先后召开，分别选举产生第一届党委和纪委。

1月28日　城东镇政府开始组织农村第二批“三个代表”学教活动，党政领导及指导组成员住农户家调查了解意见。

是月　西场镇被南通市教委、卫生局、妇联、总工会表彰为幼儿教育先进镇。

2月25—26日、27—28日　城东镇、洋蛮河镇一届一次人代会先后举行，选举产生镇人大正副主席、正副镇长。

2月11日　原南屏乡优质原料茧基地被南通市委、市政府表彰为2000年度农村工作先进集体。

3月7—8日　西场镇第十五届人代会第三次会议召开。

3月10日　洋蛮河镇党委下发《关于对镇、村干部各项工作年终考核实施末位告知、警告、淘汰制的意见》。

3月16日　县委、县人大、县政府、县政协主要负责人到开发区现场办公。明确开发区为副处级单位，属县政府派出机构，理顺与城东镇关系。

3月27日　洋蛮河镇党委在镇机关开展“争创人民群众满意的机关，争当人民群众满意的公仆”（“双争”）活动。

4月　西场镇行政村由原29个村调整为11个村，洋蛮河镇由原27个行政村区调整为10村，城东镇由原24个行政村调整为10个行政村。

5月1日至2002年12月，各镇开展铲除黑恶性质流氓势力的严打斗争。

5月19日　县政府决定，从2001年1月起，将城东镇纳入城镇社会保险覆盖范围。

6月8日　下午1时许，双鱼村2组丁某家发生杀人案，县公安局迅速组织刑侦及城东派出所民警赶赴现场，将犯罪嫌疑人丁某（男，30岁，中专文化，原籍东台市唐洋镇长江村1组）抓获，并将已有9个月身孕的受害人李某送医院抢救。

6月29日　城东镇党委召开建党80周年纪念大会，大会表彰先进党支部8个、优秀党员115名。

7月30日　洋蛮河劳动纠纷调解委员会和县劳动争议仲裁委员会洋蛮河镇办事处建立。

7月底　洋蛮河镇、西场镇、城东镇开始第六届村委会换届选举，至9月初完成村换届选举工作。

8月2日　香港旺成电动工具城在开发区举行奠基仪式，2003年4月5日，江苏鑫港集团有限公司举行开工典礼，电动工具城总投1200万美元。

10月17日　南通市建委主持召开西场镇2000—2015年镇区总体规划论证会，市建委、东南大学、县政府、县政协、县建委、交通、环保、国土等部门的专家和领导出席，一致通过西场镇总体规划。

11月2日　晚11时35分左右，由苏州开往响水方向的苏JF0766客车沿204国道由南向北行至海安县城东镇油坊头村13组路段时，与相向行驶的苏KB5538五吨货车相撞，造成3人死亡（1名行人、2名客车乘员），5人重伤，12人轻伤。

12月2日　洋蛮河镇第一届人代会第二次会议召开，出席代表67人，补选镇长、副镇长。

12月20日　城东镇政府组织机关、事业单位职工及社会各界捐资，开展“送温暖，献爱心”活动。

2002年

1月6—8日　开发区城东镇组织科级以上干部一行14人，在党工委书记陈楷带领下，赴浙江萧山和江苏昆山开发区考察、学习。

1月11—12日　城东镇第一届人代会第二次会议在立发建安礼堂召开，会议补选镇人代会副主席1名、副镇长2名。

1月15日　城东镇政府表彰全镇“五好文明家庭”10727户、“五好文明家庭示范户”536户。

1月31日　县教育局、财政局奖励第二批实施中小学布局调整到位乡镇。城东镇（原南屏乡）获奖励经费18万元，洋蛮河镇获省示范初中奖励经费2万元。

2月25—26日　西场镇召开第十五届人代会第四次会议，增选副镇长1名。

2月26日　县委书记张爱军、县长章树山、县领导朱千波、王玉山、张佳生、徐元生到开发区，理顺开发区与城东镇关系，实行一个核心领导，两块牌子对外。开发区党工委书记陈楷等参加会议。

2月27—28日　洋蛮河镇第一届人代会第三次会议召开。

3月7日　开发区、城东镇组织机关全体党员、干部集中收看电视台播放的影片《江城巨贪》《渔港蛀虫》，进行警示教育。

3月11日　城东镇被南通市政府评为全市唯一的优秀农副产品基地。

3月19日　城东镇50岁以下的65名党员干部经过1个多月的计算机中级培训，63人取得江苏省计算机中级合格证书,合格率97%。

3月25日 江西省宜春学院2002年美术专业招生考试,江苏省考点设在立发中学,这是立发中学首次设立高考美术考点。

3月28日 城东镇计生办、妇联、团委、农技站、蚕桑站、司法办等部门联合组成送科技、送法律下乡小分队,到各村巡回演讲和宣传,受到群众欢迎。

4月8日 城东镇党委组织36名新党员、镇机关入党积极分子到海安烈士陵园祭扫先烈。

4月13日 南通市龙兴建筑安装工程有限公司董事长吕忠山、总经理葛仁楼出资5万元修复立发集镇2000米路灯,并承担10年路灯电费,为当地经济发展营造了良好环境。

4月23日 南通市委书记周福元、秘书长秦厚德在县委书记张爱军、县长章树山,县领导朱千波、周宗泉陪同下,到开发区、城东镇参观鑫港、西蒙奇通等企业,党工委书记陈楷汇报开发区发展情况。

4月26日 立发中学在省美术馆举办师生画展。

4月30日 城东镇机关干部每人捐资200元,购买64只睢宁白山羊赠送给结对帮扶对象。

5月24日 城东镇南屏、立发幼儿园和洋蛮河镇韩洋、新生幼儿园列入海安县乡镇首批改制幼儿园,改制后幼儿园“财产公有、民营运作、自主办园、自谋发展”。

5月28日 南通市委工作会在海安召开,与会200人到开发区(城东镇)参观鑫港、奇通电器公司。

6月3日 城东镇政府召开“外来妹”座谈会,8个民族70多名“外来妹”畅谈致富经。6月9日,城东镇第一届外来妹协会建立。

8月5日 城东镇党委、政府在葛家桥村举行村级干部队伍党风政风建设、群众点评工作观摩会。

9月5—6日 城东镇80多名县、镇人大代表对镇大交通建设重点工程进行视察。

9月20日 海安县城东镇、如皋县柴湾镇联防联调委员会成立。

9月26日 韩洋、新生卫生院开始产权制度改革,2003年1月26日完成改制。

10月12日 城东镇政府开展2002年冬季征兵工作。

10月30日 城东镇政府对机关各部门以及有关行政事业单位推行政府集中采购制度。

12月18日 城东镇残疾人联合会建立。

12月31日 西场镇第十五届人代会第五次会议召开,补选镇长。

2003年

1月4日 列入县城总体规划的开发区、城东镇“四路一湖”(即开发区段面的东海路、黄海路、宁海南路、迎宾路和人工湖)建设工程开工。

1月7日 城东镇南屏敬老院组织50多名五保老人逛游海安火车站。

1月8日 立发中学青年教师杨军在由江苏省化学学会和江苏省化学教育专业委员会主办的“江苏省化学网络课教学评比”中获一等奖。

1月22日 开发区(城东镇)召开新区规划评审会,南京大学城市规划设计院和广东省肇庆市规划设计研究中心两位专家对开发区控制性详细规划和东湖公园生态区规划设计作说明。

1月29日 开发区管委会主任陈楷走访慰问鑫港、麦斯铁等6家企业在海安过春节的外来企业家。

1月30日 开发区党工委组织国税分局、地税分局、工商分局、西蒙奇通等11个党支部负责人,带着新棉花、棉被及慰问品、慰问金,到城东镇走村进户,慰问定点帮扶的老党员、老年人和特困户。

2月15—16日、18—19日 城东镇第一届人代会第三次会议、洋蛮河镇第一届人代会第四次会议先后召开。

3月8日 开发区召开副科级以上干部招商会,明确2003年全区引资任务:到账外资3260万美元,县外民资5520万元。

3月12—13日 西场镇第十五届人代会第六次会议召开。

3月19日 开发区、城东镇开展整治装卸市场、美化投资环境活动。

3月27日 江苏西蒙智控设备有限公司在开发区举行奠基典礼,县领导张爱军、朱千波、徐元生出席。

4月28日　城东镇经营管理站被团省委列为“江苏省青年文明号”创建单位。

4月28日　开发区负责人携带预防“非典”的中药制剂，消毒药液和宣传手册，到鑫港、奇通等企业慰问在海安工作人士。

5月2日，开发区东城街道办事处组织26个外地返回人员到医院接受检查，全力抓好“非典”重点人群和区域的防治工作。

5月10日　海安精细化工园签约仪式在开发区城东镇举行，县领导章树山、朱千波、翟厚才、张佳生出席。

5月17日　总投资10.7亿元的47个工业项目分别在海安开发区和海安工业园区同日开工。

5月24日　城东镇成立海安县首家农民经纪人协会。

是月　城东、西场、洋蛮河三镇教育系统严密组织防控“非典”，各中小学、幼儿园利用广播、黑板报、班会、晨会对学生进行宣传，各校与教师签订责任状，每天上午8时30分前将晨检情况统计上报。县镇领导到立发中学等中小学督察“非典”防控工作。

是月　城东镇在为民服务月中，各相关部门帮助农民解决实际问题342件。其中：修筑机耕、晴雨路77条5.3万米；修车口103座，桥梁5座；清收农户陈欠款5.3万元；解决邻里纠纷97件。

6月12日　海安开发区治安志愿者协会在县教工之家宣告成立。

6月18日　政协海安县第十一届委员会第二次常委会听取县开发区和海安工业园区及部分重点企业情况介绍，与会人员参观县开发区和海安工业园区项目建设现场。

6月　洋蛮河镇境域内开展拆迁工作，为建沿海高速公路做准备。

7月7日　开发区城东镇投资1400万元，按省级现代化小学标准建设开发区实验小学。

7月10日　城东镇人武部长潘智勇带领应急分队65名民兵，赴古贲乡常河圩闸冲垮地点抢险，经过5小时奋战与当地民兵共同冒雨完成抢险任务。

7月14日　南屏砖瓦厂停产拆迁。

7月20日　南通天成保健品有限公司成品药生产基地在海安开发区奠基，总投资3500万元，占地80亩，建筑面积3万平方米。

7月26日　开发区、城东镇组织10个村党支部书记和民兵营长慰问51个义务兵家属、30个烈军属及2个特级、一级伤残复员军人。

8月5日　城东镇建立社会治安综合治理委员会和城东镇社会矛盾纠纷调处中心。

8月12日　驻海安的省人大代表组视察开发区西蒙奇通等企业，听取开发区管委会主任陈楷汇报，县人大常委会副主任王阿巧参加活动。

8月24日　省“四五”普法检查组检查县劳动和社会保障局、立发中学的普法工作。

8月25日　西场镇第十五届人代会第七次会议召开。

9月8日、11日　洋蛮河镇、城东镇分别召开第一次妇代会，大会选举产生第一次妇代会执委会和出席县第十一次妇代会代表。

9月29日　在海安经济贸易洽谈会上，开发区签约7个项目，总投资23.4亿元，其中外资项目总投资3508万美元。

9月30日　重阳节前夕，县领导到城东镇慰问百岁老人陆文英。

10月12日　市人大常委会李炎、朱剑、秦兆祯、柯文一行到海安县视察开发区、火车站等地。

10月15日　开发区筹资投入150万元建设的宁海南路（北起南屏路，南至东海路，长1450米，宽40米）提前竣工通车。

10月15日　立发中学邀请立发敬老院25名老人逛县城。

11月14日　洋蛮河镇建立三峡移民领导组，安置三峡移民9户33人。

12月1日　联发纺织园项目拆迁工作在南屏村启动，需拆迁112户。

12月4日　市政协副主席陈振兴带领市政协、民族宗教局有关人员视察海安县少数民族扶贫工作。县政协主席翟厚才、副主席吴惠平陪同考察，并到洋蛮河镇韩徐村土家族妇女包茂琳和三角村土家族妇女肖琳家中，看望询问他们生活情况。

2004年

1月6—13日　开发区机关迁至21层新世纪大厦办公，城东镇有关部门从环保局1、2楼迁至原开发区驻地办公。

1月21—22日　西场镇第十五届人代会第十次会议召开，镇长、副镇长做述职报告，代表对其测评，选举科技副镇长1人。

2月7日　县委在海安镇和开发区（城东镇）召开常委扩大会，分别听取海安镇、开发区（城东镇）《2004—2009年发展战略纲要》，并提出完善和修改意见。县委书记张爱军、县长章树山先后讲话。

2月17日　开发区、城东镇300多人出席奋战2004年动员大会。会议在县教工之家举行，大会表彰先进单位和个人，县四套班子有关领导参加大会。

3月8—9日　11—12日　城东镇、洋蛮河镇第一届人代会第四次会议、第五次会议分别召开。会议补选镇人大主席、副镇长。

3月19日　城东镇政府组织开展“奉献一片爱心，改善弱势群体居住环境”系列活动，镇机关工作人员、企业负责人以及学校教师为镇敬老院孤寡老人等捐款14万元。

3月26日　城东镇党委下发《关于在全镇党组织中推行“共产党员承诺制”的意见》和《关于建立农村定责上岗党员“述评”制度的通知》。

3月30日　城东镇政府下发《城东镇招商引资管理办法》。

5月11日　省政协副主席、南京农业大学副校长曹卫星一行4人考察海安夏粮生产情况，实地参观洋蛮河等地优质弱筋小麦田间生产现场，对海安夏粮生产发展提出意见。

7月20日　海安县调整部分行政区划，洋蛮河镇、城东镇合并为城东镇，镇政府设于城东镇。

8月20—21日　城东镇召开第一届人代会第五次会议，补选镇人大主席、镇长，县委副书记、县长章树山到会讲话。

8月21日　第一次全国经济普查工作开始，城东镇建立经济普查领导小组和经济普查办公室。

8月22日　城东镇召开公路建设现场推进会，15名村党支部书记以及镇农村公路建设领导组40多人，冒雨参观城葛路、城刘路两个现场。

8—11月　城东镇、西场镇开展保持共产党员先进性教育活动。

9月6日　城东镇全面入户开展农村人口与从业情况普查工作。

9月11日　民政部区划地名司司长戴均良、区划处处长杭党及省、市相关领导到海安调研，县领导章树山、朱春、储有杰参加活动，调研组一行视察开发区。

10月21日　城东镇建立街道劳动和社会保障服务站。

11月17日　泰宁村在县城黄海路举行第七届村委会无候选人一次性直接选举。

12月3日　城东镇城管监察中队建立。

12月14日　县政府召集县直各部门负责人，在开发区会议室举行人工湖开发讨论会，出席会议40人，县政府分管领导、开发区城东镇主要负责人及分管负责人参加。

12月27日　西场仲贞子被命名为江苏省特色文化标兵（此项全省命名10个）。

2005年

1月11—25日　开发区城东镇副科级以上负责人，在管委会主任、镇党委书记陈楷带领下赴海南、广东等地考察。

1月25—26日　城东镇在泰宁村五楼会议室第一届人代会第六次会议召开。

2月2日　市委常委、政法委书记陈斌和市人大常委会副主任刘长城、副市长宋飞到海安慰问城东镇南阳村新中国成立前老党员葛仁美、复员军人赵兴旺、伤残军人王培植。

2月25日　开发区党工委、管委会，城东镇党委、政府表彰2004年度三个文明建设先进单位163个、先进个人99人。

3月6日　开发区、城东镇在海安中学体艺馆召开总结表彰大会，700人参加会议，县长章树山参加。

3月15日　镇党委表彰2004年度“五好文明家庭明星户”108户。

3月30日　市委副书记黄利金率市农口部门负责人到海安调研小康示范村建设，察看城东镇泰宁村、界墩村农民小区，走访部分农户，听取农村基层干部和农民对小康示范村建设的意见和要求。县领导张爱军、章树山、朱春、郜江森等参加调研。

4月14日　市委副书记王德忠到海安开发区、城东镇等地考察园区建设和入园企业发展情况。

5月18日　致公党名誉主席杨纪珂、全国总工会书记处书记张鸣起及省市县领导考察南通鑫平制衣公司职工安全知识考试现场。

5月28日　在火车站站前广场举行金海安项目奠基仪式。

6月24日　南通市平安创建现场推进会在海安召开，与会人员参观城东镇流动人口集中居住点现场。

7月2日　开发区党工委、城东镇党委表彰先进党支部12个、先进党小组20个、优秀共产党员219人。

7月5日　城东镇党委在党员中开展“树立新理念，创新比发展；掌握新本领，创业比致富；塑造新形象，创优比贡献”主题实践活动，并下发《开发区、城东镇“三新三创三比”主题实践活动实施意见》。

7月21日　镇土地管理服务站变更为城东镇国土资源所。

8月15日　建于西场集镇的刘景韶平倭纪念馆竣工开放。

8月17日　省卫生厅厅长郭兴华一行到海安督察重点卫生工作，实地察看农林、韩洋、三丰村卫生服务站。

8月18日　致公党名誉主席杨纪珂、全国总工会书记处书记张鸣起及省市县领导考察南通鑫平制衣公司职工安全知识考试现场。

10月27日　泰宁村被命名为江苏省卫生村。

10月28日　开发区城东镇在化工大道举行10个项目集中开工典礼。

11月7日　城东镇建立高致病性禽流感等重大动物疫病防控工作领导组。

12月16日　省外向型农业综合开发座谈会在海安召开，开发区、城东镇负责人参加座谈。

2006年

1月3日　开发区、城东镇召开2006年经济工作动员大会，县长章树山讲话。

2月16日　开发区、城东镇举行七星湖建设开工典礼，县四套班子领导出席，县委书记张爱军致辞。

3月28—29日　城东镇第二次党代会第一次会议召开，选举产生新一届党委、纪委领导班子。

4月1—2日　西场镇第十四次党代会召开，选举产生新一届党委和纪委领导班子。

4月7—8日　西场镇第十五届人代会第十二次会议召开。

4月10—11日　城东镇第一届人代会第七次会议在泰宁村五楼会议室召开，补选人大主席和副镇长。

4月12日　市委书记罗一民到开发区、城东镇考察，县、区领导参加并汇报工作。

5月29日　中国·海安首届青墩文化艺术节暨2006年经贸洽谈会开幕式在火车站站前广场举行，省农林厅厅长刘立仁、市委副书记黄利金、省台办副主任潘朗哉、市人大常委会副主任周通生、市政协副主席陆国甫及香港恒发服务有限公司董事长周安达源等300名客商参加，在签约仪式上，开发区、城东镇参与6个项目签约。

8月28日　开发区、城东镇总工会举行成立大会，首届一次会员（职工）代表大会的171名代表以直选方式选举产生工会委员会、经费审查委员会及女职工委员会，县政协副主席陈楷、县总工会主席段仁贵出席并讲话。

9月4日　镇关工委常务副主任刘凤翔出席全省关心下一代工作先进集体、先进个人表彰大会，城东镇关工委被表彰为先进集体。

10月10日　县领导章树山、朱春、邰江淼等到立发桥村慰问百岁老人，送上重阳节的祝福。

10月18日　南通市小康示范村——城东镇泰宁村村民文化活动大楼举行揭牌仪式。

10月20日　中国·海安金秋经贸洽谈会在七星湖公园月亮广场举行，开发区城东镇部分干群代表参加。

11月16日　城东镇建立突发公共卫生事件应急处置领导小组、肠道传染病防治工作领导小组、重大传染病防控工作领导小组、呼吸道传染病防治工作领导小组、计划免疫工作领导小组。

11月28日　开发区在七星湖月亮广场举行“岁月辉煌”大型文艺晚会，县长章树山致辞，特邀总政歌舞团演出。晚会由中央电视台著名主持人周涛主持，著名歌手和表演艺术家阎维文、白雪、蔡国庆、克里木、殷秀梅、郭达等登台演出，同时举行焰火晚会。

12月22日　“海安批发王”国际服饰城推介会在海阳国际大酒店召开。

2007年

1月9日　开发区城东镇召开奋战2007年动员大会。

1月29日　城东镇评出2006年度“五好文明家庭”23620户，“五好文明家庭示范户”968户，“和谐标兵家庭”60户。

2月7日　省委组织部在海安举行流动党员活动证发放仪式，县委组织部部长周少华和省、市委组织部有关领导到开发区、城东镇慰问老党员祝同根。

3月23日　市委副书记王德忠到海安调研，县领导章树山、单晓鸣、翟厚才、孙进基、徐长凤、钱锁梅、彭为杰、陈楷等一同参加调研，参观开发区城东镇内南通晓星变压器有限公司、星震宇集团、联发集团等重点企业，详细了解企业经营和发展情况。

3月23—24日　城东镇第一届人代会第八次会议在泰宁村5楼会议室召开，补选镇长、副镇长。

3月27—28日　西场镇第十五届人代会第十三次会议召开，选举镇长。

4月　城东镇、西场镇在镇机关开展“两治理一推进”主题教育活动。

4月9日　县委、县政府决定在开发区金北工业园内建立海安软件产业园。县领导章树山、柯德来、王玉山、周宗泉、缪小华、陈楷等与全县10多家软件开发商及与此相关联单位的负责人座谈，共商软件产业发展大计。

4月18日　南通—海安—北京直达特快旅客列车开通。首发Z51/52次直达特快从南通至北京全程仅停靠海安、盐城、淮安3个车站，海安火车站成为全国铁路网中唯一直达列车县城停靠站。

5月28日　中华经典龙舞展示赛在七星湖月亮广场举行，七支龙舞队伍参加。

6月29日　城东镇建立高速公路建设服务指挥部。

7月6日　南通团市委书记陈晓东一行，到开发区城东镇调研共青团工作，参观天成青年创业实践基地、外来务工青年服务中心等共青团工作特色基地。

7月25日　西场镇政府下发《关于引导农民进城，加强城镇化进程工作的实施方案》，2007年西场镇引导农民进城209户，农民进城604人。

8月6日　江苏联发集团色织布出口通过国家质检总局出口免检专业审查组现场审核，获得出口免验资格。

8月14日　市委常委、组织部部长郭腊军到海安，调研开发区城东镇组织建设工作，县委书记章树山、县委组织部部长周少华、开发区党工委负责人参加。

9月22日　全国政协委员、外事委员会副主任周可仁一行到海安考察。在开发区参观海安批发王、火车站站前广场、七星湖公园、联发集团。

9月24—25日　苏北星火带第十一次科技先导型支柱产业建设暨科技富民强县现场会在海安召开。与会人员参观城东镇万亩标准化桑园科技示范园区、鑫缘丝绸科技示范园等单位和企业。

9月28日　城东镇民营经济关心下一代工作委员会成立。

10月13日　市人大常委会副主任汤桑林一行察看城东镇泰宁村“人大代表之家”。

11月5—6日　城东镇举行第八届村民委员会换届选举工作。

11月14日　省纪委行政监察中心主任刘井石到开发区城东镇调研便民服务中心建设情况。

12月13—14日　西场镇第十六届人代会第一次会议召开，选举镇人大主席、副主席和镇长、副镇长。

12月14日　开发区城东镇邀请县劳动保障局负责人为辖区内300家企业负责人讲解新劳动合同法。

12月15—16日　城东镇第二届人代会第一次会议召开，选举镇人大主席、副主席和镇长、副镇长。

2008年

2月2日　由于连降大雪，道路受阻，开发区1000名外来务工人员不能回家过年。开发区城东镇总工会组成8个慰问协调小组，到企业妥善安排生活，让外来务工人员安心过上一个快乐祥和春节。

2月28日　城东工业片区发展领导小组建立，县委常委周宗泉为发展协调领导小组组长，县政协副主席、开发区党工委书记陈楷为副组长和党政联席会召集人，大公、西场镇党委书记为开发区管委会副主任。

3月3日　开发区、城东镇成立"东部产业新城重点工程拆迁指挥部"，抽调200名工作人员，整合组建南片、东片、西片、中片4个拆迁工作组。

3月9日　开发区城东镇总工会召开首届三次全委扩大会议，250多家企业工会主席代表与企业签订区域性工资集体协商协议，同时签订劳动保护、安全生产、和谐企业创建等内容的责任书。

3月15日上午，开发区城东镇在开发大道和立发大道交界处举行首批20个项目集中开工仪式。

3月25日　城东镇为整洁农村环境，发放《致全体村民的公开信》，与各村签订整治责任书。

3月28日　总投资4亿元、注册资本1.2亿元的高级涂料生产等5个项目在开发区城东镇集中签约。

4月2日　海安正元港务有限公司在开发区举行开工典礼，全国政协文史委副主任范钦臣，南通市副市长吴晓春，县领导章树山、朱春、吉传稳、陈楷等参加活动。

4月4日　城东镇成立失地农民保险安置领导小组。

4月26日起　西场镇开展"万名党员联万户"和"五送"（送信息、送科技、送项目、送资金、送岗位）解困活动。

4月28日　城东镇制定《引导农民进城，加快城镇化建设实施办法》，确定万星花苑、立发花苑、葛家桥花苑等10多处为农民集中居住点。

5月15—30日　开发区各机关团体、企业、学校、党员干部、广大职工、学生、人民群众纷纷为5月12日四川汶川大地震地区受灾群众捐款。全区420名党员交纳"特殊党费"7.83万元，全区捐款200多万元，在开发区工作的600多名四川籍务工人员同时受到捐助。

6月29日　开发区、城东镇组建第二次全国经济普查领导小组及办公室。

7月21日　城东镇刘缺村举行村干部空缺岗位招聘竞岗活动。30名党员群众代表参加，倾听竞岗人演说答辩。组织、人事、纪检、监察等部门对报名人资格共同把关，村监委会全程监督。答题后，由群众代表投票产生竞岗人选。

8月2日　开发区城东镇第一次妇代会召开，107名代表依法选举第一届执行委员会委员9人，并选举出席县第十二次妇代会代表32人。

8月3日　县长单晓鸣、副县长张佳生到开发区城东镇接待史传银等20多位居民来访，对群众提出的问题，县长当场答复，群众表示满意。

8月4日　鑫缘茧丝绸、联发集团、联发制衣、华强纺织等4家企业名列2007—2008年度中国纺织服装企业竞争力500强。

9月7日　下午，城东镇人大代表在泰宁村举行评议环保工作会议。

11月7日　开发区城东镇将20名新任公务员和大学生村官安排到相关单位和部门工作。

12月25日　城东镇商会成立。

12月26日　80多位市、县知名书画家在仲贞子艺术馆共庆仲贞子艺术馆建馆十周年和西场镇"江苏省书法之乡"命名十周年。

是年　西场镇农民进城804人，拆除弃宅61户。

2009年

1月8—9日　西场镇召开第十六届人代会第三次会议。

2月24日　海安县各金融机构与开发区城东镇46家企业签订协议，拉开银政企合作走进乡镇序幕。

2月29日　城东镇在加快城镇化建设进程中，建立失地农民社会保障体系，解除农民后顾之忧。《中国劳动保障报》刊登以《海安县城东镇

6000农民欣然参保 后顾无忧》为题的报道。

3月6日 城东镇第二届人代会第二次会议在泰宁村五楼会议室召开。

3月17日 上海市杨浦区统战部副部长、工商联党组书记王继烈率领区内近20家企业负责人到海安开发区城东镇对产业转移进行考察。

4月8日 市委副书记黄利金一行到海安调研经济社会发展情况，实地考察开发区城东镇中威重工等企业。

4月9日 南通市政协“稳定工业投入”专题调研组在市政协主席王德忠带领下，到海安调研，实地考察开发区城东镇晓星集团、华强纺织等企业。

7月2日 上海市杨浦区委书记陈安杰率党政代表团到海安考察，共商在开发区城东镇建设“上海杨浦（海安）工业园”事宜。

7月31日 城东镇第二届人代会第三次会议在泰宁村五楼会议室召开，会议选举副镇长。

8月31日 上海市杨浦区发展改革委主任沈黄富一行到开发区城东镇，实地考察上海杨浦（海安）工业园和海安东区西园。

10月13日 南通市委常委、宣传部部长张小平到开发区城东镇视察“523”文化产业园。

10月16日 立发中学举行建校50周年庆典。

10月18日 中国·海安第四届青墩文化艺术节暨2009经济贸易洽谈会开幕式在开发区城东镇七星湖公园月亮广场举行，各界群众9000多人参加开幕式。中央电视台《激情广场》节目组在开幕式上进行精彩演出。

10月20日 上海杨浦（海安）工业园首批项目举行开工奠基仪式。上海市杨浦区委书记、区人大常委会主任陈安杰，南通市委书记、市人大常委会主任罗一民为上海杨浦（海安）工业园揭牌。县委书记、县人大常委会主任章树山致辞，杨浦区、南通市和海安县领导为开工项目奠基培土。县四套班子负责人、各镇党政主要负责人参加奠基仪式。

10月16日 城东镇召开“农家书屋”管理工作会议，总结各村“农家书屋”建设成果和管理情况。

12月17日 城东镇举办史志工作培训班。

12月26日 县委书记章树山到油坊头村，与油坊头村、民桥村、南屏医院、南屏小学、天大公司、南屏建筑站的9名基层党员座谈交流。

2010年

1月12—13日 西场镇召开第十六届人代会第五次会议。

2月22日 开发区城东镇在县少年宫召开2009年总结表彰大会暨新春团拜会。

3月29—30日 城东镇第二届人代会第四次会议在泰宁村五楼会议室召开。

4月3日 “戴尔—海安”云计算服务中心签约，落户海安开发区。

5月23日 海安“523”文化产业主题公园国际文化博览交易会在“523”主题公园广场开幕。中国国民党荣誉主席吴伯雄，中共江苏省委常委、宣传部部长杨新力发来贺信；中国美协副秘书长张旭光，南通市委常委、宣传部部长张小平在开幕式上讲话。县委书记、县人大常委会主任章树山致开幕词。县委副书记、县长单晓鸣主持开幕式。省新闻出版局局长徐毅英，省文化厅副厅长马宁，县领导朱春等出席开幕式。是日，“523”文化产业主题公园国际文化博览交易会文化产业推介暨项目签约活动在县行政中心报告厅举行。

6月30日 西场镇党委下发《关于表彰全镇爱心助学先进集体的决定》。至2009年全镇有60个企事业单位和个人参与爱心助学活动，结对帮扶特困生518人次，接受资助18.11万元。决定表彰16个单位为先进集体。

7月28日 中国市长与跨国集团全球财富论坛中心执行会长、清华大学教授赵大庆与县开发区、城东镇就合作开发海安无碳经济园签约。中国市长与跨国集团全球财富论坛中心会长、欧美同学会企业家联谊会会长许昌东致辞。2011年1月20日，全国首个无碳经济园——海安华清（两岸）无碳经济园在开发区举行奠基仪式。总投资逾130亿元的11个首批入园项目集中签约。中国国民党智库科技组顾问詹澈，欧美同学会企业家联谊会、中国市长与跨国集团（国际财力）全球财富论坛中心会长许昌东，国泰人寿保险股份有限公司总顾问陈安澜，县领导章树山、朱春、王少勇、周宗泉、田友峦、陈楷等参加活动。

8月21日　常熟理工学院海安软件学院暨海安服务外包培训基地在王府大酒店签约揭牌。

8月28日　西场镇党委表彰敬业奉献典型许翠珠和孝老爱亲典型杨启梅。

9月28日　七星湖游乐园开业试运营。是日，海安王府大酒店举行荣膺四星级旅游饭店揭牌仪式。

10月5—6日　由南通荣汇福田4S店发起组织的"冠宇杯"海安首届七星湖大型车展在七星湖广场举行。观赏与购买的群众千人之多，现场成交汽车186辆，总额突破2000万元。

10月18日　海安"523"艺术品（秋季）拍卖会在"523"文化产业园开幕。省委宣传部副部长梁勇，市委常委、宣传部部长张小平，省委宣传部文艺处处长李潮润，省广播电影电视局办公室副主任卢林春等出席。新加坡、意大利、新西兰和中国台湾及北京、上海等地的高端收藏机构、国内外知名收藏界和企业界受邀300人参会。

10月20日　中国·海安欧洲工业园洽谈会在王府宾馆举行，县委书记、县人大常委会主任章树山致欢迎辞，欧盟投资与创业中心官员克里斯汀娜在会上讲话。

11月4日　国家新闻出版总署法规司副司长刘晓凯在开发区城东镇检查验收农家书屋。省新闻出版局副局长蒋国星、市文广新局党组副书记范平随同检查。

11月21—22日　2010年江苏省舞龙舞狮比赛在七星湖广场举行。省政府办公厅副主任、省龙狮运动协会会长谢润盛宣布比赛开幕，省社会体育管理中心书记顾铁泉致开幕词。

12月11日　市委常委、常务副市长蓝绍敏及副市长孙金华一行，到开发区实地考察上海杨浦（海安）工业园、"523"文化产业园、联发纺织公司等单位。

2011年

1月1日　县区域供水有限公司开发区城东分公司成立，揭牌仪式在原立发水厂举行。

1月11日　开发区城东镇2011年首批10亿元项目集中签约。县领导章树山、单晓鸣、朱春、王少勇、孙进基、周宗泉出席签约活动。县委书记、县人大常委会主任章树山致辞。

1月12—13日　西场镇召开第十六届人代会第七次会议。增选副镇长，通过有关决议。

1月17日　省委书记罗志军在县领导章树山、单晓鸣等陪同下，先后参观考察"523"文化产业主题公园、城东镇界墩社区卫生服务站、鑫缘茧丝绸产业园，充分肯定开发区城东镇经济社会事业发展取得的成就。

3月8日　县委书记、县人大常委会主任章树山，县领导吉传稳、陈楷等到开发区参加植树活动。开发区城东镇负责人王荣贵、钱亚洲、陈进及30多名机关干部参加活动，当日植树300多棵。

3月17日　海安"523"文化产业园被评为市级现代服务业集聚区。

3月17—18日　城东镇第三届党代会、第一次会议召开，出席会议代表102人，选举新一届党委会、纪委会。

3月18—19日　西场镇第十五届党代会第一次会议召开，出席代表85人，列席代表48人。会议选举新一届党委会、纪委会。

3月22—23日　城东镇第二届人代会第五次会议在泰宁村五楼会议室召开。

4月12日　10多名省、市、县摄影协会会员到开发区软件科技园、七星湖生态园、"523"文化产业园、孔雀特种养殖基地采风。

4月17日　位于城东镇刘缺村的圆通寺举行万缘宝塔奠基典礼。香港、上海、镇江等地佛教协会相关人员及诸山长老、居士参加典礼活动。

4月20日　开发区城东镇实验小学举办庆祝中国共产党建党90周年——"颂党恩、跟党走、促和谐"主题活动。老干部、老党员及学生代表用感人事迹、生动语言赞颂中国共产党成立90年来的辉煌业绩。

4月29日　开发区城东镇举行"五四"青年节表彰大会暨大学生村官才艺比赛活动。

5月2日　由县政府办公室、县老区开发促进会等单位主办的迎庆中国共产党成立90周年演讲会暨文艺演出在城东镇葛家桥村举行，县、区有关部门领导及群众千余人参加庆祝活动。

5月23日　中国·海安第二届"523"艺术博览会在开发区"523"文化产业园举行。

5月30日 市委副书记、代市长张国华一行到开发区城东镇调研。

6月12日 开发区城东镇举办“人人参与创文明城市,个个动手建和谐家园”主题教育活动,并在机关、行业、单位及广大群众中发放宣传画1.2万张。

6月23日 开发区城东镇选举产生出席县第十二次党代会代表。

7月24日 开发区城东镇召开“奋战三季度,拆迁2000户”誓师会。

7月26日 开发区上湖新城策划方案汇报会在王府大酒店举行,上海、北京、新加坡、美国等相关建筑景观设计院专家学者对方案提出修改意见。

7月28日 开发区城东镇举行回乡大学生“家乡一日游”活动,先后参观上海杨浦(海安)工业园、亚太科技、软件科技园、江苏联发纺织、“523”文化产业园等。

8月11日 省司法厅副厅长万力一行到开发区城东镇实地考察司法所及界墩司法行政工作站现场。

8月22日 省、市、县一行20人到城东镇检查农家书屋工作。

8月30日 市政法委书记曹彬一行专程到开发区城东镇参观政法综治中心、“523”文化产业园。

9月1日 南通军分区司令员贾建民到开发区城东镇考察。

9月8日 江苏天成集团有限公司捐资助教仪式在立发中学举行,集团副总经理王文郁向立发中学捐赠1万元奖学金。

9月25日 开发区举行党代表工作室揭牌仪式。

9月28日 开发区城东镇举行9月份亿元以上工业项目集中开工仪式,县四套班子负责人参加,并为曙光新能源项目奠基培土。

10月5日 全国政协副主席李金华到开发区视察“523”文化产业园、鑫缘丝绸展览馆。

10月19日 中国·海安第六届青墩文化艺术节暨2011年金秋经贸洽谈会工业专场推介会在金海安大酒店三楼举行,开发区常务副主任王荣贵作专题推介。

是日 “523”文化产业园艺术品秋季拍卖会举行。众多爱好艺术收藏的中外客商应邀参加。当日拍卖总量139件,成交率93%,成交总额2060万元。

11月1日 海安火车站信号改进工程凌晨正点开通,标志着海洋铁路成功接入国铁大动脉,加入全国铁路营运网。

11月9日 省、市工行万顷良田融资项目洽谈会在开发区召开。

11月22日 开发区召开信访维稳、建管、安全生产、农路达标验收工作会议,负责人王荣贵主持。

12月2日 海安县部分镇行政区划调整大会召开。经省政府批准,撤销西场镇、城东镇,组建新的城东镇。开发区党工委、管委会为县委、县政府派出机构,一套班子、两块牌子、区镇合一,以区为主,原西场镇境域内设立西场、壮志两个街道办事处。

12月12日 江苏海迅实业集团股份有限公司获“省模范劳动关系和谐企业”称号。

12月23日 开发区城东镇组织对机械、木工、电器、化工等行业进行安全大检查。当场就检查出的安全隐患提出整改意见,并跟踪督察落实情况。

12月24日 省委副书记、省长李学勇到开发区调研鑫缘丝绸工业园。省政府秘书长、发展改革委主任毛伟明,省经信委副主任周毅彪随行调研。市委书记丁大卫,市委副书记、代市长张国华等市县领导参加调研活动。

2012年

1月10日 县经济开发区与上海神舟汽车设计开发有限公司签订总投资30亿元的节能环保特种车项目落户开发区。

1月17日 开发区城东镇举行第三批中层股级干部竞岗面试评审。2月1日,海安经济开发区召开区局办内设股级岗位人员聘任大会。

2月7日 开发区举行2012年首期项目集中开工仪式和水星家用纺织项目开工活动,集中开工项目13个,总投资近90亿元,其中50亿元项目1个、10亿元项目2个。

2月16日 开发区在上海举行先进装备制造

业专题招商推介会。

2月20日 市人大常委会副主任、党组副书记徐水兵率领在通全国人大代表视察海安。徐水兵一行在开发区城东镇先后察看亚太轻合金、鑫缘工业园、“523”文化产业园、海安经济社会发展现场。

2月23日 副省长史和平专程到海安考察现代物流业发展情况，在开发区实地考察海安正元港务有限公司、海安“523”文化产业园等企业，省政府副秘书长王志忠，市委书记、市人大常委会主任丁大卫，市委常委、常务副市长陈照煌，市委常委、秘书长黄巍东等市县领导参加调研。

2月26日 在全县宣传工作暨文明城市建设工作推进会上，市委常委、宣传部部长章树山和县委书记、县人大常委会党组书记单晓鸣向城东镇泰宁村授予“全国文明村”牌匾。

3月8—9日 城东镇第三届人代会第一次会议在泰宁村五楼会议室召开。大会听取和审议王荣贵所做的《城东镇人民政府工作报告》，钱亚洲所做的《城东镇人大工作报告》，何伟所做的《财政预决算报告》，并做出相应决议。大会选举王荣贵为镇长，钱亚洲为镇人大主席。

3月28—29日 全省物流业发展现场推进会与会人员参观海安开发区。

3月31日 海安“523”文化产业主题公园通过省级专家组评审，被作为全省重点文化产业项目之一推荐上报文化部，参加全国评选。9月20日，海安县鸿禧文化创意有限公司运营的“523”文化产业主题公园被文化部命名为第五批国家级文化产业示范基地，成为获批的全国60家、江苏省3家之一，成为南通首个国家级文化产业示范基地。

是日 南通最大的冷链物流项目——丰源食品城冷链物流中心在开发区城东镇开始运营。2014年1月10日，丰源食品城举行起航仪式，60家商户入驻。

4月13日 海安软件科技园在北京举行“枢纽海安 创新乐园”专题招商推介会。

5月11日 国家发展改革委外资司副司长王东在省发展改革委副巡视员郑攻荣等陪同下，到海安调研开发区建设。

5月14—21日 开发区党工委副书记、管委会主任王荣贵，党工委副书记、海安软件园管理中心主任魏少芹参加省商务厅组织的江苏省外包代表团，赴英国、荷兰、瑞士参加第12届欧洲共享服务暨外包峰会。

5月17日 全国农技推广服务中心首席专家张真和、中国农业科学院蚕桑研究所副所长李龙和栽桑研究室主任程嘉翎等专家代表参观海安经济开发区鑫缘茧丝绸工业园。

5月24日 中残联宣传文化部部长王涛一行到海安经济开发区调研残疾人工作，省残联副理事长张建平、市残联理事长房健一同考察。

5月26日 海安经济开发区在台北举行海安经济开发区台湾商务处揭牌仪式。

5月28日 省委书记、省人大常委会主任罗志军到海安经济开发区考察，省委常委、秘书长樊金龙，市委书记丁大卫，市委副书记、市长张国华等陪同。

是日 全省非公企业工会建设会议在海安召开。省、市、县领导参加开发区“江苏省工会工作模范开发区”授牌仪式。省总工会党组书记、常务副主席刘广忠和省总工会巡视员张鸿生等领导和嘉宾出席授牌仪式。

6月6日 2012首届苏台文创产业合作论坛暨中国海安第三届“523”艺术博览会开幕式在海安“523”文化产业园举行，中国国民党荣誉主席连战、财团法人海峡交流基金会董事长江丙坤分别发来贺信，中央台办、国台办主任助理龙明彪及各级领导参加。

6月27日 由开发区主办、“7星首府”承办的七星湖区域生态宜居研讨会举行。

7月24日 蓉和怡心园首届葡萄节开幕。

7月25日 城东镇拨出专款购买消毒药物，发放到畜禽养殖大户、畜禽屠宰加工企业和各村组，要求做好夏季消毒灭源工作。

7月30日 国务院办公厅国办函〔2012〕188号《国务院办公厅关于江苏海安经济开发区升级为国家级经济技术开发区的复函》，国务院批准海安经济开发区升级为国家级经济技术开发区。8月18日，县委、县政府召开大会，隆重庆祝海安经济开发区升级为国家级经济技术开发区。

8月9日 海安经济技术开发区第一家企业研究院在江苏联发集团揭牌。东华大学等高校专家教授、海安县主要领导等参加揭牌活动。

8月22日　省商务厅厅长马明龙一行到海安考察，专题听取海安经济技术开发区工作情况汇报。

9月6日　由省委宣传部牵头组织的“开放型经济在江苏网络行”主题宣传活动采访团走进海安，集中报道海安经济技术开发区开放型经济发展成就。

9月20日　海安经济技术开发区在上海举办“跨江合作，携手共赢”电工电气产业投资说明会。

9月21日　全市开发区经济运行分析会在海安经济技术开发区召开，全市14个开发区、园区分管负责人参加会议。

10月18日下午　紫琅职业技术学院海安校区举行签约仪式。

10月20日　地处城东镇刘缺村的圆通寺举行“万缘宝塔”金顶开光祈福庆典。中国佛教协会常务理事、江苏省佛教协会副会长、苏州寒山寺方丈秋爽，中国佛学院栖霞寺分院副院长隆相等诸山长老、大德高僧以及上海、无锡、常州及海安县各界人士1000多人参加庆典活动。万缘宝塔高77.6米，11层，为苏中地区第一高塔，塔名由中国佛教协会会长传印题写。2014年10月26日，举行圆通寺万缘宝塔落成开光暨佛祖舍利入塔供奉祈福法会，江苏省民委副主任、省宗教局副局长王在郑，南通市委统战部副部长、市民宗局局长马建清，省佛协副会长兼秘书长、苏州寒山寺方丈秋爽大和尚，香港佛教联合会执行副会长、西方寺方丈、宽运大和尚等全国各地的诸山长老108位大德高僧及各界人士、居士、信众8000人参加活动。

11月15日　市委常委秦厚德和副市长徐辉一行在海安经济技术开发区参加全市项目农业推进会。

11月18日　上午，中国·海安第七届青墩文化艺术节暨2012金秋经贸洽谈会在七星湖月亮广场开幕。副省长何权，市委书记、市人大常委会主任丁大卫共同为中共海安经济技术开发区工作委员会揭牌。省政府副秘书长朱步楼、省商务厅副厅长王润亮共同为海安经济技术开发区管理委员会揭牌。市委常委、宣传部部长章树山，市政协副主席、县委书记、县人大常委会主任单晓鸣共同为海安经济技术开发区、江苏省高新技术产业开发区纪念鼎揭幕。开幕式结束后，与会领导和嘉宾参观海安经济技术开发区、海安高新技术产业开发区和重大项目集中开工现场。

12月6日　“523”文化主题公园被批准为国家AAA级旅游景区。

12月20日　下午，“智慧、转型”专家讲座在开发区举行，省开发区协会常务副会长彭毅、省开发区协会副秘书长林俊伯到会做讲座，全区35周岁以下的青年干部120人听取讲座。

2013年

1月13日　开发区管委会主任王荣贵赴北京参加全国经济技术开发区会议。

1月21日　江苏中威重工机械公司国内首台大型数控折弯机下线，填补中国超大型数控折弯机装备制造空白。

1月　城东镇被江苏省精神文明建设委员会命名为“江苏省文明乡镇”。

2月20日　副省长史和平，南通市委书记、市人大常委会主任丁大卫一行到开发区考察正元港务有限公司、“523”文化产业园。

3月23日　国务院国资委研究中心主任、党委书记李保民一行到开发区调研。

3月30日　省委副书记、省长李学勇到开发区（城东镇）现代物流企业调研。

3月31日　中南控股集团董事长陈锦石一行到开发区就上湖新城开发建设签订框架合作协议。

4月21日　省委宣传部部长王燕文一行到开发区“523”文化产业园视察。

4月23日　省委常委、省纪委书记弘强到开发区调研。

4月27日　美国中国总商会副会长杨洁轶一行到开发区考察。

5月30日　全国政协经济委员会主任周伯华、副主任石军率考察组到开发区重点企业考察。

6月7日　省政府副省长傅自应一行到开发区考察现代物流业。

6月11日　美国COMBI NE公司总投资1.6亿

美元的人造金刚石项目落户开发区。

7月21日 开发区召开上湖新城水环境及生态构建工程专家评审会。

7月29日 国家"千人计划"机器人专家黄庆九博士到开发区考察。

9月8日 上海交通大学机械与动力工程学院副院长、机器人研究所所长朱向阳一行到开发区参加项目签约；县委常委、区党工委书记周宗泉，管委会副主任吴建华参加签约活动。

10月16日 上海上柴股份有限公司总经理姜凯一行到开发区考察。

10月17日 "523"文化产业园创作的艺术作品在上海国际艺术区展览，国内外100多名艺术家及收藏机构参观交流。

10月23日 西班牙西蒙集团董事长塞尔西奥西蒙彼维斯一行，上海汽车集团副总裁、上海柴油机股份有限公司董事长肖国普和监事会主席周郎辉一行到开发区考察。

11月5日 中国北斗卫星导航系统服务平台副董事长、总经理刘贵生一行到开发区调研。

11月26日 美国德尔福派克电气公司僧伟利总监一行到开发区洽谈投资项目，县委常委、区党工委书记周宗泉，管委会主任王荣贵参与洽谈。

12月 国家发改委等五部门联合认定江苏联发纺织股份有限公司技术中心为"国家级企业技术中心"。

2014年

1月10日 开发区（城东镇）鑫缘茧丝绸集团与苏州大学联合完成的丝胶回收与综合利用关键技术及产业化项目获得国家级科技进步奖二等奖。

1月14日 开发区管委会副主任吴建华赴北京参加中意合作论坛。

3月6日 副省长许津荣到开发区调研，先后考察东部家具产业基地、上湖新城、商贸物流规划展示馆等处。

3月10日 开发区举行"上海交通大学—海安经济技术开发区产学研合作交流暨共建智能装备研究院"签约会。

3月28日 开发区在上海浦东新区举行现代服务业招商推介会，上湖101城市综合体、朗豪五星级大酒店等4个项目进行集中签约。

4月1日 省政协副主席徐南平到开发区调研科技创新工作，参观鑫缘茧丝绸集团国家工程技术研究中心、莘祥翔机电等企业。

4月18日 美国奥克兰郡副郡长马修-格博一行到开发区考察，就推动双方企业之间合作进行广泛交流。

4月23日 美国COMBI NE公司总裁史瑞克·莫塔，总裁夫人妮娜·莫塔率公司高管到开发区，就加快推进莫塔人造金刚石生产项目进行洽谈。

4月24日 商务部欧洲司副司长马社一行到开发区参观西蒙电气、鑫缘茧丝绸工业园、上柴动力、联发纺织集团、晓星集团，同时考察常安纺织园和上湖新城，听取开发区和上湖新城发展规划、功能定位、基础设施建设等情况介绍。

4月25—26日 北京科技大学材料科学与工程学院姜勇一行5人到开发区晨朗集团、亚太轻合金、上柴动力、百协精锻等企业开展产学研对接活动。

5月6—7日 环保部在南通召开《海安经济技术开发区总体规划环境影响报告书》审查会议。审查组经过现场勘察、现场提问及评议、讨论，对报告书内容作了肯定，提出优化规划方案的建议。

6月6日 开发区举办企业职工"四德"（公民道德、职业道德、家庭美德、个人品德）标兵表彰晚会，表彰全区企业40名"四德"标兵。

7月26日 县委组织部、开发区党工委联手在北京举行海安县流动党员"风筝"工作法推进会暨"北京服务站"成立揭牌仪式。

8月28日 市委书记丁大卫到开发区调研企业转型升级、科技创新、安全生产等工作。

8月29日 司法部法治宣传司副司长李志路等领导到开发区考察。

9月16日 由开发区主办，海安亚太亿发物流有限公司、香港亚太国际物流教育中心、海安亚太亿发物流教育中心承办的"新服务、新思想、新智慧、新经济环境下企业突破成长的终极密码"专题论坛开幕。

9月21日 意大利企业代表帕斯夸里等访问开发区，并参加中意海安生态园洽谈会。

10月14日 在李克强总理与意大利总理伦齐的共同见证下，中意两国政府共同签署《关于共同支持建立中意生态园的谅解备忘录》，双方支持两国企业、机构及有关组织在海安经济技术开发区合作共建中意海安生态园。

是日 省政协副主席、致公党江苏省主委麻建国率政协企业孵化器发展调研组到开发区，对科技企业孵化器发展情况进行调研，并参观海安苏州大学先进机器人研究院、九星新能源公司和上海交大机器人研究院。

11月18日 省委副书记、省长李学勇到开发区（城东镇）调研，实地考察商贸物流、机器人等产业。

11月20日 商务部外资司组织“智汇国际合作生态园”专家到开发区为中意海安生态园建设提供园区生态文明、循环化发展、融资支持、营销技术等相关内容专题培训。

11月25日 副省长傅自应赴北京拜访意大利驻华大使白达宁，商谈中意海安生态园建设工作，县委常委、开发区党工委书记周宗泉参加活动。

12月31日 开发区（城东镇）被评为2014年度省两化（信息化、工业化）融合示范区。

2015年

1月5日 海安经济技术开发区与中科院自动化研究所举行共建智能制造与信息感知研发及产业化基地签约仪式。

1月8日 武威保税物流中心与海安县政府签订成立甘肃国际陆港华东物流基地合作协议。

1月9日 市委副书记、市长张国华率队到海安经济技术开发区相关企业开展安全生产检查。

2月3日 中广核美亚电力控股有限公司总裁林坚一行到海安，就中广核美亚公司与常安纺织工业园合作项目达成初步意向。

2月8—9日 商务部欧洲司副司长马社一行到海安，专题听取中意海安生态园建设进展情况汇报，并就加快推进中意海安生态园建设提出建议和意见。

2月25日 在全县2014年度总结表彰大会上，开发区获评红旗区(镇)、综合优胜杯第一名。

3月5日 开发区“580”志愿服务代表在南屏花苑举行“580”志愿服务暨在职党员社区行活动启动仪式和授旗仪式，开发区党群局、西场街道等31家单位的代表集中宣誓。

3月7—13日 海安经济技术开发区派员赴意大利开展深度合作交流活动，商务部欧洲司副司长马社、县委书记陆卫东、副县长严长江、开发区有关单位负责人，联发纺织、鑫缘集团、东部家具等企业负责人参加活动。

3月10日 南通市党风廉政建设第一督导巡查组进驻开发区开展工作。

3月24日 全县第36个物流周暨开发区服务业(电子商务、旅游)恳谈会在上海举行。

3月25日 上海股权托管交易中心海安孵化基地揭牌仪式在王府邦瑞酒店举行，开发区、上海股权托管交易中心相关负责人，以及开发区50多家中小企业业主参加揭牌仪式。

3月27日 南通三盛鑫生物科技有限公司与渤海证券股份有限公司举行新三板入轨签约仪式。

3月27日 省委常委、副省长徐鸣到开发区调研。

4月9日 省人大常委会常务副主任蒋宏坤在市长张国华的陪同下到海安经济技术开发区考察农业农村建设工作。

4月17日 城东镇首家村(居)慈善工作站—城东镇葛家桥村慈善工作站举行成立暨募捐大会。

4月21日 省科技厅副厅长夏冰一行到亚太轻合金、联发纺织企业实地调研。

5月8日 江苏海安商贸物流产业园与南通大学商学院签订全面合作协议。合作协议包括，订单培养专业人才、建立教学实践基地和毕业生就业创业基地、成立南通大学电子商务研究所和南通大学商学院海安分院、共同出资建立物流工程实训中心等七项内容。

5月10日 开发区(城东镇)召开县、镇人大代表评议县政法机关工作动员大会。

是日 开发区开展“5·10”思廉日相关活动，组织党员干部参观看守所、党风廉政教育展示馆，观看警示教育专题片，同时听《讲政治、懂规矩、守纪律，做廉洁奉公开发区人》党课。

5月21日 常州大学海安高新技术产业研究

院揭牌仪式在海安软件科技园举行。

5月23日　开发区举行"创新创业在海安"专场活动，现场签约12个产学研合作项目。中国科学院南京分院党组副书记、副院长杨涛，江南大学校长助理吴正国参加活动。

5月27日　县委副书记、县长顾国标到开发区调研外资外贸工作，副县长严长江参加活动。

5月31日　德国议员Uwe Leuschner和Karihvon Bismanck等企业家到开发区考察。来访企业家分别就物流、玻璃制造、汽车零部件、塑胶制造、旅游、精密机械、服务外包7个合作项目进行磋商。

6月2日　南通市党风廉政建设督导巡查工作领导小组向开发区通报党风廉政建设督导查询意见。

6月20日　开发区举办职工法治文化艺术节暨"三讲、三比、三争"主题教育实践活动颁奖晚会，各企业的30名员工分别被评为守法之星、敬业之星、文明之星，受到表彰。

7月1日　开发区（城东镇）与淘金互联网产业股份有限公司签约，合作共建"海安淘金创谷（青年电商创业孵化中心）"。

7月12日　由开发区协办的第三届中国国际积极心理学大会幸福家庭海安论坛开幕。全国人大常委会委员、内务司法委员会副主任委员、中国儿童少年基金会副理事长陈秀榕，江苏省妇联副主席常胜梅参加活动。会议期间，安排了积极心理学创始人之一的马丁·塞利格曼、清华大学积极心理学研究中心办公室主任赵昱鲲、清华大学心理系主任彭凯平等专家学者分别做专题讲座。

7月13日　清华大学心理学系幸福科技实验室揭牌仪式在海安经济技术开发区举行。清华大学积极心理学研究中心办公室主任、北京积极心理学协会副秘书长赵昱鲲和开发区党工委委员、管委会副主任王荣贵为清华大学心理学系幸福科技海安实验室揭牌。

是日　由江苏广播电视总台城市频道、县委政法委、县委宣传部、县文广新局、县司法局联合主办，开发区党工委、管委会承办的"激情夏日法润海安—江苏城市频道法制环省行"首场文艺晚会在全球家具博览中心举行。

7月20日　省委常委、宣传部部长王燕文到"523"文化产业园开展"三严三实"专题教育调研。

7月22日　上海铁路局海安物流基地暨甘肃国际陆港华东物流基地正式运营启动仪式在海安商贸物流园举行。上午9时，甘肃国际陆港华东物流基地中亚班列满载40个标准集装箱，从物流园专用铁路l号线首发，将华东地区生产的服装、机械等产品，输向中亚5国。

7月27日　县委书记陆卫东率队对开发区新落户特色产业园区开工项目、新增设备项目、科技创新、人才集聚、技改投入企业、小城镇建设项目、旅游项目以及清水工程进行集中观摩。

8月4日　欧洲商业联合促进中心暨意大利西普若公司到海安经济技术开发区考察，欧洲商业联合促进中心董事长托尼、欧洲商业联合促进中心总经理黄莉莉、意大利西普若公司驻上海总管弗兰西斯卡等参加活动。

8月6日　11315全国企业征信系统正式落户海安软件科技园。

8月16日　由开发区(城东镇)团委组织的"圆梦大学·感恩社会"青企联谊会活动在婷婷农副产品有限公司举行，20名近3年受过圆梦行动资助的大学生参加活动。

8月25日　由台资企业苏州华斯雷奇机器人科技有限公司投资的机器人项目落户开发区。

8月28日　上海铁路局海安物流基地汽车班列首发仪式在海安商贸物流园举行。上午7时48分，海安物流基地汽车班列满载16个标准集装箱，从物流园专用铁路l号线首发，将160辆轿车运往西安铁路局新筑站。

9月10—12日　韩国庆南机器人投资财团团长、庆南机器人企业协会会长金玄珠带领可罗爱(株)、三精系统(株)、SP系统(株)等3家韩国机器人企业负责人到开发区考察机器人产业发展情况，并达成意向投资协议，签订机器人项目合作谅解备忘录。

9月13日　南通理工学院海安校区开工典礼在上湖新城隆重举行。

9月17日　意大利曼托瓦省省长亚历山大·巴斯达奇一行到海安经济技术开发区考察，参观了联发集团、鑫缘集团、铁路1号线、康德生物、婷婷蛋业等处，对双方可合作项目进行了深入沟通与交流。

9月24日　开发区举行海晟慧谷项目首批入园企业签约仪式。上海晟峰集团执行总裁黄韶波，宁波国骅集团总裁、执行董事丁路，上海、浙江等地签约企业代表参加活动。

是月　投资新建的全县第一所九年一贯制学校海安县开发区实验学校建成开学。

10月1日　东部全球家具博览中心开业，中国家具协会副理事长陈宝光、南通市副市长单晓鸣、江苏省家具协会执行会长冯建华以及县委书记陆卫东、县长顾国标等参加开业庆典。

10月12日　江苏荣衫国际木业城在海安商贸物流园区举行开工典礼。

11月26日　商务部外资司一等商务秘书刘举忠组织“智汇国际合作生态园”专家组到开发区，为中意海安生态园提供工业园区生态文明建设、园区投融资、绿色规划等相关内容专题培训。

12月1日　县委书记陆卫东等县领导到海安开发区宣布干部职务调整决定，明确王荣贵任海安经济技术开发区党工委副书记、管委会副主任，王晓红为副处级干部，任海安经济技术开发区党工委委员、党群工作局局长。

12月14日　新疆银隆农业国际合作股份有限公司与商贸物流园区就华东棉花仓储集散中心项目落户开发区举行签约仪式。

12月14—22日　由海安经济技术开发区管委会、意大利意中发展基金、威尼托华侨华人工商联合会共同举办的“中意海安生态园”项目推介会在意大利威尼斯举行。意大利前国家众议院议长、意大利意中发展基金董事局主席艾琳·皮维蒂，中国驻米兰总领馆副总领事黄永跃以及海安经济技术开发区党工委副书记、管委会副主任王荣贵参加活动。

是年　城东镇被江苏省水利厅命名为“江苏省水美乡镇”，泰宁村被命名为“江苏水美乡村”。

2016年

1月5日　海安经济技术开发区与中科院自动化研究所共建“智能制造与信息感知研发及产业化基地”签约。

1月6日　南京海关关长薛金楼到开发区考察，实地参观东部家具、通润机电、亚太轻合金、海关海安办事处等处。

1月29日　开发区举行“江苏台协会长联谊会暨实联长宜中瑞蓝科纯电车辆系统及整车生产项目”签约活动。

2月4日　市委书记陆志鹏至开发区调研亚太科技、东材科技、联发集团等企业。

2月19日　市委副书记、市长韩立明至开发区调研启弘纺织、莫塔超硬材料、东材新材料等项目。

3月5日　开发区举行海安首家“平安法治志愿者联盟”成立揭碑仪式。

5月11日　由中国有色金属协会再生资源研究所主办、海安开发区协办的“第十三届中国铸造铝合金产业链发展论坛”在海安开发区开幕。

5月15日　海安火车站宁启铁路复线电气化工程建成通车。

5月16—18日　省纪委副书记、监察厅厅长江里程率省纪委调研组到开发区开展“三解三促”驻点调研。

6月30日　开发区举办第二届职工法治文化艺术节。

9月1日　中意海安生态园意大利推介会在博洛尼亚市成功举办。中国驻米兰总领馆副总领事黄永跃、意大利博洛尼亚市政府官员CLAUDIO MAZZANTI、前国会议长IRENE PIVETTI等当地政要和逾百名中意企业客商参加推介活动。

9月23日　南通理工学院海安校区一期工程竣工仪式暨新生开学典礼举行。

9月26—27日　意大利国家众议院前议长、意大利对华友好协会主席伊蕾妮·皮韦蒂一行至海安开发区考察。

11月1日　加拿大阿尔伯塔省卫生部长马健威一行到开发区考察投资环境，先后参观了艾迪森海安数字医疗装备有限公司、东部家具产业基地、亚太科技、联发集团等企业。

11月16日　市委常委、政法委书记姜永华率全市综治委（办）主任现场观摩开发区综治中心，对区综治中心规范高效运行给予高度评价。

12月1日　位于海安开发区的南通海关海安办事处正式开关。南京海关党组书记、关长薛金楼，副市长孙建华，南京海关党组成员、副关长张衡，南通海关党组书记、关长沈建明参加活动。

12月6日　省政协副主席罗一民率省政协调研组到开发区调研，实地考察莫塔超硬材料、百金汇有色金属期货交割库、艾迪森数字医疗装备等重点项目。

12月21—25日　海安开发区东部全球家具采购中心2016首届中国东部家具博览会举办，中国家具协会理事长朱长岭、江苏省家具协会执行会长冯建华和中共海安县委书记陆卫东、县长顾国标等参加开幕式。展会面积21.5万平方米，展位500多个，展出期间成交额10亿元。

2017年

1月9日　由晨朗集团参与，南京理工大学教授陈光领衔研究的“新型合金材料受控非平衡凝固技术及应用项目”获2016年度国家技术发明奖二等奖。

2月4日　在2016年度县总结表彰大会上，开发区被表彰为2016年度红旗区镇，获得年度综合优胜杯、7个年度单项金杯。

5月12日　第五届海安慈善日暨开发区“慈善惠民”活动启动仪式在上湖实验学校举行。

是月　由晨朗电子集团有限公司与南京理工大学开展技术创新项目合作获得的共同专利成果“一种低镝含量高性能烧结钕铁硼的制备方法”获评第十届江苏省专利项目金奖。

6月17日　中国意大利商会金熊猫奖颁奖典礼暨中意海安生态园招商推介会在沪圆满落幕。中意生态园获意大利“友谊金熊猫”大奖。

6月28日　开发区举行第三届非公企业党建、法制、廉政文化艺术节暨“十大工匠”“最美娘家人”“诚信守法企业创建先进单位”表彰晚会。

7月1日　开发区通过国家知识产权试点园区和省级知识产权示范园区验收，并申报创建国家高新技术产业标准化试点（示范）区。

是月　江苏海安保税物流中心（B型）顺利通过由南京海关、财政部江苏专员办、省国税局、国家外汇管理局江苏分局等单位的联合验收。

7月26日　由开发区管委会主办、开发区食安办承办、县餐饮行业协会协办的海安开发区首届农家宴烹饪大赛在海安中专举行。

9月18日　第六届江苏省道德模范及提名奖正式揭晓，洪旺村赵风和被评为“诚实守信模范”。

10月13日　城东镇中心卫生院的“创新举措 弘扬国粹 探索建立家庭医生中医签约服务新模式”获评“2017年度江苏省家庭医生签约服务创新举措优秀奖”。

11月17日　城东镇获第五届“全国文明村镇”称号。

12月2日　由中国家具协会、海安县人民政府联合主办，海安经济技术开发区承办，中国东部家具产业基地协办的“2017第二届中国东部家具博览会”在东部全球家具博览中心广场开幕，展会15万平方米，500多个展位。

12月21日　南通跃通数控设备有限公司申报的“YTMX层压式木门柔性加工生产线”通过2017年度江苏省首台（套）重大装备及关键部件的认定。

是年　科创园在省科技企业孵化器绩效评价中被评为A级，获评2017首届国际科创园区（上海）博览会优秀科创园区。

是年　第四届江苏省科技创业大赛暨第五届中国创新创业大赛智能制造大赛在开发区科创园举办。

是年　商贸物流园蝉联“全国优秀物流园区”“省级示范物流园区”称号，获全国物流行业最高奖“飞马奖”。

是年　软件园获2017年度“江苏省科普教育基地”称号。

2018年

1月　西场小学“京剧进校园”活动先后被中央人民政府官网、《人民日报》《中国青年报》《人民政协报》《新华每日电讯》、新华网等10多家国内主流媒体报道。

2月　城东镇韩洋敬老院原护理员刘宏燕当选中国好人。

是月　海安经济技术开发区支持实体企业争创创新型行业“单打冠军”，联发纺织、西蒙电气、通润汽车零部件、东材科技等企业获全国行业前三强。

3月7日　海安机器人及智能制造产业园在海安经济技术开发区成立。

4月　海安经济技术开发区获评全省2017

年简政放权创业创新环境综合评价先进地区。

5月7日　位于海安商贸物流园的江苏海安铁路查验监管场站注册登记，获批开展有关业务，为“一带一路”国家和地区进出口贸易提供海关查验服务。

是日　《江苏省名镇志·城东镇志》《江苏省名村志·泰宁村志》通过南通市地方志办公室组织的终审，《城东镇志》是全省第一部通过终审的省名镇志，《泰宁村志》是全省第二部通过终审的省名村志。年底，省名镇志、名村志《城东镇志》《泰宁村志》形成验收稿。

5月18日　海安保税物流中心（B型）封关运营。

是日　海安机器人及智能制造产业联盟在科创园成立，国内工业机器人行业领军企业上海图灵机器人智造有限公司于10月1日落户园区。

10月28日　央视《乡约》栏目组走进海安经济技术开发区中国东部家具产业基地现场录制节目。

11月1日　海安经济技术开发区通润汽车零部件有限公司入围工信部制造业单项冠军示范企业名单。

12月　海安经济技术开发区鑫缘集团、启弘纺织获中国纺织工业联合会产品开发贡献奖，“鑫缘”上榜中国品牌价值百强榜。

第一章　建置区划

城东境域，位于海安县中东部。据1973—1978年青墩遗址发掘、1974年西场麋鹿角、巨鲸化石出土等研究表明，早在6300多年前的新石器时代已经成陆，并有人类聚居活动，古属海阳地。西周春秋时期，城东镇处于海边，发阳（今立发，春秋晚期称郧，又为发繇口，此处地名在南通地区见诸史册最早）是海阳的中心。2011年底，城东镇辖8个街道、31个行政村、2个社区。全镇总人口14.61万人，总面积170.93平方公里。

第一节　建置沿革

西周至东周，属吴国，吴与鲁、卫、宋曾在郧会晤；后属越国，楚灭越后属楚。

秦属东海郡。

西汉初属东阳郡。高祖十二年（公元前195年），属吴国，一度为吴王刘濞封地。元狩六年（公元前117年），始属海陵县地。

东晋义熙七年（411年），属海陵郡如皋县，县治设于立发桥。

唐初宁海县省入海陵县后又隶属于海陵县。景龙二年（708年），分海陵县东境置海安县后，属海安县。开元十年（722年），海安县并入海陵县，仍隶属于海陵县。唐大（太）和五年（831年），设如皋场于立发桥，属海陵县海安场、如皋场。南唐保大十年（952年），如皋场升为如皋县，如皋县县治从立发南迁至如城，境域大部分地区仍属如皋县。

图1-1　春秋诸侯会盟　（沈启鹏作　江淮文化园/供）

明朝初年海陵县省入泰州，上属扬州府。

乾隆三十三年（1768年），析泰州之东北境置东台县。至此，城东境域之大部分在如皋县境，上属通州；东北部在东台县境，西部仍在泰州境，上属扬州。

民国元年（1912年），改泰州为泰县，城东境域分属泰县、如皋县、东台县管辖，泰县、如皋县、东台县均属江苏省。

民国29年，新四军东进抗日，苏中地区先后建立抗日民主政权。同年10月，泰县民主政府在海安镇成立，立发区属泰县民主政府辖，不久又增设海南区，同属泰县民主政府。

民国30年2月，泰县通榆河以东地区建立泰东行署（始称泰东办事处），3月改建泰东县，辖立发等区。

民国31年11月，泰东县并入东台县，隶属苏中第二行政区。是年，壮志隶属如皋县城东区。

民国32年1月，泰北办事处撤销，建立紫石县，所辖范围南以栟茶河、通扬运河为界，北至富安，东抵李堡，西达白米。今城东境域分属如皋、紫石县。此后随着战争形势变化，紫石县境与东台、如皋、泰县之间变动频繁。

民国35年6月，西场、曈口、海南区属紫石县辖。10月，紫石县海南区划给泰县。11月，紫石

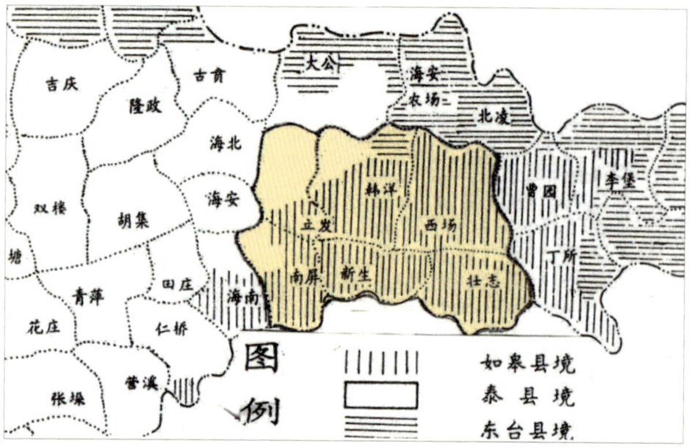

图1-2 紫石县建县前城东镇境域示意图（图中乡镇位置为1992年情况）

县嗱口、西场区划出，今城东地区属再建之泰东县。12月，泰东县各区划给东台县。

民国37年3月，紫石县更名为海安县。

1949年，海安县与泰县、东台县境域又有变化。2月，泰县海南区划给海安县；5月，东台县西场、嗱口二区划归海安县。是时起，境域分属西场、嗱口、海南三区，今城东境域全划归海安县境。8月26日，如皋县城东区壮志、堑南、新生和品端、刘亮两乡河北部分定名品端乡，划归海安县西场区。1949年9月至1957年10月，境域各乡镇又经4次调整，小乡并大乡，形成6个大乡。

1949年9月城东镇境域行政区划一览表

表1-1

区	乡	区属镇
西场	东屏、堑南、新生、许冯、陆陈、新农、古凌、壮志、品端	西场
嗱口	练港、韩徐、三民、新运	立发
海南	南屏、周济、新民、佘庄、南阳	

说明：1949年9月，今城东镇境域内18个乡，2个区属镇

1950年2月城东镇境域行政区划一览表

表1-2

区	乡　　镇
西场	东屏、堑南、新生、楼基、陆堑、新农、池旺、杨庄、许冯、西场镇
嗱口	练港、韩徐、鸭港、新运、立发
海南	南屏、周济、新民、佘庄、南阳

说明：新中国成立至1950年2月，今城东镇境域19个乡，1个镇

1956年3月城东镇境域行政区划调整前后一览表

表1-3

区	合并前乡名称	合并后乡名称
西场	堑南、原立发区范庄	堑南
	壮志、池旺	壮志
	西场、熊庄	西场
	楼基	楼基
	陆堑、许冯、新农	陆堑
	原立发区新生	新生
	原立发区东屏、鸭港	东屏
	原立发区韩洋	韩洋

续表1-3

区	合并前乡名称	合并后乡名称
海安	原立发区立发、新运	立发
	原立发区练港	练港
	原海南区周济、新民、南阳	葛桥
	原海南区南屏、佘庄	韩庄

1957年10月城东镇境域行政区划调整前后一览表

表1-4

区	合并前乡名称	合并后乡名称	乡政府驻地
西场	新生、堑南	新生	龙树庵
	壮志	壮志	百岁桥
	陆堑、楼基、西场	西场	西场镇
	韩洋、东屏	韩洋	三角池
海安	立发、练港	立发	立发镇
	韩庄	南屏	蚂蟥沟

1958年9—11月，南屏、立发、韩洋、新生、西场、壮志人民公社成立。"文化大革命"期间境域一些大队改名为红星、红旗、东风、胜利、立新、向阳等名称。

1979年2月25日各公社部分大队更名。

1979年2月25日城东镇境域各公社部分大队名称更改前后一览表

表1-5

公社	更名前名称	更名后名称	公社	更名前名称	更名后名称
韩洋	红星	赵桥	立发	红心	长池
	红兵	三角		向东	太平
	胜利	大桥		立新	高庄
	前进	韩西		卫东	刘缺
	东风	王桥		红旗	五坝
	曙光	南田			
南屏	旭红	葛桥	壮志	红武	中心
	东昇	双渔		胜利	五马庄
	红星	银杏		跃进	池旺
	胜利	周庄		东风	洪庄
	红旗	高庄		前进	葛港
	东风	佘庄		红星	杨庄
	红卫	界河		向阳	砖桥
	立新	张池		立公	王庄
	爱武	海光		红光	石庄

续表1-5

公社	更名前名称	更名后名称	公社	更名前名称	更名后名称
南屏			壮志	立志	芦庄
				立新	秦庄
新生	红星	三里	西场	曙光	爱国
	永忠	砖桥		红卫	仲庄
	红旗	高印		向阳	许冯
	向阳	品建		朝阳	曹庄

1981年7月15日，县革委会下发《关于新海等六个公社和一百九十五个生产大队命名更名的通知》。

表1-6　1981年7月15日城东镇境域各公社部分大队名称更改前后一览表

公社	更名前名称	更名后名称	公社	更名前名称	更名后名称
新生	光　明	双井	壮志	中　心	壮志
	砖　桥	堑南		五马庄	施庄
	农科站	许林		葛　港	葛庄
	团　结	南阳		杨　庄	杨港
	胜　利	范桥		王　庄	池塘
	三　里	杨井		芦　庄	马荡
	农　业	丁祠			
立发	人　民	新运	西场	曹　庄	爱民
	高　庄	练港		立　新	立头
	农科站	界牌		农科站	风景
韩洋	兴　旺	韩徐	南屏	团　结	巷池
	王　桥	韩南		周　庄	周济
				农科站	溪河
				凤　凰	陵园
				界　河	薛湾

1983年10月，改社为乡，改大队为村。

1984年7月4日，县政府公布六乡各村标准名称。

新生乡：新生　双井　杨井　堑南　刘庄　高印　许林　品建　民主　南阳　范桥　丁祠　古河　林业

韩洋乡：东屏　石番　丰河　丰港　韩南　大桥　韩西　翻身　南田　韩徐　三角　丰元　赵桥

立发乡：长池　立发　界墩　新运　太平　五坝　练港　刘缺　前进　新华　界牌

南屏乡：溪河　油坊头　葛港　济民　巷池　葛桥　银杏　双渔　双桥　周济　高庄　陵园　新桥　佘庄　薛湾

张池　海光

西场乡：凌河　爱国　雄庄　迎春　新农
立头　许冯　热港　仲庄　楼基
丰产　光荣　石桥　优胜　爱民
西场　陆堑　风景

壮志乡：秦庄　施庄　壮志　池塘　葛庄
杨港　洪庄　池旺　马荡　石庄
砖桥

1986年1月20日，西场乡撤乡建镇。

1992年城东镇境域行政区划一览表

表1–7　　单位：个

乡名	驻　地	村民委员会	村民小组
新生	新生村	14	119
韩洋	三角村	13	122
立发	立发镇	10	110
南屏	蚂蟥沟	14	133
西场	西场镇	18	140
壮志	壮志村	11	101

2010年底，城东镇辖6个街道办事处，5个居委会，20个行政村，484个村民小组。

2011年，城东镇辖8个街道办事处，31个行政村，2个社区，725个村民小组。

第二节　镇治变迁

1957—2001年，境域六乡、镇政府办公地点一直未变。2001年1月，立发乡、南屏乡与开发区合并成立城东镇，城东镇政府暂借县环保局大楼一、二层办公。与此同时，新生乡与韩洋乡合并为洋蛮河镇，镇政府设在原韩洋乡政府内。2003年，海安开发区管委会办公地点搬迁至新世纪大厦后，原海安县城长江东路9号办公大楼由城东镇政府入驻。2004年7月，洋蛮河镇与城东镇合并为城东镇，城东镇政府仍设在海安县城长江东路9号。为方便群众，政府同时在原立发乡政府内设办公区。2009年2月，城东镇政府和海安经济开发区管委会办公地点同时搬迁至海安县城迎宾路199号合署办公。2011年12月组建新城东镇后，城东镇政府和海安经济开发区管委会仍在海安县城迎宾路199号合署办公。

第三节　区划调整

民国16年（1927年），江苏省淮扬道废，境域仍分属泰县、如皋县、东台县，境域西场、壮志、新生乡和韩洋、立发、南屏乡南部部分地区属如皋县管辖；韩洋、立发、南屏乡西部部分地区属泰县管辖；韩洋乡北部部分地区属东台县管辖。

民国19年3月，通海特委决定，立发区属泰县县委下设区。

民国30年11月，泰东县委决定将立发区栟茶河北的立发、东屏、新运、卿云、练港、早稼、韩徐、三民八乡划给李堡区管辖，河南玉树、里仁、净土、太平四乡与李堡区河南八乡合并建立新立发区。

民国31年11月，中共苏中区委员会决定将泰东县、东台县合并为东台县。立发和李堡区隶属东台县管辖。

民国32年初，立发、新运、东屏、韩徐、三民、练港等乡由东台县划出，建立海富区，由兴东泰特区委领导。6月，各乡实行新乡制，风景乡改兴隆乡，陆堑、陈庄乡合并为陆陈乡，里仁、玉树、净土、太平乡合并为新生乡，池旺乡改为月池乡。

至民国32年建紫石县前，境域原南屏乡西北部、立发乡北部、韩洋乡西北部隶属泰县；原西场、壮志、新生、南屏、立发乡以及韩洋乡南部隶属如皋县；原韩洋乡东北部隶属东台县。其间，泰县、如皋县、东台县行政区划有数次变动，镇境域内部分区域隶属关系和区划也随之发生变化。

紫石县建县初，今镇域分别隶属紫石县李堡区、海富区，如皋县柴湾区，泰县海南区辖。

民国33年3月，紫石县海富区韩徐乡改属紫石县李堡区。6月，紫石县海富区东屏乡改属紫石县李堡区。12月，紫石县李堡区、海富区划给东台县。

民国34年11月，东台县李堡区划给紫石县，同时紫石县增设西场、噇口两个区。

民国35年8月，如皋县柴湾区划给紫石县，10月，紫石县海南区又划给泰县。11月上旬，再次建立泰东县，紫石县西场、噇口、柴湾区划入新建泰东县，西场、噇口两区合并为西噇区，12月15日，撤销泰东县，泰东县各区归东台县管辖。

民国37年3月，紫石县更名海安县。是月，东台县将西噇区划分为西场、噇口两区。东屏乡改属西场区，韩徐乡改属噇口区。11月，东屏乡改属噇口区。

民国38年1月，东台县噇口区三民乡改为鸭港乡。2月，泰县海南区划给海安县。5月20日，东台县之噇口、西场区划给海安县，东屏乡改属西场区管辖，鸭港、韩徐、立发、新运、练港乡划归噇口区管辖。

1950年8月26日，西场、噇口、海南3区划出9个乡建立立发区。

1951年，南屏乡曙光村划属海安镇。1952年1月，西场区东屏乡改属立发区。1953年4月，噇口区鸭港乡改属立发区。

1954年11月11日，县政府调整区、乡体制，撤销噇口区。立发、新运、练港、新生、东屏、鸭港、范庄、韩洋八乡均属立发区管辖。

1956年3月5日，县政府调整区、乡行政体制，由12个区调整为7个区，由154个乡（镇）划并为73个乡（镇）。境域内范庄乡并入堑南乡，鸭港乡并入东屏乡，池旺乡并入壮志乡，熊庄乡并入西场乡，陆堑、许冯、新农合并为陆堑乡，新运乡并入立发乡，新民、南阳、周济三乡合并，定名为葛桥乡，南屏、佘庄两乡合并为韩庄乡。壮志、西场、陆堑乡属西场区。韩洋、东屏、新生、堑南、立发、练港乡属立发区，葛桥、韩庄乡属海南区。是月，撤销立发区和海南区，将原两区葛桥、韩庄、立发、练港乡划归海安区管辖，堑南、新生、东屏、韩洋乡划归西场区管辖。

1956年9月，葛桥乡并入韩庄乡。1957年夏，海安镇曙光高级社划属韩庄乡。

1957年10月27日，县政府调整区、乡体制，境域内原新生、堑南乡合并为新生乡，原韩洋、东屏乡合并为韩洋乡，原西场、陆堑、楼基乡合并为西场乡，属西场区；原立发、练港乡合并为立发乡，原韩庄乡沿用南屏乡名，属海安区。

1958年9月，南屏人民公社成立，高级社更名为生产大队。新桥、高庄合并为火箭大队，佘庄、界河合并为卫星大队，张池、海光合并为跃进大队，新河、光明、团结合并为红旗大队，凤凰、胜利合并为八一大队。9月16日，立发人民公社成立，有1、2、3、4、5、6、7、8、9、10大队。10月，壮志人民公社成立，有中心、池旺、洪庄、葛港、杨庄、砖桥、王庄、石庄、芦庄、秦庄、施庄11个生产大队。是月，西场人民公社成立，有凌河、爱国、熊庄、良田、戚庄、古河、仲庄、楼基、新农、热港、许冯、陈庄、石桥、丰产、西场、陆堑、夹巷、曹庄18个生产大队。11月1日，韩洋人民公社成立，有赵桥、三角、丰源、东屏、盐河、石荡、鸭港、大桥、王桥、滩桥、私河11个生产大队。是月，新生人民公社成立，有民主、胜利、范庄、高印、光明、刘庄、三里、砖桥、品建、林业、农业11个生产大队。

1958年，南屏公社曙光大队划属海安公社。

1959年，立发人民公社1、2、3、4、5、6、7、8、9、10大队分别更名为长池、立发、界墩、人民、太平、新河、五坝、余沟、前进、新华大队。

1961年10月1日，韩洋公社盐河大队改为丰河大队，石荡大队改为十番大队，鸭港大队改为丰港大队，滩桥大队改为翻身大队，私河大队改为兴旺大队，并从中划出南田大队。

1963年1月27日，县人委《关于城镇郊区划归有关公社领导的通知》，决定海安公社曙光大队划归南屏公社。1980年3月22日，南屏公社曙光大队和海光1队划属海安镇。

1983年4月，韩洋公社韩徐、南田大队合并为韩徐大队。

1987年9月12日，县政府召开办公会议，专题讨论海安镇扩郊工作。会议确定从9月18日起，将南屏乡海光村、新桥村和立发乡太平村整体划交海安镇管辖。

1988年11月26日，县政府批复，同意撤销南屏乡溪河村，将原溪河村1、2、3组划归周济村，4、5组划归陵园村。

1992年8月，海安经济开发区建立，南屏乡张池、金凤、薛湾、佘庄村成建制划归开发区，由开发区管委会代管。

2000年，全县34个乡镇合并为29个乡镇。4月，西场镇、壮志乡合并为西场镇，镇政府设于西场镇。

2001年1月9日，全县29个乡镇调整合并为22个乡镇，新生乡、韩洋乡合并，以原辖区域设立洋蛮河镇；立发乡、南屏乡、县经济开发区合并，以原辖区域设立城东镇。县经济开发区与城东镇合署办公。是年4月9日、19日、23日，西场、洋蛮河、城东镇分别调整村级区划，增设壮志、新生、三角、界墩、泰宁、立发、南屏居委会。

2001年城东境域内行政村合并情况一览表

表1–8

乡镇	村总数			调整后村名
	合并前	合并后	其中村居合一	
西场镇	29	11	1	爱凌村（凌河村、爱国村）、戚庄村（雄庄村、迎春村）、新立村（新农村、立头村）、热港村（许冯村、热港村、仲庄村、楼基村）、丰产村（丰产村、光荣村）、石桥村（石桥村、优胜村、爱民村）、西场村（西场村、陆堑村、风景村）、施秦村（秦庄村、施庄村）、壮志村（壮志村、池塘村、葛庄村、杨港村）、洪旺村（洪庄村、池旺村）、石庄村（马荡村、石庄村、砖桥村）
洋蛮河镇	27	10	2	堑南村（双井村、杨井村、堑南村、刘庄村）、品建村（南阳村、品建村、许林村）、新生村（新生村、高印村）、洋蛮河村（赵桥村、东屏村）、三丰村（丰港村、丰河村、石番村）、韩洋村（韩西村、韩南村、大桥村）、韩徐村（翻身村、南田村、韩徐村）、三角村（三角村、丰源村）、农林村（林业村、古河村、丁祠村）、民桥村（范桥村、民主村）
城东镇	24	10	4	油坊头村（油坊头村、葛港村）、葛家桥村（葛桥村、济民村、巷池村）、南阳村（双鱼村、双桥村、银杏村）、南屏村（周济村、高庄村）、开屏村（薛湾村、佘庄村）、泰宁村（张池村、金凤村）、立发桥村（立发村、长池村）、界墩村（界墩村、界牌村、新运村）、刘缺村（刘缺村、前进村）、五坝村（五坝村、练港村、新华村）
合计	80	31	7	

说明：括号内为调整前的村

2004年7月20日，海安县22个乡镇调整合并为14个建制镇，洋蛮河镇与城东镇合并为城东镇。至此，城东镇辖20个行政村，其中村居合一5个、村民小组484个、街道办事处1个。

2008年3月，城东镇设立3个街道办事处，南屏街道办事处辖泰宁、南阳、南屏3个村和东城社区；立发街道办事处辖立发桥、界墩、开屏、五坝4个村；洋蛮河街道办事处辖三角、三丰、洋蛮河3个村。全镇20个村，除上述10个村，还辖油坊头、葛家桥、刘缺、堑南、品建、新生、韩洋、韩徐、农林、民桥10个行政村。

2010年8月，城东镇增设上湖、韩洋、新生3个街道办事处。上湖街道办事处辖上湖、品建、堑南3个村；韩洋街道办事处辖刘缺、韩徐、韩洋3个村；新生街道办事处辖油坊头、葛家桥、民桥、农林4个村。全镇总面积108平方公里。

2011年12月2日，城东镇与西场镇合并，组建新的城东镇，同时增设西场、壮志街道办事处。

西场街道办事处辖爱凌、戚庄、新立、热港、丰产、石桥、西场7个村和蓉塘社区；壮志街道办事处辖施秦、洪旺、石庄、壮志4个村。

第四节 街　　道

一、南屏街道

概况 南屏街道位于城东镇西南部的海安县城新城区，东至立新河，与立发街道接壤，北靠海安镇新宁街道，西与海安镇中心街道毗邻。栟茶运河畅流其间，海安汽车站坐落于泰宁村。

南屏街道组建于2008年，下辖泰宁、南屏、南阳村和东城社区，办事处设在泰宁村办公楼四楼。吴建华兼任街道党委书记、办事处主任，杨国华任副主任，主持工作。2011年，区域面积15.2平方公里，总人口4.6万人。

南屏街道所在地是革命老区，曾涌现出杨元稳、赵金桂等一批革命先辈，又是一个人文底蕴十分丰厚的地方，孕育出王呈祥、许秀德等一批国家军事科技人才。

2011年，南屏街道实现地区生产总值80亿元，村、居民人均年纯收入1.5万元。

城镇建设 2008年后，南屏街道坚持规划先行，拆、建、管并举，城中村改造和农民集中居住区建设稳步推进，初步形成工业、商贸、教育、行政、医疗、住宅等功能片区。万星花苑、银杏花苑规划建设总面积30万平方米，规划绿地覆盖率30%，其中公共绿化13%。街道内有多宗土地成功上市竞拍。2008年初，街道在五环路两侧，新长铁路以北规划近千亩特色创业园区，经过两年多的招商引资，20多家企业进区兴业，总投资近8亿元。

社会事业 南屏街道内有职业高中3所、特种教育学校1所、中心初中1所、省级示范幼儿园两所、社会力量办学3家、中心医院1家、一般医院5家，为区域发展提供智力及健康支撑。街道组建后，泰宁村被中央精神文明委员会办公室评为“创建全国文明村工作先进单位”，被省委评为“江苏省社会主义新农村建设示范村”。

图1-3　位于南屏街道的江苏联发集团

（顾　俊/摄于2011年8月）

经济建设 2008年后，街道工业经济不断壮大。区域内有一般纳税企业500多家，其中规模企业近百家，合资企业42家，主要涉及纺织、服装、建筑材料、机械电子、健身器材等行业。

区域内有联发色织、华强纺织、三真时装三足鼎立的纺织服装企业群，有企业近百家，产品远销20多个国家和地区，年创产值30亿元以上，从业人员6000人。联发集团、华强纺织综合竞争力不断提升，分别在泗阳、射阳等地孵化新的产业基地和加盟企业。有以西蒙奇通、海迅、亨特智能为代表的有效高新技术含量企业群，西蒙奇通电器打入欧美市场，海迅电梯设备遍布全国各大城市，亨特智能设备跻身于省高新技术产品行列。有以康桥油脂为龙头的化工产业，生产的甘油系列产品，获多项国家专利，成为国内多家知名化妆品生产商的合作伙伴。2008—2009年，新上工业项目和技改项目35个，新办企业近百家，新增注册资金超10亿元。

服务保障 南屏街道按照协调发展、管理有序、各负其责、保障到位的原则，设立党群工作部、社会事业部、经济发展部、农村工作部、财务部等5个部门，各部门工作协调和谐，效能不断提高，推进街道各项事业持续发展。2008年后，街道连年被县、区评为“三个文明建设先进单位”“招商引资先进单位”“为区域经济发展服务先进单位”“科技创新先进单位”“环境整治先进单位”。

二、立发街道

概况 立发街道位于海安县城中东部，是规划建设中的新城区。西连海安镇，东靠洋蛮河街道，南接南屏街道，北与大公镇毗邻。下辖立发桥、界墩、开屏、五坝4个村。2011年，区域面积20.74平方公里，总人口1.88万人。

立发街道成立于2008年3月，街道办事处设在古镇立发桥。何家稳任街道党委书记、办事处主任。立发街道是海安经济开发区管理委员会、中共城东镇委员会、城东镇人民政府所在地。区域内通扬运河、通榆运河贯穿全境，通榆公路、328国道延伸段在此相交，海安火车站坐落其间，宁启、新长两条铁路于此交会，水陆交通便捷。

街道历史　古镇立发桥，古称发阳，春秋时称郧，公元前486年后，又叫发繇口，是南通地区见诸史册最早的地方。“鲁哀公十二年，公会卫侯、宋皇瑗于郧”，且建发繇亭以示纪念。东晋义熙七年（411年）起，如皋县治设于立发桥，因此有“先有立发桥，后有如皋城”的说法。民国早期，在古镇立发桥西通扬运河北岸纤道边（即202省道）有一座土墩，高约14米，周长约50米，名曰“信墩”，后人叫界牌墩，印证远在明成祖朱棣时，立发就有筑信墩抗倭寇历史。清同治九年（1870年），为表彰守寡64年的景相妻史氏孝敬婆母、尽心教养子孙的美德，在界牌墩建了一座石牌坊，名曰“节孝坊”，牌坊中间有“圣旨”二字，为皇帝书面批准兴建。新中国成立前，立发桥集镇有大圣庙、清静寺、毛竹行、木排行、轮船码头、百货店、饭店、诊所、药店、学校和立发老石桥等。街道石板铺就、沿河而建，呈“U”字形，分为桥南和桥北两段，颇具古镇特色。

教育人文　民国2年（1913年），景楚川、景伯铭、景鲁泉、景丽泉等人捐资在界墩村26组创办景庄小学；民国9年，陈海秋、陈嵩云等人创办立发镇初级小学，后于1949年1月改校名为东台县嗱口区立发小学，1949年5月改校名为海安县嗱口区立发小学，1958年4月7日改校名为海安县立发乡中心小学。1959年，创办立发初级中学，1985年更名为立发中学。优良教育培养了一批又一批人才：储友林，曾任福建省厦门市公安局局长；景宸，1995年任上海市市政管理委员会副主任；景学清，曾任新疆于田县、民丰县县长，和田地区计委主任、党委书记；孙如金，曾任海安县人民检察院检察长；徐中笑，曾任海安县人民法院院长；徐国锦，曾任海安县副县长；章曙东，任海安县人大常委会副主任。

图1-4　位于立发街道的沿海大市场　（孙宝峰/摄）

革命传统　抗日战争时期，西嗱区区长孙颂山在界墩诱杀汉奸戎玉祥；中共党员干部孙如金在界牌墩共产党员范长友的渡船口建立地下交通站；立发高兴和兄弟俩怒杀日本兵。1950年，李日华、韩良裕、陆云铸、孙玉均、纪帮华、吉基春、纪帮德、梅周诗、徐奇元等有志青年积极报名参加志愿军，奔赴朝鲜战场。在中国革命的进程中，周宏富、于德怀、陈茂红、朱唯益、夏满海、胡奇挽、黄九余等仁人志士为祖国解放献出了宝贵生命。

社会事业　全街道藏书5400多册，每个社区都有一个文化室。2010年，界墩图书室经国家新闻出版总署验收，确认为合格的农家书屋；每个社区都有一个卫生保健站，2011年1月17日，界墩社区卫生保健站被省委书记罗志军称为“全省一流卫生保健站”；各社区设有专职卫生保洁队伍，定期回收垃圾。街道内有沿海和七星湖舞蹈广场，每天参加活动人数300人左右。有站前公园和七星湖公园。站前公园占地4公顷；七星湖公园占地126.67公顷，其中景区60公顷、水面34.67公顷，由美国伊恩特公司设计，是人们旅游度假、休闲、娱乐的大型城市公园，每天晨练人员近百人。集中居住区有立发花苑、五坝花苑、界墩花苑、开屏花苑，可容纳居民7000多户。社会保险工作做到应保皆保，农保基本覆盖到位。到2010年底，3个社区群众由农民转为居民。2011年，街道居民人均纯收入1.39万元。

工商企业　区域内落户企业100多家，其中有跻身世界500强的晓星集团，有国家级农产品加工龙头企业、生产国家名牌产品的鑫缘茧丝绸集团，有占地24公顷的沿海大市场，有省文化产业示范基地，有集聚变压器产业园、软件园、铁路产业园、文化产业园等产业基地，有汽车销售、水果批发、商业零售等大型市场。街道企业年产值6亿元，其中开屏、五坝两个社区均超过亿元。

三、洋蛮河街道

概况 洋蛮河街道位于城东镇中部，东邻西场街道，北接韩洋街道，西靠立发街道，南隔栟茶运河与上湖、新生街道相望，区域总面积18.6平方公里，总人口1.27万人。

洋蛮河街道组建于2008年3月，街道办事处设在原韩洋乡政府内，下设党群工作部、社会事业部、经济发展部、农村工作部、财务部。王则和任街道办事处党委书记、主任。

洋蛮河街道办事处所在地，是原韩洋乡政治、经济、教育、文化、卫生中心，各项设施配套齐全。有农业银行、邮政支局、移动、联通、供电所、兽医站等服务机构。

洋蛮河街道地理位置优越，东靠沈海高速海安出口处，西距新长铁路1.2公里，水运有栟茶运河、私盐河、洋蛮河、春风河、立公河；陆运有221省道、202省道、海防公路、开发大道等，交通条件和人文环境得天独厚。

2011年，全街道耕地面积9892亩，农民年人均纯收入1.12万元。

经济建设 十字街内聚集着文峰超市、志全超市、联华超市、盛泽超市等75家商店商场，南岛公司、南洋公司等10多家大中型企业，全街道有大小企业300多家，其中天元横机、亚太轻合金、中威机床、中机浦发、斯可馨等企业为街道2000余名村民解决就业问题。南洋缝制、佳友机械、通亚针织等众多企业推动着街道工业经济快速发展。2011年，东部家具生产基地、欧洲工业园、新加坡工业园、锡海工业园进驻辖区，东部产业新城建设进入跨越式发展阶段。

图1-5 洋蛮河街道内的元鸿家具博物馆 （顾 俊/摄）

社会事业 辖区内韩洋初级中学、韩洋小学、韩洋幼儿园，均为省级示范学校、县质量优等校园；韩洋卫生院和3村均有环境优雅的社区卫生服务站，24小时为村民提供医疗、康复服务；洋蛮河花苑和韩洋花苑安置居民近千户。

四、上湖街道

概况 上湖街道位于城东镇中南部，东依沈海高速，南靠海洋铁路，西到开发大道和新长、宁启铁道，北沿栟茶运河。

上湖街道辖上湖、品建、堑南3个村，区域面积16.56平方公里，2011年总人口1.21万人。

上湖人民有光荣的革命斗争历史。抗日战争和解放战争中，许德银、沈立、乔德山、沙永才、王则发、朱玉山等为国捐躯。

上湖街道古有龙树庵、玉树庵、韩庵传播佛教文化，现有上湖籍在外工作的高级知识分子：留学定居美国从事医学研究的博士沈旺，全国棉花交易市场总经理丁好武，国家气象出版社副总编、研究员成秀虎，南京航空航天大学就业指导办主任许爱华，中国铝业河南省中州铝厂副经理、工程师许逢权等。

上湖街道办事处成立于2010年5月4日，樊雪松任党委书记、主任。办事处暂驻原新生农技站，下设党群工作部、经济发展部、社会事业部、农村工作部和财务部。

经济建设 上湖街道组建后，境域有新生农机厂、新生剪刀厂等老厂和卅五抽纱服饰、英斯菲等新兴企业。国家农业综合开发产业化经营项目，年加工生猪12万头。县华润食品有限公司投资的717商标猪肉经农业部认证为无公害农产品，公司还创办宏润畜禽专业合作社。位于上湖村的南通季和米业有限责任公司的优质大米远销南京、上海和苏、锡、常等地。街道与镇农技部门密切合作，建立优质稻谷淮稻7号生产基地。沈

图1-6　位于上湖街道的南通理工学院海安校区（孙宝峰/摄）

海高速以西，季坞荡河以东，北起栟茶运河，南至友谊河这一片区域，被县政府规划为万顷良田农业生态片区。

公共事业　境域新生幼儿园、新生小学、新生初中分别获县、市、省特色、示范校（园）称号，入园、入学率100%，九年制义务教育普及率100%。新生医院和3个社区卫生服务站方便群众就近诊治。3家农家书屋藏书近6000册。街道有社区服务中心、上湖垃圾中转站等服务机构。

五、韩洋街道

概况　韩洋街道位于城东镇中北部，东依西场街道，北靠大公镇，南与洋蛮河街道接壤，西与立发街道毗邻。221省道穿越东西，开发大道从中北延。辖刘缺、韩徐、韩洋3个村。2011年，街道总面积17.68平方公里，总人口1.22万人。

韩洋街道组建于2010年，街道办事处驻原刘缺初中，下设党群工作部、经济发展部、社会事业部、农村工作部和财务部，于雪晴任街道办主任。

2010年，街道办事处被区镇评为“民营经济发展先进单位”。

经济建设　2010年5月后，坚持稳定与发展“双轮驱动”，积极实施生态立街、工业强街、商贸兴街战略。街道内翻身石粉厂、韩洋标牌厂持续发展。其中，韩洋标牌厂成为省、县内多个市县交通、航运、供电管理部门定点生产厂家，按国家GB/130691标准年生产标牌近500万枚，年实现利税超50万元，帮助解决30多名村民就业问题。2010年，南通恒生服饰有限公司、海安弘鑫焊材辅料有限公司等一批新兴企业落户韩洋街道，南通欣荣工艺服饰有限公司、海安国润服饰有限公司、海安永鑫磁业有限公司等也推动着街道工业经济不断发展壮大。2011年末，街道净增公司制民营企业注册资本1.64亿元，其中市外民资1.15亿元；净增个体工商户140户，净增规模公司制私营企业6家，新增私营企业纳税户10户，新增“凤还巢”项目3个，开工项目4个。以打造新型清洁能源原创自主知识产权规模示范区为目标的无碳经济园奠基，同时举行首批入园项目集中签约仪式，11个项目签约，总投资逾130亿元。首批签约项目中包括总投资55亿元的亚太农业发展基金会生物高科技项目、总投资50亿元的上海内湖农业科技有限公司室内高科技农业与生态观光项目。

城镇建设　韩洋街道设刘缺花苑和韩徐花苑两个拆迁安置点，规划建设总面积13.5万平方米，首期1.7万平方米交付使用。

图1-7　韩洋街道内的金豆智慧农场　（张光林/摄）

公共服务　韩洋街道潜心打造“平安、健康、服务、文化、阳光”社区，努力提高社区管理和公共服务水平，积极营造和谐社区的良好氛围，全面推进社会主义小康社会建设。街道实施群众事务党员干部代理制度，2010年印制3608份便民服务卡发放到各农户手中。街道下辖3个村均设社区卫生服务站，并建立严格的社区卫生服务站管理制度，实行以“预防、保健、康复、健康教育、计划生育和基本治疗”六位一体的服务管理模式，不断完善社区卫生服务站一体化管理。每个村建有农家书屋，藏书1500册以上。

六、新生街道

概况　新生街道位于城东镇西南端，南与如皋市柴湾镇交界，东与上湖街道为邻，北靠南屏街道，西与海安镇通学桥村接壤。

新生街道组建于2010年6月3日，王卫东任街道党委书记、街道办主任。街道办事处设在通榆公路东葛家桥村2组原葛桥小学内，辖油坊头、葛家桥、民桥、农林4个村。2011年，总面积24平方公里，总人口1.59万人。

新生街道交通便捷。街道内动力大道、通榆公路、江海高速、通扬运河等路道、河道四通八达。江海高速出口设于街道南端。

地域历史 如皋定慧寺于清道光六年（1826年）九月在葛家桥村兴建北斗庵，传播佛教文化；位于通榆公路一线的油坊头、葛家桥，自古地处交通要冲，有小集镇，百年来一直小有名气；农林村内古丁家祠堂（又称丁家庙），内有家谱、祖训、家规，外有丁氏祖“西明公”墓和丁氏祖茔，在如皋北乡远近闻名；洋蛮河农场于1950年5月2日始建于农林村，“文化大革命”中改为县“五七”干校，1974年3月15日改名为海安县棉花原种场，并成立海安县农科所。国营海安县洋蛮河轧花厂亦在辖区内。

党的地下工作者吕中余，1944年因叛徒出卖，被反动派抓去严刑拷打，誓死不出卖党组织，英勇献身；油坊头美籍华人、医学博士葛克全出资帮助村建卫生室1个、小学1所；农家子弟葛楚民，在部队领导岗位上工作，后任中央军委办公厅研究室主任。

精神文明 在社会主义建设大潮中，先后涌现出省、市、县劳模多个，有县文明新风典范葛铭盘、包荣林、张宏稳，其中，2010年，包荣林被评为“中国好人”。

图1-8 新生街道内的丁祠花苑 （孙宝峰/摄）

农副业生产 境域是海安著名的蚕桑生产基地。2003年起，葛家桥村3、4、5三个村民小组率先实行农业结构调整，实施缩粮扩桑，成为全县第一批种桑无粮组。境域建有千亩桑园和高标准特色种植园。其中，园区内养蚕大户葛培祥年饲养种蚕近20张，正常年景蚕茧收入超万元，省、市、县媒体多次采访、报道。

工业经济 全街道拥有55家工商企业，2010年底，生产销售额4.5亿元。2011年，继续抓土地流转、房屋征收和村民生活安置，为上海柴油机厂等几家企业落户全方位服务。

民生工程 境域建有葛桥、民桥、农林3个高标准农民居住花苑，其中葛桥花苑已建单体别墅100多幢，另有连体别墅和多层高层住宅楼。2011年底，部分拆迁村民分别住进3个花苑高标准安置房。

七、西场街道

概况 西场街道位于城东镇东北部，东毗李堡镇，西邻洋蛮河、韩洋街道，南接壮志街道，北靠大公镇。辖爱凌、戚庄、新立、热港、丰产、石桥、西场7个村和蓉塘社区，2011年，总面积45.2平方公里，总人口4.3万人。

境域栟茶运河、春风河、风景河、新古河、沈海高速、221省道、202省道、常安大道、立发大道、姚池路、大西路、东凌路、爱楼路、西港路、陆冯路、新光路、仲许路、雄石路等水陆交通要道纵横交错，公交车直达县城，沈海高速海安唯一进出口坐落其间。地理位置优越，交通、货运方便快捷。

西场街道成立于2011年12月2日，街道办事处设在原西场镇政府，下设办公室、党群工作部、社会事业部、经济发展部、农村工作部、财务部。徐祝军任街道党委书记、办事处主任。

历史人文 古镇西场原为沿海盐场，明洪武二年（1369年）设西场司。著名文学家范仲淹曾在这一带为官，筑有“范公堤”。明嘉靖三十八年（1559年），海道兵备副使刘景韶率部在此抵御倭寇，歼敌1500余人，后立“刘公平倭冢记”石碑记其事。民国34年（1945年），紫石县设西场区，西场镇为区属镇。1958年，西场人民公社成立。

1986年1月，西场撤乡建镇。

街道文化底蕴深厚，历史文化名人辈出。魏建功，著名语言文字学家、教育家、中国现代语言学重要奠基人，被苏联学术界誉为中国三大语言家之一。出生于西场的书画家、书画理论家范韧庵，书画家仲许，诗人胡西垞等蜚声中外。现代书画、篆刻家仲贞子享誉海内外，1995年经县批准，在他执教的西场中学，建成集搜集、整理研究、创作、交流、教学于一体的多功能活动场馆——仲贞子艺术馆。出生西场的中国现代文学馆馆长吴义勤，享受国务院特殊津贴，曾获“鲁迅文学奖·全国优秀理论评论奖”。陆中光、陈歆耕、鲁羊、仲伟俊等都是从西场走出去的优秀人才。

工业经济　全街道逐步形成以机械、纺织、丝绸、建材、化工为主的工业体系，主要生产棉纺机械、油压减震器、铁路弹条、白厂丝、涤棉及色织布、真丝绸、丝绒立绒、硅橡胶绝缘脂等产品。另外，街道建筑业拥有3200多人建工队伍，主要分布在上海、南京、徐州、齐齐哈尔等大中城市，年产值1.5亿元。

水星家纺海安有限公司是街道内大型企业，位于丰产村，占地13.33多公顷，是上海水星家用纺织品股份有限公司全资子公司，拥有国内先进流水线生产、仓储物流设备、全自动信息化管理系统。公司生活配套设施齐备，服务条件优越，先后导入并在同行业中率先通过ISO 9001 、ISO 14001、OHSAS 18001管理体系认证以及ERP信息系统建设，在质量、环境、安全、职业健康、信息管理等方面处于同行业领先水平。公司产品涵盖床罩多件套、被子、枕芯、单件组合、靠坐垫、儿童用品、夏令用品、床垫沙发、餐厨卫浴、毛毯等10大系列300多个品种，凭借良好的信誉畅销海内外。

农业生产　街道有农业龙头企业3家，农民专业合作社18家，从业人员近万人，建有高档花卉苗木生产基地、蔬菜设施栽培基地、畜禽养殖基地。位于丰产村的海安婷婷农副产品有限公司是江苏省农业产业化省级重点龙头企业，拥有总投资1.2亿元的现代农业生态园，从德国和荷兰引进成套鸡笼养殖设备，建成50万羽全自动化蛋鸡规模养殖示范基地。公司推行“龙头企业+生产基地+农户”的产加销模式，实现从喂料到鸡蛋清洗、喷码、包装全部自动化，确保蛋品质量，生产的“保洁蛋”等产品已进入德国麦德龙、美国沃尔玛、韩国每家玛和百联集团世纪联华、华润苏果等超市，深受中外客户好评。位于爱凌村的三九九生态园，通过“凤还巢”项目引进。主要提供园林绿化、养护，花卉、园艺技术咨询，草坪、树种、苗木销售，水产品养殖、销售、垂钓等服务。园区坚持走农牧结合、循环可持续发展新路子，建有占地20亩羊场，养殖1000多头波徐杂交山羊。通过综合利用秸秆、山羊秸杆过腹还田、减轻环境污染，减少生产成本。另有120亩玫瑰鲜切花基地，定植苗木，滴灌等配套设施全部到位。采用先进温室栽培模式，种植卡罗拉、黑魔术、坦尼克等高档玫瑰品种，每亩定植玫瑰2500多株。

社会事业　街道前身西场镇是江苏省教育现代化先进乡镇，西场小学为省实验小学，西场幼儿园是省实验示范幼儿园，西场中学是南通市重点中学。街道办事处驻地为古镇街市区，也是原西场区委、西场镇人民政府所在地，经济、文化、卫生、教育等各项服务设施齐全，商铺林立，企业遍布。其中，西场医院是集预防、医疗、保健、康复、健康教育于一体的综合性医院，先后多次获得“县文明单位”“先进集体”“江苏省南通市农村初级卫生保健工作先进单位”“南通市中医工作合格单位”“合格爱婴医院”“县医保定点合格单位”等称号。西场信用合作社建于1963年，几十年来，始终为地方经济服务，被誉为“西场人民自己的银行”。2011年底，全街道通自来水9029户，通电话9026户，通有线电视9026户，参加农村新型合作医疗25091人，参加农村社会养老保

图1-9　西场街道内的海洲农庄　（孙宝峰/摄）

险7810人，享受最低生活保障806人，农村人均纯收入1.17万元。

八、壮志街道

概况 壮志街道位于城东镇东南部，东接李堡镇，西靠上湖街道，南邻如皋市雪岸镇，北依栟茶运河，辖壮志、洪旺、施秦、石庄4个村，101个村民小组。2011年底，总面积23.2平方公里，总人口1.48万人。

街道组建于2011年12月，办事处设在陈壮路北侧壮志村三组原壮志乡政府内，设党群工作部、经济发展部、农村工作部、社会事业部和财务部。许应忠任街道办党委书记、主任。

街道前身壮志乡，民国35年（1946年）建立地方民主政权，实行第一次土改时，由杨庄乡、赵墩乡合并组建。新中国成立前，属如皋县城东区，之后，划归海安县西场区管辖。1956年，壮志乡和池旺乡合并重组壮志乡。

街道办事处所在地是原壮志乡政府驻地。这里曾经是乡政治、经济、文化中心，教育、文化、医疗、服务等设施齐全。有诚信超市、农家乐超市、金世缘超市等21家商店商场，有五马铁链有限公司、南通博鳌纺织有限公司等10多家中小型企业，有壮志小学、壮志幼儿园，有移动、联通、电信、邮政等服务机构。

工业 街道有大小工业企业21家。其中，海安县五马铁链有限公司是亿元企业，主要生产铁链、电缆料、电梯配件、铁路配件4大系列100多个品种，为江苏省产品信得过企业、南通市文明诚信企业、海安县工业成长型企业、税收贡献十强企业、资信评估AAA级企业，2011年缴纳各项税费280万元。壮志砖瓦厂建于1974年，投资1200多万元，由国家元迅建材研究中心建起移动式隧道窑炉，年产值6000多万元。2011年，全街道工业产值5.81亿元。

图1-10 壮志街道内的蓉和怡心园 （孙宝峰/摄）

农业产业 2008年，农业结构调整，由传统种稻、麦、桑向花、果、菜、鱼、虾、苗木发展，打造休闲、观光旅游农业。街道累计流转土地5000多亩，落户项目60多个，主要有葡萄园、园艺、草莓园、花中花园、观赏鱼养殖场、南美对虾养殖场、润丰园虾场、荷藕种植、苗木种植等。2011年，农业总产值8198.8万元，农村人均纯收入1.08万元。

第五节 行政村

一、泰宁村

泰宁村地处海安县城东南部，东与开屏村相连，由立新河相隔；南依东海大道；西与海安镇新桥村接壤，洋港河相隔；北与海安镇海光村相接，长江路相隔。总面积3.58平方公里，15个村民小组， 1215户，村民4507人。村委会设于黄海中路2号，总面积3600平方米，设有党员服务中心、健身房、图书室、棋牌室、青少年学校、警务室等配套设施，是南通市五星级党员公共服务中心。

村内交通四通八达，海安汽车新客运总站坐落村中，南有东海大道，北有县城长江路，东有通榆路，西有中坝南路，鑫来路、新宁南路、高庄路等主要干道穿插全村。2009年2月开发区管委会、城东镇政府迁址县城迎宾路199号（海安批发王）之前，泰宁村是开发区管委会、城东镇政府所在地。

泰宁村是2001年全县乡镇区划调整后成立的新村，由曾隶属于县经济开发区的金凤村、张池村合并组建。泰宁村组建后，郑延年、杨国华先后任村党支部书记，韩世俊、杨月芹、杨国华先后任村委会主任。

泰宁村组建前的金凤村、张池村，原隶属南屏乡，于1994年划属海安经济开发区管辖。

图1-11　泰宁村为民服务中心　（孙宝峰/摄）

金凤村，初名凤凰村，人民公社成立时，改为凤凰大队。由于县政府在凤凰村兴建县烈士陵园，1981年凤凰大队又更名为陵园大队，1992年12月更名为金凤村。“凤凰”“金凤”皆得名于民间一个传说。相传在很久以前，河水干涸，土地贫瘠，颗粒无收，民不聊生。一日，两只美丽的凤凰忽然飞至此地，在一土垛上停歇。众乡民正在惊奇之际，忽见河水泛起、草木复苏，连忙抢耕抢种，施肥播种，经河水滋润的庄稼根粗苗壮，老百姓便一个个开始对两只凤凰焚香礼拜。自那以后，凤凰每年均在此歇息一次，百姓年年庄稼丰收、人丁兴旺，过上好日子。乡亲们为了不让后人遗忘这两只神奇的凤凰，就将凤凰歇息过的土垛取名为凤凰垛，此地便因“凤凰”而得名。2001年区划调整前，金凤村党支部书记韩良臻，村委会主任韩世俊。

张池村，解放初期原名韩庄村。1958年成立南屏人民公社时，韩庄村更名北新河大队，“文化大革命”期间，又更名立新大队，1983年12月改名张池村。2001年区划调整前，村党支部书记袁道富，村主任杨国华。

泰宁村属海安河南高沙土地区，新中国成立初期，粮食作物以种植水稻、三麦为主，二豆、薯类次之；经济作物以棉花为主，蚕桑次之。村内有立新河、翻身河、洋港河三条河道。2005年，村清淤疏浚整治三条河道，栽种花木，绿化河岸，治理河水污染，河道能排能灌。

韩家庄，在现泰宁村11组，因庄内有一个韩氏家祠而得名。新中国成立前，庄内大地主徐福生建有家宅，后将房产留给儿子徐春其继承。新中国成立后，政府将20间占地约600平方米的徐宅四合式住房收用，1965年作为海南区公所办公地点，后又在此兴办海安县聋哑学校。

泰宁村经济发达，村级工业园拥有标准厂房4.4万平方米，企业涵盖服装、针织、机械、电子等行业。全村拥有服务业营业用房4万平方米。南通飞日磁材、苏中钢管、鑫港集团、春秋置业等省内知名企业均落户村内，有渝知味火锅、皇朝家俬、王府大酒店、金海安大酒店、正通假日酒店等服务性产业坐落于村内。2009年，全村集体资产9480万元，三业总产值18.2亿元，村级集体净收益720万元。2011年，村民人均纯收入1.86万元。

2005年，泰宁村成立全县首家农民股份合作社，将村级资产变身股民自行持有资产。2007年11月，《中国老区建设》杂志推介泰宁村在推进城市化过程中，村集体资产如何分配的做法。2009年10月，村召开股民代表大会第二次会议，修改股份合作社章程，重新进行合作社选举，杨国华任股份合作社理事长，韩世俊任监事会主任。

2006年，泰宁村为全村16岁以上的2244名村民办理社会养老保险，其中参加失地农民养老保险的703人，参加城东镇职工养老保险的1541人，90%以上失地村民解决了养老问题。

泰宁村自2001年组建以来，连续多年被评为省、市、县级文明村、卫生村、巾帼示范村。2007年被评为市小康示范村，先后获“南通市‘双建设’示范村党组织”“南通市民营经济明星村”“南通市先进基层党组织”等称号。2007年，获“全国绿色小康村”称号。2009年3月，被中央精神文明委员会办公室评为创建全国文明村工作先进单位。2010年1月，被评为省社会主义新农村建设示范村。2011年12月，获“全国文明村”称号。

二、南屏村

南屏村地处城东镇西端，海安县城南郊，东依翻身河与开屏村交界，北与泰宁村和海安镇新桥村接壤，西以焦港河为界与海安镇平桥村、海南村毗邻，南至栟茶运河，与南阳村隔河相望。全村总面积4.61平方公里，辖23个村民小组，1515户，总人口4646人。

南屏村交通便捷。通榆路、宁海南路、中坝南路贯村南北，新328国道、高庄路横穿东西；南北向的洋港、焦港两河南接栟茶运河，北接老通扬运河，村内高庄河和中心河东接洋港河，西连焦港河。陆路四通八达，水道畅通无阻。

2001年，由原南屏乡周济、高庄两村合并为南屏村。合并后张凤岚、李卫军、夏友华先后任党支部书记，翟富平、张崇旺、张杰先后任村委会主任，村委会设在原南屏乡政府路道口。

新中国成立初，南屏村境域分别有隶属于周济乡的周济村，村长张正华；直天村，村长王长生；四意村，村长赵振义；信义村，村长韩呈宝；志仁村，村长韩宝章。隶属于南屏乡的界河村，村长杨玉山；宜富村，村长龙玉银。1955年，农业合作化进入高潮后，界河村、宜富村合并成立高庄高级社，党支部书记张宝圣，社长王森；志仁村成立初级社，社长蔡圣明。1956年夏收前，周济村、直天村、四意村、信义村合并成立胜利高级社，党支部书记赵振权，社长赵振和。年底因疏浚栟茶运河，将河南信义村划出。1958年，成立南屏人民公社，胜利高级社改为胜利大队，党支部书记张本宏，大队长吴干良；高庄高级社与新桥高级社合并成立火箭大队，党支部书记刘长来，大队长张宝圣。1959年，高庄与新桥分开，高庄大队党支部书记刘善鸣，大队长张本和。“文化大革命”期间，高庄大队改名为红旗大队，党支部书记韩良记，大队长常云丰。1983年，实行乡村制，胜利大队改名为周庄村，后又更名为周济村，党支部书记吴干良，村委会主任张凤岚；红旗大队更名为高庄村，党支部书记钱世美，村委会主任常云丰。

南屏村历史悠久。原周济村焦港河西的周家庄，抗日战争之前是一集镇，有商家10多户，分别经营百货、网加工、食品、医药等10多个项目，市面十分繁华。以济仁商店为首4家商店曾联合发行地方流动币，限在庄内商店流动。20世纪30年代中期，村中创办如皋县周济初级小学，陈国平、崔汉忠、陈圣明、张本良、陈永吉先后担任教师，如皋县教育科督学到校视察。另有私塾7处，刘伯卿、张云卿、张笃林、夏友华、袁炳成、陈永贵、范逢远为塾师。现任南通医学院附属医院教授、眼科专家管怀进，泗洪县人民医院主任医师阙桂鹏，留美后定居美国的许强等人才曾在村内南屏小学就读。“文化大革命”中，高庄村创办红旗小学。1954年，周家庄组建联合诊所，张粹白、张德、曹世林、吴厚甫、陈昌裕等担任医生，实行中西医结合，为群众治病。蚂蟥沟是原南屏乡政府所在地，经历近半个世纪，已发展成南屏地区政治、经济、文化、商贸中心。

南屏村人民善良勇敢。民国36年8月，国民党乡长钟信民、保长徐春桃带还乡团一天中抓去南屏村境域内民兵队长杨勤洪、民兵分队长杨和清、翻身组长张长富等地方干部、群众19人，进行“灌肚肺”“坐老虎凳”、反吊加踩棍、“坐飞机”等严刑拷打。杨勤洪坚贞不屈，于九月初九在磨桥口光荣牺牲，年仅20岁。张长富受刑惨重，成了残疾人。

南屏村人民勤劳肯干。新中国成立后，村内农副业生产，特别是蚕桑生产一直在省、市、县处于领先地位，多次受到上级表彰。1959年，胜利大队党支部书记张本宏赴北京参加国庆观礼。1969年，胜利大队党支部书记吴干良参加南通市农业先进集体代表大会。1975年，吴干良出席南通市农业学大寨先进集体代表大会。同年，江苏省在胜利大队召开副业生产现场会，推广室外养蚕经验；中央电视台到村拍摄新闻纪录片《蒸蒸日上》。1981年，胜利大队办起全省第一个村级蚕茧收烘站—胜利茧站，同时省副业生产会议在大队召开，党支部书记吴干良在会上的介绍材料在《江苏蚕业》发表。1987年，国家“七五”规划长江流域桑蚕优质原料茧示范推广项目海安攻关点放在周济、高庄村，这是江苏省唯一的国家项目攻关点。同年，周济村党支部书记张凤岚出席南通市党代会。实施家庭联产承包责任制后，周济村针对实际，创造性地实行农业生产“六个统一”：统一供种、统一免耕机条播、统一配方施肥、统一病虫害防治、统一化学除草、统一水系配套。县委书记冯邦才专门到村调查，写出调查报告，“六个统一”在全县推广。党支部书记张凤岚1988年被评为市劳模。1988年，周济村建立丰产方，南通市委书记陈根兴担任总指挥，县委书记冯邦才任指挥，市、县、乡各级干部和专业技术人员担任组织领导和技术指导。该丰产方成为全县样板，多次获得县一等奖，1990年获省二等奖。1990年，南通市在周济村召开全市水稻标准化育秧现场会，全市各县派人参观。1995年6月，中共中央政治局委员、全国人大常委会副委员长田纪云，中共中央政治局委员、书记处书记、国务院副总理姜春云分别视察村小麦丰产和水稻抛秧现场。农村经济快速发展。2011年，全村有个体工商经营户近百家，家禽、家畜养殖大户20多家，外出务工、搞建筑近千人。村民年人均纯收入1.33万元。

图1-12　1995年6月，国务院副总理姜春云视察南屏村水稻抛秧现场　（杨一秋/摄）

进入21世纪后，南屏村工业发展为纺织、服装、机械创业的集聚地，联发集团、华强纺织、晨朗电子等多家大型企业在村落户，其中江苏联发集团是全县纺织行业的龙头企业，列全国纺织前三强，也是海安县唯一的上市公司。村级工业园区内，有9家企业落户，吸引民资3000多万元。

南屏村积极发展公共事业。2008年后，村出资建水泥路面16.5公里，改造维修水泥桥梁6座，安装固定垃圾池20个、垃圾桶50只，清理河道12公里；建立专职保洁队伍，及时清理生活垃圾。至2011年，村内建成大小集体居住区3个，有600多户村民入住，群众生活质量不断提高。

三、南阳村

南阳村位于城东镇西南部，地处海安县城南郊，东隔老通扬运河与农林村毗邻，西与海安镇海南村、通学桥村接壤，南依新长铁路与葛家桥村交界，北隔栟茶运河与南屏村、开屏村相望。老204国道贯穿南北，南海大道横枕东西。区位优越，交通便捷。总面积6.73平方公里，26个村民小组，1619户，人口5700人，村委会设于通榆路8号。

2001年，由原南屏乡银杏村、双渔村、双桥村合并组建南阳村，张怀圣、祝应平、谭德稳先后任村党支部书记，张怀圣、谭德稳先后任村委会主任。“文化大革命”期间，银杏、双渔、双桥村分别改称红星、东升、光明大队，“文化大革命”后恢复原名。

原银杏村，位于老三村最东首。相传古代有一云游僧人为计算行程，从黄桥向东后以栽种银杏树为记，在祖师庙和原银杏村各栽了一对银杏树，后因开挖通扬运河，将银杏树挖去，当地人为纪念这对银杏树，故将村名取为银杏。

原双渔村，位于老三村中间。由于旧时这里地势低洼，河道狭窄，每逢雨季就成荡湖，花鱼群一批又一批从湖中游过，所以，这里叫“花鱼荡”，也叫“花鱼塘”，双渔村由此得名。新中国成立之前，由于这里大水难排，水灾连年，花鱼荡人民生活非常艰辛，因此民间流传着一首民谣：“花鱼荡、花鱼荡，太阳一晒冒盐霜，大雨一下白汪汪，十年就有九年荒”。1971年，开挖东升河、银杏河，大大增强了排灌能力，从此再也看不到“花鱼祭祖”的奇景了。

原双桥村，位于老三村西首。据传很早前有个好心人为让人们出行方便，在村内一小河上以一根粗木作为桥梁。一老者从此经过，见桥面太窄，只得战战兢兢俯身爬过。后来，有人自发增加一根较粗的木料拓宽桥面，因此称“双桥”。双桥村由此得名。

新中国成立之前南阳村属南阳乡。光绪十六年（1890年），海安南郊已有乡村编制，当地文武秀才葛步慈、葛佐霖、葛伯庚、商卫国、葛凤卿等追思先辈根源，查证葛姓本诸葛氏后代。诸葛亮父子为避开战乱，隐居南阳府襄阳县东门外卧龙岗，后来，部分后裔迁到江南江阴，再迁至栟茶河南一带安居。文武秀才们为追念祖先之德，确定给油坊头至溪河一带葛氏居住地命名为南阳乡。

民国27年（1938年）起，南阳村人民在党领导下打土豪分田地，建立人民民主政权。民国29年，双渔杨元稳、银杏赵金桂参加新四军，后杨元稳又把南阳地带朱大生、丁文兵、杨元泰等人组织起来，成立游击队，挖公路、炸碉堡，多次袭击日军。民国33年6月，双渔人张呈凤、葛仁林、朱宝祥、杨勤国等受苏中老三团领导委派，到海安西十八步桥埋地雷，阻击敌人。

南阳村属海安河南高沙土地区，新中国成立初期，以种植粮棉为主。农业合作化后，农民在种植粮棉的基础上大种萝卜头、大蒜头、山芋头。“三头”在海安镇、胡集镇、曲塘镇等市场热销后，当时南阳成了著名的“三头之乡”。“三头”带动了南阳的市场经济发展，那时村境域内有酒坊、油坊11家，养鱼池近20个，并且“庄庄牛羊歌，家家鸡鸭鸣”，1980年后全村缩棉扩桑。

2003年，南阳村被城东镇政府纳入开发范围后，积极兴办民营企业，仅2009年，全村新增个体工商户210户，吸引县外民资6000多万元。另有53家企业在村落户，初步形成电子、机械、纺织、化工等产业于一体的发展格局。当年，村民种、养、加年产值2300万元，外出务工人员1200人次，直接收入2500万元。2011年，农民年人均纯收入1.36万元。

南阳村积极发展社会公共事业，先后投资300多万元，兴建3200平方米的村级公共服务中心；铺设水泥路面20多公里，改造和维修桥梁5座，清理河道13.3公里，新建固定垃圾房50多座，放置垃圾桶240多只；建立专职保洁队伍，实现全村范围内无丛生杂草，无白色污染，无乱倒垃圾，无有害水气排放目标，顺利通过县“环境优美示范村”验收。2003年后，村加大投入，一次性规划，分期建设村民集中居住区。居住区内分别建单体别墅、联排别墅、多层公寓，水、电、气等配套设施齐全，道路绿化等基础建设一次到位。全村1600多户村民中已有600多户入住集中居住区。“大马路，小洋房，众百姓，奔小康；昔日花鱼荡，今日富南阳，景美人和好地方”，村内流传着的一首新民谣充分体现了南阳村新的发展变化。

南阳村连续多年受上级表彰，先后获“南通市民营经济发展明星村”“南通市民主法治建设先进村”“海安县综合考核先进村”“海安县文明村”“海安县党建工作示范点”“海安县信息化示范村”等称号。2009年，南阳村党支部被市委组织部评为“‘乡村学华西、党员干部学吴仁宝’先进党组织”。

四、立发桥村

立发桥村位于城东镇中部，东与洋蛮河村交界，西隔通扬运河和开屏村为邻，北与界墩村接壤，南隔栟茶运河与农林村相望。全村总面积4.9平方公里，辖25个村民小组，总人口4264人。

立发桥村水陆交通发达。栟茶运河、通扬运河、立公河三大河道流经全村，新长铁路、宁启铁路穿村而过，202省道、海防公路、开发大道、晓星大道在村内纵横交错，四通八达。

2001年初，立发桥村由原立发乡立发村和长池村合并后组建，村党支部和村委会设在老立发镇。石仁山、叶必俊先后任党支部书记，韩宝余、石仁山先后任村委会主任。

立发桥村在新中国成立之前，属如皋县14区管辖。1949年1月20日立发解放后，长池村、立发村（镇）属立发乡管辖。1955年底，立发和朝陈两个初级社合并组建立发高级社，社长彭昌裕；长池和苏港两个初级社合并组建长池高级社，社长于九富。1956年初，立发高级社改为立发乡第二高级社， 长池高级社改为立发乡第三高级社，1957年10月27日，又恢复原称。1958年9月16日，立发人民公社成立，长池高级社为立发公社一大队，立发高级社为立发公社二大队，1959年分别更名为长池大队、立发大队。1966年“文化大革命”开始后，长池大队改名为红心大队。1983年9月16日，红心大队改名为长池村，立发大队改名为立发村。陈松余、彭龙湖、吕中山、彭龙圣、杨宏桂、吕海年、王维海、杨德兰先后担任立发村党支部书记；倪付明、姜春发、田宝银、黄春华、蒋德凤、石仁山、韩宝余先后担任长池村党支部书记。

立发桥村历史悠久。村境内古镇立发桥，“地处南北交通要冲”，西汉初成为“苏北三十六盐场之咽喉，江北数州县之锁钥”。东晋义熙七年（411年），东晋设如皋县治于立发桥。南唐升元元年（937年）至宋开宝八年（975年），设立发桥驿站，此后，历朝历代古立发驿站一直与泰州、高邮等驿站齐名。民国时期隶属于如皋县，为区政府所在地，解放后隶属海安县管辖。民国16年（1927年），立发设扬由关分关。立发桥古镇每年农历正月半到四月，每逢初一、十五日都要举行一次庙会，此俗一直沿袭至今。

立发桥村人民有翻身求解放的光荣斗争史。日伪时期、国民党政府时期，以西洋蛮河为界，西

图1-13　2003年5月重建的老立发桥　（孙宝峰/摄）

洋蛮河西边为敌占区，日伪军、国民党军、自卫队盘踞在立发镇，他们残害共产党人和老百姓，剥削压迫劳动人民，使劳苦大众过着水深火热的生活。在共产党领导下，立发人民坚持打土豪、分田地和游击战争，给敌人以沉重打击。高兴和勇杀日本鬼子的佳话一直流传至今，周宏富、于德怀等牺牲在这片热土上。

立发桥村以农业为主，村民除种田以外，还从事养殖，另有不少人经营服务业、外出务工、搞建筑等。2009年，全村农田粮食年产量都在1吨以上，农副业年总产值6176万元。2011年，农民年人均纯收入1.3万元。

21世纪后，立发桥村辖区内工业和现代服务业飞速发展，海关大楼、软件园、正元港务及28家大大小小的工厂密布其间，其中南通晓星集团为世界500强企业。教育事业不断发展，有完全中学、小学、幼儿园各1所。公共事业发展再上新台阶，立发花苑居民小区高楼林立，不少村民入住新居；医院、农村商业银行、邮储银行、电信支局、广电中心、自来水公司、城东镇办公区、开发区交警中队等机构驻立发桥。

至2011年，立发桥村先后获得城东镇“先进党支部”“三大建设先进单位”“支持大交通建设先进单位”“村民自治模范村”“环境整治先进村”和南通市“民营经济发展明星村”等称号。

五、界墩村

界墩村地处城东镇中部，通扬运河北岸，南与立发桥村接壤，北与五坝、刘缺村交界，东与三角村毗邻，西与海安镇太平村交错相依。全村26个村民小组，1505户，5300人，辖区面积5.46平方公里。

界墩村是海安经济开发区和城东镇人民政府所在地。328国道和202省道在此连接，新长铁路、宁启铁路于此地交会，海安火车站坐落其间，地理条件和交通优势得天独厚。村内高楼林立、市场繁荣、商店鳞次栉比。沿海大市场占地24公顷，其中瓜果批发市场占地2公顷。“523”文化产业主题公园为江苏省文化产业示范基地。每年农历四月初八前，初一、十五是沿海大市场前的集市贸易日，此时，沿海大市场、火车站前广场上人流如潮，从早到晚，买卖之声不绝于耳。

界墩村村名来历：很早以前，在通扬运河北岸纤道边，即现在的202省道上，有一座高约14米，底部周长约50米，名为“信墩”的大土墩。这土墩是明成祖朱棣为抵御外寇入侵，派兵马大元帅往东海边镇守时在这里设下的。遇有战事，墩上可立即点火告急，一墩传一墩，一直传到京城。清光绪年间，如皋县与泰县又以此墩为界，在墩上竖一界牌，故土墩又名界牌墩，地名亦名界牌墩。后来，有人把此地叫作界墩，或叫作界牌。

2001年4月，界墩村由原界牌村、界墩村、新运村合并而成，吕忠稳、叶必俊、邓井江先后任党支部书记，邓井江、于煜、崔荣稳先后任村委会主任。

新中国成立初期，现界墩村境有界墩、卢桥、陈庄、新运4个村。其中，新运村因位于新运河畔而得名。王槐贵、储友勤先后任界墩村村长，严国均任卢桥村村长，吕昌湖任陈庄村村长，王大来任新运村村长。1956年3月，村境内成立界墩、人民两个高级农业合作社，姜长金任界墩高级社社长，1958—1983年，王大来任人民高级社社长。1958年9月16日，立发人民公社成立后，村境内有界墩、人民两个大队。新运村先后称立发公社4大队和立发公社人民大队。徐奇富、马呈瑞、仲明、崔业保先后担任界墩大队大队长，王大来担任人民大队大队长。1983年9月21日，立发“社改乡”后，村境内有界牌、界墩、新运3个村。储祥发、杨宗元、吕忠稳、吕忠存先后担任界墩村村主任，王大来、张坤林、钱永祥、解祥圣先后担任新运村村主任。界牌村开始为立发农科站，仲明任农科站站长。农科站改为界牌村后，左荣桂、史传富、钱如太、邓井江先后担任村主任。

界墩村人民有着光荣的革命传统。民国时期，立发桥、海安县城都曾先后驻扎日寇、伪军和国民党部队，敌人一出发就到界牌墩，不是拉伕就是征粮、锯树、抬猪子。界牌墩游击队员胡奇挽被国民党反动派活埋，中共党员黄九余于民国37年正月十四日遭反动派杀害。

抗日战争时期，在界牌墩撑渡船为生的共产党员范长友，受党委派，在自家建立地下交通站，为党开辟地下交通线。孙颂山、徐奇富在伪军里做策反工作，把伪区长丁志远争取过来帮助共产党办事。伪军26师驻在海安时，汉奸戎玉祥拜孙文兰为老头子，替孙部搜集情报，迫害群众。后戎玉祥自知作恶多端，怕共产党杀他，躲在海安不出来。海富区署宣传科科长孙颂山为了除奸，和共产党干部孙如金、区队战士、地方干部一起，以请戎玉祥下乡到亲戚家打牌为名，把戎玉祥诓出海安，逮到新运勒死。

解放战争时期，界牌墩游击队员、民兵、老百姓积极抗捐、支前、贴宣传标语，破坏敌人的通讯联络。敌人白天在公路边把电话线修通，晚上就被割光。徐汉升、丁忠荣参加“北撤”，一直坚持与敌斗争，直到全国解放。大军渡江时，王云带领民工支前大队支援前线。

民国35年，华中野战军某部曾先后驻立发地区，在界牌墩景伯屿、景学银、景伯铭家设司令部机关，粟裕、谭震林等领导人也先后在界牌墩留下足迹。界牌墩干部、民兵、百姓主动帮部队站岗、放哨，封锁消息，保卫部队机关和领导人的安全。

民国38年1月，叶飞10兵团29军86师到界牌墩进行渡江前训练，群众腾房子让部队住宿，卸门板、锯木头给部队练水上功夫。

界墩先后涌现出不少杰出人才。景学栋，从原景庄小学走出，20世纪50年代毕业于北京大学机电工程系，任机械工业部第七设计研究院项目总设计师、研究员级高级工程师，1956年被评为全国先进生产者，获1988年国家科技进步奖三等奖、1990年国家优秀奖银奖；景宸，界墩村23组人，毕业于华东师范大学数学系，1995年任上海市市政管理委员会副主任；梅崇仁，界墩1组人，养鸡能手，南通市劳模；钱如富，界墩26组人，江苏省劳模；袁步英，省“三八红旗手”。

2011年，界墩村有大型企业16家，千万元以上企业6家，涉及机械、变压器、建工等行业，占地25.34公顷。主要农副产品有小麦、稻米、大豆、生猪、禽蛋、蚕丝茧等。农民人均纯收入1.56万元。

界墩村境域先后兴办景庄小学、新运小学、界墩小学，其中景庄小学由景楚川、景伯铭、景鲁泉、景丽泉等人于民国2年捐资兴办。为适应教育发展需要，立发乡中心小学于2004年搬迁到界墩村重建，更名为开发区实验小学。村内有公园1个，占地4公顷。健身场地两个，舞蹈广场1处，健身器材齐全，每天有100多人次参加活动。村文化室设有图书室，藏书4000册，经国家新闻出版署2010年验收，确认为合格的农家书屋。2011年1月17日，省委书记罗志军由市委书记罗一民、县委书记章树山陪同，到界墩村调研，称赞界墩社区卫生保健站是“全省一流”。

2008年2月1日，界墩村获“海安县民营经济20强村”称号。同年10月，被评为“海安县小康示范村”。

六、开屏村

开屏村地处城东镇中西部，南依栟茶运河，北枕通扬运河，东邻立发桥村，西贴泰宁村。总面积4.22平方公里，19个村民小组，1132户，总人口4532人。

2001年4月，开屏村由佘庄、薛湾两个村合并而成。村名取自“孔雀开屏”一词，象征吉祥、呈现美丽之意。新村组建后，朱兴来任村党支部书记，朱兴来、周元旺先后任村委会主任。

开屏村历史久远。合并前的佘庄村因旧时四周环水，东宽西窄，形状像条头在东、尾在西的蛇，故名蛇庄，后因庄里13户富户都姓佘，所以又改称佘庄。合并前的薛湾村，前名界河村，因村内有一条名叫小腰沟的老河，河南边为如（如皋县）界，河北边为泰（泰县）界，故名界河。因当时海南乡也有一村名为界河，所以1978年根据村内另一老地名薛家湾更名薛湾村。

新中国成立前，境域内各村庄农民组建农

会，周永法、王光荣、李日华、陈树余等曾任各村庄农会会长。苏立发曾在家办私塾；杨文鉴、何世明用地主韩松岭的住房办小学堂。1950年2月，佘庄乡政府在村境内成立，下辖黄家、基河、宋银、高庄、界河等6个村。佘庄乡政府成立后，仲骏等拆除地主徐永彬瓦房，在中佘庄东侧建佘庄初级小学，当年招生开学。是年，人民群众积极响应党和国家“抗美援朝，保家卫国”的号召，李日华、韩良裕、陆云铸、孙玉均、纪帮华、吉基春、纪帮法等8名青年参加志愿军奔赴抗美援朝战场。1951年，立发区佘庄乡政府进驻地主韩松岭原居办公。1952年开始，村境内多个农业互助组、初级农业生产合作社成立，孙宝成、陈树余等人曾任组长、社长。1955年，佘庄、界河两高级农业生产合作社成立，苏兴旺、谢世进分别任两社社长。1956年，海南区南屏、佘庄乡合并，成立韩庄乡。时佘庄村党支部书记苏兴旺、村长祝同宽；界河村党支部书记谢世进，村长韩松泉。同年，经海南区政府批准，成立佘庄联合诊所，祝荫桐任所长。1958年，韩庄乡更名南屏乡，而后成立南屏人民公社，佘庄、界河合并为卫星大队，苏兴旺任党支部书记，祝同宽任大队长。1960年，卫星大队划分为佘庄、界河两个大队，佘庄大队党支部书记苏兴旺，大队长孙玉富；界河大队党支部书记孙金柏、韩良征，大队长韩忠泉。1966年“文化大革命”开始后，佘庄大队更名为东风大队，孙玉富、倪井对、田宝铁先后担任大队党支部书记，陆永金、韩世树先后担任大队长；界河大队更名为红卫大队，陈永江、吉基春、姜广富、张增宝、孙玉凤、陆昌林、贾天方、朱兴来先后担任大队党支部书记，韩松泉、陆昌林、贾天方、刘昌平先后担任大队长。1978年，东风、红卫两大队

图1-14　开屏村一角　（张光林/摄）

又分别恢复为佘庄、薛湾大队。1983年，佘庄、薛湾大队分别更名为南屏乡佘庄、薛湾村。1994年，海安经济开发区成立后，佘庄村、薛湾村由南屏乡划出，归海安开发区管辖。

开屏村人民勤劳朴实。1951年，境域首次安装手摇电话机、广播喇叭；村境内建造第一座灌溉站，定名红领巾灌溉站；佘庄建立第一座小窑厂。1954年，开挖栟茶运河。1968年，疏浚老通扬运河。1985年，陆永铁第一个用上“大哥大”。1998年，全村普及电话。1999年，全村普及自来水。2000年，全村安装有线电视。2010年，全村电视数字化，并安装10户联防报警电话。至2010年上半年，全村累计投资488万元，修筑水泥路30公里，砂石路7.5公里，铺设下水管道1200米，清淤河道5000米。另投资55万元，全面达标改造村内自来水、电力线路、居民厕所。2001年，因火车站取土，形成34.7公顷的七星湖，到2010年，建成七星湖国际花园小区，新增民居1000多户。村投资8万元，在七星湖建成占地1000多平方米的村文化广场，配备篮球场、乒乓球桌，安装健身器材等，既丰富村民精神文化生活，又给外来务工人员提供了休闲活动场所。

村内主要干道全部安装路灯，加大村宣传栏、阅报栏、图书室、电教室、综合文化活动室建设和管理投资；改造绿化面积2.9万平方米；新增垃圾箱156只，河道配备专人长效管理，做到无漂浮物，无白色污染物；成立一支专业的保洁队伍，村内垃圾日产日清。全村新型农村合作医疗参保率100%，大病统筹封顶线提高到6万元。为彻底解决农民老有所养问题，2892人对接职工养老保险。

开屏村经济发展迅速。2009年，全村社会总产值20亿元，村级集体经济收入200多万元。2011年，村工业企业100多家，其中大中企业60多家。村内土地被逐步征用开发，失地农民都办社会保险，成功转型成居民。2011年，村民人均年纯收入1.43万元。

开屏村连续多年保持“先进党支部”和“三个文明建设先进单位”称号，是省市县“文明村”“平安江苏先进集体”“三星级康居乡村”“平安家庭先进集体”“先进监委会”“村民自治模范村”“党建工作示范点”“环境整治工作先进社区”。

七、五坝村

五坝村地处城东镇西北，西靠通榆运河，北依老串场河，东与刘缺村毗邻，南与海安镇三塘村接壤。全村32个村民小组，1564户，4650人，耕地3363亩，全村总面积6.16平方公里。

五坝村交通便捷，老204国道、221省道、立发环乡路、新长铁路、宁启铁路、宁启铁路西北联络高架线、宁启复线电气化铁路在村内纵横交错。新长铁路机务段、220千伏送变电所坐落其间。

五坝村村名源于花五坝。花五坝是原立发地域的重要地名，位于立发桥集镇西北约七里的通榆河畔。清末至民国年间，花五坝土地多属田家楼田姓大地主所有。为保证当地蓄水和排水，田姓地主在与通榆河相通的河道旁筑成拦水坝，并派当地一名叫花正五的人负责看守，当坝头。花正五排行第五，人称花五，他看守的那条坝后来就叫花五坝。花五坝有坝无闸，为使来往船只过坝方便，田氏专门组织一支拉船队，来往船只过坝，由拉船队将船只沿坝两边的斜坡拖拉过坝，并收过坝费。花五坝向西是通榆河，通里下河；向东经刘家缺、陈家桥、五岔港、韩南头，直指洋河，流入黄海。

2001年4月，五坝村由原五坝、新华、练港3村合并后组建。陈广宏任合并后第一任村党支部书记兼村委会主任。2005年5月至2006年3月，田光明任村党支部书记。2006年3月后，崔恒余任村党支部书记，陈广宏任村委会主任。

五坝村村境内1956年成立高级社。1958年立发公社成立时，村境内有五坝、新华、练港3个大队。1966年“文化大革命”开始后，五坝大队改为红旗大队，练港大队改为立新大队，新华大队仍为新华大队。1983年“社改乡”，3个大队均改称村。刘景山、王太山、花生富、陈正时、钱俊林、刘兴和、宋存根、陈广宏历任原五坝村党支部书记；温志祥、刘景山、王克林、周健全、钱永金、贲后稳、王东明、田广进历任原新华村党支部书记；景学宣、田汉、周建来、王良宽、储亮、陈昌存历任原练港村党支部书记。

图1-15　221省道和宁启铁路交会处　　（孙宝峰/摄）

五坝村人文荟萃。在革命历史长河中，有陈茂红、朱唯益、夏满海等革命烈士，为人民解放事业献出年轻生命；现有在外工作著名人士10余人，其中财政部1人、解放军总后勤部1人、南通市人事局1人、南通市中级人民法院1人。

五坝村地处大公、海安、城东三镇交界处。解放前和新中国成立初以种植小麦、水稻为主。种水稻全靠人工踏水，只有少数大户人家有车篷，用牛车水，后来逐步发展到用风车车水，机器打水，直至电力灌溉车口灌水。全村拥有大小电力灌溉车口30座。中共十一届三中全会后，全村在主产小麦、水稻的同时发展蚕茧、家禽饲养，拥有万羽鸡场4家、千羽鸡场32家。2011年，全村工农业总产值3.4亿元，村民人均纯收入1.28万元。学龄儿童入学率100%，自来水普及率100%，调频广播和数字电视入户率85%以上。

至2011年，五坝村村级工业园占地20多公顷，有企业30多家、三产民营企业10多家，其中千万元企业3家。园区内干道全部硬质化。江苏惠尔德建筑机械有限公司生产的塔吊供不应求，南通久立安全玻璃有限公司生产的安全玻璃出口国外，海安玖华涂料有限公司生产的“狂牛牌”内外墙涂料属江苏省免检产品，另有个体工商户150多家。

五坝村于2002年被评为治安模范村，2005年被评为民主法制示范村，2009年被表彰为全县民营经济20强村。2010年被南通市表彰为“民主法治村”“农村环境优美合格村”。

八、洋蛮河村

洋蛮河村位于城东镇中部，南贴栟茶运河与上湖、农林村隔河相望，北界东石河、赵桥中河与三丰、三角村毗邻，东临春风河，交沈海高速公路与西场村接壤，西与立发桥村为邻，总面积4.97平方公里，总耕地1843亩，下设21个村民小组，村民1150户，3872人。

洋蛮河村东靠沈海高速海安出口处，西距新长铁路1.2公里。202省道、海防公路沿栟茶运河北岸东西向穿村而过；沈海高速、221省道南北向越村而行。村内双洋路、开发大道、立发大道以及天立路、天发路、天益路、南环路等纵横交错，水陆交通便捷。

民国时期，村境隶属如皋县东屏乡；新中国成立后，划归海安县东屏乡。1952年，村境域成立赵桥、新桥、五港、东屏、星火等初级合作社。1956年3月，东屏乡与鸭港乡合并为东屏乡后，村境隶属海安县立发区东屏乡。1957年10月，韩洋乡与东屏乡合并为韩洋乡，村境域隶属海安县西场区韩洋乡，境内赵桥、东屏、石荡高级社成立。1958年11月1日，韩洋公社成立，村境内有赵桥大队、东屏大队、石荡大队。1961年10月1日，石荡大队改名石番大队。“文化大革命”期间，赵桥大队改名红星大队，1975年又恢复赵桥大队。1977年3月，韩洋公社“三竖十三横”水利工程完成后进行区划调整，原赵桥大队部分小队与原东屏大队部分小队合并组建赵桥大队，原东屏大队部分小队与原石番大队部分小队合并组建东屏大队，此时村境内有赵桥大队、东屏大队。1983年12月，韩洋“社改乡”，赵桥、东屏大队分别更名赵桥、东屏村。2001年4月，赵桥、东屏两村合并为洋蛮河村，村名源于古镇洋蛮河。村委会设在洋蛮河水利站，蒋万仁任村党支部书记，蒋万仁、丁邦俊先后任村委会主任。2004年7月，洋蛮河村成为城东镇行政村之一。2008年3月，隶属于城东镇洋蛮河街道。

洋蛮河村中老地名有洋蛮河、蒋家庄、大桑树、汪家舍、西洋蛮河等。由于古镇洋蛮河跟其姐妹集镇发繇口——立发桥同在栟茶运河北侧，距离很近，故齐名。

民国时期，洋蛮河集镇有20多户店铺和10多户人家，由于地处交通要道，比较繁华，特别是关岳庙，有僧人火工30多人，香火鼎盛。庙旁大戏台一年中大的演出不下50场。抗战时期（1940年），由于日军进镇，在这里建据点造炮楼

图1-16　洋蛮河村学生在农家书屋中阅读

（孙宝峰/摄）

设关卡，民房、店铺毁于战火，关岳庙也于民国29年被日军付之一炬。新中国成立初，洋蛮河古镇保留周二胖子木排行、何记大染坊、朱广元医铺、布店、百货店、剃头铺、车行等10多家店铺和原关岳庙门前两人合抱不过来的大银杏树。

蒋家庄是洋蛮河村境内最大的老村庄，东抵椿树头，西到于家荡，北靠三角池，约有400多户人家，庄子中心位于洋蛮河古镇北约1.5公里处。蒋家庄由于出过不少名人，一直是原韩洋乡最出名的老村庄。

家有200多亩土地的葛德宏一直同情革命，其子葛平在李堡上中学时，受地下共产党员引导参加革命，解放后在山西任职。葛平之侄葛青、葛诚因受其叔父影响也参加革命，解放后分别在南通、上海任职。号称“蒋氏四兄弟”的蒋映海、蒋映湖、蒋映山、蒋映川均是蒋家庄的民主人士，每户均自种土地几十亩，其中老大蒋映海还开了油坊。蒋映海之子蒋德廉、孙蒋万里是出名的中医。蒋万里曾任韩洋卫生院院长20多年，医术远近闻名。老四蒋映川，大学毕业，20世纪初曾利用自家房子开办4个年级的洋蛮河初等小学堂。其子蒋德澄，医科大学毕业，曾任海安县人民医院第一任五官科主任医师。

蒋映堂，号石君，一直担任国民党东屏乡乡长，权倾一方，霸道一时，是个靠剥削为生的地主恶霸，解放后，被人民政府逮捕、坐牢。其子蒋杰，国民党员，立发区自卫队队长，横行乡里，欺压百姓，血债累累，1951年被人民政府镇压。还有大地主冒子章，家有土地几百亩，其孙冒秀峰曾任东屏乡第七保保长，为人霸道，解放前夕，逃

往台湾。

新中国成立前，洋蛮河集镇设有伪军、国民党军据点，南有胡宏懋、北有蒋石君两个恶霸大地主，民众遭受日伪、国民党军掳掠烧杀和地主剥削压榨。1949年3月，人民政府在蒋家庄利用大地主蒋石君的庄园创办蒋庄小学。1957年栟茶运河全线浚通后，洋蛮河设轮船码头。1958年4月7日，蒋庄小学成为韩洋乡中心小学，不久，韩洋公社又在小学东侧创办韩洋农业中学、“青年突击队”。海李公路，即后来的202省道途经洋蛮河，1958年10月10日通车，洋蛮河设候车站。嗣后，海安县第二农机修造厂、韩洋粮站、韩洋供销社、韩洋搬运站、韩洋水利站、洋蛮河邮局、洋蛮河农业银行、新生变电所等单位相继在洋蛮河落户。

民国31年（1942年），洋蛮河村境内成立党支部，共产党员葛琪、张广裕、邵守祥、李长青、仲跻山、范广时、高子林、许树文、周凤祥等带领人民群众，减租减息，打土豪、斗地主、分田地，同时，配合新四军正规部队与日本鬼子、国民党反动派进行艰苦卓绝的武装斗争。民国35年8月11日，苏中七战七捷第四仗的一次重要战斗—洋蛮河伏击战就发生在村内。1991年5月，海安县政府在洋蛮河修建洋蛮河伏击战旧址纪念碑，当年的老战士、西场区队副队长仲跻山参加揭碑仪式。

洋蛮河村以种植三麦、水稻和栽桑养蚕为主。2006年粮食总产3200吨，油料总产210吨，蚕茧56吨，生猪存栏3000头，山羊存栏2500只，饲养家禽20万羽，全村农业经济总产值3800万元，人均纯收入8800元。2010年全村已没有纯农户，农业已成副业。农村劳力从事二、三产业年收入8000万元，是全镇较富裕村之一。2011年，全村有万羽鸡场4个，千羽以上养殖户45户，养猪专业户4户。村民除从事农业、养殖业之外，还进厂、外出务工，开小商店，从事家庭手工织网、机械加工等。2011年，村（居）民人均纯收入1.11万元。

村域有天元公司、华虹服装、凯欣电气设备、大西洋木地板、百协锻锤、银利卷板机、丝乡丝绸、中威重工、亚太轻合金、泰维机械、瑞鑫电子等40多个中外资民营企业，其中亿元以上企业3个、千万元以上企业15个，主要行业涉及机械、服装、电气、建材等。

2007年，城东镇政府从洋蛮河村部分组划出1000多亩土地，统一规划，统一施工，新建洋蛮河花苑单体别墅、联体别墅600多幢，洋蛮河村、三丰村、三角村、立发桥村、韩洋村等近千户人家搬进新居，用上了地下水、管道煤气、数字电视，不少人家买了小汽车，过上城里人的生活。

九、三角村

三角村位于城东镇中部，南隔丰源中心河与洋蛮河村接壤，北靠私盐河与韩徐村毗邻，东依洋蛮河与三丰村交界，西与立发桥村、界墩村为邻。面积4.78平方公里，耕地3250亩，18个村民小组，人口3590人。

村内天立路、天发路、中环路、洋公路、双洋路、洋韩路、姚池路、立发大道、开发大道等“七纵四横”相互交错；公路绿化带中香樟树高大挺拔，女贞树四季常绿，银杏树、槐树、白兰花树、花坡草地等错落有致，环境优美。

三角村是原韩洋乡、洋蛮河镇政府和现洋蛮河街道办事处所在地。境域内出名的老地名有三角池、于家荡、瓦屋头等。据说100多年前，三角池就有一个面积20亩大小，呈三角形的大池塘，地名、村名皆源于此。

三角村是2001年4月全县村级区划调整后成立的行政村，由原韩洋乡三角、丰源村合并组建，唐生、田世存先后任村党支部书记，田世存、葛存和先后任村委会主任。

合并前的三角村，曾名银杏村，因村内有两棵古银杏树而得名。现两棵古银杏树中只有一棵小的在原地生长，树高12米左右，树冠直径9米，树径一人抱不过来。民国30年（1941年）银杏村属东台县海富区三民乡，民国34年（1945年）8月改属紫石县喧口区三民乡。王海如、卢忠旺曾任村长，胡文楼曾任农会主任。新中国成立后，又先后更名为鸭港村、红兵大队、三角村，吕子平、张明根、唐国富、王林等曾先后担任党支部书记。

合并前的丰源村，新中国成立前一度隶属如皋县十三区，名龙王村，因村内曾有龙王桥而得名。吕昌楼曾任村长。新中国成立后，先后更名丰源村、红星大队、丰源村，丁达祺、王大余、杨万龙、丁帮富、田世存先后任党支部书记。

解放前，由于三角池地处交通要道，一直是敌我双方激烈相争的战略要地。民国28—38年，江苏省人大常委会原副主任邢白、安徽省合肥市原市长孙颂山、镇江市原市长于济川，原西噇区区长苏明等，都曾在瓦屋头朱广圣、三角池于福基等群众家隐居落脚，和该村共产党员景木皆（学海）、金裕友、于学广、储友芝、汪圣琪，何秀荣、吕昌松等一起组织农会，发展党员，动员组织群众打土豪分田地，开展游击战争，建立人民民主政权，留下许多可歌可泣的革命斗争故事。当地叛变投敌的李自余、李自林兄弟俩，罪大恶极的强盗头储页桥、地主于昌时、反革命分子储二癞子、地主储加古均先后被人民政府判刑、处决。

民国35年秋天，立发桥据点韩曲贵，窜到龙王桥一带抢劫民财，被游击队追捕击毙。民国36年，顾田带6名伤病员路过三角池，住宿在群众储有朋家。因当时医疗条件差，伤员伤口化脓没有酒精消毒。储有朋趁夜晚到三角池一家商店打酒代替酒精，被地主储加古发现，连夜到立发区公所告密。国民党区长丁志远带领洋蛮河、立发、练港三地自卫队将储有朋家包围。顾田及时组织突围，4名伤员安全脱围后，顾田被自卫队紧追不舍，群众张广金母亲发现后，舍身掩护，将顾田藏在稻草里脱险。

民国4年，境域有识之士兴办瓦屋头初级小学，后爱国小学、鸭港小学相继兴办。1966年12月后，韩洋初级中学、韩洋中心小学、韩洋

图1-17　农民集中居住地——韩洋花苑　（孙宝峰/摄）

幼儿园、韩洋成人教育中心校先后在三角大队落户，三角大队成为韩洋公社教育中心。2010年，全村在校大学生128人，研究生7人，出国留学3人。

三角村农业主产小麦、水稻、蚕茧。中共十一届三中全会后，农业机械化生产水平不断提高，先进的生产技术逐步被人们所掌握，粮食产量逐年上升，副业生产收益越来越高，养蚕、养鸡、养猪大户越来越多。10组储祥钦的万羽鸡场，年纯收入50万元。

境域华洋公司、南岛公司、南洋公司、佳友公司年产值超500万元，忠仁渔具、金利机床利税年年稳中有升。海江铝业、汇洋精锻、百威电器、中联科伟达、吉阳恒基、联通变压器厂、锅炉AA级配件、轩杨机械、富泰装饰、联海机械、天业公司、江苏电力公司立发110千伏变电站、欧洲工业基地、上海光伏集团等50多家大中型企业入驻，投产运营。三角村正由传统农业产业结构向以工业为龙头，带动现代农业、牧业、副业多元化的产业结构方向发展。

三角村有800多人在全国各地搞建筑施工，30多人在国外打工，近2000人在工厂上班。传统的家庭副业钩针衣、编织、小工厂、小作坊等，给农户家庭带来更多的经济收入。2011年，全村农业总收入1.21亿元，农民人均年纯收入1.12万元，10%的农户买上小汽车。

村建有为民服务中心。2010年，三角村被县政府评为“全面奔小康先进村”，被南通市政府评为“人民调解及依法治村先进村”。

十、三丰村

三丰村地处城东镇中部，东依春风河与石桥村交错接壤，其中有120多亩地、10多户人家及韩洋窑厂等嵌于石桥村境域；南隔东石河，与洋蛮河村毗邻；西隔洋蛮河（韩洋中心河），与三角村交界；北与韩洋村相接，韩丰河相隔。总面积7.88平方公里，30个村民小组，村民1840户，人口5557人。村委会设于原韩洋乡政府。

三丰村交通便捷，距沈海高速海安出入口处1.5公里，离海安县城7公里。沈海高速、221省道、洋柴路、天益路由南向北穿村而过，姚池路、

立发大道(双宝路)、和畅路、和顺路直通全村东西。村内河道,南北向西有洋蛮河(韩洋中心河),东有春风河;东西向有东石河、红星河、石丰河、中心河、双丰河、私盐河、韩丰河。主要桥梁有春风河桥(于家桥)、中心河桥、丰港桥、双丰桥、忠仁桥。

三丰村是2001年4月由原丰河、丰港、石番3村合并组建的新村。因为丰河、丰港皆有"丰",而石番村在此前韩洋公社区划调整时,由丰源大队东部和十翻大队中部合并,石番村内有原丰源大队部分,所以合并为大村后称"三丰"。三丰村组建后,蒋德贵、张媛媛、徐培根先后任村党支部书记,蒋德贵、章俊先后任村委会主任。2001年4月区划调整前,丰河村曾名盐河村、丰河大队,姚裕龙任村党支部书记,王其云任村委会主任;丰港村曾名鸭港村、丰港大队,蒋德贵任村党支部书记,吴宝笃任村委会主任;石番村曾名石荡村、十翻大队,许树山任村党支部书记,章俊任村委会主任。

三丰村有名的老地名有姚家码头、刘家湾、椿树头、陆家荡、石家庙子、棚儿庄、石家荡、于家桥、八字桥、黄猫桥、灯头桥、花鱼尾桥、申家庄等,许多老地名都曾留下掌故、传说。于家桥,一于姓人因常做善事而得善报,一次从河里捞到一只玉石磙子,发财后建房造桥,家有十几个门店朝南,于是于家住的地方便得名于家桥。又如黄猫桥,传说清乾隆年间(1736—1795年),由于旱涝灾害,瘟疫流行,人畜死亡甚众,一修炼得道的有德黄鼠狼显灵施方控制住瘟疫。人们纷纷祭谢,红纸糊的小三角旗插满两亩多田。如皋县令为旌表其功劳,下令建了一座小庙,又为方便百姓祭祀,在庙旁河上建了一座桥,命名为黄猫桥。村内较多的姓氏有刘、姚、陆、仲、赵、蒋、王、吴、蔡、张、许、崔、卢等。据老人所传,大多姓氏的祖上皆由苏州阊门,再经如皋、栟茶、靖江、仪征、扬州、邵伯等地辗转迁居而来。

刘氏关帝堂、刘家"三元宝地"、刘家湾夹路皆为清末至新中国成立初期村境域重要的人文景观。刘氏关帝堂附设观音堂,至今已有120多年历史。每月初一、月半、二十五,方圆几里内的人们都要到关帝堂敬香礼拜,三拜九叩首,非常虔诚。每年五月十三日(关帝菩萨生日)和十月十三日(关帝菩萨出道日),为关帝菩萨举行出驾仪式。

新中国成立前,三丰村境域有私塾学堂多所。1957年,有石荡、申庄两所公办小学落户,后又兴办丰河民办小学。新中国成立后,先后涌现高级知识分子8人,解放军师长1人,航空航天导弹工程师1人,解放军校级以上军官5人。年轻学子张光宏、蒋鹏程、张晓春等先后成为国家重要科技人才。2010年高考,在省海安中学就读的学生张晨睿获高分,名列全县第二名,被清华大学录取。

三丰村人民有光荣的对敌斗争史。曾先后任过三民乡乡长、嗆口区治安股股长,15岁就参加革命的"红小鬼"唐国富,曾任西嗆区游击连连长的仲跻山,曾先后任过嗆口区民兵大队长的蒋映来,新中国成立前就参加革命工作的老干部徐翔,先后参加过涟水、孟良崮、抗美援朝等各大战役的革命老战士史传宝皆为三丰村人。各时期有姓名、事迹记载的革命烈士31人。

三丰曾留下许多红色印记。姚家码头位于现姚池路东端南侧,民国时期,这里有大路,属交通咽喉之地。因姚氏兄弟在此砌瓦房6间,又名"六间瓦屋"。民国35年,中共党组织地方机关随华中野战军主力北撤休整,只留下少数地方部队和游击队在原地坚持斗争。国民党东屏、立发、三民3个乡成立联防中队,又从洋蛮河据点里调了1个排兵力进驻姚家码头,强占以六间瓦屋为中心姚家码头南的百姓住房,抓伕在四周筑土圩子,在土圩子里修地堡,占地20多亩,并在据点外围组织自卫队、铁叉队对付游击队,扬言要在3个月之内消灭地方游击队。在交通要道姚家码头周围,常常发生敌我双方拉锯式的遭遇战。

"孙猴"除奸故事一直被人们传颂。孙颂山由于作战灵活勇敢有谋略,人们送他雅号"孙猴"。一天,他和游击队刚到黄猫桥,铁叉队中坚分子崔某大声喊起来:"'孙猴'来了,大家快来打啊!""孙猴"怕伤害老百姓,立即通知所有人员撤离。又一天夜里,"孙猴"等来到鸭港桥下,不想崔某又突然大声喊:"'孙猴'来了,大家快来打啊!"崔某的喊声,激起"孙猴"满腔怒火,"叭"的一声枪响,崔某应声而倒。"孙猴"心想,这些顽固不化分子非除不可。于是,他喊起来:"'孙猴'来了,快打啊!"这一声喊又惊动了铁叉队中坚分子姚某。姚某拿起铜锣，边敲边喊："'孙猴'来了，快来捉啊！"话音刚落，"叭"的一声枪响，姚某又应声而倒。

三丰村属中沙土地区，辅之部分黏土，解放前小河小沟很多。春风河（古名东洋涵河）西石家荡、棚儿庄、陆家荡一带地势最低，也最穷。棚儿庄没有一户人家有房子，全用荒草搭棚蜗居，因此得名棚儿庄。解放初期，以种植水稻、三麦为主，二豆、薯类次之。经济作物以棉花为主，蚕桑次之。1969年11月6日，韩洋公社开始实施水利"三竖十三横"工程后，所有河道能排能灌，保证了运输、民用和农田灌溉。1997年起，全村实施排灌渠道硬质化、交通路面黑色化、农田林网化。在新农村建设中，380多户村民搬迁到洋蛮河花苑。

三丰村人民热情善良。几十年中，船民、知青、三峡移民、"外来妹"到村插队落户，均受到很好的礼遇和接待，过上安定幸福生活。

全村有3000羽以上养鸡大户20户，家禽年饲养量41.46万羽，年养蚕3300多张。2011年，全村小麦总产1726吨，稻谷总产1249吨，蚕茧销售130.1吨，肥猪出栏4553头，山羊出栏6307只，农林牧渔业产值8478.74万元。农民人均年收入1.12万元。

人民公社时，韩洋窑厂最早落户村内，之后，多家村级企业兴办。2009年后，杨浦工业园、东部家具产业基地在村内建立，有82家企业注册。斯特朗电梯、伟业集团、通润机械、斯可馨家具、奥玛机械、九和钢结构、冠林电器、中顺电梯等10多家著名企业先后在村落户，1000多名农民工进厂就业。另有私营企业2家、个体工商户20家、私营服务业3家，年总产值600多万元。

三丰村连续多年获镇"先进党支部"和"三个文明建设先进单位"荣誉。2001年被评为"海安县文明村"，2006年被评为"海安县关心下一代工作先进村"。

十一、韩洋村

韩洋村地处城东镇中北部，东依春风河与热港村接壤，南隔韩丰河与三丰村为邻，西隔洋蛮河与韩徐村交界，北靠北凌河与大公镇仲洋村毗连，北凌河河北原有210亩土地属韩洋村。全村总面积7平方公里，28个村民小组，1226户，4025人。村委会设在原韩西小学。沈海高速、洋场路由南向北穿村而过，三韩路贯穿全村东西。村内河道，南北向东有春风河，西有洋蛮河（韩洋中心河），东西向有韩丰河、韩南中心河、韩西中心河、北凌河。主要桥梁有春风河北桥、团结桥、北凌河大桥。

韩洋村是2001年4月全县村级区划调整时成立的行政村，由原韩洋乡韩南、韩西、大桥3村合并后组建，王则存、鲍仁彬、吴夕来先后任村党支部书记，杨传勇、吴夕华任村委会主任。2004年7月，吴夕来任村党支部书记，吴夕华任村委会主任。"文化大革命"至"社改乡"期间，韩南村名东风大队，合并前，韩召铁任村党支部书记，毛玉林任村委会主任；韩西村名前进大队，合并前，韩加林任村党支部书记，杨传勇任村委会主任；大桥村名胜利大队，合并前，王则存任村党支部书记，吴杰任村委会主任。

韩洋村村名源自老地名韩家洋。相传此地原是一片草荒田，因地旷称之为洋，后一韩姓家庭居此建桥，故名。一个多世纪以来，"韩洋"一直作为庄、桥的名称，后又是乡、集镇、行政村和街道的名称。村内出名的老地名有许一湾、卢家套、丁家缺、谢风桥、倒窑桥、大桥口。民国32年（1943年）前，隶属东台县第三区。民国33年至37年3月，分别属紫石县西场、嗱口区。民国37年3月后，分别属海安县西场、嗱口区。解放前村境域有三多，即：韩姓人家多，河沟河岔多，敌伪军、国民党军和地方游击队在东洋涵河两边展开的拉锯式争战多。老洋河（即北凌河前身）、东洋涵河（即春风河前身）直通大海，古时河内商船

图1-18　韩洋村为民服务中心　（孙宝峰/摄）

来往不断。1956年东洋涵河开挖拓宽为春风河时曾挖到过一艘古海船，还有一半埋在春风河东畔地下。

韩家洋大桥建在老东洋涵河（即后来春风河上一大桥），位于23组，是海安河东地区原韩洋乡境域有名的桥梁。此桥固修过几次，始建年代无从考证，但期间有一漂亮的木质大桥重建于民国9年，为韩家洋一带韩氏一族最有名气一房的最后一代传人韩茂香及其本家韩长奎、韩长安3家共同建造。其建造目的，是为方便曾任职江苏省省长的爱国人士韩国钧来祭拜韩茂香的父亲。新中国成立后，政府在韩家洋大桥东桥口旁建粮站、商店，在西桥口旁建供销社、商业总店，韩洋大桥口成了自然的集贸市场。

新中国成立前，韩洋村有多所私塾学堂，之后，韩东小学、培农中学、胜利小学先后落户。家住原韩西村的王奇寅，是中国美术家协会会员、江苏省花鸟画研究会理事，是海安县书画界领军人物，其书画多次参展获奖，国画《春暖花繁壮国风》悬挂于天安门城楼。村内先后涌现高级知识分子10人，海外留学人员4人，解放军校级以上军官5人，高中级工程师、离退休干部、中小学教师56人。

韩洋村有光荣的革命传统。民国27—37年，鲍德旺、韩永模、夏吉章、徐瑞林、陈金玉等一起组织群众打土豪分田地，开展游击战争，建立人民民主政权，留下许多可歌可泣革命斗争的故事。有姓名、事迹记载的烈士18人，民国35年12月6日，在西场冷水港战斗中，民兵分队长夏吉章牺牲，其弟游击队员夏吉元被打成重伤。民国36年9月18日，西㘵区队在倒窑桥杀伤、淹死国民党军8人。同年12月28日，老村长韩永模、村妇女代表李才莲被海安敌人捉去，毒刑拷打，并拿十几口家人性命作要挟，他们至死不屈，被敌人活埋。

韩洋村属中沙土地区，解放初期，以种水稻、三麦为主，经济作物以棉花、蚕桑为主。1969年，韩洋公社实施水利河道改造工程后，境域所有河道能灌能排，农田土质不断改善，旱涝保收。1998年起，全村实施排灌渠道硬质化，交通路面黑色化、农田林网化，环境不断优化。

韩洋村是有名的种植之村、养殖之村。2011年，全村3000羽以上的养殖大户15户，年家禽饲养量35.6万羽；百头猪场4个，千头猪场1个；农业种植大棚300亩，年蔬菜销售1000吨以上；年养蚕5000张。村小麦总产3500吨，稻谷总产5000吨，蚕茧销售230吨。农牧渔业收入8385.95万元，农民人均年纯收入1.17万元。

韩洋村工业有年销售3000万元的弘鑫焊材有限公司，另有磁性材料厂、香厂等。“万福园”公墓位于该村23组。

2010年后，韩洋村先后获城东镇“绿化造林先进村”“民营经济先进村”“广播电视先进村”“环境先进村”“项目农业先进村”和“海安县关心下一代先进村”等称号。

十二、韩徐村

韩徐村地处城东镇中北部，东接韩洋村，西靠刘缺村，南邻三角村，北与大公镇接壤。总面积5.86平方公里，25个村民小组，居民1208户，人口4321人。

境域有立公河、洋蛮河，207县道、221省道通过，开发大道北延工程开工建设，韩刘路、热韩线、三韩路等农四路网络遍布全村。

境域大多住户为韩姓、徐姓，由此得名。民国31年（1942年）3月，韩徐村所辖区域，共产党领导成立韩徐乡，属东台县海富区，夏登龙任指导员，徐祝山任乡长。民国33年3月，韩徐乡改属东台县李堡区，陈金玉任党支部书记，韩永泉任乡长。民国36年1月，韩徐乡改属紫石县㘵口区，韩永琪任党支部书记，陈金玉任乡长。1950年2月，韩徐乡改称韩洋乡。1957年，韩洋与东屏两小乡合并为韩洋乡，属海安县西场区。

韩洋乡时，韩徐村境内有翻身、南田、韩徐3个村。

翻身村，旧名麻楼村，因境域曾有徐家庄园——麻楼庄得名。麻楼庄是当地富户徐复基前八世祖于道光二年（1822年）左右所建庄园，占地4亩。因徐复基小时候出过天花，留下麻子，所以称作麻楼庄。民国35年，将麻楼庄园所在地定为麻楼村。

南田村，因境域以田姓人家为主得名，曾一度名私河村、曙光大队，后恢复。

图1-19　韩徐村居民别墅区　（孙宝峰/摄）

韩徐村，曾一度名滩桥村、兴旺大队，1981年7月15日改为韩徐大队。

2001年，翻身村、南田、韩徐村合并为韩徐村，储开琪任村党支部书记，储开琪、徐瑞平先后任村委会主任。村委会设在207县道西侧韩徐小学内，2009年迁至221省道与开发大道交界处。2010年5月后，韩徐村隶属于韩洋街道。

韩徐村许多地名、桥名、河沟名都有民间传说。

徐家庄，元末明初，这里是一片海沙淤积地，徐家三兄弟选择以跑马插旗方法决定徐家地界，茫茫大海滩唯此地有个水质很好、人称“豆腐池”的淡水塘属王母娘娘管辖，因此徐岳恒家就在“豆腐池”边发展，经过几百年的努力，成为海安东乡首富。天长日久，此处徐姓人家越来越多，便有了徐家庄。

徐家庵，为“正宗地藏堂上宝华山分灯”，始建于乾隆年间。寺庙宏伟雄壮，前后毗连，结构紧凑，共分前中后三重殿阁，韩国钧曾书“地藏庵”庙名。从一世祖本释到十九世祖宗植，历经十九世传人。赐主为徐仁山和徐仁海兄弟的前十八代祖上，因此名徐家庵。

滩子桥，传说是佛国大鹏金翅神鸟衔泥东飞，不慎泥落大海而成土滩，后土滩又被海水冲开“丫子”，滩子桥就是人们在土滩“丫子”上架的桥。

私盐河，古为通海之河，因当时官盐价高，贩卖私盐的常在此处交易，留下许多对抗官府、抗击强盗的故事，故名私盐河。

田家庄，是田氏一族富庶的家园，这里人家全姓田。祖先本是大财主，从海安向东只有三亩田不属于他们家，但只因其为富不仁，一脚踹死善良而多嘴的女佣人，从此便“穷了田家庄，富了瓦屋头”。

韩徐村人有着光荣的革命传统。无论是在抗日战争，还是解放战争时期，韩徐人民都积极参与对敌斗争。抗日战争和解放战争时期，韩徐境域游击战争非常激烈，中共领导的地方部队在与土顽、自卫队、还乡团、铁叉队等地方反动势力斗争中，为革命事业出生入死的烈、残军人20余人。

韩徐村耕地面积4499亩，常年种植小麦、水稻、油菜等粮食作物。村域大力发展栽桑养蚕事业，桑园面积786亩，翻身茧站是远近闻名的蚕茧收购站点。副业以饲养蛋鸡、生猪为主。贤鹏实业有限公司占地20多公顷，规划养殖家禽40万羽。2009年，党支部副书记周维贤等村干部、养殖大户带头参加，以贤鹏实业公司为龙头的韩徐畜禽专业合作社，带动一大批蛋鸡养殖户向专业化、市场化发展。治保主任陈金华投资兴建的大型猪场，年出栏生猪千头以上。2009年，全村生猪养殖大户参与，成立东尖生猪专业合作社。村内河道纵横，渔业资源丰富。私盐河、韩徐河、韩徐北河、翻身河、翻身北河5条河道都有村民承包水面，拦网养鱼。韩徐村还努力发展特色养殖，5组村民田正军成功养殖孔雀，正常存栏500多只，年出栏近千只，远近闻名，供不应求，2010年组建专业合作社，扩大生产规模，努力寻求更高层次的发展。

村域韩洋翻身石粉厂是韩洋地区标志性企业，1996年1月10日企业改制，转给个人经营。位于韩徐16组的韩洋标牌厂，是省内多个县市交通、航运、供电管理部门定点生产厂家，按国家GB/130691标准年生产标牌近500万枚，年实现利税超50万元，解决30多个村民就业问题。2009年10月8日，南通恒生服饰有限公司落户韩徐村15组，占地1.6公顷，注册资金1000万元，外资27万美元，享有自主出口权，年产值4000多万元，实现利税60多万元，解决当地100多名村民就业问题。除此之外，欣荣工艺服饰有限公司、小东服饰有限公司、国润服饰有限公司等中小企业也推动着韩徐村工业经济不断发展。

境域原翻身、南田、韩徐3村办有幼儿园、小学。2009年新建的韩徐村农家书屋，藏书2000多册，成为党员干部活动和村民丰富文化知识的场所。韩徐村一直重视青少年教育和成人教育，2006—2009年，被评为县关心下一代工作先进单位。韩徐社区卫生服务站内设施齐全，4名医务人员24小时为村民提供优质医疗服务。2009年221省道拆迁，镇政府规划在韩徐村6组建韩徐花苑，一期工程28栋单体别墅安排拆迁户入住，2010年安置点二期工程开工建设。

2011年，韩徐村农村经济总产值9403万元，农民人均纯收入1.28万元。

十三、刘缺村

刘缺村位于城东镇北部，东到郭家套、陈家桥与韩徐村毗邻，西到景家桥与五坝村接壤，南至野马口与界墩村相连，北至烟蛮坟、叶家套，与大公镇王院村交界。总面积4.82平方公里，耕地面积3120亩，全村27个村民小组，居民1048户，人口3500人。

1949年4月，刘缺村隶属东台县嗜口区练港乡，称第三村。1949年5月属海安县嗜口区练港乡，称第三村。1956年2月属海安县立发区练港乡，称余沟高级农业合作社。1958年9月16日成立立发人民公社，改余沟高级社为立发公社八大队，1959年更名立发公社余沟大队。1966年“文化大革命”开始后，更名立发公社卫东大队。1983年9月16日更名立发乡刘缺村。2001年4月，前进村、刘缺村合并为刘缺村，陆昌和、孙锦坤先后担任党支部书记，田广进、李仁安先后担任村委会主任。

原刘缺村和前进村合并前，景学宣、张福基、梅周银、刘九林、刘兴准、王家生、解长余、陆昌和先后担任刘缺村党支部书记，刘民生、张福基、刘兴准、王家生、解长余、陆昌和、孙锦坤先后担任村民委员会主任。陈兴玉、王炳存、王克林、崔恒太、吉开才、王广坤、解长奎先后担任前进村党支部书记，祁常玉、刘发田、王炳存、王宏明、储呈怀、崔恒太、吉开才、王广坤、田广进、李仁安先后担任村委会主任。

刘缺村距县城中心5公里，距海安火车站1公里。村东有立公河，村西有黄涵河（又名中心河）。除老立发环乡路外，农村四级水泥公路贯穿全村，经村中心东西的221省道和南北晓星大道北延段建成通车。

刘缺村人民奋发自强，1951年，在党号召下，积极走互助组、合作化道路。村民祁常玉率先办起全县最早的农业生产互助组，成为全县走互助合作化道路的一面旗帜。1953年，在互助组基础上，祁常玉、陈兴玉又在全县率先办起前进农业生产初级合作社，祁常玉任社长。1955年，余沟农业生产初级合作社成立，刘民生任社长。人民公社成立后，刘缺村人民响应政府号召，平整土地搞条田化，将斜荒田、朱家荡、野鸭荡等十年九荒的地方改造成良田。1958—1974年，刘缺人民积极兴修水利，先后开挖立公河、红卫河、黄涵河、跃进河、刘缺河、前进南河、前进北河；结合水利工程配套建设，平整改造荒沟废塘，增加粮食生产土地面积，并推进沟渠配套，改善全村农田灌溉条件。全村先后建造电灌车口20多座，实现灌排保丰收的网络配套，旱涝保收。

刘缺村人重视教育。1949年1月，经练港乡政府报请嗜口区政府批准，由区教育股委派刘振宇、刘振铎在观音庵兴办刘缺小学，同时在村内多处兴办民校。1963年10月27日，刘缺村人民积极支持立发公社在刘缺小学借教室，恢复立发农业中学办学。1968年7月16日，拆除老农中和药师庵，用拆下的建材在刘缺小学东边重建立发农业中学，更名立发人民公社卫东初中，后又更名刘缺初中。刘缺小学和刘缺初中培育了大批优秀人才：朱知和、徐国锦、刘才盛等曾任职县级领导岗位，田桂山在农业部任职，王太国在解放军总后勤部任职。2008年，因教育布局调整，刘缺幼儿园、刘缺小学、刘缺中学撤并，老校舍规划为城东镇敬老院和韩洋街道办事处。

刘缺村历史文化悠久。2003年，在常融法师（俗家名刘才荣）发动、宗教信徒支持下，经县政府批准，在刘缺村3组、6组、9组之间重建观音庵，并更名为圆通寺。圆通寺天王殿、大雄宝殿及配套厢房等建筑，气势宏伟壮观，创造了南通地区寺院之最。2009年，221省道开工建设，省道从圆通寺北大门通过，使圆通寺交通更加便捷。2010年底，圆通寺计划投资3000万元，建占地2800平方米，高76.8米的“万缘宝塔”。

1982年，刘缺2组率先分田到户，承包耕种，取得试点性成功。1983年，全村推行土地承包责任制，家家户户在种田的基础上又发展养鸡、养羊、养猪业，逐步扩大栽桑养蚕规模，此后，粮食不断增产，副业逐年兴旺，到2000年，全村大部分农户都住上楼房，银行有了存款。2010年，全村养蚕4000张，粮食总产3027吨，生猪存栏1300头，山羊存栏3500只，饲养家禽6.5万羽，全村农业经济总产值达亿元，二、三产业收入1500万元。2011年，农民人均纯收入1.33万元。30%的农户拥有私家汽车，数字电视全面普及，电脑网络用户占50%以上。

2011年，工业项目相继落户刘缺村。江苏瑞飞电器有限公司在221省道北侧3组、4组落户。江苏华恒板业有限公司在221省道南侧5组落户。上海神舟新能源汽车有限公司在4组落户。商贸物流迅速发展，核心区在刘缺村的江苏海安商贸物流园中，江苏联发纺织有限公司物流储运仓库在6组、7组、9组落户，江苏华润生鲜冷链物流有限公司、江苏润安纺织有限公司物流储运仓库在刘缺村8组落户。

刘缺村积极发展社会公共事业。1986年，全村总动员，筹集碎砖修筑全村第一条中心砂石路。2004年，村集体动用积累资金10多万元，在全镇率先启动农村四级公路建设，修筑南北中心路1.3公里。至2010年，全村修筑农村四级公路10.6公里、五级公路1.2公里、砂石路8.5公里，改善了交通条件。村级公共服务中心积极发挥为民服务效能，农业技术推广、农资配供、病虫防治、机电具维护、便民商品小超市、饮食服务等实现网络式保障服务。村社区卫生服务站24小时为村民提供医疗、体检、健康工程等优质服务。村级农家书屋拥有卫生、文化、科学技术、计生、政治、历史等图书2000多册和多种报刊，一名大学生村官专职负责服务工作。村被南通市列为市关心下一代工作示范村，2003年后，关心下一代工作多次受到镇政府、县委、市委、省委的肯定和表彰。80多岁高龄的村关工委常务副主任刘振宇，多年如一日，带领离退休老干部、老教师义务从事关工工作，全村办家庭校外辅导站5处。2010年，刘振宇被评为省优秀校外教育辅导员。村聘请专职保洁员，成立专业队伍，规范运作，维护路道清洁，管理全村河道，保持路洁水清、花红柳绿的生态环境。

2009年8月，新农村集中居住点开工建设，2010年底已安置221省道和晓星路建设工程拆迁户30多户，2011年底，又安置刘缺花苑区域、江苏华恒板业、江苏瑞飞电器、上海神舟汽车等项目拆迁户49户。小区新建先进的污水处理配套设施（上海交大建设），通信网络、绿化工程和健身广场等配套到位，社区物业管理规范服务。

刘缺村从1999年起，连续多年被县委、县政府评为文明村，2008年，获“南通市关心下一代示范村”称号；村党支部连续多年被镇党委评为先进党支部，2009年2月，被县委组织部授予“海安县党建工作示范点”称号。

十四、油坊头村

油坊头村地处城东镇西南角，东靠通扬运河，西与海安镇虹桥村交界，南依如皋市柴湾镇戴庄村，北与葛家桥村接壤，总面积5.12平方公里，耕地3384亩。全村26个村民小组，1250户，总人口4300人。

油坊头村水陆交通便捷，通扬运河傍村而行，启扬高速、通榆大道（老204国道）穿村而过，村内公路四通八达。

油坊头原是一个有近百年历史的小集镇，曾设有轮船码头、汽车站、商店、染坊、猪行、缝制衣行业、药铺、银匠铺、小学等。

2001年4月，油坊头村由原南屏乡葛港村和油坊头村合并组建。王建年任村党支部书记，丁忠元任村委会主任。

新中国成立初期，油坊头村有新联村、新生村、生建村、新民村，葛港村有胜利村、曹家村、生产村、张园村，均隶属于新民乡。1958年南屏公社成立时，油坊头村改为前进大队，葛港村改为建设大队。张秉贵、葛存根、丁帮根、许金富、周长泰、王建年、丁忠元、丁忠圣、王建来、刘焕银等人曾任前进大队主要干部；张清甫、殷玉林、任德贵、张瑞芳、陈国来、刘远田、张凤仁、张玉德、葛昆连、崔恒裕、刘银海等人曾任建设大队主要干部。1983年前进大队更名油坊头村，建设大队更名葛港村。周长太、王建年、丁忠元、葛仁元等人任油坊头村干部；任德贵、陈国来、崔恒裕、刘银

图1-20 油坊头村内的葛家纪念楼
（韩良银/摄于2006年9月）

海等人任葛港村干部。

1969—1971年，南屏人民兴修水利，先后在油坊头村拓宽老通扬运河，开挖葛港河、建设河。在1976年大样板建设中，村境域又新开3条四级横向河道。由于河道的开挖，1971年，经如皋县政府与海安县政府协商，如皋县柴湾公社十五大队3个生产队并入油坊头村，使当时前进大队有16个生产队，3400多人，2.2平方公里，成为南屏公社人口最多、面积最大的生产大队。

油坊头村社会公共事业不断发展。全村自来水普及率100%，广播电视入户率95%以上。2001年后，全村修硬质防渗渠道21.5公里，水泥路15.4公里。2004年，村关心下一代工作领导组建立两个设施齐全的校外辅导站。2006年，成立农家书屋，建有两个乒乓球室、3个篮球场，设置群众娱乐中心，丰富村民业余文化生活。矗立在204国道两侧的葛家纪念楼，由留美医学博士葛克全捐资兴建，赠予村作卫生室和会议室使用，是油坊头村标志性建筑。

2000年后，村党支部和村委会树立大招商、招大商理念，吸引投资项目20多个，其中公司制企业10多家、私营企业20多家，总投资8000多万元，销售额超亿元，年利税1000多万元。2011年末，全村农民人均纯收入1.35万元，村级营业年收入38万元。

2002年，油坊头村被县表彰为“治安模范村”，2003年被县表彰为“关心下一代先进村”，2006年被县表彰为“村民自治模范村”，2007年被县表彰为“法制先进村”“先进人民调解委员会”，2009年被县表彰为“环境优美合格村”“村级经济发展先进单位”，2010年被南通市评为“民主法治先进村”，2011年获“南通市全民创业先进村”称号。

十五、葛家桥村

葛家桥村位于城东镇西南，东靠老通扬运河，与民桥村隔河相望，西与海安镇通学桥村交界，南依葛港河与油坊头村为邻，北与南阳村接壤。辖24个村民小组，村民1280户，总人口4500人。总面积5.3平方公里，耕地面积3500亩。

葛家桥村北距县城4公里，通榆公路贯村南北，新生大道跨村东西，交通便捷，地理位置优越。村内有团结、备战、济民、光明4条高标准水泥路，总长度6公里；中心、南新两条柏油路，总长度4公里；20公里砂石路，直通全村家家户户。通扬、备战、光明、团结4条主要河道，保证村内水系畅通，灌排无阻。

2001年4月，葛家桥村由原南屏乡葛桥、巷池、济民3村合并后组建，村委会设于通榆公路边的葛家桥2组。孙逸文任组建后第一任村党支部书记，葛昆如任村委会主任。2006年6月，葛坤如接任村党支部书记兼村委会主任。

村名源于村内的葛家桥。由于葛家桥村位于如皋和海安两地之间，新中国成立前村境域有一条马路，是南起南通经如皋至海安，北到盐城的必经之路。这条路穿过葛家桥村时被杨港河隔断，民国31年（1942年），如皋县政府派员用木头在杨港河上建一座宽3米木桥，因桥头两侧所住老百姓都姓葛，故名葛家桥。

葛桥村，解放前属南阳乡，因村里曾有一名英雄吕昌余，是中共地下工作者，被叛徒出卖后誓死不屈，就义前身穿一件红囚服，解放后人们一直怀念他，1954年建高级社时，就定名为旭红农业合作社，1958年成立人民公社时，旭红农业合作社更名为旭红大队。1983年“社改乡”，旭红大队更名葛桥村。

巷池村，1950年2月前，一部分属原南阳乡，一部分属原周济乡。1954年成立高级社时名团结农业合作社，1958年人民公社成立时为团结大队。1983年“社改乡”，因村内有着上百年历史的池塘“巷池”而更名为巷池村。

济民村，新中国成立前叫文化村，属如皋县管辖。清道光六年（1826年）九月十日，如皋定慧寺主持为方便百姓做佛事，向袁谷芳、葛宏才等购买田地新建北斗庵，寺庙有大雄宝殿，四周厢房，气派雄伟，由定慧寺老和尚杨魁士当家主持香火，庙里有僧人10多个。解放后，北斗庵改名为济民庵。1954年成立高级社，社名因庵定为济民农业合作社。1958年成立人民公社，济民农业合作社更名济民大队。同年，利用济民庵办学校，先办初小，1962年改为完小，后又将庙拆掉，重建济民小学。1983年"社改乡"，济民大队更名济民村，

2002年起，葛家桥村3组、4组、5组率先实行农业结构调整，实施缩粮扩桑，成为全县第一批种桑无粮组。在这3个组带动下，周边连片变成桑园，成了高标准特色种植园，省、市、县领导多次莅临检查、指导，多次迎来国内外嘉宾参观考察。园区内养蚕大户葛培祥全年饲养蚕种近20张，正常年景蚕茧收入超万元，省、市、县媒体多次采访、报道。

2006年，葛家桥村创办村级工业园区，台商经营的金旺食品有限公司成为园区第一家外资企业和农业龙头企业。接着，业顺机械制造有限公司、新南畜产品有限公司、金塔坩埚制造有限公司等10多家企业相继落户园区，至2009年底，40家企业在葛家桥村工业园区扎根。园区全年工业产值2亿元，利税近千万元，村级集体可支配收入近50万元。全村有数百人在园区企业打工，每人月收入千元以上。由于民营经济发展，农民年人均收入逐年增长，2011年人均纯收入1.41万元。

图1-21　葛家桥村为民服务中心　（孙宝峰/摄）

葛家桥村大力发展公共事业，2008年，从村集体资金中拿出30万元，建成6公里高标准水泥路，拿出8万元用于路道、河道环境整治。

2004年起，葛家桥村先后被县、镇评为"农业、农村工作先进村"。2008年上半年被县文明办验收为"环境整治合格村"，下半年又被表彰为"环境整治示范村"。2009年底，被省授予"民主法治建设合格村"，被南通市授予"文明村""法治合格村"，被县授予文明村、"支持大交通建设先进村""关心下一代先进村""村民自治先进村"等称号。

十六、农林村

农林村位于城东镇中南部，西依通扬运河，北靠栟茶运河，东与上湖村毗邻，南与民桥村接壤。总面积6平方公里，耕地面积4482亩。全村27个村民小组，1523户，总人口4400人。

农林村西距海安火车站2公里，东至沈海高速公路出口2.5公里，北有栟茶运河，西有通扬运河，过"五七"大桥直通海防公路、202省道。村内海新路、南海大道、开发大道延伸段和村级公路贯穿全村东西南北，环境优美，交通便捷。

2001年4月，农林村由原新生乡林业、古河、丁祠3村合并后组建，范从严、刘培军先后任村党支部书记，范从严、李兴海先后任村委会主任。

新中国成立之初，农林村境内有渡南、天池、如意、丁祠、解放、八桥、古河7个自然村。1956年，渡南、天池、如意、丁祠4个自然村合并成立新生高级社，社长储有根；解放、八桥、古河3个自然村合并成立解放高级社，社长崔广法。1958年，新生公社成立时，新生高级社改称林业大队，解放高级社改称农业大队。1959年，林业、农业两个大队从新生公社划出，隶属县原种场管辖。林业大队党支部书记储振明，大队长金德龙；农业大队党支部书记葛仁辉，大队长崔广法。1973年，县原种场将农业大队划分为古河、丁祠两个大队，古河大队党支部书记宗绪兰，大队长葛仁寿；丁祠大队党支部书记丁邦澄，大队长丁邦得。此后，县原种场相继成立工办、建筑站、交管站。1979年3月24日，县革委会决定撤销县原种场，将林业、古河、丁祠3个大队重新划归新生公社。

境域丁姓人家较多，有双丁单丁之分，双丁逝祖牌位上的姓氏要改姓“邹”，单丁不变。原丁家祠堂（又称丁家庙）在如皋北乡远近闻名，祠堂内有家谱、祖训、家规，祠堂外有丁氏祖“西明公”墓和丁氏祖茔。

新中国成立前，农林村人民为求翻身解放，一直与栟茶河边殷、范姓八大家恶霸势力和日伪做坚决斗争，打土豪分田地，减租减息，建立人民民主政权。民国27年（1938年），年仅20多岁的张光富，为抗击日伪在如皋麻园壮烈牺牲，解放后被批准为烈士，人们为怀念他，曾把村名改为光富村。

农业合作化后，农林村人民挑河挖沟、平整土地、治水治碱治旱，开挖、拓宽河道“三横”（农林河、农业河、新五河）“两竖”（林东河、古河），使水利河网化，农田方正化，居住“一”字“非”字化，灌溉系统化。全村大小电灌车口20余座，硬质渠道万米，真正做到能灌能排，旱涝保收。全村具有四周环水，隔离植物花粉条件好的优势，曾多年为全县棉花原种、稻麦良种、杂交水稻制种。

60年代末至80年代，县“五七”干校、农干校在村入驻，境域内建有古河、丁祠、林业3所小学及原种场初中。

20世纪末，农林村工农业生产发展快速。康桥化工厂、友诚服饰有限公司、县农林牧科学研究所、县良种轧花厂、新生砖瓦二厂均为入驻单位，另有民营企业6家、孵坊4家、菜市场、社区医疗服务站等。友诚服饰有限公司服饰为出口创汇产品，荣祖教学设备公司产品畅销全国各大院校。农村劳动力迅速转移，出国、打工、进厂、经商、搞个体企业人员和种植、饲养大户越来越多。

2011年，农林籍在外工作高级知识分子10人。全村自来水普及率100%，数字电视普及率95%以上，学龄儿童入学率100%，工农业总产值2.8亿元，村民年人均纯收入1.13万元。

农林村先后获县镇“效能建设先进村”“新型合作医疗先进村”“生态健康养殖先进村”“劳动、社会保障先进村”等称号。

十七、民桥村

民桥村位于城东镇中南部，南以友谊河为界，与如皋市柴湾镇志勇村交界，北与农林村接壤，东与上湖村、品建村毗邻，西贴通扬运河，与葛家桥村隔河相望。总面积4.54平方公里，耕地面积3349亩。下辖22个村民小组，953户，总人口2900人。

境域河道有东西向的友谊河、幸福河、中心河，南北向的通扬运河。路道有贯穿南北的开发大道、上湖大道、绢纺路、民主路、民桥中心路、幸福路；横穿东西的南新公路、动力大道。另有多条村级水泥路在村内纵横交错。宁启铁路、海洋铁路在村内交汇。

2001年4月，民桥村由原新生乡民主村、范桥村合并后组建，村委会设在原范桥村办公室。黄兴来任村党支部书记，黄兴来、李友平先后任村委会主任。

新中国成立初期，境域有民主、太平、玉树、自由、范桥、板桥6个自然村，属玉树乡。1954年，民主、太平、玉树村合并为民主村；自由、范桥、板桥村合并为胜利村。1958年成立人民公社，民主村更名民主大队，胜利村更名胜利大队。1983年“社改乡”，民主大队更名民主村，胜利大队更名范桥村。

民桥村人民有着光荣的革命传统。在长期革命斗争中，曾与各种反动势力展开艰苦卓绝斗争。民兵大队长宗式平，交通员宗式强、宗式富，民兵李传友、金广学等17人为新中国诞生献出生命。

民桥村先后出现多名优秀人才。3组陈圣元曾任浙江省公安厅办公室主任；17组葛存德新中国成立前参加革命工作，解放后曾任县革会副主任、县委副书记、县政府常务副县长、县人大常委会主任等职；2组魏钦稳任南通市国土资源局副局长。

民桥村河道、渠道配套，能灌能排，旱涝保丰收。全村主要种植小麦、油菜、水稻、湖桑等。2010年，粮食总产3035吨，油料总产80吨，蚕茧总产94吨，出栏生猪960头，家禽8万羽，山羊1500只，农业总产值1374万元。2011年，人均纯收入1.23万元。

1975年，民桥村创办翻砂厂，1979年创办蚕网厂，1986年创办海安县绢纺厂，每年向国家交纳税费50万元以上。村级工业主产品绢纺线、绢纺球等除了内销外，还出口欧美、日等国家和地区，年产值8000多万元。1986年后，全村增加绢纺厂两家，胶合板厂、纸箱厂各一家，解决了400多名剩余劳力就业问题。

2009年起，民桥村按城东镇政府规划新建民桥花苑，2011年底，有入住居民1200户。

2009—2010年，民桥村被县评为“政策性农业保险先进单位”“党建工作先进单位”“农村环境优美合格村”“重点工程建设先进单位”“重大动物疫病防控先进单位”等。

十八、堑南村

堑南村位于城东镇中南部，东与西场村、石庄村接壤，西与上湖村、品建村交界，南和如皋市柴湾镇毗邻，北以栟茶运河为界，与洋蛮河村和西场村隔河相望。总面积6.77平方公里，耕地4559亩。辖30个村民小组，1511户，人口5245人。

境域新南公路、新堑大道穿越东西，沈海高速贯穿南北，北有栟茶运河，南有友谊河，水陆交通方便快捷。

新中国成立前后，堑南村境属海安县堑南乡（曾名陆堑乡）管辖。1953—1954年，境域先后成立双榆、庙井、戴刘、大庙头、三里、杨井、陆堑初级社。1957年8月，初级社改建高级社时，双榆、庙井为光明高级社，陈德富任党支部书记，范钦贵任社长；戴刘、大庙头为光明第一高级社，朱专进任党支部书记，何子根任社长；三里、杨井为光明第二高级社，陈子山任党支部书记，姚根山任社长；陆堑为光明第三高级社，朱德稳任党支部书记，蔡忠余任社长。1958年10月，光明高级社改为光明大队，光明一社改为刘庄大队，光明二社改为三里大队，光明三社改为砖桥大队。1966年“文化大革命”开始后，三里大队更名红星大队，砖桥大队更名永忠大队。1973年，部分大队再次更名，光明大队更名双井大队，红星大队更名杨井大队，永忠大队更名堑南大队。1983年“社改乡”，境域有双井、杨井、刘庄、堑南村。双井村刘宽兰任党支部书记，刘昌余任村委会主任；杨井村王广银任党支部书记，沈树林任村委会主任；刘庄村韩忠富任党支部书记，沈树来任村委会主任；堑南村储祥忠任党支部书记，崔建任村委会主任。2001年4月，堑南村由原新生乡双井、杨井、刘庄、堑南4个村合并组建，村委会设在杨井小学前排大楼。王广银、刘琪先后任村党支部书记，王广银、韩中富、崔建先后任村委会主任。

堑南人有光荣革命传统。抗日战争时期，日军烧、杀、抢、掠，在栟茶河以南陆家堑至印家码头一带，一把火烧毁村居81家，惨状目不忍睹。老百姓恨之入骨，积极配合新四军反“清乡”、反“扫荡”，搅得日伪日夜不得安宁。双井孤胆英雄乔德山在一次战斗中以坟堆作掩护，一人枪击和炸死日伪军10多人，后因重伤为国捐躯。刘庄平西乡乡长沈立，带领百姓成立农抗会，实行减租减息，斗地主、分田地，把农民运动搞得轰轰烈烈，后被汉奸出卖，为国献身。杨井沙永才，在一次战斗中孤身杀入敌群，砸死、砍倒敌人无数，因寡不敌众，被敌人捉去割掉头颅，家人收尸时，只收到身子埋入坟中。还有王则法、陈长富、储加旺等人均为国为民壮烈牺牲。一级伤残军人徐仁，曾历经抗日战争、解放战争不少战役，负伤10多处，多次获战斗英雄称号，抗战胜利60周年时，县政府邀请他参加纪念大会，给他颁发“抗战胜利60周年纪念章”。

堑南人尊师重教。新中国成立之初，杨井洪良余、刘庄刘圣和、双井金连文、堑南沈增旺等人发动群众，创办韩庵初小、刘庄小学、堑南初小，让翻身老百姓子女入学求知。1975年，堑南村联合兴办创新初级中学，培养人才。堑南村适龄儿童入学率100%，高中以上学历人数占应有年龄段人数90%以上。在外工作的堑南籍教授以上高级知识分子有北京邮电大学张祥山、南通大学姚兴田、武汉大学张祥云等5人；高级工程师陈广俊、陈广健、刘少春、何纯宏、储玲等8人；部队团以上军官许映军、俞广建、何循富、曹红建等6人。

堑南村人多长寿。全村先后有百岁老人6人，特别是袁锦富老人102岁，耳聪目明，身板硬朗，老伴98岁，身体健康，一家五代同堂，其乐融融。

堑南村人民生活富庶。村民中85%青壮年外出打工，年总收入9800多万元。留守村民除种地外，还从事养蚕、禽畜饲养以及钩针衣等副业生产。2011年，全村粮食总产5044吨；养蚕2218

张，收入220.5万元。有千羽鸡场32个，百头猪场18个，羊出栏3440只。全村农业总产值3611万元，农民年人均收入1.3万元。

堑南村2001年获洋蛮河镇农村工作第一名，2005年被评为县“争先进位先进村”，2006年获“县三产民营经济前20强”，2008年被评为“县广播电视先进村”，2010年度获城东镇“农村工作先进单位”“综合治理先进村”等称号。

十九、品建村

品建村位于城东镇中南边缘，东依堑南村，西靠民桥村，南与如皋市柴湾镇双楼庄村接壤，北与上湖村毗邻，总面积4.53平方公里，耕地3410亩。全村21个村民小组，866户人家，人口3000人。

品建村交通运输方便快捷。西季坞荡河、友谊河、幸福河东西交叉流经全村，县道洋柴路穿越全村南北，南新路、海洋铁路贯通全村东西，动力大道擦边而过。

村名最早源于1950年，由于解放了，家家有田种，基本解决了温饱问题，唯有孩子没学上，村干部吉开明，有识之士谭之玉，粗布贩子许秀田3人协商，决定出资筹建小学，在中间方池村选好校址，兴建一瓦二草泥墙结构的三间校舍，校名为突出三村联办，三人创办之意，巧妙将三人姓名中带有的“口”组成品字，定名品建小学。1958年实现公社化时，光明6社改为品建大队。2001年4月，原新生乡品建、许林、南阳3村合并，陈兴琪、陈云付先后任村党支部书记，陈兴琪、陈云付、邓兴平先后任村委会主任。品建村隶属上湖街道管辖。

品建也出了不少人才，其中毕业于北京政法学院的品建学子马希盛（马红）曾任广西壮族自治区柳州市政协副主席、柳州市公安局局长。

民国32年（1943年）之前，境域有刘家庄、顾家庄、许跃庄、朝东庄、季坞荡等自然村庄，隶属如皋县太平乡。由于地势低洼，没有通外河流，常遭旱涝灾害侵扰，人民生活贫苦。最穷的要数季坞荡庄，庄内荡田分为西荡、东荡、中荡，分别属于龙树庵庙的庙产和地主季敦道、周万羲家的土地，有200多亩低洼盐碱地，均租给佃户耕种。1954年发大水，季坞荡家家墙倒屋倒猪舍塌，家具、床铺等全泡在水里，无法炊煮。党和政府组织自救，转移群众，但水退后，田里禾苗全都淹死，颗粒无收。出名的穷地方还有品建村15组的麻颖荒冢。因荒冢农户范广颖有一脸麻子，人称范麻颖，荒冢被称作麻颖荒冢，后被人传为麻雀荒冢；此荒冢占地18亩，又称18亩荒冢。新中国成立前，穷人家死人没处葬，只好葬到18亩荒冢。荒冢内到处坑坑洼洼，大小土坟几百个，阴森荒凉。村庄中唯有朝东庄较好，住许玉躁、许云斋、许之和3家，家家青砖小瓦，庭院建筑，每户都大门朝东，因此得名朝东庄。庄中许玉躁子孙精通医理急人所难，医德高尚。许云斋、许之和两户各种40多亩田，农具配套，常年雇用一两个伙计，家业兴旺。品建人凭着钉耙、大锹、扁担和畚箕，数年如一日坚持垦荒，把荒芜的麻颖荒冢逐步改造成高产稳产良田。1957年开挖西季坞荡河，让低洼的季坞荡能灌能排，又采用黏土烧砖瓦、沙熟土还耕的换土法，把昔日兔子不拉屎的季坞荡逐步改造为旱涝保丰收的米粮仓。

1950年初，县委派工作队到品建，宣传党的土改政策，发动群众斗地主分田地，实行土改，同时明确行政区划，将自然村庄改成村。境域刘家庄为增产村，顾家庄为方池村，许跃庄为解放村，季坞荡为建设村，朝东庄为玉山村，隶属于海安县范庄乡。1955年8月，各村建立初级社。1956年成立高级社，增产、方池、解放、建设、玉山5村合并组建光明6社，社长朱从友。1958年实现人民公社化，光明6社改为品建大队。1966年“文化大革命”开始后，品建大队改为向阳大队。1970年冬，县政府组织13个乡1万多民工，开挖40米宽的友谊河，途经向阳大队中心，并在友谊河上兴建向阳大桥、团结大桥。1971年，将原向阳大队划为品建、许林、南阳大队。1983年，大队改为村。顾祖发任品建村党支部书记，邓兴萍任村委会主任；陈云富任许林村党支部书记兼村委会主任；南阳村陈兴琪任党支部书记，杨本余任村委会主任。

品建人民有光荣的革命传统。抗日战争后期，李仁乡8保1甲汉奸张长辉仗势公然出卖共产党秘密。为惩汉奸，储加元等6人受组织委派，将张长辉骗至麻雀荒冢，结束了汉奸性命。村民朱玉山于民国35年洋蛮河伏击战后参与打捞栟茶河敌人尸体时，捞到一支短枪，他带枪参加民兵联防队。同年，联防队在季家桥与立发桥下乡"扫荡"的国民党军交火中，朱玉山不幸牺牲，人们为纪念他，把朝东庄改为玉山村。

品建村农业以小麦、稻谷、蚕茧为主。中共十一届三中全会后，品建人依靠科技致富，政策致富，智慧致富，涌现出养鸡近万羽的专业户陈长银，养猪300多头的丁正富，养蚕近30张纸的熊忠如等致富领头雁。人民生活水平逐年提高，2011年，农民年人均纯收入1.25万元。

2000年后，洋柴路、南新路、海洋铁路修建，村容村貌明显改观，团结大桥北侧村委会所在地，基本形成集商业供销服务网点、社区卫生、村综合服务站于一体的为民服务区，品建村被评为县"村民自治模范村"。

二十、上湖村

上湖村地处城东镇中部，东邻堑南村，西靠农林村，南与品建村接壤，北依栟茶运河。207县道纵贯全村南北，海新公路、新南公路、农四路分别横穿全村东西。全村总面积4.27平方公里，耕地3273亩，19个村民小组，952户，总人口2968多人。

上湖村2010年5月前名新生村，是原新生乡政府所在地。教育、金融、邮电、商业供销、医疗卫生设施配套齐全，是当时新生乡政治、经济、文化中心。新生农机厂、新生刀剪厂、海安县华润食品有限公司、海安县卅五抽纱服饰有限公司、海安县发斯特服饰厂、南通季和米业有限责任公司等单位建于村内；新生小学、新生初中、新生幼儿园、新生成人教育中心校、新生文化站、新生敬老院、隆辉建设公司皆坐落上湖村中心地带。

1956年成立高级社时，上湖村北片为光明4社，社长何传章；南片为光明5社，社长刘圣和。

1957年，堑南乡、范庄乡、新生乡三乡合并成新生乡时，村境域南片为范庄大队，朱从林任党支部书记，王彪任大队长；北片为高印大队，姜永文任党支部书记，洪新贵任大队长。1966年"文化大革命"开始后，高印大队改为红旗大队，刘圣和任党支部书记，储友根任大队长；范庄大队改为新生大队，范从银任党支部书记，范从俊任大队长。

图1-22　位于上湖村内的开发区实验学校（孙宝峰/摄）

1983年12月，公社、大队体制改革后，陆长富任高印村党支部书记，周修银任村主任；周梅芳任新生村党支部书记，张光达任村主任。

2001年4月，高印村、新生村合并为新生村。陆长富任村党支部书记兼村委会主任。2004年7月后，新生村隶属城东镇。2008年，张跃琪任村委会主任。2010年5月4日，上湖街道办事处成立，新生村更名为上湖村，丁邦林任村党支部书记，同年10月，丁邦林全面主持上湖村工作。

上湖村人文荟萃，古有龙树庵、玉树庵传播佛教文化，社会主义建设时期上湖籍在外高级知识分子有留学定居美国1人、国家气象局1人、国家棉麻公司1人；有解放军校级以上干部5人，中高级工程师、科技人才等近50人。坐落于村中心的新生小学是百年老校，新生初中是江苏省模范初中。

上湖村主产小麦、水稻、蚕茧，地势较高，呈东高西低、北高南低的格局。高港口、印家码头地段是海安以东地势最高地方。土地以沙壤土为主，其中4组、5组、9组以黏土为主，碱性较强。

新中国成立前后，农民以种植旱粮为主，小宗杂粮占有一定比例。靠近沟河的农户种植水稻，全靠人工踏水，用的是四人、五人、六人轴水车，少数大户人家有车篷，用牛车水。新中国成立之后水稻种植面积越来越大，逐步发展到风车车水、机器打水，直至电力灌水。

上湖村人民在日伪时期受尽蹂躏。因当时栟茶河南无商店，群众购买生活日用品只能摆渡到河北洋蛮河镇，因距洋蛮河敌人据点极近，经常遭到伪军骚扰。

上湖村人民有光荣的对敌斗争史。民国后期，中共党员、农会主任姜永文（绰号姜大炮）和张忠友、成佩来、许德银等中共党员组织带领群众与反动势力开展斗争，打土豪，分田地，减租减息。民国35年7月15日，新民乡范家庄（上湖村3组）46岁农民沈锡成，凭着一把破铁叉，勇夺洋蛮河伏击战溃逃南下的国民党军逃兵机枪一挺，后由新民乡民兵大队将机枪送交洋蛮河镇北我华中野战军某部。民国37年，许德银任平西乡（由前净土、李仁、玉树、柴湾等乡合并而成）农抗会主任，后任堑南乡农会主任，他积极帮助部队扩充兵源。5月23日，许德银护送新兵入伍，途经净土庵时，天刚蒙蒙亮，由于叛徒告密，被西场、立发、洋蛮河、柴湾四路敌人包围，奋战3个多小时，终因寡不敌众，被敌人抓获。敌人把他吊起来，严刑拷打，逼他交出共产党人，他瞪大眼睛怒斥敌人，最后在敌人刺刀下英勇就义，年仅28岁。解放后，经国家批准为烈士，人们为了怀念他，将天池村改名为德银村。

21世纪后，上湖村快速发展，村容村貌大为改观，集镇区学校、银行、邮电、商业供销、医疗卫生等单位分布于十字街两侧。村内民营企业15家，其中千万元企业4家、亿元企业1家。新洋花木园艺场向县内外单位、农户提供流行的苗木花卉良种，为绿化、香化、美化环境做出贡献。

2011年，上湖村工农业总产值3亿元，村民人均纯收入1.17万元。全村自来水普及率100%，无害化户厕普及率95%，学龄儿童入学率100%。先后被评为海安县文明村、巾帼示范村、关心下一代工作先进村、南通市文明村、村民自治模范村、农村环境优美合格村，江苏省生态村、省卫生村。

二十一、爱凌村

爱凌村位于城东镇东部，东依东凌河与李堡镇丁所村、蒋庄村交界，北靠中凌河与蒋庄村、戚庄村毗邻，西与西场村接壤，南倚栟茶运河与壮志村隔河相望。总面积5.02平方公里，耕地3068亩。辖18个村民小组，1068户，总人口3334人。

爱凌村交通便捷，202省道、221省道横穿东西，大西路、西戚路、东凌路南段与202省道相连，北与221省道相接，纵贯南北。新古河南与栟茶运河相通，北与北凌河交汇，流经村内。

2001年，爱凌村由原凌河村、爱国村合并后组建，村委会设在原爱国村办公室内。石书进、杭建、储开银、徐发明先后任村党支部书记，李朋太、石书进、汤广梅先后任村委会主任。

新中国成立前，爱凌村大半土地被地主赵墩子霸占，他有庄园两处，房屋百间。新中国成立初，爱凌村隶属熊庄乡，境域内分别有赵墩村、仲庄村、爱民村。1952年改选区代表制，村境域分设自由、人民、合作、光荣、平等、爱民6个选区。1955年12月，赵墩村、仲庄村合并建立爱国高级一社，党支部书记顾松留，社长戴银山；爱民村建立爱国高级社，党支部书记谢正邦，社长朱德祥。爱国一社、爱国社1957年曾一度划属曹园乡。1958年西场公社成立，爱国高级一社更名凌河大队，王焕林、徐宏圣、储传礼先后任党支部书记，戴银山、范步洲、储开银先后任大队长。爱国高级社更名爱国大队（1966年改为曙光大队，1976年恢复爱国大队名称），孟存福、赵风如、仲伟林、王则奎先后任党支部书记，石高林、仲伟林、洪九山先后任大队长。1983年“社改乡”，凌河大队更名凌河村，储传礼、储开银、王焕岩、杨友来先后任村党支部书记，储开银、杨友来、李朋太先后任村委会主任。爱国大队更名爱国村，仲伟林、洪九山、刘昌荣、许映明、储祥富、石书进先后任村党支部书记，洪九山、许映明、储祥富、孟广友、李汉涛、张加林先后任村委会主任。

爱凌村人民善良勇敢。新四军东进期间，陈毅、粟裕部队在爱凌村驻营，粟裕住张宏运家数日。抗战期间，村内青壮年踊跃参军御敌。民国33年（1944年）莫家庄战斗中，徐文宝、许秀圣、冯书明被日寇杀害；解放战争中，陈九江在涟水战斗中献身，周玉堂、顾用桥在孟良崮战役中英勇牺牲，洪九银在渡江战役中献出宝贵生命。

爱凌村人文历史久远。新中国成立前，村内曾有草庵堂庙，房屋10多间，供奉如来、观音、地藏王、雷公、陆二爹、眼光等菩萨像上百尊。新中国成立初，村中有私塾3处。1958年创办凌河民办小学、爱国民办小学。1962年创办凌河、爱国卫生室。南通农场场长、党委书记仲银，南通市中级人民法院执行庭庭长王则田，上海同济大学科技处办公室主任张春建，国家信访局服务处处长张丁根，解放军某司令部干事张伯平，中国农业科学院蚕业研究所办公室主任、江苏科技大学生物技术学院办公室主任副研究员张建，北京大学生物系博士生、现在美国东部大学工作的储瑞银，南通市委机关工委组织处处长刘爱中，南通市第一人民医院副院长仲崇俊，海安县原县长卢玉林，曾任上海南市区委书记陈汝逸等，皆在村中学校受过启蒙教育。

爱凌人民在重大自然灾害面前具有不屈不挠的斗争精神。1953年1月，全村遭特大寒潮侵袭，麦苗、蚕豆被冻死。人们补种大麦，减少损失。1954年7月，遭特大暴雨，爱凌人民积极排涝抗灾，补种小豆、荞麦，取得一定收成。

爱凌村人民勤劳肯干。全国劳模高万隆为爱国村人，从小学会用柳条做“笆斗”，人称“高笆斗”。他善于养猪养羊，用猪粪、羊灰、河草改良土壤，科学种南瓜、栽山芋、长玉米，南瓜大的20公斤一个，山芋大的二三公斤一个，玉米棒头像牛角。1950年9月23日，高万隆去北京出席全国英模大会，“高笆斗山芋”亦闻名多年。1958年，爱国大队办养猪场，饲养母猪、仔猪200多头，产的杂交仔猪会吃，长得快。同年，爱国大队建成海安第一个占地30亩农村花园，花卉苗木品种繁多，名贵品种雀舌松、龙爪槐盆景几十盆，杜鹃、黄杨、雪松、白果长势喜人。西场公社成立后，第一个林蚕场和蚕茧收购站建在爱国大队。陈启元、张伯华等栽桑养蚕能手，曾被山东聊城地区聘请指导栽桑养蚕多年。1960年，西场农科所落户爱国大队，搞示范田，建丰产方。同年，爱国、凌河大队沿新古河两侧栽梨树、桃树、苹果树1500多亩。

改革开放以来，爱凌村工农业生产迅猛发展。各类企业65家，工业企业有江苏通快机械制造有限公司、江苏全重机械制造有限公司、江苏贝菱机械制造有限公司、江苏久重机械制造有限公司、江苏阿玛达机械制造有限公司等，农业有海安富源米业、“三九九”农业生态园、祥云园艺有限公司等。2000年后，全村有个体工商经营户84家，家禽、家畜养殖大户18家。外出打工、搞建筑近210人。爱凌村积极发展公共事业。2001年后，村出资建水泥路11.8公里，改造维修桥梁5座。建固定垃圾池30个，放垃圾桶136只。清理河道16.8公里，建立专职保洁队伍，及时清理生活垃圾。37户村民入住集中居住区。

2011年，爱凌村村民年人均纯收入1.07万元，村被县委、县政府评为二星级村。

二十二、戚庄村

戚庄村位于城东镇东部，东依新古河与李堡镇蒋庄村隔河相望，西隔风景河与丰产村交界，南至新风八号河与爱凌村毗邻，北以新风五号河为界与新立村接壤，总面积5.73平方公里，耕地面积3902亩。全村14个村民小组，1254户，总人口3858人。村委会设于第七村民小组。

境域内东西方向有海防公路、雄石路穿村而过，南北方向新古河西路、大西路、爱楼路、风景河东路四通八达。

2001年，在全县村级区划调整中，戚庄村由原雄庄村和迎春村合并后组建。明朝，境域有南窑、北庄两村庄，南窑仲姓多，又名南仲家庄。相传当时倭寇入侵，影响沿海人民生产、生活。邱陞、刘景韶驻扎南仲家庄，在此杀死倭寇1800多名，倭尸集中埋在朱圩一带，故朱圩有个“倭子坟”。当地人误认刘景韶的军队是戚继光的“戚家军”，故南窑也因刘景韶“戚家军”驻扎过改名为“戚家庄”，新村沿袭“戚庄”村名。新村成立后，杨增平、周宏、王资来先后担任村党支部书记，王资来、储开健先后担任村委会主任。

原雄庄村，1956年成立熊庄高级社，仲伟盛任社长。1958年人民公社成立时，古河之南为熊庄大队，古河之北为戚庄大队。张有银、汤远旺、赵凤如先后任熊庄大队党支部书记，周德稳任大队长；毛堂玉、仲跻玉先后任戚庄大队党支部书记，仲跻祥任大队长。“文化大革命”期间，熊庄大队更名雄庄大队，戚庄大队更名立新大队。1976年，雄庄大队和立新大队合并，名雄庄大队。朱子明、周德稳、熊飞、王一新、赵凤如、周书明、储开银、邱全余、汤健、王资来先后任党支部书记，顾逢贵、王宝祥、许映明、王树林、吴明坤、汤健先后任大队长。

原迎春村，1956年成立前进高级社，吴占华

图1-23 戚庄村内水上养心亭 （孙宝峰/摄）

任社长。1958年人民公社成立时名迎春大队，顾维锦、阙广明、蔡桂芳、吴德银、顾逢贵、洪良坤、杨增平先后任党支部书记，顾维锦、阙广松、朱德龙、周元来、曹德富、洪良坤先后任大队长。

龙王庙是戚庄村新中国成立前的标志性建筑，遗址在戚庄村13组。此庙建于民国24年夏，后毁于“文化大革命”“破四旧”行动。

戚庄村人民爱党爱国，有优良革命传统。抗日战争和解放战争期间，不少青年参加革命，踊跃杀敌，建功立业。崔怀贵、林文有、陈金献等15人先后为人民解放事业献出宝贵生命。崔怀贵，曾任民兵中队长，常常带民兵到古河南敌占区割电线、埋地雷、破公路。民国34年（1945年）农历4月26日，由于石某告密，崔怀贵被捕，在离家半里路的桑木桥口被杀害，年仅24岁。仲震天，抗日战争时期参加革命。李堡伪军得知他参加革命，夜间烧毁他家全部房舍。仲震天丝毫不放弃革命信念，后任华东兵工厂（上海龙华机械厂）党委书记，“文化大革命”后转业，任上海市手工业局局长。仲跻庆，抗日战争时期参加革命，曾任江苏省军区营房处处长，任职期间一直支持西场纺织机械厂建设，去世前留下遗嘱：将遗体捐给国家，一生积蓄的30多万元交最后一次党费。仲跻祈，十几岁参加革命，曾任栟茶区区长。在济南军区某军任副军长期间，亲哥哥仲表通敌犯下罪行，逃至仲跻祈处，企图让弟弟保他一命。仲跻祈大义灭亲，当机立断，派人将仲表捉拿送交当地人民政府。事隔不久，仲表被判死刑，在立头双车篷执行枪决。

戚庄村人崇尚文化。新中国成立前后，外地一有戏班子、剧团到西场演出，大人、小孩都要去看热闹。1960年，以仲跻国、仲曼华、仲跻莉为首一班人排演越剧《梁山伯与祝英台》，到西场、李堡、北凌军垦农场演出多场，场场观众满座；以仲跻政、顾长山为主的一班人演出京剧《沙家浜》，在全社各大队演出多场。

戚庄村人民重视教育。新中国成立前兴办戚庄小学，之后又先后兴办雄庄小学、迎春小学、古河小学、中心初中。1958年，曹庄农中迁至戚庄，设在南窑，名西场农业中学。同年，因初等教育师资短缺，海安县在仲静波家办戚庄速成师范，为西场片普及初等教育提供师资。办学过程中，全村人民常主动出人出力，踊跃捐钱献物。1984年，戚庄小学南迁，村党支部一班人亲自参与。由于戚庄村人民重视培育后代，一批杰出人才先后从戚庄村走出。曾是戚庄小学学生的曹德泉任国防大学干部部副部长。迎春小学毕业生吴夕春在中国银行任职，处级干部。海安县原县长卢玉林、原副县长储友杰都曾是雄庄小学学生。戚庄七组吴中华参军后进步快，曾任旅长、副师级干部，后转业在山东省公安厅任职。

戚庄村粮食作物有水稻、玉米、黄豆、小麦、蚕豆等。50—70年代，经济生产以栽种棉花为主。在农业合作化进程中，戚庄人始终走在最前列。60年代，雄庄高级社工作成绩显著，先后有全国15个省的代表团来参观学习。前进社农民一直重视农副业并举，养鱼业远近有名，社长吴占华曾出席江苏省副业工作会议。80年代后，戚庄人扩桑缩棉，农业迅猛发展，全村粮田全部达到吨粮田目标。2008年后，全村每年养蚕发种3200多张纸，产茧12万多公斤，总收入500多万元。洪氏牧业有限公司饲养奶牛近200头，年纯收入50多万元。养兔场1个，圈存量2万多只；养羊大户2个，圈存量300多只；百头以上养猪场2个；千羽以上养鸡户14个；鸭场1个，常年饲养1000羽以上；鱼塘30多个，年产鱼2万公斤以上。全村外出农民工1000多人，其中出国劳务100多人。2011年，村民人均纯收入1.08万元。

海防公路建成后，戚庄村工业快速发展，江苏特力重型机床有限公司、海安润程纺织有限公司、南通铁军机械有限公司、南通恒鼎重型机床有限公司、中江科技有限公司、南通太平洋数控机床有限公司、南通特兴机械有限公司、南通鎏威机床有限公司、江苏磊澄智能机械装配有限公司、江苏力威剪折机床有限公司等40多家企业入驻。

2009年，戚庄村被评为“海安县关心下一代工作先进村”。2009年、2010年被县表彰为“三个文明建设先进村”。2010年，被评为县级“先进党支部”“南通市关心下一代工作先进村”。

二十三、新立村

新立村地处城东镇东部，东依新古河与李堡镇储洋村隔河相望，西隔风景河与丰产村交界，南靠新风5号河与戚庄村接壤，北至新风2号河与热港村毗邻。全村总面积5.35平方公里，耕地4310亩。辖19个村民小组，1288户，总人口3801人。

新立村交通便捷。新古河西路、大西路、爱楼路、风景河东路，皆南接海防路，北穿仲许路，直达大公镇；新光路横穿全村东西。

2001年，新立村由原西场镇新农村、立头村合并后组建，村委会设在原立头村，即新光路和大西路交叉路口。合并前，陶志宏任新农村党支部书记兼村委会主任，王文荣任立头村党支部书记，储有志任立头村村委会主任。新村组建后，周元冬、徐发明、张怀栋先后任村党支部书记，陶志宏、崔柳生先后任村委会主任。

新中国成立之初，新立村内有戚庄、吴庄、周庄、楼基、立头、洋田等老村，老鼠尾子、关塘、北窑、小崔庄、张家凹子、十里庙、双车蓬、立头等都是村内老地名，其中立头名气最大。

立头原是一个繁华小集镇，据说有千年历史。大跃进深耕时，曾在这里出土大城砖、坛子等物。民国以前曾称立头为“楼子头”。传说小镇北桥向西，古时有13座楼房，主人在朝廷为官，显赫一时，后因文字狱遭斩，灭九族，13座楼房被拆，剩下颓垣断壁和高楼基础，后人称这里为“楼子头”，坊间谐称立头，亦称楼基。旧时，药店、染坊、猪羊肉店、豆腐店、杂货店、磨坊、布店、理发店、茶馆、猪行、脆饼店、饭庄、粮行、食品、皮匠、裁缝、草行、渔网加工、木行、堪舆、南北货店、八鲜行、弹花店、诊所、戏场等60多家商铺倚南北方向的古河和东西方向的王家河两岸向四周排开，舟桥相通、两河相交的四岔口为闹市中心。商家有不少是举家从江南、如皋、西场、李堡迁来的，本地商贾也不少。河东街、河北街、南街、北街尤为繁华，每年这里举行多次物资交流会，四乡八里的人赶来交易。新中国成立之初，楼基乡政府驻南街仲家诊所和崔家大堂屋，河西街设供销社、粮管所、食品站、生猪收购站，河南街设联合诊所。集镇内商界名人陈德寿出任西场镇商联会主任。集镇许多人家经商富有，有钱供子女读书，解放后有近百人在外经商或任公职。

1976年，西场公社区划调整，集镇上人们先后搬离，入住新规划住宅区，2006年土地平整又填平曾是闹市的四岔口子，昔日生意兴隆小集镇完全消失，只剩下一座北桥、一口古老水井、两三户未拆的房屋和一棵几百年前泰州和尚栽的银杏树作为古老小镇的印记。

新立村人有光荣的革命传统。日伪时期，新立村地处敌我两边对峙的拉锯区域，新桥口以南敌人猖獗横行，洋河以北大草地内新四军游击队

图1-24　立头古银杏　（孙宝峰/摄）

经常出没活动。村境域分别成立农抗会和民兵等群众组织，积极支援新四军游击队抗战活动。民国35年（1946年）夏天，华中野战军攻打李堡时，指挥部设在立头南街仲跻仁家，粟裕、陶勇坐镇指挥，后方医院设在楼基小学。华中野战军北撤时，新立村一批青壮年农民踊跃参军，跟随部队转战大江南北。俞金山、闵正元、仲伟山、申子盛、储有明、吴德山、吴志进、朱宏威、王广法等为祖国解放事业献出宝贵生命。新中国成立后，全村人民为保家卫国，200多人先后参加志愿军、解放军。2011年，政府拨款为85岁高龄复员军人、老干部崔柏银修建住房，县长陆卫东到崔柏银家慰问。

新立村人崇文重教。40年代在私塾基础上创办楼基小学，50年代成为海安县农村唯一的双轨制完全小学，60年代增设初中部，70年代成为戴帽子高中。继楼基小学创办后，全村人民又出力出钱，先后增办王家河教学点、东风小学、新农小学。从这些学校走出的人才代表有：仲天恽曾任泰州市副市长，后就职于南京林业大学；仲志参加革命，在新四军军长陈毅身边当过电务人员，解放后曾任浙江省劳动厅党委副书记；俞宝林曾任上海市政府办公室主任；陈歆耕任《中国文学报》社长兼总编辑；崔俊鸣从天津大学毕业后投笔从戎，曾参加国家首次地下核试验，1972—1979年先后10次参加国家核爆炸实验当量测试。曾受到时任中共中央总书记、军委主席江泽民两次接见。

新立村以栽桑养蚕、稻麦种植的农业生产为主。新中国成立后，不断兴修水利、改造盐碱地，改善种植条件，农作物产量逐年提高。中共十一届三中全会后，全村除实现种田机械化、养蚕科学化外，畜禽养殖规模不断发展壮大。新立村工业长足发展，海安县民荣纺织有限公司、海泰纺织有限公司、经纬线布海安有限公司、宏大包装海安有限公司先后在村落户。另有纺织、服装、机械、电子等行业，上规模个体户10多家。2011年，全村有万羽养鸡户两家、千羽养鸡户数十家，万只兔场一家，养羊合作社两家。另有百余人走出国门，出国务工，数十人在上海、西安和新疆等地从事房产、建筑、流通、三产服务等行业，部分项目超千万元、亿元规模。是年全村人均纯收入1.09万元。

新立村公共事业发展迅速。2000年后，新建水泥、柏油路1.55万米，砂石路1.21万米，清理河道7500米；建立专职保洁队伍，每5户安放一只垃圾桶，生活垃圾及时清理，不断改善村民生活环境。

新立村是海安县“民主法制示范单位”“人民调解工作先进集体”，是南通市“社会综合治理先进单位”和江苏省“综合治理文明村”。

二十四、热港村

热港村位于城东镇东北部。东依新古河与李堡镇交界，北与大公镇毗邻，西与韩洋村接壤，南与新立村、丰产村、石桥村相依。总面积7.64平方公里，耕地面积5830亩，辖27个村民小组，1586户，总人口5236人。

热港村道路纵横，大西线南接海防路，北通大公镇；爱楼路、西港路、西冯路南通古镇西场；仲许路横贯全村东西。村北东西流向的北凌河，是原西场镇与北凌乡界河，河上分别有红卫桥（原仲庵桥）、洋河桥。

2001年，热港村由原许冯村、热港村、楼基村、仲庄村合并而成，村委会设在17组。卢中东、周元东、韩文英先后担任村党支部书记，崔柏明、储亚平先后担任村委会主任。

原许冯村，民国时期隶属如皋县李堡区陆陈乡，新中国成立之初由冯洋村和许洋村合并而成，故称许冯村。许德贤、许学高、郭明洋先后任冯洋村村长，储有湘、朱圣富先后任许洋村村长。1956年许冯村建立农业合作社，称“光荣二社”，冯义、许方柏先后任党支部书记，储祥文任社长。1958年成立人民公社后，许冯村又更名许冯大队，储祥文、许方柏先后任大队长、党支部书记。1966年“文化大革命”开始后，又更名向阳大队，储祥文任党支部书记，许德金、储瑞林先后任大队长。1977年后，先后更名许冯大队、许冯村，储祥文、储呈国、储州、王则富、卢忠东先后任党支部书记，焦美秀、卢忠东、储祥山、韩文英先后任大队长（主任）。

原热港村，新中国成立前叫冷水港子，隶属如皋县李堡区风景乡。新中国成立初期，有张家、季家、万家3个村，村长分别为吴英来、曹启贵、储加正。1956年农业合作化，张家村、季家村、万家村3村合并，建立丰产二社，储英任党支部书记，许德龙任社长。1958年成立人民公社后，冷水港子更名热港大队，许德龙任党支部书记，许映富任大队长。1960年后，许映富、冯天一先后任党支部书记，崔世林、冯天一、张英甫先后任大队长。1976年，西场镇行政区划调整，风景河东热港1队、2队划至楼基村，南面的3队、4队划至光荣村，原许冯大队的1队、4队、5队部分划到热港大队。冯天一、王朝来、张贤圣、王则祥、王其稳、王则富、周元东先后任党支部书记，张英甫、王则祥、邱全贵、季林稳先后任大队长（村委会主任）。

原楼基村，新中国成立前隶属如皋县李堡区楼基乡。新中国成立初由家庙村、湾子村和洋河村合并组建，赵凤林、储加圣先后任村长。1956年建立农业合作社，称楼基乡中心社，许学富任党支部书记，吴其才任社长。1958年成立人民公社后，更名楼基大队。许学富任党支部书记，储有恒任大队长。1965年后，仲伟太、储有林、许映富、储瑞林、虞玉进先后任党支部书记，储有林、黄德发、许阳初、虞玉进、虞美富先后任大队长。1983年"社改乡"，楼基大队更名楼基村，虞玉进、周善贵、崔柏明先后任党支部书记，虞美富、储祥太、崔恒明、仲跻青先后任村委会主任。

原仲庄村，土改时期，南有王家村，村长张文斋；北有仲庄村，村长冯修成。1954年，王家村、仲庄村建立互助组，仲延生任王家村村长，王万友、仲延林、仲统林先后任仲庄村村长。1956年王家村与仲庄村合并，建立农业合作社，称前进二社。党支部书记先后是张加渠、储有才，社长仲统林。1958年成立人民公社，更名仲庄大队。仲延芳、秦锡富任党支部书记，仲延月任大队长。"文化大革命"中，更名红卫大队，仲延月任党支部书记，张英如任大队长。1983年"社改乡"，红卫大队更名仲庄村，张英如、仲延月、储祥圣、黄德发、仲兆其、王新明先后任党支部书记，仲延月、储祥圣、仲兆其、仲跻元先后任村委会主任。

1966年，原热港大队10个生产队都建起百头养猪场，其中热港5队在生产队长张英甫带领下，猪场发展到400多头规模，成为江苏省生猪养殖的一面红旗。全国有23个省、市派团到热港5队参观学习。商业部部长、农业部部长到此调研，省领导顾秀莲和县委书记周日信、副书记王大奇到现场指导工作。《红旗》杂志曾发表题为《以粮为纲，全面发展》文章，介绍西场公社热港5队情况。饲养员崔柏美被评为省劳动模范。

热港村有多处人文胜迹。

张氏"古井"，在延寿学校东南，有200多年历史。井壁通黑，上口窄下口阔，井底全桑木铺制，井栏由一块完整的石头雕成，是张氏族人从江南购买后带回的。20世纪80年代，村民仍饮用此井水。

仲庵庙遗址。仲庵庙亦称镇海寺，1958年后拆除。民国33年（1944年），民主政府在此创办紫石县紫石中学堤东分校。民国34年，华中抗日根据地苏中行署江淮银行在仲庵庙建立江淮银行分部，印制"抗币"。民国35年，民主政权在仲庵庙建设造枪所，同年底，又秘密在此建印报馆，印刷《江海报》。

红卫桥，即仲庵桥，原古洋河上一座桥梁，历经百年沧桑，多次修建与重建，是西场北通北凌（洋北）的必经通道。新中国成立前，两桥头边有多家商铺，形成小市口。北凌河开挖后，桥先后三次重建，沟通城东、李堡、大公三镇交通。

热港村是一片热土，明嘉靖年间（1522—1566年）刘景韶领兵在此斩敌杀酋威震东瀛，抗日战争和解放战争时期，先后发生冷水港战斗、滩缺口战斗、仲庵桥"拉锯式"战斗；民国29年11月中旬，日伪放火烧毁游击队住宿和训练地张远召、张远凡、张远树3家14间房屋。热港村出生的中共党员、季家村村长吕玉根、李堡区委书记许德鹤、冯洋村农会会长仲续来、西噇区税务所所长魏根、陆陈乡乡长仲跻旺、储开富等41个优秀儿女先后为祖国和人民的解放事业献出宝贵生命。

热港村人民崇文尚教。民国23年创办楼基小学，民国29年，由储有湘、王维铎、许德龙等当地知名人士又创建许洋小学，后更名三洋小学。新中国成立初，创办仲庵小学。1963年，热港、仲庄、楼基小学耕读班创办。1996年，香港松泉法师捐资150万港币异地重建楼基小学，更名延寿小学。新中国成立后，东南大学经济管理学院副院长、发展规划部部长、科技部“国家可持续发展实验区专家指导委员会”委员、工学博士、教授、博士生导师仲伟俊，江苏大学继续教育学院院长、教师教育学院党委书记、工学博士许友谊，南通大学物理系博士生导师仲崇贵，江苏农业大学博士生导师曹瑞兵，海安县城南实验小学副校长、特级教师许习白等高级知识分子先后从热港村走出。

热港村以种植小麦、水稻、油菜、蚕桑等农作物为主。养殖业主要有猪、羊、家禽、兔、鱼等。2001年后，全村大力发展蚕桑生产，将栽桑养蚕、蚕茧收烘、制线、纺织、服装加工等作为群众发展致富的产业链。2008年开始，党员干部参加“双带”工程率100%，先后培植私营企业27家，个体工商户369个。在村“凤还巢”工程中，不少能人回乡“淘金”，全村有以南通迈隆服饰有限公司为龙头的针织、纺织、制线、服装、食品深加工等企业20多家，年产值超亿元，年创税收300万元。仲跻荣创办的青年之友综合服务站被团县委、县委组织部、县科委、县农业局等六部门授予“海安县青年科教兴农示范基地”称号。先后招引许应权南通紫石生态园林项目、唐剑飞青未了园林公司、宗正元振园生态林木及资源开发局苗木示范基地4个。建成海安晨政热石禽蛋养殖有限公司、重组“外来妹”安先敏家禽养殖场，落户三峡移民龚俊丰生态养殖项目。

2011年，全村农业总产值6700万元，实现工业总值1.3亿元，村集体收入28万元，村集体资产197万元，农民人均纯收入1.03万元。

2009年后，热港村先后投入520万元建成柏油路4条、水泥路17条，总长度49.97公里。投入576.8万元，新建硬质渠道24.9公里，疏浚整治景风1~4号河、新风1~2号河、东西界河、北凌河、新古河、凤景河、春风河。投入38万元绿化所有干道两侧、河道坡面以及村庄内部，绿化率69.7%。投入近5万元，配置垃圾桶353只、组织清运车6辆、筹建垃圾中转房2套、垃圾池64个、落实保洁人员7人，成立村级保洁公司，全天候保洁河道路道以及居民生活区，实施长效管理。先后投入44.8万元，重组原3个卫生服务站，建成两个高标准卫生服务社区，其中热港（原许冯）卫生服务社区是全县率先创办的农村卫生服务示范社区。投入83.7万元，实施调频广播、数字电视双入户工程。累计投入87.7万元建成村级公共服务中心、文化活动中心，完成农家书屋、电教室、晨练广场、篮球场和近10亩的休闲健身广场建设。2011年，全村享受养老保险1979人，99.97%的村民享受大病统筹合作医疗保险。

2008年，热港村被评为“县绿化合格村”“江苏省生态示范村”。2010年被县政府评为“农村环境优美示范村”。2011年被县委、县政府评为“‘十一五’期间全县人口和计划生育工作先进集体”。

二十五、石桥村

石桥村位于城东镇中东部，东邻丰产村，西依三丰村，南接西场村，北靠热港村，总面积6.29平方公里，其中耕地面积3905亩，辖24个村民小组，1332户，总人口4526人。

村内沈海高速南北穿过，221省道横贯东西，常安大道、立发大道、姚池路与雄石路、纬二路境域内对接；国家二级河道春风河南接栟茶运河，北接北凌河，景风4~10号河，爱民1~3号等住宅区河在境域依次穿越东西。

2001年4月，石桥村由原石桥、优胜、爱民3村合并后组建，村委会设在3组。范存生任党支部书记，王其海任村委会主任。

新中国成立初，境域有忠民、利民、赵岗、爱民、曹庵、自由、平等、堑东等村庄。1956年，夹巷、陈庄、曹庄、幸福4个高级合作社成立。夹巷社社长储开文，党支部书记曹复余；陈庄社社长陈克稳，党支部书记陈广来；曹庄社社长仲崇余，党支部书记王松林；幸福社社长曹明，党支部书记秦兆林。1958年，西场人民公社成立，幸福社更名石桥大队，夹巷社更名夹巷大队，陈庄社更名陈庄大队，曹庵社和爱民社合并，更名曹庄大队。“文化大革命”期间，夹巷大队改称光荣大队，陈庄大队改称优胜大队，曹庄大队改称爱民大队。1976年9月西场公社村级区划调整，将光荣大队1队、2队、4队、5队、9队划归优胜大队管辖后，村境域有石桥大队、优胜大队、爱民大队。1983年“社改乡”，石桥大队更名石桥村，优胜大队更名优胜村，爱民大队更名爱民村。李培龙、秦兆林、李彭金、管贤壁、范崇领、季永富、范

图1-25　遗存的古石桥石板　（孙宝峰/摄）

存生先后任石桥村党支部书记，曹明、李彭金、管贤壁、范崇领、季永富、范存生、邱全胜先后任石桥村村委会主任（大队长）；陈克来、王品树、王明、闵德义、夏科文、姜再林、尤加稳、王彬先后任优胜村党支部书记，陈克稳，杨宏如、闵德义、王则甫、王其海先后任村委会主任（大队长）；王松林、曹明、陈延贵、赵隆生、丁帮稣、张英梅、王云、费九龙先后任爱民村党支部书记，吉鸿方、王希和，张忠元、王资富、陈延贵、杭远明、许映林先后任村委会主任（大队长）。

村内曹家庵、王家庵为如皋定慧寺下院，当地称之“姐妹庙”。曹家庵初建于乾隆三十二年（1767年），初为和尚庙，“文化大革命”后期改建为敬老院，后又被政府拆除；王家庵初建于咸丰六年（1856年），初为尼姑庙，后毁于“文化大革命”，但仍存大殿三间。5组刘家池东南侧，有一口约为清末的古井。新中国成立前村内以姓氏命名的村庄有王庄、曹庄、陈庄、袁庄、张家庄、李家庄、王家夹巷。古池塘和河流也以姓氏或形状命名，如童家池、刘家池、蔡家池、陶家池、荷花池、长河等。村名来历，据说很久以前，在古镇西场街市区北边三里路地方，有一条弯曲小河，给来往行人带来不便，人们用长丈余，宽两尺，分公母的两块花岗条石搭桥，河东之地叫东石桥口、河西之地叫西石桥口，石桥之名沿袭至今。

石桥村民俗颇具特色。有敬神拜佛传统，一般家庭明间都有香几或圣柜，祖宗牌位安放椅或柜最西端，灶神爷在最东端，主神在中央。各家主神根据信仰，各有不同，通常有太公、关公、判公、寿星、财神、观音、满堂圣像，另有求子图、鲤鱼跃龙门图等。四时八节、初一、月半、二十五按时上香，以示对天地敬畏，对祖先敬重，对神灵崇拜。土地之神在人们心中尤为重要，逢年过节，初一、月半，二十五都要到土地庙给土地爷磕头烧香，以祈求平安。“十月朝”祭祖，由于许多家族祖先由苏州阊门迁入，在农历十月初一之前搬来的家族有烧“十月朝”祭祖习俗，而有的家庭则不烧“十月朝”，如镇江迁徙过来的殷家一族就没有这个习俗。每年要自发地做土地、青苗、火焰三会，以祈求风调雨顺，国泰民安。

在抗日战争时期，境域建立地下党组织，组建游击队，打土豪，分田地，惩奸除恶，巩固游击区；送军粮，抬担架，支援前线。先后有20多位志士为建立新中国献出生命。

新中国成立前，只有富庶人家才能聘请私塾先生教孩子读书识字，大多青壮年都是文盲。农村缺医少药，只有殷荣山、殷国庆父子两名老中医和何绍光一名西医，村民寿命较短，婴幼儿成活率低，出现不少绝后人家。新中国成立后，建起夹巷小学、陈庄小学、张庄小学。20世纪60年代后村村建卫生室，培养了一批赤脚医生，其中殷国庆一人带徒弟12个。

新中国成立前，石桥村东洼西荡，沟塘星罗棋布，遇雨到处水汪汪，没有排灌水系， 50年代后期，全村人民积极参加农田水利建设，依托历史老河裁弯取直，先后疏浚杨家涵子河、春风河、新龙河，建成三纵九横农田水利网和电灌车口，农田旱涝保收。70年代，播种双季稻，建成吨粮田。2011年底，因常安工业园建设，近400户村民拆迁，分别安置到西场花苑、立发花苑、民桥花苑、新城花苑、界墩花苑、南屏花苑、开屏花苑。是年，全村肥猪出栏1.02万头，家禽出栏29.54万羽，蚕茧产量148吨，农业总产值5370万元，农民人均年纯收入1.18万元。参加农村新型合作医疗3500人，参加农村社会养老保险1140人，享受最低生活保障104人，

石桥村是海安县“四星级村”“奔小康红旗村”，城东镇“三个文明建设先进集体”“三大建设先进集体”。

二十六、丰产村

丰产村地处城东镇中东部，东隔风景河与戚

庄、新立村毗邻，西与石桥村接壤，南连西场村，北靠热港村。221省道、西港路纵横交错，贯穿全村。总面积5.34平方公里，耕地4377亩，辖17个村民小组，1046户，总人口3652人。

2001年4月，丰产村由原西场镇丰产、光荣两村合并组建，村委会设在西港路与姚池路交会处，邱宝山、储开银先后任村党支部书记，邱双国任村委会主任。

新中国成立前，丰产村境域属如皋县15区风景乡。1955年合作化前，境域有石桥、自由、陈庄、热港、夹巷村和新农、季家村部分，曹裕国、王资坤、杨宏田等先后任村长。1958年人民公社化时期，境域分属石桥、丰产、热港、新农及优胜等大队，仲跻东、张远银、李朋金等任大队党支部书记，储友祥、邱延旺、秦兆林等担任大队长。“文化大革命”期间，境域有丰产、新农、石桥大队，吴德银、崔松林、李朋金分别任3个大队党支部书记，吴德来、邱延旺、秦兆林分别任3个大队大队长。1976年，丰产大队和石桥大队部分生产队合并为丰产大队，光荣大队由新农大队、优胜大队、热港大队部分生产队合并而成。1983年“社改乡”，丰产大队改名丰产村，光荣大队改名光荣村。章祥来、季永康、缪德芳、邱宝山先后任丰产村党支部书记，陈延明、丁兰芳任丰产村村委会主任；夏科圣、杨宏稳、邱武俊、王则楼、储开银先后任光荣村党支部书记，邱延旺、冯永留、邱双国先后任光荣村村委会主任。

丰产村有光荣的革命斗争史。抗日战争期间，万成寿参加八路军，在与日军战斗中身负重伤，转业后任陆堑乡副乡长。万成宝先后参加抗日战争和解放战争多个战役，在抗美援朝战斗中光荣牺牲。朱宏山参加“联抗”部队，在战斗中身负重伤。马春山民国31年（1942年）参加儿童团，民国34年入党，后任新农乡指导员。解放战争期间，曹裕稳、邱武旺、杨宏德、曹裕贵、章祥寿参加新四军游击队，英勇善战，后被国民党军残忍杀害。朱正彪收养新四军某干部儿子有4年之久。曹裕林、曹裕富民国36年参加游击队。仲国成在华中野战军某部屡立战功，后任团长、安庆市中级人民法院院长。吴志进参加抗美援朝壮烈牺牲。

新中国成立前，境域内有私塾6家，陶礼香、许贵、邱延海等为私塾教师。新中国成立后，先后兴办新农小学、光荣小学、新农农中，丰产初中。1976年，新农学校曾一度是从小学一年级到高二年级的全轨制学校。从该校毕业的储呈平，任中国民航总局副秘书长、《中国航空》杂志社记者、总编；张伟曾任北京科技大学教授；吴义勤曾任中国现代文学馆馆长；吴锷曾与杨振宁同学，任上海复旦大学物理教授、博士生导师。

境域曾先后兴办塑料厂、柳条厂、磷肥厂、面粉厂、农机站及传热窑厂、手套厂等多家社办、镇办、村办企业。1974年，西场公社在村16组兴建砖瓦厂，30多年为单位、农户建房提供了大量砖瓦。2011年，砖瓦厂原址办成自动化养鸡场，养蛋鸡25万多羽。2007—2010年，开展招商引资，全民创业，先后多次招引项目落户，解决农村富余劳动力就业难题，提高税收分成额度。至2011年底，吸引民资15亿元，落户村内企业25家，形成纺织、机械、家具、电子、锻压、服装、房地产、农产品深加工等种类齐全、一村多品的产业格局。

1960年起，丰产村兴办渔场。至2011年，渔场每年为养殖单位及农户提供40多万尾鱼苗。全村有个体工商户近百家，家禽家畜养殖户10多家，外出务工、搞建筑装修500多人。2011年，村集体收入120万元，农民人均纯收入1.22万元。

丰产村一贯注重发展社会公众事业。1976年，卫生部在新农大队10~17生产队搞饮水改造工程试点，每两户人家打一口水井，打水井200余口，农民从此告别饮用河水的历史。21世纪后，村出资兴建高标准水泥路14公里、电灌车口6座、硬质渠道10公里；复垦22个废沟塘，新增土地100多亩；建固定垃圾池20个，置放垃圾桶120只，配备专职保洁员7名；清理河道11公里，养鱼10万尾。2010年，村加大农村水利设施建设投入，改造兴建3座车口。

2008年起，丰产村连续4年被表彰为县“综合考核先进村”，2006—2010年被列为市“村干部勤廉工程示范点”，2008年被评为市“双创示范村党组织”、县“农村环境整治优美示范村”，2009年被评为县“安全示范村”“社会综合治理先进集体”，2010年被评为市“财务管理示范村”“党员干部远程教育‘网上村村通’示范站点”、省

"村庄环境整治示范点",2011年被表彰为县"红旗村""四星级村"、市文明单位。

二十七、西场村

西场村地处城东镇中东部,是古镇西场集镇区所在地。东与爱凌村接壤,西与洋蛮河村毗邻,南与石庄村、堑南村交界,北与石桥村、丰产村、戚庄村隔河相望。总面积4.98平方公里,耕地面积2694亩。辖21个村民小组,1475户,总人口3676人。

西场村交通、物流条件优越。栟茶运河流经东西,春风河、风景河南北方向穿村而过,惠民大桥、西场大桥、西港大桥、陆堑桥四桥高架,使村境处处变通途;沈海高速途经村境南北,202省道、221省道横穿东西,村级农四路通达家家户户;沈海高速海安出入口在村内。

2001年,西场村由原西场、陆堑、风景3村合并后组建,村委会设在集镇区惠民南路。俞广荣、沈永平先后任村党支部书记,俞广荣、沈永平、崔益宏先后任村委会主任。

新中国成立初,境域有原陆堑乡周汤、徐湾、江园、河南4个村。50年代初,农民建立互助组、初级农业合作社,后过渡到高级农业合作社。1958年西场公社成立时,境域包括西场、陆堑、迎春和雄庄大队部分。1976年9月,西场农科站组建,境域有西场、陆堑大队和西场农科站。1983年,西场大队更名西场村,陆堑大队更名陆堑村,西场农科站更名风景村。沈金文、徐模、王其松、崔伯堂、冯国发、纪绍明、许曹根、蔡桂芳、许映钢、范崇生、金海、邱卫东、俞广荣先后任原西场村党支部书记,储友富、朱德勤、冯国发、纪绍明、苏广余、许映钢、俞广荣、金海、王亚芳、沈永平先后任村委会主任(大队长);许金跃、秦兆林、周善银、赵正元、阙广明、赵风如、李朋金、杨根宽、张英梅、王其林、颜夕圣、仲伟俊、崔益宏先后任原陆堑村党支部书记,赵正元、陆忠富、陆忠发、杨根宽、张英梅、陆良友、解长圣、崔益宏先后任村委会主任(大队长);王则奎、林根余、吴德、吴东银先后任原风景村党支部书记,曹亮、吴德、吴东银先后任村委会主任(站长)。

西场村历史源远流长。1974年兴修水利时出土5000年前新石器时代的麋鹿角、巨鲸化石。2005年,惠民禅寺异地重建,其历史有1200多年。新惠民禅寺旁古银杏树,相传为泰州僧人所栽,树龄250余年,被政府列为古树名木,加以保护。位于西场集镇区西1.5公里处古盐河边陆堑街市很有名气。20年代,戚庄人仲兆轩在此地购地300余亩,开设油坊、网厂,逐渐形成东西长约500米街市。肉铺、药店、杂货店、茶食店、染坊、木行等商铺多集中在古盐河北,河南有杂货店两家、饮食店1家。设在陆堑的仲家码头很繁忙,除装卸运输货物外还设有义渡,南来北往的百姓、商贾大多免费从此过渡。1956年栟茶运河开挖时,陆堑街市还有店铺108间。

西场村是块英雄的土地。明代,在集镇西郊建营防庄,设营房、营墩,驻军以备海防。栟茶运河北侧风景河东明平倭古战场遗址碑亭,记录着明代海防兵备副使刘景韶、扬州参将邱陞率部勇斩倭寇的英雄史迹。范钦元烈士是原陆堑村一贫苦农民儿子,中共党员,抗战中先后任中共"三东"游击连连长、曲北区游击队队长等职,他和战友遇敌即战,勇猛果敢,在战斗中取得一次又一次胜利。民国35年(1946年)12月6日,在配合东台县警卫团挺进边区冷水港,准备攻打立发据点时,不幸中弹牺牲,年仅33岁。新中国成立后,政府建范钦元烈士墓,作为青少年革命传统教育基地。王加甫,西场村人,曾任中共游击队长,抗战中积极带领群众对敌展开斗争。

西场村人重教崇文,人才辈出。村境内光绪三十一年(1905年)始建西场小学,后于新中国成立前创办张庄初小和崔庄初小,1956年,由石宏光合并张庄初小和崔庄初小后创办陆堑小学。1968年安置西场中学教学点。生活习俗中西场人每年正月十三至十五都要闹花灯、踩高跷。1960年,原西场大队4队队长殷春兰被授予全国"三八红旗手"称号,在北京受中央领导人接见并合影。秦夕银,担任解放军总参所属师政委。李培年,曾任省交通厅厅长。5组退休干部刘念渠,1990年被中央纪委表彰为全国优秀纪检干部。鲁羊,文学硕士学位,任教于南京师范大学文学院,1990年后,先后发表小说选集《银色老虎》《黄色夜色》《佳人相见一千年》《在北京奔跑》,诗歌《麻衣组诗》《退缩之诗》,长篇小说《鸣指》

等作品。农民书画家张策，民国24年出生于西场村2组普通农家，聪明好学，尤爱书画和雕刻艺术，其指书作品在中国书画艺术中有很大影响。

西场村历史上以传统农业为主，种植小麦、油菜、水稻、黄豆、玉米等粮油作物。改革开放后，在发展高效农业的同时，大力发展工业和民营经济，截至2011年底，全村有个体户248个，有海安县福兴织造有限公司、海安纺织机械有限公司、海安县西场缫丝有限责任公司、海安县福兴漂染有限公司、南通宏伟建筑劳务有限公司、南通亿丰饲料贸易有限公司、海安县海泰纺织有限公司、海安荣恒纺织有限公司、海安县苏安色织有限责任公司、海安县锦铂纺织有限公司、南通香佳袜业有限公司、海安隆胜工艺品有限公司、南通市建辰化工有限公司、海安国洋机械有限公司、祥力动力电池科技海安有限公司、海安西隆粮油贸易有限公司、南通旭昌贸易有限公司、上海建惠建设咨询有限公司海安分公司等私营企业28家。2011年，村集体收入83万元，农民人均年纯收入1.3万元。

西场村社会公共事业发展较快。村里有西场中学、西场小学、西场中心卫生院、西场镇卫生院等教育、卫生设施。21世纪后，村先后建水泥公路18公里，主要公路安装路灯200余盏；投入资金102万元，在2组建成休闲广场；投入资金100多万元，在10组建成三层总面积1490平方米，可容3万逝者安息的安息堂。2011年，在4组、5组划出用地800亩，建2000多套安置房，900多户村民入住。是年底，全村3500人参加农村新型合作医疗，2680人参加农村社会养老保险，109人享受最低生活保障。

2010年，西场村被市依法治市领导小组评为"南通市民主法治村"，2011年被县委、县政府表彰为"红旗村""三星级村"。

二十八、洪旺村

洪旺村地处城东镇东南角，东靠李堡镇桑周村，南与如皋市雪岸镇周庵村接壤，西与壮志村、施秦村交界，北依栟茶运河。辖19个村民小组，864户，3165人。辖区总面积5.15平方公里，耕地面积3366亩。

洪旺村南有海洋铁路、启扬高速、友谊河，西有新古河，北有栟茶运河。陈壮公路穿越东西，西洪公路串通南北，村级公路四通八达。县公交公司"海安—何富"班车经过该村。

2001年，洪旺村由原壮志乡洪庄、池旺两个村合并后组建，村委会设在12组，赵仕友、仲跻清先后任村党支部书记，彭芝山、刘明祥先后任村委会主任。

新中国成立前，洪旺村隶属如皋县李堡区池旺乡，之后，属海安县西场区。1953年起，境域内先后成立初级社，1956年成立洪庄、池旺两个高级社。洪兴友任洪庄高级社党支部书记，杜兆林任社长；马伯选任池旺高级社党支部书记，陆中林任社长。1958年10月，壮志公社成立，洪庄、池旺高级社分别更名洪庄、池旺大队。洪兴友任洪庄大队党支部书记，左友明任大队长；刘德山任池旺大队党支部书记，何秀山任大队长。1966年"文化大革命"开始后，洪庄、池旺大队分别更名东风、跃进大队。1983年"社改乡"，东风、跃进大队分别更名洪庄、池旺村。冒锦林、仲崇林先后任洪庄村党支部书记，何昌桂、刘明祥先后任村主任；夏凤友、范明山先后任池旺村党支部书记，郑子银、彭芝山先后任村主任。

抗日战争期间，南京市人贝子云和赵坚母子俩到洪旺定居，创办洪庄小学。他们以教师职业为掩护，从事中共地下交通员工作，常往来于如皋、东陈、西场、丁所等地，为如皋县委、东陈区委、西场区委和游击队传递情报。民国33年（1944年）秋，赵坚到如皋与一位缪姓交通员接头，被暗中跟踪的敌人发现，抓去严刑拷打、枪杀"陪绑"，追问中共党组织情况，他坚贞不屈，始终坚守党的机密。因赵坚在被抓前急中生智，吞下情报，敌人没有证据，后经多方营救获释。民国35年初，赵坚任西场区游击队长。在8月11日洋蛮河伏击战中，赵坚率领30多人的区游击队在战斗中毙敌50余人，又从栟茶运河中捞出重机枪两挺、轻机枪4挺、长短枪120余支、子弹1万余发，英勇事迹受到县委表彰。民国35年11月2日夜，赵坚为掩护区队范钦山和游击队员突围，因腿部中弹而不幸被捕，第二天被敌人杀害在大庙头，年仅24岁。为纪念赵坚烈士，1990年，壮志乡党委建赵坚烈士陵园，将葛洪小学改为赵坚小学，

图1-26　洪旺村百亩荷塘　（孙宝峰/摄）

葛洪桥改为赵坚桥。2010年，西场镇政府将赵坚烈士陵园扩建为西场烈士陵园，并重塑赵坚烈士墓碑，陵园四周建围栏。2011年，县政府重建赵坚桥。

洪旺村人杰地灵。1958年公社化后，洪庄4队人民在蹲点干部县委副书记章荣甫带领下，农、副业生产出色，成为全县先进典型。队长储友金代表海安县出席省先进生产者代表大会，并在大会上发言。当时，地方歌曲《洪庄四队好风光》在全社广为流传。1959年秋冬，洪旺民工在黄海边围海造田时，洪庄大队民兵营长赵风和在大潮到来时，不顾个人安危保护海堤立功，被县表彰。1960年3月，他到北京参加全国民兵代表大会，受到中央首长接见并合影留念，中央军委奖给他"五六"式半自动步枪1支、子弹300发、钢笔1支、卫生衣1套、人民币20元。1960年，洪旺17组周安春到北京军事科学院深造，后分配到上海国防科研所工作，成为研发尖端武器专家。洪旺村13组范伟琴是2005年公费出国留学人员，从新加坡学成回国后，在上海从事医疗科研攻关工作。洪旺5组戴宝明是饰演邓小平特型演员，先后在17部电影、电视剧中成功扮演邓小平。

洪旺人健康长寿。新中国成立后，全村先后有5位百岁老人。贝子云享年105岁，1985年百岁寿辰那天，县委、县政府、县民政局、壮志乡党委、政府为她举行隆重祝寿仪式，并把友谊桥改名为百岁桥，在桥头立碑，以表纪念。洪旺6组高义芳90多岁还下地干活，百岁以后生活自理，2010年无疾而终，享年108岁。2011年，全村有80岁以上老人84人，90岁以上老人18人。

洪旺村是全镇闻名养殖大村。洪旺村16组朱爱明带头办千头养羊场，带动群众共同致富。洪旺4组褚元鹤办私人孵坊，常年提供良种苗鸡。2011年，全村3000羽以上养鸡户25户，其中8000羽以上8户、超万羽2户，鸡蛋常年销往上海、南通、常州等地。春沪水产养殖公司养殖南美洲对虾、龙虾、台湾鳗鳅、花鲢，水面近300亩，年产值超300万元。春满园草莓生产基地占地100亩，草莓成熟时，城里前来采摘的人络绎不绝。洪旺藕业有限公司占地450亩，种植荷藕、慈姑，每当荷花盛开，朵朵荷花随风摇曳，清风徐来，香味扑鼻。2011年，农民年人均纯收入1.07万元。

2011年，洪旺村被镇评为"农业项目先进单位""民主法治村""村级经济发展先进单位"，被市评为"关心下一代工作先进单位"。

二十九、施秦村

施秦村位于城东镇东南角，南与如皋市东城镇接壤，西靠石庄村，北和壮志村交界，东与洪旺村毗邻，总面积5.15平方公里，耕地3400亩。辖21个村民小组，809户，2828人。

施秦村内新古河、大寨河北通栟茶运河，友谊河流经村北；211县道、施壮路贯穿南北，海洋铁路、启扬高速公路、友谊路、友谊南路、施秦路、秦庄路穿越东西。

2001年，施秦村由秦庄、施庄村合并组建，范从文、王国权先后任党支部书记，张加圣、范从文先后任村委会主任。村委会设在原秦庄村。

新中国成立前，施秦村隶属于如皋县第十五区管辖，境域有余家庄、徐老庄、秦庄、施庄、五马庄、吴庄、七里井7个村庄。新中国成立后隶属海安县池旺乡管辖，此时余庄、五马庄、七里井、吴庄、施庄属庆堂村，村长刘圣付。秦庄、徐老庄属民主村，村长周启达。1956年成立高级社，秦庄、余庄、徐老庄为联盟9社，党支部书记秦朋如，社长范迪珍、黄万来。吴庄、五码庄、七里井、施庄为五码庄高级社，党支部书记先后为张远余、吴中光，社长马伯华。1958年10月壮志公社成立，联盟9社更名秦庄大队，五码庄高级社更名施庄大队，刘远群、夏德林、范迪善、秦朋友先后任秦庄大队党支部书记，秦朋余、夏德林、范迪善、秦朋友先后任大队长；张远余、吴中光，马伯华先后任施庄大队党支部书记，崔广裕任大队长。1969年，秦庄大队更名立新大队，范迪善、范从付先后任党支部书记，范迪善任大队长；施庄大队更名胜利大队，马伯华、周安盛先后任党支部书记，崔广裕任大队长。1983年“社改乡”，立新大队更名秦庄村，范从文任党支部书记，秦朋友、许金堂、周平生先后任村委会主任。胜利大队更名施庄村，周安盛、仲维广、孙学忠、章发玲、李伯银先后任党支部书记，孙学忠、张加圣、李伯银先后任村委会主任。

新中国成立前，丁所、西场、如皋据点日伪军和国民党反动派经常下乡，到施秦村烧杀抢掠，施秦人民受尽日伪匪军和地主恶霸残酷剥削。抗日战争、解放战争时期，中共党组织和城东区武工队、西喧区游击连经常到施秦村发动群众，斗地主恶霸，惩叛徒内奸，打鬼子杀敌寇。党员干部刘焕、刘远存、范迪书等积极参加和指挥游击战争，全村人民奋勇抗敌。民国32年（1943年），施秦村发动群众搞“二五”减租，翻身组长郭中如、许王氏组织老百姓与地主算账，召开群众大会，跟地主恶霸算压迫剥削账，大长了老百姓志气。全村青壮年为了人民解放事业，主动参军，英勇杀敌。到抗美援朝结束时，施秦村为国捐躯的烈士就有许王氏、郭中如、万进达、葛存山、晁金贵、范迪高、范迪寿、吴伯来、潘德富、丁邦富、濮一明、许金学等17位。他们当中最年轻的17岁，最年长的66岁。

新中国成立前，施秦村是出名的穷地方，绝大部分土地是盐碱地。老如李公路经过的5里段面中连一个小商店也没有，只有一货郎担子卖点糖、针线之类。新中国成立后，施秦村人民穷则思变。1953年初，遇特大寒潮，麦苗被冻死，施秦人民千方百计找种子补种，减少损失。1954年6月，特大暴雨连续袭击，境域一片汪洋，成千间房屋倒塌，夏季作物几乎绝收，施秦人民在政府支持、鼓励下生产自救，渡过难关。1958年9月，境域办起秦庄敬老院，收养全社孤寡老人。1959年春，各队安装风车，利用风力为水稻灌水。1962年冬，全村数百名男女民工走上工地开挖丁堡河，施秦1组储友生献出宝贵生命。1964年，境域范广盛种玉米试验田，亩产700公斤。1966年，在翻身河边建起秦庄、施庄两个机灌车口，解决了部分生产队插秧用水困难。1968年开始，境域实施土地方整化，农民种田青、苕子、黄花，改造盐碱地。1969年，建成向阳、中心、东风3条南北大渠。1970年，北片3个车口通电，用上电力灌溉。1972年，开挖友谊河，填平老翻身河。1973年，新建友谊河立新、胜利车口，友谊河南农田开始电力灌溉。年底，全村挖住宅河近7000米，全面实施土地方整化。1970—1977年，境域完成新古河、大寨河开挖，填平废沟河100多条，增加耕地500多亩。1977年，立新大队从上海购进旧水泥电线杆、变压器、电线，为10个生产队架设输电线路，实现全村户户通电。1978年，境域开挖近600个沼气池，解决70%农户用草困难。1982年，与如皋市南凌公社达成协议，建成立新大队南车口，解决5个队灌溉用水。

施秦人民重视教育。1949年，史一峰在吴庄地主胡竹宣家创办池旺小学，1958年定为壮志乡中心小学。1950年，范希文在佘家庄创办佘庄初小。1969年，壮志乡中心小学迁至施庄1组，更名胜利小学，戴初中帽子；佘庄小学迁至秦庄4队，更名立新小学。1983年，立新小学更名秦庄小学，胜利小学更名施庄小学。1988年，施庄小学与秦庄小学合并，在施庄8组异地重建施秦小学。2000年并入壮志乡中心小学。

施秦村重视公共设施建设。2001年，修建防渗渠4000米，土地复垦30多亩。2006年，疏浚河道3.5公里。2007—2008年，配合国家农业综合开发，平整土地近3000亩，修建防渗渠8000多米，改造乡村道路6500米。2009年投资50万元，新建村级服务中心455平方米。2008—2010年建成农四路4.2公里。2010年，新建下水道工程35处，新建桥梁6座。2011年，新建施庄大车口，全村流转土地700多亩。

1983年开始，施秦村养蚕事业突飞猛进，每年发蚕种3000张左右，出售优质蚕茧20万公斤以上。此后，农业逐步走上现代化道路，粮食产量大幅度提高。剩余劳动力外出打工挣钱，村民收入逐年增加，居民90%以上住楼房，30%在城镇买房，近30%人家购置汽车。2011年，全村拥有个体工商户150家，私营企业12家，养殖专业户8家。村集体收入38万元，人均纯收入1.1万元。

2009年，施秦村被评为县级“村级经济建设先进单位”，2011年被评为县“法制宣传工作先进集体”。

三十、壮志村

壮志村地处城东镇东南部，东靠洪旺村，南与施秦村交界，西与石庄村接壤，北依栟茶运河。全村总面积7.74平方公里，耕地面积4966亩。辖36个村民小组，1484户，人口5325人。

壮志村南有友谊河流经，东、西分别有新古河、大寨河直通栟茶运河，211县道贯穿南北，陈壮公路穿越东西，村级公路四通八达。县公交“海安—何富”“西场—施秦”班车经过村内。

2001年，壮志村由原壮志乡壮志、葛庄、杨港、池塘4个村合并组建。原壮志乡政府驻壮志村。村委会设在原壮志派出所内。许映方、沈寿余、石圣荣先后任村党总支书记，沈寿余、石圣荣、葛坤连先后任村委会主任。壮志幼儿园、壮志小学、海安农村商业银行壮志支行、壮志邮政所、壮志电信支局、壮志卫生院、五马铁链厂、蓉和怡心园都在村内。

新中国成立前，壮志村隶属如皋县李堡区，之后归海安县西场区壮志乡管辖。1953年境域先后分别成立初级社，1956年成立中心、葛庄、杨港、池塘4个高级社。社长分别为范崇贵、葛存来、杨增余，崔世泽。1958年10月成立壮志公社，中心、葛庄、杨港、池塘社分别更名中心、葛庄、杨港、池塘大队。“文化大革命”中，中心、葛庄、杨港、池塘大队分别更名红武、前进、红星、立公大队。范崇贵任红武大队党支部书记，左友明任大队长；葛存来任前进大队党支部书记，葛仁富任大队长；张加旺任红星大队党支部书记，杨增余任大队长；张文旺任立公大队党支部书记，钱长安任大队长。

壮志村人文历史悠久。地处壮志16组的庄屋庙原是如皋定慧寺收租庄屋，后为定慧寺分庙。新中国成立初，庄屋小学兴办。1958年5月，组建壮志农民医院，院长史友林是祖传治疗风湿病好手，泰兴、如皋、东台不少患者慕名前来求医。是年，壮志农业中学诞生，潘德礼任校长，时任中共中央宣传部部长陆定一为学校题名。壮志农具厂成立，杨荣年任厂长。1969年，境域增办红武、红星、立公3所小学，庄屋小学更名前进小学。1971年，红星、前进两所小学成为“戴帽子”小学，红星小学下设幼儿班。1985年，红武小学成为壮志乡中心小学。

抗日战争和解放战争期间，中共党员、区游击连连长金传山坚持就地打游击战，民国33年（1944年）初夏，他和几个游击队员化装成草贩子到西场，俘伪军3人，缴步枪3支、子弹60发。民国35年8月7日，他和游击连副连长范钦山在西场南边一里庙旁，一枪击毙敌乡队副杨增玉。同年10月8日，他率25名游击队员从雪岸夜袭石庄，击毙楼基乡顽副乡长及顽乡队副两人，缴获轻机枪1挺、步枪12支、子弹500余发。是年8月，壮志村民兵组成担架队踊跃支前，担架队队长吴长庚在海安战斗中，冒着生命危险三天从前线抢救9名伤员送往海北战地医院，火线入党后又参军，奔赴淮海、渡江战役战场，后转业在南通市商业局工作。乔义富在解放战争中先后参加过淮海、渡江等战役，后任福州军区某师参谋长。

壮志村河多桥多，其中有不少特色桥。老百岁桥原址在老壮志乡政府西南约250米处，20年代，一位丁氏老太太百岁寿辰，两个儿子建此桥。1958年，壮志乡政府出资重建宽1.1米、长15米木质桥。1970年，因填河，此桥拆除。近百年来，此桥一直是壮志村地名符号。大寨桥，1971年建在大寨河上的一座钢筋水泥拱桥。大桥大拱跨度约28米，大拱两边各有5个小拱，别具一格。壮志大桥是壮志村北大门，建于1986年，是横跨在栟茶运河上的钢架拱桥，长83.6米，宽7米，桥北通202省道。境域还有杨砖桥、杨港桥、池塘桥、池塘北桥、葛港桥、赵坚桥、壮洪桥、凌云桥、施壮桥。

壮志村人民敢于战天斗地。1960—1985年，全村人民凭着大锹、扁担和畚箕，大兴水利工程。1960年开挖新古河，1970年冬开挖友谊河，1975年开挖大寨河，1981年又将大寨河向北延伸至栟茶运河。数条河道开挖加上农田水利设施建设，使全村农田旱能灌、涝能排，旱涝保丰收。

壮志村工业起步晚、发展快。五马铁链厂创建于1995年，为民政福利企业，2010年成为海安县工业成长型企业。公司总资产4200万元，2011年产值1.15亿元，销售收入1.14亿元，利税274.57万元。南通鸿图橡塑有限公司生产的橡胶制品销往上海、苏州、南京，年销售额4000多万元。2011年，公司被评为江苏省质量信得过单位、江苏省质量服务AAA级企业，产品被评为省著名品牌。全村工业企业30家。

壮志村人民勤劳致富。1982年，壮志3队率先分田到户，1983年全村推行土地承包责任制，家家户户除种田外，又发展养猪、养羊、养鸡、养蚕事业。出现王大元5000羽养鸡场，杭桂山百头养猪场、张英元年12张纸养蚕户。王大元成了全村第一个"万元户"。2000年后，蓉和怡心园、南通花中花园艺生态园、海安果之鲜生态农业园等多个植物园相继落户壮志村。2011年，村集体收入52万元，农民人均纯收入1.07万元。

图1-27 壮志村花中花园艺生态园 （任 训/摄）

壮志村村级公共事业不断发展，全村自来水入户率100%，数字电视入户率85%以上。2001年后，全村修防渗渠道3.6公里，水泥路3.6公里。村委会，建有农家书屋、乒乓球室、健身房、篮球场、公用电脑室，并定期对外开放。农家书屋藏有科技、文艺、政治、医疗卫生等书籍3000多册。

2011年，壮志村被县评为"村级经济发展先进单位""全民创业先进单位""市三资三化示范村"，被省农委评为"江苏省最具魅力休闲乡村"。

三十一、石庄村

石庄村位于城东镇东南部，南与如皋市雪岸镇万富村交界，西与堑南村相邻，东与壮志村、施秦村接壤，北隔栟茶运河与西场村为邻。总面积5.2平方公里，耕地面积3323亩、辖25个村民小组，991户，总人口3443人。

石庄村交通便捷，沈海高速公路从村西南边斜穿而过，海洋铁路从村南通过。村内南新公路穿越东西，西石路贯穿南北，壮石路、施石路等农四路网络遍布全村。飞鹤汽运公司"海安—何富"班车每小时一班在村停靠，"石庄—上海"客运班车每日从村开出一趟。

2001年4月，石庄村由原壮志乡砖桥、石庄、马荡3个村合并后组建，村委会设在南新路与西石路交叉处。周树来、沙子余先后任村党支部书记，沙子余、许映海先后任村委会主任。

1953年起，石庄村境域先后成立多个初级社，1956年成立砖桥、石庄、马荡3个高级社。社长分别由范从庆、吴宗光、卢德喜担任。1958年成立人民公社时，3个高级社分别更名砖桥、石庄、马荡大队。砖桥大队杨玉石任党支部书记，杨跃山任大队长；石庄大队卢玉时任党支部书记，刘圣龙任大队长；马荡大队卢德全任党支部书记，顾锦元任大队长。"文化大革命"期间，又分别更名向阳、红光、立志大队。1983年，3个大队又分别更名砖桥村、石庄村、马荡村。杨玉石任砖桥村党支部书记，杨增稳任村委会主任；黄宝银任石庄村党支部书记，胡映民任村委会主任；缪四祥任马荡村党支部书记，卢德全任村委会主任。

原砖桥、石庄、马荡三村村名颇有来历。砖桥村，位于三村北头。清光绪年间（1875—1908年），一位沙姓乡绅为庆祝母亲80寿辰，出资"修桥补路"，建了一座拱形砖桥，此桥用料精选，砖缝黏合剂全用优质糯米粥与石灰调和而成，虽经风吹雨打侵蚀100多年，桥一直完好无损。砖桥村因此得名。石庄村，位于三村中间。村名源于老地名"石家庄"，为纪念解放战争时期区游击连"夜袭石家庄"战斗获胜而命名。马荡村，位于三村南首。新中国成立前，这里地势低洼，河道狭窄，大雨一下就成"荡子"，马姓人家又多，故名"马家荡"。

石庄人民爱憎分明。民国33年（1944年）秋，日军一名士兵到砖桥村强奸妇女，被村民打得鼻青脸肿。范从庆任中共地下交通员，经常在北凌根据地、如皋县委、东城区委之间传递情报。游击队员范存传曾以塾师作掩护，向学生传授革命道理，先后为区游击连输送战士4人。

石庄人崇文重教。新中国成立前村内有塾馆4个。民国36年，马荡何达志创办卢庄小学，1953年改为公办小学，先后更名立志小学、马荡小学，1973—1981年“戴初中帽子”。另砖桥、石庄、马荡3个村都办过幼儿园，砖桥村办过砖桥小学，石庄村办过红光小学。

石庄村人杰地灵。新中国成立后，全村涌现高级知识分子4名，解放军校官2名，离退休干部、中小学教师30多人。其中，范钦山曾任上海市宝山县委书记、上海市工业局局长；张庆华1988年参加解放军，任38集团军某部团长；王维华任陕西省渭南市人民医院院长；钱秀林擅长书法雕刻，是江苏省书法家协会会员，作品被省书法艺术馆收藏。

石庄村人心胸豁达，健康长寿。石庄村人生活习俗特别讲究“和”：正月初一拜庄邻，“邻居好，赛金宝”；讲究“爱”：二月二做蒿饼儿，把女儿带回娘家看一看。1995年15组为庆贺沈钱凤老人百岁寿辰建了一座百岁桥，2010年4组为庆祝卞正英老人百岁寿辰也建一座百岁桥。村中98岁的张远圣老人耳不聋眼不花，能骑自行车，仍参加力所能及的家务劳动。2011年，石庄村有80岁以上老人158人，90岁以上老人55人。

石庄村常年种植小麦、油菜、水稻、黄豆、玉米等粮油作物。改革开放后，大力发展栽桑养蚕事业，年养蚕2500张。副业以饲养蛋鸡、生猪为主。许金美、许映根、许映来、刘德成、卢玉余办起私人百头猪场，许霞、顾坤庆、韩宗桂、吕广凤办起万羽养鸡场。2000年，村民杨兴宏到安哥拉打工，3年后，先后办起砖瓦厂、装潢公司、汽车运输公司。2011年，全村农副业总产值3959万元，人均纯收入1.09万元。

石庄村通过招商引资，华忠印刷材料有限公司、海安广源渔网厂、海安色织有限公司、海安台滋味食品有限公司等先后在村落户。2011年，全村有工业企业21家。

石庄村积极发展公共事业。先后投资400多万元建标准农四路7条，全长12.4公里；改造维修水泥桥梁3座，建硬质水渠7.5公里。全村放置垃圾桶125个，建垃圾房12座，配6名专职保洁员，及时清理生活垃圾、整治河道。2009年，在村委会新建藏书2000多册农家书屋和篮球场、健身房、乒乓球室。社区卫生服务站有医务人员5人，24小时为村民提供优质医疗服务。

2001年后，石庄村先后被县评为“生育关怀、亲情牵手零距离服务”先进集体、全面达小康先进村、农村环境优美合格村、人民调解工作先进集体。

第六节　社　　区

一、蓉塘社区

蓉塘社区东依风景河，南靠栟茶运河，西以西港路，北以兴场路为界与西场村接壤。区域总面积1.68平方公里，辖15个居民小组，1625户，5490人。蓉塘社区系非农自治组织，隶属西场街道，前身为西场街道居委会。2011年12月，更名为蓉塘社区居委会。曹振任党支部书记兼居委会主任。居委会设在惠民北路东侧原西场镇政府内。

1955年，蓉塘社区设立西场街道办事处，1958年人民公社成立后，更名西场街道居委会，一直延续至2011年。朱玉华、仲兆泉、王资江、李朋金、蔡桂芳、许映钢、仲伟成、徐宏圣、王了一、汤远林、曹振先后任居委会（办事处）党支部书记，姜其德、仲兆泉、王资江、李朋金、许映

图1-28　蓉塘社区为民服务中心　（孙宝峰/摄）

钢、仲伟成、俞广荣、曹振先后任居委会（办事处）主任。

辖区历史可追溯到春秋时期，古为近海食盐集散地，唐时为海防前哨，唐开国名将尉迟敬德曾于此地设帅府。辖区街市自古繁华，古盐河（明嘉靖年后称栟茶河、栟茶运河）穿镇而过，惠民桥坐落集镇中心。新中国成立前后，街市区主要由复兴街、解放街和自由街组成，店铺稠密。粮店、布店、杂货店、百货店、茶食店、饭店、理发店、金店、铁匠店、肉店、药店、茶馆、茶叶店、爆竹店、老虎灶、酱坊、豆腐店、油坊、窑货、烟店、面店、香店、修车店、裁缝店、灯笼店、竹行、刻喜、诊所、木行、邮局、八鲜行、糖店、染坊、酒行、猪行、蜡烛行、篾匠店等商铺近150家，涉及50多个行业。惠民寺、城隍庙、都天庙（张巡祠）、刘猛将军庙、关帝庙、佑圣观、祖师观、玉皇宫、财神庙、土地祠等大小庙宇十几处。出名街巷有敦仁巷（堂子巷）、花园巷、桥头巷（惠民巷）、祖师观巷、老店巷，每条巷子都有多户深宅院落，多数为明代建筑风格，古朴幽静。新中国成立后，西场集镇一直是西场区委、西场公社（镇）政府所在地。

辖区的西场小学创办于光绪三十一年（1905年），孕育出魏建功、范钊庵、仲贞子等20多位文化名人。

中共十一届三中全会后，辖区内商贸业、服务业、教育、医疗卫生事业和居民的精神面貌都发生根本变化。2011年底，集镇区内人民东路、人民西路、惠民北路、惠民南路、兴场路、西港路边有超市、时尚商店等大小经商户400余户。教育全部实施现代化工程，西场幼儿园为省实验幼儿园，西场小学为省实验小学，西场中学为南通市文明学校。一年一度传统清明节香期庙会延续两三天，远近客商、小贩，四乡八里农民，绵延数里。每天晚上舞蹈爱好者集结休闲广场翩翩起舞。

2011年，蓉塘社区被县委、县政府命名为“文明社区”。

二、东城社区

东城社区是城镇化建设中新兴的社区，地处海安县城东南、南屏街道北域，北隔长江中路与海安镇毗邻。黄海大道、328国道、老204国道、宁海南路呈“井”字形在辖区内交汇。社区总面积2平方公里，居住城镇居民3459户，1.1万人。

2004年4月18日，开发新村居委会成立。居委会设在新宁南路55号。社区第一届党支部书记、主任分别为吴昌银、石高山。2010年，换届选举时更名为东城社区居委会，党支部书记、主任石高山，社区居委会工作人员7人。社区内党员163人，企业退休职工1500人。有15个党小组长和34个网格长长期参与社区居委会管理工作。

东城社区是90年代初从泰宁地域中诞生、发展而来的，是海安经济开发区、城东镇政治、经济、文化发展的起步区。20多年中，辖区内陆续入驻法院、公安局、地震局、环保局、社会劳动服务保障中心、卫生监督管理所等县属单位。海安汽车站坐落在社区与海安镇交汇处。地处宁海南路80号的烈士陵园，记载着粟裕将军率领华中野战军与国民党军浴血奋战，取得七战七捷的英勇事迹。

东城社区居委会连续多年获得县“文明单位”等称号，2009年，社区被南通市评为“绿色社区”。

图1-29 东城社区夜景 （孙宝峰/摄）

第二章　自然环境

城东镇属长江冲积平原和滨海平原区，成陆历史有6000年左右。境域地势平坦，河道纵横，排灌通畅，土地肥沃。境域地处北亚热带与温暖带过渡地带，属海洋性湿润季风气候，四季分明，气候温和，雨水充沛，日照充足。主要自然灾害有风灾、水灾、旱灾、低温冻害等。境域属长江水域，水资源丰富。

第一节　自然概貌

一、位　置

城东镇地处江海平原，江苏省海安县中东部，位于北纬32°47′~32°59′，东经120°47′~120°65′，北与大公镇交界，南与如皋市柴湾镇、东陈镇接壤，东与李堡镇毗邻，西与海安镇相连。海安经济技术开发区位于境域内。境域中西部是海安县建设中的新城区。

城东镇是海安交通干线最为密集区域。以海安火车站为中心，境域汇集沈海、启扬两条高速公路和328、204两条国道及221省道，新长、宁启铁路穿越镇域，通榆运河流经镇西，北凌河流经镇北，通扬、栟茶两条运河交叉流经全镇，水陆交通便利，是江苏中部重要的交通枢纽。

图2-1　城东镇四通八达的交通网络　（顾　俊/摄）

二、面　积

全镇总面积170.93平方公里。其中耕地面积7033.74公顷，占总面积的41.15%；园地2758.48公顷，占总面积的16.14%；城镇及工矿用地4219.42公顷，占总面积的24.68%；交通运输用地1067.58公顷，占总面积的6.25%；水域及水利设施用地2001.22公顷，占总面积的11.17%；其他土地12.98公顷，占总面积的0.08%。

三、地形特征

境域地势低平，起伏甚微。地质构造是中新生代形成的，属长江冲积平原区和滨海平原区。地面高程3.2~6.0米，地下水位1.6米左右，成陆时间距今5700~6300年。

四、气候特征

境域地处北亚热带季风气候区，具有过渡性、海洋性、季风性特点，温和湿润，四季分明，雨水丰沛，日照充足，光、热、水、高温基本同季，无霜期较长，年平均气温14.5℃，年平均日照2142小时，年平均降水1025毫米，年平均雨日116天，年平均雪日5~7天，年平均无霜期210.2天。

第二节　地质地貌

一、地　层

城东镇属扬子地层区，结晶基底深埋于各种基岩之下，最晚形成于中元古代末期（7亿～8亿年前）。境域地壳和上地幔为大陆型多层结构，厚度较薄，地壳厚度按莫霍界面深埋的分布计算，约27公里。玄武岩质层与花岗岩质层界面埋深约17～20公里，基岩和松散层界面埋深，河南地区较浅，呈3～5公里的斜坡，全境没有基岩出露，全为第四系松散沉积所超覆，覆盖厚度在1公里以上。

二、地　貌

城东镇地处海安中东部，通扬运河以南以西是高沙土地区，属海积冲积相沙嘴沙河堆积平原。地面高程3.6～6.0米，是全县地势较高的地区。该区是河口相沉积的扬泰右沙嘴东缘，由长江冲积而成，为高沙海积微凸平原，垛子田和龟背田为主要地貌特征。地名中的垛、埭、墩、塘等体现了河南地区微地貌特征。通扬运河以东以北，通榆运河以东属海积相滨海堆积平原。地面高程3.2～6.0米，以西场南部最高，渐向东、西、北三面倾斜。该区为海相、河相沉积形成的古沙河（高亢）平原，形成过程中，在海流和河流影响下，形成高差1米左右的微地貌，低洼的地方多称为洼、荡、滩、洋，高起的地方一般被称为坎、墩。

城东镇地势低平，境域内皆属堆积型平原，形成历史在6000年左右。地貌由平原和圩沟构成，平原占78.3%，圩洼占21.7%。全境地表起伏甚微，地面高程南高北低，最高6.0米，最低3.2米，其中地面高程多数在4.0米以上。境域内河道纵横、水网密布，各级河道、沟渠、池塘形成较为完善的排灌体系。

三、地质构造

城东镇属第四系沉降中心松散层，覆盖厚度360米左右。境域内岩层断裂为隐性推测断裂，称为栟茶断裂，又称海安—南港断裂，位于北纬32°30′附近，自南屏至如东县栟茶镇一段呈现近东西向，与栟茶运河走向一致，再往东断裂转为东北向伸入黄海，通过朗家沙西北侧，为断面北倾（倾角为60°）的正断面，与黄海大断裂交汇。该断裂为活动性断裂，20世纪后其东段多次发生4～5级地震，属地震活动区，但不具备发生强震的地质构造条件和历史背景，不排除发生中强度地震的可能，陆地上最大震级不超过6级，海域有可能大于6级。

四、工程地质

城东镇通扬运河以南串场河以东，为河口相早期沉积、工程地质条件良好区。一般建筑地基以表层轻亚黏土作持力层，属中压缩性土，允许承载力每平方米15～18吨，重型建筑物桩基以地表下8～12米的粉砂、细砂质层作为持力层，单桩允许承载力25～40吨。

第三节　气候　物候

一、四季特征

春季（3—5月）是冬、夏季风转换季节，冷暖空气交替频繁，天气多变，乍暖乍寒，时晴时雨，气温回升缓慢，不稳定，尤其是低温连阴雨和春霜冻对农业生产影响较大。

夏季（6—8月）主要受海洋季风影响，多东南风，初夏进入梅雨季节，长时间阴雨少照，并常伴有雷雨大风和暴雨天气。出梅后进入盛夏，天气受副热带高压控制，多照少雨，高温酷热，有时出现不同程度的伏旱。

秋季（9—11月）是冬季风取代夏季风的转

换季节。天气渐凉，秋高气爽，晴空万里，光照充足。少数年份初秋气温持续偏高，俗称“秋老虎”。秋季还常受台风或强热带风暴影响，形成较大降水。有些年份冷空气势力不强，暖温空气南撤较慢，造成秋雨绵绵，阴雨不断。对秋收秋种十分不利。

冬季（12月至翌年2月）受大陆冷气团控制，盛行西北风，天气寒冷干燥，冷空气活动频繁，常有寒潮，出现偏北大风、剧烈降温和降水过程，而后转晴，天气回暖，形成“三日寒、四日暖”冷暖交替的天气变化过程。

二、气　候

日照　年平均日照2142小时，日照百分率48%。一年中，夏季日照时间最长，为631.5小时，占全年的29.5%；春秋次之，分别占全年的24.9%和24.4%；冬季最短，占全年的21.2%。分月看，8月日照数最多，平均240小时；2月最少，平均137小时。

气温　年平均气温14.5℃，最高15.6℃（1961年），最低13.7℃（1980年），日平均气温最高32.3℃，最低-7.3℃（1969年2月6日），其中暑热时间最长38℃以上的（10天以上）为2005年，最低0℃以下的在1967年冬至1968年春，长93天。

降雨　年平均降雨量1025毫米左右。一年中，夏季降雨最多，占全年的45%～50%，冬季降水最少，仅占全年9%左右，降雨与气温升降同比，有利于植物生长。一般在6月20日前后入梅，梅长20天左右，但在1978年出现过空梅。

湿度　年平均相对湿度80%，7月相对湿度最高，平均87%，12月最低，只有75%。

蒸发　年平均蒸发量1360毫米。蒸发量的四季分配频率分别是：春季28%，夏季37%，秋季23%，冬季12%。

风　常年主导风向为东南风。按季不同，春、夏季东南风居多，秋季东北到东风，冬季西北风为主导风向。年平均风速每秒3.1米，一年中3月平均风速最大，每秒3.7米；10月平均风速最小，每秒2.6米。最大瞬时风速为每秒34米，2分钟平均风速每秒18米。最大瞬时风速大于每秒17米（八级以上）的大风日平均每年出现6~7天。

雪　常年初雪日在12月27日，最早11月28日（1987年），最迟3月18日（1975年），终雪日一般在3月7日左右，最早12月14日（1985年），最迟4月24日（1980年）。常年平均有雪日5~7天，最多19天（1968年冬至1969年春），个别年份只有1天，最长积雪日数14天（1984年1月17—30日）。2008年1月25—29日，出现持续降雪天气。27日20时至28日20时降雪量为17.9毫米，为暴雪。25日20时至29日8时，最大积雪深度为24厘米。

气压　年平均气压1016.5百帕。年最高平均气压1017.4百帕，出现在1969年。年最低平均气压1015.7百帕，出现在1966年。一般12月气压最高，平均1026.9百帕；7月最低，平均1004百帕。极端最高气压1046.1百帕（1970年1月5日），极端最低气压990.3百帕（1973年7月19日）。

霜　常年无霜期平均210.2天，最长236天（1964年、1977年），最短182天（1980年）。一般11月上旬出现初霜，最早10月10日（1969年），最迟11月26日（1965年）；终霜大致在4月上旬前后，最早3月21日（1964年），最迟5月3日（1966年）。

三、物　候

动物候　蟾蜍：3月上中旬开始活动，11月初开始冬眠。

家燕：3月底至4月初开始飞来，9月上旬开始飞走。

布谷鸟：5月上旬始鸣，8月中旬终鸣。

蚊子：5月上旬开始猖獗，10月上中旬开始销匿。

乌鱼：3月上中旬开始游动，4月上旬开始产卵，11月上中旬开始冬眠。

青蛙：4月下旬始鸣，10月上旬绝鸣。

蛇：3月上旬出洞，10月下旬冬眠。

植物候　梨：3月下旬至4月上旬萌芽，4月上中旬展叶，4月中旬开花，8—9月果实成熟。

桃：3月中下旬萌芽，展叶，4月上中旬开花、

图2-2　梨花　（孙宝峰/摄）

图2-3　桃花　（孙宝峰/摄）

放叶。6月上旬至10月上旬果实成熟，11月下旬落叶。

枇杷：10月底到11月初开花，3月初春芽萌动，5月底至6月中旬果实成熟。

柑橘：3月下旬萌芽，4月上中旬春梢开始生长，5月中下旬开花，6月中旬夏梢开始生长，7月下旬至8月下旬秋梢开始生长，9月下旬秋梢停止生长，10月中旬至11月下旬果实成熟。

草莓：3月底始花进入旺盛生长期，4月中旬进入盛长和幼果期，5月上中旬果实开始成熟，下旬进入采收盛期，6月上中旬果收结束。

银杏（白果）：3月底萌芽，4月中下旬始花，9月底成熟，10月底叶全落尽。

石榴：4月初萌芽，6月中下旬开花，11月底叶全落尽。

迎春花：2月上旬萌芽，4月底至5月初现蕾，5月中下旬始花。

广玉兰：常绿乔木，5月中下旬换叶，6月初始开花。

垂柳：3月中下旬萌芽，3月底始展叶，10月底叶全变色，11月上中旬叶全落尽。

湖桑：3月下旬露青，4月上中旬萌芽，4月中旬展叶，11月中旬停止生长，12月上中旬落叶。

四、主要自然现象

表2-1　城东镇主要自然现象时间一览表

非生物候	发生时间（月/日）		
	平　均	最　早	最　迟
土壤结冻	12/21	—	—
土壤解冻	2/19	—	—
初　霜	11/10	10/10	11/26
终　霜	4/10	3/21	5/3
初　雷	—	1/26	5/30
终　雷	—	8/25	12/21
初　雪	12/27	11/28	3/18
终　雪	3/7	12/14	4/24

续表2-1

非生物候	发生时间（月/日）		
	平　均	最　早	最　迟
初积雪	—	12/25	4/3
降 雹	—	3/1	10/23
台 风	—	6/24	11/10

第四节　河　　流

一、水　系

城东镇属长江水系，境域河道纵横交错，级差分明，有一级河4条，二级河4条，三级河18条，四级河95条。境域河网正常水位2.1米，历史最高水位4.76米（1954年7月23日），最低水位0.6米（1997年3月23日）。

50年代初，城东镇开始兴修水利，先后开挖、疏浚栟茶运河、通扬运河、通榆运河、北凌河、新古河、友谊河、春风河、立公河、黄涵河、洋蛮河、北翻身河、私盐河、红星河、小焦港河、洋港河、鸡港河、立新河、建设河、团结河、新生河、风景河、友谊河、西季坞荡河、东翻身河等骨干河道以及数十条四级河道，构成城东镇的灌排河网体系，为城东镇农业生产、改善人民生活提供有力保障。

二、一二级河道

1.通扬运河　古称运盐河、上河、上官河、上官运盐河，开挖于西汉文帝、景帝年间（公元前179—前141年），为吴王刘濞开凿。自扬州茱萸湾到海安三十里墩（现城东镇农林村），继又开挖至如皋东陈乡汤家湾。主要用于盐运。随后通南通，由姚港入江，全长212.5公里，海安县境内长39公里，其中在城东镇境域由油坊头村10组起，至界墩村21组止。流经油坊头村、民桥村、葛家桥村、农林村、南阳村、开屏村、立发桥村、

图2-4　通扬运河城东段　（陈顺源/摄于2009年4月）

界墩村，长9.9公里。唐代沿河均设堰置闸，控制水位，既利通航，更利农田灌溉。明代海安南有通属十盐场，北有泰属中十场，盐船多经立发桥下通扬河运往扬州。自明万历年间（1573—1620年）至1970年13次疏浚通扬河海安段。其中1969年11月15日至1970年1月10日，如皋、海安两县疏浚通扬运河，从丁堡河经如城至栟茶河段，长39.79公里，海安出动民工2万人，由柴湾至栟茶运河段长13公里，以原河浚深拓宽。施工标准：底高-1.0米、底宽10米、坡1∶4，青坎5米，所挖之土沿河填塞300米内废沟塘，完成土方170万立方米，使用经费20万元。1997年11月20日至1998年2月，疏浚栟茶运河至如皋小溪河段，由海安、如皋共同组织疏浚。海安负责栟茶运河至如海交界处，长6.5公里，同时疏浚支河口5处、支河2条，长2.2公里，由南屏、新生两乡组织实施，共投入泥浆泵23台（套）、接力泵48台（套）。完成清淤土方33万立方米；新建排水涵32座、电灌站1座，维修加固电灌站4座，增加复垦土地200亩，投入经费211万元。

2.栟茶运河　明洪武元年（1368年）开挖此河。嘉靖年间（1522—1566年），称之为栟茶河。栟茶运河横贯县内南部地区，西与泰县交界

图2-5 栟茶运河城东段 （孙宝峰/摄）

处之姜黄河相接，东至如东县小洋口闸入海，全长73.18公里。流经海安县49.4公里，其中流经城东镇南屏村、开屏村、农林村、立发桥村、洋蛮河村、新生村、西场村、爱凌村、石庄村、壮志村、洪旺村，长11.55公里。分别于1954年、1957年、1968年由人工疏浚而成。工程标准，河底纵比降：通扬运河以东为1/39700，通扬运河以西1/50000，河底高程西洋蛮河为-0.457米，塔子里为-0.5米，底宽西洋蛮河至青萍港为26.5米，青萍港至塔子里由26.5米渐缩为17米。河坡西洋蛮河至三十里墩为1∶3，三十里墩至塔子里为1∶3.5，西洋蛮河至青萍港青坎为5米，青萍港至塔子里为4米。附属工程境域有南屏公路桥、西场木便桥等。同时建闸1座、涵洞9座、渡口8处。1968年11月，从风景河至塔子里34.94公里段进行捞浅。工程标准：底宽由东向西从15米渐缩至10米，河底高程-1.0米、河坡1∶3~1∶5。自1954年始，至1968年止，先后进行5期工程，7次开挖和疏浚，前后出民力28.94万人次，实做工日830.83万个，完成土方1347.36万立方米，国家投入资金915.845万元。1991年11月15日至1992年1月16日，疏浚三十里墩通扬河口至丁堡河口段，全长18.02公里。沿线丁所、壮志、新生、西场、立发5个乡镇组织疏浚，投入泥浆泵96台（套），完成土方107万立方米，国家投入经费150万元。

3.通榆运河 航线纵贯连云港、盐城、南通三市，经城东镇由南通焦港船闸穿越长江进入苏州市，止于上海市，全长558公里。1958年开挖，21世纪后改为连申运河，航道全线通航，成为京杭大运河之后贯穿江苏南北的第二条千吨级水运大通道，其中城东镇段长0.53公里，流经五坝村。

4.北凌河 北凌河原称洋河、凌河，为历史上自然河道。在海安县滨海垦区，位于串场河以东，中凌河以北，是海安引淡、挤咸、排涝入海的重要河道。西起贲家集与东串场河相接，东至北凌新闸入黄海，流经海安大公、城东、李堡、角斜等乡镇和县蚕种场及如东县栟北垦区，全长44.74公里，其中海安县境内长38.65公里。北凌河在城东镇起于韩洋村17组，讫于热港村8组与李堡镇交界，境域内长3.25公里。1955—1980年，北凌河经过由低标准到高标准的整治过程，整个工程分9期施工，历时20多年，形成较为完整的水系河网。1995年，北凌河西段延伸接通榆运河，长1.6公里；同期扩浚贲家集至立公河段，长2.5公里。2007年1月，疏浚立公河至春风河段，长4.87公里。

5.春风河 南起陆家堑接栟茶运河，向北穿过北凌河与红星河相接，长12.94公里，流域面积19.63平方公里。春风河流经西场村、韩洋村、三丰村、热港村、石桥村，城东镇境域内长7.6公里。该河原名东洋涵河，为历史上一条老河道，原河腹地石家荡、陆家荡等常年受灾，非旱即涝。北凌河以北为农场河，长5.4公里，1956年11月18日开工，12月14日完工，由西场区动员民工6956人开挖，实做工日9742个，完成土方24万立方米，使两河相连。1957年11月27日至12月15日，西场区动员民工9171人，疏浚7.7公里老河，实做工日12.14万个，完成土方35.25万立方米，使用经费6.2万多元，其中国家补助经费4.4万元。疏浚后改善灌溉面积5.14万亩。1958年，该河重新规划，裁弯取直由陆家堑栟茶运河直线向北，穿过北凌河接农场河，挖新河、填老河。原计划土方180万立方米，完成土方114万立方米，支出经费9819元。1966年陆家堑至北凌河捞浅，支出经费1740元。1971年冬春，西场公社境域内捞浅完成土方6.17万立方米，投工3.1万个，支出经费2100元。1974年冬至1975年春，由西场，韩洋两公社对5.2公里河段扩浚，动员民工4600人，实做工日19.87万个，完成土方43.72万立方米，使用经费1.91万元。1990年12月至1991年2月，西场镇境域内3.55公里河段疏浚，使用泥浆泵6台，完成土方7.5万立方米，底宽5米，河底高

0.0米，河坡1∶05~1∶1.5。1993年冬，西场、韩洋、北凌3乡镇组织泥浆泵12台（套）疏浚境域内河段，总长9.46公里，完成土方12万立方米。2008年，西场镇疏浚境域内河段，长8.6公里，完成土方22万立方米。

6.立公河　因起讫点于立发、大公，故名。南与栟茶运河相接，北穿过北凌河与红星河相通，至大公镇高墩与东台市交界处，全长11.28公里，流域面积25平方公里。城东镇境域流经立发桥村、洋蛮河村、三角村、界墩村、刘缺村、韩徐村，境域内长6.91公里。首期工程从立发栟茶运河口至大公贲家巷，长10.1公里。动员民工5.42万人，于1958年11月下旬开工，至1959年4月中旬竣工，原计划土方158万立方米，实际完成土方110万立方米，支出经费2.1万元，挖压土地1492亩。1960年冬至1961年春，由立发、韩洋、大公三公社动员民工727人对立公河南段捞浅，实做工日6910个，完成土方1.23万立方米，支出经费639元。1964年冬，韩洋公社对境域内1.5公里河段疏浚，完成土方12.03万立方米。1970年11月15日至1971年1月15日，开挖贲家巷至高墩2.2公里河段，至此全线浚通。1994年冬至1995年春，疏浚栟茶运河至北凌河段，长8.95公里。由立发、韩洋、大公三乡镇组织泥浆泵疏浚，完成土方31万立方米，投入经费89万元。2004年4月至5月13日，为改善火车站货场水上运输条件，由城东、洋蛮河两镇水利站疏浚立公河南段，长2.5公里。投入泥浆泵等机械25台（套），完成土方6万立方米，投入经费15万元。

7.友谊河　原名翻身河，东起李堡镇丁堡河，西接通扬运河，长16.35公里。流域面积26平方公里，河道排涝标准达十年一遇。流经城东镇油坊头、葛家桥、民桥、品建、堑南、石庄、壮志、施秦、洪旺村，境域内长13.91公里。1972年1月，新生、壮志、丁所三公社和“五七”干校动员民工2.6万人，开挖通扬运河至如皋海安交界处沈家桥2.53公里河段，实做工日103.8万个，完成土方223万立方米，投入经费57.41万元。1972年12月1日至1973年1月20日，由李堡、西场、海安3个区和“五七”干校动员民工25423人，开挖由沈家桥至丁堡河段，长近13.82公里，投工50万个，完成土方164.21万立方米，投资32万元，此

图2-6　友谊河城东段　（孙宝峰/摄）

后，改名友谊河。1989年10月15日至11月30日，友谊河全线疏浚，投入20台（套）水力冲挖机施工，完成土方33.8万立方米，使用经费113.2万元。底宽6米，河底高程-0.5米，河坡1∶3。1997年，由壮志乡水利站用水力冲挖机组疏浚壮志境域内段面，长5.5公里，完成土方12万立方米，补助经费9.6万元。2004年3月，西场镇水利站使用泥浆泵疏浚境域内河段2.7公里，完成土方8.2万立方米，复垦土地18亩。2005—2006年，城东镇使用泥浆泵12台（套）疏浚境域内河段，长8.29公里，完成土方20.6万立方米，复垦土地8亩，投入30万元。

8.新古河　南起海安如皋交界，北至海安与东台交界。流经原壮志、西场、曹园、北凌4乡镇，全长14.4公里，主要沟通友谊河、栟茶运河、北凌河、红星河水系，系县河东地区灌排引水河道。境域长8.97公里。流经施泰、壮志、洪旺、戚庄、新立、热港、爱凌等村。沿河有人行桥10座、灌溉车口21座、排水涵50座、码头3座、支河34条。

新古河由老古河整治而成。老古河为西南东北走向，西南端起自西场镇古河坝与栟茶运河相接，北至朱家庄分两支：一支东北流向，弯弯曲曲至李堡西北之老鹳嘴，长14.04公里；另一支西北流至储家洋仲庄，长9公里。新中国成立后，多次疏浚整治老古河，裁弯取直，改造成新古河。

三、三四级河道

三级河又称大沟，是镇一级的骨干河道，河底高程为0~0.5米，河底宽为3~5米，河坡1∶2~1∶3.5之间。三级河起着引水、排水、蓄水、降渍的作用，

一般间距在2~3公里。全镇有三级河18条，总长71.88公里。

四级河又称中沟，是镇村级主要河道，起着引、排、蓄、降的作用，一般间距0.5~1.5公里，是经市、县划定，定权发证的最低一级河道，一般河口宽16~30米，河底宽2~5米，河底高程-0.5~0.5米，河坡1∶2~1∶3之间，全镇四级河95条，总长度171.79公里。

2011年城东镇三级河道基本情况表

表2-2

序号	河道级别	河道名称	起　点	讫　点	境域内长度（公里）	途经村
1	三级	幸福河	民桥17组	东翻身河	5.10	民桥、品建、新生、堑南村
2	三级	新生河	农林27组	东翻身河	4.90	民桥、农林、品建、新生、堑南村
3	三级	西季坞荡　河	友谊河	栟茶河	3.30	农林村27组，止于东翻身河
4	三级	东翻身河	友谊河	栟茶河	3.20	堑南村
5	三级	北翻身河	立公河	春风河	4.36	翻身、韩洋村
6	三级	红星河	立公河	三丰8组	4.11	洋蛮河、三丰村
7	三级	洋蛮河	栟茶河	北凌河	6.87	韩徐、韩洋、三丰、洋蛮河、三角村
8	三级	黄涵河	栟茶河	北凌河	6.00	立发桥、界墩、刘缺、五坝村
9	三级	私盐河	立公河	春风河	4.64	韩徐、三角、三丰村
10	三级	建设河	油坊头8组	南阳24组	4.54	油坊头、葛家桥、南阳村
11	三级	团结河	葛家桥14组	南阳15组	3.27	葛家桥、南阳村
12	三级	小焦港河	南屏11组	南屏18组	1.95	南屏村
13	三级	洋港河	南屏8组	南屏22组	2.36	南屏、泰宁村
14	三级	立新河	开屏6组	泰宁2组	3.22	开屏、泰宁村
15	三级	鸡港河	开屏5组	泰宁22组	2.90	开屏、泰宁村
16	三级	老凌河	戚庄	爱凌	0.65	戚庄、爱凌村
17	三级	风景河	西场	热港	6.34	西场、戚庄、丰产、新立村
18	三级	壮志河	施秦	壮志	4.17	施秦、壮志村

2011年城东镇四级河道基本情况表

表2-3

序号	河道级别	河道名称	起　点	讫　点	境域内长度（公里）	途经村
1	四级	东屏河	洋蛮河	西场界	1.68	洋蛮河村
2	四级	东石河	洋蛮河	西场界	2.34	洋蛮河、三丰村
3	四级	石丰河	洋蛮河	西场界	1.88	三丰村
4	四级	丰河中心河	洋蛮河	西场界	2.21	三丰村
5	四级	双丰河	洋蛮河	春风河	2.50	三丰村

续表2-3

序号	河道级别	河道名称	起 点	讫 点	境域内长度（公里）	途经村
6	四级	韩丰河	洋蛮河	春风河	2.38	韩洋、三丰村
7	四级	韩南中心河	洋蛮河	春风河	2.31	韩洋村
8	四级	韩西中河	洋蛮河	春风河	2.05	韩洋村
9	四级	韩西北河	大公界	春风河	1.52	韩洋村
10	四级	大桥南河	洋蛮河	西场界	0.46	韩洋村
11	四级	大桥中河	洋蛮河	西场界	0.79	韩洋村
12	四级	大桥北河	洋蛮河	西场界	0.99	韩洋村
13	四级	赵桥南河	立发桥村	洋蛮河	0.99	洋蛮河村
14	四级	赵桥中河	立发桥村	双洋路	2.15	洋蛮河村
15	四级	丰原中心河	立公河	洋蛮河	2.26	三角村
16	四级	三角南河	界墩界	老韩洋中心河	1.42	三角村
17	四级	老韩洋中心河	三角南河	私盐河	0.60	三角村
18	四级	三角中心河	界墩界	洋蛮河	1.88	三角村
19	四级	韩徐中河	立公河	洋蛮河	2.50	韩徐村
20	四级	韩徐北河	立公河	洋蛮河	2.50	韩徐村
21	四级	韩公河	刘缺界	洋蛮河	1.39	韩徐村
22	四级	10—11组河	油坊头10组	油坊头11组	0.90	油坊头村
23	四级	中心河	油坊头14组	油坊头2组	1.30	油坊头村
24	四级	1、3、16组河	油坊头16组	油坊头1组	1.10	油坊头村
25	四级	双渔河	葛家桥15组	南阳21组	1.20	葛家桥、南阳村
26	四级	23—24组河	葛家桥23组	葛家桥24组	1.00	葛家桥、南阳村
27	四级	葛桥河	葛家桥6组	葛家桥12组	0.90	葛家桥、南阳村
28	四级	旭东河	南阳14组	南阳1组	1.00	南阳村
29	四级	东升河	南阳1组	南阳15组	1.90	南阳村
30	四级	银杏河	南阳4组	南阳3组	0.90	南阳村
31	四级	绿化港河	南阳9组	南阳8组	0.90	南阳村
32	四级	卫东河	南屏13组	南屏13组	0.80	南屏村
33	四级	周济河	南屏6组	南屏2组	1.40	南屏村
34	四级	高庄河	南屏2组	南屏17组	1.40	南屏村
35	四级	刘缺河	刘缺14组	刘缺1组	1.00	刘缺村
36	四级	前进河	刘缺19组	刘缺25组	2.20	刘缺村
37	四级	前进北河	刘缺22组	刘缺27组	1.60	刘缺村
38	四级	时家港河	刘缺22组	刘缺23组	1.60	刘缺村

续表2–3

序号	河道级别	河道名称	起　点	讫　点	境域内长度（公里）	途经村
39	四级	跃进河	刘缺3组	刘缺2组	0.97	刘缺村
40	四级	红卫河	刘缺8组	五坝13组	2.88	刘缺、五坝村
41	四级	练港河	五坝5组	五坝3组	1.30	五坝村
42	四级	新华南河	五坝1组	五坝8组	1.50	五坝村
43	四级	新华北河	五坝3组	五坝7组	1.30	五坝村
44	四级	串长河	五坝26组	五坝26组	0.90	五坝村
45	四级	老界墩河	立公河	界墩19组	2.00	界墩村
46	四级	老新运河	立公河	界墩7组	1.60	界墩村
47	四级	老通扬河	立发桥12组	立发桥1组	1.00	立发桥村
48	四级	农林河	农林5组	农林19组	1.70	农林村
49	四级	农业河	农林9组	农林18组	1.86	农林村
50	四级	新五河	新生7组	农林22组	4.56	新生、农林村
51	四级	古河	民桥1组	农林12组	3.04	民桥、农林村
52	四级	林东河	农林4组	农林9组	1.64	农林村
53	四级	新建河	民桥12组	农林16组	0.52	民桥村
54	四级	复兴河	品建6组	品建8组	0.80	品建村
55	四级	跃进河	品建5组	品建7组	0.50	品建村
56	四级	景风1号	热港	热港	0.89	热港村
57	四级	景风2号	热港	热港	1.94	热港村
58	四级	景风3号	热港	热港	2.50	热港村
59	四级	景风4号	丰产	石桥	2.47	热港、丰产、石桥村
60	四级	景风5号	丰产	石桥	2.47	丰产、石桥村
61	四级	景风6号	丰产	石桥	2.47	丰产、石桥村
62	四级	景风7号	丰产	石桥	2.48	丰产、石桥村
63	四级	景风8号	丰产	石桥	2.49	丰产、石桥村
64	四级	景风9号	丰产	石桥	2.49	丰产、石桥村
65	四级	景风10号	丰产	西场	2.49	丰产、石桥、西场村
66	四级	西界河	热港	热港	1.05	热港村
67	四级	窑厂河	丰产	丰产	0.50	丰产村
68	四级	爱民1号	石桥	石桥	0.76	石桥村
69	四级	爱民2号	石桥	石桥	0.58	石桥村
70	四级	爱民3号	石桥	石桥	0.77	石桥村
71	四级	陆堑1号	西场	西场	0.71	西场村

续表2-3

序号	河道级别	河道名称	起　点	讫　点	境域内长度（公里）	途经村
72	四级	陆堑2号	西场	西场	1.01	西场村
73	四级	新风1号	热港	热港	2.55	热港村
74	四级	新风2号	热港、新立	热港、新立	2.54	热港、新立村
75	四级	新风3号	新立	新立	2.54	新立村
76	四级	新风4号	新立	新立	2.51	新立村
77	四级	新风5号	新立	戚庄	2.51	新立、戚庄村
78	四级	新风6号	戚庄	戚庄	2.47	戚庄村
79	四级	新风7号	戚庄	戚庄	2.47	戚庄村
80	四级	新风8号	戚庄、爱凌	西场	2.47	戚庄、爱凌、西场村
81	四级	新风9号	爱凌	爱凌	1.58	爱凌村
82	四级	新风10号	爱凌	爱凌	0.57	爱凌村
83	四级	凌河1号	爱凌	爱凌	1.25	爱凌村
84	四级	凌河2号	爱凌	爱凌	0.79	爱凌村
85	四级	凌河3号	爱凌	爱凌	0.81	爱凌村
86	四级	东界河	热港	新立	3.34	热港、新立村
87	四级	葛港河	壮志	石庄	2.32	壮志、石庄村
88	四级	洪桥河	洪旺	石庄	4.93	洪旺、壮志、石庄村
89	四级	杨港河	洪旺	石庄	4.98	洪旺、壮志、石庄村
90	四级	池塘河	洪旺	石庄	5.17	洪旺、壮志、石庄村
91	四级	王池河	洪旺	洪旺	0.41	洪旺村
92	四级	池旺河	洪旺	石庄	5.60	洪旺、施秦、石庄村
93	四级	施庄河	洪旺	施秦	3.69	洪旺、施秦村
94	四级	小池河	洪旺	洪旺	0.41	洪旺村
95	四级	秦庄河	施秦	施秦	0.89	施秦村

第五节　资　　源

一、土地资源

土地自然条件　境域土壤主要发育于海相沉积和长江冲积母质，该母质发育而成的土壤质地偏沙，组成特质较粗，黏粒含量10%左右，粉粒含量40% ~50%，地下水中含有盐分，全剖面质地均一。

全镇耕作层旱土0~20厘米，水田0~15厘米。土壤有机质含量中等，平均1.41%，变幅为0.15% ~5.22%。土壤含氮量属中等，平均1.00‰，变幅每千克0.13% ~2.61%。土壤含磷量较高，平均1.45‰，变幅1.05‰ ~1.98‰，但土壤有效磷含量很低，土壤速效磷含量平均4.1克，变幅0~78克。土壤全钾含量丰富，平均2.13%，变幅1.93% ~2.54%。土壤缓效钾含量平均619.9克，变幅330~907克，属中等水平。

土地资源评价 根据海安县土壤评级统计和海安县土地（水田和旱田）评级标准，全镇耕地等级基本属于三级、四级标准。

其主要特点：1.土地自然条件较好，土地利用限制性较小。全镇地势平坦，水网纵横，气候温和。雨热同季，光热、水资源丰富，土层深厚，质地良好，土宜性广，适宜于多种农作物生长。2.土地利用以农业为主，耕地利用水平较高。全镇耕地、园地等农业用地占全镇土地总面积57.29%，占土地利用的主导地位。3.土地利用基础条件较好。

土地与人口 土地后备资源潜力不大，耕地后备资源不足。需要集约节约利用土地，改善土地环境，提高土地质量，调整土地利用结构和布局，挖掘土地潜力，有效配置土地资源。新中国成立初期，全镇人均占有耕地1.83亩；1960年全镇人均1.54亩；1970年人均耕地减至1.29亩；1994年人均耕地0.95亩；2011年，人均耕地仅有0.73亩。

附：土地种类与分布

种类 城东镇大部分地区为盐土地区，经数千年变化，全镇境域内土壤主体已脱盐。1985年第二次全国土壤普查，按照全国和江苏省规程，对土壤种类采用土类、亚类、土属、土种和变种五级分类制，城东镇地域的土类为潮土，亚类为灰潮土。

分布 老通扬运河以南为高沙土地区，通榆运河以东老通扬运河以北为中沙土和中黏土地区。原韩洋乡土属土种均为黏土，其特征为全层中壤到重壤，表土黏粒含量大于20%，小块状结构，耕性差，僵板。原新生乡土属夹沙土，其特征为有效土层以中壤为主，少数重壤，表土黏粒含量小于15%，较黏重。原立发乡、南屏乡土属、土种、变种均为夹沙土，其特征为有效土层轻壤到中壤，1米土层质地均匀，无障碍层次，黏粒含量11% ~15%，耕性好。

2011年城东镇土地资源分布情况表

表2-4

序号	村名	村民小组（个）	乡村户数（户）	乡村人口（人）	实有耕地（亩）	人均耕地（亩）	粮食面积（亩）	油料面积（亩）	桑园面积（亩）	渔业面积（亩）
1	泰宁村	15	1204	4507	1583	0.35	21	18	0	0
2	南屏村	23	1442	4625	1463	0.32	1332	162	540	6
3	开屏村	19	1332	4375	31	0.01	513	98	500	520
4	南阳村	26	1519	5057	2119	0.42	2830	266	320	55
5	葛家桥村	24	1280	4519	2146	0.69	3104	277	1200	88
6	油坊头村	26	1164	3680	2681	0.73	4642	355	603	18
7	立发桥村	25	1413	4226	767	0.18	1669	142	500	246
8	界墩村	26	1213	4594	2600	0.57	4770	156	820	246
9	五坝村	32	1511	4900	3364	0.69	6233	215	965	274
10	刘缺村	27	1038	3615	3023	0.84	5576	131	942	10
11	洋蛮河村	21	1012	3336	1843	0.55	2886	79	88	69
12	三角村	18	907	2871	3250	1.13	4528	164	468	0
13	三丰村	30	1470	4984	4799	0.96	7067	417	744	275
14	韩洋村	28	1221	3972	4396	1.11	7685	114	933	220

续表2-4

序号	村名	村民小组（个）	乡村户数（户）	乡村人口（人）	实有耕地（亩）	人均耕地（亩）	粮食面积（亩）	油料面积（亩）	桑园面积（亩）	渔业面积（亩）
15	韩徐村	25	1201	4018	4380	1.09	8130	230	809	74
16	上湖村	19	922	2939	782	0.27	5246	331	820	65
17	堑南村	30	1511	4505	3945	0.88	8885	270	504	365
18	品建村	21	866	2883	3578	1.24	5637	203	352	0
19	农林村	27	1523	4546	3093	0.68	7099	480	502	68
20	民桥村	22	953	2976	2960	0.99	5439	357	584	25
21	壮志村	36	1484	4789	4967	1.04	8800	811	1468	166
22	爱凌村	18	1068	3334	3068	0.92	5652	47	1043	324
23	戚庄村	14	1254	3956	3233	0.82	5376	533	990	226
24	新立村	19	1288	3969	4069	1.03	7541	497	1008	165
25	热港村	27	1564	4820	5590	1.16	8417	482	1968	248
26	丰产村	17	1046	3487	2918	0.84	5504	338	1066	386
27	石桥村	24	1331	4450	3848	0.86	5902	403	1101	415
28	西场村	21	1475	4348	1945	0.45	3613	249	644	240
29	洪旺村	19	864	2816	3377	1.20	5658	241	1022	241
30	施秦村	21	809	2791	3402	1.22	5886	317	956	133
31	石庄村	25	991	3328	3342	1.00	7135	478	610	499
	合计	725	37948	123216	91132	0.73	162776	8861	24070	5667

二、地下水资源

城东镇为长江三角洲平原的一部分，松散沉积物的成因类型以河口三角洲相、河湖相为主，并有海相沉积，自上而下可分为5个含水层（组），即孔隙潜水含水层组，第Ⅰ承压水含水层组，第Ⅱ承压水含水层组，第Ⅲ承压水含水层组，第Ⅳ承压水含水层组。

孔隙潜水含水层（组） 孔隙潜水主要赋存于50米以浅的第四纪全新统地层中，为滨海—河口相沉积，具有河口三角洲特征，含水层岩性为灰、灰黄色粉砂，亚砂土及粉西砂层。单井涌水量大于每日10立方米，最大每日100立方米。年均可开采量6994万立方米。由于受海侵影响，多数为淡、微咸水，矿化度向黄海方向逐渐升高。

第Ⅰ承压水含水层（组） 分布范围与潜水层基本一致，含水层为上更新统地层，顶板岩性为灰黄色亚黏土及灰黑亚黏土，局部为压砂土、粉砂、亚黏土互层；顶板埋深40~60米，平均厚度20~25米。底板岩性为灰黄、棕黄色亚黏土，黏土；南北分布不均匀，厚约15米。含水层由砂砾石、含砾粗砂、中粗砂、中细砂、细砂、粉细砂组成。水位埋深1~4米，水温17℃~20℃，单井涌水量一般为每日2000~3000立方米。

第Ⅱ承压水含水层（组） 该含水层分布不稳定，呈多层管透镜状，为中更新统地层组成，属海—陆交替相，以河、湖沉积为主。隔水顶厚度为15米。隔水底板一般为160~180米，最深195.2米，其厚度由西南向东北方向逐增。岩性以含砾中粗砂为主。单井涌水量在每日200~1000立方米，静水位埋深3~5米不等。区内平潮以西及深部含少量淡水透镜体外，一般为咸水，分布不稳定，埋深较第Ⅰ承压水含水层为深。

第Ⅲ承压水含水层（组） 该含水层下更新统地层组成，其分布带受古地形、古河道演变制约，具河床、漫滩或冲积湖相特征。含水层顶板岩性为棕黄色亚黏土、黏土，含少量铁锰质结核及钙质结核；厚度一般为15~30米，最厚处58米以上。底板以棕黄、棕红色为主，夹灰绿等杂色黏土、亚黏土，厚度大于10米。区内顶、底板隔水性良好，储有优质淡水。含水层岩性主要为灰白、灰黄、灰黑色，含砾中粗砂，粗砂、细中砂或含水量砾粗砂、中粗砂、粉细砂等。顶、底部含水量泥质成分较多，局部为泥砾、砂卵石层。水温一般为22℃~24℃，单井涌水量在每日1000~3000立方米，是极宝贵的水源，应珍惜，合理利用。

第Ⅳ承压水含水层（组） 该含水层为上第三纪沉积地层，以河湖相沉积为主。埋藏较深，埋深度在250~290米不等，厚度5.9~28.34米。含水层岩性主要为中细沙、粗砂、少量砾卵石层及细砂、粉细砂层，夹薄层亚黏土，含炭化木及有机质残骸。顶底板隔水性良好，为黏土、亚黏土，色较更新统地层深，水位埋深0.42~14.8米。单井涌水量大于每日1000立方米，属淡水。

三、动物资源

无脊椎动物 ［环节动物］蚯蚓、水蛭、蚂蜞、蚂蟥。

［软体动物］河蚬、三角帆蚌、背角无齿蚌、香蕉蚌、螺蛳（蜗螺儿）、椎实螺、田螺、蜗牛、蛞蝓（鼻涕虫）。

［节肢动物］蜻蜓、蝉（知了）、螳螂（蚱螂）、蜚蠊（蟑螂）、蜣螂（屎壳郎）、蟋蟀、地鳖虫、蚂蚁、天牛、萤（萤火虫）、金龟子（幼名蛴螬）、蝼蛄（土地狗儿）、斑蝥（放屁虫）、蚱蜢（蠓虫儿）、蝗（蝗虫）、桑尺蠖、叩头虫（别别虫）、臭虫（臭椿）、虻（牛蝠）、胡蜂、黄蜂、蜜蜂、蚕、蝴蝶、瓢虫、蚜虫、红铃虫、刺蛾（洋辣子）、络纬（纺织娘）、地老虎、牛子（米虫）、青虾（河虾）、龙虾、白虾、中华绒螯蟹（螃蟹）、红螯相子蟹（螃蜞）、蜘蛛、红蜘蛛、螨、蚰蜒（蓑衣虫）、蜈蚣（百脚）

脊椎动物 ［鱼类］鳢鱼（乌鱼、黑鱼）、鲶鱼、鳜鱼（地花）、泥鳅、青鱼、草鱼（鲲鱼）、鲢鱼、鳙鱼、鲫鱼、螃皱、鲤鱼、餐条（餐鱼）、鳗鱼、鳝鱼（长鱼）等。

［两栖类］蟾蜍（癞宝）、青蛙（田鸡）等。

［爬行类］蝮蛇、赤练蛇（火叉丁）、乌凤蛇、水蛇、锦蛇（菜花蟒）、乌龟、鳖（甲鱼）、壁虎等。

［鸟类］野鸭、白颈长尾雉（野鸡）、鹌鹑、雁、乌鸦、喜鹊、灰喜鹊（山喜）、麻雀、燕、蜡嘴雀、鸬鹚（鱼雁）、白头翁、百灵、啄木鸟、杜鹃（布谷鸟）、八哥、鹰、画眉、翠鸟、黄鹂、鹭、黄鹂、斑鸠（鹁鸪）、鸽、猫头鹰等。

［哺乳动物］刺猬、黄鼠狼、獾狗、水獭、田鼠、黑线姬鼠、蝙蝠等。

四、植物资源

［竹木类］ 银杏（白果）、马尾松、五针松、雪松、针叶松、金钱松、刺衫（少见）、柳杉、水杉、侧柏、圆柏、铅笔柏、刺柏、龙柏、小叶杨、白杨、意

图2-7 韩洋古银杏 （孙宝峰/摄）

杨、河柳、垂柳、曲柳、杞柳、枫杨、白榆、榔榆、榉、朴、乔桑、无花果、广玉兰、法国梧桐、腊梅、桃、梨、苹果、李、梅、杏、枇杷、铁梗海棠、月季花、野蔷薇、玫瑰、槐、刺槐、合欢（夜合）、紫荆、皂荚、紫穗槐、柑橘、香橼、臭椿、楝树、黄杨、冬青（女贞）、大叶冬青、枣枫、梧桐、桂花、泡桐、梓树、柿、棕榈、杜仲、山茶花、石榴、夹竹桃、栀子、罗汉松、葡萄、苏铁、柞树、杜鹃花、野茉莉、刚竹、桂竹、淡竹、芦竹、青竹、紫竹、斑竹、篾竹、燕竹、纹竹、凤尾竹、天竹等。

［草类］　看麦娘、野燕麦、芒草、省麦、疏花雀麦、狗牙根、马塘、稗、光头稗、牛筋草、画眉草、白茅、毒麦、千金子、华东早熟禾、芦苇、棒头草、伪针茅、硬草、狗尾草、风花草、水蜈蚣、水虫草、水沙草、荠共、播娘蒿、蔊菜、风花草、菌蓿、野胡萝卜、水芹、野老鹳草、马齿苋、益母草、黄花蒿、青蒿、艾蒿、小蓟、泥糊菜、苦卖菜、马兰、蒲公英、苍耳、鹅不食、卷耳、牛繁缕、拟漆姑、地锦、铁苋菜、陌上菜、婆婆纳、猪殃殃、水蓼、附地菜、蛇莓、车前子、枸杞、青萍、水花生、水葫芦、野慈姑、葫芦藓（青苔）、香附、半夏等。

［菌类］　银耳、木耳、草菇、蘑菇、香菇、金针菇、地菇、棒头菇、蕈子、猴头菌等。

第六节　自然灾害

一、水　灾

宋乾德二年（964年）七月、明嘉靖二年（1523年）七月，淫雨不止，河堤溃决，淹没田地房屋，发生大饥荒，人相食。海溢，漂没庐舍，溺死人畜无数。

明万历十四年（1586年）五月，飓风淫雨，连旬不止，房屋被淹，民浮木以栖。

清康熙四十四年（1705年）五至八月，连续降雨，平地水深数尺。

清雍正二年（1724年）七月十七、十八日大风雨，海啸，舟行城市，沿海漂没一空，溺人无数。

清乾隆十八年（1753年）九月，大雨，河湖皆涨，西水猛至，范公堤决口，漂没人畜房屋。

清道光二十八年（1848年）六月，大风雨，江河湖海并涨，平地水深数尺。

清同治五年（1866年），夏秋多暴风雨，房屋漂没，庄稼尽被淹，平地皆可行船。

民国10年（1921年）7月，淫雨，大水，城乡低洼处皆成泽国。

民国20年8月，连月大雨，水灾奇重。平地水深4尺左右，田里撑船，人居屋顶、车棚顶上。为明清六七百年来未有之大水灾。

民国38年7月15日，河东地区发生水涝灾害，部分低荒田淹水5尺以上。

1951年8月下旬后，连续阴雨，雨量960.3毫米，农田被淹，最深处积水3尺。

1954年6月23日至7月30日，连续降雨1226.4毫米，通扬运河以南一片汪洋，平地撑船，立发、西场、嗑口等地农田淹水近两个月，农作物基本绝收。

1960年8月3—5日，连续31个小时暴雨，平均雨量220毫米，通扬运河水位上升至4.07米，大面积农田积水。

1962年9月5—7日，14号台风过境，连续降雨62个小时，雨量240毫米，河水猛涨，通扬河水位4.49米。

1964年7月，先后降雨943.8毫米，秋熟作物被淹。

1972年6月21—22日，38小时内降雨197.8毫米，7月2日降雨103.6毫米，由于连续暴雨，河水陡涨，造成仓库、民房倒塌。

1975年6月20—25日降大暴雨，降水量360多毫米，其中25日，西场200毫米以上。韩洋公社受涝面积17800亩，农作物受损1504亩，粮食受潮3.55万公斤；房屋倒塌：仓库11间，蚕室10间，猪牛舍214间，住房238间；冲坏渠道34条37处，下水道36处，桥梁10座。立发公社境域内河水猛涨，受涝面积15014亩，作物损失1941亩，房屋倒塌：集体仓库49间，集体住房190间，社员住房313间。猪牛舍：集体140间，社员325间。南屏全社受涝面积12716亩。

1978年6月27日，南屏等区域连降暴雨240毫米。刮十级以上暴风，18个生产大队受灾。农作物倒伏，房屋倒塌768间，大树拔起6127棵，广播电线杆折断529根，下水涵洞倒塌32座。

1983年7月，韩洋全社受涝灾，农田普遍积水，棉花等秋熟作物受淹，韩洋砖瓦厂倒坯15万块，民房倒塌无数。

1985年10月中旬至11月上旬，连续阴雨1个月，棉桃和中稻严重霉烂。

1987年8月，七号台风袭击，仅壮志乡就有155户房屋受损，大风暴雨使全部农田受淹，100多亩受涝严重，颗粒无收。

1990年8月29日至9月1日，特大暴雨袭击，降雨240.7毫米，农田普遍积水20~30厘米。

1991年遭受早春连阴雨、早黄梅、倒黄梅等灾害袭击，自2月27日至8月9日，降雨1352.3毫米，其中5月18日入梅至8月9日降雨量1089毫米，为历史最高纪录。农田严重受淹。

1993年8月5、6日，遭暴雨、特大暴雨袭击。

1997年8月18至20日，11号台风影响全镇，风力9~10级，普降暴雨。

1999年8月中下旬至9月上中旬，多雷雨和连续阴雨，河道持续高水位。通扬运河和串场河分别持续4天和22天超警戒水位。全镇秋熟作物受到严重影响。

2002年3月1日至5月10日，71天累计降雨量332.91毫米，是常年同期166毫米的2倍，大麦、小麦倒伏，折实面积占11%。

2003年6月29日后，普降大暴雨。其中7月4至5日降雨114毫米，全镇遭受1991年以来最大洪涝灾害。

2006年6月21日入梅，7月12日出梅，梅期22天，降雨量300毫米。

2007年6月20日入梅至7月8日，梅期长达34天，为历史上少见。西场降雨265.7毫米。7月8日，继续出现暴雨至特大暴雨天气，农作物严重受灾。

二、旱　灾

宋大观二年（1108年）六月至十月，未下雨，大旱。

明成化六年（1470年）秋至七年春，大旱，通扬运河干涸。

明成化二十年秋至二十一年冬大旱，通扬运河干涸，百姓大饥。

明弘治十四年（1501年）春至十六年秋，连续二年半大旱不雨，百姓饥荒无食，瘟疫流行，死者甚众。

明嘉靖三十八年（1559年）二至八月，未下雨，河水干涸，蝗灾严重。

清康熙元年（1622年）五至七月，未下雨，河水干涸，禾苗尽枯。

清乾隆五十年（1785年）三月至五十一年二月，未下雨，大旱，蝗灾，无麦无禾，河港尽涸，百姓大饥。

清咸丰六年（1856年）五至八月大旱，不雨，通扬运河干涸，五谷不生，赤地千里，飞蝗蔽天，很多百姓饿死。

民国6年（1917年）春旱，夏大旱，通扬运河干涸，庄稼歉收。

民国14年（1925年）夏大旱，河底行人。

民国17年（1928年）夏大旱，河水干涸。

民国18年（1929年）春夏大旱，通扬运河、串场河皆干涸，加之飞蝗危害，秋熟作物严重歉收。

民国19年（1930年）大旱，河底行人，庄稼失收，粮价飞涨，民不聊生。

1959年大旱，7月20日至8月20日，降雨2.5毫米。同期蒸发量却达186.1毫米，河南、河东地区4223条支河，河塘干涸，夏玉米卷叶，棉花垂萎，水稻枯死。

1965年5月至6月底，干旱无雨，水源不足，立发公社组织1000多人捞浅。通扬河水位只有0.7米，许多河塘干涸无水，外河水位下降，出现解放以来最枯水情。

1966年7月1日至8月10日，境域40多天基本无雨，由于高温炎热，久旱无雨，农田受旱，群众吃水困难。

1968年6月25日，旱情严重，通扬河水位0.62米。

1986年5月1日至6月11日，降水量56.4毫米，加之客水引不进，形成短期严重干旱，栟茶运河、通扬运河部分地段断航，大部分四级河断流，水质变咸。由于严重缺水，中稻推迟栽插，农作物严重受旱。

1994年7月31日，出现有水文记载以来汛期降水量最少（降雨15.8毫米，占1993年同期11.8%）、高温时间最长、水位最低（通扬河水位1.31米，串场河水位0.46米）的灾害性天气。

2000年3月后，雨水偏少，从4月16日至5月8日，23天仅降雨1.6毫米，旱情严重。

2005年3月1日至6月20日，累计降雨量172.2毫米，城东镇旱情严重。水稻播期和抛栽比往年推迟。

2007年6月后，境域多晴热天气，降雨稀少，水位持续下降。全镇部分农田无水灌溉。

三、风　灾

宋元丰四年（1081年）七月，大风雨，沿海漂没一空。

明正德七年（1512年）七月十八日，飓风海溢，漂没场亭庐舍，溺人无数。

明万历二年（1574年）七月十四日，烈风暴雨，拔木毁屋，淮河决堤，江海泛溢，漂没人畜无数。

清康熙四年（1665年）七月初三日，飓风拔树，海潮高达数丈，漂没亭场庐舍，溺人无数，大风连刮三昼夜，草木皆被海水淹死。

清雍正十年（1732年）七月十七、十八日，大风暴雨，拔木毁屋，海潮漫堤，平地水深一尺多。

清光绪二十八年（1902年）夏，大风拔木。

民国11年（1922年）10月17日，飓风拔木毁室，大雨如注。

民国38年（1949年）6月29日至7月1日，台风暴雨袭击，农作物受灾。刮倒民房。

1956年3月17日夜，狂风暴雨袭击，民房、车篷被刮。6月上旬至9月下旬，又先后3次遭台风袭击，房屋损坏。

1961年4月1日下午3时左右，龙卷风起自新南公社，自西北而东南，阵风12级，全县30个公社受灾，伤111人，伤牲畜17头，刮坏房屋畜舍13.39万间。

1963年7月14日下午1时，龙卷风袭击立发、仁桥、海南等6个公社，刮倒房屋2243间，死2人，伤7人，死伤牲畜4头。

1964年4月6日凌晨2时，狂风暴雨，风力9~10级，风后下了一阵冰雹，冰块蚕豆大小，韩洋、新生、立发、南屏等公社受灾。

1975年7月21日，南屏等公社遭龙卷风、冰雹袭击。

1977年9月10日，全县遭8号台风袭击，倒房108万多间，刮坏3万多间，倒墙6万多条；倒塌畜舍2.5万多间；倒树80多万株；倒广播线杆、电线杆1.8万多根；棉花、水稻受灾严重。

1979年6月27日下午，南屏、立发公社部分大队遭到大风暴雨袭击，风力8级以上，刮坏房屋畜舍，80%的玉米和50%以上的棉花倒伏。

1980年8月12日下午2时许，立发公社部分地区遭受龙卷风袭击，五坝、新华、前进3个大队14个生产队受到损害，部分集体和社员住房受损，棉花严重倒伏1250亩，受湿粮食12万公斤，刮断、刮倒树木730棵，下雨量64毫米。

1981年9月1日，14号台风过境，风力10级以上，河水猛涨。

1982年7月13日下午4时左右，南屏、韩洋、西场3个乡镇部分地区遭大风、雷雨袭击。

1983年4月28日，傍晚陡起大风，立发乡刚抽穗扬花的大小麦倒伏5000多亩。

1986年8月5日，新生乡双井、刘庄等村遭受龙卷风及特大暴雨袭击，受灾农户155户，倒塌房屋141间，受灾农田1150多亩，受损电线杆358根，树木倾倒280棵。

1988年5月4日清晨2时30分至4时30分左右，城东地区遭受大风、暴雨、冰雹袭击，最大风力8级以上，农作物受损严重。

1997年5月26日晚，台风“飑线”过境，大风雷雨。8月18—20日，11号台风外围袭击全县，风力8~10级，降雨量90毫米左右。风、雨、潮三碰头，秋熟作物全面受灾。

1998年4月22日，龙卷风袭击韩洋，受灾群众318户，房屋倒塌713间。

2000年7月13日，立发乡部分村组遭受龙卷风和暴雨袭击，最大风力12级，两小时降雨50多毫米。

2005年8月5—8日、9月10—13日，受9号台风“麦莎”、15号台风“卡罗”的袭击，最大风力9~11级，全县普降大到暴雨，强降雨159.2毫米，受两次台风影响，全县水稻倒伏，房屋倒塌，路基冲坏。

2007年9月18—20日，受13号强台风（韦帕）影响，沿海风力9~11级，并伴有大到暴雨，学校停课1天。

四、雹 灾

明嘉靖元年（1522年）七月十五日，刮大风，下冰雹。

明万历十一年（1583年）闰二月二十八日，下冰雹，大如鸡蛋，打死飞鸟。

明万历四十二年，降冰雹，毁灭庄稼。

清乾隆五十五年（1790年）闰二月二十八日，下冰雹，麦子尽被打坏，树叶全被打落。

民国34年（1945年）5月5日下午，境域下大雨，降冰雹，树叶被打光，庄稼被打坏。

民国38年5月，境域部分村遭冰雹袭击，时间20~30分钟，农作物受到不同程度影响。

1951年5月20日下午4时至4时30分，境域部分村遭冰雹袭击，冰雹大如鸡蛋，小似蚕豆，严重受灾村减产八成。

1953年5月30日下午5时30分，刮风下雨，同时降冰雹，历时半小时左右，冰雹大如鸡蛋，小似蚕豆，厚处积冰雹3寸，境域部分村受灾严重，有庄稼全被打光的，房屋损坏较严重。

1954年10月24日下午2时，境域部分村遭冰雹袭击，冰雹大的有碗口大，小的似豆粒，历时约1小时，厚处积冰雹2寸，房屋和农作物受灾严重。

1958年4月17日晚8时，河东地区14个乡遭受严重冰雹灾害，冰雹大的有碗口、鸡蛋大，小的有白果大，同时伴有10~12级龙卷风，死4人、伤99人、死猪牛11头、伤15头，毁坏房屋11682间、车棚135个、水车21部，三分之一的麦苗损失五成以上。

1983年4月3日下午1时44—49分，冰雹袭击南屏公社9个大队37个小队，1819户群众受灾，双鱼、周济、高庄大队冰雹最大的鸡蛋大。三麦、油菜、蚕豆受损严重，棉花、玉米等苗床薄膜被打成洞洞眼眼。

1984年7月9日下午2时30分左右，西场、壮志乡部分村组遭大风、冰雹袭击。

1985年5月12日傍晚，大风、冰雹、暴雨袭击西场、壮志等乡镇。

1985年10月9日21时许，立发乡连受冰雹袭击，损失民房143间，中稻受损229.2亩，后季稻75亩，棉花84亩，复种作物168亩，牲畜死亡1头。

1987年5月4日凌晨2时30分至4时30分左右，境域遭大风暴雨冰雹袭击，最大风力8级以上，降雨量148.6毫米，最小51毫米； 3时30分左右，下了5分钟的冰雹，导致三麦倒伏，棉花苗渍害严重，部分桑叶、蚕豆被打落，新建车口倒塌，广播线杆被刮倒。

1997年6月30日19时至次日8时，壮志乡遭冰雹、大风、大雨袭击，池塘、壮志、石庄、砖桥、杨港5个村下了5~10分钟的冰雹，雹、风、雨造成8786亩在田未收小麦倒伏掉粒；打坏平瓦房200余间，掀翻草屋上盖8户18间；损坏砖坯60万块，直接经济损失70余万元。

1998年4月22日13时20—40分，韩洋、新生、立发等乡镇遭冰雹、龙卷风、暴雨袭击，冰雹直径2.0~4.0厘米，造成房屋倒塌，砖坯损失严重，大树断倒，变压器被击坏。

五、低温冻害

明万历六年（1578年）冬大雪严寒。

清康熙五年（1666年）五月初一下霜。

清乾隆五年（1740年）冬奇寒。

清道光二十五年（1845年）冬严寒，河里冰厚尺许。

清光绪十八年（1892年）冬奇寒，草木多冻死，鸡蛋冻裂。

民国6年（1917年）1月8日奇冷，为前23年所未有。

民国8年（1919年）11月奇冷，蚕豆及菜类均遭冻伤。

民国13年（1924年）3月上旬，寒冷超常，夏熟作物冻害甚重。

1952年11月26日，寒潮侵袭，境域麦子受灾。

1953年5月，倒春寒袭击，麦苗受害严重。

1954年冬，霜冻和寒流袭击，麦苗普遍冻伤，严重的被冻死。

1962年3月底，气温骤降，境域三麦二豆普遍受霜冻。

1972年9月29日，遭寒潮袭击，气温降至9℃，后季稻受冻严重，造成"翘穗"。

1984年1月17日下午至18日，境域普降大雪，部分交通中断3天，压塌部分民房，少数耕牛、猪、羊被冻死。

1986年1月5日，气温下降幅度较大，最低气温-9.4℃，三麦等越冬作物普遍受冻。

1987年1月4—5日，寒潮袭击，最低气温-7.7℃，10月下旬初播种的麦子主茎幼穗冻死率7% ~10%，10月中旬播种特早的幼穗冻死率70%左右。

1989年2月22日，普降大雪，最厚处积雪16厘米。

1995年4月3日，凌晨最低气温-1℃，给麦子造成严重冻害。

1998年3月18—20日出现强寒潮天气，全县普降大雪，24小时降温17.3℃，48小时降温19.8℃，20日最低气温-1.7℃，积雪深度9厘米，雨夹雪伴"冻雨"，总雨量32.9毫米，出现罕见"雷打雪"现象。小麦47.9%的叶片受冻。

2004年4月4—5日，受北方较强冷空气影响，早晨最低温度降到2℃，全县普遍出现霜冻天气，桑树新芽受到不同程度的冻害。

2008年1月25—29日，普降大到暴雪，雨雪总量25.2毫米，最大积雪深度24厘米，积雪深度为1959年海安县有积雪气象以来的最高纪录。

第七节　环境保护

一、环境质量

80年代后，随着工业、农业、交通运输业发展和城镇人口增多，污废水排放量逐年增大，境域内一、二、三级河道水质已不符合地面水三类水质标准。境域内水体主要污染源是工业废水、生活污水、畜禽粪便直排、残留农药、化肥污染以及船舶含油废水和生活垃圾，主要污染物为生化需氧量、非离子氨、非硝酸盐氮等。

21世纪后，大气污染、噪声污染日显突出，主要污染源有：燃料烟气、生产工艺废气、机动车辆尾气、工业噪声、交通噪声、商业噪声等。另外，农村收获季节，农民焚烧秸秆，成为空气一大污染源。2011年，大气中每立方米二氧化硫0.029毫克、二氧化氮0.026毫克、PM10为0.075毫克，每平方公里月均降尘6.7吨，酸雨出现频率35.1%，降水pH年均值35.1%，地表水达Ⅲ类水质标准，城区白天交通噪声等效声级65.5分贝，区域环境噪声为58.3分贝。

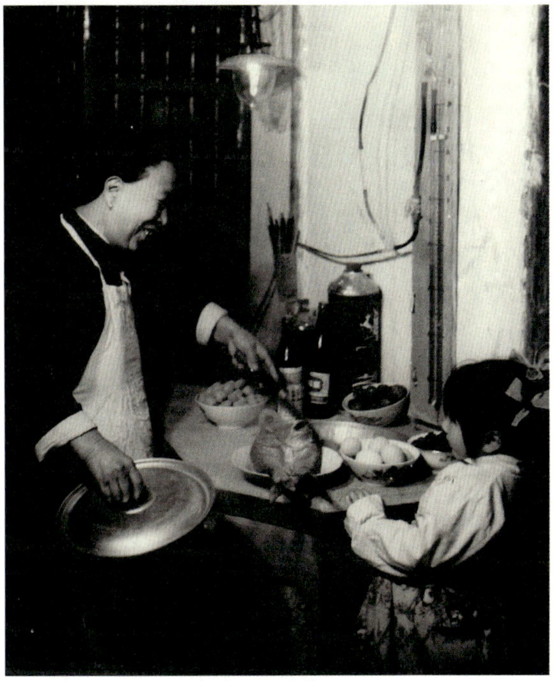

图2-8　1985年1月19日，原新生乡农民使用沼气（杨一秋/摄）

二、环境治理

1997年，境域内6个乡镇开始进行废水、废气和噪声治理。21世纪后，全镇积极推进生态项目建设，扩大生态优势，走"生态立镇，绿色富镇"之路。对污染重、能耗高、治理措施难以落实的项目一律不予引进审批，对新建项目，严格执行同时设计、同时施工、同时投入使用的"三同时"制度，跟踪督察管理，严格防止新污染源产生。

2000年，全面推进城镇污水处理厂建设，海安开发区祥源污水处理厂、西场污水处理厂率先完工投入运营。2002年配合县重点抓好翻身河、洋港河、小焦港河两侧水污染源整治，监督家惠油脂有限公司整改，责令关停位于河道沿岸的南屏

图2-9　洋港河河道保洁　　（孙宝峰/摄）

标牌厂电镀车间。2003年，镇区内新建成恒泽、恒发污水处理厂，铺设污水管道，推广清洁能源。

2004年，清理、整治117条（段）主干河道总长度205公里，清理淤泥142万立方米，清理水生植物2.3万吨，清理河坡垃圾1.73万吨。村居民区设立垃圾池定期清污，严禁焚烧秸秆，要求畜禽养殖户均建贮存发酵池。

2007年，疏浚、清理河道202.8公里。积极推进"三格式"无害化粪池和垃圾无害化处理，全镇改厕1661座，有两个村成立保洁公司，实现垃圾集中清运，其中泰宁村被评为省级卫生村。全镇绿化面积24.82亿平方米。城东镇获"南通市环境优美乡镇"称号。

2008年，投资建设环境卫生设施，建成垃圾中转站17个，垃圾标准房1224个，半截池500个，成立一支100人的保洁队伍，实施村庄河道、农村公路、社会环境精细化管理，农村环境面貌焕然一新。是年，顺利通过国家级环境优美乡镇验收。

2009年，投入142万元，建成蓄粪池142个，新生压缩式中转站设备完成安装，建成环境优美合格村7个、环境优美示范村1个，城区环境精细化管理工作得到有效落实，使水更清、草更绿、天更蓝成为现实，人居环境改观明显，被评为市"绿化造林先进单位"。

2010年，全镇开展创建环境优美示范村、合格村工作。开展创建生态健康示范养殖场（户）活动。全镇30%的村通过环境优美示范村验收，60%的村通过合格村验收。

2011年，全镇配备138名保洁员、2000多个垃圾房（桶），年花费300多万元，实行河道保洁、农路管护、社会垃圾处置三位一体管理措施，建立"农户收集、镇村清运、集中处理"的农村生活垃圾处理机制。是年，启动国家级生态镇创建工作，三角、界墩、葛家桥3个村创建市级生态村，上湖社区创建市绿色社区，开屏村创建省级生态村，新增1所市级绿色学校。

图2-10　洋蛮河村景观河道　　（孙宝峰/摄）

第三章 居 民

远古时代，境域东部与黄海相连，夏商周之际，境域居民被称之为“东夷”。春秋时期，吴越争霸，吴王夫差“封民于江淮之间”，越灭吴后，越王又移民于江淮之境。秦朝，沿海聚集大批盐民。之后，汉初吴王刘濞开凿上官运盐河（民国时期名通扬运河），境域成为江海淮扬交通要道，人丁兴旺，为粮、渔、盐集散之地，西场等地成为著名盐场。东汉建安十八年（213年），曹操强令境域居民内迁，“江淮之地，不居者数百里”。境域成为隙地，县废。东吴赤乌四年（241年），大司马吕岱招抚乡民回归，重建海陵县。8世纪时，海水上涨，人口有所减少。南唐保大十年（952年），外地居民陆续迁入。元末，张士诚起兵至江南后，一些江南居民避战祸迁入城东境域。至明朝初年，因连年战乱和水患，苏北地区人烟稀少，土地荒芜，官府强令苏州等地居民迁徙江淮。城东镇先民多为苏州阊门一带人氏，他们与当地土著逐步融合，一起拓荒垦殖，为城东地区近代耕作文明以及经营精明肇始奠基。新中国成立之前，居民多数务农。1949年后，人口增长较快，后实行计划生育，人口增长得到控制。2011年，全镇人口出生率5.31‰，自然增长率-1.65‰。新中国成立后，特别是改革开放后，城东人民的生活水平不断提高，跨进新世纪，城东居民正逐步迈入小康社会。

第一节 人口状况

一、人口总量

新中国成立前资料不详。1953—1957年，全镇出现第一次生育高峰期。1959—1962年，国民经济处于困难时期，人民生活水平下降，全镇人口出现负增长局面。1957年，立发乡总人口17064人，1960年总人口17065人，全公社出生191人，死亡474人。1962年，壮志公社总人口13871人，1963年总人口13383人，一年内净减488人。1963年后，国民经济开始复苏，人口增长呈上升趋势。至1970年，为第二次生育高峰期。1971年后，贯彻落实中央计划生育（简称计生）政策，人口增长得到有效遏制。随着计生工作的逐步加强，特别是1978年后，采取一系列计生措施，人口增长得到控制，特别是随着社会公益福利事业的发展，农村“养儿防老”“重男轻女”的观念逐步改变，农村计生工作走上正常轨道。2011年，全镇总人口14.61万人。

2004—2011年城东镇人口增长情况表

表3-1 单位：人

年份	期初人口数	期末人口数	出生总数	死亡总数	出生率（‰）	死亡率（‰）	自然增长率（‰）	一孩率（‰）	出生性别比（女性为100%）
2004	95318	96740	602	683	6.27	7.11	-0.84	91.20	117.33
2005	96740	97618	488	724	5.02	7.45	-2.43	91.80	107.66
2006	97618	97364	452	627	4.64	6.43	-1.8	87.61	123.76

续表3-1

年份	期初人口数	期末人口数	出生总数	死亡总数	出生率（‰）	死亡率（‰）	自然增长率（‰）	一孩率（‰）	出生性别比（女性为100%）
2007	97364	97678	510	677	5.23	6.94	-1.71	88.04	111.62
2008	97678	97929	510	765	5.21	7.82	-2.61	88.04	104.00
2009	97929	97291	462	719	4.73	7.37	-2.62	88.31	103.52
2010	97291	97291	510	746	5.24	7.67	-2.43	87.06	97.67
2011	144398	146136	771	1011	5.31	6.96	-1.65	88.10	98.24

说明：2004—2010年，不含西场镇相关数据

二、人口分布与密度

据1964年人口普查数据，立发、南屏人口密度每平方公里800人以上，新生、壮志、西场700人以内。1982年，立发、南屏人口密度980人以上，新生、壮志、西场800人以上，韩洋750人左右。1990年，立发、南屏每平方公里900人左右，韩洋700人左右。2011年，城东镇人口密度每平方公里855人左右。

2001—2011年城东镇人口分布与密度一览表

表3-2

年份	总户数（户）	总人口（人）	人口密度/平方公里
2001	28848	92668	858.03
2002	29034	92631	857.69
2003	29347	92765	858.93
2004	29328	97298	900.90
2005	31029	103135	954.95
2006	31135	95139	888.91
2007	31760	95461	883.89
2008	32183	95974	888.64
2009	32704	96934	897.53
2010	33150	97830	905.83
2011	49699	146136	854.94

说明：2001—2010年，不含西场镇相关数据

2004—2011年城东镇人口变化情况比较表

表3-3

年度	总人口（人）	出生		死亡		自然增长	
		人数（人）	出生率（‰）	人数（人）	死亡率（‰）	净增（人）	净增率（‰）
2004	96740	602	6.27	683	7.11	−81	−0.84
2005	97618	488	5.02	724	7.45	−236	−2.43

续表3-3

年度	总人口（人）	出 生		死 亡		自然增长	
		人数（人）	出生率（‰）	人数（人）	死亡率（‰）	净增（人）	净增率（‰）
2006	97364	452	4.64	627	6.43	−175	−1.8
2007	97678	510	5.23	677	6.94	−167	−1.71
2008	97929	510	5.21	765	7.82	−255	−2.61
2009	97291	462	4.73	719	7.37	−257	−2.63
2010	97291	510	5.24	746	7.67	−236	−2.43
2011	146136	771	5.31	1011	6.96	−240	−1.65

说明：此表人口数据依据公安年报，与人口普查数据不完全一致，2010年之前不含西场镇情况

三、人口变动

新中国成立后到1992年，境域人口自然变动形成4个阶段。1949—1958年为高出生、高死亡、高增长阶段。如1957年出生率、死亡率分别为32.97‰和8.54‰，自然增长率为24.43‰；1959—1961年经济困难时期为低出生、高死亡、低增长阶段，最为严重的1960年出现负增长。1962—1971年为高出生、低死亡、高增长阶段，以1967年为例，出生率、死亡率、增长率分别为36.74‰、7.83‰、28.92‰，自然增长率为历史最高水平。1972—1992年，实行计划生育政策，采取一系列措施控制人口增长，为低出生、低死亡、低增长阶段。21年中，每年人口出生率均低于17.1‰，自然增长率控制在10‰以下。

进入21世纪之后，境域人口自然增长率均为负增长。2011年，全镇人口自然增长率-1.65‰。

第二节 居民构成

一、姓 氏

城东境域居民，丁氏、杨氏族人迁来较早，南宋时葛氏族人迁来。元末韩氏族人，明初仲氏、刘氏、赵氏、景氏族人陆续迁来。各姓氏一般族群而居，仲、储、韩等家族坏海水潟湖成陆之地而居，境域有仲家洋、储家洋、韩家洋等地名；杨、丁、葛等家族依河傍溪而聚，有杨蛮河、葛家溪等河名；赵、周、徐等家族依地丘堆高而住，有赵家庄、周家庄、徐家庄等地名。按姓氏定村庄名的还有崔、吉、钱、景、石、田等。

境域居民据口口相传和族谱记载，不少是明朝由苏州阊门及附近州府迁徙而来。2011年，人口数量排名前20位的姓氏为：王、张、陈、许、周、丁、刘、储、杨、徐、吴、仲、葛、范、赵、李、朱、崔、韩、陆。

二、民 族

城东镇人口，以汉族为主，也有为数不多的少数民族。随着社会主义建设的进程，特别是改革开放后因工作、经商、婚迁等原因，少数

图3-1 韩徐村少数民族居民学习文化知识
（保纪才/摄于2011年3月）

民族人口逐年增加，2000年第五次人口普查时，境域除汉族外，有22个少数民族，人口356人，其中男54人、女302人，大部分属于婚迁。2010年第六次人口普查，境域除汉族外，有24个少数民族，境域总人口137864人，其中汉族137423人，少数民族人口441人，其中男111人、女330人。2011年有少数民族23个，其他未识别民族8个。

2000年城东镇第五次人口普查少数民族人口分布情况表

表3-4　　单位：人

民　族	新生乡			韩洋乡			立发乡			南屏乡			西场镇		
	小计	男	女	小计	男	女	小计	男	女	小计	男	女	小计	男	女
蒙古族	5	—	5	2	—	2	4	1	3	4	1	3	7	1	6
藏　族	2	1	1	—	—	—	—	—	—	—	—	—	3	2	1
维吾尔族	1	—	1	2	1	1	—	—	—	—	—	—	—	—	—
回　族	—	—	—	1	—	1	2	—	2	3	1	2	5	1	4
苗　族	18	3	15	7	2	5	24	12	12	6	—	6	76	9	67
彝　族	1	—	1	4	—	4	—	—	—	2	—	2	13	—	13
朝鲜族	1	—	1	1	—	1	1	—	1	3	1	2	1	—	1
壮　族	—	—	—	1	—	1	1	—	1	1	—	1	12	3	9
布依族	—	—	—	3	—	3	—	—	—	2	—	2	9	—	9
侗　族	7	2	5	1	—	1	4	1	3	1	—	1	39	3	36
土家族	6	—	6	14	2	22	3	2	1	—	—	—	11	3	8
白　族	1	1	—	1	—	1	—	—	—	—	—	—	3	—	3
满　族	1	—	1	—	—	—	—	—	—	—	—	—	—	—	—
锡伯族	—	—	—	1	—	1	—	—	—	—	—	—	—	—	—
佤　族	—	—	—	—	—	—	—	—	—	1	—	1	1	—	1
布朗族	1	—	1	—	—	—	—	—	—	—	—	—	—	—	—
瑶　族	—	—	—	—	—	—	—	—	—	—	—	—	2	—	2
傈僳族	—	—	—	—	—	—	—	—	—	—	—	—	16	2	14
水　族	—	—	—	—	—	—	—	—	—	—	—	—	1	—	1
仫佬族	—	—	—	—	—	—	—	—	—	—	—	—	2	—	2
仡佬族	—	—	—	—	—	—	—	—	—	—	—	—	2	—	2
其他未识民族	—	—	—	6	—	6	1	—	1	2	—	2	—	—	—
合　计	44	7	37	44	5	39	40	15	25	25	3	22	203	24	179

2010年城东镇、西场镇第六次人口普查分性别、民族人口统计表

表3-5　　　　单位：人

	城东镇			西场镇		
	小计	男	女	小计	男	女
总　计	97189	45064	52125	40675	18305	22370
汉　族	96897	44975	51922	40526	18283	22243
蒙古族	2	—	2	3	1	2
回　族	22	12	10	5	3	2
藏　族	5	2	3	—	—	—
维吾尔族	1	—	1	—	—	—
苗　族	73	16	57	47	5	42
彝　族	34	12	22	15	1	14
壮　族	16	8	8	8	2	6
布依族	5	3	2	9	1	8
朝鲜族	15	7	8	—	—	—
满　族	8	4	4	—	—	—
侗　族	4	1	3	37	5	32
瑶　族	6	2	4	—	—	—
白　族	3	1	2	1	—	1
土家族	79	17	62	13	3	10
哈尼族	1	1	—	2	1	1
傣　族	2	—	2	1		1
傈僳族	—	—	—	3		3
水　族	3	1	2	—	—	—
纳西族	3	—	3	—	—	—
土　族	—	—	—	1	—	1
仫佬族	—	—	—	1	—	1
仡佬族	1	—	1	2	—	2
鄂伦春族	1	—	1	—	—	—
其他未识民族	8	2	6	1	—	1

三、性　别

2000年第五次人口普查时，城东镇总人口81544人，其中男性40542人、女性41002人，男女性别比（女性为100）为98.87∶100。2010年第六次人口普查时，城东镇总人口97189人，其中男性45064人、女性52125人，男女性别比（女性为100）为86.45∶100。西场镇总人口40675人，其中男性18305人、女性22370人，男女性别比为81.83∶100。2011年，城东镇总人口146136人，其中男性71953人、女性74183人，男女性别比为96.99∶100。

四、年龄结构

新中国成立初期，人口年龄结构是中间大，两头小。70年代起推行计划生育、晚婚晚育，人口出生率逐步降低。2000年和2010年城东镇总人口分别为81544人、97684人。17岁以下人口分别为16610人、12511人，占当时总人口的21.95%、12.8%；18~34岁人口分别为15889人、19603人，占当时总人口的20.99%、20.06%；35~59岁人口分别为29273人、43614人，占当时总人口的39.68%、44.64%；60岁以上人口分别为13894人、21956人，占总人口的18.36%、22.47%。

全镇人口年龄中位数随之上升。2000年和2010年分别为57.05岁和64.71岁，人口平均年龄增加，按照国际标准，城东镇人口年龄结构属老年类型区。

2000年、2010年城东镇人口年龄结构类型对照表

表3–6

年　　龄	国际通用标准			城东镇人口状况	
	年轻型	成年型	老年型	2000年	2010年
0～14岁占总人口（%）	40以上	30～40	30以下	18.56	12.8
65岁及其以上人口占总人口（%）	5以下	5～10	10以上	12.9	22.47
65岁及其以上人口数与0～14岁人口比（%）	15以下	15～30	30以上	69.50	75.49
年龄中位数（岁）	20以下	20～30	30以上	57.05	64.71

2000年城东镇人口年龄统计表

表3–7　　单位：人

年龄段	新生乡			韩洋乡			立发乡			南屏乡			西场镇		
	小计	男	女	小计	男	女	小计	男	女	小计	男	女	小计	男	女
1岁以内	127	61	66	141	63	78	136	71	65	111	51	60	313	172	141
1～4岁	547	269	278	632	326	306	530	289	241	536	280	256	1437	708	729
5～9岁	1177	611	566	1251	639	612	1077	553	524	1015	544	471	2712	1414	1298
10～14岁	1605	818	787	1735	876	859	1473	755	718	1414	686	728	3962	2045	1917
15～19岁	675	347	328	614	299	315	1275	666	609	539	271	268	1954	973	981
20～24岁	764	296	468	825	296	529	844	332	512	711	269	442	1813	637	1176
25～29岁	1178	434	744	1248	459	789	1032	407	625	1098	378	720	2734	943	1791
30～34岁	2129	820	1309	2346	1051	1295	1959	780	1179	1754	673	1081	4891	1926	2965
35～39岁	1741	730	1011	1850	822	1028	1590	652	938	1531	587	944	3912	1599	2313
40～44岁	1484	673	811	1587	764	823	1382	616	766	1205	509	696	3643	1682	1961
45～49岁	1560	743	817	1853	873	980	1548	706	842	1426	646	780	3820	1820	2000
50～54岁	1440	736	704	1557	800	757	1369	665	704	1284	639	645	3416	1688	1728
55～59岁	1305	649	656	1269	641	628	1168	598	570	1124	565	559	2879	1532	1347

续表3-7

年龄段	新生乡			韩洋乡			立发乡			南屏乡			西场镇		
	小计	男	女	小计	男	女	小计	男	女	小计	男	女	小计	男	女
60～64岁	1155	584	571	1184	616	568	980	519	461	989	510	479	2652	1385	1267
65～69岁	981	514	467	995	524	471	825	405	420	813	391	422	2274	1141	1133
70～74岁	807	364	443	847	383	464	685	315	370	689	312	377	1974	881	1093
75～79岁	550	234	316	591	272	319	505	219	286	462	205	257	1325	599	726
80～84岁	313	121	192	321	113	208	266	110	156	273	118	155	805	317	488
85～89岁	132	46	86	128	43	85	98	34	64	113	33	80	288	89	199
90～94岁	48	9	39	35	14	21	28	6	22	41	12	29	87	27	60
95～99岁	8	2	6	7	2	5	9	3	6	4	1	3	17	3	14
100岁及以上	1		1												
合 计	19727	9061	10666	21016	9876	11140	18779	8701	10078	17132	7680	9452	46908	21581	25327

2010年城东镇各村（社区）人口年龄统计表

表3-8 单位：人

村	人口合计	男	女	18岁以下	18～35岁	35～60岁	60岁以上
全镇合计	97684	48037	49647	12511	19603	43614	21956
南阳村	5677	2761	2916	695	1122	2530	1330
开屏村	4358	2074	2284	640	920	1949	849
油坊头村	4253	2066	2187	488	716	1919	1130
南屏村	4700	2308	2392	601	1007	2083	1009
泰宁村	4584	2214	2370	696	1039	2039	810
开发新村	8107	4173	3934	1762	2468	3439	438
葛家桥村	4460	2208	2252	523	865	1997	1075
五坝村	5096	2539	2557	574	991	2258	1273
立发桥村	5140	2493	2647	586	1058	2290	1206
刘缺村	3726	1856	1870	392	619	1659	1056
界墩村	5272	2546	2726	648	1062	2379	1183
三角村	3576	1714	1862	434	669	1589	884
三丰村	5506	2732	2773	661	1063	2482	1299
洋蛮河村	3862	1900	1962	458	780	1718	906
韩洋村	4283	2130	2153	485	700	1980	1118
韩徐村	4383	2154	2229	530	808	1986	1059

续表3-8

村	人口合计	男	女	18岁以下	18～35岁	35～60岁	60岁以上
农林村	5327	2599	2728	548	975	2448	1356
品建村	3252	1568	1684	373	564	1431	884
民桥村	3414	1698	1716	417	611	1521	865
堑南村	5357	2668	2689	633	976	2403	1345
新生村	3352	1636	1716	367	590	1514	881

说明：此表不含原西场镇各村人口情况

第三节 计划生育

一、计生优惠

1962年12月，境域开展学习、宣传、贯彻中共中央和国务院《关于认真提倡计划生育的指示》文件精神。1963年9月开始，实施节制生育措施。“文化大革命”初期，由于处于动乱状态，计划生育（简称计生）工作无法开展，导致60年代末出现第二次人口出生高峰。70年代开始，国家规定一对夫妻最多生育两个孩子，并规定两胎之间，必须间隔4年。1975年，县组织计生小分队到各公社医院，落实计生措施。1979年起，提倡一对夫妻只生一个孩子，严格控制两胎，采用新人口规定方法，由上而下汇总测算，统一平衡，将计生指标落实到大队、生产队、社员户。为鼓励一对夫妇只生一个孩子，从1979年起，一对育龄夫妇生一个孩子后，落实有效节育措施，在婴儿出生3个月后颁发独生子女光荣证，并享受政府、大队、厂企、单位的计生优惠待遇，生产队给独生子女双份自留地，每年补贴300~400工分，厂、企职工每年补贴40~60元；农村宅基地优先照顾独生子女家庭；农村户口的独生子女吃成年人基本口粮；在同等条件下，独生子女可以优先入托、入园、入学、就医、招工，免缴学费至小学毕业；独生子女享受儿童保健费至14周岁等。1982年开始，普遍执行生育证制度，婴儿出生后一律凭结婚证、生育证、接生证申报户口，享受优惠待遇。2005年起，对农村部分生育家庭开始享受政府奖励扶助政策，凡年满60周岁，符合条件的每人每月享受50元奖励扶助金。

图3-2 2008年9月20日，省市县领导看望洋蛮河村13组曹宝华计生特殊家庭 （周皖芹/摄）

1976年6月14日原立发公社界墩大队女赤脚医生贲桂兰出席江苏省计划生育、妇幼、幼托工作会议。1977年6月25日，国务院计划生育小组办公室副主任林佳楣在省、地委、县委负责人陪同下，到立发公社长池卫生室检查妇幼工作，给予好评。80年代开始，全镇除乡镇建立计生领导组、配备计生专职干部外，各村都调整配备不脱产计生干部，各村民小组也明确专人抓计生工作，并健全计生岗位责任制，使计生既形成制度又有严密的网络信息监控，强化管理，充分调动广大育龄夫妇计生积极性，较好地平抑了第三次生育高峰。

1986年3月11日，原立发乡计生助理员田宝银被国家计划生育委员会表彰为全国计生先进个人。1991年4月4日，原韩洋乡、新生乡、立发乡、南屏乡均被海安县政府表彰为计划生育先进乡镇。

21世纪后，全镇计生工作主要为广大群众提供多样化、个性化服务，不断满足育龄群众服务需求、利益追求、维权要求。通过新婚培训、城东广播电视服务站《计生之窗》等多种形式，宣传人口计生政策法规、生殖健康保健相关知识，营造“计生就在你身边”的氛围。多年来，镇政府坚持不懈宣传优生优育知识，倡导文明新风，广大群众生育观发生根本变化，传统的“养儿防老”“多子多福”“男尊女卑”等观念逐步被摒弃，仅2003年，全镇有800多对夫妇主动放弃二孩生育指标，新生男女性别比趋于正常。2007年1月，城东镇计生服务站被南通市人口和计划生育委员会表彰为“南通市2006年‘十佳’乡镇计划生育服务站”。2011年，全镇计划生育率99.4%。

二、晚 婚

旧时婚嫁，结婚年龄一般为男方20岁、女方18岁左右，女子13岁、14岁到人家做童养媳的也不少。新中国成立后，新型的社会制度为晚婚提供了良好的条件。

60年代初，早婚现象在农村仍很普遍，结婚年龄一般仍为20周岁左右居多，形成婚龄早、生育密、胎数多、接代周期短，使人口增长速度超过经济发展速度。70年代后，政府普遍宣传贯彻晚婚晚育政策，男24周岁、女22周岁。80年代中期以后，按法定年龄推迟3年以上结婚为晚婚，即男25周岁，女23周岁。21世纪初，城东镇组建后，晚婚晚育政策得到进一步落实。

2004—2010年城东镇女性晚婚情况表

表3-9 单位：人、%

年 份	女性初婚人数	其中23周岁以上人数	晚婚率
2004	601	309	50.99
2005	501	267	53.29
2006	447	276	61.74
2007	462	247	53.46
2008	550	292	53.09
2009	572	328	57.34
2010	969	771	79.57

说明：不含西场镇的相关数据

三、节 育

境域节育工作始于50年代末，当时只停留于一般宣传。真正的节育工作始于1966年。是年6月，结合农村社会主义教育运动，省巡回医疗队到海安推广节育技术，在原南屏公社设专科手术室，首次为22名育龄妇女实施节育手术。全镇许多党员、干部、积极分子纷纷响应，参加到节育行列。70年代初，各公社建立计生领导组，公社卫生院成立计生室，并配备专职医生加强对节育技术的指导和并发症的防治鉴定。1983年1月1日，立发公社党委制定“计划生育宣传月”活动计划并印发宣传提纲。3月8日，立发公社召开计划生育先进集体、先进工作者代表大会。是月，南屏公社65对生一胎的育龄夫妇领取独生子女证。1983年县计生先进集体、先进工作者代表大会印发立发公社《不断研究新情况、努力开拓新局面》计生工作经验交流材料。

80年代后，政府重视加大对节育医疗技术的提高和医疗设备的投入，对节育工作作出一系列相关措施和规定：职工和社员（村民）施行节育手术后，按节育手术规定给予必要的休息时间，在休息期间，女职工（包括临时工）工资由原单位照发，农村社员工分由所在生产队照记，均不影响全勤奖；经县以上计生技术指导组鉴定，极少数确因节育手术引起的后遗症，医疗单位要积极予以治疗，经医疗单位证明，需要休息者，其休息期间工资照发，工分照记，不影响全勤评奖；医疗卫生部门要负责计划生育、晚婚、晚育、少生、优生等有关卫生科学知识的宣传教育，做好相关技术人员的培训。安全实施各项节育手术，负责术内事故检查、治疗，处理相关的群众来信来访。

改革开放后，计划生育政策进一步落实，人们生育观念发生变化。至2011年，全镇大多数符合二胎生育对象的育龄夫妇不愿再生育。

四、优生优育

50年代，境域开始推行新法接生法，倡导优生优育。1969年3月11日，《新华日报》第四版以《贫下中农培育自己的新法接生员》为题，报道立发公社培养新法接生员消息。1971年，全镇妇女开始普查妇女病，其中98%以上病人落实治疗措施，妇女“四期”（月经期、怀孕期、产褥期、哺乳期）劳动保护普遍受到重视。1977年，境域各公社把计划生育、妇幼卫生、幼儿入托入园工作结合起来抓，做到相辅相成，互相促进，保护母婴健康，巩固计划生育成果。1981年后，境域所有幼儿都能进入幼儿班，幼儿从4岁开始，通过幼儿教育逐年过渡到小学教育。各大队（村）卫生员（赤脚医生）定期给接种疫苗，进行驱虫防治以及体格检查。计生服务站定期检查育龄妇女妇科疾病，发现病妇，及早通知治疗，同时还加强妇女五期（青春期、婚育期、孕产期、哺乳期、更年期）的教育管理。2006—2011年，城东镇计生服务站由于优生优育工作管理优秀、设备优良、服务优质，多次受市县表彰。

第四节　长寿之乡

新中国成立之初，城东境域人均寿命不足60岁。随着社会、经济发展，人均寿命越来越长。21世纪后，境域人民的物质生活、文化生活和生活环境越来越好，长寿老人越来越多，据2000年第五次人口普查资料统计，境域80~84岁人口1978人，85~89岁人口759人，90~94岁人口239人，95~99岁人口45人，100岁以上人口1人。2011年，全镇百岁老人24人，以女性居多，是名副其实的“长寿之乡”。

2011年城东镇百岁老人一览表

表3-10

姓　名	性别	出生年月日	身体状况	几代同堂	家庭住址
姜长凤	女	1906.4.2	中	4	施秦村17组
王兆仁	男	1906.7.24	中	5	民桥村5组
刘兰玉	女	1906.7.23	中	5	农林村8组
王维英	女	1908.8.1	中	4	新立村14组
卢从美	女	1908.11.15	中	5	石庄村2组
王长美	女	1908.5.22	中	5	石庄村5组
张国英	女	1909.4.30	好	4	农林村23组
韩忠潘	男	1909.11.4	好	5	泰宁村15组
储祥凤	女	1909.8.24	好	4	戚庄村8组
俞德凤	女	1910.2.7	好	5	界墩村4组
徐　明	女	1910.10.17	好	4	界墩村4组
周启发	男	1910.2.5	中	5	洪旺村18组
崔伯珍	女	1910.7.3	差	4	西场村14组

续表3-10

姓 名	性别	出生年月日	身体状况	几代同堂	家庭住址
万云凤	女	1910.2.14	中	4	丰产村1组
何义英	女	1910.7.4	中	5	泰宁村5组
史桂芳	女	1910.8.2	好	5	农林村17组
团加丰	男	1910.10.31	好	4	新生村19组
汪有英	女	1910.10.28	中	4	三丰村15组
朱金凤	女	1910.10.4	好	4	农林村26组
吕昌英	女	1910.12.16	中	4	立发桥村17组
杨宗芳	女	1911.3.6	好		五坝村3组
许学富	男	1911.7.8	好	4	南屏村18组
姜长英	女	1911.12.16	中	4	刘缺村23组
仲兴凤	女	1911.10.29	好	4	洪旺村16组

附：2011年城东镇部分百岁老人简介

图3-3 王兆仁

王兆仁 家住城东镇民桥村5组，生于清光绪三十二年（1906年），初小文化，生有4个儿子6个女儿，2男5女健在，其妻逝于1986年，家中五代同堂，王兆仁有直系后代92人，第五代玄孙4 人。王兆仁一生勤劳节俭，不沾烟、酒，不赌钱，年轻时乐于做好事、做善事，为养家糊口，煮过酒、做过米、磨过粮、做过木工、竹器工，还跑单帮去上海贩过猪，100岁后，就是耳朵有点背，身体还行。

图3-4 刘兰玉

刘兰玉 女，文盲，家住城东镇农林村8组，清光绪三十二年（1906年）生，身高1.7米，体重60.25斤，19岁时从南港（城东镇南阳村）嫁到洋蛮河河南丁家，已守寡56年。生有7个子女，个个孝顺。她皮肤白皙，脸上没有老人斑；好说好动，爱串门，偶尔参与摸纸牌、搓麻将；无病，睡眠好，不胖不瘦也不驼；肠胃好，不暴食，不贪咸，不好油腻，食量不小；正常帮子女料理家务，生活自理。

王长美 女，家住石庄村5组，清光绪三十四年（1908年）出生。40多年前，由于突发关节炎，家境贫困无法医治，四肢失去活动能力。在与关节炎无休无止的抗争中，她锤炼出一颗坚强的“寿”心，一直苛刻地克制着自己，不吃荤，只吃最简单的“粗茶淡饭”，过着最朴实的“原始生活”，要出门“走走”，从不烦人，坚持坐上长条凳，依靠身体的力量，一点一点挪着“走”。

图3-5 王长美

图3-6 韩忠潘

韩忠潘 家住城东镇泰宁村15组，文盲，生于清宣统元年（1909年），上海标准件四厂退休工人。出生在一个世代务农的贫苦家庭，从小跟着父母下地劳动，饱尝艰辛，22岁告别家乡，只身独闯上海，靠拉黄包车为生。1952年进厂当工人。他厚道宽容，豁达大度，心平气和，形神康泰，饮食起居不苛求，爱吃大白菜，有每天洗三次澡、吃七分饱的习惯。原有便秘之疾，注重自我调理、自我修复，常喝大黄汤，每早一杯淡盐水。

储祥凤 女，家住戚庄村8组，清宣统元年（1909年）出生，爱休息，遵守“朝九晚五”的作息时间。生有4个女儿2个儿子。小脚，小时候很苦，只能做一些手工钩网之类的活，不能做农

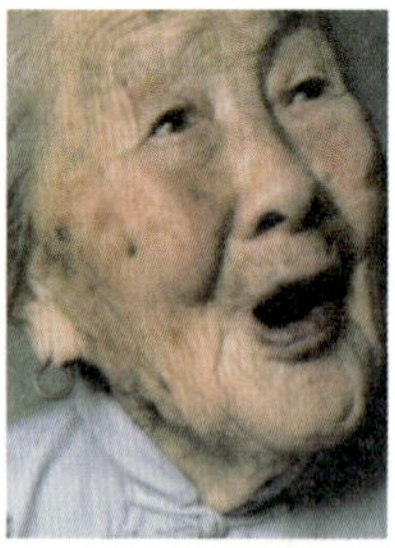

图3-7 储祥凤

活，一生以忙家务为主。身体一直很好，不打针不吃药，不咳不吐，自己洗漱，比较干净。脾气比较火爆，喜欢吃酥油馓子、脆饼，喝白开水，饭桌上喜欢吃荤菜，不爱吃剩饭剩菜，90岁以前不吃羊肉，90岁生日吃了一次萝卜烧羊肉后就爱吃了。她热情好客，好拉家常，和邻居关系相处融洽。

图3-8 俞德凤

俞德凤 女，文盲，家住城东镇界墩村2组。清宣统二年（1910年）生，中等个儿，背有点驼，17岁结婚，20岁开怀，生养8个儿女，其中一个3岁掉牛汪淹死，老大现年82岁。家中五代同堂，共78人，儿女孝敬，家庭和顺，儿子们轮养。爱串门、打长牌、拉家常、看电视、听歌曲。常做一些剥玉米、撕蚕豆、抹桌子的零活儿。爱吃鸡蛋，饭菜不拘，中午喝点糯米酒、葡萄酒，时常吃点麻团、粽子等黏食。

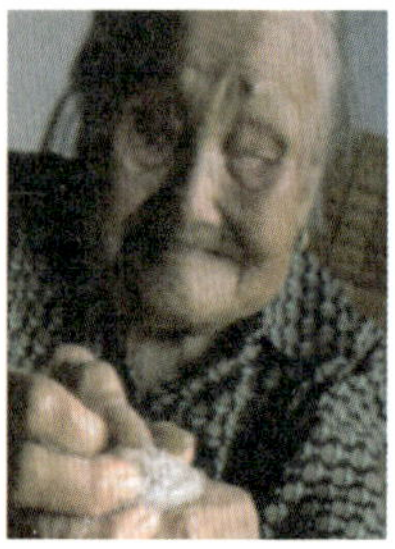

图3-9 崔伯珍

崔伯珍 女，家住西场村14组，清宣统二年（1910年）出生，生育两男两女4个子女。1962年跌了一跤后，生活不太方便。2005年前，眼睛也看不见了，出入房间，只能靠人抱进抱出，或靠凳子移。她一日三餐粗茶淡饭，不讲究也不挑食，平时喜欢喝糯米陈酒，有时一天两三顿，喜欢吃煮蛋、咸鸭蛋、瘦肉，冬天爱吃萝卜骨头汤，夏天喜欢吃自家种的丝瓜和黄瓜等。她想怎么样，如家人不答应，就喜欢发脾气，板着脸，但不骂人。

图3-10 何义英

何义英 女，家住城东镇泰宁村5组，清宣统二年（1910年）出生，文盲，19岁结婚，其丈夫陈龙安逝于2002年。她思路清晰，记忆力强，只是耳朵有点背；一生劳碌，生活很有规律；主食无论粗细，菜肴无论荤素，喜食红薯，嗜好吃鱼，中午正常喝点海安糯米陈酒；严格作息时间，晚上8点睡觉，早上5点起床，雷打不动；个性张扬，好发脾气，在家中有说一不二的权威；诚实守信，爱玩如皋纸牌，家庭和睦，儿孙孝顺。

图3-11 朱金凤

朱金凤 女，家住农林村26组，清宣统二年（1910年）出生。她“个头儿不大，骨子不软”，年轻时虽然裹小脚，但栽秧、割麦、打场等各样苦力活都和她的丈夫一起干。现耳朵失聪，但一双眼睛炯炯有神。她一生经历坎坷，年轻时丈夫张春山得急性肠梗阻，丢下一个女儿离她而去。在公公婆婆撮合下，和快三十岁的小叔子一起过，谁知张家又和地主为田赋闹纠纷，被地主烧了佃房，毁了租佃契约，接着第二个丈夫又得败血症，丢下一个儿子死去。后来，雇农许映来被张家招夫养子，又生一子。她几十年来一直住茅屋，用井水，吃普通饭菜，从不烧汤，也不喝茶，用大碗吃饭。

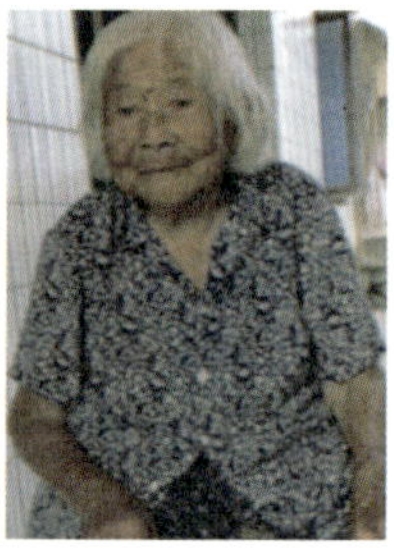

图3-12 史桂芳

史桂芳 女，文盲，家住城东镇农林村17组，清宣统二年（1910年）生，守寡58年，家中五代同堂，子女孝顺，家庭和睦。她中等偏上身材，头发全白，腰初显佝偻，面部丰满，脸皮透现微红血色，视力、听力还好，喜欢看电视。脸上常显安详、平和、恬然、自在之色。她本是如皋人，娘家住如城西南60多里的石庄乡下，虚年11岁时到海安洋蛮河河南张家做童养媳。她一生甘心劳作，恪守贞洁，从不大喜、大悲、大笑、大怒，心理平衡，心气平和。

图3-13 吕昌英

吕昌英 女，家住立发桥村17组，出生于清宣统二年（1910年），1.55米的个头，清瘦，精神，穿着干净、朴素、得体，背不驼、耳不聋、眼不花，头发黑白相间。她年轻时家贫，随父母种地，没有读过书，20岁嫁到同村葛家，丈夫与她同龄，一生相濡以沫，生有4个儿子1个女儿。她有早年失子之痛和70年代家中失火之灾，其余平淡一生。她手巧，会做针线活，年轻时就起早贪黑干活，晚年还保持着晚上8点钟休息、早上起得很早的习惯，一直忙着家务活，还学会了用电饭煲做饭。她脾气好，对人好，性格开朗，一生不怄气。

图3-14　西场明代居民住房　（顾　俊/摄于2011年4月）

第五节　居民生活

一、农民生活

解放以前，城东镇农民大多无土地，90%的土地集中在10%的人手中，住房是泥墙草盖的草房，农民衣不蔽身，食不果腹，受尽多重压迫，城东镇流传民谣“农民身上三把刀，租子重，利钱高，苛捐杂税多如毛”“西北风，呼呀呼；小伙计，披纱布；荞麦秸儿，打地铺；烧锅墩儿，夯屁股；还让穷人怎咯过”。当时，占人口总数90%的农民，只能过着“半年糠菜半年粮”的贫困生活，一遇到天灾人祸，就要逃荒要饭，卖儿卖女。农民穿着寒酸，一般为家织粗布衣服。冬天穿两个筒子的套裤，脚穿毛窝儿或蒲鞋、草鞋，雨天穿水搭桥儿；腰系育裙；床铺上垫稻草，盖破棉花卵儿；夏天男人只披一块二尺见方的披肩纱布，用来遮阳，也可擦汗。农民家中只有简陋的家具，住房多为土墙草盖的“元宝屋”或“顶头府儿”，极少数人家能住上瓦房，有的人家还住“车篷”。夏天蚊虫多，无蚊帐，农民们点艾草、麦芒驱蚊。以境域内原立发乡为例，从以下附表可见解放前农民的生活情况。

土改前立发乡农村贫富人群占有土地房产情况统计表

表3-11

项目／名称	户数	人口	占有土地（亩）	每人平均（亩）	房屋（间）			
					合计	瓦	草	每人平均（间）
贫农	1561	7218	3301.7	0.46	2492.5	91.0	2401.5	0.35
下中农	397	1890	1651.2	0.87	881.5	51.0	830.5	0.47
中农	796	3981	7185.8	1.81	2730.5	312.0	2418.5	0.69
富农	157	917	6015.5	6.60	1179.0	478.0	701.0	1.29
地主	79	382	7477.5	19.57	1135.0	447.0	688.0	2.97

民国35年（1946年）5月，境域在中国共产党领导下进行第一次土地改革。1951年3月完成第二次土地改革，并为广大农民发放土地执照，翻身农民有了自己的土地。解放初期，由于生产能力低下，加之1951年旱灾，1952年蝗灾、水灾，1954年发大水，农民收成很少。

在中国共产党领导下，境域各乡组织农民建立互助组，实行互相帮扶，互通有无，“一牛抵三工”，互助合作，等价交换，农民生活基本维持。

1956年后，各地由互助组转为初级社、高级社。1958年掀起“大跃进”运动，农村搞起“一平二调”，实行“四集体”，即集体生产、集体学习、集体吃饭、集体睡觉。广大社员“组织军事化、生活集体化”。各地大办食堂，浮夸风导致社员们3个月没有口粮，集体食堂停伙。加上1959—1961年的三年困难时期，给人民生命财产和农业生产造成巨大损失。最后，人均1个月口粮只有十几斤，农民只能以青菜、胡萝卜、野菜等维持生存。后来连萝卜汤也吃不上了，就吃榆树叶、山芋藤等。经济严重困难期间，农业收成无几，饥饿使很多人得了浮肿病。据南屏公社1960年12月9日统计：全社有浮肿病人86人，消瘦病人19人，妇女闭经565人，子宫下垂150多人，患钩虫病7620人，患绦虫病327人，患疟疾6000人。1961年3月9日统计：全社浮肿病人826人，消瘦病人287人，妇女闭经896人，胃病134人，呼吸道感染157人，小孩营养不良51人，其他病人163人，因口粮短缺、缺乏医疗，饿死、病死695人。

1963—1965年经济调整时期，农业生产有所恢复和发展。1966—1976年“文化大革命”期间，由于集体经营单一，分配水平较低，而社员家庭经营又受到“割资本主义尾巴”等种种限制，收入增加幅度不大，粮、布、油、盐、肉、火柴、火油等日常生活用品以及有关食品都凭票供应。

1968年，农民生活水平比1962年有了提高，口粮分配人月均15公斤左右。壮志公社王庄大队是公社口粮分配最高的，人月均20.75公斤；壮志公社口粮分配最低的是卢庄大队，人月均14.5公斤。全公社水稻单产225公斤左右，高的275公斤左右，杨庄大队水稻单产312.5公斤。全公社人均收入150多元。至1974年，境域农民住房仍比较简陋，无房、少房、危房情况仍然存在。1974年，壮志公社总人口16983人，有住房11772间。其中草房木结构9329间，草房竹棍结构1224.5间，草房水泥制品结构15间；木结构934间，瓦房水泥制品结构9间，住房有砖墙954.5间。全公社无房需建676.5间，少房需建1919.5间，危房607间。

1974年壮志公社社员居民住房情况调查表

表3-12

大队	总人口（人）	现有住房总数（间）	草房			瓦房		砖墙	无房需建	少房需建	危房需建
			木构	竹棍	水泥制品	木构	水泥制品				
红武	1712	1132.0	812.5	187.5	5	122.5	4.5	146.5	105	262	32.5
胜利	1648	1129.5	943	127.5	1	56.5	1.5	103.5	16	193	18
跃进	1890	1288.5	915.5	215.5	4	117.5	—	105.0	107.5	301	52.5
东风	1804	1198	882.5	182	—	129.5	—	150.5	18	187	23.5
前进	1376	963	763	15	2	90	3	92	42	139	2
红星	1302	917.5	751.5	57	—	126	—	70	65	88	83
向阳	1494	989	858	43	—	88	—	19	7	288	40
红光	1312	981.5	771.5	134.5	3	63	—	123	20	123.5	117.5
立公	1428	1023	9813	105	—	74	—	85	33	99	155
立志	1260	910	818.5	49.5	—	13	—	14	24.5	145	14
立新	1757	1238	964	108	—	54	—	46	48.5	94	69
合计	16983	11772	9329	1224.5	15	934	9	954.5	676.5	1919.5	607

1978年后，农民在党的富民政策指引下，收入有较大幅度提高，农村富余劳动力逐步向第二、三产业转移。1979年，农业生产水平和农民生活水平得到提高。壮志公社水稻单产450公斤以上，其中洪庄大队单产539.3公斤，砖桥大队单产531公斤，立志大队单产522.15公斤。农民口

图3-15 泰宁村一处农民住房（孙宝峰/摄于2006年8月）

粮分配每人每月19公斤左右，洪庄大队最高，每人每月21公斤，红光大队、立志大队最低，每人每月17.9公斤，全公社人均收入190多元。1987年4月25日，为了改善农民住房简陋和缺乏的民生状况，壮志乡政府下发《关于施庄等村申请新增住宅地报告的批复》，经乡村镇建设规划领导组实地勘查，批准8个村组新增住宅地的申请。

1999年韩洋乡人均纯收入3100元，立发乡人均纯收入2906元，南屏、新生两乡人均纯收入近3000元。2000年开始，城东镇逐年加大建设小康村力度，积极改善农民住房条件，农民们逐步告别草房、瓦盖平房。2002年城东镇完成基础设施投入8220万元，修建镇村晴雨路49公里，桥梁11座，做到村村通公路。2004年，城东镇农民人均纯收入4766元，城乡居民储蓄存款金额4.4亿元。

2005年，大力推进合作医疗，全年参合6.92万人。新增有线电视用户1752户，被评为南通市有线电视先进乡镇。农民人均纯收入5226元，年末居民储蓄存款余额11亿元。2009年，农民人均纯收入10031元，名列全县第一，人民生活水平稳步提高。2011年，城东镇农民人均纯收入12750元，人均消费支出8500元，自来水普及率100%，生活用燃气普及率94%，有线电视入户率92%，农户享有卫生厕所比重100%，住楼房户比重99.6%，参加农村合作医疗85035人，享受居民最低生活保障2800人。年末居民储蓄存款余额45.95亿元，拥有小汽车5670辆。

2000—2011年城东镇国民经济主要数据表

表3-13

年度	指标					备注
	总人口（人）	行政区域（平方公里）	地区生产总值（万元）	财政收入（万元）	人均收入（元）	
2000	38024	40.2	38500	1132	2945	立发、南屏
2001	49688	48	38052	1255	3176	
2002	49957	48	43828	1203	2495	
2003	50423	48	55479	2055	4034	
2004	97298	108	103928	2810	4766	含洋蛮河
2005	103135	108	206554	5378	5226	
2006	95139	108	294707	6699	5913	财政收入含开发区
2007	95461	108	378323	37484	7311	财政收入含开发区
2008	95974	108	479789	80858	8548	财政收入含开发区
2009	96934	108	593276	67016	10031	财政收入含开发区
2010	97713	108	889908	77963	11929	财政收入含开发区
2011	146136	170.93	1018678	138021	12750	含西场

二、城镇居民生活

解放前，城东镇居住于城镇的居民人数较少，只有西场、立发集镇上有几百人。其他如南屏乡油坊头、韩家庄、韩洋乡洋蛮河、西场立头等小集镇上有少数几家开小商店的。抗战期间集镇常有日伪军盘踞，交通不便，商业萧条，居民生活极为困难，多数居民缺少衣食，勉强维持生计，有的居民还到乡下拾草、帮工，以度岁月。

解放后，集镇逐步兴旺。1956年，西场古镇街市上原上百家私营商业向社会主义公有制转变，办起合作商店、供销合作社、食品站等，理发、旅馆、照相等所有行业分类建立合作组织。立发集镇成立工商联组织，商业覆盖面逐步扩大，市面逐渐繁荣，1960年立发集镇成立商业总店，后来又建立供销社、立发油厂、立发农具厂、立发轧花厂、立发医院、立发小学、立发中学，一些回城知青和城镇闲散人员在镇上得到妥善安排，居民生活逐年提高。1958年，人民公社成立，社办企业从无到有，半脱产职工随之产生，他们不出家门，不离土地。80年代初，农村富余劳力逐步转移，城镇职工人数逐年增多，经济收入逐年增加，社会保障体系进一步完善，职工住房、小孩入托、上学均能享受政策优惠，退休职工均享受社会养老金补助，真正解除生、老、病、死后顾之忧，高档家具、汽车、电器等进入百姓之家。2011年，城东镇有非农业人口42147人，人均收入23775元，人均消费支出14241元，人均住房面积55平方米。

图3-16 湖畔新居 （孙宝峰/摄）

第四章　镇村建设

城东地域，在春秋至唐宋时期即因盐、粮贸易之利，经过岁月积累，立发桥、西场、立头、洋蛮河、油坊头等集镇逐步形成。其中西场集镇规模较大，西场集镇中间是一条东西方向的栟茶运河，将西场集镇分为河南、河北两条街市。80年代后，城乡建设进入跨越式发展阶段。各乡镇基础设施及公共事业建设稳步推进，逐步改变贫穷落后的面貌。1992年，乡镇公路基本实行油面化，并形成公路网络，绝大多数都是四五米宽的中心大道，镇内有桥梁150多座。1993年后，各乡镇在规划、建设、管理三位一体思想指导下，新的路网体系逐步建立，绿化园林、污水处理、垃圾焚烧等公共设施日趋完善。至2004年底，城东镇累计投入基础设施建设资金4.3亿元，形成以宁海南路、迎宾路、长江东路、黄海路为骨干的公路网，建有道路22条17.77公里，路灯292盏，新建桥梁4座，排水管道25.55公里。2010年，城东镇完成基础设施投入5亿元，新开道路面积23万平方米，新建安置房29万平方米，竣工16万平方米，实施开发大道南延、南海大道东延、晓星大道北延、七星湖二、三期工程。2011年，全镇公路里程440公里，启动油坊头大道、221省道沿线亮化工程建设，完成开发大道南伸北延，221辅道等道路建设。城镇环境整治连续四年全县第一。年底，镇建成区人口6万人，建成区面积40.5平方公里。

图4-1　镇区风貌　（孙宝峰/摄）

第一节 城镇建设

一、管理机构

80年代中期，各乡镇把镇村建设列入议事日程，各乡镇政府落实负责人分管镇村建设，具体负责镇村建设规范实施，乡镇规划员和土管员分头管理。1984年，各乡镇建立规划建设管理办公室和土管所，其负责人为建设助理和土管所长。2001—2011年，城东镇经过三次合并，先后设立规划建设管理办公室、开发区规划局、开发区土管所和海安县国土资源局开发区分局。至2011年，规划和国土部门完成区镇总体规划的修编和《北部新区（物流产业园）控制性详细规划和城市设计》《上湖新区控制性详细规划及核心规划设计》《软件园规划城市设计》等规划的编制。

二、镇区建设

2001年，城东镇组建后即将市政建设纳入重要议事日程，加快城区基础设施建设，投入建设资金4.3亿元，形成以宁海南路、迎宾路、长江东路、黄海路等为骨干的“五横五纵”公路网，金海安大厦、泰宁大厦、丽晶广场成为海安县城东部的标志性建筑，金融、宾馆、学校、医院、市场、娱乐场以及变电所、热电厂、程控电话交换中心、污水处理厂等服务设施齐全。区内道路平整宽敞。七星湖公园一期工程占地60公顷。2002年，城东镇在加强村镇道路、桥梁建设、公用设施建设的同时加快住房建设，新型小城镇的格局逐步形成。2005年，委托设计单位进行控制性规划和部分景观工程的规划设计，工程投资4000万元，2006年3月全面开工，年底情景大道完工，9个特色灯柱及9个玻璃灯箱全部安装到位。月亮广场完成地基工程和花岗岩铺设。芙蓉塘完成水下桩基工程、防腐木工程。广场入口喷泉工程完成螺旋喷泉、音乐喷泉、涌泉、百米高喷、灯箱雾喷等全部施工项目。

图4-2 丽晶广场 （孙宝峰/摄）

火车站前广场工程是开发区招商引资项目，总投资2600万元，占地7公顷。分为四大功能区，即站前疏散区、中心游乐区、绿化休闲区和商业步行区。2005年完成规范设计、征地、围墙及地下管网工程，下沉式广场入口景观及两侧环形路工程开工，2006年完成道路旱喷广场、入口景观和停车场工程。该工程由上海宏博集团公司施工建设。2011年，完成海防路沿线、通榆路沿线、七星湖周边等城市设计，由“易居中国”设计的上湖新城策划方案通过评审，油坊头大道、221省道沿线亮化工程建设启动。

西场集镇 为原西场镇政府所在地，位于海安县境东部，距县城12公里。明清时期西场集镇河北有东西方向两条街，南边沿河边石前街，临水而筑，建有一排河房，长约200米，河房朝北，间间都是商铺，河房对面朝南也是商铺。中间街道，石板铺成，宽3米有余，车水马龙。市街中部栟茶运河上有一座桥，名惠民桥，是连接河南、河北唯一桥梁。新中国成立后，小集镇逐步发展。1997年开始，大规模改造西场镇旧镇区，拆迁210户，1156间旧房，开发惠民新村、得意楼、春风楼等商住楼。新建小商品楼，新增个体工商户近200户。惠民农贸市场经过改造初具规模，建筑面积6028平方米。镇区由原来沿苏202省道的“一字型”变成“井字型”。新建农民一条街、农民别墅群、老百姓文化城、教师新村等建筑。

1997年，西场镇在百姓文化城楼上投入23.8万元建成镇区钟楼，在镇西郊投入9.7万元建成“文化名镇欢迎您”龙门架和“发展才是硬道理”18米高的三角锥体雕塑，在休闲广场投入29.8万

图4-3 西场集镇景点："托起明天的辉煌"
（顾 俊/摄于2002年2月）

元建成“托起明天的辉煌”雕塑景点。在西港路与苏202省道交会处，投入16万元建成范仲淹石像雕塑；在兴场路与西港路投入11万元建成42盏路灯，在镇区投入24万元建成灯光隧道4座；在兴场路与西港路交会处投入12万元建成18米高台射灯。在七建六处大门处投入6万元建成西场镇区平面图；投入2.8万元建成“西场镇发展规划沙盘”展览室，道旁还建成667个花木树池。此外，还建造平倭古战场遗址碑亭和仲贞子艺术馆、张策“农民书画室”、刘彬“江海篆刻艺术馆”“佑圣观”等。

1998年，建成宽40米、长800米的兴场路和长500米的西港路。1999年镇政府在惠民路、西港路各铺设排水管道400延长米。2003年，在兴场路铺设排水管道1500延长米。2004年，在菜市场铺设排水管道300延长米，镇区有排水管道1.03万延长米，采用雨污合流排水方式，就近排入河道。2005年，镇供水公司投资25万元在工业园区铺设供水管道1700米。同年，投资22.4万元在工业园区内建排水管道1800延长米，过路涵排水管道50米。2006年，投入16万元在工业园区安装路灯35盏。2007年，投入18.5万元在镇区增铺供水管道5400米；投资47.5万元增建排水管道1900延长米。2008年，投资55.8万元增建供水管道5880米；投资519万元新建排水管道8480延长米。2006—2008年，陆续建立垃圾池（点）130个（座），公厕10座，购置垃圾运送车1辆，吸粪车1辆，并新建无害化生活垃圾填埋场1座，占地0.8公顷。2007—2008年，投资122万元，在海防路两侧、经一路北侧安装路灯131盏。

2002年，于西场镇区北郊筹建西场镇工业集中区，总面积131.59公顷。至2004年底，10千伏高压线和给排水等管路全线贯通，道路等基础设施基本到位，实际建成区面积38.6公顷。

壮志集镇 为原壮志乡政府所在地，位于城东镇东南部，距离县城15公里。集镇区建有工业企业10多家和农民街、农贸市场。壮志幼儿园、壮志小学、海安县农村商业银行壮志支行、壮志邮政所、壮志电信支局、壮志医院、蓉和怡心园都在壮志集镇区内。

南屏集镇 为原南屏乡政府所在地，位于海安县城南郊。集镇总体规划于1983年编制，1991年作了重新调整，1994年末集镇总人口4500人，建成区面积98.08公顷，204国道和老通榆公路贯穿集镇区南北，栟茶运河横穿集镇区东西，并在镇东与通扬运河交汇。1995年，集镇区有商业网点20多个，营业用房5000多平方米。南屏信用合作社，占地面积0.28公顷，建筑面积2000平方米。2000年，安装电话6000多部，电视线路导线23.44万米，广播线路12.71万米，安装有线电视5000多户。

立发集镇 为原立发乡政府所在地，位于海安县城东郊。集镇总体规划于1987年编制，因新长铁路穿越乡境，县政府将其纳入县城总体规划。1997年沿苏202省道建设8里长街，沿迎宾路及328国道建成商业街，有私营及个体工商户99家，营业用房1万多平方米。

韩洋集镇 为原韩洋乡和洋蛮河镇政府所在地，位于海安县城东部，距县城10公里。集镇总体规划于1984年编制，1994年作了重新调整。集镇总人口5000人，建成区面积26.13公顷，2010年集镇人口8000人，建成区面积93.13公顷。集镇内，海韩公路、韩大公路南接苏202省道（海栟公路），北至大公镇接贲北公路，境域内南北中心河对内沟通三竖十三横的乡域水系，对外南接栟茶运河、北接北凌河。街道呈“T”字形，商贸、金融等门类较为齐全，有工艺、服饰、餐饮、理发、维修及商业等个体工商户1200多家。

新生集镇 为原新生乡政府所在地，位于海安县城东南约10公里。新生集镇总体规划于1983年编制，1993年重新调整。1994年末集镇总人口4500多人，建成区面积112.72公顷。集镇中心路和农干校外接公路，北接苏202省道（海栟公路）。如新公路南接如皋市，新建东西向南屏至壮志公路，西与204国道相通，东至西场镇壮志南北通道。水运有季坞荡河纵贯集镇区，南通友谊河，北接栟茶运河。

1995—2004年城东镇城区市政工程建设情况表

表4-1

类别	序号	工程名称	建设地点（区域）	工程结构	所在村	建设规模 长（米）	宽（米）	面积（平方米）	备注
道路	1	润康北侧道路	宁海南路—住宅区	砂石	泰宁	360	6	2160	
	2	友谊厂西侧道路	鑫港西路、佘庄路段	砂石	泰宁	300	6	1800	
	3	薛湾中心路	丝绸路—人工湖	砂石	开屏	800	8	6400	
	4	平桥西路	宁海南路—洋港河段	砂石	泰宁	350	12	4200	
	5	东海路	薛湾中心路—中坝南路	沥青砼	开屏 泰宁 南屏	3600	24	86400	
	6	宁海南路	黄海路—东海路	砂石	泰宁	1400	22	30800	
	7	创业园二期道路	创业东路—鑫来南路	砂石	开屏	800	12	9600	
	8	鑫港路	204国道—水泥路	砂石	开屏	600	12	7200	
	9	黄海路东延	东湖路—村办公室	砂石	开屏	320	21	6720	
	10	新宁南路	物业所—黄海路	砂石	泰宁	640	12	7680	
	11	文萃路	长江路—202省道	砂石	界墩	600	14	8400	
	12	新宁南一路	黄海路—摩托市场	砂石	泰宁	400	6	2400	
	13	月新路	长江路—黄海路	砂石	开屏	800	6	4800	
	14	鑫来中路（西半幅）	鑫港路—创业路	砂石	开屏	500	6	3000	
	15	鑫来中路（东半幅）	鑫港路—创业路	砂石	开屏	500	6	3000	
	16	南坡路	东海路—栟茶河	砂石	南屏	750	12	9000	
	17	张池路	204国道—日新路	砂石	泰宁	600	6	3600	
	18	高庄路	宁海南路—中坝南路	砂石	泰宁	800	14	11200	
	19	化工路	204国道—双渔8组	砂石	南阳	400	24	9600	
	20	化工路便道	204国道—双渔8组	砂石	南阳	300	12	3600	
	21	精细化工园	金海路、北海路	水泥砼	南阳	2300	12	27600	
	22	新宁南路	长江路—黄河大道	沥青砼	泰宁	1400	12	16800	
	23	鑫来北路	长江东路—鑫港路	沥青砼	泰宁	200	12	2400	
	24	宁海路南延	204国道—宁海中路	沥混	泰宁	1420	36	51120	
	25	新宁南路	物业公司—黄海大道	沥混	泰宁	600	18	10800	
	26	黄海路	薛湾路—桥坡南侧	沥青	开屏	200	9	1800	
	27	化工大道面层	中坝路—海安镇	混凝土	南屏	450	24	10800	

续表4-1

类别	序号	工程名称	建设地点（区域）	工程结构	所在村	建设规模			备注
						长（米）	宽（米）	面积（平方米）	
道旁绿化	1	东湖路绿化	长江路—黄海路		开屏	800	20	16000	
	2	黄海路花池	立新河—204国道		开屏 泰宁	600	5	3000	
	3	204国道	鑫港路—东海路		开屏 泰宁	500	40	20000	
	4	创业园二期道路	204国道—鑫来路		开屏	350	6	2100	
	5	宁海南路	黄海路—东海路		泰宁	1400	3	4200	
	6	黄海路	立新河—中心路204国道—宁海南路		开屏 泰宁	800	6	4800	
	7	东海路	中坝南路—中心河		开屏 泰宁 南屏	3600	5	18000	
	8	长江路修整	开发区—立新河		开屏 泰宁	450	5	2250	
	9	平桥路	204国道—日新路		泰宁	420	6	2520	
	10	张池路	204国道—日新路		泰宁	420	6	2520	两侧
	11	建海路	204国道—日新路		泰宁	420	6	2520	两侧
	12	黄海路	中心路—油脂厂		开屏	280	15	4200	一侧
	13	黄海路1标	204国道—宁海南路		泰宁	650	20	13000	两侧
	14	黄海路2标	204国道—立新河		开屏 泰宁	450	20	9000	两侧
	15	黄海路3标	立新河—中心路		开屏	520	20	10400	两侧
	16	宁海南路	长江路—黄海路		泰宁	800	15	12000	两侧
	17	204国道管护	长江路—东海路		开屏 泰宁	3200	40	128000	两侧
	18	宁海南路	黄海路—东海路		泰宁	1400	15	21000	两侧
	19	黄海路	中心路—宁海南路		开屏 泰宁	1700	5	8500	两侧
	20	润康路	宁海南路以西住宅地		泰宁	400	6	2400	两侧
	21	七星湖	七星湖周边边岩		开屏	3200	15	48000	周边
路灯	1	东湖路	长江路—黄海路	单灯	开屏				48盏
	2	黄海路	204国道—东湖路	双灯	开屏 泰宁				40盏
	3	204国道	鑫港路—东海路	单灯	开屏 泰宁				20盏
	4	宁海南路及黄海路东延	黄海路—东海路，东湖路—中心路	双灯	开屏 泰宁				64盏
	5	东海路	翻身河—中坝南路	双灯	开屏				58盏
	6	东海路	中心路—翻身河	双灯	开屏				62盏

续表4-1

类别	序号	工程名称	建设地点（区域）	工程结构	所在村	建设规模			备注
						长（米）	宽（米）	面积（平方米）	
道板	1	东湖路人行道方块	长江路—黄海路		开屏	800	6	4800	两侧
新建桥梁	1	东海路洋港河桥	东海路洋港河	箱涵	南屏	30	24	720	
	2	东海路翻身河桥	东海路翻身河	箱涵	开屏泰宁	30	24	720	
	3	东海路立新河桥	东海路立新河	箱涵	开屏	30	24	720	
	4	化工路双渔河桥	化工路双渔河	箱涵	南阳	30	24	720	
泵站	1	七星湖泵站	七星湖		开屏				1座
护坡	1	七星湖	东湖公园	石砌	开屏	3800	3.5	1330	

1995—2004年城东镇城区排水工程建设情况表

表4-2　　　　单位：米

序号	工程名称	建设区域（区段）	建设地点	建设规模					总长度
				管径1500毫米	管径1000毫米	管径800毫米	管径600毫米	管径400毫米	
1	友谊厂西侧下水道	摩托市场南侧余庄路段	开屏	0	0	190	600	100	800
2	平桥西路下水道	宁海南路—住宅地	泰宁	0	0	0	300	50	350
3	黄海路北侧	东湖路—通扬河段	开屏	0	200	200	100	0	500
4	黄海路南侧（东）	中心路—通扬河段	开屏	0	200	200	150	0	550
5	黄海路南侧（西）	薛湾中心路—立河段	开屏	0	200	0	0	0	200
6	高庄路	宁海南路—洋港河段	泰宁	0	0	350	400	100	850
7	东海路南侧	204国道—翻身河段	开屏	0	0	200	0	0	200
8	鑫来南路	鑫港路—创业路	开屏	0	0	0	400	0	400
9	鑫港路	204国道—鑫港公司东围墙	开屏	0	0	250	200	100	550
10	月新路	长江路—黄海路	开屏	0	0	0	800	0	800
11	东湖路东侧	东湖外环路—通扬运河	开屏	0	0	350	0	0	350
12	东湖路西侧	东湖外环路—立新河	开屏	0	0	100	300	0	400
13	新宁南路	长江路—摩托市场南侧	泰宁	0	0	0	400	0	400
14	薛湾中心路	丝绸路—黄海路	开屏	0	0	0	450	0	450
15	金泉南侧下水道	金泉公司—洋港河	泰宁	0	0	100	300	0	400
16	金泉北侧延伸	金泉公司—创业西路	泰宁	0	0	0	200	0	200
17	创业西路	204国道—余庄路	开屏	0	0	0	200	0	200
18	宁海南路	润康路—钢管厂	泰宁	0	0	0	100	0	100
19	创业园	创业园区鑫来路东侧	开屏	0	0	0	300	0	300

续表4-2

序号	工程名称	建设区域（区段）	建设地点	建设规模					总长度
				管径1500毫米	管径1000毫米	管径800毫米	管径600毫米	管径400毫米	
20	金海路	团结河—栟茶河	南阳	0	80	300	250	0	630
21	北海路	团结河—光明河	南阳	0	100	500	400	0	1000
22	东海路排水（南）	中坝南路—宁海南路	南屏	0	0	400	400	100	900
23	东海路排水（北）	中坝南路—宁海南路	南屏	0	0	400	400	100	900
24	东海路排水	204国道—宁海南路南侧	开屏 南屏 泰宁	0	0	400	50	0	450
25	东海路排水（南）	204国道—立新河	开屏	0	0	400	50	0	450
26	东海路排水（北）	204国道—立新河	开屏	0	0	400	200	50	650
27	东海路排水（南）	立新河—中心路	开屏	0	0	400	200	50	650
28	东海路排水（北）	立新河—中心路	开屏	0	0	400	200	50	650
29	宁海南路	高庄路—黄海路	泰宁	0	0	0	600	50	650
30	宁海南路	高庄路—东海路	泰宁	0	0	0	600	50	650
31	环湖路	黄海路—东海路	立发桥	0	0	100	1200	0	1300
32	金北公司北侧	环乡路—立公河	立发桥	0	0	350	0	0	350
33	鑫来北中路	环保局—通扬河	泰宁	0	0	0	0	200	200
34	新宁南路	物业所—四组路	泰宁	0	0	0	400	0	400
35	纺织园宅区西排水	东海路—周庄河	泰宁	0	0	0	600	0	600
36	南坡路排水	东海路—栟茶河	南屏	0	0	200	500	0	700
37	西蒙过路管		开屏	0	0	0	40	0	40
38	钢管厂门前排水		泰宁	0	0	0	200	0	200
39	环湖路过路管		开屏	0	0	0	150	30	180
40	南坡支路及排水	南坡路—村组路	开屏	0	0	0	200	50	250
41	宁海南路	高庄路—东海路	泰宁	0	0	0	400	100	500
42	宁海南路	高庄路—黄海路	泰宁	0	0	0	400	100	500
43	文萃路排水	328国道—202省道	界墩	0	0	300	500	100	900
44	晋宏北侧排水	宁海南路—园区南	泰宁	0	0	0	0	200	200
45	红太阳双管涵	328国道—202省道	立发桥	800	0	0	150	100	1050
46	化工大道	204国道—光明河		0	600	800	600	100	2100
合　计				800	1380	7200	13890	1780	25050

说明：排水设施为两米机制旋辊式涵管

三、城区绿化

2001年起，城区绿化工作和环境整治列入议事日程，积极推进生态文明建设。至2004年，建设东海路绿化隔离带，薛湾中心路—中坝南路1.24万平方米；环湖西路绿化，黄海路—东海路838平方米；东湖湖坡绿化，东湖西侧、南侧9300平方米；东湖大道景观绿化，长江路—黄海路1.27万平方米；泰宁大厦绿化，泰宁大厦门前2533平方米；长江东路9号绿化，镇政府大院门外400平方米；长江路景点绿化，204国道—开宁桥3104平方米；长江路绿化隔离带，204国道—世纪桥3513平方米；平桥路、建海路绿化，204国道—日新路3492平方米；张池路绿化，204国道—日新路2961平方米；鑫港路绿化，204国道—日新路3838平方米；鑫来路绿化，长江路—鑫港公司3884平方米；创业路绿化，204国道—鑫来路1660平方米；润康路绿化，宁海南路—区间路256平方米；宁海南路绿化隔离带，黄海路—东海路2744平方米；204国道绿化面积2.07万平方米。2005年，完成高庄路、鑫来路和文萃路绿化工程，总投资80万元。2006年，完成南阳工业园区建设绿化带，栽植行道树，绿化总面积1.44万平方米，投资60万元。2006年，完成黄海大道快车道大修，建设长1000米、宽2.5米的2条绿化带，总面积5000平方米。2006年建设新宁南路（从物业公司到黄海大道）长600米、宽3米的2条绿化带，栽植行道树200棵，总面积3600平方米。2006年，建设黄海路薛湾路到桥坡南侧段长200米、宽1.5米的绿化带，总面积300平方米。2006年，七星湖公园一期工程完成绿化2.5万平方米。2010年，新增绿化面积10万平方米。

图4-4　居民小区旁的绿化带和休闲场地　（孙宝峰/摄）

2011年，城区绿化和农村环境呈现崭新面貌。农村路道和小区绿化、环境整治连续四年全县第一。

四、环境保洁

2001年，建立由管委会、保洁公司、居委会三方参加的管理组织，具体工作由街道办负责，下属两家物业保洁公司。是年有垃圾中转站1座，位于开发区平桥路南侧，垃圾由县环卫处统一安排，运往指定地点处理，做到日积日清理。2002年1月22日建立开发区保洁有限公司和新城环境卫生服务有限公司。两家公司职工40余人。2011年，建立2座垃圾压缩中转站，每村有1~2名保洁员，每名保洁员配备1辆保洁三轮车，每2名河道保洁员配有1条保洁船。垃圾清理站全面投入运行。

图4-5　城东镇保洁员队伍　（镇档案室/提供）

第二节　村庄建设

一、村　庄

城东境域有古村庄388个，废村74个（因交通、农田方整、开挖河道、搬迁消失）。

原南屏乡

★油坊头	前进	葛家庄	丁家庄
孙公铺	葛港	建设	反上
★葛家桥	济民	北斗庵	王家庄
利民	团结	葛桥	旭红
朱家庄	曹家庄	北刘家庄	★南阳
银杏	红星	双鱼	东升
双桥	光明	许家庄	杨家塔
南佘庄	袁家庄	包家天井	★南屏
周济	周庄	周家庄	冯家庄
赵家庄	高庄	红旗	高家庄
★泰宁	陵园	凤凰	凤凰垛
张池	立新	单家庄	朝西庄
韩家庄	★开屏	佘庄	东风
薛湾	高家庄	薛家湾	佘家庄
顾家庄	周家跳	界河	

废　村

四园	宋家桥	石碑	木脚桥
唐家庙子	花鱼塘	朝西庄	篷池边
姜家桥	谢家池	曹家坝	蔡子湾桥
双车篷池	毛家桥	黄家庄	李家庄

原立发乡

★立发桥	长池	王家港	西洋蛮河
立发	马家尖	杭家套	石家庄
周家庄	石家码头	苏港	★界墩
陆家池	新运	薛家庄	界牌墩
范家庄	解放荡	野马口桥	邵家庄
★五坝	红旗	钱家庄	何家庄
花三坝	花五坝	练港	立新
高庄	崔家庄	盐港	高家庄
新华	老坝头	丁家桥	烟蛮坟
★刘缺	卫东	刘家缺	朱家荡
朱家小桥	景家桥	郑家庄	前进
韩家庄	迪山桥	北田家庄	吉家庄
陆家庄			

废村

陈家庄	孙家套	刘家庄	潘家庄
铁篱笆	史家庄	新地桥	洋田
姜家庄	严家庄	闻家套	粉坊头
曹家庄	梅家庄	中庄	杨家庄
杨树沟	孙家庄	太平桥	景家庄
陆家庄	柿棉树	唐家庄	

原韩洋乡

★洋蛮河	东屏	赵桥	红星
洋蛮河	赵家桥	蒋家庄	大桑树
汪家舍	马家缺	蒋家桥	★三丰
石番	丰河	盐河	东申家庄
西申家庄	吴家庄	于家桥	姚家码头
刘家湾	王猫桥	陆家荡	棚儿庄
椿树头	石家庙子	石家荡	八字桥
灯头桥	花鱼尾桥	崔家庄	冒家园
高金港桥	★三角	红兵	丰元
三角池	于家荡	瓦屋头	龙王桥
窑头桥	储家套	朱家套	史家庄
★韩徐	兴旺	翻身	滩桥
南田	曙光	麻楼庄	中田家庄
南田家庄	徐家庄	滩子桥	私盐河
兴旺桥	徐家庵	田家套	徐家套
★韩洋	韩南	东风	王桥
大桥	胜利	韩西	前进
卢家套	丁家缺	谢风桥	倒窑桥
大桥口	塌缺口	大周家庄	小周家庄
贾家庄	许益万坝头		

废村

杨家尖	姜家码头	转水墩	吴家庄
丁家庄	长码头	杨田洼场	王家庄
苏家套	孔家庄	周家套	何家庄
潘家池	杨家套	姚家桥	

原新生乡

★上湖	范家庄	红旗	印家码头
天井池	戴家桥	东老坝	★堑南
双井	杨井	大刘家庄	小刘家庄
夏家园子	光明	红星	三里
永忠	砖桥	刘家庄桥	大庙头
韩家庵	三里车篷	★品建	马家庄
许家腰庄	季坞荡	顾家庄	向阳
团结	朝东大门	葛家庄	焦家套
空庄	★民桥	陈家庄	宗家庄
民主	范桥	胜利	古渡头
陆家桥	★农林	农业	李家庄

谢家庄	丁祠	古河	林业
殷家庄	如意柏树	白家桥	笔架山
张家庄	于家桥	荷花池	史家码头
丁家庙	蒋家码头	太平桥	丁家庄
钱家庄	二十五里墩		三十里墩

原西场镇

★西场	陆堑	林家池	崔家庄
张家村	杨家池	陆家堑	★爱凌
爱国	凌河码头	曙光	草庵堂
仲家庄	西凌河	★戚庄	雄庄
迎春	吴家庄	古河	周家庄
涵子口	顾家碾子	缸庙	熊庄
顾家庄	南窑	北窑老庄	新桥口
★新立	立头	新农	良田
章家坳子	东风	立新	关塘
东王家河	西王家河	井儿头	崔家庄
★热港	仲庄	楼基	许冯
仲家庄	王家庄	滩缺口	红卫
向阳	许家庄	冯家荡	冯家洋
冷水港	许家洋	洋河桥	冯园里
★丰产	光荣	新农	三里庙
夏家池	★石桥	优胜	朝阳
爱民	石桥口	小陈家庄	张家庄
陈家庄	李家庄	曹家庵	王家夹巷
曹庄	四里半		

废村

顾家庙子	闵王庄	苏家庄	闰王庄
铜家池	毛家场	蔡家池	王猫塘
季家庄	邱家庄	湾子头	乌嘴庄
风车池	江家园	吴家堑	刘家庄
戴家庄	徐家湾	汤家港	

原壮志乡

★施秦	施庄	徐家老庄	秦庄
胜利	立新	七里井	吴家庄
施家庄	佘家庄	五马庄	小史家庄
秦家庄	陈家庄	★洪旺	龙王庙
池旺	洪庄	跃进	东风
西河边	洪家庄	缸庙口	小范庄
耿家巷	洪家池	二里半	★壮志
百岁桥	葛庄	杨港	红武
中心	前进	葛港红星	杨庄
池塘	杨家庄	金家庄	凌家湾曹
家池	夏家坝头	庄屋	葛家庄
空庄	王家庄	★石庄	砖桥
马荡	向阳	红光	石桥
石家庄	卢家庄	江家庄	后石家庄
老庄	乙里井	小卢家庄	三里桥
王家庄			

（标★者为行政村名）

二、村居建设

新中国成立初至70年代，农民逐步告别泥墙草房和饮用河水的生活，各公社（乡）在推进水利建设和农田方整化的同时把村庄建设纳入规划与建设。60—70年代，不少农民房屋迁移至骨干或三四级河道两岸，或乡村干道和公路边。80—90年代，加快农村住房、饮用水等基础设施建设，村庄布局大部分是沿河沿路，形成“一”字形或“非”字式住宅群。2000年后，城东镇域规划建设万星花苑、立发新村、开屏花苑、银杏花苑、洋蛮河花苑、界墩花苑、西场花苑、上湖花苑、民桥花苑、南屏花苑、丁祠花苑、韩洋花苑、刘缺花苑等13大集中居住区。2005年12月，城东镇镇村布局规划编成，规划全镇建设71个农民集中居住点，每个居住点人口规模300~2000人。考虑规划了排水、路灯、环境卫生建设。2011年，坚持规划引领，由“易居中国”设计的上湖新城策划方案通过评审，动迁安置不断强化。5个小区开工建设，续建面积33万平方米。新竣工交付安置房42万平方米，新开工安置房52.4万平方米。

图4-6　农民集中居住区——立发花苑

（孙宝峰/摄于2009年5月）

1994年、2004年、2011年城东镇农民住房情况比较表

表4-3

项目年份	总户数（户）	总人口（人）	楼房		平瓦房		楼房占比		人均住房面积
			户	人口	户	人口	占总户数（%）	占总人口（%）	面积（平方米）
1994	23004	83175	13411	46578	9593	36597	58.3	56	25
2004	25523	86110	22384	73194	3139	12916	87.7	85	64.66
2011	43051	137764	42898	137273	153	481	99.6	99.6	90.5

说明：1994年不含西场镇、壮志乡情况，2004年不含西场镇情况

三、小康示范村建设

21世纪初，城东镇各项工作始终围绕小康目标进行。2005年贯彻《市县小康示范村下半年工作要点》《2005年度海安县农村小康示范村考核评分要点》等文件精神，开展小康示范村建设，成立城东镇农村全面小康工程建设领导组，下发《关于全面推进农村小康工程建设的实施意见》《城东镇小康建设考核办法》《城东镇小康示范工程建设2005年度工作计划》，并将泰宁村、界墩村列为小康示范村。

2005年5月泰宁村被列为市级小康示范村。2006年，在泰宁和界墩两个小康示范村内投资270万元。其中泰宁村投资近100万元清淤河道3条5.7公里，完成土方7万多立方米；投资150万元实施道路绿化12公里，河道绿化3.7公里，广场绿化6000平方米，累积修建道路14.9公里，安装路灯500盏。2007年泰宁村被评为全国绿色小康村。

2008年10月，界墩村被评为"海安县小康示范村"。2010年，地处城东镇中北部的三角村，被县政府评为"全面奔小康先进村"。2011年，泰宁村以经济建设、富民强村为抓手，全面推进文明建设协调发展，获全国"文明村镇"称号。

图4-7　泰宁村的一处别墅区（王　罗/摄于2006年7月）

附：城东镇玉平文化民居

玉平文化民居位于界墩村9组立公河东，始建于1987年，1988年主体竣工。民居坐北朝南，前依广阔农田，后傍小河碧波，景致优美。

庭院大门前，有一对两米多高的汉白玉石狮，憨态可掬。门垛正面用古印体刻着"德厚品贤载物，家和邻睦兴业"鎏金对联，垛顶上的蹲兽"望君归"传说为龙的后代，在九子之列，有守望的习性，能把门镇宅、护主助业。大门至主楼有宽阔的石板路，院内栽有红枫、青枫、桂树、香樟、紫竹、红天竹、龙爪竹、笔竹、石榴、枣树、橘子树、香蕉树等，绿化植物琳琅满目。

图4-8　庭院大门　（陆鸿钧/摄）

石板路通主楼，两层主楼上盖黄色琉璃瓦。正立面为淡绿色玻璃幕墙。主楼墙裙为铁锈色蘑菇石，既庄重又不失清秀。上层阳台扶手为汉

图4-9 院内的六角亭 （陆鸿钧/摄）

白玉镂空雕刻，七根小立柱及六档隔板均雕刻精湛，手法古典。底层两根汉白石圆柱及底座大方气派，下有一对小石狮陪伴。石柱上刻书法家谭政民所书“玉柱临风檐下万事等闲，平步登高庭前千绿幽静”行书对藏头联。

石板路东的六角亭，飞檐翘角，红柱高耸，六角下均悬铜风铃，清风徐来，风铃叮当作响，悦耳动听。六脊上各有仙人及神兽镇宅。亭内有圆形石桌，鼓形石凳，围边环绕回形纹精巧玲珑，古典气派。朝西大红漆圆柱上悬“池心龙影闲相照，桥畔鱼跃静自来”的匾联，横匾额曰“闲静亭”。绕亭四周的龙形水池用太湖石堆积而成，水中九条汉白玉雕龙，各具神态，若隐若现，寓意着龙孕九子。石龟、石山浅隐池水中，更有大小喷泉，七彩射灯，溪流玉罄，飞梁荇沼。池上建有石质平桥、拱桥，桥两侧汉白玉护栏，内外分别雕有“渔樵耕读”“琴棋书画”立体图案，雕镂细致。

亭池之间南侧的太湖石足有3米多高，洞中有洞，穴中生穴，鬼斧神工。石前黑松婀娜多姿，苍劲挺立。其石上部用行书镌刻有儒家思想精髓的“修身 齐家 治国 平天下”镏金阴文。园中曲径皆用石板或黑白卵石铺成，错落有致，图形变换有致，东南侧拐弯路面铺砌中国太极图，黑白卵石相间，象征生命起源。庭院中不时传来幽雅悦耳的轻音乐，给人一种静寂轻松、安养清心的审美感受。整座庭院古色古香，匠心独运，处处彰显出中华民族传统文化韵味。

图4-10 主楼焰火 （陈顺源/摄）

亭池东北角紫竹前的颍川郡陈氏家族功德碑，运用古汉语碑文，追溯陈氏起源及列祖嘉行盛德，并嘱后代同心协力，复兴中华。

第三节 交 通

一、车 站

海安火车站 为新长铁路和宁启铁路的主要截流点，负责相邻区段和直通区段摘挂列车的解编作业。海安区段站（火车站）主要由编组站、客运站、到发场、调车场、货场、站修所、综合管理维修中心、军供二级站及机务段组成。编组站按一级三场、调车线16股规划设计。到发线有效长度850米，到发线9股、调车线10股、牵出线2股，其中14股用于编组。客站建筑面积1516平方米，内设购票房、候车室、行李房、小卖部、公安值班室等。站区段有乘务员公寓、配电所、维修工区、通信站、车务段、公安派出所、站房、信号楼等，房屋占地4.8公顷。站前广场面积9000平方米，货场占地约5.2公顷。设货物线2股，内设货物仓库2座、20吨集装箱龙门吊和30吨汽车衡各1座。站修所主要负责机车的日常维修和保养，建设规模近期为4股道9台位，远期预留15台位。综合管理维修中心占地4.07公顷，为江北设备运营管理和维修。新长公司设海安分公司和机车维修两个分公司，海安分公司管辖范围为盐城北、大丰、兴化、东台、富安、海安、雅周、泰兴、靖江、如皋、白蒲、南通站，全长252公里（187+65）。军供二级站，供接送部队兵员之用，内设办公楼、食堂等，可供1000多人同时就餐。机务段占地26.67公顷，房屋建筑面积1.6万平方米，段内股道24股，预留中辅修库1座和贯通条件，柴油库

图4-11　由北京开往南通的Z51直快列车停靠海安站
（吴海涛/摄于2011年5月）

贮量3×2000立方米，为新长铁路最大的自动加油站。在铁路网络上，海安将成为北至新沂，南接长兴，东南到南通、启东，西南至扬州、南京等四个方向运行的交会点，是苏中、苏北地区铁路交通的重要枢纽。火车站场于1998年7月开工，2004年7月竣工。

海安汽车站　海安县汽车客运站始建于1950年4月。2004年12月，南通汽运实业集团投资8000万元，在城东镇泰宁村的328、204国道交会处兴建海安新汽车站。新站占地4.69万平方米，由候车综合楼、汽车修理综合楼、商办楼等组成，总建筑面积4.38万平方米，按日客流量1万人次的交通部一级汽车客运站标准建设，拥有大型室内中央空调系统，设9个售票窗口，18个发车门号，180辆大型客车停泊位。2006年5月，海安新汽车站建成投入试运营，2007年1月正式运营。至2008年，海安分公司拥有员工480人，长途客车120辆，城乡公交车72辆，出租车56辆，厢式货车10辆，营运班线47条，其中北京、上海、广东深圳、浙江杭州、山东济南等省际班线12条，南京、苏州、无锡、常州、镇江、徐州等市际班线29条，日发长途290班次，县内农村公交550班次，平均日客流量6000人次。

图4-12　海安汽车站　（郑红军/摄于2006年5月）

二、铁　路

新长铁路　新长铁路为国家一级铁路干线，北起东陇海线新沂站，南经淮安、沭阳、建湖、阜宁、盐城、大丰、兴化、东台、海安、泰兴、靖江等市县，以轮渡方式过长江至江阴、无锡，在石塘湾设联络线与沪宁线相连，经武进、宜兴，进入浙江省与宣杭线长兴站接轨，长561公里，另建海安至南通62公里，共计623.43正线公里。1998年7月30日在古贲乡举行新长铁路海安至南通段开工典礼。新长铁路在海安县境内总长37.18公里，共征地329.5公顷，拆迁房屋636户，面积10.61万平方米。建交通、水系配套建筑物267座，其中建大小桥27座，交通涵71座，平交道9座，水系配套涵160座。城东镇路段长10.2公里。新长铁路由铁道部第四勘测设计院设计，在海安境内由铁道部十多个施工单位负责施工。2000年4月16日至5月18日完成海安到南通段铁路铺架工程，5月8日在海安站场举行铺架庆典活动。2001年2月18日至6月10日完成海安至长江段铺架工程。2003年5月18日开通货物运营业务。2004年7月1日，首先开通海安至南通、海安至淮安的旅客列车。

图4-13　建设中的新长铁路城东段
（顾　俊/摄于2001年3月）

宁启铁路　宁启铁路西起南京林场站，途径六合、仪征、扬州、泰州、姜堰，接入已建的新长铁路海安站，2002年1月23日在扬州举行开工

图4-14 宁启铁路城东段 （顾 俊/摄于2006年4月）

典礼，2004年6月全线开通。宁启铁路由姜堰市引入海安县境内，途经南莫、墩头、海安、城东等4个镇14个村，接上新长铁路海安站，全长22.73正线公里，设南莫和隆政两个站。城东镇路段长9.6公里。宁启铁路海安段共征用土地149.4公顷，其中线路站场用地79.53公顷，取土用地69.9公顷。拆迁房屋213户，5.86万平方米。2004年5月，扬州至南京开通客、货运业务。随着泰州站拓建、改造任务完成，2005年1月23日海安至南京全线贯通。

三、公 路

（一）高速公路

沈海高速公路 沈海高速公路南通段全长73公里，由东台市引入海安境内，途经大公、城东2个镇11个行政村，城东境域内全长18.17公里，2002年12月开工建设。海安境内公路用地276.33公顷，其中正线用地123.33公顷，取土用地153公顷，拆迁471户，计128万平方米建筑物。2005年10月29日经江苏省高速公路建设指挥部验收合格，11月通车。城东境域设海安出入口。

图4-15 沈海高速公路城东段 （孙宝峰/摄）

启扬高速公路 启扬高速公路2006年8月开工建设，2010年11月2日建成通车，全长100公里，与海启高速公路相接，途经扬州、泰州、南通三市，是苏中地区重要的东西向公路通道，也是海安连接南京、上海等地快速通道的重要组成部分。海安段全长26公里，城东镇境域设海安东出入口。公路设计时速120公里，双向4车道。路基顶宽28米，平均填土高度3.2米。城东段全长6.2公里。

图4-16 启扬高速公路海安南进出口 （孙宝峰/摄）

（二）国道

老204国道 南起上海市，北至山东省烟台市，全长1018公里，为山东、江苏、上海3省（市）南北交通重要干线。县境内路段长18.84公里，南起与如皋交界的油坊头，北至与东台市交界的马家尖。城东镇境域内长约10公里，按一级公路标准设计，五坝村以北路基宽15.5米，水泥混凝土路面宽12米，两侧各有宽1米沥青铺面的硬路肩，使用路幅宽14米。2007年初，204国道海安段再次扩建，另辟新线，按一级公路标准建设。原204国道改称通榆公路。

328国道 起于海安，终于南京，全长295公里。海安段东起海防公路交叉口，西至姜堰交界，长23.87公里，桥梁11座，途经城东镇、海安镇、曲塘镇。由于县城建设规模扩大，原328国道城区段已演化为城市道路，根据海安县城总体规划建设，经省交通厅批准，决定将穿越江海路的328国道南移，向东穿过204国道，

图4-17 328国道城东段 （顾 俊/摄于2004年8月）

跨越老通扬河、苏202省道，与宁启、新长铁路海安编组站连接沟通。328国道改道全长19.4公里，按一级公路标准设计，沥青砼面层，共新建改造8座桥梁，其中城区段4.76公里按城市道路设计，全宽60米。拓建改造工程征用土地45.3公顷，拆迁房屋422户，建筑面积4.59万平方米，工程总造价1.18亿元。328国道海安段改扩建工程于1999年6月8日开工，2000年12月18日通过南通市交通局验收并交付使用，工程质量为优良级。

2008年4月，328国道海安段启动二次改扩建工程，西起曲塘白米交界处，东至221省道，全长26.62公里。全段按一级公路标准建设。

（三）省道

221省道 起于海安，终于启东，全长207公里。221省道海安段，又称海防公路海安段。2001年纳入全省网化工程重点建设项目，起于城东镇五坝村204国道黄河路口，途经李堡、角斜镇，止于老坝港镇与如东交界处，全长45.2公里，包括328国道海安城区段3.95公里列入海防公路改造计划，总长49.15公里，其中改线段24.86公里。原有桥梁17座，新建、改建桥梁9座，尤以跨沈海高速公路高架规模最大，长1.4公里。海防公路海安段全线征地面积114.8公顷，拆迁449户，总建筑面积9万多平方米，总投资1.6亿元，其中地方自筹8630万元。工程于2001年7月开工，2003年底完成。该公路建成后使穿境的204、328国道，202、226省道和沈海高速公路等5条公路主干线及新长铁路、宁启铁路联网相通，构成海安东部地区新的交通网络。

202省道 原称海栟（海安至栟茶）公路，起于海安县，终于如东县栟茶镇，里程为44.20公里。1942年由海安镇向东，经立发、西场，过丁所大桥，沿栟茶河南岸向东至鸿滨码头，入如东县抵达栟茶，县境段19公里。1958年秋改道由丁所—李堡—角斜—旧场—靖海—栟茶。1965年12月8日，202省道立发段公路拓宽征地。

1965年6月19日兴建202省道立发段黄家涵子公路桥。202省道城东镇段全长14.3公里。1980年，海栟公路上升为省道干线，立发集镇东、西路面加铺渣油沥青。1998年5月，拓宽202省道韩洋段。2000年后，由于海防公路建成，原202省道海安段渐渐成为乡间普通道路。

（四）县乡公路

1982年8月，海栟公路五七干校至新生支线建成，长3.56公里。1993年8月，韩洋乡境域内姚池路东段开始铺砖。1994年4月，韩洋境域内实施黑色路面工程，总长3.69公里，总面积2.65万平方米。1997年11月，开始新生乡外接公路工程规划，向西经南屏接204国道，新建南新公路，全长4.7公里（新生段3.3公里，南屏段1.4公里，建通扬运河大桥一座）。新生乡中心路与如皋市柴湾镇路段沟通，新生段2.8公里，建桥两座，合建友谊桥一座。

1998年12月23日，南屏乡实施通达工程，全乡实施村村通公路目标，村级主要道路路面宽不少于7米，村组道路路面宽不少于5米，道路全部实现砂石化，分步实施黑色化。

2003年1月4日，开发区（城东镇）开工建设东海路、黄海路、宁海南路、迎宾路，2005年1月竣工通车。建成主干道全长14.7公里，面积22.6万平方米。

2004年，实施环园路、平桥路工程。完成中坝南路、立发大道、化工大道、姚池路二级公路5.8公里，水泥路20.4公里。

2005—2011年，修建开发大道、晓星大道、七星湖大道、杨浦路、和谐路等县镇公路32条137.53公里，形成了覆盖全镇的公路交通网络。

1998—2006年城东镇公路建设一览表

表4-4

路　　名	起　点	讫　点	长（公里）	宽（米）	路面类型	建设年份
立发环乡路	苏202省道	204国道	8.1	9	沥青	1999
立发城刘路	环乡路	刘缺村	1.1	7	水泥	2004
立发城界路	西环路	海安镇界	2.6	7	水泥	2004
韩洋双洋南路	苏202省道	韩洋	3.2	7	沥青砼	1995
韩洋西环路	南环路	大公镇	4.8	7	沥青砼	1998
韩洋东环路	苏202省道	韩西	7.6	7	沥青砼	1998
韩洋南环路	立发长池	东环路	5.0	5	沥青砼	1998
韩洋北环路	西环路	热港	3.8	5	水泥	2004
韩洋双洋北路	韩洋	北环路	3.0	4	水泥	2004
韩洋姚池路	西环路	西场界	3.8	9	沥青砼	2004
南屏南新路	葛家桥23组	葛家桥8组	1.4	13	沥青	2002
南屏葛家桥中心路	葛家桥13组	葛家桥23组	2.2	7	沥青	2003
南屏油坊头路	油坊头1组	油坊头26组	2.4	4	水泥	2004
南屏南阳中心路	南阳10组	南阳13组	1.2	4	水泥	2004
南屏双鱼路	204国道	海安镇界	1.7	6	水泥	2004
新生中心路	新洋桥	范家桥	1.9	12	沥青	1996
新生中心路南段	范家桥	团结桥	1.6	9	沥青	1997
新生林砖路	海新路	砖瓦厂	2.1	7	沥青	1998
新生海新东路	停车场	西场界	3.5	7	沥青	1999
新生镇前路	敬老院	兽医站	0.2	7	沥青	1999
新生堑南路	海新东路	堑南村	0.4	5	沥青	1999
新生丁古路	丁祠路	古河村	1.2	5	沥青	1999
新生中心路南南段	团结桥	柴湾界	0.1	7	沥青	2000
新生南新路西段	南屏大桥	中心路	3.8	7	沥青	2000
新生南新东路	中心路	壮志桥	2.6	7	沥青	2001
新生许林路	团结桥	许林村	1.1	5	沥青	2001
西场兴场路	镇区	镇区	0.8	30	沥青	1997
西场人民路	镇区	镇区	2.4	13	沥青	1998
西场东凌路	爱凌	大公镇	7.2	7	沥青	1998
西场西港路	西场	热港	6.5	7	沥青	1998
西场仲许路	仲庄	许冯	3.2	5	沥青	1999
西场雄石路	雄庄	石桥	3.2	5	沥青	1999

续表4-4

路　名	起　点	讫　点	长（公里）	宽（米）	路面类型	建设年份
西场新光路	新农	光荣	3.2	5	沥青	1999
西场凌河路	爱凌	爱凌	2.1	3	水泥	2001
西场光荣路	丰产	丰产	1.4	3	水泥	2001
西场友谊路	施秦	施秦	4.5	3.5	沥青	2001
西场壮志路	壮志	洪旺	4.8	4	沥青	2001
西场惠民南路	镇区	镇区	0.6	7	沥青	2001
西场爱楼路	爱凌	热港	6.3	5	沥青	2001
西场壮新路	洪旺	石庄	4.8	7	沥青	2002
西场春风西路	石桥	韩洋	5.4	4	沥青	2003
西场西石路	西场	石庄	4.2	4	水泥	2004
西场西洪路	西场	洪旺	4.6	4	水泥	2004
西场西冯路	西场	热港	6.4	4	水泥	2004
西场西港路	镇区	镇区	0.8	12	沥青	2004
西场惠民北路	镇区	镇区	0.5	12	沥青	2004
城东葛港路	204国道	油坊头村	2.2	4	水泥	2005
城东油坊头路	204国道	油坊头村	1.3	4	水泥	2005
城东绢纺路	海新路	友谊河	1.2	4	水泥	2005
城东民桥中心路	南新路	友谊河	2.0	4	水泥	2005
城东林古路	海新路	铁道	1.4	4	水泥	2005
城东新农路	洋柴路	海新路	1.6	4	水泥	2005
城东新堑路	洋柴路	海四路	2.9	4	水泥	2005
城东堑南东路	新四路	堑南路	0.7	3.5	水泥	2005
城东新界路	立发大道	界城路	2.5	4	水泥	2005
城东立海路	栟茶河	海防路	0.4	4	水泥	2005
城东北环西路	五坝桥	刘缺路	2.9	4	水泥	2005
城东中心北路	韩大路	北环西路	1.9	4	水泥	2005
城东刘缺路	北环西路	立发大道	1.1	4	水泥	2005
城东姚池路	立发大道	西场	5.4	9	沥青	2005
城东红卫路	立发大道	立公河	1.0	3	水泥	2006
城东双鱼路	204国道	南阳村	1.4	7	水泥	2006
城东洋柴路	新洋桥	如皋柴湾	8.5	7	沥青	2006
城东洋场路	姚池路	大公镇	6.1	7	沥青	2006
城东洋大路	姚池路	大公镇	3.4	7	沥青	2006

2005—2011年城东镇新建县镇公路简表

表4–5

路名	起点	终点	长度（米）	路宽（米）	控制红线	级别
通榆路	南镇界	北镇界	9920	33.34	80.6	县道
长江东路	西镇界（洋港河）	迎宾路	3270	40	60	县道
黄海大道	西镇界	迎宾路	3300	40	60	县道
南海大道	西镇界	221省道	8800	24	55	县道
动力大道（新生大道）	西镇界	沈海高速	9150	36	80	县道
开发大道	友谊河	北镇界	10580	36	76	县道
晓星大道	海防路	北镇界	6900	16	40	县道
姚池路	晓星大道	沈海高速	4495	21	56	县道
洋柴线	南镇界	海防路	5040	9	20	县道
南新路	204国道	沈海高速	6880	7	18	县道
双洋路	海防路	韩徐村22组	6050	7	22	县道
迎宾路	海防路	221省道	5500	24	80	县道
中坝南路	北镇界	油坊头大道	6100	40	60.8	县道
宁海南路	长江路	204国道	3650	9	36	县道
高庄路	西镇界	204国道	2650	30	40	县道
万星路	北镇界	328国道	1100	8	15	县道
平桥路	204国道	立新河	570	12	18	县道
七星湖大道	328国道	南海大道	1480	24	55	镇道
杨浦路	海防路	姚池路	2620	12	24	镇道
天立路	和顺路	221省道	3755	12	35	镇道
天发路	海防路	韩徐北路	4750	12	24	镇道
和顺路	立公河	沈海高速	4440	12	24	镇道
和畅路	立公河	沈海高速	4135	12	24	镇道
和合路	中心河	沈海高速	5080	12	24	镇道
和谐路	中心河	沈海高速	5355	12	24	镇道
寒山路	开发大道	天立路	515	12	24	镇道
桃源路	开发大道	天立路	508	14	24	镇道
高明路	开发大道	沈海高速	1735	12	24	镇道
石梁路	开发大道	沈海高速	1655	12	24	镇道
华顶路	开发大道	沈海高速	1575	12	24	镇道
天山路	开发大道	沈海高速	1430	12	24	镇道
立发大道	晓星大道	新221省道	4135	36	76	镇道

四、航　道

（一）等级航道

通榆运河　镇域流经五坝村，长0.53公里，可通航300吨位的单船，为五级航道。

栟茶运河　镇域流经11个村，总长14.48公里，可通航100吨位的单船，为六级航道。

老通扬运河　镇域流经8个村，总长9.9公里，可通航60吨位的单船，为六级航道。

（二）等外航道

北凌河　镇域流经2个村，长2.09公里，可通航40吨位单船。

春风河　镇域流经5个村，长7.6公里，可通航15吨位单船。

立公河　镇域流经6个村，长6.91公里，可通航20吨位单船。

友谊河　镇域流经9个村，长13.91公里，可通航20吨位单船。

新古河　镇域流经壮志、西场2个街道，长14.4公里，可通航15吨位单船。

五、桥　梁

立发桥　位于立发集镇，始建于宋代。侧看为八字形，高15米、长30米，顶面为5米正方形，坡面上宽5米，下宽10米，桥拱直径为10米，桥体用长1.2米、宽0.8米、高0.4米的石块砌成，桥面两端各有34个台阶，两旁为石砌栏，名立发桥。清雍正年间重修，清咸丰十一年（1861年）再修。1954年因串场河改道，全部拆除。2003年于镇西202省道通扬河面重建立发桥，桥长30米、宽6米，为混凝土孔桥。

南屏大桥　位于南屏中学西侧的204国道上，横跨栟茶运河。建于1993年，桥长85米、宽10米，钢混拱桥。2011年重建。

溪河桥位于南屏乡集镇蚂蟥沟，原为木桥。1964年改为混凝土拱桥，改名南屏大桥，1973年整修扩建后，桥长85米、宽9米。1993年新桥建成，恢复原名。

新生大桥　位于新生乡集镇的西季坞荡河上。1968年建，木桥。1989年改建为钢混双曲拱桥，桥长42米、宽4米。

新洋桥　位于上湖街道和洋蛮河街道交界的栟茶运河上，1993年建，钢混桥梁，长73米、宽5.4米。

韩洋大桥　位于韩洋村22组，春风河上，原为木桥，1969年建拱式水泥大桥，桥长40米、宽2.5米，一边设栏杆22根立柱，每对立柱间是2米长的横梁，改名团结桥。

图4-18　拱式水泥大桥—韩洋大桥（团结桥）
（徐　耘/摄于2010年6月）

世纪大桥　是328国道跨越通扬运河的一座桥梁，桥位处河面宽约70米，该桥除须满足航道要求外，另在河东北侧跨苏202省道，桥长142米、宽21.7米，荷载汽-20挂-100，总投资750万元。1999年6月8日开工，2000年12月18日竣工，工程等级优良级。

惠民桥　古老栟茶河（盐河）把西场古镇分成河南河北两大街市，连接两岸唯一通道则是惠民桥。据史料载：西场镇仲子珍、仲之琮于乾隆十六年（1751年），建桥于市中心，桥两边码头全是方石砌成，建成刻石“惠民桥”，桥柱刻联：“一水蓉塘流泽远，千年萧寺命名同。”惠民桥中间横着两根粗大的杉木“龙骨”，“龙骨”上铺木板，两边有简易栏杆，龙骨、木板和栏杆是活动的。大水时，过往船只不得通行，桥工们就将龙骨、桥板拖掉，让船只通行，船行过后再铺上龙骨和木板，且收取过桥费。旧时的西场镇惠民桥不足2米宽，狭窄的桥梁，是西场镇街市上河南河北通道，也是如皋通往北乡唯一的桥梁。清光绪二十九年

（1903年）重修。

解放后，党和政府兴修水利。1956年开挖疏浚栟茶运河，新开挖的河道从南街中心穿镇而过，填去西场街中心老河，惠民桥自然被废。

1957年，县人民政府在西场镇南街栟茶运河上建起大桥，取名西场大桥，大桥是杉木结构，桥面宽2米，桥桩共4排，用桐油刷过，然后用沥青涂上，以使桥桩在水中不易腐蚀。1964年，大桥桥桩腐蚀严重，县政府于1965年拆旧重建，钢筋混凝土桥，桥面宽3米。桥名仍为西场大桥。大桥建成后，拖拉机、小型卡车可通行。桥上车水马龙，每日不断，桥面毁坏严重；桥下机船越来越多，桥桩多次被撞，至1999年，整个桥身呈“S”形。后又多次维修。

2001年，政府投资100余万元，将老桥拆除，重新建桥。新建大桥为钢筋混凝土桥梁，设计为公路等级桥，桥面宽8米。大桥建成后，著名书法家仲贞子为大桥题字“惠民大桥”。

栟茶河大桥 位于中坝南路的栟茶运河上，2006年修建。钢筋混凝土桥梁，双向四车道，全长100米、宽40米。

七星湖大桥 位于七星湖大道的栟茶运河上，于2008年修建。桥长80米、宽24米，双向四车道，三跨，钢筋混凝土桥梁。投资5000多万元。

图4-19 七星湖大桥 （孙如道/摄于2011年5月）

开发大桥 位于开发大道的栟茶运河上，于2010年修建。桥长80米、宽24米，双向四车道，中有隔离带，三跨，钢筋混凝土桥梁。投资4000多万元。

三十里墩大桥 位于丁祠路的老通扬运河上，于2010年修建。全长80米、宽12米，三跨，钢混桥梁。投资3000多万元。

东环大桥 位于东部大道的栟茶运河上，于2010年修建。全长100米、宽24米，四跨，钢筋混凝土桥梁，投资5000多万元。

仲庵桥 洋河中部古桥梁，位于西场镇东北10公里（原仲庄村东北角）。《海安水利志》载：“洋河西起贲家集，东至李堡镇西的堡坝，河道弯曲浅狭，西边有花三坝、花五坝，中有仲庵坝，东有堡坝等。”仲庵桥处在仲庵坝旁边，南边半里处有古仲庵庙，仲庵桥因此得名。

仲庵桥解放后经数次修建。2011年重建后桥身为三搭，中搭跨度24米，桥长50米，桥面宽5米。为便于河道通航，新桥两头比老桥增高近2米，桥中段比老桥增高近1米。新桥建成后，大型车辆可通行，桥下等级机船畅通无阻。

附：民国《如皋县志》所载城东镇境域内古桥梁

立发桥 在如皋县北四十五里，咸丰十一年（1861年）陈承绣等禀请捐修，共用工料钱一千一百七十千有奇。

葛家桥 在如皋县北二十里葛家溪上，为如皋海安来往通衢。

韩家洋大桥 一名通济桥，在如皋泰州交界处。

赵家桥 在立发桥东五里，本赵氏建，后多众姓公修。

惠民桥 在西场镇，光绪二十九年（1903年），大水桥北，里人李国庆、魏霖、李承标、仲续富、丁毓林、潘忠显、潘忠诚、仲统俊等街桥齐修，次年正月兴工，四月告竣。南北石垛比利济桥高数尺，两边添石柱八茎，夹以木栏并铺街砖石，共用银4000余元。

利济桥 在西场崔家楼东北，嘉庆初，僧崇武募建。咸丰间，邑人崔庆轩、仲希白重修，近又由仲续立、储德林、储阆桥等募修。

新　桥 在西场东北古河上，光绪初建，近则邑人仲统伊、杭仲氏等重建。

百岁桥 一在西场东北朱家庄古河上，邑人仲统晏重建；一在汤家湾北，南张家庄；一在薛家巷西。

1997—2006年城东镇桥梁建设情况一览表

表4–6

桥梁名称	建桥地点	长度（米）	宽度（米）	造价（万元）	建桥年份
丝港桥	五坝村	35	6	20	1999
三角桥	三角村	30	4.5	18	1997
翻身桥	韩徐村	30	4.5	18	1998
丰港桥	三丰村	30	4.5	18	1999
砖瓦厂桥	三丰村	32	3	9.8	2003
曙光桥	韩徐村	40	3.5	13	2004
韩洋供销社桥	三角村	32	8	51	2004
光明北桥	南阳村	28	4.2	15	2002
绿化港桥	南阳村	25	2.1	10	2002
葛港桥	油坊头村	42	3.2	20	2003
团结桥	葛家桥村2组	30	3.6	15	2003
光明河桥	葛家桥村	33.5	3.6	16	2003
葛港南桥	油坊头村	42	3.2	20	2004
双鱼小桥	南阳村	25.5	2.6	12	2004
双鱼东桥	南阳村	25.5	2.6	12	2004
双鱼中桥	南阳村	30	2.7	14	2004
油坊头南桥	油坊头村	42	2.7	18	2004
中心桥	新生村	8	12	18	1995
建阳桥	品建村	32	4	24	2000
堑南6组桥	堑南村	32	4.5	16	2001
新壮桥	堑南村	32	4	24	2001
幸福桥	新生村	28	8	28	2001
银树桥	农林村	70	4	28	2002
林业桥	农林村	30	7	30	2002
新生大桥	新生村	72	5.1	46	2003
砖瓦一厂桥	新生村—品建村	38	4.5	22	2003
林业9组桥	农林村	30	4	16	2004
太平桥	民桥村	8	4	12	2004
双井1组桥	堑南村	32	4	26	2004
范家桥	新生村	32	7	32	2005
高岗桥	新生村—堑南村	25	4	9	2005
古河铁道桥	农林村	30	4	12	2005

续表4-6

桥梁名称	建桥地点	长度（米）	宽度（米）	造价（万元）	建桥年份
范桥铁道桥	民桥村	30	4	12	2005
西港桥	西港路	60	4.5	45	1999
王庄桥	壮志村	40	2.5	15	2000
友谊桥	壮志村	40	4.5	27	2000
秦庄桥	施秦村	25	4	14	2001
杨港大桥	壮志村	40	4.5	28	2001
西场大桥	苏202省道	45	12	40	2001
惠民大桥	惠民南路	60	10	50	2002
池塘桥	壮志村	40	6	35	2002
施石桥	施秦村	35	3.5	20	2002
壮石桥	石庄村	35	3.5	20	2002
爱民桥	石桥村	30	4.5	25	2003
赵坚桥	壮志村	40	4.5	28	2003
葛洪桥	壮志村	48	3.5	24	2003
爱凌桥	爱凌村	32	4.5	26	2003
东风桥	新立村	32	4.5	26	2003
热港桥	热港村	40	3	21	2003
迎丰桥	戚庄村	30	4.5	25	2003
蓉塘桥	戚庄村	32	20	39	2003
风景河桥	丰产村	30	20	39	2003
西丰桥	邱升路	20	4.5	24	2003
张庄桥	石桥村	30	4.5	26	2004
戚庄桥	戚庄村	32	4.5	25	2004
仲庵桥	热港村	30	4.5	25	2004
李西桥	新立村	32	4.5	25	2004
施壮桥	施秦村	46	4.5	28	2004
兴中桥	五坝村	24	4.2	10.1	2005
巷池桥	葛家桥村	26	4.2	10.5	2005
高印桥	新生村	36	4.2	13.5	2005
韩徐东桥	韩徐村	24	4.2	10.1	2005
练港桥	五坝村	20	4.2	8	2005
民主桥	民桥村	32	4.2	12	2005
堑南交界桥	堑南村	26	4.2	11	2005

续表4-6

桥梁名称	建桥地点	长度（米）	宽度（米）	造价（万元）	建桥年份
新运7组桥	界墩村	20	4.2	8.5	2006
韩港桥	韩洋村	32	4.2	12	2006
陈家桥	韩徐村	51	4.2	24.8	2006
韩徐20组桥	韩徐村	34	4.2	13	2006
友谊桥	民桥村	44	4.2	15	2006
民桥6组桥	民桥村	30	4.2	11.5	2006
14组百岁桥	品建村	30	4.2	12	2006
刘庄2组桥	堑南村	30	2.2	8	2006
老通扬大桥	黄海路	210	22.5	1870	2005
栟茶河大桥	中坝南路	66	31	826	2005
立公河大桥	姚池路	40	13.5	80	2005

六、渡　口

新中国成立后，境域有很多渡口。1991年8月，县政府批准城东境域设置南屏乡双桥村5组（海安渡5#）、薛湾村3组（海安渡16#）、佘庄村7组（海安渡19#）、银杏村5组（海安渡20#）、双渔村1组（海安渡21#）、葛桥村8组（海安渡22#）、葛桥村6组（海安渡23#）、葛桥村6组（海安渡24#）、新生乡范桥村4组（海安渡25#）、韩洋乡东屏村9组（海安渡6#）等10个渡口，1998年撤渡。

七、交管机构

立发交管站　建立于1958年。位于原立发集镇，是海安县交通事业基层管理单位。经济管理上实行独立核算、自负盈亏，管理人员经济收入与经济效益挂钩考核计算，工人收入实行计件工资分配制。交管站为车辆、船舶和码头吊机等办理有关证件，负责征收服务规费及立发地域的道路、桥梁安全管理，扩建公路和公路维修。至90年代末，有固定资产40多万元，人员200多人。2004年，单位名称为城东镇立发交通运输管理站。1958—1978年，站长李志山。1979—2011年，站长吕广盛。

2003年，交管站创办广盛运输有限公司，创办人为原立发交管站站长吕广盛。新长铁路海安火车站、货运站的建立，为搬运行业带来蓬勃生机，广盛运输有限公司应运而生。公司组织铁路沿线的有关村组因铁路建设而被征用土地的青壮年村民，加入广盛公司，为铁路货运站的火车皮装卸货物。2011年，公司拥有大型货车、船舶、码头吊机等装卸和运输工具，固定资产400万元，有生产和管理人员200人。

南屏交管站　建立于1956年6月，为海安县南屏运输组，由南屏、立发、海南、田庄、青萍、营溪等公社共同加入。交管站为大集体性质，组成人员分成固定工资人员和计件工资人员两种类型。南屏交管站，分为船队、挂机组、搬运组、吊机组4块。1956—1968年，站长王明朋。1969—1979年，站长祝同宽。1980—1996年，站长席云来。1997—2006年，站长吉存才。2007—2011年，站长陆夕宇。

新生交管站　1972年1月，新生公社交通运输管理站成立，站长周修山。1979年1月，站长范行。1979—1985年，站长陆瑞银。1986—1990年，站长张发来。1990—1992年，党支部书记张发来，站长刘培和。1993—2011年，党支部书记陆长林，站长范文山。

新长铁路和沈海高速公路开通后，新生交管站转而为铁路、高速公路装卸、运输、供料，取得较好的经济效益。2011年，新生交管站拥有5吨码头固定吊机2台、3吨行吊1台，房屋10间，土地2.5亩，固定资产总额50万元。

韩洋交管站　建立于1955年1月，位于洋蛮河。初建时有少数搬运工人，主要从事搬运、装卸业务。随着单位逐步发展，组织轮船队，置有250吨挂桨船10余艘、5吨卡车1辆、拖拉机2部等机械设备。韩洋交管站工人最多时有104人，固定资产23万元。

1955年3月至1971年3月，站长于德江。1971年4月至1980年3月，站长杭广生。1980年5月至1986年10月，站长王大安。1986年11月至1995年12月，站长韩加山。1996年1月至2011年12月，站长孙江。

西场交管站　西场交管站建于1948年，1950年，西场镇建立搬运工会，所址设在西场镇花园巷，有会员近40人。

1958年，西场搬运工会改为县属大集体单位，建立党支部。1968年后，建轮船队，有11艘船。1973年，西场搬运站改为西场交通运输管理站，地点设在花园巷南端栟茶河边。1987年后，先后建成4个装卸码头，分别设在凌河村栟茶河边、新农村风景河边、粮食水泥厂栟茶河边、西场村预制场河边。粮食水泥厂码头有吊车2台，分别为5吨、3吨，其余码头吊车为3吨，同时在陆堑村栟茶河边建50吨船吊1个，工人最多时近60人，临时工100多人，固定资产110万元。2011年，码头年吞吐量40万吨，年产值700万元。干部实行固定工资制，工人实行固定基本工资加计件工资。

1992年，西场交管站改为镇办大集体。2011年底，西场交管站改制，单位负责交纳干部、工人养老保险费，资产归镇政府。西场交管站党支部书记先后由水太章、许曹根、仲伟林、仲伟成担任；站长由水太章、许曹根、仲伟成担任。

壮志交管站　建立于1970年4月。地点在壮志集镇，属集体性质。交管站建立前，有一个装卸组，隶属西场交管站。壮志交管站建立后，管理和设备设施逐步完善。有行管人员4人，职工30多人。行政管理人员分别为书记、站长、总账会计、现金会计各1人。职工分为装卸队和水上运输船队。船队有6艘水泥驳船，每艘船可装25吨货物，有码头吊机2台，设在栟茶河边和壮志供销社东侧新古河边。1984年推行个体承包制，驳船改成6艘挂桨机船。1970年4月至1980年12月，站长范崇贵。1981年1月至1986年8月，党支部书记季从益、站长吴宗泰。1986年9月至2002年5月，党支部书记、站长吴宗泰。2002年6月至2005年12月，站长潘崇山。2006年12月后，壮志交管站并入西场交管站。

第四节　供　电

一、供电机构

城东镇供电机构为城东供电所，位于老204国道南屏大桥往南500米处。是江苏省电力公司示范窗口单位，被省公司评定为“五星级”供电所、先进供电所和一流农村供电所，亦是市公司评定的优质服务先进单位。有员工60人，承担着城东镇范围内的供用电管理及电力营销与服务工作。

1981年，南屏、立发、新生、韩洋、西场、壮志农电站，分别为南屏、立发、新生、韩洋、西场、壮志公社机电管理站剥离出来的专门从事电力管理工作的单位，供电局和当地政府共同管理。1996年，分别更名为南屏、立发、新生、韩洋、西场、壮志电力管理站。是年，开发区供电所成立，负责开发区范围内综合变以下用户的电力管理工作。

1999年，供电局改为供电公司，单位性质由事业单位改为国企，并将电力管理站统一改称为供电所。

2002年，随着乡镇合并，城东境域供电所第一次整合：将原新生供电所和韩洋供电所合并为洋蛮河供电所，所址设在原韩洋供电所；将原南屏、立发和开发区供电所合并为城东供电所，所址设在原南屏供电所。2004年，洋蛮河供电所并入城东供电所。2011年后，西场供电所并入城东供电所。

二、供电设施

城东镇供电设施形成于新中国成立之初。1960年，公私合营海光电灯厂投产发电，对南屏等邻近公社（乡）供电。

1963年，海安县撤销公私合营海光电灯厂，建立海安供电所，由扬州供电局统一调度，实行定时供电。1973年海安变电所升压改造，立发辖区用电属县城城东线，设变压器6台，电容量960千瓦；南屏集镇由县城变电所城南线供电；新生辖区由西场变电所供电；韩洋辖区用电由海安北郊变电所供给，设变压器12台，电容量110千瓦；西场镇区用电由西场变电所供应；壮志辖区用电由西场变电所供应，输电线长5.5公里，设变压器5台。1976年，海安供电所改称海安县供电局，各公社设农电站。1983年，省电力工业局决定，扬州供电局所属海安县供电局移交南通供电局。

2001年，城东镇建立后，建立城东供电所，辖区内4个供电所先后归属城东供电所。境域内有年发电量2亿千瓦时、年供汽量41万吨的热电厂1座，同时拥有220千伏枢纽变电所1座、110千伏变电所3座、35万伏变电所2座。

2011年，辖区内有配电变压器589台，10千伏线路24条，400伏线路351条671.85公里，专用变用户221户，综合变用户29287户，年供电量1.45亿千瓦时，年售电量1.35亿千瓦时。原西场镇区建有11万伏变电所1座，拥有10千伏线路3条94.4公里，400伏低压线路448公里，全年供电2200多万千瓦小时。

图4-20　电工杆上作业　（孙宝峰/摄于2006年8月）

三、热电企业

2003年12月19日，海安美亚热电有限公司由香港美亚电力有限公司全额投资开工建设，2005年8月营运，位于海安经济开发区内。美亚电力有限公司是北亚地区主要的独立发电企业。

图4-21　海安美亚热电有限公司
（郝红军/摄于2005年12月）

项目一期工程投资2.5亿元，装机容量为2台15兆瓦抽凝式汽轮机和18兆瓦发电机配3台75t/h循环流化床锅炉。设计年发电能力1.8亿千瓦时，年供热能力70万吨。2005年8月，工程项目建成投产。2006年，发电量1.88亿千瓦时，供汽量29万吨。2009年，发电量2.17亿千瓦时，供汽量41.5万吨，成为海安经济开发区及海安县城区工商业热源（蒸汽、热水）。同时，作为海安地区第一个区域内电源点服务于地域电网运行的节能、环保和支持循环经济的优质投资建设项目，该企业环保投资1426万元，采用循环流化床炉内石灰石脱硫技术（脱硫率90.7%）、四电场静电高效除尘器（除尘效率99.67%）、废水集中处理、循环冷却水集中回用、余温加热水集中外卖等环保措施，配以先进的烟气和废水在线监测技术和DCS控制系统确保整个项目环保达标，一次性通过环保验收。投产后附近关闭37台燃煤小锅炉（铭牌蒸发量88t/h），每年节约原煤1.4万吨，减排二氧化硫2.16万吨。热电厂产生的灰渣由水泥厂和建筑材料厂消化处理。公司先后获得市、县政府和有关部门颁发的开放型经济先进企业、工业经济重点增长点企业、2006年度节约用水先进单位、纳税超百万先进单位、劳动保障诚信示范企业、工业成长型企业以及南通市生产型企业安全生产A类企业等荣誉称号。

第五节 供 水

一、供水企业

1975—1977年，海安自来水厂新铺管道延伸至城东镇地域，1980年延伸至立发黄涵。1985—1998年，韩洋、新生、立发、南屏、西场、壮志先后建立自来水厂，通水率98%以上。2005年4月，县供水公司通过产权制度改革采取资产整体转让和人员全部接受的方式，兼并乡镇水厂。6月6日，县供水公司兼并立发、南屏两家水厂，后兼并韩洋、新生等乡镇水厂，并建立海安县供水公司城东分公司。2011年底，西场水厂、壮志水厂并入城东分公司。

二、供水设施

2001年，城东镇建立后，全镇自来水通水率100%。供水设施全面更新换代，境域内自来水管材选用自应力、预应力水泥压力管，过桥、过路等选用钢管或铸铁管，支管、配水管选用镀锌焊管。部分区域使用聚乙烯塑料管，自做承插口，用胶粘剂接口，敷设输水干管、支管、配水管，按区域、规范设置阀门，并设置排空阀门（管网末段或标高低的地点），供定期冲洗管网，过桥管道设排气阀、伸缩器等附属设施。供水管理注重节约用水，实施一户一表，降低水耗。

图4-22 韩洋自来水厂泵房

（吴兴明/摄于2009年8月）

2004年城东镇供水企业情况表

表4-7

企业名称	地 址	建成年份	设计日供应量（立方米）	实际日供水量（立方米）	实际用水人口（人）
西场水厂	西场人民西路37号	1985	4000	2200	31869
壮志水厂	壮志村3组	1990	2000	700	14752
新生水厂	新生村14组	1999	1000	800	18809
立发水厂	五坝村6组	1989	2000	1200	16074
南屏水厂	葛家桥村14组	1991	2000	1200	32400
韩洋水厂	三角村13组	1996	2000	1300	20890

1994年、2004年、2011年城东镇居民饮用合格卫生水情况比较表

表4-8

项目年份	总户数（户）	饮用合格卫生水户数（户）	饮用合格卫生水户占比（%）	总人口（人）	饮用合格卫生水人口（人）	饮用合格卫生水人口占比（%）
1994	23004	4370	19	83175	15650	18.8
2004	25523	25013	98	86110	84818	98.5
2011	43051	43051	100	137273	137273	100

说明：1994年不含西场镇、壮志乡情况，2004年不含西场镇情况

第六节　房屋征收与安置

一、房屋征收

1998年，新长铁路首期工程在立发乡境域征地87.25公顷，拆迁116户。2002年，用于迎宾路和宁启铁路及工业新区建设，拆迁958户。2003年，投入经费7500多万元，拆迁850户，其中楼房近600户，占70%以上，拆迁面积26万平方米。2005年，拆迁348户。2006年8月30日，开发区管委会、城东镇政府下发《海安开发区、城东镇拆迁资金管理办法》文件，文件分别包含拆迁补偿费用管理、拆迁工作经费管理、其他费用管理等内容。下发《海安开发区、城东镇村镇房屋拆迁安置试行办法》文件，文件包含依法确定被拆迁人和拆迁人、公正实施拆迁评估、多元化安置被拆迁人等内容。2007年，启动大规模农民集中居住区建设，年内拆迁房屋2200多户。2008年，建设南阳花苑、立发花苑等六大集中居民区，拆迁1052户，安置1000户。2009年，九大农民集中居住区建设顺利进行，2000户农民搬进新居，失地农民保障体系加快推进，7300多名失地农民对接社保。2010年，拆迁并安置1200户，新建安置房29万平方米，竣工16万平方米，投入600万元，完善集中居住点设施配套。

二、农民集中居住

2006年后，城东镇本着“做靓新城东、建设新农村”宗旨，加快农民集中居住区建设，建好新农村安置房，适应农民因拆迁、失地、进城而急待住房的需要。城东镇先后规划建设南屏花苑、泰宁花苑、开屏花苑、开屏城中村改造、湖西花苑、银杏花苑、葛家桥花苑、民桥花苑、新城花苑、丁祠花苑、洋蛮河花苑、立发新村、界墩花苑、五坝花苑、刘缺花苑、韩洋花苑、韩徐花苑等17个安置小区，总建筑面积400多万平方米，可安置拆迁户1.8万多户。2006年8月8日，镇政府转发县政府《关于全面推进农民集中居住的工作意见》。2009年起每个安置小区均聘请农民质量监督员，代表拆迁村民全程监督安置房建设质量。至2010年，累计完成安置房建设110万平方米，其中低层住宅2132套，多层住宅2154套。2011年，安置小区规划由多层开始向小高层和高层转变，同时重视人文环境、区内环境的协调，保证户户有车棚或车库，强电和弱电管线全部实现地埋。

2011年9月开发区城东镇农民安置房建筑入住情况表

表4-9

小区名称	房型	已建套数	结账入住套数（套）	未入住套数
洋蛮河花苑	单体	288	258	30
	联排	838	743	95

续表4-9

小区名称	房型	已建套数	结账入住套数（套）	未入住套数
银杏花苑	单体	215	172	43
	联排	226	197	29
	公寓楼	80	42	38
刘缺花苑	单体	30	29	1
民桥花苑	联排	20	19	1
南屏花苑	公寓楼	531	293	238
	联排	160	128	26
	复式楼	48	21	27
	别墅	8	1	7
开屏花苑	公寓楼	208	113	95
湖西花苑	联排	108	77	31
湖北花苑	复式楼	118	83	35
湖北花苑	廉租房	16	1	15
五坝花苑	联排	42	37	5
界墩花苑	联排	49	46	3
立发花苑	公寓楼	82	61	28
	公寓楼	976	629	340
	复式楼	60	34	26
丁祠花苑	单体	32	30	2
	联排	32	31	1
	公寓楼	40	29	11
韩徐花苑	单体	28	28	—
洋港花苑	复式楼	20	6	—
	联排	55	43	12

第七节 房地产

一、开发企业

1993年，海安开发区房产公司建立。2004年，城东镇房地产开发企业有建行海安支行万事达房地产公司、开发区房地产开发公司、立发房地产公司、泰华房地产开发公司（有物业管理）、南屏建安房地产开发公司、南屏房地产开发公司、华泰房地产开发公司、润禾房地产开发公司（有物业管理）。至2011年，有房地产开发企业11家。

二、小区开发

1993年，开发区建立后，在长江中路东南侧建设开发新村5个组团45幢公寓楼。1994年后，地处城区的海安酒厂、海安二建公司、南屏建筑站、华泰建安公司、南屏信用社等单位在金凤、张池两村征地，建设职工公寓楼。进入21世纪后，境域企业陆续退城进郊，房地产业快速发展。凤凰别墅区（凤凰苑）、金凤花园、凤凰花苑、凤凰华庭、嘉麟花园、翠竹园、丽都嘉园、嘉禾星城、丽晶广场、金盛花苑、弘润名苑、晨朗·东方花园、金石翡丽郡、七星湖国际花园小区等居民小区先后建成。

城东镇各房地产开发企业在进行房地产开发项目建设和住宅小区建设过程中，执行规划审批内容，开发建设的住宅小区环境较好，功能较齐全，道路、绿化、路灯等配套建设基本到位。至2011年，由各公司开发并实施物业管理的楼房101幢，单体别墅321幢，入住3590户，入住率95%，入住人口1.14万人，总建筑面积3.5万平方米。

图4-23　嘉禾星城　（孙宝峰/摄）

图4-24　凤凰华庭　（孙宝峰/摄）

1993—2011年城东镇境域城区部分房地产开发情况一览表

表4-10

小区名称	建设时间	占地面积（平方米）	建筑面积（平方米）	套数
金陵组团	1993	16881	28135	331
开发新村南苑小区	1993	23760	39600	330
开发新村1组团	1993	15810	26350	310
开发新村2组团	1993	17136	28560	336
开发新村3组团	1993	14535	24225	285
开发新村4组团	1993	15198	25330	298
海安酒厂住宅区	1994	5760	9600	120
华泰公司宿舍楼	1995	5760	9600	106
南屏建筑站住宅区一区	1995	5280	8800	80
金凤花园	1995	22678	16080	68
海安建筑公司二处住宅区	1995	2520	4200	49
南屏房地产公司住宅区	1996	4200	7000	80
南屏建筑站住宅区二区	1996	2550	4250	50

续表4-10

小区名称	建设时间	占地面积（平方米）	建筑面积（平方米）	套数
农村商业银行住宅区	1998	4500	7500	70
凤凰苑	1998	50000	33500	134
嘉麟花园一期	2000	15132	25220	194
开发新村5组团	2000	14976	24960	208
凤凰花苑	2001	9075	15125	121
金盛花苑	2005	9360	15600	140
嘉麟花园二期	2006	43099	71832	496
翠竹园	2007	23760	39600	330
凤凰华庭	2008	22250	57171	524
嘉禾星城	2008	32349	58138	505
阳光嘉园	2010	25166	51848	276
U派小区	2010	5357	25000	467
华新铭座	2011	9225	36900	314
丽晶广场	2011	7812	36040	217

第五章 农 业

城东农业有数千年历史，农民自古从事三麦、二豆、水稻种植。新中国成立后，境域各乡经过土地改革，实现耕者有其田。1952年4月，普遍发展农业生产互助组，1954年发展为初级农业社，1956年进一步发展为高级农业生产合作社。1958年10月，全面实现人民公社化。人民公社起初以生产大队为基本核算单位，后来调整为“三级所有，队为基础”，以生产队为基本核算单位，这一阶段，农田水利建设取得辉煌成就，农业经济以粮棉种植业为主，辅之畜禽鱼养殖业。由于实行统一管理、集中经营的体制，管理方式以“出工一窝蜂、分配一拉平”为特征，束缚了广大农民群众的积极性，生活水平低下。

1979—1984年，境域实施种植业结构调整，三熟改两熟，缩棉扩桑，发展多种经营。从普遍推行联产到劳生产责任制，到全面推行家庭联产承包经营责任制。1984年，境域完成延长土地承包期十五年不变和发放土地使用证工作，使广大农民的生产积极性极大提高，长期未能解决的温饱问题得到解决。1985—1991年，农村行政村恢复村经济合作社、农工商公司等村集体经济组织，家庭联产承包责任制得到巩固完善，逐步从种植业向林牧副渔业拓展。实行两田制，大力发展养殖业，农村经济登上了新台阶。

1992—2002年，农村农业改革深入发展，全面开放农产品市场，积极推进多种经营百项投入工程，扎实开展以多种经营为重点的亿元乡镇、千万元村、百万元组、十万元户活动。探索土地流转机制，完成新一轮延长土地承包期30年不变工作，农业结构和农村产业结构进一步优化。

2003—2011年，传统农业向现代农业发展，设施农业、高效农业迅速发展，国家对农业实施反哺政策，农业税退出历史舞台，广大农民享受粮食直补、良种直补、农机购置补贴、农资综合补贴和农业政策性保险等惠农政策。2011年，全镇农作物总播种面积19.62万亩，粮食总产量8.81万吨，油料总产量1685吨。农业总产值（现行价）11.1亿元，林业产值416万元，牧业产值6.27亿元，渔业产值2454万元，农林牧渔服务产值4707万元。

第一节 生产关系

一、封建土地所有制

私有土地 在整个封建社会，土地所有制性质的主体为私有制。境域内由于农村贫富悬殊，私有制又大部分集中在少数地主富农手里，部分中农占有少量耕地和农业生产资料，贫农、雇农土地极少，大多靠租地耕种或出卖劳动力为生。据县志记载，南屏乡葛家桥有地主11户，占有土地近万亩，无地少地的农民为了生存，不得不向地主租种土地。荒歉之年和青黄不接之际，贫苦农民被逼向地主豪绅借高利贷。由于地主对农民残酷剥削，农民过着“半年糠菜、半年粮”的悲惨生活。

共有土地 封建社会中共有土地主要有氏族、学堂、慈善机构和寺庙占用土地，由于朝代不一，占有数量变化不一样。城东境域主要是寺庙土地，据《海安县土地志》记载，西场镇8座庙宇，计有庙田1760亩；壮志乡庙宇庄屋庙（属如皋定惠寺）有庙田804.45亩；新生乡8座庙宇有庙田609亩；韩洋乡3座庙宇有庙田8亩；南屏乡2座庙宇有庙田8亩；立发乡庙宇有庙田3.7亩。

官有土地 明清时期，境域官府衙门用地为官有土地。此外，境域交通水利用地也为官方控制。历史水路干线有通扬运河(古称上官运盐河);公路干线在清末有经海安往富安的通榆马路,海安经立发、西场至李堡的马路。

土地租佃 绝大多数无地少地农民,主要靠租种土地为生,而地主则凭借大量土地剥削农民,收取高额地租。地租形式有定租、活租和劳役地租。

定租 租额一定,丰年不增,歉年不减,按固定额定时缴纳。其具体形式又分包租和预租。包租一般是5年、10年,租粮一般每亩1~2石。河南高沙土地区一般每亩1石左右。包租者要预先缴足押租,然后才能包租,押租金额一般相当于底价的一半。包租的肥料、种子及耕牛、农具等由佃农自备。佃户实际所得不超过30%,若遇自然灾害,佃户无法交租,地主则从押租中扣除。预租就是先交租,后种田,租期较短,一般2~3年。佃户一次缴清租约所定年限的全部租粮,农民大多要借债交租。

活租 租额随年景好坏而定,一般有议租和看场两种形式。议租多为小地主采用,租额一般为对半分成;看场分成就是在收获期间,地主派亲信到佃户家看收成,收获结束,当场总分粮草。

劳役地租 一般是佃户无偿为地主耕种一定收益的土地,收获回归地主,地主另划一点差田给佃户自种自收。比较普遍的是,地主以雇佣长工和忙工的形式剥削农民。雇工在地主家做活,大忙季节每天干18小时以上,闲时也要起早摸黑,每天干活12小时左右,而所给报酬很低。

除此以外,地主还采取多种手段剥削农民,常见的有大斗、大秤收租:地主特制租斗、租秤,普遍大于市场法定通用的量器衡器,专门用于收租,佃户明明知道也不敢吭声,稍有不满,即被摘田;租粮打折:地主对租粮要求苛刻,要先用风箱风物,再上筛下撮,要求不潮不瘪,无泥无灰无杂,稍不如意就七折八扣。

二、减租减息

民国29年(1940年),新四军东进以后,境域随着民主政权的建立,各地都开展减租、减息运动。民国30年春,开展减息斗争,虽未像减租那样开展大规模的群众运动,但在一定程度上限制了高利贷剥削。南屏、南阳、周济等乡农会干部,组织佃户和各乡农会代表与地主进行说理斗争,换新约、退老约,斗争激烈。民国31年,各乡把减租减息作为中心任务,开展大规模减租运动,以农抗会员为骨干,充分发动贫雇农向地主开展说理斗争,废除旧约、重换新约,农民生活得到改善。民国33年,境域各乡减租减息斗争逐步推开,在已经减租的乡村开展减租查租工作,废弃老约,确定永佃权。在假减租的乡村,召开地主坦白大会,对地主反复宣传减租条件和“坦白从宽”政策。通过减租查租,对佃农讲清形势,大部分佃农取回以往假减的租粮。随后各乡农会带领佃农开展彻底减租运动,召开农民大会,斗争破坏减租的地主。经过斗争,地主倒出多收取的租粮,广大佃农也减少了过重的租粮,收回旧约,重换新约,农民纷纷要求参加农抗会。民国35年春,减租运动发展到清算斗争阶段,即贫雇农与地主算剥削账,各乡普遍成立“清查退押委员会”,组织贫雇农向地主算账,进行退押倒租斗争。

三、土地改革

民国35年(1946年)5月25日,华中一地委根据中共中央指示,部署全区土地改革工作。6月,地委组织土改工作队到紫石县西场区,把东屏乡作为土地改革试点之一。土改工作队紧紧依靠贫雇农,发动群众算账诉苦,启发阶级觉悟,以村为单位建立翻身委员会,斗争恶霸地主,然后把土地分给贫雇农。7月初,东屏乡召开庆祝翻身大会,会上,将地主富农交出来的田契及收租用的大斛、大斗全部当场烧毁,农民欢呼:“烧老契,换新契,子子孙孙不受气!”农村中充满欢乐气氛。7月6日,在一分区土地改革试验工作会议上,地委副书记欧阳惠肯定了东屏乡土改试点工作。此后,土改在各地推开。由于(自卫)解放战争爆发,按照县委“力争快分”指示,放手发动群众,采取“中间不动,两头拉手”办法,在不侵犯中农利益和不过分打击富农前提下,满足无地少地农民对土地要求。在“一手拿枪,一手拿算盘”口号声中,各乡普遍以村为单位,按全村人口和田亩总数平均分配土地。至是年10月,各乡

50%以上农民得到土地。此阶段土改，时间短促，土地分配不当，有的则还未分配土地，斗争地主不彻底，且触犯了中农利益。

民国36年8月后，境域内各乡建立翻身委员会，村建立翻身小组，通过比田、评田、换田，根据“抽肥补瘦，抽多补少，远近搭配，中间不动两头平”的原则，进行土地调整。首先满足特贫和贫雇农、抗属和烈军属的要求，同时，把以前土改阶段留下的“公学田”分给贫雇农。同年9月，中共中央颁布《中国土地法大纲》后，各乡成立贫农团，各村成立贫雇农小组，开展平分土地运动。民国37年4月，境域对土地复查、平分以来的成绩做出评价：一类地区占51%，土地已平分或平分中，封建制度被推垮。二类地区占15%，尚有封建残余，土改不彻底。三类地区占34%，国民党控制地区封建制度基本还存在，土地未平分。

1950年10月，土地改革基本结束，境域各乡召开土改胜利大会，颁发土地执照。与此同时，把没收地主隐瞒的黑田和未分配的浮财，分给贫苦农民，在此基础上划分阶级成分，组织农会，注意保护中农和保护工商业利益，地主也和农民一样，分得一份土地和财产。至1951年3月，境域各乡土地改革运动结束。

四、农业合作化

伴工队（组） 抗日战争和解放战争时期，解放区各乡在收种大忙季节，普遍建立伴工队（组），这是农业生产互助合作的萌芽，对解决劳力不足矛盾起了一定作用。伴工队（组）形式有三种：一是以民兵组织为基础，一手拿枪、一手拿锄，有较严密的组织纪律，民兵排长为伴工队（组）长，平时有敌情拿枪打仗，没有敌情伴工生产。二是以妇女为基础，在男人支前参战时，组织起来伴工生产。三是在农忙季节组织起来的临时性伴工形式。伴工队（组）一般都采取以工还工办法，结算时，出工不足的，以粮钱找补，一般以5市斤原粮为一个工日。

互助组 1951年12月，练港乡成立祁常玉互助组。1952年，各地互助合作化运动掀起高潮，祁常玉互助组同时转入常年互助组，并根据“自愿互利、等价变换、民主管理”三大原则，制定各项制度，把生产运动扎实开展起来。当年小麦和水稻每亩单产分别为149.5公斤和339公斤，比当地单干农民平均单产提高5倍左右，超过当时苏北区规定的高额丰产指标。3月20—24日，县委召开互助合作代表会议，树立15个互助组为全县先进旗帜（祁常玉为其中之一）。会上，15个互助组向苏北著名的崔玉霞互助组发出应战书，并向全县互助组发出挑战书，这一活动推动了全县的爱国丰产运动。1953年，在一手抓发展、一手抓巩固提高的方针指导下，互助组建立各种规章制度，开展千组万户丰产竞赛运动，增产效果比较明显。是年，由于寒潮侵袭，各乡麦苗冻死80%以上，互助组在灾后及时补种，减轻了灾害造成的损失。次年夏季，凡是补种培育好的互助组，三麦都获得好收成。1954年夏季遭遇特大洪涝灾害，由于发挥互助合作的优越性，受灾严重的地方在秋后适时改种，大大减轻损失。

初级农业生产合作社 1953年，境域各乡纷纷建立初级农业生产合作社（简称初级社），并分别确立中心农业生产合作社。韩洋境域有赵桥、新港等28个初级社。农业生产合作社采取土地评产入股，统一经营，劳力统一组织，各尽所能，生产统一计划，精打细算。入社社员按照自愿互利的原则，牲畜、大型农具由社租用或折价归社，在分配上实行“土四劳六”（即土地占四成、劳动力占六成）。1954年底，由于初级农业生产合作社在耕作、防治病虫害、使用良种和与自然灾害作斗争等方面做出努力，整体收成比往年增产一倍到两倍。1955年，农业合作社进入大发展时期，初级社实行土地入股、统一经营、因地种植、计划分工、分业劳动，提高了劳动效率和农业生产水平。

高级农业生产合作社 1956年春天，境域农业社会主义改造基本完成，原有互助组、初级社转为高级社，同时原来未入社的个体农户也参加了高级社，当时入社农户占农户总数98%以上。高级农业生产合作社取消土地报酬，社员私有土地无代价归集体所有，牲畜、大型农具折价归社，集体劳动产品由社统一分配，劳动报酬采取工分形式。1957年初韩洋有12个初级社。高级社建成后，由于时间短，准备不充分，出现劳动组织不健全，生产管理混乱，加上评工记分不合理，未能贯彻按劳分配、男女同工同酬的原则，耕牛农具作价入社，价格偏低，手续不完备，缺乏严密的管理制度，财产丢失严重等问题，部分富裕中农认为入社吃了亏，劳动积极性不高。1957年夏季，一些办得差的农业社一度出现了少数人闹退社事件。针对此情况，地、县派出工作组进行调查研究，加强思想政治教育，处理具体问题，事态逐步平息。随后，县委派驻工作队整顿各社，总结推广农业合作社经验，使农业合作社得以巩固。高级社土地属集体所有，自此，农村土地变为集体所有。

五、人民公社

1958年9—11月，南屏、立发、韩洋、新生、西场、壮志6个人民公社先后成立。此时，人民公社按照“一大二公”（一是规模大，二是公有化程度高）要求实行“镇社合一”“工农商学兵”五位一体，“农林牧副渔”统一经营。实行三级（公社、大队、生产队）管理，两级（公社、大队）核算，生产资料全归公社所有。产品分配实行工分制和供给制相结合的半供给制。公社建立初期，实行“以小社计算分配”，公社规定提留积累，实行伙食供给制办法。供给部分为30%，工资部分为70%，计划到户，粮草到食堂。1958年的分配，实行半供给制、半工资制。在劳动和生活管理上，实行组织军事化（按班、排、连、营组织）、劳动战斗化（大兵团作战、劳动力全社范围内调动）、生活集体化（公共食堂、劳动力集体食宿）等。不但吃饭不要钱，一些社队连理发、洗澡、缝衣、看电影、看病、上学也不要钱。立发等公社宣布10个不要钱。在“左”的思想指导下，共产风、命令风、浮夸风、瞎指挥风、干部特殊风（简称“五风”）一度严重泛滥，由此产生分配上的平均主义和无偿调用财物等现象。1959年，贯彻郑州会议精神，解决“一平二调”现象，全面开展整顿人民公社工作，将人民公社权力下放，实行公社、大队、生产队三级管理，三级核算，以大队为基础，对生产队实行“三包一奖”（生产队包产、包工、包本、超产奖励50%~70%，减产5%以下不赔，减产5%以上赔20%~30%，超工超本不补）。生产队对作业组实行“四定”，即把土地、劳力、耕牛、农具定到组。生产队制定小段生产计划，将各种劳动定额公布。

1961年1月，境域各社开展“整风整社”，清算“五风”，到3月结束。但由于“左”的思想影响较深，“五风”难以消除，是年粮食产量为新中国成立后产量最低年份，人均口粮全年只有114.5公斤，食油每人每月只有75克。同年底，境域各社普遍将大队核算改为生产队核算。生产队有了生产、经营、分配自主权。在劳动管理上实行“小组包工、定额计酬”，贯彻按劳分配政策。恢复自留地，清算“大跃进”时平调账并退赔。1962年8月，经省、地、县委同意，农村公社每人借种1.5分地，实行户种户管。此外，各农户每人还借种2~3条墒，也实行户种、户管、户收，激发农民积极性，农业生产得到恢复和发展。1964年，各地开展“农业学大寨”运动，战高沙、治盐碱、筑大圩，大规模平整土地，改水治水，促进农田基本建设，为农业发展奠定了基础。

1967年，在批判“三自一包”“四大自由”“工分挂帅”“物质刺激”的同时，各地一度推行大寨式劳动管理。劳动工分实行“自报公议”或十天半月一评，或两日三日一议，分配的平均主义再度泛滥。

1971年，中共中央重新肯定《农村人民公社工作条例（修正草案）》，停止大寨式劳动管理，实行“五定”（定劳力、任务、质量、工分、时间）到组，责任到人，因而1971—1978年各地农副业平均总产值逐步增长。1983年，撤销人民公社体制。

六、土地承包制

1980年前，境域农民的分配主要以小段包工定额计酬为主要形式。1981年推行土地联产到组责任制，并试行联产到劳责任制。集体副业90%以上的生产队实行专业承包，联产计酬。1982年，境域政府积极引导广大群众因地制宜落实各种形式的责任制，使统一经营、粮棉生产联产到劳、集体副业专业承包成为生产责任制的主体形式。1983年初，县委出台《关于完善联产承包制包干分配的意见》，年底，境域各生产队都实行大包干责任制。在分配上实行“交足国家的，留足集体的，余下来的都是自己的”。

1984年，境域各乡延长土地承包期，一般15

年不变，生产周期长和开发性项目，延长到30年不变。至10月底，6个乡分别向农户颁发了县政府核发的承包土地使用证。

1989年，针对承包耕地划得过分零碎以及人口劳力变化等情况，境域各村开展以“两田制”（人分口粮田，劳分责任田）为主要内容的完善土地承包制工作。通过调整承包地，妥善解决土地过分零碎的矛盾，促进农业社会化服务的开展，保证国家种植业计划的落实，实现大田连片种植和农业生产需要的组合优化。1997年7月，县委农工部会同国土规划局，在新生乡双井村就开展土地二轮承包的同时实施好乡镇规划进行专题调查，提出在延长土地承包期工作中，可按照乡镇规划预留宅基地面积，村民小组之间通过协商进行等量土地置换，并由各乡镇政府向县政府上报方案，通过批复后实施。8月，县组成工作组分赴境域6个乡镇，督察指导稳定完善土地承包关系，延长土地承包期工作。到1997年秋播前，绝大多数村组完成丈田到户的土地交接手续。1998年11月，境域完成土地二轮承包相关工作。2006年初，农村土地二轮承包确权补证工作结束。

七、土地流转

2005年后，海安县探索开展农村土地股份制，确定泰宁村为试点单位，建立泰宁村第5村民小组土地股份合作社，对该小组所有存量集体土地实行股份制，在集体土地被征用之前实行临时发包，对这部分存量土地实行量化股到户、到人，入社承包农户持股分红。取得成功经验后，县、镇、村三级组建农村土地股份合作制改革筹备组，进一步扩大试点。2006—2011年，全镇农村集体土地使用流转形式，主要有6种：①反租倒包。即农民的承包地先由村经济合作社反租，由村合作社与农户订立合同，再由村合作社整合后统一集中发包给有关单位和个人生产经营。②直接租赁。即由村牵头协调服务，农户与流进方直接签约流转，村当好中介签证。③股份合作。采取农民土地入股，发展高效特色规模农业，入股土地每年每亩以粮食市场价标准给予保底补偿；合作社有利润时，按照章程规定给予二次分红。④内股外租。有土地农户成立土地股份合作社，土地入股后，全部整体连片租赁给投资业主，建立农业产业园，种植大棚蔬菜等。⑤协议转包。农民因外出打工，农田无人问津或人少田多，将自己承包地转包给左邻右舍或亲朋好友耕种，一般都是口头协议，有的甚至无偿，即使有偿，也是每亩200元左右。⑥征用加年租。按照国家法定程序征用土地的建设用地，不再有年租存在。但在90年代，有些建设项目由于补偿标准低，土地征用难。为保障农户生活来源和项目落地，征地采取变通办法，企业在上缴省、市各项基金和补偿农户青苗损失费用等外，将劳力安置费一块资金留在企业，由企业每年支付农户一定的租金。

在土地流转过程中，土地流出时间早的有16年，签约流转年限，最长的50年，最短的1年。土地流进主体呈多元化态势，既有本地能人，也有外来能手；既有农业龙头企业，也有村经营合作社；既有本地普通农户，也有当地的村干部。流转土地规模有千亩以上的，也有不足1亩的。流转土地有用于农业开发项目的，也有用于二、三产业的。

第二节 农业管理

一、管理机构

（一）农经站 1982年前，境域内各公社财经工作由公社会计辅导员、公社财经会计负责管理。1983年，行政体制改革，公社改为乡，大队改为村，公社经济联合委员会作为经济组织，成立一室三公司（即经营管理办公室和工业、农业、多种经营公司），经营管理办公室首批招聘一批新的农经干部。1984年底，经联委撤销，接着经营管理办公室改为经营管理指导站，村级设立会计辅导员、专业会计。生产队改为组，撤销生产队会计（只保留队长）。

1992年，南屏、立发、韩洋、新生、西场、壮志经营管理指导站分别成立合作基金会，实行一套班子、两块牌子，至1999年底清盘关闭。

2001年1月，南屏乡、立发乡、开发区合并，组建城东镇经营管理指导站；韩洋乡和新生乡合并，组建洋蛮河镇经营管理指导站。2004年7月，组成新的城东镇农村经济服务站。2011年12月，西场镇与城东镇合并，农经站也随之合并。各乡镇农经站（从成立之日起）主要负责人：南屏乡王友兰、陈国新；立发乡崔恒发、夏友华；韩洋乡王圣祥；新生乡朱荣甫、朱少辉；壮志乡杨中年、张加英；西场镇仲明、顾友来、张加英、刘俊；洋蛮河镇朱少辉、傅军；开发区（城东镇）钱锦旺。

（二）水利站 2001年1月，南屏乡、立发乡合并为城东镇，同时建立城东水利管理服务站。2004年7月，洋蛮河镇水利管理服务站和城东水利管理服务站合并。2011年12月，西场镇合并至城东镇，水利站仍为西场水利站，城东水利服务站建制不变（在编人员8名），服务区域扩大。

城东镇水利站前身为4个乡水利站，即南屏水利站、立发水利站、韩洋水利站、新生水利站。1982年前，各乡配1名水利工程员，享受半脱产干部待遇。1982年，建立乡镇水利站（南屏、立发乡分别于1983年、1984年建站），各乡镇水利站聘站长1名（当时由乡镇分管水利的负责人兼任），后逐步改聘水利站在编人员，有站长、会计员各1名，享受半脱产人员待遇。1990年后，水利站人员为聘用的全民事业单位干部或全民事业单位职工，干部实行三年一聘，职工实行工作目标责任制考核，年底按水利局考核要求统一组织述职、测评、考核，竞争上岗，实行末位待岗制。

1987年前，水利站人员为半脱产性质，工资由乡财政所在水利事业费中参照事业人员待遇标准支付。是年12月，上级明确水利管理服务站属全民事业单位，人员经费实行定额补助。2001年前，财政给予在编人员每年每人补助3000元；2001—2004年，每人每年补助4000元；2005—2007年每人每年补助1万元。2008年开始，每人每年补助1.5万元，水利在编人员福利待遇和养老、医保等政策性费用支出的缺额部分由水利站综合经营创收解决。

水利站受县水利局和镇政府双重领导，即人员编制、劳资关系、业务工作等由水利局管理，党团关系由所在镇党委管理，人员调整、任免、奖惩征求镇党委、政府意见后由县水利局批准决定。各乡镇水利站历任负责人：南屏水利站站长杨勤开、殷玉林；立发水利站站长贲德胜；韩洋水利站站长王玉良；新生水利站站长张光辉；西场水利站站长印志高、王则奎、杜成章、韩良明、丁胜；壮志水利站站长杜成章；洋蛮河水利站站长王玉良；城东水利站站长殷玉林、贲德胜、王玉良、韩良明。

（三）农业技术推广站 1988年经县农业局批准，建立单门独院的农业技术推广站并建立农技站党支部。2001年1月，城东镇区划调整前各乡农技站在编人员及岗位变更情况：1971—2000年各乡农技站负责人：南屏农技站站长、站党支部书记姜春桐；立发农技站站长陈宝余、郑华、陈厚存、储亮；新生农技站站长史传太、樊雪松；韩洋农技站站长田宝义、田宝存、周小平、史传怀、周晓东；西场农技站站长季光远、王建华、王爱冬；壮志农技站站长葛宝树。六个乡镇农技站农技人员中配有作物栽培员、植保员、种子员、土肥员、林果员。

城东镇农技站于2001年1月，由原南屏与立发乡农技站合并建立。2004年7月20日，洋蛮河镇农技站合并至城东镇农技站，农技站建制、站名不变。2001年1月至2004年7月行政区划调整期间：城东农技站站长储亮；洋蛮河农技站站长周晓东。2004年7月，洋蛮河农技站与城东农技站合并，储亮任站长，姜春桐任站党支部书记，周晓东、徐培根、李卫军、秦广建任副站长。2006年，樊雪松任站长。2010年10月，农业系统体制改革，编制精简，人员分流，农技站、农经站、农机站、蚕桑站、水产、能源等农业职能部门又合并建立城东镇农业服务中心，站内工作人员分别调镇临港办、民营办、项目办、生猪办、环保办、规划办等，农技站与其他几个农口部门合并建立城东镇农业服务中心，祝应平任主任，李卫军、魏旭、吴夕来任副主任。2011年12月，西场镇农技站与城东镇农技站合并。2011年，随着行政体制的改革合并，农技站撤并，所有人员以及农业系统的部分合并为农村工作局。

（四）蚕桑站 1983年7月，针对高沙土地区粮紧钱少状况，县政府调整农业种植计划面积，对河南地区乡镇，实施缩棉扩桑，将桑田计划面积调给栽桑养蚕积极性高的村组，使养蚕生产发展到一个新起点。1988年起，各乡镇先后成立蚕桑技术指导服务站，1990年正式挂牌。各乡镇历任蚕桑站站长：南屏乡赵正才；立发乡仲跻森、王军、金山存；韩洋乡杨祥龙；新生乡曹培虎、殷志祥；西场镇仲伟程、陆秀萍、张英龙、顾森林；壮志乡范本华、顾森林；洋蛮河镇杨祥龙；开发区（城东镇）金山存、杨祥龙、魏旭。

（五）农机站　1958年，各乡开始运用机电灌溉车口提水灌溉，使用人力打稻机和三麦脱粒机。1967年公社成立农机站，负责农业机械管理。1974年，农机管理逐步走上正轨，成立农机管理服务站，配站长、副站长、机工辅导员、财务辅导员、安全监督员5~7人。开展多种经营、供油、供配、轧棉花、榨油、粮饲加工、农机修理，以及纺织、电器、工艺、机械制造、水泥制品等为农服务项目。各乡镇农机管理服务站历任站长：南屏乡张兴仁、李福林、顾茂龙、刘喜鸣、赵兴安、袁正发、贾兴芳；立发乡姜永宏、周克盛；韩洋乡陈德来、丁正章、姜再林、杭庆稳、吴夕来；新生乡吴君石、张达宽、储祥忠；西场镇范步洲、储开银；开发区（城东镇）周克盛、袁正发。

（六）畜牧兽医站

立发兽医站　分别建址于界墩村6组、立发村25组、界墩村3组、界墩村23组，占地面积从0.2亩逐步增加到3亩，建筑面积从60平方米增加到900平方米。1980年在全县首创乡镇动物门诊部，从门诊解剖、处方配药、技术咨询到饲料供应等实行一条龙服务。门诊部服务对象遍及立发和周边乡镇，远至扬州、盐城等地养殖户。1990年，兴办长毛兔种兔场，实行兔人工授精。1994年在五坝村15组征地7.47亩，建立发兽医站五坝门诊部，建筑面积1200平方米。历任站长或负责人有张兴龙、周元富、徐其稳、贲长龙、杨昌鏐、吕广新、王兆广、储新生。2004年10月，与南屏兽医站合并组建成海安县城东镇畜牧兽医站。

南屏兽医站　分别建址于凤凰村2组、开屏村25组，占地从2亩逐步增加到16.13亩，建筑面积从100平方米增加到620平方米。1979年，首创生猪“四包一扶持”（兽医站包阉割、包防疫、包用药、包诊疗，生猪一旦死亡给予适当扶持）责任制，大大调动农民养猪积极性，全乡生猪存栏3.2万头，全国20多个省市到此参观学习。历任站长或负责人有张明、徐利生、丁成才、钱德圣、张加纯、吴晓彬。1985年在海光村6组征地1亩，建成海光门诊部，建筑面积1400平方米，同时建成南屏检疫所。2004年10月与立发兽医站合并组建成海安县城东镇畜牧兽医站。

新生兽医站　建址于新生村1组，占地从0.1亩逐步增加到1.3亩，建筑面积从20平方米增加到420平方米。历任站长或负责人有仲延恒、陈广榴、仲兆如、王广来。2006年5月，并入海安县城东镇畜牧兽医站。

韩洋兽医站　建址于三角村14组，占地从0.2亩逐步增加到1.6亩，建筑面积从20平方米增加到900平方米。历任站长或负责人有丁达贞、徐景元、姚裕林、杭广生、王建华、曹生、濮军。2009年11月，并入海安县城东镇畜牧兽医站。

西场兽医站　1962年，建成西场兽医联合诊所，地址在戚庄村。1967年更名为西场兽医站，迁移至西场渔场，1972年迁至西场农科站4组，1990年搬至西场镇惠民北路24号。兽医站有站长1人、副站长1人、会计1人、工作人员6人、村兽医18人、负责西场18个村畜禽检疫、防疫、治疗及技术咨询。

80年代后，设有动物诊疗门诊部，经营兽药、饲料、添加剂等，为辖区畜禽养殖户提供服务。1982年，建立党支部，练玉山、赵虎祥先后任党支部书记。1995年后，工作人员中有高级职称1人，中级职称3人，初级职称2人。2001年2月，与壮志兽医站合并组建新的西场兽医站。2006年，西场兽医站承担农业部农业科技技术示范场建设，顺利通过验收。历任站长有邱武才、许映富、练玉山、赵虎祥、陈显平、张艳。2011年12月，西场兽医站合并至城东兽医站。

壮志兽医站　1962年建于壮志村3组，占地1.25亩，建筑面积1100平方米。工作人员7人，村兽医11人，设有动物诊疗门诊部，承担壮志地区内动物检疫、防疫、治疗。1981—1983年，兴办实体，经营塑料旧制品回收、兽药、饲料、添加剂等，常年为畜禽养殖户提供一条龙服务。历任站长有许映堂、王克俊、许宝祥、仲兆如、钱俊峰等。2001年2月，壮志兽医站同西场兽医站合并建立新的西场兽医站。

城东镇畜牧兽医站　海安县城东畜牧兽医站是海安县农业委员会派驻城东镇的全民事业单

位，2001行政区划调整后，由南屏、立发兽医站合并后建立。吴晓彬任站长。2010年底，海安县实施兽医体制改革，城东镇畜牧兽医站34人参与改革，编内人员16人参加县组织的录用考试和考核，均被录用。2011年12月，城东镇畜牧兽医站与西场镇畜牧兽医站合并，驻地设在原城东镇畜牧兽医站所在地，工作人员25人。2011年有在职职工16人，其中高级专业技术人员2人、中级专业技术人员6人，研究生学历1人、本科学历8人，主要承担辖区内动物防疫组织、动物产品检疫、畜产品质量安全监管、现代畜牧业发展服务等九大职能。境域内有17个兽药饲料生产企业、6个兽药经营企业、规模以上养殖户151户、生猪屠宰厂（点）3个，设置动物产地检疫申报点2个、屠宰检疫申报点3个。

二、农村经营管理

（一）集体资产处置 农村实行包产到户后，1986年，由农经站牵头，组织人员、集中时间、集中力量清理核对原生产队的资金、财产物资，在此基础上，按照"不平调、不平分、不破坏"的原则，以生产队为单位，民主推选评议作价小组，具体负责原生产队的积累处理和财产物资的拍卖。对已平分掉的财产物资重新作价收款；对作价偏低变相平分的重新作价拍卖收款；对凡有使用价值的农机具、房屋等，坚持整体拍卖，公平出售收款。对清理后形成的积累，在还清银行贷款、外单位和个人欠款，处理好合作社时期农户农具入社款等后，最后计算出的积累，按原生产队劳亩方法计算，折股发证到户，将农户股金余额记入相关账户。同时将原生产队的货币资金一律存入农经站账户。90年代，引导农民建立专业合作组织，鼓励支持建立专业合作社。2008年上湖农产品专业合作社建立，此后，宏润畜禽华润畜禽专业合作社建立。2011年，拥有省级"五好"农民专业合作社2家，省级"百佳"农民专业合作社1家，市级"五好"农民专业合作社2家，市级"十佳"农民专业合作社1家。

（二）财务管理立制 1958年"大跃进"，各乡建立人民公社，实行"三级所有，两级核算"，产品分配实行工分制和供给制相结合的半供给制。原高级社改为大队，粮食由大队统一管理，统一调度，统一核算，统一缴公粮和农业税，生产队实行大锅饭、食堂制。耕地为集体所有，统一耕种，种田实行工分制，年终按劳动日核算、计算报酬。公社规定提留积累，实行粮食供给制办法。

1959年，人民公社权力下放，实行公社、大队、生产队三级管理，三级核算。1961—1982年，全部实行以生产队为核算单位。农村分配由生产队将年终分配方案报大队审批，再报公社和信用社批准后方可归户计算。归户计算时，一般按口粮分配标准和劳动日单价计算各户总口粮（人口口粮、工分粮、饲料粮、照顾粮）和总分配额（扣除粮草总费用额）的净分配额。1989年1月1日，境域各乡停止"三级所有、队为基础"会计核算制度，以村经济合作社为单位，统一建立新账。原生产队会计凭证、账目和所有财务资料一律办好移交手续，送村办公室统一保管。对原生产队农户股金以及原生产队的资产、债权、债务等一律移交村经济合作社，记入村相关会计科目。村经济合作社实行以村统一向农户收取提留，乡统筹的新办法。从2001年7月1日起，镇农经站对全镇各村经济合作社的会计核算，实行"村账镇记"。村财务档案资料移交镇经管站档案室，实行统一保管。实行"村账镇记"后，村经济合作社除留备用金（规模大的村限额在1000元以内，规模小的村限额500元以内）外，在坚持资金所有权和使用权不变前提下，集体资金、存款统一由镇农经站相关账户储存。

（三）农村财务清理 境域农经站组织力量重点清理各生产队的财务。清理内容有：清查现金和存款，清查财产物资，清查社员往来、暂付款和收款。通过清理，基本上弄清家底，克服财务上的混乱现象，处理了合作社时期农户入社的农机具作价款。2001年春，镇党委、政府针对村级陈欠往来款逐年上升情况，将此项工作列入重要议事日程，建立镇农村财务清理领导组，党委一把手负总责，政府一把手具体抓，使清收陈欠往来款为主体的财务清理工作顺利进行。

（四）经管制度规范 境域农经站制定六项管理制度：现金管理制度，坚持收支两条线管理；票据管理制度，坚持票据领用登记，用完后销号，由境域农经站统一保存备查；"两工"（义务工、公用工）管理制度，坚持农民承担的“两工”以出劳为主，平时派工，核算到户，专款专用，年终核算，轧平找补；财务公开制度，坚持年初公布财务计划，每季公布各项收入、支出情况，年末公布各项财产、债权、债务、收益分配情况；民主理财制度，坚持按季度进行民主理财活动，提高民主理财质量，坚持审计制度，镇农经站每年审计三分之一以上的村；资产管理制度，坚持总额控制，分项限额。通过建章立制，进一步提高财务管理工作制度化、规范化水平。

（五）业务人员培训　境域农经站注重村级会计和民主理财人员的业务培训，坚持持证上岗。业务培训工作主要开展会计核算、会计电算化、票据使用与管理、财务档案、集体经济内部审计等，每年办培训班不少于10天。通过培训、考核，镇村业务人员都能持证上岗，并具有初级职称或中级职称。

2001—2011年，镇农经站多次被省、市、县评为先进农经站，并获得市、县政府的嘉奖，同时还获得“青年文明号”（省级）、“巾帼示范岗”（市级）、“三八红旗手”（县级）等称号。

三、水利管理

1958年后，各公社设水利工程员，负责公社的水利建设工作。80年代，水利站及时掌握区内水资源管理动态，明确专人对地下水“五个一”正常管理，制度到位率100%，做到每月定期将情况书面上报；建立健全镇、村、组及到户农业水费档案，实现各项收费公示制度，严格执行标准，坚持收支两条线；工业工程水费、河道堤防占用费的征收，实行事先书面通知，然后按期按标准征收；利用各种宣传工具，积极开展水法、水法规的宣传，做到家喻户晓，人人皆知，组织专人巡查辖区水利工程设施，及时查处水事违法行为；坚持一手抓服务，一手抓综合经营，在确保做好水利服务，完成县水利局、镇政府各项工作任务前提下，承接力所能及的项目工程。镇水利站成立后，各种制度齐全，站容站貌优美。学习制度、行政管理制度、文明创建制度、财务管理制度、安全生产制度、工作目标考核制度等建立健全，责任细化明确，2001—2011年，多次被县水利局评为两个文明建设先进集体、综合经营先进集体、水利工作先进集体、水利工程建设一等奖、站务管理一等奖、综合工作一等奖、招商引资先进单位、规费征收先进单位、水行政执法与河道管理先进单位。同时被县纪委、组织部、党工委授予“全县十佳站所”等称号。

四、农技推广

1958—1971年，公社配一名农技员，享受半脱产待遇。1973年后，先后增配植保员、种子员、土肥员。80年代，境域乡镇农技站建立后，做好农业技术推广和服务工作。1988年，农技站兴办农业服务公司，建立种子仓库、水泥晒场，添置种子精选机，并设农业技术培训教室，建有试验基地。搞好技术培训，举办各种不同类型的技术讲座，根据农作物各个生长时期，通过不同形式向农民传授所需要的技术措施，举办广播讲座、印发技术资料、集中讲课等。现场放样指导，每年在作物栽培、病虫害防治、新技术推广中及时召开现场会，让广大农户一看就懂，一学就会；承接试验项目，对新技术的引进，新品种的推广，疑难问题的解决，由站技术人员开展试验示范和调查研究，取得正确数据，总结经验教训，以便推广；实行良种统供，及时提供各种技术资料，预防引进假种，避免损害农户利益；为农田头服务，向社会公开服务承诺和服务热线，农作物生长出现技术难题，只要通个电话，就有技术人员到田头去看情况、找原因、解难题，搞好田头会诊，确保农作物正常生长。

图5-1　水稻培管田间指导　（孙宝峰/摄于2006年8月）

五、畜牧管理

1952—1956年，畜禽防治工作由县畜牧兽医站组织民间兽医和农业社防疫员进行。1957年，将防疫工作包给农业生产合作社，政府给予辅导和物质支持。1958年，境域各畜牧兽医站建立，分为立发、南屏、新生、韩洋、西场、壮志6个兽医站。1964年，境域实行“牲畜保健制”，由公社畜牧兽医站组织兽医和防疫员（1969年后是大队“赤脚兽医”）分组实施。70年代， 生猪生产以大队为单位实行合作医疗制度。1983年，实行改革，改镇村两级为一级服务体制，对大队赤脚兽医由县统一组织考试、考核和现场技能操作比试，择优录用为乡镇合同兽医人员，防疫工作由站组织，村承包兽医负责实施，推行“无病包防、有病包治、死亡包赔”的生猪技术承包责任制，每头肥猪技术承包费7元。1993年，继续实施生猪技术承包。1995年1月1日起，每头肥猪技术承包费11.5元（其中含产地检疫费2元），母猪按三头肥猪的费用收取。2001年，全面推行乡镇畜牧兽医站企业化管理改革，坚持全民事业性质不变，实现县乡双重领导，人、财、物由县统管，乡镇负责党务管理和中心工作，乡镇畜牧兽医站承担政府动物防疫检疫职能，财务实行自收自支、财政适当补助（定编人员每人每年补助400元）。推行全员竞聘上岗，实行双向选聘，优化组合，民主测评，落聘待岗，彻底打破铁饭碗，镇畜牧兽医站分设管理、检疫检验、技术承包服务、动物门诊服务、猪羊人工授精5类工作岗位；推行档案工资，实行考核考绩，按劳分配，彻底打破大锅饭；（三）推行站长聘用制，实行任期目标管理，打破干部终身制；养猪户按饲养生猪的头数缴纳保健费（每头10元左右），包片兽医免费防疫、免费诊疗（药品大都由养猪户自购）。2006年起，包片兽医负责包片区畜禽产地检疫，承担着片区畜禽生产数据调查和疫情监测任务。

城东镇畜牧兽医站在重大动物疫病防控、精神文明建设、站务管理、人工授精等工作中多次受到省、市、县有关部门的表彰，是省“五有”乡镇兽医站、省人工授精先进单位、市重大动物疫病防控先进集体、市第30届文明新风典型、市农资诚信经营单位、县文明单位、县第7届文明新风典型，吴晓彬、储新生等20多次获得农业部丰收奖，市、县科技进步奖，省、市农业科学技术推广奖，储呈彬获得2006年省检疫大比武标兵，李卫民、杨华、仲储森先后获得“江苏省人工授精大比武状元”称号。2011年，站内完成的“肉兔健康养殖技术应用与推广项目”“无公害猪肉全程质量控制技术的研究与推广项目”，获得市农业技术推广三等奖。

第三节　农田水利

一、水利设施

灌溉河道　1949年至70年代，城东境域内，兴修栟茶运河、通扬运河，开挖北凌河、友谊河、新古河、春风河、立公河、黄涵河、洋蛮河、北翻身河、私盐河、红星河、小焦港河、洋港河、鸡港河、立新河、建设河、团结河、新生河、西季坞荡河、东翻身河以及数十条四级河道，构成城东镇的灌排河网体系，为发展农业生产、改善人民生活提供有力保障。

治理水利工具随着时代变迁、社会进步不断

图5-2　开挖河道兴修水利场面

（杨一秋/摄于60年代）

改进。80年代中期前，水利工程大搞人海战役，全靠手挖肩挑，费力费时。1987年冬起，引进泥浆泵疏浚河道淤泥，集挖土、运土、卸土于一体的挖土机组，取代繁重的体力劳动。通过不断推陈出新，推土机、挖土机替代人工做圩埂打坝，各种新型机械也加入治水行列。2001年，水利站组织泥浆泵水利工程队，有水利挖掘机组8台（套），年产值350万元，利润40万元；房屋租赁经营，出租房两处15间，年收入8万元。2011年，城东镇有泥浆泵28台，装载机29台。

灌溉泵站　20世纪40年代，景伯铭开始使用柴油机牠水车灌溉农田。50年代后期开始用机器抽水灌溉。1958年，新生公社在栟茶运河上建设高印机灌车口，灌溉渠道4公里长，收益面积4000亩。1959年建高印东车口，4个大队收益面积3000余亩。1960年，韩洋公社在洋蛮河修建机灌站，引栟茶运河水灌溉，干渠长3.5公里，有4个大队收益。是年，立发公社建新运车口和前进车口，解决大面积农田灌溉问题。1960—1962年，南屏公社在新桥2队和余庄5队相继建成电灌一站、电灌二站，干渠总长5.7公里，收益面积7700亩。1960年后，电灌车口得到迅速普及和推广。但由于大车口灌溉渠道长、耗水量大、末端难以保障及时供水，后来逐步由大车口改为小车口，境域有小型泵站230座。1999年起，结合农业综合开发，推行建造硬质渠道，节约水源，美化环境。2010年，城东镇有固定站243处，电动机323台。2011年，全镇有小型泵站316座。

水利工程设施　新中国成立后，开挖一、二、三、四级河道62条（段）190公里，奠定了区域灌排骨干基础。兴修各级渠道1000多条400多公里（其中砼衬砌防渗渠道150公里），兴建电灌站230多座（动力2750千瓦），建成全镇农田灌排体系。2001年后，全镇加强水利工程附属建筑物的建设，水闸、涵洞、跨渠桥逐一配套，至2011年，全镇建有水利建筑物6479座。

二、农田灌溉

新中国成立前，境域农田排涝降渍能力很差，只有少数排水槽，俗称叫“旱槽子”。1967年，实行第一次土地方整，境域各大队、生产队因地制宜开挖排水沟。1970年，境域实行土地条田化，形成“非”字式排灌，南北每200米之间分别开挖灌溉渠和排渠1条，实行南排北灌，灌排分开，沟河相通，配套完善。在每一块田间（特别是旱粮田）做到“四沟”配套，做到“排得出、灌得上、降得下”，使农作物旱涝保丰收。墒沟、畈子之间有宽6~8寸、深8寸的沟，以利于排水，抗旱快速灌水；腰沟也称为横沟，沟与沟连接起来，相互串通，使沟间不积水。中心出水沟，每一块田中都要有一条深于其他沟的沟，一般深度为1尺以上，宽度比墒沟、腰沟略宽，保持不塌边，中心出水沟，直通丰产沟；丰产沟，每200米开挖一条宽3~5米、深1米以上的大沟，专门下水至河中，丰产沟上一般配有涵洞或小拱桥，便于人行走。境域各生产队每年都要认真清理整修沟系，一般秋播时挖好田间一套沟。80年代前，主要是人工挖沟，以后有了开沟器配上手扶拖拉机，功效极大提高。随着农田作业的配套服务，机械化作业代替人工劳动。

60年代前，农田灌溉主要为脚踏水车、牛车和风车。风车是1958年大搞农业革新后发展的，利用风力戽水。镇、村建立健全防汛防旱组织，编制防汛、防旱各项应急预案，备好防汛器材和物资，落实各级防汛防旱工作责任制。防汛防旱期间加强值班制度，做到人员落实，责任明确，设施齐备，值班记录详细，通信联系畅通。遇重大汛情、灾情及时组织抢险抗灾。

1958年，各公社购买柴油机戽水，12匹柴油机配以20寸水泵、12寸水泵及机船，沿河流动戽水，后逐年增加机泵，建成机灌站，以后又逐年改为电灌站。至80年代结束了人、车戽水的时代。90年代后期，实施节水灌溉，兴建硬质渠道，1997年，南屏乡兴建硬质渠道12.24公里。2011年，全镇灌溉面积8.25万亩。

三、防汛防旱

防汛抗旱组织　1969年，各公社建立防汛防旱指挥部，由公社社长任指挥，分管负责人、人武部长、水利站长任副指挥，在水利站设办公室，负责日常工作。每年汛期之前指挥部恢复办公，确保上下联系畅通，及时掌握汛情、雨情、旱情和灾情，正确分析、判断、研究、制定防汛指挥方案，从组织上、思想上、物质上做好防汛抗旱工作。1983年后，各乡镇建立防汛防旱指挥部，并制定乡镇防汛抗旱应急预案。2009年，镇人民政府重新修订《城东镇防汛防旱应急预案》，明确区（镇）概况及防御体系现状、组织指挥体系及职责、预警防御方案、应急响应、保障措施、善后工作、奖励及责任追究等，一旦发生灾情，各行各业，有关部门密切配合，通力协作。各村、各单位相应成立应急小组，负责本单位的防汛抗旱工作。

防汛 1949年7月15日，通扬运河以北，通榆运河以东地区发生水涝，河东地区部分低荒田淹水1.68米以上。各乡召开紧急会议动员全民投入抗灾斗争，救出部分庄稼。

1954年6月23日至7月30日，全县连续降雨1226.4毫米，通扬运河以南地区一片汪洋，南屏、立发等乡农田淹水近两个月，农作物基本绝收。7月12日，县委从河北沿公路的3区先后动员94条民船，组织县机关50多名干部前往河南与河东的区乡慰问，做好干群思想工作，帮助群众搬家。通扬运河以南、以东地区人民群众全力投入抗灾斗争，做出很大牺牲，不让涝水流入里下河地区。

1962年9月5~7日，14号台风过境，连降暴雨62小时，境域各公社普遍受涝。各公社组织动员群众进行排涝斗争，根据具体情况，采取先场头后大田，先高田后低田，先粮田后棉田，先抢修后培管的抗灾措施，尽量减少已成熟秋粮损失。对倒房农户帮助借房、搭房、安置，确保灾区群众生活安定和生命财产安全。

1975年6月20—24日，境域普降暴雨225毫米。韩洋公社受涝面积1.78万亩，南屏公社受涝面积1.28万亩。各公社召开排涝抗灾现场会，干部分工定点，包干负责，带领群众对缺口、涵洞、险段抢修，组织干群排涝抗灾。

1991年，境域遭遇历史上罕见的特大洪涝灾害。大量客水压境，内外河水猛涨，为历史最高水位。各乡镇建立抗洪救灾指挥组，党政负责人任正副指挥，乡镇机关干部分工至村组抗灾。在抗灾中，一级抓一级，一级对一级负责。县赋予乡镇抗洪指挥组紧急处置权，可以动用一切可动用的抢险材料。境域各乡镇按照县抗洪救灾指挥部要求，每乡调集10台（套）手扶拖拉机和水泵250多台支持里下河地区排涝。南屏等乡镇每乡出动民兵100多人参加圩区的抗洪抢险，经过几十天的艰苦奋斗，洪水终于逐步逼退，各地不失时机对受淹农田改种、补种，努力把灾害损失降至最低限度。

2003年6月29日后，全县普降大到暴雨，遭受1991年后最大洪涝灾害。7月10日晚6时多，古贲乡常河村4组圩口闸出现险情，城东及洋蛮河两镇民兵等，组成抢险突击队，7个乡镇携机泵、抢险物资参与奋战，经过4小时的奋战，险情排除。

2005年6月10日至7月25日，城东、西场镇对北凌河中设置的鱼簖、网箱、围网、腰网及沉船垃圾进行清理，采取自行拆除、督查推进、帮助拆除、强行清除等措施，确保河道流水畅通。对部分群众受到的经济损失，县和镇视具体情况适当补偿。8月5—8日、9月9—13日，海安受9号台风“麦莎”、15号台风“卡罗”袭击，最大风力9~11级，强降雨159.2毫米，防汛防旱指挥部启动防台预案，严密部署，确保人民生命财产安全。

2007年5月10日，县委、县政府召开河道长效管理工作现场会，与会人员参观城东镇3个现场。9月18—19日，受13号强台风“韦帕”影响，大风暴雨袭击海安，镇防汛指挥部迅速启动应急预案，学校停课一天，全镇组织动员干群投入抗灾斗争。

抗旱 1951年6—8月，海安旱象严重，河南、河东大部分沟河干涸，水田无水灌溉，病虫害连续不断发生。各乡组织群众挖沟引水，打坝捞浅，利用所有“三车”，整治修理脚踏水车，全面投入抗旱保苗。

1959年7—8月，大旱，各公社组织干群投入抗旱。干群利用打井挖塘、拆除坝埂、翻水引水，农田普遍抗旱四遍，救出部分庄稼。

1978年，春旱接夏旱、伏旱接秋旱，是40多年来未见的大旱年，各社三四级河断流无水，电灌站抽不到水。县、区、社干部深入到队指挥抗旱斗争，经过各社群众的艰苦奋斗，减轻了旱灾造成的损失。

1997年6月20日，农田灌溉高峰期，境域降雨0.5毫米，三四级河干涸，灌溉泵站打不到水，已栽水稻枯黄，未栽水稻无水泡田。境域干群全力以赴，突击疏浚，引蓄并举，强化管理，机电水三结合，奋力抗旱。南屏乡组织6台机泵，从栟茶运河向内河翻水，日夜不停，缓解部分旱情。6月24日，境域普降暴雨，旱象解除。

2007年5月下旬至6月中旬，晴热少雨，境域60%水稻不能及时栽插，镇党委、政府先后启动抗旱三级、四级应急响应，采取多种措施缓解旱情，县里派人到镇、村指导抗旱外，并开启提水站引水，使旱情得以缓解。

图5-3　小麦丰产方　　（孙宝峰/摄于2009年5月）

第四节　种植业

一、粮　食

（一）三麦　即元麦、大麦、小麦的统称，为城东镇主要夏熟作物。

1.品种：新中国成立初期，元麦有“三月黄”，大麦有“紫六棱”“蛇眼”，小麦有“大黄皮”“和尚头”等。1955年后引进种植元麦“黑六柱”“矮脚早”“萧山三月黄”等，后因产业结构调整及耕作制度改革，加上元麦产量不高，经济效益不佳。70年代后，元麦逐步被淘汰。大麦品种60年代曾引进推广“尺八”“紫果”“二棱春”，70年代初品种为早熟三号，80年代为“海安大麦”，90年代后大麦只是零星种植。小麦是三麦生产的主体，历年来引进推广种植的小麦品种先后有“南大2419”“华东6号”“白玉花”“吉利”“阿夫”“矮秆红”“扬麦1号（671小麦）”“宁麦5号”“扬麦5号”“宁麦8号”“宁麦9号”，2006年引种弱筋小麦“宁麦13号”。

2.栽培技术：适期播种。50年代三麦播种期一般寒露开始，霜降前后结束，因此有“寒露到霜降、种麦正当相”之说。70年代种植制度有较大改革，后季稻面积增加，三麦播种相应推迟，10月下旬始播，11月上旬进入播种高峰，立冬后播种结束，因此群众总结为“霜降到立冬，种麦正适中”。20世纪末稻麦两熟，播期仍以10月下旬至11月初为宜。

适量播种。三麦播种量与基本苗经历了“升降”的变化过程，50年代三麦播种播量稀，亩播12.5~15公斤，出苗率低，基本苗25万~35万株，产量低。60年代“以密取胜”，播种曾为20~30公斤，产量仍然低下。70年代三麦种植学塘桥，薄片深翻，精细撒播，小麦亩播15~17.5公斤，大元麦15公斤左右，基本苗30万株以上。80年代末，播种量与基本苗趋于合理，1986年三麦亩基本苗升到29.56万株，1989年三麦基本苗降到22.21万苗的适宜水平。

免耕机条播。80年代初，三麦播种耕作方式上以一耕一旋为主。1984年，韩洋乡引进全县第一台江南2B—6A型稻麦免耕条播机，实行机械化免（少）耕种麦取得成功，很快在全县推广。该机器能一次完成灭茬、浅旋、开播种沟、播种、盖种和播后镇压六道工序，比常规人工种麦节本5~8元，省工3~5个。同时能促苗早发、平衡生长，增产5%~8%，深受农户欢迎。80年代末，南屏乡三麦播种推广两机作业配套服务，在全县率先实行“六统一”，即（统一品种、统一供种、统一播量、统一机条播、统一机开沟、统一化除），为省、市、县多次提供高标准秋播现场，受到上级领导高度评价。1989年，南屏农技站申报的“推广两机配套服务，促进夏粮增产增收”课题获县科技进步奖二等奖、省农林厅科技进步奖四等奖。1995年6月1日，中共中央政治局委员、全国人大常委会副委员长田纪云到南屏乡视察周济小麦丰产方。

3.产量：50年代三麦亩产量75公斤，70年代三麦亩产150公斤左右，80年代平均亩产220公斤左右，此后，90年代亩产330公斤左右。2011

年，小麦总产3.53万吨，平均亩产430公斤，小麦高产田块亩产500公斤左右。

（二）水稻

1.品种：新中国成立后到1960年，先后种植“大头龟”“洋籼”“胜利籼”等籼系品种。1960年种植“细籽大叶籼”“早沙粳”“黄壳早”“南通稻”等粳性品种。之后引进种植“农垦57”“农垦58（世界稻）”等中晚粳品种。1965年后，试种三熟制，一般以“早沙粳”“矮南早”“二九南”为早稻品种，选择“农垦57”“农垦58”为后季稻品种。后来又选用“二九南1号”“原丰早”“广陆矮4号”等作早稻新品种，晚茬稻以“武农早”“沪选19”等早熟晚粳为接班品种。1972年“扩中缩双”（扩大中稻，缩小双季稻），种植品种有“桂花黄”“筑紫晴”“双城糯”“紫金糯”（原称20285）中粳和中熟糯粳稻。同时推广杂交中稻“汕优63”等品种，80年代引进盐粳系统中粳品种，1985年引进“扬粳201”，1988年引进推广“武育粳3号”（8169-22）。2004年引进种植“扬粳9538”“盐粳9号”“杨幅粳8号”“武粳13号”等对条纹叶枯病有一定抗性的水稻品种。

2.栽培技术：培育适龄壮秧。50年代水稻是盒式秧地，露地秧，碰上低温，容易烂秧。60年代推广陈永康稀落谷的育秧经验。做湿润秧地、盖秧灰、绿肥等进行保温。70年代双季稻大发展，推广棚架式的薄膜育秧，旱育铲栽，而后发展到薄膜平盖，每亩秧地落谷量125~150公斤。以后又发展到高密度短秧龄育秧，实行浇泥浆落谷。落谷密度为“泥不见天、谷不重叠”每亩落谷250公斤，以后发展杂交稻温室育秧，蒸气催芽、适温

图5-4 育秧场景 （孙宝峰/摄于2007年5月）

长苗，降温绿化练苗。在温室育秧的基础上，发展生物能育秧，朝阳坡育秧，所育秧苗采取条寄、直栽两种方法，实行两段育秧。80年代用绿肥茬作秧地，落谷量不超过40公斤。每亩秧地的投肥量不少于一亩大田用量，确保早稻秧池在5月10—15日落谷，杂交稻5月5—10日落谷。落谷量中粳稻平均为45公斤左右，杂交稻10~11公斤，秧质从黄瘦无蘖秧变成扁蒲式带蘖壮秧。秧苗带蘖株率平均50%~60%，后季稻积极推广早稀播长秧龄，每亩落谷量在20~25公斤，6月5—8日落谷，7月25日前栽插，把后季稻的产量提高到350~400公斤，高产可达500公斤。此外，南屏乡还先后试验水稻场地旱育秧、水稻标准化育秧、水稻商品化供秧，水稻工厂化育秧等新型育秧方式，都获得成功。

推广高产模式栽培。根据水稻叶龄进程，模式化地揭示各品种的生育规律，数量化地确定水稻高产的主要指标，规范化地建立不同类型的栽培促控技术。把栽培水稻主要品种的高产结构、熟相要求、生育期中的温光条件、生育规律、栽培策略、病虫防治、技术要求、应变措施等方面的内容有机结合起来，绘制成图，图文并茂，使农民一看就懂、一学就会。

直播稻示范栽培。在麦收后立即用2B-6A型稻麦免耕条播机进行播种，然后湿润出苗，配以化学除草。1986年，南屏乡高庄村四组示范成功，单产400公斤，高产田块500公斤。

示范推广水稻抛秧。利用塑料软盘育秧、人工抛秧。1989年，南屏乡周济村8组示范抛秧，县委四套班子负责人亲临现场抛秧。1990年在薛湾村7组示范，1991年全村推广成为全县首个抛秧示范村。1993年全乡推广。1995年6月25日，南屏乡周济村7组水稻抛秧高产示范方成为南通市农业生产典型，国务院副总理姜春云到此视察，给予较高评价，水稻抛秧技术延续至今。

工厂化育秧。2000年，南屏乡农技站根据省科委下达的重点科技推广项目，建成省首家工厂化育秧示范基地。育秧示范基地有五连栋温室700平方米，播种车间60平方米，育秧架15组，秧盘8000张，精量播种机一台，秧车四辆。育秧采用碎土机碎土，过筛后做营养土，泡沫板做托秧盘，经精量播种机一次性完成铺土、洒水、播

图5-5　水稻抛秧　　　　　　　　　（杨一秋/摄于90年代）

种、盖种四道工序，每小时可播600~1000张秧盘，然后用秧车送进大棚进入育秧架。经过自动喷水、人工调温、药剂化控、根外追肥等一系列科学管理措施，使秧苗生长达到抛秧的各项指标和要求。当年6月8日，南通市委书记周福元和市、县领导到南屏乡水稻工厂化育秧示范基地考察，对工厂化育秧这一科技项目予以高度评价，认为不仅可以为农户育秧节约土地和成本，也填补省内一项空白。

发展水稻机插秧。历史上秧苗移栽都是农民手工栽插，劳动强度相当大，从60年代中期开始引进水稻插秧机，有手动的、也有机动的，先后在南屏、隆政两乡试验示范，无论是哪一种插秧机，不同程度存在缺棵、漂秧现象，所需补助工较多，尽管机插与手插的产量大致相等，但农民难以接受，未能推广。大力推广水稻抛秧后，农机制造部门通过不断改进，机插秧得到普遍推广，产量不断提高，2010年城东镇拥有插秧机215台，机插秧面积2.8万亩。

3.产量：50年代，水稻亩产110公斤左右，60年代平均亩产170公斤左右，70年代平均亩产237公斤，80年代平均亩产380公斤。90年代后，向高产稳产发展，水稻亩产500公斤。2000年后，水稻亩产600多公斤。2011年，全镇水稻总产5.01万吨，平均亩产620公斤左右。

（三）玉米

1.品种：为秋熟旱粮主体作物。新中国成立前后农家玉米品种有“香园黄”“五叶儿”“八叶儿”“百日子”等，1959年后先后种植“安东白马牙”“东台1号”“康宁大白籽”“大金黄”“小金黄”等地方品种，1963—1965年种植杂交玉米，70年代种植“烟三10号”“丹玉6号”，80年代种植“皋单2号”，90年代种植“掖单13”。

2.栽培技术：1960年后夏玉米改种春玉米。70年代初，玉米棉花夹作，即麦子绿肥夹作，绿肥扣青种春玉米，麦子收获后移栽棉花，春玉米行旁套栽山芋，棉花行间套种绿肥，以及山芋收后种麦子等等，这种种植制度充分利用光温资源，提高复种指数、土壤肥力、玉米单产。

在种植方式上，玉米夏改春以后，主要是双行单株式，上行上线，稀中有密，既有利于行间套作，又有利于玉米后期通风透光，玉米小行距15~20厘米，大行距1~3米左右，因夹种作物和品种而异。

在田间管理上，推广应用看苗看田施肥技术，逐步做到施足基肥，追施拔节肥和重施穗肥（摆果肥）。

1980—2011年，播种方式为营养钵、散籽薄膜育苗和部分直播。1988—1990年着重推广春玉米钵育移栽规范化（模式化）栽培技术，在主攻壮苗早发，壮秆大穗等方面，取得较好的增产效果。

3.产量：50年代夏玉米亩产60~130公斤，90年代后玉米亩产400公斤以上，高产田块500公斤。

（四）蚕豆　新中国成立前后品种为农家土种。1965年后推广种植启东大白豆，后因该品种赤斑病较重，70年代后更换了抗病性相对较强的“启豆1号”。

蚕豆栽培技术：60年代、70年代以豆麦夹作和蚕豆纯作为主，80年代以十边隙地播种为主，部分麦田在畈边播挂墒蚕豆。

蚕豆播种一般在寒露前后五天，纯作适宜播量为20~26公斤，夹作和十边播种以每穴播4~5粒蚕豆为宜。

科学施肥。施好底肥，一般播前亩施磷肥15~20公斤，播后适当布灰作盖籽肥。追施花荚肥，一般亩施标准氮肥10~15公斤。

二、油　料

（一）油菜　品种单一，解放前后以白菜型油菜为主，品种为“立夏黄”。60年代逐步以甘兰型

图5-6 油菜花开 （孙宝峰/摄）

油菜为主，引进“胜利油菜”。70年代引进种植“军农1号”，后被“宁油7号”所代替。80年代中后期引种“中油82-1”，后引进“秦油2号”双低（低硫低芥酸）杂交品种。2006年当家品种为“秦油8号”“油盐5号”“秦优7号”“秦优10号”。

油菜主要栽培技术：

1.培育壮苗。选择土质较好、灌溉方便的菜园隙地为育苗基地，适期播种，白菜型品种于9月20—25日播种。甘蓝型品种于9月15—20日播种，适量稀播。纯作的偏高，一般亩播0.75~1公斤，间种的则较稀。播种后进行一次间苗，一次追肥，一次治虫。遇干旱天气浇水抗旱。3~5叶及时喷施矮苗壮。

2.提高移栽质量。大田移栽前施粪肥、化肥，特别是增施磷肥。一般10月底11月初移栽，立冬前后移栽结束。80年代前移栽田块，耕翻1~2次，80年代开始推广板茬开沟少（免）耕栽菜法。80年代末推广朝阳沟移栽技术，移栽密度：纯作田白菜型品种每亩2万~2.2万株，甘蓝型品种1.5万~1.8万株。

3.加强栽后管理。冬季追施腊肥每亩10~20担，或杂灰肥15担左右，春季清沟理墒降渍，因苗追施抽苔肥或临花肥，搞好花期喷药喷肥（硼肥）防病工作，平均亩产238公斤。

（二）花生 全区域以夏播花生为主，河南高沙土地区种植较多，种植方式以纯作为主，部分地方玉米田内夹作，70年代有的与棉花间作，以后都只有零星种植，花生品种有“小油果”“小麻壳”等。

花生主要栽培技术。争齐苗保密度，纯作花生，亩播6000~10000株。抓松土除杂草。适量施肥、增施磷肥。开沟排水，降低渍害。适时用药防治地下害虫。

（三）黄豆 50年代农家品种主要有“旱鸟豆”“羊子眼”（花脸）“颜色豆”等。60年代引种“稻熟黄”，80年代引种“通豆1号”。此外，先后引进“关青豆”“苏豆1号”“夏75”等。长期以来，种植黄豆以夏大豆为主，1983年推广水稻田埂豆。

大豆主要栽培技术。推广“五改”技术。改过去密种植为合理密植，过去每穴播5~6粒，个别的为7~9粒，个体发育不良，单株结荚和饱粒少、产量低，改为合理的株行距，每穴2~3苗，不超过4苗，亩密度1.5万~1.8万株。改不施肥为施用磷肥或复合肥，看苗看田追施花荚肥。改纯作为大组合间作、中小组合间作。改播后不管理为及时管理。改土劣种为选用良种。

三、棉　花

80年代前，棉花是农村种植的主要经济作物。棉花田适宜水旱分开，集中连片种植。60—80年代初，种棉为麦棉一年两熟制、稻棉轮作制。种植方式先后经历过麦田套棉、留茬直播，棉花营养钵薄膜育苗，麦田留茬套栽、麦后育苗移栽。棉花品种新中国成立前后种植“小洋花”，产量低、品质差，之后先后引进推广“岱子棉15号”“86-1”“盐棉48”“苏棉3号”。1983年，海安根据各地土质状况，在通扬运河以南实行种植计划调整，开始缩棉扩桑，进而实行棉改桑，使这些地区粮食增产、蚕茧丰收，经济效益提高，农民收入增加。联产承包之后，城东区域不再种植棉花。

棉花主要栽培技术：

1.“争五苗”（早、全、壮、齐、匀）。70年代前麦田留茬直播棉争“五苗”主要措施：播前准备、晒种拣种、药剂拌种、切边整茬、精细整地、熟化土壤。对稻棉轮作的冷、板、瘦茬口采取冬翻冻土、春翻晒土、拌肥培土。提高播种质量，采取浅沟毛底、湿沟湿籽、脊盖拍实、雨后破土，促使一播全苗。苗期加强培管，进行麦收前“五抢”：抢查苗补缺、抢松土锄草、抢间苗补苗、抢喷药防病、抢扶茬争光；后“五抢”：抢追施苗肥、抢间苗定苗、抢防病治虫、抢松土灭茬、抢挖排水沟。70年代后，营养钵薄膜育苗移栽争“五苗”主要措施是苗床要抬高床位，留足床地，土熟肥足，精制大钵，抓住3月下旬冷尾暖头播种，播时要浇足钵水，一钵两籽，均匀盖土，覆盖薄膜。播后加强苗床管理，保温育苗，调温促壮，移前搬钵蹲苗，揭膜炼苗。麦后移栽，采取板茬抽槽，打洞移栽，浇足团结水，施好醒棵肥，促使早醒快发。

2.沟系配套。60年代后期，重视挖好棉田一套沟，坚持深沟高垄栽培，保证田内“三沟”（墒沟、腰沟、横头沟）畅通，达到一块棉田，两头出水，“三沟”配套，四边脱空的标准。在棉田与稻田搭界处深挖隔水沟，确保旱涝棉花丰收，解决棉花旱丰水欠问题。

3.合理密植。在棉花直播时期，每亩密度要求4500~5500株，实收密度只有4000~5000株。1974年推广“高（密度）、早（打顶）、精（整枝）”栽培技术时，亩平均密度高达6000株，在营养钵育苗时期，采取拉绳等距移栽，每亩密度4000~4500株，实收密度只有3500~4000株。

4.肥水运筹。棉花留茬直播时期，播种前以埋青作基肥，播时施水粪，苗期施粪水，盛蕾至初花期施有机肥作当家肥，中后期重施花铃肥，看苗轻施盖顶肥。采取“四看”施肥法，施好花铃肥，即：看单株结桃为前提，看叶色褪淡为依据，看地力大小作调整，看天气情况争主动。营养钵育苗移栽时期，要求苗床施足基肥争壮苗，移栽时施好醒棵肥促早发，蕾期严格控肥促稳长，看准火候重施花铃肥，看苗施好盖顶肥争桃多桃大。

棉花栽培方式上，1968年在南屏乡凤凰一队（今泰宁村8组）进行过稻棉夹作试验。城东境域各公社，由于土壤属沙性，棉花易早衰，平均亩产皮棉50公斤。

四、耕作制度

新中国成立前，境域沿袭一年一熟的耕作制度，少数地方有粮棉或稻麦两熟，但耕作粗放，产量低而不稳。新中国成立后，因地制宜，改革耕作制度，1956年实行“旱改水”“籼改粳”，粮食产量大幅度上升。

60年代末70年代初，采取提高复种指数，发展三熟制，扩种后季稻，粮棉夹作等新的耕作措施。南屏乡大胆改革熟制，提出“四个百分之一百”，即百分之百早熟三号麦，百分之百早稻薄膜育秧，百分之百棉花育苗移栽，百分之百后季稻，取得显著增产效果。

70年代后，随着三熟制后季稻的发展，片面追求农作物产量，过多地提高复种指数，上下熟交替，争季节、争劳力、争肥料（简称“三争”）矛盾日益突出，粗耕粗种，重用轻养，形成养用失调的掠夺式经营。由于土壤淹水时间长，理化性状受到破坏，形成冷僵板瘦渍害重，加之三熟制后季稻因季节推迟，易受寒潮袭击，产量不高不稳，群众反映说：“三三得九，不如二五得十。”于是，根据气候特点，合理利用自然资源，提高农业生产水平和经济效益，提出“缩小三熟制，扩大两熟制”做法，既提高粮食产量，又错开农时季节，解决“三争”矛盾。这样有利于茬口安排，实行水旱轮作，协调养地与用地的关系。此后，麦稻两熟成为境域主要种植模式。原南屏乡属河南高沙土地区，土质较沙，耕层较浅，土壤肥力低下，棉花易发易衰，产量低而不稳，且品质较差，1982年后实行缩棉扩桑和棉改桑布局改革，蚕桑生产成为农业生产支柱产业。2001年，全镇实行“一缩三扩”（缩小麦种植面积，扩大湖桑、蔬菜、油料种植面积）。

1959年4—5月，境域进行第一次土壤普查。1983年第二次土壤普查。通过普查评土，对境域土类、土种有了大体划分。河南片主要是缠土、灰沙土、沙土、碱荡土、沙码儿土。河北片主要是缠僵土、红沙土、白沙土、鸭屎土、碱塘田土。1958年“大跃进”，大搞深耕，所谓“深耕不达一尺五，种子坚决不下土”，以图提高耕作层，促进作物根系生长。结果，适得其反，深层的冷、板、瘦结土层，翻上来以后，反而对作物生长带来负面影响。60—80年代扩种绿肥、放养“三水一萍”（即水浮莲、水胡芦、水花生、绿萍）发展养猪养羊，车沟取肥泥，积造自然肥，大搞草塘泥，充分施用优质有机肥，改变土壤结构，提高土壤肥力，增加粮食产量。同时实行“三改”：改单施农家肥为增施化肥；改施单一氮素肥料为多元素复合肥料；改传统的化肥面施为深施、点施、底施。90年代后，推广测土配方施肥技术，对境域每个村组土壤结构逐年取样分析，根据不同区域土壤养分含量和种植作物需肥要求，提出施肥配方建议。

1973年，各乡在农技站增配植保员，抓好病虫预测预报，通过举行广播专题讲座，印发病虫防治资料，召开现场会等开展培训。1989—1995年，植保专业队开展为民代治服务，植保机械由手动喷雾器发展为机动喷雾器，很受群众欢迎。1990年，南屏农技站申报的“加强机动喷雾机使用管理，努力提高为农服务水平”课题获县政府科技成果奖三等奖。1995年南屏乡有机动喷雾机156台，组织专业防治队伍208人。

第五节 畜牧业

一、家畜

（一）猪

品种 城东镇的猪种有姜曲海、梅山猪、二花脸、中型约克、长白、大约克等。1993—1996年，饲养母猪主要为梅山猪、二花脸，另有少量姜曲海，商品猪为二元杂交猪。1997年，开始推广以地方品种为母本（姜曲海、梅山猪、二花脸）、以外来公猪为父本（长白、大约克）生产二元杂交母猪，逐步实施商品猪三元杂交化。2002年10月，城东镇被县政府列为三元商品瘦肉猪生产基地。

饲养 一般农户圈存1~3头猪为常见，历史上农家养猪是煮食和水喂。1955年，集体养猪开始发展。饲料以谷物、油饼、糠麸搭配青绿饲料为主。1957年引进水浮莲、水葫芦，1958年引进糖甜菜，1960年、1967年和1972年引进大批水花生，1970年引进大头菜。1973年，政府组织发动群众喂猪饲料以粗代精、以青代精，总结推广立发公社向东大队十一生产队亩产“千斤粮、万斤饲”套夹种经验。农业合作社至1980年前，境域生猪饲养以集体为主，每个生产队都有养猪场，一般存栏100头左右，以饲喂青绿饲料为主，补饲一些农副产品，饲养周期长，多在10月龄以上才能出栏。改革开放后，农户养猪发展很快，油坊头、葛港、品建、立发桥、陵园等村几乎家家养猪，形成以油坊头为中心的育猪之乡。农民购买刚断奶的小猪，饲喂优质饲料，培育到体重30~40公斤出售。其中陵园村五组有百头猪场，成为全县多种经营的样板。1990年前，生猪饲养比较粗放，农户以青绿饲料为主，添加少量精料和农副产品进行饲喂，1990年后，养猪户采用舍饲圈养，推广使用配合饲料、添加剂，鼓励使用预混料、自配全价饲料。21世纪后，逐步实现规模养殖，出现千头猪场。2007年，城东镇畜牧兽医站协助做好能繁母猪登记、补助发放和保险工作，按每头贴补50元标准，全镇能繁母猪补贴2200头，能繁母猪保险投保率100%。2008年继续实施能繁母猪补贴，每头补贴100元。继全面实施能繁母猪补贴及保险政策之后，2008年11月，县政府与华农财产保险公司签订生猪保险联办共保协议，海安成为省政府批准立项的第一批生猪保险试点县之一。每头生猪保费20元，政府财政补贴12元，农户缴纳8元。城东镇每年参保生猪3万头左右。2011年末存栏生猪6.93万头。

（二）羊

品种 1998年前饲养的羊品种是本地白山羊，其适应性强，对饲料要求低，生长速度慢，体型小，一般春天繁殖的羔羊养至年底体重仅15~20公斤。1998年5月，县引进8只波尔种公羊开展杂交改良。2002年，城东镇从陕西引进萨能种公羊2只，安排在镇敬老院饲养，并对全镇山羊进行杂交改良。2011年饲养的羊多为杂交商品羊，以波杂为主，日增重150~250克。

饲养 1993年前多为农户拴养，饲喂青杂草、干草、少量的秸秆，补喂少量猪食。1993年后，随着畜牧业结构调整，大力发展草食动物，实施养羊项目，养羊大户和规模羊场实行高架饲养，利用秸秆和牧草、添加一定量的配合饲料饲喂。1999年，引进种植冬麦70黑麦、串叶松香草、多花黑麦草、菊苣及白三叶等牧草，开展种草养羊。2003年3月，镇机关干部开展结对帮扶活

图5-7 秸秆养羊 （杨一秋/摄于2010年9月）

动，每人捐资200元，用1.22万元采购睢宁良种山羊赠送给64户特困户饲养，为解决繁殖和配种问题，在南屏敬老院设立种羊场。2008年，镇机关干部购买波杂一代羊100多只，赠送给特困家庭饲养，由镇畜牧兽医站实行专人跟踪服务。是年，实施国家级秸秆养羊示范县项目，境域创办多个规模养羊场。陈鹏办起海安县美满山羊养殖场，采用工厂化养殖技术，规模化集约化饲养，饲喂全价颗粒饲料，年饲养山羊2800头，是全县第一个养殖成功且经济效益显著的千头羊场，随后在刘缺、葛家桥等村办起多个千头羊场。2011年末，全镇存栏山羊10.66万头。

（三）牛

品种 60年代前，饲养海子水牛、本地黄牛，主要用于农田作业。1959年，县种畜场引进黑白花奶牛，在南屏公社进行牛人工授精试点工作。1964年，南屏公社成立耕牛配种站。后来主要饲养黑白花奶牛，另有部分海子水牛、黄牛。

饲养 1956年前，农家养牛主要以耕作、戽水为主，农闲辅以油、糟、粉坊拉磨。成立农业合作社后，所有耕牛均作价入社。水牛主食为稻草，黄牛主食为玉米秸，严寒季节加喂豆饼、棉仁饼。小满至霜降为放青期，多至田埂、河边放牧，有时补喂干草，夏季设汪塘，水牛打汪防蚊蝇，黄牛则靠熏烟驱赶蚊虫。后因农田作业以机械化为主，作为耕牛用的海子水牛和黄牛饲养数量越来越少，到2008年城东镇仅存5头。由于消费观念改变和生活水平提高，牛奶需要量增加，奶牛的饲养数量有所增多。2005年，韩海平创办奶牛饲养场，饲养黑白花奶牛40头。2008年后，戚庄村洪氏牧业公司创办，饲养奶牛近200头。2011年，全镇耕牛无农户饲养，有奶牛场2个，饲养奶牛250头。

图5-8 戚庄村奶牛场 （孙宝峰/摄）

（四）兔

历史上民间饲养均为白色菜兔。1970年城东境域内农户开始饲养西德长毛兔，另有少量肉兔。1992年，立发兽医站引进德系安哥拉兔。兔主要笼养、散养，户主要饲喂青草、菜叶、胡萝卜等青饲料，同时补饲玉米、小麦、麸皮、豆饼等精料，少数规模养兔户采用全价颗粒饲料饲喂。成年长毛兔每隔70~80天剪毛一次，产毛量60~75克，平均年产毛量300~370克，多的500克以上。1990年，立发兽医站在全县率先创办起种兔场，为农户提供优质苗兔，促进养兔业迅速发展。2011年末，全镇兔存栏1.95万只。

二、家 禽

（一）鸡

品种 1983年前，农民养鸡多为草鸡、本地黄鸡，引进品种有来航鸡、芦花鸡、洛岛红蛋鸡，星波罗肉鸡。1983年后，相继引进罗斯、伊沙、迪卡、罗曼褐壳蛋鸡、海兰、京红一号等蛋鸡，AA、艾维因、罗斯308、哈伯德等肉鸡。2003年，城东镇开始养殖北农大蛋鸡和农大3号节粮小型蛋鸡。

饲养 农户养鸡，历来多为散养。60年代末为避免家禽糟蹋农作物，推广圈养鸡。70年代后，随着肉用仔鸡饲养业发展，开始集体养鸡。肉鸡

图5-9 戚庄村养鸡场 （孙宝峰/摄）

多为平养，蛋鸡多为平养式高床平养。80年代后，少部分养殖场（户）开始采用笼养。1992年开始，加强饲养方式改进和先进技术推广，大力提倡笼养鸡，推行适度规模饲养，全面普及配合饲料全价化，鼓励使用预混料、自配料、全价料，同时在政策上及时解决规模养殖申请临时用地问题。1998年，零散养鸡户减少，适度规模饲养户基本稳定。是年，南屏乡粮站职工张俊停薪留职，投资35万元，租用兽医站闲置猪舍，新建鸡舍1800平方米，饲养蛋鸡1.25万羽，日产蛋450公斤，年创利20万元。葛港村8组村民陈志银， 1990年开始养鸡，1999年发展为万羽鸡场，在他带动下，8组发展养鸡户20多个，饲养量7万羽，年收入60多万元。 2002年4月中旬，城东镇南通丁氏家禽发展有限公司使用自动电脑模糊控制孵箱，被公布为第二批“甲级孵禽企业”，年销往山东、河南、江西等外省、市的苗禽总量300万羽以上。2007年7月，江苏贤鹏实业有限公司40万羽蛋鸡养殖项目在韩徐村开工建设。2011年，全镇家禽上市349万羽，年末家禽存栏323万羽。

（二）鸭

农民传统饲养的鸭品种有高邮鸭、土产台鸭，1982年后逐步引进康贝尔、樱桃谷肉用鸭、樱桃谷蛋用鸭、绍鸭、巴巴黎等。1993年后，农村散养鸭主要是蛋肉兼用的高邮鸭，采用在家前屋后放养和圈养方式，补饲谷物（玉米、小麦等）和农副产品（麸皮、米糠等），少数养鸭户饲喂配合料。2007年，南通金旺农业开发有限公司从海门和吴江调入狄高和樱桃谷肉用苗鸭，放给养鸭场和农户饲养，饲养22~26天，体重1.8~1.9 公斤后由公司回收加工。规模肉用鸭养殖场（户）大多采用大棚高架饲养，也有用鸡舍改建成鸭舍的，肉鸭饲喂全价配合饲料，养殖场主要集中在葛家桥、油坊头等村。随着工业经济的发展，进入21世纪，境域养鸭农户逐渐减少，2011年仍有少量散户饲养。

（三）鹅

饲养品种主要是太湖鹅，大多数采用放养，只在晚上回家时补饲少量谷物（玉米、小麦、稻谷等）或加工副产品（麸皮、米糠等），部分农户补喂配合料。2000年，韩洋乡等地出现500羽以上的规模养鹅大户。2001年后，境域土地不断被开发和利用，农户不再规模养鹅。

（四）鹌鹑

境域饲养的鹌鹑以蛋用为主，笼养，饲喂全价配合饲料。饲料营养要求粗蛋白22%~24%，每公斤代谢能8.915~9.552兆焦。鹌鹑采用人工孵化繁殖，在正常饲养管理条件下，公鹌鹑在35日龄左右上市作肉用（除留作种用外），体重在110克以上，母鹌鹑在40~45日龄开始产蛋，50日龄产蛋达50%，蛋壳有褐色或紫绿色斑块，年产蛋280~300个。堑南村饲养农户较多。随着工业的发展，农户饲养逐渐减少。

（五）鸽

鸽饲养主要以肉用鸽为主，原有的草鸽因体型小、生长速度慢，数量越来越少，鸽子放飞饲养已很少，以笼养为主。鸽子配对交配，母鸽每一周期产两个蛋，孵化与育雏由公鸽与母鸽轮流担任，孵化期17~18天。育雏期间雏鸽喂以嗉囊内的糜状物，称为鸽乳。鸽子饲料以粒状为主，饲料以玉米、小麦、蚕豆、豌豆、菜籽、稻谷等为主，另补喂保健沙（由沙子、微量元素、保健药等配成）。2010年，城东镇鸽存栏0.66万羽，主要集中在油坊头、堑南等村。

三、疫病防治

主要疾病 新中国成立前境域畜禽主要传染病有16种，1993年前发生过43种主要畜禽疾病。牛病有结核病、日本血吸虫病、破伤风、流行性感冒、恶性卡他热、尿石症。猪病有口蹄疫、猪瘟、弓形虫病、传染性胃肠炎、链球菌病、猪丹毒、气喘病、破伤风、水肿病、仔猪白痢、仔猪黄痢、姜片吸虫病、蛔虫病、肺丝虫病、猪红皮病。禽病有鸡新城疫、禽霍乱、马立克氏病、鸡传染性法氏囊病、鸡白痢、鸭瘟、鸡球虫病、传染性支气管炎、传染性喉气管炎、禽曲霉菌病、禽霉形体病、盲肠肝炎、减蛋综合征等。兔病有兔瘟、兔螺旋体病、兔球虫病、兔疥癣、A型魏氏梭菌病、巴氏杆菌病。危害较大的中毒病有棉菜饼中毒、农药中毒、亚硝酸盐中毒、山芋黑斑病中毒、猪食盐中毒等。1993—2008年，新发生的主要畜禽疾病中有猪高致病性蓝耳病、猪高热病、伪狂犬病、附红细胞体病、圆环病毒病；禽病有禽流感、传染性脑脊髓炎、鸡成红细胞白血病。

疾病控制 50年代为春秋两季突击防疫；60年代为突击防疫与市场防疫相结合，每年春、夏、秋三季防疫；70年代春秋两季防疫、补疫和市场防疫相结合；80年代为常年防疫，1985年后推广“猪鸡（两瘟一病）免疫新程序”。1998年前，境域继续推行和完善生猪“无病包防、有病包治、死亡包赔”的技术承包责任制，推广“两瘟一病”免疫程序和防、检、治相结合的综合防治措施，帮助规模养殖户免疫监测多种禽病，制定家禽免疫程序，实行生物制品专供。1996年在江苏省率先使用疫苗预防猪口蹄疫，1996—1998年猪口蹄疫防疫密度在85%以上，有效地控制了该疫病发生。1997年，在鸡群中发生以呼吸困难和咯出血样渗出物为主要临床特征的鸡传染性喉气管炎，经消毒灭源和紧急接种，疫情得到控制。1998年7月，镇与邻近县（市）交界村组发生猪链球菌突发性疫情，至8月底，疫情波及16个村、200多户，发病猪626头，死亡453头，该病确诊为兰氏Q群链球菌病，后采取封锁、深埋、紧急免疫、广泛消毒等综合措施，紧急接种猪链球菌苗4.7万头次，消毒56万平方米，同年9月解除封锁，恢复生猪及其产品流通。1999年，全面推广猪、鸡免疫新程序，开展生猪链球菌疫苗和“口蹄疫”疫苗冬春两次普防。2002年，猪瘟、猪丹毒二联苗和猪口蹄疫病实行常年防疫，积极推行动物免疫标识管理制度，邀请高校、科研院所专家教授，技术人员到油坊头、堑南、农林、葛家桥等村举办专题培训讲座，培训规模大户3000余人次，印发畜禽疫病防治技术问答及蛋鸡参考免疫程序等技术资料1.5万余份。2003年，发生以产蛋下降为主要症状的禽病，经过流行病学调查与实验室诊断，初诊为非典型H9亚型禽流感，通过抗体监测未发病鸡群，对抗体水平低的鸡群及时补免疫苗，使产蛋鸡群保持H9高抗体水平，控制鸡群发病。2004年初，城东镇按照“一户一告知、一户一检查、一户一承诺、一户一登记”的“四个一”要求，狠抓基础免疫、消毒灭源、疫情监控、检查督促等内防外堵关键措施的落实到位，阻击高致病性禽流感流行。6—7月开展高温季节消毒灭源行动，10—12月开展动物防疫“百日会战”行动，有效地控制猪口蹄疫病等重大动物疫病发生。2004年猪瘟、猪丹毒二联苗防疫密度确保在98%以上，猪口蹄疫病、鸡新城疫、高致病性禽流感、马立克氏病应防密度均100%。同年春，部分生猪发生以皮肤出现明显凸起丘疹和以长期顽固性泻痢为主疾病，确诊为生猪圆环病毒病，针对典型病例采取相应控制措施，并针对该病特点，进行一些防治方法研究。同年夏季，先后发生以高热不退、皮肤发红为主要特征的生猪“高热病”，部分发病猪同时并发猪瘟、圆环病毒病、猪链球菌病、猪巴氏杆菌病、猪丹毒、附红细胞体病等疾病，采取疫情监测、全面实施消毒灭源以及强化生猪屠宰管理，组织肉品市场检查，规范检疫检验工作，严厉打击屠宰、加工、贩运、销售、食用病死猪等行为，最终全面控制疫情。2005年11月，城东镇成立高致病性禽流感防治指挥部，启动高致病性禽流感应急预案。按照“一手抓防控，一手抓生产”总体原则，强化基础免疫和消毒灭源，200羽以上的规模养禽和散养家禽的防疫密度均达100%。2008年12月9日，江苏省动物疫病预防控制中心在对城东镇饲养的蛋鸡中检测到H5N1禽流感病原学阳性样品，对发现有病情的鸡群采取扑杀、深埋措施，设置消毒监控点16个，鸡群紧急免疫接种H5N1Re-5株、Re-4二价苗，首免使用疫苗85.5万毫升，防疫家禽162.2万羽，至12月5日首免密度100%；二免使用疫苗74.5万毫升，防疫家禽143.6万羽，至12月28日二免应防密度100%，使用消毒药3.2吨。此次疫情造成城东镇直接经济损失1220万元。2011年，全镇重大动物疫病防控工作，坚持常年防疫和突击防疫相结合，按照镇不漏村、村不漏组、组不漏户、户不漏畜禽的要求，确保免疫度和免疫质量达到规定要求。

第六节　蚕桑业

一、桑　园

解放前农户就有栽桑养蚕习惯。1952年，南阳等乡组织173户建合作桑园23.8亩。1960年1月，境域利用栟茶运河、新生河、立公河等河堤栽植乔木桑。60年代后期，为不占用大田栽桑，县提出利用河堤、圩堤、渠道、路边及田埂栽桑。1968年冬在南屏公社胜利大队河堤上搞点放样召开现场会后，栟茶运河等河堤很快实现桑园化，继而出现立发公社界墩1队河堤桑、新华大队渠道桑等典型单位，并被上级媒体报道。1975—1978年，结合农田方整化，逐步将零星分散的十边桑改造为成片成带、能灌能排的大桑园。境域桑树栽培从新中国成立后经历由本桑到湖桑，由零星“三堤一边桑”到成片成带桑，由稀植到密植和由中高干到低干桑，由一年育苗、二年嫁接、三年栽植、四年成园到“一步成园”的发展过程。2001年后，城东镇是县蚕桑生产大镇之一，是江新蚕品种农村鉴定基地、市优质农副产品蚕茧基地、县蚕桑生产科技示范区，连续多年获得“海安县蚕桑生产先进单位”称号。其中，2004年获得“海安县蚕桑生产规模第一镇”称号。2004—2009年，城东镇累计投产桑园面积11.7万亩，蚕茧总产量1.56万吨，蚕茧总收入3.66亿元，平均每亩桑园蚕茧收入3000多元。其中，2006年，全镇1.92万亩桑园，蚕茧收入1.01亿元，每亩桑园蚕茧收入5200多元，创历史最高水平。2011年西场镇并入后，城东镇桑园面积2.2万亩。

图5-10　蚕桑技术人员田间指导　（蚕桑站/提供）

桑树品种　全镇桑树品种主要有湖桑32号、育71-1、农桑系列、育151、育2号、7307等。经过多年的品种更新换代，育71-1湖桑品种已代替湖桑32号成为当家品种，占据全镇桑园总面积90%以上；其次是湖桑32号，占9%左右。育71-1桑，叶色深，叶肉厚，产叶量高，叶质优良，单位面积产叶量与湖桑32号相比提高20%~30%，缺点是对细菌性病害抗性较弱。

桑园更新　桑园插花田通过多年填平补齐、老桑更新等措施，逐步形成连片种植。2004—2009年，填平补齐更新老桑1.04万多亩。其中，2004年，宁启铁路海安段绿色通道建设工程中，桑树被列为绿化内容达到当年成园投产的目的，城东镇宁启铁路两侧绿化栽桑面积226.5亩。

蚕业基地　1989年4月，省农林厅为提高长江流域蚕桑生产和优质原料茧产量，进行综合养蚕试验，将南屏乡周济村和高庄村作为试验攻关点，从栽桑—养蚕—售茧的每一环节上进行一整套课题研究，每年都有比较成熟的具有指导作用的科研成果向全省推广。南屏乡农户也从栽桑养蚕中获得可观的经济效益。全乡桑园面积5600亩。1998年发种1.99万张，1999年发种1.88万张，两年产茧150万公斤，产值2280万元。县政府、县多管局先后在南屏乡周济村和高庄村召开桑园管理、桑园夹种和省力化养蚕新技术现场会。1999年南屏乡被市列为蚕桑生产和优质原料茧基地。4月15日，南屏乡举行纪念蚕桑攻关10周年活动，特邀参加纪念活动的有省农林厅原厅长朱竹雯、省农林厅蚕桑处原处长陈瑞兵、省农林厅蚕桑高级工程师孙兆钰、南通市蚕桑站站长周明佳和海安县多管局副局长崔世民、县多管局原局长陈国安、县蚕桑站高级工程师汤传根等人。2002年，城东镇南屏村北片桑园示范方在全县千亩桑园高产示范方评比竞赛中获二等奖，多次接待日本及省内外专家考察参观。当年7月，为省资源开发局提供会议现场。

2004—2005年，城东镇建设海安县第一个万亩优质蚕茧示范基地，其核心位于葛家桥村，连片桑园面积1500亩，总投资150万元，形成桑园内主干道黑色化、排灌沟系硬质化、桑蚕品种优良化、养蚕技术省力化的高效规模蚕业基地。在葛家桥村3~6组建设1个千亩桑园示范区，在韩徐村8组、洋蛮河村4~5组、三丰村24组建设3个百亩优质高产高效桑园示范方。

2006年，南屏、新生片建设1个万亩桑园示范方，在南屏村建成1个千亩桑园；韩洋村8组、9组和洋蛮河村4组、5组建成两个百亩桑园。

2007年，全镇实施高效规模蚕业一村一品蚕桑特色村建设和万千百工程，在葛家桥村建成一村一品蚕桑特色村和万亩示范区；在韩洋村建成1个千亩示范区，在农林村5组、民桥村2~3组、南屏村18~22组建成3个百亩示范区。

桑园综合利用　为提高桑园综合效益，全镇充分发挥城郊优势，积极指导蚕农搞好秋冬桑园夹种。利用桑园冬闲夹种青菜、大蒜、榨菜等蔬菜，供应城镇农贸市场，提高桑园综合效益。

二、养　蚕

（一）品种　新中国成立前，农民养蚕均系自留土种，产量低、丝质差。解放初至50年代中期，淘汰土种推广杂交良种。50年代后期，普及杂交良种蚕，由县蚕桑指导部门按期配发。60—70年代推广优良的苏16×苏17、东吧×华合等，80—90年代以苏5×苏6为当家品种，还有中新1号×日新1号等。

1990年建立中日蚕茧技术交流点。1993—1995年，列为原蚕制种基地，3年饲养原蚕种近1万张，制蚕种120万张，农户增加效益100多万元。从1996年中秋蚕到1997年春蚕，南屏乡先后饲养省蚕种管理所下达的中试新品种8对、16个品种，累计发种2.4万张。据测产，张产蚕茧平均47~50公斤。2000年，南屏乡被市政府评为“优质原料茧基地”。被省蚕种公司定为江苏省家蚕新品种农村试养鉴定点，承担的中日协作家蚕5对新品种试养鉴定工作圆满成功。被南通市政府评为优秀农副产品（蚕茧）基地。

图5-11　蚕茧收购　　（孙宝峰/摄于2006年6月）

2004年，春蚕饲养菁松×皓月蚕品种3.28万张；秋蚕饲养黄海×苏春蚕品种3.68万张，荧苏×荧晓蚕品种50张；晚秋饲养苏菊×明虎蚕品种3030张，菁松×皓月蚕品种70张。2005年，城东镇饲养黄海×苏春蚕品种2.08万张。2006—2009年，全部饲养菁松×皓月蚕品种。

城东镇是海安县新蚕品种试验示范基地之一，实施试验饲养新蚕品种。饲养的新蚕品种主要有荧苏×荧晓、原蚕、野三元蚕等。

（二）饲养　解放前，蚕农习惯一年只养一期春蚕。50年代初期，以春蚕为主，秋蚕为辅。50年代中期至60年代中期，由于养蚕期太多（7~10批），致使蚕病暴发，产量不高。1966年后，开始每年饲养春、夏、早秋、中秋、晚秋五批蚕，产量逐年提高。南屏乡是江苏省首批蚕茧总产超过50万公斤的4个乡镇之一。80年代，蚕茧总产和亩产茧量连续十多年居市、县首位。该乡承接过国家长江流域“七五”蚕茧攻关课题——“组合售茧、缫丝计价”。

1992年开始，试行养足春蚕，增养夏蚕，不养早秋，大养中秋的布局。

21世纪后，全镇养蚕布局根据县统一布局，主要为“两大期两小期”，两大期即春蚕和中秋蚕，约占全年饲养量的90%，两小期即夏蚕和晚秋蚕，约占全年饲养量的10%。其中，中秋蚕饲养量略高于春蚕，夏蚕饲养量逐年减少，晚秋蚕饲养量因茧丝绸行情起伏不定，约占全年饲养量的8%。2011年，全镇养蚕7.58万张，产茧2748吨，产值1072.8万元。

（三）桑蚕技术推广

小蚕饲育加温补湿器　90年代中期，小蚕饲育加温补湿得到推广。小蚕饲育加温补湿器，操作方便，适用性强，加温补湿快，控制性能好，省工节本，桑叶保鲜，饲养的蚕体健壮，高产优质。至2009年已推广2000多台，节能围帐500多顶。

五龄蚕斜面条桑育技术　五龄蚕斜面条桑育技术，就是春蚕、中秋蚕五龄期均不采片叶，直接剪伐条桑，利用条桑搭成斜面养蚕，每个劳力一般可承担4张种以上。运用该技术：节省蚕具投资，提高蚕室利用率；提高养蚕功效，减轻劳动强度；有利于桑叶保鲜，提高桑叶利用率；减少蚕病发生，提高蚕茧质量；有利于家庭适度规模经营，提高蚕桑现代化水平。

蔟具　50年代初，主要用稻草、麦秆做成的草把或草籽结上蔟。60年代推广蜈蚣蔟和折蔟。70年代初使用塑料折蔟。70年代中期至今推广方格蔟，推广应用率99%以上，少数使用草笼、塑料折蔟等。应用方格蔟后，茧行匀称，茧色洁白，上茧率高，解舒良好。

三、桑蚕病防治

境域的蚕病主要有家蚕病毒病、真菌病、细菌病，以及农药中毒和工业废气污染中毒等。

（一）蚕病防治　2004年中秋蚕饲养期间，部分村组因桑园治虫使用含菊酯类农药乐果，造成桑叶长期带毒。饲养的蚕种，两日孵化率98%以上，共育期间选用上部叶，蚕体质强健，大部分做到十天下三眠。但三龄下眠到四龄开叶期间使用中下部桑叶时，大面积发生农药中毒事故。后由于技术补救，蚕病得到有效控制，为广大蚕农及时挽回部分损失。

2005年春蚕，因长期干旱少雨，在砖瓦厂、废油桶加工厂等周围有化学因子污染源的地方，春蚕上蔟前出现不结茧或暴发蚕病，损失蚕近千张。

（二）桑病虫防治　城东镇是海安县桑病虫测报点之一，据多年普查，桑病虫主要是桑象虫、桑蓟马、红蜘蛛、桑无牛、桑尺蠖、桑毛虫、野虫、桑螟、桑蟥等10多种，桑树病主要有萎缩病、细菌病、芽枯病、紫纹羽病、赤锈病、白粉病等10多种，桑病虫防治主要贯彻节防为主、综合防治的方针。每次治虫前，蚕桑站印发技术资料，及时召开广播会，并召开村组干部会。做到“统一治虫时间、统一用药品种、统一防治方法、统一用药浓度”的集中治虫四统一。坚持药剂防治与人工捕捉相结合，蚕桑站人员分片包干负责。

2006年，由于气候因素影响，桑螟、桑尺蠖等害虫在部分地域高发。中秋蚕2龄期，南屏村15组、19组及开屏村14组桑螟暴发。针对特殊虫情，镇蚕桑站及时调查，了解蚕的发育进度，采取切实有效治虫措施，指导蚕农划片治虫，帮助蚕农调节桑叶，将损失降至最低限度，受灾地区的张产茧仍达30.2公斤。2007年，全镇暴发桑树虫害斜纹夜蛾。斜纹夜蛾是间歇性发生的杂食性、暴食性害虫，主要危害黄豆、山芋、扁豆、芋头等300多种植物，越冬存活基数极低，大部分虫源7—8月从南方迁来。由于斜纹夜蛾抗药性极强，且具有昼伏夜出以及假死性等特点，所以药剂防治很困难。针对此害虫的具体特性，广大蚕农采用人工捕捉方法防治，降低损失。

（三）工业污染、农业治虫与蚕桑安全　90年代初，境域内少数企业在工业生产中产生大量对蚕发育有害的化学因子。为控制蚕期工业污染中毒事故发生，每年春蚕和中秋蚕生产前，镇蚕桑站联合镇环保、企业管理等部门给全镇对蚕桑生产有影响的企业送达临时停火停产通知书，防止蚕中毒污染事故发生。2004年后，镇政府统筹协调水稻用药与中秋蚕饲养的矛盾，减少蚕期治虫次数，使用熏蒸能力弱的农药以及注意用药方法等措施，农药中毒现象减少。

第七节　林　　业

一、成片园圃

60—70年代，洋蛮河栽苹果、桃、梨树300多亩。1986年，南屏乡发展猕猴桃、无花果、石榴15亩。1990年2月。县政府与各乡镇政府签订绿化责任状。1991年9月，经省市林业部门检查验收，境域林木覆盖率占土地总面积的15.5%。是年，各乡镇在桑园中套栽银杏，少数农户在承包地发展苗圃，按市场需求，更新苗圃品种。90年代后，境域居民在家前屋后喜欢栽桃、柿、梨、枇杷、桔等果树。

二、“四旁”绿化

城东群众历来就有在宅旁、河旁、路旁、渠旁植树的习惯。新中国成立后，每年冬春开展植树造林活动。50—60年代初以苦楝、桑为主。60年代中后期以刺槐、泡桐为主。70年代以乔木桑、白榆为主。1982年，各公社相继建立绿化领导组，80年代以水杉、果树、意杨为主。90年代，喜植用材树、银杏树。2011年，全镇林木覆盖率占土地总面积的21.39%，林业产值416万元。

图5-12 河边绿化 （孙宝峰/摄）

三、道路绿化

境域公路绿化始于1960年，树种为加拿大杨、箭杆杨。60—70年代中期，国道、省道绿化苗木、经费均由交通部门负责，收益亦归交通部门。以后，为调动沿线农民管护积极性，树木收益由交通部门与农民分成。县道、乡镇道则由沿线乡镇组织农民购苗栽植和更新。1973年起逐渐更新为小叶杨，1980年起更新为意杨。1978—1980年，县公路管理站与国道、省道沿线大队、生产队签订树木管护合同，实行收益三七分成。1992年，204国道、202省道拓宽路面，经

图5-13 道路景观与绿化 （孙宝峰/摄）

有关部门批准，砍伐意杨，移栽水杉，后又建成绿化带，几种树种同时栽植。1993年后，随着城乡绿化造林和绿色通道建设水平的提高，先后引进女贞、香樟、蜀桧、黄杨等。2011年，城东境域道路绿化以银杏、女贞、香樟、蜀桧为主。

第八节 水产业

一、淡水捕捞

城东镇河道纵横，适宜多种淡水鱼类生长，盛产鱼、虾、蚌、螺，有鱼米之乡美称。境域农民素有捞鱼摸虾的习惯，渔具多数为丝网、扒网、笼网、拦网、圈网、拉网、簖、鳝笼等。

原南屏乡有11户渔民有驯养鱼鹰捕鱼习俗。鱼鹰，学名鸬鹚，俗称水老鸦。渔民们撑着鸦船，带着鱼鹰早出晚归，一天能捕到10多公斤鱼，机遇好时能捕到上百斤鱼。特别是进入冬天捕捞季节，十几条渔船上百只鱼鹰在水面捕鱼，引来两岸群众驻足观看，场面蔚为壮观。驯养鱼鹰捕鱼主要是家族式，当时南屏乡主要有油坊头村葛氏兄弟、济民村张氏兄弟、佘庄村钱氏兄弟和张氏三兄弟，一般都为祖传。80年代鼎盛时期，南屏乡有鱼鹰135只，鸦船15艘。由于驯养鱼鹰的技术性强、成本高、辛苦程度大，加上外河水面污染，渔业资源衰退，至2011年，这一具有观赏性的捕捞方法在城东镇已销声匿迹。

二、淡水养殖

2010年，城东镇有水面7000亩，其中可养殖水面6500亩。池塘水面除少数为天然池塘外，绝大多数因新长铁路、宁启铁路、沿海高速、江海高速等基础设施工程建设取土坑形成，池塘面积相对较大，且地处城郊，交通方便，适合发展休闲旅游渔业。2011年，全镇水产品总产量2287吨，其中养殖产量1743吨，渔业产值2454万元。

（一）鱼种培育 “大跃进”时期，原南屏公社在新桥大队利用天然池塘建设渔场，主要从湖北武汉购回长江天然鱼苗，培育成鱼种后放养，由于是天然鱼苗，受自然条件限制，且运输距离远，鱼苗成活率低，不能满足养殖需要。70年代，在大力发展多种经营号召下，为满足各乡水产养殖鱼种供应，除韩洋公社外，原南屏、立发、新生3公社均建有渔场，归各乡副业办公室管理。3个渔场有鱼种池12个，面积50亩，所用鱼苗都是县国营鱼种场生产的人工繁殖鱼苗，鱼苗成活率高，数量足，规格整齐，加上推广鱼种培育高产技术，3个渔场年生产“四大家鱼”（鲢鱼、青鱼、草鱼、鳙鱼）鱼种在2万公斤左右，基本上能满足境域养殖需要。2001年后，由于工业生产的发展，项目建设需要，南屏、立发渔场解散，鱼种池复垦成为工业用地，新生渔场也改制承包到个人，全镇水产养殖所需鱼种全部从外地调进。

图5-14 上湖家鱼饲养 （袁松程/摄）

（二）河沟养殖 大集体时期，水产养殖由各乡镇副业办公室牵头，各渔场负责实施，将辖区所属三级以上河沟建设拦护设施，投放鱼种养殖，提出“要充分利用河沟水面放满放足，不抛荒一寸水面”。对辖区内老通扬运河、栟茶运河，由当时海安区委牵头，组织海安镇渔民新村、南屏乡、立发乡和海安农科所4家单位参加的四社联养片，养殖范围是老通扬运河南到南屏乡葛桥六组段面，北到海安石灰厂、栟茶运河东到“五七”大桥，西到海安镇与仁桥乡交界处。此范围内有专门管理人员，年初由四单位出资投放鱼种，年终按照比例分配鱼货。家庭联产承包责任制以后，四社联养片由个人承包。1995年后，由于建设省级文明航道，取缔养殖设施，养殖方式由人工放养改为自然增殖。

2000—2005年，河沟水面由于长期被水花生覆盖，加上被废水污染，河道养殖一度处于低谷，河沟水面渔业资源严重衰退。2007年后，政府加大环境整治力度，特别是彻底清除水面覆盖物，改善河沟水面生态环境。同时，政府采取将河道环境综合整治与水面综合利用有机结合起来，最大限度地发挥河沟水面资源优势。新生、韩洋两村，对涉及的4条河沟，落实渔业承包管理合同，在渔业资源增殖放流上重点倾斜，2009年和2010年增殖放流“四大家鱼”鱼苗60万尾、河蟹苗16公斤、小龙虾苗50公斤、河蟹大眼幼体10公斤。城东镇外河渔业资源逐步恢复。

（三）池塘养殖 改革开放前，城东镇池塘养殖以传统养殖方式为主，品种单一，以养殖“四大家鱼”为主，主养品种为花白鲢，粗放粗养，每亩产量150公斤左右，效益低。改革开放后，大力推广池塘精养、套养技术，引进新品种，狠抓水面定权发证工作，落实渔业生产经营责任制，极大地调动农民养鱼积极性，水产品产量不断提高。1995年，南屏乡双鱼村6组在养鱼的基础上，进行池塘养殖罗氏沼虾试验，养殖面积10亩，产鲜虾110公斤，产值3300元，比单纯养鱼每亩水面提高产值330元。1998年，境域试验稻田和池塘养殖河蟹。2000年，试验池塘养殖青虾。2001年，城东镇与中洋集团合作，探索“公司+农户”养殖模式，池塘养殖彩虹鲷，取得较好经济效益。另外，在池塘养殖黑鱼、甲鱼，庭院养殖黄鳝等方面均有所尝试，并取得成功。

养殖品种结构上由传统的以养“肥水鱼”为主，改为以养“吃食鱼”为主，搭配和套养名、特、优、新品种，如异育银鲫、青虾、鳜鱼、翘嘴红鲌、河蟹等，提高池塘养殖产量和效益。2009年，城东镇淡水养殖面积2800亩，产量900吨。2010年有增氧机29台。2011年，全镇水产品总产量2287吨，产值2454万元。

三、渔技服务与渔政管理

人民公社化时期，各公社配备1名水产委员，一般是半脱产干部。1981年开始，境域副业办公室均配备渔技员（半脱产性质）。业务受县多种经营管理局指导。1991年，农技推广人员统一参加省招聘考试，渔技员享受国家事业人员待遇。2001年，城东镇有渔技员1名，由城东镇多种经营技术服务站领导，负责全镇渔业生产管理与技术指导工作。2004年，城东镇农业技术服务站有水产招聘技术人员3人，负责全镇渔业生产管理与技术指导。

各乡镇渔技员为兼职渔政员，协助县水产站、渔政执法大队依法开展渔政管理，主要开展渔业捕捞许可证、水域滩涂养殖使用证申请、发放，渔业资源增殖保护费征收，调处辖区内渔事纠纷、渔业违法案件以及渔业水域污染事故调处等。1999—2001年、2004—2008年，渔政管理负责人祝应平两次连续被县政府嘉奖，2009年被县政府记三等功。

第九节　特种养殖

一、蓝孔雀

境域饲养的孔雀是从云南引进的蓝孔雀，蛋肉兼用，还可供观赏和制作标本。2008年，韩徐村田正军在苏南地区做装潢生意时，朋友请他吃了一顿孔雀宴，于是萌生了养殖孔雀的念头。他用一个多月的时间学习养殖技术，申请野生保护动物驯养繁殖许可证等相关手续，投资20多万元引进一批孔雀，办起孔雀养殖场。后购买孵化机，实行自繁自养，2010年成立海安县富塬禽业专业合作社，建立网站，领取特种禽类驯养许可证，并逐步推广到周边镇饲养，存栏近万羽。

图5-15　韩徐村蓝孔雀养殖　（杨一秋/摄于2011年5月）

二、蜂

城东镇蜜蜂多为意蜂，养殖方式为定点养殖，将蜂箱固定在同一地方，全年不动，蜜蜂外出采蜜。该方法每箱年产蜂蜜50公斤左右，主要以油菜花蜜为主（占80%），另有少量刺槐蜜，每箱年产蜂王浆5公斤左右，蜂胶0.1~0.2公斤，每箱年利润500~800元左右。2011年，新生、洋蛮河有蜜蜂箱近百箱。

2008年，南通市追花蜂业有限公司生产的多种规格的蜂蜜、鲜王浆、花粉、蜂胶等“追花”牌蜂产品获江苏省第十届农业国际合作洽谈会“最具人气产品奖”。该公司以江淮平原为养蜂基地，实行“公司+农户”，户、工、贸为一体的产业化经营模式。2011年，公司有蜜蜂3000多群，签约蜂农1100多家，厂房4000多平方米，拥有先进的蜂蜜真空薄膜浓缩设备，超声波清洗设备，自动灌装、液相色谱和气相质谱等先进的检测设备，确保生产优质健康的蜂产品。

第十节　产业化经营

一、农业专业合作组织

80年代中期，境域开始建立农业专业合作组织。2002年，海安华润食品有限公司在上湖村建立，带动周边专业合作组织的建立。2003年，新生村3组建立宏润畜禽专业合作社，有社员203人（个），其中农民社员199人，团体社员4个，社员出资总额588万元。平时合作社对社员饲养的生猪平均以高于市场价每担15元收购，年末将盈余进行分配，确保成员利益最大化。合作社的生猪产量年年提高，带动周边地区养猪业发展，产品主要销往上海等大中城市超市。

2008年4月，海安上湖农产品专业合作社成立，注册成员1056个，其中团体成员1个、固定成员1055个，辐射农户8200多户，带动基地种植面积5.3万亩。2009年1月，专业合作社与德国麦咨达农业信息咨询有限公司合作，引进国际先进的农业规范管理模式，凭借全球农业规范化生产的成功经验，共同探索建立国内首个"农产品全程质量安全控制追溯体系"，实现农产品从种植到餐桌的全程质量安全控制可追溯。合作社对社员一律实行"一户一手册，一户一表一记录"，坚持"六统一"（统一水稻品种，统一用药品种，统一施肥配方，统一技术培训，统一收购加工，统一品牌销售），加快水稻新品种推广的速度，充分保证产品质量，成为华东地区大米打进德国麦德龙超市唯一生产单位。合作社先后被县委、县政府评为"四有"农民专业合作社、"五好"农民专业合作社示范社、南通市"十佳"合作社、江苏省"百强"合作社。2010年，被市委、市政府评为新型农民合作组织建设先进单位。

2011年，全镇拥有国家级农业龙头企业1家、省级3家，出口创汇企业2家、中外合资企业4家；省级以上无公害农产品10个，有机食品、绿色食品16个，鑫缘茧丝绸、丝乡丝绸、华润食品3个农产品先后"进军"北京奥运会、上海世博会、广州亚运会。

二、生态农业建设

2001年后，城东镇加强无公害水产品基地建设。2002年后，城东镇充分利用地处城郊区位优势，高品位、多功能规划建设休闲观光渔业基地。采取积极扶持政策，对所有鱼池采取公开招标方式，签订承包合同，鼓励民间资本投入，积极开发休闲观光旅游渔业。2007年，由南阳水产公司申报的"七星湖"牌草鱼、鳙鱼，通过农业部无公害水产品质量认证，无公害水产品养殖基地面积2000亩，并连续两年通过省级抽检。2008年，海安县蓉和怡心园投资5000万元建成的"农家乐"生态旅游项目，占地300亩。2002—2010年，城东镇先后建成界墩垂钓中心、五坝盛世山庄、立发农庄、开屏七星湖休闲娱乐广场等一批有影响的生态休闲渔业基地。

2011年，南通花中花园艺生态园、海安果之鲜生态农业园建立。其中，壮志村流转土地800亩，花中花园艺生态园总投资1.2亿元。一期工程用地220亩，其中景观花卉展示区4000平方米，办公楼1800平方米，生产用连温室大棚10栋（占地150亩），总投资2600万元。连栋大棚配备内遮阳、加热系统、湿帘、水处理系统、花卉播种机等高档设备。主要生产瓜叶菊、羽衣甘蓝、吊兰、蒲包花、报春花、天竺葵、花毛茛、矮牵牛、小丽花、长春花、彩叶草、朱顶红、菊花、一品红等草花盆花。二期工程在园区以东及南北两侧新扩园区内，主要种植油桃、樱桃等绿色食品，树下散养沂蒙山草鸡，产品销往上海、苏州等地。海安果之鲜生态农业园占地200亩，种植油桃、樱桃等绿色食品，并在果园内散养沂蒙山鸡，产品销往上海、苏州等地。是年，落户城东镇的种植、物流、观光三类园区企业有30家，总投资近6亿元。

第十一节　农具农机

一、传统农具

除草农具　主要有钩刀、铲锹、锄头。主体为铁制，上有铁库，用木柄、竹木柄铮上去，手握木柄，刀口除草。

图5-16　除草工具

收脱农具　主要有镰刀（弯刀子）、连枷、板锨、把钗、翻扒、拉扒、漏筛、淌筛、蔑筛、簸箕。收脱农具有的用铁、木制成，有的用木头打成，有的用竹编成，有的用石头洗成。碌碡和风箱只有种田大户家才有，小农户家一般不使用。

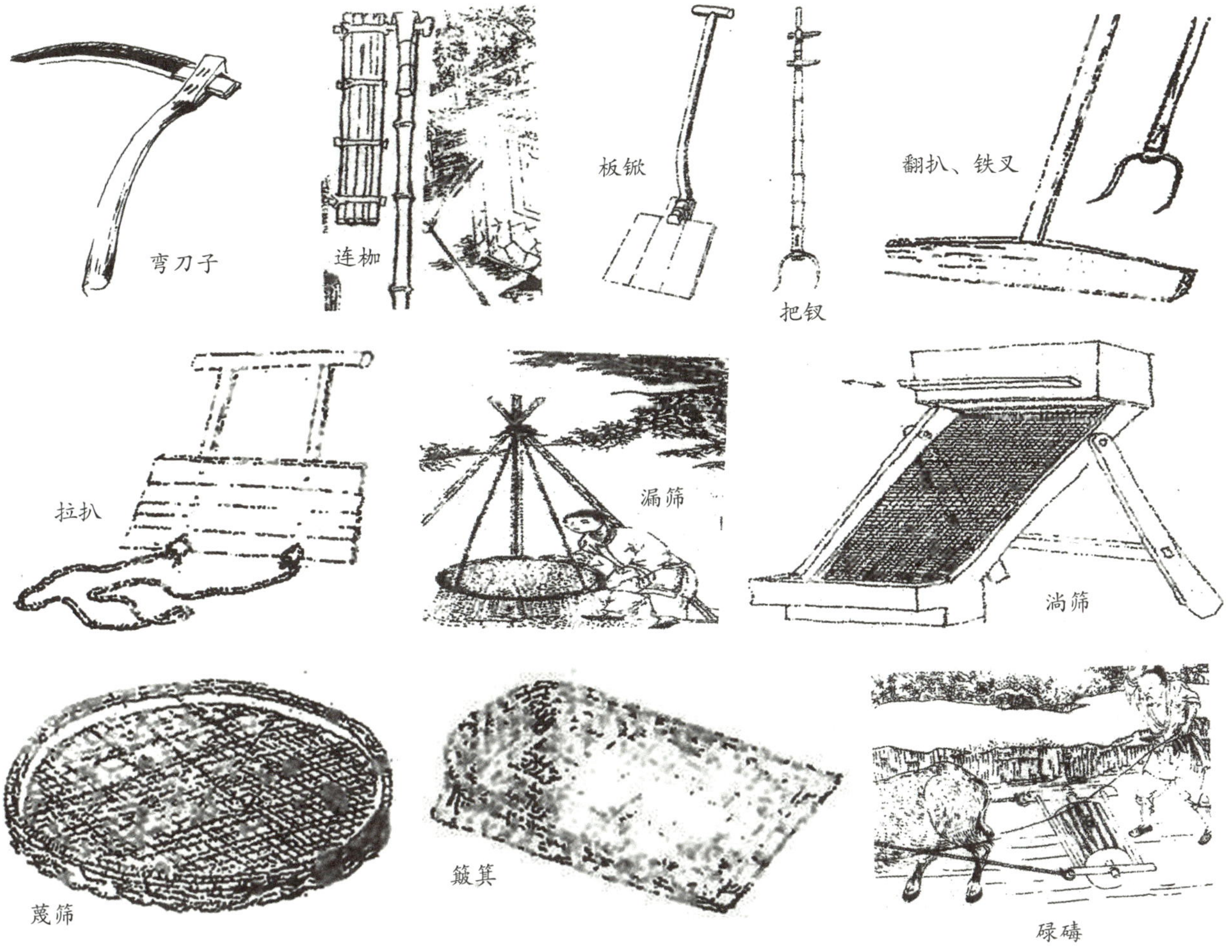

图5-17　收脱工具

耕翻农具　钉耙、大锹是翻土的主要农具。齿耙是破碎泥土平整土地的补助工具。犁、耙、撒草、榰、石碴，是牛拉的主要农具，贫穷人家没有养牛的就用人拉。

图5-18　耕翻工具

排灌农具　50年代前，农村提水农具主要是人力、畜力、风力三种动力车。人力水车即靠人力脚踏或手推水车。脚踏水车，有“二人轴”“四人轴”“六人轴”；农家凡有劳力的均参加推转车篷辋提水灌溉，每部车一般每天能灌溉10亩左

图5-19　排灌工具

右。也有用牛牵引车篷辋转动的简称牛车，俗称车篷。风车是利用自然风力作动力提水灌溉。每部风车有六帆布篷，借助风力，转动天轴，天轴传动站轴，站轴转动地轴，地轴转动水榈、水栅虾，将河水通过槽桶刮上渠沟灌田。

农副产品加工工具　稻麦收获后加工成成品主要是碓臼舂擦米，石磨粉碎，铡刀切草，削刀削饼，碓主要加工稻，碓臼为石头洗成，专盛稻谷，采用杠杆原理，人用脚踏木制的碓，前重后轻，借助落下后的重力，将稻壳剥开。磨子为石器制品，上下两扇，均有正反齿，将谷物从磨眼灌进，然后人工将上扇转动，谷物经碾磨而成粉屑。

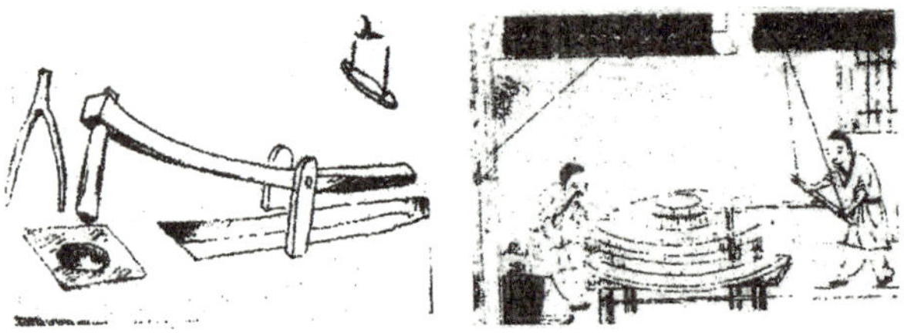

碓　　磨

图5-20　农副产品加工农具

搬运工具　主要有箩担、畚箕等。

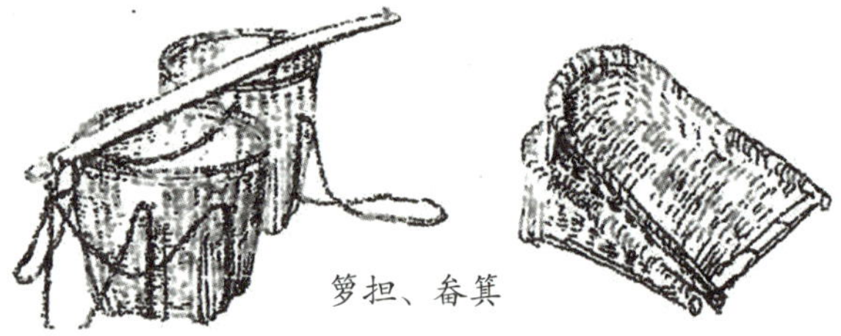

箩担、畚箕

图5-21　搬运工具

计量器具　担：通称箩担，用竹篾制成，两箩为一担（石），一担（石）为100斤。斛：木制桶，两旁有端耳，4斛为1担。斗：木制圆桶，2.5斗为1斛。升：竹筒制成，相当1斤左右，10升为1斗。合：小方木盒制成，10合为1升。秤：小长圆木头制成，上面刻有小金、银点，古时16两为1斤，解放后改成10两1斤。

斛　　斗　　升

图5-22　计量器具

二、运输工具

60年代前，农村田头到场头，运粮、运草、运饲料以及出售粮棉、猪时，主要靠一支扁担加绳索，肩挑担抬，路远有条件的农户家备有木制独轮小车（平头和山车两种）。家宅靠在河旁有条件的有木制小船，在水上运输。在搬运中其主要工具有箩担、畚箕、把钗、货络、粪桶等。2010年，城东镇农用运输机械1530辆（艘），其中农用运输车624辆，手扶变形运输车254辆，拖拉机挂车536辆，机动运输船116艘。

三、农业机具

收脱机具　三麦、水稻收割脱粒使用的机械，从50年代后期开始引进、研制、试验、示范，从人掼、牛碾，到60年代为脚踏脱粒机。70—80年代为电动脱粒机。1992年，开始试用稻麦收割机，开始为东风型手扶拖拉机前置小底圆盘割晒机，后发展为中型联合收割机。2006年，城东镇三麦水稻收脱全部实现机械化。2010年，收获机械：脱粒机1864台，联合收割机134台，其中：半喂入式77台中久宝田21台，洋马人民号28台，东洋19台，其他9台。全喂入式57台中新疆2号系列38台，桂林系列19台。2011年，全镇联合收割机172台，机收面积16.5万亩。

耕耙机具　1964年，部分地方试用手扶拖拉机耕地。当时由于经济条件和文化技术水平限制，未能推开。1974年，常州柴油机厂生产的手扶拖拉机到海安现场示范，得到广大群众的青睐，小型拖拉机开始普及。手扶拖拉机在夏收夏种、秋收秋种大忙季节中综合利用率最高，承担耕地、耙地、播种、开行、脱粒、流动岸机戽水、农副产品加工、运输等项目的作业，成为整个农业机械中贡献最大、最机动灵活的动力机械。2010年，城东镇有耕作机械配套机具：大中型拖拉机配套机具旋耕机（反旋灭茬机）6台；手扶拖拉机配套机具：旋耕机632台，播种机484台，开沟机246台。2011年，全镇有大中型拖拉机40台，小型拖拉机672台，机耕面积

16.89万亩。

播种移栽机具　历史上秧苗移栽都是农民手工栽插，劳动强度大。从60年代中期开始引进水稻插秧机，有手动的，也有机动的，分别在南屏等乡试验示范。由于机插秧不同程度存在缺棵、漂秧等现象，所需补助工多，所以未能推广。稻麦播种机始于80年代中期。1985年秋播前韩洋乡购买18台，村村都有条播机，当年机播小麦面积3635亩，占夏粮面积14.72%，平均亩产276.9公斤。以后，全县推广使用。90年代初期，水稻移栽试行抛秧并逐步推广，为减少抛秧不均匀现象，曾示范推广抛秧机，但由于工序未曾简化，未能推广。韩洋乡利用条播机旱直播水稻科研试验，取得良好效果，连续两年，机直播水稻平均亩产550~600公斤。21世纪后，劳动力紧张，插秧机改进，农田插秧又使用插秧机，实行抛秧和机插同步进行。2010年末，城东镇拥有小型拖拉机398台，大中型拖拉机14台；植保机械，机动喷雾机388台，手动喷雾器15420台；水稻栽插机械，水稻插秧机140台。牧业机械：电动机444台，内燃机17台，饲料加工机械489台。农用运输机械1475辆（艘）。储油设备：金属油罐10只，油桶2652只。2011年，全镇拥有农业机械总动力9.45万千瓦，大中型拖拉机40台，小型拖拉机40台，小型拖拉机672台，联合机播面积13.92万亩，收割机172台，机收面积16.5万亩。

第十二节　农业综合开发

1996年6月，南屏乡被批准为国家第三期农业综合开发追加项目区。开发任务为改造中低产田2万亩，计划总投资240.83万元。其中，财政资金140.51万元，群众集资100.33万元，投劳11万工日。南屏乡农业综合开发以土地治理为突破口，开展农田基本建设，平田整地、平田方整、优化布局、连片种植；以防渗渠道建设为重点，合理规划路、渠、田、林、沟，配套建设桥、涵、闸、站、堤；以乡村农业服务组织为纽带，推广先进适用的农业新技术，农业生产呈现良好发展态势。至1997年6月底，完成投资254.11万元，占任务的105.51%，其中国拨资金70.25万元，地方配套70.25万元，群众自筹117.28万元，完成计划的117%；投劳25万工日，完成计划的227.3%。水利工程，动土67.4万立方米，完成计划的77.4%。其中，疏浚河道3条，长9.5公里，动土13.7万立方米；填平废沟呆塘17个，动土18.8万立方米；新建硬质防渗渠12.24公里，配套建筑物578座，垫土17.6万立方米；新建机耕路9.71公里，做堤埂垫路基土方13.8万立方米；内、外三沟整修560条，动土3.5万立方米。农业基础设施建设，新建电灌站1座，维修1座；新建机耕桥1座，维修2座，新建50千瓦变压器2台，架设高压线路1.16公里。添置农机具88台（套），其中免耕条播机10台，开沟机10台，割晒机10台，农用拖拉机7台，联合收割机1台，植保机械50台。另外，添置“U”型制版机1台，插秧机1台。完成机械平田2000亩，新建良种繁育基地500亩，农业新技术推广应用覆盖率100%，健全完善乡级农业服务组织8个，村级农业综合服务站10个。绿化植树造林0.07万亩，加强银杏专业村建设，有5个村栽植银杏树1.4万棵，通过县政府组织的银杏专业村验收。

1999年，韩洋乡丰港、丰河村列入国家农业综合开发项目。丰港村群众自筹资金40.6万元，财政投资30万元。年底改造中低产田2200亩，动土3.72万立方米，修筑7米宽砂石路4700米，兴建防渗渠6110米，配套建筑97座，改造废沟塘36.7亩，增加耕地10.8亩。2000年项目通过验收。

2000年，韩洋乡韩南、石番、东屏等村进行农业综合项目开发，修防渗渠25.6公里，新建桥梁5座，改造废沟塘16个，增加土地面积28亩。

2003—2004年，实施国家农业综合开发项目，洋蛮河镇2000亩土地列入土地治理项目；城东镇桑园示范基地总投资135万元列入招投标项目。茧丝绸集团蚕茧烘干生产线扩建项目列入产业化龙头项目。

2004—2005年，实施国家农业综合开发土地治理项目建设，西场镇4000亩耕地，城东镇5000亩耕地被列入。是年，南通天成公司无公害畜禽饲料加工项目列入国家级农业产业化龙头项目，总投资1466.86万元，财政资金600万元，自筹866.86万元。南通天成公司项目实施后，新上饲料机械生产线1条，新建仓库及厂房8900平方米。

2006—2007年，南通家惠油脂公司“油菜籽脱皮冷榨制纯天然油项目”列入农业综合开发项目。总投资1250万元，其中财政资金800万元。新建生产车间仓库4374平方米，菜籽收购码头300米，收购场地7500平方米，菜籽脱皮冷榨设备1套，立筒仓基础2只，油罐基础4只。

2008—2009年，南通康德生物制品公司1万吨蛋品加工扩建项目列入国家农业综合开发产业化经营重要项目。总投资973.96万元，其中财政资金600万元，自筹资金373.96万元。项目实施后，新增2套生产线，扩建3300平方米库房，1400平方米鸡舍，带动256户农民养殖蛋鸡，年产1万吨鸡蛋，直接带动农民增收1575万元。

2008—2009年，西场镇1万亩土地列入国家农业综合开发土地治理项目。项目区整合硬质渠道建设资金98.7万元，建成硬质渠6.58公里。同时项目区内建成两个区中园：由海迅公司投资1000万元建成300亩设施葡萄种植示范基地，由在外从事机械加工成功人士回乡投资1000万元建成500亩花卉苗木园。

2009—2010年，实施农业综合开发资金补助项目。其中，海安华润食品有限公司的3000吨生猪恒温分割保鲜加工扩建项目，财政补贴120万元；康德生物制品有限公司的10万羽蛋鸡示范基地扩建项目，财政补贴120万元。

2009—2011年，南通家惠油脂公司实施的1.6万吨油菜籽加工原料收购贴息项目，财政贴息32万元。2011年，华辉蔬菜专业合作社的3000吨无公害蔬菜生产基地扩建项目，财政贴息资金60万元；南通金旺农业开发公司的8800吨畜禽产品加工扩建流动资金贷款贴息项目，财政贴息32万元。华润食品公司的6万头生猪加工扩建流动资金贷款贴息项目，财政贴息23万元。

第六章　工　　业

新中国成立时，境域仅有几个小集镇上有一些加工场、作坊。1958年，“大跃进”开始，各公社掀起大办工业热潮，不少企业由于盲目上马，后又下马停办。1970年，开展大办为农服务工业，境域每个公社均有一个农具（机）厂，积极试制各种型号的插秧机、切草机、开沟器、撖草器等新农具。与此同时，缫丝、建材、化工、电子等工业企业初步发展起来，砖瓦、石灰等建材产品年产能力大大提高。是年立发创办砖瓦厂。1973年，南屏办起砖瓦厂，后每个公社都兴办砖瓦厂。1969—1978年，南屏、立发、新生、韩洋柳器厂先后创办。1976年，各公社建立社队工业办公室，从思想上、组织上切实加强对社队工业领导，使一大批农民“离土不离乡”，成为亦工亦农职工。70年代末，柳制品生产处于旺盛时期，柳器产品有包装箱、柳条椅、安全帽、书橱、字纸篓、鱼篓、柳皮席、针线匾、食品盒、方盘、圆盘、提篮、花篮、面包篮、动物篮等上百个品种。80年代，群众种植杞柳和加工杞柳的收入不如其他副业多，塑料制品逐步取代柳条制品，80年代末，柳器制品终因经营亏本而停产。90年代开始，一些老企业、老产品、老管理模式、老生产工艺流程越来越不适应市场需求，境域工业企业开始整顿、改革、提高，有组织、有计划地逐步对各企业进行审计，确定改革方案。1995年开始，各乡先后在部分企业试点，进行资产评估和产权制度改革。经过近10年工作，企业改制基本结束。

2001—2005年，开发区、城东镇处于融合期、规划期、发展期。2006—2010年，城东镇实施千万元以上项目258个，完成外资到账额4.69亿美元，引进市外民资61.3亿元。2010年，完成工业设备投入7.5亿元，同比增长172%，总量、增幅列全县第一。新增规模企业38家，亿元企业26家。联发纺织成为海安第一家上市企业，出口免验产品通过国家复检。鑫缘丝绸、丝乡丝绸、华润食品、西蒙电气等4家企业产品进入上海世博会。全年高新产业产值95亿元，申请专利780件，其中发明专利153件，4家企业建立工程中心。

2011年，全镇工业企业3500个，其中规模企业198个；企业从业人数47193人。工业总产值442.09亿元，其中定报企业总产值297.67亿元，销售收入270.15亿元，利税21.22亿元。

第一节　丝　　绸

一、发展概况

城东境域丝绸工业起步于60年代。1968年新生丝绵厂用汰头渣、长吐、次茧生产丝绵片出口。1969年，西场公社缫丝厂建成投产，拥有立缫机20台，生产白厂丝、农工丝。1970年，南屏丝绵厂建立，有职工20多人，1974年扩建车间，安装120台丝绵车生产丝绵线、丝绵片，全部由南通市丝绸公司出口。1984年，西场、立发、南屏3个乡分别筹建县丝织四厂、江海丝织厂、沪屏丝织厂，丝织产品有真丝、合纤、交织三大类。是年，海安绢纺厂在新生乡范桥村创办，产品为丝绵球。随着企业规模扩大，1992年，沪屏丝织厂产值超千万元。1993年，南通鑫来制衣有限公司在鑫来路创建。2001年后，由于开发区的优惠政策，县内一些较大的丝绸企业进入城东镇。2003年，鑫缘丝绸有限公司、南通华虹服装有限公司先后建立。2011年，全镇有丝绸企业10多家，形

图6-1 鑫缘茧丝绸公司丝线生产车间
（杨一秋/摄于2011年8月）

成贸工农、产供销、农科教一体化的现代桑茧丝绸产业发展体系。

二、企业选介

江苏鑫缘茧丝绸集团股份有限公司 创建于1988年4月，前身为海安县丝绸公司。1993年在开发区投资设厂。1994年组建江苏海安茧丝绸集团股份有限公司。2000年10月，其在城东境域子公司有南通鑫来丝绸制衣有限公司、韩洋缫丝厂、沪屏丝织厂和6家乡镇分公司等。鑫缘茧丝绸集团股份有限公司（简称鑫缘公司）被农业部、财政部等八部委命名为"农业产业化国家重点龙头企业"，被国家统计局评定为"中国大型工业企业"，被中国纺织工业协会评定为"中国丝绸十强企业"，是中国丝绸协会副会长成员单位。2011年，鑫缘公司有员工3600人，其中技术人员200多人。年产蚕茧2万吨、桑蚕丝3699吨、绢丝500吨、丝织品4000万米、真丝服饰700万件、真丝家纺100万套，实现产值28.10亿元，销售26.07亿元，利税3.69亿元。

图6-2 鑫缘茧丝绸集团产品研究院 （孙宝峰/摄）

南通中邦纺织有限公司 创建于1982年，前身为海安县丝织厂，1998年改制为股份合作制企业，2003年改制为私营有限责任公司，迁至海安开发区。公司占地8万平方米，建筑面积5.6万平方米，有员工800多人，其中专业技术人员89人。公司先后8次投资1.5亿元，引进日本、意大利喷气织机、剑杆织机150台（套），GD618等国产丝织机380套。主要生产真丝、棉织、交织及色织系列产品200多个品种，年产量3500万米，产品主要销往欧、美、东南亚等20多个国家和地区，受到国内外客户信赖。企业真丝品种开台量、白厂丝年耗用量、真丝绸年产量均居行业前列。2011年，实现销售收入2.67亿元，利税总额2599万元，其中利润2165万元，先后被评为省市优秀企业、工业百强企业、出口创汇先进企业、税收超千万元企业。

南通华银毛绒制品有限公司 是一家专业生产涤纶毛毯和地毯的大型企业。2002年创办，位于海安开发区通榆中路88号，公司拥有现代化厂房7万平方米，员工600人，年产涤纶毛毯200万条，复合地毯80万条，真丝地毯40万平方英尺。产品畅销国内各大市场，远销中东、欧美、日本及南非等国家和地区。公司集设计、织造、印染、整理、复合、剪花、成品包装于一体，生产涤纶毛毯、涤纶地毯、毛绒制品、真丝地毯、枪刺毯等系列产品；拥有先进的门类齐全的进口和国产生产加工设备。2007年，公司分别通过ISO 9001质量管理体系认证和ISO 14000环境管理体系认

图6-3 华银毛毯生产车间 （仇稳山/摄）

证。2008年度、2009年度被分别评为省、市重点培育和发展出口名牌企业。2011年，实现销售收入8652.31万元，利润812万元。

南通丝乡丝绸有限公司 创办于2003年，位于开发区海防路33号丝乡工业园。是一家专业从事研发、设计、生产、销售多种类桑蚕丝制品的高新技术企业。公司先后成功开发丝绸新品180多个，获得国家发明专利24项。累计拥有软件著作权16项、实用新型专利6项和外观专利200多项，其中管理自动平衡软件等3项专利为国内首创。丝乡丝绸是国家农业综合开发产业化经营项目——丝绵深加工项目唯一承担和实施单位，以蚕丝被、蚕丝毯、家纺套件等床上用品为主打产品。同时公司还经营真丝服装、真丝围巾、真丝领带等真丝系列产品。“丝乡”牌丝绸被认定为中国驰名商标，公司是上海世博会特许生产商和零售商、世博会丝绸行业特许产品唯一质量奖得主、奥运会接待宾馆特供商、国家免检产品，两次获得国家级创新金奖，是江苏省名牌产品。公司拥有江苏省价格诚信单位、放心消费示范单位、省高新技术企业、省标准化良好行为企业、省诚信承诺联盟百家示范企业等省级奖项。“丝乡”牌蚕丝被被推荐为省消协推荐商品，“丝乡”牌丝绸产品为江苏省诚信丝绸产品，公司与苏州大学合作研究的“面向中小型企业服装定制智能生产系统”获中国纺织工业联合会科技进步奖三等奖。2011年，实现产值4268万元，销售4175万元，利税756万元。

图6-4 南通丝乡丝绸有限公司 （孙宝峰/摄）

海安县西场缫丝有限责任公司 创办于1969年，位于海安开发区西场人民西路100号，前身为海安县西场缫丝厂。2000年8月改制为股份制企业，属鑫缘茧丝绸集团控股企业，占地1.1万平方米，建筑面积4580平方米，有职工180人，其中高级职称3人。资产总额1989.4万元，拥有“飞宇”牌自动缫丝机4组，年产白厂丝120吨。公司在行业内率先使用“缫丝生产用水深度处理循环使用零排放”技术，实行缫丝生产用水循环使用零排放。公司充分利用海安优质蚕茧资源，不断调整、改进生产工艺，产品等级稳定在AAAAA级以上。先后通过ISO 9001:2008质量管理体系、安全标准化两项认证。2011年，工业产值3885万元，主营业务收入3392.1万元，利税181.3万元。

第二节 纺织 印染

一、发展概况

民国时期，境域手摇纺织农户较多，农民自制竹木手摇纺车，将棉花纺成棉纱，再由经济条件好的一些农户用木制脚踏手投梭小织机，织成粗布（棉坯布）自用。解放初期，西场等地有一些棉纺、棉织小作坊。1959年，西场棉织、染坊合作社合并为西场纺织厂，改装24台手工操作的铁木机，生产青年布、高条布。1960—1963年，西场等地恢复小集体性质的棉织社、制线社。1969年，西场染织厂将铁木织机改造为电机织机。1980年，淘汰铁木电动织机，购置12台丰田织机、24台亨利富织机、10台国产1515织机。1988年，韩洋办起麻塑厂，壮志乡投资建成全县规模最大的毛巾生产企业海安县巾被厂。1996年，县福兴织造有限公司创建于西场镇，占地7.47万平方米，厂房3万多平方米，织机1596台（套），是中国床上用品出口加工主要原料生产基地。1999年，投资120万元的南屏乡雅琪针织天鹅绒厂开工。2003年，联发纺织股份有限公司、华强纺织有限公司新上20万纱锭200台喷气织机项目。西场镇刘刘色织整理有限公司等相继建成投产。2011年，全镇有纺织印染企业数十家。

二、企业选介

江苏联发纺织股份有限公司 位于海安经济开发区，前身是国营海安染织厂，创建于1955年。1994年改名，1995年组建江苏联发集团股份有限公司，为中色织行业协会常务理事单位，拥有香港分公司、江苏联发进出口公司、南通港联纺织有限公司、南通联发制衣有限公司、南通联发热电有限公司、淮安联发纺织有限公司、联发粮油印染机械有限公司等紧密型子公司，是一家集染色、前织、织造、整理、成衣生产、贸易以及机械织造于一体的综合性外向型省级股份集团公司。1997年迁至开发区。公司染纱分厂设备包括香港立信染色机121台、中国台湾染色化验室滴定机2台、瑞士贝宁格松式整经机4台、中国台湾全能试色试验机3台、意大利松式络筒机32台、中国台湾快速烘干机6台；前织分厂设备包括日本丰田浆纱机1台、国产308浆纱机4台；织造分厂设备包括日本丰田JAT610机72台、丰田JAT710机112台、丰田电子多臂JAT710机160台、意大利天马超优秀大剑杆织机60台、意大利来拉多剑杆织机68台、比利时必加诺喷气织机40台（织造织机共512台）、德国凯撒空压机13台（套）；整理分厂设备包括两条整理生产线，其中德国门富士定型机、预缩机各1台、中国台湾扎光机、意大利唐毛机各1台。有美国、意大利、瑞典、英国、德国等国家物测设备38台（套），所有物测设备均为ITS所认可。公司主要产品为高支高密色织布、牛津纺、米通条、各类提花布和各种功能性面料以及衬衫，年产色织布5000万米、衬衫300万件，主要销往美国、欧盟、日本等国家和中国香港地区，成为里斯克莱勃、波罗（POLO）、PVH、玛莎等美国、欧洲著名品牌主要供应商，"双钱"牌色织布为国家免检产品、省品牌产品。公司先后获得省"劳动和谐企业""省民营就业先进单位""省职工书屋示范单位"和省"五一巾帼示范岗"、市"模范职工之家"等称号。连续多年主要经济指标蝉联"全国色织行业十强"，跻身中国棉纺、色织行业综合实力20强，位居江苏色织行业第一位。2011年，实现销售37.2亿元，出口创汇2.84亿美元，利润总额4.1亿元，总资产26.53亿元。

图6-5 江苏联发集团纺织喷气织造车间
（向中林/摄于2010年9月）

江苏省华强纺织有限公司 坐落于海安经济技术开发区，前身为县棉纺厂，创建于1985年，2000年改名，2004年改为股份制企业迁往开发区。占地43万平方米，有员工2000人，拥有资产16亿元。是集纺、织、染于一体的集团企业，拥有华强染整、华强纱线、华强针织、华强布业、弘厦科技等子企业，主要生产纯棉、涤棉精普梳系列纱线以及色织、针织布等产品，具备年产纱线7.2万吨、色织布1000万米、针织布4000吨、年染整针织面料6000吨的配套生产能力。2011年，实现工业产值14.69亿元，创利税2.56亿元，是省优秀企业、省民营科技企业、省科技型中小企业、省质量先进企业、省质量信用A级企业、市农业产业化龙头企业、市百强民营企业、市工业50强企业、市质量标兵企业、县工业龙头企业和重点增长企业、县地方财力贡献20强企业，连续多年被评为市投入大户和纳税大户。公司拥有省级工程技术研究中心和省级企业技术中心，先后承担国家级科技计划项目3项、省级科技计划项目1项、省级重点技术创新项目2项，1项创新成果获国家发明专利，41项创新成果获国家实用新型专利。

企业拥有环锭纺25万枚、进口喷气织机96台、针织大圆机29台，以及4条针织染整生产线，产品质量在全国同类产品中处于上游水平。"倍优特"品牌纱线先后获国家免检产品、用户信得过产品、中国棉纺织行业协会推荐"最具影响力产品"品牌、江苏名牌产品、省高新技术产品、省重点技术创新产品、江苏省著名商标等称号。公司生产的纯棉精梳紧密纺60NEC获全国色织用

图6-6　华强纺织公司生产车间　（孙宝峰/摄于2006年7月）

纱精品浆、纯棉精梳紧密纺40NEC获全国色织用纱优秀奖，精梳涤棉高性能赛络纺纱线等3个产品被列为省高新技术产品，莫代尔功能性纱线等2个产品被列为省重点技术创新产品，高效保暖功能性纱线等3个产品拥有自主知识产权。公司先后引进国际国内先进的精梳联生产线、精梳机、自动落纱细纱长车、意大利SAVIO、日本村田自动络筒机、日本人津田驹喷气织机、新加坡利达单面和中国台湾大渝双面针织大圆机、德国热定型机、香港立信染整机、台湾亚矶高温染色机等生产设备，以及乌斯特AFIS单纤维测试仪、乌斯特条干仪、纱疵分析仪、毛羽测试仪、快速棉纤维测试仪和全套染色试化仪器等质量监测监控设备。公司积极扩大外贸业务量，营销触角逐渐向外延伸。由市场部开发的COOLMAX/JC 50/50的机织纱，米通60S/80S针织布在美国和日本市场得到认可，其成纱质量指标及布面效果得到用户高度评价。

海安县联发张氏色织有限公司　位于宁海南路162号，2001年从江苏联发纺织集团公司改制分离出来的民营纺织企业。集染色、前织、织造、整理等，一条龙生产为一体。专营纯棉高支高密高档色织布，产品远销欧美、日韩等国家。公司拥有香港运信染色设备，意大利意蓬K88、日本丰田TOYOTA710喷气织机等与之配套的国内先进的前织和整理设备，与里斯、玛莎、HM、POLO、BASSETT1、康可里尼、优衣库等品牌客户有合作关系。2005年通过瑞士OEKO-TEX100认证，产品出口法国、意大利、瑞士等国家和地区，多次获省、市新产品开发和科技成果奖。2011年，职工550人，实现销售收入1.4亿元，其中出口9735万元，实现利润373万元。

南通市联缘染业有限公司　2002年企业改制建立，前身为江苏联发集团染纱分厂，坐落在海安开发区恒联路85号。有染纱分厂、浆纱分厂、织造分厂，员工300人。年染色能力7000吨，浆纱1200万米，织布能力300万米。浆纱分厂配有先进的精密自动松筒机、络筒机、进口自动打样滴定机、电脑测色仪、电脑打样机、各种机型的筒染机、轴染机45台（套）；浆缸分厂配有高速整经机、308浆纱机、精密自动匀筒机；织造分厂有剑杆织机24台，必佳乐喷气织布机12台，先后投入100万元淘汰老式倒筒机，全部更新先进精密倒筒机，在产能上提高1.5倍。产品销往上海、南京、深圳等大城市进出口公司，染色、织布出口日本、美国及东南亚地区，受到客户好评。2011年，产值4719万元，销售收入4909万元。

海安县福兴织造有限公司　坐落于海安县城东镇西场街道人民东路94号，202省道旁，创办于1953年。公司占地7.5万平方米，厂房面积6.8万平方米。公司年产印花、染色坯布、色织布8100万米，年产床上用品500万套，现有织机524台（套），其中剑杆织机500台，喷气织机24台，床上用品生产线一条。

公司前身西场包头布厂，后改为西场染织厂。计划经济时代，主要生产包头布、民用线等产品。到80年代初，资不抵债53万元。1983年6月改为织布厂，与南通通海床单厂联营，生产床上系列产品，至1990年，还清债务。后因市场行情变化和竞争，再次跌入低谷，1995年企业资不抵债164万元。1996年7月，进行改制，在福兴织布厂内建立工业园，实行资产租赁经营。1996年，福兴工业园内孵化出96家小型企业，拥有织布机1120台，工人近1000人，产值超过2亿元，利税近2000万元。改制后两年时间，还清160多万元的债务，企业扭亏为盈。2002年，福兴织布厂更名为海安县福兴织造有限公司。2010年，福兴公司投资1200万元在海安软件园成立“福联科技有限公司”。2011年，福兴公司纺织业基本实现无梭化，配套的浆纱、漂染、整理、服装产业体系初步形成。不少投资者在福兴公司“孵化”下破壳而出，走出去谋求更大发展空间。

福兴公司十分注重开拓国际市场。2006年经国家商务部批准在澳大利亚成立“弘福（澳大利亚）纺织有限公司”；2008年在韩国设立“海安弘福有限公司办事处”；2011年公司拟在香港成立“福鑫控股投资有限公司”。福兴公司在注重体制改革同时，注重产业结构调整和产品的不断更新，产品销往澳大利亚、韩国、美国、日本、南非、英国、巴拿马、加拿大等10多个国家和中国香港、台湾地区。福兴公司先后获得南通市科技改制创新四等奖、南通市管理创新成果二等奖，获得南通市乡镇示范工业园区、南通十大工业园区、南通市百强民营企业、南通市明星企业、南通市工业增幅先进企业、江苏省创业伙伴共同体先进典型企业等称号。2011年，公司实现产值3400万元，利税102万元。

海安县福兴漂染有限公司 建立于2001年，坐落在西场集镇东首，是一家专门从事棉、麻、化纤等多种纤维的染色加工企业。公司设备有染色锅28台（套），上海斯达拉姆松式络筒机11台，射频烘干机2台，杭州恒达紧式槽筒机13台，3吨锅炉3台。2011年，公司有职工110人，占地2.5万平方米，总投资2500万元，年染色加工量3000吨，产值3000万元，利税320万元。公司染色加工的产品出口至美国、西欧、非洲、东南亚等国家和地区。

江苏银桥纺织科技有限公司 创建于2002年，坐落于海安县开发区（原西场镇区北首），占地3.4万平方米，建有五层5096平方米现代化设施办公大楼。公司职工140余人，是一家集专业研发、设计、生产、销售于一体的床上用品企业。“银桥”牌床上用品远销欧美、非洲、澳洲、东南亚等世界各地。企业拥有自营出口权。2004年起连续8年获得南通AAA级信用企业。2007年获得南通市科学技术进步奖二等奖，2008年通过ISO 9001质量管理体系认证。2011年，“银桥”牌床上用品被认定为南通市名牌产品，“银桥”牌商标获得南通市知名商标，企业被评为江苏省民营科技企业，实现销售收入8000万元，净利润600万元，税收400万元。

第三节 化 纤

一、发展概况

1998年，海安县晋宏化纤有限公司在南屏乡租用南屏缫丝厂闲置房生产化纤产品。2003年，投资3000万元新上高强涤纶长丝项目。南通恒立化学纤维有限公司在开发区征地4万平方米，投资2200万元，新上化纤切片、棉纶高速纺生产线项目。2011年，全镇有晋宏、锦达、恒立等4家规模以上化纤企业。

二、企业选介

江苏省海安县晋宏化纤有限公司 位于海安开发区宁海南路298号，在老204国道与328国道交界处。2003年8月公司开工建设，占地4.6

图6-7 晋宏化纤有限公司 （顾 俊/摄）

万平方米，厂房3.5万平方米，员工194人。公司生产设备先进，设有锦纶牵伸车间、卷绕车间；有信捻生产线、加弹生产线、拼线生产线、涤纶工业生产线、POK生产线（高速纺）。生产多种规模的高强涤纶丝、锦纶FDY全伸丝、弹力丝、加捻丝、POY丝（其中锦纶6伸丝，有光/米消光、三叶有光，各种彩色丝、锦纶线2股—150股，并具有国内先进的检测、化验设备（保持在一等品和优等品级）。年产锦纶长丝5000吨、锦纶POY丝1500吨。另有锦纶加弹丝、加捻丝、拼线等生产线，可年产加弹丝1000吨、加捻丝1500吨、锦纶丝1000吨。公司先后被县委、县政府表彰为重点增长点企业，工业成长型企业；被江苏名牌事业促进会等三单位表彰为江苏省诚信维权双优示范单位；被江苏省科技厅命名为江苏省高新技术企业。2011年，实现产值1.28亿元，销售收入1.11亿元，利税1179万元，产品38%销往国外，62%销往全国各地的纺织厂、渔网厂，受到客户好评。

南通锦达化纤有限公司　位于海安开发区鑫来路88号，2001年2月建成，是一家主要生产锦纶丝厂家，专业生产锦纶“6”长丝、锦纶平牵网络丝、锦纶色丝、锦纶有光三叶型丝、异形丝、单丝、复丝等50多个品种。公司拥有高素质的技术人才和专业的服务团队，生产各种规格的70D~840D锦纶丝2000吨，销往江苏、浙江、上海、广东、福建等大中城市的化纤工业厂家。2011年，销售收入6933.22万元，税收132.1万元，利润315.6万元。

第四节　服装　扎染

一、发展概况

1980年，南屏、韩洋公社先后办起2家服装厂，主要是服装生产加工。1993年，南通鑫平制衣有限公司在南屏乡204国道旁创建。1995年，日本丸户株式会社投资50万美元，在韩洋乡兴办南通南岛针织服饰有限公司，生产针织服装。1999年，投资100万元的鑫平制衣有限公司针织服装生产线投产。2000年4月，公司投入120万元扩建服装生产线。2002年投资1500万元，改造厂房、设备。2002年后，县内规模服装、服饰企业逐步迁移至开发区内，2011年，全镇规模以上企业10多家，成为城东镇的支柱产业。

二、企业选介

南通鑫平制衣有限公司　建立于1993年，位于海安开发区宁海南路148号，有员工500人。公司产品以生产沙滩裤为主，大部分产品出口。2002年投资1500万元，改造厂房、设备、生产环境。公司生产经营部下设裁剪、缝制、绣花、印花、后期整理包装等车间，产品先后出口美国、德国、加拿大、澳大利亚、秘鲁、新西兰、南非等国家和地区。2004年起连续多年被评为全国外商投资“双优企业”，2005年公司通过ISO 9001质量管理体系认证。2011年，销售收入1.72亿元，实现利润1452万元。

图6-8　南通鑫平制衣有限公司
（孙宝峰/摄于2009年5月）

海安县刘刘色织整理有限公司　创建于2004年，位于海安经济开发区西场工业区内，是一家色织布后期整理加工企业。公司拥有两条流水作业生产线，主要机器设备有烧毛机、退浆煮练机、直辊布铗丝光机、热风拉幅定型机、橡毯预缩机、磨毛机、轧光机、起毛机等。公司主要加工高密色织布、牛津纺、网络丝等，年加工色织布5000万米。客户主要为海安县、东台市、泰州市、如皋市以及南通开发区的纺织服装企业。公司占地1.53万平方米，总资产3100万元，职工80多人。2011年，工业产值1.59亿元，销售收入1.58

亿元，利税1548万元。

海安锦华服饰有限公司 1995年，在开发区创建，改制成海安锦华服饰有限公司，集扎染研发、开发、创作、营销于一体。从事具有悠久历史的勾衣、结网、编结、草编、刺绣、织毯等副业生产，将扎染生产加工点普及全县，并发展延伸到扬州、徐州乃至安徽、河南、山东、浙江等地区。“锦华人”继承各种传统扎染技法，吸取其他国家的先进扎法，在综合运用的同时，大胆地革新创造，相继演变产生“折逢”“小帽子”“饼儿花”等技法，丰富扎染艺术表现力，再以染色方式的变化，通过多次染、泼染、点染、浇染、手绘等，获得不同色彩效果。锦华服饰在香港展出后，扎染产品先是进入日本市场，受到日本广大客户喜爱，后打入欧美市场。扎染服饰有“刺猬衫”“菠萝衫”“压绉衫”等时尚款色。创作的立屏《春情秋悲知多少——<红楼梦>人物图》《十八罗汉》、长卷画《唐人游骑图》《八仙图》《渔光曲》、挂轴《武松》、地屏《丝绸云都》，以及时装《呗纹套装——秋韵》等，在国内外各级大赛和博览会上获奖，其金奖产品，被国家博物馆或国际友人收藏。公司产品远销亚、非、拉美、西欧等20多个国家和中国港澳台地区。公司建立TQC全面质量管理体系，从生产入口到产品终端，实行全程质量控制，高薪聘请日本扎染专家西冈浩二担任副总经理，主管对日业务。2010年末有巧姐200人，生产经销单位12个，公司面积6000平方米，员工250人，其中技术人才占50%，销售收入6000万元，利税600万元。

江苏海安友谊德福服饰有限公司 江苏海安友谊德福服饰有限公司创建于1955年，前身为海安县友谊服装厂，企业改制后，工厂搬迁至海安开发区，占地18万平方米，其中建筑面积8万平方米，职工1000人，是江苏省首批服装加工单位和自营出品企业，在江苏省服装企业中名列前茅。公司坚持“质量强企、文化兴企”战略，视质量为生命，拥有一流的服装设计打样中心，先进的自动化服装生产设备2000台(套)，其中有美国PGM进口全自动裁床，全自动拉布机，日本田岛二十头电脑绣花机和水洗设备，以及其他辅助设备等。2002年后，公司与欧洲、美国、日本等世界著名服装商家保持良好的合作关系，一次性通过摩迪国际论证公司ISO 9002质量体系认证。公司主要产品有牛仔系列、休闲系列、工装系列、童装系列等，适应棉、麻、涤、丝、混纺等各种面料，产品远销欧美、东南亚及日韩等国家和地区。公司致力于向国际市场拓展，广泛参与国际国内纺织服装博览会，与卡帝乐、鳄鱼、皮尔·卡丹等著名国际国内服装企业保持良好的合作关系。2008年应邀出席世界最佳模特大赛开幕式。2010年，公司出口服装200万件(套)，实现产值1.52亿元，上缴税收1474万元。

第五节 机 械

一、发展概况

1955年，西场铁、木、竹合作社成立，由几名手工艺操作者组成，后发展成西场农具厂。50年代末，境域各公社建有农机(具)厂。60年代中后期，县第二农机修造厂创办。1970年，各公社均建有一个农具(机)厂，试制各种型号插秧机、切草机、开行器等新农具。1975年，国营海安第二农机修理制造厂生产南-352脱粒机331台、弓齿脱粒机316台、粉碎机122台、切草机161台。

图6-9 锦华服饰制作的扎染长卷画《渔光曲》 （焦宝林扎染艺术馆/提供）

1993年，海安经济开发区成立后，县内一些机械行业的规模企业和新办的机械企业也落户在开发区。2002—2007年，百协精锻机床、跃通数控设备、威化重型机械、中威重工机械、特力锻压机床、银利数控机床、福克斯机械等企业纷纷落户开发区。至2011年，境域内形成锻压、木工、纺织、粮食、环保、化工等多门类机械行业。

二、企业选介

海安县威仕重型机械有限公司　前身是国营海安县锻压机床厂，原机械部定点生产锻压设备的骨干企业，始建于1952年。2004年公司进入开发区，占地9.2万平方米，厂房4万平方米，员工250人，其中工程技术人员50人，公司主营机械成台设备制造和锻热加工，年生产销售2万台锻压设备。锻造和深加工形成40万吨以下船舶部件、风电主机厂家配套的5兆瓦以下主轴部件（含部装）、风水电、矿山、冶炼等高合金部件制造能力，通过中国船级社质量认证公司ISO 9001：2008国际质量体系认证。2006年被江苏省质量技术监督局授予“江苏省质量信用产品”称号，先后通过中国CCS、德国GL、法国BV、挪威DNV、韩国KR、美国ABS、意大利RINA、日本NK、英国LR船级社认证。产品远销德国、埃及、叙利亚、巴基斯坦、泰国、土耳其、越南等国家，并长期与各地用户保持密切关系，深得国内外客户称赞。公司注重品牌研发，与国内著名锻压加工研究机构、北京航空航天大学、华东理工大学、南通大学等高校建立长期合作关系。2002年研制出全国第一台具有国际同类产品先进水平的程控全压模锻锤，被科技部评定为国家高新技术产品。2006年研制出世界第一台2.5吨单臂空气锤，2007年被评定为省高新技术产品，2008年被列为国家级“火炬计划”项目。公司总资产3亿元，拥有先进生产设备大型龙门加工中心、大型落地镗铣床、重型龙门数控镗铣床、大型外园磨、导轨磨、重型卧式车、大型立式车等现代金切机床，可承接重件重100吨以下机械部件加工；拥有8000吨、3150吨水压机、5吨电液锤以下锻锤设备，承接80吨以下锻件加工；备有13米、11米、8米等开式炉，3.2米、12米热处理加热炉，承接长度13米以下轴类零件及直径3米以下盘类零件热处理，拥有全套理化及检测设备。2011年，公司实现产值3.13亿元，销售2.83亿元，利税9347万元。

江苏中威重工机械有限公司　创建于80年代初。2004年进入海安经济开发区，占地8万平方米，有员工300人，为国内锻压机械行业的骨干企业。是国家高新技术企业、江苏省重合同守信用企业、中国企业认证体系示范单位。主要从事液压机、剪板机、折弯机、开卷校平生产线、钢坯剪断机、形材弯曲机等中高档锻压产品的开发、研制。产品广泛应用于汽车、造船、锅炉、钢铁、航空、电力化工、金属结构、军工等行业，远销欧美、东南亚等20多个国家和地区。公司研发中心开发主要产品：63-6000吨YZW32四柱万能、YZW28双动薄板拉伸、YZW30单柱、YZW27单动薄板拉伸、磁材专用、干粉专用、下顶式框架式等8大系列，100多个品种的液压机系列数控卷板机可卷制厚度4~180毫米、宽度16米以下的特大型、中小型上辊万能式、大型船舶专用、挂车用上辊万能式、水平下调式、液压式三辊对称式各种卷板机，产品销往伊朗、国内首钢集团公司、中国石化集团等大型企业。系列数控开卷校平剪切生产线、系列校平机产品畅销上海、浙江、徐州、江阴、无锡等大中城市。2011年，公司销售1.56亿元，利税4749万元。

图6-10　江苏中威重工机械有限公司　（孙宝峰/摄）

海安纺织机械有限公司　公司创建于1955年，位于海安经济开发区西场人民东路98号，占地2.6万多平方米，建筑面积2万平方米，有员工180人，是集研发、设计、生产、销售一条龙的机械制造企业，主要生产纺织机械和矿山机械两大类产品，产品销往全国各地，部分纺机和矿机产

图6-11 海安纺织机械有限公司 （孙宝峰/摄）

品出口东南亚和非洲国家。

公司创建初期为西场铁、木、竹合作社，后发展为县西场农具厂，生产农具。70年代，由于企业发展和创新，更名为海安县石油矿山机械厂。1976年由镇中心迁至西场人民东路，占地面积逐步扩大。70年代末开发生产纺织机械并条机，并更名为国营海安纺织机械厂，成为江苏省纺织工业厅定点生产棉纺并条机的专业厂家。1998年1月企业改制，公司更名为海安县纺织机械厂、海安县石油矿山机械厂。2003年8月，组建股份制企业，公司变更为海安纺织机械有限公司。

公司产品主要有纺织机械和矿山机械两大类。2006年10月，ASFA306A型高速并条机获省高新技术产品称号，南通市科技进步奖三等奖；2007年4月，纺织机械ASFA311A型纤维牵断成条机，获国家五部委颁发的国家重点新产品称号，南通市科技进步奖四等奖；7月，ASFA324高速并条机获省高新技术产品称号，2010年5月列为国家“火炬项目”。同年6月，ASFA328嵌入式智能型超短片段自调匀整高速并条机获得科技部科技创新基金和省高新技术产品称号，列为省科技厅科技支撑项目，2011年8月被列为省重点新产品，是年12月，MFQ311嵌入式技术的麻纺牵切针梳机获市科技进步奖二等奖。矿山机械主要有ZBD—120/200矿用隔爆型电动转辙机、ZKD—120/200D矿用一般型电动转辙机、ZJC—127煤矿用司控道岔装置、ZKC127矿用一般型司控道岔装置等。至2011年，公司申请发明专利4项，获实用新型专利18项，外观专利2件。

2001年，公司通过ISO 9001质量体系认证。2003年7月被评为江苏高新技术企业，2005年6月被评为市重合同守信用企业、市产学研示范企业等。2007年5月，公司“飞驰”牌商标被评为江苏省著名商标。2007年7月被评为江苏省厂务公开民主管理先进单位。2011年，公司开票销售3000万元，利税300万元。

江苏百协精锻机床有限公司 建立于2002年1月，原名海安县百协锻锤有限公司，是一家集科研、生产、销售为一体的江苏锻锤高新技术企业、省民营科技企业、市产学研示范企业。有员工70人，其中大专以上学历25人，研究开发人员15人，占地2.2万平方米，固定资产投资2900万元，总资产6000万元。

公司与国内著名的锻压加工研究机构、高校建立广泛合作关系，长期与北京机电研究所、济南铸造锻压机械研究所和江苏大学等国内锻压技术权威单位开展产学研合作。并汇聚多年从事锻锤研究、产品开发的高级工程师、硕士研究生及工程技术人员，成立省级技术工程研发中心，攻克近20项技术难题。2002年10月自主研发的首台数控全液压模锻锤，被科技部门认定为国内首创，达国际先进水平，并得到各级政府、科技财政部门的政策扶持。公司主导产品数控液压锻锤，具有高效、节能、环保、高精度、高可靠性等特点，主要用于汽车、航空航天、工程机械、五金工具、手术器械、不锈钢餐具等制造业，已形成三大系列（CHK、CTK、CDK）近20个规格的数控液压锻锤。中国锻压协会原秘书长蔡墉，华中科技大学、上海交通大学多名教授、行业专家均认为百协数控液压锻锤技术属国内首创，达国际先进水平，称之为“中国第一锤”。公司总经理薛宝荣被评为市科技兴市功臣。公司产品先后获国家发明

图6-12 江苏百协精锻机床有限公司 （孙宝峰/摄）

奖、国家重点新产品、国内高新技术产品证书及省、市科技进步奖。2007年起，公司产品国内市场占有率75%，并出口俄罗斯、叙利亚、越南、泰国、巴西、土耳其、德国等国家，出口占企业销售总额的20%。2011年，公司销售收入5234.34万元，利税169.92万元。

南通恒鼎重型机床有限公司　位于开发区西场工业园区内，成立于2007年10月，占地3万平方米，绿化面积占40%，有职工108人。公司是一家集研究开发、制造、销售于一体的金属板料加工类机械专业生产型高新技术企业。公司拥有车床、刨床、铣床、数控车床、平面磨、外圆磨、数控加工中心、数控等离子火焰切割机、普通镗铣床、数控落地镗铣床、龙门铣床、滚齿机、钻床等设备30多台，并拥有先进喷沙房、回火炉等。公司主要产品系列为板料校平机及厚板、中板、薄板卷材的开卷、校平、横切、纵切、码垛、收卷生产线，产品远销国内外多个知名企业。2010年，公司通过ISO 9001：2008管理体系认证，被评为江苏民营AAA级信用企业。2011年，企业通过安全生产标准化三级企业验收，产值5413.15万元，销售5413.15万元，利税1028.4万元。

南通特力锻压机床有限公司　2003年，公司从李堡曹园搬迁至西场工业园区，在戚庄五组征地130亩，建设厂房1.92万平方米，建成大型数控卷板机、油压机生产基地。公司产品有上辊万能式卷板机、三辊对称卷板机、船舶制造专用卷板机、四辊卷板机、高强度校平机、型材弯曲机、卷管机、油压机，畅销全国除港澳台地区以外所有省份，出口印度、巴基斯坦、伊朗、沙特、吉尔吉斯斯坦、津巴布韦、埃及、格鲁吉亚、俄罗斯、阿根廷、哥伦比亚等国。公司获南通市“重合同守信用企业”称号，通过ISO 9001质量体系认证，取得自营产品进出口许可证。2008年与华中科技大学联合建成产学研基地，有8个产品获得省科技厅颁发的高新技术产品认定证书，获得26件实用新型专利证书。2011年6月，被评为省民营科技企业。是年，有职工130人，总资产5085万元，销售收入7300万元，纳税总额379万元。

南通跃通数控设备有限公司　前身为南通沪港木工机械有限公司，2002年进入海安开发区，占地3.4万平方米，下设两个分厂（加工分厂、装配分厂），是木工机械专业生产公司、国家高新技术企业，有职工250人，其中22人为技术骨干。公司研发的双面涂曲直线封边机和数控木门综合加工机被认定为“国家重点新产品”，数控木门综合加工机被列为国家“火炬计划”、江苏省高新技术产品；数控全自动往复锯被省科技厅列入“火炬计划”项目；木工数控加工中心产品开发被列为国家“星火计划”项目。这些新产品填补国内空白，并率先通过ISO 9001国际质量体系认证。公司产品畅销全国各地，并远销美国、俄罗斯、欧盟、印度尼西亚、埃及、科威特、伊朗等40多个国家和地区。2011年，公司销售收入4228万元，利税237.14万元。

图6-13　县镇部门领导调研跃通研发中心　（储成来/摄）

江苏福克斯机械有限公司　建立于2005年，位于海安开发区南波路10号，占地11万平方米，有员工210人，其中工程技术人员35人。公司主要从事第一、二、三类压力容器（太阳能补助设备）、汽轮机排气管道、金属波纹补偿器、非金属补偿器、不锈钢金属软管、弹簧支吊架、风门、换热器、电力机械、粮食机械、石化机械、环保机械

图6-14　福克斯集团　（孙宝峰/摄）

等产品的设计、制造和销售。生产加工的检测设备齐全，有完善的质量保证体系和质量管理体系ISO 9001:2008认证证书。公司是电力部配供中心成员企业、冶金部配供中心成员企业、中石化产品使用推荐单位、中国石油设备工业协会膨胀节分会会员单位、省二级计量合格企业、重合同守信用企业、质量信得过企业、AAA级信用企业。产品除销往全国各大中城市外，还远销沙特、韩国、日本、加拿大等国家和地区。2011年，实现销售6339.26万元，利润18万元。

江苏银利数控机床有限公司 位于海安开发区海防路35号，由原南通东海机床有限公司于2004年改制重组而成。拥有职工68人，科技人员10人，生产厂房8650平方米，固定资产2400万元。公司主要生产"银利"牌系列卷板机、型材弯曲机、校平机等产品（包括大型、特大型上辊万能式卷板机）。"银利"牌系列卷板机，通过国家技术质量监督局抽查检验、质量认证中心的ISO 9001:2008质量管理体系认证和国家商检局出口产品质量强制认证，获得自营进出口权。公司除正常提供优质产品外，还可根据用户特殊要求进行设计和制造。公司生产的"银利"牌剪板机、折弯机、试板机，先后获得"江苏省质量信得过产品""江苏省名牌产品""江苏省著名商标""江苏省质量诚信企业"等称号，2011年，公司销售收入3302.87万元，利润19.8万元。

江苏麦斯铁数控机床有限公司 总部位于加拿大，2001年建立，南通麦斯铁数控机床有限公司在海安开发区征用土地1.3万平方米，有职工60人。麦斯铁始终致力于为世界各国机械产品用户生产和供应高性价比的机床产品，以技术创新引导用户追随机床工业发展趋势。公司有数控激光切割机、数控转塔冲床、数控折弯机、数控剪板机、数控弯管机、数控普通镗床、数控普通车床、摇臂钻床等系列产品，并引进加拿大先进技术，建立和完善产品质量体系和可靠的用户快速服务体系，迎合用户需求，满足个性化需要。2009年在开发区异地征地6.7万平方米，投资1.8亿元，扩大生产规模后更为现名。2011年，实现销售1221.61万元，利税219.88万元。

江苏奥马机械有限公司 位于海安开发区城东大道，紧邻沿海高速公路，占地17.3万平方米。2008年一期工程投资4.8亿元，建设现代化厂房5.29万平方米，是一家大型合资风力发电塔架生产企业。公司塔架厂房，按现代标准建造，建筑面积2.69万平方米，厂房北跨、南跨装备有16吨、32吨、50吨行车8台，16吨磁力吊2台，起吊高度17米。喷砂、油漆厂房建筑面积7500平方米，8个喷砂工位，2个喷锌工位，10个喷漆工位，每个工位长、宽、高都有一定标准尺度，使工人有宽松操作环境。成品存放区占地5.04万平方米，装备50吨龙门吊2台，32吨龙门吊2台。公司有职工260人，技术人员40人，其中风力发电塔架专业制造人员200人。公司有中国最早从事风力发电塔架制造与工艺研究的著名专家，拥有先进完善的设计、生产和检测设备。设计上普及应用微机辅助设计，拥有国内先进的硬件系统及辅助设计、计算放样软件；生产上有大型埋弧自动焊机、气体保护自动焊机及各种手工焊机和其他冷作设备、剪板机、自动气割机、液压整形机、铝床、卷板机、车床、刨床等500余台（套）；检测上有600KN万能试验机、五大金属化学元素自动分析仪、光谱分析仪、验钢镜、X光及超声波探访仪、经纬仪等检验化验设备。公司生产的850千瓦、1.5兆瓦、2兆瓦等不同等级的风电塔架，为中国华能公司、龙源公司、大唐公司、国华公司、北京国投公司、中国华电及各省级风电投资公司提供了大量优质产品。2011年，公司产值8445.4万元，利税1942.44万元。

中江机电科技江苏有限公司 位于海安开发区内，成立于2010年3月30日，由中国江苏国际技术合作集团有限公司（经国务院批准，注册资金5亿元的大型外贸企业）与自然人投资组成，致力于制冷行业的低能耗和绿色环保设备的开发研究。公司有两名外籍高级工程师，有多种通用、专用科技领先设备装置，有独立的研发中心。产品营销模式主要是市场直销。外销产品主要依靠中江化工公司南通事业部出口到欧洲、亚洲及中东地区。生产的换热器成套设备以全自动设备为主。公司主要产品有高精密系列化空调翅片高速冲床、电机定转高速冲床、全自动长U弯管机、数控三维弯管机、各类数控水刀切割机等。2011年，公司总资产2395万元，成功通过ISO 9001质量体系认证，获得7件发明专利。主营业务收入875万元。

第六节　变压器

一、发展概况

1992年，海安开发区建立后，城东境域变压器行业逐渐崛起，联通、互邦、科威等企业相继落户。2001年，南通市亚威变压器有限公司建立。2006年，韩国晓星集团与香港旺城集团达成协议，整体收购南通友邦变压器有限公司，建造亚洲超高变压器生产基地和系统输配电基地。2011年，城东镇有变压器生产规模企业5家，产值20.58亿元，利税2.48亿元。

二、企业选介

南通晓星变压器有限公司　位于晓星大道88号。2006年，世界500强韩国晓星集团整体收购南通友邦变压器有限公司，在开发区征地20万平方米，投资兴建大型变压器专业生产企业南通晓星变压器有限公司。公司资产总额18亿元，员工1209人，其中工程技术人员385人，占员工总数的32%，享有国务院特殊津贴专家3人，同时聘请工程院院士为高级顾问。拥有变压器生产和试验、检测专用设备260多台（套），有世界一流水平的德国乔格波纹油箱、硅钢片纵横剪切生产线，乌克兰的铁心绑扎机、线圈恒压装置、大型立绕机15台，美国250吨气垫车3台，热淋喷油设备1套，400吨行车、大型叠装台2套及加工中心设备、镜面真空浇铸造设备、等离子切割设备、现代化超商压试验中心（110~1000千伏）和CDA三维建模工作站。全封闭、净化、恒温、恒压、恒湿无尘车间，提高产品质量和保证能力，一次性通过中国电器工业协会变压器分会和国家电网公司专家组的验收。公司变压器产品有765~66千伏超高压变压器（韩国的划分方法）、35~10千伏配电变压器、35~10千伏干式变压器、330千伏及以下整流变压器、特种变压器、CSF6气体绝缘变压器、低温超导变压器、铁路用变压器、电抗器等几十个系列、上千个品种和规格。

图6-15　晓星变压器公司生产车间

（董玉龙/摄于2009年11月）

公司产品先后被认定为“中国名牌产品”“江苏省质量信得过产品”。220千伏电力、整流变压器通过国家新产品鉴定。产品除热销国内市场外，还远销东南亚、非洲、澳洲等10多个国家和地区。2011年，产值18.60亿元，销售收入17.10亿元，利税2.42亿元。

江苏互邦变压器制造有限公司　坐落于晓星大道188号，前身为江苏互邦电力股份有限公司，成立于2007年9月。公司占地4万平方米，建筑面积3万平方米，是专业生产电力变压器、成套设备及其相关配套产品的民营企业。员工150余人，其中专业技术人员50余人，总资产1亿元，固定资产5000万元，拥有纵剪线、横剪线、真空干燥设备、箱式卷绕机、高低压绕线机、数控冲床、光纤切割机、真空浸渍罐、树脂浇注罐、抛丸机、喷涂设备及全套检测设备等。公司主要生产电压等级35千伏及以下，容量3.15万千伏安及以下的S9/S11系列电力变压器，SH15系列10千伏安、20千伏安非晶合金电力变压器，ZGS/YBM系列组合式变压器、D11系列单相变压器、ZS系列整流、电炉变压器，S11—DM系列地埋式变压器，SCB（10）系列环氧树脂干式变压器，SG（B）敞开式非包封变压器等。年生产能力250万千伏安以上。公司

图6-16 互邦变压器 （孙宝峰/摄）

与沈阳变压器研究所、国家电力设计研究院、苏州电器科学研究所联合建立研发中心，依托数据共享局域网，定期组织设计人员培训和学习，在变压器设计、改进、仿真和分析方面成效显著，被南通市经贸委评定为南通市企业技术中心。公司先后通过ISO 9001:2008质量管理体系认证、CQC产品强制性认证、ISO 14000环境认证。先后被省、市评为省质量信用产品、重点增长点企业、AAA资信企业，AAA重合同守信用企业等。

2011年，公司实现产值6000万元，销售5600万元，利税200万元，主要为国家电网、许继电气、宝胜电气、大全电气等国家大型电网企业提供风力、光伏发电等新能源工程配套产品，销售和服务网遍布全国，远销非洲、欧洲、南美洲及东南亚等国家和地区。

南通威科电气有限公司 坐落在开发区通榆南路69号，创建于2003年3月。占地3万平方米，总资产3.8亿元，员工100人。主要生产电力等级35千伏及以下变压器。生产的变压器、开关柜，损耗低、噪音小，结构合理，性能优越，其技术性能等级等各项指标均达到国内先进水平，被广泛应用于城乡电网、石化、冶金、工纺企业、学校、矿山、港口、住宅小区等，年生产能力8000台（套），600万千伏，销售和服务网络遍布国内近30个省、市、自治区，远销国外。产品先后被评为省优质产品、省名牌产品，被江苏名牌事业促进会等三单位认定为省质量放心服务满意零投诉名优企业。多次获得科技进步奖，被评为科技进步先进单位。2011年，实现产值7009.9万元，销售收入4532万元，上缴税收191万元，利润108.6万元。

南通龙翔电器设备有限公司 位于开发区东海大道69号，成立于2004年3月。公司有员工70人，其中专业技术人员10人，享受国务院津贴1人，是专业生产变压器、箱式变压器和变电站及高低压电器的企业。公司产品有S9、S11系列油浸式波纹油箱配电变压器；10千伏、20千伏、35千伏级电力变压器；整流变压器；SGB、SCB干式变压器；组合式变压器；单相、三相卷铁心变压器；箱式变压器和变电站高低压电器。产品通过ISO 9001质量管理体系认证。“龙翔”牌产品为省优质产品、省名牌产品。2011年，销售收入4080.60万元，利税106.51万元。

南通联通变压器有限公司 建立于1998年，位于立发大道北侧，是专业生产输变电设备的省民营科技企业，有员工200人，其中大中专以上专业技术人员占30%。公司主要产品有110千伏级、35千伏级的S11、S13系列油浸式电力变压器和SC（B）、SG系列干式电力变压器及ZHS系列整流变压器、ZGS系列组合式变压器、SHS系列整流变压器、ZG系列组合变压器、YB系列箱式变电站、SH1S系列非晶电力变压器和其他特种用途的变压器，均通过国家变压器质量监督检验中心、武汉高压研究所电器设备质量检验测试中心的例行、型式、特殊试验和省级以上的技术鉴定。公司开发研制的非晶合金电力变压器2008年被评为省高新技术产品。公司通过ISO 9000质量管理体系认证。产品销售和服务网络遍布国内20个省、市、自治区，产品多次为“南水北调”等大型国家重点工程做配套，并打进国际市场，远销阿联酋、也门等国家。公司相继被评为省民营科技企业、计量合格企业、AAA级资信企业。2011年，销售收入2788万元，利税259万元。

第七节 电子电器

一、发展概况

1975年，西场电声器材厂创办，生产扬声器。1978年，新生公社创办县电子仪器四厂，生产电子仪表、仪器。2002年12月，海安奇通公司与西蒙电气集团合资兴办西蒙奇通电气公司，主要产品有低压电器、电器附件、照明器材、楼宇智控设备等。2005年，鑫港企业有限公司落户开发区，生产销售各类中高档电动工具产品。2006年4月，晨朗电子集团创建，主要产品有软磁铁氧体和抗干扰磁芯、开关电源变压器等多种规格元件及烧结磁体。2010年1月，江苏斯特朗电梯有限公司在开发区建成全国最大OEM生产基地之一。2011年，城东镇有电子电器规模以上企业4家，产值12.7亿元，销售收入12.1亿元，利税1.35亿元。

二、企业选介

江苏西蒙奇通电气有限公司　公司是西班牙西蒙电气集团所属法人独资企业，生产基地位于海安经济开发区，营销总部设在上海浦东。西蒙电气集团创始于1916年，总部在西班牙巴塞罗那。1999年7月，西蒙电气进入中国，在中国拥有完善的销售网络，经分销商2000多家，2002年12月与海安奇通公司合资兴办西蒙奇通电气公司，为中国客户提供“SIMON”商标的电气附件（开关插座）、低压电器（断路器）、照明器材、综合布线、楼宇智控等数千种产品，年生产能力8000万件。产品先后用于中国国家体育场（鸟巢）、国家游泳中心（水立方）、上海世博会相关场馆、广州亚运新城等重点工程。西蒙电气（中国）有限公司是中国电器工业协会电器附件和家用控制器分会副理事长单位，是中国电器工业协会会员单位。公司通过ISO 9001、ISO 14001和OHS 18001管理体系认证。2011年，实现销售4.83亿元，利税6965万元。

图6-17　西蒙奇通电气公司车间

（孙宝峰/摄于2006年7月）

江苏晨朗电子集团　位于开发区黄海大道2号，前身为海安县磁性材料二厂，位于海安镇孙庄街道，2006年4月在海安开发区组建晨朗电子集团公司。集团公司集磁性元件的研发、生产、销售于一体，是全国磁性材料行业的骨干企业。主要产品有片式逆变变压器、表面贴装功率电感器、工型系列磁芯、高磁导率环形、抗干扰磁芯、串心磁珠、电感、行线性线圈、行推动变压器、电源滤波器、开关电源变压器、钕铁硼、烧结磁体等，主要销往日本、韩国和中国台湾及内地知名电器厂家，成为许多著名品牌电器商的紧密合作伙伴。集团公司与南京理工大学、上海大学、中国计量学院等高等院校签订产、学、研合作协议。2007年9月，与省科学技术厅签订重大科技项目合同，建立江苏省片式元件与材料工程研究中心，并请多名教授到中心进行技术指导，共同研究新材料、新产品开发，“高性能耐腐蚀稀土永磁材料”获2010年度江苏省科学技术奖一等奖。一推多灯管贴片逆变变压器的磁性材料在技术上有重大突破，产品通过用户使用，各项性能指标100%达标，获南通市科技进步奖三等奖。2008年申请发明专利3项，实用新型专利7项，并获省财政厅转型升级项目的财政专项资金扶持。2011年，公司实现销售收入3.17亿元，上缴税收1931万元。

图6-18　晨朗电子集团　（顾彬斌/摄）

江苏鑫港企业有限公司　位于通榆路东侧，2001年成立，是一家港资企业，有员工400人。公司主要生产销售各类中高档电动工具产品，包括冲击电钻、角向磨光机、砂光机等交直流电动工具。公司拥有国内领先的电动工具生产线和尖端的专业技术。主要生产设备包括意大利进

图6-19 江苏鑫港企业有限公司
（顾 俊/摄于2005年5月）

口AXIS马达全自动生产线、高速冲床、立式加工中心及数据加工中心等，产品全部销往欧美。公司管理体系通过ISO 9001质量管理体系、ISO 14001环境管理体系、OHS 18001职业健康安全管理体系认证。2011年，开票销售9299.46万元，利税3719万元。

江苏斯特朗电梯有限公司 位于221省道西侧，海防路北侧。2010年1月投资1.8亿元在海安开发区建立OEM生产基地。当年开工，当年投产，当年见效。公司专业生产自动扶梯、自动人行道、乘客电梯、观光电梯、载货电梯、医用电梯、汽车电梯、杂物电梯和无机房电梯等。建有一整套科学、严格、有效的企业质量保证体系。产品从设计、制造、安装、服务等方面，确保质量控制。当年生产电梯2500台。公司具有全新的切割、折弯、冲压、焊接、喷涂、精加工、装配等工艺；采用CAD、CAM计算机辅助设计制造技术，广泛吸纳国内外电梯高新技术；购置美国GP公司EVA—625电梯承运质量检测仪，生产的电梯在运行中的平稳度、舒适度和安全性均处于国内领先水平。2010年1月，江苏斯特朗电梯有限公司

图6-20 斯特朗电梯有限公司 （孙宝峰/摄）

投资1.8亿元在开发区建立全国最大OEM生产基地之一，当年投产，当年见效。2011年，实现产值9939.58万元，利税2087.31万元。

第八节 交通器材

一、发展概况

1976年，西场公社创办塑料制品厂。1986年，县壮志橡胶厂创建，1991年与迅达电梯合资组建南通海迅实业有限公司，产业有电梯部件、铁路器材、新能源等，1992年改为股份合作制企业。1997年，南通繁华玻璃金属制品有限公司在南屏乡创建，生产的钢化玻璃、夹层玻璃、防弹玻璃等广泛用于车船、建筑家电等多个领域。2003年，南通久立玻璃有限公司在立发桥街道建立。2008年7月，亚太轻合金科技有限公司在开发区内建立，主要生产汽车空调管及汽车水箱管。2011年，全镇建有多门类的交通器材行业。

二、企业选介

江苏海迅实业集团股份有限公司 总部位于东海大道18号。创办于1986年，2007年更为现名。集团实施多元化发展战略，下辖全资、控股、参股公司10余家，涉及产业有电梯部件、铁路器材、微电子材料、金融和新能源。集团通过ISO 9001、ISO 14001、Q+、CRCC、OHSAS 18000体 系认证。集团子公司江苏天恒纳米科技股份有限公司、江苏海迅铁路器材集团股份有限公司被认定为高新技术企业。集团拥有34件专利技术，其中发明专利19件，拥有省名牌产品1个、省专利新产品1个、省优秀新产品1个，已获批设立省级工程技术研究中心、省级企业技术中心、省博士后创新实践基地等。先后承担国家“火炬计划”、国家中小企业专项资金项目、省“双创计划”、省博士积聚计划、省创新基金项目计划、省科技支撑计划、省重点技术创新项目计划、省重点产业振兴和技术改造项目计划等项目研究。被评为国家“火炬计

图6-21 江苏海迅实业集团股份有限公司

（海迅集团/提供）

划”企业、省高新技术企业、省两化融合试点企业、升高成长型中小企业等。集团被列为海安县工业龙头企业、“一企一策”重点骨干企业、重点上市培育企业，2011年被评为省双拥模范单位、省精神文明建设先进单位、省创新型企业、省民营科技企业、省科技型中小企业、省模范劳动关系和谐企业、省模范职工之家、省民营企业文化建设示范单位、省学习型组织标兵单位、省创建学习型企业示范单位、省军民共建精神文明活动示范点、省AAA信用等级单位、市文明单位、市五十强民营企业、海安县税收基金超千万元企业。2011年，集团实现开票销售19.86亿元，利税1.92亿元。

亚太轻合金（南通）科技有限公司 成立于2008年7月，是江苏亚太轻合金科技股份有限公司的全资子公司，位于海防路29号。占地22万平方米，建筑面积10万平方米，有职工500人，其中专业技术人员80人，大专学历以上占50%。公司主要生产经营汽车用轻量化铝合金管材、棒材、型材及工业用高科技有色金属复合材料、汽车空调管及汽车水箱管。创新性地将倒立式盘拉

图6-22 亚太轻合金公司车间 （董玉龙/摄）

机用于管材的冷拉，并投入批量生产，汽车空调管路的市场占有率达5%。挤压车间主要生产汽车用铝合金型材、空调管路。3200吨挤压机，用于挤压盘管的坯管；1350吨挤压机系意大利技术，用于生产汽车用铝合金管材；2800吨挤压机用于生产汽车ABS阀体材料，为意大利进口，拥有此技术的企业国内仅此一家，产品全部替代进口产品，得到世界著名汽车ABS制动阀制造公司的赞誉，德国博世集团、美国德尔福集团均在批量使用。2011年，公司实现产值2.57亿元，销售2.12亿元，利润1816万元，利税2250万元。

南通繁华玻璃金属制品有限公司 始建于1997年，位于东海大道东侧，占地7600平方米，厂房面积3.5万平方米。是生产安全玻璃产品的专业厂家。公司有职工150人，长期从事安全玻璃生产的技术工人有50人。主要产品有钢化玻璃、夹层玻璃、中空玻璃、防弹玻璃、强化玻璃盖等，广泛用于车船、建筑、家电、民用等多个领域。产品最大规格3000~4500毫米，最小规格80毫米，原片玻璃厚度3~19毫米。2003年，引进国内外先进技术和生产、检测设备，生产多种类、多规格、不同技术要求的安全玻璃，产品相继通过“CCC”认证、ISO 9001：2000质量体系认证。公司产品畅销国内各有关知名企业并出口东南亚国家和地区，与中国一汽、二汽、江淮、哈飞等国内外知名厂家保持多年稳定的合作关系。2011年，销售收入1.61亿元，利税1157万元。

南通久立安全玻璃有限公司 建于2003年，位于五坝村通榆公路东侧，是专业生产安全玻璃的台资合资企业，技术员工96人。占地3万平方米，注册资本251万美元。公司拥有钢化玻璃、光伏玻璃、中空玻璃、夹层玻璃、热弯玻璃、防弹玻璃等多条生产线。管理全面采用ERP系统，产品先后通过国家安全玻璃检测中心“CCC”强制认证和公安部安全产品检验，防弹玻璃由公安部批准生产。公司高薪聘请行业中的技术人才，与台玻公司、中玻公司、上海耀皮等多家玻璃厂商建立稳定供货协作关系，产品销售辐射大江南北，部分产品出口海外。2011年，公司生产玻璃制品22万平方米，销售1331.17万元，利税286.2万元。

第九节　食品　粮油　饲料

一、食品加工业

（一）发展概况

1972年，壮志公社创办肉制品厂生产香肠。80年代，食品加工业发展起来。1986年，县供销合作社在立发兴办海安县益民食品厂，生产分割肉、鱼罐头、猪肉制品。1989年，县益民食品厂的海狮鱼罐头在江苏省同行业评比中获第二名。1992年，益民食品厂职工509人，工业产值3838万元。进入21世纪，食品加工业迅速发展，南通金土地绿色食品有限公司，南通金旺绿色食品有限公司先后落户开发区。2011年，投资亿元的南通三盛鑫生物科技有限公司竣工投产，从事食用菌种培育、种植。2011年底有金旺食品、游龙肠衣、嘉松肠衣、金华食品、三盛鑫等单位入驻。

图6-23　三盛鑫生物科技公司杏鲍菇采摘　（董玉龙/摄）

（二）企业选介

南通康德生物制品有限公司　位于东海大道东5号，成立于1995年，注册资本1600万元。2004年进入海安开发区，主要从事鲜蛋的收购、销售和蛋制品的加工、销售。2004年，引进美国APV USA公司全套自动化蛋品加工生产设备和蛋液自动灌装设备，后发展成集蛋粉、蛋液于一体的蛋制品综合利用生产企业。2007年，公司为满足产品出口及蛋品深加工项目需要，引进国际最先进的蛋鸡全自动化养殖设备，形成50万羽现代化规模养殖场。公司成为江苏省唯一的集生态健康养殖、优质鲜蛋销售、蛋制品精深加工销售于一体的农业龙头企业，是“南通市农业产业化重点龙头企业”“江苏省农业综合开发重点龙头企业”“南通市首批星火龙头企业”。有员工142人，其中研发人员25人，高、中级技术职称14人。产品有“康德”牌绿色无公害鸡蛋、全蛋液、蛋黄液、蛋白液、全蛋粉、蛋黄粉、蛋白粉（片）、溶菌酶、免疫球蛋白等，广泛应用于面制品、冷饮、高档糖果、乳制品、肉制品、保健食品、生物医药和精细饲料等。公司年生产蛋粉3000吨、蛋液5000吨，转化鸡蛋15000吨，产品配供“雀巢”“康师傅”“徐福记”“雅士利”等国内众多知名食品企业，并出口日本、韩国、俄罗斯、中东等10多个国家和地区。

“公司+基地+农户”“公司+合作社+农户”的产业化经营模式初步形成。公司坚持产学研相结合，与江南大学、南京农业大学、扬州大学、江苏省农科院、家禽研究所、动物科技学院建立长期稳定的技术合作关系，聘请多名教授担任蛋鸡养殖、蛋品加工的技术顾问，生产工艺流程得到不断改进，从而降低成本，提高经济效益。2008年带动养殖农户5500户，规模养殖500万羽，帮助农民增收1500万元，吸纳劳动力就业1万人，增加收入1.5亿元。“鸡蛋清深加工技术”获市、县科技进步奖二、三等奖。研制的高附加值产品溶菌酶和免疫球蛋白，进入产业化生产。2011年，公司实现产值1.48亿元，销售收入1.45亿元，利税1057万元。

海安县华润食品有限公司　位于上湖村，创办于2002年4月。公司是集畜牧养殖、生猪屠宰加工、冷藏、销售为一体的新型肉类食品加工企业。拥有现代化的大型屠宰生产流水线，分割加工设备和相应配套的速冻和冷藏设施，年屠宰加工生猪18万头，年销售总额1.5亿元。公司以华润生猪合作社为基础，形成基地联农户的生猪养殖模式，2004年初，顺利通过农业部产品质量安全中心、江苏省质量技术监督局无公害农产品的认证。

公司创放心肉品牌，生产加工的717牌红条肉、白条肉、分割肉及其猪副产品远销上海、南京、苏州、无锡等20多个省市。

海安县婷婷农副产品有限公司　坐落在海安开发区西场工业园区内，成立于2005年8月。公司是一家农副产品加工的专业生产厂家，注册资金550万元。占地2.67万平方米，厂房1.2万平方米，职工120人。公司年销成品蛋4500吨。公司有良好的生产环境、先进的生产设备、一流的质量管理，同时具备较强的研发和生产能力。公司将草鸡蛋、皮蛋、咸鸭蛋加工成礼盒，卤蛋、鸡蛋干等休闲食品进入麦德龙、沃尔玛、世纪联华、华润苏果、每家玛等大型超市，成为畅销产品。公司生产均采取"公司+农户"的形式，实行统一品种、统一饲料、统一防疫、统一收购。2011年，公司产值5680万元，销售利润478万元。

图6-24　婷婷农副产品公司成品蛋包装
（顾　俊/摄于2009年10月）

南通金旺农业开发有限公司　位于县经济开发区农产品集中加工区内（通榆南路），创办于2006年12月。占地4万平方米，厂房1万多平方米，拥有生猪自动屠宰线2条，家禽自动屠宰线1条，具有日宰生猪2000头、家禽15000羽及其分割生产能力，并拥有1800吨冷库1座。该公司下设生猪屠宰车间、家禽屠宰车间、精炼猪油车间，锅炉及冷冻机房，拥有全套污水处理设备，于2008年4月全部通过环保、质检、动检、卫生、消防等部门验收，投产运行。当年屠宰生猪15万头，樱桃谷鸭200万羽。实现销售收入6532.34万元，生产销售支出6191.09万元，利润总额341.25万元。

公司主要产品为冷鲜白条肉、冷鲜红条肉、冷鲜包装分割肉，整禽及其分割产品，各类猪副产品，精炼猪油，腌制猪皮。产品采用工业化规模生产，严格执行国家及相关部门颁布的标准，实行严格的产品质量检验，确保产品出厂合格率100%。

为保证有充足货源和产品质量，公司成立海安县金旺畜禽专业合作社，有社员547户，并辐射带动全县近7000农户养殖，形成"公司＋合作社＋基地＋农户"的运行模式。通过合作社建立起企业与农户的利益连接机制。不管市场行情如何变化，合作社对社员一律实行保护价收购，并坚持就高不就低的原则，保证农民的养殖利益。

南通汇益食品有限公司　位于县城海防公路与通榆公路交会处，创办于2007年1月。公司占地4万平方米，注册资本560万美元。计划总投资1.09亿元，拟建成两座万吨冷库及加工、包装车间，生产营销中心及农副产品批发零售市场。公司一标段工程建设主要是产品深加工、职工生活区综合楼，2009年9月30日顺利封顶，冷藏、保鲜库基础设施全部完成。2010年6月完成配套设施安装调试，下半年投产。二期工程即全国地方特色农产品生产加工交易中心于2010年破土动工，3年内全部完工。为服务周边畜禽养殖户，公司于是年成立以畜禽系列为主打产品的专业合作社，带动当地农民致富奔小康，打造成华东最具规模、便捷型的大型冷链物流中心。

南通游龙肠衣食品有限公司　位于葛家桥村1组，创办于2007年7月。公司注册资金240万美元，占地1.65万平方米。新建厂房操作间和低温冷库均按照欧盟食品卫生安全标准而设计建设，建设面积6000多平方米，有职工110人，其中技术人员18人。该公司系县政府招商引资的农业深加工产业化项目，是以肠衣类产品为主的专业生产加工企业。主要产品有盐渍猪肠衣、羊肠衣、肝素钠，肠衣取自健康牲畜的新鲜原肠，主要用途为灌制香肠的外衣。年生产肠衣能力1000桶，产值亿元以上。产品主要外销东南亚、欧盟及美国等10多个国家和地区。

二、粮油加工业

（一）发展概况

1954年，韩家庄办起江河油厂。1956年，公私合营西场油米厂建立。1957年8月，地方国营江河油厂迁至立发桥西首，更名为地方国营立发油厂。1993年，各村均有粮食加工点，一些村有小油坊。韩洋乡韩西村一农民投资30万元，创办面粉加工厂。2002年由新生粮管所改制成的南通季和米业有限公司，专业从事大米加工、仓储和销售。2003年，南通家惠发展有限公司退城进郊，搬迁到海安开发区，研发和销售油脂、饲料、生物制品。2011年，全镇规模以上粮油加工企业3家，产值27.33亿元，利税2.36亿元。

（二）企业选介

南通家惠油脂发展有限公司 创办于民国35年（1946年），前身为国营海安县大公油脂化工厂，2001年改制更为现名。2003年搬迁至开发区，是集农产品精深加工、粮油食品、调味品、休闲食品、高中档小包装油、彩色印刷包装、粮油仓储及物流于一体的民营企业，是省农业产业化重点龙头企业。公司通过ISO 9001：2008认证，获得省出入境检验检疫局食用油脂出口卫生注册证，“家惠”牌植物油被评定为国家级“放心油”产品，2011年公司获评全国食用植物油加工50强企业、全国放心粮油进农村进社区示范工程示范加工企业、省粮食行业优秀企业，产品获省名牌产品称号。

公司坐落于海安开发区黄海大道东39号，占地10万平方米，总资产4.2亿元。拥有日处理1000吨大豆、油菜籽预榨、浸出生产线、日处理450吨油脂精炼自动化生产线、年生产能力1000万箱小包装生产线，设备工艺先进，自动化程度高，同时具备15万吨油脂、6万吨粮食的仓储能力。

公司注册“家惠”“煮煮乐”“样样红”“纤诺”等38个品牌商标，产品销售覆盖华东等地区。食用油中小包装产品进入乐天玛特、华润苏果、农工商、大润发等大型卖场。2011年，公司产值9.38亿元，销售8.58亿元，利税1.15亿元。

南通季和米业有限责任公司 2002年由新生粮管所改制而成，是专业从事大米加工、仓储和销售的大型粮食企业。公司占地1.79万平方米，拥有年生产能力10万吨大米生产线，2008年，无公害农产品“季和”牌大米，进入上海、福建、浙江等大中城市超市和卖场，实现超市零投诉。2010年“季和”牌大米产量6.68万吨，比2008年增长174%，销售额2.57亿元，实现利税9.7万元，在江苏组织的名特优产品（上海）交易会上获“畅销产品奖”。公司坚持优选水稻品种，强化产品质量检验和控制，与德国麦咨达农业咨询有限公司合作，建立农产品质量项目可追溯体系。公司大力推广“订单农业”，加强生产基地建设，与1万多户农户签订水稻种植管理合同，面积3.7万亩。2010年成为上海世博会的大米供应商。

公司“季和”品牌大米先后获得“绿色产品”证书、“国家无公害农产品”证书、南通名牌产品、计量保证能力确认证书。公司获得市级重合同守信用先进企业、安全生产A类企业、肉菜粮油放心工程放心经营单位、文明诚信单位等称号。2009年被评为南通市质量管理先进单位企业，2010年通过ISO 9001认证和ISO 2000认证。被德国麦德龙总公司评为中国区食品质量安全最佳供应商，被中国粮食行业协会授予“全国放心粮油进农村进社区示范工程示范加工企业”称号。2011年，公司产值1.05亿元，利税3万元。

“季和”牌大米由南通季和米业有限公司生产，1995年，所产优质大米全部销往德国麦德龙、上海文峰购物广场、乐天玛特、绍兴千客隆、诸暨一百等大型连锁超市。在全国大米行业中第一个实现从种植到餐桌的农产品全过程质量安全控制可追溯体系，2011年度“季和”牌大米在德国麦德龙超市销售额1.3亿元。同年11月，获第九届江苏（上海）名特优农产品交易会“畅销产品奖”。

三、饲料生产

（一）发展概况

80年代，立发油米厂开始生产饲料，生产混合饲料。1988年，立发饲料厂安装微电脑控制配合饲料生产机组。1993年，天成动物药厂在开发区创建，主要生产多品种的畜禽原料药、添加剂、复合预混料。1997年更名为南通天成保健品有限公司。1999年，大福饲料有限公司在南屏乡创建，生产畜禽水产品预混料、颗粒配合饲料。2011年，全镇规模以上饲料加工企业3家，产值10.41亿元，利税1.14亿元。

（二）企业选介

江苏天成科技发展股份有限公司（天成集团） 创建于1990年，位于海安经济开发区，是集饲料、生化、兽药、农业科技园、省级工程研究中心为一体的综合性企业集团。是国家级农业综合开发重点龙头项目企业、省农业产业化重点龙头企业和省高新技术企业、省新型饲料产业技术创新联盟理事长单位，连续10年被评为AAA级资信企业。有员工1000多人，总资产10亿元。建有江苏省兽药饲料行业唯一的省级工程技术研究平台——江苏省新兽药与饲料添加剂工程技术研究中心。投资引进先进生产设备和检测仪器，建有达到GMP标准的中心化验室和大型水产、家禽养殖实验基地。先后通过国家GMP认证、ISO 9001质量管理体系认证、HACCP食品安全管理体系认证和省计量保证确认认证。天成生化公司自2006年投产后，已成为亚洲最大的双乙烯酮、双乙甲酯产品供应商。2011年，产值18.82亿元，利税1.90亿元。

图6-25　天成集团　（孙宝峰/摄）

南通市大福饲料有限公司 位于通榆路东侧、栟茶运河北侧，创建于1999年，是生产畜禽水产预混料、浓缩蛋白饲料、颗粒配合饲料为主的集科研、贸易、生产为一体的高新技术企业，职工110人。2006年公司开始专业化生产水产配合饲料。公司建有现代化生产车间、仓库、检验室。与上海、北京等多家公司和科研院校紧密合作，借鉴国内外先进配方和生产技术，提升产品质量。公司每年为养殖户举办无公害水产养殖饲料使用技术培训，发放《大福水产养殖技术手册》，成为水产养殖户的好帮手。2011年，公司实现销售收入2015.5万元，利润3.7万元。

第十节　化　工

一、发展概况

70年代中前期，南屏公社办起小型磷肥厂，80年代初停产。70年代末80年代初，壮志、西场公社办起橡胶制品生产企业。1985年，新生乡生化厂创办，生产蛋白粉。2001年4月，南通市康桥油脂有限公司在开发区创办。2003年后，随着县精细化工园的创立，境域化工企业增多。2003年后，江苏益农肥料有限公司在开发区投资15万吨复合肥生产线，5万吨BB肥生产线，10万吨过磷酸生产线各1条。2005年，江苏天成生化品有限公司在精细化工园创建。2006—2007年，海安县对化工企业进行普查，专项整治，至2007年底，有11家企业在县精细化工园征地准备实施搬迁。2008年，江苏新希望天成保健品有限公司成为全国同类企业50强之一，是江苏省最大的兽用原料药和成品药生产企业，生产的“天成牌”畜禽用原料药、成品药是中国公认名牌，农业部推荐产品，获国家星火成果博览会金奖，获国家星火成果博览会金奖，主产品有乙氧基喹啉、双乙酸钠、喹乙醇等5大系列100多个品种。2010年，海安县福利建材厂（联荣集团）在开发区实施的搬迁改造项目环氧树脂等产品生产线开始投入生产，江苏瑞林助剂有限公司的8万吨助剂生产项目开工建设。2011年，南通恒隆化工有限公司在开发区精细化工园创办，其3万吨聚氨酯树脂PU胶黏剂生产项目开工建设；双惠（南通）食品添加剂有限公司在开发区投资兴建6万吨食品添加剂项目。是年，全镇拥有规模以上化工企业20多家。

二、企业选介

江苏天成生化制品有限公司 隶属江苏天成科技集团，位于县精细化工园，创建于2005年，占地16.86万平方米，拥有国内单套双烯酮生产线6条，产品有双乙烯酮、乙酸甲酯、乙酰乙酸乙酯等，是国内双类产品供应商。2011年，有职工150多人，销售收入5.3亿元，利税1.14亿元。

南通市康桥油脂有限公司　创建于2006年，位于海安开发区康桥路2号，是硬脂酸、硬化油、甘油及其衍生产品的生产企业。总占地10万平方米，有职工180人，总资产10.96亿元。公司生产过程采用国内先进的DCS系统进行自动化控制，产品质量指标均达到或超过国家标准。公司与南京工业大学、江南大学、常州大学等高校建立密切的“产学研”关系，致力开发新能源、新项目。公司先后获得税收基金超千万元企业、高危行业专项治理先进单位和节能减排先进企业、工业百强企业、质量工作标兵企业、文明单位等多项称号。2011年，公司生产康桥牌硬脂酸10万吨、硬化油5万吨、甘油1.4万吨，销售收入9.03亿元，利税1.35亿元。

第十一节　节能环保

一、发展概况

2000年，南通苏中钢管有限公司在南屏乡创建，研制开发绿色环保型管材——钢塑复合管，综合性指标达到国际先进水平。2001年，江苏双能太阳能有限公司在海安开发区建成，自主研制的多功能自动关水阀门，新型过滤、防回水太阳能热水器系统被认定为省高新技术产品。2005年，美亚热电有限公司建成投产。同年，南通联发热电有限公司建成。2011年，城东镇有环保企业6家，产值5.71亿元，税利3563万元。

二、企业选介

江苏双能太阳能热水器公司　位于通榆南路29号，创建于1998年。2001年在海安开发区建成新厂区，占地13万平方米，投资3.8亿元，企业是专业从事太阳能热利用产品技术研发、生产制造和推广销售的太阳能骨干企业，综合实力居行业前列。生产的“双能”牌太阳能热水器是中国驰名商标、家电下乡品牌、中国环境标志产品、20强畅销品牌、国家康居示范工程选用产品、太阳能热利用行业推荐品牌。公司先后通过ISO 9001国际质量管理体系认证、ISO 14001环境管理体系认证、CCC国家强制性产品认证和CE认证。自主研发生产的“双能水霸”，2008年获国家实用新型专利证书，成为省高新技术产品，被评为省建设科技成果推广项目认定产品，是国家可再生能源与节能产品、技术博览会优秀产品。公司是全国环境标志优秀企业，是国家太阳能热利用产业联盟常务理事单位。公司斥巨资引进了国际先进的三靶干涉复合镀膜技术，深层次推出“转热因子”应用技术，引领行业关注“能效化”标识的推进。产品畅销全国20多个省、市、自治区，拥有数千个销售网点，先后为大同煤炭集团、陕西宾馆、北戴河度假村、山西省发改委、太原市供电局等众多单位提供配套太阳能热水器及太阳集热工程，受到客户一致赞许。2011年，工业产值2239万元，销售收入2209万元，利税1.7万元。

卡姆丹克太阳能（江苏）有限公司　位于黄海大道，创建于2010年2月。是年5月，投资6亿元，在开发区征用土地5.07万平方米，开工建设，当年投产。建有现代化标准厂房，主要产品是单晶硅片。此产品是太阳能光伏领域产业链上游的产品。单晶炉生产车间具有核心技术，每台机器造价130万元，生产的单晶硅柱，纯度100%。公司单晶片线切割车间，安装35台线切割机，从瑞士进口，每台价值600万元。公司与新日光能源科技股份有限公司、中电光伏有限公司、晶澳太阳能有限公司、无锡尚德太阳能电力有限公司、阿特斯阳光电力公司、昱晶能源科技股份有限公司、江阴浚鑫科技有限公司、正泰集团股份有限公司、福克斯能源有限公司等企业建立供货关系。产品除销售国内新能源太阳能电池生产企业外，还出口欧洲、亚洲十几个国家和地区，受到国内外客户的信赖。2011年，公司有职工400人，实现产值2.83亿元，销售2.62亿元，利润1882万元，利税2002万元。

南通苏中钢管有限公司　2000年创建。公司占地3.4万平方米，是集纵剪、冷轧、制管、镀锌、钢塑复合于一体的专业公司，是苏中地区最大的高频焊生产基地。公司自行研制开发9个自主知识产权专利产品。是年研制开发的绿色环保型管材——钢塑复合管，其综合性能指标达国际先进水平，生产技术和工艺填补国内空白。参加国家知识产权局举办的中国专利十五年成就展，并获得最佳项目奖。在国家知识产权局举办的第九届中国专利新技术新产品博览会上获特别金奖，同时被认定为省高新技术产品，并通过省“星火计划”项目验收，是省知识产权重点保护单位。中央电视台、江苏电视台专题报道。是年，成为江苏省高新技术企业。公司自主开发的“爱卫”牌钢塑复合管，通过省级专家评审，综合性能指标达国际先进水平。公司拥有钢塑复合管、抗老化钢塑复合管、高强度复合棚杆、钢塑复合管大棚、钢塑复合管接头、钢塑复合管内塑料层工艺等12件专利，产品80%销售到日本、韩国、美国、加拿大、英国、俄罗斯、南非等30多个国家和地区。2011年，实现销售收入1.26亿元，利税1401万元。

第十二节 家 具

一、发展概况

80年代前，城东境域农户家具主要由木匠上门加工制作，80年代后开始购买家具。境域内有一些小型家具店，规模不大。2010年，东部全球家具产业基地在开发区落户。2011年，全镇有家具企业10多家。

图6-26 东部全球家具采购中心 （孙宝峰/摄）

二、企业选介

海安县龙凤红木家具厂 位于通榆中路99号，是生产红木家具的专业厂家。2000年在海安开发区征地2.73万平方米，厂房建筑面积2.7万平方米，购进自动吸屑压刨机、榫眼机、提空机、雕刻机等先进设备，经过机械精加，配以艺人的精雕细刻，生产品种有花台、花架、餐桌、椅子、麻将桌椅、酒厨及床等成套家具，产品销往美国、日本、新加坡等国家和国内各地。2011年，工业产值3000万元。

南通市元方缘家具制造有限公司 2006年，由北京元方缘家具制造有限公司董事长于清惠返乡于城东镇丰产村投资创建，总资产1.6亿元，年产10万套件实木家具，占地7.06万平方米，建筑面积6.5万平方米。公司主营木质家具制造销售、木材加工、销售。拥有各式木工生产、检测设备950台（套）。在国内150个大中城市设有310个销售网点和办事处。产品出口韩国、俄罗斯、日本及东南亚地区。主要产品为采用俄罗斯进口松木生产的“元方缘”五大系列（卧房、书房、儿童、客厅、餐厅）200多个品种的实木环保家具。采用原产于非洲的乌金木、黑檀木原材，利用古朴的雕刻工艺，涵盖家具生活的每个空间，“金檀盛世”高档系列，精湛打造满足高端客户需求。公司在俄罗斯投资建设10万公顷森林14.7公顷生产基地，年产10万立方米木材，是江苏省第一家、全国第三家，在国外拥有木材直接采伐加工、运输的企业，年产值2亿元。“元方缘”系列家具被评为中国驰名商标、省著名商标、市知名商标、中国绿色环保产品、中国质量监督合格红榜产品，公司被评为重合同守信用AAA企业、省家具行业“十一五”先进企业。公司通过质量管理体系认证、环境管理体系认证，是省家具行业协会副会长单位、市家居商会名誉会长单位，中国十大实木家具生产企业。2011年，实现产值4599万元，销售4493万元，利税369万元。

东部全球家具产业基地 由中国东部家具

产业基地（海安）管理发展有限公司开发、建设、管理。基地位于海安经济技术开发区东部产业新城，开发大道东侧，沈海高速西侧，南临沈海高速公路海安进出口，221省道贯穿其中，交通区位极其优越。规划用地面积74.97万平方米，计划总投资80亿元，是集原料采购、家具研发、设计、生产、销售、物流为一体的综合型产业基地。基地高标准规划工厂区、家具市场区、物流园区、材料市场交易区、家具博览中心和展示区等功能区块，着力打造创新型、生态型、人文型的现代化家具产业基地。2011年，1号馆开工建设。

第十三节　名牌产品

1993年，海安经济开发区在城东境域建立，一批具有一定规模、科技含量高的企业相继落户开发区，经申报和评审，一批名牌产品陆续产生，城东镇成为全县经济增长最具活力的重要区域。至2011年，全镇获中国名牌产品4个，省名牌产品9个，市名牌产品14个。

2004—2011年城东镇中国名牌产品简表

表6-1

序号	企业名称	名牌产品名称	有效期
1	江苏鑫缘茧丝绸集团股份有限公司	“鑫缘”牌真丝绸面料	2004—2012
2	南通友邦变压器有限公司	“三力”牌110千伏及以下油浸式变压器	2005—2010
3	江苏鑫缘茧丝绸集团股份有限公司	“鑫缘”牌桑蚕生丝	2005—2010
4	江苏鑫缘茧丝绸集团股份有限公司	“鑫缘”牌桑蚕丝蚕丝被	2007—2012

2003—2011年城东镇江苏省名牌产品简表

表6-2

序号	企业名称	名牌产品名称	有效期
1	江苏联发纺织股份有限公司	“双钱”牌色织布	2003—2010
2	南通丝乡丝绸有限公司	“丝乡”牌蚕丝被	2010—2012
3	江苏海迅实业集团股份有限公司	“海迅”牌电梯平衡补偿链	2010—2012
4	南通大西洋木业有限公司	“大西洋”牌实木地板	2010—2012
5	江苏省华强纺织有限公司	“倍优特Beauty”牌棉及混纺纱线	2011—2013
6	江苏联发纺织股份有限公司	“双钱”牌色织棉布	2011—2013
7	南通季和米业有限责任公司	“季和”牌大米	2011—2014
8	南通那芙尔服饰有限公司	“那芙尔”牌蚕丝被	2011—2014
9	江苏鑫缘茧丝绸集团股份有限公司	“鑫缘”牌丝绸服装、丝绸家纺	2011—2014

2002—2011年城东镇南通市名牌产品简表

表6-3

序号	企业名称	名牌产品名称	获得年份
1	江苏西蒙奇通电器有限公司	“SIMTONE西蒙”开关插座	2002
2	南通金土地绿色食品有限公司	“农门”牌海安麻虾酱	2005
3	南通康德生物制品有限公司	“康德”牌鸡全蛋粉	2004

续表6-3

序号	企业名称	名牌产品名称	获得年份
4	南通康德生物制品有限公司	“康德”牌蛋粉	2006
5	南通丝乡丝绸有限公司	“丝乡”牌蚕丝被、丝绸服饰	2006
6	江苏鑫缘茧丝绸股份有限公司	“鑫缘”牌丝绸服装、丝绸家纺	2007
7	江苏联发纺织股份有限公司	“JAMES KINGDOM”牌衬衫	2007
8	江苏世业红酒业有限公司	“太爱您”牌桑葚果黄酒	2007
9	江苏海迅实业集团股份有限公司	“海迅”牌WF系列电梯平衡补偿链	2008
10	江苏省华强纺织有限公司	“倍优特Beauty”牌棉及混纺纱线	2008
11	海安县婷婷农副产品有限公司	“佳丰”牌蛋制品	2010
12	南通大西洋木业有限公司	“大西洋”牌木地板	2010
13	南通那芙尔服饰有限公司	“那芙尔”牌蚕丝被	2011
14	南通家惠油脂发展有限公司	“家惠”牌食用油	2011

第十四节　工业管理

一、管理机构

50年代，乡镇企业集中在县城和老集镇。“大跃进”中各公社创办企业，1958年境域内各人民公社建立社队工业办公室，1961年撤销。1970年，各公社工业办公室相继建立。1978年后，乡镇企业加快发展，工业总产值每年递增20%以上。1983年，乡经济联合委员会成立，工办改为工业公司，业务上接受县工业局领导。1994年，工业公司改称为企业管理服务站，接受乡镇政府、县乡镇企业管理局（后并入县工业委员会、县计划与经济委员会）双重领导。企管站建立后，牵头组织各乡镇工业经济各项重大活动，检查督促工业生产进度和各项经济指标执行情况，组织指导各乡镇工业企业管理、财务管理、安全生产、设备管理、节约能源等工作和生产经营活动。2001年，开发区城东镇实行一套班子、两块牌子办公后，南屏、立发两企管站合并成立城东镇企业管理服务站（城东镇乡镇企业集体资产管理站）一套班子。2002年，为进一步理顺开发区与城东镇关系，企管站职能划归开发区经济发展局（简称经发局），资产站仍归城东镇领导。各乡镇企管站历任负责人：南屏企管站先后为金凤鸣、陈正、龚小文；立发企管站先后为张世原、吕忠山、彭昌宏；新生企管站先后为吴君石、刘圣来；韩洋企管站先后为周元富、史有生、陈明、徐宝银；西场企管站先后为汤远旺、范本来、钱俊昌、陈汝剑；壮志企管站为钱俊昌；洋蛮河镇企管站为徐宝银；城东镇企管站先后为冷培生、陈昌存、王平。2004年，第一批36家县属企业实施属地管理，移交给所驻镇。2005年，第二批58家县属企业移交给所驻镇。至此，城东镇内原属县管理的企业通过移交后列入开发区（城东镇）经发局管理。2011年，经发局有工作人员28人。

二、经营管理

50—80年代，实行计划经济，工厂企业按国家或地方计划组织生产。1960年，工业坚持“找米下锅，造米下锅”的取材方针。1962年，以公社为主建立工业生产合作企业，绝大多数社镇企业实行关、停、并、转，壮志、新生等农具社停办，立发、西场等农具社保留。“文化大革命”期间，工业生产受到“左”的干扰，企业领导班子存在软、懒、散现象，生产管理混乱。1978年后，企业整顿，恢复生产制度，做到生产有指标，工作有职责，质量有检验。

1982年，境域各乡都建立钩针编结厂。是年，立发轧花剥绒厂被撤销。1984年，乡镇企业开始走联合经营道路，按产品种类组织一条龙生产，组建多种生产性、开发性、经营性联合体。

1985年，工业管理制度渐趋完善，逐步实行厂长负责制、干部聘用制、承包制等。1990年，境域组建乡镇企业督导组，海安片督导组组织下辖南屏、立发等乡镇举办七项基础知识（计量、设备、节能、财务、班组、现场、标准化）培训班。

1993年，境域大多数企业实行承包经营责任制。1995年，改制企业通过改革内部运行机制，改善产品结构，开发新产品，提高产品质量，企业运行质量不断提高。1997年，广泛开展营销达标活动，多数企业建立以费用大承包为主的营销责任制。2002年，联发集团等企业有关负责人和业务人员参加市经贸委培训，学习反倾销、反补贴和保障措施知识。2004年，县发展计划与经济委员会邀请北京、上海、南京知名专家教授和国内成功企业家每月两天到海安讲授现代企业管理相关知识，城东镇规模以上企业负责人参加培训。由于坚持"诚信为本、客户至上、变革创新、精致管理"经营理念，企业不断发展壮大。至2011年前，城东镇企业主管部门（企管站）经常组织企业主要负责人外出参观学习，扩大眼界，借鉴兄弟单位管理经验，参加省、市、县有关部门举办的培训班，努力提高企业经营管理水平。

三、质量管理

1955年，境域内责令停办缺乏生产条件的五金修配、缝纫合作社，要求工厂配有质量检验人员，分配采取按质计件工资制，生产废品、次品由生产者赔偿损失。1958年，由于片面追求生产速度，企业管理不善，废品较多，浪工、浪料，损失较为严重。1961—1964年，贯彻"工业七十条"和"手工业三十五条"，产品正品率又有提高。"文化大革命"初期，质量管理混乱。70年代初期，质量管理重新得到重视。1978年，工业产品实行包修、包换、包赔三包政策，境域企业普遍开展"质量月"活动。1979年，县工业局作出规定，劣质品一日内超过30%的企业应报批停产整顿。1981年，境域各乡镇企业派人参加全县举办的质量培训班，各企业均把质量指标作为对职工考核的重点。1984年，企业普遍建立QC小组。1990年，各工业企业完成向国家法定计量单位过渡，并逐步通过上级主管部门标准化验收。

1997年，韩洋乡被省技术监督局评为省执行标准优秀乡镇。2004年9月1日，江苏省海安茧丝绸集团股份有限公司"鑫缘"牌真丝绸获中国名牌产品称号。2008年9月至年底，全镇工业企业开展消灭无标"回头看"活动，联发集团标准化良好，通过省级验收，取得AAA证书。2011年，不少企业通过ISO 9001质量管理体系认证，并获评江苏省企业知识产权管理标准化示范创建先进企业。

四、财务管理

1954年，境域各生产合作社、组的经济分配形式为独立核算，实行计件工资制，按劳付酬。1955年，各工厂、合作社定期向工人公布生产成本、生产成绩，设立出勤奖、节约奖、安全质量奖，对先进生产者给予物质奖励，调动工人生产积极性。

1957年，多数企业建立账册、凭证、材料保管、固定资产管理等制度。1960年，针对"大跃进"时期浪费损失严重情况，开展财务四化运动，即成本核算群众参加六员（成本员、统计员、材料员、检验员、技术员、安全卫生员）化、统计工作图表化、收发保管科学化、数字资料档案化。1962年，工业企业开始清理仓库物资、财务账目、票证、各项经费。1963—1964年，开展增产节约运动。"文化大革命"初期，抓财务管理被视为"利润挂帅"。1971年，重新重视财务管理，开展以清仓核资为主要内容的增产节约运动。1978年，结合企业整顿，建立考勤制度，严格执行财务纪律，实行严格的消耗定额管理制度，努力降低成本，减少非生产性开支。1982年，社镇企业财务整顿，其中40%的企业财务机构基本齐全，总账、现金、出纳、材料保管等财务管理班子健全。

1990年，开展"合格仓库、合格财务、合格生产工作现场"三合格活动，进行财务达标验收。

1991年建立增盈责任制，境域亏损企业进一步加强财务管理，完善增盈减亏责任制。1994年6月，公有民营企业财务制度按会计通则和会计准则执行。1997年，会计人员持证上岗。1999年6月底，境域各乡镇建立会计统计服务站。2002年，县发展计划与经济委员会组织乡镇企业会计人员学习新企业会计制度，先后举办培训班3期，境域乡镇企业会计人员均参加培训。2003年1月1日起，工业企业执行新企业会计制度，企业财务管理步入规范化、制度化新阶段。2004年，地方税务局帮助企业加强经营管理和财务核算，为镇内企业组织培训班，提升企业财务管理水平。2006年，县地税局邀请扬州税务学院教授到海安举办规模以上工业企业防范税收风险、降低税收成本税收筹划讲座，镇内各有关企业负责人均参加学习。2011年，全镇加强财务人员继续教育培训，改变继续教育组织形式，重点进行政策面授培训，增强企业纳税意识，提高会计理财水平。

五、工业企业改革

1993年，乡镇集体工业企业管理模式一般实行承包制和经营责任制，经营者负盈不负亏，企业负债，政府负责，企业亏损面20%。8月19日，县委组织农工部、体改委、乡镇企业局10多人组成的工作组进驻南屏乡，与乡党委、乡政府一起进行为期40多天的产权制度改革试点工作。10月8日，南屏乡召开企业产权转让鉴证大会，县、区、乡镇负责人参加会议，县委领导讲话。是年，南屏乡、立发乡13家企业产权转让，转让净资产1360万元。

1994年9月，海迅实业集团股份有限公司收购倒闭的壮志乡肉制品厂，新上包装箱项目。1995年9月，海迅集团又兼并面临破产的海安县五马铁链厂，增加铁制件和模具生产。1995年，乡镇企业全面进行改革。韩洋乡12家企业中，改组为股份合作制的企业有：建材设备厂、石粉厂、标牌厂、塑料三厂、造船厂、砖瓦厂、江海铝合金型材厂、弘鑫焊材辅料厂、鑫星丝织厂；“先出售，后改制”的企业有：县皇家有色浇铸厂、县南洋皮件厂；改为二级核算的单位有：海安三建一处。在产权制度改革中，许多乡镇企业实行竞价拍卖。其中，南屏乡乡镇企业17家，拍卖15家。

1997年，乡镇改制企业中凡是资本金在50万元以上的都按照逐步建立现代企业制度的目标，转换经营机制，加强内部管理，规范运行。针对企业在运行中暴露的弊病，采取流转股权的措施，明确要求股权向经营层集中，经营者必须持大股。1999年，境域企业继续深化完善改革，部分企业着手进行“二次改制”，推行资产保值增值抵押经营责任制。韩洋乡狠刹企业非生产性支出，企业业务招待费控制在销售收入的0.8%，节约非生产性支出50多万元。

2005年，一些重点企业组建企业集团。江苏华强纺织有限公司组建江苏华强纺织集团，资产总值近4亿元，拥有海安县华强纱线有限公司、南通华强布业有限公司、海安华强染整有限公司、海安县华强针织有限公司等子公司。是年，县在城东镇内选择3家民营企业作为上市后备企业重点培育，联发集团、华强纺织、海安电器等重点企业，规范调整到位，逐步进入上市申报阶段。2011年，境域3500个企业按民营企业管理模式正常运行。

第十五节　招商引资

1993年4月12日，海安经济技术开发区管理委员会建立。是年，开发区落户招商引资项目33个。至1998年批准进区项目143个，总投资13.75亿元。1996年9月26日，县开发区升级为省级开发区。工业经济以发展工贸园区为依托，重点发展高科技工业项目。是年，奇通公司等企业首批入驻海安开发区，兴办工厂8家。

1998年底，开发区拥有工业企业29家，当年完成工业总产值（不变价）1.2亿元，企业实现净利润3095万元，工业利税645万元。一批具有一定规模、科技含量高的企业相继落户开发区。

2001年3月，招商引资和工业经济发展态势良好。南屏、立发工业园区初具规模，先后有5家企业进园区，投入资金2200万元。韩洋工业园区新进企业4家，范桥工业园区新进企业5家。韩洋园区南岛公司投资250万元，买断原租赁厂房和使用土地2公顷，新建车间3450平方米；南洋公司与扬州市汉梦外贸公司联营，引进发展基金97万元。年内，韩洋工业园区被评为“县示范工业园区”。

2002年，实施“大开发、大招商、大发展”战略，全年批准进区项目61个，总投资10.5亿元，同比增长291.8%，其中工业项目46个，投资额9.5亿元。全年引进2000万元以上项目9个，主要有：热电厂，占地8公顷，外商投资2980万美元；丝绸工业园，占地7公顷，总投资1.2亿元；中邦纺织，总投资4000万元；鑫城气动，总投资4000万元等。是年，重点扶持工业外资项目13个，投资额6.14亿元，占总投资额的64.6%；到账外资1258万美元，增长50.5%，占全县73.2%，完成技改投入2.25亿元，占全县四分之一。

2003年，完成合同外资2553万美元，到账外资1385万美元，利用县外民资3800万元，引进项目85个，总投资12.2亿元。其中，外资项目29个，总投资6.29亿元。红太阳家居城，总投资3亿元，注册资本5000万元，用地8.67公顷。总投资2980万美元的热电厂项目于年底开工。联发整体搬迁项目总投资3.3亿元，用地38.67公顷，将兴建棉纺厂、织布厂、服装厂、后整理厂、热电厂，项目进入国家“双高一优”笼子。苏中台湾商贸城、台海俱乐部，总投资460万美元，注册资本300万美元，用地10.67公顷。建立上海、苏州、昆山3个驻外招商点，推出精细化工园、纺织服装园、温州工业园、火车站工业园、高科技产业园5个专业园区招商新平台，规划总面积超过1333.33公顷。

2004年，合同利用外资1.5亿美元，到账外资4225万美元，利用县外民资1.26亿元，分别增长499%、205%、229%。全年签约项目28个，其中投资额在500万美元以上的项目12个，1000万美元以上的项目18个。拥有12项专利技术的“气柱包装”项目第一期投资3000万美元；国家科技“863”计划项目“金属粉末注射成型产品”项目总投资1.25亿元，到账1520万元。鸿禧商贸城项目台商投资2亿元；站前会展中心项目沪商投资10亿元；家居城市场项目浙商投资3.3亿元；新世纪大厦装饰城四星级酒店，成为城区新的商贸物流辐射中心。

2005年，签约外资项目40个，其中注册资本300万美元以上项目15个，合同利用外资1.42亿美元，位列全县第一，实际到账外资6436万美元，利用县外民资1.54亿元，分别增长52.3%、22.4%，全年开工项目51个。吉祥塑铝板、联发染织、天成医药、亚美热电、天元横机、海迅研磨液、金海岸国际展览城、金海安大厦等一大批大项目进展顺利。

2006年，招商引资强势跃升，始终把招商引资作为发展的主要抓手，以“大招商、招大商”“引资新项目、培优势项目”为重点思路，突出项目建设，招商引资在规模上、效益上、深度上实现新突破，到账外资总量创历史之最，合同利用外资2.1亿美元，引进市外民资2.26亿元，到账外资9500万美元。签约项目39个，其中总投资1000万美元以上的项目14个。超大型变压器项目一次性到账2550万美元，成为海安县迄至2006年一次性到账最多的项目。

2007年，始终把投资强度高、产出质量高、科技含量高、产业关联度高的“四高”项目作为招商主攻点。全镇以“双月会战”“百日竞赛”为契机，紧盯韩商、台商、浙商和世界五百强企业，瞄准投资额度大、技术含量高、产业带动强、财政贡献大项目，推行品牌招商，优化平台招商，强化驻点招商；在上海、东莞、温州、无锡、昆山、台州、余姚设立7个招商处，在商贾云集的上海、台州、武汉、北京等地开展系列专题招商。全年签约项目61个，其中外资项目45个，投资总额67亿元，外资到账突破1亿美元，其中森信电源科技、铃木电子科技、博雅生物科技、立宝半导体科技等8个项目总投资都在2500万元以上，注册资金都在1000万元以上。西场镇抓紧招商引资，新增规模企业17家，完成工业投入3.1亿元，3家企业销售超亿元。

2008年，坚持以“高、大、新、外”为导向，强化招商引资，注重项目筛选，全年签约项目95个，总投资额80亿元的火力发电、10.8亿元的亚太轻合金等项目纷纷集聚。先后引进投资238万美元的电子产品展览中心、投资2000万美元的润海软件园、投资2000万元的易快佳酒店等服务业项目。与清华软件学院合作的（启迪）海安科技园揭牌成立。全年完成市外民资项目113个，引进市外民资10.88亿元，项目数、引资总量再创历史新高。单体规模明显变大，其中5000万元项目2个，亿元以上项目3个。西场镇强势推进招商引资，引进500万元以上项目20个，1000万元项目10个。

2009年，城东镇完成注册外资1.25亿美元，外资到账2157万美元，引进市外民资9.5亿元，设备投入3.1亿元。西场镇集中精干力量驻点上海、苏州等地招商，落户项目29个，9家自营出口企业出口额526万美元。3月27日至4月1日，赴韩国与晓星集团高管洽谈、对接。

2010年，城东镇外资企业119家，装备制造业年产值127.38亿元，服务业年增加值突破20亿元，高新技术、电子信息、电子装备、光伏光电、现代纺织、锻压机械、电梯设备等六大支柱产业蓬勃发展。西场镇集中签约项目39个，注册亿元项目2个，注册3000万元以上项目5个。面向社会招考12名专业招商人才，增设4个产业招商分局，加强长三角地区驻点招商力量，全年招引项目111个。完成注册外资1.75亿美元，实现到账外资6084万美元，引进市外民资28.5亿元，项目推进力度加大，现场重奖招商引资功臣。爱登堡电梯、通润汽车零部件、欧得利新材料、福运门家具等一批投资超亿元项目先后开工建设。年内新开工工业项目64个、现代服务业项目18个、农业项目12个。项目建设考核全县第一。项目承载多元拓展，成功举办东部产业基地推介会、上海产业转移对接会、昆山电子产业招商会、欧洲工业园洽谈会等大型活动，杨浦工业园、东部家具产业基地等载体内重大项目纷纷落户，冠林电器投产运行。

2011年，开发区城东镇新增工商注册外资1.93亿美元，招商引资排名全县第一。先后在台湾、香港、上海、宁波、台州、苏南等地开展系列招商活动，取得显著效果。达美新能源特种车、常安纺织科技园等项目成功签约；上柴动力、中机浦发、曙光新能源、远东新材料等重大项目开工建设；爱登堡电梯、吉阳设备等重大项目加速推进。2011年，外资到账9500万美元；投资50亿元以上项目5个。

第十六节　产业园区及工业小区

一、光伏光电产业园

2000年初，省级光伏光电特色产业园在开发区（城东镇）洋蛮河街道创建，香港卡姆丹克、吉阳恒基、福克斯新能源、台湾晟钛光电等一批太阳能光伏项目先后落户，江苏省第一条从电池材料和电池片到组件、设备生产的完整产业链形成。电池组件有20条生产线，8家LED蓝宝石生产及芯片制造到封装产业链企业入驻，中科院半导体科学家李京波签约落户。2011年，园区产值5.63亿元，销售5.54亿元，利税6652万元。

二、汽车零部件产业园

2010年，开发区（城东镇）在新生、洋蛮河街道创建省级汽车零部件特色产业园。亚太科技、通润汽车零部件、上柴股份、中机浦发、台湾六和金锻、浙江骆氏减震件等一批行业领先企业先后落户，汽车配件产业蓬勃发展。是年，儒尚电动车公司自行研发的电动汽车成功试产。接着，与浙江省汽摩配行业商会合作创建浙江汽车摩配产业园，5家企业签约落户。2011年，园区产值5.72亿元，销售5.25亿元，利税6714万元。

三、高端装备制造产业园

省级电力装备特色产业园，位于立发、洋蛮河街道，创建于2009年，拥有世界500强企业1家。其中，以晓星变压器为代表的输变电企业集群是全国重要的超高压变压器生产基地，以西蒙电气为代表的低压电器产业集群是北京奥运会、上海世博会、广州亚运会等场馆建设的指定供应商，全国十大房地产商有8家采购西蒙产品。建有国家级电梯部件检测公共服务平台，上海爱登堡、浙江斯特朗两家电梯企业海安项目的竣工投产，填补海安电梯整机生产的空白。百协锻锤与世界最高水平的德国锻锤齐名，威仕重机先后研制出6个“中国第一台”、1个“世界第一”；沪港木工建有中国木工机械工程技术中心，号称“天下第一锯”。2011年，园区产值22亿元，销售21.93亿元，利税1.89亿元。

四、现代纺织产业园

2005年创建的纺织产业园，位于开发区南屏街道，拥有纺织企业300多家，其中规模以上企业50多家，形成集纺、织、染、整服装加工为一体的完整产业链。上市企业联发集团建有国家级实验室、省级技术中心、省色织纺织工程技术研究中心、省级企业院士工作站、博士后科研工作站等研发基础平台，连续12年主要经济指标蝉联“全国色织行业十强”，跻身中国棉、色织行业综合实力20强，连续5年蝉联中国纺织服装工业500强，连续6年跻身中国纺织服装行业出口百强，位居江苏色织行业第一位。江苏华强纺织有限公司拥有国际国内先进的清梳联生产线、精梳机、进口针织大圆机，意大利萨维奥、日本村田自动络筒机，香港立信染整机、台湾亚矶高温染色机等高端生产设备，具有25万纱锭、4条染整生产线、129台针织大圆机的配套生产能力，年产纱线4.3万吨。2011年，园区产值58.21亿元，销售55.9亿元，利税4.54亿元。

五、乡镇工业集中区

1996年，西场等乡镇筹建工业小区。1999年，县计划与经济委员会制定工业小区建设培育计划。2000年，西场、立发、韩洋、新生等建成工业小区。2001年，西场镇工业园区被市政府评为市十大乡镇工业示范园区。2003年，海安县整合乡镇工业园区资源。2011年，境域原西场、韩洋、南屏等工业小区融入开发区发展布局，逐渐发展成为开发区的一部分。

六、村级创业园

80年代，城东区域靠近交通要道、城郊的村率先创办了一些相对集中的工业企业。2001年，为吸引投资者落户兴办工业小区，泰宁村投资1000万元创办工业园，洋蛮河镇范桥工业园区新入户企业5家。2003年，泰宁村投资1800万元扩建工业园，数十家企业落户园区。2008年，城东镇规划建设泰宁、洋蛮河、界墩、葛家桥、南阳、韩徐、油坊头、五坝、南屏、开屏、立发桥11个村级创业园，是年，全镇村级工业产值大幅提升。2011年，全镇所有地方服从开发区整体规划，村级创业园不再扩大。

图6-27 泰宁工业园 （孙宝峰/摄于2006年8月）

第七章　建　筑　业

新中国成立前，城东境域从事建筑业人数较多，民间能砌灶滚茅缸、搭棚建简房的木匠、瓦匠、草匠村村皆有，能工巧匠不乏其人。境域有名的立发桥始建于宋代，建筑规模和建筑艺术在苏北首屈一指。解放前许多庙宇大殿、地主庄园建筑，其砖墙灰缝皆以糯米汁调和石灰黏合，灰缝仅有毫米左右。新中国成立后，政府将“五匠”（木匠、铁匠、瓦匠、草匠、篾匠）组织起来，走集体化道路。1950年10月，西场建筑基层工会成立。1953年3月，隶属于海安县建筑公司的西场建筑工区成立。1955年西场镇成立建筑站。1958年各乡先后成立铁木业社。人民公社成立后，各社许多大队集中“五匠”，组成亦工亦农服务站。60年代，“五匠”外出做工，必须向生产队上缴公共积累或交钱记工。“文化大革命”中，“五匠”外出做工，视为走资本主义道路，受到遏制。1972年，韩洋人民公社成立公社建筑站。1974年，南屏公社建筑站成立。1975年，新生公社建筑站、原种场建筑站、壮志公社建筑站、立发公社建筑站成立。至1976年底，境域从事建筑的职工（包括个体工匠）超过6200人，建筑业开始从无到有，从小到大，逐渐成为城东镇境域各社（乡）的支柱产业。

2001年，南屏、立发建安公司技改投入320万元，承建工程89万平方米，完成施工产值2.9亿元，实现利税730万元，人均收入1.65万元。南屏、立发建安公司成为市“百强私营企业”和市文明单位，立发建安公司被省建筑企业协会表彰为建筑业“十佳”企业。新生建安公司实现施工产值1.47亿元，施工人数1560人，施工面积39.49万平方米，竣工面积17.03万平方米，全年人均收入1.5万元。

图7-1　繁忙的建设工地　（顾彬斌/摄于2005年3月）

2011年底，全镇有注册并持有总承包三级以上和专业承包资质的建筑企业43个，年完成施工总产值55亿元。

第一节　建筑管理

一、管理机构

1995年10月，南屏、立发、韩洋、新生、西场、壮志6乡镇先后建立建筑管理站，并明确1名负责人分管建筑业工作。乡镇建管站行政隶属乡镇人民政府领导，业务受县建筑工程管理局指导与管理。乡镇建管站主要负责当地建筑市场、个体建筑户、居民建房和建筑施工管理。

乡镇建管站成立后，与工商、税务等部门紧密配合，综合管理农村建筑市场。根据县建管局、工商行政管理局和国税局共同制定的《关于加强个体建筑户管理的暂行规定》中对个体建筑户的资质审定、注册登记、经营范围、收费标准、违章处罚等规定，对境域个体建筑户调查登记、组织业务培训，经考核合格后发给个体工匠证，做到持证上岗；对境域个体建筑施工队，视技术素质、施工设备、资金情况、职业道德等进行综合考核后颁发资质证书，再办理工商、税务登记。2000年5月起，将个体建筑资质等级分为甲、乙等，甲级可承建三层及三层以下民房建筑工程，乙级可承建二层及二层以下民房建筑工程。

对于民房建筑工程，乡镇实行规划、土管、建管“三位一体”联合办公，各司其职。个体建筑户与建房户签订施工合同，乡镇建管站签发许可证后，再由规划员、土管员、建管员到现场定位放线。施工期间，建管站跟踪管理直至竣工交付。

2008年5月，开发区（城东镇）建设工程安全生产领导小组成立，下设开发区（城东镇）建筑安全管理科，后改为开发区建筑工程管理办公室，负责全区镇项目建设工程、村级工业创业园建筑工程、建筑拆除工程、农民安置房建筑工程、个体建筑工匠工程的安全生产管理和燃气管道、燃气换瓶点的安全监管。

二、行业管理

1995年10月起，县建筑工程管理局加大建筑企业和个体建筑户的管理力度，对全县建筑企业的资质定级、升级、增项、变更和每年一次年检，实施动态管理。境域各乡组织数千个体建筑户（工人）进行调查、登记造册、分期分批组织业务培训，考核合格者发给个体工匠证，做到持证上岗。境域有个体建筑工程队106个，视其技术素质、施工设备、资金数额、职业道德等，经综合考核后，88个个体建筑工程队取得施工资格，然后办理工商、税务登记，否则，不予承接农房施工任务。1996年初，海安县商会建筑公贸有限责任公司将资质证书出借给南屏乡葛桥村某个体建筑户承建南屏中心幼儿园教学楼工程，查实后给予通报批评、扣留资质证书、停止承接工程业务8个月的处分。

2004年城东镇主要建筑企业资质类别、等级一览表

表7-1

施工单位	资质类别等级	
	主 项	增 项
南通市南屏建筑安装工程有限公司	施工总承包二级	起重设备安装二级
南通市龙兴建筑安装工程有限公司	施工总承包二级	–
海安县韩洋建筑安装工程有限公司	施工总承包三级	–
海安县新昇建筑安装工程有限公司	施工总承包三级	–
海安县西场建筑安装工程有限公司	施工总承包三级	–
海安县壮志建筑安装工程有限公司	施工总承包三级	–

2011年底，全镇有江苏信拓建设（集团）股份有限公司、江苏新龙兴建设发展有限公司、江苏隆辉建设股份有限公司、南通市林兴建筑安装工程有限公司、海安县韩洋建筑安装有限公司5家主要建筑企业，另有注册并持有总承包三级以上和专业承包资质的建筑企业38个。

三、建筑企业改革

1997年12月，建筑业产权制度改革开始启动。1998年，境域6家乡镇建筑企业开展产权制度改革，首先从企业经营承包责任制和干部人事制度开始，后进行职工分配制度和劳动用工制度、职工医疗保险制度等一系列改革。2004年3月，按照县《关于完善乡镇建筑企业产权制度改革的意见》，针对企业股权流转、公有资本退出及职工权益保障未能得到妥善解决等问题，各建筑企业继续深化企业产权制度改革。南通南屏建筑安装工程有限公司以推进股权有序流转、集体资本彻底退出为重点，调整股权结构，加快股权流转，实现经营层控股，以强化经营者的责任意识和风险意识。6家建筑企业在完善产权制度改革中，针对1998年改革时企业将净资产的30%界定为企业集体所有但最终归属尚不明确的问题，将其中三分之一左右实施流转，所得用于解决全体职工福利、处理遗留问题；三分之一左右按比例奖配给对企业发展做出过重大贡献的人员，其股权归属到人；剩余部分按原持股比例直接量化到原有股东，通过流转将股权归属到人。企业改制后，股东人数一般不超过10人，单个自然人股东所持股本金额一般不少于10万元。改革中，按照劳动法规，规范企业劳动用工制度，健全和完善劳动保障制度，实现与社会保障体系基本接轨，减轻企业负担，解除职工后顾之忧。按照效率优先、兼顾公平原则，建立按劳分配与按生产要素分配相结合的分配制度，允许和鼓励资本、技术等生产要素参与收益分配，并适当拉开差距。企业决策层和经营层按照各自职责和贡献取得报酬，企业员工工资水平由企业根据经济效益决定，确保年终兑现不拖欠，从而调动全体员工的积极性，促进各民营建筑企业的成长发展。

四、安全管理

1983年开始，境域内各乡镇每年开展“安全生产月”和“安全生产百日无事故竞赛”活动，并确定每年11月18日为建筑企业“安全教育日”。是年，立发建筑站在首次“安全生产百日无事故竞赛”活动评比中获“安全施工优胜单位”称号。

1993年起，各建筑企业建立安全生产领导组，由企业一把手负总责，按企业职工总人数2%比例，配备专职安全管理人员，具体负责安全生产日常工作。抓好职工安全三级（企业、工程处、班组）教育，建立职工安全三级教育卡，特殊工种必须经专门培训，做到持证上岗。加大投入，配齐安全防护设施。各施工企业配备安全帽、安全网、保险带和触电保安器，能满足施工生产需要，并定期检查、更换。落实安全生产责任制，从企业决策层到管理层、操作层，从施工现场环境到各个工种、各道工序，都有安全目标和安全责任，层层签订安全合同，明确责、权、利。推行施工现场标准化管理，各工地有工程概况牌、安全生产六大纪律牌、工地管理人员名单牌、安全警示牌和施工现场总平面图，悬挂于醒目处，做到现场管理严谨，布局合理，场容整洁，作业有序，防护可靠，避免扰民，努力创建文明工地，塑造良好企业形象。

1996年7月，各建筑企业开始接受县建筑工程管理局安全资格评估与年检。

1998年底前，各建筑企业通过民主协商，选出7名以上具有较高安全技术水平、工业卫生知识和热心劳动保护工作职工，组成企业工会劳动保护监督检查委员会，使各建筑企业安全生产工作逐步形成国家监察、行业管理、企业负责、群众监督、职工遵章守纪的管理模式。

2001年6月开始，各建筑企业每年进行一次建筑安全专项治理，针对高处坠落、坍塌、触电、物体打击、塔机、房屋拆除等易造成伤亡事故的重大危险源，强化工程项目的事前监督。通过安全专项治理，各建筑企业普遍落实安全生产责任制，明确安全生产第一责任人；制定施工方案安全专项审查制度、机械设备进场登记备案制度、机械设备强行淘汰制度等，对塔式起重机拆装实施许可证制度，使用前实行检测制度。

2003年后，境域各镇建筑管理站（区镇建筑管理科）和各建筑企业一直将安全生产管理作为行业管理重点，根据《中华人民共和国安全生产法》《建筑工程安全生产管理条例》《建筑施工安全检查标准》《生产安全事故报告和调查处理条例》等法律法规，大力推进安全生产管理创新，将安全生产状况与企业各种评优、资质升级、质量评定、市场效应、招投标等紧密结合，实行一票否决，使全镇建筑业安全生产管理处于全县领先水平。

2004年4月1日起，各建筑企业承包工程必须按照《江苏省建筑施工安全事故应急救援预案

图7-2　建筑工人参加职业技能大赛
（城东镇建筑安全管理科/提供）

管理规定》要求，由工程承包单位编制建筑施工安全事故应急救援预案。实行工程总承包的，由总承包单位编制；实行联合承包的，由承包各方编制。其内容包括工程规模、结构类型、开竣工日期等基本情况，工程项目经理部项目经理、安全负责人、安全员等具体情况，施工现场安全事故救护组织负责人、职务及联系电话，救援器材、设备配备，救援单位名称、电话及行驶路线等。应急救援预案作为建筑工程安全报监的附件材料向县建管局安全监督管理部门呈报备案。施工期间，其内容必须公示在施工现场显著位置。

2005年，城东镇建立安全委员会，设立安全监督办公室，会同各职能部门从源头严把市场准入关，认真把好资质审查、安全生产许可证审核关和招投标管理，规范建筑市场安全管理，加大查处无资质以及借资质从事工程建设现象，严禁违法分包。

2009年，开发区（城东镇）建筑安全管理科被县建管局评为“农村建管工作先进单位”。至2011年，城东镇在全县建管工作考核中，连续3年在全县排名第一，连年获县委、县政府“建管工作先进区镇”奖。

第二节　建筑企业

一、江苏信拓建设（集团）股份有限公司

公司创建于1974年，1998年改制为南通市南屏建筑安装工程有限公司，先后在大庆、哈尔滨、上海、青岛、北京、天津、南京等地施工，并开拓国外市场。2004年，固定资产净值1819万元，机械设备1565万元，年施工人数1971人，年施工面积58.58万平方米，年施工产值2.27亿元，年工程结算收入3.53亿元，人均分配2.55万元。2010年更名为江苏信拓建设（集团）股份有限公司。公司拥有房屋建筑工程施工总承包一级资质和起重设备安装工程专业承包二级资质，

图7-3　信拓建设（集团）股份有限公司总部
（孙宝峰/摄）

是集建筑施工和房地产开发于一体的集团企业。下辖十大建筑区域管理公司和南通市润南置业有限公司、东台市信拓置业有限公司、南通市信拓置业有限公司、南通市信拓房产营销有限公司、南通市信拓物业管理有限公司、海安信拓混凝土有限公司等8家控股公司。集团总注册资本2.6亿元，拥有一级建造师36人，专业技术人员580多人，其中高级职称56人、中级职称168人，员工近万人。年完成施工产值20亿元以上，房地产开发的土地储备开发面积和在建开发面积100万平方米。

长期以来，公司坚持“诚信经营，开拓创新”的经营理念，从20世纪80年代支援大庆油田建设，到以京、沪两大建筑市场为依托转战长三角、

图7-4　信拓公司承建的大庆乐园小区获1997年度国家建筑工程“鲁班”奖　（信拓公司/提供）

冀、鲁、辽、黑等全国大中城市建筑市场，公司坚持建筑施工和房地产开发双轮驱动，经营实绩双双攀高走强。施工队伍数次捧得“鲁班”奖、“白玉兰”奖、“扬子杯”奖。2006—2011年，创省级优质工程36项，40多项工程获省级安全标化工地和文明工地。房地产开发形成一条集土地开发、建筑施工、营销与物业管理于一体的完整产业链。新成立的海安信拓混凝土有限公司，每年向社会提供35万立方米的商品混凝土。

公司不断地从大庆铁人精神、南通铁军精神中汲取营养，凝聚成信拓人吃苦耐劳、无私奉献、敢于拼搏、诚实守信的“金牛神”精神，先后获建设部“全国质量管理金屋奖”“银屋奖”，江苏省“优秀建筑业企业”“最佳企业”“AAA重合同守信用企业”“QES三合一管理体系认证”，南通市“优秀企业”等称号。

二、江苏新龙兴建设发展有限公司

1975年3月始建，原名立发公社建筑站。1985年9月，更名为海安县立发建筑工程队。同年12月，县政府重新组建县建筑安装工程总公司，更名为海安县建筑安装工程总公司立发工程处。1987年9月，更名为南通市第七建筑安装工程公司第五工程处。1998年，更名为南通市立发建筑安装工程有限公司。2002年8月，成立南通市龙兴建筑安装工程有限公司。2007年6月，公司更名为江苏新龙兴建设发展有限公司。2008年4月，成功申报国家房屋施工总承包一级资质企业，同时兼有建筑起重设备安装、建筑防水、防腐保温工程、建筑装饰装修等专业承包资质。

图7-5　新龙兴建设（集团）有限公司总部

（新龙兴公司/提供）

图7-6　新龙兴公司承建工程获得的奖杯

（新龙兴公司/提供）

1980年，立发建筑站首次开发大庆建筑市场，1982—1984年，先后开辟南京、上海、贵州建筑市场和新疆奎屯、克拉玛依及安徽铜陵建筑市场。1987年，开发长春建筑市场。同年底，公司跨出国门，开发科威特、伊拉克等海外建筑市场。1988年下半年，公司承接上海市市光小区3幢18层，迎来公司成立以来第一个辉煌时期。

1991年，公司重新调整领导班子。下半年，公司第一次进军北京建筑市场，承接西八里庄工程。1992年，公司开辟海南省海口建筑市场，承建26层华银大厦，“造出圆筒高层，惊动海南特区”。1994年6月，公司二次进军北京建筑市场，承建北京富华大厦，续写公司发展的新篇章。

1998年，企业产权制度改革后，公司为国家房屋建筑施工总承包三级资质，注册资本642.6万元。2002年8月公司更名后，资质等级为国家房屋建筑施工总承包三级，兼有建筑防水、防腐保温、起重设备安装、装饰装修专业承包三级资质，注册资本2078万元。2004年8月，公司资质晋升为国家房屋建筑施工总承包二级。固定资产净值2546万元，机械设备614万元，年施工人数2482人，施工面积64.35万平方米，产值2.65亿元，工程结算收入2.7亿元，人均分配3.63万元。

2007年6月，公司注册资本增至6076.8万元，净资产3.81亿元，员工4137人，具有职称人员329人，其中高级职称人员41人，建造师118人，有8人荣获省级“优秀项目经理”殊荣。2010年，公司通过ISO 9001：2000质量管理体系认证、ISO 14001：2004环境管理体系认证和GB/T 28001—2001职业健康安全管理体系认证。

1985—2011年，公司施工点遍布上海、江苏、安徽、河北、北京、天津、辽宁、黑龙江、内蒙古、宁夏、陕西、山西、云南等地，市场社会信誉高。2010年10月，公司建立党委，公司被省政府命名为“重合同守信用企业”，被省建筑行业协会评为“2010年度江苏省建筑业最具成长性百强企业”，被南通市建筑业协会表彰为优秀企业。年施工产值25.6亿元，纳税总额8829万元，利润总额3346.7万元，创全县建筑业综合排名第三的好成绩。

2011年，公司施工面积490万平方米，施工产值25.68亿元。所承建的工程获国家级“詹天佑奖”1项，北京市“结构长城杯”3项，“扬子杯”1项，省外“扬子杯”3项，天津“海河杯”2项，内蒙古自治区区优工程1项，市级优良工程18项，省级文明标化工地14项，市级文明标化工地27项。

三、江苏隆辉建设股份有限公司

公司始创于1975年4月，原名新生建筑站。1998年企业产权制度改革，由刘圣桂等48名自然人共同出资组建海安县新昇建筑安装工程有限责任公司。2006年，公司更名为江苏隆辉建设有限公司，2008年更名为江苏隆辉建设股份有限公司。公司总部位于城东镇上湖街道。

公司设立股东会、董事会、监事会、工会委员会及职工代表大会，并设有董事长、总经理、副总经理、三总师。公司本部设办公室、市场经营部、技术质量部、安全设备部、财务审计部等职能科室。下设4个工程处，业务分布于乌鲁木齐、石家庄、邯郸、天津、西安、郑州、长春、塘沽、阳泉、邢台和海安县城。2010年，公司职工2092人，其中管理人员350人，具有中专以上学历人员260人，专业技术职称人员328人，其中高级工程师18人、高级经济师2人、高级会计师3人、工程师62人、会计师12人、经济师5人、一级建造师12人、二级建造师17人。

图7-7 隆辉公司承建的邯郸市国贸中心2006年获河北省“安济杯”省优工程 （隆辉公司/提供）

1995年，公司承接第一个高层建筑——石家庄市广安大厦，成为公司在经营规模、生产能力、经济效益、社会效益上重大转折点。1998年产权制度改革后，公司资质为国家房屋建筑施工总承包三级，注册资本500万元。2000年，开发天津建筑市场，承接美克天津公司工程，公司首次跻身全县建筑业五强。2002年，开发吉林长春建筑市场，承接万科城市花园工程。2004年，公司固定资产净值377万元，机械设备257万元，年施工人数1059人，年施工面积45.96万平方米，施工产值1.24亿元，工程结算收入1.17亿元，人均分配2.6万元。

2006年，公司升为国家房屋建筑施工总承包二级资质，注册资本2283.2万元，以经营土建施工为主，集建筑安装装饰为一体。主要在石家庄、天津、长春、邯郸、西安、衡水、唐山、海安县城等地施工，年平均施工人数1600人以上，专业技术人员155人（其中中级职称以上47人）。2009年，公司升为国家房屋建筑施工总承包一级资质，先后承建石家庄市政府大会堂工程、河南省直公务员住宅楼26层、石家庄社保局1号商住楼28层、石家庄陆军指挥学院二期经建房、邯郸国贸中心26层、邯郸创鑫阳光城、邯郸滏东写字楼、海安中大街26号楼等多项代表性工程。其中，石家庄陆军指挥学院二期经建房获江苏省“扬子杯”奖，邯郸国贸中心26层、滏东写字楼获“安济杯”河北省优质工程，工程优良率80%以上。至2010年，公司荣获省优质工程13幢、市优质工程14幢、市优质结构工程8幢，同时获优秀QC成果10项。

公司始终坚持“安全第一，预防为主，综合治理”的方针，成立安全生产管理机构，多年无重大伤亡事故。2009—2011年，创省级文明工地10项，省级文明样板工地5项，市级文明工地9项。

2001—2010年，公司连年被县委、县政府表彰为“建筑安装先进企业”。2008年被县政府表彰为“安全生产工作先进单位”，并被授予“和谐企业”称号。2006年、2008年、2009年、2010年4次被市建筑行业协会评为南通市建筑业优秀企业，并被市建设局表彰为南通建筑业质量管理先进集体。2010年，被县委表彰为海安县建筑业十强企业、明星企业。

2011年，公司注册资本5593.5万元，拥有净资产6091万元，年施工产值逾5亿元。拥有施工机械设备255台（套），机械设备总功率3375千瓦，平均动力装备率1.6千瓦，机械设备原值1908万元，机械设备净值635.7万元，人均技术装备率0.3万元。

四、海安县韩洋建筑安装工程有限责任公司

1972年2月始建海安县韩洋人民公社建筑站，首任负责人仲济荣。1975年有固定资产400多万元。1980年，韩洋建筑站有职工60多人，首次开发徐州建筑市场，承接徐州市工人文化宫礼堂建设改造任务。第二年，承接徐州中国矿大住宅楼、徐州橡胶厂工程。1984年，承接徐州橡胶厂大跨度工程。在徐州施工期间，优良率95%以上。徐州橡胶厂工程、徐州中国矿大住宅楼工程被评为徐州市优良工程。

1984年，建筑站走进黑龙江省建筑市场。1985年，建筑站承接大庆、上海、安徽省淮北市多项建筑工程和贵州省中国航天工业基地建设任务。1990年，公司进入长春、沈阳等地。90年代建筑队伍最多时发展到2000多人，固定职工600多人。

1998年，建筑站改制为海安县韩洋建筑安装工程有限责任公司，施工总承包三级资质。2004年，公司固定资产净值858万元，机械设备620万元，年施工人数408人，施工面积6.17万平方米，施工产值3460万元，工程结算收入2726万元，人均分配9338元。

2005年，公司有哈尔滨、山东、海安3个工程处，平均年施工面积40万平方米，产值5.5亿元。海安工程处年年被评为纳税大户，纳税先进单位。

2011年，公司注册资金619.4万元，净资产1450万元，施工人数600人，具有职称人员81人，其中高级职称人员、建造师14人。公司施工点遍布哈尔滨、齐齐哈尔、大庆、海拉尔、长春、沈阳、济南、威海、临沂、石家庄、洛阳、上海、淮北、贵州、内蒙古等地。先后被省表彰为“重合同守信用企业”，被评为市建筑业文明单位，被县政府表彰为优秀企业等。

五、南通市西场建筑安装工程股份有限公司

前身是西场建筑基层工会，建于1950年10月，隶属于海安县总工会，设于西场镇花园巷刘昌和处，潘永龙任工会主席，会员60多人。1951年，由陈真如任建筑工会主席。1952年至1953年上半年，陈根盛任建筑工会主席。1953年3月，建立西场建筑工区，隶属海安县建筑公司，企业性质为县属大集体，陈真如任西场建筑工区区长，固定职工50多人，合同工（县计划委员会批准的）40多人，由县建筑公司安排施工，负责建设全县各公社棉花仓库、大会堂、供销社等。1955年，建立西场建筑站，站长陈真如。1959年4月，工人100多人。1970年后，建筑站有专业技术人员近200人，能独立承建工业与民用建筑、古典园林建筑。1972年，西场建筑站建立党支部，张英如、仲伟太、丁年圣先后任党支部书记，吴正杨、丁年圣先后任站长。1974年，建筑站工人近1000人。1984年，建立西场建筑安装工程公司，1986年改为江苏海安七建，1989年改为江苏海安苏中集团西场第七工程处。1995年，西场建筑工程公司总产值2.5亿元。1997年，公司建立党总支，丁年圣任党总支书记，徐典任公司总经理。1998年春，公司改制，各地净资产由工程队负责人购买。1999年11月，洪建任公司党总支书记，徐典任公司总经理，申启明任总账会计。2002年，改为南通市西场建筑安装工程股份有限公司，董事8人，分别是洪建、徐典、储开明、丁年山、储建生、洪久富、仲跻宏、仲跻晴，申启明担任监事。各工程处分别设于北京、上海、南京、徐州、大连、齐齐哈尔、青海等地，公司年总产值2亿元。

2004年，公司固定资产净值1.1亿元，机械设备5000万元，年施工总人数1500人，施工面积85万平方米，施工产值1.6亿元，工程结算收入1.15亿元，人均分配3.5万元。上缴税收近1000万元。分布各地工程项目30多个，建筑队14个。由于多种原因，总公司于2005年破产，公司固定职工解决了养老保险，各地工程队仍存在。

六、南通林兴建筑安装工程有限公司

1975年8月，组建壮志建筑站，由壮志公社各大队木瓦工18人组成，附属壮志交管站，范崇贵任党支部书记，钱俊长任建筑队队长。后来人数逐步增多，主要负责公社社员住房建设。1977年，壮志建筑站与壮志交管站分开，左友明任站长。1978年，负责壮志砖瓦厂建设，同时承建壮志公社管委会办公用房。1982年，壮志建筑站获国家四级资质，先后赴新疆乌鲁木齐、内蒙古呼伦贝尔、黑龙江七台河、江苏徐州承建多项工程。1984年，建筑工人1500人。1987年建立党支部，陈兆林任党支部书记，钱俊长任党支部副书记，施全胜任站长。1992年，赴上海浦东承建高层住宅。

公司先后承建近百项工程，总施工面积近40万平方米，建安产值25亿元，上缴乡财政30多万元管理费。

1997年，公司改制，更名南通林兴建筑安装工程有限公司，董事长施全胜，总经理范从林，注册资金527万元，固定资产1000万元，工程队4个，工人近1000人。2004年，公司固定资产净值500万元，机械设备400万元，年施工人数650人，施工面积30万平方米，施工产值5000万元，工程结算收入4500万元，人均分配3.4万元。先后获得黑龙江省七台河市工程质量综合评比一等奖、“安全文明样板工地”“文明工地”称号。

1992年城东镇境域乡镇建筑企业情况一览表

表7-2

企业名称	初建时间	职工人数（人）	资质等级（级）	固定资产（万元）
南通华安建筑装饰工程公司第三工程处（南屏）	1974.6	1525	—	380.90
南通华安建筑装饰工程公司第五工程处（立发）	1975.3	1352	—	458.70
南通华安建筑装饰工程公司第六工程处（西场）	1953.3	1250	—	370.00
海安县韩洋建筑工程公司	1972.2	801	3	205.10
海安县新生建筑工程队	1975.4	428	4	129.00
海安县壮志建筑工程队	1975.8	525	4	57.23
海安县西场水泥厂劳服公司工程队	1991.8	20	—	18.00

第三节 工程承建

1959—1970年，西场建筑站先后承建海安农场、种畜场、蚕种场、部分公社卫生院、立发轧花厂、海安酒厂、仁桥供销社，西场、北凌、壮志公社大会堂等。1973—1978年，境域各乡镇建筑站和个体建筑工程队主要承建本地工程，以企事业用房和居民住房施工为主，年承建工程能力最高在180万平方米左右。1974年，西场建筑站组织工人在徐州承建江苏省煤矿设计院、徐州市鞋厂、徐州彭城饭店等，年产值近1亿元。1978年，壮志建筑站组织工人赴徐州施工，承建西关煤炭指挥部四层大楼，近3000平方米。改革开放后，韩洋、南屏、西场、立发、新生、壮志建筑站纷纷走出海安，到徐州、大庆、新疆克拉玛伊、南京、上海等地开辟建筑市场，资质高、施工能力强的企业，也有走出国门，在国外承建工程的。1979年，新

生建筑站承接施工第一个双包工程——徐州展览馆。1980年，立发公社建筑站承接第一个双包工程——采油一部的施工任务，1982年承建南京乙烯工程。是年开始，西场建筑站（公司）先后转移到南京从事工程总承包，承建长航公司办公室及小区，继而发展到安徽、黑龙江、新疆、上海、吉林、浙江、内蒙古等地，工人最多时3500人，近30个工程队，车辆增加到20辆，总资产2亿元。1983年，新生建筑站开发新疆哈密市场。1985年，新生建筑站开发上海市场。1987年，南通市第七建筑安装工程公司第五工程处（立发工程处）承建南京煤炭研究所工程，跨出由多层向高层建筑发展的第一步。同年，新生建筑企业开发新疆东疆及安徽滁州市场。其后一段时间，主要施工地点在新疆哈密、东疆（准东石油基地、火烧山）、克拉玛依、乌鲁木齐及海安县境内。

90年代，境域内各建筑企业把开发市场承接任务作为第一要务，以开拓市场为主攻目标，依托企业自身资质、信誉、人脉资源和新技术、新工艺、精锐的职工队伍等优势，构建良好的客户关系，与一批大型集团和行业板块业主建立合作关系，重点承揽有持续工程建设需求和具有较大品牌及社会影响力的工程，建筑市场份额不断扩大。1994年，新生建筑企业开发海南海口建筑市场，因"泡沫经济"的影响，公司一度陷入低谷。1997年后，南通林兴建筑安装工程有限公司正常在黑龙江七台河、吉林长春、辽宁沈阳、江苏苏州等地施工，先后承建黑龙江七台河市春城房地产公司综合楼，吉林省长春市圣海至尊家园项目等较大工程，年产值2.4亿元，年上缴国家税收110万元。

图7-8　信拓公司承建的青岛中银大厦，地上54层，地下4层，建筑总高度241米，被誉为"齐鲁之最"
（信拓公司/2010年提供）

2000年，南屏建筑安装工程有限公司承建了新加坡政府发展局的商住楼两幢。是年，境域建筑施工企业总承建能力在250万平方米左右，其中南屏、立发、新生三建安公司承建工程130万平方米，施工产值4.4亿元。2005年前后，城东境域内各建筑工程队先后变为个体经营性质。

2011年，城东镇建筑业承建能力大幅提升。江苏信拓建设（集团）股份有限公司、江苏新龙兴建设发展有限公司、江苏隆辉建设股份有限公司承建项目189个，施工面积921万平方米，竣工面积632万平方米，施工产值53.54亿元。

2006—2011年城东镇建筑企业承建的部分工程一览表

表7-3

工程名称	工程所在地	施工面积（平方米）	施工时间	施工单位
五角世茂商城	上海	35000	2006—2006	信拓集团
世纪商务大厦三期	上海	28000	2006—2006	信拓集团
茗嘉园	上海	34000	2006—2006	信拓集团
北丰B区1号楼	北京	76000	2006—2006	信拓集团
抚顺阳光花园	抚顺	53000	2006—2007	信拓集团
抚顺特钢1号、3号、9号楼	抚顺	64000	2006—2007	信拓集团

续表7–3

工程名称	工程所在地	施工面积（平方米）	施工时间	施工单位
即墨人民医院病房楼	即墨	27000	2006—2007	信拓集团
鞍山路改造工程6号、8号楼	青岛	37220	2006—2007	信拓集团
中财国际研发楼	南京	20000	2006—2006	信拓集团
世博家园	上海	13510	2006—2007	信拓集团
韵都城二期	上海	60000	2006—2007	信拓集团
创四纪大厦	北京	95000	2006—2007	信拓集团
三元桥综合楼	北京	52000	2006—2008	信拓集团
公浴街4号住宅楼	哈尔滨	28500	2006—2008	信拓集团
国融大厦工程	北京	97000	2006—2008	信拓集团
爱建泽园工程	哈尔滨	34900	2006.02—2006.12	新龙兴公司
沈阳神羊国际名牌商城	沈阳	56600	2006.02—2007.03	新龙兴公司
红旗路1号、2号、3号楼	天津	35000	2006.02—2007.09	新龙兴公司
塞纳花园2号、3号楼	大庆	27903	2006.03—2006.12	新龙兴公司
奥林国际公寓D区—02栋	大庆	23000	2006.04—2007.10	新龙兴公司
山水文园工程	北京	71574	2006.05—2006.12	新龙兴公司
五棵松文化体育中心	北京	102020	2006.05—2008.07	新龙兴公司
绿隔地区8号地块4～6号楼	北京	51385	2006.05—2008.08	新龙兴公司
鑫丰大厦	北京	45300	2006.08—2008.01	新龙兴公司
C2—C14号住宅楼	北京	16345	2006.08—2008.12	新龙兴公司
江宁嘉业广场	南京	51317	2006.10—2008.10	新龙兴公司
华泽大厦	北京	60358	2006.10—2008.10	新龙兴公司
汇达广场	南京	122500	2006.11—2009.04	新龙兴公司
政泉花园11号楼	北京	47000	2006.12—2008.08	新龙兴公司
沈阳鑫森人家项目	沈阳	31000	2006.12—2009.03	新龙兴公司
美克国际家私	天津	20938	2006.03—2007.09	隆辉公司
创鑫阳光城二期1-5号住宅楼	邯郸	52586	2006.03—2007.12	隆辉公司
高远丽都	石家庄	42852	2006.04—2007.08	隆辉公司
世嘉名苑7号8号24号25号楼	邯郸	34098	2006.04—2007.12	隆辉公司
绿地长春上海城C9号10号12号13号楼	长春	14000	2006.05—2008.01	隆辉公司
振西城中村改造一期工程旧城改造1.2号楼	石家庄	46903	2006.07—2007.12	隆辉公司
贵都广场二期	南通	14000	2007—2007	信拓集团
大溪地	合肥	38000	2007—2007	信拓集团
南湾营地D组团	南京	19000	2007—2007	信拓集团
实验楼	南京	2000	2007—2007	信拓集团
金成大厦	北京	42168	2007—2007	信拓集团
五棵松北部商业	北京	61000	2007—2007	信拓集团

续表7-3

工程名称	工程所在地	施工面积（平方米）	施工时间	施工单位
国防部外资办	北京	7072	2007—2008	信拓集团
中邦康城二期二标段	上海	28179	2007—2008	信拓集团
明珠城	南通	63800	2007—2008	信拓集团
都市豪庭	南通	38900	2007—2008	信拓集团
汇翠花园商品房一标	苏州	35733	2007—2008	信拓集团
东小口正辰小区	北京	39000	2007—2008	信拓集团
昌平石坊院危改工程	北京	67000	2007—2008	信拓集团
高密体育馆、体校	高密	8500	2007—2008	信拓集团
明珠城8 11号楼	秦皇岛	152776	2007—2012	信拓集团
新建3、4号楼	沧州	22000	2007.03—2007.11	新龙兴公司
丽岛华都A、C区	无锡	64000	2007.03—2008.04	新龙兴公司
二期101号楼	北京	13085	2007.03—2008.12	新龙兴公司
时代名居	天津	42000	2007.03—2008.12	新龙兴公司
望泉家园C区34号楼	北京	12854	2007.04—2008.04	新龙兴公司
望京天平苑C、D座	北京	30000	2007.04—2008.12	新龙兴公司
山水文园B区26、27号楼	北京	30629	2007.04—2009.03	新龙兴公司
太仓国际百货交易中心	上海	28000	2007.04—2010.11	新龙兴公司
上海五角世贸商城	上海	98000	2007.04—2011.08	新龙兴公司
五棵松文化体育中心及服务设施	北京	45000	2007.05—2007.12	新龙兴公司
奥林国际公寓A—05栋	大庆	13000	2007.06—2008.08	新龙兴公司
美林新东城A区二期35号、36号楼	北京	58000	2007.07—2009.12	新龙兴公司
金泰花园二期	北京	21000	2007.08—2008.12	新龙兴公司
朝阳雅苑	北京	55278	2007.08—2008.12	新龙兴公司
龙湖.金泰花园二期13号、15号楼	北京	21562	2007.09—2009.03	新龙兴公司
北京奥林匹克花园601号住宅楼7项	北京	57860	2007.09—2010.03	新龙兴公司
美林新东城A区三期48号、52号楼	北京	51800	2007.11—2009.12	新龙兴公司
中国北方汽车贸易城	长春	14016	2007.03—2008.12	隆辉公司
兴隆商务公寓AB座	邯郸	44981	2007.03—2008.12	隆辉公司
德盛园居住小区	石家庄	103694	2007.03—2009.12	隆辉公司
长春福临家园35号、40号楼	长春	13209	2007.04—2007.11	隆辉公司
河北指挥学院北区5-7好南区8-11号楼	石家庄	61741	2007.05—2009.12	隆辉公司
海安中大街26号楼	南通	66385	2007.08—2009.12	隆辉公司
洋蛮河花苑	南通	30000	2007.09—2008.09	隆辉公司
德业居花园8号、9号住宅楼	石家庄	52200	2007.09—2008.12	隆辉公司
双鸽鑫泰苑	石家庄	50234	2007.09—2009.12	隆辉公司
文体中心广场景观铺装	高密	23300	2008—2009	信拓集团

续表7-3

工程名称	工程所在地	施工面积（平方米）	施工时间	施工单位
创业大厦	高密	36752	2008—2010	信拓集团
荣联3号楼	上海	99709	2008—2012	信拓集团
汇福苑14号楼	北京	53200	2008.03—2009.12	新龙兴公司
地中海风情.汇福苑15号、16号楼及车库	廊坊	82000	2008.03—2009.12	新龙兴公司
北下关娘娘庙房改带危改	北京	53800	2008.03—2010.11	新龙兴公司
通州半壁店大街25号住宅（A—10号楼）	北京	51129	2008.04—2009.12	新龙兴公司
半壁店A—8号楼	北京	60818	2008.04—2010.11	新龙兴公司
上河雅苑1号、2号、6号楼及车库	天津	68000	2008.05—2009.11	新龙兴公司
光大锦绣城2—5号、9号楼	呼和浩特	91000	2008.05—2011.12	新龙兴公司
迎日佳苑	太原	28500	2008.06—2010.11	新龙兴公司
光语鉴筑小区光大锦绣城楼	呼和浩特	93000	2008.06—2010.11	新龙兴公司
银河湾电脑城	常州	150000	2008.06—2010.12	新龙兴公司
包钢金基商业广场一期35号街坊2、6号楼	包头	26830	2008.06—2010.12	新龙兴公司
西安大明宫10号、16号楼	西安	75653	2008.07—2009.12	新龙兴公司
京能国际风电分公司调度楼	呼和浩特	16300	2008.08—2009.12	新龙兴公司
百家湖东花园二期09—11号	南京	59156	2008.08—2010.11	新龙兴公司
光语鉴筑一标段6号、8号	呼和浩特	50000	2008.08—2010.11	新龙兴公司
半壁店B—8号、10号楼	北京	96727	2008.12—2010.11	新龙兴公司
汇福苑17号楼	北京	25080	2008.12—2009.12	新龙兴公司
新奥蓝城22号、23号、D2号楼	长春	10900	2008.06—2008.11	隆辉公司
洋蛮河花苑三层连体住宅	南通	10746	2008.06—2009.05	隆辉公司
荣盛锦秀花苑C标段6-11号楼	邯郸	127695	2008.06—2010.05	隆辉公司
邯郸滏东写字楼	邯郸	35897	2008.09—2010.08	隆辉公司
新时代广场	邯郸	41707	2008.10—2010.12	隆辉公司
紫晶天域3号楼A座	石家庄	23966	2008.10—2010.12	隆辉公司
紫晶天域3号楼B座	石家庄	24065	2008.10—2010.12	隆辉公司
紫晶天域3号楼C座	石家庄	14469	2008.10—2010.12	隆辉公司
发源南区6、7、8号楼、车库	石家庄	113026	2008.11—2011.02	隆辉公司
美克美家中转仓库及二期成品库	天津	16710	2008.12—2009.05	隆辉公司
创鑫阳光城五期1号楼	邯郸	32223	2008.12—2010.05	隆辉公司
中国地质大学游泳馆工程	北京	16952	2009—2010	信拓集团
恒盛豪庭二期、三期	哈尔滨	88625	2009—2012	信拓集团
涟水梁岔安置小区	淮安	30000	2009.03—2010.05	新龙兴公司
美林新东城A区三期二标段58号楼	北京	18099	2009.03—2010.12	新龙兴公司
世纪龙庭项目工程A、C区	唐山	157750	2009.03—2011.12	新龙兴公司
久居雅园A区一期2号、3号、5号、6号、8号楼	北京	90000	2009.04—2010.12	新龙兴公司

续表7-3

工程名称	工程所在地	施工面积（平方米）	施工时间	施工单位
海棠海湾一期2号、5号、8号楼	北京	51481	2009.04—2010.12	新龙兴公司
保利达广场一期	沈阳	112000	2009.06—2010.11	新龙兴公司
大连电厂搬迁小区1—5号、9号楼及地下车库	大连	100395	2009.06—2010.12	新龙兴公司
时代碧云间	安徽	43000	2009.06—2011.08	新龙兴公司
保利达广场一期3-9号住宅楼	沈阳	95090	2009.06—2011.11	新龙兴公司
京贸家园B2、B6住宅楼工程	北京	66585	2009.07—2010.11	新龙兴公司
大连玫瑰东方	大连	42500	2009.07—2011.04	新龙兴公司
唐山世纪龙庭C西区1号、2号楼	唐山	27351	2009.07—2011.07	新龙兴公司
苏宁电器徐庄总部大楼	南京	190000	2009.08—2010.12	新龙兴公司
雁翎西苑一期工程	沧州	39560	2009.08—2010.12	新龙兴公司
玉龙小区1号、8号、9号、10号、15号楼	廊坊	120276	2009.08—2011.08	新龙兴公司
彩虹城四期建设项目	常州	95816	2009.08—2011.12	新龙兴公司
上河雅苑16号、17号楼及地下车库	北京	35000	2009.09—2010.12	新龙兴公司
西安大明宫11号、12号楼	西安	48702	2009.10—2010.11	新龙兴公司
西安华远君城二期工程12号楼	西安	18450	2009.10—2011.12	新龙兴公司
天洋城风和日丽73号、74号楼	廊坊	56684	2009.11—2010.11	新龙兴公司
包钢金基商业广场二期07号、09号楼	包头	20371	2009.11—2011.11	新龙兴公司
山西春德嘉瑜住宅楼	太原	27500	2009.11—2011.12	新龙兴公司
任丘市富丽花园住宅小区	沧州	69560	2009.11—2012.06	新龙兴公司
百家湖东花园地下车库	南京	11000	2009.12—2010.12	新龙兴公司
唐山新华楼1号、2号、8号楼及车库	唐山	118400	2009.12—2011.12	新龙兴公司
恒大金碧天下二期高层360—366号楼	南京	101738	2009.12—2012.03	新龙兴公司
巢湖华邦世家一期工程	巢湖	85000	2009.12—2012.06	新龙兴公司
世嘉名苑15号、16号楼	邯郸	63300	2009.03—2011.11	隆辉公司
紫晶天域1号楼	石家庄	37288	2009.09—2010.12	隆辉公司
长久家苑37、10、26、34号楼	长春	36694	2009.09—2011.09	隆辉公司
峰峰矿区房产交易综合楼	邯郸	17119	2009.10—2011.05	隆辉公司
矿区职教中心综合楼	邯郸	12068	2009.12—2011.02	隆辉公司
金世纪新城1号至10号楼	邯郸	280000	2009.12—2012.12	隆辉公司
江镇新都汇	上海	50000	2010—2011	信拓集团
嘉禾一方花园1号至9号楼	沧州	74712	2010—2011	信拓集团
江南名苑	南京	71000	2010—2011	信拓集团
金地滨河四期二、三标	沈阳	92537	2010—2011	信拓集团
天伦锦城23号、24号、25号楼	石家庄	51180	2010—2011	信拓集团
金地滨河国际社区四期一标段6号、7号楼及车库	沈阳	40847	2010—2011	信拓集团
金地滨河国际社区四期二标段3号、5号楼及车库	沈阳	47828	2010—2011	信拓集团

续表7–3

工程名称	工程所在地	施工面积（平方米）	施工时间	施工单位
东海聚龙	连云港东海	67626	2010—2012	信拓集团
一方山水二期	连云港	83266	2010—2012	信拓集团
昆山华府三期	昆山	80000	2010—2012	信拓集团
汇金原香一期住宅	南通启东	60099	2010—2012	信拓集团
无锡中邦二期	无锡	130820	2010—2012	信拓集团
昆山华府二期	昆山	135000	2010—2012	信拓集团
山海澜亭	海阳	98000	2010—2013	信拓集团
秦皇岛东方明珠	秦皇岛	94418	2010—2012	信拓集团
东维大厦	威海	78192	2010—2012	信拓集团
芍药居2号B地块3号—8号楼、学校	北京	100573	2010—2012	信拓集团
金润嘉园三期、四期	大丰	89000	2010—2012	信拓集团
葛家桥花苑二期	海安	119334	2010—2012	信拓集团
哈工大教师住宅楼	哈尔滨	53035	2010—2012	信拓集团
建设社区改造项目	哈尔滨	78800	2010—2012	信拓集团
群力新城6标段	哈尔滨	67426	2010—2012	信拓集团
金地滨河国际社区六期二标	沈阳	85398	2010—2012	信拓集团
金地伯悦G1—G4、H1—H4	沈阳	77816	2010—2012	信拓集团
安联青年城二期二标段10号、11号、16号楼	石家庄	58840	2010—2012	信拓集团
雨花台区西善桥岱山A地块	南京	108000	2010—2012	信拓集团
恒大城二期主体及配套工程	合肥	111500	2010—2012	信拓集团
河畔新城	沈阳	59000	2010—2012	信拓集团
阳光花园	抚顺	50000	2010—2012	信拓集团
新世纪广场	南通	63000	2010—2012	信拓集团
方北住宅楼	石家庄	76500	2010—2012	信拓集团
青浦新城D地块6～10号楼	上海	107300	2010—2013	信拓集团
朝阳区管庄北二里长仪项目	北京	89295	2010—2013	信拓集团
秦皇岛东王岭改造项目	秦皇岛	77569	2010—2013	信拓集团
公浴街2—4号楼住宅楼	哈尔滨	54934	2010—2013	信拓集团
新生花苑	海安	360000	2010—2013	信拓集团
东海国际	东台	180000	2010—2014	信拓集团
东港国际公寓	海安	240000	2010—2014	信拓集团
伊顿印象	东海	57840	2010—2014	信拓集团
宜兴苏宁环球天氿御城	宜兴	83573	2010—2014	信拓集团
华溪龙城住宅小区	大庆	11000	2010.03—2010.12	新龙兴公司
任丘金盾华庭小区19号楼及地下车库	沧州	26000	2010.03—2010.12	新龙兴公司
包头恒大名都5号、7号楼	包头	30000	2010.03—2010.12	新龙兴公司
唐城一〇一期B1、B2号楼及1#车库	唐山	57583	2010.03—2011.03	新龙兴公司

续表7–3

工程名称	工程所在地	施工面积（平方米）	施工时间	施工单位
山西太行御景水城住宅小区	临汾	40000	2010.03—2011.03	新龙兴公司
润洋一品1、2号楼	射阳	38000	2010.03—2011.06	新龙兴公司
任丘市怡然居住宅小区1、2号楼	沧州	28000	2010.03—2011.06	新龙兴公司
天洋城合欢镇73号楼	廊坊	24291	2010.03—2011.07	新龙兴公司
中海玉龙湾3号楼	呼和浩特	85000	2010.03—2011.08	新龙兴公司
凯旋门二期工程	大连	72774	2010.03—2011.10	新龙兴公司
天洋城风和日丽74–76号楼	廊坊	65979	2010.03—2011.12	新龙兴公司
包头恒大名都主体1、2、6、11号楼	包头	56087	2010.03—2011.12	新龙兴公司
天津恒大绿洲工程	天津	22250	2010.03—2011.12	新龙兴公司
唐山市尚唐国际3号、5号、6号楼及车库	天津	60000	2010.03—2011.12	新龙兴公司
江阴香雪海梅园工程	无锡	71090	2010.03—2012.02	新龙兴公司
津和荣2号地段5号、6号、7号楼及车库	天津	90249	2010.03—2012.03	新龙兴公司
保利达广场二期	沈阳	140000	2010.03—2012.03	新龙兴公司
阳光城市上河城S22	南京	107168	2010.03—2012.05	新龙兴公司
品尊国际花园一期	扬州	95491	2010.03—2012.06	新龙兴公司
新华楼改造工程B3区1～4号楼及车库	唐山	160000	2010.03—2012.08	新龙兴公司
芙蓉花园西区A4、A7住宅楼及车库	北京	123768	2010.03—2012.12	新龙兴公司
溪水河畔花园北区1、2、16D、16C、17号楼及地下车库	天津	63641	2010.04—2011.11	新龙兴公司
三间房项目1–2号、5–9号楼及车库	北京	95000	2010.05—2011.12	新龙兴公司
唐山新华联广场13号楼	唐山	49000	2010.05—2011.12	新龙兴公司
内蒙古坤和爱尚街3、6号楼	内蒙古	75000	2010.05—2012.05	新龙兴公司
天津隆盛花园29号楼等3项	天津	37122	2010.06—2011.11	新龙兴公司
营口恒大绿洲首期A地块12–15号楼	营口	84600	2010.06—2011.12	新龙兴公司
美林新东城B区续建及C区二期工程4、5、6、7号楼	廊坊	32840	2010.07—2011.07	新龙兴公司
天津上河雅苑小学	天津	12132	2010.08—2011.09	新龙兴公司
天津光明道海棠湾别墅项目	天津	10300	2010.08—2011.12	新龙兴公司
恒大山水城1～3栋	太原	100135	2010.08—2012.04	新龙兴公司
唐山新华楼改造项目世博广场	唐山	125000	2010.08—2012.05	新龙兴公司
周通家园工程	河北	125000	2010.08—2012.10	新龙兴公司
江苏恒华厂房	南京	26000	2010.09—2010.12	新龙兴公司
首邑西园住宅项目	北京	20257	2010.09—2011.05	新龙兴公司
首邑西园住宅项目20、22号楼及地下车库	北京	49892	2010.09—2011.09	新龙兴公司
包头恒大绿洲	包头	60000	2010.09—2012.05	新龙兴公司
幸福华都G2号楼	无锡	40100	2010.10—2011.11	新龙兴公司
唐城101项目E–17、18、19、20号楼	唐山	74972	2010.10—2012.01	新龙兴公司
呼市恒大雅苑2、5号及地下车库	呼和浩特	111642	2010.10—2012.05	新龙兴公司
唐山新华楼	唐山	132100	2010.10—2012.10	新龙兴公司

续表7–3

工程名称	工程所在地	施工面积（平方米）	施工时间	施工单位
中天世都	石家庄	100400	2010.01—2011.05	隆辉公司
创鑫四期1~9号楼	邯郸	398000	2010.01—2014.12	隆辉公司
晋福苑1号、2号楼	石家庄	14251	2010.03—2011.07	隆辉公司
西三庄旧村改造I2区	石家庄	71597	2010.04—2012.10	隆辉公司
京元大厦（蓝拓）	石家庄	41408	2010.05—2012.12	隆辉公司
长春长久家苑23号楼	长春	28950	2010.06—2011.11	隆辉公司
中原广场	石家庄	92931	2010.09—2013.03	隆辉公司
东王岭改造二期	秦皇岛	77569	2011—2012	信拓集团
晨朗电子三号厂房	海安	15391	2011—2012	信拓集团
泰通化学办公、车间、库房	海安	13000	2011—2012	信拓集团
太阳宫	河北	86000	2011—2013	信拓集团
东海聚龙二期	东海	80230	2011—2013	信拓集团
宾阳豪庭	寿县	90000	2011—2013	信拓集团
东方明珠城	秦皇岛	94418	2011—2013	信拓集团
嘉禾一方	沧州	74712	2011—2013	信拓集团
管庄北二里长仪项目	北京	85098	2011—2013	信拓集团
港汇购物中心	合肥	130000	2011—2013	信拓集团
安庆江畔尚城二期建设项目	安庆	52317	2011.02—2012.01	新龙兴公司
天津上河雅苑五组团30、34号楼及车库	天津	82000	2011.02—2012.10	新龙兴公司
廊坊幸福城	廊坊	60000	2011.02—2012.12	新龙兴公司
南京恒大金碧天下	南京	158661	2011.03—2013.10	新龙兴公司
包头市银河游泳馆改造项目	包头	169000	2011.05—2013.12	新龙兴公司
常州恒大翡翠华庭	常州	125526	2011.06—2013.06	新龙兴公司
天洋城四代一期—荷塘月色	廊坊	117000	2011.07—2013.12	新龙兴公司
安徽新桥阳光半岛	合肥	222200	2011.08—2013.06	新龙兴公司
城市中坚	廊坊	150000	2011.09—2014.02	新龙兴公司
东台润洋壹品一期	东台	127371	2011.11—2013.12	新龙兴公司
巴比伦花园	包头	91000	2011.11—2014.02	新龙兴公司
新城花苑一期	南通	30331	2011.03—2011.12	隆辉公司
天美公寓倒班宿舍3号楼	天津市	22618	2011.04—2011.11	隆辉公司
翰林观天下16号楼	石家庄	27672	2011.04—2012.12	隆辉公司
翰林观天下21–23号楼	石家庄	105808	2011.04—2012.12	隆辉公司
同祥城AB28–30号	石家庄	112819	2011.05—2014.11	隆辉公司
恒大御景5号楼	长春	62822	2011.06—2013.02	隆辉公司
世嘉名苑三期1–3号楼	邯郸	77196	2011.07—2012.12	隆辉公司
东焦民巷	石家庄	138119	2011.12—2014.01	隆辉公司

第四节　工程质量

图7-9　新龙兴公司承建的北京鑫丰大厦工程2008年获“结构长城杯”和“扬子杯”奖　（新龙兴公司/提供）

80年代，韩洋建筑企业承建的齐齐哈尔造纸厂车间、哈尔滨工商银行、哈尔滨工业大学教学楼均为省优质工程，大庆油田职工大楼为市优良工程，累计获得30多个奖项。1990—2002年，西场建筑工程公司先后获得上海建筑系统“白玉兰”奖 “普陀杯”奖、江苏省“扬子杯”奖、黑龙江省“优质奖”等奖项。

1993年起，建筑行业落实创优质工程目标责任制，各施工企业把创满意工程摆在首位，严格执行质量检验“四把关”（个人谁干谁检自己把关，班组互检互查互相把关，领导随机检查重点把关，幢号每天检查共同把关），从而保证了创优目标的实现。1997年，立发建筑安装工程有限公司驻北京工程处承建的富华大厦、北大图书馆、北大讲堂等高难度现代建筑中，以一流的技术、一流的管理、一流的质量，被北京市建委誉为“标杆队伍”。

1993—2011年，境域建筑企业在工程质量管理工作中，逐步推进科技创新，开展科研小组活动，贯彻ISO 9002标准，从强化质量意识入手，抓好质量方针教育，实施“两高”（高标准、高要求）、“三严”（严格管理、严格控制、严格检查）、“四全”（全员、全面、全过程、全天候）、“五明确”（明确质量目标、明确工序要求、明确验收规范、明确操作技能、明确岗位责任）的质量管理体系，建立健全质量管理机制，企业、工程处除建立质量管理机构外，项目部配足配好专职质检员，并赋予其质量检查监督权和奖惩决定权。同时规定工程处主任包片区、项目经理包幢号、工长包工序、工人包岗位的一级包一级的跟踪管理组织网络。

在施工管理中，做到主体施工有样板段，砌筑有样板墙，抹灰有样板间，装修有样板块，坚持样板示范，确保工程整体质量。此外，将工程质量与年终分配、评先选优、奖惩制度紧密挂钩，从而形成人人关注质量、质量人人把关的格局。2000年9月，南通市龙兴建筑安装工程有限公司、南通市南屏建筑安装工程有限公司通过质量保证体系认证。

至2011年，全镇建筑业创鲁班奖工程3个（其中参与施工获得1个），国家优质工程11个，部优质样板工程6个，省级优质工程94个，省用户满意工程106个。

2000—2011年城东镇建筑企业省级以上部分获奖工程一览表

表7-4

获奖年份	获奖工程	工程所在地	奖项	获奖级别	授奖单位	施工单位
2000	半岛花园实验学校	上海	建设工程优质结构	省级	上海市建设委员会	信拓集团
2000	半岛花园实验学校	上海	建设工程优质结构	省级	上海市建筑业联合会	信拓集团
2000	“沙田新苑”一期	上海	“白玉兰”奖	省级	上海市建筑业联合会	信拓集团
2000	大西洋新城	北京	结构长城杯	省级	北京市建委	新龙兴公司
2000	国际竹藤网络中心	北京	结构长城杯	省级	北京市建委	新龙兴公司
2000	国际俱乐部	北京	结构长城杯	省级	北京市建委	新龙兴公司

续表7-4

获奖年份	获奖工程	工程所在地	奖项	获奖级别	授奖单位	施工单位
2001	沙田新苑一期	上海	白玉兰市优质建筑工程	省级	上海市建筑业联合会	信拓集团
2001	忠实里一区1号楼	北京	结构长城杯	省级	北京市建委	新龙兴公司
2001	安宁西里小区3、4号楼	北京	结构长城杯	省级	北京市建委	新龙兴公司
2001	清华园学生公寓楼	北京	结构长城杯	省级	北京市建委	新龙兴公司
2001	兵种部A栋住宅	北京	结构长城杯	省级	北京市建委	新龙兴公司
2001	朝阳区体育馆	北京	结构长城杯	省级	北京市建委	新龙兴公司
2001	北京市中行软件开发楼	北京	结构长城杯	省级	北京市建委	新龙兴公司
2002	半岛花园实验学校	上海	白玉兰市优质建筑工程	省级	上海市建筑业联合会	信拓集团
2002	半岛花园一期1-3号楼	上海	白玉兰市优质建筑工程	省级	上海市建筑业联合会	信拓集团
2002	半岛花园实验学校	上海	白玉兰市优质建筑工程	省级	上海市建筑业联合会	信拓集团
2002	秋月枫舍4号楼	上海	市优质结构	省级	上海市建筑和管理委员会	信拓集团
2002	秋月枫舍4号楼	上海	用户满意住户工程奖	省级	上海市用户满意住宅工程评选委员会	信拓集团
2003	半岛花园一期4号楼	上海	白玉兰市优质建筑工程	省级	上海市建筑业联合会	信拓集团
2003	梅陇城世纪苑二期8号房	上海	市优质结构	省级	上海市建设和管理委员会	信拓集团
2003	金正城市广场	邯郸	文明工地	省级	河北省建筑工程施工安全监督总站	隆辉公司
2003	润丰家园1号高层住宅	石家庄	用户满意建筑工程	省级	河北省用户委员会	隆辉公司
2004	半岛花园二期5号楼	上海	白玉兰市优质建筑工程	省级	上海市建筑施工行业协会	信拓集团
2004	世纪商务大楼二期工程2号楼	上海	优质结构	省级	上海市建设和管理委员会	信拓集团
2004	世纪商务大楼二期工程3号楼	上海	优质结构	省级	上海市建设和管理委员会	信拓集团
2004	上海世纪之门半岛花园6号楼	上海	用户满意住宅工程奖	省级	上海市工程建设质量管理协会	信拓集团
2004	世纪商务大厦二期2号3号楼	上海	建设工程优质结构	省级	上海市建设和管理委员会	信拓集团
2005	惠南新城新凤凰城一期1-11街坊B4栋	上海	上海市优质结构	省级	上海市建设和管理委员会	信拓集团
2005	惠南新城新凤凰城一期1-11街坊B6栋	上海	上海市优质结构	省级	上海市建设和管理委员会	信拓集团
2005	惠南新城新凤凰城一期1-11街坊B7栋	上海	上海市优质结构	省级	上海市建设和管理委员会	信拓集团
2005	地王国际花园二期B座	沈阳	建设工程优质主体工程	省级	辽宁省建筑业协会	信拓集团
2005	石家庄社保局商住1号楼	石家庄	省级文明工地	省级	河北省建筑工程施工安全监督总站	隆辉公司
2005	绿地长春上海城B31、38号楼	长春	东北三省四市优质工程	省级	东北三省四市	隆辉公司

续表7–4

获奖年份	获奖工程	工程所在地	奖项	获奖级别	授奖单位	施工单位
2006	海安贵都广场商业综合楼一期2标	海安	建筑施工文明工地	省级	江苏省建筑工程管理局	信拓集团
2006	上海五角世贸商城	上海	优质结构工程 文明标准化工地	省级	上海市建委	新龙兴公司
2006	周埔8号地工程	上海	文明标准化工地	省级	上海市建委	新龙兴公司
2006	星雨花都DA区05、06栋	南京	建筑施工文明工地	省级	江苏省建设厅	新龙兴公司
2006	北京泛海工程	北京	结构长城杯	省级	北京市建委	新龙兴公司
2006	北京东风绿隔第四综合楼	北京	结构长城杯 文明标准化工地	省级	北京市建委	新龙兴公司
2006	天津万春花园	天津	文明标准化工地	省级	天津市建委	新龙兴公司
2006	北京马连道工程	北京	结构长城杯 文明标准化工地	省级	北京市建委	新龙兴公司
2006	北京八十中工程	北京	结构长城杯 文明标准化工地	省级	北京市建委	新龙兴公司
2006	北京丰台工程	北京	结构长城杯 文明标准化工地	省级	北京市建委	新龙兴公司
2006	天津诚基大厦	天津	海河杯 文明标准化工地	省级	天津市建委	新龙兴公司
2006	大庆塞纳花园工程	大庆	龙江杯 安全文明标准化工地	省级	黑龙江省建设厅	新龙兴公司
2006	五棵松文化体育中心工程	北京	结构长城杯 文明标准化工地	省级	北京市建委	新龙兴公司
2006	北京山水文园3、4号楼	北京	结构长城杯 文明标准化工地	省级	北京市建委	新龙兴公司
2006	北京华泽大厦	北京	结构长城杯 安全文明标准化工地	省级	北京市建委	新龙兴公司
2006	沈阳神羊国际名牌商城工程	沈阳	优质工程 文明标准化工地	省级	辽宁省建设厅	新龙兴公司
2006	沈阳鑫森人家住宅小区工程	沈阳	优质工程 文明标准化工地	省级	辽宁省建设厅	新龙兴公司
2006	创鑫阳光城一期6号、9号楼	邯郸	文明工地	省级	河北省建筑工程施工安全监督总站	隆辉公司
2006	创鑫阳光城一期6号、9号楼	邯郸	新技术应用示范工程	省级	河北省建设厅	隆辉公司
2006	石家庄凯华技术大厦	石家庄	文明工地	省级	河北省建筑工程施工安全监督总站	隆辉公司
2006	邯郸市国贸中心	邯郸	安济杯省优工程	省级	河北省建筑业协会	隆辉公司
2006	军创园1号高层住宅	石家庄	安济杯省优工程	省级	河北省建筑业协会	隆辉公司
2006	邯郸市国贸中心	邯郸	施工安全文明工地	国家级	中国建筑业协会	隆辉公司
2006	石家庄社保局商住1号楼	石家庄	用户满意建筑工程	省级	河北省用户委员会	隆辉公司

续表7-4

获奖年份	获奖工程	工程所在地	奖项	获奖级别	授奖单位	施工单位
2006	怡安世纪A、B栋	石家庄	用户满意建筑工程	省级	河北省用户委员会	隆辉公司
2007	海安明珠城e1、e2号楼	海安	文明工地	省级	江苏省建筑工程管理局	信拓集团
2007	怡安世纪A、B栋	石家庄	安济杯省优工程	省级	河北省建筑业协会	隆辉公司
2007	邯郸世嘉名苑	邯郸	安济杯省优工程	省级	河北省建筑业协会	隆辉公司
2007	邯郸市房产交易市场	邯郸	安济杯省优工程	省级	河北省建筑业协会	隆辉公司
2007	邯郸国际商务中心	邯郸	样板文明工地	省级	河北省建筑工程施工安全监督总站	隆辉公司
2007	东方时空大厦	石家庄	安济杯省优工程	省级	河北省建筑业协会	隆辉公司
2007	创鑫阳光城二期	邯郸	安济杯省优工程	省级	河北省建筑业协会	隆辉公司
2007	创鑫阳光城二期	邯郸	省新技术应用示范工程文明工地	省级	河北省建设厅	隆辉公司
2007	创鑫阳光二期QC小组	邯郸	工程建设优秀质量管理小组	省级	河北省建筑业协会	隆辉公司
2007	福临家园35、40号楼	长春	哈长大三市建筑安全联检金奖	省级	哈、长、大三市建筑安全联检活动领导小组	隆辉公司
2007	邯郸市原种场1号住宅楼	邯郸	文明工地	省级	河北省建设厅	隆辉公司
2008	奥林匹克花园三期C地块7栋住宅楼	北京	结构长城杯	省级	北京市建委	新龙兴公司
2008	政泉花园11号住宅楼	北京	结构长城杯	省级	北京市建委	新龙兴公司
2008	山水文园26、27号住宅楼	北京	结构长城杯	省级	北京市建委	新龙兴公司
2008	北京赵公口甲13号住宅楼	北京	扬子杯	省级	江苏省建设厅	新龙兴公司
2008	北京鑫丰大厦工程	北京	结构长城杯 扬子杯	省级	北京市建委 江苏省建设厅	新龙兴公司
2008	北京朝阳雅苑工程	北京	结构长城杯	省级	北京市建委	新龙兴公司
2008	北京天平苑工程	北京	结构长城杯	省级	北京市建委	新龙兴公司
2008	北京工业大学工程	北京	结构长城杯	省级	北京市建委	新龙兴公司
2008	北京万科四季花城工程	北京	结构长城杯	省级	北京市建委	新龙兴公司
2008	北京望泉家园18-21号楼工程	北京	结构长城杯	省级	北京市建委	新龙兴公司
2008	北京东方华府	北京	扬子杯	省级	江苏省建设厅	新龙兴公司
2008	银川高尔夫一期工程	银川	西北扬子杯	省级	宁夏建设厅	新龙兴公司
2008	德业居花园8、9号住宅楼	石家庄	文明工地	省级	河北省建筑工程施工安全监督总站	隆辉公司
2008	兴隆商务公寓A、B座	邯郸	省级QC小组优秀奖	省级	河北省建筑业协会	隆辉公司
2008	兴隆商务公寓A、B座	邯郸	安济杯省优工程	省级	河北省建筑业协会	隆辉公司
2008	兴隆商务公寓A、B座	邯郸	样板文明工地	省级	河北省建设厅	隆辉公司
2009	海安都市豪庭工程1-5号楼	海安	文明工地	省级	江苏省建筑工程管理局	信拓集团

续表7–4

获奖年份	获奖工程	工程所在地	奖项	获奖级别	授奖单位	施工单位
2009	跃进村05栋工程	南京	扬子杯	省级	江苏省建设厅	新龙兴公司
2009	北京奥林匹克花园工程	北京	结构长城杯	省级	北京市建委	新龙兴公司
2009	北京彩虹小区二期四区1号楼	北京	扬子杯	省级	江苏省建设厅	新龙兴公司
2009	北京东方华府	北京	扬子杯	省级	江苏省建设厅	新龙兴公司
2009	天津塘沽时代名居5号楼工程	天津	海河杯 文明工地	省级	天津市建委	新龙兴公司
2009	石家庄紫晶天域	石家庄	文明工地	省级	河北省建筑工程施工安全监督总站	隆辉公司
2009	石家庄发源南区6、7、8号楼	石家庄	文明工地	省级	河北省建筑工程施工安全监督总站	隆辉公司
2009	双鸽鑫泰苑	石家庄	文明工地	省级	河北省建筑工程施工安全监督总站	隆辉公司
2009	石家庄陆军指挥学院	石家庄	扬子杯	省级	江苏省建筑行业协会	隆辉公司
2009	振西城中村改造一期工程旧城改造1、2号楼	石家庄	安济杯省优工程	省级	河北省建筑业协会	隆辉公司
2010	沈阳金地滨河国际D3栋	沈阳	优质主体结构工程	省级	辽宁省建筑协会	信拓集团
2010	沈阳金地滨河国际B3栋	沈阳	优质工程	省级	辽宁省建筑协会	信拓集团
2010	天津塘沽时代名居工程	天津	扬子杯	省级	江苏省建设厅	新龙兴公司
2010	南京星雨花都	南京	扬子杯	省级	江苏省建设厅	新龙兴公司
2010	娘娘庙房改二段工程	北京	结构长城杯 文明工地	省级	北京市建委	新龙兴公司
2010	半壁店大街25号住宅A—10号楼工程	北京	结构长城杯	省级	北京市建委	新龙兴公司
2010	北京半壁店工程	北京	结构长城杯 文明工地	省级	北京市建委	新龙兴公司
2010	北京久居雅园3、6、9号楼	北京	结构长城杯	省级	北京市建委	新龙兴公司
2010	北京朝阳雅苑工程	北京	扬子杯	省级	江苏省建设厅	新龙兴公司
2010	北京京贸家园工程	北京	结构长城杯	省级	北京市建委	新龙兴公司
2010	天津上河雅苑1、2、6号楼	天津	海河杯 文明工地	省级	天津市建委	新龙兴公司
2010	银浪温馨家园工程	哈尔滨	龙江杯 安全文明标准化工地	省级	黑龙江省建设厅	新龙兴公司
2010	任丘理想家园工程	沧州	优质公园	省级	河北省建设厅	新龙兴公司
2010	北京美林新东区A区工程	北京	文明工地	省级	北京市建委	新龙兴公司
2010	北京世纪龙庭C区工程	北京	文明工地	省级	北京市建委	新龙兴公司
2010	沈阳保利达广场一期工程	沈阳	优质主体结构	省级	辽宁省建设厅	新龙兴公司
2010	石家庄京元大厦工程	石家庄	文明工地	省级	河北省建设厅	隆辉公司

续表7-4

获奖年份	获奖工程	工程所在地	奖项	获奖级别	授奖单位	施工单位
2010	石家庄东三庄4号商业办公楼及地下车库	石家庄	文明工地	省级	河北省建设厅	隆辉公司
2010	邯郸金世纪新城4-7号楼	邯郸	文明工地	省级	河北省建设厅	隆辉公司
2010	长春长久家苑23号楼工程	长春	哈、长、大金牌工程	省级	哈尔滨长春大连建设安全联检活动小组	隆辉公司
2011	福建炼化公司员工生活宿舍一标段	泉州	文明工地	省级	福建省住房和城乡建设厅	信拓集团
2011	沈阳金地滨河国际B3栋	沈阳	优质工程世纪杯	省级	辽宁省建筑协会	信拓集团
2011	沈阳金地5号楼	沈阳	优质主体结构	省级	辽宁省建筑协会	信拓集团
2011	沈阳金地6号楼	沈阳	优质主体结构	省级	辽宁省建筑协会	信拓集团
2011	沈阳金地7号楼	沈阳	优质主体结构	省级	辽宁省建筑协会	信拓集团
2011	沈阳金地滨河国际社区D3栋	沈阳	优质主体结构	省级	辽宁省建筑协会	信拓集团
2011	沈阳金地滨河国际社区四期3号楼	沈阳	优质主体结构	省级	辽宁省建筑协会	信拓集团
2011	沈阳其仕亚美利加19号楼	沈阳	省优世纪杯	省级	辽宁省建筑协会	信拓集团
2011	安徽华邦世家一期项目	安徽	文明工地	省级	安徽省建设厅	新龙兴公司
2011	天津上河雅园16、17号楼	天津	海河杯	省级	天津市建委	新龙兴公司
2011	唐山新华联广场10-13号楼	唐山	安全文明工地	省级	河北省建设厅	新龙兴公司
2011	大连市第一发电厂冷却水池搬迁改造工程	大连	优质结构	省级	辽宁省建设厅	新龙兴公司
2011	北京首邑西园住宅	北京	结构长城杯	省级	北京市建委	新龙兴公司
2011	包头江南文枢苑二期7、8号	包头	安全质量标准化工地	省级	内蒙古建设厅	新龙兴公司
2011	芙蓉花园A区地下车库及A4号楼	北京	结构长城杯银质奖	省级	北京市建委	新龙兴公司
2011	唐山丰润区乡居假日	唐山	安全文明工地	省级	河北省建设厅	新龙兴公司
2011	邯郸滏东写字楼工程	邯郸	安济杯省优工程	省级	河北省建筑业协会	隆辉公司
2011	邯郸滏东写字楼工程	邯郸	省级文明工地	省级	河北省建设厅	隆辉公司
2011	荣盛锦绣花苑6-11号楼	邯郸	省级文明工地	省级	河北省建设厅	隆辉公司
2011	双鸽鑫泰苑二期	石家庄	文明工地	省级	河北省建设厅	隆辉公司
2011	紫晶天域2号、3号A、B、C楼	石家庄	文明工地	省级	河北省建设厅	隆辉公司
2011	创鑫五期1号楼	邯郸	文明工地	省级	河北省建设厅	隆辉公司
2011	世嘉名苑15、16号楼	邯郸	文明工地	省级	河北省建设厅	隆辉公司
2011	新时代广场	邯郸	文明工地	省级	河北省建设厅	隆辉公司

第八章　商贸服务业

宋代至民国，城东镇境域内有西场、立发桥、洋蛮河、油坊头、周家庄、立头、陆堑等集镇，商业比较兴旺。西场集镇整个街市有商铺近150家，最有名的有仁和春药店、张亿泰茶叶店、仲亿泰布店、潘广泰日杂店、恒顺昌杂货店、吴记天宝银楼、李恒和染坊、许隆兴粮行、陆协祥粮行等。

立发桥集镇面河朝南，有杂货店、肉店、豆腐店、饭店、卤菜店、槽坊、面粉店、理发店、木行、竹排店、草行、香店、石灰店、南北货店等18家。其他几个集镇亦有日杂商店等。散落在乡村的小店小摊为数不多，只能卖些洋油（火油）、洋火（火柴）、鞭炮、蜡烛、青条（水烟）、薄荷糖之类的日用商品。

新中国成立前，由于战争频发，城东镇境域商业日趋萧条。新中国成立后的30多年间，境域商业逐渐兴旺起来，商业类型日渐增多。立发、南屏、韩洋、新生、西场、壮志6个乡，都在政府所在地建立供销社、食品站、粮站。在计划经济时期，农村供销社是农村商业主体，并建有棉花收购部、蚕茧收烘站，供应人们所需的日用工业品和农业生产资料，将农副产品收购上来调配到工厂，同时下属合作商店，遍布各大队（村）。各乡还兴办一些服务行业，如浴室、药店、饭店、缝纫店、理发烫发店、服装鞋帽店等。个体商业经营者逐渐增多，如修锅匠、铜匠、铁匠、篾匠、锁匠和炸米花的、弹棉花的、镶牙的、修自行车的等。50—80年代，由于诸多因素，商业始终发展不快。

中共十一届三中全会后，改革开放政策使城东镇商贸服务业迅速得到发展，境域逐步形成商业类型多、规模大、服务好、效益高的新局面。截至2008年，开发区城东镇有服务业企业447家，其中交通运输业13家、批发零售企业185家、住宿餐饮企业5家、房地产企业3家、物业管理企业8家、中介服务业13家、其他居民服务企业200家，从业人员18613人。2011年，服务业发展更快，仅并入的西场地域就有商贸私营个体企业2670家。城东镇亿元以上商贸企业53家，三产增加值36.98亿元。

2003—2011年开发区城东镇服务业概况表

表8-1

年　份	2003	2004	2005	2006	2007	2008	2009	2010	2011
重点项目（个数）	5	5	6	8	8	9	11	14	13
增加值（亿元）	1.83	3.87	4.95	7.24	9.57	12.33	14.80	25.36	36.98
投资值（亿元）	1.13	1.68	4.20	5.28	8.43	13.27	15.89	18.03	8.14
市场成交额（亿元）	4.37	5.83	8.36	11.00	15.24	18.93	21.32	24.51	29.12
应税销售收入（亿元）	1.54	3.42	4.95	7.24	9.54	15.80	20.45	23.86	44.76
从业人员（人）	9583	11478	12508	17695	17632	18613	18343	18914	23067

说明：2010年之前不含西场镇相关数据

2011年城东镇服务业亿元以上重点项目进展情况表

表8-2 单位：万元

项目名称	建设内容及规模	建设起始年月	计划投资	2011年完成投资	项目进展情况
东部全球家具采购中心（海安）有限公司	用地12.73万平方米，建筑面积200万平方米	2011—2013	500000	4250	主体完工，在外饰装修
苏中不锈钢市场	用地6.63万平方米，建筑面积8.76万平方米，不锈钢专业市场加工、销售	2011.06—2013.09	60000	12720	14幢全面施工，其中8幢主体到顶
苏海汽车城	用地11.4万平方米，建筑面积20万平方米，13家品牌汽车4S店	2011.04—2013.12	50000	3482	两家4S店7月营业，1家12月开业，两家交地施工
523文化产业园二期工程	文化产业园内	2011—2014	32000	12720	主体完工，外饰装修
模具城	用地38万平方米，建筑面积1万平方米，模具研发、加工、销售专业市场	2011.10—2013.12	15000	1000	6幢楼房开工建设
金恒广场	用地1.73万平方米，建筑面积3.58万平方米	2011—2012	10700	5260	主体工程接近封顶
汇益果蔬	用地4.77万平方米，建筑面积5.6万平方米，大型食品市场	2011.01—2012.10	10000	5000	一期竣工，二期在建
酒店用品城	用地4.46万平方米，建筑面积8.2万平方米	2010.03—2012.09	16000	19590	主楼封顶，外饰装修
占姆士展示中心	用地1.8万平方米，建筑面积3.2万平方米，纺织、色织产品展示	2010.06—2012.12	16000	14160	一期工程封顶，工程装修
启迪（海安）科技园	规划10.6万平方米，在建5.33万平方米，建筑面积4万平方米	2008.09—2012.12	12000	10449	工程装修
苏中棉花物流园	建筑面积7.6万平方米	2009.09—2011.10	12000	13930	仓库封顶，部分仓库营业
禽蛋城	用地2.8万平方米，建筑面积4.1万平方米	2010.10—2011.12	10000	10032	工程完工

第一节 商业场所

一、供销社

城东镇供销合作商业始于民国29年（1940年）。民国时期组建的合作社，组织形式为理事会，自愿入股，不分贫富都可入社。

1950年后，各级供销社组建和发展较快，国家和地方拨给大米作为供销社流动资金，经营民众所需的米、油、饼和日用百货。1956年国营、合作社商业分开。1958年秋，供销社与国营商业合并，改为“人民公社供销部”，成为国营商业网点。改革开放前境域设有西场区中心供销社。1978年，自上而下恢复供销合作社。1978—1992年，基层社实行“一乡一社”。1983年开始体制改革，明确供销社性质，为农民群众集体所有合作商业。1992年境域内有立发、韩洋、新生、南屏、西场、壮志6家供销社。1992年，供销社深化改革，清理资产，实行承包人员身份置换，资产重组，对资不抵债的供销社实施破产。至1998年，境域内6家供销社先后实现改制，改变职工吃大锅饭的现象，鼓励自谋出路，各得其所，做到平稳过渡。

立发供销社 位于立发桥河北西侧，202省道边。90年代初期有棉花收购站、轧花厂、生猪屠宰、商业网点等10多处，职工132人，营业用房9051平方米。立发供销社诞生于1952年，当时称立发合作社，委员奚鸿、主任吴英源。1955年4月，建立立发供销合作社。主任周法群、周宏风，副主任黄兴、曹日山、冯寿余、储开成、储家宽。1956年，立发供销社副主任桑之法、朱大生。立发区社副主任于思秀、田文清、黄兴、周法群。1958年4月，海安县供销社和国营商业合并，立发供销社成为国营商店在农村的基层组织。1959年春，全县国营商业、供销社、合营企业、合作小组大合并，立发公社建立供销部，下设购销站，为公社商业统一机构。立发供销部党支部书记韩德银、主任徐其悦，副主任田文清、施十明。1960年10月，供销社与国营商业分开，从全民所有制改为集体所有制。立发供销社党支部书记韩德银，副主任杨国珍，负责人叶希华。1962年9月，根据省供销总社和专区合作办事处指示精神，全县农村供销社按经济区划设置，以集镇建立供销合作社，撤销区中心供销合作社。立发供销社党支部书记韩德银、主任叶希华。1963—1964年，主任陈守桃，副主任韩德银、周健、范煦，党支部副书记顾裕才。1965—1966年，党支部书记顾裕才，主任陈守桃，副主任韩德银、浦永丰，负责人陈怀松、储祥山，监察员周克清。1969年9月20日，立发轧花剥绒厂陈祥杰赴北京参加国庆20周年观礼。1972—1979年，立发购销社（“文化大革命”中一段时间，部分乡镇将供销社改称购销社）、供销社副主任洪谟、马兆泉、张铎。1977年，轧花厂仲祥被江苏省革委会授予工业学大庆劳动模范称号。1980—1985年，立发供销社主任顾冠圣，副主任朱厚启、钱昌银、马兆泉、宋英盛。1986—1987年，党支部书记顾冠圣，监事会副主任宋英盛，副主任马兆泉、钱昌银。1988—1989年，主任王兆露，党支部书记、监事会副主任顾冠圣，副主任宋友旺、廖晓新。1992年，立发供销合作社为集体所有制。副主任韩松庆、宋友旺、王兆露、范领进，党支部书记、监事会副主任顾冠圣。1998年，立发供销社改制，人员自谋出路。

南屏供销社 位于蚂蟥沟，原204国道边。1952年，南屏供销社建立，原称油坊头供销社，主任仲兆春。1954年，副主任顾尚礼、潘春发。1956年，副主任仲兆春、潘春发。1959年春，南屏公社建立供销部，下设购销站，为公社商业统一机构。1960—1961年，合作商店（组）与供销社统一核算。南屏供销部党支部书记孙春树，主任周健。1962年，党支部书记孙春树，主任储祥山，副主任周健、陈松怀。

1972—1976年，南屏购销社、供销社主任缪明甫、丁正兴，副主任周克林、卜红英、周庆梅。1980—1985年，南屏供销社主任张跃余，副主任顾冠圣、张友勤、张加龙、周宝林、谈德华。1986—1987年，党支部书记、主任张跃余，监事会副主任张加龙，副主任张友情、谈德华。1988—1989年，主任谈德华，党支部书记、副主任张友情，副主任宋有审。

1992年，南屏农村供销合作社为集体所有制，党支部书记、主任谈德华，副主任张友情、卢坚。

2000年，供销社等集体资产有序退出，人员身份置换，南屏供销社组成有限公司。至2008年，经营工业等品种3000个，坚持送货下乡下厂，年销售2200万元，获南通市五强基层社，全国百强基层社第66名。2011年,建有生猪屠宰场3个，年宰杀生猪万头，销往县内各大市场。

韩洋供销社 位于三角村4组。1954—1955年，韩洋境域内有洋蛮河供销社、大桥供销社。洋蛮河供销社主任周德群，大桥供销社主任储开成、副主任储加宽。1956年，洋蛮河供销社主任顾尚礼、副主任周德群，大桥供销社副主任储家宽、储开成。1959年建立韩洋供销部，党支部书记汤伯圣，副主任周世明。

1960—1961年，韩洋供销部党支部书记汤伯圣，副主任周世明、姜德盛。1962年，韩洋供销社党支部书记汤伯圣。1972—1976年，韩洋购销社、供销社主任丁华忠，副主任于八广、周宝莲、施则贵。1980—1985年，韩洋供销社主任杨祥生，副主任周宝莲、王应稳、吴德和、缪俊、陈生。1986—1987年，党支部书记、主任杨祥生，监事会副主任吴德和，副主任缪俊、陈生。1988—1989年，党支部书记、主任杨祥生，副主任陈生、张义峰。

1992年，韩洋供销社为集体所有制，主任杨祥生，副主任陈生。1998年，韩洋供销社改制。

新生供销社 位于新生村3组。1959年，建立新生供销部。1959—1992年，历届党支部书记分别为何希舫、丁庆余、洪士进，主任姚兆平、刘祥、罗永生、陈国卿、张跃余、范熙、韩松庆、洪士进，副主任施则桂、范熙、崔杨富、崔伯才、丁庆余、蔡炳才、韩松庆、余少平、刘建华、范钦银，监事会副主任丁庆余、范熙。1998年新生供销社改制，人员自谋出路。

西场供销社 建立于1952年2月，位于西场镇老十字街口西南侧。有商业用房1400平方米，职工21人。1956年2月为区供销社，1976年2月为区中心供销合作社，1992年仍为西场供销合作社。

1952年，西场供销社主任曹日山。1954—1955年，合作委员储祥庆，主任奚鸿、陈国卿，副主任王宝善、卢从进、何希舫。1956年，主任陈国卿、卢从进，副主任王应稳、杨荣发、吕金余、王宏善、何希舫。1958年，西场区供销社党支部书记陈国卿，主任何希舫，副主任王应稳、邓必江。1959年，西场供销部党支部书记陈国卿，副主任郭建、邓必江，负责人张芝荣。1960—1961年，党支部书记陈国卿，主任徐其悦，副主任仲兆平、邓必江、张芝荣。

1962年，西场区中心供销社主任陈国卿，西场供销社主任王应稳，副主任施则贵。1963—1964年，西场供销社党支部书记陈国卿，党支部副书记何希舫，主任徐其悦，负责人王应稳。1965—1966年，党支部书记陈国卿，主任徐其悦、许映海，副主任王应稳、周克清、储家宽、范煦、仲兆平、王敦才、赵宝林，监察员何希舫。1972—1976年，西场区中心供销社负责人薛逵，西场购销社、供销社党支部书记何希舫，主任张跃余、薛逵，副主任仲兆平、翟鹤银。1980—1985年，西场供销社主任叶希华、浦永丰，副主任何子来、仲兆平、周宝莲、蔡桂芳、许有尔。1986—1987年，党支部书记、主任何子来，监事会副主任浦永丰，副主任仲兆平、周宝莲、许有尔、蔡桂芳。1988—1989年，西场中心供销社党支部书记、主任何子来，监事会副主任浦永丰，副主任仲兆平、周宝莲、王建华、许有尔、洪士进、蔡桂芳。1992年，西场中心供销社党支部书记何子来，主任许有尔，监事主任浦永丰，副主任王建华。1998年，西场供销社改制。

壮志供销社 位于原壮志乡政府东侧100米。1953年建立壮志供应点，1958年建立壮志供销部，1963年建立壮志供销社。1986年4月1日，壮志供销社被县委、县政府命名为“1985年度文明单位”。

1960—1961年，壮志供销部党支部书记陈守桃，副主任颜春学。1962年，党支部书记陈守桃，负责人朱世太。1972—1976年，主任花迪鸿、张祖谊、余素。1980年，主任浦永丰、许应华、周宝莲、张广楼，副主任张文旺、曹连谦、朱子明。1986—1987年，主任许映华，监事会副主任朱子明，副主任范钦银。1988—1989年，主任许映华，党支部书记、监事会副主任朱子明，副主任范钦银。1992年，党支部书记、主任洪士进，副主任刘建华、范钦银。1998年，壮志供销社改制，人员自谋出路，创业就业。

二、合作商店

1956年，国家对小商小贩进行社会主义改造。按照城乡分工，城镇个体商店归商业局领导管理，农村建立合作商店，归供销合作社领导管理。城东镇境域的6个乡镇，先后建立合作商店。

1958年，全县实行国营商业、供销社、合作商店大合并，合作商店归商业局商政股统一领导。从60年代初到“文化大革命”期间，境域内6个公社的合作商店基本上没有得到发展。1978年，合作商业改为集体商业。1983年，集体商业与基层供销社脱钩，各乡镇单独建立商业总店。1993—1995年，为适应市场经济发展形势，积极推行商业改革。2000年初，商业系统实行产权制度改革，将集体资产从企业中有序退出，职工人员身份置换，有的转为个体经营户，有的办企业，自主创业就业。

三、粮　站

1953年11月，粮食购销纳入国家计划，私营粮商一律不准自由经营粮食。境域西场、壮志、新生、韩洋、立发、南屏6个乡分别建立粮食购销点，后来不同的经济时期分别称粮管所或粮站、粮库。1954年起，按城镇居民劳动差别和年龄大小等分类定量计划供应，粮油由供销社经营。1955年粮站从供销社剥离出来，独立经营。是年，施行通用粮票、地方粮票，凭票售粮。

1956年起，粮食统购统销改为按社核算，按土地面积计算每亩的征购粮数，各粮站负责粮食收购工作，老百姓称之为“完公粮”或“交公粮”。每到收获季节，各生产队组织社员人挑、车推、船运，把公粮送往粮站验收入库。1958—1962年，粮食生产大幅度下降，粮食严重短缺，城乡普遍“瓜菜代”。“文化大革命”期间，粮食形势由缓和趋向紧张。1979年国家提高统购粮价20%，超购加价50%。1981年粮食购销实行大包干，一定三年不变。1985年，取消粮食统购，实现粮食合同定购。

1993年3月31日，海安县粮食定量供应停止，实行40年的城镇居民粮食供应制度（即统销制度）被取消。1994年4月起，开放粮油市场，粮油商品敞开供应，粮票退出历史舞台。

1998—2002年，境域6个乡镇粮管站改制，出让店面，出售资产。职工解除合同或内退、托管，国有粮站退出历史舞台。

四、食品站

1954年1月，建立新生食品站，为县食品公司下属单位。1956年后，西场、南屏先后建立食品站。

1965年，生猪收购由食品站负责。无食品站的公社，委托供销社设立“三就点”（对生猪就地收购、就地屠宰、就地供应）。

70年代后，境域各公社均建立食品站，公社设猪业办事员，组织生猪生产，同时发挥主体作用，经营生猪收购，肉食品批发、零售，家禽、禽蛋业务。

1979年，猪肉敞开供应。1984年，实行鲜肉平价、议价双轨制，1985年猪肉价格放开。1994年，各乡镇实行生猪定点宰杀，推行生猪白肉定点销售。1997年，县供销总社在立发乡建成益民食品厂，并联系50头以上养猪户58户，组成生猪专业合作社，厂方投股3360股，实现收购、加工、销售一条龙服务，对入股社员实行保护价（高于市场价）。至2000年，每年屠宰生猪4万头，供应县城，同时与如皋肉联厂有紧密的合作关系，有时还支持国家猪肉出口。

2000年后，农村屠宰“小刀手”逐渐增多，食品站改制，2001年各乡镇食品站停办。

2002年，城东镇建立由镇生猪办、畜牧兽医站和南屏供销有限公司联合创办的南屏生猪专业合作社，负责生猪的饲养、检疫、收购、屠宰、销售管理。供销部门提供收购屠宰场地1450平方米。2005年起，根据国务院“定点屠宰、集中检疫、分散经营”的要求，生猪实行定点收购屠宰、畜牧兽医驻点现场检疫。2007年下半年收购1万头。2008年收购1.5万头，每50公斤高于市场价20元，每年增加农民收入上百万元。是年，销售猪肉5万多吨。2011年，城东镇境域实行生猪定点屠宰管理，有西场、南屏、新生3家生猪屠宰点。

五、商场、超市

2000年后，城东镇境域6个乡镇都建有一两个中等规模的商场、超市，主要经营服装、针织、五金交电、日用工业消费品等，品种5000个以上，柜台、货架对顾客全面敞开，每个商品都标明价目。各村都有规模不等的小型超市或便利店，西场镇内就有超市16家。超市为顾客购物提供方便，让顾客自由选择商品，然后由收银员电脑结账，超市服务人员提交顾客购物发票。各超市都有与之协作的旗舰超市提供各类商品，做到价格、质量与大超市一样。同时接受当地物价、质量检验部门的监督检查。每逢节假日，超市以促销手段招揽生意，市场竞争意识日益增强。2011年，城东镇境域有较大的超市35家。

六、为农服务社

80年代中后期，县政府在南屏乡周济村召开现场会议，向全县推广该村组织的便民服务社先进经验。便民服务社做到“统一耕种、统一治虫、统一化除、统一培管、统一收费”的“五统一”，以解决农民进城务工、家中责任田缺人或无人管理的矛盾。2001年后，各村建立为农服务社，进一步明确为农服务社为社会主义新农村建设服务的宗旨，扩大服务社的服务项目，不断提高技术含量和服务质量。2011年，全镇有31个为农服务社，各村服务社新增加农业技术推广项目，如插秧机服务及代办培植秧盘等。各村发放为农服务电话号码卡，如电话、电视、用电、用水等出现问题，只要用户拨打电话，就有专人上门服务。

第二节 集贸市场

一、农贸市场

新中国成立后，西场、立发等集镇地先后建有小的农贸市场。1990年，西场建有蔬菜农贸市场。2000年后，立发、新生、南屏、韩洋办起蔬菜农贸市场，搭建起玻璃钢瓦的大棚，建成水产、肉类、蔬菜、卤菜等不同的摊点摊位，市场有专人管理，有序经营。

在改革开放大潮推动下，城东镇境域内先后建成规模大、效益好、人气旺、商业辐射面广的集贸市场，如泰宁市场、火车站水果批发市场等。2011年，城东境域有集贸市场12个。

二、专业市场

泰宁市场 位于县城长江中路59号，1997年开业，占地3.9万平方米，是一座以经营日用小商品、服装鞋帽、装饰装修材料为主的综合性市场。有固定店面600间，年成交额近8亿元。2011年，泰宁市场被评为“南通市文明市场”。

图8-1 泰宁小商品市场 （孙宝峰/摄）

沿海大市场 位于海安经济开发区迎宾路，与海安火车站毗邻。市场全称为江苏沿海商业运营管理有限公司，隶属江苏蓝岳集团有限公司。2008年进区建设，2011年1月市场全面运营，成为县城东部商业服务业亮点。

图8-2 沿海大市场C区 （孙宝峰/摄）

沿海大市场分A、B、C、MOHO、威尼斯社区等5个区。A区经营古玩和副食品批发。副食品有老坝港海鲜、李堡活禽、丁所草猪肉等。B区设水果批发市场，每天下半夜就有水果经销商前来批发水果，生意十分红火。C区设汽车市场和装饰材料市场。汽车市场经营各品牌汽车、零部件及其他消费品。装饰材料市场有经营户200多家，经营瓷砖、石材、门窗、地板、墙纸、油漆、灯具等。MOHO区经营茶叶、酒类批发，品种1000个以上。威尼斯社区居住各地客商。整个沿海大市场内设客户服务部、秩序维护部、工程维修部、环境管理部、营销配合部等5个部和办公室，有管理人员90人。2011年有经营户1823户。

苏海汽车城 位于开发区迎宾路东侧，总投资5亿元，占地11.4万平方米。苏海汽车城一期投资3亿元，于2010年底开工建设。南通长江汽车（集团）、太平洋汽车集团、车行天下汽车销售公司、东风日产4S店、东风标致4S店、东风悦达起亚4S店、北京现代4S店、通用别克4S店及上海大众4S店陆续开张营业。有汽车销售单位32家，

图8-3 苏海汽车城一角 （孙宝峰/摄）

从业人员330人，每年利用“五一”“十一”节日，在开发区七星湖月亮广场举办汽车展销会，由开发区、县汽车流通协会主办。2011年，销售汽车2742辆，销售额2.47亿元。

盈佳模具城　2011年9月落户，位于海安现代商贸物流集聚区内，221省道北侧，规划总占地3.8万平方米，总投资2亿元，是集模具研发、设计、加工、销售、配送为一体的多功能专业市场，分为制造加工区、设备商贸区、设计开发区、技术培训区及产品物流区等五大功能区。2011年，市场入驻模具设计、研发、制作企业10余家。

苏中不锈钢市场　位于五坝花苑北侧，221省道南侧，占地6.63公顷，建筑面积8.76万平方米，总投资6亿元，由南通威隆国际商贸有限公司投资兴建。主要进行不锈钢、铝合金的加工、批发、零售。2010年一期工程规划建设。2011年，实现销售额10亿元。

图8-4　苏中不锈钢市场　（孙宝峰/摄）

第三节　住宿餐饮业

一、发展概况

明清、民国时期，西场集镇有饭店4家，立发桥集镇也有饭店、卤菜店。改革开放前，城东镇境域只有立发、韩洋、西场集镇各有一两家小旅社，有少量客房，每个集镇有一两家饭馆。2001年后，城东镇境域内，尤其是老204国道、328国道交会处和沿线路边，兴办大大小小的旅馆、餐饮店，其中旅馆59家、餐饮店481家。高档大酒店内部装潢豪华优雅，设施设备高档齐全，成为商务、会议、餐饮、休闲、娱乐的理想场所，其中有四星级金海安大酒店、王府大酒店，有三星级正通假日酒店、东海大酒店，还有较高档次的五洲大酒店、玖捌柒商务酒店等。江、海、河鲜，本土蔬菜，食材新鲜，可满足各层次人员的消费需求。

2011年，各街道和村都有中、小酒店。西场街道有振武海鲜酒店、步云海鲜酒店、银龙餐馆、蓉塘小吃店、温馨家园餐饮部、小柯小吃店、御膳堂卤菜店及9家连锁店；壮志街道有凌云酒家；南屏街道有桥头堡大酒店、迎君酒楼、如家酒店等；立发街道有梅园村酒楼、凯悦酒楼、口乐福饭店；洋蛮河街道有洋蛮河大酒店、西苑饭店。这些中小规模酒店都能坚持以特色服务赢得顾客。

二、酒店选介

王府（王府邦瑞）大酒店　毗邻七星湖公园，位于城东镇通榆中路98号。1998年实施第一期工程，当年开工经营并见效。2007年实施第二期工程，建成通榆中路101号酒店大楼。主楼14层，裙楼4~6层。B主楼26层，总面积3.6万平方米，内部装潢豪华优雅，设施设备齐全，名王府邦瑞国际大酒店。王府邦瑞国际大酒店拥有客房200多间，设有多个风格的豪华餐厅、多功能宴会厅20个，最大餐厅可容纳600人同时进餐。不同类型的会议室8个，拥有先进的音响系统，可满足各种会议和商务活动的需求，酒店的KTV为当地顶级的娱乐休闲场所。此外还有自助餐厅、咖啡厅、商务中心、商场、棋牌、票务中心、土特产超市

图8-5　王府大酒店　（孙宝峰/摄）

等配套服务设施。2010年7月经全国旅游星级饭店评定委员会验收，被评为中国四星级饭店。2011年，实现营业额5000万元，利税1000万元。

金海安大酒店　位于海安县城中心区域的长江东路2号。由南通宏海实业有限公司于1998年开发建设，集餐饮、客房、休闲、健身于一体，是海安首家四星级大酒店。总建筑面积3.67万平方米。楼高21层，总投资1.4亿元。酒店拥有标准客房、贵宾房和豪华套房等多种客房140间；有餐位800多个；娱乐休闲有KTV包间、桑拿浴、棋牌室、健身房、咖啡厅等配套服务设施。

图8-6　金海安大酒店　（王秋高/摄于2008年9月）

海安贤友正通假日酒店　位于通榆中路78号，创建于2007年，距离市中心（人民路）3公里。酒店拥有商务间、花园房、豪华间、景观套房、总统套房等多种客房，设施齐全、环境典雅，提供免费宽带上网、卫星电视、全套可携带式的一次性备用品及免费矿泉水等服务。有大小会议室和贵宾接待室，大会议室可容纳300人。

酒店中餐厅设有18个会所式豪华宴会单间，宴会大厅可容纳600人同时就餐。洗浴休闲中心设有男宾部和女宾部，有包房40间和休息大厅，可同时容纳260人洗浴。休闲中心设有网吧、台球、乒乓球、健身中心、KTV、阅览室等。酒店还配备商务中心、票务预订、精品屋、洗车服务等辅助设施。酒店楼高8层，有客房106间（套），每个标准间面积32平方米。

东海大酒店　建于2007年1月，位于海安县城宁海南路179号，集餐饮、娱乐、会务于一体。总面积1.28万平方米。酒店拥有标准间、行政套房和总统套房等69间，有中央空调、国际国内直拨电话、免费上网、卫星电视、接待规格不等的大小会议室。餐饮部设有中西风格大小包厢28个，

图8-7　东海大酒店　（孙宝峰/摄）

大厅可容纳600人同时就餐。另有现代化多功能厅和休息大厅等配套服务设施。

第四节　娱乐休闲

一、摄影摄像

1948年，西场集镇就有西场照相馆。70—90年代，境域内立发、南屏、新生、韩洋、西场、壮志6个乡镇政府所在地都有一两家照相馆，从事照相或照片放大。开始是黑白照片，90年代发展为彩色照片，经营范围从单一照片发展为影集，从普通照片发展为艺术照、婚纱照，从单纯的摄像发展为摄影、扩印等。1991年，韩洋吴开摄影照相馆开业，照相馆面积40平方米，经营摄影、照相服务和胶卷、感光材料零售。2000年，西场照相馆改制，更名为洪氏照相馆。2010年，“523”文化产业主题公园在城东镇建立世纪彩虹摄影有限公司等，从事摄影影视文化产品的生产，作品受到国内外顾客青睐。2011年，城东镇摄影摄像企业发展到11家，其中主要有韩洋吴开摄影照相馆、西场照相馆、西场东街照相馆、西场西街照相馆、喜临门婚纱摄影社等。

二、游戏网吧

1998年，城东镇境域内开始有游戏网吧，进入网吧消费的大多是年轻人。2011年，城东镇有游戏网吧9家，为网络游戏爱好者提供娱乐休闲场所。

2011年城东镇游戏网吧一览表

表8-3

网吧名称	建立年份	营业面积（平方米）	地　　点
新蓝月亮	1998	40	长江东路15号（劳动局对面）
精诚	2001	100	女子阳光医院（21层北面）
精英	2005	200	21层大楼下
阳光	2001	80	长江东路61号（21层大楼）
新天地	1999	100	金盛花园（七星湖西北边）
非常网吧	2006	50	晋宏化纤（宁海南路）
全新	2010	50	原南屏副办（南屏乡政府对面）
弘宇	2006	120	新宁南路90号（烟草公司向南）
新概念	2010	120	沿海大市场西区（火车站）

三、休闲场所

七星湖生态园　位于海安开发区黄海大道南侧，始建于2001年，总投资2亿元，占地126.67公顷，其中景区面积60公顷，水面34.67公顷，绿荫环湖，绿化覆盖率80%。

园内7个小岛、3个半岛、1个月亮广场形成“七星拱月”，整个生态园分为主入口广场区、景观大道区、中心广场区、旅游度假区、生态湿地区、体育休闲区、传统人文区和水上活动区八大功能区。象征21世纪的螺旋喷泉有丰富多变的水形态。中心大道全长300米，两侧建有欧陆风情商业街，临湖的月亮广场面积1.2万平方米，可以同时容纳万人停留观景。广场建有堪称苏中地区最大的张拉膜观景台，扬帆起航的造型，气势非凡。登上观景台，波纹广场畔的芙蓉塘水生花卉展示中心以现代手法展现的海安历史上的“三塘十景”尽收眼底。

整个工程分四期建设，一期工程包括情景大道、芙蓉塘、月亮广场、波纹广场、青墩广场及音乐喷泉系统等，2008年底竣工。二期工程包括桂林秋香、南城桃坞、北园菊圃、千里风帆、西寺晚钟、时光隧道等，2010年底竣工。三期工程，包括温室花瓣、七个岛屿的景观建设、游乐场等。四期工程结束后，七星湖生态公园将成为旅游、度假、休闲、娱乐的大型城市公园，成为海安的生态公园。

图8-8　七星湖生态园荷塘一角（杨一秋/摄于2010年7月）

七星湖游乐城　建于2004年，占地3.33公顷，总投资2000万元，是海安地区最大的娱乐、休闲、运动、健身场所。游乐项目有：摩天轮（直径42米）、摩天环车、激战鲨鱼岛、太空漫步，占地400平方米；激流勇进占地800平方米；碰碰车、星球大战、魔幻城、跟踪追击等项目惊险刺

图8-9　七星湖游乐园·摩天轮

（李存兴/摄于2011年5月）

激；海盗船，占地200平方米，是往复摆动类游乐项目；豪华木马、摇头飞椅，占地400平方米，体现空中飞舞翱翔；花果山漂流、疯狂老鼠，占地600平方米；体能乐园、神州飞碟、炮弹飞车、赛车，占地250平方米，是滑行车类游艺项目。2011年，七星湖生态园接待游客6万人。

海安县蓉和怡心园　位于壮志村3组的海安县蓉和怡心园，创建于2006年11月，是集观光度假、娱乐休闲、农家美食、美德教育、农耕体验、社会实践为一体，投资5000万元建成的“农家乐”生态旅游项目，占地300亩。园区设休闲度假、水果采摘、农耕体验、野外烧烤、观音文化、孝道文化、农家美食、体育健身、体能拓展等功能项目。设置丰富，布局合理，文化氛围浓郁，生态环境优美，无公害，无污染，极富江海地域风情的农家观光体验特色。至2011年，蓉和怡心园先后被评为省“四星级”乡村旅游景点、省级自驾游基地，国家AA级景区，南通市十佳旅游景区。

图8-10　蓉和怡心园一角　（顾　俊/摄于2009年10月）

海洲农庄　建于2005年，占地35亩，位于沈海高速公路与211省道交会处东1000米，属省二级乡村旅游景区。农庄环境优雅，绿树成荫，水榭亭台显现园林之美，餐饮、洗浴、垂钓、住宿、疗养院、特种养殖一应俱全。游客能享受美食之福、沐浴之乐、垂钓之趣。

立发农庄　建于2009年，省二星级乡村旅游区。位于立发桥村四组，占地30亩，备有大型停车场，能满足商务和自驾游停车需要。农庄分为烧烤、农家体验、垂钓几大板块，是境域内规模较大的休闲餐饮场所。

界墩垂钓中心　2002年，界墩村1组许应才承包界墩村5组废沟塘，改建成精养鱼池4个，面积50亩。中心投资51万元，在鱼池边建鸡舍、搭鸭棚、垒猪圈、架电线、栽果树，进行立体种养殖，对外经营垂钓休闲渔业，垂钓品种主要有草鱼、鳊鱼、异育银鲫，取得显著经济效益。

五坝盛世山庄　2004年，城东水利站职工丁胜承包五坝村8组100亩废沟塘，投资200万元，改建成精养鱼池3个，在鱼池边架起九曲桥，建有休闲、餐饮场所，集垂钓、餐饮、休闲于一体。

其他休闲场所　新中国成立后，境域内主要集镇有浴室、洗发室等服务企业。城东镇娱乐休闲业种类较多，有中西餐厅、洗浴休闲中心、网吧、健身中心、KTV、棋牌室、桑拿、按摩、夜总会、咖啡厅、茶室、游乐城、垂钓中心等。

2011城东镇洗浴休闲中心一览表

表8-4

名　　称	地　　点
批发王宝丽金休闲会所	城东镇迎宾路191号3幢
海安县懿海天休闲会所	长江东路39号
海安县沿海休闲会所	长江东路32号
海安县三丰洗浴休闲中心	城东镇三丰村16组
海安县鑫龙沐浴休闲中心	通榆中路84号
海安县清云池休闲会所	城东镇南阳村15组
海安县金凤浴室	城东镇泰宁村2组
朋友洗浴休闲中心	壮志村2组
成瑞浴室	西场街道振兴北巷8号

四、理发业

新中国成立前后，新生、韩洋、立发、南屏、西场、壮志6个集镇都设有理发店。广大农村只有少数专业理发人员，或称剃头匠。这些剃头匠有的在自己家中给人理发，有的挟着装有刀剪、围裙的包（称之为“挟刀包”）走村串乡寻觅生意。那时理发顾客主要是男人，女人们很少花钱理发，她们主要是打鬏或请同伴剪短发。

新中国成立至改革开放，多数村和一些村民小组均有个体理发店。随着社会的发展，理发行业或称美容美发行业，给男女顾客理发样式、服务项目都发生很大变化，理发工具和用品也不断更新。从剃头刀、手动夹剪、手动推子、火剪、耳朵扒、耳朵楦子、绞刀、小镊子到电剪、电吹风、等离子夹板等。洗发用品从过去用皂角、石碱、肥皂到用海飞丝、飘柔等洗发液。但理发业先辈师傅们一些好的手艺已经失传，如理发结束后，对顾客使用的敲、揉、捶、捏等。2011年，城东镇理发行业有132家店面，其中美容美发规模经营的有42家。

第五节　物流　软件

一、物流配送企业

正元棉花物流园　位于城东镇立发桥村，建于2006年，由正元港务公司和江苏联发集团共同建设，是一家与二产企业联系紧密、专门配套的棉花仓储物流企业。占地7.53公顷，一期占地3.73公顷，建有棉花高平库房两幢，建筑面积2.1万平方米，建有棉花堆场1万平方米。拥有年25万吨的吞吐量和6万吨的仓储能力，为当地棉花中转和仓储交易提供优质平台，并通过北京全国棉花交易市场审核，成为全国棉花交易市场指定“交割仓库”。2011年，仓储吞吐总量15万吨。

正元港务有限公司　位于城东镇立发桥村7组，2007年7月奠基，由河南省客商周庆元投资。企业注册资金3000万元，初具规模的4公里铁路专线，700余米长的4个码头线以及货场设施，实现铁路、水路、公路三位一体无缝对接，年吞吐量300万吨。正元港务旗下江苏苏中粮食物流中心是苏中地区专业物流仓储中心。

正元港务于2007年下半年开始规划建设，投资10亿元建成集运输服务区、仓储区、集装箱作业区、物流管理区、商贸交易区、加工区、企业自营物流区等多功能为一体的大型物流港。年中转量50万吨的华安物流有限公司煤炭储运项目、月中转量1200吨的常熟鑫泰贸易公司、苏州开元集团、海安白云工贸有限公司纷纷落户。2011年，煤炭中转量30万吨，贸易物资中转量2.1万吨。

海安亚太亿发物流园　2010年，由无锡市亚太运输有限公司投资建设，位于城东镇洋蛮河街道，总投资3亿元（其中一期投资1亿元）。占地7.53公顷，由仓储物流园、配载物流园区、修理区、大型货车停车区、小型货车停车区、配套生活园区、物流信息交换中心、加油站和综合办公楼组成。2011年，海安亚太物流园大型货车停车区、小型货车停车区开始营业。

图8-11　亚太亿发物流园　（孙宝峰/摄）

汇益食品冷链物流中心　2009年，由南通汇益食品有限公司投资兴建，位于海安经济技术开发区221省道北侧、老204国道东侧。占地4.8万平方米，总投资3亿元。主营蔬果、农副产品冷藏、加工、配送和批发，是南通地区规模最大的速冻冷库、冷藏保鲜库，总容量4.5万立方米，储藏重量3万多吨，年物品运转量8万吨。企业实行“合作社+公司+农户”的运行模式，与各农户、社员实行订单收购，公司加工、冷冻、冷藏保鲜后适时上市，为上海和邻近的大中型城市长年提供优

图8-12　汇益食品冷链物流中心　（孙宝峰/摄）

质无公害农产品、绿色食品、有机食品。企业设备冷藏容量15万立方米，储藏量10万吨，年物流吞吐量50万吨。2011年销售额5亿元以上。

二、软件创意

启迪（海安）软件科技园　位于沈海高速出口处与海安火车站之间，2007年8月经县政府批准，筹备开园。前身是江苏省级孵化器，2008年2月被江苏省科技厅认定为省级软件科技园和信息服务产业园。园区总规划10.67公顷，建成产业和配套用房8万平方米。同时以一期为基础，规划2平方公里高新技术产业新城，在新城内逐步建成技术研发、商务配套、公共服务、教育培训、高档住宅、保税物流等功能板块。2008年9月与清华科技园签约，正式挂牌“启迪（海安）软件科技园”。海安软件园首期规划占地5.33公顷，建成软件研发及服务外包产业用房及配套综合服务用房4万多平方米。二期工程规划5.33公顷，建成5万多平方米的孵化用房。2010年，海安软件科技园实现营业额3.5亿元，戴尔云计算等12家软件外包企业成功落户，累计入园企业72家，从业人员近1000人；“海安县计算创新应用中心”通过国家评审，常熟理工学院海安软件学院、海安服务外包培训基地签约落户。园区与北京易企达科技有限公司合作搭建“云计算”服务平台，被工信部认定为“国家软件和集成电路公共服务平台——云计算创意应用中心”，在线服务用户600家。

2011年，海安软件园入驻企业50家，主要涉及软件和服务外包、嵌入式系统与软件，网络游戏开发与服务、集成电路设计、电子商务等领域。建成并投入使用6548平方米的配套用房，确保为入驻企业和人员提供24小时的商务、网络、餐饮、休闲、健身等优质服务。

南通市天元横机制造有限公司　位于江苏省海安经济开发区东首，东靠沈海高速公路海安出口处，厂内中心大道直通328国道、221省道。公司是国内首家电脑横机制造企业。天元集团由南通市天元横机制造有限公司、南京天元数控设备制造有限责任公司、南通市天元数控设备有限公司、南通市兰德软件有限公司组建而成，是集研发、生产、销售、服务于一体的综合性集团公司，被列为省高新技术企业。2003年，公司在海安开发区内总投资2亿多元，建立南通市电脑横机研发中心，占地1.38万平方米，建筑面积6万平方米，有员工420人，其中科技人员50人，年产量5000台。自主研制的TY系列电脑编织机软件V1.0填补国内空白，其性能达到国外同类产品先进水平，并获得多项国家专利和知识产权。TY系列电脑横机投放市场后，公司在广东、上海、福建、浙江、山东、江苏等地设立销售服务中心，为客户提供全程质量跟踪服务。2011年，销售收入5973万元，利税91.3万元。

图8-13　海安软件科技园　（孙宝峰/摄）

图8-14　天元横机制造有限公司　（孙宝峰/摄）

第六节　外经外贸

一、外贸经营

80年代，城东境域出口产品以手工艺品、桑蚕丝为主，90年代扩大至服装、茧丝绸、机械、纺织品等方面。2001年，江苏联发集团自营出口1708.6万美元，位列南通市生产型企业自营出口大户榜首。2002年，联发集团出口2200万美元，位列全市自营生产企业首位。是年，新增鑫港、三真等出口百万美元大户企业。联发进出口公司参加4月15—31日第91届广交会，直接向中外客商展示自己产品。城东镇根据国际市场行情变化，及时调优出口商品结构，在保持纺织服装类出口商品优势的同时，努力提高机电、高新技术产品和服务贸易出口比重，积极培育绿色出口商品和国际品牌，提高出口商品的竞争力和附加值。

2003年，受非典影响，城东镇出口额同比下降。城东镇调优商品结构，出台一系列改革措施，当年取得成效。联发集团出口2176万美元，列全市自营出口企业首位，鑫平制衣、鑫港电动工具企业、南岛针织等公司出口额均超过200万美元，三真时装企业出口额超过100万美元。

2004年，江苏联发集团继续保持强劲的发展势头，全年出口4414万美元，同比增长102%，在全市流通企业中排名第四位，继续保持出口第一大户的位置。江苏鑫港企业有限公司加快发展，全年出口1385万美元，同比增长176%。鑫缘茧丝绸集团股份有限公司，依托品牌优势，自营出口1324万美元，同比增长高达760%。鑫平制衣、华银毛毯制品全年出口额均超650万美元。

2005年，自营出口再攀新高，其中联发集团全年出口6570万美元，占全县出口总额的27.3%，继续保持第一出口大户的位置，在全市外贸流通企业中排名第四，显示出骨干企业的支撑作用。2006年，鑫缘集团是第二大出口大户，年生产白厂丝、绢丝、丝织品、真丝服装、真丝床上用品等产品远销欧美及日本、韩国等多个国家和地区。

2011年，联发纺织公司成为全国出口百强企业，“双钱”牌色织布通过“国家免检”认证，获得“棉色织布出口免检”资格。丝乡系列丝绸产品出口欧美、日韩等国家和东南亚地区。全镇有出口企业数十家。

二、经济合作

2001年，联发纺织集团组建100多人的出口公司，在香港、深圳建立分公司，在欧美地区设立销售网点，形成国际营销网络，同时与外商合作兴办企业，通过更新设备，引进欧美地区的质量管理软件和检测系统，使产品质量和品位跃上新台阶。中国香港独资企业江苏鑫港企业有限公司合同利用港资1200万美元，追加投资200万美元，总投资1400万美元，成为海安县经贸合作史上投资额最大的引资项目。2011年，全镇新增注册外资1.93亿美元，外资到账9500万美元，招商引资工作考核排名全县第一。

进入21世纪后加快培育劳动力市场，充分发挥全镇劳动力素质高、资源充足的比较优势，积极扩大劳务输出，实现由劳动密集型劳务合作向技术密集型劳务合作转变，成为城东镇组织外向型劳务输出的战略思考，2002年，建筑业积极开拓国外建筑市场，新龙兴、信拓建筑有限公司组织对外承包工程和劳务合作。2006年，鑫缘茧丝绸集团股份有限公司凭借自身实力，成功落户韩国。

2011年，全镇引进项目37个，总投资3.9亿元，合同利用外资2820万美元，实际到账外资1260万美元。

第七节　邮电通信

一、邮　政

邮政网点　清光绪二十九年（1903年）2月，城东镇境域内有立发桥邮政代办所，为海安地区6个邮政代办所之一，后一直延续未断。清光绪三十一年十月，西场设邮柜，与东台管辖的角斜、栟茶等地均有邮务联络。1988年底，立发、南屏、新生、韩洋邮电所分别升为邮电支局。2011年，城东镇有6个邮电支局。

邮件投递 清末和民国年间，邮件投递主要为城镇居民服务，农村无固定投递路线，邮件由代办所捎转。民国38年（1949年）初，农村邮件由各乡、村邮站义务通信员每日或隔日到附近邮局或邮政代办所领取邮件并投递到户。

1953年第四季度，全县乡邮路线全面整顿调整，县到区、乡邮件投递全部由国营力量承担，基本上做到逐日到区，隔日或3日到乡，乡以下的信件仍由乡义务通信员负责传递。

1958年后，农村信件投递工作有了很大改善，均为自行车邮路，实现队队通邮路，做到邮件亲投到户，平信、报纸投递到点。90年代农村投递开始使用摩托车和电动车。2000年，邮政快递业务发展起来，一些快递企业如圆通、顺丰、申通、韵达等公司入驻境域。

邮政业务 邮政业务项目繁多，有函件、包件、汇兑、报刊订阅、报刊发行与零售、邮政储蓄、集邮等。90年代后报刊发行和邮政储蓄业务量不断上升，如办理代发工资、代收移动话费、代办保险、代发养老金等业务。2000年后，邮储业务实现电子化。

二、通 信

1949年10月后，境域陆续建立邮电支局所。1958年，境域内新增南屏、新生、韩洋、壮志4个邮电所及西场邮电支局。其时，南屏邮电所装机8门，新生邮电所装机10门，韩洋邮电所装机10门。1998年，邮政与电信分开，电信局专管电报和电信通信业务。

电报 民国36年（1947年）1月，海安建立电信营业处。长途电信线路都是报话合用线路。1950年10月，境域内立发邮电所开始电报业务，普通老百姓有急事即可“拍电报”。电报电路均为话传电路。即邮电所接受客户的电报业务后译成电报密码，再用电话报县邮电局报房或营业处，由县邮电局报房拍发，接受电报也同样由县邮政局将电报内容用电话报予邮电所抄录加盖邮戳后投送到客户。电报来报投递分为直投和非直投，凡属直投境域内的来报，由各相关邮电支局、所电报投递员按照电报时限和投递班次，按时投送到户。非直投境域内的来报，作挂号邮件处理，交乡村邮递员按班投递到户。一般每天1班，如内容紧急，派员专送，按规定收取专送费。90年代末由于手机的普及及通信工具现代化，电报业务逐步消失。

长途电话 民国15年（1926年），海安开设商办市内电话股份有限公司，该公司于当年12月开办长途电话。50年代城东镇6个邮电所建立后即有长途电话业务。2011年后，手机普及到普通群众，长途电话业务消失。

固定电话 50年代开始，境域各公社有固定电话，70年代各大队也开始有固定电话，80年代境域企事业单位有固定电话。改革开放后城东镇固定电话的普及主要在农村，1992年，电话通讯进入程控，立发装机245门，南屏装机130门，新生装机400门，韩洋装机400门。是年，原西场镇交换机总容量2万门，拥有固定电话用户1.28万户，其中原壮志乡安装电话2400多户。至2000年，全镇居民实现固定电话家家通。电信部门负责线路维护、固定电话的安装、宽带网入户、电话缴费充值。2011年，全镇固定电话4.95万部。

移动通信 1992年底，海安县建成移动通话基站，采用蜂窝式移动电话（大哥大）通信设备，城东镇少数人用上大哥大。2000年之后手机、小灵通逐步成为大众不可缺少的通信工具。至2011年，移动通信城乡实现全覆盖，手机基本普及。移动电话逐步取代固定电话。随着海安县移动网络全覆盖，城东镇境域内加大家庭互联网宽带建设力度，光纤宽带基本覆盖全镇各村、校区、企事业单位。2011年，全镇移动电话7.34万部。

第九章　财税金融

明清时期，地方税收主要有田赋、常关税、厘金。清咸丰五年（1855年），立发设扬由关分关。民国16年（1927年），立发再次设扬由关分关，征收以百货为大宗及棉花、蚕豆、杂粮等物品的过境货物税。抗日民主政府建立后，开征田赋和地方税。新中国成立后，农业税是政府财政收入的主要来源，90年代后，工商税收成为政府财政收入主体。境域存贷款业务起步于农村信用社，从60年代初期开始办理；保险业务1951年开始办理，1958年12月停办，1980年恢复保险业务。

2011年底，城东镇财政总收入4.82亿元，财政总支出4.47亿元；完成工商税收10.89亿元。有银行10家，存款余额54.86亿元，贷款余额33.17亿元。

第一节　财　　政

一、机构沿革

1950年4月，成立乡镇级财政管理机构，附设于县财政科，每个乡、镇设1名财粮委员。是年，境域有东屏、堑南、新生、楼基、陆堑、新农、池旺、杨庄、许冯、练港、韩徐、鸭港、新运、立发、南屏、周济、新民、余庄、南阳19个乡和西场镇，乡内每村设1名财经员。

1957年10月撤并小乡成立大乡，1958年撤乡建立人民公社，各公社财政设1名经费会计负责日常工作。1982年7月，境域六社成立人民公社财政管理所，并配备所长。钱文海、杨余根、毛美华、丁文松、张英林、杨义桥分别任新生、韩洋、立发、南屏、壮志、西场公社的财政所长。

1983年7月，全县“社改乡”，公社财政管理所更名为乡财政管理所。

2000年4月，壮志乡与西场镇合并成立新西场镇，祝西田任镇财政所所长。2001年1月，立发乡、南屏乡合并成立城东镇，杨勤宽任镇财政所所长；新生乡与韩洋乡合并成立洋蛮河镇，毛美华任镇财政所所长。

2004年7月，洋蛮河镇与城东镇合并成立新城东镇，杨勤宽任镇财政所所长。同年11月，徐加生任城东镇财政所所长。2006年10月，崔爱玲调城东镇财政所任所长。2008年3月，城东镇财政所与海安开发区财审局合署办公，田华任开发区财审局局长，崔爱玲任城东镇财政所所长。2009年2月，随着区镇进一步融合，开发区财审局下设4个科室，即：综合预算科、土地开发财务科、经济建设科、审计科。同年7月，崔爱玲任区财审局局长兼城东镇财政所所长。2011年12月，西场镇财政所合并至城东镇财政所，同时成立开发区财政局。开发区财政局和城东镇财政所实行两块牌子一套班子，何伟任开发区财政局局长兼城东镇财政所所长。同时，建立开发区财政局党支部，何伟任党支部书记，薛珉任党支部副书记。

二、财政体制

1953年，乡镇级财政列入县财政预算。1958年建立乡级财政，实行“两放”（下放人员、下放资金）、“三统”（统一政策、统一计划、统一流动资金）、“一包”（包财政上交）财政管理体制。人民公社成立后试行财政包干办法。1959年，停止执行人民公社财政收支包干办法，仍参照原乡级财政体制办理，即确定收支指标，收支两条线，收入全部上交，支出由国家拨款，超收部分按30%比例分成，短收按比例缩减支出，结余全部留归公社使用。1961年，改进城乡人民公社财政管理体制，对属于国家行政收支部分，实行“收入分项计算，分别上交，支出下拨，包干使用，结余归社”办法，管理收入和支出。1980年前实行报账制，公社设1名经费会计，负责财政报支、食堂管理、环境卫生和民政经费发放等工作。1982年7月，建立公社财政管理所，一般一所有3人，是县财政部门基层单位，又是基层人民公社财政管理机构，具体负责公社范围内国拨资金收支管理、农业税计册征收、国库券认购和交款入库、民政和公费医疗结报、财政支农周转金发放与回收以及社有资金收支管理等。

1984年，国家预算收支部分实行“定收定支、收入上交、支出下拨、增收分成、结余留用、一年一定”的办法。第四季度，县财政局对乡镇支出指标进行“切块”，从1985年起，各乡镇按切块包干基数包干使用。1986年，财政体制在1985年基础上又做调整，财政分成收入1986年比1985年增收部分，按1%~15%分三段同比例计算分成，超过15%按15%计算分成；对农业税任务减收的，按减收部分100%扣减支出。城东五乡一镇都按这种方法操作。如原南屏乡，1986年工商税收分成测算情况如下：增长1%~5%部分金额29877元，按比例计算分成1494元；增长5.1%~10%部分金额29877元，按比例计算分成2988元；增长10.1%~15%部分金额29877元，按比例计算分成4482元；增长15%以上的部分金额71518元，按比例计算分成10728元。当年南屏乡财力增加19692元。各乡农业税收都能完成任务。

1987年，县财政将乡镇级财政定为全面管理年、效益年。境域新生、韩洋、立发、南屏、壮志、西场五乡一镇，实行基数分成加超收分成体制。1988年起，实行财政大包干，一定三年不变。第一轮，1988—1990年；第二轮，1991—1993年；第三轮，1994—1996年；第四轮，1997—2001年（延长2年）；第五轮，2002—2004年；第六轮，2005—2007年。2008年，进入第七轮，体制形式可概括为“核定收支、超收分成，短收扣减，一定五年”。核定收支，即核定收入基数、支出基数；超收分成，即收入实绩超过收入基数部分，县镇按一定比例分成；短收扣减，即收入实绩比收入基数短缺部分，相应扣减乡镇财力。

以上七轮财政包干，由于各级都进一步增强财政包干意识，大力发展生产，培植壮大财源，从而保证各年度上级下达收入任务超额完成。2011年，省财政厅领导到开发区城东镇调研财政收入情况。

图9-1　省财政厅领导到海安开发区调研
（储成来/摄于2001年11月）

三、财政收入

1985年，韩洋、新生、南屏、立发、西场、壮志六乡财政总收入466.21万元。2000年，韩洋、新生、南屏、立发、壮志和西场五乡一镇财政总收入3302.12万元。2001年，城东、洋蛮河、西场三镇财政总收入3071.53万元。2004年，城东、西场两镇财政总收入3345.71万元。2011年，城东镇财政总收入48222.14万元。

1985—2000年立发乡财政收入情况表

表9-1　　单位：万元

年份	总收入	工商税收	农业税收	预算外收入	乡有资金收入
1985	75.0	50.3	16.2	2.8	5.7
1986	82.2	56.2	16.3	3.6	6.1
1987	104.8	69.8	17.1	10.5	7.4
1988	125.7	86.6	17.5	13.5	8.1
1989	177.2	122.4	21.3	16.3	17.2
1990	210.1	140.6	21.3	17.7	30.5
1991	199.1	120.6	21.2	29.2	28.1
1992	240.4	135.8	25.1	22.2	57.3
1993	246.7	131.0	25.0	32.5	58.2
1994	212.5	105.3	39.7	28.0	39.5
1995	267.3	126.0	39.1	61.1	41.1
1996	252.5	60.9	43.3	91.1	57.2
1997	196.7	53.4	42.8	71.2	29.3
1998	469.8	87.5	42.8	325.0	14.5
1999	440.8	73.0	46.8	301.0	20.0
2000	581.8	108.0	47.7	403.0	23.1

1985—2000年韩洋乡财政收入情况表

表9-2　　单位：万元

年份	总收入	工商税收	农业税收	预算外收入	乡有资金收入
1985	66.1	28.7	17.0	6.6	13.8
1986	58.7	24.6	17.3	6.9	10.9
1987	88.9	43.7	18.3	8.8	18.1
1988	102.9	53.5	21.9	6.9	20.6
1989	129.3	64.9	26.7	23.3	14.4
1990	140.2	75.8	28.4	22.9	13.1
1991	133.5	63.5	29.2	24.9	15.9
1992	151.1	79.7	26.1	29.2	16.1
1993	192.5	105.0	35.7	29.1	22.7
1994	186	76.1	54.0	26.0	29.9
1995	220.4	95.1	54.0	33.7	37.6
1996	328.5	139.0	60.3	66.5	62.7
1997	374.4	115.6	66.8	139.0	53.0
1998	400.5	135.0	60.5	141.0	64.0
1999	450.5	79.9	58.6	261.0	51.0
2000	467.5	97.2	71.3	272.0	27.0

1985—2000年新生乡财政收入情况表

表9-3 单位：万元

年份	总收入	工商税收	农业税收	预算外收入	乡有资金收入
1985	71.7	37.7	15.4	5.4	13.2
1986	93.1	46.7	19.8	7.9	18.7
1987	103.3	47.6	21.3	12.3	22.1
1988	131.6	71.6	21.3	15.5	23.2
1989	138.2	77.0	26.6	20.4	14.2
1990	141.3	75.9	26.5	24.8	14.1
1991	135.1	65.8	21.2	28.3	19.8
1992	168.8	87.0	26.5	41.1	24.2
1993	199.4	83.4	31.3	40.1	44.6
1994	216.6	72.7	49.8	71.8	22.3
1995	260	74.0	49.8	78.2	58.0
1996	299.1	93.0	55.1	101.0	50.0
1997	563.4	98.0	70.6	280.0	114.8
1998	496.0	135.0	73.0	245.0	43.0
1999	487.0	138.0	78.0	225.0	46.0
2000	519.2	142.0	80.2	248.0	49.0

1985—2000年南屏乡财政收入情况表

表9-4 单位：万元

年份	总收入	工商税收	农业税收	预算外收入	乡有资金收入
1985	112.3	60.2	20.5	3.8	27.8
1986	123.3	76.0	20.5	11.7	15.1
1987	137.3	80.0	19.8	17.0	20.5
1988	125.2	63.7	18.3	12.7	30.5
1989	130.2	68.3	21.3	19.4	21.2
1990	150.2	77.8	21.1	24.0	26.3
1991	185.1	83.6	25.3	44.2	32.0
1992	213.1	111.4	24.7	44.7	32.3
1993	252.1	147.5	24.9	42.2	37.5
1994	320.2	154.0	44.5	80.8	40.9
1995	387.9	149.2	57.0	72.4	109.5
1996	447.7	185.0	54.0	113.7	95.0
1997	417.2	147.4	51.6	169.0	49.2

续表9-4

年份	总收入	工商税收	农业税收	预算外收入	乡有资金收入
1998	520.9	164.0	51.9	265.2	39.8
1999	486.9	166.0	51.7	228.0	41.2
2000	481.6	169.0	53.2	213.0	46.4

1985—2010年西场镇财政收入情况表

表9-5　　单位：万元

年份	总收入	工商税收	农业税收	预算外收入	镇有资金收入
1985	105.02	67.84	21.47	4.96	10.75
1986	120.92	79.95	22.12	14.01	4.84
1987	158.21	98.48	25.02	19.24	15.47
1988	169.20	118.57	26.39	9.00	15.24
1989	221.65	135.19	35.66	30.51	20.29
1990	253.92	146.27	41.80	29.28	36.57
1991	215.78	126.02	27.17	26.70	35.89
1992	302.48	178.65	42.04	54.95	26.84
1993	413.22	221.43	41.82	66.63	83.34
1994	328.72	101.82	83.82	80.93	62.15
1995	369.86	119.45	69.88	102.06	78.47
1996	471.49	132.17	93.11	246.21	—
1997	557.46	156.54	92.19	308.73	—
1998	611.32	186.00	95.90	329.42	—
1999	1059.15	200.01	94.14	765.00	—
2000	1252.02	250.80	144.57	856.65	—
2001	1099.73	250.30	61.57	787.86	—
2002	1016.24	263.51	365.85	386.88	—
2003	1108.27	372.35	295.74	440.18	—
2004	1445.21	394.15	216.55	834.51	—
2005	1291.11	563.18	—	727.93	—
2006	1274.73	803.42	—	471.31	—
2007	2190.86	1150.61	—	1040.25	—
2008	2609.10	1499.18	—	1109.92	—
2009	3407.41	1823.33	—	1584.08	—
2010	3967.54	2124.09	—	1843.45	—

说明：2000年前不含北志乡的财政收入。

1985—1999年壮志乡财政收入情况表

表9-6　　单位：万元

年份	总收入	工商税收	农业税收	预算外收入	乡有资金收入
1985	36.05	18.40	10.41	2.45	4.79
1986	38.56	14.71	11.10	3.34	9.41
1987	37.94	15.18	11.93	3.70	7.13
1988	48.90	20.99	12.73	5.33	9.85
1989	60.53	19.48	18.17	15.09	7.79
1990	101.61	42.04	19.70	14.99	24.88
1991	88.01	36.35	12.98	20.36	18.32
1992	115.79	50.43	22.82	22.63	19.91
1993	131.31	65.77	19.84	23.15	22.55
1994	133.57	37.84	45.47	20.70	29.56
1995	175.95	54.88	39.55	26.03	55.49
1996	234.70	48.14	47.52	139.04	—
1997	209.87	57.50	49.57	102.80	—
1998	548.46	75.34	47.82	425.30	—
1999	391.50	80.81	48.48	262.21	—

说明：2000年壮志乡并入西场镇

2001—2011年城东镇（洋蛮河镇）财政收入情况表

表9-7　　单位：万元

年份	总收入	预算内收入	预算外收入	乡财政专户收入	备　注
2001	985.9	303.7	488.9	193.3	—
2002	1147.7	601.5	415.4	130.8	—
2003	1870.5	677.1	492.6	700.8	—
2004	1900.5	1228.8	671.7	—	（含洋蛮河镇）
2005	3883.9	1419.0	1027.6	1437.3	（含洋蛮河镇）
2006	5422.9	2797.6	1188.0	1437.3	（含洋蛮河镇）
2007	7554.1	4819.1	1535.0	1200.0	（含洋蛮河镇）
2008	15464.6	12927.6	1476.0	1061.0	（含洋蛮河镇）
2009	12774.6	11039.6	1103.0	632.0	（含开发区）
2010	28514.6	14543.6	13971.0	—	（含开发区）
2011	48222.1	28050.5	20171.7	—	（含开发区、西场镇）

四、财政支出

1985年，韩洋、新生、南屏、立发、西场、壮志六乡财政总支出280.16万元。2000年，韩洋、新生、南屏、立发、壮志和西场五乡一镇财政总支出4151.62万元。2001年，城东、洋蛮河、西场三镇财政总支出4275.4万元。2004年，城东、西场两镇财政总支出合计3931.44万元。2011年，城东镇财政总支出44721.23万元。

1985—2000年立发乡财政支出情况表

表9–8　单位：万元

年份	总支出	预算内支出	预算外支出	乡有资金支出
1985	43.3	34.8	2.8	5.7
1986	48.7	39.2	3.6	5.9
1987	57.5	45.6	6.2	5.7
1988	72.9	56.5	10.7	5.8
1989	121.9	94.3	13.0	14.6
1990	134.4	102.0	21.6	10.8
1991	142.4	89.5	24.8	28.1
1992	181.6	105.0	19.3	57.3
1993	216.9	131.0	27.7	58.2
1994	277.4	201.9	43.3	32.2
1995	264.5	173.9	57.1	33.5
1996	314.3	220.2	52.2	41.9
1997	352.6	253.3	85.1	14.2
1998	727.8	368.8	330.0	29.0
1999	718.4	432.0	262.4	24.0
2000	791.2	447.0	329.2	15.0

1985—2000年韩洋乡财政支出情况表

表9–9　单位：万元

年份	总支出	预算内支出	预算外支出	乡有资金支出
1985	40.5	26.8	2.6	11.1
1986	53.4	36.7	6.1	10.6
1987	62.1	39.4	5.1	17.6
1988	81.0	52.5	5.9	22.6
1989	107.5	71.1	23.0	13.4
1990	105.9	70.7	22.9	12.3
1991	112.9	77.2	21.9	13.8
1992	133.6	93.1	25.1	15.4
1993	155.4	111.0	24.8	19.6

续表9-9

年份	总支出	预算内支出	预算外支出	乡有资金支出
1994	202.6	145.8	27.0	29.8
1995	217.4	148.5	33.7	35.2
1996	295.5	182.0	58.7	54.8
1997	415.3	239.3	131.0	45.0
1998	604.9	293.9	236.0	75.0
1999	575.3	331.5	203.8	40.0
2000	620.5	367.2	194.6	58.7

1985—2000年新生乡财政支出情况表

表9-10

单位：万元

年份	总支出	预算内支出	预算外支出	乡有资金支出
1985	42.1	26.2	2.7	13.2
1986	61.7	36.4	6.6	18.7
1987	71.5	37.1	12.3	22.1
1988	86.4	47.7	15.5	23.2
1989	85.9	51.5	20.4	14.0
1990	93.5	58.5	23.6	11.4
1991	111.2	68.8	25.2	17.2
1992	134.6	80.2	34.1	20.3
1993	181.1	109.4	27.5	44.6
1994	220.7	126.7	71.8	22.2
1995	281.0	158.9	74.9	47.2
1996	339.1	188.1	101.0	50.0
1997	625.1	220.3	290.0	114.8
1998	552.3	276.1	234.0	42.0
1999	555.5	281.0	225.0	49.5
2000	568.2	286.0	231.0	51.2

1985—2000年南屏乡财政支出情况表

表9-11

单位：万元

年份	总支出	预算内支出	预算外支出	乡有资金支出
1985	64.5	37.2	0.9	26.4
1986	70.7	47.3	9.1	14.3
1987	86.3	52.8	15.4	18.1
1988	99.9	57.3	13.1	29.5
1989	121.6	81.5	18.3	21.8

续表9-11

年份	总支出	预算内支出	预算外支出	乡有资金支出
1990	134.2	88.3	17.5	28.4
1991	148.8	84.2	35.7	28.9
1992	152.1	81.8	38.0	32.3
1993	200.8	125.3	38.0	37.5
1994	239.0	131.4	76.8	30.8
1995	367.8	230.1	42.3	95.4
1996	424.3	269.7	90.1	65.0
1997	442.9	293.0	125.0	24.9
1998	707.0	287.0	375.0	45.0
1999	553.0	291.0	213.0	49.0
2000	567.5	298.5	216.0	53.0

1985—2010年西场镇财政支出情况表

表9-12　　单位：万元

年份	总支出	预算内支出	预算外支出	乡有资金支出
1985	53.56	46.36	1.38	5.82
1986	74.55	59.23	8.72	6.60
1987	90.80	56.38	19.40	15.02
1988	91.22	67.24	10.72	13.26
1989	134.84	85.92	26.46	22.46
1990	159.19	94.01	25.41	39.77
1991	147.17	99.32	21.83	26.02
1992	207.43	132.13	48.46	26.84
1993	269.80	161.73	42.11	65.96
1994	375.37	232.30	80.92	62.15
1995	381.36	219.53	95.06	66.77
1996	494.12	269.83	224.29	—
1997	586.35	313.37	272.98	—
1998	639.61	346.91	292.70	—
1999	1096.27	419.76	676.51	—
2000	1604.22	689.55	914.67	—
2001	1498.40	733.36	765.04	—
2002	1272.41	482.15	790.26	—
2003	949.64	507.42	442.22	—
2004	1601.79	681.64	920.15	—

续表9-12

年份	总支出	预算内支出	预算外支出	乡有资金支出
2005	1167.59	494.62	672.97	—
2006	1310.03	893.87	416.16	—
2007	2303.72	1280.92	1022.80	—
2008	2204.13	1416.84	787.29	—
2009	2785.72	1256.33	1529.39	—
2010	3322.58	1547.13	1775.45	—

说明：2000年前不含北志乡财政支出情况。

1985—1999年壮志乡财政支出情况表

表9-13 单位：万元

年份	总支出	预算内支出	预算外支出	乡有资金支出
1985	36.16	31.38	0.80	3.98
1986	42.06	30.62	2.15	9.29
1987	40.39	31.31	1.97	7.11
1988	54.01	40.62	4.65	8.74
1989	71.10	48.77	13.93	8.40
1990	103.94	68.96	13.71	21.27
1991	106.68	69.43	18.81	18.44
1992	112.81	70.09	19.86	22.86
1993	123.08	80.22	20.40	22.46
1994	186.70	134.23	22.82	29.65
1995	217.83	146.61	24.31	46.91
1996	277.29	158.61	118.68	—
1997	265.89	189.59	76.30	—
1998	632.81	211.85	420.96	—
1999	518.73	243.52	275.21	—

说明：2000年壮志乡并入西场镇

2001—2011年城东镇（洋蛮河镇）财政支出情况表

表9-14 单位：万元

年份	总支出	预算内支出	预算外支出	乡财政专户支出	备 注
2001	1455.20	822.50	430.80	201.90	—
2002	1134.40	586.80	415.40	132.20	—
2003	1864.10	644.30	531.10	688.70	—
2004	2329.65	1240.97	1088.68	—	（含洋蛮河镇）
2005	3492.60	967.20	1026.00	1499.40	（含洋蛮河镇）

续表9-14

年份	总支出	预算内支出	预算外支出	乡财政专户支出	备　注
2006	5265.10	2459.80	1306.30	1499.00	（含洋蛮河镇）
2007	7059.40	4961.40	1048.00	1050.00	（含洋蛮河镇）
2008	13496.10	10959.10	1476.00	1061.00	（含开发区）
2009	12712.85	10967.85	1103.00	632.00	（含开发区）
2010	28241.87	14562.22	13679.65	—	（含开发区）
2011	44721.23	19994.52	24726.71	—	（含开发区、西场镇）

第二节　税　　务

一、税务机构

1950—1956年，设税务特派员，负责乡镇税务工作。1957年后，各乡配专职税务干部。1963年1月7日，成立社镇税务小组。1968年5月，设立社镇税务所。1985年，农业税由乡镇财政所负责征收。1994年，乡镇税务所划分为国税组、地税组。1996年，乡镇税务所国税组、地税组分别撤并，与海安郊区税务分局和西场税务分局合署办公。2005年，开发区财税审计局牵头组织有税收征管关系的部门，由县国税一分局、四分局、七分局，地税二分局、六分局，两税办、综税办以及区镇各条线及街道，组成一个完整严密的协税、护税、征税网络。2011年，县国税七分局、地税二分局负责城东境域税收工作。

二、税　收

明清时期，税赋按田亩等级分夏、秋两熟向农民征收田赋，并有附加、丁银。民国初期，田赋、常关税、厘金等仍沿袭清制，并征屠宰税、印花税等，境域税赋分属海安、如皋厘局征收。民国18年（1929年）后，裁撤厘金、常关税、特产税、典税、油类产销税、烟酒税等，改办新税，征收营业税、特产税、货物税等。民国30年2月至34年8月，境域内被日伪军控制区域，除原税种未变外，日伪军还巧立名目，敲诈勒索，征收各种苛捐杂税。抗日战争时期，抗日民主政府开征爱国粮。解放战争时期，城东地区广大贫雇农积极向政府缴纳粮草，支援革命战争。民国35年9月至37年底，国民党军队疯狂搜刮民脂民膏，征收各种杂费。新中国成立后，废除田赋，按夏秋两熟，征收农业税。农业税是政府财政收入的主要来源。1950—1956年，由县税务特派员负责乡镇税收。1957年后，各乡开始征收工商营业税，农业税一律以粮折算人民币代征，实行优粮优价政策。1958年建立人民公社后，农业税按产量定额缴纳粮食，简称“交公粮”。1961年，实行“三定”（定产、定销、定征）政策，并保持长期不变，农业税税率控制在10%以内。1984年10月，随着农业联产承包责任制的推行，土地承包人为缴纳农业税的主体。1985年，农业取消统购统销，按农业倒三七（30%统购价，70%超购价）比例折征代金。除农业税外，农民还得缴纳一定乡村统筹金、教育基金等。折征代金后，农业税由乡镇财政所负责征收。1990年开始，征收生猪屠宰税、车船使用税等。1994年，全国进行结构性税制改革，税制由37个税种缩减到22个。2003年，国家对农业税进行改革，取消农业特产税。2004年农业税下调3个百分点。2005年取消农业税，国家对种植水稻实行粮食生产补贴，每亩补贴20元，后逐年提高补助额度，2011年粮食直补每亩20元，另加农资补助每亩80.5元。

工商税有产品税、增值税、营业税和经营税4种。70年代，乡镇企业开始起步。90年代末，开始创建工业园区，工商税收成为乡镇财政收入主体。21世纪开始，境域不断健全协税网络，增加税收收入。2005年，西场镇完成税收1675.3万元，比

图9-2 开发区城东镇税收工作推进会
（储成来/摄于2011年7月）

上年增长28%。其中，增值税完成331.23万元，地方工商税完成231.95万元，涌现出一批积极纳税、依法纳税大户。2005年后，开发区财税审计局为强化征管，遏制税收征管中“跑冒滴漏”现象，跳出原有分而治之各管各行税收征管模式的旧框框，主动牵头组织有税收征管关系的部门，由县国税一分局、四分局、七分局，地税二分局、六分局，两税办、综税办以及区镇各条线及街道，组成一个完整严密的协税、护税、征税网络。为使网络正常运行，区镇财税审计局明确各自责任，全力维护税法严肃性，严厉查处偷税、漏税事件；建立例会制度，每月召开由部门条线参加的当月协税情况汇报会，每月召开由区镇负责人、条线部门负责人、国税地税分局负责人参加的上月税收分析会，通报税收完成情况，总结经验，查找不足，理清工作，重点明确各自任务；强化考核，按照任务分解和具体考核办法，建立奖惩机制，做到奖惩分明，确保把税收征管工作抓细抓实抓出成效。

2010年，城东镇中央四税收入4.11亿元，其中增值税2.64亿元，企业所得税2.64亿元，个人所得税3851.40万元。在政府一般预算收入3.68亿元中，增值税8797.25万元，营业税10725.82万元，企业所得税7209.06万元，个人所得税2567.60万元，城市维护建设税1224.56万元，房产税1124.62万元，印花税711.90万元，耕地占用税1745.84万元，契税2667.28万元。西场镇级税收完成2124.1万元。其中，工商税收2001.6万元，完成预算1762万元的120.55%，同比口径增长31.6%；工商税收中增值税（25%部分）完成633.43万元，增长16.3%；地方工商税完成1368.2万元，增长40%。

2011年底，城东镇完成工商税收10.89亿元。其中，增值税4.56亿元，营业税1.51亿元，企业所得税2.96亿元，个人所得税8867.87万元，城建税3269.95万元，房产税1651.79万元，印花税955.57万元，城镇土地使用税2234.03万元，土地增值税1599.41万元。政府一般收入5.16亿元。

第三节　金　　融

一、银行业

（一）农村商业银行机构

城东支行　海安农村商业银行（简称海安农商行）城东支行，位于海安县长江东路5号，前身为南屏乡信用社下设点。2003年8月，县联社将原海安县青萍农村信用合作社迁至海安县城长江东路5号，与原南屏信用社下设点合并营业。2005年3月，海安信用联社统一法人，信用社不再成为独立法人，更名为海安信用联社城东信用合作社，下设东郊分社。城东信用合作社隶属海安信用联社领导，接受人行海安县支行监管，工作职能由组织资金、发放贷款、办理结算扩展到代收代发、代理保险、电子银行等业务。东郊分

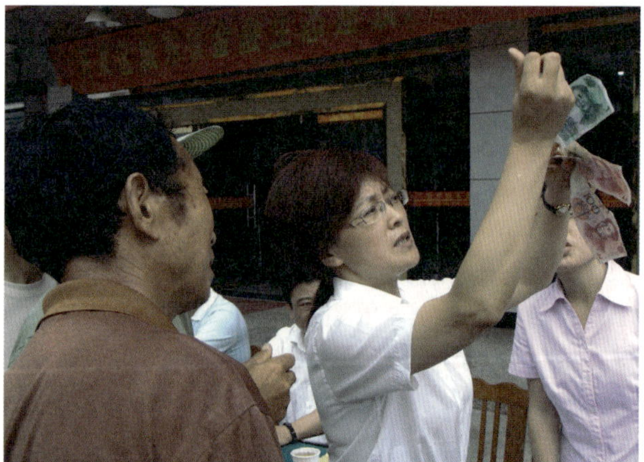

图9-3 城东信用合作社开展防假币宣传活动
（孙宝峰/摄于2008年6月）

社于2007年1月撤并。2008年11月,海安农村合作银行成立,海安信用联社城东信用社更名为海安农村合作银行(简称海安农合行)城东支行。2011年2月,海安农商行成立,海安农合行城东支行更名为海安农商行城东支行。城东支行由章勇、林虎先后任党支部书记、行长。2011年,城东支行在编员工10人,存款余额2.27亿元,贷款余额2.90亿元,代理保险18万元。

南屏支行 海安农商行南屏支行位于城东镇南屏村7组,占地1134.9平方米,建筑面积1500.8平方米,有楼房两幢和部分附属用房。营业室、客户经理室、会议室、员工宿舍等办公、生活设施齐全。

前身隶属人行海安县支行农金股。1963—1973年,两次划归中国农业银行海安县支行(简称海安农行)管理。1974年,由人行海安县支行恢复管理。1979年,又隶属海安农行领导管理。1991年,由海安农行对南屏信用社实行政策领导和业务指导,海安信用联社对南屏信用社进行日常管理。南屏信用社和农行南屏营业所合署办公,于1995年10月分业经营、分门办公,时有职工20人。

1996年末,南屏信用社与海安县农行脱钩,由海安县农村金融体制改革领导小组办公室和海安信用联社管理。2000年10月27日,海安县信用联社完成统一法人工作,南屏信用社撤销一级法人单位,并入海安信用联社,成为信用联社分支机构,实行授权授信管理。2008年11月11日,海安信用联社组建为江苏海安农合行。2011年2月28日,江苏海安农合行又组建江苏海安农商行。作为分支机构的南屏支行对外名称随之改变。南屏支行由王存金、徐晓军、徐云、庄春杨先后任党支部书记、行长。2011年,海安农商行南屏支行在编员工11人,存款余额4.57亿元,贷款余额4.76亿元,代理保险21万元。

立发支行 海安农商行立发支行前身为建于1963年的立发信用社,位于城东镇立发桥村西片8组,1988年下设太平分社,办公地址在海安镇河滨东路131号。在较长时间中,立发信用社既接受地方党委、政府领导,又接受上级金融机构监管。建立时隶属于人行海安县支行农金股。1979年,隶属于海安农行农金股和信用合作联社主任室领导管理。1995年,隶属海安信用联社和人行海安支行领导和监管。

2000年,海安县信用联社统一法人,立发信用社不再成为独立法人,更名为海安信用联社立发信用社,信用社工作职能由组织资金、发放贷款、办理结算扩展到代收代发、代理保险、电子银行等业务。2008年11月,海安农合行成立,立发信用社更名为海安农合行立发支行。2009年初,下设机构太平分社调为主社,原主社调为立发分理处。2011年2月,海安农商行成立,海安农合行立发支行更名为海安农商行立发支行。立发支行由袁健民、林虎、周元琴先后任党支部书记,由袁健民、林虎、周元琴、庄春杨先后任行长。2011年,立发支行有职工16人,各项存款余额4.59亿元,各项贷款余额3.47亿元,代理保险22万元。

韩洋支行 海安农商行韩洋支行位于城东镇三角村14组,占地1365.2平方米,建筑面积2025.4平方米,有楼房两幢和部分附属用房,营业室、经理室、会议室、员工宿舍等办公、生活设施齐全。支行前身为1963年建立的海安县韩洋公社农村信用社,隶属人行海安县支行农金股。1963—1973年,两次划归海安农行管理,1974年由人行海安县支行恢复管理,1979年又隶属海安县农行领导管理。1991年,由海安农行对韩洋信用社实行政策领导和业务指导,海安信用联社对韩洋信用社进行日常管理。韩洋信用社和农行韩洋营业所合署办公,于1995年10月分业经营、分门办公。

1996年末,韩洋信用社与海安县农行脱钩,由海安县农村金融体制改革领导小组办公室和海安县信用联社管理。2000年10月27日,海安县信用联社完成统一法人工作,韩洋信用社撤销一级法人单位,并入海安县信用联社,成为其分支机构,实行授权授信管理。海安县信用联社于2008年11月11日组建海安农合行,2011年2月28日又组建江苏海安农商行,作为分支机构的韩洋支行对外名称随之改变。韩洋支行由曹礼富、卢崇法、蒋万宏、曹志红、张骥先后任党支部书记、行长。2011年,海安农村商业银行韩洋支行有员工9人,存款余额3.25亿元,贷款余额1.16亿元,代理保险20万元。

新生支行 海安农商行新生支行原办公地址在城东镇新生村1组，2004年1月搬入新生村3组新营业大楼，占地1978.2平方米，建筑面积1587.92平方米，有综合大楼1幢和3间附属平房，营业室、客户经理室、会议室、员工宿舍等内部办公、生活设施齐全。1963年建立海安县新生公社农村信用社，隶属人行海安县支行农金股。1963—1973年，两次划归海安农行管理，1974年恢复由人行海安县支行管理。1979年，又隶属海安农行领导和管理。1995年前，代理农行海安县支行洋蛮河营业所业务，1995年10月与洋蛮河营业所分业经营，时有职工16人。1996年末，与海安农行脱钩，由县农村金融体制改革领导小组办公室和县信用联社管理。2000年10月，县信用联社完成统一法人工作，新生信用社撤销一级法人单位，并入县信用联社，成为县信用联社分支机构，实行授权授信管理。县信用联社于2008年11月11日组建江苏海安农合行，2011年2月28日又组建江苏海安农商行，新生支行更为现名。新生支行由刘远贵、周毅、戴华银、陆明先后任党支部书记、行长。2011年，新生支行有职工10人，存款余额4.57亿元，贷款余额1.25亿元，代理保险4万元。

西场支行 海安农商行西场支行位于西场镇人民西路安定巷1号。组建于1963年，原名西场人民公社农村信用社，隶属人行海安县支行农金股。1979年，隶属农行海安县支行农金股和信用商业联社主任室领导管理。1995年前，与农行海安县支行西场营业所合署办理各项业务，隶属海安信用联社和人行海安县支行领导和监管。1995年10月与农行海安县支行西场营业所分门办公。1999年1月1日，更名海安信用联社西场信用社。2000年10月26日，撤销一级法人，由县信用联社统一法人领导，为海安信用联社二级核算单位。2003年5月6日撤并爱国、石桥联办站，2003年6月6日撤并优胜、立头联办站。2008年11月11日，更名为海安农合行西场支行。2011年2月，更名为江苏海安农商行西场支行。西场支行由于忠元、吕忠学、贲晓庆、姜加勇先后任党支部书记，由张远银、仲伟玉、史孝清、幸国强、储有玲、戴书山、洪建明、贲友彬、于忠元、吕忠学、贲晓庆、姜加勇先后任行长。2011年，西场支行有职工10人，存款余额3.74亿元，贷款余额2.44亿元。

壮志支行 海安农商行壮志支行位于城东镇壮志村3组。组建于1963年，原名壮志公社农村信用社，隶属人行海安县支行农金股。1979年，隶属农行海安县支行农金股和信用联社主任室领导管理。1995年前，与农行海安县支行壮志营业所合署办理各项业务，隶属县信用联社和人行海安县支行领导和监管。1995年10月与农行海安县支行壮志营业所分门办公。1999年1月1日，更名为海安信用联社壮志信用社。2000年10月26日，撤销一级法人，由联社统一法人领导，为县信用联社二级核算单位。2008年11月11日，江苏海安农合行成立，更名为海安农合行壮志支行，2011年2月28日，更名为江苏海安农商行壮志支行。壮志支行由吕忠学、丁梅华、范晓藩、陈仁富、朱峰、王晓兵先后任党支部书记、行长。2011年，海安农商行壮志支行有职工8人，存款余额1.73亿元，贷款余额1.35亿元。

图9-4 90年代的壮志信用社 （壮志信用社/提供）

（二）中国农业银行机构

开发区分理处 农行海安县支行开发区分理处位于县城长江中路59号。1980年6月，经县革委会批准，农行海安县支行恢复设立，设南屏办事处，为农行海安县支行派出机构，业务由南屏信用社代理。1995年10月，农行海安县支行择址县城宁海南路179号，设立农行南屏办事处对外营业。1996年4月更名为农行海安开发区办事处。1997年迁址至县城长江路59号。2006年12月更名为农行海安开发区分理处。分理处历任主要负责人为：万鸿

(1995.10—1996.7)、陈绍贵(1996.7—1997.3)、严华(1997.3—1999.5)、缪德建(1999.5—2001.2)、杨广星(2001.2—2003.1)、杨建业(2003.1—2005.12)、钱秀明(2005.12—2007.9)、顾太富(2007.9—2008.12)、陈杰(2008.12—2010.6)、方滟(2010.6—2011.12)。2011年,农行开发区分理处在编员工9人,各项存款余额3.07亿元,各项贷款余额4.06亿元。

西场分理处 农行海安县支行西场分理处位于西场海防大道奉贤工业园区口。1980年6月,经县革委会批准,恢复农行海安县支行,1980年7月1日对外办公。农行海安县支行下设西场区中心营业所,领导管理辖区内西场、大公、新生、壮志、北凌、韩洋信用社及西场、大公、新生、壮志、北凌、韩洋、农场营业所。1994年5月,区中心营业所与西场营业所合并为西场办事处。2000年9月,撤销丁所办事处,并入西场办事处。2004年4月,撤销洋蛮河办事处,并入西场办事处。2006年12月25日,西场办事处更名为西场分理处。

西场分理处主要职能是按照党的各项金融方针、政策、法令吸收公众存款,发放贷款,办理各项结算及中间业务、代理业务、信用卡业务,积极支持地方经济发展。分理处历任主要负责人为:史孝清(1980.7—1994.5)、戴书山(1994.5—1996.7)、杨龙官(1996.7—1999.5)、张一峰(1999.5—2006.8)、徐祝平(2006.8—2007.5)、梅海燕(2007.5—2009.7)、吕冬林(2009.7—2011.12)。2011年末,农行西场分理处员工9人,存款余额3亿元,贷款余额0.32亿元。

(三)中国工商银行股份有限公司机构

开发区支行 工商行股份有限公司(简称工行)海安开发区支行办公地址位于海安县城长江东路1-13至1-16号,前身为工行海安县支行开发区分理处,创建于1995年3月。2006年6月,工行股改上市时改用现名称。王振华、吴开军先后任行长。

开发区支行为二级支行,经营范围:代理机动车辆保险、企业财产保险、与贷款标的物相关的财产保险、意外伤害保险、家庭财产保险、健康保险、人寿保险业务。2011年末,开发区支行在编员工10人,存款余额4.89亿元,贷款余额8.85亿元。

(四)江苏银行股份有限公司机构

江苏银行海安支行 江苏银行股份有限公司海安支行于2011年6月成立,办公地址位于城东镇长江中路1号,内设营业部、业务发展部、零售业务部等机构。行长田小东,副行长陈平,行长助理唐中年。支行以“服务地方经济、立足中小企业、履行社会责任”为经营理念,加大基础设施项目投入,支持中小企业发展,关注区内产业体系升级。2011年底,职工36人,存款余额62亿元,授信余额45亿元,小额企业授信用户250多家,贷款余额41亿元。

图9-5 江苏银行海安支行 (孙宝峰/摄)

(五)中国建设银行机构

西场分理处 原名建行西场办事处,成立于1989年12月,办公地址位于西场惠民路,隶属于建行海安县支行,下设一个营业所和一个储蓄所。1996年3月,更名为建行西场分理处,使用全国统一的识别标志:湛蓝的行徽、黑色立体的行名。西场分理处经营范围为:办理人民币存款、贷款结算业务;代理收付款项及代理保险业务、信用卡业务;办理上级行在中国银行业监督管理委员会监管部门批准的业务范围内授权的业务。分理处历任主要负责人为:仇开宏(1989.5—1991.10)、吕正高(1991.10—1993.10)、缪三祝(1993.10—1996.10)、柯素清(1996.10—2005.7)。2005年,因机构合并,西场分理处撤销,当时有员工7人,各项存款余额0.8亿元,贷款余额0.4亿元。

二、保险业

50年代初主要有财产保险、人身保险、农业保险等险种。1952年对国家机关、国有企业、合作社企业实行财产强制保险。1982年扩大到乡办企业。1983年开办短期人身保险，首先在建筑工人和船工中办理团体人身险。1984年4月，开始扩大承保面，对企业单位职工办理团体人身险，并先后开办学生平安险、驾驶员意外伤害险、公路旅客意外伤害险、机动车旅客意外伤害险和母婴安康险等短期人身险。1987年5月，承保范围扩大到乡镇企业职工和农电站、农技员、义务兵、村干部、独生子女父母等。1993年后，险种增多，但多在财产险和人寿险范围内。2002年前，境域保险业务由乡镇保险所和保险公司办理。2002年后，保险业务主要由财产保险、人寿保险等类保险公司办理。一些商业保险公司也开始在境域设立业务部。2011年，城东镇境域有中华联合财险、太平洋人寿保险、安邦财险、友邦保险、中国太平洋财产保险等5家保险公司。

第十章　经济管理

民国时期，城东镇境域有工商、度量衡管理，但机构不健全。新中国成立后逐步健全计划、统计、物价、工商、计量等国民经济综合管理体系。1978年实行新的计划经济管理措施，缩小指令性计划，扩大指导性计划，经济迅速发展。1992年后，逐步实行市场经济管理体系，运用市场经济宏观调控，搞好统计、审计、经济普查、质量技术监督工作，加强食品药品管理、电力管理、安全管理、物价管理、土地管理、工商行政管理，打假治劣，保证消费者权益。鼓励企业依法经营，不断提高产品质量，申报知名、著名商标，促进市场经济健康发展。至2011年，镇经济管理机构功能不断强化，经济形势不断向好。

第一节　工商管理

一、管理机构

50年代至80年代中期，由于生产力落后等诸多因素，工商业发展不快。中共十一届三中全会后，改革开放政策使城东镇境域工商业迅速发展。1982年，立发公社在全县率先建立个体劳动者协会（简称个协）立发分会。此后，各乡镇分别建立个体工商业者协会。立发、新生、韩洋、南屏、西场、壮志乡个协负责人分别为：田汉、许秀山、徐宝余、仲延年、周竹平、周安留。1995年7月，建立开发区工商行政管理所，1995年12月至1999年8月合并为城南工商行政管理所，后又划出，建立开发区工商行政管理所。2002年8月，全省工商系统机构改革，组建南通市海安工商行政管理局开发区分局，办公用房1047平方米，内设综合管理组、巡查监管组、经济监督检查组。2010年，镇境域内有个体户10775户，企业6871家，市场主体8家。

1995年7月至2011年，开发区工商所（2002年8月改名为开发区工商分局）历任所长（分局长）：胡增照、周文渊、顾斌、李志伟；历任副所长（副分局长）：刘礼高、殷岩勤、卢坤连、张发源、孙春阳、周婕敏、周晓斌、史传春。开发区工商所（工商分局）先后10多次获县文明单位、市级文明工商所等称号。

二、注册登记和商标合同管理

2001年，对城东境域内7163家个体户、3754家企业办理年检、验照手续。

2002年底，城东镇有南通市知名商标2个，即南通天成保健品有限公司的“天成”牌和江苏海安茧丝绸集团股份有限公司的“鑫缘”牌。

2003年，开发区工商分局积极推行企业注册登记并联审批制度，将注册登记时限由法定的30天缩短为3天，提高发照效率。2004年，开发区工商分局实行网上名称核准和网上登记资料审核制度，降低市场准入门槛，在企业名称、出资者范围、住所证明等6个方面放宽注册条件，建立“绿色通道”；通过“午间服务”“上门服务”等多种服务形式，扶持全民创业，积极落实下岗失业人员再就业的各项收费优惠政策；开展“红盾”招商引资活动引进项目，对重大项目实行零距离服务，促进项目早落户、早投产、早见效。是年，城东镇有江苏省著名商标2个，南通市知名商标4个。2007年，引导服务业规模化发展，鑫缘茧丝绸集团的“鑫缘”牌商标顺利通过国家商标局驰名商标认定，成为海安首个中国驰名商标。

2008年，开发区、城东镇新增驰名商标1件、著名商标2件、知名商标5件。开发区工商分局积极开展对消费者协会开发区分会个（私）协会的指导工作，组织参加县工商局及地方领导的各种公益活动，主动为消费者排忧解难，受理消费者投诉788起，通过调解，维护群众合法权益，增强法规意识，调解率百分之百。区工商分局依法规范登记行为，严格前置审批，在分局窗口继续推行“四个一服务”“首问负责制”“及时办结制”，适时为下岗职工、应届大中专毕业生从事个体经营注册登记开设“绿色通道”，在3日内办结登记手续，确保限时办结等承诺责任落实。

2011年，开发区工商分局帮扶企业转型升级发展、支持农村小额贷款公司、科技小额贷款公司和担保公司登记注册工作获县工商局综合考评第三名。当年有国家级驰名商标4个、著名商标8个、知名商标7个。

三、工商监管

1978年后，境域工商管理由县工商局和乡镇工商所负责。2001年，城东工商分局完善“12315”投诉举报网络工作，整顿执法队伍，规范执法行为。

2002年开始，与省、市、县工商局计算机联网录入管辖企业、个体商户，以“经济户口”管理软件为基础，探索和建立市场主体信用体系。“经济户口”的基本数据录入率100%，巡查记录、个体验照、企业年检、消费调解、经济违法案件处理等档案资料做到及时录入，不断充实和完善“经济户口”内容。辖区“经济户口”实行分类管理，明确监管重点。扎实开展“红盾护农”行动，规范农资市场秩序，督促完善农资商品进销货台账，公示诚信承诺公约，全面规范农资市场准入行为。

2003年，城东镇开展专项执法行动，市场和超市配备专用检测设备，建立检测室，开辟无公害蔬菜专营区和放心农副产品销售区，建立全县首家农民经纪人协会。对几种涉及人民生命财产安全的行业，严格按照国家工商总局要求加以规范，做到每一户企业都与“经济户口”管理逐步核对，摸清和掌握企业登记现状。逐步排查辖区内无照经营者，摸清数据，建立台账，为取缔无照经营提供第一手资料。专项整治劳务中介机构、专卖店、医疗广告市场，坚决取缔未取得合法手续者。开发区工商分局出动150人次，执法车辆30余台（次），实行同吃同住、定人、定职、定时、定片管理，查办无证收购蚕茧案件，配合城东镇人民政府捣毁南屏18座无照茧灶。

2004年，全力推行责任区监管新模式，以“经济户口”为平台，按照“清晰、方便、高效”原则，划建监管片区，落实监管工作责任，消除市场监管盲区。发现和纠正业主中一般违法行为，查处无照经营案件。开展“保健康、保安全”专项“拉网式”检查执法行动，严肃查处不合格食品，开展打假护农专项执法行动等。积极开展“效能建设提高年”活动，推进多种形式服务，实现服务事项零积压，服务内容零差错，服务质量零投诉，服务方式零距离的“四零”目标，工商服务到消费者协会、红盾护农服务站、“12315”维权联络站及辖区内20个行政村和11个居委会。新增著名商标1件：江苏联发纺织集团股份有限公司“双钱”牌加图形。新增省级“重合同守信用”企业1家：江苏新龙兴建设发展有限公司。

2005年后，每年3—4月都开展以“打假护农”为重点的专项整治工作，严厉打击制售伪劣农资行为。2006年，完善食品安全监管网络，结合创建国家卫生城市，组织分局人员对城区主要市场实行驻场管理，确保市场创建工作通过省级考核验收。

2008年，结合创建国家卫生县城，加强境域内食品安全、问题乳品、生猪高热病、禽流感防控等工作。实施“红盾护农”工程，突击打假，依法查处无照经营农资38户，罚款1.43万元，维护农资经营正常秩序。巡查监管食品经营户3260户（次），取缔食品无照经营58户，对24个无照擅自收购蚕茧人员，逐一上门宣传教育，下达警示通卡，对其中157户重点实施监管，做到辖区内没有无照收烘蚕茧行为。

2009年，3月28日，查处取缔辖区内翻身河两侧无证无照经营的洗头坊，对经营者进行法律法规宣传教育。在年检验证照工作中落实“三个一”举措，即每周进行一次材料抽查，一次实地检查，一次讲评通报，促进年检质量提高。指导企业进行网上年检操作，促进“经济户口”管理质量提升。全系统“经济户口”中市场主体认领及时，数据录入及时、准确、完整，运用监管结果，服务领导决策。分局全面推行“诉前衔接”工作机制，实行法制员AB岗。完善法制员AB岗的职责分工，为实现执法监督、监管监督、许可监督三位一体的全新约束机制奠定基础。全年办结案件89件，罚没款入库52.67万元，其中商标案3件、广告案5件。

2010年，开发区工商分局免费发放索证索票及台账700余套，规范食品经营户986户，查处食品类案件21件，辖区7个市场开展创建文明诚信市场、平安市场和场内经营户创建诚信经营户活动。强化无照经营整治，惩教并举，对少数“钉子户”坚决予以查处取缔，管扶同步，解决问题。采取联合执法，现场办公，帮扶办证。一年中引导办证1696户，查处取缔42户。开展“牵手百千万，工商服务行”活动，围绕12个方面内容，深入企业帮扶发展，帮助企业解决发展难题，协助企业融资，扶持产业发展转型，引导成立农村股份合作社，实现土地流转。正常开展专项拉网式检查，主要检查食品、农资、建材、网吧、中介劳务等市场，受理消费者申诉案件155宗，办结152宗，调解成功率98%，为消费者挽回经济损失20多万元。2011年，强化食品安全监管，开展放心消费安全度、满意度调查研究活动，开展“诚信单位”评选等，开发区工商分局获县“群众基层满意站所”称号。

四、打假治劣

2001年，开展登记执法大检查等10项市场执法行动，取缔无照经营，整顿和规范市场交易行为，整治违法广告，打击商标仿冒侵权，保护知识产权；开展商品交易市场“三整顿三满意”活动，推行“经济户口”管理工作，建立企业信用制度。

2007年6月19日，工商管理人员在葛家桥村6组个体工商户徐某店中发现一批涉嫌假冒三塘粮酒，进货价每瓶2.5元，以每瓶2.7元价格对外销售，被没收340瓶。

2008年，开发区工商分局对980户食品经营企业进行5次拉网式检查，对苏果、联华超市，三鹿、蒙牛经销店落实工商干部驻场制度，以最快速度，使问题乳制品全部下架封存，不让事故发生。积极做好奥运期间食品安全监管工作，统一配发食品安全快速检测设备，有针对性地开展食品质量专项执法检查。开展奥林匹克标志保护百日执法行动，集中清理、查处非法使用奥林匹克标志行为。

2010年，开发区工商分局指导泰宁市场完善内部管理制度，抓好划行归市和内部秩序管理，及时清理假冒伪劣商品。同时，投入200万元，对市场大棚等设施进行更新改造，完善消防系统，每个道口、角落安装监控系统，保卫人员日夜巡逻，保证经营者安心经营，消费者放心消费，日客流量由2000年3000人次上升到8000人次。2007—2010年连续被评为“南通市文明市场”。2011年，开发区工商分局到宏博集团和鸿禧批发王有限公司流动办公，帮助主办方逐步改善外部环境。

第二节　土地管理

一、管理机构

1985年12月10日，县政府决定分别在立发、南屏、新生、韩洋、西场、壮志六乡镇农业办公室设立土肥、土地管理办公室，隶属县农村土地管理办公室，办公场所分别设在各乡政府，工作人员各1人。是月25日，境域乡镇土肥、土地管理办公室分别改为土地管理利用办公室。1988年，乡镇建立土地管理所。1999年1月1日，乡镇土地管理所（通称土管所）由海安县国土规划管理局垂直管理。2000年4月，行政区划调整，西场镇土管所与壮志乡土管所合并为海安县国土规划管理局西场土管所。2001年1月26日，立发乡土管所与南屏乡土管所合并为海安县国土规划管理局城东土管所。同时，新生乡土管所与韩洋乡土管所合并为海安县国土规划管理局洋蛮河土管所。是年10月11日，境域各镇土地管理所更名为土地管理服务站（简称土管站）。

2002年4月22日，镇境域内建立海安县国土资源局城东、洋蛮河、西场3个国土资源监察中队。2004年7月20日，行政区划调整，洋蛮河土管站与城东土管站合并为县国土资源局城东土管站。2005年7月21日，城东、西场土管站分别更名为海安县国土资源局城东、西场国土资源所。

2006年6月30日，撤销城东国土资源所，建立海安县国土资源局开发区（城东镇）分局，为县国土资源局派出机构，依照公务员制度管理，副科级建制，全额预算，行政管理型全民事业单位，核定编制13人，其中管理人员3人、专业技术人员10人，所需编制和人员均从城东国土资源所划转，并在海安经济开发区金海岸大厦七楼设办公窗口。2011年12月，行政区划调整，西场国土资源所并入县国土资源局开发区（城东）分局，内设办公室（挂法规监察牌子）、资源管理科、土地利用科。

城东镇土管部门负责人沿革：1988年7月至2006年6月，乡镇土管所所长（站长）为杨云贵（南屏）、钱加美（新生）、章朝俊（韩洋）、施士军（挂职洋蛮河镇）、王旭（立发、城东镇）、储开富（西场）、何中华（壮志）。2000年4月21日，西场、壮志合并后，所长储开富（西场）。2006年7月至2011年，开发区国土分局局长陶明。

二、土地保护与开发

1995年起的每年“6·25”全国土地日，土管部门利用广播、电视、宣传条幅、宣传栏、法律咨询等多种形式广泛宣传，将基本农田公示牌立于交通干线两侧醒目位置，设立基本农田监督举报电话，加强涉及基本农田的信访工作，保证社会反映问题渠道畅通。1997年，境域各乡镇编制基本农田保护区规划。2000年，境域各乡镇土管部门人员会同村干部实地踏勘并核实基本农田范围内地类及其界线，确定基本农田质量等级，绘制基本农田现状图，建立基本农田保护系统。

2011年12月城东镇农村耕地现状统计表

表10-1　　单位：亩

村名	区划面积	年末实有耕地面积	村民人均耕地	村名	区划面积	年末实有耕地面积	村民人均耕地
泰宁村	5374	153	0.03	韩洋村	10504	4396	1.11
南屏村	6914	1463	0.32	韩徐村	8788	4380	1.09
立发桥村	7349	767	0.18	农林村	7349	3093	0.68
界墩村	8196	2600	0.57	民桥村	6808	2960	0.99
开屏村	6329	31	0.01	壮志村	6329	4967	1.04
新生村	6407	782	0.27	爱凌村	7532	3068	0.92
三角村	7156	3250	1.13	戚庄村	8059	3233	0.82
五坝村	9242	3364	0.69	新立村	8028	4069	1.03
刘缺村	7224	3023	0.84	热港村	11460	5590	1.16
南阳村	10088	2119	0.42	丰产村	8016	2918	0.84
洋蛮河村	7453	1843	0.55	石桥村	9435	3848	0.86
三丰村	11818	4799	0.96	西场村	7475	1945	0.45
油坊头村	7687	2681	0.73	洪旺村	7732	3377	1.20
葛家桥村	7957	2146	0.69	施泰村	7728	3402	1.22
堑南村	10150	3945	0.88	石庄村	7806	3342	1.00
品建村	6788	3578	1.24	—	—	—	—

2001年3月，城东镇成立以分管副镇长为组长的基本农田保护领导小组，具体负责基本农田保护工作的领导、协调、实施。根据县政府下发的《海安县耕地保护责任目标考核办法》，明确镇长为境域内耕地保有量和基本农田保护面积的第一责任人，建立镇为龙头、站为中心、村为主体、组为前哨的基本农田保护四级网络，做到全镇有基本农田保护领导组，土管部门有基本农田保护办公室，村有基本农田保护工作小队，组有基本农田监督员，地块有基本农田管护员，并将基本农田保护位置标明在1∶10000的土地利用总体规划图上。全镇推行“包区域、分等级”监控，明确职责，消除盲区，排查预警，使土地违法行为早发现、早报告、早查处，实现基本农田精细管理。实现区域监控负责制，把监控区域划分为特级监控、一级监控、一般监控3个等级。对基本农田保护区、城郊接合部、主干道两侧实行特级监控，每月巡查8次以上，并及时通报巡查情况。对工业集中区、居民规划区实行一级监控，每月巡查6次以上。对其他有可能产生违法用地的区域实行一般监控，每月巡查4次以上，巡查结果每月25日前上报领导小组。年底，实行巡查责任追究制。对土地执法动态巡查处于末五位的人员，给予诫勉谈话，扣发年终考核奖。对重大土地违法行为未能及时发现和有效制止人员，予以待岗处理。全镇切实做好基本农田长效管理工作，创新监管机制，强化全镇基本农田长效管理。

2003年，为实现信息化管理，土管部门配备专用电脑，录入基本农田地块的面积、属性等基础数据，建立健全基本农田资料统计台账，并及时更新，做到图、表、册与现状一致。2004年，全镇所有村统一制定基本农田保护标志牌，并注重日常维护和更新。2006年，从新增建设用地土地有偿使用费和农业重点建设基金中拿出不低于15%的经费专门用于耕地、基本农田的保护和建设。2007年底，经市县验收，城东镇基本农田保护工作达标。2011年，全镇耕地面积9.32万亩。

三、土地复垦与整理

2001年后，国土资源部明确城镇建设用地增加与农村建设用地减少相挂钩，境域加强土地复垦工作。省投资洋蛮河土地整理项目由县国土资源局进行可行性研究，于2003年申报。2004年底，该土地整理项目经批准列为省投资（新增建设用地土地有偿使用费）项目，涉及三丰等村，总建设规模为231.46公顷，批准投资额400万元。项目竣工后新增耕地12.79公顷，2007年项目通过市级验收。2011年，全镇土地复垦38亩。

四、用地管理

1983年1月15日，境域执行建房用地标准为人均耕地1亩以下的生产队，人均建筑用地面积40平方米。1984年，境域各乡人均耕地1亩以内的村民小组，每人建筑占地20平方米，三人以内户可以照顾到23平方米；人均耕地1亩以上村民小组，每人建筑占地22平方米，三人以内户可以照顾到25平方米，每人活动用地面积15平方米。

1989年12月31日，境域各乡镇政府执行县政府颁布《海安县农村居民个人建房管理办法（暂行）》，规定农村居民宅基地用地标准，境域各乡人均耕地1亩以上的，每人宅基地37平方米，其中建筑占地为22平方米；人均耕地1亩以下的，每人宅基地35平方米，其中建筑占地为20平方米；人均耕地0.5亩以下的，每人宅基地30平方米，其中建筑占地为18平方米。城镇及城镇规划区的居民宅基地每人22~25平方米，其中建筑占地为15平方米。

1997年，土管所审核建设用地申请，落实土地补偿、安置协议，呈报上级政府批准后，根据建设进度划拨或出让建设用地。建设项目竣工后，建设项目单位及时报请县土管局会同有关部门进行验收。

1999年1月12日，境域各乡镇执行县政府《海安县村（居）民建房用地管理暂行办法》，农村村（居）民建房用地标准：人均耕地1亩以上乡镇建筑占地面积基准户（4人以下）130平方米，超基准户（5人以上）160平方米；人均耕地1亩以下乡镇，建筑占地基准户120平方米，超基准户150平方米。城镇居民建筑占地基准户100平方米，超基准户130平方米。是年，境域依照新土地管理法规定，实行土地用途管理制度，对耕地实行特殊保护，改革建设用地审批制度，对因需要征用农民集体所有土地的工作按程序进行，即建设单位持立项批文、规划选址意见书、规划红线图等资料，向县国土资源局申请建设用地；经有权部门批准征用后，发布征收土地方案公告和征用补偿安置方案公告，签订国有土地使用权出让合同或划拨土地批准文件。

2001年6月后，城东镇政府执行县政府《海安县村（居）民住宅用地管理暂行办法》，村（居）民住宅用地标准：不满5人每户不超过100平方米，5人（含5人）以上每户不超过130平方米。农村村民宅基地面积标准：不满4人户，每户不超过120平方米；4人（含4人）以上户每户不超过135平方米。其中，6人（含6人）以上户且符合分户条件而不分户的，可在135平方米基础上照顾25平方米。2002年12月9日，全镇暂停审批县城规划控制区内的民房建设。

2005年3月，在集镇和开发区工业集中区域规划范围内积极推进多层公寓房建设，引导农民进公寓，凡新建、翻建住宅，统一进入住宅小区，规划区范围以外一律实行集中居住。县建设局牵头组织编制村庄布局规划，其间全镇暂停农民建房审批。2006年，城东镇成为海安县首批农村建设用地减少与城镇建设用地增加挂钩试点乡镇，2007年成为全县开展挂钩工作的4个乡镇之一。

2007年6月，城东镇集中居住点布局规划高速到位并通过批准，全面启动农民集中居住点建设，农民建房审批解冻。城东镇坚持集中利用和节约利用土地原则，推进工业向开发区和工业集中区集中，人口向城镇集中，中小项目向标准厂房集中。全镇对项目用地严格按照国家规定上报审查。在清理闲置土地同时，为拓展发展空间，允许民营企业利用家前屋后零星隙地兴办家庭小作坊、小型加工项目，只要不搞永久性建筑，享受临时用地政策，办理经营性临时用地手续。2008年10月，国土分局建立项目用地跟踪管理卡，建立项目用地跟踪管理台账，所有项目用地一律实行土地预登记，经验收达到土地出让合同约定利用指标的，换发土地使用证。

2010—2011年，依法落实土地承包经营权，做到承包地块、面积、合同、证书“四到户”；盘活存量用地，大力推进节约用地，对工业项目受让土地一律实行预登记制度，登记期限为2年，土地节约利用度位于全省前列。

第三节 安全管理

一、组织网络

2001年，城东镇安全生产委员会建立，安全生产委员会办公室设在安监办，安监办负责人任办公室主任。2010年，安全生产监督管理站成立。2001—2011年，城东镇安全监管工作按照属地管理与条线管理相结合的原则，按网络化运行。区镇安全生产委员会下设16个安全工作组，安全监管网络将各行各业、各管辖范围的安全责任、具体监管范围作详细的分解落实，实行一张网“明分工、知范围、晓职责”。各村（居）、企事业单位亦相应建立安全生产领导小组，制定安全监管子网络。由此实现全区镇安监网络大网覆盖小网，主网领导子网的全覆盖网络体系。城东镇党委、政府每年下发安全生产工作意见和安全生产考核意见，制定安全生产管理制度，从纲领、考核、制度、责任四个方面落实各个层面安全责任。2003年，开发区工商分局与涉及安全行业的个私企业签订个体私营企业安全生产责任书，并在县域网上建立安全监管台账，强化规范管理。组织多名私营企业主参加县工商局举办的安全生产培训班。2004年，强化业主安全生产监管工作，签订个体经营企业安全生产责任书、集贸市场安全目标责任书等。2011年，班子成员齐抓共管，13个条线安全工作组、6个街道办事处安全工作组组长，各行政村（社区）主任是辖区内安全生产第一责任人。行政村（社区）签订安全责任书21份，公共聚集场所签订安全责任书87份，个私企业签订安全责任书154份，规模以上工业企业签订安全责任书146份，市场、商场营业店面签订安全责任书965份，总计签订1389份。责任书的签订面覆盖各行各业、大小企业。同时，各条线、村居督促管辖企业层层签订安全责任书，保障安全责任层层落实。

二、培训教育

2001年后，城东镇每年组织境域内烟花爆竹零售经营业主、一般和规模以上企业负责人、安全负责人、安全员参加县安监局组织的安全培训，参训率100%。2004年10月24日，中国致公党名誉副主席杨纪珂、全国总工会主席张鸣起到海安开发区鑫平制衣公司等企业巡视全国职工安全知识电视培训统一考试现场。2011年，华强公司组织开展大跨度空间火灾事故安全演练。西蒙奇通、联发纺织、天成生化、康桥油脂、优尼科化工等重点企业、高危行业举办员工安全知识培训班，组织员工开展火灾应急演练，同时重点抓住6月份安全生产月、“119”消防宣传日等契机，通过悬挂安全横幅、张贴宣传标语、出动安全流动宣传车、安全生产万人签名、“安康杯”知识竞赛、安全生产技能竞赛等多种形式，开展声势浩大的宣传教育活动。督促区镇各行各业、各个层面充分利用安全生产月、“119”消防宣传日，开展全民安全生产教育培训，不断给各层各级安全管理干部、企业负责人、员工、广大村（居）民灌输安全知识，敲响安全警钟，增强全民安全生产意识。

图10-1　2004年10月24日杨纪珂（右二）考察鑫平制衣公司职工安全培训情况　（鑫平制衣公司/提供）

三、安全督查

2001年后，城东镇安全生产监管工作全覆盖，工作任务繁重，责任重大。镇启动危险化学品、烟花爆竹、燃气、高毒场所职业卫生、特种设备、建筑施工、拆除、人员密集场所、加油站、农机、道路交通、校园周边安全环境等12项安全专项整治工作。区镇安委办通过定期召开专题整治联席会议，部署落实工作，各专项整治牵头部门围绕时点和工作部署，有序推进。2011年，全镇检查化工企业46家（次），一般企业556家（次），非煤矿山企业15家（次），烟花爆竹零售经营点115家（次），查出隐患1296条，其中一般隐患1260条、镇挂牌督办隐患30条、县挂牌督办隐患6条。还重点抓了重大节日、重点时段拉网式大检查、中小型企业安全大检查、烟花爆竹零售经营点节日期间的安全普查。逐一登记梳理检查出的安全隐患，落实相应整改责任人及整改措施，直至整改到位形成闭环；要求限期整改的，建立整改时限到期督察制，确保隐患到期得到整改；整改难度较大的，由区镇挂牌，实行交办、督办，严令限期整改。通过严抓整改落实，保障区镇安全生产形势基本平稳。

第四节　统　　计

一、统计机构

六七十年代前后，统计工作公社由秘书、大队由会计辅导员兼管，主要负责对农业生产进行统计。1981—1984年，乡（公社）镇统计工作由乡镇经营管理办公室负责。1985年4月，选聘1名文书任统计员，具体负责乡镇统计工作。1987年9月，乡镇成立统计站，由乡镇领导兼任站长，乡镇统计员任副站长，粮食、商业、经管、财税、金融、文教、个协等有关业务部门相关人员，采取平时分散、定期集中的形式，行使政府综合统计职能，业务上受县统计局领导。1991年，乡镇实体型统计站初步建成，各站设统计助理1人，专职统计人员1人以上。1992年，统计站建立村统计组。1996年，由乡镇长兼任站长，设副站长1人，配备1~2名专职统计人员，乡镇各部门统计人员为统计站组成人员，年产值（或经营收入）500万元以上的企业配备专职统计人员。1997年,明确统计行政编制1人,集体性质统计人员2人,统计站人数确定为3人。各乡镇统计站强化统计工作网络建设,不论村、企业规模大小,均配备专职或兼职统计人员,明确各乡镇属事业单位主办会计兼任统计,各村统计由会计辅导员兼任,从而形成全乡镇上下贯通、左右相连的网络体系。1998年下半年成立独立核算法人企业"会计统计管理服务站"(简称会统站)。由分管乡镇长任站长,财政所所长、统计站站长任副站长。进一步明确归口统计,农业由统计站直接负责,二产由会统站负责,三产企业由三产办负责,行政事业单位三产统计由统计站负责。2004年,城东镇统计工作在农村设调查户780户,相应建立村主任为组长、会计辅导员为副组长,由4~5人参加的村统计组。同时对1995年前4个乡镇各自的统计资料突击整理,分类立卷归档。2005年初,城东镇被列为全县乡镇统计工作"八化"(即统计工作法制化、统计机构网络化、统计人员专业化、统计管理程序化、统计基础规范化、统计手段现代化、统计资料档案化、统计服务优质化)创建的第一方阵,在全县率先推行乡镇统计工作"八化"建设。2007年5月,开辟统计电子政务信息化,创建城东镇统计站内网网页,分设统计机构、经济信息、工作信息、法规制度、历史台账、联系方式、乡镇概况等栏目,安排专人负责网页维护,及时更新网页内容,加大宣传力度。至2008年,镇统计站共撰写统计信息及统计分析20多篇,被县市统计局录用10多篇。2011年,西场镇统计站并入城东镇统计站,有统计人员10人。

二、经济统计

60—70年代,粮食作物产量统计由生产队、大队逐级上报。1982—1990年,乡镇统计主要负责农作物产量统计。1982—1984年,统计农作物产量实行以生产队(村民小组)为单位,抽取好、中、差代表户若干过秤见产,从而推算生产队总产量,层层上报汇总,最终得出全乡镇农作物总产量。1985—1987年,农作物产量调查方法改为"以组抽户",即以村民小组为总体,按照随机原则(一般采用地理位置或习惯顺序排队,机械等距抽样)抽取15%农户,以每组不少于6户、不多于10户标准,进行过秤见产以推算全组总产量,然后层层汇总得出全乡镇农作物总产量。1988—1989年,由于村民小组干部编制撤销,经济核算实行以村建账,不再需要村民小组一级资料,因此,农作物产量调查方法随之改为"以村抽户",即以村为总体,按照随机原则抽取30~40户(视村大小而定,一般村户数500户以上的抽40户,其余村抽30户),过秤见产以推算村一级总产量,由乡镇统计站汇总得出全镇农作物总产量。1990年初,乡镇统计站开始试行农作物产量"以乡抽户"调查方法,即以全乡镇农户为总体,抽取3%农户进行调查统计,并以此推算全乡镇总产量。工业统计完成新旧财会制度接轨,新经济效益统计制度开始执行。1995年,建立并组织实施以增加值为核心指标的第三产业季度统计调查制度。农业统计首次建立"多种经营大户"台账,确定年饲养量羊20只、生猪50头、家禽500羽的大户标准。工业统计设置13种工业企业台账。1996年,全面采用"以乡抽户"调查方法来推算全乡镇农作物播种面积。牧业生产统计首次采用大户全面调查加散户抽样推算调查方法。正式执行多种经营大户调查统计制度,建立健全羊、生猪、家禽大户统计台账。各村新增民营工业统计,开始实施三产增加值统计。2001年,首次建立健全镇村两级综合统计台账。2003年,推行固定资产投资统计调查工作,农林牧渔服务业从三产统计归入一产统计范畴。2006年,推行服务业在地统计和农村新一轮抽中农户轮换工作。2007年,推行劳动工资抽查调查,全面开展"全面达小康"统计监测分析调查,完成城镇住户抽样调查样本轮换工作。2008年,完成2004—2007年度镇级电子统计台账编录工作。

三、普　查

农业普查 1996年3月,境域内第一次农业普查工作启动,调查对象为镇域范围内的农业生产经营单位、农村住户、乡镇企业、行政村,调查时点为1997年1月1日,普查时点1996年12月31日24时,普查时期1996年1月1日至12月31日,共有38个调查项目、687个指标。经过境域各乡镇普查工作人员共同努力，完成对境域户、人、非生产经营户农业生产情况的普查工作，基本摸清全镇农业和农村经济的家底。

2006年6月，启动第二次农业普查，调查时点2007年1月1日，普查时点2006年12月31日24时，普查时期2006年1月1日至12月31日。调查对象为农村住户、城镇农业生产经营户、农业生产经营单位、行政村，分住户普查表、单位普查表、行政村普查表、乡镇普查表、农业用地普查表，共有73个调查项目、737个指标。在2006年农业普查中城东镇被评为省先进集体。

工业普查　1995年，境域内各乡镇组织开展第三次全国工业普查，普查对象为全部工业企业和附营工业单位，调查内容包括工业企业基本情况、财务状况，工业产品产、销、存等16个方面，普查表根据企业规模分为甲、乙、丙三类。资料调查年度除财务状况表调查1994年和1995年外，其余均填报1995年资料。

第三产业普查　1993年，境域南屏、韩洋、立发、新生、西场、壮志五乡一镇进行第一次全国第三产业普查。普查范围为所有第三产业企业、行政、事业单位和社会团体。普查方法是在全面普查的基础上辅之以抽样调查方法，全面普查除个体经济以外的单位，个体经济抽查5%推断全镇情况，普查基层表分为甲、乙、丙三种表式。普查年度为1991年和1992年。

经济普查　2004年，开展第一次全国经济普查，普查将原定于2003年进行的第二次全国第三产业普查，与计划在2005年进行的第四次全国工业普查、2006年进行的第三次全国基本单位普查合并进行，并首次将建筑业纳入普查范围。普查对象为镇境域内从事第二、三产业的全部法人单位、产业活动单位和个体工商户。普查主要内容包括单位标志、从业人员、财务收支状况、资产状况，以及企业的主要生产经营活动和生产能力，主要原材料和能源消耗及科技开发的投入状况等。普查标准时点是2004年12月31日，时期资料为2004年度。城东镇有法人单位1168个。

2008年进行第二次全国经济普查，普查对象和具体内容与第一次经济普查基本相同。普查标准时点为2008年12月31日，时期资料为2008年度。城东镇有法人单位1495个。

人口普查　1999年10月，实施第五次全国人口普查工作。此次普查时点为2000年11月1日零时，首次采用抽样调查技术，利用长短表相结合的形式获取资料。普查表分为普查表短表、普查表长表、死亡人口调查表和暂住人口调查表4种，调查项目增至26项。2001年，城东镇人口普查被评为省先进集体。

2010年6月，实施第六次全国人口普查工作。此次普查时点2010年11月1日零时，采用抽样调查技术，利用长短表相结合的形式获取资料。城东镇划分21个普查区，选调普查指导员、普查员480人。普查表分为普查表短表、普查表长表、港澳台和外籍人员表、死亡人口调查表4种，调查长表户记录17项、人记录28项，调查短表户记录6项、人记录12项。普查结果全镇总户数33226户，总人口（不含西场镇）97713人。

基本单位普查　1996年开展第一次全国基本单位普查，普查涉及工商、民政、人事等部门，普查时点为1995年12月31日，通过普查摸清境域各乡镇法人单位及其产业活动单位数。

2002年开展第二次全国基本单位普查，普查时点为2001年12月31日，表种分甲表和乙表。

专项调查　1996年，完成千分之一人口抽样调查工作。2000年，完成老年人健康状况调查任务。2002年，组织开展农业综合效益调查、全国老龄人健康状况调查、家庭动态社会调查、农村劳动力快速调查。2003年，组织开展全民科学素养调查、海安县文明行业社会测评调查、农村劳动力转移情况调查、乡镇产业结构发展调查、投入产出调查、“非典”疫情专项调查。2004年，城东镇组织开展劳动力转移调查、百村村情调查、低收入农户调查、“禽流感”调查、群众安全感调查；进行农村劳动力普查和千分之一人口抽样调查，公众安全感和政法工作满意度调查等。2005年，开展第三次全国1%人口抽样调查，除调查人口信息外，增加婚姻状况、生育、社会救济等指标。2007年，开展农村低收入人口跟踪调查、人口抽样调查、公众安全感和居民科学素养等专项调查。2008年，完成人口劳动力三项调查，以及设施农业、农村贫困人口、公众安全感等专项调查。2011年，全面实施“企业一套表联网直报”。

第五节 审 计

一、审计机构

1983年8月，境域6个乡财政所受党委、政府委托，对所属集体企业、事业部门的财务收支情况实施财务监督管理权。各乡财政所实施的财务审计，为乡级审计的雏形。此后，乡镇审计业务依托乡镇财政所，市县给予专业指导，并探索性开展财务审计。组织上实行乡镇财政所长兼任乡镇审计助理。立发、南屏、新生、韩洋、西场、壮志六乡镇兼任审计助理的财政所长分别是：徐其双、丁文松、范宏、毛美华、杨平、张英林。1997年，乡政府建立审计所，明确专职审计人员编制。

2002年，财政与审计分开，城东、洋蛮河、西场三镇分别成立审计所。城东镇审计所所长徐其双，洋蛮河镇审计所所长张大德，西场镇审计所所长陈生来。2004年，城东镇与洋蛮河镇合并为新城东镇，审计所所长徐其双、助理张大德。2005年，开发区与城东镇实行“一套班子，两块牌子”，建立开发区财税审计局，下设审计科。财税审计局局长先后为田华（至2009年）、崔爱玲（2009—2011年），局长助理薛珉、陈秀梅。审计科科长徐其双，科员张大德。2005—2011年，城东镇审计部门隶属开发区财税审计局。2011年12月，西场镇并入城东镇后，西场镇审计所并入开发区财税审计局审计科，审计科与区纪工委合署办公。

二、乡镇财政审计

80年代，各乡镇财政所实施财务互审和专业会计检查，使用专业财务审计方法，力求找出企事业单位财务管理存在的弊端，查纠会计财务工作的违纪违规事项，打击经济领域的违规贪占和腐败行为，并提出相关的审计建议。各乡镇财政所实施的财务审计，为乡镇级审计的雏形。

1992—1997年，每年完成乡镇财政决算审计，重点审计乡镇财政预算内外资金及自筹资金的征收、管理、使用情况，提出改进意见，帮助乡镇政府加强财政管理。1997年，认真执行县审计局第一次向各乡镇下达的年度审计项目计划。根据县审计局安排，对所属农电站实行同步审计。1983—2000年，审计工作目标由以农村、农业生产成果的审计逐步转入以经济建设为中心的审计。1998年，各乡镇把会计人员从企业集中到会计站，委派到企业会计岗位，强化对企业财务的严格管理，成效明显。1999年，立发乡审计所配合县审计局对立发乡财政决算实施审计。2000年企业相继改制或出售后，会计人员大多数重新回到原企业。企业改制中，财政审计从资产评估、核实确认、产权界定，到选定改制方案、资产出售等，全程参与和监督。2001—2004年，城东镇审计所负责区镇开发、建设、三农、大交通等项目资金审计和征地补偿、劳力安置、拆迁补偿资金审计及区镇财政同级审计、开发区总公司及参股、控股公司的财务审计。

2008年，对镇财政决算进行“一条鞭”审计，做到“五个突出”，即突出对预算完整性审计，突出对镇财政财务收支真实性、合法性、合规性审计，突出对镇政府资金负债审计，突出对镇财政转移支付和专项财政资金审计，突出对发展过程中存在问题审计，并针对发现的问题，向政府报送审计结果报告。

2009年，确立“大财政”的审计理念，围绕规范预算管理和提高财政资金使用效益以及财政资金的安全，强化对财政预算执行资金的审计监督力度。紧扣财政资金的筹集、分配、使用等环节，扩大审计和审查覆盖面，并针对一些涉及宏观政策和微观管理的问题，提出进一步加强预算管理、招商引资管理、国有资产管理、重视政府负债、防范财政风险等建议。镇政府根据审计建议，从“严格规范政府融资行为，严格控制招待费支出及招商引资成本，严格加强负债管理，切实加强专项资金管理，严格规范津贴发放行为，严禁通过下级单位转移支出，集中开展土地出让金欠缴清收工作”等7个方面，进一步加强镇级财政管理，有效促进经济的健康运行。

2010—2011年，围绕完善预算管理制度、规模资金分配、提高财政资金使用效益和财政资金的健康安全运行，加大镇财政决算和部门预算执行及其他财政资金的审计力度，同时采取“全面审计、重点抽查”的办法，在全面审计摸底的基础上，根据预算调整率、预算执行率、专项经费预算调整及执行率等有关指标，有选择性地进行立项和预算审计。审计重点了解上年度审计发现问题的整改落实情况以及贯彻执行县政府办公室《关于进一步加强财政财务工作的通知》中七条规定情况，重点关注镇财政预算真实性、招商引资奖励发放及招商成本和公务消费使用情况，重点关注镇负债增减变化及经济发展过程中普遍存在的问题，如土地出让金的欠缴、出借资金等及国有资产管理状况和群众关心的拆迁工程、关注涉及宏观政策和微观管理的问题，提出镇财政管理、控制和规范公务接待费支出，切实加强土地出让金管理等审计建议，得到镇党委、政府的重视。

2011年，组织财政预算执行审计，对221省道改建工程部分路段专项资金开展审计，对村补偿款发放清册进行逐一比对。

三、专项审计

1992—1997年，立发、南屏、新生、韩洋、西场、壮志五乡一镇对养老、防洪保安基金等征收管理、使用情况实施审计。

2003年，审计把关城东镇所有行政事业单位用于防非典资金情况，对捐赠款物的分配进行全方位、全过程监督，同时公布审计情况。2004年，完成镇集体资金改制回收金、农村合作基金会再贷款使用、解困基金、乡镇财政运行状况等6个专项审计调查项目。清查个别行政事业单位房屋租赁情况以及审计调查发现的无证出租、暗箱操作、拖欠租金、以“吃”抵租、以物抵租、偷逃税费等问题。2006年，完成县布置的农业综合开发资金、农村公路建设专项资金、新型农村合作医疗资金、传统合作医疗专项资金涉农项目审计，确保新型农村合作医疗基金财政专户和收支两条线管理，确保专款专用。2007年，配合上级对环保资金、五大社会保险基金、农村教育培训工程、农村文化建设工程、农民健康工程、农村道路通达工程、农村环境整治工程等资金进行审计和审计调查，对农村义务教育债务清理核实。城东审计工作紧扣党委、政府中心工作以及农民关心的热点、难点问题开展审计，配合县审计局开展农村新五件实事和春蕾班等专项资金审计。在县审计局统一组织下，镇审计所开展镇郊村干部经济责任“一条鞭”审计。2008年，抓住与群众有密切关系的农村新五件实事，对教育、抗震救灾、财政支农与涉农专项资金进行审计及专项调查，促进专项资金的规范管理。针对审计中发现的某些共性或倾向性问题开展审计调查，并提出解决问题的思路和建议，如村级财务管理、村级“两个往来”、村级招待费、“两工”使用超支、“一事一议”资金的筹集管理和使用情况等。

2009年，城东镇依据《海安县政府投资建设项目审计监督管理办法》，审计范围进一步扩大，凡是镇政府财政投资的工程项目均纳入审计范围，涉及交通、城建和装修、农民安置房、拆迁以及扩大内需等工程项目，实现工程审计全覆盖。重大工程项目做到事前介入，事中跟踪，事后监审。组织开展民政与敬老院、经济薄弱村“一条鞭”审计。扩大固定资产投资审计的范围，县镇两级财政投资的农村道路、交通工程、城镇建设、农民安置房、拆迁以及扩大内需等工程均列入审计范围，实现工程项目审计全覆盖。重点关注工程项目的超预算、超规模建设情况、招投标管理情况，以及工程建设项目中的高估冒算、偷工减料情况，对发现的问题，进行原因分析，提出综合审计建议，进而规范工程项目管理，提高财政资金使用效益。

2010年，镇审计科将投资审计重点放在政府关心、百姓关注的基础设施建设项目和民心工程的审计监督与服务上，把221省道、拆迁工程农民安置房，以及中小学校舍安全建设，扩大内需和新项目的审计，纳入跟踪审计和服务的范围，同时将贯彻落实国家扩大内需政策、惠民政策等资金到位使用管理情况作为审计调查项目。组织开展对扩大内需、保持经济平稳较快增长专项资金审计调查、新型农村养老保险基金审计调查、义务教育阶段教师绩效工资政策落实情况审计调查和政府债务情况专项审计调查，为党委政府做出正确的宏观决策提供重要的决策依据，督促国家扩大内需专项资金项目的实施到位。专项审计调查2009年新型农村社会养老保险资金，通过审计调查揭示了少数人员重复参保，多方享受养老保险和执行政策中存在的其他问题，并提出规范农村社会保险养老基金管理，促进基金保值增值等切实可行建议。组织开展政府债务专项审计调查，提出坚持适度举债、规范政府举债行为、防范债务风险建议，加强对政府存量债务的归口管理，切实防范和控制财政潜在风险等强化债务管理的建议。组织开展农村环境综合治理整治“一条鞭”审计。

2002—2010年，城东镇审计人员先后参加县审计局组织对各乡镇水厂、县乡供销社社员股金改制情况、各乡镇兽医站财务、全县中小学义务教育债权债务、传统合作医疗经费、各乡镇民政经费及敬老院财务、各乡镇经济薄弱村经济责任、各乡镇环境综合整治等专项审计。

2011年，镇审计科审计人员配合县审计项目，进行卫生医疗机构负债调查、“小金库”清查、水厂回购资产评估复核、拆迁专项审计调查。

四、经济责任审计

2001年，城东镇审计人员协助做好新生乡党政负责人离任审计。严格执行中办、国办的两个暂行规定和市委组织部、市纪委、市审计局、市监察局联合下发的《南通市党政领导干部任期经济责任审计实施细则》，规范操作，将经济责任审计与财务收支审计有机结合，全方位、多角度反映领导干部廉政履职情况。2004年，对洋蛮河镇负责人进行经济责任审计。

2006年，先后组织开展对城东镇站、所、村负责人任期经济责任审计，审计镇行政事业单位以及村级财务。

2007年，配合县审计局对城东镇领导干部离任经济责任审计，围绕服务新农村建设的目标，紧扣党委、政府的中心工作以及农民关心的热点问题开展审计，并积极配合县审计局开展农村新五件实事和春蕾班等专项资金审计。

2009—2011年，城东镇拓展经济责任审计新内容，在财政财务收支审计的基础上，将领导干部任期内贯彻执行党和国家的政策情况、经济和社会发展指标实现情况、财政财务制度执行情况、廉政自律情况列入经济责任审计内容，规范经济责任审计行为，加强对领导干部用人、用编、用钱全方位制约，实行镇级党政“一把手”三责联审，经济责任与镇级财政收支同步审计的模式。

第十一章　党群团体

民国时期，城东境域始有党派活动。民国16年（1927年）中国国民党在海安建立党部，立发区隶属如皋县党部第十四区，海安全境解放后，国民党组织活动中止。民国19年，中共党组织立发区委和南阳乡党支部在城东境域最早建立。民国16—19年，城东境域农村建有农民协会和妇女协会。民国29年10月至民国34年，城东境域农村普遍建有农民抗日协会、妇女抗日协会和青年解放团、儿童团等群众团体。新中国成立后，工会、共青团、妇联等群众组织不断完善和发展。60年代，公社、大队、生产队普遍建立"贫协会"（贫农、下中农协会）。改革开放后，关工委、老区建设促进会、慈善会以及行业协会组织逐步建立。各种社会团体、行业协会的不断涌现，为地方经济建设做出积极贡献。

第一节　中共地方组织

民国19年（1930年）春，中共组织在海安河南地区迅速发展，城东境域内最早建立的党组织有立发区委员会、南阳乡党支部等。民国19年下半年起，国民党当局不断调集重兵加紧对共产党组织进行"清剿"，中共组织遭到严重破坏。民国29年（1940年）10月，全面开展建党工作，民主政权各小乡分别建立党支部。解放战争初期，城东境域内中共组织又一次遭到国民党当局破坏。1948年3月，党组织不断恢复和发展。新中国成立后，城东境域内各乡党组织分别受西场、噇口、海南、海安区委领导。1950年党组织公开活动。1957年10月，城东境域小乡合并为6个大乡，以乡建立党委。1958年9月成立人民公社，乡党委改称公社党委。"文化大革命"开始，党组织停止活动。1969年6个公社建立党的核心小组，1971年撤销党的核心小组，建立党委。1983年，公社改为乡镇，公社党委改为乡镇党委。2000年4月，西场镇与壮志乡合并，建立西场镇党委。2001年1月，南屏乡与立发乡合并，建立城东镇党委，韩洋乡与新生乡合并建立洋蛮河镇党委。2004年7月，洋蛮河镇与城东镇合并，建立新的城东镇党委。2011年12月，西场镇与城东镇合并，组建新城东镇党委。

一、党代会

2001年之前，韩洋乡、新生乡、立发乡、南屏乡、西场镇、壮志乡都分别召开了1~14次党代表会议。会议听取和审议上一届党委会、纪委会工作报告，选举新一届党委会、纪委会。2001年1月，城东镇、洋蛮河镇分别召开了1~3次党代表会议。

城东镇第一次党代会　2001年1月18日，中共城东镇第一次代表大会在海安县星海艺术中心会堂召开，205名代表出席会议。会议回顾总结党委和纪委两年来的主要工作，提出今后三年目标和任务，选举产生第一届党委、纪委班子和出席县第十次党代会代表。会议由党委副书记主持，王寅庆致开幕词，陈楷作党委会工作报告，丁国俊作纪委会工作报告，解明作党费收支管理情况报告。会议选举陈楷为城东镇第一届委员会书记，丁国俊、王希成、王寅庆、陈昌裕等为副书记。丁国俊、王希成、王寅庆、吴亚萍、何家稳、陈楷、陈昌裕、陈粉英、解明、潘智勇等11人为委员。会议选举丁国俊为纪律检查委员会书记，吴亚萍为纪律检查委员会副书记，丁国俊、吴亚萍、杨勤宽、郁兆斌、解明为纪律检查委员会委员。选举丁国俊、朱兴来、张怀圣、陈昌存、徐元生、高星三、王建富、李卫军、陆长芳、葛仁楼、许向宏、陈顺源、赵兴进为县第十次党代会代表。

城东镇第二次党代会 2006年3月28—29日，中共城东镇第二次代表大会第一次会议在城东镇泰宁村五楼会议室召开，99名代表以及列席代表出席会议。会议听取和审查中共城东镇第一届委员会和纪律检查委员会工作报告，选举中共城东镇第二届委员会和纪律检查委员会。会议选举戎世春、孙宝峰、杨珍秀、张增云、陈杰、陈楷、陈关飞、周小平、潘智勇9人为党委委员。第二届委员会第一次会议选举陈楷为书记，陈关飞、周小平为副书记；会议选举王则和、孙卫华、张增云、陈关飞、徐其双为纪律检查委员会委员。纪委第一次会议选举陈关飞为书记，张增云为副书记。

城东镇第三次党代会第一次会议 2011年3月17—18日，中共城东镇第三次党员代表大会第一次会议在泰宁村五楼会议室举行。出席会议代表102人，列席代表119人。会议听取和审议王荣贵作的《勇当科学发展排头兵，加快建设创新型、国际型、生态型新区镇》党委工作报告和张增云作的镇纪委工作报告。会议选举王荣贵、钱亚洲、孙宝军、许鹏、张增云、杨珍秀、潘智勇、李峰、李鹏飞为新一届镇党委委员。党委第一次全体会议选举王荣贵为书记，钱亚洲、孙宝军、许鹏为副书记；会议选举张增云、杨珍秀、崔爱玲、徐其双、吴高旺为新一届纪委委员。纪委第一次全体会议选举张增云为书记。

城东镇第三次党代会第二次会议 2011年6月15日，中共城东镇第三次党员代表大会第二次会议在泰宁村五楼会议室举行。出席会议正式代表102人，列席代表96人。会议听取镇党委书记王荣贵作的管党情况述职报告。党代表对党委书记管党情况进行满意度测评。选举出席县第十二次党代会代表26人：单晓鸣、陆卫东、周宗泉、吉传稳、陈月斌、王荣贵、钱亚洲、魏少芹、于雪晴、杨国华、刘圣桂、葛仁楼、薛庆龙、韩良荣、祝应平、王则和、杨宝虎、杭年芳、任善涛、冯天兰、杨立萍、刘琪、叶必俊、丁邦珍、陈旭宇、张华。

2001—2011年中共城东镇委员会负责人更迭表

表11-1

姓 名	职 务	任职时间	姓 名	职 务	任职时间
陈 楷	书 记	2001.1—2007.3	陈关飞	副书记	2004.2—2007.11
潘志立	书 记	2007.3—2010.8	周小平	副书记	2004.7—2007.3
王荣贵	书 记	2010.11—2011.2	金家海	副书记	2004.7—2006.3
周宗泉	书 记	2011.12	王荣贵	副书记	2007.3—2010.11
黄建国	副书记	2001.1—2004.7	吴建华	副书记	2007.3—2010.11
王寅庆	副书记	2001.1—2004.3	严长军	副书记	2007.11—2010.1
丁国俊	副书记	2001.1—2005.11	王晓红	副书记	2007.11—2010.11
陈昌裕	副书记	2001.1—2004.1	孙宝军	副书记	2010.11—2011.12
王希成	副书记	2001.1—2002.12	许 鹏	副书记	2010.11—2011.12
张 虎	副书记	2001.11—2006.3	凌 勇	副书记	2010.11—2011.12
李存玉	副书记	2002.12—2006.3	钱亚洲	副书记	2011.12
黄志平	副书记	2002.12—2006.3	严长军	副书记	2011.12

1942—2011年境域各乡镇党组织负责人更迭表

表11-2

名　称	姓　名	职　务	任职时间
中共南屏乡支部委员会	袁芝成	书　记	1944年秋—1945年底
	梅广先	书　记	1946年春—1946年秋
	袁裕才	书　记	1946年秋—1946年底
	陆光华	书　记	1946年底—1947年初
	王祥余	书　记	1949年初—1950年初
	严国鉴	书　记	1950年初—1956年3月
中共南屏乡委员会	王金林	书　记	1957.10—1959.3
	周世清	副书记	1958.10—1959.1
中共南屏公社委员会	章荣甫	第一书记	1959.4—1960.2
	庞　坚	书　记	1960.2—1965.7
	吴振昌	书　记	1965.7—1966.4
	万里程	副书记	1959.4—1960.2
	张　华	副书记	1960.2—1966.4
	李　璞	副书记	1966.4—1968.4
中共南屏公社核心小组	李　璞	组　长	1969.9—1970.11
中共南屏公社委员会	李　璞	书　记	1970.11—1973.11
	王元吉	书　记	1973.11—1979.3
	张文炳	书　记	1979.3—1984.4
	张文炳	副书记	1970.10—1979.3
	范加义	副书记	1970.11—1981.10
	宗周银	副书记	1973.1—1983.9
	张兴宽	副书记	1974.7—1983.8
	胡克稳	副书记	1983.8—1989.12
中共南屏乡委员会	唐仲山	书　记	1984.4—1990.4
	丁　宁	书　记	1990.7—1993.9
	陈绍富	书　记	1993.9—1998.12
	季永康	书　记	1998.11—2001.1
	唐仲山	副书记	1983.8—1984.4
	吴维钧	副书记	1987.12—1989.10
	徐龙林	副书记	1989.12—1993.2
	丁国喜	副书记	1989.12—2001.1
	陈绍富	副书记	1989.12—1993.9
	陈显坤	副书记	1993.11—1996.11
	王永祥	副书记	1995.11—1996.6
中共南屏乡委员会	刘凤翔	副书记	1996.11—1998.11
	练庆龙	副书记	1996.11—1997.12
	黄建国	副书记	1997.12—2001.1
	王希成	副书记	1997.12—2001.1
中共立发乡支部委员会	徐奇富	书　记	1944.4—1946.7
	丁华忠	书　记	1949.1—1952.7
	吕昌元	书　记	1953.7—1955.4
	姜永海	书　记	1955.4—1956.3
	陆子才	书　记	1956.3—1957.3
	葛显富	副书记	1949.4—1950.10
	徐　坚	副书记	1956.3—1957.3
	姜永海	副书记	1956.3—1957.10
中共立发乡总支委员会	王　祥	第一书记	1957.3—1957.10
	吉久成	第二书记	1957.3—1957.10
中共立发乡委员会	孙春蔚	书　记	1957.10—1958.8
	孙如金	书　记	1958.8—1959.1
	缪庆洲	副书记	1957.10—1959.1
	周星北	副书记	1958.4—1959.1
中共立发公社委员会	孙如金	书　记	1959.1—1966.1
	周星北	书　记	1959.1—1963
	曹裕宽	书　记	1966.1—1969.8
	田久旺	副书记	1959.1—1961
	周星北	副书记	1963—1967.3
	马履洲	副书记	1970.5—1976.10
	夏长荣	副书记	1970.5—1971.12
中共立发人民公社核心小组	刘宝民	组　长	1969.8—1970.6
中共立发公社委员会	刘宝民	书　记	1970.6—1980.12
	严锡卿	书　记	1980.12—1983.9
	孙宝红	副书记	1976.10—1982.2
	马呈瑞	副书记	1976.10—1985.1
	马余光	副书记	1982.2—1983.9
中共立发乡委员会	马余光	书　记	1983.9—1984.3
	孙加治	书　记	1984.4—1986.3
	张佳生	书　记	1986.3—1994.8

续表11-2

名 称	姓 名	职 务	任职时间	名 称	姓 名	职 务	任职时间
中共立发乡委员会	张兴宽	书 记	1994.12—1996.11	中共韩洋乡委员会	阙广明	书 记	1981.11—1984.6
	彭剑威	书 记	1996.11—2001.1		仲维广	书 记	1984.6—1987.9
	吉久成	副书记	1983.9—1985.1		于忠武	书 记	1987.10—1989.5
	张兴宽	副书记	1985.1—1994.12		仲兆和	书 记	1989.12—1993.9
	唐永富	副书记	1985.1—1990.11		彭剑威	书 记	1993.9—1996.11
	颜森荣	副书记	1988.12—1993.11		吉传稳	书 记	1996.11—1999.11
	姜圣荣	副书记	1992.12—1996.11		周建国	书 记	2000.1—2001.1
	石明镜	副书记	1994.12—1997.5		周克悦	副书记	1976.10—1983.9
	郑 华	副书记	1995.11—1996.11		朱德录	副书记	1976.10—1979.3
	王寅庆	副书记	1995.11—2001.1		阙广明	副书记	1980.2—1981.11
	董玉龙	副书记	1996.11—1998.11		何富林	副书记	1982.12—1985.1
	徐水明	副书记	1997.5—2001.1		仲维广	副书记	1983.9—1984.6
	丁国俊	副书记	1997.11—2001.1		朱春林	副书记	1985.1—1990.3
	王 华	副书记	2000.2—2001.1		张佳生	副书记	1985.1—1986.3
中共韩徐乡支部（1950年2月改为韩洋乡支部）	夏登龙	书 记	1942.3—1944.2		倪万英	副书记	1987.2—1989.12
	陈金玉	书 记	1944.3—1945.12		王 骅	副书记	1989.12—1992.12
	韩永琪	书 记	1946.1—1946.9		李仁林	副书记	1990.3—1994.12
	陈金玉	书 记	1946.10—1948.12		吴礼文	副书记	1990.3—1994.12
	许学金	书 记	1949.1—1952.12		周小平	副书记	1994.11—1996.12
	鲍德旺	书 记	1953.1—1957.8		吉传稳	副书记	1995.2—1996.11
中共韩洋乡委员会	韩永琪	书 记	1957.10—1959.1		何加淦	副书记	1995.3—1998.11
	穆志明	副书记	1957.10—1959.1		周建国	副书记	1995.11—2000.1
中共韩洋公社委员会	韩永琪	书 记	1959.1—1960（曾任第一书记）		周建华	副书记	1996.11—2000.1
					孙秋月	副书记	2000.1—2001.1
	田宝安	书 记	1959.1—1961.4	中共洋蛮河镇委员会	周建国	书 记	2001.1—2001.12
	王 质	书 记	1961.4—1967.3		单世来	书 记	2001.12—2004.7
	穆志明	副书记	1959.1—1959.10		单世来	副书记	2001.1—2001.11
	朱培德	副书记	1959.10—1967.3		殷智来	副书记	2001.12—2004.7
	解其根	副书记	1960—1961.7		孙秋月	副书记	2001.1—2004.7
	田宝安	副书记	1962—1966.1		葛坤武	副书记	2001.1—2004.7
	马如龙	副书记	1966.1—1967.3		陈崇进	副书记	2001.12—2004.7
中共韩洋公社核心小组	徐中笑	组 长	1969.9—1971.7	中共新生公社委员会	钱寿余	第一书记	1959.1—1967.3
中共韩洋公社委员会	徐中笑	书 记	1971.1—1981.11		夏龙基	书 记	1959.1—1960
	张信楼	副书记	1976.10—1980.2		朱培德	副书记	1959.1—1959.10

续表11-2

名　称	姓　名	职　务	任职时间
中共新生公社委员会	储友龙	副书记	1959.10—1962.10
	顾锦林	副书记	1960.3—1961.6
	丁忠荣	副书记	1960.10—1967.3
中共新生公社核心小组	郑文恺	组　长	1969—1971.1
中共新生公社委员会	李玉海	书　记	1971.1—1971.11
	明正高	书　记	1971.11—1980.8
	李存生	书　记	1980.8—1983.9
	朱培德	副书记	1976.10—1986.1
	李存生	副书记	1976.10—1980.8
中共新生乡委员会	李存生	书　记	1984.9—1988.6
	江继虎	书　记	1988.6—1988.12
	顾兴余	书　记	1988.12—1993.11
	李　鑑	书　记	1993.11—1995.11
	王　骅	书　记	1995.11—2000.2
	潘志立	书　记	2000.2—2001.1
	葛坤武	副书记	1994.12—2001.1
	仲跻章	副书记	1983.9—1986.1
	管纯友	副书记	1984.8—1994.12
	曹学勤	副书记	1987.2—1995.3
	李　鑑	副书记	1989.12—1993.11
	王旭东	副书记	1993.11—1994.8
	王　骅	副书记	1994.12—1995.11
	单世来	副书记	1995.3—2001.1
中共西场公社委员会	周建文	书　记	1957.10—1959.5
	朱兴才	书　记	1959.5—1961.12
	申子高	书　记	1961.12—1966.2
	程奎中	书　记	1966.2—1967.3
	刘一平	副书记	1957.10—1966.2
	穆志明	副书记	1959.10—1966.2
	吴庆云	副书记	1966.1—1967.3
中共西场公社核心小组	程奎中	组　长	1969—1970.6
中共西场公社委员会	朱道祥	书　记	1971.3—1975.11
	范　平	书　记	1976.1—1981.8
中共西场公社委员会	陆庆法	书　记	1981.8—1981.11
	王声甫	副书记	1976.10—1977.3
	崔益钿	副书记	1976.10—1981.12
	王文模	副书记	1976.10—1982.7
	尤宝贤	副书记	1976.10—1979.1
	朱德录	副书记	1979.3—1983.9
中共西场乡委员会	濮存才	书　记	1982.3—1988.6
	叶希华	副书记	1981.7—1989.10
中共西场镇委员会	李存生	书　记	1988.6—1992.3
	吴金贵	书　记	1992.3—1996.4
	陈显坤	书　记	1996.11—1998.11
	储呈平	书　记	1998.11—2000.4
	仲廷官	副书记	1983.9—1995.11
	沈广法	副书记	1987.10—1989.12
	吴金贵	副书记	1991.1—1992.3
	何加淦	副书记	1992.2—1995.3
	左银美	副书记	1992.2—2000.1
	周建华	副书记	1993.11—1996.11
	杨中月	副书记	1994.8—1995.11
	章祥来	副书记	1995.3—1997.11
	仲　明	副书记	1997.1—2000.4
	储呈平	副书记	1997.2—1998.11
	杨祥根	副书记	1997.11—1998.11
	李存玉	副书记	2000.2—2000.4
	黄美芳	副书记	2000.1—2000.4
中共西场镇委员会（西场、壮志合并后）	储呈平	书　记	2000.4—2002.8
	陈　杰	书　记	2002.8—2004.3
	李如生	书　记	2004.3—2008.5
	张忠宏	书　记	2008.5—2010.11
	储明星	书　记	2010.11—2011.12
	陈　杰	副书记	2000.4—2002.8
	仲　明	副书记	2000.4—2004.3
	杨兴建	副书记	2000.4—2006.3
	李存玉	副书记	2000.4—2002.12

续表11-2

名称	姓名	职务	任职时间
中共西场镇委员会（西场、壮志合并后）	黄美芳	副书记	2000.4—2004.8
	曹正光	副书记	2000.4—2010.4
	王希成	副书记	2002.11—2008.5
	吴建华	副书记	2002.12—2004.8
	仲向阳	副书记	2004.8—2006.3
	张建华	副书记	2004.8—2005.5
	刘兴来	副书记	2004.8—2006.3
	景月琴	副书记	2005.5—2006.6
	张忠宏	副书记	2007.3—2008.5
	姚仕友	副书记	2007.11—2008.8
	储明星	副书记	2008.5—2010.11
	吴　晶	副书记	2009.3—2011.3
	严长军	副书记	2010.11—2011.12
	程瑞琴	副书记	2011.3—2011.12
中共壮志乡委员会	张亚东	书　记	1957.10—1959.1
	周鼎山	副书记	1957.10—1959.10
	储祥庆	副书记	1960.10—1967.3
	杨　华	副书记	1960.12—1962.7
	张　斌	副书记	1966.1—1967.3
中共壮志公社核心小组	韩永琪	组　长	1969—1970.9
中共壮志公社委员会	吴庆云	书　记	1971.4—1980.2
	张信楼	书　记	1980.2—1982.5
	张加旺	副书记	1976.10—1982.7
	刘美玲	副书记	1976.10—1979.4
中共壮志乡委员会	仲兆和	书　记	1983.9—1988.10
	朱修章	书　记	1988.10—1989.12
	陆广喜	书　记	1989.12—1992.7
	彭剑威	书　记	1992.7—1993.9
	季永康	书　记	1993.9—1998.11
	徐兆熊	书　记	1998.11—2000.4
	张加旺	副书记	1976.10—1982.7
	刘美玲	副书记	1976.10—1979.4
	吉久成	副书记	1982.5—1983.9
	仲兆和	副书记	1982.5—1983.9
	王文模	副书记	1982.7—1987.1
	范迪光	副书记	1983.9—1985.1
	仲跻章	副书记	1986.1—1989.12
	季永康	副书记	1987.12—1993.9
	彭剑威	副书记	1989.2—1992.7
	滕永明	副书记	1993.9—1993.11
	徐兆熊	副书记	1993.11—1998.11
	杨兴建	副书记	1993.11—1994.12
	仲跻和	副书记	1995.11—1996.11
	郭宝余	副书记	1995.6—1997.11
	陈　杰	副书记	1998.11—2000.4
	曹正光	副书记	1998.11—2000.4

说明：1969年9月至1971年7月负责人为党的核心小组组长

二、组　织

民国19年（1930年）初，泰县党组织重建后，县委工运部长孟志祥经常到海安河南地区组织发动农民开展春荒斗争，斗地主、济贫民、烧契约，抗租抗债，并在群众中发展党员，建立党组织。发展的党员有宗年如、王高清等。家住马家缺（现葛家桥济民村）的金松乔积极投身于革命，很快参加共产党。后国民党当局对党员和革命人民进行血腥镇压，海南地区党组织被摧垮，金松乔不幸被捕，经严刑拷打后在双车篷（立发桥附近）被杀害。

组织机构 民国19—25年，境域属国民党政府统治区，最早建立党组织的是南阳乡，南阳乡党支部建立时，由葛锦州任支部书记。民国29年后，境域各乡分别建立党支部，那时乡党支部书记称为“指导员”。1950年党组织公开活动，乡里设乡长、指导员、民兵大队长、治安员等。1957年10月，乡建立乡党委和乡人民委员会。党委书记由县委任命。原小乡改为村，以村建立党支部。

1958年下半年，境域南屏、立发、韩洋、新生、西场、壮志六乡成立人民公社，以公社建立党委。各村改为大队，各大队建立党支部。

1966年“文化大革命”开始后，党的组织活动停止。1969年，公社建立党的核心小组。1970年建立公社党委。1983年改为乡党委会。各大队改为村，以村建立党支部。

1970年后，各公社创办社办企业，到1983年不少社办企业发展壮大，企业党员人数不断增加，各工业企业分别建立党支部。

2001年初，南屏乡与立发乡合并为城东镇，城东镇党委辖基层党委1个，党总支2个，党支部54个，党员1929人。2004年7月，洋蛮河镇合并到城东镇后，城东镇党委下辖行政村党支部20个，企事业单位党支部74个，253个党小组。2011年12月西场镇合并到城东镇后，城东镇党委下辖11个基层党委，6个党总支，251个党支部。

党员管理　1950年后，各党支部利用“三会一课”（支部会、支委会、党小组会、党课）方式加强对党员的教育管理，使党员在各条战线上发挥先锋、模范、带头作用。各级基层党组织按照各个时期的中心任务，结合实际，开展多项具有特色的教育活动。

2003年，为发挥无职党员作用，城东镇党委在葛家桥村先行试点基础上，推行无职党员定责上岗活动。在环境保护、农路管理、十户联防、民事调解、科技宣传、土地管理、关心下一代等岗位上，党员自报，组织安排，让每个无职党员都有一定的岗位，并有明确的工作职责。在镇党委组织的一次服务周活动中，调处农村纠纷505起，清运垃圾280多吨，筹集爱心款9000多元，帮扶困难群众700多人。2004—2006年，全党开展保持共产党员先进性教育活动，城东镇各级党组织分三批对3683名党员开展教育活动。

2009年，城东镇党委在党员中广泛开展“一比二问三议”活动。“一比”，即与困难群众比生活条件；“二问”，即问自己良心何忍，问自身党性何在；“三议”，即议帮困对象、帮困目标、帮困措施，从而激发广大党员的同情心、责任感。由于在结对帮扶工作中，采取“一卡、一簿、一书”（联系卡、记载簿、责任书）形式。至2010年底，城东镇参与结对党员392人，参与结对支部35个，帮扶困难家庭392户，安排就业岗位132个，赠送各类技术资料800多份，落实解困资金2万元。

2010年，城东镇开展以创建先进基层党组织，争做优秀共产党员创先争优活动，城东镇4145名党员，通过“一诺四评”（公开承诺、交流互评、领导点评、群众评议和评选表彰）方式，把创先争优活动开展得有声有色，其活动的消息被全国创新争优网站采用。在创先争优活动中，城东镇范围内开展的群众事务党员干部代理活动，采取“九个一”方式，即：一个文件，印发《关于实施群众事务党员干部代理制度的意见》；一个阵地，建立群众事务、便民服务、项目服务“三位一体”的服务中心；一套班子，建立以党委书记为组长，分管书记为副组长，各服务中心主任、各街道负责人、各行政村党组织书记为成员的群众事务党员干部代理工作领导小组；一个网络，建立“镇—街道—村企—小组车间”的四级复式代理代办机构；一本手册，编印《城东镇群众事务党员干部代理工作手册》，分发给每一名党员；一张卡片，镇党委印制群众事务党员代理服务联系卡，各基层党组织根据每年党员干部代理服务范围，填写代理相关信息，发放给每村每户；一份承诺，在公告栏、电子显示屏等对外宣传媒介公布党委负责人代理群众事务承诺；一本台账，建立城东镇群众事务党员代理工作一览表，按单位、部门划定所有党员干部代理服务区域及范围，落实每个党员、干部代理责任；一个电话，在镇党委组织、纪检监察办公室设立一部监督电话，及时接受基层群众对党员干部代理服务的意见。2011年，全镇有党员7348人。

整党整风　民国36年（1947年），根据中共中央关于切实整顿党的组织的决定，境域党内开展“三查”（查阶级、查思想、查作风）、“三整”（整顿组织、整顿思想、整顿作风）运动，发动群众，向封建势力开火。

1950年秋，各地先后公开党的组织，同时进行整风，主要检查克服骄傲自满情绪和官僚主义作风。1951年11月至1955年，所有党的组织分期分批开展整党。境域内的小乡党支部至1955

年结束整党。1958年，结合全民整风开展农村整党，进行总路线教育，划清社会主义和资本主义界限，纠正强迫命令和简单化作风，整顿支部组织，健全组织生活。1963年、1964年，结合社会主义教育运动和“四清运动”，各公社重点整顿后进支部。

1968年5月，各公社先后在一个大队进行整党试点。1969年2月起，各公社分批进行整党，6月结束。1970冬至1971年6月，境域所有农村党支部进行整党，并按照新党章规定改选党支部，恢复大多数党员组织生活。

1985年3月至1987年3月，根据党中央决定，开展全面整党。境域各乡镇均建立整党领导小组，并先后抽调多名干部派驻各单位担任整党联络员，机关、乡镇企业、村级各个层次整党都经历学习教育、对照检查、组织处理、党员登记四个阶段。

三、宣　传

宣传教育　党组织建立初期，党的宣传教育工作重点是向广大农民宣传马列主义、中国共产党的主张，教育贫苦农民团结起来，跟着共产党闹革命。抗日战争时期，党的群众宣传工作主要是教育中国人民要团结起来一致抗日，坚持抵御侵略者，不当亡国奴，不当汉奸，不替侵略者做事。解放战争时期，党的群众宣传工作重心是教育贫苦大众，号召他们组织起来揭露控诉国民党反动派、地主还乡团迫害人民的罪行，动员群众支前、参军，保卫胜利成果。

新中国成立初期，在土地改革、抗美援朝和镇压反革命三大运动宣传活动中，党向群众宣传土地改革的方针政策，宣传抗美援朝、保家卫国的重要性，发动人民群众捐款捐物，支援国家购买飞机大炮，打击美国侵略者。

1958年，在宣传总路线、“大跃进”、人民公社（“三面红旗”）过程中，出现“跑步进入共产主义”等说大话吹牛皮的浮夸风倾向。1963年，城乡开展社会主义教育运动，各大队普遍发动群众讲乡史、村史、家史，并张贴宣传标语，激发群众对党、对祖国的热爱。1966年开展“文化大革命”，宣传工作除利用正常的渠道外，大字报小字报是这一时期主要宣传工具，普遍存在极“左”的倾向。

1978年，境域掀起学习中共十一届三中全会公报的热潮，统一思想，逐步把工作重点转移到社会主义现代化建设上来。1986年起，境域开展“普法教育”，1988年开展党的基本路线教育，90年代后开展社会主义市场经济、邓小平理论教育。2004年，城东镇从党委中心组到各基层单位认真开展“三个代表”重要思想学习教育活动，在学习中坚持用“三个代表”重要思想武装头脑。全年党委中心组完成《农村老年党员开展先进性教育的问题与对策》《深入把握五种能力，不断提高基层党务工作水平》《坚持科学发展观，推进现代农民教育》《激发党员创业情，引领全民创业潮》《试论社会主义民主政治建设的三大要素》等16篇调研报告和理论研讨文章。人民日报社《时代潮》杂志登载《谱写城东新篇章》文章。

2006年，城东镇宣传思想工作坚持贴近实际、贴近生活、贴近群众，紧紧围绕工作重心，突出工业经济、项目农业、民营经济、全民创业、小康示范村建设、农村公路建设等方面的宣传，开展送戏、送科技、送电影（“三下乡”）活动。全年组织送戏到村文艺演出15场，组织4家电影队免费为农民放映电影240场，举办开发区（城东镇）首届家庭才艺比赛，20个家庭参加比拼。同时还举办“廉政歌曲大家唱歌咏比赛”“知荣辱、树新风”书画比赛等，使全镇干群增强热爱城东的自豪感、建设城东的责任感、发展城东的使命感。

2009年，城东镇在上级新闻媒体报道稿件360多篇，反映引导农民进城的《海安县城东镇6000失地农民后顾无忧》刊登在《中国社会保障报》上。在讴歌祖国六十年辉煌成就宣传中，举办“祖国颂”书画展，展出书画作品40多幅，围绕“放歌新农村、全面达小康”送戏下乡19场，各部门组织的“迎国庆、颂祖国、我为祖国添光彩”演讲活动20多场。2009—2011年，宣传工作以党的十七大和十七届三中、四中、五中全会精神为指导，认真贯彻落实科学发展观，围绕“打造新城东、做靓新园区、建设新农村”目标，努力营造浓烈的舆论氛围。

党员和干部教育　1979年前党员干部教育主要利用“三会一课”进行。1979—2011年，境域党员干部教育工作根据省、市、县委要求，每年利用冬闲，相对集中一段时间进行冬训。每次冬训切实做到：认清形势、围绕主题、突出重点、突破难点、创新形式。党员冬训中始终围绕为经济社会发展服务，围绕全面建设小康目标，围绕党员干部关心的热点和难点问题统一思想、提高认识、精心组织、抓好落实。在冬训中，注重“三个结合”，即与科学发展观学习实践活动相结合，与建设学习型党组织相结合，与做好当前工作相结合。

搞好党员经常性的教育培训。每年党委举办“双学”训练班，培训当年发展对象和新党员；分层分类组织全镇35周岁以下的青年党员参加党的知识学考活动；分类举办农村、企业党组织书记，大学生“村官”党员，社区、企业党员，农村经纪人党员及种养殖大户党员主体培训班，进行政治理论知识培训、岗位业务知识和能力培训、文化学历知识培训。

2001—2011年，城东镇党委把党员干部教育工作列入党建工作目标责任制，纳入“五好”基层党组织创建内容。为充分挖掘和整合各种教育培训资源，在健全党校、成人校等教育阵地的基础上，各级党的基层组织积极运用现代远程教育手段（“党员家庭电教点”），加强和改进培训工作。

理论教育　80年代后，大力开展社会主义精神文明教育活动。先后开展“五讲四美”“以法治国”、社会主义荣辱观教育活动。2010年6月30日，开发区（城东镇）纪念建党89周年暨“创先争优”活动大会在泰宁村五楼会议室召开，区镇机关全体干部、各街道村居全体干部、各党（总）支部书记参加会议。会议由镇长王荣贵主持，人大主席陈杰宣读表彰决定，各单位签订“创先”责任书，县委常委、开发区党工委书记周宗泉做报告，开发区管委会主任、城东镇党委书记讲话。2011年，原西场镇党委、政府被授予市级“廉政好班子”称号。镇法制、综治、大调解、维稳等工作被市委、市政府表彰为社会管理先进区镇，命名为市“法治乡镇”。南屏初中被表彰为“江苏省平安校园”。

四、纪　检

组织机构　1950年4月，境域内基层党支部配备纪检委员。1963年，各公社党委建立监察委员会，由党委副书记兼任监委书记。“文化大革命”期间，党的监察工作处于瘫痪状态。1979年2月，各公社党委由一名副书记分管纪检工作。1984年7月，各乡党委配备专职纪检干部。80年代末，南屏、立发、韩洋、新生、西场、壮志六乡镇分别选举产生纪律检查委员会，由5人组成。书记1名（由党委分管的政工副书记兼任），副书记1名（党委纪检委员），委员3名（由机关部门负责人担任）。2001年后，城东镇党委建立纪律检查委员会。2011年，城东镇有纪检委员5人。

违章违纪查处　1963年3月，县委发文，将南屏公社监察工作的情况报告印发给各区、公社党委，要求参考南屏公社经验，制定监察工作计划，进一步加强监察工作。南屏公社党委主要经验为五点：（1）健全监察组织，配齐监察干部。（2）定期召开监察干部会议，不断总结工作，交流经验。（3）受理群众控告、申诉，认真查处案件。（4）党委经常讨论研究党的监察工作，把监察工作提到党的议事日程。（5）大力支持大、小队监察员做好工作。据统计，由于监察组织的作用，当年核增的粮食有12.5万公斤，经济收入10多万元。

2001年，城东镇纪委监察工作围绕“重教育、抓查处、保稳定、创特色”工作思路，履行纪检监察职能，党风廉政建设和反腐纠风工作取得新进展。镇纪委每月到镇上几个主要饭店查吃喝账，对顶风违纪的机关干部在会上予以曝光，通报批评；取消村级行政招待费，机关干部下村工作，回机关就餐，特殊情况缴5元就餐费；控减农民负担，不准乱收费。

2003年，洋蛮河镇纪委在中小学乱收费问题上，对不合理、违规收费加以制止，已收的予以纠正，全镇计退回违规收费29.1万元。是年，城东镇纪委参加采购活动39项，节约资金37万元。

2004年，镇纪委开展领导干部廉洁自律公示活动，副科级以上领导干部进行纳廉、述廉、许廉、示廉，接受基层和社会检验评判。

2006年，在镇机关开展以治庸、治散、治腐，创建最佳服务型部门为主要内容的“三治一创”主题教育活动，建立依法行政、依法办事、行为规范、运转协调、公正透明、廉洁高效的政务环境，建立健全服务承诺制、首问负责制、限时办结制、跟踪督办制、延时服务制、勤廉公示制、责任追究制。

2008年，在加强纠风治乱工作中，重点加强教育乱收费治理。全面推行收费“公示制”“一票制”和“收费卡制”等制度。利用开学前后，全面检查各学校收费情况；在纠正医药购销和医疗服务不正之风中，聘请各行风监督员进行明察暗访，对个别医院存在“开单提成”、收受“红包”和开大处方等现象，予以纠正；认真治理征地拆迁中损害群众利益的突出问题，坚决纠正拆迁安置中徇私舞弊、违法违纪等损害群众利益行为。

2010年，镇纪检监察工作紧扣党委政府工作重点，围绕“保增长、促发展、惠民生”这一大局，加强对各项决策部署贯彻落实情况监督、对重点实事工程项目监督、对中央和省扩大内需项目专项监督。同时对各街道、村2008年以来投资额在50万元以上的各类政策性投资工程项目，执行“公开招投标、财政性资金项目备案管理、工程变更申报备案、限额以下工程项目竞争性发包、工程招投标代理管理、审计部门扎口审计”六项制度执行情况开展专项督查，共涉及政府性工程项目116个，合同金额2.72亿元，下发《六项制度执法监察反馈意见书》9份，提出监察建议13条，有效规范基层工程项目建设行为。是年，纠正违规行为12次，上缴违纪款40多万元；对全镇16.96万元养老、失业、医疗、工伤和生育保险基金的征缴、支付、管理开展执法监察，保证了资金安全；会同组织人事部门清理规范机关编外用工有关问题，规范用人制度，净化用人环境。同时对干部提拔、竞争上岗和各类招聘招考工作实施监督，确保公开、公平、公正。

2001—2011年，城东镇纪委严肃查处违法违纪案件，每年对违法违纪党员干部，分别进行党纪政纪处分，部分案件移送司法机关。2001年立案6件6人，2002年查处案件6件6人，2003年查处案件12件。2004年洋蛮河镇和城东镇合并后，至2010年，每年查处违纪违法案件12件12人。2011年，全镇查处违法违纪案件20件20人。

反腐倡廉教育 2001—2011年，加强廉政教育，严格廉洁自律，教育引导广大党员干部坚持勤政廉政，服务科学发展，立足防患于未然。2010年起，镇纪委结合实际扎实开展“四项教育”（主题教育、党课教育、警示教育、廉政文化教育）活动。2011年，以身边典型人和事教育提醒干部，发放领导干部廉洁教育读本《廉政准则》，组织观看廉政专项文艺演出18场，观看电影、电化警示教育片168部。

图11-1 “廉政文化进泰宁”文艺专场演出
（孙宝峰/摄于2006年10月）

惩防体系建设 2008年起，镇纪委把推进惩防体系建设放到服务和保障全镇经济社会发展大局中来思考和谋划。镇建立惩防体系建设领导组，及时传达县惩防体系建设工作会议精神，研究全镇工作任务，部署惩防体系建设主要内容和工作任务。全镇确定3个重点部门和3个街道作为惩防体系建设工作联系点，镇纪委经常到点对惩防体系建设情况进行抽查，看台账、听汇报，通过“解剖麻雀”、个案分析、研究问题和对策，加强对工作的整体把握和推动。镇纪委下发《城东镇惩治和预防腐败体系框架建设任务分解的通知》，并确立6大类28个工作项目为惩防体系建设工作任务，将其分解到机关各部门，形成齐抓共管、各负其责、通力协作的工作局面。镇纪委将惩防体系建设和落实党风廉政建设责任制有机结合起来，明确各单位党政“一把手”是惩防体系建设工作第一责任人，纳入党政领导班子和领导干部目标管理体系，同经济社会发展工作一起部署、一起落实、一起检查、一起考核。2009—2011年，镇纪委先后开展“做党的忠诚卫士，当群众的贴心人”主题实践活动、“争先创优、全市领先”活动、“学曹文华、树形象、促发展”活动。以“对党和国家无限忠诚、对腐败分子和消极腐败现象坚决斗争、对广大干部和群众关心爱护、对自己和亲属严格要求”为标准，让纪检监察干部争做政治上的“明白人”、经济上的“清白人”、作风上的“正派人”和工作上的“有心人”。

五、统　战

新中国成立前，境域内的党组织始终团结一切可以团结的力量，支持解放战争，保卫胜利果实。新中国成立后，统战工作进一步加强，在各界人士中开展国际主义、爱国主义、社会主义教育活动。

2004年前，城东镇统战工作由党委宣传委员兼管。2004年7月，党委配备专职统战委员，统战工作按照上级党委的统战工作意见，以拓展特色为追求，以服务经济为切入点，以联谊交友、结对互助为抓手开展工作。

侨台工作　2001年后，城东镇规模较大的台资企业有蔓城服饰、友谊德福、久立玻璃、瑞成服饰、瑞天磁业、成城塑料、吉祥铝型板等。侨资、港资、台资企业有西蒙奇通、嘉中置业、营太奇实业、戈斯达、春秋置业、鑫港等。镇统战工作领导组每年组织侨台眷属开展参观、体检、征求意见、走访慰问等活动。2002年，镇建有侨台之家，设立“侨法宣传角”，开展“侨法进社区”活动，宣传贯彻落实侨务法律、法规和涉侨政策，努力营造爱侨、护侨的和谐环境。动员侨界家庭积极参加“和谐侨界家庭”创建活动。2011年，城东镇有台胞80人，港澳同胞3人，侨胞16人，侨胞主要分布在美国、日本、新加坡、加拿大、瑞典等国家。全镇有台资、港资企业12家，侨资企业21家，华侨捐款建教学楼4幢。

民族工作　1978年前，城东镇的居民基本上都是汉族。改革开放后，少数民族在城东安家落户的逐渐增多，特别是外来妹嫁给相对贫困户的较多。为维护少数民族同胞合法权益，帮助其脱贫致富，2005年，镇民族宗教工作小组以“四自三争两比”（四自：自尊、自信、自立、自强；三争：争当岗位能手、争做技术尖兵、争创五好文明家庭；两比：比才智、比贡献）活动为载体，帮助他们维权。经常走访辖区内少数民族经商人员，主动与清真拉面店经营业主交流沟通，了解他们经营、生活状况，要求他们守法经营，互助关爱，注意食品卫生安全，维护健康有序的食品市场。做好少数民族贫困家庭帮扶工作，落实扶贫基地和帮扶措施，并列入村企干部考核目标。帮助少数民族妇女在厂就业。南通业诚服饰作为少数民族扶贫基地，常年安排10多个少数民族妇女工作，平均年收入都在万元以上。2011年，全镇有县级少数民族扶贫基地1个，镇属少数民族扶贫点20个。

宗教工作　城东境域以信奉佛教、道教为主，新中国成立前有寺观23座。新中国成立后政府加强教育管理，群众信仰自由，开展“爱国、爱教、诚信、守法”教育活动。“文化大革命”时期，宗教活动基本停止。80年代恢复宗教活动，抓好宗教场所的管理和宗教人员的思想教育。90年代，对打着宗教旗号从事非法活动的人和事，依据《江苏省宗教事务条例》给予打击。同时组织宗教执业人员学习国家宗教事务局3号令《宗教教职人员备案办法》。规范宗教活动，南屏、立发、韩洋、新生、西场、壮志六乡镇都明确了管理措施。2004年后，组织宗教人员学习、执行国家《宗教事务条例》。2011年，全镇有宗教执业人员176人，固定宗教活动场所3座（刘缺村圆通寺、西场惠民寺、佑圣观）。

非公经济和党外人士工作　改革开放后，随着非公经济的发展，境域党组织认真贯彻“团结、帮助、引导、教育”的方针，结合经济形势，每年召开非公经济人士座谈会相互交流，剖析得失，促进发展。非公企业积极开展“三助”（助学、助老、助困）活动，不少非公企业人士都联系1名资助对象，带动其共同致富；在村与企业之间开展双向服务活动，村与企业签订双向服务协议，强化主动服务意识。2000年，在私营企业中开展“双思”（致富思源、富而思进）教育。

2002年，全镇以“三新、三创、三比”（树立新理念，创新比发展；掌握新本领，创业比致富；塑造新形象，创先比贡献）活动为平台，充分发挥好党外人士的作用。在镇机关中开展负责人与党外人士“手拉手”“育苗荐才”结对活动，把党外人士队伍建强；在各中小学校开展“青蓝工程”活动，把青年教师队伍建优；在企事业单位中开展各类“示范岗”活动，把优秀人才队伍建好。配合有关部门加强党外干部队伍建设，加大培养使用力度。及时了解和听取他们的意见，为党委政府决策提供有价值的第一手资料。2011年，全镇有私营企业主1880人，投资100万元以上项目42个，其中投资额最大的宏博金海岸为10亿元。规模以上私营企业129家，其中党外人士89家，企业负责人中政协委员23人，党外人士代表7人。

六、老干部

1982年前，境域各公社成立老干部领导组，由党委分管政工的副书记任组长，组织委员任副组长，成员由医院、供销、民政等部门主要负责人组成。1982年4月至1983年底，6个乡（公社）先后建立老干部党支部。老干部党支部建立后，将离退休老干部和老教师集中一起，分片组织活动。1983年8月，各公社建有一个离退休干部活动室。老干部党支部成立后，紧紧围绕党的中心工作开展具有老干部特色的活动。组织老干部学习，并按职级听取上级文件传达；生活上给予照顾，特别是在计划经济时代，安排物资不忘老干部，节日和年终开展慰问活动；待遇享受上体现老干部优先，乘车、看病、购物、办事都有老干部窗口。2011年，全镇有离退休老干部241人，60%的老干部参加关心下一代活动，参加镇上组

图11-2 老干部参观红十四军纪念馆 （孙宝峰/摄）

织的时政、法制、关爱宣讲团，经常到学校宣讲党史、改革开放史、祖国建设史，用本地调查的典型事例教育青少年，使广大青少年接受革命传统教育。不少老干部参加拆迁安置、社区矫正、协调矛盾、帮扶弱势群体、编纂史志、社会调研、人口普查、志愿者活动等工作。

2009—2011年，立发老干部党支部的10多人多方捐款4782元，资助困难群体。不少老干部进入老干部大学学习，参加文体活动，参加社区老年人太极拳、健身舞比赛。在美化环境中，义务补路，清扫垃圾，拾废弃物，养花养草。在社会管理综合治理中，义务当好行风监督员、治安巡逻员、民事调解员，经常向各级领导反映民众心声。

城东镇老干部工作先后受到县以上党政及有关部门的表彰。2001年3月，西场老干部党支部荣获市委组织部、老干部局颁发的“南通市老干部读书活动优秀集体奖”。是年，新生、西场老

1983—2011年城东镇境域内老干部党支部、负责人一览表

表11-3

支部名称	支部书记名单
南屏老干部支部	孙金柏（1983.4—1992） 丁邦银（1992—2005.1） 周克悦（2005.1—2011）
立发老干部支部	丁忠荣（1984.1—2001.6） 马呈瑞（2001.6—2011）
韩洋老干部支部	于昌美（1983.8—1996） 王智言（1996—2011）
新生老干部支部	濮　权（1983—2003） 丁邦富（2003—2011）
西场老干部支部	张俊山（1983.2—1988.8） 张光成（1986.9—1998.2） 叶希华（1998.3—2011.12）
壮志老干部支部	潘德礼（1983—2000） 陆广源（2000—2011.12）

干部党支部被市委组织部、宣传部、老干部局、人事局表彰为“四保持”主题教育活动先进单位。新生老干部党支部2002年被县委、县政府表彰为先进集体，2001—2003年度被县委、南通市委表彰为关心下一代工作先进集体，2004年被省委组织部、老干部局表彰为全省先进离退休干部党支部。2006年12月，南屏、西场老干部党支部被市委组织部、宣传部、老干部局、市人事局表彰为2004—2006年度全市老干部“保持共产党员先进性、争做四个模范主题教育”活动先进集体。2010年2月，南屏老干部党支部被市委组织部、宣传部、老干部局、市人事局、市文明办表彰为2007—2009年度全市老干部“心系和谐当参谋，促进发展献余热”主题实践活动先进集体。2011年1月，西场老干部党支部被市委组织部、老干部局表彰为“南通市先进离退休干部党支部”。

七、党校教育

1977年，境域各公社党委创办业余党校，业余党校与成人教育中心校合在一起，由党委分管政工的书记挂帅，宣传委员具体负责，1名业余教育辅导员负责实施。业余党校利用农闲季节，不定期组织党员进行培训，学习党的知识。1984年，各乡党委在业余党校基础上先后建立党校，校长由乡党委副书记兼任，常务工作由宣传委员、组织委员和成人校专职校长具体负责。此后，每年对党员、基层干部、后备干部、企业管理人员进行培训，组织党员干部到党校观看影视教育片。新生乡党校购买一台小型发电机组，配备三轮车，自带电视机、发电机、党员电教片、农村实用科教片，下村组为党员干部巡回播放电教片，为党员上电教党课，被评为南通市党员电化教育先进集体，许树楼被评为全县优秀教员、先进个人。2001年1月、2004年7月，区划调整，各党校随之合并。城东镇党校建立后，对党员进行党的知识教育培训，岗位业务知识和能力培训，以及文化学历知识等培训。2011年，党校设在老立发乡政府内，设施设备更完善，对党员教育培训进一步规范，举办培训班10期。

第二节　人民团体

一、工会（总工会）

1995年6月，境域的立发乡最早建立工会工作委员会。1996年4月，西场、壮志、新生、韩洋、南屏分别建立乡镇工会。乡镇工会兼任的正副主任由县委组织部、县总工会任命。2001年，各乡镇召开首届工会会员代表大会，产生乡镇工会委员会。

2001年，城东镇工会建立。2004年7月，洋蛮河镇工会又合并到城东镇工会。2006年8月28日，开发区城东镇总工会成立。境域有工业企业356家，其中外资企业38家，建立独立工会的312家，建立联合工会4家（覆盖72家小型企业），建立纺织行业工会联合会（覆盖10家纺织企业）。区镇建会企业有职工3.26万人，工会组建率、职工入会率96%以上。2011年底，西场镇工会与城东镇工会合并。区镇有企业705家，职工4.07万人，组建独立工会502家，6家工会联合会覆盖203家企业，工会组建率、职工入会率98%以上。

附工会负责人　2006年8月至2010年12月，开发区城东镇总工会委员会主席：陈关飞、严长军、孙宝军；副主席：郁兆斌、张太宁、陈富兰、景宝银。

1996—2001年，开发区工会工作委员会主任：鲁德平、杨建国；副主任：吴忠云、郑延年。

2001—2006年，开发区工会委员会主席：颜修龙、王银俊；副主席：李俊华、张太宁。

2001—2006年，城东镇工会委员会主席：丁国俊、黄志平、陈关飞；副主席：郁兆斌、冷培生、陈富兰。

2001—2004年，洋蛮河镇工会委员会主席：葛坤武；副主席：钱跃梅、丁中铁、陈富兰。

1996—2001年，南屏乡工会委员会主席：丁国喜（兼）；副主席：葛存根。

1995—2001年，立发乡工会委员会主席：

姜圣荣（兼）、丁国俊（兼）；副主席：彭龙圣、刘发振。

1995—2001年，韩洋乡工会委员会主席：周小平（兼）、钱跃梅；副主席：徐宝银、陈明。

1996—2000年，新生乡工会委员会主席：葛坤武（兼）；副主席：祝贵山。

2001—2006年，西场镇工会委员会主席：李存玉、曹正光、杨兴建；副主席：孙宝军、王万章、杨文芳。

（一）代表大会

2001年，城东镇召开首届工会会员代表大会。开发区、西场镇、洋蛮河镇也同时召开首届工会会员代表大会。随着行政区划调整，2006年8月28日，开发区城东镇总工会成立大会在泰宁村五楼召开。2007年4月2日，开发区城东镇总工会首届二次全委（扩大）会议在泰宁村五楼会议室召开，会上表彰了创建“江苏省工会工作模范县”活动先进集体24家，先进个人36人，宣读“文明引路、从我做起”倡议书，区镇领导带头参加“文明引路、从我做起”签名活动。各企业工会主席递交了责任状。

2008年3月24日，开发区城东镇总工会首届三次全委（扩大）会议在泰宁村五楼会议室召开，会上补选严长军、张爱华、崔爱莲为区镇总工会委员，补选严长军为区镇总工会常委、主席。

2009年3月3日，开发区城东镇总工会首届四次全委（扩大）会议在泰宁村五楼会议室召开。会议提出各企业工会要围绕“保增长、促发展、达小康”大局，开展共同约定活动，动员职工渡难关，过紧日子，与企业同呼吸，共命运，努力增强迎接挑战、战胜困难的坚强决心和信心。

2010年4月9日，开发区城东镇总工会首届五次全委（扩大）会议在泰宁村五楼会议室召开，工会主席严长军作《集智聚力，创新发展，团结带领广大职工为开启基本现代化新征程再立新功》报告。会议增选景宝银为工会委员会委员、常务委员会委员、工会副主席。

2011年3月27日，开发区城东镇总工会首届六次全委（扩大）会议在泰宁村五楼会议室召开。会议确认孙宝军为工会委员会委员、常委、工会主席，表彰了2011年度工会工作先进集体和先进个人，签订区域性工资专项集体合同，同时测评工会工作。

（二）职工维权

2002年5月，城东镇工会成立全省首家职工法律援助中心。2003年5月，县总工会、司法局、劳动局、县计经委在城东镇召开现场会。2005年9月25日，城东镇工会常务副主席郁兆斌参加省总工会召开的劳动争议调解工作经验交流会，并作“综合运用调解资源，努力开创劳调工作新局面”专题发言。2006年，江苏联发集团等两家企业被评为南通市和谐劳动关系企业。南通华虹服装有限公司等25家企业被评为海安县和谐劳动关系模范企业。年底，开发区内有28家企业成为省、县级模范劳动关系和谐企业，129家规模以上企业达到区模范劳动关系和谐企业标准。2007年8月，开发区被评为全国模范劳动关系和谐工业园区。此后，开发区工业园区全面开展职工工资集体协商活动，182家企业签订工资集体协商合同。推进职工法律援助服务站建设、组织职工参加劳动竞赛、为职工搭建学历提升平台，是年9月19日，区镇总工会副主席郁兆斌参加省总工会在常州召开的农民工工作会议，在会上做了“强化举措，扎实推进，切实维护农民工合法权益”的专题发言。

2008年7月2日，全国总工会集体合同部副部长张天文一行3人到开发区城东镇有关企业调研企业工资集体协商、集体合同签订、和谐企业创建工作。

2009年3月26日，开发区城东镇总工会在南通晓星集团公司召开学习贯彻《企业工会工作条例》暨创新工会工作经验交流会。同年11月13日，开发区城东镇总工会在泰宁村五楼会议室召开共同约定、工资协商、送温暖、献爱心动员大会。

2010年6月21日，开发区城东镇职工书屋建设暨读书系列活动会议在县图书馆召开，并在图书馆增挂“开发区城东镇职工阅读中心”牌子，免费为企业职工办理读书卡。是年，开发区城东镇总工会坚持以相关法律、条例及规定为准绳，认真推进集体合同、劳动合同、工资集体协商专项合同的签订，专门下发文件，召开工资集体协商专题推进会，组织专门力量，明确任务要求。

做到四个坚持：坚持主动要约、坚持平等协商、坚持职代会审议通过、坚持张榜公示，使职工工资集体协商工作真正落到实处。是年，镇党委出台创建和谐园区、和谐企业实施方案，召开创建和谐园区、和谐企业动员大会，并下发文件。各企业结合实际制定创建规划，扎实开展创建活动。年底，镇基层企业被评为省级模范劳动关系和谐企业2家，市级模范劳动关系企业9家，县级和谐企业54家。开发区城东镇工资集体协商工作坚持每年11月召开动员会议，12月底结束，第二年1月资料全部整理归档，送县劳动和社会保障局审批，至2011年连续四年全县第一，连年被县总工会、县劳动和社会保障局、县发改委评为“推进企业工资集体协商工作”一等奖。

（三）关爱外来职工

90年代后，城东区域经济快速开展，企业日渐增多。开发区城东镇有企业705家，职工4.07万人，其中外来工1.2万人。区镇总工会成立后积极实施连心工程，关心外来务工人员的生活，为他们做好事、办实事、解难事，解决食宿困难。区镇划出专项土地建造东湖之家职工公寓楼，解决部分职工的住宿问题，联发集团、华强、华虹、鑫平等企业专门新建外来工职工宿舍、职工公寓楼，不少企业对外来工实行免费食宿，解决外来工子女上学难问题。在开发区中心位置新建开发区实验小学，外来工子女与本地学生一样享受义务教育、“两免一补”政策。帮助解决外来工节假日回家难问题。外来工较多企业，外来工回家过年的，企业组织专车接送。不能回家过年的，每年都送去电影票。大年初一，区镇党政领导和工会负责人带上慰问品登门看望。2008年1月，区镇总工会举办外来工代表新春联欢会。为外来工解决家庭受灾困难。在2005年南方雪灾和2008年四川地震灾害中，城东镇内有70多名外来工家中遭灾，区镇总工会为他们捐助4万多元。四川汶川地震灾害发生后，全区镇152家企业21225名职工在不到10天的时间里，共捐款114.13万元。

（四）争先创优

2001年后，开发区城东镇总工会组织基层工会积极开展各项争先创优活动，多次受到县以上各级领导的视察指导，并多次获得先进荣誉。

2002—2011年，开发区城东镇总工会积极动员广大基层企业组织职工开展劳动竞赛、技术创新和全面开展“我为企业发展献一计”“我为节能减排做贡献”活动，群众性技术创新和发明创造亮点纷呈。繁华玻璃公司职工崔广和等三人技术攻关小组研制出一条单曲和一条双曲面玻璃生产线，为企业节约资金300万元；联发集团职工李益林提出的污水处理曝气系统节电技改项目全年可节电91.2千瓦时，为企业增加效益52万元。天元横机公司职工巫友群研制的多功能电脑软件电源，西蒙电气职工陈晓祥研制的59系列开关功能、自动装配机得到推广应用，被县评为十佳科技创新成果，在国内尚属首创。

2009年3月，中华全国总工会基层组织建设部副部长杨洪林到江苏联发纺织公司调研基层工会主席直选、竞争上岗情况，对他们的做法给予充分肯定。3月18日，县总工会在开发区城东镇召开“创模”工作现场会，全县8个镇工会主席、县总工会负责人参加会议。区镇总工会常务副主席郁兆斌和联发棉纺工会主席薛成兰在会上做经验介绍。2010年6月，县总工会举办“学法用法我为创建和谐企业说感言”征集活动，区镇总工会获优秀组织奖，城东镇参加人员获感言征集一等奖1人，二等奖3人，三等奖3人。11月16日，区镇总工会在泰宁村五楼召开创先争优活动暨2011年工资协商推进大会。

2010年5月13日，开发区城东镇总工会在联

图11-3　2011年12月，市县总工会在城东镇举行江苏省模范工会授牌仪式　（储成来/摄）

发棉纺厂召开“夯实基础，开拓创新，推进新时期工会工作”现场会。全区镇100多家基层企业工会主席参观苏中集团、恩达公司、双弘纺织和联发棉纺工会等企业职工之家。

2011年，全镇积极构建规范有序、公正合理、互利共赢、和谐稳定的新型劳动关系，各大型企业创办了职工之家、独立基层工会，参与创建率100%。在创建省工会工作模范区活动中以全市第一佳绩，顺利通过验收，被省总工会表彰为工会工作模范开发区。

（五）职工文体活动

2009年6月6日，区镇总工会在南通晓星变压器公司举办职工篮球友谊赛，海迅集团代表队获冠军，西蒙电气代表队获亚军，南通晓星代表队获季军。

2010年，县总工会举办第七届职工运动会，区镇总工会获优秀组织奖，韩洋初中教工拔河代表队获二等奖，南通晓星篮球代表队获三等奖，羽毛球代表队获二等奖1名，三等奖3名，乒乓球代表队单项比赛获三等奖2名。

图11-4　海迅集团职工与武警中队官兵进行篮球比赛（海迅集团/提供）

二、共青团

1949年11月，海安建立中国新民主主义青年团，各乡均成立团委。1953年2月，县召开新民主主义青年团首届代表大会，境域各乡派出青年代表参加。1957年7月，新民主主义青年团更名为中国共产主义青年团。11月，经共青团海安县委批准，韩洋乡团委建立。境域各乡与此同时先后建立团委。“文化大革命”开始后，团组织停止活动。1973年，团组织恢复。城东镇建立前，南屏、立发、韩洋、新生、西场、壮志分别建立基层团委，各乡镇按照团章规定举行团代表大会，进行团委改选。各乡团代会届次基本与党委届次相等。境域各乡镇分别召开10~11次团代会。2001年，城东镇由南屏乡、立发乡、开发区合并建立。11月，镇召开第一次团代会，选举产生城东镇团委。2004年7月，洋蛮河镇（2001年韩洋、新生两乡合并）团委并入城东镇团委。2011年12月，西场镇团委并入城东镇团委。

（一）代表大会

2001年11月，城东镇召开共青团城东镇第一次代表大会，50名代表出席会议。会议采用无记名投票方式，选举城东镇团委，第一届委员会由11人组成。戎世春、金秀平、罗维旭、吴昊、刘金斌、周海燕、华秀丽、杨华、洪浩、张贤桂、崔荣稳当选为团委委员，戎世春为书记，华秀丽为副书记。

2008年，镇团委换届调整，选举产生城东镇团委第二届委员会，由11人组成，戎世春连任书记。

2011年8月12日，城东镇召开共青团第三次团代会，100名代表出席会议。会议采用无记名投票方式，选举产生城东镇第三届团委，委员由9人组成，高玲玲任团委书记。2011年12月，城东镇与西场镇合并，经过中层干部竞岗，马梦展担任团委书记。

（二）团组织活动

1953年2月，境域各乡团代表参加海安县召开新民主主义青年团首届代表大会。1957年7月，新民主主义青年团更名为中国共产主义青年团。11月，各乡召开扫盲大会，要求各大队青年扫盲委员、民师为扫除青壮年文盲发挥积极带头作用。1958年，南屏、立发、韩洋、新生、西场、壮志乡扫除文盲协会成立。团组织要求各乡有文化的青年担当扫盲骨干，不识字青年参加扫盲班，带头学习，尽快脱盲。

1961年3月，境域6个公社共青团员参加各社整风整社会议，帮助公社整风整社，南屏公社全体团员参加公社召开的万人大会。1963年3

图11-5　韩洋初中举行新团员入团仪式（韩洋初中/提供）

月，各党委组织全社青年、民兵、妇女开展学习雷锋活动。1965年5月4日，南屏公社在胜利13队大场召开"五四"青年节纪念大会，1714人参加会议。会上表彰一批优秀青年。团地委书记林平在会上做报告，社长蔡正清讲话。会议还举行入团宣誓仪式。

1966年"文化大革命"开始后，团组织一度停止活动。1972年，境域6个公社分别召开团员大会，选举产生公社团委。年底，各公社团委分别报告公社团组织基本情况。南屏公社基层团组织基本情况：19个团支部；15~27周岁青年4836人，其中团员649人、党员13人；另有超龄团员395人（25周岁以上）。合计1044人。

1983年、1984年、1988年、1994年，6个乡分别召开团代会选举产生新一届团委会。

1995—2010年，境域各团委在青少年中开展"捐一元硬币、献一份爱心""八荣八耻"主题日、"保护母亲河"植树造林、青年企业家、"志愿者服务结对新农村""十佳青年企业家""十佳农村青年致富带头人""保增长、促发展、青年文明号在行动""寄一份包裹、送一份关爱"等活动，多次获得省、市团委表彰。

2003年，城东镇团委获市"五四红旗团委"创建单位称号。2004年获县共青团工作先进单位称号。2005年获"海安县2005年度团费收缴工作先进单位"称号。2006年，全镇获省级青年文明号2个、市级青年文明号1个、县级青年文明号1个。2007年，城东镇团委获"江苏省五四红旗团委创建单位"、江苏省"百家乡镇（街道）团建创新项目"三等奖等奖项。2008年，全镇有4个村获"海安县未成年人零犯罪社区"称号。城东镇团委获县共青团工作先进集体称号。2009年，县预防未成年人违法犯罪现场会在城东召开，城东镇团委获县共青团工作先进集体称号。2010年，获县共青团工作创新奖、县共青团工作先进集体、"省五四红旗团委创建单位"称号。2011年获县共青团工作先进集体、市五四红旗团委创建单位称号。

2004年城东镇基层团组织基本情况表

表11-4

团支部名称	14～28周岁青年数	团员人数	28周岁以下青年党员数
油坊头	901	172	4
葛家桥	1264	150	3
南阳村	530	60	1
南屏村	480	28	4
泰宁村	756	23	6
开屏村	150	20	2
立发桥村	506	48	2
界墩村	800	45	8
五坝村	680	190	8
刘缺村	248	87	6

续表11-4

团支部名称	14～28周岁青年数	团员人数	28周岁以下青年党员数
堑南村	539	93	3
韩徐村	436	43	5
农林村	320	180	3
三角村	320	59	4
洋蛮河村	420	43	1
三丰村	851	68	1
民桥村	210	60	1
韩洋村	601	28	1
新生村	735	42	3
品建村	485	61	1
新生初中	631	102	4
韩洋初中	625	87	3
南屏初中	602	68	2

（三）志愿者活动

2001年城东镇团委成立后，积极开展海陵志愿者服务活动。2003年3月，县委宣传部、县文明办、县团委授予城东镇团委“海安县志愿者服务先进集体”称号。2006年在开展“海陵志愿者文明活动先锋服务月”活动中，城东镇敬老院刘宏燕获县十佳海陵志愿者称号。2007年，镇团委开展“青年文明号、青年企业家、志愿者服务队结对新农村”行动。2008年，镇团委成立服务新农村志愿者宣讲团、海安县城东镇青年创业服务团，宣传《江苏省志愿者服务条例》，创建“青年就业创业见习基地”，开展“朝夕同住，共建和谐”爱心捐助活动。

图11-6　志愿者服务队活跃在村组

（孙宝峰/摄于2006年6月）

2011年，镇团委在青少年中开展“扬五四精神 展青春风采”主题演讲比赛策划活动，开展预防青少年违法犯罪“三联”（联帮、联防、联教）工作，志愿服务城乡全覆盖工作成为南通市示范点，10月在此召开现场会。开展的“希望工程”圆梦行动和丝乡丝绸“金秋助学”活动，受到社会赞誉。

（四）少年组织工作

民国30年（1941年），在抗日民主政权地区的小学、乡村，普遍建立儿童团。在抗日战争和解放战争中，儿童团协同民兵组织站岗放哨，了解敌情，开展文艺宣传活动，参加土地改革、斗地主。民国35年，新生乡儿童团员黄宝光在尾追溃逃的国民党军队时，中弹牺牲。

新中国成立后，各小学先后建立中国少年儿童队。1952年上半年，境域内各乡建有少年大队。

1953年，中国少年儿童队更名为中国少年先锋队（简称少先队）。1958年，境域内各乡少先队开展“土法上马造肥料”“除四害”“讲卫生”“绿化祖国”“人人都讲普通话”等活动。1963年，少先队开展“向雷锋同志学习”、阶级教育和共产主义道德品质教育活动。“文化大革命”期间，少先队组织被取消，由“红小兵”“红卫兵”组织代替。1978年，仍复名为少年先锋队（简称少先队）。2005年，城东镇新生小学少先队大队部，获评海安县“手拉手”互助活动先进集体。2010年，镇团委组织退休老教师、团员志愿者在校外教育辅导站为闲散青少年定期开展辅导教育活动。1978—2011年，开展“学雷锋”“五讲四美三热爱”“红领巾读报奖章”“为雷锋精神添光彩”“学习张海迪”“做韩余娟式少先队员”“全国学赖宁”“先锋队创造杯”“十佳少先队员”“五星组长少先队员”“智能杯”小巧手、“我与长辈比童年”“我为国旗增光彩”“五小”道德实践活动、“三心三给”“‘5·12’灾区学生六一关爱行动”以及评选优秀少先队员、优秀辅导员等活动，并涌现出一批先进集体和先进个人。

三、妇　联

民国38年（1949年）4月后，境域各乡均建立妇女组织。1957年10月更名为乡妇女联合会。“文化大革命”期间，妇女组织一度停止活动。1973年妇女组织恢复，境域妇女组织相继恢复开展各项活动。城东镇妇女联合会成立之前，南屏、立发、韩洋、新生、西场、壮志都先后召开1~10届妇女代表大会，各公社妇联基本按期改选。2001年，城东镇由南屏乡、立发乡、开发区合并建立，2003年9月召开城东镇妇女第一次代表大会。2008年8月开发区、城东镇妇女组织合并，召开开发区城东镇（简称区镇）第一次妇女代表大会。

妇女组织建立后，围绕各个时期的中心任务，发动广大妇女开展活动取得新的业绩。2003年，城东镇妇联被评为南通市“农村妇女劳务输出”先进集体；2005年被县妇联评为“农村妇女劳动力转移先进集体”，海安县实施“春蕾计划”先进集体；2008年被评为南通市“三八”红旗集体。2011年，区镇妇联健全6个街道办事处妇联组织，新建3家企业世代服务室。12月，西场镇并入城东镇后，又增加2个街道办事处妇联组织。

（一）代表大会

2003年9月11日，召开城东镇妇女第一次代表大会，59名代表出席会议。会议选举产生第一届执委会和出席县妇女十一次妇代会代表。城东镇妇联第一届执委会主席严文芳，副主席周晓燕。

2008年8月，开发区妇女组织与城东镇妇女组织合并。8月2日，开发区城东镇召开第一次妇代会，会议代表120名，到会代表107人。会议听取和审议区镇妇联工作报告，选举产生开发区城东镇妇联第一届执委会，选举产生出席县第十二次妇代会代表33人。会议选举开发区城东镇妇联第一届执委会，主席李晓亮，副主席林琳。

（二）妇联组织活动

1951年9月，各乡开展贯彻宣传婚姻法活动。1952年起，各级妇联动员组织妇女参加冬学学文化，扫除文盲。1956年，通过学习，境域6个乡中摘除文盲帽子的妇女有2000多人。1965年，各公社分别召开妇代会，选举新一届妇女联合会负责人。

1975年，妇联组织发动妇女参加“四赛一比”（赛思想、赛风格、赛措施、赛产量、比贡献）的“三八”银花赛（银花赛是妇女科学植棉的试验田竞赛活动，对推动棉花生产取得很好的效果）。1979年，银花赛内容发展为“五赛五比”（赛思想，比劳动态度；赛风格，比团结互助；赛干劲，比科学种田；赛作风，比干部带头；赛产量，比贡献大小）。年底，不少银花小组组长出席县农先会，受到县农先会的表彰。

1979年，县妇联组织部分区、公社妇联干部在南屏公社海光大队开展“五好”（学习认真、遵纪守法好；热爱集体、劳动致富好；家庭和睦、尊老爱幼好；邻里互助、环境卫生好；计划生育、教育子女好）家庭活动试点，而后在全县推广。1980年12月6日，县委宣传部、县妇联、县人民法院、县计生办在南屏公社进行新婚姻法宣传试点工作，并将试点情况批转全县各地宣传时参考。

1982年12月，境域各公社分别召开妇代会，选举出席县第七次妇代会代表。1986年11日，境域内各乡分别召开妇代会，选举产生新一届乡妇联执委会，同时选举出席县第八次妇代会代表。

2004年8月，镇妇联组织开展家庭赡养协议签订活动，全镇20个行政村应签17198户，共签订赡养协议14430份，签订率83.9%。10月10日，由镇妇联、关工委联合举办的城东镇“春蕾班”在新生小学揭牌，首批“春蕾班”学员22人，由县劳动局、环保局、地税稽查局、开发区工会资助，每年6600元至义务教育阶段学业完成。

2006年3月，开发区城东镇妇联举办开发区城东镇“家庭才艺比赛”活动，20户家庭参加比赛，通过吹拉弹唱舞书画等形式，充分展示现代家庭新风采。

图11-7　开发区城东镇举行“家庭才艺比赛”
（王世环/摄于2006年3月）

2008年3月，镇妇联开展“和谐城东、魅力家庭”家庭才艺展示比赛，10户家庭参加比赛，说学逗唱、琴棋书画，各显神通。8月，镇妇联组织全镇妇女开展第二轮“奉献你的爱心，捐助贫困母亲”捐款活动，捐款1.32万元。9月，开展“法律大家学”活动，镇妇联向农村、企业赠送《江苏省实施<妇女权益保护法>读本》200本，组织妇女参加“百万妇女学法律，家庭平安促和谐”知识竞赛，引领妇女学法、守法、知法、懂法。

2009年6月，镇妇联组织通过调查摸底、登门走访，对全镇22名孤儿采取“领导结对、企业赞助、学校培养、镇村监护、社会关爱”方式与县四套班子及部门结对子，给予学习、生活、思想等各方面关心。10月为孤儿办理门诊免费医疗就诊卡。同年镇妇联组织机关妇女参加“万众欢乐迎国庆，全民健身展风采”健身操比赛，韵律操《城东、城东向前冲》获优胜奖，扇子舞《巾帼风采》获优秀奖。

2010年，镇妇联开展“我学习、我快乐、我发展”主题活动。举办电动缝纫、横机编织、计算机网络技术培训班4期，共培训妇女1364人，组织124名妇女参加学历提升培训班。11月，镇妇联为结对孤儿发放价值250元爱心读书卡，用于书店购买学习用品和书籍。2008—2011年，镇妇联开展捐助贫困母亲活动，共计资助贫困母亲33名，发放慰问金2.64万元。

2011年，镇妇联开展“我的幸福家庭”评选活动、维护妇女儿童权益活动，在全镇建立婚姻家庭纠纷调解工作网格体系，镇成立工作站，村成立工作点（室），村村建有“妇女儿童之家”。

（三）巾帼建功

1951年春，境域内各乡根据党委统一部署，在广大妇女中开展抗美援朝，反对美帝重新武装日本的宣传教育，立发、海安区等区乡部分妇女愤怒声讨、揭露美帝侵略罪行，并踊跃参加捐款购买飞机大炮活动。曾任南屏双鱼高级合作社党支部书记贾声鸣，是一位受人尊敬的革命老妈妈。1950年3月参加中国共产党，生有两男一女，受她动员参加中国人民志愿军的长子，在朝鲜战场上光荣牺牲，次子早亡，她动员女儿积极参加革命工作。50年代，政府号召开展冬学运动，动员识字扫盲，她每天清晨肩拐粪筐，手拿铜锣，边拾狗粪边敲锣喊人上学。由于她办学热心，自己带头，这个冬学班被评为先进冬学班，受到政府表彰。她当干部后身体力行、兢兢业业，心不离群众，一心扑在革命事业上，曾被评为劳动模范，出席苏北行政公署在扬州召开的劳模代表大会。1957—1962年，她连续多年当选为县人代会代表、主席团成员。

1986年1月3日，南通市妇女创造发明竞赛项目评选，南屏乡陵园5组张友美，获饲养生猪良性循环二等奖。3月1日，南通市妇联、科委、关工委、总工会、共青团、广播事业局、南通日报社等九家单位，授予张友美“饲养生猪良性循环”创造发明二等奖荣誉证书，获奖金30元。3月8日，省、市、县妇联分别授予张友美“‘三八’红旗手”光荣称号，并颁发荣誉证书。

2009年3月，开展“十佳创业新女性”“十佳致富女能手”评选活动，表彰和奖励一批自立自强、创业致富的女能手，大力宣传返乡创业女大学生张莹莹、自主创业女性唐晓红典型事迹，激励区镇广大妇女积极投身二次创业工程。2011年，镇妇联组织全镇妇女开展“巾帼志愿服务”活动，创建“巾帼文明岗”。

四、关工委

（一）关工组织

1990年2月，中国关心下一代工作委员会（简称关工委）成立后，省、市、县先后成立关工委。1994年底，境域6个乡镇建立关工组织，由党委副书记、组织委员、老干部组长、群团负责人组成。2001年起，城东镇建立镇、村、村民小组完整的关工组织网络。镇关工委由党委书记任名誉主任，党委分管政工的副书记任主任，退休老干部任常务副主任，4个片的老干部支部书记以及组织、宣传、团委、妇联、综治办、教育等部门负责人任副主任或委员；村关工领导组组长（后改为村关工委主任）由党支部书记担任，1名老干部任常务副组长；村民小组由3~5人组成关工小组，3~5个小组组成一个关工辅导站。城东镇关工委成立后，深入开展“一教四帮”（思想教育、帮学、帮困、帮扶、帮转化）活动。全镇有225对老少结为对象，“五老”（老干部、老教师、老模范、老战士、老专家）帮助青少年中的弱势群体（贫困生、残疾生、留守生、失学青少年）办实事、做好事，每年资助帮困对象助学资金10多万元。除此以外，老干部积极参与学校周边环境整治，搞好科技培训，帮助再就业。2002年8月至2005年底，全镇20个村被县关工委、文明办、综治委先后命名为“关心下一代工作先进村”。2006年9月4日，镇关工委被省关工委、省文明办表彰为“全省关心下一代工作先进集体”。2007年9月29日，城东镇民营经济关工委成立，镇分管副镇长任主任，开发区工商分局负责人、镇个协主席任副主任，民营企业有关代表任委员。2008年6月，刘缺村、韩洋村、葛家桥村被中共海安县委表彰为关心下一代工作先进集体；刘振宇、丁正国、田云峰、葛凌、王智言、范钦成被表彰为先进个人。12月，王智言、周克悦被省文化厅、市文化局、关工委表彰为优秀“五老”网吧义务监督员。刘缺村被市关工委评为南通市关心下一代工作示范村。城东镇关工委被县委表彰为关心下一代工作先进集体。2010年3月，中共海安县委表彰城东镇关工委为2009年度关心下一代工作先进集体。2011年2月，城东镇关工委被县关工委评为2010年度通讯报道工作二等奖。12月，城东镇关工委在县关工委组织的“知党、爱党、跟党走”征文竞赛中，获组织奖。全镇建立校外教育辅导站54个，聘任的老师都是“五老”，他们帮助青少年学生学知识、学文化、学做人，在家庭教育、学校教育和社会教育上起着拾遗补缺的作用。是年，各街道建立健全关工组织网络，全镇有关工组织52个。

图11-8　2009年10月，城东镇网吧“五老”义务监督员在网吧内巡查　（镇关工委/提供）

（二）校外教育辅导站

2005年，境域村村都建有校外教育中心辅导站，下设若干辅导分站，境域建有54个校外辅导站。各站配有站长、副站长和辅导老师，辅导站有图书室、阅览室、活动室和活动器材，制定各项制度，每逢节假日对青少年开放，由辅导老师给同学们讲故事、练书法、学乐器、解难题，使“三结合”教育落到实处。是年，3月31日、10月14日，市关工委主任朱文涛、秘书长匡志森两次到

图11-9 2007年5月19日，省关工委主任曹鸿鸣调研刘振宇家庭校外辅导站 （孙宝峰/摄）

城东镇调研“关工”工作。年底，在海门市召开的全市“关工”工作会议上，镇关工委常务副主任刘凤翔在会上作“积极主动，构建合力，推动‘三结合’教育深入开展”交流发言。10月28—30日，县电视台到葛家桥村葛铭盘家拍摄电视专题纪录片《海陵人家》，报道葛铭盘家的校外教育辅导站。

2007年4月28日，市关工委主任朱文涛到城东镇调研“关工”工作，并考察刘缺村刘振宇家庭办的校外辅导站。5月19日，省关工委主任曹鸿鸣、副主任王霞林等一行8人，调研刘缺村校外教育中心辅导站站长刘振宇家庭辅导站。6月30日，省关工委在南通召开校外辅导站建设座谈会，城东镇刘缺村刘振宇在会上做专题发言。10月18日，《新华日报》刊文中介绍刘振宇校外辅导站的情况。2008年12月，刘振宇被市关工委、市文明办表彰为南通市校外教育辅导站巡讲先进个人。是年，城东镇韩洋校外教育中心辅导站辅导的5名学生撰写的征文，分别获省关工委、关心下一代周报社、新华报业网站颁发的中小学生征文竞赛一、二、三等奖（一等奖 许雅倩，二等奖 韩玲宏、韩悦、许棕，三等奖 韩卫）。

2009年2月10日，南通市校外教育辅导站巡讲会在海安县老干部局一楼会议中心活动室召开，刘振宇在会上介绍创办家庭校外教育辅导站情况。是年，《人民日报》《中国教育报》等媒体集中宣传江苏校外教育辅导站建设情况，刘振宇办的家庭校外辅导站作为典型向全国推介。是年11月18日，城东镇油坊头村校外教育家庭辅导站、老干部活动中心、退休职工活动中心、职工之家（葛仁智）举行揭幕仪式。县文化局、劳动与社会保障局、老干部局等单位领导参加。12月11日，刘缺村刘振宇获市优秀校外教育辅导员称号。同年，城东镇新生村组织中小学生开展暑期活动，“展示暑期活动成果，推动校外辅导站上水平”的一组照片被教育部《社区与教育》杂志作封底刊用。

2010年7月5日，省文明办、省关工委在南京联合举行全省城乡社区校外教育辅导站工作先进表彰会，城东镇刘振宇、丁正国被评为优秀校外教育辅导员，刘振宇作为先进个人代表出席大会。2011年1月，在南通市召开的提高办站质量建立长效机制理论研讨会上，城东镇关工委撰写的论文《关于调动“五老”积极性，办好校外教育辅导站的实践与思考》被评为优秀论文。

（三）青少年教育工作站

2009年初，城东镇20个村全部成立青少年教育工作站，这是在全县率先成立的关爱青少年成长的又一组织。工作站负责辖区内青少年思想道德教育，帮助违法犯罪对象就地矫正。是年5月26日，海安县预防青少年违法犯罪工作现场会在城东镇政府二楼会议室召开。城东镇各村关工领导组常务副组长、有关学生代表参加县政法部门向城东镇20个村赠送书籍仪式；观看城东镇预防青少年违法犯罪的展板内容；葛家桥村关工领导组常务副组长葛凌、青少年代表张桥兰在会上

图11-10 2010年9月11日，市、县有关领导观看“未成年人零犯罪社区（村）”创建工作现场 （镇关工委/提供）

作了发言。6月24日，海安县青少年教育暑期活动座谈会在镇政府综治中心一楼会议室举行。是月，海安县综合治理委员会办公室、团县委、海安县预防青少年违法犯罪工作领导组授予城东镇刘缺村、韩洋村、韩徐村、葛家桥村为"海安县未成年人零犯罪社区（村）"称号。2010—2011年，全镇青少年教育工作站与失足青少年结对帮教21人，成功转化率98%。

（四）主题活动

2002年4月17日，城东镇党委下发《关于建立镇法制学校和"四五"普法讲师团通知》，同时，在全镇中小学生中开展预防青少年违法犯罪警示教育活动。5月20日，镇宣讲团先后在南屏、立发、刘缺等地的学校进行公民道德建设教育宣讲。29日，全镇组织中小学生开展"五小"（小帮手、小标兵、小卫士、小主人、小伙伴）道德实践活动。10月27日，城东镇葛克全小学患白血病学生金某接受捐款仪式在学校举行。镇关工委负责人，学校代表等将全镇各校师生的捐款1.7万多元给金某的亲属。

2005—2007年，全镇在青少年中开展"孝心献给父母、爱心献给他人、信心留给自己"的"三心三给"教育、"荣辱观"教育和"勿忘国耻，振兴中华""弘扬长征精神，不怕牺牲，艰苦奋斗"教育。2006年6月6日，省关工委副主任沙人麟一行4人，到城东镇泰宁村视察青少年教育基地——德让博物馆，南屏小学60多名少先队员、镇关工委领导和视察领导一起高唱《八荣八耻歌》。

图11-11　城东镇开展"颂党恩、跟党走、促和谐"主题活动　（张远岩/摄于2011年4月）

2008年3—5月，全镇开展"迎奥运、强体魄、勤锻炼"教育、"抗震救灾、众志成城、生命至上、爱心无价"抗震精神教育和改革开放30周年教育。全镇师生向汶川灾区捐款7万多元。2009年4月1日，韩徐村举行"祖国美好"演讲会；5月3日，城东镇葛家桥村举行"颂祖国，庆五一，我为祖国添光彩"演讲暨文艺演出；6月1日，韩洋小学举行"庆六一，颂祖国"演讲会暨文艺演出活动；8月6日，新生村校外教育辅导站"颂祖国，迎国庆"活动展示汇报会在新生小学举行，全县各镇关工委主任、县关工委、文明办领导参加活动；8月11日，韩洋村举行"迎国庆，颂祖国，我为祖国添光彩"演讲会；8月20日，三丰村中小学生暑期活动故事会在韩洋初中阶梯教室举行；9月1—7日，"关爱明天，普法先行"法制教育活动在各中小学校举行；组织法制教育宣讲团到各学校，为青少年学生上新学期开学后的第一堂法制课，使6950人受到教育。2010年3月19日，城东镇感恩教育座谈会在韩洋小学召开；6月29日，城东镇关工委召开全镇"创建三好，感恩教育，世博宣传"等系列主题教育活动情况汇报会。2011年4月，迎庆中国共产党成立90周年"颂党恩，跟党走，促和谐"主题教育活动在各校举行，县政法委、司法、公安、检察、团委等有关部门领导会同镇各有关部门、关工委负责人一起到各校开展形式多样的演讲、演唱宣传教育活动。

五、老区开发促进会

（一）组织建设

城东镇原南屏片属黄桥老区，立发、韩洋、新生、西场、壮志片为栟茶老区。1990年，南屏、立发、韩洋、新生、西场、壮志老区开发促进会、扶贫开发协会相继成立，由乡镇分管农村工作的副书记或副镇长兼任理事长或会长。2001年区划调整后，新组建的城东镇老区开发促进会、扶贫开发协会（以下简称"两会"）由镇长任名誉理事长，分管政工书记和一名分管农村工作副镇长任理事长，一名老干部任常务副理事长，科技副镇长、农经站站长、民政助理任副理事长，农口部门和群众团体等部门负责人任理事。名誉理事长先后由周小平、王荣贵等担任，理事长先后由丁国俊、黄志平、陈关飞、严长军担任，常务副理事长由刘凤翔担任，副理事长先后由王晓红、吴建华、沈广军、钱锦旺、仲伟明等担任。

"两会"在各村成立会员小组。村会员小组一般由村委会主任任组长，一名老干部任常务副组长，村里其他干部以及有关专业户代表为小组成员。全镇有"两会"成员484人。镇"两会"坚持做到有健全的网络组织，有正常的活动制度，有调研的典型推介，有落实的各项措施。2004年5月20日《江苏老区》刊登文章，介绍了城东镇村会员小组建设情况。

（二）舆论宣传

2001年开始，镇"两会"每年制定宣传工作意见。2002—2011年，全镇各村订阅的老区刊物，由原来的1份增至5份，达到全镇老区刊物全覆盖。镇"两会"结合重大节日与关工委、团委、妇联、民政等有关部门配合，围绕各个时期主题教育活动，组织"五老"宣讲团，到中小学校，对青少年学生进行爱国主义、革命传统教育，同时利用广播，对村民进行宣讲。每年一度的全国老区宣传工作会议召开后，镇"两会"都将会议精神及时向党政负责人汇报，并印发有关资料，使大家进一步了解老区和老区精神。2009年，在庆祝新中国成立60周年之际，镇组织"迎国庆，颂祖国，我为国旗添光彩"宣讲活动，各村、学校也开展系列教育活动。2008—2011年，镇"两会"代表连续多年参加全国老区宣传工作会议，会后均及时组织贯彻落实会议精神。

图11-12　2000年9月16日，韩洋乡召开中小学生"访富思源 议富思进"宣讲大会　（镇老促分会/提供）

2007年7月，《南通老区》刊物全文转发城东镇"两会"对泰宁村的调研文章《村民变股民，致富老百姓》及领导批示。11月，中国老区建设促进会主办的《中国老区建设》刊登刘凤翔撰写的文章《村民要求平分集体资产之后……》，介绍城东镇泰宁村在推进城市化进程中，因婚嫁、入学、工作、户口迁出、迁入等原因，村集体资产分配的做法。

2008年6月21—25日、2009年6月9—13日，城东镇"两会"代表刘凤翔作为海安代表和县老促会代表先后出席在河北省石家庄市、陕西省西安市召开的全国老区宣传工作会议。2008年12月6日，南通市老区开发促进会四届一次、扶贫开发协会三届一次理事会议在崇川区礼堂举行，城东镇刘凤翔当选为理事。2009年12月，江苏省老促会发出《关于表彰全省老区开发促进工作先进集体和先进工作者的通报》，城东镇老促会被表彰为江苏省老区开发促进工作先进集体。2010年6月6日，省老促会召开苏中老促会联系点工作座谈会。城东镇刘凤翔代表县、镇老促会在会上做《加强老区中等村的工作联系，不断促进新农村建设进程》发言。

2010年4月20—24日、2011年6月7—10日，城东镇"两会"代表刘凤翔和县老促会代表先后出席在海南省三亚市、甘肃省兰州市召开的全国老区宣传工作会议。城东镇老促会获中国老区促进会颁发的2010年度、2011年度老区宣传工作优秀奖。

（三）扶贫开发

2002年3月，为深入开展"三下乡"（科技下乡、文化下乡、医疗下乡）活动，镇"两会"会同团委、妇联、农技站、蚕桑站、计生办等有关部门针对农村当时急需解决的问题，到各村组织科技讲座。2003年4月14日，组织40多人参加县组织的科技培训班。当天镇"两会"还对10户特困户各赠送尿素一袋，让其增加自身造血功能。

2003年6月9日，城东镇农民经纪人协会成立，镇"两会"以《充分发挥协会作用，引导农民致富奔小康》的文章予以报道，进一步发挥牵线搭桥作用。是年，镇"两会"向党委、政府建议，在机关干部中开展结对帮扶活动。3月，镇机关干部每人捐资200元，同时用1.22万元采购睢宁良种山羊赠送给64户特困户，每户1只。为解决繁殖和配种问题，在南屏敬老院设立种养场，为特困户服务。

2004年11月22日，省政府原副省长、省老促会理事长凌启鸿到海安老区考察，参观城东镇葛家桥村省级桑园示范方、开发区有关扶贫开发项目企业（康德生物制品有限公司、金土地绿色食品有限公司、天成保健品有限公司、家惠油脂发展有限公司）。

2008年，县、镇"两会"帮助葛家桥村（县、镇老区开发促进会联系点）建立民富榨菜生产合作社，利用桑田冬季套种蔬菜、榨菜，并帮助列入南通市老区开发的扶贫项目，通过贴息贷款，解决开发初期的资金不足问题。合作社社员发展到124户，每亩桑田增收200多元。

2011年11月，海安县上湖农产品专业合作社、海安县金华食品有限公司、海安县丰润种禽专业合作社、南通市鑫隆肠衣食品有限公司被列入南通市扶贫开发项目扶持单位。通过验收，各获贷款贴息1万元。

（四）结对帮扶

镇"两会"充分发挥会员作用。对农村中那些干部没空解决、家庭无法解决、社会难以解决的问题，主动与各方联系，充分发挥老干部、老党员、老模范优势，切实帮助老百姓排忧解难。2002年起，五坝村个体户陈夕芳多年帮困助学，先后资助五坝6组学生陆某和6名外来打工的困难职工子女就学，为陆某提供高中、大学费用2.3万元，为外来困难职工子女资助书杂费2万多元。镇"两会"通过调查将其典型材料印发给各村，介绍她的爱心业绩。

2002年3月25日，镇党委、镇政府出台《关于城东镇机关干部结对帮扶农村贫困户工作的意见》，公布机关干部与贫困户挂钩名单。4月1日，镇"两会"、民政办、农村工作服务站向镇机关全体干部发出"捐资扶贫，送科技入户"活动倡议书。同时签订挂钩帮扶责任书，明确挂钩帮扶责任。2003—2004年，县老促会负责人连续两次到刘缺村慰问贫困户。2004年10月27日，全镇

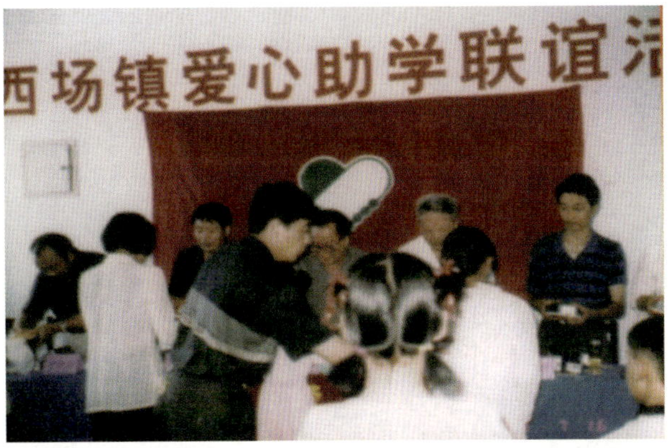

图11-13　2001年7月16日，西场镇召开爱心助学联谊会（镇老促分会/提供）

开展献爱心活动，镇老促会负责人将1万多元捐款转交油坊头小学患白血病学生的家人。

2004年，城东镇有特殊困难的中小学生近百人，镇"两会"配合妇联一起到有关单位落实捐资助学事宜。通过努力，每年接受捐资8000元，为24名特困学生解决上学的费用。对其他贫困学生，多方沟通，发动各方面献爱心，每年捐助6万多元。油坊头小学和韩洋小学各有一名学生患了白血病，镇"两会"发动各学校和社会捐款6万多元，帮助解决燃眉之急。

2006年，堑南村7组学生张某考上西南财经大学后，由于父母是纯农户，加之家中需赡养一个双目失明的舅舅，姐弟两人上学困难。镇"两会"经调查后，写出调查报告，向上反映，多方联系，最后获得南通老促会、南通台商基金会资助每年3000元，直至大学毕业。

2010年2月25日，城东镇"两会"开展与贫困大学生结对帮扶活动。三丰村贫困孤儿大学生姚国琴接受丝乡丝绸公司负责人金春来给予的一次资助3000元。该生上大学的费用同时由忠仁渔具厂吴忠仁负担，首次开学第一笔经费就资助该生1万元。

2008—2011年，县老促会、民政局、镇领导一行10人至南屏敬老院以及泰宁、刘缺、葛家桥等村慰问五保老人和贫困户，分别送去慰问金。

六、商　会

开发区城东镇商会成立之前，南屏、立发、韩洋、新生、西场、壮志分别建立商会。2001年行政

图11-14 城东镇商会第一届会员代表大会
（郑红军/摄于2007年12月）

区划调整后，城东镇、洋蛮河镇也分别建立商会。2002年8月9日，城东镇商会改选，名誉会长丁国俊等，会长陈关飞，副会长俞文江、王来凤、仲延年、赵呈坤、吕忠山、谢加国、王世荣，秘书长葛乃发，顾问王跃祥、刘凤翔。

2007年12月25日，开发区城东镇商会第一次会员代表大会召开。出席会议的有会员153人，特邀代表6人，开发区城东镇党委、人大、政府负责人，区镇机关有关部门负责人。会议选举出由29人组成的城东镇商会理事会，吴建华任会长；丁成进、朱国华、仲跻和、江斌、汤成林、吴忠仁、何贤友、陆嘉祥、陈敏、徐久立、解明、蔡长发任副会长；戎世春任秘书长。

2011年8月10日，开发区城东镇商会第二次会员代表大会在王府宾馆五楼北京厅召开。会议选举理事42人，汤成林为会长，谢国华、解明、冯加林、仲跻和、薛庆龙、陈敏、陆建军、朱建国、陆献忠、王荣健、张俊、江斌、丁成进、韩良荣为副会长，李鹏飞为秘书长，王平为副秘书长。会议聘请储呈平、徐铁泉、孔祥军、孙秀芳、文燮哲、卞童为名誉会长。

七、慈善会

2001年，城东镇慈善分会建立。镇慈善组织建立后，积极开展慈善活动，减轻突发事件造成的损失和影响，帮助困难群体改善生活和健康状况，帮助残疾人等特殊群体实现基本的生存和发展权利，支持经济薄弱地区发展教育、文化、卫生等社会事业。尤其是2003年"非典"、2004年印度洋海啸、2008年南方雪灾和四川汶川大地震，慈善募捐和救助形式呈现多元化。2010年，根据县委、县政府动员部署，全镇从机关、学校到企业，从干部群众到学生，开展大规模的募捐活动，为海安县慈善基金筹集做出较大贡献，其中海安联发集团孔祥军一次捐款200万元。至2011年，城东镇慈善分会先后由丁国俊、王寅庆、吴亚萍、金育红等担任负责人，秘书长由田宝银、仲伟明担任，有关部门负责人为分会成员。

第十二章　地方政权

民国时期，城东境域分别隶属国民政府泰县、如皋、东台三县。民国6年（1917年）县以下政权辖市、乡，市、乡实行董事制。民国16年，废除董事制，市、乡改设行政局。民国18年，市、乡行政局改为行政区，建立区公所；区以下设乡镇，配乡镇长。城东境域西场隶属十五区，立发隶属如皋十七区，后改为十四区。民国29年10月，抗日民主政府在海安成立，建立新的乡级政权，负责人由抗日民主政府委任，民国35年至1952年由县政府任命。1953年6月，城东境域各乡第一次采用普选办法，选举产生县乡人大代表，并召开乡人民代表大会，选举产生乡级政权负责人。1961年按照人民公社"政社合一"原则，乡镇第四届人民代表大会改称社员代表大会。"文化大革命"期间，人民代表大会制度中断。1981年恢复人民代表大会制度，境域内各乡镇先后召开第七届人代会。乡镇人代会主要议题：听取和审议乡镇人民政府工作报告，选举正、副乡镇长，对各个时期的生产、工作任务作出决议。至2001年，各乡镇分别召开了1~14届人代会。2001年1月，行政区划调整，新建城东镇，2月召开首届人代会。2007年12月召开第二届人代会，2011年3月，城东镇召开第二届人代会第五次会议。

第一节　乡镇人民代表大会

一、代表选举

1953年6月，境域各乡镇成立选举委员会，居民第一次参加普选。选举前，均进行宣传动员、选民登记、选民资格审查、划分选区、发放选民证；在协商酝酿代表候选人时，充分考虑人民代表的广泛性。第一次至第五次选举，乡镇人民代表大会代表由选民直接选举；县人民代表大会代表，实行间接选举，由乡镇人民代表大会选举产生。1961年进行第四次普选时，农村选举公社社员代表进行选举。"文化大革命"开始后，普选中断。1981年恢复选举。从第七次至十一次选举，县、乡镇人民代表大会代表都由选民按选区用无记名投票方式直接选举产生。同时改等额选举为差额选举。县、乡镇人民代表大会代表的任期，1966年前，每届任期2年；1981年后，每届任期3年；至2011年，境域进行了16次选举。

二、代表大会

城东镇一届人代会第一次会议　2001年2月25—26日，城东镇首届人民代表大会一次会议召开，出席代表75人。会议听取和审议《政府工作报告》《关于2000年财政决算和2001年财政预算的报告》《关于2000年农业承包合同、农民筹资的决算方案和"通达工程"2001年的预算报告》，选举产生城东镇第一届人大主席、副主席和镇人民政府镇长、副镇长；通过有关决议。

城东镇一届人代会第二次会议　2002年1月11—12日，城东镇一届人代会第二次会议在立发建安礼堂召开，应到代表75人，实到65人。会议听取和审议政府工作报告、财政预决算报告、人大主席团工作报告和关于2001年农业税费征收、各项代结代付款、镇级公路筹资决算方案的报告，并对以上报告做出相应决议。会议采用无记名投票方式，补选陈昌裕为镇人代会副主席，吴亚萍、陈关飞为副镇长。

城东镇一届人代会第三次会议　2003年2月15—16日，城东镇一届人代会第三次会议在立发建安礼堂召开，应到代表73人，因事因病请假13人，实到60人。会议听取和审议政府工作报告、财政预决算的报告、人大主席团工作报告和关于2002年农业税费征收、各项代结代付款决算方案的报告，并对4个报告做出相应决议。会议听取政府负责人述职。会议采用无记名投票方式，补选李锡荣为镇人代会副主席。

城东镇一届人代会第四次会议　2004年3月8—9日，城东镇一届人代会第四次会议在立发建安礼堂召开。会议听取政府工作报告、人大主席团工作报告、财政预决算工作报告和关于2003年农业税费征收、各项代结代付款决算方案报告。会议对4个报告作出相应决议。会议采用无记名投票的方式补选丁国俊为人代会主席，王晓红为副镇长。

城东镇一届人代会第五次会议　2004年8月20日，城东镇一届人代会第五次会议在立发建安礼堂召开，会议听取和审议政府工作报告、人大工作报告。会议选举丁国俊为镇人代会主席，张健、李锡荣为副主席，周小平为镇长，谢根生、吴亚萍、吴建华、王晓红等为副镇长。

这次人代会是行政区划调整后，洋蛮河与城东镇合并后召开的第一次代表大会，根据县人大常委会决定，城东镇人代会代表由原城东镇人大代表75人和原洋蛮河镇人大代表69人组成，两镇合并后因人事变动等原因减少代表11人，实有代表133人。

城东镇一届人代会第六次会议　2005年1月25—26日，城东镇一届人民代表大会第六次会议在泰宁村五楼会议室召开。会议听取和审议人民政府作的工作报告、人大工作报告、财政预算和预算执行情况的报告，听取镇长、副镇长述职，并组织代表进行评议。会议通过3个报告的决议。陈楷主持会议。

城东镇一届人代会第七次会议　2006年4月10—11日，城东镇第一届人代会第七次会议在泰宁村五楼会议室召开。会议听取政府工作报告、人大工作报告、财政预决算报告，同意丁国俊辞去镇人大主席职务，张健、李锡荣辞去人代会副主席职务，谢根生，王晓红辞去副镇长职务。会议采用无记名投票方式选举陈杰为城东镇人代会主席，印峰、周小军、蒋卫红、解明为副镇长。

城东镇一届人代会第八次会议　2007年3月23—24日，城东镇一届人代会第八次会议在泰宁村五楼会议室召开，136名代表、121名列席代表参加会议。会议听取政府工作报告、人大工作报告、财政预决算报告。会议采用无记名投票方式，选举王荣贵为镇长，严小红为镇人代会副主席。

城东镇二届人代会第一次会议　2007年12月15—16日，城东镇二届人代会第一次会议在泰宁村五楼会议室召开，出席会议代表105人、列席代表142人。会议听取和审议镇政府工作报告、镇人代会工作报告、财政预决算报告，选举镇人大主席、副主席和镇长、副镇长。会议采用无记名投票方式，选举陈杰为人代会主席，蒋卫红、严小红为副主席；选举王荣贵为镇长，吴亚萍、解明、沈广军、许鹏、金育红等为副镇长。

图12-1　城东镇第二届人代会第一次会议
（郑红军/摄于2007年12月）

城东镇二届人代会第二次会议　2009年3月6日，城东镇二届人代会第二次会议在泰宁村五楼会议室召开。103名代表出席会议，140名列席代表、30名特邀代表参加会议。会议听取和审议政府工作报告、人大工作报告、财政预算和预算执行情况报告，听取审议副镇长们的述职报告；通过各项有关决议。会议还通过有关人员的辞职报告。

城东镇二届人代会第三次会议　2009年7月31日，城东镇二届人代会第三次会议在泰宁村五楼会议室召开，102名代表出席会议，101名列席代表参加会议。会议通过选举办法并按主席团提名，介绍副镇长候选人简历，采用无记名投票办法，补选谢国华为副镇长。

城东镇二届人代会第四次会议　2010年3月29—30日，城东镇二届人代会第四次会议在泰宁村五楼会议室召开，101名代表出席会议，150名列席代表、31名特邀代表参加会议。会议听取和审议政府工作报告、人大工作报告、财政预算和预算执行情况的报告，并通过各项决议。

城东镇二届人代会第五次会议　2011年3月22—23日，城东镇二届人代会第五次会议在泰宁村五楼会议室召开，94名代表出席会议，163名列席代表、32名特邀代表参加会议。会议听取和审议政府工作报告、人大工作报告、财政预算和预算执行情况报告，选举钱亚洲为镇长，黄红、陈兴明为副镇长；会议通过沈广军、许鹏、谢国华辞去副镇长职务的请求。

2001—2011年城东镇人大负责人更迭表

表12-1

届　次	姓　名	职　务	任职时间	姓　名	职　务	任职时间
城东镇人民代表大会	王　骅	主　席	2001.2—2004.3	陈昌裕	副主席	2001.11—2002.12
	丁国俊	主　席	2004.3—2006.3	李锡荣	副主席	2002.12—2006.3
	陈　杰	主　席	2006.3—2011.12	蒋卫红	副主席	2007.3—2011.12
	张　健	副主席	2001.2—2006.3	严小红	副主席	2007.3—2011.12

1990—2011年城东镇境域内各乡镇人大负责人更迭表

表12-2

届　次	姓　名	职　务	任职时间	届　次	姓　名	职　务	任职时间
南屏乡人大主席团	唐仲山	常务主席	1990.3—1993.2	韩洋乡人民代表大会	周建华	副主席	1996.11—2000.3
	徐龙林	常务主席	1993.2—1995.11				
南屏乡人民代表大会	陈绍富	主　席	1995.11—1996.11	洋蛮河镇人民代表大会	石明镜	主　席	2001.2—2004.7
	刘凤翔	主　席	1996.11—1998.11		丁邦银	副主席	2001.2—2004.8
	朱春林	主　席	1998.11—2001.1	新生乡人大主席团	管纯友	常务主席	1990.3—1993.2
	周克悦	副主席	1996.3—1998.11		顾兴余	常务主席	1993.2—1993.11
	丁国喜	副主席	1999.1—2001.1		李　鑑	常务主席	1993.11—1995.11
立发乡人大主席团	张佳生	常务主席	1990.2—1993.2	新生乡人民代表大会	王　骅	主　席	1996.3—1998.12
	王跃祥	主　席	1993.2—2000.3		石明镜	主　席	1999—2001.1
	蔡庆来	副主席	1996.3—2001.1		丁邦银	副主席	1996.3—2001.1
立发乡人民代表大会	彭剑威	主　席	2000.3—2001.1	西场镇人大主席团	李存生	常务主席	1990.3—1992.4
					吴金贵	常务主席	1992.4—1993.12
韩洋乡人大主席团	仲兆和	常务主席	1990.3—1993.8		仲兆和	常务主席	1993.12—1994.12
	彭剑威	常务主席	1993.8—1995.3	西场镇人民代表大会	吴金贵	主　席	1995.3—1996.11
韩洋乡人民代表大会	何家淦	主　席	1995.3—1998.12		陈显坤	主　席	1996.11—1997.11
	何文彬	主　席	1999—2000.3		杨祥根	主　席	1997.11—2000.4
	周建国	主　席	2000.3—2001.1		仲　明	主　　席	2000.5—2003.8
	周小平	副主席	1996.3—1996.11		曹正光	主　　席	2007.12—2010.11

续表12-2

届　次	姓　名	职　务	任职时间
西场镇人民代表大会	储明星	主　席	2010.11—2011.12
	王文模	副主席	1996.3—1996.12
	张爱民	副主席	1997.2—1998.11
	左银美	副主席	1999.1—2000.4
	钱俊来	副主席	2000.6—2004.8
	丁邦银	副主席	2004.8—2011.12
	许波荣	副主席	2007.2—2011.3

届　次	姓　名	职　务	任职时间
西场镇人民代表大会	杨中年	副主席	2007.12—2010.11
壮志乡人大主席团	陆广喜	常务主席	1990—1992.7
	彭剑威	常务主席	1993.2—1993.9
壮志乡人民代表大会	季永康	主　席	1993.11—1998.11
	杨兴进	主　席	1998.11—2000.4
	钱俊来	副主席	1996.3—2000.4

第二节　乡镇政府

一、组织机构

民国时期乡政权机构

民国元年（1912年），县辖市、乡，市、乡实行董事制，设董事1人、乡佐1人，负责组织民众、推行政令。民国3年，李堡改市，境域东部区域属李堡市。民国16年，废除董事制，市、乡设行政局，设局长1人。民国18年6月，市、乡行政局改为行政区，建立区公所，设区长和监察、调解、建设3个委员会及1个公安分局，区以下设乡镇，配乡镇长。立发为如皋县第十七区，李堡为如皋县第十八区。民国23年，立发改为如皋县第十四区，下设立发镇、东屏乡、太河乡、树人乡、周济乡、南阳乡、里仁乡、玉树乡、太平乡、净土乡、三民乡等；李堡改为如皋县第十五区，西场镇、陆堑乡、戚庄乡、楼基乡等属如皋十五区（第十八区改为第十五区）。乡下实行保甲制，10户为1甲，10甲为1保，10保为1乡。民国35年至民国37年，如皋在西场、立发等地设立乡镇机构。如皋仍有第十四区（立发）、第十五区（李堡）。民国38年1月，随着驻立发等国民党武装撤逃，国民党在城东的基层政权撤销。

乡镇人民政权机构

民国29年（1940年）10月，随着新四军东进和抗日根据地的建立，境域农村地区人民政权建立。民国32年秋，抗日民主政府废除保甲制，实行新乡制。按照“三三制”原则，建立乡政权。民国35年至1952年，境域小乡负责人由县政府任命，设置有农会、民兵、财粮机构。

1953年，乡镇人民政府设有生产、文教、治安、民政、财粮、调解、人民武装等机构。1956年，乡镇人民政府更名为人民委员会。1958年9月，建立政社合一的人民公社，公社设社长。

“文化大革命”开始后，公社权力机构一度处于瘫痪状态，后成立以公社人武部长为主要负责人的革命生产领导小组，负责公社生产工作。1968年三四月，境域6个公社先后成立革命委员会。1981年11月，撤销公社革命委员会，6个公社通过人代会选举产生公社管理委员会负责人。革委会和管委会设主任1人、副主任3~5人，下设文书、民政、调解、工办、农办、财政、计生办等部门。

1983年9月，公社改乡，建立乡人民政府，设乡长、副乡长。同时建立经济联合委员会。机构设置有财政所、经管办、计生办、司法办、民政办、

图12-2　壮志乡政府办公楼　（县史志工委/提供）

规划办、土管所、工业公司、农业公司（农技站）、多种经营服务公司（蚕桑站）、农电站、农机站、水利站、交管站、党政办、教委等。

2011年，境域经三次区划调整后，镇人民政府设镇长1人、副镇长6人，下设机构有党政办、财政所、审计所、民政办、司法所、信访办、综治办、矫正办、企管站、安监办、统计站、劳动保障所、农技站、蚕桑站、农机站、水利站、经管站、教育办、卫生所、计生办、三产办、招商办、建管办、拆迁办（后为房屋征收办）等。

2001—2011年城东镇人民政府镇长、副镇长更迭表

表12-3

姓　名	职　务	任职时间	姓　名	职　务	任职时间
黄建国	镇　长	2001.1—2004.8	王生贵	副镇长	2004.8—2008.12
周小平	镇　长	2004.8—2007.3	吴建华	副镇长	2004.8—2007.3
王荣贵	镇　长	2007.3—2010.12	解　明	副镇长	2006.3—2011.12
钱亚洲	镇　长	2010.12—2011.12	印　峰	副镇长	2006.3—2007.11
李仁官	副镇长	2001.2—2005.5	蒋卫红	副镇长	2006.3—2007.3
张长贵	副镇长	2001.2—2001.12	周小军	副镇长	2006.3—2007.3
张　虎	副镇长	2001.2—2001.12	沈广军	副镇长	2007.11—2011.3
俞文江	副镇长	2001.2—2004.8	许　鹏	副镇长	2007.11—2011.3
谢根生	副镇长	2001.2—2006.3	金育红	副镇长	2007.11—2011.3
吴亚萍	副镇长	2002.1—2011.12	谢国华	副镇长	2009.6—2011.3
陈关飞	副镇长	2002.1—2004.3	黄　红	副镇长	2011.3—2011.12
王晓红	副镇长	2004.3—2006.3	陈兴明	副镇长	2011.3—2011.12

1949—2011年城东境域南屏等乡镇人民政府负责人更迭表

表12-4

名　称	姓　名	职　务	任职时间	名　称	姓　名	职　务	任职时间
南屏乡	王明稳	乡　长	1949.1—1950.1	南屏人民公社管理委员会	许凤英	副社长	1961.9—1962.10
	韩良英	乡　长	1950.1—1956.3		李仁进	副社长	1964.1—1970.9
	杨元稳	乡　长	1956.3—1957.10		胡兴汉	副社长	1966.1—1971.6
	韩良英	副乡长	1956.3—1957.10	南屏公社革命委员会	李　璞	主　任	1968.4—1973.11
南屏乡人民委员会	缪明甫	乡　长	1957.10—1959.10		王元吉	主　任	1973.11—1979.3
	杨元稳	副乡长	1957.10—1960.10		张文炳	主　任	1979.3—1981.12
南屏人民公社管理委员会	张　华	社　长	1959.10—1960.10		张　华	副主任	1968.4—1971.9
	杨元稳	社　长	1960.10—1961.12		葛云贵	副主任	1968.4—1971.9
	蔡正清	社　长	1961.12—1968.3		颜竹平	副主任	1970.10—1972.3
	曹万根	副社长	1959.10—1960.3		张文炳	副主任	1970.10—1979.3
	罗永生	副社长	1959.10—1961.9		苏立功	副主任	1972.3—1978.3
	钱学山	副社长	1960—1965		杨义高	副主任	1972.3—1980.4
	韩良富	副社长	1960—1965.10		范加义	副主任	1976.10—1981.11

续表12-4

名　称	姓　名	职　务	任职时间	名　称	姓　名	职　务	任职时间
南屏公社革命委员会	宗周银	副主任	1976.10—1981.12	立发乡人民委员会	田久旺	乡　长	1957.10—1959.10
	杨元稳	副主任	1979.4—1981.5		陈万富	副乡长	1957.10—1959.10
	周伯益	副主任	1979.10—1983.10	立发人民公社管理委员会	田世清	社　长	1959.10—1961.11
南屏公社管理委员会	张兴宽	主　任	1981.12—1983.8		杨元稳	社　长	1961.11—1967.3
	沈仲威	副主任	1979.10—1990.3		郁　俊	副社长	1959.10—1966.4
	吴世林	副主任	1980.5—1984.3		桑之发	副社长	1960.3—1962.10
南屏公社经济联合委员会	唐仲山	主　任	1983.8—1984.4		周元清	副社长	1960.3—1962.10
	吴秀萍	副主任	1982.3—1984.3		王林根	副社长	1960.5—1964
南屏乡人民政府	胡克稳	乡　长	1983.8—1989.12		陈绍良	副社长	1960.12—1962.10
	陈绍富	乡　长	1990.1—1995.4		王　祥	副社长	1963.4—1964.1
	陈显坤	乡　长	1995.4—1996.11		姜永红	副社长	1966.2—1967.3
	练庆农	乡　长	1996.11—1997.12		桑之发	副社长	1966.3—1967.3
	黄建国	乡　长	1997.12—2001.1	立发人民公社革命委员会	曹裕宽	主　任	1968.2—1969.8
	沈仲威	副乡长	1983.10—1990.3		刘宝民	主　任	1969.8—1980.12
	薛肃平	副乡长	1983.10—1990.3		严锡卿	主　任	1980.12—1981.12
	吴秀萍	副乡长	1985.1—1987.3		吉九成	副主任	1968.2—1972.2
	吴秀萍	副乡长	1990.3—1994.12		周星北	副主任	1968.3—1977.4
	王希成	副乡长	1990.3—1999.1		吉开成	副主任	1968.3
	陈显坤	副乡长	1993.2—1995.4		田宝安	副主任	1976.10—1979.8
	丁佐菱	副乡长	1994.11—1998.11		周文余	副主任	1976.10—1981.8
	张长贵	副乡长	1996.3—2001.1		王　祥	副主任	1976.10—1978.7
	张友仁	副乡长	1996.3—2001.1		夏隆基	副主任	1978.9—1983.9
	吴晓明	副乡长	1997.11—1998.11		汪龙美	副主任	1980.8—1981.10
	张　虎	副乡长	1998.1—2001.1	立发人民公社管理委员会	马呈瑞	主　任	1981.12—1983.9
	俞文江	副乡长	1999.1—2001.1		姜永红	副主任	1981.10—1983.9
立发乡	奚　鸿	乡　长	1949.1—1950.10		汪龙美	副主任	1981.10—1983.9
	葛显富	乡　长	1950.10—1953.7		唐永富	副主任	1983.9—1985.1
	黄九保	乡　长	1955.4—1956.3	立发乡人民政府	吉久成	乡　长	1983.9—1985.1
	陈伯川	乡　长	1956.3—1957.10		姜永红	副乡长	1983.9—1984.8
	陈万富	副乡长	1950.7—1952.10	立发乡人民政府	张兴宽	乡　长	1985.1—1995.3
	葛克英	副乡长	1953.7		石明镜	乡　长	1995.3—1997.5
	陈树林	副乡长	1953.7		徐水明	乡　长	1997.5—2001.1
	姜永海	副乡长	1953.7—1955.4		胡兴汉	副乡长	1983.9—1987.3
	黄九保	副乡长	1956.3—1957.10		奚宝太	副乡长	1984.5—1985.1
	孙兴璜	副乡长	1956.3—1957.10		李仁林	副乡长	1985.1—1990.2

续表12-4

名　称	姓　名	职　务	任职时间
立发乡人民政府	钱昌明	副乡长	1985.1—1987.3
	张英奎	副乡长	1987.3—2000.3
	王铁官	副乡长	1990.2—1995.4
	杨玉根	副乡长	1991.3—1992.2
	石明镜	副乡长	1993.11—1995.3
	郑　华	副乡长	1995.11—1996.11
	张英来	副乡长	1996.3—1998.1
	丁国俊	副乡长	1997.11—1998.12
	李仁官	副乡长	1998.1—2001.1
	张　健	副乡长	1998.1—2001.1
	刘仁荣	副乡长	1999.1—2000.3
	谢根生	副乡长	2000.3—2001.1
韩徐乡（1950年2月改为韩洋乡）	田宝吉	乡　长	1949.1—1952.12
	许　祥	乡　长	1953.1—1957.8
	储祥山	副乡长	1953.1—1957.8
韩洋乡人民委员会	田宝安	乡　长	1957.10—1959.1
	丁忠荣	副乡长	1959.10—1959.1
韩洋人民公社管理委员会	丁忠荣	社　长	1959.10—1960.12
	陈石清	社　长	1960.12—1962.10
	朱培德	社　长	1962.10—1967.3
	王　质	主　任	1968.3—1969.8
	徐中笑	主　任	1969.8—1976.10
	许　祥	副社长	1959.10—1960
	张　建	副社长	1960—1962.10
	钱干琪	副社长	1960.12—1967.3
	朱松林	副社长	1966.2—1967.3
韩洋人民公社革命委员会	徐中笑	主　任	1976.10—1981.11
	赵复华	副主任	1976.10—1981.8
	张信楼	副主任	1976.10—1980.2
	周　和	副主任	1976.10—1977.4
	徐奇桂	副主任	1976.10—1981.12
	储凤山	副主任	1977.12—1980.8
	阙广明	副主任	1978.8—1981.11
	倪思聪	副主任	1981.8—1981.12
	储友龙	副主任	1981.8—1981.12
韩洋人民公社管理委员会	周克悦	主　任	1981.12—1983.9
	储友龙	副主任	1981.12—1983.9
	倪思聪	副主任	1981.12—1983.9
	徐奇桂	副主任	1981.12—1983.9
韩洋乡人民政府	仲维广	乡　长	1983.9—1984
	何富林	乡　长	1984—1985.1
	张佳生	乡　长	1985.1—1986.3
	朱春林	乡　长	1986.3—1990.3
	李仁林	乡　长	1990.3—1995.11
	周建国	乡　长	1995.11—2000.3
	周建华	乡　长	2000.3—2001.1
	倪万英	副乡长	1983.9—1987.3
	钱俊来	副乡长	1984.10—1989.12
	倪思聪	副乡长	1985.1—1987.3
	曹志钿	副乡长	1985.1—1987.3
	陈春元	副乡长	1986.1—1987.3
	王文模	副乡长	1987.3—1995.10
	林统贵	副乡长	1990.3—2001.1
	印松涛	副乡长	1996.3—2001.1
	钱跃梅	副乡长	1996.3—2001.1
	蒋卫红	副乡长	1999—2000.1
洋蛮河镇人民政府	单世来	镇　长	2001.2—2001.11
	殷智来	镇　长	2001.12—2004.7
	林统贵	副镇长	2001.2—2004.7
	印松涛	副镇长	2001.2—2001.12
	钱跃梅	副镇长	2001.2—2004.7
	许波荣	副镇长	2001.2—2004.7
	蒋卫红	副镇长	2001.2—2002.12
	丁智勇	副镇长	2001.2—2004.7
	王克如	副镇长	2001.12—2004.7
	刘兴来	副镇长	2002.12—2004.7
新生乡	洪永康	乡　长	1953.6—1957.10
	殷有山	副乡长	1953.6—1956.3
	许学英	副乡长	1953.6—1957.10
	夏隆基	乡　长	1957.10—1959.10

续表12-4

名称	姓名	职务	任职时间
新生乡人民委员会	吴松山	副乡长	1957.10—1959.10
新生人民公社管理委员会	夏隆基	社长	1959.10—1960
	王焕甫	社长	1961.12—1967.3
	范平	副社长	1959.10—1964.2
	崔益钿	副社长	1959.10—1962.10
	王开富	副社长	1959.10—1964.2
	翟明山	副社长	1964.2—1967.3
新生人民公社革命委员会	钱寿余	主任	1968.2—1969.8
	郑文恺	主任	1969.8—1970.10
	李玉海	主任	1971.1—1971.11
	明正高	主任	1971.11—1980.8
	李群生	主任	1980.8—1981.12
	丁忠荣	副主任	1968.2
	崔益钿	副主任	1968.2—1969.8
	韩松贵	副主任	1968.2
	田宝安	副主任	1969.6—1971.5
	张永明	副主任	1970.11—1972.5
	吉久成	副主任	1972.2—1976.1
	景耀春	副主任	1973.11—1975.9
	朱培德	副主任	1976.10—1981.12
	李存山	副主任	1976.10—1980.8
	阙广明	副主任	1976.10—1978.8
	吴其和	副主任	1977.8—1979.9
	王焕甫	副主任	1978.5—1981.12
	管纯友	副主任	1979.12—1981.12
	崔广钿	副主任	1980.8—1981.12
新生人民公社管理委员会	朱培德	主任	1981.12—1983.10
	王焕甫	副主任	1981.12—1983.10
	崔广钿	副主任	1981.12—1983.10
	管纯友	副主任	1981.12—1983.10
新生乡人民政府	管纯友	乡长	1983.10—1990.3
	李鉴	乡长	1990.3—1993.11
	王旭东	乡长	1993.11—1994.11
	王骅	乡长	1994.12—1996.3
新生乡人民政府	单世来	乡长	1996.3—2001.1
	曹学勤	副乡长	1983.10—1987.3
	史传太	副乡长	1983.10—1985.1
	朱德录	副乡长	1983.10—1985.1
	何家淦	副乡长	1985.1—1990.3
	李德茂	副乡长	1986.1—1987.3
	田宝意	副乡长	1989.4—1993.2
	卢惠根	副乡长	1990.3—1993.2
	葛坤武	副乡长	1993.2—1994.12
	仲明	副乡长	1993.2—1996.3
	单世来	副乡长	1994.4—1996.3
	蒋德凤	副乡长	1994.12—1995.11
	周永梅	副乡长	1996.3—1998.11
	仲兆进	副乡长	1996.3—1998.11
	许波荣	副乡长	1999—2001.1
	徐祝军	副乡长	1999—2001.1
	丁智勇	副乡长	1999—2001.1
西场乡	缪吉元	乡长	1953.6—1956.3
	杭宜和	乡长	1956.3—1957.10
	阙广根	副乡长	1953.6—1956.3
	杭永生	副乡长	1953.6—1956.3
	于秀林	副乡长	1953.6—1956.3
	阙广根	副乡长	1956.3—1957.10
	杭永生	副乡长	1956.3—1957.10
	顾维庭	副乡长	1956.3—1957.10
西场乡人民委员会	申子高	乡长	1957.10—1959.1
	娄一鸣	副乡长	1957.10—1959.1
	储俊	副乡长	1957.10—1959.10
西场人民公社	娄一鸣	社长	1959.1—1960.10
	王俊甫	社长	1960.10—1961.12
	刘一平	社长	1961.12—1962.10
	穆志明	社长	1962.10—1963.4
	倪方云	社长	1963.4—1966.2
	严树发	社长	1966.2—1967.3
	王焕甫	副社长	1959.10—1960.10

续表12-4

名　称	姓　名	职　务	任职时间	名　称	姓　名	职　务	任职时间
西场人民公社	军　政	副社长	1960.6—1962.10	西场镇人民政府	王希成	镇　长	2002.12—2005.5
	陆子文	副社长	1961.11—1962.10		景月琴	镇　长	2005.5—2006.6
	李开太	副社长	1963.4—1967.3		张忠宏	镇　长	2007.3—2008.5
	王资江	副社长	1966.2—1967.3		储明星	镇　长	2008.5—2010.11
	范从如	副社长	1966.3—1967.3		严长军	镇　长	2010.11—2011.12
西场人民公社革命委员会	程奎中	主　任	1968.3—1970.6		张长贵	副镇长	1986.1—1989.12
	沈朝新	主　任	1970.5—1970.10		许映成	副镇长	1986.1—1995.3
	朱道祥	主　任	1970.10—1975.11		张加旺	副镇长	1986.1—1987.3
	范　平	主　任	1976.1—1981.8		章祥来	副镇长	1987.3—1995.3
	吴庆云	副主任	1968.3—1971.4		仲延官	副镇长	1987.3—1990.3
	严树发	副主任	1968.3—1972.8		葛增杰	副镇长	1990.3—1993.2
	章祥辉	副主任	1968.3		刘德山	副镇长	1990.3—1992.4
	范　平	副主任	1969.8—1976.1		王万章	副镇长	1992.3—2000.4
	崔益钿	副主任	1976.10—1981.12		王旭东	副镇长	1992.4—1993.11
	夏隆基	副主任	1976.10—1978.9		周建华	副镇长	1993.7—1999
	王声甫	副主任	1976.10—1977.3		仲　明	副镇长	1996.3—1999
	王文模	副主任	1976.10—1981.12		李存玉	副镇长	1996.3—2000.4
	尤宝贤	副主任	1976.10—1979.1		严志林	副镇长	1999—2000.4
	储友龙	副主任	1978.5—1979.9		杨中林	副镇长	2000.6—2007.12
	王怀律	副主任	1979.1—1981.12		蒋德凤	副镇长	2000.6—2011.12
	郭文润	副主任	1979.4—1981.12		徐祝军	副镇长	2000.6—2011.12
西场人民公社管理委员会	叶希华	主　任	1981.12—1983.9		吴建华	副镇长	2001.12—2002.12
	王怀律	副主任	1981.12—1983.5		王克如	副镇长	2004.8—2006.3
	许映成	副主任	1981.12—1983.9		朱小翔	副镇长	2004.8—2007.12
西场乡人民政府	叶希华	乡　长	1983.9—1985.12		唐友根	副镇长	2007.12—2009.3
	张长贵	副乡长	1983.9—1985.12		黄　亮	副镇长	2007.12—2009.12
	许映成	副乡长	1984.2—1985.12		陈　勇	副镇长	2008.5—2011.12
	张加旺	副乡长	1984.2—1985.12		程瑞琴	副镇长	2009.6—2011.3
西场镇人民政府	叶希华	镇　长	1986.1—1989.11		丁智勇	副镇长	2010.11—2011.12
	吴金贵	镇　长	1990.3—1992.4		扶　晓	副镇长	2011.3—2011.12
	何加淦	镇　长	1992.4—1996.3	壮志乡	王　云	乡　长	1953.6—1956.3
	章祥来	镇　长	1996.3—1997.11		蒋崇山	乡　长	1956.3—1957.10
	储呈平	镇　长	1997.11—1998.11		范迪宏	副乡长	1953.6—1956.3
	仲　明	镇　长	1999.2—2000.4		高锦全	副乡长	1953.6—1956.3
	陈　杰	镇　长	2000.4—2002.12		邵友圣	副乡长	1953.6—1956.3

续表12-4

名称	姓名	职务	任职时间	名称	姓名	职务	任职时间
壮志乡	王　云	副乡长	1956.3—1957.10	壮志人民公社革委会	吉久成	副主任	1979.1—1981.12
	高锦全	副乡长	1956.3—1957.10		仲兆和	副主任	1979.12—1982
壮志人民公社	翟明山	社　长	1957.10—1962.1	壮志人民公社管委会	吉久成	主　任	1981.12—1983.9
	储祥庆	社　长	1962.1—1963.4		李德茂	副主任	1981.12—1983.10
	杨雪华	社　长	1963.4—1967.3	壮志乡政府	范迪光	乡　长	1983.10—1985.1
	范迪宏	副社长	1956.3—1967.3		仲跻章	乡　长	1985.1—1990.3
	张久旺	副社长	1959.10—1962.10		季永康	乡　长	1990.3—1993.11
	张　斌	副社长	1959.10—1962.10		徐兆熊	乡　长	1993.11—1998.11
	翟明山	副社长	1962.1—1964.2		陈　杰	乡　长	1998.11—2000.4
	范　平	副社长	1964.2—1967.3		杨根祥	副乡长	1983.10—2000.4
	范　平	副主任	1968.2—1969.8		季永康	副乡长	1985.1—1987.3
壮志人民公社革委会	韩永琪	主　任	1968.3—1970.9		崔广余	副乡长	1986.12—1990.3
	吴庆云	主　任	1971.4—1980.2		杨兴建	副乡长	1990.3—1998.11
	张信楼	主　任	1980.2—1981.12		许波荣	副乡长	1990.3—1996.3
	刘全稳	副主任	1968.3		仲跻和	副乡长	1994.3—1994.12
	周文余	副主任	1968.3		周永梅	副乡长	1994.11—1995.11
	杨雪华	副主任	1976.10—1977.8		杨中年	副乡长	1996.3—2000.4
	李德茂	副主任	1976.10—1981.12		蒋德凤	副乡长	1998.11—2000.4

附：经济联合委员会

1983年，农村基层体制进行改革，在撤销公社的同时成立乡人民政府、经济联合委员会（简称经联委，是一个农、副、工、商、运、建、服经济联合体）。经济联合委员会由乡人代会选举产生，设正、副主任，下设一室三公司：经营管理办公室、农业服务公司、工业联合公司、多种经营服务公司。村相应成立村经济联合公司，村经济联合公司由村民代表选举产生。

经联委主要任务是在以计划经济为主、市场调节为辅方针指导下，搞好所属合作经济的产、供、销，发展农、林、牧、副、渔，发展乡村工业，办好农村商业，搞好农村经济，组织农、工、商联合经营，保证国家下达的各项生产计划和征购任务的完成，努力增加农民收入。

1985年11月，根据上级指示，境域经济联合委员会撤销班子，保留牌子，其大部分职能划归乡人民政府相关机构行使，境域经济联合委员会实际上有名无实。

二、人　事

1949年，县对乡级干部使用以区定编，一般每区定编33人，每乡有乡长、指导员等列入编制。1954年，全县紧缩机构，每区定编缩为20人。1956年，县编制委员会建立，乡干部由县编委审定。1984年后，机关企事业单位及乡镇选拔干部逐步实行聘用制，行政单位、事业单位、企业单位、中小学教师陆续有人被聘用。政府各职能部门有的也先后转为行政部门，七所八站（七所：财政所、派出所、司法所、土管所、粮管所、邮电所、保险所；八站：农经站、农技站、农机站、蚕桑站、水利站、文化站、广播站、企管站）在行政体制上进行一系列改革，部分所、站垂直管理，人事、工资、业务等由上级主管部门负责，党组织关系属地方党委。90年代中期，乡镇配备人事助理，由上级人事部门布置任务并开展工作。

镇人事管理工作一般双重领导，编制人员由县委、县政府（县编制办）审定。镇负责人由县委、县政府任命，按规定程序进行选举；部门干部由组织人事部门调配任命；实行双重领导事业单位，以业务主管部门为主的，由业务主管部门与乡镇协商后上报县编办核定备案；镇以下街道、村级干部由党委按有关规定配备和管理；企业干部配备和用工在未改制前由工业主管部门提出意见交党委政府研究讨论，集体决策，企业改制后由法人代表自行确定。

2001年9月，乡镇事业单位机构改革，实行定岗定员和人员竞争上岗。城东镇按照“带职分流、定向培训、充实基层、优化结构”基本原则，采取措施，分流人员，从严执行退休制度和离岗退养、提前退休政策，选调合适人员到企事业单位工作，机关借用人员一律回原单位工作，部分人员通过竞争上岗的办法分流到机关或事业单位。

2001年城东镇各服务站编制控制数及定编情况表

表12-5　　单位：人

<table>
<tr><th>服务站名称</th><th colspan="3">编制控制数</th><th>乡镇（主管部门）申报数</th></tr>
<tr><td rowspan="5">农业技术服务站（兽医站）</td><td colspan="2">合　计</td><td>11～24</td><td>9</td></tr>
<tr><td rowspan="4">其　中</td><td>农　技</td><td>4～9</td><td>—</td></tr>
<tr><td>多　服</td><td>3～7</td><td>8</td></tr>
<tr><td>能　源</td><td>1</td><td>1</td></tr>
<tr><td>兽　医</td><td>3～8</td><td>—</td></tr>
<tr><td rowspan="4">农村经济服务站</td><td colspan="2">合　计</td><td>5～15</td><td>20</td></tr>
<tr><td rowspan="3">其　中</td><td>经　管</td><td>2～5</td><td>9</td></tr>
<tr><td>企　管</td><td>2～10</td><td>9</td></tr>
<tr><td>统　计</td><td>1</td><td>2</td></tr>
<tr><td rowspan="3">农村社会保障服务站</td><td colspan="2">合　计</td><td>2～4</td><td>3</td></tr>
<tr><td rowspan="2">其　中</td><td>农　保</td><td>1～2</td><td>2</td></tr>
<tr><td>劳动人事（老三镇社会保险）</td><td>1～2</td><td>1</td></tr>
<tr><td rowspan="3">水利服务站（农机站）</td><td colspan="2">合　计</td><td>5～10</td><td>12</td></tr>
<tr><td rowspan="2">其　中</td><td>水　利</td><td>2～4</td><td>6</td></tr>
<tr><td>农　机</td><td>3～6</td><td>6</td></tr>
<tr><td rowspan="3">文化服务站（党校）</td><td colspan="2">合　计</td><td>2～5</td><td>2</td></tr>
<tr><td rowspan="2">其　中</td><td>文　化</td><td>1～3</td><td>1</td></tr>
<tr><td>党　校</td><td>1～2</td><td>—</td></tr>
<tr><td>计划生育服务站</td><td colspan="2">合　计</td><td>2～4</td><td>5</td></tr>
<tr><td rowspan="3">土地管理服务站（建设管理服务站）</td><td colspan="2">合　计</td><td>4～9</td><td>10</td></tr>
<tr><td rowspan="2">其　中</td><td>土　管</td><td>2～4</td><td>5</td></tr>
<tr><td>建　设</td><td>2～5</td><td>5</td></tr>
<tr><td>广播电视服务站</td><td colspan="2">合　计</td><td>3～4</td><td>5</td></tr>
<tr><td>社区服务站</td><td colspan="2">合　计</td><td></td><td>64</td></tr>
</table>

2001—2009年，城东镇党委政府有组织、有领导、有计划地对机构改革中的编余人员进行安置，同时对事业单位人员实行竞争上岗。竞争上岗的程序和方法包括宣传发动、组织报名、资格审查、面试测评、组织考察、确定人选、上报审批、宣布任职。

城东镇内企业改制后，人事及企业用工由企业法人代表自行确定。对于街道和村级干部的管理由党委、政府组织人事部门负责。村级干部报酬由过去的村统筹上交中解决转变为由财政转移支付。村级干部的养老保险实行财政补贴办法，逐步解决其后顾之忧。

2011年，城东镇内设机构进一步完善，体制机构不断创新。12月开展唯才是用、唯贤是举中层干部竞岗活动，历时1个月。全镇有202人报名，经过资格审查、面试、测评、考试、票决、公示等程序的层层选拔，最终确定聘任股级副局长（副主任）22人，股级组长31人，副股级副组长33人。其中，属于提拔的37人，另有20人是借用人员及编外人员。

三、信　访

1995年《国家信访工作条例》公布后，南屏、立发、新生、韩洋、西场、壮志六乡镇信访工作由乡镇办公室秘书兼任或代理。2001年城东镇建立后，信访工作由党政办公室负责接待处理。2004年6月，城东镇建立信访办，由党委秘书何家稳任信访助理。2006年6月，储祥国任信访助理。2010年12月，镇信访办又增加一名工作人员。信访办主要协调处理镇境域内来信来访，特别是协调处理越级上访事件。2007—2011年，处理越级上访162起，其中北京19起、南京43起、南通14起、海安县86起。

镇日常信访接待由信访办具体负责，一般问题当场与所涉及的街道、村进行沟通协调处理，疑难问题及时向来访群众答复或约期答复；对群众上访书信信访（包括省、市、县领导信箱），按照上级领导的批示及时处理，处理结果由镇信访办按要求向上级报告。每天对群众的来信、来访逐件登记，以便查考。对上访主要反映落实政策、房屋、土地界址纠纷、待遇享受、拆迁、生活困难、

图12-3　2011年城东镇信访维稳工作会议
（储成来/摄于2011年11月）

干部作风等事关群众利益问题，镇信访办认真接待，做到事事有交待，件件有落实。2008年为迎接北京奥运会召开，从当年开始每月第一个星期日为县领导下访日，县长单晓鸣到城东镇下访。县领导下访日制度实施后缓解了上级信访部门的接访压力。2010年11月1日，县12345公共服务呼叫中心正式开通，信访人可以通过电话反映诉求，县12345公共服务呼叫中心再从电子政务网上交办到各镇，城东镇12345信访件由信访办负责协调处理，并限期通过电子政务网回复到县12345公共服务呼叫中心。2011年4月10日，县长单晓鸣在下访时接待南屏村20组、21组群众代表5人反映县广电中心拆迁问题。5月25日，县委书记章树山应七星湖上市土地拆迁户的约请接待开屏村19组拆迁户代表，对全镇拆迁工作起到很好的推动作用。

第三节　村民委员会

一、政社合一体制

民国29年（1940年）10月，抗日民主政府成立后，县区以下建立乡、村两级组织，乡、村长的人选实行任命制。新中国成立后，1953年9月，境域各乡先后举行第一次普选，民主选举人民代表，调整乡村干部。1954—1958年，各基层村普遍实行合作化，成立初级农业生产合作社，

后升为高级农业生产合作社。1958年9—11月，境域各乡先后成立人民公社，各高级社改为生产大队。生产大队以下有若干个生产小队。大队设有大队长、大队会计、民调、治保。生产队设有队长、副队长、会计、委员5~7人。80年代后，农村实行联产承包责任制后，生产队逐步合并为几个队合用一名专业会计。1984年，土地承包期延长15年不变后，每个大队精简为一名大队会计。生产大队的建置至1983年8月撤社建乡结束。

二、村民自治体制

1983年8月后，境域各人民公社撤社建乡，乡以下均以原大队建村，村建立村民委员会，改变1958年以后实行的政社合一管理体制。

境域原6个乡成立80个村民委员会，其中南屏乡14个、立发乡10个、韩洋乡13个、新生乡14个、西场乡18个、壮志乡11个。2001年4月，村级区划调整，境域由原来的80个村委会调整为31个村委会。

村委会由主任、副主任和委员3~7人组成，其成员由村民直接选举产生。村委会每届任期3年，其成员可以连选连任；村委会以下分设若干村民小组，小组长由村民小组会议推选。

2004年城东镇第二次组建后，于2004年、2007年和2010年进行第七、八、九届村委会换届选举工作。2004年第七届村委会换届选举，泰宁村在海安首家尝试无候选人直接选举办法，一次性选举成功。南通市委组织部、南通市民政局，县委、县委组织部、民政局领导等到会观摩。2005年，城东镇被南通市命名为“村民自治模范镇”。2007年，第八届村民委员会换届选举又在泰宁、开屏两村实施无候选人直接选举，选举产生第八届村民委员会。2010年，第九届村民委员会换届选举，泰宁、开屏、洋蛮河、民桥4个村实行无候选人直接选举，南通市委组织部、市民政局和县政府、县委组织部、民政局领导等到泰宁村直接选举现场观摩。村委会民主选举结束后，镇认真抓好各村村民自治工作，组织各村制定村民自治章程、村民民主理财制度、村民议事制度，建立健全各村委会下属的工作委员会及下属各工作委员会工作制度，实行“三自四民主”，从而保障村民自治工作有序开展，为全镇农村稳定和经济发展提供了组织保证。

图12-4　2010年4月16日开屏村举行第九届村民委员会选举大会　（镇民政办/提供）

第四节　政事纪略

一、“三反”“五反”

1951年12月，县委就“关于开展增产节约，反贪污、反浪费、反官僚主义运动”的“三反”发出指示，境域各乡全面开展“三反”运动。1952年2月，运动进入“打老虎”阶段（贪污分子称“老虎”），并向纵深发展，各单位对犯有贪污错误的“老虎”进行追赃定案。是年春，按照中央、省、地委指示，县委组成工作组在工商界开展“反行贿、反偷税漏税、反盗骗国家财产、反偷工减料、反盗窃国家经济情报”的“五反”运动。发动广大职工和居民检举不法商人的“五毒”行为，同时对合营企业进行整顿。对工商业户进行排队分类，划为四个等级：守法户、基本守法户、半守法户、严重违法户，并根据排查情况，限制和打击不法工商户的“五毒”行为。通过“五反”运动促使工商业沿着健康的道路发展。是年5月，境域“三反”运动进入定案、追赃阶段，8月“三反”运动结束。

二、“大跃进”

1957年12月，县委成立反右领导小组，与整风领导小组合署办公，开展反右斗争。1958年2

月，形成全民性的整风“反右”运动，并进行“大鸣、大放、大辩论”。1958年5月夏收期间，城乡兴起一阵虚报高产、竞放高产“卫星”的浪潮，并用大幅标语宣传“人有多大胆，地有多高产”，公开批判“粮食增产有限论”。7月7日，境域党员出席在海安中学召开的全县党员大会，历时4天。会议要求每个党员至少团结10户人家，在群众运动中起带头和先锋作用。7月13日，中共南屏乡委员会在胜利社第四队大场召开群众大会，全乡每户当家人出席，学校全体老师、四年级以上学生、各单位负责人同时参加大会。会上举行打擂台和挑应战活动。8月19日，南屏乡佘庄、双渔等13个农业社，在全县率先集中523人集体食宿，实行组织军事化（班、排、连、营建制），劳动战斗化（实行大兵团作战），生活集体化（集中食宿），“大跃进”发展到一个新阶段。8月，各乡组织人员参加大炼钢铁运动，同时组织156人支持南通钢铁联合企业，确保钢铁生产“大跃进”。9月，全面实现人民公社化，南屏、立发、韩洋、新生、西场、壮志分别成立政社合一的人民公社。人民公社采取大兵团作战方法从事工农业生产，动辄夜以继日，连续作战。强调公社生产自给，努力扩大公社内部的产品分配。农村原有的小商小贩、集市贸易以至家庭副业都作为“资本主义尾巴”加以取缔。10月，县委提出“放开肚皮吃饭，鼓足干劲生产”的口号，并要求三麦亩产达到1500公斤的高指标。各公社在秋播中，提出“深耕不达一尺五，种子坚决不下土”的要求，各公社连续放深翻卫星（秋播翻土深，速度快，称放深翻卫星）。在此期间，各公社男女劳力实行组织军事化、生活集体化。队与队、社与社之间劳动力大调动，“跑步进入共产主义”。10月31日，南屏公社将南屏民兵团基干营300人集中食宿。油粮户口统一转给基干营，劳武结合，军事训练，各项运动搞突击，放样子。11月1日，立发等公社宣布：实行基本生活供给制——吃饭不要钱，同时实行理发、看病、上学、读报不要钱。各地普遍办起食堂、托儿所、幼儿园、幸福院。“大跃进”运动受“浮夸风”“共产风”“高指标”“瞎指挥”影响，极大地挫伤农民积极性，农业生产一度处于低潮。1959年1月，县委贯彻中共中央《关于人民公社若干问题的决议》，开始纠正一些“左”的错误，并成立整社办公室，到4月各社整社结束。这次整社未能完全纠正“左”的错误，但对制止“浮夸风”“共产风”起了一定的积极作用。

三、农业学大寨

1964年，全国迅速掀起农业学大寨高潮。1965年3月，海安组织报告团到各公社宣传大寨精神，并分三批组织公社党委书记去大寨参观学习。各公社按县委要求，联系实际，制定学大寨精神、走大寨之路的规划和措施，分别召开党员干部和社员会议，全面掀起农业学大寨的高潮。每年冬春季节，境域各公社都组织动员民工，开展冬春水利建设，战高沙、治盐碱、筑大圩、平整土地、疏浚河道、疏通水系、大搞农田基本建设，为农业的发展奠定了基础。

“文化大革命”中，境域各公社始终坚持开展工业学大庆、农业学大寨、全国学人民解放军群众运动。1967年，在批判“三自一包”“四大自由”“工分挂帅”“物质刺激”高潮中，《农村人民公社工作条例（修正草案）》（简称农业六十条）的实施，受到极“左”思潮的干扰，少数人认为贯彻“六十条”是走回头路，不少地方刮起收回社员自留地之风。在此同时，大寨式劳动管理在各地推行。劳动工分采取“自报公议”或十天半月一评，或两日三日一议。在班组劳动中，自己要把“突出政治、工作表现、劳动态度”等各方面情况综合后，报出自己一天得多少工分，然后大家评议。有的甚至把能背几条毛主席语录会唱几首语录歌都作为评工议分的标准。分配中平均主义泛滥，干多干少一个样。1970年，各公社在学大寨运动中大搞农田水利。挑河挖沟，平整土地，努力建设水旱轮作、旱涝保收的高产稳产农田。大力发展多种经营，养猪养蚕，不断增加农民收入。1971年，中共中央重新肯定“六十条”，停止大寨式劳动管理，各公社普遍实行“五定”（定劳力、任务、质量、工分、时间）到组，责任到人，进一步稳定农村的生产秩序。

1974年2月，在海安县农业学大寨经验交流会上，南屏公社光明大队党支部作了“继续革命不停步，蚕茧连年夺丰收”介绍。为了探索粮棉增产高产的路子，改变生产条件，实行科学种田，县革委会派出蹲点工作组，将立发公社界墩大队作为5个样板点之一。海安区各公社经常在此召开现场会，及时推广他们的经验。

1976年初，境域各公社组织干群听取县农业学大寨报告团的宣讲。2月22—24日，南屏公社召开农业学大寨先进代表大会，总结1975年学大寨经验，落实1976年任务，同时学习中共中央〔1975〕23号、26号文件。境域各公社各级干部深入基层，和社员同吃同住同劳动，农业学大寨出现新的高潮。1978年12月至1980年10月，农业学大寨活动逐步停止。

四、“四　清”

八届十中全会后，党中央决定在城乡发动一次普遍的社会主义教育运动，在农村进行以“四清”（清理账目、清理仓库、清理财物、清理工分，后期在城乡称为“清思想、清政治、清组织和清经济”）为主要内容的社教活动。1963年9月27日，县委根据上级指示，决定分批开展社教运动。

1964年2—4月，南屏、立发、韩洋、新生、西场、壮志作为面上社教运动的公社（每个公社一个大队为试点）。运动分阶段进行：阶段教育，干部“洗手洗澡”（指自己交代存在的缺点错误），自觉清政治、清思想、清经济、清组织；两条道路斗争教育，处理超出政策规定的自留地和副业单干问题；总结生产经验教训，修订落实农副生产计划；开展“评功摆好”和比学赶帮运动。

1964年，南通地委社教工作团分两批在海安县范围内进驻。12月12日，第一批社教工作分团进驻南屏公社。1965年1月22日、2月18日、2月28日、3月4日、3月7日分别召开全公社三级干部大会，动员、部署社教工作。3月26—28日，在胜利13队大场召开6000多人三级干部大会，内容为查上当、放包袱、比革命、表决心。会上有7人放包袱，工作队宣布部分人员解放。以后经过“四清”（清工分、清账目、清物资、清仓库称小“四清”）、对敌斗争、组织建设等阶段，9月基本结束。

1964年底1965年初，中央制定的《农村社会主义教育运动中目前提出的一些问题》（简称23条）规定，城市和乡村的社教运动，一律称为“四清”（清政治、清经济、清组织、清思想）运动。到1966年春，各公社都进行“四清”，广大干部群众受到一次社会主义教育，挽救了部分犯错误干部，对于纠正干部多吃多占、强迫命令、欺压群众等作风和集体经营方面的许多问题起到积极作用，但打击面过大，有一些基层干部受到不应有的伤害。

五、“文化大革命”

1966年5月，“文化大革命”开始。6月29日至7月8日，境域各公社、大队干部、部分团支部党员书记、贫协主席参加县委召开的三级干部大会，会上确定在南屏公社凤凰等4个大队进行试点。7月12日，县委根据中央、省委指示，制定开展“文化大革命”总体计划，确立分条分线，分期分批开展“文化大革命”运动。7月22日、8月5日，利用暑假，初中和小学的教职员工分两批到县集训，分4个阶段进行。在工作队的掌控下，实行“大鸣、大放、大辩论”，贴出大字报10多万张。在训练班上，斗私批修，触及灵魂。集训至10月10日结束，部分干部、教师被错定为“反党反社会主义反毛泽东思想”分子。学校教学秩序被打乱，有的被迫停课。

8月，境域和全国一样迅速掀起狂热的红卫兵运动，中学建立红卫兵组织，小学建立红小兵组织。青少年学生纷纷走出校门，冲向社会，大破“四旧”（旧思想、旧文化、旧风俗、旧习惯），将

图12-5　欢庆粉碎“江青反革命集团”大会
（杨一秋/摄于1976年10月）

大队名、校名改为“红星”“永忠”“东方红”等名称。一些居民被抄家，一批文物、书画遭到破坏。9月18日，境域各公社党委委员以上干部参加县委召开的学习传达中央《关于县以下农村文化大革命的规定》和《关于抓革命、促生产的通知》会议，决定立即停止破“四旧”行动，把各种力量组织起来，投入到生产第一线去。12月15日，中共中央发出《关于农村文化大革命的指示（草案）》（简称“农村十条”）。“文化大革命”扩展到农村。农村生产队经常开展“大批判”，批判地（地主）、富（富农）、反（反革命分子）、坏（坏分子）、右（右倾分子），但农业生产活动仍正常进行。

1967年1月，公社、大队均建立造反组织，纷纷“夺权”，各级党政机关受到冲击，负责人被罢官，各级党组织被迫停止活动。造反组织建立后，主要任务是写大字报，办大批判专栏，造“修正主义路线”的反，对单位、社队当权派先是答辩，继而揪斗。造反组织之间围绕“革”与“保”展开斗争，有的则相持不下，发生争吵，甚至斗殴。

1967年3月，海安由各方“造反派”、人民解放军、革命领导干部组成三结合临时权力机构——海安县抓革命促生产指挥部。各公社也普遍建立革命生产领导组。12月4—7日，海安两派群众组织围绕封闭和拆封“海县指”发生武斗。立发公社太平大队农民杨树仁在武斗中被刺死亡。是年，从城镇到农村，从单位到家庭普遍开展“三忠于”“四无限”活动（忠于毛主席、忠于毛泽东思想、忠于毛主席的革命路线；无限忠于毛主席、无限热爱毛主席、无限敬仰毛主席、无限崇拜毛主席），到处扎“忠”字门，家家门上贴“忠”字，人人跳“忠”字舞，并做到“三前一祝”：饭前、上班、上工前向毛泽东像鞠躬，唱《东方红》，祝毛泽东万寿无疆。

1968年8月，各公社举办“清队”学习班，搞逼、供、信，有干部群众含冤被迫害致死，极“左”思潮泛滥。1969年1月，所有公办中小学下放到公社、大队来办，教师回原籍，社会秩序逐步恢复。

1971年6—8月，开展“批陈整风”和“批修整风”。10月，开展“批林整风”，批判林彪反革命集团罪行。1976年10月，党中央彻底粉碎江青反革命集团，从而结束了历时10年之久的“文化大革命”。境域内各公社均举行游行，热烈庆祝粉碎“江青反革命集团”的伟大胜利。

第十三章 军 事

城东境域自古为兵家必经和必争之地。春秋时期,吴、鲁、卫、宋相会于郧,汉代,“吴凿邗沟导淮入海”。唐时,开国将军尉迟敬德率部在此驻营,设帅府于西场惠民寺。元至正二十五年(1365年),平章常遇春于海安镇筑城后,城东境域是海安城的东面、南面门户。明初置海安巡检司后,在通扬运河北岸纤道边筑“信墩”;在西场建营房,设“营墩”,驻军以备海防。明嘉靖三十八年(1559年),浙江海道兵备副使刘景韶领兵于西场古道迎战倭寇。抗日战争和解放战争期间,立发桥、葛家桥、西场、姚家码头一带曾一度成为敌、伪、顽的盘踞地,而农村则是中国共产党领导的新四军和地方部队经常活动和战斗的地方,敌我双方在此进行了长期的拉锯战。革命战争年代,中国共产党在此发展党员,建立党组织,成立游击小分队,建立民主政权,境域逐步发展成为中共领导下的红色地域。1949年1月初,境域人民武装斗争取得彻底胜利。

第一节 驻 军

一、封建武装

巡司弓兵 明太祖洪武三年(1370年),西场有巡司弓兵40名。

二、国民政府军队

国民政府军整编第四十九师 民国35年(1946年)8月6日,该师第一O五旅副旅长金亚安率部进占西场、丁所。

江苏省保安第二旅 旅长张翼,下辖二、四团,共3000多人。新四军东进前该旅曾驻立发、李堡一带。

三、人民军队

新四军苏北指挥部第三纵队 民国29年10月中旬,陶勇率第三纵队驻防在立发桥、李堡一线,准备向通如启海地区发展,下旬继续东进,向黄海边发展,活动于启东以北地区。

华中野战军第一师 师长兼政治委员粟裕,副师长陶勇,副政治委员王集成,参谋长梅嘉生。民国34年10月,苏浙军区第三纵队留守华中,与苏浙第一军分区两个团合并,组成华中野战军第八纵队,陶勇任司令员。民国35年5月,该部改番号为华中野战军第一师,下辖第一旅和第三旅。苏中战役期间,该师曾驻扎立发、西场、南屏等地。同年9月,该师北撤。

华中野战军第六师 师长兼政治委员谭震林,副师长王必成,副政治委员江渭清,参谋长张闯初。民国34年10月,以苏浙军区第一纵队为基础,组成华中野战军第六纵队,司令员王必成,政治委员江渭清。民国35年5月,改番号为华中野战军第六师,下辖第十六、十八旅。苏中战役时期,该师一度驻扎于丁所、西场、洋蛮河等地区。同年9月,该师北撤。

苏中军区第一军分区特务团 民国35年10月11日成立。团长彭桂卿,政委杨进。民国36年4月初,该团配合李栟战役,于西场一线阻击海安驰援之敌。

四、人民地方武装

抗日联防大队 民国33年（1944年）春，韩徐、练港、旱稼、卿云四乡民兵基干队组成抗日联防大队，由旱稼乡民兵大队长任联防大队长。

区乡小游击队 民国34年起，为在原地开展对敌斗争，境域内部分区、乡或几乡联合建立小游击队。小游击队在保田保粮保家，打击敌伪、还乡团、自卫队斗争中，均立下战功。

武装工作队 民国35年底，国民党军队控制海安大部分地区后，境域区、乡干部组成武装工作队，简称“武工队”。民国36年2月，各区武工队大部分返乡，坚持原地开展工作。西曈区还组织除奸突击队，开展除奸活动。武工队在敌后坚持武装斗争一年左右，到处打击地主还乡团、自卫队，开展土改复查，组织群众武装自卫，粉碎国民党军全面“清剿”计划。

区队（游击连） 民国36年7月，西曈区队成立，仲跻山任游击连连长。区队坚持原地斗争，多次配合东台县团和主力部队以及友邻区队打击地主还乡团、自卫队及国民党军。

五、国民党地方武装

还乡团自卫队 抗日战争胜利后，蒋介石发动全面内战。民国35年（1946年）5月，华中野战军在苏中地区取得七战七捷后，主动北撤。国民党军队趁机占领苏中，逃离解放区的地主、恶霸、流氓、乡保长，以及革命队伍中的一些叛变分子纷纷返回，组成还乡团、自卫队，以区、乡为团名，人数多少不等。他们以颠覆民主政权、破坏土改、实行阶级报复为目的，与国民党军队狼狈为奸，经常下乡抢粮，捕捉共产党员、革命干部、民兵和群众积极分子，无恶不作。民国36年，西场、立发桥、油坊头、葛家桥、蚂蟥沟、洋蛮河、练港、陆家堑、姚家码头等地均曾筑据点设碉堡，驻过还乡团、自卫队。

铁叉队 民国35年秋，国民党军队进占海安后，积极发展地方反动组织，部分乡村组织铁叉队，由乡保长负责，以乡保编制，由一些反动地主、富农分子、乡保长和自卫队、还乡团成员及其反动家属，纠集地方少数地痞流氓为主要骨干，采取威胁欺骗等手段，强迫部分群众参加，每保一两条枪，其余主要武器为木柄、竹柄的两齿铁叉，故名铁叉队。铁叉队由乡保长指挥，集中住宿，通宵巡逻。发现共产党活动，就敲打铜锣、面盆、火油箱，大喊“捉共匪”。铁叉队队员听到锣声，就带着铁叉四出活动，封锁道路，搜捕共产党员和地方武装人员、民兵，一时极为猖狂。也有不少铁叉队队员表面应付，暗地里掩护共产党及地方人员开展工作。后经各级人民武装打击，海安区、西曈区等地铁叉队全部瓦解。

联防中队 民国36年春，境域内常常几乡自卫队联合，成立联防中队。如东屏、立发、三民3个乡的自卫队成立联防中队，在洋蛮河东北姚家码头筑碉堡，企图中断共产党南北联络，消灭中共地方武装。

附：

1. 日伪军队

日军旅团青木大队和遍山满部 民国27年3月20日，日军旅团青木大队少佐川上率部侵占海安。4月4日，日军遍山满部又侵占海安河东地区。

伪二十六师 民国32年6月改编，隶属于伪第一集团军。师部直属队1200余人，其中迫击炮连驻西场，工兵连即便衣总队第一大队驻三里闸，另外两个大队驻十八步桥、西场、立发桥、柴湾等地。该师下属一〇一团，团长陈延益，全团1000余人，团部和第三营营部及第八、九两连驻防西场，第七连驻洋蛮河。第三营营长葛国华、第二营营长李国兴率第二、三、四连和机枪连驻葛家桥、柴湾。下属一〇二团，第三营营部及第八、九连和机枪连及部分常备队驻立发桥。

伪三十五师教导旅 旅长徐容，下辖3个团。徐容率旅部驻栟茶，其部队分别驻扎丰利、角斜、李堡、丁所、沿口、立发等地。民国33年夏，移驻溱潼、罗村等地。民国35年1月，该部投靠国民党军队。

2. 日伪军暴行

民国27年4月18日，日军一汽艇由栟茶运河西行，在西场陆堑遭如皋县保安队袭击后，日寇从陆堑向西至印家码头，在沿河两岸用硫磺枪挨家放火，烧毁河南81户、河北70户人家房屋家产，周玉祥、许二小、王东宝和10名妇女、儿童被枪杀，张华寿被打伤。洋蛮河关岳庙同时被烧毁。

民国30年，驻海安一日军班长在立发桥东北强奸妇女，被高兴和怒捅一尖刀后捂着肚子逃跑，高兴和、高兴田兄弟及部分群众追赶打死该日军士兵。海安日军于4月24日到南屏周家庄、蚂蟥沟一带疯狂报复，将上百人赶到大场上，跪在地上，架起机枪，要人们交出日军班长，可谁都说不知道。问到赵兴仁的父亲赵振瀛时，他说了句“我不晓得，没法说”，被翻译转述成“他知道，不说”。日军当即打死赵振瀛。4月25日一早，又有一路日军到了高庄，杨树林妻子躲让不及，在坟地草丛里被日军一枪打在肚子上，肠子冒出来缠在荆棘上死去。日军放火烧了10来户人家和3座车篷后，又把赵松如、赵振山、赵振安、赵兴和、冯南金、范树芝6个人绑押到蔡子湾桥，先放火烧赵万民、赵万钟的几十间住房，然后进入赵如兴家，叫6人将草、木柴捧进房子里，接着将6个人都关进房子用草绳捆在一起，日军从外面向房子里投1枚手榴弹，炸伤了赵松如，又放枪打掉范树芝的1块耳朵边。绳子被炸断后，范树芝、赵振安从东山墙洞里爬出去，其余4人全被烧成灰烬。日军随后又去周家庄将吴善之、保奶奶、张希来3家放火烧光。

据不完全统计，境域被日伪军杀死99人，伤残8人。被日伪军烧毁房屋1220间，其中草房949间，折算银圆4.75万元；瓦房197间，折算银圆2.36万元；猪舍92间，折算银圆3680元；关岳庙1座，折算银圆8500元；私塾学校1所，折算银圆250元；砍树木15.25万棵，折算银圆30.5万元；绑票8030银圆；另损坏木桥两座，烧毁家具、农具等计1.62万件，损失耕牛53头、猪884头、羊264只、鸡鸭3090只、鸡蛋3000多斤，损失稻谷、黄豆、麦类等和生活日用品无法计算。

第二节　民　　兵

一、参　战

民国16年（1927年）冬，境域南部地区即有贫苦农民秘密参加共产党领导的海安西南地区赤卫队活动。民国19年，亦有贫苦农民参加红十四军。民国29年8月，在新四军挺进纵队民运部领导下，周家庄一带青年农民成立抗日自卫大队。同年冬，海南区成立区队部，配备专任区队副。各区有数十人的游击连，作为区以下武装骨干力量，部分乡建立民兵大队及基干队。平时站岗放哨，由各乡民兵负责；小游击行动，由各区队独立进行。此外，还有抗日小自卫队、儿童团也经常参加站岗放哨。民国29年10月中旬，中共泰县县委迁驻海安。下旬，泰县抗日民主政府在海安成立，所辖立发、李堡等6个区建立抗日民主政权和党的区委会。黄桥决战后，新四军民运工作队到境域东部韩徐、东屏、三民、范庄等各小乡开展民运工作，成立农抗会，建立抗日自卫大队。11月，泰县县委派1个武装班到境域东部宣传抗日，动员参军，组建多乡抗日联合自卫大队。年底，各小乡民兵分队举办识字班、出墙报、成立歌咏队，自编自唱抗日歌曲，发动群众做军鞋、缴公粮，支援前线打日军；建立游击小分队，展开对敌斗争。民国30年7—8月，泰东县委组织青年男女学生成立泰东服务团，派俞铭璜等到李堡西乡，指导农民开展减租减息斗争。在各乡党组织发动下，民兵非常活跃，夜里挖公路、割电线、筑坝、支档子，使日伪军无法通车、通航和通话。有的还拆敌人炮楼，拆地主房子。直天港、牌楼口一带民兵经常真枪实弹跟日伪展开游击战。民国31年10月，海南区举行全区民兵检阅，境域西南各乡民兵全部参加。年底，邢白、孙颂山、苏明等深入敌伪活动猖獗的新运、立发、练港等乡开辟新区，发展民兵，培养骨干，发展党员。民国32年春，各乡民兵广泛开展反“清乡”、反“扫荡”斗争，挖战壕、埋地雷。民国33年春，韩徐、练港乡民兵基干队组成抗日联防大队。民国35年7—9月，境域内民兵配合主力部队作战，帮助华中野战军在公路上挖深沟陷坑，延迟国民党军队进攻速度。民国35年8月15日洋蛮河伏击战中，西场、嗹口两区各乡1000多名民兵配合主力部队作战，傍晚前后，沿栟茶河打捞和收缴武器，仅东屏乡民兵就打捞枪支100多支。栟茶河河南玉树乡老百姓得到敌人被歼灭消息时，奔走相告，庆贺胜利，听说尚有小股残兵扑河向南逃窜时，又纷纷拿起刀叉、棍棒作武器，走出家门，堵截敌人南逃。农民积极分子沈锡成正在一块玉米田边巡逻时，忽然看见一个黑影在田边晃动，他估计是南逃残兵，顿时警惕起来。他站在田边，使劲地敲响手中的破竹棒，发出“叭叭叭”响声，嘴里连声喊道：“缴枪不杀！”那家伙以为是追兵来了，吓得丧魂落魄，慌忙丢下手中武器，向南逃窜。沈锡成眼尖腿快，上前一看，原来丢下的是一挺轻机枪，连忙扛起来。他把机枪交给政府，得到嘉奖。在李堡战斗中，西场、嗹口两区共组织1200多副担架支前，民兵5000多人次参战。华中野战军主力北撤后，境域民兵于原地开展武装斗争，不断袭击敌人，多次粉碎国民党军队和地方还乡团的“扫荡”“顽化”阴谋。民国37年2月14日，西嗹区13乡群众2000多人欢度元宵节，在西场镇敌据点前演节目、放鞭炮，散发标语、传单5000多份。

二、组织建设

民国29年（1940年）后，立发区所辖各乡民兵组织相继建立。民国30年底至31年4月，各乡先后成立民兵大队，其中精干的民兵组成基干队，并配枪支弹药（大多是地主保长家的枪支）。新中国成立后，民兵组织逐步健全。1952年，境域各乡根据防匪、防特、维持社会治安的需要，按照人数多少，分别建立民兵小队、中队、大队。

1953年4月16日，海安县开始实行普遍民兵制，并在立发区进行试点。1958年9月后，各公社建民兵团，并设基干营，各大队建立民兵营，各生产队建立民兵排，境域有民兵团6个，基干营6个，民兵营81个。

1960年4月，各公社建民兵师，先后召开民兵师建师万人大会。1962年6月后，各社民兵整组。1965年8月至1966年1月，6个公社先后重建民兵团，成立武装营，公社社长任民兵团团长，公社党委书记任民兵团政治委员。1969年9月，经县革委会、县人武部同意，六公社建立地方武装部队，编成海安县民兵独立团某营某连。1973年6月，南屏、韩洋、立发、新生、西场、壮志6个武装连全部授枪。1979年，南屏通信连成为全县民兵两个重点通信连之一。1980年后，压缩民兵和基干民兵数量，民兵训练数量减少。

1987年后，乡镇企业建立民兵组织，并成立民兵应急分队，民兵基层组织进一步落实。1993年后，每年开展一次民兵组织整顿工作。2000年，韩洋、立发、南屏、新生、西场继续进行民兵整组工作，确保民兵工作组织落实，通过整组，各乡将基干民兵编成应急分队。

2005年4月，城东镇进行民兵组织整顿工作，以基干民兵和民兵干部为重点，突出抓好民兵应急分队、专业技术分队、对口专业分队民兵组织建设，优化兵员结构，提高兵员质量，确保民兵队伍纯洁可靠和组织落实。2011年，全镇民兵组织健全，另有民兵应急排1个，镇党委书记任应急排政治教导员。

三、军事训练

1952年，境域民兵军事训练主要采取小型、

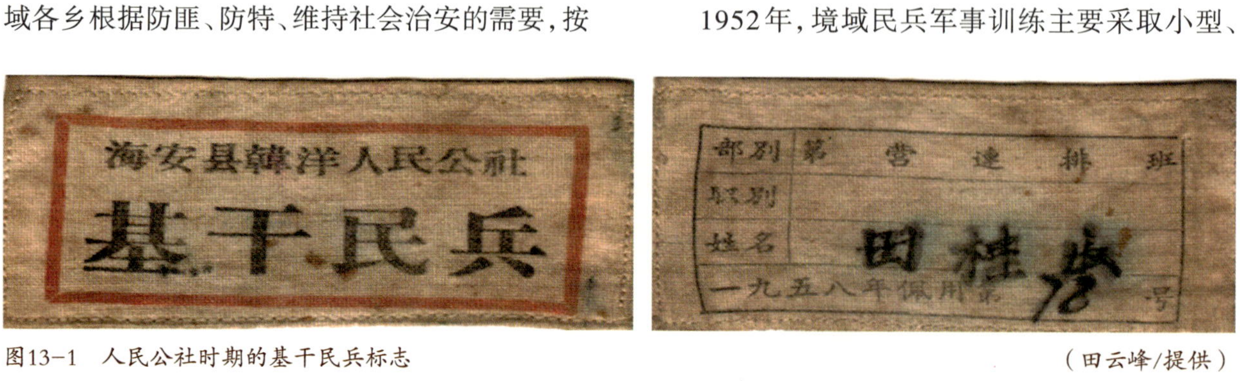

图13-1　人民公社时期的基干民兵标志　（田云峰/提供）

就地、分散方法进行。1958年10月，南屏、韩洋、立发、新生、西场、壮志公社分别组织民兵团基干营集中食宿，油粮户口统一转给基干营，劳武结合，军事训练、各项运动搞突击、放样子。6个社有1800多名基干民兵参加。1960年3月14日，立发公社于沟大队民兵英雄田久来、南屏公社曙光大队民兵营长张富、壮志公社洪庄大队民兵排长赵风和因军事素质好，工作成绩出色到北京参加全国民兵代表大会，受到中央首长接见，中央军委奖给他们每人五六式半自动步枪1支，卫生衣1套，现金20元。是年7月，6个社分别建立民兵野营营部，组织民兵参加野营训练，进行防空、防原子、防化学、学战斗、学夜间行军、夜间射击训练。1964年下半年至1965年春，各社狠抓基干民兵军事训练，训练时间少则10天，多则数月。韩洋公社从1964年11月2日至1965年3月底，共训练基干民兵16个排65个班770人。1970年2月19—23日，海安县民兵独立团四营十六连（南屏武装连）从南屏公社出发到老坝港进行拉练，徒步来回125余公里。

1980年，举办各种训练班，突出训练重点，基干民兵参训率一般在90%以上。是年4月6日，县革委会、人武部下发《关于给“三落实”先进民兵营颁发奖状的通令》，立发公社立发、长池、人民、新华、太平、五坝民兵营获奖状。1982年4月23日，韩洋公社东屏、丰源、翻身大队基干民兵排被县政府、县人武部评为民兵工作“三落实”先进单位。当年5月14日，县民兵武器检查组到南屏检查民兵武器，全体民兵第一持枪手到公社集中，接受检查，受到好评。同年8月，全县民兵代表4人参加全国19个省无线电报业务比赛，南屏江爱东获得第一名，魏金美获得第三名。9月17日，南屏公社魏金美（南屏中学学生、公社民兵报务员）代表江苏省参加全国无线电报务比赛，获成年女子第四名、线路通报第三名、电台通报第九名，为江苏省获全国无线电报务比赛团体总分第一名做出贡献，受到国家、省和县的表扬和奖励。同年，参加省军区比赛，魏金美获得最佳收报手称号。1983年5月，参加省通信报务比赛，魏金美又获线路通报第二名。同年1月5日，县政府、县人武部下发《表彰1982年度民兵工作“三落实”先进单位的通报》，立发公社界墩、立发、前进3个基干民兵排受表彰。新生公社南阳、堑南、杨井、林业4个大队基干民兵排被表彰为“三落实”先进单位。1984年3月，省军区在海安召开民兵通信工作现场会，专门参观南屏中学报务训练点，会上海安县介绍民兵报务训练经验和南屏中学报务训练点的经验。1986年8月，南屏中学6名学生代表南通市、南通军分区参加省军区首届中学生无线电通信比赛，获得“最佳收报手、发报手”称号5人次，取得团体并列第二名好成绩。

1991年，六乡镇人武部均制定下发《关于民兵应急分队应急预案的通知》。8月13日，新生乡农机站、南屏乡民兵应急分队、立发乡民兵应急分队被县委、县政府表彰为抗洪救灾先进集体；新生乡张明群、丁邦银、倪建国，韩洋乡杨德来、徐瑞余、李群富，南屏乡杨和春、黄勇、冯考楼，立发乡张佳生、蔡庆来、储呈平等被县委、县政府表彰为抗洪救灾先进个人。

1993年后，组织民兵预备役人员进行军事训练，并组织乡镇内中学高一新生军训。2000年7月，南屏中学学生参加县人武部和教育部门进行的报务训练。

2005年，民兵军事训练以对台作战准备为牵引，以支前保障和城市防空袭为核心，以形成战斗力为目标，训练成绩优秀。2006年，南屏中学学生参加省军区、南通军分区组织的无线电报务技术竞赛，取得优异成绩。

2008年后，镇人武部强化民兵应急分队防洪抗汛训练和演练，组织民兵防洪抗汛应急分队参加县点验和拉动演练。2010年，乡镇专武干部全

图13-2　镇民兵应急分队点验（郏红军/摄于2008年6月）

部通过江苏省计算机应用能力中级考核，镇人武部认真抓好民兵应急分队和专业对口分队的组建、训练，对企事业单位有关人员进行军训。南屏中学学生继续参加县人武部和教育部门组织的报务训练。同年，镇人武部积极发挥民兵和预备役人员在带领农民创业致富中的带头作用和在完成急难险重任务中的攻坚作用，民兵900多人次参加植树、拆迁、环境整治、防控重大动物疫情等中心工作。

四、政治教育

1950年6月，朝鲜战争爆发后，境域内开展“抗美援朝、保家卫国”教育。1955年，《中华人民共和国兵役法》颁布实施后，进行大规模宣传教育。

1962年，针对西藏边境反击战和以后的几次自卫还击作战，均进行广泛深入的教育。首先，揭露对方侵犯祖国领土的罪行，然后进行保卫祖国、抵抗侵略、守好边疆海岛的教育。1964年开始，各社民兵广泛开展学习毛泽东著作，学习角斜“红旗民兵团”，学习雷锋、王杰、欧阳海等英雄人物。1965年12月9日，各公社组织大队民兵营长等参加县委在海安电影院举行的王杰英雄事迹报告会，王杰生前战友做报告。1966年4月30日，韩洋民兵团制定学赶角斜“红旗民兵团”计划。1966年5月13—14日，新生公社召开三级干部大会，顾伯元介绍角斜“红旗民兵团”墩里民兵营民兵工作经验。1969年2月24日，南通军分区通报新生公社党管武装的调查报告，题为《加强民兵独立团连队革命化建设》。1978年后，利用建军60周年、国庆40周年、建党70周年、国庆45周年、建军70周年等时机，进行全民国防教育活动。1977—1979年，民兵教育坚持四项基本原则，注意清除“左”的影响，民兵全部投入经济建设。1978年1月20日，立发公社民兵团在开展建设民兵工作落实先进单位活动中成绩显著，获南通地区革委会、南通军分区奖状。

1984年，颁布新兵役法，城东区域掀起宣传、学习、贯彻的热潮。

1990年3月10日夜，盐城市外贸汽车运输公司一辆货车途经葛家桥村时不慎坠入河中，家住离桥不远的民兵葛乃杰闻讯后，身穿薄衣，跳入水中，将两名驾驶员、两名乘客救起，并帮助拦下过往汽车送往医院。后被救人为感谢他，送来锦旗和现金，他将现金退回。1990年4月28日，县人武部给葛乃杰记三等功。1990年5月22日，韩洋乡造纸厂、立发皮鞋总厂民兵连和立发乡韩明被县人武部表彰为“学雷锋，学盛华”先进单位和个人。

2000年，境域各乡镇人武部针对民兵预备役人员的思想实际和人员分散、流动量大、流向多等特点，把集中教育、函授自学、刊授教育和自我教育有机地结合起来，充分利用刊物、宣传阵地和媒体，拓宽政治思想教育路子，增强政治教育感染力，使民兵干部、应急分队和基干民兵16课时政治教育得到落实。

2001年《中华人民共和国国防教育法》公布后，境域坚持举办系列教育活动，通过“军事日”活动等有效形式，增强履行国防职责的自觉性和责任感。在“全民国防教育日”和特定节日、纪念日以及民兵集训、征兵动员、双拥工作等开展之际，进行以国防教育为主题的集中教育，使国防教育保持经常化、长期性。是年，城东镇参加各级国防教育知识竞赛人数1200多人。每年“八一”建军节，城东镇都要拉响警报，提高民众的国防意识。

2005年4月，城东镇人武部积极组织民兵预备役人员参加地方“三个文明”建设，要求民兵预备役人员坚持在重大工程建设中当尖兵，在急难险重中打头阵，在扶贫帮困中作表率。

2006—2011年，城东镇人武部贯彻“全民参与、长期坚持、讲求实效”的方针，以丰富的活动为平台，以社会资源为依托，灵活运用理论灌输、活动渗透、媒体宣传、典型推动等多种形式，把国防教育有机融入人们的日常工作、学习、生活之中。利用北京奥运会、上海世博会、改革开放30周年、全民国防教育日等重大节日、纪念日，结合征兵宣传、文化教育、民兵整组训练等工作，开展“爱中华、奔小康、强国防”等主题鲜明、形式多样、群众喜闻乐见的教育活动，增强国防教育的感染力和吸引力，使人民更加关心和支持国防建设；结合公民道德实践活动，将国防教育纳入精神文明建设和双拥共建活动，扩大国防教育的影响力和覆盖面；不定期组织人员在不同社会群体成员中进行国防知识宣讲，紧密结合国际斗争形势，结合影响中国主权、领土完整和安全的重大事件，举行国防教育报告会，增强国防教育的针对性、时效性；发挥典型示范引导作用，大力宣传爱国拥军、献身国防的先进典型，激发广大群众关心国防、支持国防、建设国防的热情。

第三节　参军　支前

一、参　军

民国29年（1940年）10月，新四军东进后，实行志愿兵役制，境域有志青年和工农群众纷纷报名参加新四军和地方部队，参加抗日战争。解放战争时期，人民军队兵员补充，大多为工农群众和青年学生自愿应征，其中党员、干部带头参军的为数甚多。民国35年夏秋，境域各乡先后两次征兵，出现哥为弟、弟为哥、父为子、妻为夫踊跃报名参军现象。干部带头，群众跟上，每次各乡都有几十人参加部队。三民、东屏、新生、堑南和西场等乡500多人参军，编为5个连，其中新生乡指导员张广富和兴隆乡乡长申志高带领两个连上升为主力部队。

新中国成立初期，境域年满18~30周岁、成分好、无疾病的青壮年自愿报名参军补充部队。1950—1953年，在“抗美援朝，保家卫国”号召下，干部带头，广大青年积极响应，自愿报名参军。境域六乡应征入伍的适龄青年近300人。

1954年起，全国试行义务兵役制，当年境域有75名优秀青年参加解放军，其中立发乡12人，韩洋乡11人，南屏乡14人，新生乡13人，西场镇15人，壮志乡10人。

1978年起，国家实行义务兵与志愿兵相结合的制度。境域90名优秀青年应征入伍，其中立发公社15人，韩洋公社16人，南屏公社14人，新生公社15人，西场公社16人，壮志公社14人。1986年，境域96人参军入伍，高中毕业生占新兵总数的30.2%。1996年，冬季征兵中，境域高中毕业生占新兵总数的84%。2000年，立发、韩洋、南屏、新生四乡参军高中毕业生占新兵总数的72%。2009—2011年，全镇（含西场镇）经过挑选，全部选出高中以上优秀青年入伍，按时保质完成上级下达的征兵任务。

二、支　前

抗日战争和解放战争期间，城东人民踊跃支前，军民结下鱼水之情。民国35年（1946年）6月，区、乡建立支前机构，组织领导支前工作。7月中旬，西场、嗐口两区从刚收上来的公粮中拨出10万公斤小麦，分散加工，组织男女老少日夜磨面支援前线；发动群众家家户户做军鞋，每村做鞋几百双。如（皋）南战斗时，嗐口区组织800多副担架、近4000人的担架队，由区委组织委员王友海带队，开赴如（皋）南战斗前线，及时抢救负伤战士，运送后方医院救治，又将后方物资火速运往阵地。李堡战斗时，西场、嗐口两区组织1200多副担架、5000多人组成的担架队支前。民国35年8月，为支援海安包围战，韩徐、三民等乡组织担架300多副，由韩永琪带队赴前线。民国38年2月12日，嗐口区组织第一批长期民工600多人支援前线。区成立民工营，在周汉臣、孙如金领导下设3个连，一连连长刘长根、指导员袁瑞祯，二连连长金裕友、指导员瞿永明，三连连长田宝安、指导员蔡方明，境域内韩徐、鸭港、东屏三乡民工属二连。民工营随三野渡江南下，一直到福建，经过8个多月艰苦努力，完成支前任务，获三野十兵团二十九军授予的“优胜营”奖旗，所有民工均获“支前模范”纪念章1枚，国家干部皆记二等功。同年4月中旬，嗐口区组织第二批长期民工，整编为1个大队，下设8个中队，300多人，由张静、徐其富、徐其宏3人负责带队，24日在桃花庄上船，八圩登陆，渡江后一直在上海月浦执行任务，9月上旬完成任务回家。支前工作中，妇女也是一支生力军，有的忙生产、筹军粮、做军鞋，有的奔赴前线抬担架、救伤员，有的运伤员、送给养。

第四节 战 事

一、重要战事

西场抗倭 明嘉靖三十八年（1559年）七月，倭寇由海门七里登岸北犯。二十七日，海防兵备副使刘景韶和扬州参将邱陞迎战于西场。邱陞身先士卒，斩敌90余人。倭寇逃至仲家庄，明军用火攻，斩倭200余人，守备杨缙亦杀敌20人。是日，夜降大雨，倭寇突围去锅团，邱陞穷追倭寇，蹶蹄坠马，力战而死。刘景韶率部奋勇追围三昼夜，斩倭寇酋长以下1520余人，俘15人，并与各地援军协力作战，全歼倭寇于刘庄等地。

图13–3 刘景韶平倭纪念馆内的战事石刻
（顾 俊/摄于2009年10月）

油坊头伏击战 民国30年（1940年）11月中旬初，200多日伪军从如皋城出来，向海安城以南新四军苏北指挥部第三纵队防区进犯。三纵前沿部队按照作战计划，仅以少量兵力与敌周旋，将骄横的敌人引诱到了如皋北部戴庄、油坊头四岔河口。对岸敌军见这边新四军人少，枪声也越放越稀，以为是顶不住了，便放心大胆地冲过河来。此时，新四军三纵设伏部队突然猛烈开火，当场打死打伤敌军30余人，包括一名日军小队长。其余敌人仓皇逃窜。这一仗打得干净利落，缴获甚多。战利品很快送到海安。当陈毅代表部队向刘少奇、黄克诚各赠送一件日军大衣，并将日军指挥刀送给刘少奇做纪念时，刘少奇、黄克诚连连称赞指战员们打得好。刘少奇笑着说：“天天这样打，小鬼子连老本都要赔光哩！”

洋蛮河伏击战 民国35年（1946年）8月11日，海安新七旅旅长黄伯光率第二十一团东开李堡接防，行至洋蛮河，被华中野战军七纵和六师伏击，西场、嗵口两区各乡1000多名民兵配合主力部队作战，30分钟解决主战斗，歼、俘敌近3000人。

油坊头渡河北撤 1946年9月中旬，华中野战军主力北上后，国民党集中正规军整编4师102旅全部、49师一部和省保安大队（两个）、县保安大队（平均每县5个中队）、敌自卫队（平均每县千人）以及各种杂色武装约万余人，大肆“清剿”海安、泰州以南地区，自卫队与还乡团相配合，占领交通要道，构筑据点，割据封锁，步步为营，向华中一分区中心地区蚕食、推进。1946年11月，为保存有生力量，中共华中一地委决定一分区机关及南四县（如皋、靖江、泰兴、泰县）党政军领导机关和部分部队干部，分批由南线经紫石（海安）地区，过封锁线转移两台（东台、台北）地区。海南区委受命在油坊头开辟一条交通线，并动员民工、备办船只，架设浮桥，加强警戒，为干部渡河提供方便。11月12日，第一批转移部队及人员由彭桂卿、谢克东率分区特务团3营及政府机关、乡村干部一部，从雅周区金家庄出发，经过如（皋）海（安）线之油坊头后，绕道如东海边小洋口安全通过。11月19日，第二批为分区机关大部、特务团团部及其3营、分区直属特务营和地方干部一部，在油坊头通过时，因为浮桥不牢，被马踏断，人声嘈杂，被敌发现，且接近天明，一部未能通过，两人失踪，损失部分物资。11月20日，第三批是南线北撤的主要一批，有分区特务团和如皋、泰兴、泰县、靖江县团各一个连，以及4个县的干部，共2000多干部、战士，并携带巨额黄金和部分物资，由靖江团团长何进东任队长、泰兴团团长周明任政委、林逸任政治部主任、王世珍任参谋。出发前，先在雅周区营溪集中，大家互不认识，作了自我介绍，安排了过河次序，分了搭桥任务。当晚北撤部队与人员到达油坊头，由王世珍负责搭桥，带4个连在河南警戒，林逸带1个连在北边警戒，如皋团一个连警戒柴湾方向敌人，指挥所设在油坊头西侧。浮桥搭好后，遭海安、柴湾方向敌人的火力袭击，转移部队强行渡河。大部分人员过河后，浮桥被踩断，桥上人员全部落水，团长何进东落水牺牲，黄金和物资损失颇多。这次强渡一分区主力大部分跳出敌人包围圈，基本完成北撤转移任务。11月23日，第四批为冲散在南线的一个连及掉队的乡村干部，由联络部部长沈诒带领，利用海安以东空隙，用自制木船，依原线到达两台地区，南线坚持部队完成北撤目标。

冷水港战斗　民国35年（1946年）12月6日，东台县团一连和唐洋区游击连、西噇区武工队在冷水港遭九灶、海安、贲家巷、西场、李堡5路之敌进攻。激战后党的地方部队伤亡80余人，损失机枪6挺、步枪80余支。团长周霖牺牲，唐洋区游击连连长被俘，西噇区队范钦元牺牲。西噇区武工队队员身着便衣，多数人在群众掩护下脱离险境。

西噇区除奸　冷水港战斗后，西噇区武工队为战斗中牺牲的同志举行追悼会，决心继承烈士遗志，坚持原地斗争。数日后西噇区武工队、游击连返回原地，重新调配干部，建立组织，他们依靠群众的支持和帮助，继续坚持原地斗争。此时，西噇区原有20个乡中有19个乡建立了敌自卫队，而且坐探密布。地方武装一旦进入该区，便有人告密，不易插入，无法开展恢复工作。于是，西噇区从开展锄奸斗争着手，镇压反动分子，肃清敌人的耳目，以此振奋群众情绪，恢复区乡工作，站稳脚跟。区委在群众中开展反“扫荡”、反“清剿”的思想动员，公开进行锄奸教育，布告锄奸政策，提出“肃清内奸打游击”“保粮保草保猪子”“坏人不肃清，地方不太平”等口号，设立密告箱，鼓励群众检举，失足者坦白。在西洋、姜灶两乡除奸取得成功之后，挺进边区古凌、陆陈、窑楼、新农、韩徐、三民、东屏等边乡，开展锄奸活动，扩大坚持阵地。民国36年2月，西噇区武工队进入韩徐乡捕捉17人，全部请保具结释放；到三民、东屏乡逮捕53人，当场枪毙吊打佃户、夺田倒租的反动地主、敌自卫队中队长、保长4人，缴步枪1支，其余交保释放。到曹陈、古凌乡逮捕28人，枪决4人，其余交保释放；在古凌乡潮桥东一里桥处逮捕到一名凶恶之徒，当场枪毙。在西场以北的陆陈、窑楼、新农3乡捕获23人，其中1名叛徒被镇压，其余具结释放。民国36年2—4月，西噇区队在开展锄奸恢复工作的同时，结合保田，逮捕镇压一些收租夺田抢草的反动地富分子，开展反夺田斗争。通过张贴布告标语，召开顽属会议，利用各种保人关系，开展有效的政治攻势，瓦解敌自卫队。西噇区的锄奸运动，沉重地打击了敌人全面顽化的阴谋，摧毁了国民党地方政权，扩大了坚持阵地，保护了群众利益，恢复和发展了民兵组织和小游击队。群众由不敢斗争到纷纷要求拿起枪来打游击，有力促进了“反夺田、反收租、反顽捐、反抢掠”群众斗争的开展，动摇和瓦解了国民党地方政权和地方武装队伍，扩大了政治影响。

西场战斗　民国36年3月11日，十一纵队一部分路向西场镇进逼。驻西场镇自卫队武器较差，纵队三八重机枪、汤姆轻机枪压住敌人火力，发动冲锋，仅10分钟攻克该镇，计歼灭两个乡自卫队，俘90余人，毙伤数人，缴步枪26支、自行车4辆、子弹及军用品若干，并平毁大小碉堡20余个。同日晚，苏中军区部队收复海安到西场公路沿线。洋蛮河敌据点被中共地方武装攻克平毁。洋蛮河向东到李堡封锁线上的碉堡，同时被中共地方武装和民兵全部攻克拉平。

二、一般战事

蚂蟥沟阻击战　民国27年11月的一天，日军派一小队士兵向海安侦察，刚到蚂蟥沟，被守军税警团徐继泰部发觉，当即予以迎头打击，日军仓皇而逃。因守军大意，未曾及时转移。日军逃出一定距离后发射两枚迫击炮弹，炸毁守军重机枪1挺，机枪手等3人殉难。

武装班夜惩恶霸　民国30年8—9月，泰东县县长董希白派张蕴带领一个武装班到立发区开展工作。一个夜间，惩办1个地主、1个乡丁、1个土匪头子，夜间抢劫现象得到遏制，打开“二五减租”局面。

海安东乡拉锯战　民国31年初，泰东县委派赵文尧深入海安东乡开展地下工作，组成5人小组，建立交通站、联络站，收集情报，发动群众，宣传抗日救国道理。同期，立发区公所遭敌袭击，区委书记李鹏翔和县委的于晶2人被捕。2月5日，立发区队蔡光甫等4人在池旺乡打死西场伪

军情报员李志和。2月8日夜,西场伪军到池旺乡耿家巷烧毁范循坤等13人家的房子

蚂蟥沟伏击战 民国31年秋天,驻海安日伪军要去如皋,海南区新六连接到情报后,在蚂蟥沟西南边野庙高岗岸设伏,新六连打死日伪军2人,活捉4人,其中伪排长1人,缴枪5支。

焦港河边扰敌 民国32年春,日军乘汽艇到焦港河边陈国华家锯树,警戒线设在张锦荣家草堆上。中午,新六连派小分队从岳侯庄赶来,向警戒线内投掷10枚手榴弹,打死一日军,锯树的日军丢下树木全部逃跑,从此,再也不敢轻易下乡抢掠。

西场扰敌 民国32年夏,壮志乡、月池乡的范从华、许波阳、顾三琪等四五个人组成夜袭队,夜间到西场至丁所一线割电线、搞爆破,支持反"清乡"斗争。

韦绪坤率部起义 民国32年,中共苏中区四地委敌工部派江涛、张坚民(即储俊)2人,通过韦的朋友、猪行老板周郎轩的关系,在周家与韦打牌相见,宣传中国共产党政策和抗日救国大好形势,对韦进行教育,感召了韦绪坤,他与江张两人约定时间率部起义。9月5日,驻海安东洋蛮河的伪二十六师一〇一团第三营第七连连长韦绪坤率部起义。

十三里港围敌 民国32年9月6日,如北土匪7人至十三里港抢劫,被立发区游击队包围,当场击毙匪首2人、捕获2人,缴枪2支、手榴弹数十枚。

巧袭里仁 民国33年春,里仁乡伪四乡办事处主任马福照借贺30岁搜刮民财,如皋城东区队储俊等化装成乞丐,大闹酒宴,缴获立发伪军步枪4支。

冒品端遇难 民国33年3月19日,如皋城东区联防队住月池乡老范家庄一带,被开杂货店王某发现后报告丁所据点。伪营长陈贵金和伪区长杨佩林带领一营伪军袭击联防队驻营地,如皋城东区公安股长冒品端被捕,1个月后被伪军活埋。后为纪念冒品端,将月池乡改为品端乡。

城东区队北线剿敌 民国33年4—8月,如皋城东区队以北线为主,先后进行大小战斗12次,缴获敌人机枪3挺、步枪60多支、掷弹筒两个,俘日伪军170多人。

包围西场伪军 民国34年8月初,各乡民兵、老百姓组织起来包围驻西场镇伪军。围了18天,伪军断炊,于当月19日投降。

奇袭敌伪军饷车 民国34年8月30日清晨,中共领导的地方武装"三东"(三民乡、东屏乡)游击连十几名战士在连长范钦元带领下,在西洋蛮河王家港码头附近设伏,夺取敌伪泰州总部军饷车1辆,车上有1个班伪军押车。整个战斗前后不到5分钟结束,敌人被当场炸死5人,其余的被炸成轻、重伤。游击连俘敌7人,缴获手枪两支、步枪9支、手榴弹30多枚、子弹百余发。

西噇区队化装引蛇 民国35年11月上旬,韩徐、鸭港乡"铁叉队"活动猖狂,严重阻碍中共边区工作开展。西噇区委派邢白、孙颂山、仲跻山分别带队,化装成 "铁叉队"到两乡引蛇出洞,当场处决5名"铁叉队"首恶分子。民国36年2月21日,西噇区武工队挺进立发桥,擒获敌"自新中队长"以及下属56人。

伏击丁所自卫队 民国36年5月16日,西噇区武工队与唐洋区游击连、东台县团某部约400人,分两路埋伏于朱庄乡,准备伏击丁所自卫队。由于100多个自卫队员未能进入伏击圈,只与少数战士接触后即从四里半路过河向南,绕赵墩乡南部回丁所。唐洋区游击连两名战士牺牲。

奇袭周家庄 民国36年7月9日早晨,国民党政府三乡自卫队联防中队长张国泉在南屏周家庄吊打群众,泰县武工队和海南区队接到报告,迅速前去合围。敌人乱成一团,纷纷向东逃窜,因河上浮桥已被抽掉,敌人只好涉水逃命,结果自卫队吴祯祥被打死在河里,陈永铸被打死在车口,张国泉被打死在稻田。战斗10分钟,打死敌人3人,活捉6人,缴机枪1挺、步枪6支、手枪1支。

攻克姚家码头据点 民国36年7月19日,东台县团参谋长石根率警卫连配合西噇区游击连攻克姚家码头据点,活捉联防中队长张正东、二中队长濮广福,俘自卫队员20多人,缴机枪1挺、步枪10余支、子弹600余发。

西洋蛮河设伏 民国36年8月11日,西噇区武工队在西洋蛮河设伏,杀伤过往国民党军士兵3人。

滩缺口战斗 民国36年9月7日，东台地方武装分两路合击西场新农乡滩缺口一线李堡区自卫队，击溃南路之敌后，又于井儿头遇西路之敌60余人，激战半小时，毙俘敌7人。

洋河猎敌 民国36年9月7—13日，东台地方武装某部配合西噇区游击连在洋河以南猎敌，杀伤敌人40人，缴获机枪3挺、步枪31支、驳壳枪1支、步枪子弹1500多发、左轮枪子弹24发。

倒窑儿桥退敌 民国36年9月18日，西噇区队在韩洋倒窑儿桥一带，打退下乡抢粮抓人的蒋匪五乡联防队和还乡团100多人，杀伤、淹死敌人8人。

周家庄据点歼敌 民国36年10月，树人、周济、南阳、长安乡自卫联防中队动用民工在周家庄河东王国杰处筑据点，将五里左右视线内树木全部锯光，清除障碍。中共地方武装海南区武装小分队在一天下午，采取突然袭击战术，使土顽纷纷逃窜，自卫队员张英鹤向范家桥方向逃跑，被战士吴祯朋穷追不舍，一直追到范家桥西首冯松来车篷后才逮住。战斗中吴祯朋牺牲，自卫队死4人，伤4人，缴枪14支，所筑据点全部被毁平。

新生乡战斗 民国36年冬一个夜间，如皋城东区游击连由储俊、金传山带队，在新生乡打死楼基、戚庄乡一个匪乡长和两个自卫队员，解救被他们捉去的施汉民等20多名乡村干部，缴机枪1挺、步枪10余支、子弹3000多发。

奇袭葛家桥 民国36年12月1日夜，海南区地方武装一部奇袭葛家桥，活捉敌20余人，烧毁碉堡5座。

横扫葛家桥据点 民国36年12月22日上午7时，泰县地方武装某部横扫葛家桥据点，俘敌20人，缴步枪15支、机枪1挺，并将碉堡平毁。

陈家庄战斗 民国37年1月18日下午，敌300余人分3路到文化乡陈家庄构筑据点，海南区队主动出击，战斗1小时，将敌击溃，毙伤15人。

周庵追匪 民国37年1月30日，八乡联防队到周庵一带抢劫，准备过年。如皋城东区队设伏于老范家庄。敌人刚要进入伏击区，见势不妙立即退回。城东区队即分路追击，直追至西场附近，俘自卫队员2人和伙夫1人。

徐家庵歼敌 民国37年3月18日，国民党泰县八区自卫大队500多人下乡“扫荡”，到韩徐乡徐家庵时，中共领导的地方部队和乡游击队同时出击，激战1小时，杀伤敌人10多人，粉碎蒋匪扫荡阴谋。

朝东门设伏 民国37年3月22日，西噇区游击连50多人在区委副书记苏明、连长仲跻山带领下，在立发、三民、新运三乡交界处的朝东门附近设伏，击毙三民乡乡长储友模，俘乡文书王维新等8人，伤自卫队1人，缴获步枪6支、短枪1支、子弹100余发。

柿棉树伏击战 民国37年4月26日，噇口区队一部在海安以东柿棉树伏击敌军，毙伤俘敌13人。

油坊头战斗 民国37年4月26日夜，泰县县团团长周开峰、营长戴子如、连长许茂林、海南区委书记戴成裕带领一个连在油坊头公路西边埋伏，待机打击敌人。由于封锁不严，地主分子葛崇偕偷溜出庄，绕道孙公铺到葛家桥向敌报告。敌一中队长钱银山带敌包围县团阵地，被泰县县团打退溃逃。战斗中打死打伤敌各1人，活捉7人，连长许茂林牺牲。

击退东屏自卫队 民国37年7月2日，东屏乡自卫队一个中队100余人强拉民夫100多人下乡抢粮，被噇口区地方武装反击后逃窜海安。

包抄张国全 民国37年7月8日，三乡联防中队长张国全带领自卫队去周家庄，被游击队包抄，击毙张国全及其两警卫，缴获机枪1挺、快慢机1支、步枪6支。冯桥林、陈宏、陈永康、吴贞明、杨勤洪等人在战斗中牺牲或致残。

仲家庄战斗 民国37年8月4日，西场地方武装分两路出击至仲家庄，打击抓丁抢掠之敌，解救被抓壮丁40人。

挺进西场街头 民国37年8月24日，西场地方武装一部挺进西场街头，机、步枪一齐向敌开火，敌向河南逃跑，俘自卫队班长1人。

仲家庵战斗 民国37年9月4日半夜，李堡守敌40多人至西场东北洋河边仲家庵抓丁抢粮，西场区武装得讯后，分两路出击，打得敌人游河逃回李堡，解救群众40多人，截获被抢的物品。

一里庙伏击战 民国37年9月11日，西场、噇口两区队在西场镇河南一里庙设伏，毙伤俘敌排长以下11人，缴获轻机枪2挺、步枪3支、子弹

300余发。

栟茶河南俘敌 民国37年11月，城东区武工队配合如皋县团一部，在栟茶河南的净土、太平、玉树等乡俘国民党地方军政人员20多人，缴获步枪2支、短枪2支。

夜袭边区乡 民国37年冬，城东区游击连由储俊、金传山带队分两路夜袭边区乡，在堑南乡缴陆堑乡自卫队步枪9支、短枪1支，打死自卫队员3人，俘虏7人；俘太平乡自卫队4人，缴枪4支。

收复西场 民国38年1月7日，李堡敌人撤逃，西场镇收复。1月8日，全镇300多家商店开门营业。

城东镇全境解放 民国38年1月20日，驻葛家桥的立发区二中队和南阳、周济两乡的自卫队60多人与驻海安的国民党军队一起撤逃，城东镇全境解放。

第十四章　社会管理

清至民国，城东境域分属泰县、如皋县、东台县管辖。各乡设保正，负责社会治安，另有讼师代人打官司。民国29年，抗日民主政府成立，各乡设治安员，隶属行政区公安特派员领导。民国37年3月，行政区配有公安助理。1950年8月，立发区建立，配有公安助理。1958年，各公社配有公安特派员。1970年2月，西场区建立派出所，1973年12月撤销，1980年8月恢复。1982年境域各乡设置司法助理员，后建立司法所。1990年，各乡分别建立法律服务所。1994年，南屏、立发、韩洋、新生乡均成立派出所。1995年7月，壮志派出所成立，2000年11月，壮志、西场合并成立西场派出所。2001年后，境域组建城东、洋蛮河派出所和镇政法综治中心，至2011年，全镇社会管理形成从上到下工作网络。

第一节　机　　构

一、综合治理办公室

1992年，南屏乡、立发乡、韩洋乡、新生乡、西场镇、壮志乡社会治安综合治理办公室（简称综治办）成立，每个乡综治办公室设有1名专（兼）职综治干部。2001年，城东镇、洋蛮河镇均设有综合治理委员会（简称综治委）和综合治理办公室，城东镇党委书记陈楷担任城东综治委主任，2004年原两个综治办合并为城东综治办，后又成立城东镇综治委。2007年，由城东镇党委书记潘志立担任城东镇综治委主任。2008年，城东镇设立政法综治中心，政法综治中心分别由综治办、信访办、司法所等部门组成。主任由吴建华担任，副主任由许鹏担任。2010年，城东镇党委增设政法委员，由李峰担任。政法综治中心组建后，以“服从领导、听从指挥、构建和谐、依法行政、规范管理、服务经济、争创一流”为宗旨，建立五个中心工作机制（即社会矛盾调处中心、来信来访接处中心、社区社工服务中心、流动人口服务管理中心、法律援助中心），工作人员19人，办公面积580平方米。2008—2010年先后调处纠纷1500余起，为刑释解教人员协调提供就职岗位120人次，每月组织社区矫正对象学习法律法规形成制度。各项工作运行规范，为省、市、县提供现场22次，成为市、县政法综治法制建设工作的亮点。接待国家、省、市、县到此参观学习70多批次，近2000人次。2011年，城东镇党委书记王荣贵兼任镇综治委主任。2001—2011年，城东镇综治办主任先后由王寅庆、张虎、吴建华、许鹏担任，综治办设有专职副主任。专职副主任先后由荀忠桥、李峰担任。

城东镇社会治安综合治理工作，各部门齐抓共管，社会稳定。派出所民警坚持每天带班巡逻，组织社会力量参与巡逻，推行以民警、专职保安、联防队员为骨干，以村级联队、企业联防、治安志愿者巡防为基础的社会防范新格局。同时大力实施群众义务巡防“红袖标工程”，有巡防志愿者960人。2005—2008年，城东镇获海安县社会治安综合治理先进集体，2006—2007年度被市评为社会治安综合治理和平安建设工作先进集体。2005—2010年，城东镇连年被南通市委、市政府授予“社会治安安全镇”称号。2010年，城东镇破获刑事案件129起，抓获各类犯罪嫌疑人52人，逮捕19人，移诉39人。针对城东镇人流量大、外来人员多的特点，派出所加大“以房管人、以企管人”力度，落实用工单位和房屋出租方的治安责任，诚聘流动人口协管员，形成社区民警、专职联防队员、村级流动人员协管员三位一体流动人口管理模式。同时强化对旅馆业、收旧业和危化物品场所的安全管理。辖区登记暂住人口8100余人，通过流动人口管理，抓获违法犯罪嫌疑人21人，破案36起。

二、开发区中心派出所

2001年4月，因行政区划调整，南屏派出所与立发派出所合并，成立海安县公安局城东派出所，所址在城东镇新宁南路10号（租用一幢沿街店面房为办公场所）。2004年7月，洋蛮河镇与城东镇合并，原洋蛮河派出所并入，成立开发区中心派出所，迁址于开发区长江东路18号。2011年，公安机关干警30人，先后投入120万元，添置数码摄像机、照相机、录音器材设备，更新巡逻处警车5辆，新增警用车8辆，民警全部配有电脑。公安机关设有社区民警室、消防治安室、户籍室、监控室等。历任所长为刘传庚、杨宝虎，教导员为祁桂丰，副教导员为徐永章，副所长为王跃华、殷仕进、万健、姜传璋、王刚、王光明、卢旭晴、李小兵。

派出所在服务窗口一律挂牌上岗；节假日，有接待受理制度；民警外出公示“去向牌”，遇到特殊事项需办理的，工作人员随时服务。2010年4月的一天傍晚，某企业十几辆货车要连夜送货到上海，需办理“进沪车辆通行证”，窗口民警加班两小时办理手续，确保企业及时送货到达目的地。

派出所为及时调处辖区内疑难纠纷，探索推行约请法官驻警务室工作制。2009年，民警主动约请法院法官定期到警务室参与疑难杂症调处，开展法律宣传，以案说法，矛盾纠纷调解成功率

图14-1　城东派出所为109名四川籍民工讨回46万元工资，图为民工代表向派出所送牌匾情景

（仇稳山/摄于2009年6月）

98%以上。这一经验先后被《江苏法制报》《人民公安报》报道。

2010年初，派出所依托互联网QQ，建立视频聊天系统，开通网上互动平台，实现警企互动零距离；加强沟通，促进社会和谐稳定。这一做法受到省、市公安系统的推介，并被《人民公安报》报道。

多方筹建覆盖开发区城东镇电子监控系统，是派出所为“设防小区、设防县城”的创新做法。所内成立技防中队，对各监控点实施24小时监控，辖区内安装CK系统的单位178家，周界报警系统86家，红外报警系统485个，“邻里互助”安防系统实现全覆盖。2010年，开发区中心派出所通过监控资料提供线索破案78起，抓获违法犯罪嫌疑人52名。派出所在执法工作中，制定班组法制员制度，加强民警执法的严肃性，成为南通市公安机关执法示范单位。

2006—2010年，开发区中心派出所连续五年被评为海安县群众满意“十佳基层站所”，先后被市公安局记三等功一次；被省公安厅表彰为全省公安派出所消防监督管理工作先进集体；被南通市委、市政府表彰为2007—2008年度全市群众满意十佳基层站所；2009—2011年被表彰为全市党风廉政建设群众满意先进站所；2011年被市公安局表彰为全市公安局首届科技信息化应用十佳所队，连续四年被公安部命名为一级公安派出所。

三、西场法庭

1952年3月，海安县人民法院在西场建立法庭，这是海安县最早的基层法庭。庭址在西场大会堂西巷，大门朝东。60年代初迁址西场区公所前排东边，即西场集镇复兴路，办公用房3间。“文化大革命”期间西场法庭撤销，1976年7月10日恢复，庭址仍设在西场区公所前排东边，办公用房3间。1995年下半年，西场法庭在西场镇区兴场路南，西场村一组征地2.58亩，建楼房1幢，面积795.8平方米，用于办公、食宿等。西场法庭庭长、副庭长主持工作的有于述连、钱锡淦、曹建义、许金坤、许金海、徐爱贤等。西场法庭受理西场镇、壮志乡、北凌乡、大公镇、韩洋乡、新生乡及海安农场、种畜场的民事纠纷、自述刑事、简易经济纠纷案件。西场法庭多次获省、市、县先进法

庭荣誉称号。2004年下半年西场法庭撤销，2011年后，县人民法院在城东镇建立开发区法庭。

四、司法所

1982年，境域各乡（镇、场）设置司法助理员，为乡镇人民政府管理司法行政工作人员，编制单列，为政法专项编制。1982年，境域6个乡分别于城东镇组建前配备司法助理员。先后担任乡司法助理员的有立发乡荀忠桥、吴圣茂，新生乡刘永平、储祥国，南屏乡刘永光、吉久登、严志林、万年年、倪大珠，韩洋乡吴其稳、戴昌进，西场镇张远山、凌勇、顾炳生、孙珍东，壮志乡顾炳生。2001年，乡镇合并时成立城东镇司法所，所长由吴圣茂、倪大珠担任，洋蛮河镇司法所长由戴昌进担任。2004年，洋蛮河镇与城东镇合并，倪大珠担任所长，2007年初，戴昌进担任副所长。司法所设有社区矫正、安置帮教办公室、调解中心办公室、依法治镇和普法宣传办公室。是年7月，增设社区社工办公室，负责社区矫正、安置帮教、闲散青少年管理、反邪教和禁毒等工作。

五、法律服务所

1990年8月，南屏、立发、新生、韩洋、西场、壮志五乡一镇分别设立法律服务所，有法律工作者18人，主任由司法助理兼任。法律服务所主要从事诉讼和非诉讼代理、见证和协办公证等工作。1997年，担任各乡镇法律服务所主任的有：南屏乡祝应茂，立发乡储呈怀、叶必俊，新生乡沈永勤，韩洋乡徐爱平，西场乡卢玉海、王大平，壮志乡蒋加网。每个法律服务所有法律工作者2~4人。2001年，新生乡与韩洋乡合并组建洋蛮河镇，沈永勤担任洋蛮河法律服务所主任。2011年，城东镇设有南屏、立发、洋蛮河、西场4个法律服务所。

六、基层治保组织

村治保组织　新中国成立后，在农村以村为单位建立治保委员会，分别受所属单位党政组织、乡公安特派员领导，公安机关对治保主任进行定期培训。人民公社化后，各大队都配有治保主任，积极开展农村“四防”（防火、防盗、防灾害、防破坏）安全工作，并加强对“四类分子”监督改造。80年代后，随着乡镇企事业单位增加，各单位建立治保组织，形成治安群防群治网络，成为维护社会治安的一支重要力量。

联防队　始建于1987年，各乡镇主要从规模较大单位抽调人员（小单位交纳联防费），其人员性质不变，属派出所领导，负责乡镇治安巡逻、设卡、打击违法犯罪、社区流动人口管理、高危人员监控以及社会秩序维持、社区安全保卫、配合民警出警、民事纠纷调解等。2003年改称保安联防队。

社区警务室　2006年，派出所在每个村和社区建立社区警务室，定期在此接待处理治安问题和民事纠纷、法律法规咨询等，从而拉近警民距离，方便群众信访，解决实际问题。2011年，全镇建社区警务室31个。

第二节　社会治安

一、治安活动

禁毒　清朝末年，由于鸦片流入，红丸、吗啡在海安流行，境域内少数人吸毒成瘾。民国29年（1940年）10月，抗日民主政府开展禁毒运动，当时凡贩卖、吸毒人员都受到严厉惩罚，对拒不悔改的吸毒贩毒分子严厉打击。民主政府明令禁毒、严禁贩毒、限戒吸毒，公安机关收缴毒品、销毁毒具、受理案犯，戒毒所强制勒戒。新中国成立后，公安机关加大打击力度，组织专门力量深入各地开展工作，召开群众大会宣传教育，组织全面细查、逮捕、传讯、处理一批人，从此，吸毒在境域内绝迹。90年代，少数人相信罂粟能治病，零星种植。1992年，境域进行一次清剿铲除，收到显著效果。21世纪后，一些娱乐场所出现摇头丸，为避免青少年误入，公安机关加大宣传打击力度，防止毒品危害群众。

禁娼　解放前城东境域各乡均属农村范围，人流量不大，加之农民受封建传统思想影响，卖淫嫖娼现象极少。80年代后，由于部分人价值观念发生变化，一切向钱看，一些社会丑恶现象沉渣泛起，在老204国道沿线一些公共服务行业、路边店内卖淫嫖娼现象时有发生。2004年后，通过多次严厉打击惩处，境域卖淫嫖娼现象被遏止。

禁赌 解放前，境域偶有赌博，少数人倾家荡产。新中国成立后，政府多次发布禁止赌博通告，公安机关多次打击赌头、赌棍。50—70年代，赌博恶习基本得到遏止。80年代后，农村实行农业生产承包责任制，由于富余劳动力未能及时转移，部分农民闲时无事可做，遂导致小赌博滋生，渐而使赌博沉渣泛起。1983—1992年，公安部门多次进行专项治理，特别对一些惯赌分子进行打击处理，严格按照治安处罚条例查处。2000—2011年，城东公安派出所多次采取措施，有效地打击了赌博行为。

社会改造 抗日战争胜利后，境域各乡在县委组织领导下，开展惩奸运动，发动群众检举惩办汉奸，没收其财产，使部分贫雇农得到实惠。1950年10月至1953年5月，开展镇压反革命运动，集中打击罪大恶极的土匪、特务、反动党团骨干、恶霸地主和反动会道门头子。1956年至1959年11月，在各公社机关、团体、企事业单位内部开展肃反运动，纯洁干部队伍。

1956年11月，境域各社发动群众对地主、富农、反革命分子、坏分子进行评议，对其中表现较好的同意加入农业合作社；对坚持反动立场的，戴上"四类分子"帽子，接受群众监督改造，建立监改小组，实行月考、季评、年升降的评审制度。1979年2月，根据中共中央《关于地富分子摘帽问题和地富分子子女成分的决定》，评审各社"四类分子"，对遵纪守法、接受劳动改造的，一律摘掉帽子，并报县政法部门批准，对地富子女也重新确定成分。

取缔反动会道门和邪教组织 解放前，境域的会道门组织种类较多，道徒遍布，主要有西乾道、一贯道、红门三教等。西乾道各乡设有堂口，活动形式主要以五盘（天、地、人、鬼、妖），用画符、念咒语等迷信手段替人治病，骗人钱财。解放后，西乾道首及部分信徒继续用封建迷信手段替人治病，妖言惑众，影响生产。1953—1965年，人民政府4次明令取缔、打击，得以绝迹。一贯道活动，借《论语》《孟子》《中庸》中的片言只语，以一个沙盘和一个丁字形的乩为活动工具，开乩时，在盘中划写成语诗句，称"活佛判语"，再种发"仙丹"，迷惑群众，骗人钱财，1954年被取缔。红门三教，主要在海安周围乡镇建有组织，规定凡是敬过香的，或请堂门看过病、问过事的人都是堂门的香客。小孩出生，去堂门寄名即为香童。以至香客家中娶亲、嫁女、生孩子、看病、解决纠纷都要堂门主持。堂门以种种伎俩愚弄群众、骗取钱财，经过1953—1982年多次取缔打击，方才完全停止活动。

1997年，邪教组织传入城东，有少数信徒加入，后经取缔，2006年已成功转化。镇设有专门办公室，专门负责防范和处理邪教问题。

特种行业管理 新中国成立后，列入特种行业管理的有旅馆业、印刷业、刻字业、旧货业、无线电修理业、爆竹业、洗浴业、理发业、照相馆、公共娱乐场所等。1980年后，公安、工商部门配合对特种行业登记、发证管理，建立健全各项规章制度。2011年，全镇有旅馆59家，洗浴休闲6家，网吧9家，音像制品销售7家，打字复印9家，照相馆12家。

治安案件查处 1949—1957年，社会治安案件区别查处，对治安危害分子实行控制、改造，对不够刑事处罚的偷窃、诈骗分子进行收容教养。1957年底《中华人民共和国治安管理处罚条例》颁布后，对违反治安管理的案件，将其责任人交群众监督劳动改造。1958年后，对危害社会治安人员分别进行逮捕、管制、劳动教养、拘留、退赃、取保具结等。1979年新的治安管理处罚条例颁布后，对违反社会治安人员分别进行拘留、罚款、警告处分。90年代中期"110"开通以来，公安机关按照"有警必接、有难必帮、有求必应、有险必救"的原则，查处大量治安案件。平时，境域公共设施建设、交通安全管理、重要会议安全保卫、违章建筑拆除等涉及社会治安的事件，公安部门都抽调警力予以协助。2011年，全镇查处治安案件714起，治安处罚441人，其中行政拘留95人。

二、户籍管理

民国20年（1931年），国民政府推行闾邻制，民国24年推行保甲制（10户一甲，100户一保），对境域的人口进行登记。民国37年对成年人发放通行证，1951年全面废除。1953年第一次全国人口普查，对18岁以上所有公民发放选民证，并以选民证替代通行证使用。1956年农村实行户口管理。1964年农村社员家家发放户口簿，记有家庭各成员的姓名、出生年月日、籍贯、职业等内容，是社员的户籍证明、人口统计的基础资料，其户口迁入、迁出、出生死亡等内容的变更，均须凭户口簿到公社办理。1990年之前户口簿还是领取各种计划供应商品证券的凭据。1992年户口管理工作由各派出所负责管理。在户口管理中，各派出所注重户口调查，实行户籍民警责任制，重点加强流动人口的服务管理。

城镇人口管理　新中国成立后，依照户口登记条例和压缩城市人口的精神，为控制农村人口盲目流入城镇，凡迁入城镇的农村人口，必须由公安机关会同安置、劳动、粮食等相关部门会审，由公安机关发出准迁证，城镇方可接受落户。1977年开始执行“农转非”户籍管理规定，逐步解决有关实际困难户的落户问题。90年代开始，为鼓励农民进城务工经商，对“农转非”人口的户籍管理政策进一步放宽，南屏、立发、韩洋、新生、西场、壮志乡镇政府所在地，一些多年从事服务业集体单位职工，一般都具有城镇人口户籍。2001年后，农民落户城镇手续更加便捷。

特殊人口管理　新中国成立后，派出所对每个乡村内一些犯有前科或时有偷鸡摸狗、好逸恶劳、参与赌博、打架斗殴、游手好闲、不务正业、人际关系复杂的高危人群，实行专门登记，内控管理，随时掌握他们的动向，以进一步确保社会稳定。2011年，城东境域在册特殊人口120人。

暂住人口管理　1985年起，公安机关对离开户口所在地，到城镇、城镇郊区、工矿企业务工、经商、从事服务业的16周岁以上公民作为暂住人口进行管理。原204国道、328国道旁从事服务业的外来打工者较多，沿线乡派出所采取登记、发证、变更方法进行管理，并配有专职协管员，为社会治安管理发挥了一定的作用。2011年，城东境域内暂住人口1万多人。

居民身份证　1987年，全镇对16周岁以上公民进行调查摸底、统计审核、登记造册、分批发证。1988年公安机关建立微机管理人口系统，把所有持身份证人口的姓名、性别、出生年月、家庭住址等15个项目，将中文译成代码，输入微机，并逐年增减、删改。1989年，全部完成居民身份证发放工作。2006年春节后，按照公安部规定进行第二次居民身份证核实发放工作。

三、消防管理

民国年间，乡村一些自然村落自发轮流打更，敲打乱棒锣为报警信号，救火使用家用桶、盆，部分大集镇有水龙等器具为消防工具，经费由社会筹集或向火灾单位筹集，日日防火、夜夜防贼。从1965年起，以村为单位普遍建立起10人以上的义务消防队，装备水龙等消防设备。随着农村楼房普及，专业消防队的建立，农村土水龙逐渐被淘汰，发生火灾，报火警“119”。城东境域大中型企业均设有专职、兼职消防队员，各企事业单位都配有消防设备，如灭火器、水枪等。公安消防机关经常组织有关人员进行消防业务演练，以提高消防水平。多年来，境域未发生重大火灾事故。

四、司法行政

城东镇司法行政工作紧紧围绕工作职能，坚持以法治镇，建设法治城东，建立普法领导小组，组长由党委书记兼任，副组长由分管政法的党委副书记和副镇长兼任，依法治镇成员单位负责人为成员。1986年后，连续开展5个五年普法工作，普法和依法治镇工作在南通市处于领先地位。2003—2005年，城东镇司法所被省刑释解教人员安置帮教工作领导组评为江苏省刑释解教人员安置帮教工作先进集体；2007—2008年被县委评为法治海安建设十佳先进单位；2007—2009年被南通市司法局评为司法所规范化建设先进单位；2007年被江苏省司法厅评为江苏省规范化司法所；2009年被县评为四星级司法所，被南通市评为南通市综治和平安建设先进集体（社区社工），被省司法厅评为江苏省优秀司法所，2010年被市司法局评为优秀司法所创建工作先进单位，被市委、市政府命名为法治乡镇，并多次为县、市、省提供法治现场。是年9月，市、县有关领导参观了西场镇“未成年人零犯罪社区（村）”创建工作现场。2011年，全镇强化依法治镇工作，调解民间纠纷490多起，调处率100%，调处成功率99%。城东镇被市委、市政府命名为法治乡镇。

五、平安创建

2003年5月，按全省统一部署，城东镇开展平安镇创建工作，2006—2009年开展新一轮平安创建工作，2010年又开展推进平安城东建设工作。

2003—2011年，全镇每年都制定平安创建工作计划、实施细则及考评办法，开展系列创建活动，如创平安村(居)、平安学校、平安医院、平安单位、平安企业、平安农机、平安铁路、平安家庭、平安市场、平安建筑工地、无毒社区、青少年零犯罪社区、无邪教地区等，在系列创建活动中不留盲区、不留死角，分别制定平安创建标准，每季度开展一次查评活动。选树典型，每年均召开一两次现场会予以推广，并利用镇村广播大力宣传平安创建工作，每年发放平安创建宣传资料1万余份(册)，制作平安建设宣传板块30多个，在各学校、村居、集镇等人员密集地区巡展50多场次。加大技防投入，全镇安装监控探头3500多只，使平安创建知晓率95%以上。

通过一系列创建活动，全镇所有村(居)成为县安全文明村，学校是县安全文明学校，医院是县安全文明医院，安全文明单位98%，平安企业90%以上，平安农机100%，平安家庭98%。2011年，有10户联防组长2110人，所有家庭电话实施10户互助联防。2006年，城东镇被市委、市政府命名为社会治安安全镇，2007年被市政府表彰为创建安全乡镇先进集体，被市综治委、公安局命名为五星级技防镇，2008年被县委表彰为法治建设十佳单位。2009年，城东镇被市委、市政府命名为法治南通合格镇，并连续两年通过复验。2004—2011年，连续七年被市表彰为铁路联防先进集体。

第三节 人民调解

一、调解组织

新中国成立后，境域各乡普遍建立调解机构，乡设调解委员会或调解员。1959年，人民公社的调解组织与治安组织合并。1962年，治保、调解委员会分设，调解与民政合并，建"民调委员会"，一般由5~7人组成，民政委员任民调主任。"文化大革命"期间，调解组织一度处于瘫痪状况。1973年11月，调解组织恢复建立。1980年11月，整顿各大队民调组织，建立调解委员会。1983年后，各村建有调解委员会。2001年，城东镇政府设有人民调解委员会，由分管副镇长兼任主任，政法委员、司法所所长、派出所所长为副主任，成员由综治、司法、妇联、民政、信访等部门负责人组成。同时，城东镇设有社会矛盾纠纷调解领导小组，组长由分管政法的书记兼任，其主要职责是调处基层无法调处的民间、民事纠纷。各村建立基层人民调解委员会，在基层人民政府和基层人民法院指导下进行工作。2003年4月，镇成立社会矛盾纠纷调解处中心，村基层调委会配聘调解员。

2011年，城东镇31个行政村、所有学校、100人以上的企业、医院均设有人民调解委员会，全镇有调解员320人。100人以下的企事业单位都设有调解小组，行政村有专职调解员和老干部调解员90人。全镇设有10户调解信息员3100余人，掌握、收集、反馈纠纷信息。

二、民间纠纷调解

封建社会，族人纠纷由族长按族规处理。民国时期，基层调解主持者一般是保甲长，依据乡约评断是非，解决纠纷。有时邀请公亲族长或威望高、办事公道的人出面调解纠纷。农村家庭纠纷一般由舅父出面调解，俗称"老舅爹为大"。新中国成立后，各级调解委员会及时处理矛盾，化解纠纷。80年代后，境域各乡、村(厂)调解组织遵循调防结合、以防为主方针，以防激化为重点，坚持经常性矛盾纠纷排查和专项治理。2008年，全镇完善联动网络体系，镇调处中心设两名专职调解员，每村选聘两名老干部担任调解员。五坝村组织老干部成立"说和小组"，帮助调处民间纠纷。2008—2011年，全镇调解委员会年调解民间纠纷400起以上，主要涉及婚姻、宅基地、债务、赡养、邻里、继承、赔偿、生产经营等。民间纠纷的及时调解，有效地保护了双方当事人的合法权益，维护了社会稳定。

第十五章　社会保障

清代和民国时期，地方政府有安抚、赈灾、救济之举，多为邑人绅士商贾所资，政府拨款甚少，乡绅刘德麟等捐建的西场后街同善堂，即为清代抚养、殡葬孤寡的慈善机构。民国年间，战事频繁，耗尽资财，故为民解忧之说渐成空谈。新中国成立后，政府以关心人民、造福人民为宗旨，成立专门民政机构。民政工作重点主要有民主建设、优抚、复员安置、支前、救灾救济、婚姻登记、支边移民等，后来强调发展社会福利生产和福利事业，组织优抚对象和困难户生产自救。“文化大革命”期间，民政工作遭受严重挫折。1978年中共十一届三中全会后，城东镇在优抚安置、劳动保护、社会福利、救灾救济、扶贫致富、地名管理、殡葬改革、社会募捐等方面做了大量工作，多次获省、市、县有关部门表彰。2008年，开屏、南屏等村实施社会保障与城镇保险接轨，城东镇参加新型农村合作医疗3.41万人，社会养老保险1.6万人，企业劳动合同签订率99%以上，集体合同签订率100%。镇落实农村低保1144人，低保金68.62万元。2011年，全镇有敬老院、福利院4个，收养524人；参加农村社会养老保险5.56万人，参加农村新型合作医疗8.50万人，享受养老金人数3.57万人，享受居民最低生活保障2800人。

第一节　工作机构

一、民政办公室

2000年前，民政工作为政府一项正常工作，南屏、韩洋、立发、新生、西场、壮志五乡一镇政府均设民政助理1人。2000年4月后乡镇调整，各乡镇政府均设民政办公室，有民政助理、兼职会计和一名残联专职委员合署办公。2004年7月，城东镇民政办公室负责管理东、西两个敬老院，敬老院设党支部书记、院长、结报员各1人，炊事员、护理员若干名。西场镇民政办公室负责管理一个敬老院，敬老院设党支部书记、院长、结报员、炊事员各1人，护理员7人。2011年底，西场镇与城东镇合并新建城东镇，城东镇民政办公室负责优抚安置、救济救贫、殡葬改革等民政服务，并管理3个敬老院。

二、社会事业服务中心

2010年7月22日，根据《海安县镇机构改革实施意见》文件，镇将计划生育服务站、文化服务站、党校、劳动人事和社会保障服务站、社区服务站合并，建立城东镇社会事业服务中心，编制20人，综合承担人口和计划生育、农村文化、党员教育、人力资源和社会保障、社区服务等职责。丁益民任镇社会事业服务中心党支部书记、主任、监委会主任。2011年，原西场镇相应机构撤并到该服务中心，不久撤销。

三、人力资源和社会保障服务所

1992年7月27日，境域六乡镇各设农村社会养老保险事业管理所，与民政办公室合署办公，所长由民政助理兼任，负责承办农村社会养老保险工作。1994年，乡镇设立劳动人事管理所，与工业办公室合署办公，所长由人事助理兼任，负责劳动人事方面的工作。2002年，撤销两所和劳动人事管理所，组建城东镇农村社会保障服务站。2004年7月，城东镇与洋蛮河镇合并，城东镇农村社会保障服务站更名为城东镇劳动人事和社会保障服务站，丁益民任站长，陶美云任副站长。2006年10月，城东镇社保站和城东镇东城街道社保站合并，组建开发区（城东镇）劳动人事和社会保障服务站。2010年7月22日，建立城东镇社会事业服务中心，丁益民任主任兼支部书记。增挂“城东镇人力资源和社会保障服务所”牌子，丁益民任所长，陶美云任副所长，承办人力资源和社会保障相关工作。2011年底，西场镇相应机构撤并到城东镇人力资源和社会保障服务所，丁益民任所长，陶美云任副所长。

第二节　就业安置

一、复员退伍军人安置

1950—1957年，境域各乡复员转业退伍军人直接由县政府复员转业建设军人委员会安置，有的安置到党政机关、企事业单位，有的担任乡以下干部，大部分回乡参加农业生产，有困难的，县政府给予补助。1960—1965年，部分复员退伍军人被安排到工矿、公交企业就业，部分复员退伍军人支边去新疆生产建设兵团、海南岛国营南方农场工作。带病回乡的退伍军人，原则上安排在农村，政府在生活、生产、住房等方面给予照顾。1969年，农村入伍的退伍军人基本上由部队直接转入城市企事业单位工作。1970年后，农村入伍的退伍军人原则上回户籍所在地安置，政府在生活、生产、住房等方面给予照顾。1984年后，实行“先安置后入伍，征兵、安置、优待三位一体”办法，解决入伍兵员后顾之忧。境域各乡镇成立军地两用人才介绍机构，按照先培训后安置原则，农村入伍的，先安排到乡办、村办企业，并以同等劳力50%~70%发给优待金，退伍后一般安置在该单位工作，立二等功以上的战士分配到全民单位工作。城镇入伍的，先安排到全民单位，由全民单位发给优待金，退伍后若回原单位，改为全民性质人员。2000年，海安制定出台《海安县城镇退役士兵安置暂行办法》和《海安县城镇退役士兵择优安置实施细则》，城镇退役士兵安置工作实行“公开选岗，择优安置”，即：安置计划政策公开、安置工作程序公开、士兵积分排名公开、士兵选岗过程公开、安置结果公开，接受社会监督，安置工作做到退役士兵本人满意，接受单位满意，社会各界满意。同时，积极鼓励城镇退役士兵自谋职业，对不需要政府安排工作，申请自谋职业的，政府发给一次性自谋职业补助费，两年以上复退士兵补助标准每年2.4万元，十年以上转业士官补助标准4.6万元，军龄补助标准2000元。并享受劳动和社会保障等方面的政策优惠，到2011年，全镇退役士兵自谋职业率95%以上。

二、剩余劳动力、下岗职工就业安置

新中国成立后，境域各乡政府为改变农村落后面貌，解决劳动力剩余矛盾，多渠道、多形式开展农村剩余劳力的输出和安置工作。1960年，动员青壮年去新疆生产建设兵团参加建设，去徐州参加煤矿生产。1961年，又动员多名支边家属去新疆落户。1980—1985年，50年代后期反右运动中被开除公职遣乡务农的，60年代初“调整、巩固、充实、提高”中停办的大、中专肄业生，城镇压缩人口。70年代后期，“文化大革命”中冤、假、错案被开除公职的人员，得到妥善安置。1994年，乡镇劳动人事管理所以成人教育中心校为依托，专门负责培训和管理劳务输出工作，使受训人员能掌握一门过硬的手艺，以便寻找工作。“十一五”期间，开发区（城东镇）人力资源和社会保障服务所通过建立机构、落实人员、保证投入、强化组织领导和建立科学、有效的运行机制等措施，加强基层劳动保障工作平台建设，推动劳动保障事业全面快速发展。城东镇20个行政村保持充分就业，城镇失业职工就业数每年450人以上，再就业培训每年400人以上，农村劳动力培训每年800人以上。至2011年，全镇从业人员8.16万人，其中外来从业人员1.47万人，农村劳动力转移1.86万人，劳务输出1.23万人，动态消除零就业家庭，并积极引导农民自主创业、返乡创业。是年2月，城东镇政府

被南通市政府授予“十佳农村劳动力充分转移镇”称号。

三、三峡移民安置

2002年，因三峡大坝建成后蓄水需要，根据上级有关部门安排，部分三峡移民安置到城东镇，各村组具体负责安排移民生活、住房和生产，全镇安置三峡移民9户32人。其中，向小平一户5人安排在新生村11组，魏春林一户3人安排在农林村19组，乔兴玉一户4人安排在农林村25组，陈永洋一户3人安排在三丰村15组，缪良贵一户3人安排在三丰村25组，龚成林一户3人安排在韩徐村3组，缪良副一户4人安排在韩徐村4组，陈明江一户4人安排在三角村7组，向和平一户3人安排在三角村15组。

第三节　劳动保障

一、规章制度

民国时期，境域作坊、商店招收学徒工，首先要保荐人担保，订立契约，请酒拜师，有的还得交纳一定数量的定金，这叫艺徒契约制。艺徒年龄一般12~20岁之间，学徒期一般3年，无工资。学徒期间，实际全靠自己偷学，师傅不肯真正传授技术。还有一种形式叫职员雇聘制，受聘雇员一般不立契约，但须亲友或头面人物担保，月薪由业主与雇员或中人议定，老板可以随时解聘雇员，雇员劳动、生活毫无保障。

新中国成立后，按国家计划招收的职工叫固定工，这是沿袭多年的基本用工制度之一。“文化大革命”后，一些单位和企业以及镇、村办企业从农村招收一批户口性质不变、农闲务工、农忙务农的职工。工人除发给一定生活补贴以外，其余的转到生产队作为集体收入，按同等劳力记工分，这些人从1985年开始全部转为计划内临时工。计划内临时工指用人单位在国家增加职工指标范围内，经劳动人事部门批准使用的常年临时工。另有计划外临时工，是用人单位自行招收以供急需的劳动力，有的可以私自解雇。1981年，开始试行劳动合同制工人的用工形式。1984年起，对招收顶替的退休、退职、死亡职工子女实行劳动合同制。从1986年起，对征用土地安置人员实行劳动合同制。1992年，开始推行全员劳动合同制，企业与全体职工通过签订劳动合同的形式确定劳动关系。全体职工，即上至厂长下至每个生产工人与企业在平等、自愿、协商一致原则基础上，签订劳动合同，确定劳动关系，明确双方责任权利，并用法律形式予以规范。用人单位依法按合同进行管理，职工则依据合同履行职责并使自己权益得到法律保障。1993年后，境域企业工作人员工资集体协商、集体合同签订率100%，劳动合同签订率99.5%以上。2001年后，城东镇建立劳资纠纷调解工作站，推进劳动保障监察“两网化”标准化建设。做好劳动保障监察日常巡查，对用人单位存在的问题，及时发出限期整改指令书，促进用人单位更加自觉遵守劳动保障法律法规，促进劳动关系和谐稳定，维护广大劳动者的合法权益。

从1958年起，劳保用品开始发放，品种主要有劳动防护服（帆布衣）、防护手套、防护鞋、毛巾、雨衣、安全带等，后来，由各厂根据不同工种定做劳保服装（又称厂服），统一到劳保商店购买由国家批准生产的劳保用品。解放后对女工劳动保护特别注重。1964年，各单位认真做好女工的“四期”（月经期、怀孕期、产褥期、哺乳期）保护工作。90年代开始至2011年，乡、镇政府每年定期对劳动妇女（包括农村劳动妇女）进行妇科检查，对患病妇女实施治疗。

二、经济保障

（一）工资待遇　新中国成立后，职工工资经历数次改革。1949年至1952年上半年，脱产和半脱产干部职工享受供给制，包括生活费、理发费、医药费、学习费、妇女卫生费、公杂费、服装费等，均按统一标准，分10等30级发放。1952年下半年开始实行工资分制，每一个工资分含有一定数量的实物品种。1956年取消工资分制，实行按货币规定工资标准的制度。干部为职务工资制，职工为八级工资制，商业为十级工资制。1985年10月，实行结构工资制，工资由基础工资、职务工资、工龄工资和奖励工资四部分组成。企业职工按照新的八级工资制执行。后来在此基础上又进行几次工资调整，逐步提高干部、职工工资待遇，同时对工资区类别做调整。1956年，南通地区为三类工资区，1979年升为四类工资区，1985年升为五类工资区，1988年调整为六类工资区。

除工资逐年提高外，还对干部、职工给予相关的福利补助。1965年起，三班制企业实行夜班津贴制度每人每班0.2元。1979年改为小夜班每班0.3元，大夜班每班0.4元。1988年修订为0.8元、1.1元。此外还有岗位津贴、物价补贴等，每年根据单位实绩、效益发给一定奖金。90年代，企业实行计时计件为主的绩效工资制，企业改制后实行以岗定薪、岗变薪变。21世纪后，有的企业实行年薪制，与职工协商确定工资额。

（二）养老金 1951年，国家规定企业职工男年满60周岁、女年满50周岁，一般工龄满20年，企业工龄满10年的，可以退休，按工龄长短发给原工资35%~60%的养老金。1953年提高到原工资50%~70%，1973年开始参照全民所有制企业退休制度有关规定执行。1979年，调整退休的工龄年限，对一般工龄不做要求，连续工龄年限提高到10年，并提高退休费标准。抗日战争期间参加工作的为本人工资标准的90%，解放战争期间参加工作的为80%，新中国成立后参加工作的按工龄长短分别发给本人工资的60%~70%，对因公致残丧失劳动能力的，退休工资提高到80%~90%，并给一定的护理费。1983年调整为新中国成立前参加工作的照发本人原标准工资，抗日战争时期另增发生活补助费，有的企业为职工购买商业保险。1992年退休人员退休金提高10%。此前，退休金由原单位发放。是年3月，开始实行社会养老保险制度。此后，企业职工退休后，养老金由劳动社会保障部门按月发放。

（三）社会养老保险

企业五大保险 即通常说的“五险”：养老保险、医疗保险、失业保险、工伤保险和生育保险。城东镇实行社保制度始于1992年，初为国有企业、集体企业职工办理，后逐步扩大覆盖面，外资企业、私营企业、乡镇企业职工，实行企业化管理的事业单位职工都必须参加社会养老保险。2002年，海安县在全省率先实行企业职工基本养老保险、工伤保险、生育保险、失业保险“四险合一”。2005年10月开始，在“五险合一”的框架下，镇建立综合性社保经办机构，负责全镇范围内参保单位和个人的养老保险、社会医疗和工伤、生育、失业以及保险关系的建立、转移、中断、接续和终止工作，核发社会保险登记证，负责参保单位的缴费、申报审核和职工缴费记录及个人账户的管理，负责保险扩面和保险费的征收结算，负责对参保单位履行社保义务情况的稽查。机关事业单位除公务员外一律以部门和单位参保。参保金额按职工标准工资34%计算，单位负担28%，个人负担6%。基本养老金的待遇=基础养老金+个人账户养老金+过渡性养老金。“十一五”期间，全镇社保工作成绩突出，每年新增人数3000人以上，新增人数占全县的三分之一以上，在全县名列前茅。2011年，全镇企业养老保险缴纳人数5.69万人。

新型农村养老保险 1992年，境域实施农村社会养老保险。之后，农村社会养老保险更名为新型农村社会养老保险。2007年，县政府制定《海安县新型农村社会养老保险实施办法》，并于当年12月1日起施行。全镇新型农村社会养老保险工作成效显著，“十一五”期间，城东镇劳动保障工作连续多年被县劳保局评为先进集体；2009年度和2010年度，城东镇劳动保障工作综合考核全县第一。至2011年，已有1.61万人参保，城东镇连续多年被县劳保局评为“新型农保先进单位”。

失地农民养老保险 2005年后，随着城镇化进程加快，镇政府高度重视失地农民年老后生

图15-1 社保站人员上门发放居民养老保险金领取证（孙宝峰/摄）

活问题，多次召开部门联席会、失地农民座谈会和村干部会议，听取各方意见，结合城东镇实际，研究制定有关征地补偿和被征地农民基本生活保障实施办法，确保所有项目征地补偿费和安置补助费由财政及时出资到位，保证所有失地农民对接基本生活保障全覆盖。2009年，城东镇政府被县政府表彰为“被征地农民社会保障工作先进单位”。

2011年，新型农村合作医疗参保率98%以上，为广大群众报销门诊医疗费181万元、住院医药费1330万元；为1.11万人对接被征地农民社会保障，对接人数占全县的五分之三。

第四节　优属　抚恤

一、优　属

新中国成立初，国家对烈军属发放定补，并组织群众帮助代工代种或实行包工包干制度，对孤老无依靠、无劳力、无独立生活能力的实行近邻包养和轮养。1956年合作化后，国家除发放定补外，对无劳力、缺劳力、生活困难的，采取优待劳动日办法，保证其生活不低于或略高于当地群众生活水平。1983年，农村推行家庭联产承包责任制后，改优待劳动日为优待现金，逐户发放优待证，张榜公布，优待标准为同等整劳力全年收入的50%~70%，其经费采取春定、夏查、秋兑现的办法，由乡（镇）、村两级共同负担。对缺乏劳动力的优抚对象，采取帮工代耕办法，所需经费从优待金中提取。为克服群众负担畸重畸轻现象，1984年实行“以乡统筹，平衡负担”办法。1985年起，烈士军属优待金逐年提高。2011年前，为8户优抚对象改造危房18间。优抚对象、精神病人建立由镇、村、医院、卫生服务站组成的帮扶防治网络，定期上门提供救助服务。开展“一助一”结对帮扶活动，组织机关、企事业单位参加帮扶活动，每年结对100多对，从生产、生活上关心他们，每人每年受助额都在600元以上。

二、抚　恤

对牺牲病故人员、伤残军人，政府实行抚恤。抗日战争时期，按因战牺牲、因公牺牲、因病亡故及人员职别、级别发给其家属一次性抚恤金抗币300~1000元，解放战争时期一次性发给大米400~1000斤。海安地区解放时，县成立荣誉军人工作委员会，区成立荣誉军人协会，对因战因公致残人员实行终身抚恤，根据残废等级发放抚恤粮，保障其生活所需。1950年、1961年、1979年，政府三次对抗日战争、解放战争、抗美援朝和社会主义建设中因战因公牺牲的军人、民工、地方干部进行优抚普查，换发、补发证件。国家多次调整提高牺牲病故人员抚恤金标准。1985年起，向烈属、病故军人家属、因公牺牲军人家属（简称“三属”）发放定期抚恤金，每月每人25元。2010年，城东镇重点优抚对象404人，其中享受“三

图15-2　2003年南阳村优抚对象宋周如家改造前的房屋（民政办/提供）

图15-3　2003年南阳村优抚对象宋周如家改造后的房屋（民政办/提供）

属”定补抚恤金22人，享受伤残抚恤73人，享受复员军人生活困难定期补助158人，享受带病回乡退伍军人生活困难定期补助87人，享受参战涉核人员生活困难定期补助62人，享受生活困难一次性补助1人，享受随军未就业家属生活困难补助1人。镇政府采取各项优抚措施，解决重点优抚对象医疗难问题。医院对重点优抚对象实施门诊、住院医药费减免，民政负责门诊医药费报销，农村合作医疗实行双份投保，另外再加商业医疗保险，让优抚对象基本医疗费能够全额报销，同时还享受住院补助，每年还为重点优抚对象免费体检一次。

2011年，“三属”抚恤补助标准分别为每月1315元、1150.5元、987元。

三、慰烈工程

1987年8月，壮志乡建立赵坚烈士陵园。2005年，西场镇扩建赵坚烈士陵园，立35座烈士墓碑，改为西场烈士陵园。城东镇实施“慰烈工程”，以让先烈精神代代相传。2010年5月，在宁启铁路南侧、通榆路东侧，城东镇福寿园公墓内开建城东镇慰烈园，占地520平方米，是年10月建成完工。四周栅栏围墙，设有墓区间道和小广场，广场边安放城东镇英烈碑，镌刻全镇英烈名。该园建成后先后安葬革命先烈31位。

第五节　社会福利

一、城乡低保

2005年开始，国家实施城乡居民最低生活保障，保障线以家庭人均年收入1080元计算，低多少补多少。2010年，家庭人均年收入低于2760元的低多少补多少。城乡低保，坚持三榜公示程序，即个人申请、入户调查、村民代表评议，政府复核、审核，县民政局审批。低保对象实行动态管理，资金按季打卡发放。全镇享受农村低保880户1568人，城镇低保5户11人。2009年开始，境域实施四残（肢体残、精神残、智力残、视力残）人员达到一、二级重度残疾的享受重度残疾人生活补助。2011年，全镇416人享受重残补助，一级重度残疾人18~60周岁享受护理补贴。

二、尊老金补贴

2009年7月起，城东镇民政部门开始为90~99周岁老年人提供尊老金补贴，每人每月30元。2010年，将90~99周岁老年人尊老金每人每月提高到60元，100周岁以上老年人长寿金每人每月300元。2011年7月起，尊老金发放范围扩大到80周岁以上老年人。80~89周岁老年人每月增发20元尊老金，90~99周岁老年人每月增发60元尊老金。是年，全镇70周岁以上老年人可办理免费乘车证，在县内乘坐公交车可享受免费。

三、五保户补助

1956年，实行农业合作化后，农村鳏寡孤老由临时救济办法改为由农业合作社集体五保，即保吃、保穿、保住、保医、保葬。供给标准按一般大劳力分配口粮和柴草，发少量零用钱，在公益金中支付。80年代起，农村“三无”（无劳动能力，无生活来源，无法定赡养、抚养、扶养义务人）人员实施农村五保供给，经费由原村组统筹逐步过渡到上级财政补贴。2011年，全镇农村分散供养五保人员280人，年人均供给经费3600元；集中供养五保人员330人，年人均供给经费4400元。全年五保户供养经费185.07万元。

四、养老机构

1958年，“大跃进”时期无依靠的鳏寡孤老，由各乡镇兴办敬老院供养。1959年，因经济困难，有的敬老院停办。1978年后，在抓好“五保”供养的同时，逐步恢复或创办敬老院，到1984年，境域六乡均办敬老院。

南屏敬老院始建于1958年。至2004年，张长如、李绍依、孙玉富、韩良骥、杨兴宇、许树平先后任院长。

韩洋敬老院始建于1984年7月，当时入院老人7人。吕子平、杨万龙先后任院长。

立发敬老院始建于1984年，当时入住老人20人。至2004年，刘兴准、吉开才、宋存根先后任院长。

新生敬老院始建于1984年，当时入院老人25人。至2004年，储友根、葛汉澄先后任院长。

1990年后，随着国家改革开放的推进和计划生育政策的落实，子女少的老年人越来越多，加之大部分年轻人外出经商、打工，空巢老人逐年增多，同时农村还有一部分无子女、无生活来源、无自理能力的“三无”老人。为更好地做好这部分老人的服务工作，城东镇在相关村兴建10个居家养老服务站，在泰宁村开办一家民营托养院。1997年，采取向上争取一部分、社会资助一部分、院办经济挤出一部分办法，立发、新生敬老院进行房屋修缮和硬件设施建设。是年底，壮志、新生敬老院被评为南通市文明敬老院。1999年，壮志敬老院被评为二级敬老院，西场、韩洋、立发、南屏敬老院被评为三级敬老院。2000年，西场镇与壮志乡合并重组西场镇后，因原西场敬老院院地小，地势落差大，在原壮志敬老院旁征地新建1幢集宿舍、客厅、卫生间等设施齐全的老人宿舍楼，同时扩建相关附属用房，改造道路、下水道，新建院内花园。经多方协调，在壮志敬老院原有基础上新增土地3600平方米，2001年10月破土动工，历时1年建成。2002年重阳节，两个敬老院合并。合并后的敬老院，占地1万平方米，另有菜地3300平方米。建筑面积2780平方米，老人宿舍、活动室、康复室、医务室、饭厅、卫生间等一应俱全。

图15-4　韩洋敬老院　（孙宝峰/摄）

2004年，城东镇政府将原南屏、立发敬老院在原南屏乡政府合并组建成城东镇西敬老院（城东镇南屏敬老院）。至2010年，许树平、杨和山先后任院长。西敬老院占地10854平方米，有固定资产386万元，床170张，入住五保老人126人。

2005年，城东镇政府又将原韩洋、新生敬老院在原蒋庄学校合并组建城东镇东敬老院（城东镇韩洋敬老院）。刘炳根、宋存根先后任院长。东敬老院占地4600平方米，有固定资产150万元，床位110个，入住老人105人。

2011年，城东镇有敬老院4个，民办养老机构、社会养老机构收养老人524人。

图15-5　老干部艺术团为五保老人演出　（孙宝峰/摄）

五、救灾救济

新中国成立后，镇民政部门每年核实困难家庭情况，进行适时救助。同时，认真、及时、准确地将发生的自然灾害种类、危害程度和受灾情况，在第一时间向上级有关部门报告，并现场核实所报告情况，根据灾害程度进行救灾。2000—2011年，全镇救助特困学生68人，救助特困家庭1800户，修建房屋538间，累计救助金额78万元。

第六节　殡葬改革

新中国成立前，境域丧葬皆棺木土葬，无论穷富，只有棺椁厚薄之分，民曰“入土为安”。新中国成立后，政府反复深入进行“破旧立新，移风易俗”宣传教育，但因封建迷信及旧习俗根深蒂固，殡葬改革收效甚微。1966年、1972年，海安两次印发推行火葬宣传材料。1975年，县革委会发出《党员干部带头破旧立新移风易俗的决定》，加上一系列激励措施，全镇党员、干部病故火化率90%。1993年初，境域推行殡改运动，规定凡居住在境域的村居民，是年4月1日后亡故的，一律由传统土葬改为火葬。境域乡镇为配合殡改，及时配置灵车，并对零散佛道教及制棺木匠、纸扎匠等人员加强管理，约法三章，制定严格奖罚措施和对村组干部实行年终考核一票否决制，从而使殡葬改革逐步走上正轨。1994年后，境域死亡人口火化率年年100%。然而殡葬改革一度出现一些新动向和苗头：装棺重葬、堆坟、封建迷信活动抬头等。2001年，城东镇政府坚持标本兼治、破立并举、疏堵并重、教育与打击相结合的原则狠刹封建迷信活动，深化殡葬改革专项整治工作。9月，城东镇立发电影队利用电影放映取代群众家中佛事。2003年，在经忏人员和信教群众中开展“爱国、爱教、诚信、守法”教育，要求其他佛教人员到佛教点做佛事。

2007年，城东镇政府为解决骨灰安放和项目用地迁坟需要，在韩洋村22组和南阳村12组、13组分别建立“万福园”“福寿园”两处公益性公墓，占地13.33公顷。2011年，全镇死亡人口火化率100%，在公墓安葬率80%以上。

第十六章　教　　育

城东镇重教历史久远，办学之风甚兴。清时有“忠君、尊孔、尚公、尚武、尚读诸端”的“中学为主，西学为辅”的早期学校教育。辛亥革命后，政府举办国民学校，乡绅大姓创办私立小学，知识分子设塾授课。抗日战争与解放战争期间，小学因经费不足，师资缺乏，儿童入学率极低，此时私人办学之风大兴，全镇私人办塾馆70多处。新中国成立后，城东教育沿着边改造、边改革、边发展、边建设道路前进。

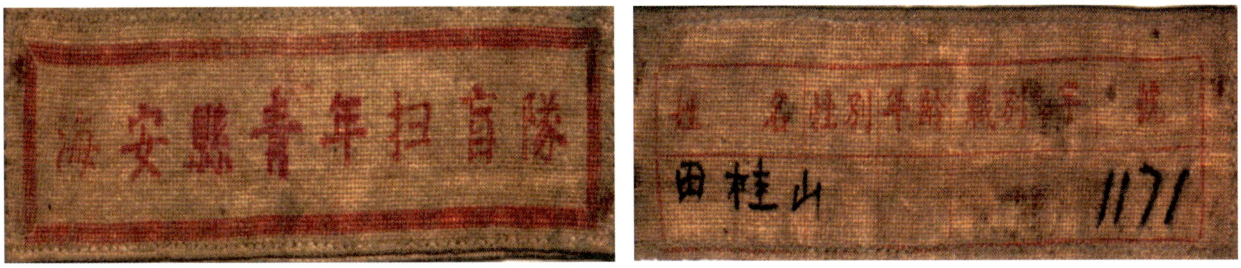

图16-1　新中国成立初期青年扫盲队标志　（田云峰/提供）

1983年，境域内韩洋乡率先在全县宣布实现“一无两有”（小学校校无危房，班班有教室，学生人人有木制课桌凳）。接着，南屏、立发、新生、西场、壮志乡相继实现“一无两有”。1987年1月，韩洋乡被评为全县唯一的江苏省基础教育先进乡。1989年12月，境域内五乡一镇全部通过县“普六”验收。1994年，五乡一镇全部通过全县“普九”验收。1999年上半年，五乡一镇又通过县政府教育小康工程验收。1999年12月，韩洋乡在全县率先通过省政府“实施教育现代化工程先进乡镇”验收。2000年，西场镇亦通过省政府“实施教育现代化工程先进乡镇”验收。

2001年底，境域中小学、幼儿园布局调整到位，通过县级验收。2003年后，又先后撤并蒋庄、葛克全、刘缺、济民、葛桥、杨井、韩西等学校，创办开发区实验小学。2001—2004年，城东镇政府先后投入2034.65万元，强化学校硬软件建设，消灭学校危房，办学条件从根本上得到改善。2004年12月，通过省政府“教育现代化工程先进乡镇”验收。是年，城东镇有初中5所，教学班62个，学生3052人；小学8所，教学班127个，学生4592人；幼儿园4所，教学班37个，在园幼儿1242人。中学适年人口入学率100%，巩固率100%；小学适年人口入学率、巩固率均为100%；学前三年幼儿入园率100%。专任教师学历达标率：幼儿园100%，小学100%，中学98%，成人校100%。幼儿园、小学教师大专率和初中教师本科率分别为87.3%、80.5%和51.7%。全镇农村劳动力平均受教育年限为10.23年，适龄青年(18~21周岁)接受高等教育的比例与每万人口中大专学历以上人数分别为53.6%和115人。学校校舍建设和装备配置均达省合格以上标准，所有中心级学校均

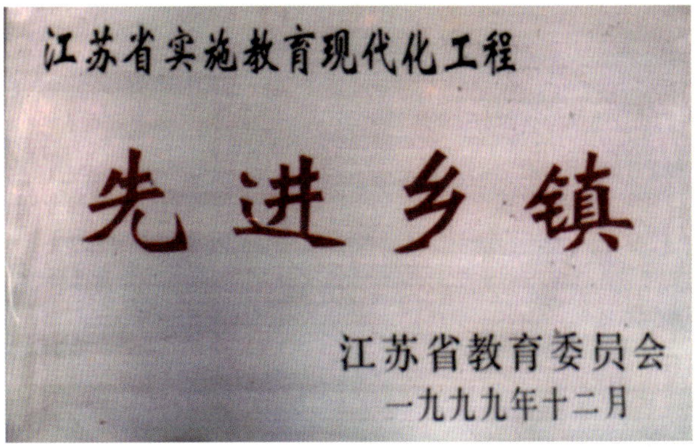

图16-2　1999年韩洋乡所获奖牌
（蔡方俊/摄于1999年12月）

建成微机教室、多媒体电化教室，电教设备齐全，教育信息化步伐不断加快，校校建成校园宽带网，连接海安教育网和教育信息库。

至2011年底，城东镇和西场镇合并重组后，全镇有完全中学1所，初级中学4所，教职员工740人，在校中学生7154人，教学班145个；中心级小学6所，村级小学1所，教职员工409人，在校小学生4479人，教学班103个；幼儿园6所，教职员工162人，在园幼儿2222人，教学班59个；成人教育中心校1所，教职员工20人。

第一节　社学　私塾

一、社　学

社学是元、明、清三代地方公办学校，吸收幼童入学，为科举取士进行基础教育，读经、史之类，也讲习冠、婚、丧、祭之礼。明嘉靖三年(1524年)，境域设立发明善、西场时雍两所社学。

二、私　塾

民国时期，境域内几乎每小乡和集镇都有多家私塾。老周济乡有葛仁甫、葛光祖、陈允贵、张笃林等人办的学馆，古集镇洋蛮河及其周边有蒋石君、张文江、冒寿国、丁昌林等人办的学馆，练港乡第三村有梅兆朗办的学馆。一般每学馆一塾师，带学生10~25人。《三字经》《女儿经》分别为男、女童启蒙教材，接着读《百家姓》《千字文》《琼林大学》《中庸》《论语》。学生读、背书外还描红、临帖，习写毛笔字。

民国29年（1940年），境域民主政权建立之后，以区为单位建立塾师联合会，相邻地区建立学习小组，通过组织塾师学习，使其明确办学目的，端正教育思想，废除封建教学内容；供给新教材，要求塾师向邻近小学学习，改进教学方法，禁止体罚学生。此时起，部分私塾开始教算术课。

民国35年，根据苏皖边区政府规定，经过改良具备条件的私塾，开始转化为民办小学。民国37年，随着小学的不断恢复和发展，按照分布和办学情况，不断转化或取缔私塾。1951年，公办、民办小学基本取代私塾。

第二节　幼儿教育

一、发展概况

境域幼儿教育始于1954年，张策最早在西场集镇办幼儿班。1958年，随着人民公社成立，农村临时性、季节性幼儿园、托儿所迅速发展，一般大队有幼儿园，生产队有托儿所，都带有临时寄托幼儿性质，保育质量一般。1960年，县文教局举办幼师培训班，各公社配备兼职幼儿教育辅导员，教养员报酬由公社和大队按同等劳力记工分。因经济困难，1961年起，这种临时性、季节性幼儿园、托儿所逐步收缩，1962年完全停办。

1969年起，境域各公社先后在中心小学、较大规模小学内办幼儿班，办班规模不大，发展不快。1975年，韩洋公社兴办大队幼儿班3个，壮志公社兴办大队幼儿班10个。1976年，新生公

图16-3　天真可爱的幼儿园小朋友
（孙宝峰、印小华/摄于2007年5月）

社兴办大队幼儿班10个。1977年，县委动员各行各业办幼儿园后，各公社陆续增办大队幼儿班、幼儿园，到1983年“社改乡”时，镇域一般村有幼儿班，有条件的村小附设幼儿园。幼教事业逐步建立起“村办村管、乡办乡管、联办联管”的新体制，幼儿入园率90%以上。

1982年，县乡分期分批给幼儿园配备园长。1983年、1984年，各乡分别筹建兴办中心幼儿园。

1985年后，县乡两级积极鼓励幼师参加中师函授、自学考试、脱产进修和教材教法进修学习。1987年，县政府规定幼师报酬由集体和幼儿家长共同负担。1986—1992年，县乡两级重点围绕爱国主义教育、体育、游戏、家庭教育、创造性教育、混合班教学主题综合教育、幼儿生理和心理卫生保健、培养幼儿智力因素和非智力因素、幼儿日常行为规范训练等10个方面，进行系列研究和专题探讨，组织幼师专业技能技巧比赛。

1989年起，各乡先后调整教育布局，村级幼儿班、幼儿园逐步向中心级幼儿园撤并，中心级幼儿园办学条件不断提高，办园规模不断扩大。到2011年，全镇有6所中心级幼儿园和1所分园，教职工162人，教学班59个，在园幼儿2222人。

1969—2000年城东镇境域幼教事业发展变化情况一览表

表16–1

乡 镇	幼儿园（班）	创办时间	创办人或负责人	幼儿数（人）	变化情况
南屏乡（公社）	南屏小学幼儿园	1969.8	张宏英	23～289	1969年始建于南屏公社中心小学。1983年更名为南屏乡中心幼儿园。2001年南屏乡与立发乡合并后更名为城东镇中心幼儿园
	姜桥村办园	1983.8	徐远中	23～32	1989年撤并到南屏乡中心幼儿园
	新桥村办园	1983.8	王国进	24～25	1990年撤并到海安镇
	张池村办园	1983.8	田松鹤	19～27	1998年撤并到南屏乡中心幼儿园
	佘庄村办园	1983.8	翟修银	28～33	1998年撤并到南屏乡中心幼儿园
	周济村办园	1983.8	吴祯庆	23	2000年撤并到南屏乡中心幼儿园
	双桥村办园	1983.8	刘传锦	18～19	2001年撤并到城东镇中心幼儿园
	南阳村办园	1983.8	刘善积	13～16	2002年撤并到城东镇中心幼儿园
	济民村办园	1983.8	杨本坤	29～31	2003年撤并到城东镇中心幼儿园
	油坊头村办园	1983.8	祝英来	17～19	2005年撤并到城东镇中心幼儿园
	葛桥村办园	1983.8	葛铭盘	16～31	2007年撤并到城东镇中心幼儿园
新生乡（公社）	新生幼儿班	1976年春	丁邦明	50～225	1984年独立成园，更名为新生乡中心幼儿园。2001年更名为洋蛮河镇新生幼儿园。2004年更名为城东镇新生幼儿园
	古河幼儿班	1976年秋	李兴元	25～50	2002年并入洋蛮河镇新生幼儿园
	丁祠幼儿班	1976年秋	范从友	30～56	2003年并入洋蛮河镇新生幼儿园
	林业幼儿班	1976年秋	苏 展	20～35	2000年并入新生乡中心幼儿园
	范桥幼儿班	1976年秋	戴子宏	30～54	2000年并入新生乡中心幼儿园
	红星幼儿班	1976年秋	姚根旺	25～65	1987年更名为杨井分园，2007年并入新生园

续表16–1

乡　镇	幼儿园（班）	创办时间	创办人或负责人	幼儿数（人）	变化情况
新生乡（公社）	永忠幼儿班	1976年秋	蔡光祖	25 ~ 62	1987年更名为堑南分园，1999年并入杨井分园
	红旗幼儿班	1976年秋	王其明	18 ~ 28	1979年并入新生幼儿班
	团结幼儿班	1976年秋	陶　玲	16 ~ 28	1980年并入品建幼儿班
	品建幼儿班	1976年秋	何纯理	24 ~ 56	2000年并入新生乡中心幼儿园
	刘庄幼儿班	1976年秋	刘远稳	28 ~ 40	1999年并入杨井分园
韩洋乡（公社）	三角大队幼儿班 中心小学幼儿班	1974.8	储　芳 杨义玲	23 ~ 50 20 ~ 45	1974年起分别于三角大队6队和韩洋公社中心小学内办班，1983年两班合并，易地重建于三角村4组，更名为韩洋乡中心幼儿园
	丰源大队幼儿班	1975.8	陈广春	20 ~ 30	1997年8月撤并到韩洋乡中心幼儿园
	韩徐大队幼儿班	1975.8	杨龙芳	30 ~ 65	1994年9月更名为韩徐幼儿园。2000年8月撤并到韩西幼儿园
	翻身大队幼儿班	1975.8	何世云	15 ~ 40	2001年8月撤并到韩西幼儿园
	南田大队幼儿班	1976.8	孙锦兰	13 ~ 28	1997年8月撤并到翻身幼儿园
	韩西大队幼儿班	1977.8	徐奇凤	20 ~ 90	1999年8月更名为韩西幼儿园，2006年8月撤并到韩洋幼儿园
	大桥大队幼儿班	1977.8	韩素萍	15 ~ 25	1993年8月撤并到韩西幼儿园
	东屏大队幼儿班	1977.8	曹连美	18 ~ 28	1997年8月撤并到石番幼儿园
	石番大队幼儿班	1977.8	章桂凤	26 ~ 50	1997年8月更名为石番幼儿园，2000年8月撤并到蒋庄幼儿园
	丰河大队幼儿班	1978.8	王　岚	18 ~ 29	1997年8月撤并到丰港幼儿园
	丰港大队幼儿班	1978.8	于小玲	23 ~ 52	1997年8月更名为丰港幼儿园，2000年撤并到韩西幼儿园
	韩南大队幼儿班	1982.8	韩冬梅	15 ~ 28	1993年8月撤并到丰港幼儿园
	蒋庄幼儿园	1986.8	许映霞	30 ~ 82	2005年8月撤并到韩洋幼儿园
立发乡（公社）	立发小学幼儿园	1975.8	陈友华	40 ~ 254	1981年8月更名为立发公社中心幼儿园，1993年增加到6个班，12名教师
	界墩幼儿班	1980.8	储开明	35 ~ 45	2000年撤并到立发乡中心幼儿园
	长池幼儿班	1982.8	田锦润	28 ~ 40	1997年撤并到界墩幼儿班
	新运幼儿班	1982.8	吕忠富	25 ~ 38	2003年撤并到刘缺分园
	前进幼儿班	1982.8	徐宝卿	23 ~ 44	2003年撤并到刘缺分园
	刘缺幼儿班	1982.8	张吉士	50 ~ 126	1994年升格为刘缺分园，增加到4个班，5名教师。2008年撤并到立发幼儿园
	新华幼儿班	1982.8	王布根	20 ~ 32	2003年撤并到刘缺分园
	五坝幼儿班	1982.8	郁兆龙	24 ~ 38	2003年撤并到刘缺分园

续表16-1

乡　镇	幼儿园（班）	创办时间	创办人或负责人	幼儿数（人）	变化情况
立发乡（公社）	练港幼儿班	1983.8	王仰高	22～35	1991年撤并到五坝幼儿班
西场镇（乡、公社）	西场幼儿班	1954	张　策	50～640	1990年独立成园，更名为西场镇中心幼儿园
	立头幼儿班	1976	储祥云	20～60	2007年并入延寿幼儿班
	仲庄幼儿班	1976	储桂芳	20～80	1996年更名为延寿幼儿班，为中心园办班点
	迎春幼儿班	1976	吴留平	20～60	1995年并入戚庄幼儿班
	新农幼儿班	1976	仲伟芳	20～50	1995年并入光荣幼儿班
	陆堑幼儿班	1976	范　玲	20～50	2005年并入西场中心园
	戚庄幼儿班	1976	陆建莲	20～90	2002年并入西场中心园和延寿办班点
	爱国幼儿班	1976	王文梅	20～60	1995年并入戚庄幼儿班
	凌河幼儿班	1976	鄂祥兰	20～50	1995年并入戚庄幼儿班
	丰产幼儿班	1976	吴兰梅	20～50	1995年并入迎春幼儿班
	优胜幼儿班	1976	王兰珍	20～50	1995年后并入光荣，再并入热港幼儿班
	许冯幼儿班	1976	张贤芳	20～50	1995年并入热港幼儿班
	光荣幼儿班	1976	杨惠云	20～120	1995年达到大中小3个班，后并入热港幼儿班，再并入中心园
	热港幼儿班	1976	王则芳	20～60	2008年达到大中小3个班，2010年并入延寿办班点和中心园
壮志乡（公社）	红武幼儿班	1974.8	赵启芬	25～30	1974年创办于一社员家，1983年迁至壮志小学内，并更名为壮志公社中心幼儿园
	跃进幼儿班	1975.8	左加凤	13～26	2003年撤并到壮志中心幼儿园
	胜利幼儿班	1975.8	毛忠梅	18～30	后由于大队合并，与立新幼儿园合并更名为施秦幼儿班，后与施秦幼儿园合并，2002年撤并至壮志中心幼儿园
	立新幼儿班	1975.8	佘明珠	19～25	
	马荡幼儿班	1975.8	张达芳	15～25	2000年撤并至中心幼儿园
	红光幼儿班	1975.8	张国兰	17～28	2000年撤并至中心幼儿园
	王庄幼儿班	1975.8	金晓萍	16～25	2000年撤并至中心幼儿园
	葛庄幼儿班	1975.8	王芝凤	20～24	1998年与洪庄幼儿班合并，又名赵坚幼儿班
	红星幼儿班	1975.8	崔怀美	19～30	2001年撤并至中心幼儿园
	砖桥幼儿班	1975.8	薛俊兰	14～24	2000年撤并至中心幼儿园
	洪庄幼儿班	1975.8	吴珍美	15～26	1998年与葛庄幼儿班合并，又名赵坚幼儿班，设中、大班，2003年撤并至中心幼儿园

二、幼儿园简介

城东镇中心幼儿园 省优质幼儿园。前身为南屏小学幼儿园，创办于1969年。创办之初，在南屏小学内招收1个班，在园幼儿有20多名，教师2名。张宏英、葛敬义、葛林先后担任幼儿园负责人。

1977年后，南屏小学幼儿园幼儿逐年增多，办园规模逐年扩大。1983年“社改乡”后，幼儿园独立成园，更名为南屏乡中心幼儿园，园长袁宇珍兼任南屏乡幼教辅导员，园址在蚂蟥沟，有大、中、小3个班，136名幼儿。同时，乡中心园下设姜桥、新桥、张池、佘庄、周济、双桥、南阳、济民、油坊头、葛桥10所村办园，在园幼儿全乡350名。

1988年，张池村办园撤并到乡中心幼儿园。1989年，佘庄村办园撤并到乡中心园。1989年，姜桥村办园撤并到乡中心园。1990年，新桥村办园撤并给海安镇。

1995年，南屏乡政府发动社会各界捐资助学，幼儿园筹到办园资金50万元，新建教学楼1幢，内设办公室、幼儿配套活动室、多功能室、美工室、微机室等。2000年，周济村办园撤并到乡中心园。

1999年，幼儿园再建综合楼1幢，内设科学发现室、图书阅览室、音体活动室、家长活动室等。2001年，幼儿园更名为城东镇中心幼儿园。同年，双桥村办园撤并到中心园。2002年，南阳村办园撤并到中心园。2003年，济民村办园撤并到中心园，周晓燕任园长。2005年，幼儿园改制为公有民营，实行自收自支。同年，油坊头村办园撤并到中心园。2007年，葛桥幼儿园撤并到中心园。2009年，园长周晓燕兼任城东镇幼儿教育辅导员。

图16-4 城东镇中心幼儿园
（孙宝峰、印小华/摄于2007年5月）

中心幼儿园园内有戏水池、花圃、假山、沙池等，班班有彩电、DVD、钢琴、视频展示仪及足量的玩具和幼儿图书；洁净、温馨的寝室，便利适宜的漱洗设施。

中心幼儿园抓特色建设，结合自身实际，走“科研兴园”之路。2000年，中心幼儿园通过南通市一类幼儿园验收。2001年，积极参与“幼儿园道德启蒙教育”的市级课题研究，历经5年，于2005年底结题。“十一五”期间，借助“农村幼儿口语交际能力培养的策略研究”这一江苏省重点青年资助课题，各班有效开展活动，培养孩子从小积极与人交流和主动对话的习惯。2006年创建成为省现代化幼儿园。2008年，晋升为江苏省优质幼儿园。幼儿园连续多年获得县“文明单位”“保教质量优等园”“全面质量管理优等幼儿园”“常规管理示范园”“节能减排先进单位”“市平安学校”“市绿色学校”“市模范家长学校”等称号。2011年，全园8个班，在园幼儿328人，有教职工27人，其中专任教师19名，本科学历7人，大专学历8人，小学高级教师7人，16人获计算机等级证书，教职工专业达标率100%；占地3500平方米，建筑面积2042平方米，绿化面积800平方米，户外活动场地1420平方米。

新生幼儿园 省示范性实验幼儿园，位于上湖街道上湖社区，前身为新生公社中心小学幼儿班，创办于1976年春，在中心小学内招收1个班，在园幼儿50人。当年秋，先后开办古河、丁祠、林业、范桥、红星、永忠、红旗、团结、品建、刘庄等10个大队幼儿班。戴子宏、陶正兰、梅志宏、季增兰先后任幼儿园园长，其中陶正兰、梅志宏、季增兰先后兼新生乡（公社）幼教辅导员。

1984年，新生幼儿班独立成园，取名海安县新生乡中心幼儿园，有教职工4人，大中小3个班级，分别借居在新生文化站、新生敬老院和新生小学内。1986年，幼儿园于新生村3组易地新建，占地1287平方米，教职工5人，大中小3个班，在园幼儿90人。1995年，于新生村1组再次易地新建，占地2960平方米，教职工15人，6个班，在园幼儿190人。1996年新建幼儿园2号楼，1997年新建3号楼，2001年完成1号楼配套设施建设，2006年租地1040平方米扩建操场，2008年租地1400平方米，2009年新建4号楼。

1998年，新生幼儿园为省农村幼教工作现场会提供参观现场，并通过南通市一类幼儿园验收。2001年，通过省基本实现现代化幼儿园验收。2003年，通过省示范性实验幼儿园验收。2004年，因乡镇合并，更名为城东镇新生幼儿园。此后，幼儿园发展扩大，拥有4座集教育化、艺术化为一体的教学、综合大楼，各班、各室现代化教育设备一应俱全。园内沙地、软地操场、大中小型活动器械、种植园和饲养房等坐落于校园各景点之中，相映成趣。

新生幼儿园实施“科研兴园”方略，提高教师素质，优化教师群体，市级课题“幼儿道德启蒙教育”研究顺利结题，特色课题“幼儿剪纸”全部启动。31名专任教师，大专以上学历占80%；幼儿三年入学率100%。

1998—2011年，新生幼儿园师生在省、市、县获奖100人次以上，办园经验多次在省、市、县农村幼儿园工作会议上交流，园长季增兰被评为县优秀园长，5名教师被评为县幼儿园骨干教师、教坛新秀，多人被评为镇、园骨干教师、优秀班主任、道德标兵。幼儿园先后11次被评为县文明单位，被表彰为县“三八”红旗集体、“巾帼示范岗”“常规管理示范幼儿园”“优秀家长学校”“常规管理先进单位”“模范幼儿园”、市“最安全学校”、省“平安校园”。

2011年，幼儿园占地5400平方米，绿化面积1600平方米；在园幼儿382人，11个教学班，专任教师31名。

韩洋幼儿园 省优质幼儿园，位于洋蛮河街道三角社区。前身为韩洋公社三角大队幼儿班和韩洋公社中心小学幼儿班，同时创办于1974年8月。三角幼儿班创办人储芳，创办之初，招收1个班，23名幼儿，大中小混合编班，先在三角大队6队办班，后移至三角大队7队；中心小学幼儿班附属在韩洋公社中心小学内，1个班，20多名幼儿，大中小混合编班，执教人杨义玲。此后，三角幼儿班和中心小学幼儿班办班规模时小时大，两班幼儿最多时80人。

1983年，三角幼儿班和中心小学幼儿班合并，升格为园，并被命名为韩洋乡中心幼儿园，易地新建于三角村4组。最初有教师3人，2个班，储芳任园长。同年，储芳获省“三八红旗手”称号。

韩洋公社从1960年起设兼职幼儿教育辅导员，1983年起设乡专职幼儿教育辅导员。1983—1985年，吕广兰任韩洋乡幼儿教育辅导员。1985年8月至1986年3月，王婉华任韩洋乡幼儿教育辅导员。1986年后，徐美玲任韩洋乡、洋蛮河镇幼儿教育辅导员。

1994年，徐美玲继任韩洋乡中心幼儿园园长，幼儿园再次易地重建于三角村3组，当年建成多功能综合楼，1998年又建教学楼1幢。另先后投资70多万元改造大门、门厅、厕所、幼儿食堂，装修两栋教学楼，安装监控系统，配备消防设备，增添电脑、打字复印机及大、中、小型玩具，教师用书、幼儿图书等。全园设7个班，教师21人。2001年，幼儿园更名为洋蛮河镇中心幼儿园。2004年，更名为城东镇韩洋幼儿园。

2005年，韩洋幼儿园改制为公有民营，实行自收自支。经过几年发展，幼儿园规模不断壮大，施教区幼儿入园率99.3%；园内配套设施一应俱全，拥有标准幼儿活动室、科学发现室、电教室、阅览室、美工室、建构室、多功能活动室等及专用附属用房，完备的闭路广播电视系统覆盖全园。

韩洋幼儿园专任教师中大专以上学历18人，占85.7%，其中，小学高级教师1人、一级教师8人、保育员6人，均具备相关资格。2009年后，教师葛乃琴、储培培、陆小芳制作的教学玩具《科学乐园》荣获省、市一等奖，全国二等奖；刘昌兰参加县优秀教育活动评比获一等奖；袁海燕、章元春、葛乃琴、储培培参加县优秀教育活动评比均获二等奖。全园每年有数十篇教师论文在县以上发表、交流、获奖。市级课题“农村幼儿口语表达能力培养与策略研究”“农村幼儿园方案教学的研究”，县级课题“农村幼儿道德启蒙教育的研究”顺利结题。幼儿绘画作品参加国家、省级绘画大赛均获等级奖，并被刊载；多名教师获优秀辅导教师奖。

1997年，韩洋幼儿园通过市一类园的评估验收，1999—2009年三度被评为“海安县文明单位”，2001年被评为“县优秀家长学校”。2003年被命名为“全国字宝宝乐园实验园”，参加市健康教育专题片评比获三等奖，创建为省现代化幼儿园。2004年获县“十佳巾帼文明示范岗”称号。2006年，在县农村幼儿园游戏评比活动中荣获二等奖，被评为县优秀幼儿园。2008年被评为县绿色学校，升格为江苏省优质幼儿园。2010年获市巾帼文明岗、市模范家长学校、市绿色学校称号。幼儿园连续多年被评为县质量优等幼儿园。2011年，全园占地3459平方米，建筑面积1805平方米。在园幼儿382人，设大、中、小、托班10个；教职工28人，其中专任教师21人。

立发幼儿园　创办于1975年8月，前身为立发公社中心小学幼儿班。创办之初附属于立发公社中心小学，设1个班，有教师1人、幼儿54人。1977年分为两个班，增加1名教师，约有幼儿70人。1978年起，在中心小学幼儿班办班规模不断扩大的同时，立发公社先后开办长池、界墩、新运、练港、前进、刘缺、新华、五坝等8个大队幼儿园班，并任命陈友华为立发公社幼儿教育辅导员。

1980年7月13日，全国妇联书记处书记吴权衡在省妇联主任秦素萍、南通地委常委顾锦珍、县委副书记陈文昌等陪同下到立发公社视察立发公社中心小学幼儿园，吴权衡等领导听了幼儿园教师的一堂语数课，观看幼儿文艺演出。

1981年8月，立发公社中心小学幼儿园从校内迁出，定名立发幼儿园，在立发大队1队征地2133平方米，新建教室和生活用房19间，总建筑面积620平方米，开设大、中、小3个班，有教职工5人，在园幼儿90人，陈友华任园长。当时，立发幼儿园是全县第一所独立成型的乡镇幼儿园。1984年，幼儿园升格为立发乡中心幼儿园。1988—1991年，陈英姿任园长兼立发乡幼教辅导员。1991—2001年，谢玉芳任园长兼立发乡幼教辅导员。1993年夏天，幼儿园扩建平房4间，增配部分生活设施和教学设施，增至6个班，在园幼儿190人，保教人员12人。

2001年，幼儿园更名为城东镇立发幼儿园。2008年，仲玉萍接任园长。是年6月10日，全园搬迁至文萃路1号开发区实验小学内。2010年，立发幼儿园在开发区实验小学内独辟园域，独立成园。全园有在园幼儿260人，开设7个班，占地3182平方米，建筑面积1844平方米，绿化面积1160平方米，户外活动场地1920平方米。

幼儿园20名教职工均受过相应的专业培训，专业达标率100%；本科以上学历1人，大专学历8人；14人获计算机等级证书，其中7名教师获相应职称。2000年9月后，12名教师被镇先后评为骨干教师、特聘教师，在县镇组织的教师教学观摩比赛活动中，先后获一、二、三等奖。2007年5月，幼儿园参加市级课题“农村幼儿口语交际能力培养策略的研究”，于2010年结题。教师叶芳芳2010年获省文化厅“上海世博会江苏周活动贡献奖”，2011年获省妇联等单位“学习优秀幼师吴邵萍”征文评比三等奖。幼儿在省、市、县各项竞赛中，获奖励30多次。2000—2011年，12篇教学论文在省级以上刊物上发表，6名教师受县教育局以上表彰。

1991—2000年，立发幼儿园被县政府先后四度评为文明单位。1999年被县妇联授予“巾帼示范岗”称号，2006年10月被教育局评为示范家长学校，2009年5月被评为市最安全学校，2010年被评为南通市优质幼儿园。

西场幼儿园　位于古镇西场惠民中路，是省示范性实验幼儿园。1954年，农民画家张策发起，在西场镇办幼儿班，随后教师李培珍加入，1956年发展为大、中、小3个班。1967年并入西场公社中心小学。1990年，从西场镇中心小学分离，新建第一幢二层教学楼，6个班规模，独立为西场镇中心幼儿园。1994年，幼儿园新建局部三层综合大楼、操场，进一步拓展校园面积，优化办学环境，“校园管理”办学特色被县教育局确认。1996年，被市教委评估为南通市一类幼儿园。1997年，再次征地扩建，新建第三幢主体三层2500多平方米拐角楼，置9个班活动室，寝室、盥洗室相配套，另设教师办公室，多个幼儿专用活动室，增添钢琴、电视、投影等现代化设施设备，引进大中专学历保教人员。1999年，通过省基本实现现代化幼儿园验收评估。“十五”期间，幼儿园遵循办“精品幼儿园”宗旨，着力发展办园内涵。2001年被省教育厅评估验收为省级示范实验园，是南通市最早被确认为省示范园的乡镇中心园。2003年12月，幼儿园入选县“示范十佳单位”，被评为南通市教育科研先进集体。

西场幼儿园实施科研兴园方略。市级课题“幼儿个案记录的时间与研究”顺利结题，市级课题“农村青年教师素质培养的策略研究”继续深化。2001—2005年，教师参加县学习规程知识竞赛，刘育红、崔海燕、仲美芳分别获一、二、三等奖；洪燕娟参加县故事演讲大赛获一等奖；大班幼儿李纯参加市绘画比赛获南通市一等奖；教师洪燕娟、秦小妹被评为县十佳教学能手；幼儿园参加县游戏竞赛获二等奖；幼儿园代表海安幼儿教育接受山西、南通、如皋等市县同行参观考察。2009年4月，在园举办南通市“美术教育促进幼儿创造心理的发展”课题第六次会议，幼儿园环境创设及公开教学获得专家同行一致称赞。是年12月，洪燕娟代表海安向中科院软件研究所领导汇报电子白板信息化教学情况。2010年9月，幼儿园举办并参加市幼儿园信息化教学能手竞赛，展示网络、多媒体、白板等现代化教育技术。刘育红、洪燕娟、陈庭佼等5名教师参加市县教学竞赛获一、二等奖。仲建华、吴小玲等4名职工参加南通市保育技能大赛获一等奖，陆晓霞、王海霞等4人获市教玩具竞赛一等奖。教师辅导幼儿参加南通市“江海拾贝”读书竞赛获一等奖。2005—2011年，西场幼儿园师生多次在省市县获奖，办园经验多次在省市县农村幼儿园工作会议上交流，园长刘育红被评为海安县优秀园长，3名教师被评为海安县幼儿园骨干教师，多人被评为镇、园骨干教师、优秀班主任、道德标兵等。西场幼儿园被评为首批省平安校园，1966—2010年先后15次被评为县质量优等园。

2011年，幼儿园占地4200平方米，建筑面积3600平方米。有大、中、小、托14个班，在园幼儿500多人。教职工36人，其中专任教师29人，县骨干、教学能手7人，教师专科以上学历占91%。幼儿入园率100%。

海安县第二实验幼儿园开发区分园　位于泰宁村九组（宁海南路187号）。该园为公办幼儿

图16-5　海安第二实验幼儿园开发区分园幼儿足球训练

园，1997年动工兴建，1998年秋季开始招生。占地5199平方米，资产总值570多万元。在园幼儿700多人，16个班级，教职工58人，其中专职教师36人，保育员13人，保健医生2人。1997—2018年，周维英、陆学莲、丁月玲先后任园长。2014年，被江苏省教育厅评估确认为“江苏省优质幼儿园”。

壮志幼儿园　前身为壮志公社红武大队幼儿班，1974年8月由赵启芬创办，地点在壮志公社红武大队2队。创办之初1个班，在园幼儿25人，幼师1人，借用社员徐连桥家一间草房做教室。1976年起，壮志公社又先后开办跃进、胜利、立新、红光、马荡、砖桥、红星、王庄、洪庄、葛庄等10个大队幼儿班。1983年，红武幼儿班迁至壮志小学内，新建教室7间，建筑面积320平方米，开设大、中、小3个班，有教职工4人，在园幼儿95人，被命名为壮志公社中心幼儿园，张明芳任园长兼壮志公社幼教辅导员。

1991年，壮志乡党委、政府在壮志小学对面征地1930平方米，为幼儿园新建第一幢建筑面积590平方米、单门独院教学大楼，幼儿园从壮志小学分离，搬迁至新址，同时王庄幼儿班撤并到该园。是时，全园4个班，幼儿150人，教师10人。1992年10月，幼儿园通过县教育局合格中心幼儿园验收。1998年，秦庄、石庄、杨港、葛洪4个幼儿班撤并到中心园，全园6个班，在园幼儿230人，教师14人。此时，原有教室、活动场地已不能满足教育教学需要，经多方筹措资金，在原址东又征地1000平方米，新建1幢多功能综合教学大楼，原教学楼改为幼儿生活用房，至此，壮志

乡中心园占地2904平方米，建筑面积1720平方米，绿化面积800平方米，户外活动面积1030平方米，通过南通市一类幼儿园验收。2000年，幼儿园更名为西场镇壮志幼儿园，张明芳任园长。2008年，幼儿园办学规模扩大，施教区幼儿入园率99.3%；园内拥有标准幼儿活动室、科学发现室、电教室、阅览室、美工室、建构室、多功能活动室等，配套设施一应俱全，是年5月，幼儿园顺利晋级为省优质幼儿园。2010年8月，许美琴任园长。2011年底，幼儿园更名为城东镇壮志幼儿园，洪燕娟任园长。

第三节　小学教育

一、发展概况

清光绪年间，一些乡绅和地方开明人士开始创办小学。光绪三十一年（1905年），魏慰农在西场创办玉成小学，班级两个，学生40余人。

1913—1947年城东境域小学创办情况一览表

表16-2

创办时间	校　名	创办人	规　模
1913	景家庄小学	景楚川、景伯铭、景鲁泉、景丽泉	初小
	葛家桥小学	沈文清	初小
	立发桥小学	陈海秋、陈嵩云	初小
	周济小学	何三水	初小
1914	戚庄小学	吴润之	完小
	池旺头小学	（不详）	初小
1915	洋蛮河小学	胡宏茂	初小
	瓦屋头小学	储成相	初小
1916	如皋县私立国民第九校	丁玉衡、张慎卿	初小
1917	私立油坊头小学	（不详）	初小
1934	楼基小学	余炳炎	初小
1943	三洋小学	储有香	初小
	洪庄小学	贝子云	初小
1946	树人小学	蒋映川	初小
1947	爱国小学	韩东和	初小
	老庄小学	许勤国	初小

民国期间，境域所创办小学一般先为初小，后逐步升为完全小学。民国元年至民国10年（1912—1922年），初等小学学制四年，高等小学三年。民国13年初等教育改为六年(初小四年、高小二年)。抗日战争初期，部分学校停办。民国29年，抗日民主政权建立后，抗战初期停办学校基本恢复。民国6年起到新中国成立之前，学校一般以国民读本、国文修身本、国语教本、抗日救国读本等为主要教材，设算术、常识、劳作、美术、体育、音乐、自然、历史等科目。民国36年下半

图16-6　小学生的“第二课堂”活动
（孙宝峰、印小华/摄于2007年5月）

年，广选“百字先生”解决师资缺少的矛盾。

1949年1月，境域解放，改造私塾，根据师资质量和教学设备，不合条件的塾师转做其他工作，合条件的转为公办或民办小学教师。新中国成立后，一批复式单班小学撤并，干群捐献粮款物资修建民办学校校舍，结合土地改革给公办学校确定产权。地方公办小学由国家全额拨款。1951年，境域内公办、民办、社办小学基本上取代私塾，出现国家和集体共同办教育的模式。

1952年秋季，小学实行五年一贯制，其余年级沿用旧制不变。一年后，由于师资、教材等因素停止推行，仍恢复四二分段制。第一个五年计划期间，对学校分布不合理地区、学生人数不足班级进行合并，有计划地增加高级班，稳步发展完全小学。1954年起，境域继续发展民办班和民办小学。

60年代初期，开展加强基础知识、基本训练“双基”教学为中心的教研活动，教学质量大幅度上升。1960年起，立发中心小学各年级进行五年一贯制实验。1969年起境域全面试行五年一贯制。

1956—1966年，境域小学教育在恢复、整顿、巩固基础上，大发展、大调整。学校校舍不断增加，教学设备逐年更新；全面开展教研活动，重点进行教学改革。1957年，开展整风“反右”和“交心”运动，部分教师受到冲击，离开教学岗位。1958年“大跃进”期间，各小学实行为期两个月左右的“四集体”（集体学习、集体劳动、集体伙食、集体住宿），破坏了正常的教学秩序。是年4月7日，立发小学改为立发乡中心小学，周济小学改为南屏乡中心小学，东屏小学改为韩洋乡中心小学，范庄小学改为新生乡中心小学，池旺小学改为壮志乡中心小学，西场区中心小学亦为西场乡中心小学。1960年，南屏公社南阳小学改为南屏公社中心小学。

1963年秋，开始推行两种教育制度，采用早晚班、中午班、半日制多种形式发展简易小学，后称耕读学校。

1966年“文化大革命”开始，教学活动陷于瘫痪。7月22日暑假开始，全体中小学教师集中海安中学办“训练班”67天，不少教师受到打击和迫害。1968年1月21日，境域各学校开始“复课闹革命”。下半年，工人、贫下中农毛泽东思想宣传队分别进驻学校，领导学校搞“斗、批、改”，学校开始恢复课程设置，教材从自编到省编，一般开设政文、数学、军体、革命文艺四科；所有耕读小学，全部改为全日制，多数和公办小学合在一起，形成数量多、质量差的虚肿现象。1969年，公办中小学下放到公社、大队办，农村小学学生回本大队上学，实行队校挂钩，由贫下中农管理学校。小学全部实行五年一贯制，1971年改为春季开学，历时三年半。1975年，中小学毕业延迟半年，恢复为秋季开学。

1976年10月，各学校逐步恢复和建立健全各项规章制度，教学秩序迅速正常，学校工作发生显著变化。1978年秋季，小学一年级使用全国统编教材，主要课程为语文、算术，小学四、五年级每周开设政治课两节。1979年1月，恢复公社中心小学。前进小学更名为壮志公社中心小学。1980年，南屏公社曙光小学随地区划属，并入海安镇。1981年，政治课改称思想品德课，常识课改为自然课，恢复劳动课和“文化大革命”期间被砍掉的历史及地理课。1983年起，各小学大力进行教学改革，注重课前预习，培养学生自学能力；课堂教学增加练习时间，减轻学生课外作业负担。同时，有计划地开辟第二课堂，以培养学生兴趣和爱好。1984年1月，境域小学一律恢复六年制。1985年实施中小学乡级办学，农村小学开始执行全国《全日制六年制小学教学计划》。1987年，南屏乡新桥小学、海光小学和立发乡太平小学随地域划属海安镇。1988年，农村小学执行全国《义务教育全日制小学教学计划》。1987年、1991年建立学籍管理制度。

1992年，境域五乡一镇普及六年制义务教育。是年，境域小学50所、334个班级，在校学生16643人。

1981—2000年，境域各乡、镇政府调整学校布局，到2000年，全镇小学44所。2001—2008年，又分别撤并小学37所。2008年，境域中心级小学6所、村级小学1所。2011年，全镇中心级小学6所，村级小学1所，学生4479人，教学班103个，教职员工409人。

1905—2011年城东境域初等教育事业发展变化情况一览表

表16-3

乡　镇	学校名称	创办年份	历任校长	办学规模	发展变化情况及校外办班情况
南屏乡（公社）	南屏小学	1962	赵　鹏　赵琪峰 张宏英　葛敬义 葛　凌　王鸿静 郁兆龙　徐金贵	初期两个班，80多名学生。1964年扩为完小，1976—1979年戴初中帽子。2000年后三轨18个班，学生800多人，教职工70多人	初名溪河民办小学，1979年更名为南屏公社中心小学，2000年更名为城东镇南屏小学
	油坊头小学	1927	张士毕　凌　毅 许兴国　葛仁裕 薛祥仁　祝英来 赵　鹏　刘国喧 郁永来	完小，学生150～180人，教师5～7人。1976—1979年戴初中帽子	初名为私立油坊头小学，创始人不详。新中国成立后扩为完全小学。1994年，美籍华人葛克全捐资重建，更名为葛克全小学。2006年撤并到葛桥小学
	葛桥小学	1913	沈文清　葛　凌 葛铭盘　杨　斌 陈爱军	始为初小，3个班，学生近100人。1966年后扩为完小，260多名学生	“文化大革命”中更名旭红小学，1981年更名为葛桥小学。1995年，华侨葛琪捐资建校，2008年撤并到南屏小学
	南阳小学	1949	韩东和　李　沂 朱秋云　李也男 刘善积　陈爱军	1949—1966年五级完小，学生140多人。1966—1976年学生250多人，1976年戴初中帽子	1960—1979年为南屏公社中心小学，1979年中心小学改设于溪河小学时，学校更名为双渔小学，1999年撤并
	周济小学	1913	何三水　陈国平 王世真　周经成 赵　鹏　陆宝林 吴祯庆　阚兴华	解放初五级完小，学生160多人，教师8人。1966年后学生280多人，教师10人左右。1976—1979年戴初中帽子	1958—1960年为南屏公社中心小学，“文化大革命”中改为胜利小学，1981年更名为周济小学，2002年撤并
	银杏小学	1949	王厚亥　葛　凌 赵如民　宋监甫 李成贵　包桂芬	“文化大革命”前3个班，学生80多人。1966年后，六级8人，学生180多人	初名佘南小学，创办人不详。“文化大革命”中更名为红星小学，1981年更名为银杏小学，1998年撤并
	济民小学	1958	陈日暄　闾建民 王兆桐　赵　鹏 杨本坤　陈　森 葛乃成	完小，学生180人左右	创办于百斗庵，先为初小，1962年改为完小，2006年撤并
	佘庄小学	1958	储家石　陈怀玉 杨和太　葛仁裕 邓景波　陈龙华 张宝才　祝英来 翟修银　杨勤云	最初5个班，学生120多人；后为六级完小，学生240多人。1976—1979年戴初中帽子	初名佘庄小学，1966年改为东风小学，1976年撤并

续表16-3

乡　镇	学校名称	创办年份	历任校长	办学规模	发展变化情况及校外办班情况
南屏乡（公社）	巷池小学	1958	葛　俊　葛坤连　葛　凌　刘传来	初小，60～70名学生	初名团结小学，后更名为巷池小学，1976年撤并
	红旗小学	1963	杨勤云	最初为两个耕读班，1964年并班，六级完小，学生最多时196人	创办于高庄，命名为红旗小学，1976年撤并
立发乡（公社）	立发小学	1913	陈海秋　陈厚琪　储　凡　景学甫　卞　轼　李自全　杨章鹏　吴道杰　戴伍福　景乃鳌　张英兰　成映兵　郁兆龙　王鸿静　严　宏	1920年三级初小。1949年五级完小。1958年后部分双轨。2003年后正常双轨，学生近500人，教师60人左右	初为立发初小，后更名为如皋县第十四区立发镇国民初级小学，1941—1946战乱停办，1947年恢复办学，新址在立发桥河南。1949年更名为东台县嗑口区立发小学，5月更名为海安县嗑口区立发小学，从大庵寺迁至大圣寺。1958年更名为海安县立发公社中心小学。2003年异地新建，更名为海安县开发区实验小学
	刘缺小学	1949	刘振宇　梅广松　徐春树　姜连桂　徐春赋　戴伍福　张吉士　陈广根　黄　尧	1949年单班，35名学生。1953年六级完小，学生150人，教师8人。1981年后正常为双轨	1949年，刘振宇负责筹建刘缺小学。1970年更名为雄文小学，1981年更名为刘缺小学，2008年10月并入开发区实验小学
	界墩小学	1963	吕昌明　陆　群　梅广松　陆彦邦　丁邦群　丁　强　储开明　吕忠富	初为单班复式，1966年四级双班复式。1976年完小，学生350人，教师10人	吕昌明于界墩办民办单班，1966年与景乃鳌班合并成2班四级复式，1969年建成完小，1976年迁址为双轨完小，1999年撤并到立发小学
	新运小学	1949	李才富　吉成玉　李荣华　陈广根　储开明　丁邦群　吕忠富　储开明	1949年复式单班。1964年六级4班，学生350人，教师6人。1977年戴初中帽。2001年，学生100多人，教师9人	1949年于新运村2组创办，1956年迁址办民办小学，1969年再次迁址，更名为立发公社人民小学，2000年撤并到立发小学和刘缺小学
	长池小学	1950	季　良　田锦润	1950年复式单班，学生20多人。1969年两个班。1983年五级完小，学生120多人，教师6人	1969年于长池大队3队建长池小学，1970年更名为红心小学，1976年迁长池6队，1981年复更名为长池小学，1984年迁长池村4组，1997年撤并到立发小学
	新华小学	1949	陆彦红　陆　群　丁　强　丁邦群　储开明　王布根	最大时6个班级，教师9人	1949年于新华创办，2000年撤并到五坝小学
	五坝小学	1952	邵建人　冯华珍　王仰高　丁邦群　姜春英　黄　尧　王布根　郁兆龙	始为初小，后为六级完小	1952年9月于练港村建盐港小学，1964年更名为五坝小学，1970年更名为红旗小学，1981年复名为五坝小学，1998年撤并到刘缺小学

续表16-3

乡　镇	学校名称	创办年份	历任校长	办学规模	发展变化情况及校外办班情况
立发乡（公社）	前进小学	1958	徐宝卿	四级初小，学生150人左右，教师3人	始为徐宝卿所办单班和陈式宝所办单班，1966年两个复式单班合并为前进小学，1986年撤并到刘缺小学
立发乡（公社）	练港小学	1969	刘发月　王仰高	1976年后为六级完小，学生180多人，教师9～10人	1966年更名为立新小学，1981年复名为练港小学，1992年并入刘缺小学
韩洋乡（公社）	韩洋小学	1947	韩东和　储子安　刘善怀　钱跃山　周梅山　吴其桂　李自全　曹立生　刘桂平　陈松树　葛存高　王鸿静　徐春华	始为四级初小，1958年扩为六级完小；1980年后，逐步扩为双轨、三轨完小。学生最多时1200人，教师60多人	1915年，三角池西北创办瓦屋头小学，后更名为爱国小学。停办一段时间后，三民小学于1947年在三角池创办。1958年更名为鸭港小学，1959年起，校外（原爱国小学旧址）附设2个复式民办班。1966年改为韩洋公社中心小学，1967年更名为红兵小学。1969年校外民办班收缩到校内办学。2001年更名为洋蛮河镇韩洋小学，2004年更名为城东镇韩洋小学
韩洋乡（公社）	蒋庄小学	1915	胡宏茂　蒋映川　陈厚如　陈夕琪　吉　星　储佳木　刘祝山　吉久登　周梅山　刘远凤　李笃林　王成龙　陈晓燕	洋蛮河小学、树人小学初办时为初小，名东屏小学时为完小。1958年起双轨12班。1976年—1979年戴初、高中帽子。更名为蒋庄小学，六级完小，学生200～300多人	1915年，创办单班复式民办班，初名洋蛮河小学；1946年，蒋映川创办树人小学。后两校合并，在汪家舍关岳庙办学，更名为东屏小学。1958年，学校移居蒋家庄，原校址仍设1个单班复式民办班。人民公社成立后，定为韩洋公社中心小学。1966年12月改为东方红小学，1981年12月更名为蒋庄小学，2000年撤并到韩洋小学
韩洋乡（公社）	韩西小学	1952	韩德裕　刘振铎　成　涛　许逢庆　殷其俊　江　涛　夏登宜　仲跻祥　解发富　储开余　杨万赋　田正华	始为初小，后升为六级完小，1976—1979年戴初中帽，2008撤并到韩洋小学前最多8个班，学生400多人	前身为韩东小学和王桥民办初小。韩东小学，1952年由私塾改建。1958年后，周边先后附设3个民办单班、复式单班，至1969年撤并至校内。1963年大桥农中并入，1966年12月更名为工农兵小学，1976年于前进4队重建，1980年更名为韩西小学。王桥民办小学，创办于1958年，初为民办单班；1969年为完小，更名为培农小学。1976—1979年戴初、高中帽子，改为培农学校。1979年，小学部撤并至韩西小学。2000年，韩西、韩徐、翻身三小学合并为新韩西小学，迁至韩西初中校园办学，2008年撤并到韩洋小学

续表16-3

乡 镇	学校名称	创办年份	历任校长	办学规模	发展变化情况及校外办班情况
韩洋乡（公社）	丰港小学	1952	储有林 韩德裕 曹立生 吴其桂 丁正国 苏忠德 韩良玉	始为初小，1960年扩为六级完小，1976—1979年戴初中帽，摘帽后仍为六级完小，学生最多时350多人	1952年创办于申家庄，初名申庄小学。1966年更名为四新小学，1980年更名为丰港小学，2002年撤并到韩西小学。1958—1969年，校外曾附设单班复式民办班，1969年收缩到校内办学
	韩徐小学	1945	储 钧 程宝芝 孙锦珍 江 涛 曹立生 葛连元 苏忠德 于东炎	始为初小，1958年扩办六级完小，1976—1979年戴初中帽子，摘帽后仍为六级完小，学生最多时350多人	1945年9月建于徐家庵西侧，初名韩洋小学。1966年更名为红卫兵小学，1980年6月更名为兴旺小学，1981年12月更名为韩徐小学，2000年撤并到韩西小学。1958—1969年，于校外附设民办复式单班，1969年收缩到校内办学
	丰源小学	1947	张 德 葛子鹤 仲 俊 周信云 刘善怀 罗 次 吕忠富 蒋德文 田 旭 张显声 徐其来	始为初小，1959年后为完小，1977—1979年戴初中帽子。撤并前只有4 个班级	1947年创办于赵家桥，初名于荡小学。1959年就近迁址重建，1966年更名为红星小学，同时，在韩洋公社中心河河东原丰源大队地界办一所完小，名丰源小学。1977年撤到红星小学。1980年更名为丰源小学。1997年撤并到东屏和丰河小学
	丰河小学	1956	刘显珠 蔡方银 储 芳 吴兴贵 吴宝珠 李笃林 张显声 解发富 储开余	初为复式单班，1959—1968年为初小，1969年后为完小，学生最多时380人	1956年在吴家庄借民房办班，初名盐河社办班。1959年在丰河大队办公室和丰河7队办学，扩为初小。1969年6月，迁至高金港桥南，扩为完小。1974年搬迁至姚家码头重建，1988年撤至石番和丰港小学
	石番小学	1946	葛子鹤 韩 杰 沈夕琪 田家和 陈精明 江 涛 曹立生 刘远凤 葛存才	始为私塾改初小，1960年扩为完小，1977—1979年戴初中帽子，摘帽后仍为六级完小	1946年由王则成私塾改制，初名石荡小学。校址石家荡。1958—1969年，校外办单班复式民办班。1966年更名为文革小学，1980年更名石番小学，2002年撤并到蒋庄小学
	东屏小学	1975	李笃林	始为初小，后为六级完小，撤并到石番小学时为初小	1975年9月于东屏9组新建，初为初小，后为完小，1996年撤并到石番小学
	韩南小学	1977	许德才	初为初小，后为完小，撤并时为初小	建于韩南大队，1988 年撤并，部分并入韩西小学，部分并入韩洋小学
	曙光小学	1966	张 德 田 旭	完小	建于南田2组，1978年撤并到韩徐小学
	翻身小学	1966	罗 次 田 旭 蒋德文	初为完小，后收缩为初小	建于翻身10组，2000 年撤并到韩西小学，校外曾附属徐从珍单班

续表16-3

乡 镇	学校名称	创办年份	历任校长	办学规模	发展变化情况及校外办班情况
韩洋乡（公社）	大桥小学	1968	李笃林 丁正国 何家海 曹立生	始为初小，后为完小	初于大桥1队建胜利小学，1981年更名为大桥小学，1986 年撤并到韩西小学，校外曾设韩良英民办单班
新生乡（公社）	新生小学	1917	张慎卿 沙希白 骆 化 王维宏 丁玉芝 许逢轩 张正明 顾趾铭 周梅山 丁邦明 储祥明 丁邦达 戴志宏 许映涛 梅志宏 陆 军	始为单班，两年后为双班，1927年后为完小，1979年后双轨12班，学生500多人，最多时900人	初名如皋县私立国民第九校。1927年迁至龙树庵，更名龙树庵小学。1940年更名为如皋县平白小学，1946年更名为紫石县范庄小学，1947年更名为如皋县立龙树庵小学，1949年更名为海安县龙树庵小学，1958年更名为海安县新生乡中心小学，2001年更名为海安县洋蛮河镇新生小学，2004年更名为海安县城东镇新生小学
	堑南小学	1950	袁成勇 蔡光祖 储祥明	始为两个班，42名学生，1976年后为完小，学生180多人	建于今堑南村，初名砖桥小学。“文化大革命”中更名为永忠小学，1981 年随村名变更为堑南小学，1986年撤并
	刘庄小学	1950	刘德华 刘远稳	始为两个班，36名学生，4名教师。1976年后为完小，学生170人左右，教师8人	建于刘庄，1998年撤并
	杨井小学	1950	储建中 季瑞庭 姚根旺 沈永明 姚根旺 申春华 陈志圣 王晓莉 张跃富	初为三级初小，学生68人，教师6人。后为完小，学生170人，教师7～8人	初名韩庵小学。后更名为三里小学，1966—1980年名红星小学，1980年更名为杨井小学，2008年撤并
	品建小学	1951	吉开明 何纯理 陈 著 郑翠芬	初为三级初小，学生56人，教师5人。后为完小，学生180人，教师8人	初建于方池村，“文化大革命”中改为向阳小学，后复名为品建小学，1999 年撤并
	古河小学	1951	侯维宾 钱树型 刘远稳 沈永明	初为三级初小，学生56人，教师6人。后为六级完小，学生150人，教师7人	初名新生小学，后更名为古河小学，2002 年撤并
	丁祠小学	1950	吴其桂 何兰芳	完小，学生最多时200多人	初名原种场小学，后为农场小学，1979年更名为丁祠小学，后红农和林业小学并入，2004年撤并
	范桥小学	1951	范从仪 范子高 陆崇俊 戴志宏 陈 著 姚根林 张跃富	完小，学生最多时200多人	初名太平小学，后更名为范桥小学，2001年撤并
	红旗小学	1951	何家生 戴志宏	完小，学生200人，教师9人	1985年撤并
	红农小学	1950	李兴元	初小	建于丁祠，1979年撤并到丁祠小学
	林业小学	1969	王 铁 苏 展	完小，学生150多人，教师7～8人	建于林业大队，1986年撤并到丁祠小学

续表16–3

乡　镇	学校名称	创办年份	历任校长	办学规模	发展变化情况及校外办班情况
西场镇（乡、公社）	西场小学	1905	魏慰农　仲统伊　陆树荣　何叔斋　缪楚佩　余少棠　陆传语　范从儒　吴天民　周树国　李　坚　储　典　仲　芫　仲木衫　仲跻鹤　孟庆云　任　培　陆龙海　储　亮　崔旦初　李日新　李德茂　袁学忠　崔世湖　沈永和　崔华然　仲统礼　丁帮明　奚培元　张山林　储祥明　王　丽　姚德贵	始为两个班，学生40 余人，教师4人。1910年4班初小，1925年六级完小，1951双轨完小。2000年后，三轨完小（局部四轨），18～21个班，学生近千人，教师70余人	初名玉成小学。1925年更名为如皋县第四高等学校，1930年更名为如皋县西场小学，1949年更名为海安县西场区中心小学。1958年增挂“海安县西场公社中心小学”牌子，2011年更名为城东镇西场小学
	东风小学	1971	夏成章　余秋芳　仲　芬	五级完小，学生300人。1971—1972年戴初中帽子	1971年，由楼基小学分流部分学生，办东风小学，80年代后期撤并
	楼基小学（延寿小学）	1934	余炳炎　储　亮　钱跃山　成　涛　储　城　史一峰　刘念渠　崔怀德　吴志宏　石明德　吴学璋　仲　芬　崔国平　许有锋	50年代是西场农村小学中唯一双轨制小学。“文化大革命”期间戴初中、高中帽子	1958年，仲庵小学、洋田小学撤并至楼基小学。1971年，楼基小学部分学生分流至红卫小学和东风小学。80年代后期，红卫小学和东风小学又撤并至楼基小学。1984年更名为立头小学。1996年更名为延寿小学
	许冯小学	1943	储有香　韩永棠　许　慧　许正拓　许有贵　张　德　储祥明　王成之　冯天元　张英海	1943—1946年由初小逐渐扩大至六级完小，学生最多时300多人	储有香牵头创办，因地处冯洋、许洋、韩洋交界，故名三洋小学。“文化大革命”期间更名为向阳小学，“文化大革命”结束更名为许冯小学。1999年撤并至光荣小学
	古河小学	1947	许勤国　顾维新　赵文才　崔杨高	创办之初为初小，复式班教学，学生40人左右。1965年，六级完小，学生200人	创办之初名老庄小学，后更名为古河小学，借地主仲和清一间蜂房办学。1965年新建古河小学（现西场街道办事处）。1985年学校停办，撤并至迎春小学
	雄庄小学	1950	仲　之　储　渠　刘广风　张　德　陈根来　黄在宁　王资和　崔　建　石明德	六级完小，最多时局部双轨，学生近300人，1969年戴初中、高中帽子	1983年撤并至凌河小学、爱国小学、戚庄小学
	迎春小学	1952	范撮文　丁有坤　闵树圣　王　宴　崔杨慧　沈永和　吴志凌　仲延芳　陈汝山　吴德才　赵贻俊	最初是初小，学生80多人。后为六级完小，学生最多时200人	初为新南小学，后更名为丰产小学，后又更名为迎春小学，2000年撤并

续表16–3

乡　镇	学校名称	创办年份	历任校长	办学规模	发展变化情况及校外办班情况
西场镇（乡、公社）	优胜小学	1955	张　德　张志根 樊德义　冯天书 吴志凌　仲跻香 潘永泉	六级完小，学生数200人。1969—1982年戴初中帽子	创办时名夹巷小学。“文化大革命”期间更名为光荣小学，1976年更名为优胜小学，1977年撤并至光荣小学
	凌河小学	1956	陈汝遴　曹文玉 王朋山　崔杨高 樊德义　沈　斌	最初一个班，近60名学生，1962年为六级完小，学生200多人。1972年戴初中帽子	1962年为县“红旗学校”，江西省教育参观团曾到校参观学习，创办人陈汝遴被县群英会表彰为“先进工作者”。1977年，五、六年级撤至戚庄小学。2003年撤并
	光荣小学	1950	许　桂　施　奎 崔怀德　余秋芳 王朋山　吴志凌 崔　健　吴学璋 王万章　吴志宏 张　惠　丁邦平	始为初小。四级四个班，学生近160人。后办成六级完小，最多时为双轨完小，学生500多人	1976年戴初中帽子。1977年优胜小学、新农小学、许冯小学部分合并到该校。2010年撤并至中心小学
	陆堑小学	1956	石红光　刘书宣 陈国华　崔怀德 周　健　施　奎 沈永和　崔世湖 樊德义　沈夕礼 丁邦平　赵贻俊	六级完小，学生200～300人。1969—1982年戴初中帽子	由前张庄初小和崔庄初小合并而成。70年代初在陆堑和曹庄有两个教学点，2000年撤并至西场镇中心小学
	热港小学	1963	王成之　储祥明 仲延芳　张　惠 张安银	六级完小，最多时200名学生。1979年戴初中帽子	初为耕读班。1975年后更名为热港小学，1984年撤并至新农小学
	石桥小学	1970	王荣华　许逢庆 吴德才　仲跻友	六级完小，学生最多时200—230人	前身为一个复式班，后为初小。1979年，由陆堑、石桥、优胜3个小学部分学生合并，建石桥小学。1990年撤并
	爱国小学	1971	赵贻训　许秀鸣 樊德义　王　仲 储祥远　吴德才 王朋山　洪九余	始为初小，后逐渐增至六级完小，学生200多人。1976年戴初中帽子。1994—1996年为初小，1～4年级	创办于草庵堂，后更名为爱国小学。1996年撤并至戚庄小学
	戚庄小学	1914	吴润之　成　涛 张　景　仲跻泉 张加稳　鲁志贵 仲跻香　仲　芬 丁邦平　沈　斌 赵贻俊	创办之初为双轨完小，学生300多人，后规模逐渐增大，最多时学生有400多人。1969年戴初中帽子	1983年雄庄小学部分并至戚庄小学，1996年爱国小学并至戚庄小学，2000年迎春小学并至戚庄小学。2003年，戚庄小学撤并至中心小学
壮志乡（公社）	壮志小学	1964	成加富　叶国辉 王其圣　陆广源 晁炳祥　姚德贵 李建华　李朋根	始为单班，学生22人，教师1人。1969年5个班，学生198人，教师6人。 1985年6个班，教师10人，学生364人。1989—2011年双轨制小学，2011年学生345人，教职工29人	初名为红武耕读班，1969年更名为红武小学，1985年更名为壮志乡中心小学，2000年更名为西场镇壮志小学，2011年更名为城东镇壮志小学

续表16-3

乡 镇	学校名称	创办年份	历任校长	办学规模	发展变化情况及校外办班情况
壮志乡（公社）	池旺小学	1949	史一峰 楚 剑 印国良 仲亚中 范广凤 顾国琏 仲跻祥 吕昌明 周安居 吴宗兰	始为单轨6个班，学生230人。1958年双轨12个班，学生482人。1969年单轨5个班，学生245人。1971年招收初中班。1973年小学5个班，初中两个班	初名为池旺小学。1958年更名为壮志乡中心小学。1973年异地重建，更名为胜利小学。1987年与秦庄小学合并，异地重建，更名为施秦小学。2000年撤并至壮志乡中心小学
	洪庄小学	1943	贝子云 李承叔 范希文 肖义英 刘玉泉 王长胜 李朋根 王其盛	始为初小，两个班。1952年初小，4个班。1956年5个班。1960年为完小，6个班。1969年5个班，高小为复式班。1978年6个班，附设1个幼儿班	初名为洪庄小学。1958年更名为东风小学，1986年更名为葛洪小学，1990年更名为赵坚小学，1998年撤并至壮志乡中心小学
	庄屋小学	1949	史友生 顾趾铭 陆广源 王长胜	始为初小，1956年为六级完小，1969年为五级完小。1971年招初中班，小学5个班，初中1个班。1978年6个小学班，1个初中班	初名为庄屋小学，1958年更名为前进小学，1979年更名为壮志公社中心小学，1985年更名为葛庄小学。1986年异地兴建新校，葛庄小学与洪庄小学合并为葛洪小学
	红光小学	1969	施永富 仲梅生	始为4个班，教师5人。1970年5个班，教师6人	初名为红光小学，1983年撤并至马荡小学
	王庄小学	1950	范希文 仲梅生 潘洪山 陆广源 杨兴兰	始为初小，复式班。1969年5个班，学生175人，教师6人。1978年6个班，教师8人	初名为王庄初小。1969年，学校异地重建，更名为立公小学。1983年更名为池塘小学，1989年撤并至杨港小学
	跃进小学	1964	周安寅 施永富 周安居 顾国琏	始为单班复式，教师1人，学生28人。1960年教师3人，两个复式班。1969年五级完小，教师6人	初名为耿巷民办班。1969年2月异地重建，更名为跃进小学。1985年撤并至胜利小学
	秦庄小学	1950	彭仲鸣 吴培尧 王志成 晁炳祥	始为初小，两个复式班，教师2人，学生68人。1969年5个班，教师6人。1978年6个班，教师8人	初名为佘庄初小。1966年更名为立新小学，1983年更名为秦庄小学。1987年施庄、秦庄小学合并，异地重建，定名为施秦小学
	砖桥小学	1958	王大芳 潘洪山	1个民办班，学生25人，教师1人。1964年两班两人。1969年完小，5个班，教师6人	初名为砖桥民办班，1969年更名为向阳小学，1983年更名为砖桥小学。1988年撤并至杨港小学
	杨港小学	1964	胡 兰 赵虎楠 王其盛 杨兴建 尹占富 杨兴兰 黄裕友	始为两个班，教师2人，学生45人。1971年招初中班。1975年小学6个班，初中4个班。1979年初中4个班，1个幼儿班，小学部与前进小学合并	初名为杨庄耕读小学。1969年更名为杨庄小学，1973年更名为杨港小学，2007年并入壮志小学

续表16-3

乡 镇	学校名称	创办年份	历任校长	办学规模	发展变化情况及校外办班情况
	马荡小学	1949	何达志 崔华然 储 诚 仲跻祥 周安居 黄裕友 李朋根	始为四级初小。1956年为六级完小，教师8人。1969年5个班，教师7人，学生248人。1972年招收1个初中班。1973年小学5个班，初中2个班	初名为卢庄小学，1958年更名为立志小学，1983年更名为马荡小学。1998年撤并至杨港小学

二、小学简介

南屏小学 简称南小，位于南屏村。始建于1962年，名为南屏公社溪河民办小学，有两个民办班级，两位民办教师，80多名学生，校舍为4间草房。1964年，发展成完全小学。1979年改为南屏公社中心小学。1994年，学校征地6334平方米，新建第一幢教学楼。1996年，又征地2400平方米，于1997年、1999年先后建成第二幢教学楼和综合楼。2001年1月，学校改名为城东镇南屏小学。

2000年后，学校连年被评为县文明单位，多次被评为省市“青年文明号”、市“少先队红旗大队”，县“十佳团支部”“巾帼示范岗”，被表彰为省“青少年科技教育先进学校”、南通市“模范家长学校”、县“常规管理示范学校”“优秀教师集体”“模范学校”。2002—2010年，学校连续被县教育局评估为“素质教育三星级学校”“写作教育特色学校”。2007年3月，学校被中国高等教育学会、中国职业技术教育学会等联合授予“中国西部教育顾问单位”称号。

2006年，学校承担南通市教育科学规划项目课题“农村小学教师专业发展与专业自觉培养的研究”，2010年结题。2006—2010年，学生参加县以上竞赛获奖200多人次，其中国家级11人次、省级60人次、市级100多人次。2003—2010年，教师在县级以上发表文章432篇，学生在县级以上发表文章368篇。

2010年8月起，南小与海安县实验小学联合办学，由实验小学校长徐金贵兼任学校校长，校长助理储冬生兼任常务副校长，主持全面工作。

2011年，南小占地1.51万平方米，建筑面积3798平方米。操场面积7080平方米，绿化面积4600平方米，生均指标达省教育现代化标准。科学室、小气象站、图书（阅览）室、音乐室、美术室、体育室、网络教室、劳动实践基地各1个，多媒体教室2个；图书室纸质图书1.52万册，数字化图书、教学资源30GB，实行微机管理；建有田径运动场1块，200米环形跑道、篮球场、排球场、小足球场、沙坑、组合器械区等设施俱全；网络教室10兆光纤接入，有学生机78台，教师机36台，生机、师机比符合规定；建有校园网、网络安全审计系统、校园电视台、有线电视系统、校园广播系统、视频监控系统、红外线报警系统；拥有可移动多媒体电教设备3套；教学设备总值79.2万元。有教学班18个，学生802人，教职工76人。专任教师65人中本科53人、大专12人，中级以上职称30人、初级职称35人，南通市学科带头人1人，骨干教师1人、教坛新秀1人，海安县骨干教师2人。

开发区实验小学 简称开小，位于立发街道界墩社区。前身为立发乡中心小学，民国2年（1913年），在立发集1所私塾的基础上，陈海秋、陈嵩云等着手创办立发镇初级小学，初名立发桥小学，设两个复式班，教师3人。后在原有基础上，由群众集资在立发集镇街道后边新建校舍12间，有3个教室、办公室、礼堂等，发展到3个班级，其中两个复式班，1个单式五年级班，教师4人。经费来源主要靠地方筹资，加上少量的捐助。民国23年后，校名为如皋县第十四区立发镇国民初级小学。

民国30年春，初具规模的国民小学被日军全部拆毁，学校停办。民国32年，学校借大庵寺5间瓦房为校舍，两个教室，1个办公室，恢复办学。当时只有两个复式班，教学人员3人。民国35年

图16-7　开发区实验小学学生花鼓表演　（张光林/摄）

秋，学校停办。民国36年春，立发小学重新复办。校址在立发桥河南，租民房3间，开两个复式班。民国38年1月20日，立发解放后校名为东台县喳口区立发小学。5月，学校从大庵寺迁至大圣寺，校名改为海安县喳口区立发小学，设5个班。1951年起，立发小学成为海安县立发区重点学校。1958年4月7日，立发小学更名为海安县立发乡中心小学。1968年，朝陈小学为立发公社中心小学下设办学点。1997年8月，长池小学并入该校。1999年8月，界墩小学并入该校。2001年1月，立发乡中心小学更名为城东镇立发小学。同年8月，新运小学并入该校。2003年，学校异地重建，定校名为海安县开发区实验小学。2007年8月，刘缺小学一至四年级撤并到该校。2008年8月，城东镇刘缺小学五、六年级撤并到开小。

2010年8月，开小与海师附小联合办学，由海师附小校长严宏兼任校长，并由校长助理王祖明兼任常务副校长。两校教师双向交流。

2000年后，教师在省级报刊发表教学论文200余篇，在省、市级教学论文评比中500余人次获奖。学校承担的县级课题"农村小学活动化教学研究"、江苏省陶行知研究会课题"陶行知教育思想与学生个性发展研究"、中国陶行知研究会课题"农村小学生活体验教育研究与实践"、市教育科学"十一五"立项课题"提升小学生课外阅读有效性的研究"等均先后顺利结题。6名学生参加江苏省"科学在我身边"书画大赛获金、银奖；学生汤月晖代表海安县参加南通市"三独"比赛获市二等奖；两名学生参加县第二届才艺大赛均获县一等奖；多名学生在省、市绘画比赛中获一、二、三等奖；10余名学生参加县现场书画竞赛获等级奖；5名学生参加县科技知识竞赛获二等奖；在县中小学生四驱车拼装赛中获团体一等奖，5名学生分获一、二、三等奖；在县"新华杯"第五届未成年人读书节活动中获优秀组织奖，古诗文诵读比赛获第二名，1名学生获县征文一等奖。学生在省、市级以上报刊发表习作80余篇。

2011年，开小占地3.8万多平方米，建筑面积1.24万平方米，建有300米煤渣跑道，两片标准水泥篮球场地以及一片排球场地，各种功能教室配备齐全。其中：计算机教室1个，内置学生用机70台，生机比达8∶1；科学实验室1个，音乐室1个，舞蹈室1个，美术室1个，劳技教室1个，体育器材室1个，专用多媒体室2个：师生图书阅览室1个，图书室藏书1.52万册，生均30册。建成校园网和学校网站，拥有办公电脑30台。2011年，开小拥有教学班12个，学生540人，教职工80多人。专任教师60多人中本科学历占75%，教师学历合格率100%。其中小学高级教师35人，市级教坛新秀2人，县级骨干教师4人，镇级首席教师2人，镇级特聘教师10人。1名教师在全国教学比赛中获二等奖，3名教师在省级教学观摩评比中获奖，6名教师在市级青年教师教学比赛活动中获奖。开小先后被评为省级科技教育先进学校、市级青少年行为规范示范学校、最安全学校、绿色学校、优秀家长学校、心理健康辅导中心星级学校、县级文明单位、素质教育先进学校、教育收费规范学校；被命名为江苏省陶行知研究会实验学校。

韩洋小学　简称韩小，位于三角村，民国36年2月韩东和创办，初名三民小学，规模为初小，3个班级。解放后利用地主房屋做校舍，3个教室，1个办公室，3间生活用房。1958年，在各方支持下，添建教室4个，扩为完全小学，更名鸭港小学。1966年12月，改鸭港小学为韩洋人民公社中心小学。1967年，学校更名为红兵小学。1979年1月，恢复为韩洋人民公社中心小学。1989年"普六"验收时，拆除原有旧校舍重建10个标准教室、14间标准生活用房及办公室。1991年"普九"验收时，兴建前排两幢教学楼和1个多功能教室，征地两亩建标准化200米环形跑道。1994年，又开挖小河，建水泥桥、堆砌假山各1座。1997年11月到1998年上半年，建成一

图16-8 国家教委、联合国儿基会项目实验学校——韩洋小学及校园景点 （蔡方俊/摄于1998年10月）

幢2100平方米、总造价150多万元的综合大楼，同时建水冲厕所。此后，学校拥有标准化专用教室、生活区、教学区等配套设施齐全，广播电视闭路系统覆盖校园。1989—2008年，原韩洋乡12所村级小学先后撤并，其中多所撤并到该校，2000年后学校一直保持三轨制规模。2001年初，学校更名为洋蛮河镇韩洋小学。2004年，学校更名为城东镇韩洋小学。

韩小在全县最早提出并进行办学特色创建。80年代初，学校开始创建“作文训练”特色。1984—2011年，20多名教师近百篇论文先后在《人民日报》《江苏教育》《小学语文教师》等10多种省级以上报刊发表。1987年，副教导主任蔡方俊所执教的六年级班获南通市教育局创造杯。1990年，蔡方俊执教的学生吕薇薇在“让精神世界更美好”读书竞赛活动中获全国银奖，这是南通市小教界在这次竞赛中获得的唯一奖项。1991年，学校“作文训练特色”被县教育局确认。1993年，杨万赋执教的班级被评为省红旗中队。1992—1993年，联合国儿基会和国家教委联合在该校进行“小学语文、数学课程标准测试和监控”实验，全省各市、县教研室主任到校参观、指导。1996年7月9日，副校长蔡方俊出席山东烟台全国学术研讨会，教育管理论文在会上交流获全国二等奖。1997年1月，蔡方俊论文《系统理论与学校人力资源的开发》在《中小学教育管理》杂志发表，1998年9月，此文被中共中央党校科学社会主义教研部、全国报纸理论宣传研究会、北京大学社会学系联合收藏。2001年初，学校升格为“作文训练”特色学校。同年10月，在国家关工委、教育部等举行的“祖国统一赞”青少年读书活动中，学校获特别奖；在中华书局举行的“新世纪全国小学生阅读大赛”中，学校获组织奖。2002年6月，学校被中国青年出版社授予“梁斌文学奖优秀辅导校”光荣称号，20世纪90年代开始至21世纪初，韩小20篇学生佳作入编中国青年出版社出版的《心华集》《心雨》两本书中。2006年1月，学校获“全国中小学写作教育杰出单位”荣誉称号，学生代表王雨清去北京参加颁奖大会。2007年，学校获南通市首批小学语文课改特色学校称号。20多年中，数千篇学生文章在县以上报刊发表，成百名学生在县以上作文竞赛中获奖，多次荣获小学生作文现场竞赛团体奖，蝉联两届“全国梁斌文学奖”征文特别组织奖。是年6月，学校“新世纪”文学社获全国少工委“全国优秀红领巾小社团”称号。

学校体育活动蓬勃开展，艺术教育崭露头角。在县小学生田径运动会、排球赛、三门球赛中多次夺冠。学校连续4年被评为“县体育传统项目学校”，2004年县体育课程改革现场会在学校召开，学校被评为“省冬季三项活动”先进单位。摄影、书画、文艺、少儿广播节目等在县以上比赛中多次获奖，并有多幅作品刊于《中国书画报》《关心下一代周报》等。2003年，学校被中国教育学会、《中国教育报》评为艺术教育特色单位。

韩小教师群体“博学、求精”的进取精神和“文明、报国”的团队精神一直得以传承和发扬。50年代，教师陈松树被评为省优秀教师。1977年11月，教师蔡方俊、景素雯出席海安县先进教师代表会。1988年5月，副教导主任王婉华被评为南通市劳动模范，1989年9月，王婉华被评为全国优秀教师，受国家教委、人事部、全国总工会表彰。1990年，校长陈松树被评为海安县模范校长。1998年，副校长蔡方俊教研事迹被录入《1998教改之星怀历》，全国发行。2000年后，校长葛存高被评为海安县优秀校长，副校长徐建春被评为南通市教坛新秀，教导主任洪俊获全国少工委“全国少年先锋队特色小队优秀辅导员”称号。

学校先后参加或承担全国教育科学“十五”规划国家重点课题、教育部课题、省级课题等课题研究，数十篇实验研究成果文章在县以上交流、获奖、发表，徐建春、洪俊等“多学科合作，培养学生实践创造能力”和“农村小学德育信息课程的开发与研究”实验报告获省教育厅优秀奖。

韩小连续20年被评为县文明单位，连续19年被评为县质量优等学校，连续4年被评为县素质教育先进学校，是县优秀学校、常规管理示范学校、体育传统项目学校、优秀教师集体、巾帼示范岗；市首批小学语文课改特色学校；省示范家长学校；全国艺术教育特色单位、中小学写作教育杰出单位、读书育人特色学校、德育科研先进实验学校、示范青少年法律学校。

2011年，韩小占地1.49万平方米，建筑面积4036平方米。有教职员工63人，大专以上学历占83%，其中专任教师56人，有6人为县骨干教师；18个教学班，学生910人。

新生小学　简称新小，位于上湖村。创办于民国6年（1917年），为印家码头丁玉衡倡立。初为1班1人复式，校名为如皋县私立国民第九校。民国8年，校董周万亿慷慨献地，建草房5间，扩为二级初小。民国9年，校董沈诚之献地两亩、草屋两间，拆除原校舍，易地建新校舍7间。至民国16年，迁校址3次。民国16年9月，初小扩为完小，并以龙树庵作为学校新址。民国26—34年，中共党组织先后委派骆化、王维宏、丁玉芝等同教师一道实行陶行知“小先生制的强跳教学方法”。民国35年5月，学校易名为紫石县西场区范庄小学。沈诚之为学校集资，先后卖去私田6亩半，扩建学校，成为如皋北乡农村中规模最大的一所完小。

新中国成立后，学校更名为海安县龙树庵小学。1958年，改为新生乡中心小学。1959年，学校试行“跃进班”，六年教学任务五年完成，翟树鼎任教语文科，丁邦明任教数学科，语数抽考成绩全县夺魁。1979年，恢复为公社中心小学。

1983年，乡投资2万元、县拨款4万元，翻新老校舍。1990—1991年，学校后排教室、办公室拆除，新建三层教学楼。2001年，将前排校舍及1983年所建楼房拆除，新建四层教学楼，并与原东侧三层教学楼连为一体，命名为“谐和楼”。1983年后，周边村小撤并，学校规模越来越大。2009年，学校向南征地，扩建大操场，局部调整校内建筑布局。

新生小学一贯秉承“严格教学，为国开智；育德炼体，质量第一”的教育思想。80年代末，学校成立10多个课外兴趣小组。90年代中期，提出走“活动育人”特色办学之路，树立“在活动中养德、在实践中创新”活动育人宗旨，开辟以兴趣组、少先队活动和课堂教学为主要形式的活动育人途径。学校活动育人特色取得明显业绩：参加县素质训练大赛获团体一等奖；近百名学生获得县、市级以上作文竞赛等级奖；160多人次参加数学竞赛获省、市、县等级奖。2000年，学校被县教育局确认为“活动育人”特色学校。2002年参加“走进新世纪”读书活动，获得全国组织奖，并被评为县读书育人特色学校。是年，被评为县首批素质教育示范小学。2003年，学校大队部被评为南通市红旗大队。2008年，学校被评为南通市最安全学校。

新小先后主持或参与江苏省“十五”规划立项课题“小学综合艺术课程研究”、市级立项课题“小学语文情感教育研究”、县立项课题“小学语文活动化教学”“小学数学活动化教学”“农村小学对话式教学综合作业设计研究”等课题研究，取得硕果。多年被评为县质量优等学校。

2011年，新小占地1.2万平方米，建筑面积5000平方米，绿化面积4000平方米。有教学班级16个，学生近700人；教职员工55人，其中54人为大专以上学历，具有小学初级职称30人、高级职称25人。专任教师50人中，达本科学历40人，1人为音乐研究生学历；有县学科带头人1人，县骨干教师6人。

西场小学　简称西小，位于蓉塘社区，前身为西场镇中心小学，始建于清光绪三十一年（1905年）。学校创办之初名玉成小学，由西场镇开明人士、魏慰农、仲统伊发起，依靠群众集资，将玉皇宫改建成学堂。两江师范毕业的陆树荣任校长。此时学校为如皋县北乡第一所小学，有教师4人，学生40余人，两个班。宣统二年（1910年），玉皇宫被人放火烧毁，学校迁至后街同善堂。是年冬，学校又迁至典当行（今仲贞子宅地），发展成4班初小。辛亥革命后，学校迁至西场巡检司署。民国14年，学校发展为完小，被命名如皋县第四高等小学。民国18年，学校成立募捐委员会，建成“曲廊雨路”，占地20多亩。民国19年，学校更名为如皋县西场小学。民国23年，校内设立如皋县第六师范初等教育辅导区办事处，学生增加到300余人，其中部分来自栟茶、十三里港、贲家集、立发桥等地。民国28年初、民国29年，先后两次遭日机轰炸，大部分校舍被烧毁，学校被迫迁至乡村分散学习。民国30年，学校迁回原址，师生自己动手，整理校园，修复校舍，勉强上课。民国36年，学校再次遭受战火，被迫转移到佑圣观（今西场影剧院址）。民国37年底西场解放。民国38年初，储典为校长，公推仲贞子为办学委员会主任，向社会各界募捐办学经费，在原校址修复两排教室和办公、生活用房，校名为海安县西场区中心小学。1951年，学校发展成双轨12个班完小。是年夏，仲贞子等拆草庵堂，扩建校舍，开设初中班，仲芝烈士家属仲兆铭将抚恤金600斤大米全部献给学校作为开办费。1954年8月，撤销初中部。1958年，增挂“西场公社中心小学”牌子。

80年代起，学校办学条件不断改善。1982年初，县教育局、区辅导组和乡政府筹、拨款8万元，为学校兴建一幢建筑面积570平方米两层教学楼。1986年12月，经县教育局检查评估验收，确认为合格中心小学。1989年4月，筹集18万元，建一幢建筑面积580平方米三层教学楼。1994年9月，镇教委和学校筹集26万元，兴建一幢建筑面积550平方米三层综合楼。1999年11月，西场镇政府投资600多万元，学校异地重建，2000年9月新校建成。同年8月，陆堑小学撤并至该校，2003年8月，戚庄小学撤并至该校。2010年，光荣小学撤并至该校。2011年，西场镇并入新城东镇后，学校更名为城东镇西场小学。

西小坚持走科研兴校、科研强校之路。学校有国家、省、市、县级课题7个，题题相关、互补互动。广大教师总结出“一主三环式”课堂教学模式，233篇科研文章公开发表。1990年10月，学生詹小西美术作品《我家住在大树下》、冯军美术作品《无题》、姜小于美术作品《猴子》，参加中国南通——日本丰桥、和泉少儿书画交流展览。1988—1994年，学校积极创建“课外阅读特色”，购置近万册图书，创建标准图书室。1994年12月经县验收确认，颁发办学特色证书。2000年后，师生参加县以上教育主管部门举办的竞赛，435人次榜上有名，496篇学生习作见报。1997年开始，学校教师学历合格率100%，大专以上学历教师占62.5%，100%的青年教师持有基本功合格证、计算机等级证书、普通话二甲以上证书。15人被评为骨干教师，16人在县以上执教观摩课、参赛课。教师中有省级优秀班主任、市级优秀德育工作者、先进工作者和优秀辅导员，受县以上表彰31人。2000年11月，省实验小学验收组领导、专家给予高度评价。

西小建校100多年来，为高一级学校输送了一批批合格新生，为国家建设培养了大量有用之才。中共如皋县委首任书记韩铁心烈士、解放军某部副军长仲跻祁、中国语言学家魏建功，中国书法家协会会员仲贞子、仲许、范韧庵，中国石油大学党委书记校长李秀生、中国现代文学馆馆长吴义勤等，少年时代均在该校就读。

2011年，西小有21个教学班，956名学生，教职工近80人。占地2.76万平方米，建筑面积7577平方米，绿化面积2000多平方米。有250米环形煤屑跑道，标准篮球场两个，排球场1个，三门球场1个。开通校园闭路电视、程控电话校园网。各种功能室、教室配备齐全，其中风雨活动室、科学实验室、音乐室、舞蹈房、美术室、劳技室、体育器材室、师生图书阅览室各1个，计算机教室、多媒体教室各2个；计算机教室内学生用机98台，生机比为10∶1，办公室电脑30多台；图书室藏书23414册，生均28册。

延寿小学 简称延小，位于城东镇热港村5组，前身为楼基小学。民国23年（1934年）创办于小镇立头，初名如皋县楼基小学。学校首任校长余炳炎。解放战争时期，楼基小学曾作为解放军后方医院。50年代，楼基小学成为海安县农村

图16-9　延寿小学　（孙宝峰/摄）

小学中唯一双轨小学。1958年，仲庵小学、良田小学1~4年级8个班学生先后撤并到楼基小学。60年代初，为方便学生就近入学，在学校周边仲庄、良田大队办起1~2年级耕读小学，为复式教学。“文化大革命”初期，学校办起幼儿园，戴初中、高中帽子，更名为楼基学校。1973年，高中部撤并至西场中学，同年因公办小学下放到大队办，小学部学生一部分分流到仲庄，开办红卫小学；一部分分流到良田，开办东风小学。1984年，为方便管理，楼基学校小学、初中分开办。初中易地，名为楼基初级中学；小学在原址，改名立头小学。80年代后期，由于生源不足，红卫小学、东风小学又撤并到立头小学。1996年，香港著名爱国人士松泉法师捐款150万港元，另辟地点建校。为彰其功德，学校以松泉法师先考“延寿”命名，立头小学更名延寿学校。1997年，教育规划调整，新农小学大部分学生撤并至延寿学校。

2000年后，学校建立女子排球队、校运动队、书法小组、航模小组等社团，平时正常训练；开展体育节、艺术节、读书节、科技节，尤其是重视阳光体育活动，确保学生每天1小时体育锻炼时间。跳绳确认为学校体育“一校一品”特色，在海安县第四、五、六届中小学学生体能运动会上连续3年获得团体总分一等奖和奖牌总分一等奖，在2007年开始的全国亿万学生阳光体育冬季长跑活动中被评为优秀学校。师生在报刊上发表文章400余篇，在竞赛中获奖300多人次，其中市级以上100多人次。延小成为海安县模范学校、示范家长学校、教育质量优等学校、文明单位，南通市绿色学校。

2011年底，学校更名为城东镇延寿小学，有教学班6个，教师24人，学生207人。占地1.49万平方米，总建筑面积1616平方米，绿化面积8828平方米，占校园总面积60%。建有200米环形跑道、100米直道、标准水泥篮球场和草皮覆盖的1500平方米田径场。微机室、图书室、阅览室、队室等各种功能教室齐全。校园内有横贯东西的水泥大道和文峰亭、读书廊、“奋飞”雕塑、育花池、松泉法师纪念塔，各景点错落有致。

壮志小学　简称壮小，1964年9月创办，位于壮志村2组，初名为红武耕读班。初期借民房办学，1个班级，1名教师。1969年公办小学下放到大队办，由大队建两排教室，规模扩为五级完小，改名红武小学。1985年，壮志乡政府筹资建两排教室，定红武小学为壮志乡中心小学。1989年“普六”验收时，学校兴建6个标准化教室及办公室，6间标准生活用房。1991年“普九”验收时，乡政府集资90多万元兴建四层教学楼，征地1333平方米，建标准200米环形跑道。2004年，学校兴建综合楼、厨房和学生餐厅，拥有标准科学实验室、图书室、阅览室、网络教室、多媒体教室、美术室、音乐室等，广播电视闭路系统覆盖校园。1989—2008年，原壮志乡赵坚小学、施秦小学、杨港小学先后撤并到该校，学校一直保持双轨模式。2000年，学校更名为西场镇壮志小学，2011年底，更名为城东镇壮志小学。

壮志小学是市规范汉字特色学校、中国书法教育特色学校、中国书法教育实验学校。连续多年被评为县文明单位、县质量优等学校、县优秀家长学校、市最安全学校、中国书画同步教学法实验学校。壮小以“墨润人生”为办学思想，1994年创建书法教育办学特色，1998年、2001年先后被命名为县书法办学、书法教育特色学校。1994—2011年，校长换了三任，但“端端正正写字，堂堂正正做人”为宗旨的写字育人理念代代相传。从学校成长起来的书法老师中，杨兴旺是中国书法家协会会员，范广东是省书法家协会会员、省书法教育专家委员会会员、县硬笔书协秘书长，金加龙、陈华是省书法教育专家委员会会员。2011年，学生薛澎亮、彭瑞莉、沈博文参加全国书法比赛获得金奖，薛澎亮、范雨辰、洪许逸的书法作品发表在《七彩语文》杂志上。学生的书画作品先后在县博物馆、仲贞子艺术馆展出。《希望日报》《现代教育报》以及江苏教育电视台等先后报道该校书法教育特色。2010年1月,《墨香壮小人》被评为市优秀文化品牌。2011年4月,教师范广东应邀出席教育部举办的全国中小学书法教育特色学校发展论坛,并在大会上作《壮志小学书法教育特色》专题介绍。

壮小积极响应"全国亿万学生阳光体育运动"号召,花样跑操和篮球活动连续两年获县一等奖。办学近50年,培养了一大批有作为人才。校友仲跻和是省著名企业家、市拥军优属模范,入选"全国十大杰出人物"。

2000年后,壮志小学教师先后有42人次受县级表彰。教师参加县级以上教学竞赛,11人次获一、二等奖,教育教学论文获奖84篇。1998—2011年,薛峰林1人在报刊发表文章30余篇。

2011年,壮小占地8698平方米,建筑面积3141平方米。有教职工29人,其中专业教师27人,本科以上学历21人,专科学历4人,县骨干教师5人,小学高级教师18人,小中高教师1人。有12个教学班,学生345人。

第四节　中学教育

一、发展概况

民国32年(1943年),在楼基乡仲庵庙创办紫石中学堤东分校,班级4个,学生180人,储心斋任校长,民国34年2月并入四分区联校。因地处海安城周边,民国后期到新中国成立初期,境域青少年主要就读县城私立紫石中学,一般寄宿在校。

新中国成立后,西场首先筹建中学,最初在西场小学西院办初中班。1956年9月,西场中学创办,初为初级中学,规划为完中。人民公社成立后,境域各公社先后兴办农业中学。1958年,韩洋民办农业初级中学创办,分别在三角池、蒋家庄、大桥口等3个教学点教学;南屏民办农业初级中学创办,分别在韩庄、周济、双渔、油坊头等4个教学点教学;新生民办农业初级中学创办,分别在范庄、张家庄、太平等3个教学点教学;西场民办农业初级中学在戚庄创办;壮志民办农业初级中学在原壮志村荒地上兴办,时任中央宣传部部长陆定一为该校亲笔题名。是年,韩洋农中在三角4队创办,立发农中在黄家涵子创办。1963年秋,公办南屏初级中学改为农中办学,更名为南屏农业中学。1964年,西场公社又先后创办西场农中、新农农中。1965年,南屏前进农中在葛港2队创办,南屏曙光农中在曙光2队创办。农中一般有实验田、猪圈及生产基地,实施"耕读结合",基本实行自给。

在大办农中同时,境域内公办普通中学也相继兴办。1959年,立发初级中学在古镇立发桥创办。1960年,新生初级中学在龙树庵西南边创办,南屏初级中学在南屏公社蚂蟥沟旁的栟茶河南办学。到1968年,未停办的农中全部过渡到公办普通中学。同年7月,县革委会直属学校—原种场初级中学兴办。1969年,全镇中学学制改三三制为二二制。1970年,各中学开始增设高中班。1975年,大搞"三普及",社社普及高中,片片(大队)普及完小,师资和设备缺乏。1976年,初级中学全部戴上高中帽子,大部分小学戴上初中帽子,各公社针对师资不足,新增民办教师、赤脚教师。1977年,各公社进一步增办初中班、高中班。1979年起,拨乱反正,分期分批逐年将一部分小学和初中帽子脱掉。是年,初中开始向三年制过渡,1981年完成过渡,是年高中向三年制过渡。1985年,实施中小学乡级办学,各乡开始整合教育资源,集资改善重点学校办学条件,大幅度调整学校布局。1988年后,境域各中学根据国家教委普通高中教学计划安排课程。并经过多次学校布局调整,1992年,境域内有韩洋、南屏、新生、壮志、西场5所乡镇中心初中,有新生乡创新、立发乡刘缺、南屏乡葛桥、西场镇光荣、楼基5所一般初中,有立发、西场中学两所完中。至2011年城东镇有三星级高中1所,初级中学4所,教学班143个,在校中学生7073人,教职工741人。

1976—1979年城东境域内初中、小学“戴帽子”情况一览表

表16–4

公社	戴高中帽子的学校	戴初中帽子的小学
韩洋	韩洋初中、培农、东方红、工农兵学校	文革、四新、红卫兵、红星小学
南屏	南屏、前进、曙光初中	油坊头、利民、南阳、光明、佘庄、周济、溪河、南屏小学
立发	立发、卫东初中	向东、红旗、界墩小学
新生	新生、原种场、创新初中	刘庄、红星小学
西场	楼基、雄庄、光荣、优胜学校	戚庄、雄庄、东风、优胜、凌河、陆堑、热港、爱国、丰产、光荣小学
壮志	壮志初中	杨港、马荡、池旺、前进小学

2011年城东镇中教事业情况一览表

表16–5

学校名称	占地面积（平方米）	建筑面积（平方米）	班级数（个）	学生数（人）	教职工数（人）	备　　注
立发中学	80118	32595	69	3093	419	省三星级普通高中
韩洋初级中学	30274	11760	21	1215	68	省实施教育现代化示范初中
新生初级中学	22480	8075	21	1200	80	省实施教育现代化示范初中
南屏初级中学	40820	5177	16	800	78	县优秀学校
西场初级中学	49950	18000	16	765	96	县教学质量四星级学校
合　计	223642	75607	143	7073	741	

1958—2011年城东镇境域中等教育事业发展变化情况一览表

表16–6

乡镇	学校名称	创办年份	校长负责人	办学规模	发展变化情况
立发乡（公社）	立发中学	1959	万载余　赵文鹤 李洁萍　常　节 徐春赋　陈顺源 孙长青　梅广稳	办学之初，有两个初中班，学生106人。2010年，有初中班4个，学生90人；高中班65个，学生3003人	原名立发初级中学，1985年3月，升格完全中学，更名为海安县立发中学。2007年西场中学高中部撤并到该校高中部，2010年大公中学高中部撤并到该校高中部
	刘缺初中	1959	陈玉钿　梅广池 张吉士　戴伍福 陈玉银　陆彦邦 范　炎　殷志广 陈海明	初办时3个班，学生100多人。1976—1979年戴高中帽子，10个班，学生近600人。1968年后，规模最大时8个班，学生400多人	原名立发农业中学，1962年停办。1963年10月，刘缺小学借教室恢复农中办学。1968年7月，重建，更名为立发公社卫东初中。1980年更名为刘缺初中，2007年撤并到韩洋初级中学

续表16-6

乡镇	学校名称	创办年份	校长负责人	办学规模	发展变化情况
南屏乡（公社）	南屏初级中学	1958	周德义 赵彭 周开鉴 陈克善 林桂森 赵振琦 包义周 解祥云 夏友银 王栋如 金正如 王建富 崔世芹 王雳 吴鸿宾 陈旭宇	初办时3个班120人。2010年教学班16个，学生800多人，教师78人	前身为南屏境域内韩庄、周济、双渔、油坊头4个初中教学点。后4个教学点合并至韩庄点，不久，又迁到蚂蟥沟。1960年，学校迁到栟茶河南，定名南屏公社初级中学。1963年秋，更名为南屏农业中学。1969年，学校回归普通教育序列，再次更名为南屏初级中学。1997年，葛家桥初中并入
	葛家桥初中	1965	陈振芳	最初2个班，学生80人，最多时6个班，学生300多人	前身为前进农业初中，1964年创办于原葛港大队2队，1975—1977年设高中班，1980年更名为南屏乡葛家桥初中，1997年并入南屏初中
韩洋乡（公社）	韩洋民办农业中学	1958	李桂杨 朱令仪 夏登宜等	分三角池、蒋家庄、大桥口3个教学点	1963年停办，学生转入韩洋农中和西场、立发初中
	韩洋初级中学	1959	陈金玉 徐忠孝 张明根 许秀龙 袁学忠 许秀龙 于代昌 王晓武 王建富	1968年前规模最大时8个班，学生410人。1969年设初中、高中班。2010年21个班，学生1215人	初名韩洋农业中学，建于三角4队，1968年7月在丰河3队重建，更名为韩洋中学。1979年更名为韩洋乡中心初中，2001年更名为韩洋初级中学，1987年韩西初中、蒋庄初中并入，2007年刘缺初中并入
	韩西初中	1979	仲济祥 仲兆银	1979—1987年规模最大时6个班，学生270人	原名培农学校。1976年开始戴初高中帽子，1979年学校小学部撤至韩西小学，摘去高中帽子，更名为韩西初中。1987年撤并到韩洋乡中心初中
	蒋庄初中	1979	刘远凤 马强	1979—1987年规模最大时4个班，学生180人	原名东方红学校，1976年开始戴初、高中帽子，1979年摘去高中帽子，小学部与初中部分开办学，初中部更名为蒋庄初中，1987年撤并到韩洋乡中心初中
新生乡（公社）	新生民办初级中学	1958	朱祥忠 许映稳 蒋德金等	开始分范庄、张家庄、太平3个教学点，后又集中到范庄3队办学，正常3个班，学生120人	1962年停办
	新生初级中学	1960	顾趾铭 沈南 丁佐勤 许映稳 周建璋 刘冬明 吴鸿宾 章富有 刘建东 季前进 丁帮基	最初2个班，学生120人。2010年有教学班21个，学生1200多人，教职工80人	1962年，停招，超龄生停学。1964年，恢复招生。1969年，增设高中班。1985年8月、1987年8月、1997年8月原种场初中、民主初中、创新初中相继撤并到该校。1986年更名为新生乡中心初中，2001年1月恢复新生初级中学校名

续表16-6

乡镇	学校名称	创办年份	校长负责人	办学规模	发展变化情况
新生乡（公社）	原种场初级中学	1968	王汝贵　顾友梅　吴其桂	最初2个班，学生110人。规模最大时12个班，学生630人。撤并时3个班，学生150人	1978年设有高中班，1985年8月撤并到新生初级中学
	创新初中	1975	丁邦明	最初1个班，学生58人。1976年6个班，学生250人。撤并时3个班，学生120人	1997年8月，撤并到新生初级中学
	民主初中	1978	许映稳	最初2个班，学生98人。最多时4个班，学生180人。撤并时2个班，学生93人	1987年8月撤并到新生初级中学
西场镇（乡、公社）	西场中学	1956	周栋臣　丁年高　洪远富　江　浪　张英楼　袁宝书　石松元　夏立华　陈广余　仲天伍　沈　南　王栋如　洪良月　崔世根　王大庆　高卫星	初中双轨、高中4轨，另有两个中技班	1956年9月，两个初中班。1958年后，初中双轨6个初中班。1968年秋，增招两个高中班。1984年，初中双轨、高中4轨，另有两个中技班
	西场初级中学	2007	韩拥军	初中7轨	前身为西场镇中心初中，2007年与壮志初中、西场中学初中部合并，整体搬迁至原西场中学校园，更名为西场镇初级中学。2011年底，更名为城东镇西场初级中学
	西场镇中心初中	1986	周建璋　丁佐勤　沈永年　范　晗　冯卫东	双轨，2002年生源高峰期7轨	1975年，楼基学校增设高中班。1976年后，雄庄学校、夹巷学校、光荣学校增设高中班。1981年夏季，各戴帽子学校初中部全部撤归西场中学。1982年楼基学校中小学分开办。1986年，新建西场镇中心初中。1990后，各戴帽子学校初中部先后撤并至西场中心初中
	戚庄农中	1958	许德全　李培龙　毛堂玉	单轨，每班人数20多人	1958年在西场戚庄创办，1962年左右因经济困难而解散。1964年经济恢复后，西场乡又先后创办西场农中、新农农中。1969年新农农中划并到西场农中，同时恢复戚庄农中办学
	西场农中	1968	周　德　仲伟松	双轨，最多时4轨，每班30多人	1964年经济恢复后创办，1969年新农农中划归西场农中
壮志乡（公社）	壮志初中	1958	马伯远　潘德礼　赵维华　邵　岳　罗玉余　冒锦发　陈克仁　赵文鹤　张嘉道　陈华生　薛其强　周平耕　沈永年	1968年，单轨。1976—1981年双轨后，每班40多人	1958年9月分设两个普通班（时称“草鞋班”），两个公办班（时称“皮鞋班”）。1968年壮志农中更名为壮志初中，戴高中帽子，教学规模为单轨。1972年庄屋小学初中班撤并至该校。1976—1981年教学规模均为双轨。1982—2003年均为4轨。2007年撤并至西场初中。

二、中学简介

立发中学 简称立中。创办于1959年。是江苏省三星级普通高中、中国教育学会实验学校，位于立发桥社区。办学之初，初名立发初级中学，有两个初中班。1985年3月12日升格为“乡办县管”完全中学，更名为海安县立发中学。升格后，学校继续发展壮大，先后建成“博文”“晨曦”“凌云”三栋教学楼和“笃行”实验楼。2007年、2010年，西场中学、大公中学高中部先后撤并到该校高中部。

1987年，立发中学兴建南通市首家“预防青少年违法犯罪警示室”，校内外累计近万人次到“警示室”参观、学习，接受教育。2000年6月、2007年5月和2009年6月，县综合治理委员会、团县委、县教育局联合在学校召开“预防青少年违法犯罪现场推进会”，全县各乡镇党委分管书记、团委书记、各学校法制副校长对“警示室”给予众多褒扬。2005年5月，司法部法制宣传教育司副司长姜金方等在省司法厅、市司法局领导陪同下到学校调研。2009年10月，国务院法制办公共交往司副司长闫淑荣专程到学校调研法制教育特色，对学校的工作给予充分肯定。艺术教育是立中的一大特色。2006年，兴建一座300多平方米的美术馆，配置6万多元的教学设备，免费培养艺术特长学生。1988—2010年，先后有400余件作品获省级以上奖励，有的还参加国际比赛并获奖。学校连续9年参与全国艺术高考江苏南通考点的考试组织工作。学生作品先后在海安文化馆、南通群艺馆和省美术馆展出，获得

图16-10 立发中学 （孙宝峰/摄）

好评。《人民教育》2006年第15—16期以《心有多大，舞台就有多大》为题，专门介绍该校推进艺术教育的成功经验。该校是省艺术教育特色学校和省教育学会美术、书法教学专业委员会科研基地。

学校是南通市体育特色传统学校，2006年参加县第六届全民运动会获完职中组第一名。2007年参加市女子排球赛获第一名，参加市男子篮球赛连续四届获三星级组第一名。2006年、2007年、2008年连续3年获省高中男子组三门球比赛冠军。2009年，参加省中学生三门球比赛，高中男子组、女子组双获冠军。学校是中国教育学会中小学心理健康教育科研基地、南通市学校心理健康辅导中心“三星级”学校，成立以校长为组长的心理健康教育领导组。2008年5月，学校心理健康教育教师程德敏参加四川汶川地震灾区心理救援，8月又参加北京奥运会、残奥会心理热线志愿者服务。学校“心怡园”设有心理咨询热线，随时为学生和家长提供服务，心理健康协会定期为师生进行心理健康讲座，在帮助学生提高心理素质、健全人格、构建和谐校园等方面均起到积极的促进作用。

2000年，立发中学通过南通市重点高中验收，2004年转评为省二星级普通高中，2006年通过省三星级普通高中验收，2009年成为中国教育学会实验学校，是县政府“十一五”“十二五”期间重点发展的完中之一。2011年高考，1024人参考，本二以上达线273人。

立发中学先后被授予省和谐校园、省平安学校、省实施素质教育先进集体、省招飞工作先进单位、省诗教先进单位、市文明单位、市模范高中、市青少年行为规范示范学校、市依法治校示范校、市特色学校、市最安全学校、市教育系统先进集体、县质量优等学校等称号，并成为江苏大学、南京工程学院、江苏技术师范学院生源基地，省教育学会美术专业委员会科研基地，《美术教育研究》杂志社承办单位。

2011年，学校占地8.01万平方米，有东西两个校区，西校区系老立发小学，占地7470平方米，为初中部；东校区占地7.26万平方米，为高中部。校园内教学区、生活区、活动区分布有序，布局合理。有教学楼6幢，实验楼1幢，男

女生公寓楼3幢，教师宿舍楼4幢，用于教学、实验校舍建筑总面积3.26万平方米；400米田径场和200米田径场各一个。面积1304平方米的学校图书馆，内设教师阅览室、学生阅览室、电子阅览室、精品图书室，通过省一级图书馆验收；学校浴室可同时容纳200人洗浴；学校师生餐厅在全县学校中规模最大，可同时容纳2000人就餐。立发中学有初中班4个，学生90人，教职工22人；高中班65个，学生3003人，教职工397人。教师中高中专任教师266人，初中专任教师22人，其中市、县学科带头人、骨干教师55人，硕士研究生10人，具有高级职称的65人，中级职称的106人。先后有60人被吸收为省、市、县教育学会会员，3人被表彰为省德育工作先进个人，近20人被表彰为市、县优秀班主任。

韩洋初级中学 位于洋蛮河街道三角社区，创办于1958年春。前身为韩洋农业中学，初办时校址在韩洋公社三角大队4队。1963年7月31日，韩洋民办初中停办，在籍部分学生转入韩洋农中。1966年9月一度"停课闹革命"。1968年7月，韩洋农中改为公办中学，在韩洋公社丰河大队3队重建，增设高中班，更名韩洋中学，一年两次招生，分春季班、秋季班，其间规模最大时约9个班；高中单轨，学生由公社下达名额，贫下中农推荐入学。1969年，公社党委书记徐忠孝兼任学校重建后第一任校长。

1980年，学校高中部停办，更名为韩洋初级中学。学校办学质量不断提升，办学规模逐年扩大。1986年，学校更名为韩洋乡中心初中。1988年7月29日，韩洋乡党委研究决定，集资为韩洋初中建第一幢教学楼。之后，乡政府和学校多方筹措资金，第二幢教学楼、综合楼、教师宿舍楼、学生公寓相继建成。1989年9月，许秀龙被评为全国优秀教师，受到国家教委、人事部、全国总工会表彰。80—90年代，由于韩中每年中专、中师达线人数在县内名列前茅，慕名前来求学者较多，学校教学班最多时21个，在校生1000多人。

2001年撤乡并镇后，学校先后更名为洋蛮河镇韩洋初级中学、城东镇韩洋初级中学。

韩洋初级中学教学、行政、生活用房配套，教学设施齐全，有团队活动室、会议室、理化生仪器室和实验室、电子备课室、图书室、教师及学生阅览室、电教室、美术室、音乐室、多媒体教室等专用教室；电教室配有电脑62台，光纤接入，宽带上网，教学仪器达到省教委的规定标准；每间教室均配备"三机一幕"；图书室藏书1.42万多册；体育场地总面积5885平方米，具有符合标准的250米环形跑道。

韩洋初级中学积极开展科研、教研活动，多次承办国家级、省级、市级研究课题；教师年均发表教学科研论文近30篇，2000—2011年累计发表近300篇；杨昌兰、吴海峰老师获市、县级教学技能比赛一等奖。

韩洋初级中学积极创建办学特色，校男、女子三门球队多次参加省中学生三门球比赛，屡获冠亚军，2009年被省教育厅、体育局授予省三门球运动特色学校称号，2010年被中国教育学会体育专业委员会评为中国特色体育项目（三门球）示范学校。至2010年，连续19年被县教育局评为"教学质量优等学校"。办校50余载，毕业班级220多个，毕业学生1万余人。

2001年，学校被省教育厅授予"江苏省教育现代化示范初中"称号，2002年被市教育局评为市模范学校，2003年被市教育局评为市德育先进学校，2004年被市教育局命名为市现代教育技术实验学校，2005年被县政府教育督导室评为县优秀学校，2006年被县教育局评为县模范学校，2009年连续5年被县委、县政府授予"文明单位"称号，2010年被县总工会授予"工人先锋号"称号。

2011年，学校占地3.03万平方米，建筑面积1.18万平方米。有教学班21个，在校学生1215人，教职员工68人，其中专任教师52人，中学高级职称3人，中级职称33人。

新生初级中学 创办于1960年，位于上湖街道上湖社区。学校初为公办农村普通初中，是年9月，在新生公社新生大队3队一块地势较高荒坟地上选址建设。建校之初，建3个教室，招收两个初一班，学生约120人。1961年招收一个初一班。1962年经济困难时期，学校停招并对超年生实行停学。1966年9月后，师生"停课闹革命"，1969年成立校革委，学校增设高中班，学制改为二二制，1980年7月高中班停办。其间，学校另办“九二〇”厂、发酵剂厂，设电工班。1980年9月，由初中二年制过渡为初中三年制。之后，办学规模渐进扩大。到1985年，学校占地10667平方米，校舍65间，12个初中班，1个林木花卉高职班，还创办苗圃和塑料制品厂。1985年8月、1987年8月、1997年8月原种场初中、民主初中、创新初中相继撤并到该校，校名也随之不断变更：1986年更名为新生乡中心初中，2001年1月更名为洋蛮河镇新生初级中学，2004年7月更名为城东镇新生初级中学。

1994年起，学校相继新建教学楼、综合楼、学生宿舍楼、学生饭堂、300米田径运动场、校园网站；配备语音室、微机室、多媒体教室、生物实验室、物理实验室、化学实验室、美术室、音乐室、图书室、教职工阅览室、校园演播室等多功能教室和消防、技防设施。

90年代后期开始，新生初中教学质量一直居全县前列，年入学率、巩固率、毕业率、升学率均达100%。2000—2010年，学生参加教育部门组织的县级以上竞赛，获等级奖300多人次。

1999年，新生初中被省教育厅确认为首批“教育现代化示范初中”。2000年被评为“全国青少年读书育人特色学校”、市德育工作先进学校。2001年被评为市合格初中、市中小学示范实验室。2002年被评为市教育科研先进集体、县优秀学校。2003年被评为县“常规管理示范初中”、县“合作探究学习特色学校”。2004年被评为县“教育收费规范学校”、县“依法治校、综合管理合格单位”。2005年被评为市先进教工之家、县优秀家长学校。2006年被评为市“心理健康教育星级学校”。2007年被评为市最安全学校。2008年被评为市“四配套工程先进集体”。2009年被评为市“绿色特色学校”。2010年学校网站被评为市“百优校园网站”。1991年起，学校连续20年被县教育局评为“质量优等学校”，2001年起，连续10年被评为县文明单位。学校办学经验曾先后在《人民日报》《江苏教育研究》上刊登，被江苏电视台、江苏教育电视台宣传报道。

2011年，全校占地2.25万平方米，建筑面积8075平方米，校内绿化覆盖率40%。有教学班21个，在校学生1200多人，教职工80人，其中，专任教师50人中，硕士学位1人，专科学历98%，本科学历85%，高级职称1人，中级职称25人。先后有80多人次受县级以上表彰。2000—2011年，教师参加县级以上教学竞赛获一、二等奖18人次，教育教学论文获奖200多篇，在刊物上发表文章100多篇。

南屏初级中学 位于南阳村，即204国道和栟茶运河交汇处。学校创办于1960年，初名南屏公社初级中学。1962年，因经济困难，停办一年。1963年秋，学校调整办学目标，更名为南屏农业中学。1968年，海安职业中学部分教工和校产迁入。1969年，学校回归普通教育序列。1969—1980年，学校附设高中班。1977年创办业余无线电报务班，成为传统办学项目。1980—1981年，学校招收两个“高补班”。2001年，学校更名为海安县城东镇南屏初级中学。

1983年，省军区在学校召开无线电报务现场会，中央军委、总参领导充分肯定学校报务教学工作。1986—1995年，南屏乡党委、政府举全乡之力，为学校建成教学楼、理化实验中心。2000年、2003年，乡、镇政府先后投资建成学生公寓楼、餐厅楼。2008年，镇政府投资72万元，征地13535平方米，新建学校大操场、环形跑道，安装学校音响系统、周边报警系统、电子监控系统等现代化设备。

1977年，学校被评为县教育系统先进集体。1989年，被评为“江苏省民兵通信工作先进单位”。1997年，获全国青少年“做新世纪的主人”读书教育活动优秀组织奖。1998年中考，学生葛逢俊获全县中考总分状元。2001年高考，韩伟、葛逢俊分别获全县文、理科高考状元。2003年，经县政府教育督导室综合评估，学校被评为优秀学校。2004年，学校被评为“示范家长学校”，当年中考，在全县54所初中列第八名。2011年5月，被省教育厅、省综治办、省公安厅表彰为省平安校园。1984年起连续被评为县文明单位，1993年起连续被县评为德育工作先进单位，被县教育局认定为质量优等学校。学校团总支获2001年度海安县“十佳青年志愿者服务队”、2003年度“青年文明号”、2004年度“五四红旗团支部（总支）”称号。

2011年，学校占地4.08万平方米，总建筑面积5177平方米；教学班16个，学生800多人；教师78人，95%以上达大学学历，其中县级骨干教师8人，中学高级教师15人，中学一级教师60人。

西场初级中学　位于西场集镇人民西路44号。1958年，西场公社创办戚庄农中，1962年该校因经济困难而解散。1964年经济恢复后，西场公社先后创办西场农中、新农农中。1968年下半年，楼基小学戴初中帽子，附设1个初中班。1969年，新农农中归并到西场农中，恢复戚庄农中办学，后戚庄农中又停办，其班级转移到戚庄小学作为初中"帽子"。同期，陆堑、丰产、优胜、雄庄、光荣等小学先后增设初中班。1971—1972年，楼基学校增招高中班，1973年其高中班划归西场中学。1975年，楼基学校又增设高中班，1976年后雄庄、优胜、光荣等学校增设高中班。1981年夏季，各校高中部全部撤归西场中学。1982年，楼基学校中小学分开办学。

1986年7月，在原古河小学校址上筹建西场镇中心初中、初中教学实验中心。是年，丰产初中不再招收初一新生。9月，中心初中招收初一新生两个班。1988年，建成西场镇实验中心，为全镇戴帽子初中提供实验场所。1990年后，各戴帽子学校初中部先后撤并至中心初中。1996年9月光荣初中并入中心初中。同期，学校更名为西场初级中学。校园扩大到22亩。1997年、1999年学校分别建起教学楼和学生宿舍楼。2002年增至20个班，每班最多60人。2002—2004年，生源高峰期，学校为7轨制，校舍紧张，初一两个班借西场小学教室教学。

2007年7月，教育布局调整，原西场中学撤并，壮志初中、西场初中与西场中学初中部合并，组成西场镇初级中学，校址在原西场中学校园。

西场初中建筑布局合理，设施先进。"博学楼""明志楼""奋进楼"可容纳1000多学生。办公用房、理化生实验室、微机房、音乐室、阅览室、图书室等一应俱全。学校建有1200平方米、可容纳1000人就餐的学生餐厅，男女学生公寓各1幢，宽敞舒适。校园内草坪池湖、亭台楼阁、花草树木、石雕像俯仰生姿。仲贞子艺术馆矗立在校门东侧，给学生书画艺术美育享受。

西场初中以"造就终身发展之生命主体"为办学理念，以"明志·博学·和谐·奋进"为校训，倡导"敬教·善导·求实·创新"教风，营造"自主·勤奋·乐学·争先"学风。2007—2011年，学校30多名教师、200多名学生参加各类竞赛，均获国家、省、市、县奖，师生在报刊发表文章逾千篇。2011年中考，学校超县均分并跨进全县初中十强。

西场初中重视学生个性特长发展，积极组织学生参加阳光体艺"2+1"活动。2011年，阳光体能运动会学校金牌榜、总分均位居全县第一，跳绳项目被评为县特色体育项目，被评为县葫芦丝特色项目实验基地。

西场初中先后被评为海安县"结对帮护，爱心助学"先进集体、质量优等学校、教学质量四星级学校、未成年人思想道德先进集体、科技教育先进集体、网络读书先进集体和市绿色学校、红十字示范学校及省平安校园。

2011年底，学校更名为城东镇西场初级中学。学校占地5万平方米，建筑面积1.8万多平方米。在编教职工96人，专任教师82人，其中具有高级职称教师15人，本科学历教师72人，县学科带头人1人，县教学骨干6人，73名教师具有中级以上职称。在籍学生674人，实施全寄宿封闭式管理。

西场中学　简称西中。位于西场集镇西首，占地4.67万平方米，建筑面积1.8万平方米，为南通市重点中学。创办于1956年9月，仅两个初中班，两年后成为双轨6个初中班。1968年秋，在两轨初中基础上增招两个高中班。1984年又扩招两个高中班，成为初中双轨、高中四轨，为县属

图16-11　21世纪初的西场中学　（市史志工委/提供）

完全中学。1993年起，与无锡市工业机电学校联合办学，招两个机电中技班。

1984年后，党支部、学校、工会、团委先后被评为先进党支部（1994年）、县文明单位（1993年、1994年）、社会事业先进单位（1994年）、市县红十字会先进集体（1993年、1994年）、市县先进教工之家（1991年—1993年连续三年）、新长征突击队（1994年）和县德育工作先进单位、依法治校先进集体、省德育工作先进学校（1994年）。学校形成“团结、勤奋、守纪”的优良校风和“严、实、活”的教风，教学质量稳步提高。1992年起，西场中学和海安县中学、曲塘中学，成为免检两年的三所完中。初中部每学期都对片开课，连续多年被县教育局授予质量优等证书。1993年、1994年，西中教师先后为南通市中语会年会和县初高中数学教师及县地理教师、市县政治教师上过教改观摩、示范课，均得到较高评价。首届高二、高三会考均名列全县第三。参加县中学生田径运动会和文艺调演，取得较好名次。1994年，学校被评为省招飞工作先进单位。学生参加全国、省、市、县学科竞赛，有数十名学生获奖。1993年4月，学生获化学竞赛全国一等奖。1994年4月，学生获初中数学联赛全国一等奖、物理“迎奥赛”全国优秀奖。与无锡技校联合办学经验以及“2+1”分流经验总结，在南通市有关会议上交流。1990年，海安县教学观摩比赛四项第一名为西中囊括，并有两人夺得南通市第一名。先后有近百篇论文在国家、省级报刊上发表，在市、县获奖。1993年，青年教师曹旭生获全国优秀园丁奖。1994年，在籍学生近1200人，实施全寄宿封闭式管理。在编教师105人，拥有一批在市县具有较高知名度的中青年骨干教师，其中中学高级教师8人，县级教学骨干10多人，80%的教师获中级以上职称。同年，青年教师施琴被评为南通市教坛女新秀和市劳动模范。西场中学为青年教师“指路子、结对子、搭台子、压担子”的经验，《江苏教育报》做过专门介绍。1993年、1994年，在南通市首创“班主任培训班”，实行班主任持证上岗做法在全市推广，学校两次被县政府授予“优秀大中专毕业生工作先进单位”称号。

1987年，学校兴建教学大楼“明志楼”、水泥球场、煤渣跑道。1991年兴建教工宿舍1号楼，1992年兴建学生饭堂“春风楼”，1993年兴建校园南北中央大道和雕塑“学海明珠”。1994年，投资百万元，建成五层教学实验综合楼“博学楼”、新校门。年底，第二幢五层20单元教工宿舍楼破土动工。同年，西场中学勤工俭学纯收入居全县前列，学校新征土地12亩，用于扩建校办厂。校办厂当年纯利超过40万元。是年底，学校获全国竞赛奖励表彰、仲贞子艺术馆筹建、博学楼落成三喜同庆大会隆重召开，南通市副市长王海、市教委委员严清和市文化局及县四套班子负责人出席大会，对学校各项工作给予很高评价。

西场中学办学成绩令人瞩目，省、市、县广播电台、报刊多次报道。1993年11月，南通市教育局局长秦同率南通市校长培训班全体学员到校参观，听取学校办学经验介绍，给予很高评价。淮阴市、如东县、沭阳县等地教委也组织校长到校参观。

2007年7月，教育布局调整，西场中学撤并，高中部师生分流至城西中学、立发中学、李堡中学、大公中学。初中部与壮志初级中学、西场初级中学合并，原校园续办西场镇初级中学。

壮志初级中学 创办于1958年9月，初为在壮志村3组一块荒地上新建的农业中学，时任中宣部部长陆定一亲自为学校题写 “壮志农中”校名。1960年，学校分设两个民办班（时称“草鞋班”），两个公办班（时称“皮鞋班”）。1958—1962年，正常办学规模为单轨。“文化大革命”初期学校停招新生。1968年，学校更名为壮志初级中学，戴高中帽子，教学规模为单轨。1972年庄屋小学初中部撤并至该校，后各小学初中部先后撤并到该校。1976—1981年学校教学规模均为双轨，1982—2003年该校均为4轨。2007年7月，由于教育布局调整，学校整体撤并至西场初级中学。

第五节 成人教育

城东镇成人教育初始阶段为扫盲教育，起源于抗日战争到解放初期的冬学、民校。一般以自

图16-12　城东镇成人教育中心校
（顾　欣/摄于2010年10月）

然村（生产队）为单位，利用民房、仓库等组织当地中小学教师集中辅导农民识字，或晚上送教上门，一对一辅导识字；也有的以学生为教师，辅导爸爸、妈妈、哥哥、姐姐识字。

“文化大革命”期间，扫盲教育内容强调以阶级斗争为纲，以学语录、开大会、跳忠字舞等形式代替文化学习，扫盲教育处于停滞状态。1976年秋，扫盲教育重点转向青壮年文盲。原新生、韩洋、南屏、立发、西场、壮志等6公社都建立公社、大队两级扫盲工作领导组，各大队配备专职民师组长，每个生产队建立扫盲班，扫盲教师以中小学教师为主，每个教师承包一定数量的学员，要求定期脱盲。此阶段扫盲为新中国成立以来规模最大的扫盲活动，到70年代末，经省政府验收，全镇非文盲率91.2%。

80年代初，扫盲进入多种形式巩固阶段，各行政村举办业余高小班，巩固已取得的扫盲成果。为防止新文盲产生，此阶段扫盲工作重点转向青少年文盲，采取“扫”“堵”相结合的办法，一方面扫辍学的少儿文盲，一方面动员未上学的学龄少儿入校学习。青少年扫盲工作一直延续到成人教育中心校创建后的很长时期内。80年代中期后，成人教育以成人教育中心校（简称成人校）为阵地，对农民、企业职工进行科普技术技能培训。

一、成人教育中心校

1983年起，经市教育局审批立案，城东镇境域内先后创办新生、韩洋、南屏、立发、西场、壮志等6所成人校。2000—2001年，随着海安县乡镇行政区划调整，6所成人校分别合并为洋蛮河镇、城东镇、西场镇3所成教中心校。中心校创建后，采取开办培训班、辅导讲座、实践操作、广播讲座等多种形式，对广大农民、企业职工、党员干部、初高中毕业生等开展实用技术培训、岗位技能培训、学历教育和政治思想教育。

1987年，立发乡成人校获评县职工初中文化补习工作先进集体，1988年、1989年分别获县、市党员干部教育工作先进集体，1990年被县教育局评为“3+1”初中毕业生培养工作先进集体。同年，韩洋乡成人校被评为市文明单位，1991年被评为省成人教育先进单位。2001年11月，洋蛮河镇成人校经市教育局验收，成为南通市首批乡镇成人教育特色学校；2003年9月被评为市教育系统先进集体。同年，城东镇成人校被确定为省劳动力转移培训定点单位。西场镇成人校先后获省计算机等级考试先进单位，市学历教育特色学校和县“十五”期间职业教育先进集体，2008年为全县劳动力转移培训提供现场，2009年获《江苏科技报》劳动力转移培训优秀报道单位称号。

1983—2004年，成人校教工陈爱年、丁维新、王一鸣、张德明、邓景波、丁萍、储成来等受县级以上政府及教育主管部门表彰奖励累计30多次。1985年丁维新被评为市先进工作者；1990年被评为省扫盲先进工作者，1988年王一鸣被市教育局评为先进个人，1996年被县政府记三等功；2001年陈爱年被县政府记三等功。

1984年，在立发乡成人校召开县区农村文化技术工作现场会。1986年，在原南屏乡成人校和立发乡成人校召开县区职工初中文化补习工作现场会。1989年，立发乡成人校计生工作培训成绩在《南通日报》头版报道。1990年，南屏乡成人校举办的职业高中机械班在车床工具县级技能竞赛中获团体总分第一名。1990年和1991年，立发乡成人校先后两次在县文化馆举办立发师生书画展，展期各60多天。县电视台进行报道。其中10多幅少儿书画作品选送北京展出，5幅少儿书画作品选送日本展出。1992年和1993年，立发乡成人校分别召开县区扫盲工作现场会。2000年，韩洋成人校与江苏大学联合举办经济管理大专班，受到县内外参观人员高度评价。2001年，城东镇成人校组织镇机关事业单位人员上岗培训，受到县、镇领导一致好评。2001年、2002年，城东镇成人校分别在五坝村和油坊头村召开镇电化教育工作现场会。

2011年12月，随着行政区划调整，原西场镇成人校并入城东镇成人教育中心校。

2011年前城东镇成人学校基本情况一览表

表16–7

学校名称	建校年份	校　址	占地（平方米）	建筑面积（平方米）	学校概貌	历任校长	专职教师（人）	备　注
新生乡成人校	1983	原新生乡新生村3组	2000	450	教室2个4间，办公室1间，校办印刷厂2间，宿舍2间	许树楼（1983—1998），乔荣宽（1998—2001）	4	2001年，新生、韩洋两所成人校合并为洋蛮河镇成人校
韩洋乡成人校	1983	原韩洋乡三角村3组	3300	3500	教学楼、宿舍楼各1幢，厨房、餐厅、车棚、水泥篮球场、多媒体教室，校办企业文印社1个，全校总投资120万元	丁维新（1983—1989），王一鸣（1989—2001）	4	2001年，新生、韩洋两所成人校合并为洋蛮河镇成人校
洋蛮河镇成人校	2001	原洋蛮河镇三角村13组	3300	3500	同上（韩洋乡成人校）	王一鸣（2001—2002），丁维新（2002—2004）	3	
南屏乡成人校	1983	原南屏乡周济村7组	1300	300	教室2个4间，办公室1间，宿舍1间，厨房2间	赵　鹏（1983—1984），张德明（1984—1988），邓景波（1988—2001）	3	2001年，南屏、立发两所成人校合并为城东成人校
立发乡成人校	1983	1983—1984年在原立发乡政府内	3000	350	办公室1间，教室2个	陈爱年（1983—1995），景乃鳌（1995—2001）	2	
		1984—1992年迁至中心幼儿园		200	办公室1间，教室2个，宿舍1间			
		1992—1993年迁至练港小学		300	办公室1间，教室4个			
		1993—2001年迁至政府南大楼二层		160	办公室1间，教室1个			
城东镇成人校	2001	原南屏乡政府东办公大楼二、三层及原南屏乡教委	2700	1040	办公室2间，资料室1间，活动室1间，教室2个，电脑室1个，校办企业8间	陈爱年（2001—2003），丁　萍（2003—2004）	5	
壮志乡成人校	1983	壮志幼儿园内	1700	120	办公室1个，标准教室2个	王宝银（1983—1998）李建华（1998—2000）	3	2000年4月，壮志、西场两所合并为西场镇成人校
西场乡成人校	1983	原西场建筑站内	2700	220	办公室1个，标准教室2个，图书室1个	吴志宏（1983—1994），吴志凌（1994—2000）	7	
西场镇成人校	2000	西场小学老校园	4000	1300	办公室3个，标准教室6个，微机房（有电脑30台）、阅览室、档案室、会议室、活动室各1个	李建华（2000—2000），范　晗（2001—2011）	8	

续表16-7

学校名称	建校年份	校　　址	占地（平方米）	建筑面积（平方米）	学校概貌	历任校长	专职教师（人）	备　注
城东镇成人校、社区教育中心	2004	城东镇立发桥村25组	5334（西场教学点未计入）	480（西场教学点未计入）	办公室2个、标准教室2个、多媒体大教室、微机房（配备电脑15台），阅览室、档案资料室、会议室、活动室各一个（西场教学点未计入）	丁维新（2004—2008），丁　萍（2008—）	20	2004年，洋蛮河、城东两所成人校合并。2011年12月，城东、西场成人校合并为城东成人校，西场老校为教学点

二、成教中心与社区教育中心

2004年7月，原城东镇成人校与洋蛮河镇成人校合并为城东镇成人教育中心校。2005年4月，城东镇成教中心校搬迁到城东镇政府立发办公区，2006年10月，学校成立城东镇社区教育中心。设有职业技能教育实习基地两个（南通南洋缝制有限公司、南通天业工艺制品有限公司），农科教实验实习基地一个。

城东镇成教中心突出开展农村劳动力转移培训、农村实用技术培训、农村党员干部教育培训、

企业职工技能培训，着力提高广大干部群众的劳动技能与思想素质。2000年后，学校每年举办培训班30多期，办班400多天，培训1万人次以上，转移农村剩余劳动力1000人以上。

2008年下半年起，城东镇成人校由专职教师顾欣负责改版原校办科普小报《农民之友》，设有《致富信息》《种植天地》《养殖园地》《普法教育》《家教园地》《保健知识》等栏目，内容丰富、图文并茂、实用性很强，每月定期免费发放800多份到农民朋友手中，成为城东农民增收致富好帮手、居家生活好参谋。2009年下半年起，学校还与县职教中心合作办学，联合举办城东镇农民技能学历双提升教育培训班（常年班）。

图16-13　90年代初期的农民学校培训班
（镇成人中心校/提供）

2009年后，学校根据社区教育需求，充分依托社区教育中心和各社区教育站平台，积极聘请各条战线专家担任社区教育兼职教师，举办专题讲座，开展教育培训活动和多种形式的文化娱乐活动。同时学校还开设“城东镇成人教育、社区教育网站”，网站设有《校园广角》《新闻传真》《社区教育》《党建园地》《农家之友》《企业金桥》《科普之窗》《培训资讯》等栏目，明确专人负责，每月定期上传成人教育、社区教育资料，及时更新网页，供社区居民在家上网学习。

2008—2011年，学校多次被表彰为县巾帼文明岗、招生引劳先进单位、文明单位、特色学校、党员教育先进单位等，连续4年被评为县成人教育、社区教育先进集体。2009年12月，城东镇成人校、社区教育中心的教育现代化工作顺利通过省县域教育现代化验收专家组的评估验收，专家组对学校历年来的办学成果予以充分肯定。2011年11月，学校通过“市社区教育中心”验收。2008年，成教中心有专职教师20人，其中10人本科学历，高级教师3人，一级教师15人，二级教师2人。

第六节 教育体制

一、管理机构

新中国成立之初，境域各乡由乡指导员分管教育，后乡设文卫委员管教育。1958年，各乡中心小学成立后，由乡（公社）党委、政府负责人挂帅，中心小学校长具体负责全乡（公社）教育工作。“文化大革命”前，各公社配文教助理，“文化大革命”中，文教助理改称文卫助理，具体负责全公社文卫和教育工作。1979年1月，恢复公社党委、政府派负责人挂帅，中心小学校长具体负责公社教育工作的管理模式。1980年起，由县教育局任命，各公社（乡）配教育助理，具体负责公社（乡）教育工作。1987年，乡镇成立教育委员会（简称教委），由乡党政负责人、教育助理、乡教育办公室人员、部分校长等组成。2000年，改乡镇教委为乡镇教育管理办公室（简称教办），境域有5个乡镇教办。2001年，乡镇合并，境域有城东、洋蛮河、西场3个教办。2011年，西场教办并入城东镇教办，城东镇教管办有工作人员13人。

1980—2011年城东境域教育管理办公室（教委）人员任职情况一览表

表16-8

乡 镇	教育助理	教研员	经费会计
南屏乡	戎枝淦（1984.8—1995.7）	李呈贵（1997.8—2001.8）	徐培高（1984.8—2001.1） 张晓榕（1999.8—2001.1）
	袁恒美（1995.8—2001.1）	王鸿静（1996.1—1997.8） 翟修银（1996.8—2001.1）	
立发乡	戴伍福（1993.8—1994.1）	傅士良（1993.8—1999.8） 朱生国（1987.8—2001.1） 郁兆龙（1999.9—2000.12）	刘德凤（1993.8—2001.1）
	张山林（1994.2—2000.8）		
	崔世芹（2000.8—2001.1）		
新生乡	周梅山（1984.7—1995.7）	储祥圣（1990.7—1997.8） 陈碧华（1997.7—2001.8）	吴志高（1984.7—2001.8）
	刘东明(1995.8—1998.8)		
	许映涛(1998.8—2001.8)		
韩洋乡	刘桂平（1980.7—1988.8）	张仲民（1987.8—1997.8） 蔡方俊（1997.8—2001.8）	王宝怀（1972.7—1984.8） 张卫东（1983.7—1987.8） 王宝怀（1987.7—1999.8） 储开明（1999.3—2001.8）
	何世江（1988.8—1997.8）		
	韩拥军（1997.8—2001.8）		
城东镇	崔世芹（2001.1—2004.8）	朱生国（2001.1—2004.8） 李呈贵（2001.1—2002.8） 翟修银（2001.1—2001.8） 成映兵（2001.1—2001.8） 阙兴华（2003.8—2004.8）	徐培高（2001.1—2002.8） 刘德凤（2001.1—2002.8） 王 艳（2002.9—2004.8） 张晓榕（2001.1—2004.8） 李瑞华（2001.1—2004.8）
洋蛮河镇	韩拥军（2001—2004）	蔡方俊（2001.8—2004.8） 刘建东（兼职）（2001.8—2002.8） 申亚平（兼职）（2003.8—2004.8）	吴志高（2001.8—2004.8） 王一鸣（2001.9—2004.8） 储开明（2001.8—2004.8）
开发区 城东镇	崔世芹（2004.8—2008.12）	朱生国（2004.8—2009.10） 蔡方俊（2004.8—2010.9） 阙兴华（2004.8—2011.11） 申亚平（2006.8—2011.11） 葛乃成（2007.8—2011.11） 陈爱军（2009.4—2011.11）	王 艳（2004.8—2011.11） 王一鸣（2004.8—2011.11） 张晓榕（2001.1—2011.11） 李瑞华（2004.8—2009.2）
	赵虎桥（2008.12—2009.8）		
	吴鸿宾（2009.8—2010.8）		
	陈旭宇（2010.8—2011.11）		

续表16-8

乡　镇	教育助理	教研员	经费会计
壮志乡	陈根林（1980.8—1984.8）	施永富（1980.8—1987.8）	许砚根（1980.8—1997.8）
	朱祥忠（1984.8—1986.8）		
	陈华生（1986.8—1988.10）	生龙官（1987.8—1995.8）	
	陆广源（1988.10—1997.8）	吕昌明（1995.8—1996.8） 晁炳祥（1996.8—2000.2）	
	吴鸿宾（1997.8—2000.2）		韦桂群（1997.8—2000.2）
西场镇	仲统礼（1980.7—1982.7）	崔　健（1989.7—1992.8） 张先跃（1992.8—1994.8）	张英明（1980.7—2001.7）
	张英明（1980.7—2001.7）		
	丁邦明（1982.7—1989.7）		
	奚培元（1989.8—1996.7）		
	赵虎桥（1996.7—2000.2）	吴　岳（1994.8—2005.8） 张怀明（1994.8—2005.8）	
	储祥明（2000.2—2004.8）		韩小兵（2001.7—2003.8）
	韩拥军（2004.8—2011.11）	何春光（2005.8—2011.11）	韦桂群（2003.8—2011.11）

二、办学与管理

新中国成立前，境域许多塾师利用家屋自设私塾、建学馆。后部分小学亦由一些乡绅和地方开明人士创建，办学经费为个人单独出资或几人联合出资，或由某乡绅带头出资，再募捐部分资金支持办学，亦有动庙产办学的。

新中国成立伊始，农民开始家家有田种，孩子上学问题受到更多人关注，不少有识之士想方设法筹办学校。为解决师资不足的矛盾，许多“百字先生”走上讲台。1950年，范庄乡村干部吉开明、有识之士谭之玉、商人许秀田共同出资在方池村兴建只有1间瓦房两间泥墙草盖的初级小学，校名为体现3个自然村联办、三人共同创办之意，巧妙地将三人姓名中带有的“口”组成品字，定名品建小学。1951年，境域内公办、民办、社办小学基本上取代私塾。地方公办小学一切由国家全额拨款。民办、社办小学校舍由干群捐献粮款物资修建，师资、办学经费则由自然村、高级社集体负责筹划安排，由此，出现国家和集体共同办教育的模式。

1958年后，掀起“人民教育人民办，办好教育为人民”的热潮，民办中小学校越来越多，基础较好的民办学校扩大办学规模，其校舍、经费、民办教师工资全部由社、队集体解决。1959—1961年，许多民办学校被迫收缩或停办。

1967年，“贫宣队”进驻学校，参加“斗、批、改”，搞“教育革命”，开始“贫下中农管理学校”，学校建设、教学与教师生活条件的改善得到重视。1968年初“复课闹革命”后，各公社在部分生产大队增办小学民办班、耕读班。1969年1月底，公办中小学下放到公社、大队办。此后，各公社继续增办学校，并增加民办教师、赤脚教师，做到公社有中学，大队有小学，短缺的校舍分别由公社、生产大队筹建，民办教师、赤脚教师工资大部分由生产大队记工分解决。

1985年，实施中小学乡级办学，各乡开始大幅度调整学校布局，整合教育资源，集资改善重点学校办学条件，并发挥规模效益。教育经费除

图16-14　教师节镇领导到学校慰问
（镇教育办公室/提供）

政府拨款外，还通过征收人民教育基金、教育事业费附加和社会捐资助学、勤工俭学、增收节支等方面筹措，教育经费得到逐年增长。

进入21世纪，逐渐实行农村义务教育以县为主的管理体制，由县级政府统一规划教育事业，统一筹措教育经费，统一发放教师工资，统一管理教师队伍。2011年，全镇财政教育支出1207万元。

三、捐资办学

1994年4月8日，原籍海安县南屏乡油坊头村美籍华人、医学博士、美国老布什总统医学顾问葛克全出资1.9万美元，重建油坊头小学，油坊头小学更名为葛克全小学，葛克全延请国民党元老陈立夫题写校名。1995年，加拿大籍华人葛琪出资兴建葛桥小学武乡楼，时任省人大常委会副主任邢白题写葛桥小学校名。1995年，南通七建三公司捐资4万元，海安县建材机械厂捐资2万元，私营业主宋祥林捐资1.5万元、朱荣芳捐资1.2万元、张俊捐资1万元，以及一些单位和个人的捐资，为南屏幼儿园筹集资金50万元，新建教学楼1幢。1997年，美籍华人葛克全博士捐赠50万元，资助南屏初级中学建造综合楼，并约请96岁高龄的美籍华人、顾毓琇教授书写“克信职业中学”牌匾。2004年，南屏建安公司多次向南屏初级中学捐资，建成世纪花圃等。

2001—2004年城东镇各学校接受社会捐资助学情况一览表

表16-9　　　　单位：元

金额 年份 / 单位	2001	2002	2003	2004	合计
新生初中	201348	202368	183804	94248	681768
韩洋初中	192050	208000	244320	239740	884110
南屏初中	145180	239666	215866	100044	700756
刘缺初中	78280	103020	89640	66163	337103
开发区实小	108000	104300	95400	92800	400500
新生小学	162600	179800	208080	198480	748960
韩洋小学	203280	249552	61200	190290	704322
南屏小学	179640	162000	166950	175050	683640
杨井小学	55440	55080	59184	28000	197704
韩西小学	83400	89760	79440	63120	315720
刘缺小学	136000	142800	131800	109400	520000
葛桥小学	59490	66402	60334	32959	219185
韩洋幼儿园	58000	47000	42000	62000	209000
新生幼儿园	68000	0	0	0	68000
立发幼儿园	28400	29200	0	0	57600
合　计	1759108	1878948	1638018	1452294	6728368

第十七章　科技　文化

城东镇科技、文化源远流长。春秋时期，古镇立发有发徭口，宋至清，建桥立碑，传承文化，是如海地区科技、文化发祥地之一。

40年代，界牌墩景伯明引进机械，用柴油机拖水车灌溉农田。新中国成立初，各乡积极推广农业科技，采取典型示范和以群教群的技术推广方法，普及旱改水、籼改粳技术。1958年，韩洋乡发动群众开展劳动工具改革运动，3月29日到4月初的几天中，改进先进劳动工具27种1106件，其中运土工具21种，播种、提水、锄草、松土工具6种。这些工具特点是花钱少、工效高、结构简单、使用轻便。70年代，推广“三熟制”、杂交玉米、生物肥料等新品种和新技术。1977年底，公社建农科站，大队建农科队，生产队建农科组，形成三级农科网，推进农业新技术应用。1979年，各行各业开展“双革四新”（双革：技术革新、技术革命；四新：新技术、新产品、新项目、新成果）活动，成效显著。1985年后，境域科技管理、科普工作、农技推广服务、科技开发与科技情报等工作进一步落实，开始实施“星火”计划。2001年后，城东镇积极推进科技兴镇战略，科技队伍不断壮大，科技成果迅速增加，技术贸易市场日益繁荣，高新产业增势日益强劲。2006—2010年，城东全镇完成产学研应用项目51个，申请国家发明专利469件，组织申请创新研发资金扶持，获1048万元资助，70多个项目获得县以上科学技术进步奖，10多个新产品被确认为省级以上高新技术产品，企业科技走上良性发展轨道。西蒙奇通电器被列为省知识产权战略推进计划企业，为南通唯一；鑫缘集团获得国家科技支撑计划项目，被列为国家循环经济试点单位。2011年度，镇被县委、县政府表彰为科技进步区镇。

境域内民间文化历史久远。洋蛮河、孙公铺、笔架山、放牛场、刘家缺、牌坊口、油坊头、大桑树、葛家桥、马家缺、三十里墩、界牌墩、赤练港、黄猫桥、立头、冷水港子等古老地名都留下具有深厚文化底蕴的民间传说。新中国成立前，荡湖船、挑花担、唱道情、打莲花、打莲湘、舞龙灯、舞苍龙、跳马灯、河蚌舞、踩高跷等具有地方特色、形式多样的民间艺术在城乡深受欢迎。抗日战争、解放战争期间，党重视文艺、宣传等文化工作，在冬学、识字班教唱革命歌曲，成立秧歌队、文艺小队，开展文艺宣传活动。新中国成立后，境域多个乡、村文化事业单位和文化团体相继成立，文学艺术活动有组织地开展，民间文艺得到发掘整理，群众文化活动丰富多彩。“文化大革命”中，群众以唱“语录歌”跳“忠字舞”为主，公社、大队建文艺宣传队，传统的文化艺术受到遏制。中共十一届三中全会后，文化艺术事业复兴，境域六乡（镇）都建有电影放映队、影剧院、图书馆（室）、文化娱乐活动场所。境域各乡镇文化站充分发挥作用，组织发掘整理民间文艺，创作具有时代意义的文化、艺术作品，积极开展群众文化活动，文艺、美术作品不断问世。文化名镇西场，崇文尚贤历史悠久，曾有不少政治、军事、文化、佛教名人留下足迹，近代以后杰出才人蔚起，涌现出数十倍省以上各类文艺协会会员。群众文化活动开展得有声有色，1994年5月，西场、新生等乡镇获“江苏省群众文化先进乡镇”称号，1998年10月，西场镇又获“江苏省民间艺术之乡”称号。2006年，海安青墩文化艺术节在城东镇火车站前广场拉开序幕。2010年，西场镇、城东镇对境域非物质文化遗产进行普查登记，撰写出30多万字文稿交县江海文化研究会审定编纂并出版。同年，城东镇历史上第一部镇志编纂工作全面启动。至2011年，七星湖月亮广场、“523”文化产业园等地域成为全县开展大型文化活动的主场地。

第一节 科 技

一、科技组织

1956年12月，各公社和各中等学校、各中心小学先后建立科协，科协主席由单位负责人兼任。1966年后，科协活动基本停止。70年代建农科站、农科所。1981年，境域各公社（乡）先后建立多种专业技术研究会，上与高校和上级科研单位挂钩，下联千家万户。1988年9月，各乡镇配备科技助理。1989年4月，乡镇骨干企业设立科技科。90年代后，设科技副乡（镇）长。

1972年3月，县农业科学研究所在洋蛮河农场建成，带动了韩洋、新生公社农业生产的发展。研究所有职工47人，实验用房3间，到1992年底，有职工103人，实验用房2间，仓库、车库、育种温室共200平方米，手扶拖拉机2台，收割机2台。所内杜道宣等研究人员用杂交、辐射、抗病筛选等方法，于1985年育成"海安大麦"，经国家审定为早熟、抗病、高产、优质新品种，并在全国10多个省、市推广种植560多万亩，获省科技进步奖三等奖。1985年后，重点进行以良种化、机械化和简化高产栽培为主体的试验示范工作，至1992年底，先后选育出4个高产稻麦新品种，10个新品系。1972—1992年，研究所共承担和完成省、市、县下达课题200多项，获得省、市、县科技成果奖20多项。1992年后，由于研究内容被相关研究机构的研究课题代替，该研究所保留，研究活动基本停止。2001年3月改制为企业。至2011年，城东镇整合镇科协、企业科技组织，形成以县科协为枢纽、学会为支柱、镇科协为基础、农科协为骨干、经济实体为依托的组织网络。

二、科普活动

1956年，境域内各乡开展以宣传科学知识、解释自然现象、破除封建迷信为主要内容的科普活动。各乡、各中心小学建立科协后，配合上级科协、科技人员进行土壤普查。1978年后，各公社（乡）利用报纸、广播、电视、电影、幻灯、黑板报、画廊、宣传车和报告、讲座、参观交流等方式进行科技宣传。1982年起，每年教育学会、科协和学校共同利用暑假举办有关科技夏令营活动。中小学组织"三小一制作"（小发明、小创造、小论文，动手制作）等活动。立发中学科技制作成果多次获奖励，获评省实施素质教育先进集体。1986年，乡镇科协在县科协指导下，采用"扶志、扶智、扶资"三结合形式帮助贫困户走致富路。1989—1992年，各乡镇连续4年举办科普宣传周，通过电视、电影、广播、宣传车、展览、咨询等多种形式，掀起学科学、学技术热潮。1995年，南屏乡被评为省科技工作先进乡镇。1997年9月15—21日，西场镇举办第九届科普宣传周活动，主题为"科学在我身边"。2002年10月，立发中学被江苏省教育学会美术专业委员会批准为该会的科研基地，南通市仅此一家。2009年，全面贯彻实施《全面科学素质纲要》，建立科普长效机制，深入开展多种形式的科普活动，促进科学素质全面提升。2006—2011年，城东镇开展科普宣传周活动和送科技下乡活动，通过科普橱窗、科普展览、科普咨询、科普服务等形式，大力普及科学知识，提高公众科学素质，连续多年被评为江苏省科普宣传先进乡镇。

图17-1 街头科普咨询与宣传

（孙宝峰/摄于2006年9月）

三、科技推广

50年代初，各乡建立农技站，及时推广新的种植法或引进外地先进生产经验。各初级农业社明确一名农业技术员。"大跃进"期间，各公社由于推行农田深翻和高度密植，导致不良后果。70年代初，各公社革委会都有学大寨的样板点，机关干部和农技人员蹲点工作，组织群众搞农田基本建设，实行条田方整化，开展科学实验，推广高产经验。70年代末至80年代初，农村推广夏大豆三次打顶技术、棚架立体栽培西瓜技术等，效果较为显著。1985年前后，各乡农技推广站推广应用三麦、水稻、玉米、棉花和油菜5个主要作物的29个优良品种（品系），增产10%左右；推广棉花薄膜育苗移栽亩产60~75公斤简化栽培规程、盐粳3号高产技术、籼优63号亩产600公斤栽培模式、春玉米泉单1号薄膜育苗移栽高产栽培规程、三麦亩产300~400公斤简化栽培模式等一整套粮棉栽培模式，大面积增产5% ~15%。此期间，还推广以三麦免耕机条播为重点的免（少）耕栽培技术和病、虫、草、鼠防治新技术，推广秸草还田和稀土微肥使用技术，使农业持续稳产高产。林牧副渔方面，推广庭院经济经验和白果、柿树嫁接与栽培技术；推广先进的养猪、养蚕技术，提高多种经营生产效益。在工业科技项目中，机械制造业采用新技术开发新产品，提高传统产品的附加值；丝绸行业的技术装备和工艺水平上了新台阶。

1990年，南屏乡建立中日蚕茧技术交流点，1993—1995年，列为原种蚕制种基地，3年饲养原种蚕近1万张，制蚕种120万张，农户增加效益100多万元。1990年，南屏乡农技人员在薛湾村搞抛秧试验，建立全县首家抛秧示范村。2000年，南屏乡农技站根据省科委下达的重点科技推广项目，建成省首家工厂化育秧示范基地。

图17-2 1999年，西场镇科技宣讲服务队定期在集镇区和交通要道宣传科技知识 （镇文化站/提供）

图17-3 1996年西场镇梨树修剪整枝技术培训 （镇文化站/提供）

1999年3月12日，西场镇送科技传信息到村组活动从凌河村开始，500多名村民集中听取科技知识讲座。整个活动历时9天，举办讲座18场，印发赠送科普资料1万份，主要内容为农业经济结构调整、水稻塑盘旱育、省力化养蚕、禽畜科学饲养等。涉农部门组织的科普小分队到田间地头，举办60多场田头培训，接受农民咨询1.2万人次。是年，西场镇创办的"田园农校"培育出1000多名农技"土秀才"。凌河村陈十余潜心研究冬暖式大棚蔬菜栽培技术和高效蔬菜反季节栽培法，创造出亩产值1.1万元的高产田，成为远近闻名的"土专家"，被评为镇致富能手和种植标兵。

城东镇成立后，积极推进科教兴镇战略。2002年，大力推广养蚕新技术，使用自动加温补湿器200台，张产茧提高3.9公斤，省力化养蚕技术覆盖面75%，名列全县首位。中央电视台第七套节目组于5月专程前来拍摄了五龄条桑斜面育养蚕技术科教片。是年，城东镇加强产学研联合，申报国家、省级"火炬"计划和"星火"计划5项，实施多媒体预警系统PTC电子陶瓷元器件和NdFeB稀土永磁产品、多缸曲轴、奇通高级模块式组合电器、河豚综合利用生物工程等高新技术项目。同年，洋蛮河镇农业技术推广站"桑园套夹种蔬菜无公害高效栽培技术的应用与推广"获县科技进步奖三等奖。2003年，城东镇推广农业新技术、新品种，科学防病治虫，粮食生产亩增收130元。全年新建技术中心1个，获国家科技创新资金支持65万元，航天机电的可控式轿车磁粉离合器、赛特环保的美国MVR废水处理技术、金土地的中小学生复合果蔬菜和果蔬汁开发项目被列入国家重点科技项目，奇通、鑫港引入CAD、CAM研发管理系统。全镇实施产学研合作项目5个，建有3人以上研发机构的企业29家，与全国20多家高等院校建立产学研合作关系。是年，全镇有省级以上高新技术企业11家。城东镇被县委、县政府表彰为年度科技进步示范乡镇。2004年，开发工业新产品177个，积极推广农业新技术、新品种，"双低"油菜、"弱筋"小麦得到普遍推广。2005年，城东镇经科技部门评审认定的县以上科技项目16项，实施产学研合作项目18个，通过科技成果鉴定6项，获得专利授权35件，获市、县级科技进步奖各3个，镇被评为市级科技十强乡镇、县科技示范乡镇，4个村被评为县级科技示范村。西场镇获"海安县科技先进乡镇"称号。

2006年，培育产学研示范企业2家，新批市级技术中心1家，获县科技进步奖9项，申报专利128件，创市级名牌产品4个，省级科技孵化器年底通过验收。以开屏、三丰、五坝、立发桥村为产地的"七星湖"水产生产基地通过省级"无公害水产生产基地"认证。2007年，全镇拥有国家重点"火炬"计划高新技术企业6家，国家"863"计划攻关项目3个，经省科技厅认定的高新技术企业32家，产值超亿元高新技术企业3家，高新技术产品62项，58个项目列入国家、省计划。全镇高新技术企业产值的占比突破40%，高出全县11个百分点。天元牌TY系列电脑横机填补国内空白，获得20多件国家专利和自主知识产权。2009年，海安高新技术服务中心升格为国家级科技孵化器，新增国家高新技术企业5家，新增市级以上工程技术中心13家，其中国家级1家、省级2家，获得科技扶持资金1481万元，创历史之最。2010年，高新产业产值95亿元，申请专利780件，其中发明专利153件，4家企业建立工程中心。海安软件科技园实现营业额3.5亿元，戴尔云计算等12家软件外包企业成功落户，累计入园企业72家，从业人员近1000人；"海安云计算创新应用中心"通过国家评审，常熟理工学院海安软件学院、海安服务外包培训基地签约落户。是年，西场镇新建市级工程技术中心2家，组织申报专利120件，申报省市科技计划项目2个，新技术产业产值和投入分别增长21.6%、26.1%。

2003年7月，海安纺织机械有限公司获江苏省高新技术企业称号，公司ASFA328嵌入式智能型超短片段自调匀整高速并条机定为省高新技术产品、省科技厅的科技支撑项目。2006年10月，ASFA 306A型高速并条机被评为省高新技术产品，获南通市科技进步奖三等奖；2007年4月，ASFA 311A型纤维牵断成条机被国家五部委评为国家重点新产品，获南通市科技进步奖四等奖；是年7月，ASFA 324高速并条机被评为省高新技术产品，2010年5月进入国家"火炬"计划；2011年8月ASFA328嵌入式智能型超短片段自调匀整高速并条机被评为省重点新产品；是年10月，MFQ 311嵌入式技术的麻纺牵切针梳机被评为省高新技术产品。至是年底，公司申请发明专利4件，获实用新型专利18件、外观专利2件。

2011年，全镇科技人员4875人，农业推广服务机构4个，农业推广服务人员121人，申请专利950件。联发、华强、鑫缘等企业依靠科技进步和产品创新，品牌优势不断增强。海安软件科技园3500席呼叫中心投入运营，云计算应用终端用户超过600家，数据业务延伸至湖北武汉。

第二节　文　　化

一、文化管理

（一）文化站　1950年3月，在西场设立大众俱乐部，1952年2月改称西场文化站，其性质为公办文化事业单位，配备全民所有制干部1人，同时接受所在地党委、政府领导。站内辟有文化活动阵地，经费由县下拨。1960年10月，公办南屏文化站成立，1962年5月，南屏文化站撤销。1976年，公办西场文化站升格为西场区文化站，同时挂"西场公社文化站"牌子，两站合署办公。徐君哲、刘念渠、张骏、李伟、蔡正基、江道义、石美悦先后担任区、乡（公社、镇）文化站长。是年，南屏、韩洋、立发、新生、壮志五公社设置民办文化站，刘加正、陈明远、韩良银先后任南屏文化站站长；徐耘任韩洋文化站站长；许映泉、李伟先后任立发文化站站长；茅正国、丁中铁、陈钦山先后任新生文化站站长；周建华任壮志文化站站长。经费在民办文化事业补助费中列支，实行县财政拨发人员工资，社有经济负担设施建设及活动费用的办法。1980年，学习安徽省天长县郑集公社的经验，新生、南屏、韩洋、立发、壮志4公社相继建立文化中心。各公社文化中心图书室建设也开始步入基础发展阶段。

1993—1998年，各乡（镇）文化站建设逐步完善，文化活动用房建筑面积500平方米以上，正常开展的文化活动10项以上，并建有5个以上业余文体活动团体组织。1997年，西场文化站被评为县先进单位。1998年，西场文化站被评为县先进文化站；南屏、立发两乡文化站通过多渠道筹集资金，拆平房盖新楼，进入二次兴业。

2000年4月，西场镇、壮志乡文化站合并组建新的西场镇文化站，站长周建华。2001年初，南屏乡、立发乡文化站合并组建城东镇文化站，站长韩良银，另配工作人员1人。韩洋乡、新生乡文化站合并组建洋蛮河镇文化站，站长徐耘，另有工作人员1人。2004年7月，洋蛮河镇、城东镇文化站合并，站名仍为城东镇文化站，韩良银任站长，定编人员3名，其中国家干部2人、招聘干部1人，站址在立发集镇原立发乡文化站内。文化站活动面积1300平方米，其中办公及活动室面积500平方米，设有展览室、培训室、健身房、少儿活动室、老干部活动室、办公室、多功能厅等，信息资源共享室电脑10台。正常开展图书借阅、报刊阅览、乒乓球、桌球、电影放映等10多项活动。2011年底，西场镇、城东镇文化站合并为城东镇文化站，周建华任站长，站址在原西场镇文化站内。

（二）文化市场监管　50年代，西场文化站业务范围除组织开展阵地文化宣传和文化娱乐活动外，兼对周围乡、村群众文化活动辅导。60年代后，文化站加强人员自身管理，建章立制，始终坚持服务人民、服务大众的宗旨。2003年，乡镇文化服务站及其人员认真落实《海安县乡镇文化服务站管理办法》，为文化服务站改革和发展提供保证，净化未成年人成长环境。2004年，城东镇聘请10名离退休老干部、社区工作人员担任义务网吧监督员，定期不定期检查3家网吧，有效遏制未成年人进入网吧现象，赢得社会好评。2005年，开展学校周边网吧和棋牌室集中整治活动，聘请老干部、老教师开展“银发网吧行”活动，基本遏制了未成年人进网吧现象。2006年，城东镇整治19所中小学、幼儿园周边文化环境。加大境域内娱乐场所、文化市场的管理与集中整治。对外来剧团、民间艺人到镇演出，严格把好登记、节目审查关，保证节目内容积极健康。2007年，积极开展“整治网吧百日集中行动”“‘扫黄打非’百日雷霆行动”“整治电子游戏经营场所百日集中行动”“净化网络百日集中行动”以及“整治校园及周边环境百日集中行动”等五大整治行动。2011年，聘请45名“五老”和社区工作人员担任义务网吧监督员，继续加大全镇网吧监管力度，会同县有关部门，坚持日常巡查和集中检查境域文化市场。坚持专项治理，“扫黄打非”工作有效推进。

二、群众文艺创作

新中国成立后，境域文艺创作在不同历史时期始终围绕党和政府中心工作，实现从无到有、从小到大的发展。乡村俱乐部、文艺宣传队，教师、文艺人才、民间艺术团体、乡镇文化站，年年都有新创作、新作品。文艺节目、诗歌、书法、绘

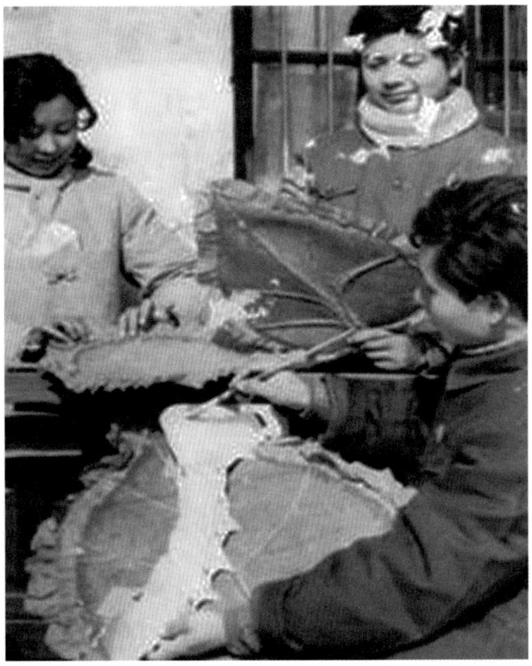

图17-4　1984年2月1日，《新华日报》头版载南屏乡文娱演出剧照　（韩良银/提供）

画、小小说等年年推陈出新，每年春节文艺演出都有新说唱、小品、歌舞、戏剧等节目，深受群众喜爱。

1976—2000年，韩洋乡（公社）文化站注重业余创作团队和演出团队建设，自编自演，在本乡（公社）境域内巡回演出节目460余场，观众36.8万余人次，并定期编印《韩洋文艺》发至村组和乡（公社）所属单位，为村组、单位小型演出团体以及文艺爱好者提供参考。1991年，韩洋文化站创作的小演唱《红花缘》在县春节文艺会演中获优秀创作奖。1993年，韩洋乡文化站徐耘、韩家勤创作的小品《中国人的烦恼》获海安县第二届乡镇文艺作品评比佳作奖。1998年，韩洋文化站徐耘创作表演的民间舞蹈《龙的传人》在第三届中国南通民间艺术节开幕式大型服饰民间文艺行街表演中获优秀奖。1997—1999年，韩洋文化站创作的小品《激夫》《长腿烧鸡》《龙门会》在县年度群众文艺创作节（剧）目会演中获创作三等奖和两个二等奖。2000年舞蹈《宁蒗情深》获县表演一等奖。

1993年，新生乡文化站创作的节目参加省苏北片新节目展演，获优秀节目奖。1994年参加县文艺会演获二等奖。乡内群众文化活动开展丰富多彩。1997年、1998年参加县文艺会演分别获组织奖和演出奖。

西场镇长期注重文艺节目创作，从乡村文艺爱好者到镇文化站，每年都有新节目参加文艺会演和下乡演出。1987年，石美悦创作的说唱《抢苹果》获江苏省业余戏剧曲艺征文三等奖。1992年11月，石美悦、沈恒江创作的戏剧小品《般配》获南通市文化局佳作奖。1993年1月，石美悦创作的舞蹈《丝音缕缕》参加江苏省（苏北片）社会舞蹈新节目展演获优秀节目奖。1994年1月、1996年，西场镇代表队演出的舞蹈《柳丝青青》、表演唱《歌唱马敬东》，在全县年度群众文艺创作节（剧）目会演中获演出奖、三等奖。1998年12月，西场文化站创作的音乐小品《黄马夹》，参加南通市纪念党的十一届三中全会20周年文艺晚会演出，并代表南通市参加江苏省群众文艺新作调演，获三等奖。1999年6月，西场镇代表队小品《红包》获南通市"新世纪光华杯"戏剧小品、曲艺创作二等奖。1999—2000年，全县年度群众文艺创作节（剧）目会演，西场丝厂舞蹈《银色月光下》、西场镇文化站创作的小品《下岗女工》《村长的一票》、表演的《枫桥夜泊》分别被评为特别演出奖、创作二等奖、表演二等奖、创作奖、表演二等奖和三等奖。

图17-5　1999年，西场镇文化艺术团在许冯村演出
（镇文化站/提供）

2001年，城东镇舞蹈《新世纪的太阳》参加南通市首届社区艺术节演出，获南通市委宣传部、南通市精神文明建设委员会办公室优秀组织奖；小品《认亲》参加县首届农民艺术节暨2001年度群众文艺创作节（剧）目会演，获县委宣传部、县文化局创作三等奖。2002年，舞蹈《新世纪的太阳》参加南通市百镇创作节目文艺调演，获创作三等奖、演出优秀奖。2003年《腾飞吧，新城区》专场文艺演出在镇年度总结表彰大会上演出后反响热烈，极大地激发广大干群建设新城区的豪情和信心。8月，舞蹈《新世纪的太阳》在南通"建工杯"濠河之夜文艺演出后，又亮相于南通更俗剧院，参加市"江海文化月"文艺调演。同年，西场代表队在全县年度群众文艺创作节（剧）目会演中，男声独唱《忘情冷雨夜》获表演二等奖。2004年，城东镇文化站小品《胸怀》《我不离》、舞蹈《为开发区举杯》参加县文艺创作节目会演，分别获表演一等奖、创作二等奖、表演二等奖。舞蹈《社区扬起中国红》参加县第二届社区艺术节演出，后又被市有关部门选调参加市第二届社区艺术节"濠河夏夜"海安专场文艺演出。6幅书画作品选送参加县书画院举办的"纪念邓小平诞辰一百周年"书画展和第二届社区艺术节综艺展。2005年，城东镇组织代表队参加县文艺创作节目会演获特别优秀组织奖；相声《相约2008》获创作、表演双一等奖；音乐小

图17-6 城东镇文化站创作的小品节目在韩洋敬老院演出
（韩良银/摄于2008年2月）

品《挑情郎》获创作、表演双二等奖。3月，舞蹈《社区扬起中国红》以及健身舞蹈《海安花鼓》分别获市委宣传部、市文明委、市文化局演出二、三等奖。2006年，城东镇组织代表队参加县文艺创作节目会演获优秀组织奖，舞蹈《绣》、小品《保胎》获两个表演一等奖，两个创作二等奖，参演的两名演员获县“十佳演员”称号。2007年，城东镇文化站创作排练的舞蹈《金凤朝阳》、小品《新禧》获全县群众文艺创作会演创作和表演一等奖，集体获“优秀组织奖”。5月，舞蹈《金凤朝阳》参加省文化厅举办的全省群众文化调演，获文化遗产专场演出三等奖，填补海安县五年来文艺节目参加全省调演获奖的空白。2008年，在县文艺会演中，音乐小品《挑情郎》、器乐合奏《祝你幸福》获县3个二等奖，并获优秀组织奖。2009年，配合文联创排新编木兰扇健身舞，获县优秀节目奖，并选调参加市体育日广场演出。2011年，歌舞《家园雨丝》参加县群众文艺节（剧）目会演，获县委宣传部、县文化局表演特等奖。

三、文化下乡

各乡、镇文化站建立后，坚持“小型多样，内容健康，欢庆吉祥”和“群众自娱自乐、就近集中、安全稳定、和谐文明”的原则，以乡镇、村、社区人群集聚地和活动中心为主阵地，广泛开展形式活泼、群众乐于参与、便于参与的群众性文艺活动。

80年代起，原新生乡文化站坚持每年5月1—7日举办群众文体活动周，十多年不间断，坚持春节文艺演出村村庄庄到。

1997年春节，西场镇组建14人文艺小分队下乡巡回演出，到18个村、镇敬老院等演出20场，观众1.7万人次。香港回归之际，西场镇举行“庆祝香港回归”征文活动、幼儿“迎回归”画展及“迎接香港回归 共创美好未来”职工文娱会演。

图17-7 1982年4月，《新华日报》刊载南屏公社群众文艺演出活动现场照
（杨一秋/摄）

1977—2003年，韩洋乡（洋蛮河镇）文化站年年春节前组织一次“春联书法奉献日”活动，年年组织一次书法、绘画展览，年年组织创作、编排一台文娱节目，坚持重大节日，特别是春节文娱演出，村村庄庄必到。2004—2006年，城东镇组织文艺演出队送戏下乡，演出38场，观众3万多人次。2005年，先后举办首届家庭才艺比赛、“廉政歌曲大家唱”歌咏比赛；举办“春联书写奉献日”活动，邀请县内有影响的书画家王奇寅、陈广连等参加活动，义务书写春联200多副，极大地丰富群众文化生活。2006年，城东镇先后举办

图17-8 1979年，韩洋乡春节文艺节目送到老百姓家门口
（镇文化站/提供）

图17-9 2008年2月送戏下乡 （韩良银/摄）

“知荣辱、树新风”书画比赛、“廉政文化进泰宁”文艺专场演出等活动。2007年，城东镇围绕新农村建设要求，开展“送戏、送科技、送电影”三下乡活动。镇文化站组织送戏到村演出12场，配合县文化馆、县歌舞团组织送戏到村、到敬老院专场文艺演出8场。全年免费为农民放映电影240多场。镇文化站还与镇团委联合举办“风华正茂”联欢活动，与教委联合举办中小学生文艺会演。此外，镇还组队参加南通市举办的省十六运开幕式垫场文艺演出。2008年，城东镇送戏下乡活动在县、镇演出20场。

2010—2011年，城东镇文化站编排和组织“魅力开发区，活力新城东”“放歌东区”专场文艺演出；春节送戏下乡慰问演出节目力求思想性、艺术性、娱乐性统一，在全镇20多个村和2个敬老院演出25场，观众2万多人次，快板《夸小康》、小品《民主家庭生活会》等节目深受群众欢迎。

四、大型文艺活动

2006年5月29日，中国·海安首届青墩文化艺术节暨2006年海安经贸洽谈会在海安火车站站前广场开幕。艺术节由开幕式大型文艺演出，海安民间文艺展演展示，美术、书法、摄影作品展，“青墩遗址个性化邮票发行展”，南通市青墩文化研究中心揭幕仪式，《江海文明之源》一书首发式等活动组成。全县文化艺术工作者、民间艺人、中小学生、退休职工等1400多人参加系列活动。中央电视台、人民日报社、农民日报社、新华社江苏分社、新华日报社、江苏电视台等20多家媒体到场采访。

2006年11月，在七星湖月亮广场举办“工业经济超百亿，开发区建区十周年”大型庆典晚会，由央视著名主持人周涛主持，著名艺术家阎维文、殷秀梅、蔡国庆、郭达等表演精彩节目，为镇内群众及全县人民送上了精彩的文化大餐。

2007年5月28日上午，中国·海安第二届青墩文化艺术节暨经济贸易洽谈会开幕式在海安七星湖公园月亮广场举行。浙江长兴“百叶龙”、江西南昌“青山湖龙”、上海浦东“三林龙”、浙江奉化“布龙”、安徽凤台“板凳龙”、江苏海安“龙腾江海”以及海安的“踩高跷”“骏马狮图”“大头娃娃”“蚌舞荡湖船”“腰鼓”“挑花担”“莲花落”“健身花鼓”“金凤朝阳”等全国6省（市）的7支舞龙队参加“龙舞太平”——中华经典龙舞展示赛。当晚还进行“和谐颂歌”专题文艺晚会。

图17-10 2006年11月28日，七星湖月亮广场大型庆典晚会 （顾 俊/摄）

2008年10月18日上午，中国·海安第三届青墩文化艺术节在海安七星湖畔举行开幕式。由中国群众文化学会、中国文化报社在此主办“中华经典鼓舞邀请赛”，7支闻名全国的鼓队聚首打擂。鼓队有浙江镇海龙鼓、山东鼓子秧歌、河北藁城战鼓、陕西安塞腰鼓、山西翼城花鼓、河南新乡盘鼓、海安花鼓，演员500人。7支鼓队矫健的舞姿和特有的风格使竞赛高潮迭起，不同地域的鼓舞风韵给观众留下深刻印象。晚间，“魅力海安”大型广场文艺晚会更是精彩纷呈，李双江、刘欢等著名歌唱家的演唱炉火纯青，而海安自创舞蹈《网祭》、经典广场舞蹈《龙飞凤舞新海安》亦

图17-11　2009年10月18日，“激情广场”大型歌舞在七星湖公园月亮广场举行（顾　俊/摄）

毫不逊色，特别是整理、发展后的海安民间舞蹈把青墩文化以及建设中的美好海安展示得灿烂辉煌，1.2万人观看。

2009年10月18日上午，中国·海安第四届青墩文化艺术节开幕式在海安七星湖公园月亮广场举行。开幕式上演出题为“激情广场”大型歌舞，中央电视台著名主持人刘璐主持，著名歌唱家殷秀梅、耿莲凤、于淑珍、刘斌，歌星付笛声、任静、阿宝等人的演唱，海安经典民间舞蹈《海安花鼓》《海安龙舞》的表演，城东镇泰宁社区歌咏队的赛歌将广场演出推向一个又一个高潮。几内亚、利比亚驻华大使，上海市政协副主席朱晓明，省政协秘书长刘立仁，南通军分区政委季风，南通市副市长沈振新，市政协副主席徐守铭等领导人，深圳集艺源文化发展有限公司董事长吴瑞球等中外客商，《人民日报》《新华日报》、上海电视台等10多家媒体的记者，海安县四套班子的领导及各界群众9000多人观看文艺演出。

2010年10月17日上午，中国·海安第五届青墩文化艺术节在海安七星湖月亮广场举行开幕式，中国群众文化学会、中国文化报社在此举办“中华经典秧歌邀请赛”。山东胶州秧歌、陕西延安腰鼓、辽宁海城高跷、山西翼城花鼓、江苏睢宁落子、江苏海安花鼓等6支秧歌队参加演出，不同风格的表演深受来宾和海安观众欢迎。晚间，《合行之夜》大型广场文艺演出精彩纷呈，高潮迭起，凤凰传奇、刘和刚等的精彩演出赢得观众好评。海安舞蹈“写意523”，把“523”油画与歌舞、与海安民间艺术“海安花鼓”结合起来，展现海安深厚文化底蕴和美好前景。

2011年10月8日，中国·海安第六届青墩文化艺术节在七星湖月亮广场开幕，晚上举办“激情新海安”文艺晚会。

五、群众文化

1988年，韩洋乡文化站在江苏省民间文学三套集成普查工作中成绩显著，被江苏省艺术学科规划领导小组表彰。

图17-12　1987年，南屏乡文化站举办“社会主义好”书法展览（韩良银/提供）

1990年起，境域各乡镇开展创建江苏省群众文化先进乡镇活动。1993—1998年，各乡镇群众文化步上新台阶，群众文化的基础设施建设成绩显著。1994年，新生、西场进入省级群众文化先进乡镇行列。1996年，韩洋进入省级群众文化先进乡镇行列。是年，西场、韩洋文化站在全县群众文化工作中成绩显著，被县文化局表彰为全县先进单位。1998年，南屏、立发也相继进入省群众文化先进乡镇行列。1997—2000年，韩洋文化站站长徐耘连续4年被县文化局评为先进个人、先进文化站长，1999年7月被省文化厅、省人事厅评为江苏省群众文化先进个人。西场镇俱乐部文艺会演，颇具地方文化特色，节假日文化活动开展得多姿多彩。1998年2月26日，陈列展出中国书协会员、西泠印社社员、县文联顾问仲贞子艺术成果的仲贞子艺术馆在西场中学落成并举行开馆仪式。艺术馆内设海天、华夏、弘艺、碑拓等5个展厅，分别陈列仲贞子的诗书画印作品130件，海内外书画家赠送给仲贞子的作品130件，以及仲贞子参与诗书画印艺术活动、外事活动的大量珍贵照片。是年，南屏、立发申报省级群众文化先进乡镇并通过上级验收。

图17-13 仲贞子谈书法 （顾 俊/摄于2006年5月）

2000年8—9月，西场镇钱秀林的作品编入《中国书法家选集》，张策被新加坡新神州艺术院聘为特聘高级书画师。2001年12月28日，张策的“农民书画室”，刘斌的“江海篆刻艺术馆”挂牌成立。张策40多年来创作的金鱼、虾、竹等国画颇有特色。仲贞子入室弟子刘斌的“百寿图”篆刻等多次获奖。

图17-14 西场村农民书画家张策书法创作 （顾 俊/摄于2009年10月）

2004年12月27日，西场镇仲贞子（书画）被省文化厅命名为江苏省特色文化标兵（此项全省命名10个）。

2007年12月，“批发王”儿童绘画大赛在鸿禧·批发王广场举行，300名小学生以儿童画为形式，以鸿禧·批发王风貌为题材现场作画。教师、家长、专家评委聚集广场，媒体记者争相采访，活动热烈有序，评出等级奖54个，优秀奖20个。“批发王”独家提供比赛用品和奖品。

2008年4—6月，县教育局、广播电视局联合举办“批发王杯”少儿才艺大赛。大赛分为声乐组、器乐组、舞蹈组。邀请省市教育界、文艺界有关专家做评委。400多名中小学生参加初赛、决赛，最终40名进入决赛。是年，立发中学在江苏省美术馆举办学生书画展，《中国教育报》《扬子晚报》等诸多媒体予以报道。2009年，城东镇创建文化强镇活动扎实推进。举办“祖国颂”书画展，展出书画作品40幅，讴歌祖国60年辉煌成就。活动期间，县知名书画家王奇寅、王夏华到场参加现场笔会，赢得社会广泛好评。2010年，退休干部于德贵书画作品《英风昭然 浩气长存》获全国一等奖。2011年，城东镇举办“魅力开发区，活力新城东”首届摄影比赛等活动。

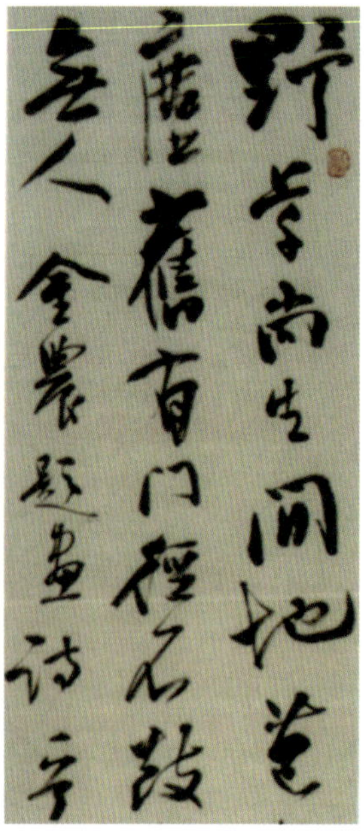

图17-15 南屏小学教师陈爱军2008年书法作品《古人论书》（部分） （镇文化站/提供）

图17-16 退休干部于德贵2010年国画作品《英风昭然浩气长流》获“华夏情”全国诗文书画大赛一等奖 （于德贵/提供）

六、图书室(馆)与农家书屋

(一)图书室(馆) 1993年后,境域六乡镇建图书室。至1998年,各乡镇图书室一般藏书5000册以上。1996—1999年,韩洋乡图书室连续4年被县文化局评为红旗图书室。1998年度,西场镇图书馆被评为县红旗图书馆。1999年起,南屏、韩洋乡和西场镇把加强图书室建设作为实施"科教兴乡(镇)"战略和推动"知识工程"的一项重要工作来抓,在藏书5000册一级图书室的基础上,筹集资金、增加新书、添置书架,建成具有一定规模的乡图书馆。原新生乡文化站、立发乡文化站注重橱窗、板报宣传阵地建设,有力推动农村文化、科技知识的普及。2004—2011年,城东镇图书室藏书两万册以上,每年订阅报刊20多种,设有阅览室,年借阅图书4000册以上。

图17-17　图书馆(室)专人管理正常开放
(镇文化站/提供)

(二)农家书屋 2005年起,城东镇、西场镇党委、政府积极倡导村级"农家书屋"工程建设,指导、协助各村办好"农家书屋"。2006年,泰宁村第一个办起"农家书屋"。2007年城东镇完成5个村"农家书屋"建设。2008年,镇政府投入5万元,购买新书7670册,分送到全镇各村。五坝、立发、南阳等村自筹资金8300多元,购书1300多册,慧源书城捐书800册,上级部门支持书橱64张,图书1600册,碟片200张。是年,城东镇、西场镇在各村建成"农家书屋",至此,提前一年完成"农家书屋"建设任务。

2009年,"农家书屋"加快建设发展,城东镇7个村得到省每村两张书橱资助,3个村获得每村1000册图书资助。泰宁、界墩两村创建市级"示范农家书屋",组织人员参加市"对我最有帮助的一本书"读书征文活动。泰宁村"农家书屋"读者王晓娣参加市委宣传部、市新闻出版局联合举办的《我所喜爱的一本书》读书征文活动,荣获二等奖。是年,省、市新闻出版局负责人视察验收三丰村"农家书屋",高度评价其建设、管理工作。

2010年,城东镇开展"农家书屋——我的家"读书征文演讲比赛活动,5件作品报县参赛,其中《农家书屋,我成功创业的一盏灯》和《湘妹子的"书香情"》分别获二、三等奖。当年10月下旬,泰宁、界墩两村"农家书屋"接受国家新闻出版总署的验收,得到较高评价。2011年底,全镇有"农家书屋"31家,藏书50余万册。

七、园馆及纪念设施

(一)苏中七战七捷纪念馆 位于宁海南路与长江路交会处东北侧,占地2公顷。1986年,苏中战役40周年时奠基动工兴建纪念碑,1988年落成并对外开放。1999年6月1日,在纪念碑东侧建纪念馆,2001年1月建成,建筑面积2856平方米,陈列馆、国防园和广场,与纪念碑连成一体,通过现代艺术手法,再现苏中战役的历史地位和重要意义。纪念馆由中科院院士、东南大学教授齐康设计,国防部原部长张爱萍将军题写馆名,为国家AAA级百家红色旅游经典景区,是爱国主义教育基地。

纪念碑由外交部原部长姬鹏飞题写碑铭,其造型是一把刺刀,高27米,耸立于蓝天之下,一

图17-18　苏中七战七捷纪念馆　(孙宝峰/摄)

展“刺破青天锷未残”的气势，形象地表现人民解放军敢于刺刀见红的革命英雄主义精神。碑廊里雕塑着“蛟龙争雄”“霞映红缨”“烟笼水乡”等艺术造型。碑后石壁上由海安著名诗人、书法家、篆刻家仲贞子撰写碑文。

陈列馆内珍藏数百件革命文物史料，最引人注目的是指挥苏中战役的粟裕将军的青铜像，栩栩如生，十分威仪，令人肃然起敬；1946年7—8月，海安战斗中解放军阵地一角的实地照片，让后人能亲眼看见当时战士们英勇杀敌的英姿。1999年8月31日和2001年8月29日，粟裕大将夫人楚青两次将珍藏的“苏中战役敌我态势图”等战斗用品和战地生活用品20多件赠给纪念馆。1997年9月，参加过苏中战役的某集团军，赠送汽车、坦克各1辆。1998年1月，南京军区赠送大炮3门，南京军区空军赠送导弹1枚、飞机1架。这些珍贵的历史文物，分别陈列于纪念馆和国防园。

1994年5月，苏中七战七捷纪念碑和纪念馆由市级文物保护单位升格为省级文物保护单位，先后被列为国家红色旅游景区、南京军区青年官兵传统教育基地、省爱国主义教育基地、省国防教育示范基地，20多所学校将此定为德育教育基地。先后已接待迟浩田、彭冲、姬鹏飞、张震、曹刚川等党政军领导人和国内外参观者400多万人次。

（二）海安烈士陵园 位于宁海南路80号（泰宁村八组），三面环水，东临宁海南路。1955年，海安县人民委员会、县人民代表大会为纪念1946年苏中战役中英勇牺牲的华东野战军干部战士，决定在南屏乡凤凰村原牺牲烈士简葬地段

图17-19 海安县烈士陵园 （孙宝峰/摄）

筹建海安县烈士陵园。1957年春落成，占地50亩，对外向群众开放。60年来，经过逐步修建，陵园内革命纪念建筑坐落有序，肃立巍然，园内苍松翠柏与红桃绿柳交相掩映，园河拱桥与傍岸石栏古朴端庄，既凝重又秀丽，登上南北两座土山即可饱览全园景点。造园者将纪念建筑与园林艺术融为一体，相辅相成。陵园纪念建筑在东西中轴线上由东向西依次建有表门、甬道、纪念塔、合葬陵墓，另有单个烈士墓、烈士纪念馆、烈士诗抄长廊、粟裕铜像、粟裕同志纪念馆等纪念性建筑物组成。每逢清明节前后和烈士公祭日前来祭扫瞻仰的各界人士累计数万人。海安烈士陵园先后被列为南通市文物保护单位、南通市青少年革命传统教育基地、南通市青少年理想信念教育基地、南通市全民国防教育基地、南通市爱国主义教育基地。

表门 面对东方，紧邻宁海南路，由4根门柱、3个门（中间一个大门和两个边门）、山字形顶组成，中门上方匾额有“浩气长存”4个大字，由张爱萍将军题写。中门两旁柱联为“碧血丹心尽洒山河三敌驱除成解放，苍山翠柏凭依墓塔五星照耀纪功勋”，为佚名者撰题，表门两侧建有对称的轩、廊，飞檐翘角，歇山屋顶，4个门柱上方有4个圆收顶，将高高的表门衬托得更为庄重。

革命烈士纪念塔 位于烈士陵园中央，为陵园内最高建筑，由护栏、塔基、塔体、红星组成，塔高14米，1957年建成，系砖混结构，为仿苏式四方形纪念塔；1983年重建，改建成钢筋混凝土结构。塔基平台以栏杆围护，由高大的龙柏环衬。塔体正面镌刻着“革命烈士永垂不朽”8个大字，由原华中野战军第七纵队司令员、江苏省原副省长管文蔚题写。塔顶有直径1米的红五星，为搪瓷质地，在骄阳照射下闪闪发光，这颗永不褪色的红星既是烈士们一生的向往，也是他们血肉之躯的演绎。这座纪念塔是牺牲在海安地区革命烈士用鲜血和生命铸就的一座永恒的历史丰碑。

烈士合葬墓 位于烈士纪念塔后面小桥对面，陵墓占地500平方米，为苏中地区最大的合葬墓，墓内安葬着351名烈士遗骸。1946年7—8月，在以海安为战略中心的苏中地区，华中野战军指战员奋起抗击国民党军队对苏中解放区的进攻，军民团结，浴血奋战，敢打敢拼，取得七战

七捷。在海安保卫战及9月的海安围困战中，不少华中野战军指战员为了人民的解放，长眠在海安城东境域这片土地上，有很多人姓名都没有留下，但他们的功勋永世长存。合葬墓两侧为单体墓，墓地上有高大的刺柏和圆柏笼罩，郁郁葱葱，墓周建有路道供谒墓者绕墓凭吊，整个墓区环境肃穆庄严。

革命烈士纪念馆　位于陵园中轴线北侧50米，面积750平方米，1975建立，1995年由中共海安县委、县人民政府拨款及全县共产党员捐款重建。此建筑将民族风格与现代结构融合一体，既伟岸挺拔又端庄隽秀。馆名由粟裕亲笔题写，馆内正中石碑上有叶飞题写的“革命烈士精神永放光芒”10个大字，四壁陈列着海安革命斗争史展览、部分烈士生平、烈士英名录、烈士遗物、革命文物、著名烈士壁画和烈士遗像等内容，生动再现从1927年海安建立中共党组织起，海安人民在土地革命战争、抗日战争、解放战争、社会主义革命和建设时期中光荣牺牲的3127名革命烈士可歌可泣的英雄业绩。馆内还陈设烈士遗像100多幅，其中有土地革命时期中共南通特委委员兼如皋县委书记、城东镇韩洋人韩铁心和中共泰县县委书记陆金枝，有抗日战争时期中共紫石县白米区委书记马塞，有解放战争时期中国人民解放军十兵团二十九军二五五团政治部副主任田力、淮海战役战斗英雄储友富等，并陈列烈士遗物2000多件。这对于发扬传统，缅怀先烈，激励来者，均有着十分重要而又深远的意义。

烈士诗抄长廊　位于烈士纪念塔西北面，建成于2005年，诗抄展板由80块大理石组成，面积约200平方米，革命烈士诗词选录了从1922—1949年杨开慧、夏明翰、方志敏、江上青等全国著名的130多名革命先烈的诗词。烈士诗词对于缅怀先烈，发扬传统，汲取精神力量，树立远大理想，坚定共产主义信念，有着潜移默化的教育作用。

图17-20　海安革命烈士纪念馆　（孙宝峰/摄）

（三）粟裕纪念场馆

粟裕同志部分骨灰安葬处　坐落在海安烈士陵园中南部，革命烈士纪念塔左侧20米处，位于粟裕铜像的后面，有一块长方形的汉白玉墓碑建筑，碑基由三级福建惠安的花岗石垒建，上部横卧汉白玉石碑，碑面镌刻“粟裕同志部分骨灰安葬处”，由海安县人民政府敬立。墓碑基座下方安葬着无产阶级革命家、军事家、全国人大常委会原副委员长、中国人民解放军原总参谋长粟裕的部分骨灰。整个碑体建于梅花池中，碑前为扇形场地，其余三面以七株高大翠绿的龙柏环抱。抗日战争时期，粟裕与陈毅等一起开辟、发展了苏中抗日根据地；解放战争中，粟裕指挥了苏中战役，七战七捷，功勋卓著。1975年，粟裕亲临海安地区视察，为海安烈士陵园题写革命烈士纪念馆匾额。1984年粟裕病重期间，嘱咐家属将他的部分骨灰撒于海安。同年4月18日，粟裕夫人楚青遵嘱将粟裕的部分骨灰安葬于海安县烈士陵园，实现了粟裕“把骨灰撒在曾经转战过的地方，与长眠在那里的战友们一起”的愿望。粟裕同志部分骨灰安葬处是海安极其珍贵的革命传统教育基地。

图17-21　粟裕同志部分骨灰安葬处　（孙宝峰/摄）

粟裕铜像　坐落在烈士陵园中南部、革命烈士纪念碑南20米处。2007年4月18日，为纪念粟裕将军100周年诞辰，海安部分群众志愿捐助建成。粟裕铜像高2.007米，底座为四方形，正面大理石上镌刻着胡耀邦手书的“一代名将”4个大字，背面大理石上镌刻着江泽民题写的“出奇制胜的军事指挥艺术，创造性地运用毛泽东军事思想”。一代名将粟裕的青铜立像耸立在三级红色花岗岩基座上。他身着戎装，面向东方，目光坚毅，眺望远方。

粟裕同志纪念馆　坐落在海安烈士陵园东北角，占地3600平方米，建筑面积1200平方米，2002年8月10日开馆。纪念馆为一幢二层楼房，馆门正上方悬挂着由时任中共中央政治局委员、国务委员、中央军委副主席兼国防部长迟浩田上将亲笔题写的“粟裕同志纪念馆”匾额。大门两侧浮雕石上，分别镌刻着“共和国第一将两让司令率三军蟠六省七战皆捷威震五湖四海，华夏史无双绩半世戎马敌数劫建多勋众人同誉功载万代千秋”的对联。馆内布展由前言、简介、示意图、生平大事年表、遗物展橱等组成，生动地再现了粟裕同志光辉的一生。粟裕同志纪念馆先后被列为南通市文物保护单位、南通市爱国主义教育基地。

图17-22　粟裕同志纪念馆　（孙宝峰/摄）

（四）西场烈士陵园

位于城东镇洪旺村7组，1987年8月，为了加强对青少年进行爱国主义和革命传统教育，方便群众缅怀革命先烈，原壮志乡人民政府将赵坚烈士墓从栟茶运河边迁至现址，立墓碑、栽松柏，定名为赵坚烈士陵园。2005年，西场镇人民政府扩建烈士陵园，面积扩至0.8亩，立35座烈士墓碑和一座赵坚烈士母亲贝子云的墓碑。陵园更名为西场镇革命烈士陵园。

（五）其他革命纪念设施

洋蛮河伏击战纪念碑　洋蛮河伏击战是著名的苏中七战七捷中一次辉煌的战斗，战斗旧址在洋蛮河。1991年5月，为纪念洋蛮河伏击战的胜利，海安县人民政府在洋蛮河建洋蛮河伏击战纪念碑，当年参战老战士、原西场区游击连连长仲跻山参加揭碑仪式。

图17-23　2013年重建的洋蛮河伏击战纪念碑
（孙宝峰/摄）

冷水港战斗纪念碑　冷水港是洋河中段向

图17-24　2014年重建的冷水港战斗纪念碑
（孙宝峰/摄）

南支流小龙河的一段，位于西场集镇北6公里。1946年12月6日，东台县警卫团与唐洋、西喥两个区队在此处与五路包围之敌进行了一场激战，伤亡80余人。1991年，为了纪念在冷水港战斗中牺牲的英烈，海安县人民政府在原冷水港西北边200米处建冷水港战斗纪念碑，让后人永远缅怀先烈、继承先烈遗志。

（六）刘景韶平倭纪念馆

2005年8月15日，在西场文化站内建成的刘景韶平倭纪念馆向社会开放。明嘉靖三十八年（1559年），甲辰进士、海道副使刘景韶在西场境域大败入侵倭寇，斩敌大酋以下1500余人。如皋知县童蒙吉为此于次年作《刘公平倭冢记》并刻碑立于冢前，以彰刘公等功绩。1982年，刘公平倭冢记碑被列为省级文物保护单位。此后西场镇政府为表彰前贤，策励后代，以史为鉴，居安思危，邀请向守志、刘江、常国石等名人名家赋诗并刻石制作平倭史迹展览，与刘公平倭冢记碑一并建成刘景韶纪念馆。

图17-25　刘景韶平倭纪念馆（顾　俊/摄于2005年9月）

（七）明平倭冢记碑和平倭战场遗址碑亭

明平倭冢记碑　明嘉靖三十九年（1560年），如皋县知县童蒙吉立，今藏西场集镇刘景韶纪念馆前院半亭内。碑高1.96米，宽0.88米，碑基高0.36米，宽0.92米。碑文记载明嘉靖三十九年夏，浙江海防兵备副使刘景韶率兵在西场设伏围困倭寇，斩敌杀酋的战绩。此碑原立于西场桥栟茶运河畔的倭子坟前，清代移于镇后街惠民寺。民国30年（1941年）冬惠民寺毁于兵火，西场人民为防止碑文被日军损毁，将碑深埋于地下。民主政权建立后，移置文化站内。1982年，平倭冢记碑被列为省级文物保护单位。

平倭战场遗址碑亭　西场镇东郊栟茶运河畔矗立着一座六角形碑亭，为西场镇政府于1992年修建。石碑置于亭子中央六角形三级基座上，宽85厘米，高120厘米，厚4厘米。碑文为书法家仲贞子撰书。正文为魏体书写，同时“瞻战场留千秋胜迹，平倭寇颂万古雄师”楹联书写于碑亭朝北的两根红柱上。

（八）范仲淹塑像

为纪念北宋范仲淹修复捍海堰的历史功绩，明嘉靖七年（1528年），海安在西寺筑范文正公祠。1998年5月，在范仲淹诞辰1010周年之际，为纪念这位功臣，西场镇政府雕刻一尊范仲淹石像，置于西场集镇西大街202省道与西港路交会处，供人瞻仰。

图17-26　范仲淹石像　（孙宝峰/摄）

（九）仲贞子艺术馆

位于海安西场初级中学校园内，1998年2月28日开馆，馆舍面积1500平方米。馆内展出仲

图17-27　仲贞子艺术馆　　（顾　俊/摄于2004年3月）

贞子历年创作的诗、书、画、印精选作品，部分省市书画家于艺术馆开馆前贺赠的丹青墨宝，日本25名书道友人与仲贞子在书艺交流中赠送的作品以及仲贞子的学生、子女的部分书画作品，共260余幅。

（十）德让博物馆

位于城东镇宁海南路128号，始建于1989年9月，原址在曲塘镇，1998年11月迁至现址。占地5200平方米，馆舍3层，建筑面积1200平方米，由文物陈列馆、中国少年儿童碑廊、馆史陈列室、花圃等组成。德让博物馆藏品上至两汉，下至近代，主要收藏古陶瓷器、家具、玉器、砚、印章、字画等万余件。藏品中，以明万历年间（1573—1620年）黄花梨鸳鸯戏荷八椅四几、红木灵芝祥云八椅四几为镇馆之宝，馆内部分藏品具有文物和艺术欣赏价值。由冰心题名的中国少年儿童碑廊占地250平方米，在面积430平方米展墙上嵌着200余方汉白玉质碑石，碑石上刻着国内外名人名言，是青少年德育教育场所，被列为"全国百家民间收藏馆"之一。

图17-28　德让博物馆书画收藏室　　（孙宝峰/摄）

（十一）顾开摄影博物馆

位于海安县火车站沿海大市场A区3号门9号楼101-201室，2010年正式建馆，建筑面积110平方米。馆内收藏各个时期相机、彩扩机、放大机和冲洗胶卷的晒箱等各类藏品1300多件。1962年，顾俊接触摄影后，即从父辈传下来的笨重座机开始收藏，后到黑白机械相机、彩色机械相机，再到数码相机。其中，木质座式相机一人多高，重量100多斤；90年代购置的日本玛米亚RB67，当时价值3万多元；后来45万元购置的柯尼卡808为海安第一台进口传统胶卷彩扩机，柯尼卡838的数码片夹扫描彩扩机价值52万元，DP-2010E型日本数码激光冲印机价值98万元。

图17-29　顾开博物馆部分照相器材　　（顾　俊/摄）

（十二）523文化产业主题公园

2009年10月1日开工建设，位于城东镇迎宾路西侧，海安火车站西北。园名"523"，源于毛泽东1942年5月23日在延安文艺座谈会上讲话这一时间。

主题公园由上海台湾同胞投资企业协会副秘书长、上海市静安区企业联合会会长、南通市台协会长王冉之为项目负责人，总体规划用地100公顷。根据总规划，园区内分为美学教育、生产销售、景观旅游、文化生态、社区服务、景观房产六大板块，设有交易市场、美术院校、职业培训中心、艺术家村落、主题广场、当代美术馆、展览馆办公中心、休闲娱乐中心、中西饮食文化一条街、

图17-30　"523"文化产业主题公园

（吴海涛/摄于2011年5月）

文化生态一条街、文化生态居住区、文化主题酒店等12个功能区。总投资50亿元，用5个周期完成，期限为2009年8月至2015年12月。

首期工程占地3.33公顷，建筑面积3万平方米，投资1.8亿元。建筑群外观融古今中外建筑装饰艺术于一体，汇建筑、雕塑、壁画于一身，完全按风景区标准文化景观打造，旨在建造一个长三角仅有的，融青墩文化、中原文化、埃及文化、玛雅文化、欧洲文化为一体的，汇建筑、雕塑、壁画、道具等艺术形式，横贯万年时空，古朴精湛、宏伟磅礴、叹为观止的文化旅游区。

楼前广场上由南向北面东背西一字排列着10座5米高的古代全副盔甲戎装的武士塑像，十分威武雄壮，南楼朝东前墙装饰着与楼同高的海轮方向盘，北楼东墙装饰成城堡式，古炮高架，一切都蕴含深意。每座楼每面外墙装饰都不相同，或中国式雕塑：山水楼台、花鸟树木、人物故事，神态各异，栩栩如生；或西洋壁画：尼罗河畔风光、各地风情、远古青墩陶斧、玛雅文化雕塑，令人耳目一新。

2010年3月，文化产业园被评为江苏省文化产业示范基地，获300万元省文化产业专项扶持资金资助。是年5月23日，成功举办"海安523文化产业主题公园国际文博会"，文博会展出20多万件文化产品，1000多家海内外采购商与会洽谈订购，近万名游客观光。签约文化产业项目59个，签约额18亿元。首批产自海安的4000多件油画产品出口至美国新泽西州。特邀北京大学文化产业研究院院长、教授陈少峰参加"两岸文化产业发展论坛"，并就文化产业发展做专题讲座。是年10月8日，成功举办"海安523艺术品（秋季）拍卖会"，拍卖总量291件，有油画、雕塑、国画、书法等。新加坡、意大利、新西兰、澳大利亚、加拿大、美国以及中国台湾、北京、上海等地的高端收藏机构、国内外收藏家和企业界300多人应邀参加。油画家马芙良的作品《若尔盖的春风》以50万元拍出。油画《屠宰》和《我该信谁》分别以42万元、130万元价格成交。著名雕塑家土风的作品《存在系列1》以12万元的价格被台湾客商拍走。

523文化产业主题公园二期工程于2010年10月18日奠基开工，占地8公顷，建筑面积13万平方米。三期工程计划占地20公顷，投资约5亿元。至2011年底，有100多个艺术家、商家入驻，行业门类涉及书法、国画、油画、版画、扎染、苏绣、雕塑、玉石、画布、画框、颜料、影楼、装饰设计、摄影、美术设计、民间表演、民间饰品等，另有外贸型企业4家。县内陈宁、朱永淮、彭云、王奇寅、吴田玉、黄鹤群、唐国裕、王成硕等设有工作室。文化产业园成为南通大学等多所大学的实践基地，各院校艺术系学生定期不定期来园实习、创作。

八、传统技艺

扎　染

扎染源于秦汉而盛于唐，是一门古老的手工印染工艺，其材料和工具比较简单，但工艺独特，广泛应用在服饰、家纺、饰品、壁挂、屏风等领域，具有广泛的实用性和较高的艺术性，为其他现代

图17-31　焦宝林为艺术院校大学生做示范

（顾　俊/摄于2010年7月）

印染工艺无法比拟。新中国成立后，尤其改革开放以来，这一古老的传统工艺在海安地区得以传承与发展，由家庭个体作业到几家合办小作坊作业，进而形成了颇具规模的“扎染热”现象。

1995年创建的海安锦华服饰有限公司，集扎染研发、创作、营销于一体，将扎染生产加工点普及城东，并发展延伸到扬州、徐州乃至安徽、河南、山东、浙江等地区。“锦华人”继承各种传统扎染技法，吸取其他国家的先进扎法，在综合运用的同时，大胆革新创造，相继演变产生“折逢”“小帽子”“饼儿花”等技法，丰富扎染艺术表现力，再以染色方式的变化，经过设计画稿、制版、印刷、扎结、染色、拆线、整烫、制作成品等阶段，通过多次浸染、泼染、点染、浇染、手绘等技法染色获得不同色彩效果。公司扎染服饰产品“刺猬衫”“菠萝衫”“压绉衫”等时尚款色和壁挂、屏风作品立屏《十八罗汉》、长卷画《唐人游骑图》《红楼梦人物》《八仙图》《渔光曲》、挂轴《武松》、地屏《丝绸云都》，以及时装《呗纹套装—秋韵》等，在国内外各级大赛和博览会上获奖。其金奖产品，被国家博物馆或国际友人收藏。锦华服饰有限公司总经理、董事长焦宝林，是江苏省非物质文化遗产保护项目“南通扎染技术”代表性传人。他长期以来努力从事扎染工艺研究、开发与创新，其创作的作品被业界誉为“焦氏扎染”。

红木雕刻

城东镇境域的木雕工艺，历史悠久，是一项珍贵的艺术遗产，但大都流传在民间，具有浓厚的乡土气息。70年代前，大多数木匠都能使用钻、刀、铲、锯等工具，在各种木料上，特别在红木上雕出栩栩如生的造型和精美的图案，如桌、椅、床上的《八仙过海》《麒麟送子》《狮子滚绣球》以及鱼、竹等，房屋托梁、横梁上的龙、虎、狮、豹头等，门框上方的《双龙戏珠》《鲤鱼跃龙门》等。中共十一届三中全会后，木雕技艺得到传承、创新与发展，特别是红木雕刻逐步形成比较专业的工厂化生产。

龙凤红木雕刻厂选用进口优质酸枝木、鸡翅木、花梨木等名贵原材料，经过干燥机烘干处理，采用传统工艺精雕细刻，生产高档红木家具，全榫眼结构、花式组合奇巧，把中国南方细腻精巧的特点与北方粗犷敦厚的风格有机融合，将锯、锉、凿、刻、印、剔、铲、刮、砂、磨等工艺综合运用，形成清秀高雅、疏密有致、造型考究、刀法娴熟、线条流畅、做工精细的独特艺术风格。各式卧房、客厅、餐厅、餐厅家具、办公用品等，以仿明清风格为主，同时兼仿具有时代气息的西洋风格，整体效果雍容华贵，富丽堂皇。

图17-32　龙凤红木雕刻技术现场展示
（孙宝峰/摄于2006年5月）

元鸿红木雕刻公司秉承古艺、原创、经典理念，精选东南亚等地珍稀名贵红木木种为原料，集合京作、苏作红木家具的能工巧匠，从家具的选材、开料、开榫、雕刻、组装、粘接、打磨到最后的上蜡，一丝不苟，严格按照传统工艺，经典榫卯结构，纯手工精心制作，原汁原味地再现中国明清家具的精髓。公司研发欧式红木家具系列“华鸿·杰蒂亚”产品，先后推出中式经典家具系列、“华鸿·杰蒂亚”欧式红木系列、元鸿茶道系列、奢享定制红木高端系列等1000多种经典之作，成为亚太地区享有盛誉的国际红木优秀品牌。

中国木雕艺术大师、高级工艺美术师、丝翎檀雕技艺创始人陈加国经过十余载刻苦磨炼，将中国书画融入传统木雕艺术，2000年后，创造出一种全新的木雕艺术形式——丝翎檀雕。陈加国在传承、吸纳中国传统家具文化的基础上，以各种名贵降香黄檀、檀香紫

图17-33　丝翎檀雕《寒雀图》笔筒（陈加国/提供）

檀、交趾黄檀为原材料，巧妙融合当代时尚生活元素，设计制造出一大批兼有古典韵味和时代精神的经典红木家具，木雕艺术品文化底蕴深厚、品质卓绝。陈加国创造的“丝翎檀雕”小叶紫檀《寒雀图》笔筒被国家博物馆永久收藏。

钩针衣

城东镇素有“钩衣之乡”“编织之乡”美称。钩针衣作为一种民间艺术，几十年经久不衰，一直得以传承和发展。境域内除海安县美亚编织厂等多家专业从事棒针衣、钩针衣、手勾玩具、针织毛衫、手勾花边等生产厂家外，民间结网、勾衣一直作为农户家庭副业，数以万计的老年、中年、青年妇女常利用农闲工余钩衣、编织，每年全镇有数亿件手勾、棒针、针织的新颖工艺编织品远销欧美、日、韩、东南亚等国家和地区。80年代，钩针衣被外国友人誉为“东方工艺珍品”。

图17-34 勾衣 （顾 俊/摄于2006年5月）

九、书画艺术

书 法

城东镇是书法之乡，全国著名书法艺术家仲许、范韧庵、仲贞子皆出生于城东，他们的书法作品多次参加国际书展和全国书展、美展、印展

图17-35 1985年，日本书法代表团访问南京时，与仲贞子在金陵饭店合影 （镇文化站/提供）

并多次获奖，作品出版于国内外多种书刊，刊刻于多处碑林，收藏和陈列于国家、中央机关、省、市博物馆、名人纪念馆、美术馆和日本、美国、英国、法国等国家。杨得智先后出版《春联书法》《智说汉字》《韩公馆》《杨得智书画》等。书画作品多次入选国内大型展赛，先后被30多家媒体推介提名，被“胡润百富榜”掌门人胡润、玻利维亚总统莫拉莱斯等荣誉收藏。《水墨表情》系列作品在俄罗斯、西班牙、韩国、日本、以色列等国家和中国香港地区均受到鉴藏界及国际友人的广泛关注。杨兴旺20多幅篆书及楷书作品刊载于《书法报》《书法导报》《中国书画报》《青少年书法报》《写字》等报刊，多幅作品入选中国“金陵杯”书画大展、江苏省第四届书法新人新作展、第二届“红军杯”全国书画大奖赛。陈爱军田园诗条屏入选中国书法家协会主办的全国“小榄杯”书法大赛，对联入选文化部、中国文联主办的世界华人艺术展，并获铜奖，咏梅条屏入选省政府主办的“林散之·南京书法传媒三年展”，东坡诗条幅入选省书法家协会主办的省委政法委、省书法家协会联办的“卫士风采”书画展，获一等奖，并有作品载于《中国书画报》等报刊。

绘 画

清代西场仲之琮、仲鹤庆、仲耀政、仲兆鼐有不少传世画作收藏于泰州市博物馆，或被收藏家收藏。

当代画家王奇寅国画作品《雨花魂》《荷花》《风雪大别山》获文化部“群星奖”，《金风染露》

图17-36 王奇寅作品《七彩云霞绘锦绣》

《神农尝百草》《玉骨丰神》等20余幅作品入选、入展中国美术家协会主办的全国大展并多次获奖。2005年，巨幅作品《春暖花繁壮国风》陈列于天安门城楼展厅，《铁骨冰魂》被北京人民大会堂收藏，《春风喜雨》入选奥林匹克美术大会。《凝霜立雪》获上海世博美术大展优秀奖。作品集有《中国当代美术家精品集—王奇寅》《全国十名优秀美术家——王奇寅》《王奇寅新水墨画》《观音菩萨画像艺术》等，著有《范画临本——画竹》《范画临本——画牡丹》《怎样画蔬果》等，分别由辽宁美术出版社、中国文联出版社、江苏美术出版社、珠江文艺出版社等出版。2008年在北京设立王奇寅新水墨艺术馆。2011年，徐郊作品《地道战》获中国美协"建军六十周年美展"二等奖，《聊斋人物》三幅入展中国美术馆"扬州国画院作品展"，《春风又绿江南岸》获全国书画美展青年组三等奖，《觅》获加拿大"枫叶奖"国际书画创作新人铜奖，《秋寒》获"海内外中国书画篆刻精品展"优秀奖，《秋水无声》等入展韩国"'95现代中国画大潮流展"，《香远》等入展马来西亚"现代中国画精品选'98提名展"，《天地之灵》获中国美协"新世纪全国中国画、书法精品大展"优秀奖，《聊斋新语》入展"第二届中国画家学术年展"，《故园》系列入展"全国著名书画家作品提名展"，《城市节奏》入展中国美协"中国百家金陵画展"友情展。多幅作品在中国美术馆、江苏美术馆和中国香港、澳门、台湾等地区以及美国、加拿大、韩国、新加坡、马来西亚等国展出。史建军国画作品入选江苏省美术家协会主办的第二、第三届美术新人新作展和江苏省城市新水墨画展、江苏省农民书画展（三等奖）等省级展览。多幅国画作品被日本、韩国、新加坡、越南等国家以及中国台湾、香港等地区艺术机构和个人收藏。仲跻止录制的《走向大自然》等5部美术教学专题片在省市电视台播放，并进入中国美术教育网。为学生创作的1000多幅课堂教学示范图在全国32个省(市、自治区)两百多种报刊上发表。先后主持《美术综合课程与生活的关联》等6项省级课题研究，在《人民教育》《中国美术教育》等刊物上独立发表学术论文80余篇。被誉为"农民书画家"的张策，从小聪明好学，尤爱书画和雕刻艺术，首创指、拳作书作画，其指书作品在中国书画艺术中堪称一绝，创作的金鱼、虾、竹等国画颇具特色，他的作品先后在《南通日报》《中国书画报》上发表，同时被《中国当代书画精品》入集。

城东境域书画后继有人。境域古有不少文人墨客喜好泼墨作画，挥笔书写之风气，今有不少离退休干部学书学画；许多中小学学生家长主动延师辅导，培养子女书画兴趣与能力，蔚然成风；各学校注重基础教育，从小培养学生书画素养，坚持不懈。1990年9月，海安县举办少儿书法美术展览，境域中小学生有书法作品16幅，绘画作品36幅参展。1998年，壮志小学被命名为书法办学特色学校，2001年被评为县书法教育特色学校。

2011年城东镇籍省以上文艺协会会员简表

表17-1

姓 名	性别	会员	工作单位	原籍所在地
范韧庵	男	中国书法家协会会员	上海市文史馆	西场
李秀生	男	中国书法家协会会员	中国石油大学(北京)	西场
杨得智	男	中国书法家协会会员	上海典畅文化传播有限公司	立发
杨兴旺	男	中国书法家协会会员	西场中学	壮志
徐春雷	男	中国作家协会会员	桐乡市文化馆	西场
陈歆耕	男	中国作家协会会员	《解放军报》南京记者站	西场
吴义勤	男	中国作家协会书记处书记	中国现代文学馆	西场
仲兆鼐	男	中国美术家协会会员	中国美术学院	西场
王奇寅	男	中国美术家协会会员	海安县书画院	韩洋
陈顺源	男	中国摄影家协会会员	立发中学	立发
董玉龙	男	中国摄影家协会会员	海安县史志工委	南屏
张仲民	男	中华诗词学会研究员	韩洋乡中心小学	韩洋
仲美娟	女	中国舞蹈家协会会员	海安县文化馆	西场
刘　红	女	中国花卉协会秘书长	国家林业局造林司	韩洋
徐循华	男	中国茅盾研究学会会员	江苏省戏剧学校	西场
仲跻止	男	江苏省书法家协会会员	海安城南中学	西场
仲跻健	女	江苏省书法家协会会员	海安高级中学	西场
陈爱军	男	江苏省书法家协会会员	城东镇教管办	南屏
刘　彬	男	江苏省书法家协会会员	西场镇刻印社	西场
钱永龙	男	江苏省作家协会会员	古贲初中	立发
仲跻和	男	江苏省作家协会会员	江苏海迅集团	西场
鲁　羊	男	江苏省作家协会会员	南师大文学院	西场
季　畅	女	江苏省舞蹈家协会会员	海安艺术学校	新生
余　霞	女	江苏省舞蹈家协会会员	海安艺术学校	立发
葛志华	男	江苏省舞蹈家协会会员	海安文化馆	立发
顾　俊	男	江苏省摄影家协会会员	海安顾开摄影	西场
李存兴	男	江苏省摄影家协会会员	海安黑马影社	立发
赵兴来	男	江苏省美术家协会会员	海安教师进修学校	南屏
史建军	男	江苏省美术家协会会员	海安电视台	西场
陶　虹	女	江苏省音乐家协会会员	立发中学	立发

第三节　广播电视

城东镇境域广播电视事业初始于1958年。1958—1966年，新生、韩洋、南屏、立发、西场、壮志6公社先后建立广播站。1997年7月，海安开发区广播电视站成立，代管南屏乡划归开发区的薛湾、佘庄、金凤、张池4个行政村的农村广播，建设开发区机房（有线电视由城区代管）。1998年，城东境域部分乡镇与县广电站实现有线电视联网。2001年1月，立发乡、南屏乡合并为城东镇，成立城东广播电视服务站。其时，全镇有农户10975户，有线广播10750户，占总农户的98.2%，广播通响率100%。是年，新生、韩洋乡合并为洋蛮河镇，成立洋蛮河广播电视服务站。2004年7月，洋蛮河镇、城东镇合并成新的城东镇，成立城东镇广电站，站长许映荣，有工作人员23人。2004年底，城东镇广电中心在原立发派出所成立，线路全部实行圆杆化，同时与供电杆路脱离，实现广播电视共缆传输，提高了传输的信号质量，有线广播实现“户户通”，做到一站式服务、一根线传输、一个声音到底。2011年12月，西场镇广电站并入城东广电中心，周元松任负责人。

一、广　播

1958年，成立人民公社时，各公社一般只有小型电子管扩大机和少数高音喇叭，主要用于开大会。“大跃进”开始至1960年，各公社先后建立广播站，转播县台信号，广播线杆多为竹尾制作，机房内一般只有25瓦扩大机、话筒、石英唱片机等简易设备。大队和各社直单位一般安装1个广播喇叭，大队与大队之间还可以通过喇叭喊话，当电话用。当时喇叭声音很小，每到晚上老百姓跑老远听广播。1963年初，基本上每个生产队有1只舌簧喇叭，少数农户也装上舌簧喇叭，1964年，公社建立广播邮电服务站，实行广播邮电统一核算。“文化大革命”中，公社广播自办节目基本处于停顿状态，只转播县站广播。至1977年，广播邮电管理脱钩，公社建广播扩大站。1979年，各公社广播线路实行水泥圆杆化，广播喇叭由少到多，公社至大队线路一线两用，除广播时间，可以通电话，基本发展到家家通广播。1980年，乡镇广播放大站定为县属集体事业单位，在编人员转为县属集体固定工，广播放大站内设有机务员、线务员、通讯报道员。1987年，乡镇广播放大站改为广播站。机房设备有了专业磁带录音机和开盘式录音机，机器功率增到750瓦以上，村村有广播室，农户家中广播普及率85%，通响率95%以上。1988年，广播收听由原来的舌簧喇叭逐步改为动圈音箱，收听效果大为改观。1992年，各乡广播站普遍开办自办节目，且资金落实，有编审制度。根据农时季节，为乡（社）举办广播会，由乡（社）负责人讲话。

城东镇组建前，境域内有韩洋、新生、南屏、立发、西场、壮志等6乡（镇）广播站。

附：原6乡镇广播站

新生广播站　1958年，新生公社广播站建立。第一任站长张显富，工作人员2人。1959年，海安县原种场广播站建立。初建时，只能实行广播、电话一线两用，1959年下半年架起广播专线，1967年改称五七干校广播站，有喇叭700多只。1979年，海安县原种场广播站合并到新生公社广播站。全社有广播线、杆15公里，广播入户率95%。公社到大队主干线使用铝包钢线。1989年，新生乡广播站有1200瓦扩大机1台，录音机、录放机各1台，海安县广播系统在新生乡开现场会。2004年新生广播站并入城东广电站。

韩洋广播站　建立于1958年。1958年5月，王宏富任广播站长。1988年，倪树斌接任站长，其时韩洋广播站工作人员5人。1991年，陈先平任站长，直至2001年1月。

韩洋广播站初建时只有1只高音喇叭，“大跃进”中，大队和社直单位先后各安装1只广播喇叭。1958年下半年，大队、生产队装广播喇叭，全社有广播喇叭108只。1959年，全社有150只喇叭到农户，公社购买1台25瓦扩大机，可以开全社广播会。是年，全县在韩洋召开现场会。

1968年,全社广播到户实现“五有”,即有良好地线、电阻、开关、广播箱、避雷器。是年,海安县在韩洋召开推广“五有”现场会。1979年,全社有广播喇叭3200只,韩洋广播站被县评为先进广播站。1980年,全社广播入户率96%,由大队到生产队有广播线路32公里。1995年5月,韩洋乡广播站《今日韩洋》节目在江苏省乡镇自办节目评比中获一等奖。2004年,韩洋广播站并入城东镇广电站。

南屏广播站　1960年南屏公社广播站建立,任一林任站长。1968年,杨文喜任站长兼通讯报道员。1984年,张云任站长兼通讯报道员。1991年,赵兴周任站长。

广播站初建时,每个大队装1只舌簧喇叭,由县广播站直接送讯号。到1963年初,达到每个生产队有1只舌簧喇叭,后渐渐有农户也装上舌簧喇叭,全社300多只,仍由县广播站直接送讯号,声音较小。年底,由公社出资,县广播站帮助购买1台旧的300瓦扩音机,建立南屏公社广播放大站,放大县广播站广播信号,广播音量提高。1968年公社党委出资安排浇制水泥杆子,进行广播线路整理,公社至大队的广播线路全面更换水泥杆子,结束用竹竿的历史。1970年,全公社农户家庭广播喇叭1000多只,高音喇叭20多只。广播线路50多公里。1973年,公社购置1台1200瓦广播扩音机,改造机房,初步做到播控分开,广播喇叭发展到5000多只,高音喇叭20只,受到县广播站和县委宣传部表彰。1979年进行广播自发电设备的安装、调试,做到停电不停播。1980年实现广播、发电全自动化,即停电两分钟之内,利用县广播站的信号启动自动电设备进行广播。1982年,周济村第一个办起村广播室,县广播站在该村召开现场会,公社办起自办节目。1983年,新购两台500瓦的扩音机和标准化控制台,建立标准化机房和播音室,扩音机功率2200瓦,在全县名列前茅。1985年周济村第一个实现动圈音箱村,全县在该村召开现场会。1986年建立南屏乡广播电视服务站。2001年南屏乡广播电视服务站并入城东镇广电站。

立发广播站　1958年起筹建广播站。1958—1971年,陈玉树为站长。1971—1990年,景学浩(又名景浩然)任站长。1990年,刘元平接任站长,直至2001年,其时工作人员5人。

广播站初建时,广播与电话同一条线路,部分大队有广播喇叭,广播机房设备是25瓦扩大机和话筒、石英唱片机等简易设备。1971年办起广播放大站,机器功率275瓦,有晶体唱片机,80年代先后有部分大队办起大队广播室,大队有高音喇叭,农民家中有舌簧喇叭。1992年,广播站开办广播自办节目,每周两档(含广播会)。1997年,成立立发乡广播电视站,并在立发集镇区及长池村、立发村开通有线电视信号。1998年,立发乡建成广播电视乡(镇),年底通过南通市验收。

壮志广播站　1965年10月,壮志公社广播站建立。初建时,只能实行广播、电话一线两用。1968年开始发展广播,每大队、生产队可安装少量广播喇叭。1971年办起广播放大站。1965年10月至1989年6月,刘泉稳任站长。1989年7月至2000年2月,王云来任站长。2000年3月,左建国任站长。2000年4月,壮志广播站并入西场镇广播电视服务站。

西场镇广播站　1966年,西场公社广播站建立,许金山任站长兼机务员,当时工作人员5人。当年,开始架设公社至大队广播电话线路,全部用毛竹竿。1968年开始发展广播,每大队、生产队可安装少量广播喇叭,县广播电台赠送1台250瓦的扩大机,并向原西场区各公社输送广播信号。1969年建广播站,开始普及全公社有线广播。1971—1980年,重点对有线广播普及提高、巩固,更换公社至各大队主干路线,增加扩大机提高广播音量,扩大机总功率1250瓦。1998年全镇18个村用户全部用上动圈音箱广播,镇广播站至各村主干线路全部使用水泥杆并更换新线路,镇政府下半年开始动员发展有线电视,全镇在4个月时间内把有线电视送达全镇千家万户。1997—2000年,西场广播电视站连续4年被县委宣传部、县广电局评为先进广播电视站。2000年4月,壮志广播站并入西场镇广播电视服务站。2011年12月,西场镇广播电视服务站与城东镇广播电视服务站合并。

二、电　视

80年代，城东境域主要为无线电视，部分居民有黑白电视机接受电视台信号。1991年3月，海安县有线电视事业于县城区域起步。1998年，境域部分乡镇与县广电站实现有线电视联网。1999年，韩洋乡有电视用户1400户，立发乡有电视用户3600户。西场镇所有村组全部开通有线电视，铺设光缆40多公里，电缆干线近200公里，分户网络100多公里，安装有线电视用户6000多户，入网率60%以上。壮志乡有线电视安装3000多户，并通过市、县有线电视乡镇达标验收。2000年4月1日，韩洋乡决定创建有线电视乡，新生乡电视扩网工程全面铺开。2001年，城东镇有线电视入户率70%。2004年，城东镇实施广播电视联网工程，新增有线电视用户1415户，有线电视总用户1.04万户，实现有线电视万户镇目标。2005年，新增有线电视用户1752户。2006年3月24日，镇党委下发《关于推进“双入户”工程建社会主义新农村的实施意见》，实施广播电视“双入户”工程，用户1.8万户，占总农户的98%。2006年城东大力发展广电事业，新增有线电视用户1958户。2007年，城东镇获南通市有线电视示范镇称号。城东镇广电站被省广电厅授予先进广电站称号。广播电视线杆192公里，有线电视宽带全面普及。2008年，城东镇广电工程加快实施，新增有线电视用户1826户，“户户通”工程13个村有12个村100%完成，满足群众听广播、看电视的基本需求。镇广电站被评为省技术维护先进站。2011年，城东镇有线电视用户2.9万户。

第十八章 卫生 体育

古代至民国初期，境域人民群众疾病治疗主要依靠中医中药，医疗卫生人员以私人开业的中医居多。新中国成立后，贯彻“面向工农兵”“预防为主”“团结中西医”“卫生工作与群众运动相结合”四大方针，卫生事业不断发展。中共十一届三中全会后，在“预防为主，城乡兼顾，中西医结合”卫生工作方针指引下，境域医疗卫生机构相应恢复和充实，三级医疗网得到进一步巩固和发展，预防保健工作得到加强，卫生改革不断深入。体育方面，民间一直有踢毽子、推铁环、跳格子以及拔河、游泳、弈棋等体育活动，有规模的体育活动则开始于“文化大革命”中后期。90年代后，体育工作得到各级领导重视，农民健身活动经常化、群众化，学校体育教育正常化、规范化，乡镇和学校各类赛事不断举行。

2011年，城东镇医疗卫生机构42个，其中卫生所1个，医院10所，社区卫生服务站31个。界墩村、泰宁村、开屏村、西场街区等都有农民健身场，每天早、晚有数百人到健身广场参加健身操、健身舞活动。立发中学、韩洋小学等学校为县传统体育项目学校。

第一节 卫 生

一、发展概况

新中国成立前，群众的疾病主要依靠中医诊疗。西医西药于民国初期传入。由于医疗卫生条件差，境域内霍乱、天花、伤寒、痢疾、麻疹、脑膜炎等急性传染病连年不断，血吸虫病也给人民带来深重危害，民国35年（1946年）霍乱大流行月余，境域内每日均有人死亡，有的村庄病死者甚多。

新中国成立后，卫生事业不断发展。50年代后，境域内陆续建立各级各类医疗卫生机构，不断增设诊所、农民医院等。

1969年，全面举办合作医疗，初步形成公社医院、大队卫生室、生产队卫生员三级医疗卫生网。此期间，发动群众开展爱国卫生运动，除害灭病，预防接种，大力防治血吸虫病，有效地控制了疫病和寄生虫病的发生和流行。

“文化大革命”期间，卫生系统部分技术骨干和管理干部下放农村，客观上加强了农村医疗力量，有利于农民看病。

中共十一届三中全会后，境域医疗卫生机构相应恢复和充实，三级医疗网得到进一步巩固和发展，预防保健工作得到加强，卫生改革不断深入，至90年代末，境域乡镇医院有6个，村村都有卫生室。

2002—2003年，实施公立医院产权制度改革，城东境域乡镇医院转为民营医院，执业人员

图18-1 城东镇医务人员为居民义诊 （孙宝峰/摄）

214人。2004年8月后，组建城东、西场两个卫生所，以加强境域公共卫生服务工作。各医疗单位有较为齐全的医疗设施和合格的专业人才，保障全镇卫生和健康事业的发展。2011年，城东、西场卫生所合并为城东卫生所，全镇医院发展到10所，其中西场中心卫生院、仁济医院为公立医院。

二、医疗机构

城东镇卫生所 组建于2004年8月，隶属海安县卫生局，为镇卫生机构，亦接受镇政府领导，履行镇级卫生管理职责。全所在编人员10人，其中本科学历8人，大专以下2人，中级职称9人。2002年，境域原立发、南屏、韩洋、新生、壮志5个卫生院实行改制，其公共卫生管理职能逐步移交至镇卫生所。2007年新组建的镇卫生所根据省、市《初级卫生保健发展纲要（2005—2010年）》和《农民健康工程实施方案》要求，参加全县实施初级卫生保健先进县和农民健康工程先进县创建工作，推行镇、村医疗卫生机构的一体化管理。2011年，西场镇卫生所并入城东镇卫生所。

西场中心卫生院 建于1958年，院址在西场镇人民东路18号，2008年为海安县公立基层医疗卫生单位中7个中心卫生院之一。2011年12月，荣膺“江苏省示范乡镇医院”称号。

医院前身为西场联合诊所。解放初期西场集镇有吴立泰中药店、天生德大药房、存仁堂药店等。1953年，私营中西药房合并，组建西场民营联合诊所，设在徐国允药房，徐国允任所长，个体私营药房医生进入联合诊所。设中西医外科，购置一台显微镜，同时在农村小乡分别组建楼基乡、新农乡、张庄乡联合诊所。是年，西场镇设立西场卫生所，地点在花园巷，王益清任所长，设有内外科、妇产科。1955年，随着国家对个体工商业社会主义改造进程，西场镇6家中西药店合并，在南街季真修药房建立国药合作药店，后迁至南街杭成药店，后又迁至老店巷口薛金国原理发店内。1957年，建立西场农民医院，徐国允任院长。农民医院建立在陈庄乡，后迁到周庄。同时建立卫生工作者协会，徐国允任会长。为了方便农民看病，各小乡联合诊所仍存在。

图18-2 西场中心卫生院 （孙宝峰/摄）

1958年，西场公社成立后，将西场农民医院改为西场公社医院，国药合作商店同时并入公社医院，地址在花园巷出口西侧徐国允诊所，徐国允任院长。1959年，柳益明任院长。1963年，医药分开，药店又迁至十字街东边路南，石峰光任经理。1966年春，西场公立卫生所与公社医院合并，仍为公社医院，毛堂玉任院长。此期间，毛泽东发表“6·26”指示，把医疗卫生工作重点放到农村，西场公社每个大队均培养 “赤脚医生”，办起卫生室，卫生院部分医生也下派到相关大队卫生室。1967年下半年，西场公社医院迁址至镇东古河坝西，更名为西场地区医院，李桂阳任院长。1972年，在西场集镇区十字街西侧设有中西药房。1974年，地区医院又分为西场地区医院和西场公社医院，地区医院在原地，公社医院迁西街，张孝先任西场地区医院院长，杨玉根任公社医院院长。1975年，史国平任公社医院院长。1978年12月，西场地区医院改为海安县传染病医院，蒋宏俊任院长。1983年，张英松任西场公社医院院长。1987年12月撤销县传染病医院。1988年底，原传染病院与西场公社医院合并为西场镇卫生院，医院设在西街（现人民西路与西港路交会处），亦称西头医院，张英松任院长。设有内外科、妇产科、五官科、中医科、化验室、放射科、手术室等。1990年，西场镇卫生院迁至东街原县传染病院，命名为海安县西场中心卫生院，张英松任院长。1992年建病房大楼，1996年建门诊大楼，增设X光机3台、超声波、心电图、生化仪、万能手术床、无影灯等设备。1999年，仲重阳任院长，率先在全镇办起新农、戚庄、石桥、仲庄、热港、许冯6个社区卫生服务站。18个村保健医生相对集中到社区卫生服务站，卫生院又下派6名一线临床青年医生到社区卫生服务站，由此在南通市率先全面推行镇内全覆盖的“六位一体”全新“社区卫生服务”模式。南通市卫生系统社区卫生服务现场会在此召开。西场中心卫生院先后获得“南通市中医合格乡镇卫生院”“全国中医工作先进单位”“南通市无红包医院”“爱婴医院”“县医保农保定点医院”等称号，多年被评为县文明单位、护理巾帼文明示范岗位。培养了南通市名中医、副主任医师吴迪隆，创建腰椎间盘突出症专科，先后与南通市第一人民医院、县人民医院、县中医院建立协作友好关系，拓展了业务平台。

2009年开始，医院投资1500万元，在221省道北侧建起新的医院大楼，同时购置部分医疗设施。2011年12月8日，中心医院乔迁新大楼。医院是集医疗、预防保健、健康教育、计划生育服务、康复等综合服务功能于一体的一级甲等中心卫生院、省示范乡镇卫生院，有医护人员72人。医院占地1.14万平方米，建筑面积7500平方米，绿化占地面积40%。开放床位50张，设内、外、妇、眼耳鼻喉、中医、针灸、皮肤、康复、麻醉等临床科室，同时设有120急救分站，检验、放射、心超、胃镜、药剂等医技科室齐全，分两个病区。有万元以上设备近20台（件），主要有原装德国进口胃镜、500毫安摄片机、3分类血球计数仪、全自动血凝仪、生化仪、血气分析仪、微量元素测定仪、尿沉渣分析仪、日立麦迪逊彩超、进口12导联全自动心电图机、除颤起搏监护仪、进口无创和有创呼吸机、全自动多功能麻醉机等全套乡镇卫生院必备的基础设备。医院正常开展胃肠镜检查及胃肠镜下常用治疗术，外科正常开展胆囊切除、骨外科、妇科常见手术，内科进行常见病、多发病的诊治、危急重症的抢救。

2011年，中心卫生院建有1个社区卫生服务中心和7个社区卫生服务站，医疗卫生服务率100%，社区卫生服务站全面实行“五统一”管理。

壮志医院　位于城东镇壮志街道西首，如李公路与陈庄路交会处。2011年底，壮志医院有职工25人，内设全科、外科（门诊）、内科、妇科、耳鼻咽喉科、急诊医疗科、生化检验科、放射科、B超室、中西药房等科室，有核定床位20张。医院占地3000平方米，建有综合楼、生活楼、后勤配套用房及宿舍楼、配电间等。

1956年春，建立壮志联合诊所和池旺联合诊所。壮志联合诊所设在原杨庄2组张远龙家，许映明为负责人，医务人员有刘圣文、顾寅福；池旺联合诊所设在顾曾模家，史有林为负责人。联合诊所负责为当地农民看病，以中医为主，只能医治轻微病症。

1957年7月15日，壮志乡合并联合诊所，建立壮志乡农民医院，史有林任院长，医院设在五马庄。1958年9月，医院迁至公社驻地壮志村3组蒋芝圣家中。1959年，建立壮志公社医院，迁至壮志公社大院内，有10间砖木结构瓦房，医务人员中增加从卫校毕业回乡年轻医生，医疗队伍逐渐形成，开始设置中、西医药房，处置一些常规轻微病症。

1964年，社教工作队带来一支医疗队，支援地方医疗工作，为医院培训医务人员，辅导技术，并培训农村卫生员。每个生产队配一名卫生员，配备药箱，备有常用药品及医用材料，如防治外伤的药水、纱布、药棉和治疗感冒、头痛、腹痛药片等。1968年，上级派无锡医疗队到壮志医院，进行医疗技术传授和培训，医院业务水平得到显著提高。医院设门诊室、住院病房、化验室、X光室、手术室，对群众进行防疫指导，增加输液等服务项目。1969年开始建立农村“赤脚医生”队伍，每个大队配3名“赤脚医生”，其中1名女接生员，推行新法接生。医院医生分工到大队帮助建立大队医务室，带领“赤脚医生”推行合作医疗制度，逐步形成农村初级医疗队伍。1970年，医院更名为壮志公社卫生院。

医院规模逐渐扩大，1972年，10间砖草房翻建新瓦房，新瓦房前面增建3间手术室，后面建10间瓦房，内设中西药房、门诊、住院病房、药库，东西两侧各建3间生活用房。至此，壮志卫生院形成一整体院落。1984年，改为乡卫生院。1990年，医院拆旧新建一栋10间楼房。1995年，拆除前排平房，新建医院大楼（局部四层），各科室及住院部安排此栋楼内，三楼设住院部、手术室，四楼设会议室及办公室，新建东边朝西5间综合楼房。1998年新建生活住宅楼。

2000年，医院顺利通过一级甲等医院评审，2001年被评为县卫生先进单位。2003年医院体制改革，由7人组成股份制实体，2006年6月，由范存余一人受让。此后，医疗设备逐步更新，新置X光机、B超、生化仪器、血液分析尿检仪、全自动心电图机等。配置医院管理系统、药品质量控制监督系统，全院各科室及社区卫生服务站实行电脑化管理。

1959—2011年，历任院长分别为史有林、葛存来、毛颖、张加生、张远旺、王伯时、周建银、彭芝桥、李培连、居正彬、范存余。

南屏医院 前身为南屏乡农民医院，1958年组建，院址在赵家庄（南阳村15组）。当时医院只有7间草房，设备条件极为简陋。第一任院长葛荫人，有工作人员18人。1959年改为南屏公社农民医院。

1960年，医院迁至南屏农中（今南屏敬老院）处，租用农中4间瓦房和2间厨房。1962年3月，医院更名为南屏公社医院，院长王圣国。

1965年，医院迁至南屏供销社处，新建瓦房7间，祝荫桐任院长。是年6月，省巡回医疗队到医院进行技术培训。1968年，陈宝英任院长，宋少明、陈必怀、戴子林等8名中专毕业生进入医院，王金海、汤文学、赵荣芬、王明华等县人民医院医务人员下放到南屏医院，医院技术力量得到明显加强，改变了医院没有正规医学院校毕业生的历史，医院运行模式从过去纯中医服务逐步转变为中西医结合服务模式。此期间，医院有了简易手术室，添置显微镜，能开展三大常规等辅助检查。1972年，医院迁至今开屏村5组（今南屏医院所在地），建设门诊、病房等两排平房共30多间，设床位20张。能开展危重病人抢救，对下腹部手术、体表肿瘤摘除以及四肢骨折等外伤及时处理。1975年，徐利生任院长。是年，杨和玲、李黄、王宝金等从县人民医院调到南屏公社医院工作，内科、外科、妇产科力量得到进一步加强。1984年，医院改为南屏乡卫生院。1981—2003年，陈兴俊任院长。1991年起，医院先后投资建设病房楼、门诊楼以及金凤分院大楼，总建筑面积4000多平方米。门诊设内科、外科、中医科、妇产科、五官科等科室。先后添置200毫安X光机、心电图机、B超、彩超、麻醉呼吸机、血液分析仪等大中型医疗设备，引进大中专医药院校毕业生，医院科室设置、硬件设施不断完善，人员素质以及服务水平明显提高。1994年，医院通过南通市一级医院评审。

2003年，南屏卫生院改制为民办非营利医院，更名为海安南屏医院，吴晓兰任院长并一人持股。医院添置彩超、心电图机、生化分析仪、经颅内彩电多普勒检查治疗仪等，并购置救护车1辆。是年，医院被表彰为县防非工作先进集体。2005年10月，医院药房通过南通市星级药房验收，并建有高标准优抚病房。2006年被表彰为县卫生防病工作先进集体。2008年，医院在残疾人康复指导、精神病人随访管理以及康复设施投入方面成绩突出，县民政局和县残联将南屏医院定点为康复指导站。2011年，全院有医护工作人员30人，其中副主任医师1人，主治医师8人，医院从过去单一医疗服务转变为医疗、预防、保健、康复、健康教育和计生指导“六位一体”服务，顺利通过南通市一级甲等医院初审和复审。

立发医院 1956年3月3日，立发集镇高维生、傅步鳌两家药店走集体化道路，组成医药合作商店。3月21日，立发乡联合诊所和练港乡联合诊所建立。立发乡联合诊所设在立发桥，5人组成，孙国凡为所长；练港乡联合诊所设在刘家缺，4人组成，贲德门为所长。

1958年7月1日，立发联合诊所、练港联合诊所及立发药店合并，组成立发乡农民医院，贲德门任院长，工作人员有13人。医院地址在立发乡立发大队11队，下设刘缺、太平保健室。1959年3月，医院改称立发公社医院，公社团委书记孙兴璜兼任医院院长，贲德门任副院长。1960年10月10日，南通医学院师生8人、海安卫校助产班学员10人、立发医院医生8人组成除害灭病检查小组，对全社人民普查寄生虫、血丝虫，并检查发现钩虫病人占65%，蛔虫病人占90%，血丝虫病人16例，同时进行治疗。1964年7月，医院从立发原石桥北边搬迁到立发集镇西首（立发粮管所隔壁立发大队2队）。12月12日，医院实行统一核算及基本工资加奖金制度。

1965年1月，脑膜炎传染病流行，立发公社复训生产队卫生员，采取紧急行动，迅速扑灭脑膜炎，控制住脑膜炎的蔓延。

1968年，立发医院成立革委会，林俊衔任主任。

1972年，立发医院从立发2队迁至立发14队，有办公用房13间，工作人员20人，1976年新建门诊楼第一层，1978年加盖第二层，1980年8月竣工。1979年戎健泉任院长。

1980年7月13日，全国妇联书记处书记吴权衡在省、地、县领导陪同下视察立发医院。1983年9月后立发公社医院更名为立发乡卫生院。1985年，医院在太平村11组征地新建太平门诊部，工作人员8人。1990年在门诊楼后新建病房楼。1994年3月2日，立发乡卫生院被县卫生局表彰为“文明卫生院”。1999年11月，徐瑞竹任卫生院院长。

2001年，医院更名为城东镇立发卫生院，负责原立发辖区预防保健、医疗卫生工作，在编人员43人，退休人员9人。2002年8月，实施产权制度改革，9人参股，更名为海安立发医院，吉英明任院长，在编39人，设内科、外科、妇产科、儿科、中医科、中西科结合科、眼耳鼻喉科及医技科室。

2011年，医院在编25人，聘用其他专业人员6人，留用退休人员4人，拥有200毫安X光机、血球计数仪、尿液分析仪、半自动分析仪、电解质分析仪、数字B超机等先进的医疗设备。

韩洋医院　创办于1958年8月，由洋蛮河、大桥、刘家湾（现三丰）3个联合诊所合并而成，时称韩洋公社农民医院，院址在刘家湾，有平房3间，工作人员16人，下设洋蛮河、大桥卫生室。1959年3月改称韩洋公社卫生院，迁址公社食堂。1964年5月迁址韩洋农业中学（韩洋中学前身），1965年从韩洋中学迁址至今城东镇三角村13组。

1965—1975年，添置X光机、无影灯、恒温箱等医疗设备，科室设置日益完善，有门诊室、病房、中西药房、化验室、放射室、手术室等科室。1980年门诊2万人左右，住院人数8000多人次。1983年9月后，改为韩洋乡卫生院。1989年3月20日，卫生院被县卫生局表彰为1988年度文明乡镇卫生院。1990年2月28日，南通市卫生局授予韩洋乡卫生院“南通市文明乡镇（中心）卫生院”称号。

1991年，兴建计划免疫中心大楼1254平方米。1999年3月实施环境美化工程，园林专家整体设计，建成花园式医院。1995年通过一级甲等医院验收。

2002年8月，医院实施产权制度改革，政府持大股，更名为海安县洋蛮河镇韩洋卫生院。2003年11月，政府股全部退出，更名为海安洋蛮河医院。2006年4月又更名为海安韩洋医院。2007年，医院与南通市第一人民医院建立协作关系，市一院接受韩洋医院人员进修培训，专家定期到医院义诊。

医院改制后，在硬件设施上注重投入，购置大型X光机、救护车、彩超、电子胃镜、CR、心电监护仪，尿液分析仪、激光机等先进医疗设备。医院设内科、外科、妇科、儿科、中医科、针灸推拿科等科室，能治疗常规疾病及进行突发性抢救。2005年10月，医院药房通过南通市星级药房验收，被评为二星级药房。2011年有专业人员27人，其中中级职称14人、初级职称13人。

医院历届院长为徐子峰（1958—1960）、高子霖（1961—1964）、王大安（1965—1967）、何林（1968—1970）、吴金勇（1971—1979）、林俊衡（1980—1989）、蒋万里（1990—1997）、汪宝明（1998—2002）、丁世新（2003—）。

新生医院　1958年7月，白桥、堑南联合诊所组建新生乡农民医院，乡长夏隆基兼任院长，下设两个保健室，有工作人员12人。同年11月，医院改称新生公社农民医院。1959年9月1日，许秀胜任院长。卫生院建立时，租赁新生大队3队范亚家3间泥墙草房营业。

1959年秋，医院迁至新生大队1队范存标家，租赁五架梁瓦房两间，五架梁草房3间，解决门诊、药房和医务人员食宿问题。人民公社化后，向各大队筹集材料建起七架梁草房6间，厕所、厨房各1小间，占地370平方米，另建3间草房作库房、宿舍，设置简易病床8张，化验室1小间。1961年春，新建五架梁砖瓦房3间，占地80平方米。三年经济困难期间，人民群众营养匮乏，浮肿病人多，医院在各大队建起浮肿病人收治站13处，收治浮肿病人231人，政府补贴粮油，集体食宿，医务人员精心治疗131人，好转72人，死亡28人。医院协助上级派来的医疗队普查钩虫、蛔虫、姜鞭虫、丝虫病。全公社检查9100人，阳性率68%，治疗率92%。1965年后，开始实施合作医疗，医院建立组织，专人管理，使合作医疗形成制度。

1972年，医院兴建两层病房楼6间、会议室3间，占地220平方米。1976年兴建医务人员宿舍两层楼房6间，占地150平方米。1983年3月，兴建门诊大楼两层6间，占地150平方米。全院22名医护人员。门诊设置内科、外科、儿科、中医科、妇科、口腔科、针灸科等10个科室，设置病床30张，有300毫安X光胃镜检查、血检、尿检等仪器，外科开展中下腹手术和妇科剖腹产、宫切等大型手术。全年门诊人数2.1万人次，住院406人次。1985年，医院多方筹资，新建一幢三层门诊楼，缓解医疗用房紧张。同时为加强中医人才力量，努力培养中医治病氛围，中医科创建为南通市中医特色专科。

1991年1月，田贵卿任院长，经领导班子积极探索研究，研制出“系数分成法”考核方法，解决卫生系统改革初期绩效考核分配难题，得到县卫生局肯定，在卫生系统内推广，并有周边县市相关单位来学习借鉴。1992年，医院拆除旧平房，建设宿舍综合楼、病房楼，于1993年完工并投入使用。1994年，医院成功通过卫生部等级医院评审，成为一级甲等卫生院、爱婴医院。医院添置海燕B超、血球计数仪、200毫安X光机等设备。1998年10月，季永东任院长，新建门诊附属楼、宿舍楼，医院内部整体装修，医疗环境得到改善。

2002年12月18日，新生卫生院改制为海安新生医院，丁佐春任院长。

2008年，医院完成手术室改造（更新手术床、无影灯以及手术器材）、消毒供应中心建设（高压灭菌消毒锅、干燥器、循环风消毒器）、检验科建设（全自动血球计数仪、尿液分析仪、半自动、全自动生化分析仪、电解质分析仪、血粘仪等）、放射科建设（300毫安X光机、日本富士CR）以及更新彩色多普勒超声诊断仪，为临床诊断提供可靠依据，通过南通市星级药房验收。2011年，医院加大妇产科设备投入，加强爱婴小区、产房小区、计划生育小区、产前宣教室等建设，通过市、县医疗行政部门对医院妇产科建设的评审。

仁济医院 为海安县第三人民医院分院，建于2005年6月，位于海安县长江中路5-9号，是开发区（城东镇）一所集医疗、急救、预防保健、康复、计划生育、社区服务于一体的政府举办的非营利性公立医疗机构，是海安县医保、农保定点医院。仁济医院前身为仁济综合门诊部，负责人田贵卿，医护人员13人，设有内科、外科、妇科、计划生育科、儿科、中医科、检验科、影像科等。2007年6月改名海安县仁济医院，陆海一任院长。2011年，仁济医院有专业技术人员40人，其中中高级职称15人。医院诊疗科室齐全，设有精神科、心理科、神经内科、普内科、消化内科、心血管内科、肾内科（含血透中心）、普外科、妇科、儿科、药剂科、检验科、影像科（含CT、DR、彩超、脑超）、心电图、脑电图等临床医技科室。医院设立输液中心。拥有床位75张，分设综合性病区及心身科、睡眠科两个病区，所有病房均为宾馆式设置，并设有呼叫系统。

新康明医院 原为海安微创医院、海安眼耳鼻喉科医院，位于通榆中路91号。是2004年2月由县委、县政府招商引资开办的一所公益性、非营利性医院，是城镇职工基本医疗保险定点医疗机构及新型农村合作医疗定点医院、南通市白内障复明手术扶贫定点医院。注册资金180万元。赵长松（2004年2月—2007年2月）、张丽华（2007年2月—）先后为该院法人代表。

2004年1月，医院租赁海安镇中心卫生院（住院楼和部分门诊室）作为微创医院临时地址。2005年9月，迁至城东镇安平路8号。2008年3月，租赁位于通榆中路91号美华大酒店综合楼餐饮部大厅一楼北部（使用面积350平方米，附属用房3间，使用面积100平方米）作为医院门诊部。2011年12月，医院将该楼全部租用（主楼三层建筑面积2381平方米，楼后附属用房使用面积263平方米）作为医院诊疗场所。2011年3月，海安微创医院更名为海安新康明医院。

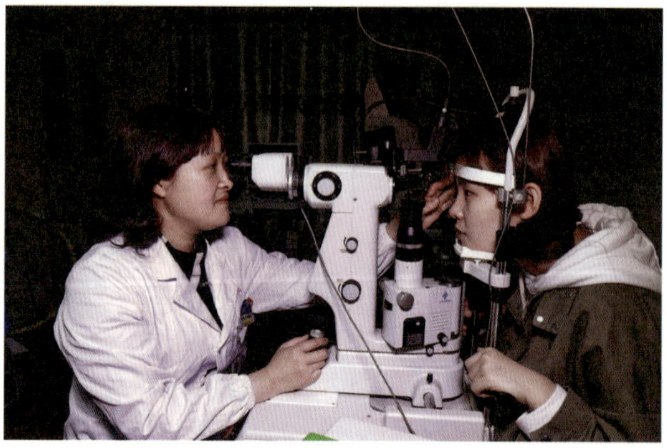

图18-3 新康明医院眼科医生为患者诊疗 （顾彬斌/摄）

医院医疗设备先进、专科特色明显。医院开设微创眼科、近视眼治疗中心、耳鼻喉科、微创外科、微创妇科、内科、检验科、影像科等一级科室，并设置放射科、彩超室、手术室、麻醉科、药房、供应室、眼科A/B超声室、验光配镜中心、激光室、眼底荧光血管造影室。微创眼科设有白内障超声乳化、准分子激光治疗近视眼、青光眼、角膜病、眼底病、眼外伤、屈光眼肌、美容整形、泪道疾病和眼预防保健等10个专业组。微创外科、微创妇科在海安地区率先开展腹腔镜手术、PPH微创技术，成功进行数千例胆囊结石、胆囊息肉、阑尾炎、疝气、前列腺肥大、静脉曲张、膀胱结石、肾囊肿、子宫肌瘤、卵巢囊肿、宫外孕、子宫内膜异位症、不孕症、无痛人流、宫颈疾病等微创手术，常年开展妇科炎症，异常子宫出血、痛经等多发病常见病的治疗。

2011年，医院有主任医师1人、副主任医师4人、主治医师6人、住院医师7人、主管护师2人、主管检验师1人、药师2人，其中医院眼科与南通大学附属医院眼科中心建立广泛而长期的协作关系，江苏省眼科学会主任委员、博士生导师管怀进教授是医院特聘技术支持专家，每周到医院会诊手术，实现人才、技术与设备资源共享。

新瑞慈医院 原为海安女子医院，位于城东镇长江东路1-25号，是2006年县委、县政府重点招商引资开办的一所新农合、医保定点医院。医院于2008年6月开业，名称为海安女子医院，2011年12月更名为海安新瑞慈医院。医院法人代表柯金富。

新瑞慈医院地处海安汽车站东100米，交通便利，环境优美，占地1000平方米，六层楼建筑，建筑面积5600平方米。医院设置3个病区、100张床位。病房内设施齐全、干净整洁。门诊设有中医科、内科、妇科、外科、泌尿外科、微创外科、消化内科，其中妇科、微创外科、消化内科，中医科是医院特色科室。医院配备有宫腹腔镜、电子胃镜、进口GE彩超、多普勒脑血流仪、前列腺腔内介入治疗仪、PPH—安氏肛肠治疗仪、脉冲导融治疗仪、体外磁场治疗仪等先进仪器。

2011年，医院有医护人员46人，其中高级职称医师3人，中级职称医师9人。医院常年与南通市第一人民医院、上海老专家协会、南京艾迪康医学检测检验中心开展技术协作，定期邀请南通、上海、南京专家到海安会诊。

现代医院 创建于2004年12月，位于海安县城永安路海安卫生学校附属医院内，名称为海安生殖健康医院，是一所非营利性民办医院。医院以男科、妇科为特色，是医保、农保定点医院。

2008年10月，医院迁至宁海南路181号（城东镇泰宁村9组，原南屏医院金凤分院），占地1260平方米，建筑面积1500平方米，业务用房1344平方米，医院更名为海安现代医院，院长林瑞国。医院设有内科、外科、妇科、中医科、放射科、检验科、药房、超声、心电图、手术室等科室，引进国内外先进诊疗设备，主要有可视微管人流治疗仪、美国宫颈利普刀、男科多功能治疗仪、男科多功能康复仪、电子数码阴道镜、东芝彩色B超、电子胃肠镜、12导联心电图机等，手术室、检验室、胃镜室、影像科布局合理、设备齐全、功能全面、标准规范。每个病房均配置空调、网络电视、太阳能热水器、卫生间等。2011年，医院开设床位36个，有医护人员54人，其中主任医师1人、副主任医师4人、主治医师12人，医护人员梯队编配合理，能够满足广大患者诊治需求。

农村卫生室 新中国成立初期，村级医疗卫生工作由个体医生承担。1956年3月，个体医生分别组织建立多个联合诊所。1957年10月，先后建立海安区卫生工作者协会各乡分会。1958年7月，各乡联合诊所及药店先后合并建成农民医院。1967年8月，各乡辖区内建立医疗网，下设多个医疗点，即村（大队）卫生室。1969年3

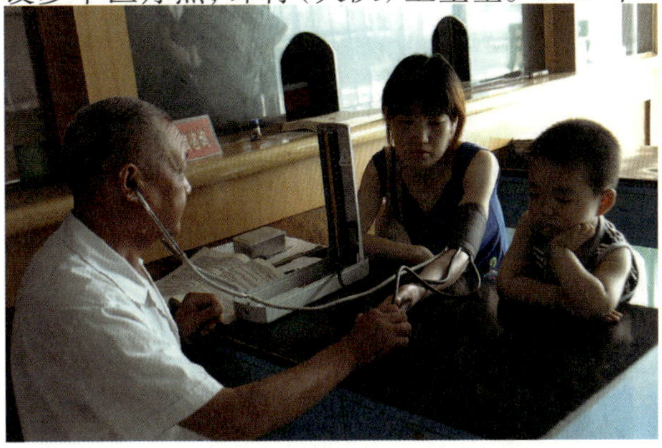

图18-4 泰宁社区卫生服务站医务人员为民诊治
（姜 海/摄于2006年7月）

月，各大队增加“赤脚医生”，并全面实行合作医疗制度，同时推行新法接生。是年3月11日，《新华日报》第四版刊登立发公社培养新法接生员消息，题为《贫下中农培养自己的新法接生员》。1975年，农村医疗保健工作按人口比例2‰的要求配备“赤脚医生”。1977年6月14日，立发公社界墩大队女赤脚医生贲桂兰出席江苏省计划生育、妇幼工作会议。1983年，原大队卫生室改名为村卫生服务站，“赤脚医生”改称乡村医生。

新中国成立后，境域内在村级卫生工作中表现出色的医生有：

南屏乡 葛荫人、季从茂、张洪飞、陈昌裕、吴厚甫、陈鸣甫、曹士林、张碎石、张德、张幸山、祝荫桐、王如龙、陈志根、陈绍贤、刘正声、范青月、秦彭林等；

立发乡 孙国凡、贲德门、林俊衔、马永圣、丁正方、陈爱华、傅卜桐、陶俊、丁保之、陆大涛、朱文龙、陈宗义等；

韩洋乡 徐志峰、蒋德林、田稼宴、冯儒、徐瑞芝、蒋万里、李良甫、丁达甫、张鹏、于复基等；

新生乡 周玉文、季从模、范钦林、朱荣山、范体林、陆亚、许学勤、季从龙、缪志红等；

西场镇 吴仲伯、季正修、石明清、仲敏大、杨杰、张学礼、邱双旺、储进、仲智、崔平等；

壮志乡 史有良、史国庆、顾曾楷、胡芹香、胡质融、胡松林、杨增焕、左加海、刘广生、章建、徐春来、刘美玲等。

2008年，境域公共卫生体系逐步完善，新型农村合作医疗参合率90%以上，村村成立社区服务站，保障各村群众就近看病，疾病预防控制工作取得明显成效。至2011年，全镇各村均设有卫生服务站，共有工作人员98人。刘缺村卫生服务站唐渠友获“全国优秀乡村医生”称号。

三、卫生防疫

（一）爱国卫生

新中国成立前，境域居民即有讲卫生习惯，逢年过节开展掸尘、晒衣服、洗涤家用物品等卫生活动。新中国成立后，人民政府重视开展爱国卫生运动。1952年，开展灭虫消毒防疫运动。

图18-5 机关干部带头献血（储成来/摄于2011年11月）

1958年，韩洋、新生、立发、南屏、西场、壮志6个公社广泛开展以除四害（苍蝇、蚊子、老鼠、麻雀）为重点的大规模爱国卫生运动，春冬季节动员群众挖粪坑边蝇蛹，夏季利用苦楝树叶、六六六药粉杀死蝇蛆。爱国卫生运动形成正常制度，元旦、春节、“五一”“七一”、国庆节等节日前，都有一次卫生突击活动，每次活动都检查评比，促进卫生运动的深入开展。

1972年，境域推广使用沼气。1974年，推广使用压泵井和加盖的小水井。1982年，成立爱国卫生委员会，促进文明村、文明卫生单位的建设。1997年，境域五乡一镇先后建成自来水厂，全镇90%以上农户饮用自来水。2001年城东镇建立后，狠抓农村环境综合整治和长效管理，各村党支部书记是环境卫生整治第一责任人。2006年，加强社区环境卫生整治力度，全镇改厕1661户，共埋露天粪坑567个，加盖83个。加强对城郊接合部和城中村环境、公路沿线和集镇环境整治，清理各自的卫生责任区环境。对“五小行业”，按照国家卫生城市标准要求，逐一检查，限期整改。2006年，县、区以泰宁村为试点，就农村精神文明建设工作进行调研和指导。2011年，全镇有专职保洁员163人，负责河道保洁、公路管护、垃圾处置，初步解决了“脏、乱、差”问题。重点推进畜禽生态健康养殖，禁止粪便直排，全面提升农村环境卫生质量和文明建设程度。

（二）免疫预防

1950年开始，城东镇各乡开始重视预防天花工作，组织医务人员为学校和农村儿童接种牛痘。1952年，开展对霍乱、鼠疫的预防接种。此后，不断扩大预防接种范围，增加霍乱、伤寒、麻疹、白喉、脊髓灰质炎、流脑、乙脑等疫苗的预防接种，使传染病得到控制。1985年起，实行0~7岁儿童全程计划免疫，"四苗"覆盖率100%，单苗接种率99%，全程计划免疫率100%。2003年，南屏医院被表彰为县防非工作先进集体，2006年被县表彰为卫生防病工作先进集体。2011年，全镇扩大免疫规划范围，全力实施农村基本公共卫生服务项目，主要有公共卫生突发事件的预防与宣传教育；急性传染病预防和控制，如霍乱、肝炎、手足口病、流感等；重大疾病防治，如结核病、艾滋病、血吸虫病等；应急演练做到拉得出、打得响。

（三）疾病防治

血吸虫病防治　新中国成立前血吸虫病是危害城东地区群众身体健康的主要疾病。新中国成立后，人民政府十分重视血防工作，1958年后多次组织群众性的查螺灭螺工作。2010年，城东镇开展4个村的查螺工作，未发现螺情。2011年，刘缺、上湖、三角3个村，同时开展血防查病，重点检查渔民、船民及流动人口，不让血吸虫病有死灰复燃的可能。

肺结核病防治　防治肺结核病始于70年代中后期，普查50岁以上的结核患者，并进行49岁以下人群结核病流行病同等调查。2005年11月7日，西场镇建立血防领导小组和慢性病防治小组，做好血吸虫病、慢性病、地方病防治工作。2010年，落实现代结核病防治DOTS策略，指导督促各级医疗机构开展疑似结核病人推荐转诊、肺结核病人追踪、全程督导管理等工作，发现新发涂阳病人22例，涂阴病人8例，免费服药30人，追踪随访、全程管理率100%，境域内活动性肺结核病人报告率、转诊率100%，每月对辖区内医院、服务站督导一次。

麻风病防治　1966年后，城东镇境域内发现有麻风病人，为预防传染，各公社分别将病人送县麻风病医院集中治疗，病人户口、粮油计划一并转出。2011年，全镇继续抓好麻风病监测、老病人康复，免费发放劳保用品等工作，界墩、南阳、南屏社区建有麻风病人康复室。

四、卫生保健

妇幼保健　新中国成立前，境域接生主要依靠民间催生婆。新中国成立后，推行新法接生，加强卫生消毒。1958年实行妇女月经期、怀孕期、哺乳期劳动保护制度，做到"三调三不调"（经期调干不调湿、孕期调轻不调重、哺乳期调近不调远）。立发公社各大队组织兴修水利，挖沟挑泥做灌溉渠，各生产队妇女组长负责安排"三期"农活，妇女不做重体力活。城东镇建立后，强化妇幼保健管理，2010年实施重大妇幼保健项目，对孕妇免费发放叶酸，产妇分娩发放补助并公示，发放分娩补助515人，每人400元；对幼儿发放计划免疫证、儿童保健证，定期体检，进行生长发育评价，做好疾病筛查。通过加强孕产妇系统管理和对产科医院的督察，降低剖宫产率，立发为44.9%，新生为70.97%，远远高出县级要求。

2011年，为准备结婚登记的青年免费婚前医学检查；免费提供口服叶酸片剂，以预防胎儿神经管畸形；为孕产妇和儿童免费提供一系列基本公共卫生服务妇幼保健项目；对农村孕产妇住院分娩给予补助；实施预防艾滋病、梅毒、乙肝母婴传播项目，为表抗阳性产妇分娩的新生儿免费注射乙肝免疫球蛋白等。育龄妇女发现有怀孕迹象时，可立即到居住地社区卫生服务站登记，并及时到有产前保健服务资质的医疗保健机构办理《江苏省孕产妇保健手册》和CPU卡，接受产前保健、产后访视和产后检查等一系列孕产妇保健服务。新生儿出生后，携CPU卡到县妇幼保健所接受听力筛查保健服务；儿童携CPU卡、《江苏省儿童保健手册》到所在地儿童保健门诊接受0~6岁儿童系统保健服务。是年10月起，全镇通过使用CPU卡和海安县孕产妇（基本公共卫生服务项目）保健服务券，为孕产妇和0~6岁儿童提供免费基本公共卫生服务（妇幼保健项目）。

2000年后，儿童保健有序开展，完成辖区内8所幼儿园的"六一"和入园体检工作。儿保门诊定时开放，儿童的30天建册率100%。2011年，儿童保健服务7岁以下4989人，5岁以下3815人，3岁以下2867人，保健覆盖率98%；7岁以下儿童保健管理率大于95%，新生儿疾病筛查和听力筛查正常开展。

老年保健 80年代后，老年工作得到重视。1983年后，各乡建立敬老院，并明确保健医生为五保老人诊治。2001年之后，城东镇合并敬老院，办院条件进一步改善。镇卫生所建立老干部医疗保健领导组，安排高年资质医生负责老干部医疗保健任务，定期给老干部作保健讲座，建立老干部健康档案，每年重阳节为老干部和敬老院老人做健康检查。2011年，卫生所为65岁以上老年人体检建档，建立老年人体检档案14893人份，同时对老年保健和慢性非传染病防治实行电子化报告，共建电子档案1000份，并做好随访到门管理。各村对老年人白内障眼病每年检查上报，由县残疾人联合会组织到定点医院检查，符合手术条件的免费治疗，使其重见光明。

第二节 体 育

一、发展概况

城东境域有规模的体育活动，开始于“文化大革命”中后期，各公社响应党的关于“发展体育运动，增强人民体质”号召，学习北凌公社开展农民体育运动的经验，以下乡插队知识青年和基干民兵、学校体育尖子为骨干，每年举办农民体育运动会。在体育器材方面因陋就简，在部分生产队大场有生产队木匠自制的篮球架、爬竿，泥瓦匠砌的乒乓球台等。开展的体育比赛有篮球、乒乓球、游泳、拔河、自行车、长跑、短跑、负重赛等。

图18-6 居民晨练 （王 罗/摄于2006年5月）

80年代后，县政府对各乡镇文化、体育事业加大投入，每村都分发到篮球架、单杠、双杠和跑步机等健身器材。1987年3月23日，南通市政府下发《关于表彰十五个体育先进乡（镇）的决定》，立发乡被表彰为体育先进乡。1999年1月8日，韩洋乡被南通市人民政府命名为第七批市体育先进乡。同年5月18日，南屏乡、韩洋乡、新生乡、立发乡被省体育运动委员会命名为江苏省体育先进乡。

进入21世纪，城东镇体育工作得到各级领导重视，农民健身活动经常化、群众化。界墩村、泰宁村、开屏村、西场街区都有农民健身场，每天早晚有数百人到健身场参加健身操、健身舞活动。

至2011年，各村都建设标准篮球场等体育场地，建有农民健身房、文化娱乐室。各中小学、幼儿园体育设施齐全，并正常组织参加各级体育比赛。

二、农民体育

解放前城东境域没有正规的群众体育活动，新中国成立后，农民体育运动处于自发状态，农民劳动之余在场头开展比挑重担、比臂力、推扁担、举石锁等活动，自娱自乐。

1963年5月，北凌公社召开农民体育运动会，开农民体育运动之先河，境域内各公社学习北凌公社举办农民体育运动会的经验，于1971年先后在各公社中学或中心小学、公社粮站等地召开第一届农民运动会，公社党委建立农民体育运动会筹备组，宣传发动，精心组织。各公社都有近千名青壮年农民报名，参加各个项目的比赛。开幕式上，县领导和周边公社的代表观摩民兵队列训练、青少年体操表演，观众上万人。

1972年，立发、南屏、新生、韩洋、西场、壮志6个公社分别召开第二届农民体育运动会，运动员都在1000人以上。比赛项目有篮球、乒乓球、排球，负重跑，自行车慢速赛、快速计时赛，100米、200米、4×100米赛，跳高、跳远、拔河等。以后每年都召开农民体育运动会。1988年，立发公社举行基干民兵游泳比赛，地点在立发中学大门前的栟茶运河，东起立公河口，西至立发中学，计2.5公里，参加比赛的民兵700多人，大河北侧

图18-7　江苏省“百万老人竞步走”城东镇启动仪式
（张远岩/摄于2011年4月）

公路边站满观众。此后，大规模农民体育运动会较少开展。2011年，全镇各村都有体育运动场地，体育设施进一步完善，各住宅小区参加体育锻炼的居民越来越多。

三、学校体育

新中国成立之初，城东境域内各学校学生每天做广播操，每周两节体育课。学校缺少专职体育教师，一般无正规操场和比赛场地。

70年代后期，中小学学生人数增加，班级增多，开始配备专职体育教师。学校体育工作受到重视，每学期学校或公社都举行体育运动会，组织球赛。

90年代至2011年，中小学学生人数减少，各乡镇中小学布局调整，并通过六年义务教育和九年义务教育验收，学校体育工作和体育设施得到加强。中小学坚持两课（体育课、体育活动课）两操（广播操、眼保健操），初三升学考试有体育分数，每年乡镇和全县都举办中小学生体育运动会。

各学校在县以上体育比赛中获奖人数逐年增多。1982年立发中心小学获县小学女子篮球比赛第二名，1983年获县小学生男子篮球比赛第三名，1985年获县小学生女子篮球比赛第一名。1986年7月12日，获县小学生女子篮球比赛第一名，12月获市小学生女子篮球比赛第三名。是年，立发中学、立发中心小学被命名为县级体育传统项目学校。立发中学解祥梅参加江苏省田径比赛，铅球成绩10.52米，达田径运动三级。立发中学吴志兰参加南通市第五届运动会，400米成绩为1分2秒，达田径运动二级。1987年，立发中心小学获县小学生女子篮球比赛第二名，1988年、1991年立发中心小学两次获县小学生女子篮球比赛第一名。1997年4月，南屏初中获县篮球赛男子组第一名。2000年，立发中心小学获县广播操录像评比三等奖，获县小学生女子排球比赛第三名。

2001年1月，南屏初中获县第六届航模比赛初中组团体三等奖。是年，立发中心小学获县小学生女子排球比赛第二名。2月，南屏中心小学获江苏省三门球比赛小学组总分第三名。7月，获江苏省青少年航模比赛团体总分第三名。

2002年4月，新生中心小学获县小学生田径运动会第二名。10月，南屏初中获县第五届全民运动会体育道德风格奖。12月，韩洋初中获江苏省第二届三门球比赛亚军。

2003年5月，韩洋中心小学获县小学生田径运动会总分第一名。是年，立发中心小学获县小学生女子排球比赛第二名。

2004年8月，韩洋初中获全国首届三门球邀请赛亚军、省第五届三门球比赛亚军。10月，韩洋小学获县田径运动会第一名。同年，立发中心小学获县小学生女子排球比赛第三名。

2005年4月，南屏小学获全国三门球邀请赛第二名。6月，在县小学生女子排球比赛中韩洋小学获一等奖，开发区实小获二等奖。

2006年4月，南屏小学获县小学生田径运动会团体总分第二名。6月，韩洋小学获县小学生女子排球赛第一名，开发区实小获县小学生女子排球比赛二等奖。

2007年10月，韩洋初中获县阳光排球比赛亚军；11月，获江苏省第八届三门球比赛亚军。是月，立发中学蝉联江苏省三门球比赛高中男子组冠军。12月，南屏小学获县冬季三项赛团体总分第二名。是年，开发区实小获县小学生女子排球比赛二等奖。立发中学获南通市2007年星级学校篮球赛三星级组冠军。

2008年5月，南屏初中获县中小学阳光体能运动会团体总分一等奖。同月，开发区实小获县中小学阳光体能运动会团体总分第三名，10月获县阳光体能运动女子排球比赛优胜奖，11月获省第六届小学生三门球比赛第二名。同月，立发中学高中组获省三门球比赛“三连冠”。

2009年4月，开发区实小获县第二届中小学生阳光体能运动会组织奖。同月，新生初中获县中小学生田径运动会第三名。5月，立发中学获市第七届“铁人杯”三星级普通高中校长乒乓球比赛一等奖。11月25日，韩洋初中获省第十届三门球比赛季军。12月，开发区实小获县中小学广播操比赛一等奖。

2010年3月，韩洋小学获县体能运动会一等奖。4月，南屏初中获县中小学阳光体能运动会一等奖。是月，延寿小学获县第三届中小学学生体能运动会一等奖。7月，韩洋初中获县首届手足球比赛一等奖。10月，南屏初中获县航模比赛初中组一等奖。同月，韩洋初中获省第十一届三门球比赛季军，韩洋小学获省三门球赛（女子）第二名。11月，开发区实小获县小学生女子排球二等奖。

2011年4月16日，延寿小学获县第四届中小学学生体能运动会一等奖。6月，韩洋小学获县首届手足球比赛第一名。

四、体育设施

（一）学校体育设施

新中国成立初期，学校有简易的篮球场、单杠、双杠等。“文化大革命”中，一些社队建有简易的球场、乒乓球台等设施。1984年，各乡政府筹集资金在中心小学、中心初中建水泥篮球场，添置球桌、铁质的单杠等设施。2000年之后，城东镇逐步添置各项体育设备。镇政府要求各基层单位因陋就简开展全民健身体育活动。不少村组在大场边竖起爬杆，让青壮年在劳动之余进行活动；一些中小学在校园内用砖头水泥砌成乒乓球台，课余时间，让学生练打乒乓球。2006年，县政府给全镇每村配备一副篮球架，各村先后竖起铁质篮球架，建成篮球场。给成人校配备一套健身器材。2011年，全镇31个村都建成篮球场和乒乓球室，各中小学配齐体育设备设施，以满足学校师生体育教学和锻炼、比赛需要。

2011年城东镇开发区实验小学体育设备设施统计表

表18-1

名　称	数量	单位	名 称	数量	单位
小体操垫	40	块	羽毛球	20	个
小哑铃	30	副	小山羊	2	个
大体操垫	6	块	大山羊	2	个
实心球	20	个	体质测试仪器	1	套
排球	20	个	组合器械	1	套
篮球	20	个	手足球架	1	副
跳高架	2	副	手足球	10	个
踏跳板	4	副	篮球架	2	副
板羽球拍	30	副	排球架	1	副
板羽球	30	个	乒乓球桌	4	台
羽毛球拍	25	副	拔河绳	2	根

说明：南屏、韩洋、新生、西场、延寿等小学按学校规模大小和学生多少都配备了学生体育锻炼的各项设施

2011年城东镇西场初中体育设备设施统计表

表18-2

名　称	数量	单位	名　称	数量	单位
秒　表	10	块	信号旗	5	面
发令枪	2	支	篮　球	30	个
计时牌与终点裁判台	1	副	篮球架	4	副
发令台	1	副	篮球网	4	副
钉　鞋	30	双	篮球记录牌	30	个
接力棒	30	根	排　球	30	个
木　尺	4	根	软式排球	20	个
皮尺50米	5	条	沙滩排球	30	个
实心球2公斤	40	个	排球架	1	副
跳高架	3	副	标志竿（筒）	30	根
跳高丈量尺	2	根	排球网	3	副
横　竿	4	根	足　球	20	个
跳高用海绵包	3	套	足球门	1	副
栏　架	30	副	足球网	6	副
标　枪	10	根	气　筒	3	把
铅　球	20	个	乒乓球台	3	张
海绵包	3	套	乒乓球拍	8	副
起跳板	4	块	乒乓球	30	个
沙　坑	2	个	乒乓球记分牌	3	副
羽毛球拍	20	副	体操垫（大）	5	块
羽毛球	20	个	杠　铃	3	套
哑　铃	20	副	杠铃架	1	个
短　绳	80	根	毽　子	100	个
长　绳	5	根	身高测量仪	5	台
拔河绳	5	根	体重测量仪	5	台
爬杆、爬绳	1	副	肺活量测量仪	4	台
低单杠	2	副	坐位体前屈测量仪	5	台
高单杠	2	副	扩音机	4	台
体操垫（小）	30	块	广播操挂图	5	张

说明：南屏、韩洋、新生初中也都配置了相应的体育设施

（二）健身广场、健身俱乐部

2008—2011年，城东镇建成界墩村、泰宁村、开屏村、南阳村、西场街道等居民健身广场，每天早、晚都有数百人到健身广场参加健身操、健身舞活动。位于界墩村的火车站站前广场，每当夜幕降临、华灯初上时刻，当地居民不约而同地来到广场，伴随着音乐，整齐地跳起健身舞。2008年，城东镇开展省体育先进镇创建活动，加大农村体育设施投入，开屏村建成全县第一家健身俱乐部，为广大村（居）民强体健身提供良好的活动场所。2008年北京奥运会前夕，全镇又有泰宁、南阳、刘缺、葛家桥等村建成村级体育健身俱乐部，全镇33个村（社区）均建有篮球场、乒乓球室。是年，位于泰宁五组（通榆中路138号）的海林羽毛球馆创建。法人代表晴雨太阳能公司周晨光。占地4.64亩，内设羽毛球场11个，篮球场1个，乒乓球桌48台，足球场1个。2011年11月，城东镇老年健身的做法和经验在全省交流推广。

图18-8　居民在体育健身广场打乒乓球

（孙宝峰/摄于2008年10月）

第十九章　文明创建

图19-1　韩洋中心小学开展"爱护花草 保护环境"教育　（蔡方俊/摄于1999年）

城东镇自古民风淳朴，素有礼仪之乡美称。60年代起全民学雷锋，80年代起全面倡导"五讲四美三热爱"（讲文明、讲礼貌、讲卫生、讲秩序、讲道德；心灵美、语言美、行为美、环境美；热爱祖国、热爱社会主义、热爱党），开展文明礼貌月创建等活动，90年代后期普遍开展以"讲文明、树新风"为主题的群众性精神文明创建活动。21世纪后，城东镇广泛开展公民道德建设和八荣八耻教育、社会主义核心价值观教育，全面加强社会公德、职业道德、家庭美德、个人品德教育，积极开展文明村镇、文明单位、文明行业、文明窗口、文明家庭创建和文明新风典型、各级各类好人评选活动，进一步提高了公民道德素养，使社会风气文明和谐、经济社会蓬勃发展。2002年，泰宁村被省文明委命名为江苏省文明村，南屏小学获得省级"青年文明号"称号。至2011年，镇先后获"江苏省文明乡镇""全国模范劳动关系和谐工业园区"等称号，所辖村1个被评为全国文明村、3个被评为江苏省文明村，13家单位创建为市级文明单位，3家单位创建为省级文明单位，并评选出1个"中国好人"和12个海安县新风典型。

第一节　创建活动

一、文明村镇创建

1998年，境域开始文明村镇创建活动，1999年，西场镇被评选为南通市首批文明乡镇，21世纪后，城东镇以学习贯彻《公民道德建设实施纲要》为重点，按照"实现优美环境、优良秩序、优质服务，提高市民素质、提升村镇文明程度"总体要求，开展"创建文明城市，共建美好家园""告别陋习、走向文明"等系列活动，实施城市绿化、亮化、净化、美化工程，提升城镇化品位和乡村文明程度，文明村镇创建不断深化。党的十七大后，城东镇开展文明村镇创建活动更加深入，全镇上下牢固树立和践行科学发展观，弘扬"包容、拼搏、创新、争先"精神，大力推进"大产业、大项目、大企业、大平台、大服务、大惠民"战略，抢抓机遇，攀高赛强，干事创业，勇争一流，文明创建工作扎实开展，精神文明深入人心，经济建设快速攀升，社会事业亮点频出，人居环境更趋优化，居民安居乐业，农民分享小康，文化生活精彩纷呈，科学发展水平跃入全省前五，主要经济指标考核一直位居全县第一。文明村镇的创建活动，推动了城东镇各项建设，提升了全镇文明程度和居民幸福指数。至2011年，13个村居被评为县文明村（社区），6个村被评为市级文明村，西场镇、城东镇、泰宁村、开屏村等先后被命名为江苏省文明村镇，泰宁村被评为全国文明村。

二、文明单位创建

80年代初，境域各公社积极组织开展“五讲四美三热爱”等活动，大力倡导文明新风。1983年起，开展文明单位创建和评选活动，各乡镇普遍开展“讲文明、树新风”和“学雷锋、学莫文隋行动日”等活动。进入21世纪，城东镇广泛开展公民道德教育，全面加强社会公德、职业道德、家庭美德、个人品德建设，不断提高公民素质，引导广大干部群众参加送温暖献爱心、扶贫济困、结对帮扶等道德实践活动，组织实施中小学生“小手拉大手、我做合格小公民”道德行动计划、文明交通工程、畅通工程以及创建文明城市专场文艺演出等活动；开展“全面建设小康，共创和谐城东”主题教育活动和“六治一创”（治乱倒、治乱扔、治乱画、治乱堆、治乱放、治乱种，创环境优美社区）等活动，文明行业、文明单位、文明窗口以及“青年文明号”评比活动有序推进。2011年，全镇有51家企事业单位创建为县文明单位，13家单位创建为市级文明单位，3家单位创建为省级文明单位，南屏小学、镇经管站等单位连续十多年保持省“青年文明号”称号。

三、五好文明家庭创评

2002年起，城东镇开展创评“五好文明家庭”活动，以学法守法、履行义务、文化教育、勤劳致富、团结互助、敬老养老、教育子女、计划生育、相信科学、讲究卫生10条为评选标准，以农户的80%评选“五好文明家庭”，以“五好文明家庭”的5%评选“五好文明家庭示范户”，每村由镇表彰3~4户事迹突出的“五好文明家庭示范户”。2004年7月，全镇有25032户农户家庭参加“五好文明家庭”评选，其中评出示范户484户，“五好文明家庭明星户”108户。在2005—2008年“和谐家庭”创建评比活动中，全镇25052户农户家庭参加“五好文明家庭”评比活动，达标率97.8%。开展“百佳”家庭评选活动，评选表彰书香之家、礼仪之家、平安之家、廉洁之家、节约环保之家100户。

2009年，城东镇修订和完善文明户、五好文明家庭的评奖办法，组织评比活动，评比结果通过广播、板报、橱窗等形式进行公布，并发放标牌。针对“乱倒（扔）垃圾、乱堆（放）杂物、乱停（放）车辆，闯红灯，占道行驶，乱种植物，乱贴乱画，损坏公物，破坏绿化，随地吐痰”等10个方面的陋习，全镇开展“告别陋习、走向文明”大讨论活动，组织有关人员对相关执行情况监督和巡查。镇妇联邀请《都市情感》杂志专栏编辑黄磊为区镇妇女作“和谐家庭，与我同行”专题讲座，引导广大妇女在促进家庭和谐、社会和谐中发挥主体作用。

2010年3月，城东镇妇联开展“百佳”家庭角色评选活动，表彰亲似母女好婆媳、互敬互爱好夫妻、教子有方好家长、尊老孝老好子女、情如姐妹好妯娌等优秀家庭角色105人。年底，27478户家庭参加“五好文明家庭”评比活动，26907户达标，达标率97.92%。2011年，全镇评选出“五好文明家庭示范户”1151户，占农户总数4.2%；表彰年度“和谐标兵家庭”“平安家庭标兵户”40多户。

四、全国环境优美乡镇创建

2004年后，城东镇推进“打造新城东，做靓新园区，建设新农村”三新工程，努力创建环境优美乡镇，委托江苏省环境科学院编制《城东镇环境保护规划》，围绕适宜产业发展、适宜居住的目标，以工业向园区集中为切入点，构建经济发展、

图19-2 清淤驳坡后的翻身河景观工程
（孙宝峰/摄于2006年8月）

图19-3　七星湖的早晨　　（胡仁杰/摄于2009年8月）

环境和谐的生态产业体系；以居住向城镇集中为着力点，构建适于创业、居住的生态人居基地；以镇区绿化，水环境、大气环境整治改善为重点，构建生态特色城镇。镇党委、政府用“生态立镇、绿色富镇”的理念构建网络，发挥报纸、电视、广播宣传主渠道作用，发挥民间环保志愿者作用，人人肩上“压担子”，个个上阵“唱主角”，建设美好生态家园成为全镇干群的自觉行动。2005年，城东镇被命名为“南通市环境优美乡镇”。

2005年，城东镇党委、政府提出“奋战两年，建成全国环境优美乡镇”口号，全镇形成横向到边、纵向到底、全面覆盖的创建工作体系。先后投入10亿元巨资，大手笔实施“环境设施、生态工业、生态农业、生态人居”等四大工程，为创建“全国环境优美乡镇”添上浓墨重彩的一笔。至2006年底，城东镇配套建设生活污水收集管网，使境域内生活污水纳管率95%以上；建立起“村收集、镇转运、县处理”生活垃圾收集、处理机制；建设热电联供项目，对镇区20家企业进行集中供热。在新建小区配套建设燃气管道，3000余户居民用上了洁净、环保的天然气；大力推进清洁生产审核，有8家企业通过市级清洁生产审核，10家企业通过ISO 14000认证。在农村，鼓励养殖大户兴建沼气，减少畜禽粪便污染。在工业园区，推进生态工业园建设，通过“绿色招商”，引进科技含量高、资源消耗少、污染少的项目。在传统农业发展的基础上，推进农业产业化、特色化、无害化，30个农业园区通过县级以上验收，8家农业龙头企业完成投入超过6亿元，天成保健品、康德生物制品、华润猪肉、季和米业、惠农鸡蛋等通过农业部无公害农产品认证。

2006年后，城东镇紧紧围绕蓝天、碧水、美居三大主题，着力构建和谐的生态宜居环境。实施蓝天工程，结合县城烟控区建设，拆除炉、灶45座，改造锅炉35台（套），建成6平方公里的烟控区；推进集中供热和使用清洁能源，减少烟尘的排放量；实施桑果园覆草、秸秆还田、秸秆代煤炭等项目。有序推进碧水工程，改善区域水环境质量，投入8000万元修复境域河道生态，投入6000万元清理整治农村河道205公里。大力改水改厕，填埋露天粪坑1308座，建造无害化厕所1661座，农村卫生厕所普及率100%。精心建设美居工程，新开发的火车站商业广场公共绿地面积占比50%，总投资10亿元、湖面520亩的七星湖生态公园，将八大主题景区融为一体。实施“造绿工程”，形成以街路绿化为骨架，小区绿化为基础，公园、广场绿化为景点的园林绿地体系，镇区绿化面积40多万平方米。

2008年，城东镇大气优良天数在全年天数的85%以上，境域河道水质提高到Ⅳ类水质，人均公共绿地面积由创建前的7平方米提高到16平方米。是年，城东镇顺利通过国家级环境优美乡镇验收。2010年3月19日，城东镇被环保部命名为“全国环境优美乡镇”。

五、模范劳动关系和谐工业园区创建

2005年，开发区（城东镇）开展“劳动关系和谐企业”“劳动关系和谐工业园区”创建活动，强化领导，多方聚力，创新民主管理模式，坚持职工代表大会制度，召开职工代表恳谈会，开展“我为企业发展献一计”活动，推行工资集体协商，推广群众性劳动保护监督机制，精心打造一流园区企业特色文化品牌。开发区内企业自觉树立“以人为本，民生为天”的现代经营理念，开展切磋技艺、交流技术、展示技能劳动竞赛活动，弘扬“明礼诚信，勤奋创新”的企业精神，提升企业文化品位和谐文明程度。是年，开发区（城东镇）工会被评为全国“先进劳动争议调解组织”。2006年，江苏省联发集团等两家企业被评为南通市“和谐劳动关系企业”，南通华虹服装有限公司等25家企业被评为海安县“和谐劳动关系模范企业”。是年底，开发区（城东镇）有各类企业412家，职工总数2.45万人。其中28家企业成为省、县级“模范劳动关系和谐企业”，129家规模以上企业达到海安开发区模范劳动关系和谐企业标准。2007年8月，开发区（城东镇）被评为全国模范劳动关系和谐工业园区。此后，开发区持续加强“和谐劳动关系企业”建设，至2011年境域企业均实行工资协商制度。

图19-4　2007年8月10日，城东镇召开创建全国模范劳动关系工业园区汇报会（郑红军/摄）

六、文明敬老院创建

90年代，境域开展文明敬老院创建活动。1997年底，壮志、新生敬老院被评为南通市文明

图19-5　江苏省文明敬老院——西场敬老院（孙宝峰、蔡方俊/摄）

敬老院。2003年，境域洋蛮河、西场、城东三镇积极创建省级文明敬老院，投入建设资金256万元，解决建筑用地，更新硬件设施，为孤寡老人提供一流养老条件。2005年，二次组建后的城东镇再次投资100万元，用于韩洋敬老院硬件改造工程。经过数年创建，境域3家敬老院的功能区域设置合理，绿化面积达到标准，楼房宿舍整齐划一，活动场所设施齐全。各院工作人员不断加强院务管理，提高服务水平，发扬吃苦精神，视院民为亲人，使入院的孤寡老人得以安享晚年。2006年12月，南屏敬老院顺利通过省级文明敬老院检查验收。韩洋、西场敬老院先后被评为江苏省文明敬老院。至2011年，全镇3家敬老院连续多年保持省文明敬老院称号。

第二节　文明新风典型

一、典型评选

1999年，西场镇开展评选“十佳个人”的“灵魂工程”活动。即：评出一名大家公认、勤劳为民的好公仆；评出一名带领群众致富的好支书；评出一名精干治厂高效益的好厂长；评出一名精明理财的红管家；评出一名勤劳致富的好帮手；评出一名1998年对西场无私奉献最多的人；评出一个尊老爱幼、搞好邻里关系的好媳妇；评出一个为希望工程贡献最大的好公民；评出一批

投入多、见效快、规模大的好老板；评出一批爱国家、爱集体、带头完成两上缴的好农户。在此基础上组织征文比赛，挑选出优秀作品，组织人员在西场镇进行演讲，以此达到“树一批典型，兴一方经济，富一方百姓”的效果。2001年起，海安县开展首届文明新风典型评比表彰活动后，城东镇每年精心组织部门和行业举行文明新风典型的发动、推荐、评选、表彰、宣传活动，使评选过程成为学习、教育的过程。为宣传典型人物的先进事迹，营造学习先进、褒扬先进、赶超先进的浓烈氛围，形成人人争当典型，个个争做模范的生动局面，党委、政府深入开展各项群众性精神文明创建宣传活动，充分利用广播、黑板报、橱窗、宣传车、影前幻灯等，坚持贴近实际、贴近生活、贴近群众，围绕中心开展广泛深入的宣传活动。2002年后，“城东之窗”板报坚持月月更换，“城东之声”自办节目播出230档。2004年，城东宣传车出动36车次，电影队放映600多场，全年在省市县等新闻媒体用稿200多篇。2010年8月，城东镇村联动评选“好儿媳”，共评选村级“好儿媳”216名，镇级“好儿媳”39人。立发桥村许树银十八年如一日，照顾中风的公公过百岁。刘缺村外来妹吴春霞不离不弃照顾痴呆婆婆的典型事迹在县电视台播放。2001—2011年，城东镇先后有10多个单位和30多人先进事迹向县推荐，14个单位、群体和个人被评为海安县文明新风典型。

二、先进典型选介

中国好人

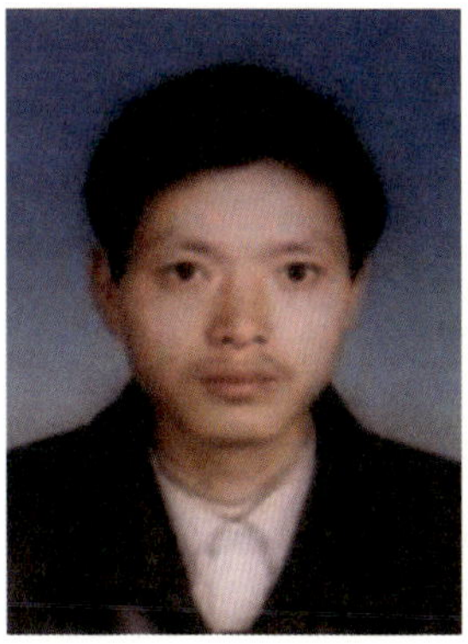

图19-6　中国好人包荣林

包荣林　1968年1月出生，城东镇人。初中毕业后，因家庭困难到饭店当学徒。1993年，入赘到城东镇葛家桥村20组黄家。妻子黄传美有慢性疾病，父母身患重病，奶奶年事已高。2004年，他在204国道旁开了一家小吃店，尽管家境困难，但他平时孝敬老人，和睦邻里，热心助人。

2008年11月9日夜22时40分，包荣林送走最后一拨顾客。夫妻二人和同组村民、帮工刘芳一起回家。走过南阳村光明桥时，刘芳的电动自行车蹿下河去，包荣林见状，顾不上将摩托车熄火，就从车上跳下，放倒车子立即纵身跃入河中，并大声吩咐黄传美赶快喊人。黄传美喊了句“你不会游泳！”他在河里应了句“救人要紧！”那是他留下的最后一句话。刘芳落水的地方是东西向的双鱼河与南北向的光明河交汇处，不久前又刚疏浚，水深4米以上。黄传美的呼救声惊动了四邻，老党员张宏稳、刚做新郎的徐秀斌等越来越多的人进入冰冷的河中救人，刘芳得救了，包荣林却不幸身亡。2010年，在中央文明办组织开展的“我推荐，我评议身边好人”活动中，见义勇为典型包荣林入选“中国好人榜”。

新风典型

德育教育楷模立发中学　2002年立发中学创办南通市首家“预防青少年违法犯罪教育警示室”，通过翔实的资料和生动的案例，对学生进行直观的法制教育；建立“立发中学学生诚信过失档案”，为学生提供加强自我教育的机会。学校党支部制定党员联系学生制度，以“助困工程”为牵线，不让一个贫困生流失；以“牵手工程”为契机，不让一个“问题生”落伍；以“先锋工程”为亮点，造就一批“四有”新人，受到社会好评。2004年度，立发中学被评为海安县第4次文明新风典型。

立发中学投资3万余元建设的预防青少年违法犯罪警示室，警示室由迷途篇、危害篇、预防

图19-7　立发中学开展警示教育活动

（陈顺源/摄于2009年4月）

篇、教育篇四大部分组成，对青少年违法犯罪的原因、危害、预防和教育进行深入浅出的分析，并配以生动形象的图片。预防青少年违法犯罪警示室，每年都接待县内中小学校学生参观。据不完全统计，至2005年，到立发中学预防青少年违法犯罪警示室接受教育的校外青少年2500多人。2005年度，立发中学预防青少年违法犯罪警示室被评为海安县第5次文明新风典型。

勇斗歹徒的李峰 李峰，镇综治办副主任、人武部副部长。2004年8月22日晚11时许，正在立发兽医站值勤的李峰，不顾个人安危，带领两名民兵与持枪抢劫出租车的歹徒斗智斗勇，并协助公安人员将犯罪嫌疑人抓获。经审讯，歹徒是前期在网上协查的抢劫嫌疑人。2005年度，李峰被评为海安县第5次文明新风典型。

帮助别人、快乐自己的"傻子"刘宏燕 刘宏燕，女，城东镇敬老院护理员。曾获得"全国边陲优秀儿女"、省市"劳动模范""优秀共产党员""三八红旗手"等称号。她原是东北人，为让海安一个残缺家庭重现活力，让两个幼儿重新得到母爱，孑然一身嫁到海安。1998年，刘宏燕到城东镇敬老院做了一名普通护理员。8年来，她用满腔的热情，让敬老院老人得到家的温暖。她关心老人胜过关心自己，老人们生病住院，她总是日夜看护，送饭喂药；老人胃口不好，她总是自己花钱买些新鲜水果、蔬菜、点心给老人。有一年，敬老院有6位老人先后去世，她都像老人的亲生儿女一样陪伴老人走过人生最后一段路程。8年的护理工作，她始终牢记"奉若父母，情同亲生"的信念，凭着强烈的工作责任心，在平凡的工作岗位上默默奉献。她每个月只有四五百元工资，每月还拿出100元资助东北的贫困失学儿童。收割季节，刘宏燕宁可自家成熟的庄稼淹在水里，烂在田里，也总是先帮助缺乏劳动力的家庭收庄稼，为此她没少被家人责备。刘宏燕身边的人看到她心里装的都是别人，唯独没有自己，都说她是"傻子"，而刘宏燕只会笑笑，说："我就是一个帮助别人，快乐自己的'傻子'，永远也改变不了。"2006年度，刘宏燕被评为海安县第6次文明新风典型，获南通市第30次文明新风典型提名奖。

图19-8 城东镇敬老院护理员刘宏燕精心护理老人
（孙宝峰/摄于2009年4月）

矢志育苗的老校长葛铭盘 葛铭盘，城东镇原葛桥小学校长。1997年退休后，他腾出自家的5间房子，自费购买辅导材料、课外读物，办起"关心下一代工作辅导站"，并邀请附近的几位退休教师，利用双休日、节假日、寒暑假，义务为孩子们复习功课，辅导书法、乐器，对本村中大、中、小学生进行革命传统教育和爱国主义教育，开展社会实践活动。在老教师的热心辅导和耐心教育下，不少学生先后在省市举办的书法、写作大赛中获奖，一些问题生得到转化，后进生取得明显进步。村里出现"两多一少"的喜人现象，即孩子与家长交流的多了，帮家长做家务的多了，去网吧、游戏厅的少了。在此基础上，葛铭盘说服家人又投资2万余元，把三层客厅改为学习宣传室，自费订阅《江苏科技报》《江海晚报》等12种报刊，新添科学书籍1000多册。葛铭盘不顾自己年事已高、老伴患胃癌住院治疗的家庭困难，依然如故，坚持把"关心下一代工作辅导站"办下去。双休日、节假日、寒暑假每天来辅导站参加活动的中小学生30多人。2006年度，葛铭盘被评为海安县第6次文明新风典型。

情系下一代的老园丁刘振宇 2003年，74岁的退休老校长刘振宇以自家三间房子为辅导站用房，用平时节省下来的钱购买图书，添置阅报栏等设施，自费办起家庭校外教育辅导站。其后，他又先后购买彩电、影碟机等家电以及跑步机、羽毛球、哑铃等文体器材，办起健身房、娱乐室，进一步充实家庭辅导站。在辅导站设施设备建设上，刘振宇先后投入近万元。每逢节假日刘振宇的家庭校外辅导站都会有20余名青少年参

图19-9　刘振宇家庭校外辅导站

（孙宝峰/摄于2008年3月）

与活动。2007年度，刘振宇被评为海安县第7次文明新风典型，2008—2010年分别被评为省、市关心下一代先进个人。他创办的家庭校外辅导站被评为全省优秀校外教育辅导站。

恩恩相报，演绎人生真情的张家林家庭　2000年10月的一天，家住江苏省东台市弶港镇边闸村24岁的小伙子王小龙骑着二轮摩托车不慎连人带车栽入路边的沟渠中，浑身是血，不省人事。西场镇爱凌村村委会主任张加林不顾别人议论，立即找来板车，将昏迷不醒的王小龙送到医院急救。王小龙昏迷11天后终于脱离生命危险。天有不测风云。2001年11月的一天，张家林的儿子在送妻子上班途中出了车祸，孑然离去。先后动过7次手术的王小龙数月后才得知这一噩耗，专程用车把张家二老接到自己家中，安慰二老。从那以后，王小龙经常拄着拐杖买些东西到张家看望二老，并帮助干一些力所能及的家务活。王小龙的频频出现，如和煦的春风温暖着张家人被重创的心灵。王小龙说服了自己的父母，远"嫁"张家。2003年，王小龙和张家林的儿媳崔小兰在张家林家中举行隆重婚礼。如今的张家林一家已经走出阴影，欢声笑语常常在这个"特殊"家庭荡漾。2006年度，张家林家庭被评为海安县第6次文明新风典型。

"5·31"救人群体　2007年5月31日上午9时50分左右，一辆车牌号为苏F16627的大客车由如东栟茶开往海安，途经328国道海安新世纪大桥地段由东向西行驶过程中，撞断大桥左侧护栏坠河沉入水底，只露出部分车体，乘客、驾驶员全部被困于浸满水的车厢中，情况十分危急。镇兽医站吴晓彬路过发现客车坠河，一边大声呼救，一边跳入河中，奋力抢救落水人员。附近群众李卫民、田宝海、梅德华、蔡进春等人先后跳入河中，共同砸破汽车玻璃，营救被困车厢的落水人员。接到报警的公安、消防人员也随即赶至现场。在大家共同努力下，落水的19名乘客（含驾驶员）被紧急救助上岸并送往县人民医院救治。由于抢救及时，事故造成的人员伤亡和财产损失降到最低。"5·31"救人群体被评为海安县第7次文明新风典型、南通市第30次文明新风典型。

无私奉献的老干部于代昌　于代昌，原韩洋初级中学校长，退休后任海安凤山教师新村楼院党支部书记。于代昌以党员模范带头作用感召人，坚持无私奉献，服务社区。他看到社区内不少家长每天为接送孩子来回奔波，既耗时间，又不安全，就萌生找公车集中接送的想法。2002年，在于代昌的努力下，社区开通至海陵小学的专线公交车。为使专线公交车正点运行，他及时主动与学校联系，了解作息时间变更。5年来，为确保学生上学、放学途中安全，于代昌每天坚持免费跟车接送学生，在他带动下，社区6名老党员志愿者先后加入跟车护送学生的行列。2007年度，于代昌被评为海安县第7次文明新风典型。

见义勇为的好村民包荣林、张宏稳　包荣林，是城东镇葛家桥村村民。张宏稳，中共党员，是城东镇南阳村村民。2008年11月9日22时30分许，包荣林和妻子黄传美以及同村村民刘芳一起下班回家，途经城东镇南阳村21组和22组交界地段的光明桥时，刘芳不慎跌入河中。包荣林迅速跳入河中奋力营救。家住附近的张宏稳听到呼救声后，也迅速赶来跳入河中施救，刘芳被及时营救上岸。包荣林因天气寒冷，体力不支，沉入水中，不幸身亡。11月21日，海安县见义勇为基金会依据《江苏省奖励和保护见义勇为人员条例》，表彰包荣林、张宏稳为见义勇为先进分子。2008年度，见义勇为的好村民—包荣林、张宏稳被评为海安县第8次文明新风典型。

好丈夫韩中富　韩中富，曾任城东镇堑南村村委会主任。15年前，妻子韩宝银不慎从桥上摔下，致使脊椎骨折，半身瘫痪，医生预言生存期不超过10年。韩中富始终没有放弃对妻子的治疗，他四处打听，寻医问药。为照顾好妻子，韩中富谢绝所有应酬，坚持每天给妻子喂水喂药、按摩捶背、端屎端尿、擦洗身子，一日三餐总要做些妻子爱吃的东西。注意与妻子交流和沟通，每天将了解的大事、趣事讲给妻子听，鼓励妻子战胜病魔。在他的影响下，儿媳刘晓燕主动承担起照顾婆婆的责任，为婆婆端茶接水、梳头洗发、洗澡换衣，常常推着轮椅陪婆婆走亲访友、休闲散心。儿子每次出差回来，也都带给母亲一份精美的礼品。2008年度，好丈夫韩中富被评为海安县第8次文明新风典型。

孝敬双亲的媳妇祝梅亭　祝梅亭，女，生于1955年1月，城东镇葛家桥村农民。一家6口人，有两个近80岁老人。2006年，公婆突然中风，不省人事住进医院，两个多月中，她坚持每天到医院护理公婆。公婆出院，未完全康复，公公又突然中风住进医院。祝梅亭既要护理公婆，又要到医院护理公公，从不叫一声苦。由于小夫妻两人精心照顾，公公能散步、运动。祝梅亭替他们洗衣服、买营养品，每日三顿给他们喂药，两位老人十分感动。2008年度，祝梅亭获海安县第8次文明新风典型提名奖。

大爱无边的养子葛仁楼　葛仁楼，城东镇新龙兴公司董事长，他和爱人丁红卫都是抱养的，有生父母和养父母。虽然家庭关系比较复杂，但由于葛仁楼非常孝敬，家庭关系十分和睦。养父55岁的时候，葛仁楼让他不开手扶拖拉机，歇下来颐养天年，怕老人闲不住，特意从北京买回按摩椅，供老人休闲健身。养父患上咽喉癌，在长达7个月的治疗期间，葛仁楼谢绝一切应酬，与养母一道在医院照顾养父。葛仁楼还热心社会公益事业，资助5万元为立发中学安装路灯；捐款8万元，为立发桥村16组修建一条水泥路。10年来，他连续为南屏敬老院孤寡老人捐款捐物，每年2000元左右。2008年度，葛仁楼被评为海安县第9次文明新风典型。

柔肩扛重担的好儿媳杨启梅　杨启梅，女，家住爱凌村11组。2009年11月，丈夫身患胃癌。面对残酷的现实，杨启梅没有被生活吓倒，她用柔弱的肩膀挑起家庭重担。丈夫去南通手术化疗，家中85岁的婆婆要人照顾，15岁的女儿正在上学，她独自一人承担一切。那些日子她天天奔波在南通与家之间。2010年7月，婆婆查出患宫颈癌等多种疾病，住进县人民医院。杨启梅每天替丈夫做好早饭后再赶往医院，给婆婆梳洗、喂饭，精心服侍婆婆，毫无怨言。2010年度，杨启梅被评为海安县第10次文明新风典型。

附：帮助城东贫困家庭的南京人

南京妈妈马敬东　马敬东，女，江苏省南京市人。1952年4月生，回族，大专文化，省计量测试技术研究所工程师。1985年，她从《新华日报》上得悉，海安县新生乡品建村6组运输专业户许秀来夫妇因撞船事故，双双溺水身亡，留下9岁和5岁一对兄妹孤儿以及70多岁老母亲，对此她深表同情，随即寄钱寄物，写信安慰，10多年从不间断。从1996年起，每逢中秋、春节她都赶至许家团聚。许卫华高中毕业后，她多方设法帮其在上海找到工作，许财运职业高中毕业后，被安排到乡工艺针织厂实习。许家孩子亲切地称马敬东为“南京妈妈”。1996年，马敬东被破例树立为南通市文明新风典型，同年，中共海安县委做出《关于授予马敬东同志“海安县精神文明建设标兵”称号和广泛开展向马敬东同志学习活动的决定》。1997年，马敬东被评为省精神文明建设新人。1998年，获全国“五一劳动奖章”。

关心孤儿的娄萍　袁鉴鹏是海安县城东镇济民小学的一名小学生，6岁时，父亲在徐州打工时从楼上坠下，下肢瘫痪，两年后，撒手西去。从贵州嫁来的妈妈，在丈夫生病住院的日子出走，杳无音讯。80岁的奶奶双目失明，79岁的爷爷靠做小工养家糊口。2001年9月，袁鉴鹏的爷爷下腹疼痛难忍，在别人的资助下到医院检查才知患了肠癌。

娄萍，女，一位普通的南京人，当她从报纸上了解到袁鉴鹏的困境后，便主动与学校联系，愿意每学期资助袁鉴鹏。她在电话中说：“袁鉴鹏失去了父爱、母爱，我要让他从我身上得到母爱。”没几天，600元汇到了学校。转眼间中秋节到了，娄萍又寄来大量名贵的食品。国庆节前夕，是袁鉴鹏的生日，娄萍又汇来200元。过年了，娄萍又汇来200元。新学期开学后，娄萍又多次打电话到学校，了解袁鉴鹏的学习情况，汇来资助款。

2002年后，这位南京市江宁区的“妈妈”，一直用她赤诚的心、炽热的情默默地资助着海安失去双亲的孤儿袁鉴鹏。

第三节　村规民约

2003年，城东镇各村开始组织村民讨论和制定村民守则。2005年后，泰宁、开屏等村开始制定村规民约，随后全面铺开。为提高广大农民的文明素质，城东镇党委、政府大力推进村规民约制定和履约的进程，2008年5月10日，镇党委出台了《关于进一步加强村民自律 推进村规民约普及化的实施意见》，各村根据时代要求和村情实际，修订和完善村规民约，使之更加贴近时代、贴近现实、贴近生活。结合村规民约的修订，各村在村级服务中心、村内主要道路、出入口设置大型公益广告牌或宣传栏，通过广播、开辟宣传栏、印发村民手册等多种形式的宣传，村民对本村村规民约的知晓率98%以上。

图19-10　泰宁村《村规民约》宣传牌
（王世环/摄于2006年12月）

泰宁村村规民约

（2004年12月制定）

为了认真学习江泽民同志“三个代表”重要思想，让干部受到教育、农民得到实惠，切实保障农村村民自治工作顺利开展，认真贯彻执行《公民道德建设实施纲要》，根据《中华人民共和国村民委员会组织法》、江苏省关于《中华人民共和国村民委员会组织法》实施办法，结合本村实际情况，特制定泰宁村《村规民约》，希全村村民自觉执行，相互监督，为实现富民强村的共同目标而努力奋斗。

一、要广泛学习宣传国家法律、法规，履行好法律、法规给予广大村民的权利和义务，不做违背国家法律、法规的事，爱国家、爱集体、爱科学、爱社会主义，努力争创“五好文明家庭户”。

二、要以市场为导向，适应农村产业结构调整新形势，发挥现有土地应有的社会财富。大力发展私营经济和家庭副业，努力盘活集体资产。不损害国家、集体、他人利益。发扬先富带后富，富户帮穷户，大家一起富的好风尚。

三、要带头执行计划生育国策。提倡晚婚晚育，优生优育，教育子女，完成九年义务教育，支持子女执行国家义务兵役法，不早婚早育。

四、要广泛宣传执行土地管理法。不得违章建筑，乱占耕地，坚持国有土地集体所有、个人使用的规定，服从国家依法征用、集体调整土地，建房户要坚持向村组申请、镇审核、县批准的用地原则，节实保护好耕地。

五、要艰苦奋斗、勤俭持家。不搞铺张浪费，婚事新办、丧事俭办、喜事小办，形成人人讲节约、户户谈勤俭的良好村风。

六、要讲科学、讲文明、讲道德。不搞封建迷信，不找风水先生，不打卦算命，用科学文明的方法处理好家庭和邻里之间的矛盾。

七、要讲精神文明，发扬传统美德，邻里团结，家庭和睦，尊敬老人。不打架斗殴，不说脏话、粗话，对不赡养老人的行为用法律法规程序处理。

八、要带头学法、守法、用法、不违法，积极开展正当的文体活动，严禁赌博，主持公道，敢于同一切违法行为作斗争。带头交纳国家税费，不拖欠国家集体税费，主动交还往来款，对长期拖欠国家集体税费的农户要依法进行征收。

九、要科学种田，服从布局调整。不得在河路两侧随意种植，不得随意砍伐村组集体栽种的树木，对破坏者将罚以自动维修，补偿损失，自觉维修整治好机耕路。

十、要继续执行政务公开、财务公开、村账镇管有关规定，要有人人都是泰宁人，个个都为振兴泰宁经济作贡献的新观念。不损害集体利益，及时调解钝化一切不安定因素，努力实现家家富裕，组组文明，村里安定，经济发展，社会事业全面进步的泰宁村，不做影响村级荣誉的事。

此《村规民约》自村民代表大会通过之日起执行。

三丰村村规民约

（2009年公布实施）

要遵纪守法、诚实守信；不违法乱纪、见利忘义。
要崇尚文明、相信科学；不聚众赌博、迷鬼信邪。
要热心公益、多做善事；不危害集体、为富不仁。
要支持国防、拥军优属；不逃避体检、拒服兵役。
要晚婚晚育、优生优育；不早婚早育、重男轻女。
要珍惜土地、保护环境；不违章搭建、乱倒垃圾。
要勤劳致富、富而思进；不好逸恶劳、小富即安。
要尊老爱幼、家庭和睦；不虐待老人、吵架争斗。
要与人为善、团结邻里；不拨弄是非、损人利己。

开屏村村规民约

（2009年公布实施）

为培育和践行社会主义核心价值观，推进我村民主法制建设，维护社会稳定，树立良好的民风、村风，创造安居乐业的社会环境，促进经济发展，建设文明卫生新农村，经全体村民讨论通过，制定本村规民约。

一、社会治安

1.每个村民都要学法、知法、守法、自觉维护法律尊严，积极同一切违法犯罪行为做斗争。

2.村民要爱国、敬业、诚信、友善。应团结友爱，和睦相处，不打架斗殴，不酗酒滋事，严禁侮辱、诽谤他人，严禁造谣惑众、拨弄是非。

二、村风民俗

1.提倡社会主义精神文明，移风易俗，反对封建迷信及其他不文明行为，树立良好的民风、村风。

2.红白喜事由红白喜事理事会管理，喜事新办，丧事从俭，破除陈规旧俗，反对铺张浪费、反对大操大办。

3.积极开展文明卫生村建设，搞好公共卫生，加强村容村貌整治，严禁随地乱倒乱堆垃圾、秽物，装修房盖屋余下的垃圾碎片应及时清理，柴草、粪土应定点堆放。

三、邻里关系

村民之间要互尊、互爱、互助，和睦相处，建立良好的邻里关系。

四、婚姻家庭

1.遵循婚姻自由、男女平等、一夫一妻、尊老爱幼的原则，建立团结和睦的家庭关系。

2.自觉遵守计划生育法律、法规、政策，实行计划生育，提倡优生优育，严禁无计划生育或超生。

3.父母应尽抚养、教育未成年子女的义务，禁止歧视、虐待、遗弃女婴，破除生男才能传宗接代的落后思想。子女应尽赡养老人的义务，不得歧视、虐待老人。

第二十章　风土人情

城东之域，由于历史上几次大的人口迁徙，带来不同地域的风俗习惯，加之江风海韵和长期农耕作业的孕育，形成吴越风情、荆楚流俗和中原文化糅合一体的地方风土人情。境域内因土地条件不同和生产、生活方式的差异，民俗风情宗教文化稍有不同，通扬运河以南与如皋习俗相似，通扬运河以北及东部地区与海安河东沿海风俗相似。境域内的居民大多说海安话，隶属江淮方言。悠久历史文化的滋润，孕育了城东人平和朴实、勤劳耐苦、崇文重教且不断进取的品性。在长期的生产劳动与社会生活实践中，形成具有城东特色的民俗风情。

第一节　方言俚语

一、方言特征

海安方言隶属江淮方言区。江淮方言受官话的影响形成上江官话和下江官话。海安地处长江之尾，在江淮方言中隶属通泰片，为下江官话。海安方言因地理位置不同还可以分为四类，即海安话、东路话、南乡话和下河话。城东镇紧靠海安县城，镇域西部方言与海安城区方言土话基本相同，是正宗海安话，镇域东部与东路话相近相同。

海安城东方言中，保留许多上古、中古语言、词汇，具有明显的古代文化特色。如“杲昃”（gǎo zi），可以说是城东方言中最具特色的一个词语，意思是指“东西”。“杲昃”的杲，语出《诗·卫风·伯兮》“杲杲出日”，意为东方日出，跃上树头，光照人间。再看杲的字形，日在木之上，生动形象。昃，语出《易经》“日中则昃”，意为太阳升到日中便开始西斜。日出东方是“杲”，日落西方为“昃”，“杲昃”即指东西，既是方位词，又是物代词。城东人说“什的杲昃？”就是说“什么东西？”。如果说“不是杲昃”就变成不恭的话“不是东西”了。再如“釜冠”一词，城东老百姓称锅盖为“釜冠”。古汉语中“釜”是指锅子，如“破釜沉舟”；“冠”是指帽子，如“衣冠楚楚”。由“帽子”引申为“顶”或“盖”，因此锅子的“帽子”就是“釜冠”。又如“支吾”一词，也是城东方言，意为抗拒、反对的意思。司马迁《史记·项羽本纪》有“当是时，诸将皆慑服，莫敢支吾”，体现了海安方言深厚的文化底蕴。

城东方言中还有一些特殊称谓，如“妈妈”一词，在海安城东镇方言中，“妈妈”读作“mā mǎ”，指的是母亲；如果读音儿化，读作“mǎ mer”，则是丈夫对妻子的昵称；若后面再带点尾声，读作“mǎ mer gá”，那就是对女人的蔑称。

城东方言的音节与普通话的音节多数相近，但也有不少字读音与普通话读音差异较大，有些口语与普通话截然不同。

1.语音　在语音上，城东方言中没有zh、ch、sh，只有r，凡是zh、ch、sh相拼的翘舌音，都念成z、c、s，如增、争同音，草、炒同音，上、商同音；没有边音L，如：内、类同音，女、吕同音；把fu与hu都念成fu，如：胡与扶同音，府与虎同音等等。

2.构语方式　在海安城东方言中，有些词语在音节上与普通话不同。

普通话是双音节，而方言是单音节，如：吝啬——诡。普通话是单音节，而方言是双音节，如：呆——木足。普通话是双音节，方言是多音节，如：黄昏——下晚儿，妒忌——作不得。

普通话有儿化、子尾的词，而方言则是子尾、非子尾或儿化、非儿化的。如：贼子——小偷儿，杯子——杯儿，钉子——钉儿，孩子——伢儿。

词根相同，排列不同。有的意义相近，有的意义不同，如：力气——气力，喜欢——欢喜，萤火虫儿——火萤虫儿。结构相同，语素有同有不同，如：生气——来气，胶鞋——套鞋，小时候——沿小儿。结构、词素都不同。如：锅盖——釜冠，饭菜——作相，黄昏——下晚儿。

3.词意差异　海安城东方言中有许多词的意义与普通话中词的意义有很大区别。如“生”，普通话里有“生、养”的意思，而城东方言要针对不同对象使用“生、养”，生小孩子说成“养伢儿”，鸡鸭下蛋说成“生蛋”，而对牲畜生仔则说成“下”，读“ha”，如“下小猪”。

4.声调差异　海安城东方言声调比较复杂，有些音节声调读起来起到其他的变化。如“危”，普通话是阴平，而城东方言则读成阳平。“热”普通话读去声，城东方言读阳平。

二、常用口语

（一）气象类

好天：晴天。
丑天/变天：阴雨天。
亮星：有月亮的夜晚。
黑星：没月亮的夜晚。
响雷：打雷。
哇闪：打闪。
晒杠：彩虹。
球风：旋风。
杠风：刮风。
杠暴：秋冬时节突然降温刮大风。
落雨：下雨。
落毛毛：下小雨。
忑点儿：掉雨点儿。
落冰：下冰雹。
焐燥/棍：闷热。
上冻：结冰。
冻冻钉儿：冰锥儿。

（二）时令类

春上：春天。
热天：夏天。
秋上：秋天。
寒天：冬天。
三十夜：除夕。
正月半：元宵节。
五月端午：端午节。
七月半：中元节 。
八月半：中秋节 。
今朝（音更刀）：今天。
萌朝（音门刀）：明天。
后朝（音后刀）：后天。
万后朝：大后天。
昨朝（音直刀）：昨天。
前朝/先日子：前天。
向前朝：大前天。
日的：白天。
夜的：夜里。
夜心儿的：子夜及前后一段时间。
早更的：凌晨前一段时间。
昼心的：中午及前后一段时间。
饭前：上午。
中上：中午。
下晚儿：傍晚。
追黑儿：天刚黑。
一复时：一昼夜。
登时：现在。
目下/脚下：眼下。
古当先：古时候，老早以前。
早前/一舍儿/：从前。
早先：当初。
朝朝：以往。
先朝儿：刚才。
这朝晚：这时候。
这刻儿：这会儿。
过刻儿：等一会儿。

（三）地貌类

僻旮旯儿：极偏僻的地方。
勺角儿：不规则的斜角地块。

高坨子：高地块。
凹塘儿：低凹之处。
河坎儿：河坡。
中眼：中间。
顶头：另一头靠边的地方。
贴的顶上：最上面的地方。
家(ga)头：屋后。
屋山头：房屋两侧。

（四）农活农具类

挑河：挖河道。
罱渣：罱河泥。
踏水：脚踏水车取水灌田。
推水：在车篷里推动水车取水。
劚田：用钉耙翻土。
耰田：用耰整平水田。
扬场：把稻麦在场地上扬净。
搞要子：用棒把草绞成绳。
粜草：整理草。
塍麦：种麦。
栽秧：插秧。
剐稻：割稻。
掼稻：在碌碡上打稻。
薅草：锄草。
趟耙：用耙趟去秧田杂草。
抓灰：洒草灰。
做棉花钵子：用移苗器踩制棉苗土钵。
车篷：装有水车的圆篷。
水车：车水的农具。
铁叉：叉草的农具。
板锨：扬净稻麦的木锨。
代（tai）斧：斧头。
货络儿：用绳结成的运货络系。
牛隔头：牛劳作架在颈上的农具。
牛汪：耕牛纳凉避虫的水池。

（五）植物动物类

粮反：粮食。
棒棒儿：玉米棒子。
番瓜：南瓜。
喘籽：稻田稗草。
马苋：马齿苋。
乱乱藤：河边杂草，有藤带刺。
趵芽：植物的芽开始萌发。
老毛猪：老母猪。
犍子：小公猪。
腾子：小母猪。
胖羊：公羊。
草羊：母羊。
儿狗：小公狗。
草狗：母狗。
老鸦：乌鸦。
田鸡：青蛙。
癞宝：蛤蟆。
河蚓：蚯蚓。
麻虾儿：小虾。
百脚：蜈蚣。
火萤虫儿：萤火虫。

（六）人物称谓类

老爹：曾祖父。
太太/老太：曾祖母。
爹爹：祖父。
奶奶：祖母。
婆爹爹：外祖父。
婆奶奶：外祖母。
大大：伯父。
大妈：伯母。
伢伢：叔叔。
娘娘、妈儿：婶婶（叔母）。
姑摆：姑父。
嬢嬢：姑母。
姨摆：姨父。
姨夫：连襟。
摆摆：父亲。
男将：男人。
女将：女人。
小伙：男孩。
丫头：女孩。
旮儿老小：一家大小。
七老八十：指岁数大。
老八太：泛称老年妇女。

(七)身体衣着类

戾头儿：歪脖子。
上躬腰儿：身体微驼。
大舌头/刁舌儿：说话不利落。
黄皮术脸：脸色发黄，病容。
红扑之汤：脸色很好，健康。
汗吧雨淋的：出汗如下雨。
肉膊条条：赤膊。
肉脚儿：赤脚。
户头：衣襟上方。
领褂儿：中式背心。
膊衫儿：背心。
围袈儿：罩衣。
裤头儿：短裤。
鞋（hái）子：鞋子。
走鞋：布鞋。

(八)病痛类

有讲教：身体不舒服的讳称。
不安逸：身体不舒服的讳称。
打摆子：疟疾，又喻无意义的事。
喉气/吭气：喘气。
开（kái）气：打嗝。
作哇：想呕吐。
潮人：胃部感觉不适饥饿感。
噎杀格：食物堵塞于食管。
烂膀：小腿肌肉腐烂，不能愈合。
共啊脓：胀脓。
闪啊/恰啊：扭伤。

(九)品行性格类

脾家：脾气。
一档：平稳，不冒险。
拙绪：说话、办事无条理。
罗拙：笨拙。
昂ǎng气：硬气。
宰执：固执。
泛气：不安分守己，有能耐的。
武叉：动作鲁莽。
老相：自高自大，不尊重他人。
拿瞧/拽：故弄玄虚。
瞎揪：盲目地干。
吃性大：贪心。
啬豆儿：吝啬鬼。
老人头：装作先知先觉的人。
冒六公：性格内向，不大说话，但常以意外言行令人吃惊的人。
皮条子：调皮鬼。
缺头儿：办事有一套的人，多为贬义。
没相管：说话做事不靠谱。
不合节：合不来
宰宰拘：固执、坚持一种观点。
老八板儿：古板。
皮五瘌子：无赖。
蛮蛮浪儿：原指唱得不成调，后比喻不上规矩的人和事。
抢手夺脚：抢着做，而且没有做好，不需帮忙的事。
扯二马三：办事不专一。
肉神不安：不安分、不定神。
飞扬浮躁：性情轻浮急躁。
疯的傻气：无自制力，语言行为随便。
尖头把西：小气。
憧的憧气：莽撞。
时腰索拐：不上正道。
斜儿八侉：蛮横无理。
讹二陆三：说话不真实，不按规矩办事。
抬谎撂泊：说谎话。
含五说六：说话含糊，吞吞吐吐。
见风下弶：见风使舵。
活嚼大头/嚼蛆子：瞎说。

(十)食物烹饪类

茶饭：饮食。
摊饼：摊在锅上烙成的薄饼。
包心：包子、饺子的馅儿。
浆皮儿：豆腐皮。
花鱼：鲤鱼。
就鱼：鲫鱼。
长鱼：黄鳝。
毛鱼：鳗鱼。
河歪：河蚌。
差欢：文蛤。
釜冠：锅盖。

淘箩儿：淘米的器具。
勺儿：调羹。
水透了：水开了。
粥噗起来啊：粥溢出来了。

（十一）日常生活类

做郭道儿：玩弄玄机。
打号号儿：起哄，鼓噪一起做事。
秋则样子：就这样。
没搭煞头：不值得交往。
现啊意的：随便，不经思考。
打绍喻：打手势
缠蛮：听不清所问所答。
卖呆/卖痴：对一样东西长时间看。
扯（cǎ）呱（guǎ）：不得体的插话或发表自己的见解。
带察儿：抽空。
没影子：没有的人和事。
猛一憧：一下子没有领会。
不除疑：怀疑。
局大：运气好。
局气：运气。
挨搞：受苦受累。
秋大多：就这么多
人直熙：人来人往，熙熙攘攘。
向咯脚的：小心脚下。
桶咯子：移动。
短橘橘儿：很短。
特掉：丢失。
曝伏：伏天曝晒衣物。
蹒水：涉水。
镴（tèn）裤子：脱裤子。

（十二）固定词组

神气禄谷：神气活现的样子。
能的拐气：逞能的样子。
现人眼目：丢人现眼。
躲躲掖掖：躲躲闪闪。
怕怕失失：小心、害怕。
忽的忽形：懦弱的样子。
魂灵不在：人在心不在。
糊里糊涂：搞不清。
倒霉瞌踵：不得意，不顺利。
不得过身：脱不了身。
摇的谷碌：东西松动。
瘪枯囊阴：干瘪枯萎。

三、谚　语

（一）气候

春雾阴，夏雾晴，秋雾狂风，冬雾雪。
春霜不过三朝雨，连下三霜干（旱）到底。
春雷十日寒。
春风裂石头，不戴帽子裂额头。
春风不动地不开。
春天不问路，问路请家坐。
春雨贵如油，夏雨遍地流。
雨落灯头（正月十三），无水洗汪牛。
灯花（正月十八日）落地，四十五日阴。
南风吹到底，北风来还礼。
清明杨柳朝北拜，一年还了十年债。
雨落飘钱纸，麦像蝗虫屎。
蜜蜂不出门，大雨快来临。
星星眨眼，大雨不晚。
癞哈蟆哇哇叫，大雨快来到。
蚂蚁搬家，大雨哗哗。
星星眨眼大雨不晚。
蛇、蚁拦路屋顶漏。
耕牛晚上叫，会有旱天到。
太阳现中，屋上烂个洞。
四月八，大风刮，十条沟儿九条挖。
四月九，大风吼，花鱼游到锅门口。
久晴大雾雨，久雨大雾晴。
日晕三更雨，月晕午时雨。
梅天西风时天雨，时天西风暂时雨。
早瞟东南，晚瞟西北。
早上烧霞，等水烧茶，晚上烧霞，热得直咯。
日落西天红，无雨必有风。
东晒日头西晒雨（晒露彩虹）。
早上露西，晚上落啊牛肚脐（露西，西天现彩虹）。
雷雨先唱歌，有雨也不多。
六月不热，五谷不结。
六月出红云，劝君莫行船。

燕子着地飞，雨在三天中。
蚊子咬得凶，雨在三天中。
蜻蜓屋檐飞，风雨在眼前。
大暑凉，秋后热。
雷声大，雨阵小，水深不响，水响不深。
蝉儿叫，晴天到。
雨中有蝉叫，预告晴天到
一声风，二声雨，三声、四声干到底（夏天晚上听水瘪子的叫声）。
旱年干不掉五月十三。
八月十五、十六月亮云里拱，来年庄稼难下种。
重阳无雨望十三，十三无雨一冬干。
十月朝，早上斫草晚上烧。
腊月初一土带孝（下霜），各种粮食总搬到。
冷在四九，热在中伏。
四九中心辣，河里冻死连毛鸭。
雨雪年年有，不在三九在四九。
头九冻河二九开，三九四九等春来。
五九六九，河边看杨柳。
七九河冻开，八九燕子来。
九九加一九，耕牛遍地走。
冬雪兆丰年，春雪烂麦根。
初一不及初二灵，初三落雨半月阴。
西风不过酉，过酉连夜吼。
九九南风都不怕，送九南风一场空。

（二）节气、农事

两春夹一冬，麻布好遮风。
打了春，赤脚奔，挑野菜，拔茅针。
立春三日，百草拔芽。
春打五九尾，口口吃老米。
春打六九头，家家卖老牛。
清明前后，种瓜种豆。
清明要明，谷雨要雨。
清明止雪，谷雨止霜。
清明到，麦叫叫。
谷雨前，要种棉。
菜花黄，疯狗狂。
小秧儿搁，蚕豆儿剥。
收麦如救火，割稻慢慢掳。
栽秧要抢先，收麦要抢天。
立夏小满斫菜籽，小满三天斫大麦。
立夏不下（雨），无水洗耙。
小满日头，晒干石头。
芒种芒种，样样好种。
夏至不踏车，冬至不坐夜。
六月六，吃块焦屑养块肉。
七月半馋婆娘扒棵芋头看一看。
一天落三泡，高田低田总收稻。
山芋不怕羞，一直栽到秋。
碌碡响，芋头长。
稻莠勒拳土，麦莠砖头地。
立秋栽葱，白露栽蒜。
交了处暑节，夜寒白昼热。
处暑萝卜白露菜。
春分秋分昼夜平。
寒露到霜降，种麦正当相。霜降到立冬，种麦正适中。
小雪雪满天，来年是丰年。
过了冬，长一葱，过了年，长一田。
冬耕要深，春耕要平。
田耖三遍，黄金不换。
人不缺地工，地不缺人粮。
人勤春来早，人勤地不懒。
好天防阴天，丰年防歉年。
要想害虫少，锄净田边草。
深耕一寸，等于上粪。
三分种，七分管，早种三分收，晚种三分丢。
雷打菊花开，米儿塞满街，雷打菊花心，有米贵如金。

（三）警世

勤是摇钱树，俭是聚宝盆。
赚钱犹如蟹爬缸，用钱好像水下江。
积钱犹如针挑土，花钱好似水推沙。
省在囤头计算长，省在囤底心发慌。
当家才知柴米贵，养儿才报父母恩。
上梁不正下梁歪，中柱不正倒下来。
严是爱，松是害，不管不教要变坏。
桑树从小入，到老笔笔直。
油多菜不坏，礼多人不怪。
坐得船头稳，不怕浪来颠。
棒打出孝子，惯养忤逆儿。
吃不穷，穿不穷，打算不当一世穷。

八败命不怕死做。
宁舍一碗金，不舍一句春。
为人不做亏心事，不怕半夜鬼敲门。
一口不能吃个饼，一锹不能挖口井。

四、歇后语

（一）人物篇

关公面前舞薄刀——逞能。
老奶奶吃海蛰——不响（想）。
张飞穿针——大眼向小眼。
道士的帽子——招（糟）的。
道士吃狗肉——块块好。
细小伙养麻雀——死的多活的少。
关公卖豆腐——人硬货不硬。
看戏淌眼泪——替古人担忧。
丈母娘看女婿——越看越欢喜。
修锅匠补锅——倒贴。
铁匠做官——打字上前。
算命的遇到打卦的——心里有数。
老头子联欢——非同儿戏。
寿辰老儿唱戏——老腔老调。
人嘴两张皮——各说各的理。
人死看药单——晚了。
矮子穿长袍——拖拖拉拉。
聋子看戏——赶热闹。
聋子放炮仗——试试看。
瞎子点灯——白费力（蜡）。
豁嘴吹笛子——走漏风声。
斜头儿打架——硬上。
斜眼儿弹线——讹错一线（隙）儿。
瘌子头上的虱子——明摆的。
瘌子掉到河里——翻花头儿。
两个和尚打架——没发（法）捉拿。
瘸和尚说法——能说不能行。
瘸子走路——一颠一簸。
细和尚念经——有口无心。
和尚瞟轿子——空欢喜。
老和尚打鼓——扑通（咚）扑通（咚）。
歪嘴和尚念经——不讲正道。
爷儿俩个抬蠓虫儿——大小是个交易。
上吊搽粉——死要脸。
大姑娘坐轿子——头一回。
老奶奶的髻——输（梳）定了。
老奶奶吃茼蒿——活搞。
王二麻子上海安——玩到外国去了。
铜匠的担子——挑到哪儿响到哪儿。
老先生写对联——一年不如一年。
王二妈妈儿偷碎米——撒撒拉拉。
王二骑驴子——滑过了。
剃头匠的挑子——一头热。
寿星老儿困竹箔子——挨足（竹）呆。
土地老儿孵小鸡——神气咽咽的。
灶老爷上天——有句说句。
老爷打灯笼——回府。
外甥打灯笼——照旧（舅）。

（二）动物篇

蜻蜓吃尾巴——私吃私。
乌龟吃火萤虫儿——心里明。
乌龟垫床脚——硬撑。
乌龟吃得打——骨里受伤。
乌龟拉二胡——别（鳖）调。
麦田捉龟——稳取。
乌龟吃馓子——自绕头。
螃蟹走路——横七竖八。
老鼠跳进箩筐里——空欢喜。
老鼠钻进书橱里——咬文嚼字。
老鼠掉进锅膛里——不死也要掉层皮。
老鼠拖板锨——大头在后头。
老鼠攻啊风箱的——两头受气。
猫儿哭老鼠——假慈悲。
猫儿爪抓心——难受得要命。
猫儿爪子伸进鱼缸里——想捞一把。
瞎猫碰了个死老鼠——碰巧。
狗头上长角——装洋（羊）。
狗捉老鼠——多管闲事。
狗赶鸭子——呱呱叫。
狗舔账簿——一塌糊涂。
狗舔锅底——碰了一鼻子灰。
细狗儿咬奘腿——无处下口。
黄猫儿看鸡——越看越稀。
黄猫儿给鸡拜年——没安好心。

黄猫儿哭鸡子——假慈悲。
狐狸的尾巴——藏不了。
猴子捞月亮——一场空。
山猴做皇帝——毛手毛脚。
鸡毛绑在桅杆上——胆子（掸子）不小。
鸡毛敲鼓——不出声。
鸡蛋交公粮——完蛋。
雄鸡害嗓子——不提（啼）。
老母鸡打哈呵——阴笑。
好斗的公鸡——不长毛。
赶鸭子上架——强人所难。
驴子打滚——四脚朝天。
瞎驴子进了黑磨坊——瞎缠。
老母猪耕田——凭嘴拱。
老母猪上考场——哪一家人马。
牛的尾巴——两边摆。
牛羊的肚子——草包。
马尾草穿豆腐——提不上来。
骑马不带鞭子——拍马屁。
马屁拍在蹄子上——倒挨一脚。
马掌钉在背脊上——离题（蹄）太远。
田鸡翻跟头——白肚皮。
蛇骚的脾气——一碰就跳。
田螺壳里做道场——团团转。
麻雀儿跟着大雁飞——跟不上趟。
麻雀儿走路——连蹦带跳。
麻雀儿掉进烟囱里——有命没毛。

（三）数字篇

一分钱开个当铺——周转不开。
一根筷子吃藕片儿——专挑眼儿。
一家十五口——七嘴八舌。
二月里打雷——响（想）得早。
二齿钉耙翻地——有两下子。
二八月天气——忽冷忽热。
三个指头拾田螺——笃定。
四两棉花八把弓——细谈（弹）细谈（弹）。
四肢抽筋——缩手缩脚。
五更天下海——赶潮流。
五月初六卖菖蒲儿——过时货。
五个脚丫摆六下——得意忘形。
六指儿抓痒——加二恭维。
六月的茅缸——越淘越臭。
六月里打摆子——不寒而栗。
六月里戴手套——保守（手）。
七个人坐一桌——三朋四友。
七个人睡两头——颠三倒四。
七月半折锞儿——替鬼忙财。
八个斜头坐一桌——歪歪扭扭。
八百年前的旗杆——老光棍。
九月初八瞟重阳——不久（九）。
九天吃凉水——点点在心。
九个鸡蛋打两碗——四分五裂。
九曲桥上拖毛竹——转弯抹角。
十里长街摆地摊——一路货。
十天落了九天雨——缺少情（晴）义。
十字路口分手——各奔前程。

（四）其他

丈八木头出根擀面杖——大材小用。
灯草做拐杖——做不了主。
粉板上写字——两捋。
茶壶里下饺子——有货倒不出。
钥匙挂在胸门口——开心。
韭菜炖蛋——算充（蒜葱）。
糖塌在脑勺后——尝不到甜头。
没钱过河——远转。
杨木扁担——宁折不弯。
酒端子量米——身（升）子有病（柄）。
穿钉鞋戳拐棒——稳啊又稳。
黄瓜打锣——剩了半截。
豇豆角儿下面——清汤寡水。
背脊后头唱喏儿——反来。
汤碗儿没底儿——蹾不稳。
麦芒掉在针眼里——巧上加巧。

第二节 民　俗

一、岁时习俗

（一）春节 旧时，进了腊月，就准备“忙年”。腊月初八、十八、二十八统称“腊八”，家家有吃“腊八粥”习俗，也有讨债还债的习俗。一首民谣唱道“头一个腊八如之可，第二个腊八如救火，第三个腊八没处躲（躲债）。”到了腊月二十八，佃农再还不上佃租，东家（地主）就得逼其回田搬家。交了大寒，天地无忌，家家户户开始掸尘（大扫除）。进了二十日，就“数夜”过日子，女人在家洗衣洗被，叫“有钱没钱，洗洗过年”。男的则准备“年货”。被地主回田的佃户，还得请求中保，另寻东家（地主）。二十四夜“送灶”，祷祝灶老爷“上天言好事，下界保平安”。其供品有饴糖（以黏封灶君之口，上天时只说好话，不说坏话）、豆腐（富裕谐音）、茶叶米（平安无事）及碎稻草、麦青（灶君神马的路粮）。焚烧旧灶君、灶马、灶对，并要把灶门打扫干净，火钗取出锅膛，水缸上足水，米桶装满米。进了二十夜，家家户户忙着蒸点心、称肉打酒、买茶食等，富裕人家自宰猪羊、腌制腊货。

大年三十，又称除夕，有的人家提前一天，上午刷洗，贴对联、喜笺儿、中堂、门神、顺遂条等。“福”字贴倒，取福到之意。中午敬先（祭祖）。下午打扫，炒花生、蚕豆、葵花籽，敬土地、家祖、圈神等。晚上喝守岁酒、吃年夜饭。酒席中必备芋头、猪血两道菜（谐音来年遇好人，养牲畜有血财）。年夜饭后，将整块锅巴铲出，放在饭盆上，并将剩饭盛于盆内，插上芝麻秆（节节高）、冬青上嵌挂白果、柏枝、花生等，叫“陈饭盆”，象征留下“饭根”，来年节节高。小孩子拿压岁钱（守岁钱）。等洗刷停当后，全家洗漱，名曰“三十夜、洗丫杈”。接着开始再一次清扫，特别是厨房摆设要与“送灶”时一样，以便天神下凡查验灶君上天言好事时说谎没有，再用蒲包装洋灰在家里庭院内打“元宝囤子”（预示来年五谷丰登）。有的在地上先放斧头，再将囤子打在斧子上，现出一个斧印子（预示“代代富富”），并且用红绿相间的纸条缠着的芝麻秆、冬青枝、柏树枝，插在屋檐、田边等地叫“封田”“封檐”（这一习俗从南京“芝麻巷”的传说而来）。相传明洪武年间，明太祖朱元璋日渐残暴，但又怕百姓造反，便派出密探，四处打探民间动向。这一天正值大年三十，一裁缝铺请来塾师书写对联，塾师对裁缝开玩笑说：“老先生写对子，一年不如一年了。”密探正愁无法交差，于是断章取义，飞快回去禀报。但又怕回头捕杀时找不到目标，于是拔下柴垛上的芝麻秆，插在该户屋檐上，并沿途打上石灰印记。明太祖听后，勃然大怒，派遣官兵前去捕捉，这事正好被夫人马皇后知道，她随即回宫，差遣宫女仆人分头到各街头路道，沿途都打上了石灰印记，家家屋檐都插上了芝麻秆，搞得官兵晕头转向，找不到目标。从此，便遗传“打元宝囤子（因马皇后脚大，也有称‘麒麟囤子’）封芝麻秆”习俗。一切安排妥后，开始“接灶”。燃放鞭炮迎接天神下凡，叫“接灶”。小孩嫌个子矮，还爬门，口中唱道：“门神老爷门神娘，今年比你矮，明年比你长。”有的人家通宵不睡，叫“守岁”。临睡前，各人枕边放上糖果、枣子、长生果（花生），供岁朝口食；新衣、新帽、新鞋袜，供岁朝穿戴。新鞋放在床边，要鞋底朝上，叫“炮仗鞋”。自“接灶”以后，就不作倒水、扫地、动刀剪子。

初一一大早醒来，先摸出枕边枣子吃，再恭喜家人。主人起身，洗漱敬“天地神”，有读书人的还敬“文昌神”。吃好早茶，有的忌吃汤圆（有“大的细的都下锅”之嫌），一家人衣冠整洁外出拜年，互道恭喜。中午时分“谢生”（谢神之谐音）敬“三十位”神，燃放鞭炮后，扫地。笤帚向外扫三下，向里扫一下，说歌子“蚂蚁虫子往外扫，金银财宝扫进来”，倒脏物、开锅、喂牲口。晚上吃面条，早早睡觉，不作点灯，以为夏天就会少蚊虫。

从初一到初五称“五天年”。到初十均称为神日，即一天二地三风四雨五牛六马七人八谷九稻十棉花。从初二开始走亲访友拜年，叫请“春卮”。初二一般是女婿拜丈人丈母年，佃农拜东家年，以后就是亲友互约吃请，你来他往，十几天连续不断。初五为“财神日”，敬财神爷赵公元帅，有的人家半夜就开始敬，叫“抢财神”。一大早就有“跳财神”、唱“凤凰”、打“莲花”的上门，说歌子，讨吉利钱。诸如：财神一到，哈哈大笑；财神开了口，老爹老太活到九十九；财神进了家，恭喜老太老爹；财神摆上柜，金银成了堆；财神腰一躬，公子小姐赶考得高中；财神手一伸，恭喜主家走好运，见什么人说什么话，才能多讨喜钱。

正月十三晚为“上灯日”，吃汤圆；正月十五元宵节张灯、看灯；正月十八早上为“落灯日”，吃面条，叫“上灯圆子落灯面”。至此年节基本告一段落（仍有从初一到二月初二点“天灯”的），转入正常春耕生产中去。故有“十八灯落，捶草忙绳索”之说。

新中国成立后，春节被定为法定假日，放假3天，90年代中期后，节假日调休，休假7天。节日期间各单位组织形式多样的文体活动，以丰富广大群众文化娱乐生活，党政部门慰问烈军属、离退休老干部及敬老院老人，使春节增添新的健康色彩。

（二）元宵节 正月十五为元宵节，也称灯节、上元节。立发桥集镇此日作为香期，信男善女一大早进香赶集，晚上则用蒲包复打“元宝囤子”。炸麻串，通常麻串把子用荒草扎成，有一丈多长，常年十二道节，闰年十三道。每节里放进若干小炸鞭，点着以后在自家田埂上挥舞，遇有茅草，还得引燃，并边舞边唱“烧荒谣”，如“正月半，炸麻串，拾个穗头称斤半，爹爹称把奶奶看。正月半，炸麻串，麻菠菜，菜无虫；你家菜生啊癞，我家菜挑啊卖；你家菜铜钱大，我家菜簸篮大；你家挑啊一行，不够老娘尝；我家挑啊一棵，合家吃得暖欢欢”等。村民还有看麻串火预测年成的说法，如果火发红，今年必遇干旱，如果火发白，今年必遇涝。

图20-1 元宵节农家焰火 （陈顺源/摄）

（三）二月二 “二月初二，带女儿”，各家将已嫁女儿带回娘家。这一天也是落“天灯”的一天，“天灯”是大年三十夜（也有正月十三），用一根长杆在场边竖起，系一根长绳，将一个灯笼吊上去，每天晚上点（下雨天，在灯笼上罩一只斗笠），一直点到二月初二（也有正月三十的）。这一天家家蒸馒头，做饼子，传说养牲口才发作。“二月初二龙抬头”，此日有理发之俗。

（四）二月十二 相传是花神生日，有“二月十二百花生”说法。是日，家家要用红布条给果木树“挂红”。因为是花神生日，所以当天出生的男孩长大后容易拈花惹草，女孩容易水性杨花。于是凡这一天出生的孩子一般把生日提前或推迟一天。

（五）清明节 每年公历4月5日前后为清明节，是二十四节气中的一节，此时春光明媚，风和日丽。是日，早上摊杨柳叶荞面饼吃，家家户户设供祭祖，称作“敬先”“烧亡人”。在家祭祀以后，还得上祖坟挂帛（扫墓）、踏青。挂帛时须带一把大锹，到祖坟上铲草、垫土、加顶子，然后在坟顶上压上红绿纸剪折成的“飘钱”，插上用彩纸剪成的幡儿，叫“饭筒”，焚纸箔。死者葬后三年中，子女都得办酒席上坟祭祀，分别称新坟（姑娘办菜）、中坟（儿子办菜）、满坟（儿女各办一桌酒菜供奉），并燃放鞭炮。是日，妇女儿童还有戴荠花、杨柳的习俗，民间有“清明不戴荠花，死了变老鸦，清明不戴杨柳，死了变黄狗”的说法。

清明还有预测年成好差的说法：“清明杨柳朝北拜（南风），一年还了十年债；雨落坟茔皮（清明前），麦长炸破皮；雨落飘钱纸，麦像蝗虫屎；清明要明，谷雨要雨。”清明踏青扫墓时，孩子们往往拔起嫩麦秸秆，做成哨子吹，叫“清明到麦叫叫”，清明还有吃螺蛳、吃茅针不害眼睛的说法。

（六）立夏节 立夏是夏季第一个节气，各家在早上煮好鸡蛋，让孩子们躲在小麦田里剥着吃。传说从前有一个童养媳，在公婆家吃不饱、穿不暖。立夏这一天，实在是饥饿难忍，趁煮早饭的当儿，煮了一个鸡蛋，又怕被人发现，就躲到麦田里吃，谁知被奶奶（婆）发现，小媳妇（童养媳）来不及咀嚼，一口把一只整鸡蛋吞咽下去，结果窒息而死，变成苦哇鸟，整天“苦哇、苦哇”叫。直到现在，每年夏天都有这种鸟叫。后来，人们每到立夏就煮鸡蛋叫孩子躲到麦田里吃，意思是别忘了“苦哇鸟”的苦。立夏这一天，不仅吃鸡蛋还需吃烧饼，大人小孩不许坐在门午槛上，叫“立夏坐午槛，蚂蚁爬了一屁眼（夏天蚂蚁虫子多）”，也不兴睡午觉，防止疰夏。妇女则头戴皂角叶、瞌睡草，以防头上生疮，中午瞌睡。下午还得称体重。立夏正是麦子青黄不接之时，农家常扯嫩麦穗，揉去皮壳炒熟，碾磨成糌粑（俗称冷嫩），煞是好吃。再过十来天，元麦登场，俗语叫

"立夏十（日），冷嫩勒""逢满（小满）吃枯"（麦子成熟）。"立夏十八朝，家家往家挑"，这时开始收麦。

（七）端午节　又称端阳节。这一天，祭祀习俗颇多，有包粽子、划龙船等。相传，战国时秦破楚，大夫屈原眼看国破家亡，于五月初五投汨罗江自尽。百姓闻讯，纷纷划船打捞（沿袭成划龙船）。后来传说屈原成了河神，人们纷纷用腊肠、火腿、花生米、蜜枣等煮成糯米饭，为防鱼啄，便用江边芦叶箬子包裹饭团投入江中，祭奠屈原（沿袭成包粽子）。

这天，人们通常在屋檐插菖蒲、艾叶（神柜上也摆放），贴端午符，挂判官图纸。端午前，各寺庙僧人带上挑夫，挨家挨户送端午符、"家官"（木刻判官图：中为判官神像，两边书对联"艾叶如符颂吉庆，菖蒲作剑保平安"；下有五毒：蛇、蝎、蟾、壁虎、蜈蚣画像）。农家则给予僧人半斗一升的粮食叫收"时逢"。习俗传说是唐太宗李世民神游地府，忽听阎罗殿前有人高呼"救命"，太宗一看，见一小蛇钉在柱子上。太宗上前询问，小蛇道："我乃海龙王三太子，因犯天条，判官奉玉帝之命判令五月初五午时三刻斩首，而刀斧手就是当朝魏征。"太宗说："这有何难？魏征是我大臣，到时我叫他不斩你不就得了。"醒来，乃南柯一梦。到了五月初五，太宗早早就宣魏征上殿，与其对弈（下棋）。直到午时三刻，魏征打起了瞌睡，并喃喃梦话，继而浑身大汗淋漓。顿时，天空狂风大作，雷电交加。太宗心想："看你魏征怎样去斩龙王太子。"便执龙扇替魏征扇风祛汗，不料三扇神风，陡长魏征威风，只听御园艾园内"扑通"一声，三太子龙头落地。魏征"哎呀"一声醒来，说："幸亏皇上助我神风之力，不然难斩三太子，违了天命。"太宗惊问："你用什么斩的三太子？"魏征说："情急下，拔了一根菖蒲。"太宗后悔不迭。传说，艾园中藏匿的蛇蝎等五虫因吸吮三太子鲜血而个个身上带毒，谓之"五毒俱全"。据民间传说，五月初五跳判官（跳家官）摆艾、菖蒲、挂符由此而来。

图20–2　端午节裹粽子　（顾　俊/摄于2006年5月）

吃"五红"菜，喝雄黄酒"赏午"。传说许仙与白娘子自恋结婚，身怀六甲，然而金山寺住持和尚法海竭力阻挠，撺掇许仙于五月初五邀白娘子一齐赏午，法海暗自在酒中撒下雄黄，白娘子酒醉卧床午睡，许仙掀开被子一看，白娘子乃是一条白蛇。故有端午喝雄黄酒赏午躲午时的习俗。菜则必备"五红"，如苋菜、咸菜干、红烧肉、黄鱼、红萝卜、炒红虾、鸭蛋等。饭后，用艾叶蘸雄黄酒，涂搽身子，遍洒屋墙旮旯，孩子额头用雄黄酒写一个"王"字。

此外还有给小孩做"端午锦儿"（雄黄袋）佩挂身上，孩童着新衣，颈系"百索"，脚穿"虎鞋"。以上习俗，新中国成立后不再时兴，只有吃粽子、备"五红"仍较盛行。女婿这一天给丈母娘家送端午礼，叫"做端午节"。"赛龙舟"则成了一项民间的体育竞赛项目。

（八）五月十三　相传为关老爷（关公）生日，家家吃面条庆贺。因这期间正值梅雨季节，有十四磨刀（磨刀水）、十五荡刀（荡刀水）、十六出阵、十八天地相合的说法，民谚也有"荒年成干不掉五月十三""重阳无雨望十三"的说法。

（九）六月六　相传为海龙王生日。民谚有"六月六，半河碱，洗头晒被单""六月六，曝龙衣（曝晒衣物）""六月六洗白肉（下河洗澡）"之说，还有要吃用新麦炒磨成的焦屑，叫"六月六，吃块焦屑养块肉"。此外，六月六娘家还得给新婚女儿送衣服、芭蕉扇、枕垫、凉席等，叫"送夏"；已婚女子则由娘家带回休息数日，叫"六月六，家家带女过大伏"。此习俗如今已渐淡薄。

（十）七夕节　七月初七日称七夕节，又称七巧节。相传天仙织女仰慕人间，偷偷下凡与牛郎私订终身，并生下一男一女。王母娘娘知道后，于七月七日派天神下凡捉拿织女返回天宫，牛郎担着一双儿女随后追赶，王母娘娘拔出金簪在二人中间划成一条天河（银河），只准每年七月初七由凡间喜鹊到天河搭桥，让两人相会（鹊桥相会）。传说是日，凡间不见喜鹊踪影，都上天搭鹊桥去了。农家姑娘则结伴仰望空中巧云，传说谁能望见纤云弄巧，谁就能精通针线女红。也有传说躲在茄子田、瓜棚里能听到牛郎、织女说话。七夕节有逐步演变为中国情人节的趋势。

（十一）立秋 是二十四节气中一节，立秋有吃西瓜习俗，意为祛暑，亦有“烂猪毛”之说。老百姓对交节时间极为考究，在辰时前立秋的，秋天气候就凉爽，中午交节的，则一定是“秋老虎”作祟。对天气说法，民谚有“立秋一扑录（打雷），损掉皇上万担谷”“立秋一扑录，来年有熟好荞麦”之说。

（十二）中元节 农历七月十五为中元节，俗称七月半，亦称“亡人节”。相传阴阳颠倒为鬼之元宵节（因正月半为人节，称上元节，吃汤圆，七月半则为阴人元宵节，吃扁食）。是日，各家吃扁食（饺儿），中午“敬先”祭祖。晚上孩子们将掏空的鸭蛋壳内点上小蜡烛，放到河中漂流，叫“点河灯”。民谣有“早烧清明晏烧冬，七月半亡人等不到小日中”之说。七月半也有吃新芋头习俗，叫“七月半，馋婆娘扒芋头看”。

（十三）七月三十 相传是阎王爷生日。是日，阎罗王特赦孤魂野鬼，俗称“细鬼放赦”。于是晚上各家各户纷纷在码头路边烧钱化纸“斋孤”，以求平安。也有的点“地灯”，放露天焰口超度，名曰“盂兰盆”“斋利孤”。

（十四）中秋节 农历八月十五为中秋节，俗称“八月节”“团圆节”。节前，亲朋好友互赠月饼、烟酒，女婿给丈人送“中秋礼”。未结婚的，男方做“中秋节”，有肉、鱼、藕、月饼、衣料等礼物。做了中秋节，就意味着今年要娶亲。是日，各家做黏饼、米饼、藕饼，晚上设宴，把酒赏月，再在庭院供上月饼、米饼、藕饼、黏饼、石榴、柿子、菱角、水果、茶水等，焚香叩拜月亮，放鞭炮焰火，祭祀“太阴星君”。敬过月亮的供品，合家分享，传说吃了腰不疼。八月中秋还要杀鸭子（杀鞑子的谐音），意为纪念古时一位民族英雄于八月十五击退北方匈奴（鞑子）入侵。是日还有“送秋”习俗。节前，庄邻们凑份子，到集上买上枣子（早生贵子）、莲子（接连生子）、花生、石榴（子多）、花子（焰火）等，再选派一人（多子多福者）到满堂儿孙的人家“偷”来筷子（快快生子）、挽子（晚来得子）、盘子等。是日晚，抱上一小男孩子，敲锣打鼓到一久婚不育人家，先放花子（焰火，意为间生男女），再送筷子、枣子、石榴、莲子等，摆放神柜之上，再抱上小男孩子放在床上（铺上铺满菜籽、枣子等），男孩子学婴儿啼，宾主互相道喜，并留晚宴。若该户生子，取名多叫“秋哥儿”“晚子”等乳名，并备酒水、礼品“谢秋”。买上新筷子等东西及礼品感谢“被偷”人家，叫“还秋”。

中秋节，正值稻谷收熟之时，常有观月测年景说法。所谓“亮月子云中拱，来年鱼虾都绝种”“吃了端午粽，牢田不能种；吃了中秋饼，田能种万顷”的说法。

（十五）重阳节 农历九月初九为重阳节。因在民俗观念中九为序数最大，有长久长寿的含意，故重阳节亦为老人节，别称登高节、晒秋节、重九节。重阳节吃重阳糕，糕上插五色三角旗，为重阳旗。

（十六）十月朝 俗话说：“十月朝，早上割草晚上烧。”十月朝，就是农历十月初一，其习俗与清明节大体相似，没有清明隆重而已。其与清明不同的是有煮糯米饭送苍蝇、洗耕牛等习俗，还有“十月朝，去赶城隍庙”（到海安城隍庙）赶集的习俗。

（十七）冬至节 冬至为二十四节气中冬季一节。是日夜天最长。俗话说：“夏至不踏车，冬至不坐夜”“过了冬，长一葱（日天渐长）”。过了冬至即“数九”，叫“交冬数九”，说明寒冷天气开始。俗话说：“交冬数九，烘脚拱手。”

冬至传说为鬼过年，称“大冬大似年”。前一天称“小冬”（鬼除夕），家家设祭供祖，悼念祖先。供菜必备炒糯米圆子。冬至日称大冬，早上吃汤圆，敬神将。

过了冬至，农家则进入冬闲，也没有多少节庆习俗，各家各户，开始冬闲置业，备聚零花，准备过年。备集农具，准备来年春耕生产。

（十八）新兴节庆 新中国成立后，新兴节庆以公历排序，主要有元旦、“三八”国际劳动妇女节、“五一”国际劳动节、“五四”青年节、“六一”国际儿童节、“七一”建党节、“八一”建军节、农历九月九日老年节、“9·10”教师节、“十一”国庆节。每逢元旦、“五一”、国庆等节日，机关、学校、团体都放假，有的还举行纪念庆祝活动。改革开放后，西方洋节也逐渐融入民众之中，如2月14日的“情人节”、3月12日的“复活节”、4月1日的“愚人节”、5月的第二个星期日为“母亲节”、6月的第四个星期日为“父亲节”、9月的第一个星期一为“劳工节”、10月31日为“万圣节”、12月25日为“圣诞节”等。各大商家为赚商机，趁机大做文章，继而洋节由淡变浓，有的传统节日习俗反而渐淡。

二、婚嫁习俗

新中国成立前，婚嫁全凭“父母之命，媒妁之言”，多数人自己无权做主。甚至有指腹为婚（双方母亲怀孕时即定亲）、童养媳（俗称娶小媳妇）现象。解放前婚姻过程，烦琐复杂，有时因某环节“失礼”而闹得亲家反目。

（一）定亲

1.访亲　由媒人（月老、红娘、媒婆、介绍人）提供双方情况。男女双方都进行访亲。有公开、秘密、直接、间接的。访亲内容为双方门户（穷富、家负担）、品行相貌、根底寻究（父母有没有狐臭等），如两方访亲合适，则通知媒人，请对方发庚帖（口谕）。

2.发帖　帖，又称庚帖；发帖，俗称发口谕。女方（如招赘为男方），请人用草纸写上孩子生辰，格式为“庚柬。坤造（男为乾造）某年某月某日某时端生（男称建生）大吉”，敬于神柜，上香敬叩，然后按一定格式折叠，放在水缸里，看飘向哪个方向，如所飘方向正值对方住所位置，则亲事十有八九成功，捞起来晾干，用红纸叠包，上书“庚函”或“庚帖”两字，交媒人送往对方，对方则立马请算命先生算命（有八字算、看书算、合婚等），如果命运八字相合不冲，则备上礼品，央请媒人，到对方压帖。

3.压帖　媒人带着男方礼品，并回帖。格式为“庚柬。乾造某年某月某日某时建生大吉（女）（另起行）坤造某年某月某日某时端生大吉”，并用红纸套上，红纸上写“庚函”二字，也有写“囍”或“全福”的，确定为姻。

4.上门　亲事确定后，择日请媒人，带上女婿父子到女方做客认亲，叫“上门”。上门时，男方需带给女方七姑八爷、舅爷、叔伯长辈们一份厚礼，叫上门礼，新女婿上门，女方要给他吃糯米糖饭，碗底下藏六片肥肉，叫又黏（听话）又甜（嘴甜）又肥（健康），这碗饭如果女婿实在吃不下去，只能给自己父亲吃，旁人不能分享。被带礼的长辈们分别要给新女婿包红包，丈母娘则给女婿送上五件带“子”名称的礼物，如裤子、带子、袜子、帽子、褂子等，取“五子登科”之意。新女婿上门后，男方择日约请女方亲友及本堂亲友聚宴会面。会面以后两亲家就随便走动造访。

5.做节　定亲以后，男方每年逢春节、端午节、中秋节都得带上礼品、衣料，到丈人家送礼，叫做节，丈人也得给女婿包上红包，叫“回节子”。

（二）婚前习俗

1.通话　男方约请媒人，备上礼品，择良辰吉日到女方家谈婚论嫁，由女方向男方提出聘礼条件，双方讨价还价，有时争得伤了和气，民间曾有“通话说三年”之说。

2.回好　男女双方意见基本达成一致后，女方请媒人通知男方，同意女儿出嫁，除自己准备嫁妆外，还向男方提出迎新的要求。

3.传喜讯（也叫送日子）　男方请人择好黄道吉日，用红纸写上迎亲日期，格式为“谨订（择）某月某日吉时命小儿某某亲临贵府敬备彩舆（轿）恭迎令爱某某出阁于归同行礼乞赐鼎允诺某某（具名）正柬。”备上礼品，请媒人送到女方，如女方同意婚期，则回帖：“小女某某谨遵佳期偕同令郎于归贵府举行婚礼某某（具名）正柬。”一般人家则请媒人口头传达，叫“传日子”。婚期定好后，女方亲友分别宴请女儿叫请“嫁娘子”。

4.开面　结婚前三天（叫“三朝面”）或婚期当日（叫“随朝面”）由媒人带上男孩挑上礼品4份，其中有开面礼、带人礼、上头鱼上头肉、合鱼合肉（双份，女方收半回半）、年糕、粽子、米团、汤圆（取“高中团圆”吉语）、茶食篓儿，还有一条用红布裹的草席子叫“还爷娘席”（红布留将来生小孩子时做催生毛衫儿），以及新娘上轿时穿戴的凤冠霞帔等，另外还得带上“三官真经”，如没有，则用老历书代替。

5.待女　出嫁头一天晚上，女方办上好酒席，宴请女儿好友及亲友聚餐，招待伴娘。

6.暖铺　迎亲前一天晚上，男方也得备上酒席，宴请伴娘（陪新娘子）、搀妈（儿孙满堂、夫妇双全且懂礼仪的长者）、轿夫、亲友等吃“暖轿酒”。宴毕，由搀妈丈夫到有福有寿人家草堆上偷稻草回来铺新房床铺，并与新郎同宿。搀妈则将新郎接亲的衣物准备齐全，叫妆新衣裳。

（三）婚礼

1.发轿　婚期当日，择吉时敬神，燃放鞭炮，用花轿（一般人家用船或独轮车）由媒人先行，新郎随后，伴娘、轿夫接在后面，吹鼓队为最后，浩浩荡荡组成迎亲队伍到女方家中迎娶新娘。

2.接轿　轿子行至女方家不远处，即停轿，燃放“高升”（亦叫“ 嗤火”，鞭炮的一种）三枚，意即通知对方。女方听到后也接应三枚高升，然后鼓乐声起，花轿落到女方家门口停下，女方随即紧闭大门，新郎官则从门缝塞进一个红包（叫开门封儿），新娘兄弟姐妹拆开封包，如嫌少，或从偏门出来查点聘礼，不全，则拒绝开门，把迎亲队伍晾在外面，直到条件完全达到，女方才开正门迎接客人进屋，招待酒宴。

3.上头　酒宴毕，女方搀妈（叫搀嫁娘子）催促男方来客出门坐在院内，关上大门，唤起新娘（先前新娘一直睡在床上），“扯脸”（将女孩脸上汗毛除掉），梳理额前的匝儿（叫等郎发），洗漱更衣，穿戴男方开面送来的凤冠霞帔，趿上父亲或兄弟的鞋子（新娘鞋不能沾地，否则将娘家财气带走）拜家祖、菩萨、父母。兄弟打开嫁衣箱，摸出三个角落里预先放好的红包，留一个角不摸（叫摸箱角落）。这时，迎亲人在外面再燃放高升，叫“催妆”。娘家人则开门燃放鞭炮，搀妈将新娘搀进轿子，新娘子要趿父亲或哥哥的鞋子上轿。新娘兄弟则把新娘洗漱水端出，用刷把将轿子四角刷潮，再泼向屋顶。这时乐队声起，新娘子由轿夫抬走或用车推或船起锚，这时妈妈要大哭，这样姑娘才会想家，才会发财。男方开面时送来的“三官真经”要揣在新娘怀里，在迎娶途中避邪。如果这个村子里有两家结婚，则出嫁时间越早越好，叫“抢喜神”，有的人家，头天晚上就到新娘家等候迎亲，交了子时，就发轿。

4.传子　男女结婚，女家再穷也得陪嫁马桶（叫“子桶”）、脚盆和水亮儿，叫“三圆”。迎亲时，子桶和脚盆由新郎担上，在子桶内，娘家要放上筷子、鞋子、爆米花、万年青、柏枝、红枣、花生等，轿到郎家门口停下，由搀妈摸出“三官真经”供于神柜上，端子桶进屋上香供奉，然后端到新房里，倒出桶内物品，用淖肉汤浇子桶，叫“传子”，并唱歌子：“传得快，养得快，养个儿子叫爸爸（bai bai）”。

5.跨火盆　新娘轿子停在门口等候“传子”，还得等到将女方陪嫁的嫁妆搬进房，安顿停当，才由搀妈夫妇搀扶新娘跨火盆，意为新娘“入性子”。火盆里燃烧木柴一定要是榆木（取谐音富贵有余意），切忌杉木，因杉木俗称节木，将来媳妇过门必有过节　。

6.拜堂　男方父母分上下首端坐高堂，新郎、新娘亦分上下首站定，搀妈夫妇则唱“新娘新郎拜喜堂，一拜天地，二拜高堂，夫妻对拜，早生儿郎”的歌子。

图20-3　新郎新娘喝交杯酒

（顾　俊/摄于2009年9月）

7.接宝　拜堂后，新娘被搀到新房门外，新娘将从娘家带来的勒手钱给搀妈，搀妈随即交给公婆，公婆展示后，随即包上双倍数的红包交给搀妈转交给新娘，新娘才肯进入洞房。

8.吃富贵茶　新郎、新娘进入洞房后，搀妈关上房门，由厨娘送上两碗红枣茶（意为早生贵子），新郎新娘同吃，一般各盛红枣12粒，每人吃

6粒，留6粒谓之“六顺”。

9.开箱子　闹过新房后，新娘拿出嫁箱钥匙交给搀妈，搀妈则请来媳妇公婆，一手交钥匙，一手接过红包交给新娘，婆婆拿钥匙开嫁箱，搀娘则说歌子“新娘子，拿钥匙，开箱子，绫罗绸缎四季衣，恭喜主家发财发福添贵子。”为了避邪，有的人家在洞房门口挂上两只箩筛，提醒“四眼人”（孕妇）不能进洞房。

10.送房　晚宴席结束后，搀妈将新娘陪嫁的铺盖铺好，送新娘新郎睡觉，吹熄灯，关上房门。这时，新娘从内衣口袋拿出一尺左右的红绿布（称阴阳布或称鸳鸯布），垫于身下，将二人交合之物卷好，来日做成一个小布袋，将叫钱陪嫁钱一同装入袋内收藏好，叫“子孙袋”。

（四）婚后习俗

1.做朝　新娘出嫁后，女方兄弟、父亲，将新娘在家穿的衣服，打成一个包袱，到男方家来做客，叫做朝。一般有“当日朝”“三朝”，具体看“开面”的日子，如果开“三朝面”，就做“三朝”，如果是随“朝面”，就做当日朝，以此说明娘家将姑娘嫁过来，依靠婆家生活，不再想家。

2.做三朝裤　结婚第二天，婆婆送给媳妇一块小青布（平布），媳妇看着婆婆身材（或量尺寸），裁剪缝制，给婆婆做一条裤子，要求当天缝成，其意是考察媳妇的针线活。俗话称“三天做不成一条裤，拙婆娘”。

3.回门　结婚三日，夫妇二人要回娘家，叫回门。回门时，去娘家应是女在后男在前（表示女在男家过得很好，不愿回娘家）。在娘家吃过午饭就回家，这时是女在前男在后，娘家送给女儿一个针线匾子、面条等。晚上，不吃家中食物，而是吃娘家带回的面条。回门三天后，男女双方又要再一次到娘家去，叫“复门”。这一次是女在前男在后。

4.满月　习俗认为，结婚不到一个月的姑娘叫“毛脚新娘子”，不好串门，整天在家待着，除“回门”“复门”外，也不好再回娘家，不能在别人家过宿，叫不作“空房”，否则会先生女孩。如果实在要串门，只好坐在或站在邻居家门口，若跨进午槛一步，就得给人家“挂红”（以肉鱼鞭炮上门道歉）。满月回娘家，少则三天，多则数日，在娘家住宿。

5.交生日　新娘到婆家的第一个生日，娘家得备上生日礼品到婆家来庆贺，叫“交生日”。过了交生日，以后每年媳妇的生日都得由婆家来操办，如不履行“交生日”这个礼节，婆家则有权拒绝给媳妇庆贺相应的生辰寿诞。

6.送夏　立夏后到六月初六前，新娘娘家必须到女儿家送上席子、帽子（伞）、夏衣、枕垫、扇子等物，谓之“送夏”。到了六月六，则由娘家人带女儿回家过上一日或半月，叫“六月六，带女回家过大伏”。

（五）新婚俗

“五四运动”后，烦琐的婚姻习俗渐渐改进，提倡“一天圆”（即一天将以上仪式一并办完）。抗日战争时期，抗日民主政权禁养童养媳。1950年，国家颁布婚姻法，男女婚姻受到法律保护，禁止重婚，提倡婚姻自由、恋爱自由、亲属不得干预儿女婚事。男女双方须在民政部门办理结婚登记手续，领取结婚证书。提倡文明结婚，婚俗不断更新。70—80年代，婚礼简朴，迎接新娘时兴用自行车。90年代后，开始兴用小汽车接送。21世纪后，婚礼追求时尚新潮。婚期确立后，多选择重大节日或黄道吉日在宾馆酒店举行婚礼，亦有集体婚礼、旅行结婚等新形式，也有少数在家中举行。城东居民的婚俗在保留定亲、上门、通话、暖铺、回门等旧习俗之外，还与城市风俗接轨，时兴拍婚纱照、车队迎庆，请婚庆司仪主持婚礼，并有文艺演出，婚礼现场充满喜庆，场面热烈，且聘请专业摄像师对迎娶、婚礼全程摄像，刻录光盘作永久纪念。

三、生育寿诞习俗

（一）生育　新妇怀孕，娘家要催生，礼品有窝篓、凉车、四时衣服、糖盆、猪油盆、艾叶、毛衫儿（由结婚时裹还爷娘席子的红布做成，不缝边叫毛衫儿）、抱裙等。催生后，孕妇就不作兴到娘家或走亲戚。孩子出生后要给娘家亲友送毛米粥（糯米红糖粥）、红蛋（红蛋个数要成单），顺便约请亲友“洗三”日期（一般三朝、五朝、九朝）。这一天，催生婆要来给小孩洗澡。亲友吃过“洗三饭”后，纷纷给产妇送“月子礼”。一个月后叫

"满月"，小孩要剃满月头，有的在脑勺后留一撮胎毛至结婚时剃掉，打"灶狗儿"（用锅灰点在小孩额头上），到外婆家去。

（二）生日 分闲生日、整生日。闲生日一般不庆贺，比较隆重庆贺的生日有：年碁、十岁、三十岁、六十岁、七十岁。海安地区有"三十岁不贺四十岁不发"之说。三十岁以上贺寿亦以九为贺岁，所谓"贺九不贺十，贺十脚一直"。闲生日中，三十岁以上以三为忌生日，如"三十三，阎王老爷请去吃中饭"，生日这一天，不食自家茶饭，而躲到女儿或亲友家中去。去时，要看不见自家烟囱，到亲友家后，早上吃粽子，或煮鸡蛋，叫"脱壳"，晚上吃了晚饭才回家。80岁一般不贺。现在40岁以后，有不少家庭请亲友吃饭，以示庆贺。

寿诞贺礼各有不同，一般叫"提络礼"。亦有送红包、寿幛、布料等。贺小孩年碁（1周岁）时，外公家除"提络礼"外，还得送小孩四季衣裳。

四、丧葬习俗

（一）倒头 旧俗，病人弥留之际，要立即移卧正屋明间，仰卧于门板上。死时叫"遭薨事""倒头"。年纪大男人死时叫"寿终正寝"写先考，女的叫"寿终内寝"写先妣，丧父之子叫"孤子"，丧母之子叫"哀子"，父母双亡叫"孤哀子"。咽气后，要即刻拆下死者生前蚊帐，撕掉红对联，用黑布遮盖住中堂菩萨。然后请人为死者整容，男的剃头，女的梳头，女儿（或媳妇）为死者修脚剪指甲，换寿衣（一般7件、9件、11件居多，切忌13件和双数）。寿衣必有红小褂裤、白小褂裤各一套。寿衣不兴做纽扣，用带子系扣。有曾孙的，要手捏一个小红毛衫。口抹红糖，脸盖草纸，胸盖黄布袋子，上写"朝山敬香"四个字，并盖有当方寺库存方印（叫香火袋子），内装线香、毛巾及死者生前喜好之物。下身垫一条死者生前穿过的旧裤，叫"塞巾"（防止死者大小便溢出）；两脚摆齐，两旁用砖头撑住叫"勒砖"。头前放一个灯台，用豆油灯草点燃叫"七灯"。供上"倒头饭"，此时，死亡谓之"挺尸"。门口上首则要放一个水碗，搁上一只筷子叫"过桥"。人死后，家人哭时要远离死者，不能把眼泪滴在死者身上。晚上要有专人看守叫"坐夜"。猫狗等牲畜切忌接触死尸，传说如接上牲畜之气，死者即有可能变为"僵尸鬼"。

（二）报丧 死者倒头后，子孙们就得四处报丧。亦有"一子不报丧"之说，由亲友邻居代为传信。凡亲戚朋友都得挨家报到，奔丧时孝子要披麻戴孝，脚穿草鞋（或赤脚），凡遇熟人，必行跪礼，如父母中一人死亡，则见人行单膝跪礼，死父亲左膝跪地，死母亲右膝跪地，父母双亡双膝跪地。报丧的顺序应为舅、姑、表、友、亲、堂。旧有"娘舅表大三分"之说。凡到人家，必吃一点东西，哪怕喝上一口开水，不能"空口说白话"。亲友邻居在听到死者死讯后，须带草纸或锡箔前往丧家死者灵前叩拜，叫"讨信"。孝子则焚烧纸锞，对前来吊唁者叩拜还礼，还礼得按辈分高低分别还颡首礼、叩首礼、稽首礼、拱手礼。

（三）"批亮方" 人死后，要着专人找阴阳先生批亮方，阴阳先生根据死者生辰八字，死卒时辰进行推算，决定何时收殓、入殓，忌属相，落魂方位、时间、回煞日期等一一写明于纸，丧家则按时辰表举办丧事。然后请来僧人念"倒头经"、放"冥路焰口"、焚"点魂桥"（纸扎轿马），并扎一个草把人，在死者"落魂"方向供奉。在死者亡故七天内，家人切忌吃稀饭和吃饭泡汤，如这样就叫死者淌河。

（四）烧千张纸 家人、亲戚到齐之后，子女、儿孙、嫡亲等一律披麻戴孝，跪于死者旁，烧千张纸（一千张草纸卷成的毛昌），燃点于一只放在水木盆里的铁锅内，锅内有一根红头绳，一头系上铜钱，一头连着死者手，门口一条草席，由两个闲人（邻居）搀扶，手拿杨树条来回掸（防野鬼抢钱），烧千张纸时，子孙们一定要痛哭（亦可找专门哭的脚夫帮哭），叫"嚎丧"。千张烧好后，将纸灰留存，留着下葬铺坑。并请乡邻在门前搭个三角架的棚子，叫搭"丧棚"，请人出"丧报"。丧报的书写格式要求相当严格，字数必须成单。其内容大体为"不孝男××，××侍奉无状，祸延×××（死者姓名），生死日期等落款"。顺序为亲子女、嫡侄子女、亲孙子女、堂孙子女等，顺序不能错，否则就会造成亲友反目"闹丧"，主丧人一定得为大房大宗，不能以年龄辈分排序。

（五）入殓（又称收殓） 丧家根据批的"亮方"将死者尸体吉日吉时入殓。入殓前，孝子需用干布将棺木内的蜘蛛网摘除并抹擦干净，叫

“检材”，并请木匠用草木灰、石灰、干细土拌和成的“三合土”用草纸包成若干土包（一般以一岁一个角灰包，年纪轻则以71个包，总之必须满足死者收殓时将身下、左右塞满为止）。将棺材底层铺满三合土，将尸体与棺木间空隙塞满，只留一个脸庞。这时，孝子孝媳、姑娘女婿等每人拿一块小红布，蘸上水，在死者脸上象征性地擦一下，叫“洗脸”，然后绕棺木一周，瞻仰遗容，有钱人家则请来僧人念绕佛经，绕圈七周，念完后，在棺材口钉一块白布叫“天花板”，然后围棺者齐跪，木匠则以油石灰带口，将棺盖盖上（全家痛哭）。在棺盖盖上后，在棺材四角各钉一铁钉，在前边（男左女右）钉上“子钉”。木匠拿斧子钉钉时，必须用一茶盘，内装柏枝、万年青、手巾、红包等物，女者由娘舅、男者为大房大宗执钉，托请木匠执斧，剪下孝子一绺头发，放于钉眼叫“挽钉”。棺盖钉好后，木匠叫说歌子：“天无忌地无忌，代斧一响，孝子请起，恭喜恭喜。”并将死者生前枕头抛于堂屋上，将这几天的香灰装于碗内，供于灵堂前，叫“香灰碗”或“香碗”。一切停当后，由数人搀起棺木起架于凳上叫“起高”。

（六）火化　1993年，境域推行殡葬改革，死者一律火化。火化日，要请有福之人留在家中“正檀”。有的还请乐队参加送别。吉时前，扶灵人及送葬人先吃饭，饭毕举行隆重的告别祭奠仪式，全家老少按辈分及亲疏关系依次跪拜、敬酒，瞻仰遗容。送葬时，死者遗体在前，由正孝一人打黑伞遮住死者的脸（不得见阳光），其他人捧着斗（装骨灰用）和遗像随后，送葬队伍跟从。灵车上要拖挂一根竹子，竹子上绑上一件死者衣服。沿途，要好庄邻（不少于三户）举行“留茶”祭奠仪式。正檀者在家打扫清理，恢复原貌，并准备火盆、糕、硬币及箧箩等物。到火葬场后，有的再举行简单的遗体告别仪式，有的则举行追悼会，然后火化，将骨灰装入骨灰盒。正孝将遗像与装有骨灰的斗捧在怀里，其他孝子打伞遮住，选路程从上首返回（意为不走来时路）。送葬队伍回到家时，首先要在门口跨火盆（现在也有很多人家用火叉代替火盆），然后孝子进入家中，将死者骨灰和遗像安放在柜（香几）上，点烛敬香，跪拜行礼，脱去孝衣孝帽，吃正檀者准备好的糕，拿硬币、摸鱼肉、尺秤等，意为“步步高”之意。

（七）饯程（亦叫送三）　意为死者送行。饯程日期有死者亡期三日或五日或七日等，在饯程前日，丧家需四处贴出帖子，上书先考（妣）×××于×月×日饯程之期，尊世友亲族，一概恳辞（从简），孤（哀）子××叩谢，叫“谢帖”。只是告知亲友庄邻的饯程之日，你去了人情，孝子必请。饯程日，要请上僧或道做佛事、道场，念日经，日忏，送纸轿，在当路口焚化，孝子一齐向西天哭喊，说明死者已驾轿上了西天。这一天，戴孝的人一定要按辈序，孝子孝媳为麻布帽、麻布鞋，身披麻布（或麻绳）耳垂棉球（一上人死戴一个，父母双亡则两耳挂棉球），腰系反绕草绳叫“腰绳”，插杨树棍叫“哭丧棒”；其他人如女儿女婿带白布拖孝，曾孙辈白帽上缀上红条布，玄孙辈戴红布孝帽，同时请来剃头匠将孝子孙们的头理好，取少许头发打扎纸包焚化，叫“剪七头”，儿子媳妇的头发要用纸包好，放于七单内，待“断七”焚化。孝子披的麻打成7个节　（每个七烧一个节），僧人则做成每个烧七日期的纸盒，叫“七愫”，孝子们在四十九天内不能理发，叫长七头。烧头七时，有几个参加祭礼，此后每逢烧七必须还是这几个人来拜祭，叫“应七”。每个七，人数只能增加，不能减少。

（八）烧七　人死后每逢七天必须祭祀一次，叫“烧七”。烧七要包素（糖）饺子，应七的人不能少，不应七的也可参与叩拜。如7个七里有一天逢古历初七、十七、二十七，叫“逢七“，孝子不必“讨饭”，否则在“断七”前必讨百家饭，作为第7个七的祭饭。有的“讨饭”第一个就到姓万或姓傅的人家讨米（意为万事如意、富贵有余），最后到姓余（于）家讨米，将讨饭棍抛于余（于）姓屋后，也算讨七饭米结束。五七一般由女婿女儿操办，这一天，得由女婿家包括油盐酱醋柴都得带上，连水缸的水都由女儿女婿担来，叫“献七”。“献七”，姑娘女婿必请齐娘家所有亲友，请来僧道做佛事、道场，放焰口，扎“灯轿”等，花费颇多。七宗中，灵柩前灯盏不能熄灭，叫“长眠灯”或“七灯”。到了六七，又叫六虞，传说则是亡者清醒向阎王报到之时，斋主则要请僧人放焰口（上朔三代起码三台），放焰口之前要开“四门”。用粗糠画成一个圆圈，并画上东西南北四门位置，东门为男氏跪位，西门为女氏跪位，南门为南天极乐世界，北门为家门，僧人赤脚（道士穿鞋），执秤道士执宝剑先开北门，亡者先到“望乡亭”，家人跪祀，孝女放声号哭，僧人走过四周，圈中搭一白布，谓之“拖桥画狱”，说明亡人已过“奈何桥”，到了极乐南天世界。第二天为正日，捧斋，化家堂（纸扎屋）。断七要起早拆丧棚，倒枕头囊子于三岔路口，孝子要带上发酵食品到丈人家避灾。有的人家逢七就请僧人做佛事、道场，叫“逢七斋”。在亡者落魂日数的对应日，叫“回煞”（回家、回祭），到时将请来胆大男子、邻里或亲友坐夜打牌。是夜，堂屋不栓门，灵前设供，家人远避，灶门打扫刷净。传说，亡灵从烟囱进屋，第二天还端起铁锅验证有无印记。

（九）打醮 芒种到小暑一个月叫时梅黄天，旧时传说凡在这一个月内死亡的人，来世投胎变牛马，于是七宗内要请道士打醮。打醮格式较多，有七天七夜的骡天醮，三天三夜的熏秋醮，一天一夜的琵琶醮。熏秋醮为第一天念经忏，拜朝天师，念玉皇经；第二天绕坛，拜朝天师，念熏秋忏；第三天打醮拜朝天师，拜表时穿七件变衣，请神念表，踏八卦，踏二十八宿，拜北斗。焚化纸扎有驴马、太乙真人骑狮子、温元帅骑马、命魔亭、狮头豹尾、四十宫朝、邓将军、城隍、土地等。琵琶醮为头天晚上放焰口约孤，第二天打醮的格式与熏秋醮大致相同，只是焚纸扎时少四十宫朝、邓将军等。另外，道士也常给人家做道场，形式与和尚佛事差不多，只是开四门破狱略有区别。

（十）服丧 老人死后三年内谓服丧期，服丧期内家室不许举办喜庆之典，叫“守孝三年，不见天日”。若有儿子要结婚则需要百日之前完成，否则要等到三年之后。老人亡后一百天，谓之百日，孝男孝女，要进行一定形式的祭奠。守孝期内还有“头周年”“二周年”“三周年”等，在老人的周年忌日都得进行一些规模不等的祭祀活动，特别是三周年为“满孝年”，纪念更为隆重，包括贴对联都有讲究。第一年对联要用白纸写，第二年用绿纸，第三年用黄纸。在守孝期间忌燃鞭炮，等到满孝，才可贴红对联、红喜笺、放鞭炮、办喜事、行房事，女孩才可穿红戴绿。服丧期间，每逢忌日，都得进行小型祭祀活动，谓之烧“闯月”。过了服丧期，则到周年才祭祀。

（十一）殡葬 旧时殡葬习俗非常冗繁，所谓“种粮下地，父母落葬，头等大事”。一般殡葬日期选在大寒内“天地无忌”，再则选“天煞日”，要请地理先生择日择地定向定线，出殡前一天，孝子要带上供品及刘、李、周三诸侯牌位到墓地供祭，并摆上金银首饰，然后，请上抬棺人动锹开坑，叫“开富贵”，第一锹土用红纸，连同首饰包给孝子，意为一铲挖出黄金，恭喜发大财。家人回来，晚上设宴招待抬棺人叫“暖杠酒”，再供祭亡者，叫“辞柩”。另请德高望重、懂礼仪的老者“正檀”，正檀兴用一只篾箩，内装肉鱼、秤尺、大麦、卵石、斧子、万年青、柏树枝、火钗等物。是夜，孝子要守候棺柩旁叫看财（材的谐音）或叫“守财”。次日吉时前，抬棺人先来吃饭，叫“起杠饭”。饭毕，将棺柩搀下（叫“请超凡入圣”）置于堂屋正中，孝子孙们绕棺柩围转一圈，并抛撒硬币叫“抛梁”。抬棺人即“做杠”，孝子为求平稳，常舀一碗豆油置于棺柩前面，抬的人则要十分小心，不能让豆油泼出。起杠后孝子跪伏午槛上，让棺木从身上抬过。然后带上箩筐、柴草，随在抬棺人后面，叫“送殡”。鼓乐队随后，叫“送葬”。到了茔地，将柴草放在坑内点燃叫“烘坑”“暖坑”，这时孝子绕坑一周，并向坑内抛撒银硬币（由抬棺人清坑时拾起分掉），叫“跑富贵”。待棺柩入土后，孝子再绕坑一周，丢土块，这时抬棺人才可填土。孝子拔掉定线桩，将腰绳、哭丧棒、幡儿插放在坟前，将孝帽焚烧掉回家，抬棺人继续堆坟，回家时要在门口先跨火盆，正檀者则摆上糕与糖糯米饭，每人都得吃上一口，回来对着牌位再叩头，由正檀人平分抛梁的银钱。待抬棺人堆好坟，立好碑后，孝子再行带上供品到坟前祭祀叫“复山”，安葬仪式结束。

解放后，随着殡葬不断改革，一些烦琐礼仪一度简化。80年代后，一些传统丧俗逐步恢复。1993年后，安葬仪式有些变化，新增加送葬、乐队送别、遗体告别仪式。21世纪后，政府提倡将逝者安葬到公共墓地，以节约耕地。

五、生活习俗

（一）服饰穿着

1.服装 民国时期，富人男子时兴穿长袍子，分季节有单、夹、棉、皮四种，外穿绸缎马褂。女子则上穿右衽大襟短衫，袖口较短且粗，下系"腰裙"，系于衫内，腰裙一般为丝绸织品。时髦的可穿旗袍。一般男子着装为对襟布纽扣短衣，叫"短打"。出客时偶穿长衫，多为夏布、土布所制。一到冬季，一般下身只穿一条单裤或夹裤（双层），再加套裤（只有两只裤管没裤裆，裤管护住膝盖），如天再冷，则在腰间系一条育裙，用青土布做成，前有一个大口袋，两旁有裥，讲究的用白丝线绣上花。女的育裙比男的要长一点，能拖到脚跟（因过去有"男不露脐、女不露皮"之说）。解放后，服饰随时代变化而变化，50年代为中山装，六七十年代为黄军装，80年代为牛仔服、夹克衫，女子踏脚裤，90年代为西装，妇女有连衣裙裤、休闲装、灯笼裤等，后期又时兴唐装等，而像马褂、套裤等几乎绝迹。人们大都选择去超市、专卖店选购款式新颖、色彩光鲜的服装，趋向成衣化、高档化、休闲化。

2.雨具　民国时期雨具穷富有别，富人脚穿套鞋（低帮荷包口胶鞋），打纸伞、油布伞，女的花洋伞；穷人则头戴芦苇斗笠，身穿茅草编制的蓑衣，脚穿套子（一种用木头制成"工"字形的用绳扣系鞋上的行走工具），讲究的人家将布鞋底钉上钉子，用桐油刷上几遍，谓之"钉鞋"。新中国成立后，则有油伞、胶鞋、靴子、军用雨大衣、自行车雨披、子母雨披、摩托车晴雨衣等雨具。

3.鞋帽　民国时期鞋帽亦有讲究，有钱男人戴毡布礼帽，一般人家春秋戴瓜皮帽，穷人则戴"狗套头"帽子，或披风、棉帽。妇女扎包头，春秋用青布扎头巾，叫"扎头布"。新中国成立后，男人冬天戴猫耳帽，春秋戴招檐帽，六七十年代戴黄军帽，后戴东北毛皮帽，女人则时兴方巾、头巾、丝巾。90年代在上衣后领缝制一个三角形袋帽，遮风挡尘均适用。

鞋子一般为纳卜页底布鞋或毛边鞋，穷人则夏穿草鞋，春秋穿草编蒲鞋，冬天穿"毛窝儿"（草、布、鸡毛编织而成）。民国前，小女孩从6岁开始裹脚，为"三寸金莲"。五四运动后，提倡妇女解放，先"放脚"，逐渐取消裹脚。妇女鞋子一般圆口绣花鞋，鞋头前绣上彩丝线花。50~70年代，鞋子一般为胶鞋、解放鞋、皮鞋。农村也有穿草鞋、毛窝的。70年代开始夏天穿塑料凉鞋，八九十年代时兴旅游鞋、耐克鞋。90年代后夏天时兴皮凉鞋，中青年女子时兴穿高跟皮鞋，后跟有的高三四寸。

4.发型　民国前后未出阁闺女一般留长辫子，前梳刘海儿，叫"招郎匝儿"。出嫁女子则梳发髻，叫"窝螺儿"，戴发网。清朝时期男人脑后留长辫子，辛亥革命后开展"剪辫子"运动，则剃光头，后"平顶"，再马盖儿头。五四运动后，渐渐时兴"鸭屁股儿"短发。新中国成立前少数惯宝儿还留"胎毛"（生下来脑后一直留一撮头发不剪），直到结婚前才剪掉。新中国成立后，发型变化不大。一般人喜欢剪大背头、分头。70年代后时兴"运动头"。改革开放后，发型更是多样化，甚至将头发染成红色、黄色、白色，乃至男剪"女式"、女剪"男式"，老年人还"焗油"将白发染成黑色，显得年轻有精神。90年代后中青年妇女时兴披肩长发，小女孩在后面或两边扎一把儿，叫"鱼尾翅"。有的人则喜爱染发、接发、卷发，有的戴假发，花样繁多。21世纪后，有的青年男女赶时髦开始蓄长发，剪刺猬头，染成时尚颜色的头发等。

（二）饮食

1.主食　城东镇居民饮食一般以稻米麦面为主食，一日三餐，早晚稀，中午干。解放前穷人常吃两顿，一干一稀，或"连二顿"。早晚餐以米打底，扬麦屑（元、大麦糁儿）。夏收后吃粯儿饭，少数富有人家放点大米，叫"蛆子饭"。农时早上多为"面疙瘩儿"（亦叫"面鱼儿"），给男壮劳力吃。过了清明日头渐长，且进入农忙时节，则有吃"晚茶"（下晌饭）习惯，所谓"清明到，晚茶绕"。70年代前，由于口粮标准低，干饭一般都放上代食品，如南瓜、胡萝卜、青菜、野菜、豆角等，所谓"低标准、瓜菜代"，很少吃到纯大米饭（叫肉剥狗儿饭）。80年代后，农民生活日趋改善，则改为两干一稀。进入21世纪，讲究营养搭配，合理膳食，提倡绿色食品，精细食品与粗粮搭配，健康饮食。代食品、杂粮也摆上酒席。

2.点心　过年时，家家户户忙蒸点心，主要有糯米团、年糕、黄猫儿（长条馒头）、馒头、大米饼等。蒸好后，除留部分春节食用外，其余晒干贮藏，到三春头来客人时吃。立夏过后，河边芦苇叶箬长出就开始包粽子。麦收上来，则煎骍饼、摊摊饼、包扁食（水饺）、炸虾糍儿。稻谷登场，则吃汤圆、油炸糯米饼（麻团）、摊糍粑、油糍儿。有贵客来时则到商店买茶食，如桃酥、麻切、京枣、雪枣、麻饼、云片糕、冲枣、胶切、馓子、脆饼等，也有的煎（煮）鸡蛋，打“荷包蛋”。21世纪后，大多数人家到专业食品店加工点心、茶食，亦有少数人自己加工。

3.筵席菜肴　新中国成立前，庄户人家常年以自产蔬菜为主，冬春季节有青菜、豌菜头、苜蓿（黄花）、菠菜、麻菜、萝卜、大蒜等，夏秋有韭菜、豆角、茄子、黄瓜、冬瓜、笋瓜、南瓜等，偶尔买点豆腐、茶干、卜页、水粉、素鸡（千豆腐）。只有每逢节日、来客人，才剁点肉，买些鱼，炖几个鸡蛋。筵席分“和六碗”“八大碗”，所谓“和六碗”有：肉（下衬腌菜或慈姑、芋头等）、鱼煎豆腐、慈姑青菜（杂菜）、水粉（上放少许肉丝）、炖鸡蛋等；“八大碗”则另加一个拼盘、杂烩等，大户人家则用“六碗八碟”或“河八鲜”“海八鲜”“海参席”“鲜蛏席”等。丧席则少不了烧油炸豆腐，叫“吃烧千儿饭”。80年代后，庄户人家筵席则时兴拼盘，渐次为六碗八碟，八碟八碗四汤，“三八二十四”（八冷八炒八菜）。菜肴档次也渐高，鱼皮、海参、蛏、螃蟹、甲鱼等已不鲜见。如是婚宴，桌上必有两盘鱼，一为“吃鱼”，一为“看鱼”（不吃，留给主家余）。无论何席，上鱼时间特讲究，要待酒近尾声才上，叫“鱼到酒止”。

筵席座次也有讲究。摆席时，方桌缝一定得南北摆向，切忌横放（只有供祖宗时才横放），有“厨东客西或厨西客东”之说，即如果厨房在东首，最尊贵的客人坐在桌子西边北首，依次为东北、西南、东南、北西、南西、北东、南东（厨西则反之）。如果六人以下南边一般不坐人，叫“开席”。如果正巧六人席，切忌摆2121席，这叫“龟席”。自时兴圆桌后，来客座位不再那么讲究，但面向大门的座位为最大。

（三）居住

新中国成立前，城东镇民居有大户、中户、小户、穷户之分，所谓大户居室格局为厅、堂、照三进；中等人家住“四关厢”，分前后两进，东厢、西厢“锁壳儿”；小户人家一般则为三间一厨，少有天井，厨东厕西，厨厕分开，厨称“白龙”，厕所称“青龙”，两不相犯，厕与猪牛舍相连。穷人则住“元宝屋”或“顶头府儿”“连房灶”“三架梁儿”泥墙草盖。再穷一点的人家夏住泥糊草棚儿，冬住车篷。

建造房屋时多有讲究，首先请阴阳先生看风水、定宅基、定方向、择吉日。在定方位时，应偏正子午线（因一般庙宇殿堂朝正子午向），左右偏差1°~10°左右，以“壬三丙”“癸三丁”居多，如庄上居屋较多或巷河碍向，无法偏向，则砌一青石上刻“泰山石敢当”挡向侧墙边，以避邪。如前后人家高低不齐，则取中间高度或略低一点，叫“旺财”，切不可高于前后，叫“挑担儿”，吃劲。下首屋要高于上首屋，如下首确实高不上去，则做高脊。上梁时前一天晚上，请木匠用光刨将正梁象征性地刨一下，叫“洗梁”（喜梁之谐音）。宴请匠人亲友喝酒吃饭，叫“暖梁”。舅爹舅爷或亲家带上礼品，如寿桃、馒头、肉、鱼、鞭炮前来祝贺，叫“贺梁”。晚上要将明间两侧竖柱立好，东柱立一筛子，西侧立一鱼篓（称鱼戽子，余富谐音）。4个小竖柱分别贴对联“天地无忌，日月无忌，阴阳无忌，星辰无忌”或“东壁图书、西园翰墨、南华秋水、北苑春山”等顺遂条。中柱则贴对联“竖柱喜逢黄道日，上梁恰遇紫微星”。门楣上书“太公在此，百无禁忌”。正梁中间贴上“福”字。房主请上香盘，内摆糕、粽、团、圆、红绿布，两边放两斧头，下压喜钱包。小工在两柱旁立上木梯，木匠居上首，瓦匠（如草房，则是草匠）居下首，说歌子、上梁。木匠先说歌子：“脚踏楼梯步步高，我看神仙把手招，我问神仙招什么，老板上梁时辰到。”下面人则上香燃放鞭炮，下首匠人

图20-4　造房上梁　（杨一秋/摄于80年代）

则说："脚踏楼梯步步上，老板今日来上梁，我与神仙刚说好，老板子子孙孙吃皇粮。"两匠人分别在竖柱丫子口安上红绿布。上首说："红绿布五寸长，老板子孙开钱庄，买田西到立发桥，东边一直到西场。"下首答："红绿布飘呀飘，老板公子去赶考，南京考到北京城，最后考到穿龙袍。"将正梁请上后，投上榫头，上首又唱歌子："代斧响一响，老板今天来上梁，金银财宝数不尽，光是黄金万万两。"下首应道："代斧一钉叮叮响，老板买田我做东，今年买十顷，明年买到东海东。"这时说歌子变成"赛歌子"，就看哪个匠人口才好，即兴编出，若一方输了，则先说："一代斧两代斧，恭喜老板代代富。"两匠人齐在梁上向主人送喜，讨喜钱，主家则将馒头、年糕等物从空中抛过梁去，叫"抛梁"。待屋盖好后，明间居中留一缺口叫"龙口"，待吉日吉时，用红纸包上太平钱（硬币小钱，最有价值的是太平天国时的太平铜钱）、茶叶、米（避风、避邪）交给匠人，压于屋脊，盖上砖瓦或草结，叫闭龙口，闭龙口也得说些歌子，才能讨得主人喜钱。

搬家进宅择吉日，放鞭炮冲邪，二梁上挂幔，亲友送红绸、匾额等贺礼，忌送钟（"钟"与"终"谐音）、伞（音"散"）等物。现搬新居之家，仍保留部分风俗，至少要放鞭炮、送贺礼，以炫示喜庆气氛。

六、生产习俗

（一）土地契约　新中国成立前，田地买卖交易须立契约。立契约时，买主须宴请卖地人（并尊为上座）、乡约、保长为证人，并请田地四邻主户、原佃户、刀笔先生等见证，酒罢，刀笔先生写契约，格式一般为：上售×××自有土地×亩×分，有粮赋税票为证，其子××在左首肯，卖予××人，经中人议价××元。四邻东××、西××、南××、北××亦见证亩口界址，佃户原押板金××元，年租××石一并转售××名下，并子孙永远所有。签字后，银讫两清，永无后悔，口说无凭，立字为据。下面所有见证人签字画押。如因卖主没落，往往在契约条款之外再向买主索要额外银两，叫"打抽风"或叫"打秋风"。

（二）佃户回田　新中国成立前，佃农向地主租田一般要请乡约、保长做证立约，一般租期三年，三年期内，佃农要如期向地主交租，也叫"完租"。如三年期满后，地主要收回土地（叫回田），必须按俗规在头年六月初二前提出，好让佃户有半年时间另佃土地，如佃农不理，则在腊八前强迫佃农搬出佃屋。佃农在租种地主土地期间，每年正月初二必须到地主（叫东家）家去送礼拜年。地主则吩咐下人带其到厨房用膳。"回田期"如果过了六月初二，贫困地区农民有权再延种一年。

（三）忙月帮工　新中国成立前，穷人长年在地主家打工叫"伙计"。只有忙时帮助打工的叫"忙月"。中、下等人家到了收熟栽插之时，人手实在忙不过来，就到街上找一些临时"帮工"，"帮工"的标志是手挟蓑衣，头戴斗篷，有的身上插根草，早出晚归，银讫两清。

（四）推车踏水　新中国成立前，凡有一张田（约30亩）就得有一座车篷，有的富裕人家只有几亩田，也有车篷。有牛的人家开田栽秧，用牛拉水车，没牛的则请人推车，车篷推车得10人以上。田少的人家就用踏车，有四人轴、五人轴、六人轴。无论推车、踏车，都要请一个嗓音洪亮的人领头打号子，车水快慢全凭打头号的人号子节奏的快慢。新中国成立后，特别是1958年开始，大搞风车化，即利用风力车水（受风力限制，车水时均不遂人意）。60年代后使用机电灌溉，传统的推车踏水习俗消失。

图20-5　车篷　（怡心园/提供）

（五）开、关秧门　春季做好秧亩后，将正月半炸麻串时残留的芦苇秸秆插在进水口子上，传说能防秧花儿在田中再生，再用秸秆在秧田角落上搭成一个三角框架，以示秧苗旺盛。落谷时先撮一点稻芽置于盘内，蘸上水，放在神柜上，上香拜菩萨，观察出芽率，然后到田里撒落芽稻。插秧季节，起秧时，先燃鞭炮上香敬神，叫“开秧门”。插秧妇女先扯一些秧叶揉搓搽手，以防秧气（过敏），然后起秧栽插，秧田栽插结束叫“关秧门”。新中国成立前栽秧时兴稀行大棵，1958年后强调密植，行3.5株2.5。90年代后，推行抛秧稀植、机插秧，境域开、关秧门的习俗消失。

（六）劳动号子 劳动号子是劳动人民在劳动时长劲提神的一种歌谣。城东镇地区流行的有《推车号子》《踏水号子》《挑担号子》《栽秧号子》《打麦号子》等，一般以7字组成一句，前四后三，一唱众和。打头号的人要声音洪亮，精神饱满，一段时间后，打头号的人会再吆喝，一个吆喝声将会提升一个劳动节奏。

1958年，实行深耕深翻推绞关，推绞关时也打号子，因是挑灯夜战，号子日夜不息。50–70年代，水利工地上，人山人海，来往穿梭，挑泥打号子成了民工显示气派的一种阵势。为营造气氛，有些带河工领导常将善打号子的生产队民工放到与邻乡搭界处的工地上，以显自己斗志。工地上红旗招展，人头攒动，号子连天，场景壮观。

七、礼仪习俗

（一）社会交际称呼

称呼是人们在日常交往应酬之中，所采用的彼此之间的称谓语。在人际交往中，选择正确、恰当的称呼，不但体现着双方关系，还反映着自身的教养、对对方尊敬的程度，因此它不能随便乱用。

在国际交往中，一般对男子称先生，对女子称夫人、女士、小姐。已婚女子称夫人，未婚女子统称小姐。对不了解婚姻情况的女子可称小姐，对戴结婚戒指的年纪稍大的可称夫人。这些称呼可冠以姓名、职称、衔称等。现在一般不称青年女子为小姐。

选择称呼要合乎常规，要照顾被称呼者的个人习惯，入乡随俗。在工作岗位上，人们彼此之间的称呼是有其特殊性的，要庄重、正式、规范。

境域内人们交往传统讲究礼仪，交谈中涉及自家人或亲戚时，使用谦称，称呼对方家人及亲戚时，使用尊称。

传统人际关系称谓对照表

表20–1

关　系	自　称	回　称
祖父（母）	家祖父（母）	令祖父（母）
殁后祖父（母）	先祖父（母）、先祖考（妣）	令先祖父（母）、令祖考（妣）
伯、叔祖父（母）	家伯、叔祖父（母）	令伯、叔祖父（母）
外祖父（母）	家外祖父（母）	令外祖父（母）
父（母）	家父（严、君、尊、大人）、家母（慈）	令尊、尊公、尊翁、令堂、尊堂、尊萱、令萱、令慈
殁后父（母）	先父（严、君、尊、大人）先考、先母（堂）、先妣	令先君、令先堂
父子	愚父子	贤桥梓
妻父（母）	家岳父（母）、妻父（母）	令岳翁、令岳父（母）
殁后妻父母	外考、外妣	
舅父（母）	家舅父（母）	令舅父（母）
姨丈（妈、娘）	家姨丈（娘）	令姨丈（娘、妈）
姑父（母）	家姑丈（父、母）	令姑丈（父、母）
兄弟（嫂）	家兄（嫂）、家弟（媳）、舍兄（弟）	令兄（嫂）、舍弟（媳、妇）
表兄弟（姐、妹）	家表兄弟（姐、妹）	令表兄弟（姐、妹）

续表20-1

关　系	自　称	回　称
胞姐妹	家姐、舍妹	令姐、令妹
妻子	爱人、内人	夫人、尊夫人
妻兄弟	内兄（弟）	令舅
姨夫	敝连襟	令襟兄弟
子女（媳）	小儿、犬子（小女）、儿媳	令郎、（令爱）令媳
侄（女）	舍侄（女）	贵（令）侄（女）
女婿	小婿	令婿
侄媳	舍侄媳	令侄媳
外甥（媳）	舍外甥（媳）	令外甥（媳）
内侄（媳）	舍内侄（媳）	令内侄（媳）
孙（侄孙）媳	小孙（媳）、舍侄孙（媳）	令孙（媳）、侄孙（媳）
老师	敝业（老）师	令（贵）业（老）师
门徒	愚徒、敝门人	令徒、贵门人、门生
姓氏	小姓、贱姓、敝姓、免尊敝姓	尊姓、贵姓
名字		台府
地址	敝府、敝乡、敝村	府上、贵乡、尊府
住屋	小舍、敝居	

（二）日常注意的礼节

1.见面　人际交往中，人人讲礼貌，通常礼貌用语有“早”“你好”“请”“谢谢”“对不起”“不好意思”“再会”“再见”等。旧时两人相见行作揖礼，女人行“万福礼”，新时期时兴见面握手，长辈与晚辈见面时也时兴拥抱。

2.做客、造访　入门前，首先轻轻叩门，待有人开门后才可进入，即使是大门未关，也得叩门，不可随意闯入。如果开门人面生，则应问“请问是××先生（同志）家吗？”待对方答应了才可进内。若敲错了门，则应说：“对不起、打扰了”，表示歉意才走。或者详细询问你所造访人的住所道声“谢谢”才可离开。如果你要访的是很熟的人，可以随便一些，如果是拜访长者或第一次到人家做客，则应彬彬有礼，对主人端茶时要道一声“谢谢”，如许多人坐在屋里，对熟悉的人要挨个打招呼，对不熟悉的人经主人介绍后也得说“久仰久仰”或问好。如见主人正和别人谈事情，应另找别处回避。如主人说没有大事请坐时，也得稍坐片刻，设法告辞。如主人说没甚重要事再坐一会儿，则可坐下。在闲谈时遇到长者应用心听长辈（或首长）的谈话，不可随便插话，更不要自以为是插话打诨，如确有真知灼见，也得等长辈谈好之后，再发表自己见解，并请求对方批评指正，切忌语中带刺讥讽。如主人预先通知来吃饭的，则应吃了饭再走，否则造访时不要在人家吃饭。拜访老人长辈，谈坐时间不宜过长，不能说个没完没了，影响人家休息。吃饭时要听从主人安排座次，喝酒时更要掌握分寸，不能酩酊大醉，丑态百出，影响形象。如遇话不投机或事与愿违，则不可发作，找一个借口离开。临走时除向主人表示谢意外，还得向其他人打个招呼再走，切不可不辞而别。主人送时则应该主动请主人留步，主人也说：“得罪，不送。”

第三节 宗 教

一、佛 教

民国年间，海安设佛教分会，属扬州佛教会，常有法师到海安讲经。民国32年（1943年）城东境域主要寺庙有新生的关岳庙、龙树庵、玉树庵、韩家庵、古渡河庵、孙家庵、利众庵、太平庵，韩洋的关岳庙、地藏庵、徐家庵，立发的清净寺，南屏的观音庵、北斗庵，西场的惠民寺、关帝庙、草案庙、仲庵庙、储家庙、王家庵、观音大士殿、曹庵庙，壮志的庄屋庙、观音堂。新中国成立后，城东镇域佛教寺庙日渐废止，佛教僧人散居民间。改革开放后，民间信奉佛教之风逐渐公开恢复，至2011年，城东镇有佛教场所2个，执业人员176人。

图20-6 石桥王庵庙佛堂 （孙宝峰/摄）

惠民禅寺 亦称惠民寺，是西场古庙宇。唐宪宗元和元年（806年）祖益和尚将尉迟敬德行帅府改建庙宇，至2011年逾1200年。

民国30年农历九月六日夜间，惠民寺大殿因战争遭到焚烧和洗劫。

惠民寺山门为3间，门楼高大，山门上镶嵌雕刻“惠民禅寺”磨砖，山门外两侧立两石鼓，直径1米多，山门内两侧立四大天王木雕塑像，山门北是天井，天井南北近六丈，东西近五丈，天井北边是大殿，大殿前有四级台阶，大殿气势恢宏，共6间，大殿中间立释迦牟尼佛彩色雕像，背面朝北供奉一尊“千手观音”，也称“千手千眼观世音”“千眼千臂观世音”。两侧立十八罗汉雕像，大殿后为天井。天井北是后殿，后殿为3间楼房，楼下供奉多尊菩萨，名奶奶山，大殿两侧有配殿4间，殿内供奉多尊菩萨。山门西侧有3间朝北殿房，前天井西侧有两排朝南附房。由于建寺年代久远，惠民寺几经兴衰，寺内历代住持多次化缘、募捐修建寺院，近代恒修和尚化缘建庙尤为突出。千年古寺，享有盛名，香火鼎盛，膜拜不绝。解放战争期间，区乡民主政权机构设于惠民寺内。60年代初山门内四大天王雕像被毁。解放后，西场区公所、西场公社管委会先后设于惠民寺内，西场镇政府办公楼在惠民寺原地建设。

2005年，西场镇俞广荣等发起，2009年智音法师、常悟法师等化缘，社会各界人士资助，并经南通市宗教管理局批准，在西场镇河南一里庙古银杏旁建新寺，先后建成东厢房、天王殿，2010年6月大雄宝殿完工。寺院占地10余亩，坐北朝南，山门前是东西方向水泥公路，山门为高大门楼，著名书法家仲贞子题“众善奉行，诸恶莫作”8个朱红大字。天王殿内供奉一尊弥勒佛坐像，坐像高近2米，为木雕彩塑，亦称弥勒菩萨。弥勒佛背面有一尊韦陀菩萨，彩色站立雕像，雕像朝北，高2米余。两侧是四大天王彩色雕像，四大天王俗称四大金刚。相对分列两侧，上层置一大钟。西侧是鼓楼，鼓楼内底层供奉观音菩萨，也称观音殿，上层置一大鼓。门楼北是天井，天井南边置一铁制香炉，香炉北边是一高4米的铸铁宝鼎，宝鼎北边是大雄宝殿，大雄宝殿为两层高楼，高近20米，底层高3米余，上层高15米余。上层是佛殿，下层是法堂。大雄宝殿两重飞檐翘角，金碧琉璃。飞檐下朝南悬挂着“大雄宝殿”四字大匾额，“大雄宝殿”四字是原中国佛教协会理事长赵朴初题写。“风调雨顺”4个金字嵌于殿脊。大殿前从底层到两层佛殿共22级台阶，上层佛殿正中供奉一佛两弟子塑像，一佛即释迦牟尼佛，两弟子即迦叶和阿难。释迦牟尼佛像为树脂真金彩塑。两边两弟子左为苦行第一迦叶，右为多闻第一阿难。佛殿两侧立十八罗汉树脂彩塑雕像。一佛两弟子背面朝北是“海岛观音”泥塑彩像，高近11米。“海岛观音”俗称“望海观音”。“海岛观音”一组塑像有大小127尊塑像，以山峦起伏，海涛汹涌为背景。群像中心是赤着双脚，立在鳌头上的观音，手持杨枝净水瓶，内装甘露水，用以救人百病，表现 “普度众生” 风范，右边立双手捧有宝珠的龙女，左边有向观音合十参拜的善财童子。“海岛观音” 北边朝南左边是骑着青面狮的文殊菩萨，右边是骑着白象的普贤菩萨。大殿底层法堂有400平方米，堂前面高台朝南立“西方三圣” 铜塑彩像。“西三圣” 是佛教宣称的极乐世界的三位尊神，中间是主尊阿弥陀佛，左边是观音菩萨，右边是大势至菩萨。法堂东南角置一高木架，木架上放一大钟，大钟有一人多高。法堂西南角也置一高木架，木架上放一大鼓，大鼓直径超过1米，钟鼓供讲法前击鼓鸣钟时使用。法堂中间是一排排桌椅，供和尚打坐诵经、演说佛法用。大雄宝殿后边是后天井，后天井北边是三层藏经楼。中间是大厅，前天井东西两侧是厢房。东厢房10间，南6间供奉诸佛、菩萨，北4间为餐厅、厨房，西厢房10间两层楼房，上层是客房，下层部分供奉菩萨，部分为和尚宿舍。山门朝北外墙壁、东厢房朝西墙壁、大雄宝殿西墙壁嵌有17块功德碑。

古惠民寺已没有任何痕迹，新建西场惠民寺主殿配殿自成格局。农历二月十九日、六月十九日、九月十九日观音诞期，参礼进香者络绎不绝，庙内香烟缭绕，一派佛国景象。

关帝行宫　亦称关帝庙、关老爷庙。西场关帝庙在镇东街，坐北朝南，庙前是串场河。史料载：“西场镇仲以贞同子之琮、之璜于乾隆十六年（1751年）于西场东街建关帝行宫。” 后又多次修建、扩建。

西场关帝庙前后三进殿，前殿为门楼，门楼3间，中间为山门。山门高大，上方朝南镶嵌一块 “关帝行宫” 刻石。山门外两侧各立石鼓。山门进去是前天井，天井南北近4丈，天井东西侧长着两株高大银杏树。天井北边是大殿，大殿亦为3间，正中供奉一尊高近2米的 “关帝圣君” 彩色塑像，雕像为关帝圣君坐像，赤面黑须，一手执青龙偃月刀，一手捧《春秋》，雕像内藏有金胆银索。关帝雕像左侧立关平站像，手握 “金龙伏地刀”；右侧立周仓站像，手握 “黑风金刀”。大殿西侧立有随关公 “过五关斩六将” 的六将雕像。六将雕像分别是洛阳太守韩福，牙将孟坦，东岭关孔秀，汜水关卞喜，荥阳关王植和滑州关秦琪，雕像真人高。大殿东间有一座钟鼓架，上置一只牛皮大鼓，大鼓下面挂一顶生铁铸成的大钟，大钟有一人多高。

关帝雕像后是一圆门，圆门北是后天井。后天井北3丈余是后殿，后殿3间，供奉如来佛雕像，此殿也称如来殿。如来佛像两边有多尊大小菩萨雕像。天井东侧厢房是和尚生活用房等。天井西侧四间厢房，是火焰殿，供奉火焰菩萨，菩萨雕像上挂有一大匾额，上书 “法雨慈云” 4个酱红色大字，匾额长3米余，这里设有戒烟所，亦称理门公所，是民间组织。

抗日战争后期，民主政权在关帝庙前天井建有民主堂。高台缸口朝下，底部朝上，整齐排着，上面铺着木板。高台用作开会布置主席台。解放战争期间，区乡干部、游击队常驻关帝庙内。解放后，西场区粮管所设于庙，庙内所有菩萨雕像在破除迷信运动中被毁，原殿房逐年被拆，建起粮食仓库。原关帝庙已无踪迹，只有 “关帝行宫” 刻石存放在原西场文化站内。

镇海寺　亦称仲庵庙，位于境域热港村8组。仲庵庙建于明朝末年，初为草庙，雍正二年（1724年）六月发大水，海水上涨，满河满港，大水汪汪，大片农田被淹，随着大水漂来两尊木雕菩萨，被老者仲世英等捞起，放于土地庙内。至雍正四年，由仲世英发起，仲氏族人建造大雄宝殿，名镇海寺，以镇海潮不得侵犯。雍正六年建前殿，光绪十四年（1888年），寺内和尚化缘建造东厢房。庙宇占地16亩，寺内常住20多位和尚，置田28亩于寺庙南一里处。寺庙内先后有十几位住持，1958年，最后一位住持于寺内圆寂。

镇海寺前殿为庙门，中间是门厅，大门上朝北供奉眼光菩萨，眼光菩萨也称 “佛眼菩萨”。门厅朝北，全为落地门，两侧各一间和尚宿舍。前殿北边是大雄宝殿，大雄宝殿5间，正中上方悬挂着一大匾额，匾额记载仲庵庙始建年代、修建年代及庙内大事掌故。大雄宝殿供奉多尊菩萨，最东边是韦陀菩萨，依次向西为准提菩萨。准提菩萨塑像三目十八臂。准提菩萨西侧是燃灯、接引等3座古佛。前殿东侧为庙宇二门，二门东边向北是东厢房6间，全为走廊雕花落地门。由南向北分别是纸炉间、观音殿、和尚宿舍、厨房等。西厢房为草房，用于放置粮食、农具等杂物。仲庵庙虽然离集镇较远，但庙内佛事正常，香火甚旺。抗战后期曾为紫石中学堤东分校、苏中行署江淮银行分部，民国35年（1946年）曾在此设造枪所、《江海报》印报馆。解放后曾建复式小学堂。1956—1958年为仲庄合作社办公室，1958年底，庙里菩萨被毁，和尚解散。1959年，大殿、厢房等全部拆除。

关岳庙 位于栟茶河北岸，现洋蛮河韩洋桥东100多米处，始建于明朝末年，占地近10亩，因主祀关圣大帝、岳武穆王而得名。

关岳庙坐北朝南，气势宏伟，庙门外有一对威风凛凛的石狮和一对做工精细的石鼓。庙门内分两进院落。前院大殿前的东边有奸臣秦桧的面北跪地像，西边设有钟鼓楼，大殿门内两边供有四大金刚，正面主祀16只手的准提菩萨。后院大殿为正殿，正位左祀关圣帝君，右祀岳武穆王。两厢以张飞、赵云、王浚、谢玄、韩擒虎、李靖、郭子仪、王彦章、曹彬、狄青、徐达等历史上24位名将为从祀。所有神像均为金身。正殿前的两边有东西厢房几十间，中间有焚帛炉。大殿门前西厢房门口有一棵银杏树。

关岳庙大门对着古盐河，一条东西大路傍河从庙门前穿过。紧靠关岳庙西厢房屋后的院外有一座朝西的戏台子，戏台子前有广场和两个茶馆。再西边有何记染坊、胡记粮行和一个油饼小吃店。庙东边有学堂、朱广元木行、商店等。

关岳庙香火鼎盛，有僧人火工30多人，常年为周围数里内的农家诵经念佛，超度亡灵做佛事。每逢农历初一、月半或关、岳菩萨生日，均有周围数里的百姓前来烧香磕头，指望菩萨能保佑人寿年丰、身体安康、五谷丰登。每年农历四月下旬至端午节，用12天时间搭台唱戏，每天下午一本戏，逐日更换，每天看戏的观众均有上千。

每年五月十三日关帝菩萨生日，祭祀场面更是空前壮观，热闹非凡。这一天，周围数里不管是有钱有势的大户人家，还是一般的平民百姓，都纷纷来到这里烧香礼拜。庙里请来12个人的六素班，4个人在门口放鞭炮接客，8个人在里边吹吹打打。待客人们到齐后，即进行庄严的堂祭。人们焚香磕头，撞钟敲鼓，诵经念佛，吹拉弹唱，祭祀活动三天三夜，一年一度的堂祭活动才算落下帷幕。

抗日战争爆发前，关岳庙内驻守着当地自发组织的“保安团”。抗战开始后，伪军进驻，并在关岳庙东北、西北两个角落及西边桥头修筑了3个炮楼，在庙四周挖了壕沟。民国27年（1938年）4月18日，日本军实行“三光政策”，一把火将关岳庙烧得精光，只有庙内银杏树竟奇迹般活了下来。1951年，因为某兵工厂需要银杏木材做枪托，锯走了银杏树。

民国29年，当地群众又自发在离老关岳庙东北一里多路的汪家舍重新修建一座关岳庙，但其规模已大大缩小，和尚也只剩三五个人。1958年，原东屏村利用关岳庙办起初级小学，“文化大革命”期间，该庙被拆除。

地藏庵 又名徐家庵，坐落在城东镇韩徐村9组。据有关史料记载，此庙为“正宗地藏堂上宝华山分灯”，从一世祖本释到十九世祖宗植，历经十九世传人。

地藏庵始建于清乾隆年间，赐主为徐仁山和徐仁海兄弟的前十八代祖上。徐家献地献钱而建此庙，故庙名徐家庵。地藏庵寺院四周是河，占地近10亩，南有一个码头进里，庙周围还有500多亩地属庙产。寺院雄伟壮丽，前后毗连，结构紧凑，共分前中后三重殿阁。前排东西9间，中间一间是大厅，大厅朝南一面为庙的大门，大门两旁书“禅门深似海，佛法大如天”的大幅对联。大门上方白条石上，有韩国钧书写的“地藏庵”3个大字，非常引人注目。大厅里有一尊面南的弥勒佛像，后面又有一尊面北的韦陀佛像。东西各4间房里都有门朝北，分别为天王殿、罗汉殿等。过了大厅是一个宽阔的天井，天井左右两侧各有7间房屋，分别为观音堂、客堂、禅堂、念佛堂等。

第一重天井里，有庙内最大的大殿——地藏王殿。大殿大门两侧书写着巨大的对联“明珠照

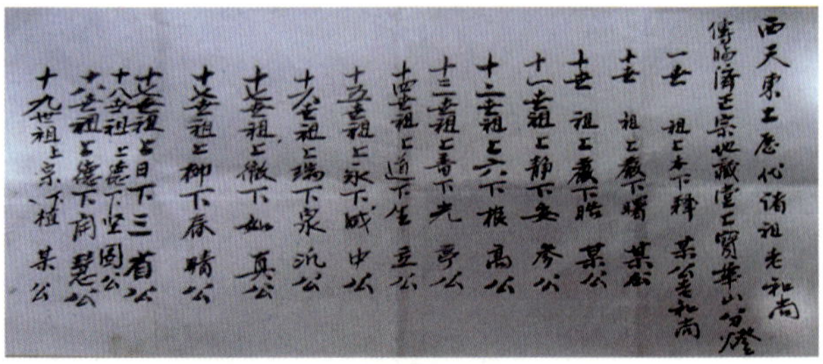

图20-7 地藏庵历代当家和尚名单

（宗 植/提供，蔡方俊/摄）

澈天堂路，金锡振开地狱门”，为清朝皇上所赐。大殿高大，屋脊有一人一手高，由6级石阶进入。大殿前的中间两侧有四大金刚金身塑像，中间朝南耸立着高大的地藏王菩萨金身。地藏王菩萨左边是文殊菩萨，右边是普贤菩萨，他们是庙内主祀对象。大殿两厢还从祀着许多菩萨。

从大殿左右两边可以通向后边的天井。第二重天井东北角有一棵高大的银杏树，两个人手拉手也抱不过来。东西两角还有两个小门。

最后一排也有9间房子，中间大门两边书写着“佛能容弟子，天许作闲人”的对联，进门就可以看见接引佛金身塑像。

地藏庵曾设小学。地藏庵今已荡然无存。

刘家湾关帝堂　三丰村境，有一个老地名叫刘家湾，曾有一户从如皋水竹园搬来的刘姓人家在这儿居住，已历经20多代，现有刘姓人家70多户。清光绪乙亥年间，刘氏祖刘宝鑫在自家居住的河套内建起一座关帝堂，附设观音堂。

关帝堂内有两大佛龛，一主祀关圣帝君，另一主祀观音菩萨，神像皆为金身，略大于真人。关帝东侧有关平，手托官印包，西侧有周仓，手持青龙偃月大刀。从第一代堂主刘宝鑫、刘宝银开始，刘家代代坚持天天为菩萨上香、上茶、拂身换衣。每月初一、月半、二十五，方圆几里内的人们都要到关帝堂进香礼拜、叩拜。每年关帝祭祀有五月十三日关帝生日和十月十三日关帝出道日两大活动，关帝菩萨都出驾。

关帝出驾活动很隆重。当日早晨，先由所有领驾、香童、侍卫、轿夫等司职人上香跪拜，请菩萨准备动身。同时，烧武香者开始上“火钎”，即把近一尺长，一头粗带絮子，一头尖的铁钎穿过两腮，然后用牙齿咬住。

菩萨开始出驾上路，震天动地的鞭炮声一响，4个衙役打扮的人一齐大喊“威武！”轿夫们抬起内有神龛和关帝神像的八人大轿，一把万民伞遮住轿顶。

出行队伍威武壮观。首先是前行开路的，接着是10多名勇士列队高举各色“威风旗”引路，再接着是鸣锣开道的，4人抬着两面大铜锣，边走边敲。随后，便是护卫着关帝菩萨大轿的队伍。在大轿前，各种执事排着整齐的队伍，有的手捧笏板，有的手提提炉，有的高举“回避”“肃静”官示牌，有的手持京爪、月斧。在大轿后，一人高举万民伞，两人高举掌扇，还有20多名身穿士卒服装、肩扛长矛的护卫。他们正在护卫着关帝菩萨的銮驾。

后面便是跳马夫队伍。烧“武香”者两腮上插着“火钎子”，“文烧香”者光着两臂百针刺肉，他们都两手撑拐而行。后面小卒们，有的手持三角小黄旗、小红旗，不停地舞动，有的手拿三个齿铁叉上下挥动，“啪啪啪”，响声震耳欲聋。沿途，周围百姓纷纷送香磕头，有的还装扮成各种角色，自动进入到行进队伍中。

关帝菩萨出驾一般卯时出酉时归，有时受特殊信徒邀请，也有在人家“住”下的，不过一“住”就是半年或一年。

庄屋庙　原址位于壮志村十五组，始建于清咸丰六年(1861年)，咸丰十一年（1866年）冬月落成。属如皋城定慧寺下院。

据传，建庄屋庙时，耗资巨大，费时6年余。大殿子5间九架梁，大门、敞厅、东西厢屋20间七架梁，都有1米左右宽的走廊，厕所1间五架梁，茶水间1间，全部青砖小瓦，木质结构，石灰糯米汁粘固。围墙的顶上有木质椽子，覆盖着小瓦猫儿头。正殿供奉着几十尊大小不等的菩萨，其中最大的有观音、东岳和释迦牟尼3位菩萨，1.7米左右高，全身贴金。

庄屋庙的建造风格是一进三堂。从南边看，3排房屋由南向北，逐一高于前排，颇似阶梯式。第一排是大门，5间七架梁。中间一间为大门过道。门槛是活动的，有大事，两个人一提就可以把门槛转放到其他地方。第二排是敞厅，5间七架梁，门前有走廊，中间3间，是收租或做佛事的地方。东西两头2个房间是宿舍。从第二排东西两头都可以进入后院。后院中央有一大香炉，供人们烧香。第三排是大殿子，5间九架梁，拱形走廊，两边锁壳，正中是佛堂。佛堂九架梁，9个柱子着地。佛堂正面朝南供奉着一人多高的3尊贴金大菩萨。东岳菩萨坐正中，观音靠右，释迦牟尼靠左。东西两侧南北条形供台上陈列着几十尊如千手观音、阎王、雷神、地堂、太公等小型菩萨。3位大菩萨的供台正面朝南镶嵌着双龙戏珠的石雕。

在二排敞厅东南一点，有一口老井，井上盖着一片三尺六寸直径的水磨上片。井栏右边纵向刻着“咸丰十一年冬月”的字样，左边横向刻着由右向左的“定慧寺敬”4个大字。井栏的左右两侧有对5厘米左右的鼻子眼。井水很甜，附近一带的百姓，一直饮用这口井的水。

庄屋庙香火旺盛，佛事频繁。庄屋庙的佃户就有七八十户，每逢初一、月半、二十五，加上节日香期，敬香人络绎不绝，香火不断。大小佛事百姓有求必应。

新中国成立后，废庙兴学，庄屋庙东西厢屋，前排大门和中排敞厅都先后拆除、改建。1986年，庄屋庙的大殿子拆除，庄屋庙就此消失。

圆通寺 坐落于城东镇刘缺村3组（即221省道与新长铁路海安段交会处东南侧），城东镇内固定佛教活动场所。前身为刘缺观音庵，俗称刘缺庙。清光绪二十六年（1900年），一名云游僧人在刘家缺兴建观音庵，建有3间韦驮殿、3间西厢和2间小厨房。清宣统二年（1910年），观音庵住持常旭兴建观音庵大殿3间、东厢3间，大殿东山墙外，与东厢屋北山墙外合角重建两间厨房，形成一个四合院庙宇。观音庵有僧田100多亩。1949年，地方政府与庵中住持协商，借用庙中部分房屋兴办刘缺小学，1956年又与观音庵住持协商，另辟地方，建设佛堂，置换观音庵，专办刘缺小学，立有字据。至1966年5月“文化大革命”开始，观音庵遂不存在。2005年，圆通寺恢复重建，占地20亩，寺内有天王殿、大雄宝殿及其他配套用房。大雄宝殿内大佛为南通寺院之最。至2011年，先后建成牌坊、道路、石桥、观音石像、万缘宝塔等景观，改写了海安无宝塔的历史。

药师庵 始建于清光绪二十年（1894年），位于解家荡（城东镇五坝村1组）。占地约2亩，建筑结构为青砖小瓦，四合厢木结构，大门上方镶嵌一块长1米、宽0.7米的汉白玉石板，上面镌刻着“药师庵”3个蓝玉色行书大字。药师庵有大殿3间，大殿两侧朝东3间厢房，朝西有4间厢房，东西边角处，分别建有厕所、草房、厨房、宿舍等，有僧田10多亩。

1949年前后，药师庵为练港乡政府驻地。1968年后为立发农业中学办学场所，“文化大革命”中拆除，砖瓦木料搬到刘缺大队建卫东初中，后名刘缺初中。

大圣庙 在立发桥东北角曾经有一座古老的大圣禅寺。相传，该寺有上千年的历史，计22代住持，与立发大石桥的年代不相上下。

大圣寺规模宏大，三进房子，鼎盛时约有房屋100多间。庙前摆有两只石羊。供奉大圣菩萨的大殿在庙西侧，气势雄伟。大殿顶上的椽成弓形，具有宋代古建筑的风貌。这种建筑方法使屋顶的坡度越往上越陡，以利于屋面排水和檐下采光。庙东侧有一棵大白果树，高约10米，三人方可合抱。庙内还有一口水井，由小青砖砌成，井径约0.8米，井深足有6米，井上有一个白石圆井栏，高约0.7米。令人惊叹的是，石井栏内有一道道深深的槽儿，那是历经数百上千年，人们用吊桶打水，井绳慢慢磨出来的印记。可见，大圣庙的历史相当悠久。

大圣庙一直香火繁盛，由于香客众多，渐渐形成了立发香期场。清代至民国年间，每逢香期场，香客来来往往，一时人头攒动。打把式卖艺的、耍猴做把戏的、摆吃食摊子的、交易生产资料的等各种小买小卖生意兴隆、应有尽有。这种香期场的习俗一直沿袭至今。

新中国成立后，大圣庙房屋被改建为立发小学。那口水井一直是立发小学师生饮水的主要来源，后因立发小学翻建，在2000年左右被填。大圣庙从此完全消失。然而，关于立发桥的民间传说和大圣菩萨的故事至今仍为人们津津乐道。

二、道　教

由于有信奉各路神仙的特点，道教在境域内从古迄今有一定群众基础，但道教至今执业人员较少，一般无固定场所。

在道教斋事活动中，道教音乐演奏令人惊叹。有志籍可考的道教音乐高手当以出生于清光绪末年（1908年）的张湘芃道长为尊。张湘芃出生于城东镇油坊头村（原南屏乡济民村），13岁拜赵信凡道长学吹弹音乐，后经艰辛磨炼，对道教音乐娴熟到炉火纯青，在如皋、东台、海安、泰兴一带享有很高声望。民国31年（1942年）编《吹弹工尺谱》《法器谱》两册，仍存世。《上海道教》刊物1990年第3—4期合刊载《苏北如皋道教灵威观》（喜子著）文中亦述及此事。城东镇道教音乐高手，民国时期还有钱广德（原新生乡人）等；新中国成立后去世的有陈圣源、陈学坤（原新生乡人）；现在年事较高的有钱世荣（原新生乡人）等；年轻人中有张斌、赵虎国（原西场镇人）、濮进（原新生乡人）、袁槛如（原南屏乡人）等。海安道教乐队演奏的曲牌有《小开门》《大开门》《将军令》《梅花三弄》《喜相逢》《一江风》等。乐队一般由民族器乐中的部分弦乐和吹弹乐器及打击乐器组成。

西场城隍行宫　亦称城隍庙、镇庙。最初城隍殿是一个殿子，在西场后街，旧有城隍殿三间。近代西场寺院及道观庙宇10余座，其中香火最旺当数城隍庙，每逢农历初一、十五、二十五日，以及城隍诞期，到城隍庙烧香的络绎不绝。

城隍庙最热闹的是每年清明节。这天是城隍菩萨出驾的日子，也称“城隍出巡”。清明节前一天，城隍菩萨出驾的神轿，出驾时的出驾队伍，无一不细致安排，街巷打扫干净。城隍出驾一般在下午，城隍出驾队伍最前面是4个马夫为前导。马夫手持铁杖，头扎彩色布巾，上戴黄元纸帽，身着马夫服装，脚蹬草鞋，腰围铜铃，形似战马，像是神的驯服工具，一边跑一边有节奏地跳跃，手舞铁杖，铃声叮当，犹如打击乐器声响。随后有当差的8~10人，皆化妆穿戴。接着后面并排4人，一前一后抬着两面大铜锣，称之双棒锣，鸣锣开道。随后就是4个彪形轿夫抬着城隍菩萨坐的神轿，随着队伍缓行。神轿两旁有十来个跑龙套的护卫着神轿。再后面是烧香人群。当中有烧马伕香的，有烧肉香的，有的带着小凳，凳脚上有固定小洞，插上点着的香，边跪边烧香边依着小凳磕头。有的头上裹巾，背上插针，一大早就跪在城隍庙旁边的东西巷中，人多了就排队，转弯拜，庙前拜，入庙拜，至神前拜，有的香客磕破皮还坚持拜，随着城隍出驾的队伍拜个不停，说这是“烧拜香”。还有的“烧高香”“烧上香”等。队伍后面还有“高跷”“花担”“河蚌”等。出驾队伍上东街，从东街到前大街，慢慢前行，街市上人流如潮。沿途不断有人拿着香火跟着神轿后面的队伍前行，队伍越来越长，阵势越来越大，前街后街、大巷小巷全是密密麻麻的人，此时庙会进入高潮。

庙会期间，远近的商贩们一大早就来到镇上，找好摊位，摆出自己的商品，连街中心串场河上也停满外地商船。各种农具、渔网、扁担、担绳、草篮、草席等土杂货，还有外地陶器、瓷器、泥人等无奇不有，绵延数里，顾客如织，观者如云。

佑圣观　位于西场集镇惠民北路，是海安至抗战时28处道教观中最著名的道观，且为苏北名观之一。

佑圣观建于唐贞观八年（634年），至今已有1300余年历史，是为纪念爱民如子父母官王旭光而建造。王旭光（583—630），字东升，唐武德二年（619年）至贞观四年，任海陵县尉，在任期间，多行善政，为民造福，深受老百姓爱戴。贞观四年清明节期间，乐西村（今西场风景村）村民，数日间染怪病暴卒50人之多，人心惶惶。王县尉听到后，马上亲临这个村村口的古井里探查，不慎吸入大量毒瘴。四方名医纷纷赶来救治，终无回天之力，医治无效，王县尉为百姓殁于任所，年仅48岁。

为纪念这位官员，地方民众于贞观八年建造“祖师祠”，尊王县尉为祖师，并雕刻神像供奉。此后，每至清明，百姓均三牲供果，秉烛焚香，肃穆庄严，至祖师祠向王县尉虔诚礼拜致敬。后来，此俗逐步衍成庙会、集市，代代相传，至今不断。每年清明庙会祈福道场，四乡八邻扶老携幼云集是观，香花灯烛，顶礼膜拜。

唐显庆元年（656年），“祖师祠”被敕封为“祖师观”，扩大规模重新建造，占地20亩，前后四进，有灵官殿、三清三圣殿、老君殿、玉皇殿、都天殿、吕祖殿等殿堂80余间。观内常年瑞气氤氲，祥云缥缈，八方香客熙来攘往，络绎不绝。

元朝，全国各地道教宫观以“祖师观”名者甚多。为使西场道教圣地区别于其他地方“祖师观”，元贞二年（1296年），敕封西场“祖师观”为“佑圣观”。

清末战争连年，西场也屡遭兵燹。民国时期日军侵华，佑圣观毁坏殆尽。

民主政权建立后，宗教政策得到贯彻落实。为满足道徒信众需要，2000年清明节后佑圣观奠基复建。复建的佑圣观坐落在西场镇仿古一条街南端，占地16亩。主殿有灵官殿、玉皇殿、老君殿、三清三圣殿，侧殿有财神殿、慈航殿、城隍殿、文昌殿、吕祖殿、都天殿等。首期工程

2001年清明节前完成，千年古迹重展昔日风貌。

都天庙　又名张巡祠，位于西场镇后街西首，系千年道观。唐代安禄山父子叛反，张巡、许远领兵镇守北方睢阳城，以阻叛军，一段时间后，遭敌军围困，内无粮食，外无救兵，守军掘鼠雀充饥，坚守城池长达半年，不肯向安氏叛军投降。在守城士兵纷纷饿死的绝境下，张巡爱妻自杀。张巡忍痛将爱妻与自己战马的肉与兵士们分吃，继续坚持，直至破城。张巡、许远在被俘后大骂叛贼，壮烈牺牲。张巡、许远死后，唐肃宗下诏为他们"皆立庙睢阳，岁时至祭"，张巡为神从此开始。清乾隆十二年（1747年），张巡被封为"显佑安澜宁助顺之神"，于是张巡演化为水神，做了防疫、禳灾、驱魔的护井之神——都天大帝。

都天庙规模居西场庙宇之首，正中朝南，是都天金容大帝正殿。中间供奉唐朝名将张巡坐像。右边是眼光娘娘，左边是胎生菩萨。正殿前面是厅堂，可容来宾百十桌。东厢七魁宫，供奉文昌、关帝、吕祖、魁星四位神像。西厢速报殿，供奉速报、立报二司，两边供奉诸神（解放后该殿还有香火）。北边是张巡夫妻居住楼，三上三下。楼上厅堂供奉张巡夫妻像。东房是张巡夫妻卧室，床铺、被帐，娘娘的梳桌、坐镜、盘桶浴巾、粉妆用品，样样俱全，名为内宫。内宫西厢是道观主堂。西南面长一棵古银杏，解放后被锯。山门供奉吴老爷，逢初一、月半香期开山门，平时不开，进出走偏门。山门上面是都天庙戏台，名仪凤楼，系西场名门望族仲姓所建。戏台为砖木建筑，上下两层。戏台向北，东、西、北三面敞开。戏台屋脊高耸，墙面为水磨青砖后加研磨，平滑如镜。戏台除上演都天戏外，还上演昆曲、徽戏、京戏等。民国30年，仪凤楼毁于火灾。

第四节　民间传说

一、立发桥

（一）立发桥的传说　相传，几百年前的一天，大圣菩萨变成一个和尚，身背宝塔，来到立发一座刚竣工的石桥桥头。和尚为显露自己本事，问建桥石匠："这桥经得住我走吗？"石匠回答："这桥很坚固，你放心大胆过吧！"和尚说："这桥很坚固？我不信。你敢跟我打赌吗？""赌什么？"和尚笑着说："这桥如果经不住我走，你得替我把这宝塔背到通州（南通）狼山去。"石匠心想："这和尚故意刁难我。我造桥几十年，没有哪座桥不坚固。"石匠便毫不迟疑地说："行，假如这桥经得住你走呢？"和尚哈哈大笑，高傲地说："我肯定赢！如果我赌输了，你就叫我癞菩萨，叫我癞

图20-8　宋代立发大石桥　（郭福康/绘于2010年）

和尚，好不好？”石匠说：“好，一言为定。请你过桥吧！”和尚走上桥，那桥居然有点晃动。石匠见状，知道这和尚不是凡人，连忙飞身来到桥下，昂首挺胸，左手叉腰，高举右手托住桥身，桥就不再晃动。和尚大惊失色，心想：“这回打赌，不料遇到对手。我这名扬八方的大圣菩萨，岂能输给凡人！我只能赢，绝不能输！”于是，他站在桥中央，不再往前走。和尚不惜冒着石桥可能倒塌的危险，用他的两只脚不停地在桥面上狠踏、狠跺、猛踩、猛蹬，像千钧铁锤砸在桥上，累得汗流满面，气喘吁吁，精疲力竭，可那座石桥却纹丝不动，稳如泰山。桥下手托石桥的石匠面不改色，心平气和，若无其事。那和尚“力乏”，知道自己输定了，这才垂头丧气地一步一步走下桥去，羞愧地背着宝塔，踉踉跄跄向通州狼山走去。人们在石桥下发现有一个深深的手掌印，那是石匠用手托桥留下来的痕迹。后来人们才知道那个和尚原来就是大圣菩萨。因曾在这座石桥上发生过大圣菩萨与石匠打赌，大圣菩萨“力乏”赌输这件奇事，所以，为这座桥取名“力乏桥”。

由于风雨冰霜侵蚀，年深月久，力乏桥有些地方破损、倒塌。在重新修建这座石桥时，人们认为用“力乏”为桥名不当。在那场“人神较量”中，人胜神负，桥名用“力胜”“得胜”才妥帖。有一位德高望重、见多识广的老人，提议用当地地名“立发”为桥名。他说：“立发此地历史悠久，远古叫‘发阳’，春秋时叫‘发繇口’，2300多年前，这里就建过一座亭子，叫发繇亭，立发又是‘三十六盐场之咽喉，数十州县之要道。’”众人听了，欣然赞成，于是就把力乏桥改为“立发桥”，并把“立发桥”三字镌刻在石桥上。

（二）立发桥下的巴掌印　城东镇古运盐河（通扬运河）上有一座石桥，叫“立发桥”。立发桥一带旧属如皋县管辖，立发桥曾为如皋县治所在地，在如皋县有种说法，“先有立发桥，后有如皋城”，足见立发桥历史的久远。

传说，建造立发桥的时候，主持建桥的老石匠特别细心，他要造一座高23个阶梯的一跨大圆拱石桥，下料时算好的石块，竟是一块不多，一块不少。

当所有石料运来后，老石匠领了七七四十九个匠人，整整凿了一年零六个月，才把石料凿好。完工那天，老石匠亲自跑去点石块。他数了又数，直到第三遍数完，才满意地点着头，捋着胡子笑了。旁边有人问他：“老师傅，你真算定这石块不多也不少？”老石匠蛮有把握地回答：“造桥可是件大事，分毫也不能差。我已经点过三遍，保证错不了。”问的人又说：“运盐河这么宽，这么大，你靠这些石头横跨河两岸，拿得稳吗？”老石匠还是又认真又蛮有把握地回答：“我也计算过了，这可是十拿十稳的事。”仙人张果老偏巧骑着一匹毛驴儿从这里路过，无意间听到老石匠的话，嘴里不说心里想：“这老头儿口气不小，问你石块是否不多也不少，你回答八九不离十也就够了，你偏要说十拿十稳。嗨，这不是话儿说得太过头，篷儿扯得太高了？我倒要教训教训你呢！”于是，他骑着毛驴儿，半闭着眼睛假装打瞌睡，慢吞吞地跟在老石匠后面往前走，瞅准老石匠不在意的当口，把那最后用作闭龙口的一块石头，偷偷装在驴背上带走了。

老石匠带领八八六十四个匠人垒石桥，整整垒了一年零六个月，才把河两岸的石阶垒到22个台阶，只差最后一块石头就好闭龙口了。可他找来找去，偏偏少了那块龙口石。这时，再选料做又来不及，一河两岸的人也都等着过竣工桥。老石匠抓耳挠腮，十分着急。正当大家无计可施时，忽然走来一个和尚，对老石匠说：“大圣庙那里有块石头（立发桥东街有大圣庙），不妨抬过来试试。”老石匠听了他的话，觉得别无二法，只得到大圣庙去碰运气。结果在庙里找到一块雕着二龙戏珠图案的石头。他叫人抬到桥上一试，不大不小，刚刚合适。这样，立发桥就造好了。

龙口闭好后，张果老又骑着驴儿来了。他是要看看少了块石头，这桥怎么合龙的。他来到河岸一看，不禁暗自吃惊：“咦！少了块石头老石匠还是照样把桥造好了，而且那块石头比原先的更漂亮。”张果老见一着没能难住老石匠，便想把桥压倒，让老石匠知道自己的厉害。于是，他决定先礼后兵，赶着驴儿跑到桥堍下，反转身倒骑在驴背上，向老石匠拱手施礼说：“请问老师傅，我年老力衰，下驴实在不便，能不能骑在驴上过桥？”他心里想：“你看到我倒骑着驴儿，这下总该认识我张果老，该知难而退了吧！”没想到老石匠有眼不识泰山，竟哈哈大笑说：“你就骑在驴背上过桥吧！我这桥不要说是你骑着小毛驴能过，就是千军万马也过得去。”张果老没想到他会这么回答，嗤了嗤鼻子说：“老师傅，你不要夸口吧！我看你这石桥可不稳当呢。我还是下来，一个人走过去试试看。”说着，他跨下驴儿，把驴儿赶下河，让驴儿游到河对岸去，然后自己一个人举步上桥。

说来也怪，张果老一上桥，桥身忽然晃动起来。张果老走到桥中央，拱顶摇呀晃呀，眼看就要晃倒了。桥两岸的人个个吓得目瞪口呆，不知如何是好。可是，张果老连连高喊几声“不好”后，在桥顶上随着桥连晃几晃，并不曾跌倒，摇摇晃晃地走过桥去。张果老过了桥，回过头看看，还是没有难倒老石匠，憋着一肚子气，骑着毛驴儿悻悻地走了。

后来传说，那位叫老石匠到大圣庙抬石头的和尚，原来是大圣菩萨的化身。他觉得老石匠当初说造桥错不得分毫，并不是大话，张果老不应该刁难他，因此才指点老石匠，在大圣庙找了那块闭龙口的石头。张果老想把桥压倒那阵子，他便在人不觉察时跳下河，伸出一只手掌托住桥顶上的石头，所以张果老在上面再使劲，桥也塌不下来。大圣菩萨这用力一撑，在桥拱顶下留了个巴掌印。从此，桥下有船经过时，人们无意中仰头向上一看，就可以清清楚楚地看到桥孔上方的巴掌印，但擦眼细看时，转眼间又似乎消失了。

二、花鱼塘

城东镇有个村庄，老地名叫“花鱼塘”，1977年，农田方整化时整体搬迁。关于“花鱼塘”的来历有着一段传说。

花鱼，即鲤鱼。有一年夏天，有个花鱼阵要从城东镇南面的河港里经过，正好被拦在河里的水坝挡住去路。为首的花鱼便变成一个长着两绺长须、身穿黄袍的老人，来到河港旁边的庄户人家。花鱼老人对庄户人说：“老大哥，我想向你借个钉耙，把河边的水坝破开来。”庄户人回答：“钉耙不能借给你，坝破了，河水浅了，怎么拦水浇地呢？”花鱼老人急着想把钉耙借到手，就笑着说：“老大哥，你等收粮还得两三个月哩，你把钉耙借给我，站在这里就会得到好处，不会吃亏的。”庄户人忙问：“有什么好处，说给我听听。”花鱼老人老实告诉庄户人说：“今天午时过后，有个花鱼阵要经过这里，开头的鱼你不要捉，等过得差不多了，你捉几条去卖点钱，也够你零花了。”庄户人听了，立时笑着说：“果真有鱼捉，我就把钉耙借给你。”花鱼老人见庄户人肯借钉耙，满心欢喜。但他担心庄户人知道花鱼过阵，会伤害鱼群，只得再三叮嘱说：“不过请你记住，开头的大鱼不能捉，捉了对你不利，捉到的鱼也不能吃。”

花鱼老人拿了钉耙要走，庄户人看看快吃中饭了，锅子里煮的面条已经熟了，忙拉住花鱼老人在家里吃顺便饭。饭后，花鱼老人借了钉耙出了门。

花鱼老人走了不久，庄户人心想：“不如早点去河边看看，也好见机行事。”于是，他就赶到河边。庄户人走到河岸上一看，河里的坝已被破开，河里的花鱼，一个挤一个，头靠头，鳃靠鳃，鳞擦鳞，发出喧嚣声向坝这边游过来。当头的一条大花鱼可真大，足足有一人多长，正昂头游在前面，身上金黄色的鱼鳞在阳光下闪闪发光。

庄户人立即奔下河岸，在坝边上顺手拿起钉耙，用尽生平力气，照准为首的那条大花鱼狠狠砸去。“嘣”的一声，河水激起了浪花，水花四溅。一个想往水里挣脱，一个想往岸上拉，人和鱼就在水边上厮打起来。最后，庄户人费了九牛二虎之力，才把那条大花鱼打死拖上了岸。这时，整个花鱼阵已经游过了坝。

庄户人在河岸上喘了半天气，再也没力气去把坝修筑起来了，而过了这阵潮汛，他便没水来浇田了。他心里很懊悔没听老人的话，如果等开头的大鱼游过去再捉后面的鱼，不但可以不费大力气捉到更多的鱼，还可以省下点劲来把拦水坝筑好。

他也不想把鱼拿上街去卖钱了，想想不如自己家里煮了吃。他回来把刀磨磨，开始刮鱼鳞，剖鱼腹。鱼肚子剖开了，鱼肠子也流出来了。刀子划开了鱼肚肠，鱼肠里流出来的全是面条儿。他完全惊呆了：这些面条儿正是自己中午请那个借钉耙的老人在家里吃的，他浑身汗毛都吓得竖了起来。庄户人放下厨刀，默默地把鱼肚肠送回鱼肚子里去。他忧心忡忡地跑出门，扛起钉耙在河岸边找了个地方，刨了一个很深很深的坑，然后跑回来用布把大花鱼裹缠好，轻轻地埋在那个深坑里，上面还按照人死后的样子，做了个高高的土坟头。

花鱼老人死了，人们后来便把当年花鱼阵游过的这块地方叫“花鱼塘”，把埋葬花鱼老人的坟墓叫“花鱼坟”。这就是“花鱼塘”地名的来历。

传说，大花鱼死后，每年六月初三河里都要发大水，那是花鱼的子孙来祭祖哩。只是它们变得比祖先精明多了，再也不肯上岸来把自己经过的路线告诉人们，所以人们也就无从得知花鱼阵每年是从哪里游过的。

三、放牛场

城东镇最东北角与大公镇交界处有一老地名叫“放牛场”。传说很久以前，放牛场旁边居住着几户人家，其中有一对老夫妻靠种田磨豆腐度日，日子过得很一般。

有一天，老头儿卖豆腐途中，看到一只大白鹅追赶一条约一尺多长的小白蛇，老头儿感到很奇怪，这里怎么会有条小白蛇呢？小白蛇要是被白鹅追上就没命了。于是，他放下担子，用扁担把大白鹅赶走了，又把小白蛇捉起来放在担子里带回家，找一只小缸把小白蛇放养在里面。

几天后，老头做了一个梦，梦见小白蛇变成一头大白牛。三更时分，老两口早起磨豆腐，跑到后院一看，果真有头大白牛，高兴得不得了。

从此，大白牛每天帮助老两口耕田、磨豆腐。老两口给大白牛喂嫩草，有时还喂茶叶、大米。大白牛磨的豆腐特别好吃，别的人家豆腐卖不掉，他家的豆腐不够卖。

时间一晃就是三年，老两口日子越过越好，食饱衣暖。有一天，老头儿去放牛，突然，大白牛开口说话了：“老人家，谢谢你，这次我遭天劫，是你救了我的命。现在我的劫数满了，要上天庭去了。”说着，大白牛四脚一蹬，腾空而去。老头儿连忙想拽牛尾巴，可是已迟了一步。

原来，这条小白蛇是天上一条司雨的白龙，因为大意，违背了玉皇大帝旨意，雨下得太多了，把一方庄稼淹没，造成人间灾荒。玉皇大帝大怒，就派身边的白鹅押它到凡间遭劫。老头儿救了白龙，白龙为了报答老头儿的恩情，就变成大白牛帮老夫妻俩做了三年苦活。

后来，每逢要下雷阵雨，天边就会出现齐头云，那齐头云里滚上滚下的白云，就是这条白龙。人们管这叫“挂龙”。每当挂龙的时候，老人们就用茶叶、大米往屋上一洒，意味着喂白龙，让它想到在凡间遭劫的时候老夫妻俩对它的恩惠，提醒它不要刮大风，不要下过头雨。

由于老两口曾在放牛场放过大白牛，后来放牛场又成了人们放牛吃嫩草的地方，这放牛场的名字就越来越出名了。

四、赵家桥与百牛汪

赵家桥、百牛汪位于城东镇三角村9组。这里原有一条南北向大河，全长20多公里。赵家桥是河上的一座东西向的四搭桑木桥。在桑木桥东桥头的东南面有个小池塘，叫“百牛汪”。

百牛汪的得名，缘于300多年前的一个传说。一个夏天的晚上，农家为了给牛降温，让牛抵御蚊虫、苍蝇、牛虻的叮咬，都爱把水牛拴到小池塘里，谓之“下汪”。奇怪的是，明明每次放下去的牛只有九十九头，在小池塘里数起来总是一百头，反复数还是这样。第二天，人们把牛起汪一数，仍是九十九头。因此，这小池塘得了个名叫“百牛汪”。

赵家桥这儿原来只有一个渡口，渡口与百牛汪之间住着一户姓赵的人家，只有老夫妻俩，靠摆渡为生。有一天，一位白胡子老人路过这里，到赵家歇脚拉家常。白胡子老人说：“你家东南边那个小池塘，天天牛下汪后都有一百头牛，其中有一头是金牛。”赵老汉说：“我们只听说过一百头牛的事，从来也没有听说过金牛的事，你别哄人。”白胡子老人又说：“如果你不信，我可以告诉你实话，金牛凡人是看不到的。想要得到这金牛也不难，我这里有三粒草种，你把它种在门前向阳的地方，三年后的今天，再把它连根挖出来，在早晨日出的时候，你右手拿着这三株草，在小池塘边举过头，口喊三声‘金牛快来吃草’，金牛就会出来。金牛来吃草时，你一把将牛鼻子拽住不放，这财就归你啦！”

赵老汉按白胡子老人的吩咐，把三粒草种种在门前屋檐下，不多久，就长出了三株金黄色的像蘑菇一样的灵芝草。

三年后的同一天，赵老汉要挖这三株草去喂牛了，可是老太婆不同意。老太婆说："老头呀，这是宝，你把它挖了多可惜，不如割，说不定将来还会发芽长出新的蘑菇。"老头儿一想，老太太出的主意不错，再有新芽的话，说不定还会有财发，于是就割下了这三株草。他右手拿着草，兴高采烈地来到百牛汪。起初小池塘里风平浪静，等老头举起灵芝草，口喊三声"金牛来吃草"时，顿时池塘里水浪翻滚，突然间，一头牛窜上了岸。赵老汉还未定得过神来，这牛张开大口，一口就把灵芝草和赵老汉的右臂都吞到肚里去了。赵老汉不但金牛没得到，反而失去了右臂，成了残废。老太婆也恨自己发财心切，不知足。

不久，白胡子老人又来了，问起金牛的事，老两口哭笑不得。白胡子老人埋怨说："哪个叫你割呢？连根挖起来就好了。" 白胡子老人拿了一把小锹去屋檐下挖三株草根，想不到却在草根下面挖出了三个金元宝。白胡子老人说："你们放了一辈子的渡船，做的好事也不少，现在这三个金元宝该是你们的财，拿着好好过日子吧。"说完，白胡子老人就消失不见了。

赵老汉自从失去了右臂，又经常生病，再也不能摆渡了。金牛的事让他更感到贪心没好处，于是将三个金元宝花了，买了一大批桑木，在河上造了座四搭桑木桥，这就是赵家桥。

转眼几百年过去了，赵家桥历经沧桑后也消失了身影。迄今，虽然赵家桥周围几个生产队没一户姓赵的人家，但人们一直没忘记赵家桥。

五、田家楼

田家楼是立发北片的一个地名，地点在刘缺村14组。田家楼确有一座楼，为当地田氏大地主所建。相传田氏广有田地，曾夸口："我们田家一马放到东灵庙，骑马不走人家的田。"大话传出去，惹恼了季家小桥一户人家。这户人家恰巧有两亩田挡在田氏出入海安镇东灵庙的大路边。田氏骑马要去海安，人家死活不让通过。田氏想买下这块田，人家说："除非洋钱铺满这条路。"田氏没办法，就用洋钱铺地买下这块田。

田氏为什么发了这么大的财，有两种说法。一种说法是田氏靠赌发财。传说他赌钱从来不输，空"钞马子"（装钱钞的袋子）出去，满"钞马子"回来。另一种说法是有个狐狸精帮忙，田氏夫人只要拿梳子一梳头，铜钱哗哗往下流。数百年之后，田氏渐渐穷了，败落下来。后来把田产卖给了邵家，邵家又把田产卖给了顾家。

田氏为什么会穷了呢，有三种传说。一种传说是"田字不出头，不能起高楼"。说的是田氏因为建田家楼坏了风水。田里建了楼，就是田字出了头，田字变成个"由"字，就是要出事的根由了。结果"穷了田家楼，富了瓦屋头"。瓦屋头在韩洋乡，田氏穷掉后把田卖给瓦屋头的"向四爹"——储姓大地主。第二种传说是道士作法，杀了狐狸精，田氏不再梳头掉铜钱。"家有黄金万两，不抵日进分文"。结果，田家坐吃山空，钱财花光，变得穷了。第三种传说是说大话出人命。一天，田氏后代的夫人和丫鬟闲谈。丫鬟说钱多也要细水长流，田夫人发了火，对丫鬟训斥道："驴驮钥匙马驮锁，天老爷哪天穷到我，我们家的门鎝子敲下来能过一辈子。"说完抓起一串钥匙向丫鬟打过去，丫鬟当场被打死，一下子惹了人命官司，卖了许多田地，才了结此事。在此之后，又有人几次把"路倒"（饿死、冻死的穷人）送到田氏田地里，引来接连不断的官司，终于使田氏败落。

田家楼田氏一族，子孙繁多。田家庄、田家套和田家楼的田姓人家都是一脉相承，这已是后来的事了。

六、凤凰垛的传说

很久很久以前，泰宁村13组（原金凤村六组）宁海南路西侧处有一块空地，面积约5亩，四面环水。风水先生到此一看赞不绝口，说此地是吉祥盛地、风水宝地。一些大户人家听说后，都争相将自家去世的老人葬于此地，图的是福泽子孙后代。一天，有一富家择日安葬先父，一大早就将灵柩抬到现场。阴阳先生再三嘱咐，说是动锹开坑时，如发现下面有一块石头，千万不要乱动，要待东边马路上有一头戴铁帽子的人经过，方可安葬，否则将破坏风水。主人连连点头承诺。挖坑时果真发现一块石头，大家就耐着性子等待。谁知，从早上一直等到午后，都未见人影，大家心情甚是着急。主人觉得不能再等了，否则错过时辰，要耽误大事。于是，叫人赶紧搬石安葬。众人搬开石头后，只见从石块缝里飞出一对美丽的凤凰，扇动双翅直上天空，众人都惊诧不已。就在这时，东边马路上有一头顶铁锅的男子由北向南缓缓走来。主人见状，仰天长叹："这大概就是天意吧！"凤凰垛由此得名。

第五节　地名掌故

一、柿棉树

柿棉树是现界墩村内的老地名，位于原立发乡新运村8组与太平村4组交界处。解放前，此地河沟纵横，水网密集，地形非常复杂。然而，这里却是当时南来北往的重要道口。由于老通扬河、通榆河在此地西南边，北乡人上街进城必经柿棉树，向北可去花五坝、赤练港、刘家缺一带，向东能到韩家洋、冯家荡一带，往南就是立发桥，往西就到海安县城。

此地因树而得名。相传，数百年前，此地有一棵四人合抱的大柿棉树。说是柿棉树，实为木棉树，是一种在热带及亚热带地区生长的落叶大乔木。当时本地人不识此树，见其能长出丝绵，故取名"丝绵树"，后又以讹传讹，称此树是"柿棉树"或"柿梅树"。

柿棉树一带河多，桥也不少。柿棉树下有座木头桥，人们叫它"柿棉桥"。当时，这里是贩运私盐的一个道口，盐贩子不敢走官道，只能悄悄走乡间小路，以逃过官府关卡。据说，柿棉树十分高大、枝繁叶茂，遮阴的面积非常大。树下常有盐贩子歇车乘凉，一次竟然能放18部盐车，也说明经过此地的盐贩是成帮结队的，绝非零星少数。据回忆，柿棉树当年有一条不长的青砖路，街面上有杂货店，也有剃头店和水烟店。有一家开包子店的生意相当不错，与立发桥陶家包子店齐名。

抗日战争期间，柿棉树一度成为敌我双方的"拉锯"地带。新四军和民兵游击队常在此出入，进可上街骚扰敌人，退可到北凌一带荒野掩蔽。白天这里是敌人的天下，晚上是抗日力量出来活动必经之地，双方人员化装成便衣，在此刺探对方情报。据说，此地有一富户家里办喜事，敌我双方都派人出席，竟撞在一起，双方虽有猜疑，却不知深浅，倒也相安无事，宴席一散，各奔东西。商户也是格外小心，来的都是客，万一惹火上身，定然是滔天大祸。

后来，通榆运河边上修了大路，北乡人上街进城就很少走柿棉树，只有上立发桥的人还要从这里经过。原来的那棵大柿棉树解放前早就息了枝，至于此树的下落，有户梅姓人家曾经用此树木头打过一张凳子。此地百姓一贯耕读传家，所种田地能高产，即使饥荒年也没有饿死多少人，子孙亦勤敏好学，在外做事的不少。新中国成立之后，此地开挖中心河、头庄河，进入21世纪又修铁路，自然地貌变化较大，根本就看不出过去的样子了。

二、韩家庄

韩家庄历史久远。相传很久以前，泰宁村11组（原金凤村4组）有韩姓大地主，家有良田几百亩、房屋几百间，人们将此地称作"韩家庄"。韩姓地主有钱有势，终日无所事事，挖空心思寻欢作乐。有一年元宵节将至，他突发奇想，叫人精选十几根毛竹，将竹节掏空，灌上自酿的烧酒做成爆竹。元宵节晚上，他命人将爆竹点燃，火球从爆竹里喷出，连珠炮似的直射天空，其景甚为壮观。后此事被人告发，皇上大为恼怒，认为韩氏图谋不轨，有造反之意，将韩氏家族满门处斩，108具尸体全部葬于此地。后有程氏为主的其他姓氏落户此地，但人们还习惯称此地为"韩家庄"，也便有了"韩家庄无韩氏"之说。

三、蚂蟥沟

蚂蟥沟位于城东镇南屏村，即现在的宁海南路与328国道交会处附近。

早在民国26年（1937年）以前，如皋和泰县的交界处，有一个大塌子，长百余米，塌子的南头是如界，北头是泰界。说来也怪，无论晴天还是雨天，走进塌子，泥土软绵绵的，很有弹性，脚踩下去再起来，土就跟着脚弹起来。这地方是杨花桥人（原如皋建设乡）贩粮必经之地，他们就形象地起了个俗名“蚂蟥塌子”，当地人都叫它“蚂蟥沟”“蚂蝗沟”，后来，人们取其谐音，习惯称为“马王沟”。

为方便行人通过，当时如皋民政长沙元炳令人从如皋修条大路到此地。所谓大路其实就是沿线两边各挖一条槽子，将挖出的泥土铺至中间便成了大路。自此，蚂蟥沟渐渐成为如皋海安之间重要的交通道口。然而，泰州吴同甲并不想和如皋配合，一直不肯在此地修路，因此，蚂蟥沟到海安这一段仍是弯弯曲曲的小路。

从这条路上走得最多的是杨花桥人，他们善于用木制独轮车贩粮食，从海安买，到如皋向南卖。当时流传着“买不清的西北，塞不清的东南”。西北指海安一带，因有水长水稻，粮食丰富。东南指如皋一带，因缺水只能长玉米、谷子等旱作物，没有米吃就到海安来采购。由于贩卖粮食路途遥远，蚂蟥沟也就成了杨花桥人歇脚的地方。来往的行人车辆多了，一些做小买卖的商户也就在此不断集聚，渐渐形成了小集市。那时的路是泥路，车子走过后，路上便留下一道槽子，前面车子压下的轮痕，后面车子就顺着轮痕走，久而久之，路中间就留下一道深深的槽。民国14年（1925年），修筑海安至蚂蟥沟公路，形成后来的如海公路的雏形。

抗日战争时期，日军要修筑公路，为阻止日伪军下乡“扫荡”，此路经常被新四军破坏。日军筑路不是为了方便群众，而是为了加强掠夺。一天，一名日军班长下乡扫荡时在立发桥掉了队。尽管是一个人，这个鬼子却很猖狂，又是抢东西，又是找花姑娘。立发桥一名高姓屠夫气不过，就用杀猪的点红刀捅了他一刀。那鬼子一手抱住冒出来的肚肠子，一手搭着槽桶从通扬河东游到河西，不知下落。日军发现少人后，立即派兵寻找。因为怀疑是在蚂蟥沟被杀的，一时，大批日军闯进了蚂蟥沟，把老百姓赶到大场上排起队，架起机关枪，逐个盘问要交出班长。当问到赵兴仁的父亲赵振瀛时，他是个老实人，说了句“我晓得不说咯？”经翻译一转述却变成了“他知道，不说”。赵振瀛当场就被日军残酷杀害。由于没找到人，日军更加疯狂，扬言要把场上的人统统杀掉，把蚂蟥沟一带三里全烧光。尽管当时未放火烧，但蚂蟥沟陈宝圣的妈妈、张云青的爹爹、张二呆子、陈香荣等先后都无辜死于日寇屠刀、枪弹之下。

当时，蚂蟥沟是敌占区，东边、北边是日伪，西边是我地方抗日武装，夜里我方军民一齐心把通往海安的大路挖了一个个大坑，断去海安城里日军下乡的路，日军第二天下乡不好走只好拉夫用小麦草填坑修路。就这样，日军白天忙修路，我军夜间断路，采用多种形式与敌人斗争。后来，还乡团在蚂蟥沟建据点、筑碉堡，蚂蟥沟一时成为南北交通要道、敌我争夺的要地。解放后，南屏乡政府就设在蚂蟥沟。

2001年，南屏乡与立发乡合并为城东镇，南屏乡政府撤销，但蚂蟥沟集镇依然存在，并且越来越兴旺。

四、孙公铺

孙公铺在城东镇民桥村15组，通扬河西岸，与葛家桥村5组、油坊头16组毗邻。

相传很早以前这里就有个小集镇，热闹非凡。集镇南北长300多米，有店铺10多家，肉包店、豆腐店、烧饼店、杂货店、茶馆、香店、药店以及码头、木排行等，样样俱全。

清代，小镇有一孙公，名念二，以种田为生。他的妻子蒋媪开设客店，兼茶水熟食，服务周到。夫妇二人都吃斋，数十年如一日。他们平时生活极其勤俭朴素，往往把节约下来的钱，一点一点地聚集起来买田地。年深日久，好不容易购置到300亩田，夫妇二人将其全部捐给了如皋灵威观，作为灵威观育德堂的赈济资金。好人有好报，相传后来二老拔宅飞升。人们为了纪念他们夫妇二人的善举，把小集镇取名为“孙公铺”。

又传，孙念二的老婆，人称“孙二娘”，在这个集镇上开一小吃店，早上有早点，中晚有饭菜，由于她手艺好，饭菜可口。特别是她做的肉包子味道鲜美，很吸引顾客，再加上孙二娘能说会道，为人谦和，生意一直很红火。可后来有人与她争生意，说她做的包子馅里有人肉，是黑店。丈夫孙念二为躲避官府抓捕，远走他乡，杳无音讯，由此小吃店生意急剧下降，只好关门。从此孙家生活艰难。孙老爹一气之下得了一场大病，眼睛瞎了，耳朵聋了，最后瘫痪在床，动弹不得。为了替孙老爹看病，孙二娘东借西凑最后变卖了家产。孙二娘贤惠孝顺，尤其到了冬天，孙老爹冻得直哆嗦，她更是对老人倍加关心，除了给公爹喂饭、擦洗外，她还早上把老人搀到屋子东山头，下午搀到西山头晒太阳。到了晚上，她先将老人的床铺焐暖后，再把老人搀到床上睡觉，为老人焐脚取暖，日复一日，年复一年，直到老人寿终。此举在当地传为美谈，人们尊称为“孙公焐”，名声远扬，后来渐渐传为“孙公铺”。再后来，孙公铺便成为集镇地名。一直流传到现在。

孙公铺不仅集市繁荣，更崇尚教育。据现存于当地的一块碑石记载，仅道光二十七年（1847年）之前此地一带的文人就有22人，其中葛春莲、陈云生为举人。此外，30年代当地曾有一位出嫁的老姑娘何志珍（人称“女先生”）办起了私塾，不仅为当地男儿获得上学的机会，还有3名女子何广程、丁楠、葛仁凤在此读书。后来，何广程跟哥哥出去革命，家居南京。当时人们在“满腹文章不了饥，半升细粑吃得饱稀稀”思潮的影响下，不要说男儿读不成书，竟有女子办学上学，实为时尚之举。

1937年日军侵华，孙公铺也难逃厄运，大部分房屋被日军烧毁，当年的繁华从此衰落。然而，孙公铺这一美好的名称却流传至今。

五、洋蛮河

洋蛮河是栟茶运河边的一座古集镇，位于今城东镇中部，跟江海大地最早见诸史册的地名古发繇口——立发桥之间直线距离约3.5公里，可谓姐妹集镇。

旧时道路弯弯曲曲，西到立发9里，再去海安又是9里，东到西场9里，再到丁所又是9里，因此有“四九三十六，洋蛮河居中坐”之说。洋蛮河也曾名杨冒河，因东西走向的古河道边有杨姓冒姓人家而得名。

旧时洋蛮河集镇不大，只有20多户店铺和10多户人家，但地处交通要道，三教九流都有，特别是关岳庙香火鼎盛。民国27年（1938年）日本鬼子进镇，在这里建据点造炮楼设关卡，毁于战火的民房、店铺不在少数。到新中国成立初，还保留着周二胖子木排行、何记大染坊、朱广元医铺，以及布店、百货店、剃头铺、车行等10多家店铺。原关岳庙门前有两人合抱不过来的大银杏树。

图20-9　横穿洋蛮河的328国道　（孙宝峰/摄）

洋蛮河之名大概于18世纪下半叶由杨冒河改称。传说曾有一英国人在栟茶河边开过商行，因是洋人，讲话又生硬，本地人对说话不能让人听懂的人称为“蛮子”。又有一皖南客商在本地做生意卖百货，因他是外地人，讲话本地人也不甚听懂，又是一个“蛮子”。但这个“蛮子”心眼好，生人熟人都热情接待，会吸烟的常常招待一两口水烟，有人要欠点青条烟或其他货物，他从不拒绝。后来，“蛮子”因病逝世，无亲属家人料理后事，人们想到他的好处，特别是差他钱的人觉得很对不起他，大家协商着为他处理后事，每人一点钱一把土，把他埋在盐河岸边，堆了一座高高的坟。据说这坟后来在拓浚栟茶运河时被搬迁。由于小镇里有洋人有“蛮子”，大家又对安徽“蛮子”怀有纪念之意，加上古老美丽的运盐河，原来的名称杨冒河，又同洋蛮河谐音，杨冒河就成了洋蛮河。当时，在距洋蛮河西两里多的地方，也有一个“蛮子”在开店，因此那里就叫作西洋蛮河。

1950年5月2日，海安县第一个农场在洋蛮河河南建成。1957年，栟茶运河东起如东县小洋口，西至塔子里全线浚通，河面宽阔，来往船只不断，洋蛮河设轮船码头。海李公路，即后来的202省道穿镇而过，1958年10月10日通车，洋蛮河设候车站。后来，海安县第二农机修造厂、洋蛮河粮站、洋蛮河供销社、洋蛮河邮局、洋蛮河搬运站、洋蛮河水利站等单位纷纷在集镇内落户，洋蛮河更加兴旺起来。

六、季坞荡

季坞荡位于城东镇品建村1组，分为东荡、南荡、中荡。解放前，季坞荡是季家大门的地主季敦道（白头发）、龙树庵和地主周万义家的近200亩低凹盐碱地，虽是盐碱地但黏土占的比例很大，三天不下雨地上冒盐霜，只要一下雨到处水汪汪。

1954年发大洪水，荡里一片汪洋，家家墙倒猪舍塌，满屋全是水，家具、床铺全泡在水里，连灶房都无法炊煮，各家只好在家门口打个土坝，用盆桶把水往外车。出门做事的用铁叉当拐棍，在齐腰深的水里摸着往前走；有的拿长盆当船坐在盆里，划着过去。不少人只好投亲找友栖身度日，待水退后才回家。田里的禾苗全都淹死，颗粒无收。那时人称季坞荡是穷得兔子不拉屎的地方。曾有一首民谣流传至今：季坞荡啊季坞荡，十年就有九年荒，太阳一晒冒盐霜，大雨一下水汪汪，先卖坛子后卖缸，扶老携幼去逃荒。

1957年，新生乡政府组织全乡人民，凭着大锹、扁担、畚箕和肩头，从栟茶运河向南挖了近6000米长的西季坞荡河，从此，季坞荡能灌能排，旱涝保丰收。1958年，乡政府还在荡中办起了新生砖瓦厂。

七、冷水港

冷水港位于热港村18组。西场北边6公里，有块地方叫“冷水港”，是古洋河中段向南支流的一段河面。这个地名有一段来历。

很古的时候，这是块低洼地，中间有个大水港，河水又清又甜。有一天，港里的水陡然发了热，慢慢地冒出热气，烫的不得了，不要说浇灌庄稼，就是吃的用的水也没办法想。这地方不能住人了，人们都搬走了。从此以后，水港四周渐渐荒废掉了。大家就叫这个地方“热水港”。

也不知道过了多少年，有个仙家走到这里，看出其中的门道，就把流落到外地的人喊到一块，叫每个人在热水港子插把铁锹，总共插七七四十九把锹，每把锹上挂双草鞋。总共挂七七四十九双草鞋。大家照他说的去做。第二天早上一瞟，港里的水全红了，用手一摸，水凉丝丝的。

原来，这条港进来了一条龙，是条火龙，把水烧烫了，现在四十九把铁锹一插，夜里火龙一翻身，四十九把锹就捣在火龙身上，火龙就被捣死了。火龙死掉了，仙家一飘就飘走了，过了几天，港子的水又碧清碧清的，大家欢喜得不得了，又从外边搬回来了。从这以后，大家又安安逸逸地过日子。这条港子就叫“冷水港子”了。1958年成立人民公社后，有位干部认为冷水港人民的心是热的，革命热情高涨，遂将冷水港地方改名为热港大队，80年代西场社改乡后又更名为热港村。

八、立　头

西场东北有个小集镇叫“立头”，其实书面上的名字不叫“立头”，旧《如皋县志》称之为“楼子头”，叫“立头”是坊间的习惯叫法。解放后，该地叫过立头村、楼基村，其实立头、楼基都是“楼子头”的派生叫法。立头小集镇始建于何年，尚不可考。1958年“大跃进”深耕时出土了不少大城砖、坛子以及坛子里装满的银圆、铜钱等物，听老人们说这城砖距今上千年了。

立头小镇虽小，但风水特好。南北方向的古河和东西方向的王家河两条自然河相交成四岔口，立头就在这四岔口上。大大小小的商铺傍四岔口而立，突显了“得水为上”的风水理论。

四岔口东北边有东西方向的河东街，四岔口西北有东西方向的北街、南北方向的河北街，四岔口西南有南北方向的南街，四岔口东南是村庄，庄上崔姓人家居多。故“立头”也有“崔家楼”说法。往日的立头小镇街市颇繁荣，街上的商号有多家是外地人举家从江南、如皋、西场、李堡迁徙来立头开设的，立头当地的商贾也不少。河东街上有馒头店、药店、染坊、猪肉店、羊肉店、豆腐店、杂货店、磨坊、弹花店近15家店铺；北街上有三合泰商店、百货店、布店、理发店、茶馆、八鲜行、猪行、脆饼店等近15家店铺；南北街上有饭店、杂货店、南货店、药店、粮行、食品、皮匠、裁缝、草行、渔网加工等近20家店铺；河南街上有中药店、木行、邮局、诊所、戏场等。因为经商，许多人家富有，有钱供子女读书，成才后大多在外任职。新中国成立后，立头小镇有近百人从事经商或任公职，当代中国文学报社社长兼总编辑陈歆耕就出生于立头，堪称后起之秀。

立头西北曾设私塾，后来建有学堂。战争年代学堂操场是部队集中训练的营地。操场及河南戏场常有戏班来唱戏。每当戏班来时，小镇上及周围的人们纷至沓来，热闹得不得了；外地戏班来立头演戏一直延续到1957年左右。

听老人们说，从小镇北桥向西，古时接连有13座楼房，主人在朝廷为官，显赫一时。后因文字狱，主人遭斩，诛灭九族，13座楼房被拆，剩下颓垣断壁和高楼基础，所有的水井只剩下一口未填。后人称此地是"楼子头"，又称楼基，即高楼基础。因此，谐音"立头"之名，约定俗成，流传至今。河南街东边长着一棵高大的古银杏，这棵银杏远近闻名，传为泰州和尚去海边每隔数里为做记号所栽，距今已不知生存了多少年。据说，这棵银杏树曾遭雷击，树冠被劈，树身烧焦，剩下树桩，后又生出新芽，并逐渐长成树冠，形成新老树交错拥抱的树形。这棵古银杏与东南边的一棵古榔榆同是古老立头留下的姊妹树。

新中国成立初期，立头小镇集市仍然繁荣。楼基乡政府设于南街的仲家诊所和崔家大堂屋。河北街曾用砖头铺成，河西街曾设供销社、粮管所、食品站、生猪收购站，河南街设联合诊所，每年举行多次物资交流会。四乡八里的人们赶至交流会做物资交流生意。立头的商界名人陈德寿曾出任西场镇商联会主任。原来的学堂更名为海安县楼基小学，50年代是海安县农村唯一的双轨制完全小学，后又增设初中、高中。

1976年，西场公社区划调整，集镇上的人们大多被安排到四周较远的地方居住，昔日生意兴隆的小镇消失了。

第六节　庙　　会

一、青苗会

旧时，每年五六月间，夏收夏种结束，时梅天过后，乡间均得请"僮子"或称"香伙"设坛做青苗会，祈求丰收，保佑太平。青苗会以村落为单位，家家出股，筹集资金。其时设坛搭彩棚，前竖一旗杆，悬挂三角黄旗，"香伙"将带来的画有"抹吒老爷"的卷轴神像和土地菩萨像一同供奉棚内，神前供奉三牲、酒水，然后忏拜。"香伙"敲锣打鼓（一人打击多种乐器），并唱诸如"锣呛呛鼓棒棒，青苗盛会开圣堂""抹吒老爷不吃腥，猪头鸡脚鱼眼睛"等七字段忏文，有的则唱七字段戏文本，如"刘全进瓜""包拯断乌盆"等。"香伙"祀神程序有安坛、开坛、发表（行文上天）、破膀（刺血盟神）、念忏送神等，最后是"沿门"。"香伙"头戴黄元帽，腰系育裙，手持神刀，到庄中各户沿门敲击驱邪，并将红绿黄三色纸符贴于大门前，以洗锅掸儿蘸红土和石灰水在门两旁大书"太平"二字。各庄做青苗会先后持续一个多月之久。做会时，四乡男女皆来观看，热闹非凡。60年代起，青苗会逐渐衰落，现仍有少数村庄做青苗会。

二、土地会

每年三月初二、四月初二、六月初二、九月初二等闲月初二，凡建有土地庙的按村庄上殷实户（旧时有车篷、农具人家）出钱凑股买香烛纸马、鱼肉三牲，轮流做东，到土地庙内参敬土地神，然后，东道主设中午盛餐招待各位股东。小户人家也在这天到土地庙进香，放鞭炮。

三、香　期

香期即庙会。香期原指当地庙宇供奉菩萨的供奉祭祀之期，善男信女，纷纷到庙上朝拜，后来一些做小本经营的商人也到庙前设摊摆点，卖点香烛纸马、日用杂货。后来，逐渐演变成固定日期，成为定期的集市贸易场所，四方八邻少见烧香膜拜，而多为买卖交易。

城东境域香期，以立发桥香期为盛。自清代中后期，立发集镇就有了香期场，定于每年正月十五及其后的初一、月半，直至四月的初八及十五结束。

清代至民国直至解放初，每逢香期，四面八方老百姓就纷至沓来，到大圣庙进香并交易农家产品。50年代后期海李公路经立发镇后，香期场规模逐渐变大，香期场（庙会）已无人烧香，变成

图20-10 “沿海大市场”庙会一角 （孙宝峰/摄）

纯粹的集市交易日。“文化大革命”时期香期场中断，改革开放后恢复。

城东镇建立后，立发香期场地点迁至海安火车站西侧的“沿海大市场”所在地，时间为每月农历初一和十五日。届时四方商贾云集，人头攒动，方便了四乡八邻的生活、生产物资交换，堪为城东盛世一景。

西场境域10余所庙宇中数城隍庙香火最旺，传至解放后逐渐消失。西场香期清明节最盛，每逢香期，商品交易成为主流，农民和商贩仍是如期而至，人山人海，热闹非凡。

第七节 宗族谱祠

城东之域，谱藏虽微，然细品现有文字，这里既有帝王贵胄，也有儒贤传人，更多的是史上几次大的迁徙中，被驱赶出都市的平民百姓，也有躲避兵燹的各地难民，还有坐贾行商。他们看中这片风水宝地，移民流寓于此，艰苦创业，些许少数民族人民随婚嫁迁入城东，在这片沃土上共同建设城东这片美丽富庶的家园。

一、族谱家乘

邹丁氏家谱 城东镇丁祠花苑，丁姓族人较多。这里原来有丁家祠堂，丁姓家族人丁兴旺，该族人现存《邹丁氏家谱》残本首卷。根据序、跋所述，当为同治元年（1862年）最后一次续修。该谱16卷，18册，其中7卷和10卷为上下两册。族人丁佐勤仅保存了首卷的影印件。

《邹丁氏家谱》最初修编于明朝万历十六年（1588年）。以后经过清康熙元年（1662年）重增，乾隆八年（1743年）至十年和五十二年二次重修，继之于嘉庆二十三年（1818年）续修。

残本序文10篇，跋2篇，《家规十约》，各祖像图，宗祠图式及杨蛮河（洋蛮河）支祠图式，并附杨蛮河诗，另有庐家桥支祠图式、泰兴分祠图式。目录上，卷二至卷十六皆为世系图，散于民间。

丁姓世系考略。史上丁姓来源较多，邹丁一支综合谱内序文所述，当出自四岳伯夷之后，传自周武之世，始有太公吕望，因其佐周有功，太公后人丁伋于春秋末年被封于鲁国。春秋时本无邹，至战国时鲁穆公改郑为邹，其地于丁氏封地相邻。为区别于其他丁姓，而名邹丁。传说中邹与丁为甥舅，邹以其子继丁，故有邹丁之说，但邹丁一族在汉唐五代时源流莫辨，万历初修谱牒时，“及见宋元丰三年（1080年）远祖志远墓志所载，方知吾乡邹丁氏，世籍东皋祖居邑之江宁乡。”此处的江宁乡现是江安。

“宋学士丞相讳度，号秉衡者，配赵氏一品夫人，系天锡公，伯六公之高祖也。后自天锡公伯六公由姑苏始迁东皋。故自天锡公伯六公始，天锡公结书舍于窑子河，因孝闻，崇祀礼庙。”“伯六公值宋时饥荒，赈济万民，敕建义坊于江宁乡。”宋文简公丁度，庆历七年（1047年）间曾官拜参知政事（副宰相），而至天锡、伯六。

序、跋中所述天锡、伯六以前的事情，只能作为溯源寻祖来认定。根据清初状元，吏部右侍郎、大学士吕宫所撰序文，“其土著东皋，以及延陵、骥江、海陵、崇川诸郡邑者，自宗元迄当代，已十有七世。”有序文较详细地记述了从天锡、伯六以下，邹丁氏一族在如皋、泰兴、海安一带的转徙往返的踪迹。另据乾隆八年（1743年），李英淑的序文可知“盖自伯六公徙皋，而后至八世祖宁七公转迁泰兴鹅湖寺前。”鹅湖寺遗迹尚存，就是现在泰兴的珊瑚镇。

谱内洋蛮河曾修建丁氏祠堂一座，据谱述当为万历十六年（1588年），十二世龙川、少村二公特为筹建。所以，丁祠周边邹丁氏族人大都自为是丁龙川的后人。邹丁氏的堂号为“绿野堂”。

龙川公建祠后，曾遗行派20个字为：承怀允其启，长源盛久远，昌忠正邦佐，广济仁义良。同治元年（1862年）重修邹丁氏家谱时，新增20个字行派，是为：大泽成先志，光明国庆延，恭宽惟自守，敏惠继能连。

仲子世家谱　仲子，姓仲，名由，字子路，一字季路。孔子最为关爱、最为赏识、最为得力的弟子，他的后裔，有一支在城东古镇西场附近繁衍。

卷首收录《民国谱序》《发刊世系略缘起》《如皋西场家祠世系略叙》《甲午新谱续修始末》《西场镇仲氏家祠图解》及《凡例》《仲氏姓源》《先贤仲子传》《迁徙源流考》《仲氏堂号》《仲氏家训》等文，为探研家族迁徙和文化传播，留下些许史料。另收录了辈分吉字的排序。江苏省作协会员、红楼梦学会会员仲跻和，也是仲氏七十二代裔孙，为谱撰写了《甲午谱赞》。

《仲氏世家谱》一套7卷10本。卷首1本是56代前世系图谱；卷一分上下2本，是一门世系图谱；卷二为1本，是二门世系图谱；卷三分上下2本，是三门世系图谱；卷四为1本，是五门世系图谱；卷五为1本，是六门世系图谱；卷六为1本，是七门世系图谱；卷七为1本，是补遗。

遍索全谱，明清两代海安城东仲氏一支，共出了进士3人、举人3人、监生6人、贡生4人、太学生23人、国学生40人、庠生5人、品官76人。

根据该家谱并参阅《仲里新志》，仲基后有世登、世资。世资又生尔修、尔侗、尔佾，现吴江、嘉兴、兴化、镇江、常州、沭阳、赣榆、烟台、临沂、日照、潍坊皆有后裔；世登又生尔份、尔伸、尔任，后裔散居在现在的吴江、泰州、海安、如皋、东台、嘉兴、桐乡等地。

仲世登后代又经过尔份、胤文、子发、谦、象贤，至象贤又生三子：长子宣、次子华、季子成，明朝历经洪武赶散、燕王兵乱，其五十六代仲子宣偕弟子华惜别苏州吴江，避居泰州富安场东海滨，即现在的城东西场古镇附近安家落户；子华徙居梁垛场，现归东台。

仲子宣原配周氏，生了三个儿子：文汉、文和、文宾；继配顾氏，生了四个儿子：文渊、文潮、文源、文洋。其后裔聚居海安、如皋、南通、东台、泰州、江都等地，也有外迁到其他地方的。这就叫子宣七门。甲午重修谱时，就是按照这七门编排的。但谱内缺少第4门文渊的后代载记，一说流寓他方。

图20-11　仲子世家谱

仲氏在全国堂号较多，城东南宗仲氏的堂号为“三善堂”，典出《孔子家语》《韩诗外传》。

堂号本是厅堂、居室的名称，因同姓族人共同聚居，其堂号就成为同一支族人共同的徽号，是区分族属、支派的标记。仲氏在全国各地堂号较多，除“三善堂”外，还有“补衮堂”“东鲁堂”“圣门堂”“负米堂”。江苏常州、江西赣州等地则以“中山堂”为堂号。

清康熙四十六年（1707年）仲子第六十三代孙、翰林院五经博士仲承述首择吉字10个：蕴耀振贻绪、统延肇跻伟。自仲子世家第六十四代起沿用。清嘉庆二十年（1815年），仲子第六十七代孙、翰林院五经博士仲贻熙续卜吉字10个：崇惟昭光辉、怀如敦恒循。清光绪三十年（1904年），仲子第六十九代、翰林院五经博士仲统岚又卜吉字10个：封典锡恩广、令德毓贤喆。民国26年（1937年），仲子第七十一代孙、奉祀官仲肇璠再卜吉字20个：昌旺胜明煌、荣茂超清香、国祚享祯利、乾坤乐泰康。至此，仲氏吉字数量50个。从子路第六十四代起，依顺序为仲氏代代相承起名之派行，亦称行辈、字派。

仲子宣后裔六十八代“绪”字辈，多采用“续”字，七十一代“肇”字辈，为避讳，以“兆”字代。七十五代“惟”字辈，也有用“维”字，江苏赣榆用“启”，沭阳用“其”，山东微山用“宇”，山东梁山、安徽蚌埠等地用“米”，皆属同辈。

城东仲氏一族，代有名人，皆以文章建树。历史上仲鹤庆、仲振履父子进士及第，外放地方官，政绩斐然。仲耀政、仲贻菊、仲振奎、仲蔼人、仲之琮，以及当代的仲贞子、仲兆鼐、仲许、仲新民、仲伟俊皆如此。

仲鹤庆长子仲振奎是中国第一位将《红楼梦》改编成戏曲《红楼梦传奇》的戏剧作家，据谱查，是一门文汉之后，系66代。仲振奎有三个弟弟，大弟振璧早卒，二弟振履，三弟振猷。曾祖父邦文因其父早逝，弃家奉母，避居泰州北关外永吉坊。2014年重修家谱接宗补谱，修正了前人红学研究中对振奎身世祖籍认知的空白。

书法家仲贞子，名谅，号贞子，以号登记户籍。本是“肇”字辈，兄弟间以“兆”置名字中间。他是延吉三子，大哥取名兆麟。姓名权是各人自由权，吉字只代表该谱中的辈分和代数，户籍登记常称为学名，谱名、学名不一致的现象比较普遍，谱内记载均尊重各自的选择。

2008年北京奥运会男子击剑个人佩剑项目冠军仲满，也是中国奥运史上第一个男子击剑冠军。按谱查寻，即知仲满是仲氏一门七十二代裔孙。

重修《仲子世家谱》，是在民国25年修订谱基础上续修补谱。既保留了原貌，又在编纂制式上有所创新。保持原有苏欧两式风格，采用汉语拼音检索表，以及名下注明谱册中对应页码的新编纂办法。

三丰刘氏族谱　城东镇以前有刘家湾，1975年挖河改道，拆迁并入丰河大队。该大队以前曾为盐河大队，2001年4月，与丰港、丰源（元）、石番合并，称三丰村。刘家湾因刘姓族人最早来开垦而得名，现有刘姓居家70多户。

三丰刘姓家传堂名“传经堂”。有手抄本《刘氏族谱》始修于明朝嘉靖元年（1522年），承修于万历辛亥（1611年），重刊于康熙壬戌（1682年），增修于雍正乙卯（1735年），流传至今。据族谱中《庵头原序》载，伯祖振甫公云：“吾家世居苏州阊门，代有闻人、贤卿、名将。历代以宋高宗二十年（1150年），金辽元夏分立，统失记。于是隐居如皋。”族谱《初籍如皋记略》载：“始祖子厚公讳基，出吴门，而宦维扬之日，元正灭金，威至海畔。宋虽正朔，任用不得，其人主争时务，与贾似道不合，遂投劾去官，挈四子家丁于邵伯。其迁如皋，则宋景定三年（1262年），壬戌也。”再据《庵头原序》载：“大明惠宗四年，国变之时，乃迁居县东薛家庵东，沿河之北，置田宅，弃书业农。”

三丰村刘家湾刘氏一族，始祖刘子厚，本世居苏州阊门，后为官淮扬，曾住邵伯。南宋理宗景定年间迁居如皋，子孙数代戍边守疆，后来六世孙刘用举回籍如皋，构筑水竹园。繁衍后代而致人口众多，于是，部分刘氏族人移居刘家湾。传说，当初刘氏族人来到刘家湾先后有两拨，在十月朝前来的，现在祭十月朝；其后来者，现在不祭十月朝。

刘家湾中心地区本是不到一平方公里的河套，四周有弯弯曲曲的小河通向四面八方，河套东南有一条夹路，也是弯弯曲曲，一头通向河套，另一头向东南方向延伸。刘氏族人当初刚来选址时，根据阴阳风水之说，认为夹路是条龙，河套这边是龙头，龙潜水中，紫气东来；河套是八卦芯，四周小河是八卦相。实乃真龙宝地。于是，依五行八卦之理建设家园。在河套的东南筑起一座进出河套的码头，码头南端盖一座土地庙，建起一座车篷，码头北端打了一口井，置了一部碾子，于是乎河套又变成三圆（元）宝地。

清光绪乙亥年（1875年）间，刘宝鑫又在河套内建起关帝堂、观音堂。这样，族长及各房长房住河套内，子孙分居套外，傍河而居。三丰刘氏字派延伸，继支字辈以20个字延续：龙德从世汉，明锦林宝文，贵显成其中，华开业永昌。

赵氏宗谱　城东赵氏族人收藏了一套“宋裔堂”珍藏的《赵氏宗谱》。该谱详载赵氏靖康南渡后，镇江大港即古洪溪至海安城东赵氏一支繁衍的世系情况。

赵氏宗族源于宋室，历史上称皇封王朝笏满堂，赵子褫迁居洪溪后，北望中原而不能复，死后墓向北国，子孙隐居繁衍，四向迁徙。自东溪迁城东蔡子湾桥后，仍有人追求功名，明清两代计出品官41人，国学生7人，庠生3人。

宋裔堂2009年续修谱18册。主要续修了14~18册。第14册收录章树山撰《宋裔堂赵氏续修宗谱序》，赵振诗撰《续谱说明》，赵振信撰《历次宗谱梗概》，赵承贵撰《家谱小考》《勘误更正》，赵振信撰《关于十七世墓堂公支补充说明》。太祖六世字派、子褫三十五世字派、新增命名10个字派。张嘉道为列传写了《列传引言》，内收《传》22篇。另有赵振信写的《撰传感言》《人才录》《功德榜》《续谱编委会》名录等。

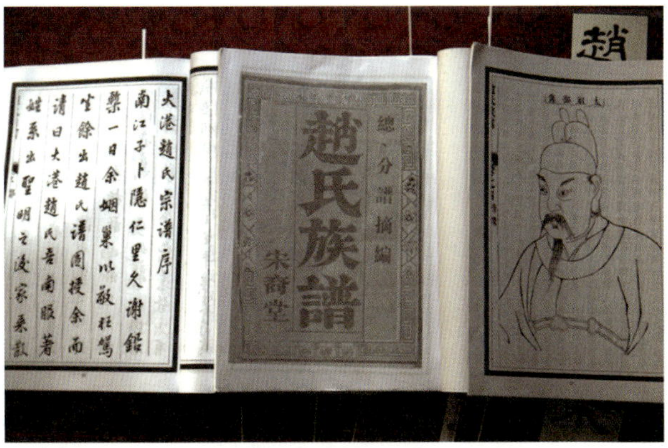

图20-12　赵氏族谱

该谱保存的史料，第1册为谱名卷次和总、分谱摘编。序类有刘镳撰《古润洪溪赵氏重修族谱叙》，崇玦撰《赵氏初修谱帙叙》，盛祥撰《大港赵氏重修族谱序》，（赵）宪撰《赵氏合谱序》，王济撰《大港赵毅庵重订图序》，朱臣撰《重修大港赵氏宗谱序》，管绍宁撰《赵氏家约序》。还影印了范纯正、黄庭坚、岳飞的题字。谱内收有《赵氏源流》《太祖遗训》《太祖为三支所定命名十四个字派》《世承墓碣铭》《志南公赞》《子褫佩戴氏仲氏合葬墓志铭》《坟山园》《祠堂图》《宋追封四世祖系图》《宋十八帝系图》，以及同治九年（1870年）重修本分支谱的《内纪世系图》。

第2册收同治年间和民国年间序文5篇，《重迁宗祠记》《赵氏族谱本源考》《族谱书例引》《族谱凡例》《家训十二则》《列传小引》和《传》20篇。卷末有《跋》和同治、民国两修家谱的用费清单。

第3册至第5册收民国重修谱《内纪世系图》《十八帝系祖遗像实录》《魏王、德昭、子褫遗像、实录》《帝敕命》《五服图》《祠图》《墓图小引》，四十一幅墓图、赞，世系表小引及世系表。第6册到第18册，除第14册外，都是世系图表。

宗谱追述赵姓缘起。以黄帝孙高阳氏颛帝，到柏翳，即伯益，又以佐周封邑于秦，再叙到造父仕周，因伐徐有功封于赵城，由此姓氏易嬴为赵。史书载："伯益之后为秦为赵，故云：秦赵同祖也。"

周幽王无道，因而去周归晋，始建赵氏于晋。其后又发生了程婴、公孙杵臼计存赵氏孤儿赵武的故事。而后才有史上有名的三家分晋。秦并六国后至汉，赵广汉官至京兆尹，从而世居涿郡。陈桥驿黄袍加身，谱中说：太祖匡胤先官后同滑州指挥使，后升到殿前都检点，当时，"主少国危，中外咸有拥戴之意，以众心悦服，天命有归，受周禅而有天下"。

宋初，赵氏长子曹王、五子岐王因早逝而无嗣。次子太祖、三子太宗、四子魏王鼎分三派。镇江大港赵氏为太祖六世孙赵子褫。

靖康国乱，赵氏南渡，宗谱散失。赵子褫本是南外居宗室。据洪武庚辰重修大港宗谱所说："靖康末以南徙，命渡江居京口。建炎己酉迁居大港，是为大港之始祖。"子褫在大港繁衍支派众多，到十五世时，其赵氏后人赵东溪、字伯清，迁来城东。谱载"润之洪溪十五世祖伯清公始迁皋北""东溪公则迁居蔡子桥之始祖也"。其间已经历伯鐀、师玔、希潰、与壑、孟刚、由良、宜同、顺乐、广禄、文星、时廞、良余、润斋而传到东溪。

东溪携带少溪、小溪于明万历二十年（1600年）左右，迁皋邑"蔡子湾桥赵家庄"。现该地划归海安城东镇。东溪后代基本居住在海安镇、城东镇，如皋市的戴庄、柴湾一带；小溪后代基本居住在海安县孙庄镇；少溪后代居住在如皋市袁桥镇、纪港村、野林村一带。

2009年重修《宋裔堂·赵氏宗谱》，是在民国7年（1918年）续修的基础上增补，并新谱、老谱一并而行，合编一体，达18卷。宗谱编纂史上经历四次分支。其一，宋太祖第七世"子"字派120支，本分谱系子褫支且立子褫为始祖，即本分谱第一世祖；其二，宋太祖第十三世"由"字派171支，即子褫第七世，其"由"字派28支，本分谱系由良支；宋太祖十五世"顺"字派，即子褫第九世，其"顺"字派109支，由良支顺字派4支，本分谱系"顺乐"支；宋太祖十九世"良"字派，即子褫十三世，其"顺乐"支"良"字派21支，本分谱系"良余"支。自良余以后一直保持一谱，直到现在太祖三十八世孙运字派，即良余是太祖第十九世，他以后又生十九世，即子褫第三十二世"运"字派。

该谱详载了"之"字派下十九门的情况。在"之"字派上溯到东溪、少溪、小溪，又经历了正、君、德、世、永五世传承。综观宗谱所载，支派清晰、条脉分明、史料丰富，不失为一部上乘的宗谱。民国7年所修宗谱，北京图书馆已收藏。谱中所谓"东皋"，现为海安县、如皋市地域，蔡子湾桥已划归海安城东镇南屏村。故2004年开始重修谱时定名为“宋裔堂赵氏续修宗谱”。收录谱中吉字派辈为太祖六世：匡德惟守（从）世令；子褫三十五世：子伯师希与，孟由宣顺广，文时良斋溪，国君明世永，之宏远万如，振兴承祖德，秀运发宗人；新增吉字10个：传和善义道，树勤为强耀。

赵氏后人由镇江迁到城东居住400多年，繁衍了十八代，现在有800多户，3000多人。

葛氏宗谱 城东镇葛氏族人于2000年增修《葛氏宗谱》海安如皋一支。谱中记载了寻找道光庚子（1840年）及光绪年间所修家谱的经历。道光年间所修家谱已达14本，到光绪十四年（1888年）续修时，增至22本。经多次询问、查找，从城东镇民桥村二十二世葛俊友处寻得18本，从葛仁达处抄补4卷，凑全22本。

依谱追觅，始祖“讳材，字国用，行省三，姑苏人。时宋室式微，汴京失守，中原乱离。南宋高宗建炎三年（1129年）南渡临安。公以武爵授秉信郎，督理军务，奉诏镇守维扬”。

葛村的儿子葛贤，又名德贤，南宋高宗建炎四年由扬州迁到海安南屏乡葛港村。据《葛氏家谱》记载“二世祖，始迁如皋”。“贤字世奎，行寿三，官授中书科中书。因父镇守维扬，公遂卜居扬属县如皋治北二十里，高港口，邑乘所载葛家溪是也”。这里的葛家溪就是今天城东镇葛家桥一带。当时归如皋管辖。

谱中记载了几则史料，实为难得。十八世葛长发创办油坊头小学，捐资献力，终因积劳成疾不幸逝世，通学桥小学校董何淑斋赠了一副挽联：真州位江左，赖贤郎扼守危城；校舍建村旁，是先生最后遗物。“真州”即仪征，是说葛克信任仪征县长时，适遇“八一三”淞沪抗战爆发，为阻止日舰溯江而上，葛克信奉命在仪征十二圩征集运盐大船数十艘，送到江阴要塞，将船底凿穿沉入江底之事。再有旅居加拿大的华侨葛琪，即葛显琦，有一篇《我在中国远征军的日子》回忆文章，保留了不少史料。

葛氏族人坚忍不拔地寻宗追祖的努力，也在谱中留下了踪迹。葛克全、葛显琦久居海外，心系家园，多次回家乡寻祖觅谱，并资助出谱修祠。1998年春，族人又结伴前往浙江省兰溪市诸葛镇

图20-13 葛氏宗谱

寻宗访祖，基本搞清楚葛氏堂名为“抱朴堂”。其典出东晋葛洪所著《抱朴子》一书，所以，旧时葛氏灯笼上署“抱朴轩”。楹联为“文定名家”“武乡望族”。这里指南宋葛邲死后谥文定公，“武乡”是指三国诸葛亮封武乡侯。谱中说：“吾葛氏由葛而诸葛，由诸葛而复为葛。”引经据典解释了大概，搞清了从十六世至三十五世字辈吉字20字：为学先克显，存仁昆乃昌，谦良树厚德，恒久庆熙祥。

景氏族谱 居住在界墩村东景家庄旧址附近的景氏族人，有《景氏族谱》存世。该家谱是由原来的民国手抄本《景氏海安东乡支谱》，续编增补江都支谱老本和丹阳谱系而成。谱中追述景姓起源，再叙宋代先贤遗迹，点名朝代变迁缘故。

景清公后代忻三公，是扬州一脉始祖。谱载：“吾祖忻三公，明季初由苏迁扬而宅景家荡，数百年来，瓜绵椒衍矣。”后人自西东迁，数百年间，在海安境域内繁衍，形成曲塘景家庄、孙庄景家庄、青萍景家庄、章郭景家庄、沙岗景家庄、城东景家庄。城东景家庄始于景友直。“公古居泰州曲塘东北乡景家庄（即章郭），嘉庆元年始迁于海安镇东北乡界牌墩北二里之钱家庄，即今之景家庄也。”现在的“523”文化主题公园一带，就是景友直原来的庄园。

景氏后人景学银、景伯屿及景伯鸣居所，在解放战争苏中七战七捷第一战中，曾为华中野战军司令部的指挥部。民国35年（1946年）7月10日24时，粟裕在此签发了宣泰作战的命令。

景氏族谱内还记载了景氏堂名“介福堂”，祠堂联“荆楚名家、建康忠列”，楹联“忠留御史壮千秋，派衍晋阳传一脉。”吉字辈序：学乃生之宝，善为裕后珍，义仁同道德，昌世永心存。

韩氏宗谱　民国版《韩氏宗谱》一套12卷计14册，其中卷一和卷十一为上下两册。卷一收新序、旧序、原序，凡例、艺文、祠图、家训、宗法、恩纶、坊图。

卷二收有唐昌黎伯文公世系图、宋忠献王魏公世系图、苏州云东世系图、谱首世系总图、城东镇世系图、城东镇嫡支图。

卷三收始祖至四祖总图考、城东镇世系图考。卷四至卷七为城东镇世系图考（续）。卷八为城东镇嫡支图考。卷九为东河世系图。卷十为南庄世系图说，附刊南庄图跋。卷十一（上、下）为东坝世系图。收传6篇，卷后收季谦跋文一篇。卷十二为旁支待考图，卷末有原跋和韩国钧跋各1篇。

明清两代，海安韩氏共出了举人2人，太学生44人，国学生45人，监生43人，贡生7人，庠生44人，品官85人。谱载101岁韩嘉植，生于康熙三十三年（1694年），卒于乾隆六十年（1795年），恩赐七品寿官。

民国版《韩氏宗谱》是韩国钧主修。

城东韩氏族人收藏的一套《韩氏宗谱》，是北京图书馆收藏本的影印本。上面印有“北京图书馆藏”印章，另钤有一方“海陵韩氏墅雪鉴藏”私印。该谱称为“有怀堂藏珍”。

图20–14　韩氏宗谱

曾两掌江苏省印的韩国钧，字紫石，亲自参与了韩氏宗谱的修纂。谱内印明“十七世韩国钧主修”。从谱系记载中可知，清光绪三十一年（1905年），韩国钧自汴乞假省墓，与族人共议续修之事。韩国霖《序》中说：“丙午光绪三十二年春，紫石弟假旋谒祠，谈及谱事。”又见“适紫石、厚安两姻兄解组归来，同族又共议，以厚安综理之”。韩紫石在修谱的几年间，虽在外任职，从河南到吉林，又至广州，再回南京任民政长，但是，始终关注、支持修谱一事。举一事可窥一斑而知全豹。南庄韩氏族人为排辈字与先祖名讳，与其他族人意见不一致。谱载：“国钧自宁归里，亲赴南庄婉言开导。”最后付印时，又于“癸丑春钧自吉林归，始与族人议，录稿校梓”。谱载，东坝一支，即韩家洋，系韩紫石亲为校订。

《韩氏宗谱》“自前明万历创有族谱”，据序文应是万历四十年（1612年）。当时韩氏在海安有3个分支，“始祖淑洋公元末避兵，迁居泰州如皋县鲜鱼庄。及我太祖殄灭胡虏，削平海内，遂入泰州版图。后投充富安场灶。以投灶故，拟戍建昌。淑洋因为赴军，卒于途。公生子四，思录、思铭、思铊、思钖。思录补伍从驾北征。既而成祖迁都，以公从驾拨补北京沈阳左卫，后以功受爵，会禄皆以征之力也，而公竟以无嗣，卒于军，惜哉！思铭迁居海安名曰镇中韩，思铊迁居镇南名南庄韩，思钖迁居镇东名曰东坝韩。”光绪二十七年（1901年）修谱时，增加了东河韩，此为恩铭次子仲亨迁居的后代。

海安、城东一路之隔，群居左右的韩氏族人繁衍渐多，每年祭祀只好分成两批次。谱中《春秋庙祭规则》规定：城东镇、东河两支，以清明祭祀，风雨无阻。南庄、东坝两支，以十月朔日祭祀，亦风雨无阻。

关于吉字辈序，韩国钧，字紫石，为十七世以下子孙定的字派为：国宝忠良士，家珍孝友人，传经绵祖德，作善裕孙曾。吉字辈序中原来第一句是：长德永招才。

城东韩洋，是韩氏东坝一支的居住地，传至十八世德字辈时有堂兄弟三人，德棋字静仙、德溱字庭谷、德勋字功甫，及十九世永字辈堂兄弟五人永楠字时中、永乐字文斌、永彬字建行、永桐、永群共叔侄八人，于1949年5月14日由上海乘“大江轮”渡海去了台湾。1995年修韩天喜一系家谱时，依照韩国钧亲自校订的民国本谱系，再次排序，载录在台全部族人，及部分仍居住在韩家洋的韩氏后人名字，自成一册，取堂号为“昼锦堂”。该系至今已有22世。

昼锦一词，典出项羽，其入咸阳后，见秦宫已毁，思归江东，曰：富贵不归故乡，如锦衣夜行。后人称富贵还乡为“昼锦”。欧阳修为韩琦作《相州昼锦堂记》，其中说道：“仕宦而至将相，富贵而归故乡，此人情之所荣而今昔之所同也。”“乃作昼锦之堂于后圃。”

吉字辈序中的“长德永招才”与“国宝忠良士”互为平辈通用，后字辈延续，仍旧沿用韩国钧修谱时所编传代字辈，并且海安、东坝合并共用。

土地革命时期，活跃在通海如泰，英勇斗争的革命烈士韩铁心，为了斗争的需要，先后用了16个名字。根据他曾叫德渊，在民国版《韩氏宗谱》中，查得系海安韩洋乡大桥村人。谱载十八世德渊，字跃龙，号子龙，1905年9月12日出生，谱载是农历八月十四日亥时生。

二、宗祠家庙

丁家祠堂 洋蛮河南，古有丁家支祠，坐北朝南，形似庙宇。据《邹丁氏家谱》载，是明朝万历十六年（1588年）丁氏十二世祖龙川、少村两位先贤筹集资金修建的。该祠堂三进二堂，院内原有合抱银杏树、梧桐树。头进堂匾题“大业堂”，二进堂匾题“崇祀堂”，东厢为“正心斋”，西厢为“诚意斋”。本地有无居住者，可在祠堂东厢房借住，西厢房主要以放置备用寿材为主。

祠堂从抗日战争中遭到“和平军”破坏开始，以后频遭损毁。1958年，将祠堂彻底拆除，所拆材料运至县属农场建房数间。现仅存祠堂大门前石鼓一只。

丁家祠堂建成后，曾有一首诗歌咏之，题为《杨蛮河》：

吾宗聚族已千秋，何物幺麽姓字留；
纵有鸮音来雉野，从无鸳舌据鸿沟。
蛮烟瘴雨随时变，让水廉泉镇日流；
愿与同怀敦礼俗，更名邹鲁海东头。

丁家祠堂虽荡然无存，丁家祠这个地名却沿

图20-15 丁祠花苑石刻 （孙宝峰/摄）

袭下来。丁氏族人仍群居在以其命名的丁祠花苑周围。

赵氏家祠 清光绪十六年（1890年），赵氏族人太和及禹臣几位先贤酌量捐资，建于周家庄东桥之南，现南屏周济庄，原来俗称为直天港的河东。其址比较低，谱序称“屡遭南水，有渎生

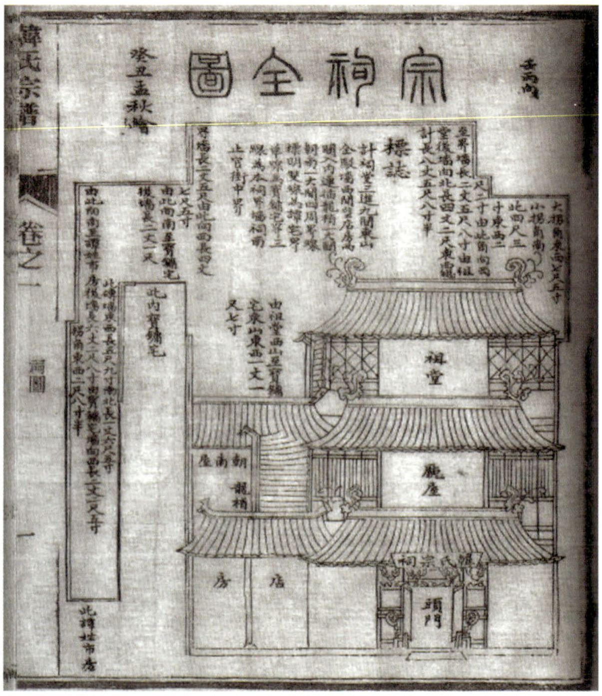

图20-16 赵氏家祠全图

灵，复于宣统二年（1910年）改筑。卜地观音庵东建立祖堂。”这里的观音庵又称观音禅院。

日伪时期，日军“扫荡”，该祠堂与观音庵都被烧毁，其残垣断壁，陆续被拆除搬迁。

韩家祠堂　泰宁村地域，旧有野韩庄，后称韩家庄。因该地海安韩氏祠堂曾建于此，南庄韩、东河韩、东坝韩以及海安韩，每年都于此祭祀。日伪时期被毁。

葛氏家祠　葛氏先祖曾在城东镇油坊头村建造过“葛氏家祠”。据《葛氏家谱·葛氏宗祠图引》记载，家祠由葛氏十一世汝良（原名之臣）、之秀（原名可能，国学生）两公，于明末清初年间始建，地址在北庄桥北。

后此祠庙岁久失修，仅存故址。大约间隔百年后的乾隆辛未（1751年）春，葛祖十三世锐九公发起族人捐资重建于南庄，即油坊头10组。此次重建“规模益广，丁口益繁”，从祠图可看出，葛氏家祠建在四面环水中，大门朝南，门前有一照壁，三进庭院，前殿门悬“葛氏宗祠”木匾，后殿堂门悬“思礼堂”木匾。整个建筑结构为庙宇式，占地2亩左右。民国31年（1942年）秋，“迭遭驻柴湾伪26师陈才福部之营长陈延录拆毁一空”。

葛氏后人、美籍华人、医学博士葛克全，于1991年捐资建造葛家纪念楼，代家祠。占地约160平方米，建筑面积近500平方米。上下三层的纪念楼，坐落在油坊头村办公室前，通榆路西侧，现油坊头村4组。一楼供社区卫生室使用，请时任卫生部部长陈敏章题写匾额“医疗卫生所”；门楼匾额，请赵朴初题写“葛家纪念楼”。二楼为村文化活动室、图书室。三楼设纪念室，陈设《葛氏家谱》等资料、物品。

仲氏家祠　西场仲家祠，原来是六十三代仲士明的居所。因其无嗣，捐献给族人建为家庙，地址在西场惠民寺附近。民国15年（1926年）秋，七十一世裔孙仲肇嘉主持，族人集资，其中莘农、星船、少轩三人出资最多，再一次将颓败的仲氏家祠修整一新。后在日伪占领时期，该祠堂被毁，以后几经拆解，荡然无存。

千禧年初始，仲氏族人在仲跻和牵头下，在西场南蓉和怡心园修建仲子广场，汉白玉仲子像矗立广场北边，四周孝竹簇拥。

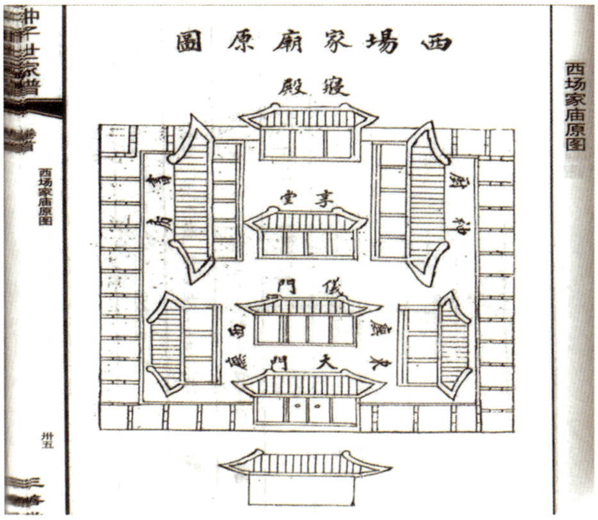

图20-17　西场原仲家庙祠图

附：

仲子广场记

仲跻和

广场，源仲子而建。仲子，姓仲，名由，字子路，师从孔子，位列“圣门十哲”，四科之“政事”科，孔子十二贤之一，也是孔子亦文亦武、亦生亦友的弟子。“负米孝亲”“闻过则喜”“三善治蒲”的道德情操惠及仲氏，恩泽华夏。

广场位于怡心园核心地。东有香椿林、杨树林、养殖场、孝道。孝道两侧的“二十四孝”碑刻，图文并茂，是熏陶孝文化的佳地。北有沐芳斋、致远簃、观音堂。堂前小山上的观音像，妙因天成，形神逼真，令信徒心生敬畏，是弘扬善文化的圣地。西有蓉和礼院，青砖小瓦，飞檐斗角，院里有院，屋中有屋。五福堂是婚庆、宴客、聚会的首选之地，是传播礼文化的福地。南有四季果园。樱桃、板栗、李子、橘子、冬枣、雪桃、石榴……树树挂果、季季飘香。

自五十六代子宣祖从姑苏迁居海安蓉塘（当时属泰州），至今已六百余年。族人恪守忠孝祖训，诗书相授，耕商兴业，勤俭持家，和睦乡里，人才辈出。六十六代孙仲振奎，是把小说《红楼梦》改编为戏曲的第一人。七十一代孙仲贞子，诗、书、画、印，德艺双馨。七十二代孙仲满，奥运击

图20-18 仲子广场花岗岩牌楼 （孙宝峰/摄）

剑冠军……为仲子添光。

广场占地约四亩。矗立在北边的汉白玉仲子像，被孝竹簇拥。9米×9米的小广场，寓意做人方方正正与人生九九归一的铁律。中央是直径16米的莲池，池中有一朵盛开的莲花，寓意与人相处要圆润，有慈悲。莲池往南，是两个“八”字形小广场，中间是一座花岗岩牌楼，高高耸立，巍峨俊美，寓意铁肩担道义，共圆富强梦。

挺拔的柚子树，似列队的士兵，守护着广场。红梅，紫薇，石榴，蜡梅，象征春夏秋冬，寓意四季常青。四棵百年罗汉，似点兵的大将，气宇非凡。

十二本石书，十二个故事。仲子美德情操，跃然若现。它是仲子后裔的，也是有缘人的。弘扬践行，福佑苍生！

图20-19 仲子像 （孙宝峰/摄）

仲子广场，为传授仲子美德情操而建，为倡导吾邦文武兼修而存。

第二十一章　人　　物

城东镇历史悠久，人文荟萃，英才辈出。清代，西场仲氏名人辈出，有父子进士仲鹤庆、仲振履，有改编《红楼梦》为戏曲第一人仲振奎。近代，有中国远征军英雄葛显琪、美国华侨领袖葛克全，更是走出了一位对中国语言学有影响的魏建功。当代，城东涌现出国家级书画家范韧庵、仲贞子、王奇寅和文学评论家、中国现代文学馆馆长吴义勤、中国油气田开发学科带头人李秀生等众多国家栋梁之材。本章收录烈士369人，其中列传13人；各界知名人士64人，在外乡贤369人。收录的各界知名人士和在外乡贤中，高级职称373人，博士后5人，博士40人，硕士109人。受县级表彰742人、地市级表彰27人、省级表彰14人、全国先进个人7人。

第一节　各界人士

仲鹤庆（生卒年不详）　雍正、乾隆年间人，字品崇，号松岚，城东西场人。清乾隆十七年（1752年）恩科解元。乾隆十九年（1754年）进士，任四川大邑县知县，因为人刚直，罢官归里。仲鹤庆善写兰，喜山水、花鸟，且书法、诗文俱佳，与钱塘胡西垞、兴化郑板桥等友善，其名载北京中国书店1982年3月版《中国画家大辞典》。所绘中堂、条屏多幅，现藏泰州市博物馆。著有《迨暇诗钞》4卷，为泰州市图书馆收藏。韩国钧编纂之《海陵丛刻》内《先我集》卷二载其诗词15首。

仲振奎（1749—1811）　著名剧作家。字春龙，号云涧，别号红豆村樵、花史氏。祖居西场。清乾隆五十七年（1792年），仲振奎选取《红楼梦》精华部分，改写成戏曲传奇《葬花》一折。仲振奎改写的《葬花》早于孔昭虔的《葬花》四年。《中国近世戏曲史》亦称“仲云涧之作最早”“仲云涧之作最脍炙人口，日后歌场中流行者即此本也”。仲氏乃是全国将小说《红楼梦》改编成戏曲的第一人。

嘉庆二年（1797年）底，仲振奎一气呵成，仅40天，于嘉庆三年初，将《红楼梦》改编成56折之戏曲本《红楼梦传奇》。他在自序中写道：“……成之日，挑灯漉酒，呼短童吹玉笛调之，幽怨呜咽，座客有潸然沾襟者。”嘉庆四年（1799年）即由友人刊于京师，此外，尚有同治十四年（1875年）友于堂刻本，光绪三年（1877年）上海印书屋排印本。现代戏剧家阿英编《红楼梦戏曲集》时，选用了《红楼梦传奇》前32折，而这32折是以宝黛爱情悲剧为主线亦是忠于原作的。

仲振奎的戏剧作品未出版的尚有《火齐环传奇》《红襦温酒传奇》《看花缘传奇》《雪香楼传奇》等14种。除戏曲作品外，其著作可考者有《绿云红雨山房诗钞》《绿云红雨山房文钞》《红豆村樵词》及《脉约》等。

仲振奎遍游名山大泽，历尽人间沧桑。虽才华横溢，但命运坎坷，老父获罪，中年亡女，老年丧妻，生活潦倒，虽做过幕僚，但仅以监生终其一生。

仲振履（1759—1822）　清嘉庆进士、正五品官员。字临侯，号云江，又号拓庵（安），别署群玉山农、览岱庵木石老人。西场古集镇人。清嘉庆九年（1804年）举人，嘉庆十三年进士。嘉庆十四年始授广东恩平知县，修金塘桥。后任兴宁知县，疏浚河道，主持修纂《兴宁县志》。嘉庆二十一年迁任东莞知县，筑虎门碉台，平海防，后调任南澳同知。广东域内数任皆有政声。道光元年（1821年）在南澳同知任上以疾病告归，次年卒于故里。

受家风熏陶，政暇之余，勤于著述，一生著作颇丰，有《虎门览胜》2卷，《虎门纪游稿》《咬得菜根堂诗文稿》《弃余稿》3卷，《羊城候补曲》《作史九规》《秀才秘龠》《家塾尔言》5卷等。他热衷于戏曲创作，著有戏曲本《双鸳祠传奇》，有嘉庆庚辰咬得菜根堂刻本。据郑振铎《中国文学论集》载文，法国巴黎图书馆有此刻本，国内仅有抄本传世，现藏于泰州市图书馆。另著有戏曲本《冰绡帕传奇》2卷24本，未刊行，为高尔庚家藏。

仲贻菊（1779—1834） 原名贻瑄，后更名达，字淡人，城东西场人。清代诗人。仲贻菊世代书香门第，传至仲贻菊父辈，家境中落，贫寒困窘。仲贻菊自幼虽刻苦攻读，但仅获童生而未能录取秀才。嘉庆十七年（1812年）得远房叔父援手，赴兴宁县衙设馆教读，道光五年（1825年）咨补湖北丰乐河镇巡检司。仲贻菊虽官卑职微，然极富才华，诗书画俱佳。传有手抄家世笔记《无掩节录》1部，存仲氏71世孙仲贞子处。仲贻菊诗词颇丰，代表作为《且憩山房诗钞》，全集527首，如皋清代翰林沙元炳赞为“才子诗”。

仲之琮（生卒年不详） 字苍璧，城东镇西场人，仲氏六十四世祖。一生慷慨尚义，雅好诗画，曾有诗《崇川舟中》载清《江苏诗徵》。乾隆十三年（1748年），仲之琮以80两银子购回《国朝天下名世诗观》印版，经胡西垞校订及工匠修补，印版修复完好后，印行于世，《诗观》收集全国明末清初若干名士的诗作，计3集40卷。乾隆四十三年，因清廷大兴文字狱，涉案者，死者剖棺戳尸，生者及其子孙坐诛，仲之琮受惊吓，将印版尽交县衙，后辗转送省，久贮南京夫子庙，不幸烧毁。仲氏遭此变故，倾家荡产，一蹶不振。

仲耀政（生卒年不详） 清乾隆、嘉庆年间人。仲之琮之子，字荔亭。受家风熏陶，诗书画俱佳，尤善山水墨竹，著有《怀人诗》一集计61首，时人评价“声情绵邈，气韵高毕，神韵高毕，神致酷似渔洋而骨骼之奇峭过之。”其名载《如皋县志》。

魏　霖（？—1916） 字慰农，祖籍江苏高淳县立信乡中堡村。其祖于清嘉庆年间，为避战乱迁居西场。同治年间，魏霖任西场镇董事，共30余载。热心公益事业，在西场集镇两次创建玉成小学。在清末废除科举后，西场集镇兴办新学，魏慰农为首善之人。民国3年（1914年）如皋县成立商务分会，魏霖任西场集镇会董，受到西场居民拥戴。魏霖之长孙魏建功，从小聪颖好学，魏霖为之开蒙。

仲蔼人（1884—1970） 城东镇西场人。出身于书香门第、艺术世家。清宣统二年（1910年），仲蔼人以优异成绩毕业于南京两江优级师范学堂图画手工科，奉旨赏赐师范科举人。后到如皋师范任教，在如师执教16年，治学严谨，教导有方，获校方好评。

民国7年（1918年）夏，如师校长何镇寅派仲蔼人等6位教师前往日本考察，抵达日本后，受到日本军警严密监视，在参观各级学校时，看到所陈列的都是从中国掠夺去的文物、照片，听到的是日本校方向青少年灌输对外扩张、侵略中国的法西斯思想教育。面对如此情景，仲蔼人不时掩面而泣。回国返校后，仲蔼人在全校师生大会上痛述访日见闻，列举日本帝国主义种种事实，号召学生发愤攻读，为国雪耻。民国8年（1919年）6月，如皋师范学生200余人上街宣传抗日，抵制日货，焚烧大同商号购进的日货。

受南通张謇“实业救国”思想影响，仲蔼人在如皋师范执教16年后，至如皋县实业局、太仓县建设局任科长，后回家乡西场镇兴办民新农场，致力农业科学的传播并兼办商业，在西场最早创办制造肥皂、石碱、化工、酱油等企业。新四军东进后，仲蔼人任西场商抗会会长，当选为苏北临时参议会议员。新中国成立后，他被选任为海安县第一届政协委员。

1958年，他将毕生珍藏的10件珍贵文物，如林则徐的条幅、苏东坡的藏砚献给海安县博物馆，并将一部涵芬楼影印的《宋史》100册献给海安县图书馆。

魏建功（1901—1980） 著名语言文字学家、音韵训诂学家。清光绪二十七年九月二十七日（1901年11月7日）出生在古集镇西场。字益三，曾用笔名康龙、文理、山鬼、天行等。他先后任中国科学院哲学社会科学部委员（院士）等，九三学社中央委员、常委，北京大学一级教授、副校长。

魏建功出身书香世家，5岁就读于西场玉成小学。民国8年（1919年）秋考入国立北京大

图21-1　魏建功

学预科乙部，民国10年转入北京大学中国语言文学系学习，从钱玄同、沈兼士、马裕藻、鲁迅诸大师修文字、音韵、训诂等，自此眼界益宽，学识大进。民国14年以优异成绩毕业于北京大学，获文学士学位，人称“乙丑科状元”。后留校任北大研究所国学门助教。经钱玄同介绍一度至中法大学任教。早在五四运动后，魏建功即积极参加新文化、新思想运动，曾在鲁迅领导的《莽原》《语丝》等刊物上以“天行”笔名发表不少杂文类文章。

民国15年夏，魏建功为鲁迅校对《太平广记》中的数篇文章，鲁迅为表谢意，曾两次致信魏建功。书信均编入《鲁迅全集》。

民国17年秋，魏建功往朝鲜，任朝鲜京城大学讲师。民国18—26年，历任北京大学助教、副教授、教授。其间并任北京大学《国学季刊》编辑委员会编辑主任，与鲁迅、陈独秀、胡适、周作人、钱玄同、刘半农、朱自清、叶圣陶有过较多交往。民国24年，根据他在北京大学讲稿整理的《古音乐研究》出版。

抗日战争爆发后，魏建功随校西迁，历任西南联合大学教授，西南女子师范学院教授兼国语科主任及教务主任。

魏建功热心于“国语”运动，从民国17年起，投身于“国语”运动推动工作，任国民政府教育部国语统一筹备委员会常务委员。曾与黎锦熙、卢前一同编定《中华新韵》，经国民政府颁令施行。民国32年参与制定《中国语音分析符号与注音符号对照总表》，后收入民国37年初版的第二次教育年鉴中。

民国34年，抗日战争胜利，台湾重归祖国，魏建功去台湾。于次年春，与何容、王炬等筹组台湾行政长官公署教育处国语推行委员会，任主任委员，对台湾国语的恢复、重建和推广做出重大贡献。民国36年9月任台湾省国语推行委员会主任委员，并创办《国语日报》。同年台湾省国语推行委员会编印《国音标准汇编》，在全国有一定影响。民国37年，魏建功应胡适要求返回北京，任北京大学教授。

新中国成立后，魏建功历任北京大学中文系古典文献教研室主任、系主任，副校长，新华辞书社社长、中国文字改革委员会委员、中央推广普通话委员会委员、普通话审音委员会委员、文化部古籍整理规划小组成员、中国民间文艺研究会理事、《中国语文》常务编委、中国科学院哲学社会科学部委员及所属语言研究所学术委员、中国作家协会会员、北大学术委员会委员、北京市政协委员、北京市人民代表、全国政协委员，第三、四届全国人大代表。

魏建功在学术上最大成就是在音韵学方面，他的代表作《古音系研究》发表于1935年。这部30万字研究音韵学史著作是魏建功多年来研究音韵学和从事教学工作所积累的成果，在音韵学研究上独具特色。柳亚子先生在1943年《新东亚》杂志上撰文评述：“自章太炎、钱玄同逝世后，在音韵学方面独树旗帜的，唯建功一人而已。”

魏建功早年注重民间歌谣和方言的研究，著有《搜集歌谣应全注音并标语调之提议》等文章。他与刘复、白涤洲合作完成中国比较早的一份用现代语音学为指导的方言调查报告，即《黟县方言调查录》。

魏建功任中国文字改革委员会委员期间，主持制定修订《汉字简化方案（草案）》，并最后完成《简化字总表》。为了普及文化教育，他主导编纂了《新华字典》（第一版）。从第一版加之修订版，至今出版11版，发行3亿多册，很多外国人和海外人士受益于这部字典。晚年还抱病参与《辞海》的审定工作。

魏建功还是位书法家和金石家，于西南联大任教时，他为抗日前线募款，就地选用云南白藤为材，刻图章100余方义卖，得款390元法币捐赠

图21-2 各版次《新华字典》

中条山地区“抗日救国团”。著名作家冰心曾得藤印一方，时以示人，赞其治印有“书卷气”，并珍藏。魏建功所作小字，结构严谨，介于隶楷章草之间，独成一格。1995年江苏教育出版社发行《魏建功先生手书毛主席诗词》1册，字书横行，气脉连贯，矫劲有力，实为罕见。上海虹口公园内鲁迅纪念馆陈列之鲁迅《十竹斋笺谱》，其序文即为魏建功手书。全国发行的《汉语成语小词典》，书名亦出自魏建功手笔。

据魏建功《历年著述编目》统计，其著作共189种。

魏建功于1980年2月18日逝世于北京，终年79岁。遗下藏书2万余册以及鲁迅、陈独秀、胡适、钱玄同等名人的信件、手札等珍贵藏品，其中1万多册藏书转让武汉华中理工大学人文学院，该院专设魏建功藏书室。

葛克信（1905—1976） 城东镇油坊头村人。葛家开设猪行、油坊、糟坊、杂货布店，家境殷实。葛克信兄弟6人，他排行第五，幼年随父迁居如皋城，进如皋城第一高等小学校（后改为如皋师范附属小学）读书。后考入如皋县立中学，毕业后考入上海大学，加入学校文学团体，为湖波文艺研究会10名会员之一。民国13年（1924年）秋，他与同学一起到上海码头迎接孙中山。途中葛克信等人举着一面大旗，路过嵩山路口被巡捕拦住，收缴了大旗。孙中山听说此事，即叫人打电话给法租界当局表示抗议，经交涉，法租界当局将旗帜交还给大学生。

20年代葛克信的文章《波星笔记》一文，为柳亚子编辑的《苏曼殊全集》解了难题。柳亚子在《苏曼殊全集》第五册附录中收入葛克信所写的《波星笔记》。《苏曼殊全集》第二版收入葛克信8首《吴提吉曼殊大师句》。

民国16年1月1日，国民党政府正式迁都武汉，葛克信刚从上海大学毕业，在汉口市党部任秘书，他经常给在湖北省总工会工作的刘少奇做会议记录。是年6月，全国第四次劳动大会在汉口血花世界大剧场（今民众乐园）召开，葛克信担任首席记录。

民国26年，淞沪事变后第三天，葛克信接到省政府密电，要他征集运盐船数十艘，送到江阴，载石沉江，与已沉江的舰艇一起，构筑一道封锁线，以阻挡日舰深入。民船被沉，断了船民生计，在葛克信努力下，仪征船民得到政府的部分赔偿与安置，没有发生一例自杀惨剧。

仪征失守前，国民党省政府迁淮阴，葛克信改任上海市党部执行委员，全家寓居上海，汪精卫政权多次派人登门，许以高官厚禄，诱骗葛克信出任伪职，葛克信假托有病，坚持不就。为防汪伪政权纠缠，葛克信夫妇二人转到上海郊区及邻近农村进行抗日活动。在此期间，葛克信夫人沙毓奇不幸被日军拘捕，在日军的电刑拷逼下，她始终坚贞不屈，由此留下终身疾患。

民国38年6月，葛克信往来于北平、上海之间，受邵力子委托，向武和轩、张江文等立法委员转达周恩来欢迎国民党立法委员留下的口信。武和轩等立法委员经商议推定周伯敏、葛克信、肖觉天等人起草《起义宣言》，经周恩来审阅后发表。9月19日，新华社以电讯方式发出《原国民党立法委员脱离国民党反动派宣言》，第二天，国内各报刊载了此宣言。这一举动，给国民党政府极大的震撼和打击，后来中国人民解放军南京军区给葛克信等人颁发起义人员证明书。

新中国成立后，上海市人民政府委任葛克信为《文汇报》管理部副主任兼文汇印刷厂厂长。他还被选为中国国民党革命委员会中央团结委员，兼民革上海市委员。沙毓奇亦被选为民革上海市委员。反右运动中，葛被定为“右派分子”，“文化大革命”中遭受迫害，身心遭到严重摧残。后解除隔离，1976年7月24日因病医治无效逝世。中共十一届三中全会后，葛克信的“右派”

问题得到改正，恢复名誉。1980年2月由上海市副市长赵祖康主持葛克信骨灰安放仪式。《文汇报》副总编辑唐海致悼词，对葛克信一生做出公正评价。

葛克全（1909—2007） 医学专家，著名华侨领袖。城东镇油坊头村人，出生于油坊头村。先后在如皋安定小学、县立初级小学、省立如皋中学高中部读书。高中毕业后，葛克全考入浙江杭州医学院（现浙江医科大学）。民国24年（1935年）毕业后，被江苏省立医政学院（设在镇江）委派为药理室助教兼药物研究员，致力于中药有效成分研究。民国28年，葛克全被聘为教育部医学教学委员会专门委员兼秘书。民国29年兼任军政部医务署军医参保。

民国32年，葛克全以第一名的成绩，被选送美国留学，先后就读于哈佛大学医学院、威斯康星大学、普渡大学。民国37年，在美国获博士学位。此后，在美国宾州大学从事抗菌药物结构研究，并晋升为美国卫生部特别研究员。在医学科研方面，尤其在研制治疗肿瘤病和心脏疾病的药物方面，葛克全取得卓越的研究成果，发表大量论文，在美国、欧洲先后获得专利30余项，成为美国医学界有影响的知名学者和专家。他担任美国国家卫生院高级研究顾问、美国天主教大学访问研究教授，还担任全美华人苏浙沪同乡会会长等职务。乔治·赫伯特·沃克·布什（老布什）担任美国总统期间，葛克全任布什的私人医生。

葛克全身在国外，心中始终没有忘记祖国和家乡油坊头。他先后8次回国，多次赴国内多所高校与科研机构讲学，介绍医学界最新科研成果。中国协和医科大学、南京医学院（现南京医科大学）、南通医学院（现南通大学）、中国医药研究所、浙江医学研究所以及浙江医科大学等单位先后授予其名誉教授称号或聘其为顾问。

图21-3　1997年，葛克全回乡探亲与县负责人合影

1987年，葛克全在南京医学院设立奖教奖学金，捐款10万元给家乡油坊头建造一座医疗文化综合楼。1995年，葛克全捐款1.8万美元给油坊头村，建成教学楼。1996年捐款20万元，兴建教学跑道、水泥篮球场、田径场和“怡园”综合景点。学校建成后，时年95岁的陈立夫亲自为学校题名“葛克全小学”。1997年，他与侄子葛显琦一起捐资50万元在南屏乡兴建克信职业中学，并请95岁的著名教育家、科学家、佛学家顾毓琇题写“克信职业中学”牌匾。1999年10月20日，在北京人民大会堂，葛克全将100万美元支票亲自捐赠给中国医学科学院院长巴德年，成立“葛克全医学科学奖励基金”。10多年间，葛克全先后为家乡及国内科研机构捐款140多万美元。

图21-4　仲　许

仲　许（1914—2009） 书法家。字成子，号耿叟，古集镇西场人。他曾任无锡市书画院名誉院长、中国书法家协会会员、江苏省书法家协会理事、无锡市书法家协会名誉主席、无锡市文联艺术指导委员会副主任，历任无锡市文联副主席、无锡市书画院副院长、无锡市书法家协会主席、无锡市政协文化组副组长、市法学顾问。

民国24年（1935年），仲许在司法部法医研究所（上海）法医检验员班学习，毕业后从事法医检验鉴定工作。1949年始，一直在无锡市中级人民法院法医室工作。1951年新医书局出版其编写的《法医学》，1980年群众出版社出版其著作《机械性窒息》，1983年，江苏科学技术出版社出版其编写的《机械性损伤》。

仲许自幼随父习书，从魏碑入手遍临《龙门十二品》《郑文公碑》等，继习篆隶，兼习行草。书法作品多次参加全国、省、市、地区性展览，并先后到中国台湾及日本、法国、比利时展览。有多幅作品被朱德故居、周恩来故居等有关单位收藏。他还为黄帝陵园、曲阜论语碑苑等全国著名碑林书写勒石。

仲许热心于社会书法工作，他兼任中国老年书画研究会会员、无锡市政协联谊会书画社顾问、无锡市老年书画协会顾问、无锡市企业家书法研究会名誉会长。

葛　琪（1916—2008）　加拿大温哥华华侨协会负责人。名显琦，字琪，出生于洋蛮河村，早年就读于南通师范，后毕业于江苏警校。民国26年（1937年）“七七”卢沟桥事变后，他与同学一起投奔抗日将领孙立人的部队，积极投身到抗日救亡的战场，负责保卫部队抗日物资安全。在中国远征军缅甸抗日的4年中，他屡立战功。民国32年，联盟军大撤退时死了4万人，孙立人发誓：不拿下于邦不剃发！战斗都是硬拼，由排、连长带头冲锋，葛琪的同学就有20多人伤亡，连级指挥缺人。葛琪被调入步兵连，在缅北重镇八莫战斗中杀敌勇敢，被任命为步兵连连长，后又任特务连连长。在一次搜索敌踪的过程中，葛琪发现有一班伪装的日本兵正向居民要食物，率部迅速包围上去，夺了敌人的枪，将俘虏押送军部。远征军转战印度后，葛琪又任汽车连连长。民国34年抗战胜利后，他响应毛主席“中国人不打中国人”的号召，说：“因我之从军，是尽国民之责，我反对自相残杀”，拒不随国民党军前行，与妻子何翠瑛一起到越南经商。后旅居加拿大，被推举任加拿大温哥华地区江浙沪同乡会会长。为宣传祖国，他组织境外留学生看祖国亚运会、帮助留学生排忧解难，爱国心得到高度赞扬，先后受到党和国家领导人接见。1981—1991年，葛琪多次回国探亲，支持家乡建设，捐款给学校建教学楼，资助老人院，关爱残疾儿童。仅1981年9月，他就一次从海外寄回3700美元，捐助9名残疾儿童。他还投资创办海安首家面包厂——南通华琪食品有限公司，并通过公司盈利设立长远的教育基金。

图21-5　葛　琪

仲贞子（1918—2008）　著名书画家。名谅，字贞子。原西场镇人。出生于诗书艺术世家。早年就读于上海美术专科学校，擅诗书画印。1956—1979年任教于海安县西场中学。曾任中国国家博物馆画廊客座教授、江苏省政协特聘书画师、江苏省国画院特聘书法家、江苏省文史研究馆馆员、江苏省楹联研究会理事、西泠印社社员，中国书法家协会、中华诗词学会、中国楹联研究会、中国老年书画研究会会员，南通市政协特聘书画师、南通市书法家协会、诗词协会名誉主席、南通印社名誉社长、江海印社社长，仲贞子艺术馆名誉馆长、政协海安县第五至九届委员会常务委员、第十届委员会委员。被文化部授予“世界华人艺术家”称号，被省文化厅授予“特色文化标兵”称号。

仲贞子作品多次入选国际书展和全国书展、美展、印展、诗赛，并多次获奖。作品还被收入国内外多种专集并出版，刊刻于多处碑林，收藏和陈列于国家、中央机关、省、市博物馆、名人纪念馆、美术馆和日本、美国、英国、法国、比利时等国家。1984—1993年，三次出访日本交流书法艺术并讲学。由美国中文台、江苏电视台拍摄的《夕阳如火寸心丹》专题片，中央电视台拍摄的

图21-6　仲贞子　　（顾　俊/摄于2006年5月）

《老年风采》专题片先后在国内外播映。1998年2月，仲贞子艺术馆建成开放。2002年，仲贞子获县委、县政府颁发的“德艺双馨”奖。

陈贯银（1926—1989） 城东镇立发人。早年曾入私塾读书6年。民国34年（1945年）参加立发乡游击队，投身革命。第二年担任立发乡农会会长，民国37年任喧口区委副书记、军事股副股长。民国38年任东台担运团副政委，率团随军渡江支援前线，因贡献突出，受到解放军第二十九军司令部、政治部通令嘉奖。

解放后，历任海安区委副书记、海安县委组织部书记、第一届海安县委副书记、第二届海安县委书记处书记、曲塘区委书记、胡集公社副社长、新海农场副主任、书记。1984年3月至1987年任政协海安县第六届委员会副主席。1987年离休。1989年因病逝世。

葛存德（1926—1989） 城东镇民桥村人。民国34年（1945年）3月，投身新民主主义革命。解放战争期间，敌人曾先后9次将他家亲人抓去严刑拷打。面对敌人的迫害，他毫不动摇，积极配合地方武装筹集粮草物资，支援前线。民国36年11月被评为海安区三等工作模范，同时加入中国共产党。新中国成立初期，他从事农业和财政管理工作，先后担任李堡区副区长、海安县委合作部指导员、县委农工部副部长、南通地委农工部经营科副科长、南通地区农干校副校长、胡集区领导组成员、海防公社党委书记、曲塘区委书记。1978年后，先后担任县革委会副主任、县委副书记、县人民政府常务副县长等职。1984年3月，葛存德当选为海安县第八届人大常委会主任，1987年4月离职休养。1989年10月，因病逝世。

范崇山（1938—2005） 城东镇西场人。中国人民大学中共党史研究生班毕业。1963年至扬州师范学院马列主义教研室任教，1965年调中共扬州地委宣传部任指导员，1979年回扬州师范学院历史科任教，1980年晋升副教授，任中国近现代史教研室主任，1999年退休。

范崇山从事教学科研工作30多年，将中国近现代史作为主要研究方向，同时十分关注对韩国钧的研究，查阅大量历史资料，撰写多部专著与一大批研究文章，其中如《中国近代史通鉴》《蒋介石全传》《中华民国史纲》（第二编）、《民国江苏督军与省长》（合作）、《抗日战争时期的韩国钧》（合作）、《韩国钧生平的几个问题》等，为扬州师范学院近现代史的教学工作和家乡历史名人研究做出了积极的贡献。范崇山于2005年在扬州病逝。

图21-7　崔俊鸣

崔俊鸣（1942—2002） 防化专家。城东镇新立村人，中共党员，中国人民解放军防化学院第四研究室主任、教授、高级研究员、大校军衔（副军职）。

新中国成立初期就读于海安县楼基小学，1955年考入曲塘初中，1958年考入海安县中学高中部，1961年考入天津大学化学系。1967年毕业后参军，到新疆维吾尔自治区某基地从事原子弹研究和试验，参加10次核爆试验。1978年调至中国人民解放军防化学院从事防化教学科研工作。崔俊鸣先后采用多种方法，用489种样品做洗涤剂进行试验，经过700多个日日夜夜刻苦的高难度攻关，崔俊鸣带领的课题组终于破解防毒服“再生”这一世界难题。崔俊鸣还对室内空气净化技术，光催化技术，等离子体放电催化技术，部队群众性防核武器、化学武器、生物武器袭击下军队人员的防护等多个项目进行研究和探讨，多个项目研究成功，且在部队广泛应用。2002年12月10日，崔俊鸣去世。

崔俊鸣去世后，防化学院以将军之礼在北京八宝山公墓为其举行追悼会。崔俊鸣一生致力于国防科研、教育工作，培养了一大批防化精英人才，为国防事业做出不可磨灭的贡献，受到时任中共中央总书记、中央军委主席江泽民两次接见。

丁邦钧（1956—1995） 考古学者。城东镇立发桥村人，副研究馆员。1982年毕业于南京大学历史系。历任安徽省博物馆文物考古部副主任，安徽省博物馆保管部主任、副馆长，兼任安徽省考古学会副秘书长，湘鄂豫楚文化研究会理事，安徽省青联委员。

1979年，丁邦钧参与海安县青墩新石器遗址挖掘，首先发现刻纹麋鹿角。1982年后，丁邦钧

图21-8　丁邦钧

在安徽省考古研究所主持宣城国土坑木椁墓发掘。1983年起主持调查并发现楚国国都寿春城遗址。1984年主持发掘马鞍山东吴朱然墓，填补了三国漆器和绘画艺术无史料记载空白。1987年首次运用遥感技术对寿春城址进行图像解析，发掘柏家台大型建筑遗址，确定城垣和29座夯土台基，开创利用遥感技术考古的新路，受到国家文物局的赞赏。此外，先后主持和参加马鞍山六朝墓、长丰县汉代墓群和朱家集楚王墓再清理等考古项目。1991—1992年，丁邦钧主持并完成旅法画家潘玉良作品整理，完成安徽省博物馆一、二级藏品的登记建档工作。

丁邦钧在《文物研究》《文物》等报刊发表《江淮地区楚文化考古述略》等一大批考古研究报告和学术论文，为《文物图录·安徽卷》主要撰稿人。

第二节　革命英烈

一、传　记

图21-9　韩铁心

韩铁心（1905—1930） 原名韩德渊，字跃龙，号子云，中学时期改名韩濯，字岳南，号南湖，别字少彬，参加革命后曾名铁星、铁心、王平生、涤新、藻苇、王平、刘汉卿、张明理等。城东镇韩洋村人，出身于破落地主家庭。民国12年（1923年）秋高小毕业，考取江苏省立第一代用师范（今南通师范）学习。民国13年，在五四运动影响下，在校参加“泰东同乡会”“中国维济会”等进步学生组织，并参加《晨光社》编辑、出版等活动。上海五卅惨案后，参加南通五卅惨案后援会组织，支援上海工人斗争。民国15年下半年加入中国共产党，改名铁心。不久，任第一代用师范中共支部书记，并到南通女子师范发展党员。民国16年2月，主持建立该校第一个党支部。是月中旬，先后到武汉国民党中央举办的“党务培训班”“武汉农民运动讲习所”受训。同年夏，以回校插入22届学习为掩护，全力从事党的工作。8月中旬，在崇明曹家镇参加江北活动分子碰头会，着重研究向江北地区发展党组织和互相配合斗争等问题。会后，他先后深入南通、如皋、栟茶、安丰等地农村发展党员，推动农民运动。民国16年秋，打入国民党南通总工会，任会长，后改任宣传部部长。为贯彻中共中央“八七”会议精神，转入南通余东、余西一带建立农民武装，配合如皋“黄村夺枪”行动。参与“五一”农民暴动领导工作。暴动失败后，奉命回南通担任南通特委委员，在南通、唐闸、平潮等地活动。民国17年6月28日，在唐闸因叛徒告密被捕，后通过地下党组织营救出狱。11月，参加南通特委召开的南通、如皋、海门、启东、泰兴、靖江六县县委联席会议，当选为特委委员、特委军委会书记，此后在南通东部开展工作，发展组织。民国18年6月23日，任中共如皋县委书记，配合如泰中心县委书记兼泰兴县委书记王玉文建立工农武装，开辟如皋、泰兴、泰县3县边区大块游击区。8月28日在如皋宝庆寺召开“如泰工农红军”成立大会，有100多人，60多支枪。民国18年12月，出席南通特委召开的六县县委联席会议，听取中共中央六届二中全会精神的传达，继续向海边深入组织渔民发展赤卫队。民国19年2月9日，在如皋老户庄激战中，不幸身中数弹，仍坚持指挥，击退了敌人，负伤后转至上海宝隆医院治疗，因伤势过重，于5月23日光荣牺牲。

范钦元（1913—1946） 城东镇西场陆堑人，贫苦农民家庭出身，长大后靠推小车糊口。抗战初期，经常被日伪拉去做白工。民国30年秋，曾在江苏省保安三旅当班长。同年10月，张星炳骚扰“联抗”地区，范钦元因不满张星炳搞摩擦的野蛮行径，离开“野三旅”回到家乡，参加了民兵组织。同年入冬学、民校学习，成绩优良。当时抗日民主政权建立不久，鱼龙混杂，立发区队游击组遭到破坏，区队负责人被害。为了加强民兵队伍领导，范钦元被提为东屏乡（今城东镇洋蛮河村）民兵大队长。同年底，范钦元率民兵奉命到北凌乡的“七里空”参加民兵会师比武，举行实弹射击。他在手榴弹掷准掷远、登高蹦远、安埋地雷等战斗动作竞赛演习中，都获第一名，获特等奖，受奖铜盒手枪1支，手榴弹、地雷多枚。民国32年1月，范钦元加入中国共产党，此后先后任“三东”（三民乡、东屏乡）游击连连长、紫石县曲北区游击队队长等职。是年3月18日，范钦元带领陆宗富等八九个民兵设伏于陆堑附近，袭击伪军家属及其护卫，缴枪3支、子弹百余发。

同年，日伪军为了控制海栟线交通，在陆堑的文昌官庙构筑据点，建碉堡3座，由伪连副安插内奸、密探，捕捉民兵家属，敲诈勒索，企图搞垮东屏乡民兵组织。范钦元当机立断，采取果断措施，于5月3日惩治了3个罪大恶极的密探，巩固了民兵组织。陆堑设立伪据点后，同年又在据点西设伪税务所，这使南来北往的商贩和过往群众叫苦不迭。范钦元决心为民除害，于7月12日带领陆宗富、朱新富等民兵夜袭伪税所，对所俘人员教育释放，迫使伪税所撤回西场。是年冬，伪军吃空额军饷严重，苏北伪军分批调泰州点验整训，驻栟茶703团辎重人马700多人从泰州点验回防途经陆堑地段时，遭到范钦元等16个民兵的伏击。他们分别从公路码头下的大涵筒中冲出来，抓住敌副官，夺得两车军服，迅速撤离公路，当后续敌人赶来时，范钦元等已无影无踪。

民国33年3月6日，范钦元带领“三东”游击队，配合立发、章庄、练港民兵游击组及三民乡民兵队攻打大敦庙伪据点。战斗中，范钦元带领民兵摧毁了敌机枪组，缴获步枪4支。

敌人对范饮元及其所率的民兵极为畏惧，处心积虑地要除掉他。伪701团团长利用范钦元当特工队侦察队队长的舅舅苏昌山，捕捉东屏乡民兵，拆毁范钦元等家庭的房屋，企图逼范钦元等向他屈服。是年8月，范钦元会同区队采取诱敌入伏的战术歼敌20余人。战斗快要结束时，苏昌山不听范钦元的喊话，倚仗坟包用机枪继续扫射，范钦元智擒苏昌山后，苏跪地求饶：“我的好外甥，好小伙，饶了我这条命吧！”范钦元向其舅舅连啐三口：“你这死不悔改的汉奸，我连声喊你老舅爹，不要打啦，过来吧，你还是死打不歇。我和你甥舅之情已绝，今天一刀两断，誓不两存，让东洋狼犬送你去见你崇敬的日本皇帝吧！”从此，伪军大受惊惧，敬畏范钦元及其民兵，不敢扰乱和作难。不久，便通过两面派乡长将捉去的民兵救了回来。是年8月30日，范钦元带领民兵袭击伪军泰州总部的军饷车。当军饷车开到西洋蛮河东首王家港码头时，军车被地雷炸坏，范钦元首先跳上军车，带领民兵消灭了伪军，将伪币一捆捆的掷下来用火烧了。

由于范钦元遇敌即战，勇猛果敢，县委将他调往斗争极为复杂的曲北、仇湖一带坚持斗争。民国35年11月重返西场区队。12月6日，在配合东台县警卫团挺进边区攻打立发据点时，在冷水港战斗中范钦元不幸中弹，光荣牺牲，时年33岁。

于友才（1916—1946） 城东镇民桥村人，贫苦家庭出身。民国32年（1943年）10月，在乡民兵大队长宗式坪启发教育下，于友才参加革命，加入农抗会，任会长，发动和领导贫苦农民群众开展“二五减租”，对恶霸地主进行清算斗争。民国34年8月，于友才加入中国共产党。民国35年，于友才任李仁乡指导员，带领农民参加土改运动。下半年敌人在海安至如皋一线的洋蛮河、立发桥、柴湾等地筑下碉堡。全乡斗争进入低潮，不少农民积极分子和民兵队员胆怯、消极起来。在这紧急关头，于友才加强对农民和民兵教育，鼓励他们“要做英勇的战士，不要做可耻的逃兵”。他率领乡游击队配合区武工队昼伏夜出进行革命活动，声东击西打游击，搞得敌人六神不安。国民党乡长申某为捉拿于友才，多次贴出悬赏布告皆未能得逞。一次，申某带着自卫队冲到于友才家，没有捉到于友才，把于友才妻子捉到柴湾据点里折磨，企图逼于友才投降。于友才闻讯，一面坚持斗争，一面想方设法营救妻子。敌人见于友才比以前斗争更坚决，感到畏惧。20多天后只得将其妻放回。其时于友才正在为新兵入伍日夜忙碌着。9月，申某利用叛徒丁某暗中监视于友才的行动。12日清晨天刚亮，漫天大雾。

于友才按照预定方案到南阳村开会。不料，途中被申某带队伏击包围而被捕。于友才被申某一枪托打破脑袋，流血过多不能行走。于友才知道自己死多活少，站着不走，申某指使自卫队员将于友才反绑着抬到柴湾过了一夜。接着又指使自卫队员用铁丝穿住于友才的锁骨送往如皋。沿途于友才毫不屈服，骂不绝口。当天晚上在如皋西门蔡家大坟场内，凶残的敌人将其分为7段，抛于荒野。

濮义文（1916—1946） 城东镇人上湖村，兄妹4人，排行老三。10岁时到地主季寿南家做小伙计。为了生计，他在地主家过了17年牛马生活。民国32年（1943年），濮义文参加民兵，投身革命，在游击抗日和反“伪化”斗争中被提升为玉树乡民兵大队长。民国35年，濮义文在斗争季寿南等地主大会上，他登台控诉地主残酷压榨农民的滔天罪行，濮义文在斗争中得到锻炼，同年夏被提升为西场区联防大队长。解放战争爆发后，地主季寿南带着3个儿子逃往柴湾据点，后来组织“还乡团”下乡反攻倒算。8月，西场区委分工濮义文带区联防队对付柴湾据点的敌人，尽一切可能将敌人阻止在申家桥以南。一次，联防队抓获一个密探，濮义文对他教训了一顿，要他回去带信给“还乡团”大小头目和季寿南的3个儿子，警告他们如继续为非作歹，联防队将要他们以10倍的代价偿还。8月11日，华中野战军在洋蛮河伏击国民党军新七旅。战后，濮义文带领联防队参加搜捕散兵，打扫战场。从河沟里打捞不少枪支弹药，经上级同意后留给联防队使用，改善联防队武器装备。

民国35年9月，主力部队战略转移，不少乡村被敌人控制，在敌我斗争形势尖锐复杂情况下，濮义文仍然坚持原地斗争，宣传组织群众，建立情报网，带领联防队在交通要道上设岗盘查坏人，坚决镇压反革命分子。10月27日深夜，濮义文率领联防队活动在朱家套一带，由于叛徒告密，被国民党立发区自卫队包围，濮义文指挥队员奋起还击，因寡不敌众被捕。濮义文被敌人带到立发区公所，敌人用烟头烫他，他守口如瓶。用刺刀划破他的肚皮，挑出肠子，他痛斥敌人的残忍。翌日，遭敌杀害于三十里墩，时年30岁。

许德银（1917—1944） 城东镇上湖村人，贫苦家庭出身。家住4间三架梁破草房，租种着两亩多坟茔地。22岁时，为生计到地主家当小伙计，受尽虐待。一次，许德银顶了东家的嘴，被地主打得死去活来。民国29年（1940年），他参加革命，任如皋县城东区委联络员。民国30年任如意村村长。同年加入中国共产党。

许德银任联络员期间，经常活动在敌人心脏地区。有时利用烧香拜佛机会到土地庙香炉底下接送情报，有时以挑猪草名义了解敌情。一年秋收季节的一个下午，群众正在田里收割。突然，洋蛮河方向窜来一股农民打扮的敌人。这时，许德银背着篾草篮，装作扯草的农民。不料，敌群中冲出来一个黑大汉抓住许德银，要他交出游击队去向，哪些人是共产党员。许德银被拷打了半个多小时只是一句话：“我是扯草的，其他什么也不知道。”敌人没有办法，只得将他放了。

民国32年，许德银任平西村农会主任，在减租减息中，地主恶霸把农会看成是眼中钉，肉中刺。一个夏天中午，许德银回家取一份材料，不幸走漏消息，遭到洋蛮河伪军的突然袭击。敌人一进屋便翻箱倒柜，里外搜索，许德银迅即从南门跑出，猫身从车篷网里爬出，沿着水车下了河，躲进河坎大杨树下的水中，以河草遮盖着。敌人翻了许久，什么也没查到，即用绳子把他爱人绑起来带走，关上门点着火，妄图将他房子烧光。幸亏邻居把大火扑灭，免除了一场火灾。许德银爱人被抓到立发，关在敌据点，敌人对她哄、吓、诈、骗，严刑拷打，也没有从她嘴里得到一句话。

民国33年5月23日，许德银带领新兵入伍。晚上，他率队向如皋柴湾太平庵进发。第二天，天刚蒙蒙亮，队伍路过净土庵时，汉奸告密，突遭洋蛮河、立发、葛家桥、柴湾4路敌人包围。战斗中，许德银组织火力突围。越过了两道沟，正准备越过围墙，不幸被6个敌人围住。敌人将许德银捆起来，用棍子往下踩。许德银大骂汉奸、害民贼。敌人火了，用刺刀乱戳他的嘴，他还是骂不绝口。敌人用刺刀砍，许德银就这样头被砍落到一边，臀肉被砍飞，身躯被砍刺30余刀。

民国35年，党和人民怀念他，将原天池村更名为德银村。

尤玉贵（1917—1947） 城东镇南屏人，贫苦家庭出身。兄弟姐妹6人，玉贵排行老二。

新四军东进抗日后，他积极参加农抗会活

动，当上南屏乡雇工组长。在减租减息斗争中，尤玉贵带领群众，坚持说理斗争。民国34年（1945年）秋加入中国共产党，翌年春又当选为南屏乡乡长。在领导全乡农民进行土改清算斗争时，他不分日夜发动群众，与地主分子斗争，按时完成土改任务。

民国35年秋，敌人占据海安，斗争十分艰苦。尤玉贵不畏艰险，坚持原地斗争。一段时间他利用三弟玉生在边区史家当长工机会，了解敌人活动情况，后来由于叛徒告密，其弟尤玉生遭敌杀害。

同年9月，尤玉贵带领南屏乡9个青年参加紫石县团。不久，敌保长又把他的母亲和最小弟弟玉如抓去作为人质，逼他们交出尤玉贵。这一切，不但没有动摇尤玉贵坚持革命斗争的决心，相反激发了他的斗志。12月中旬邓庄战斗中，他把机枪架在绞关桥口，阻击敌人归路，当20多个敌军窜到北娄庄时，他两梭子子弹射去，一下撂倒5个。敌人用5挺机枪一齐向他开火，他拖着机枪被迫转移，自己藏在锅镗口草堆里，敌人前来搜索，几次也没有发现，敌人对着草堆放了一枪，他一动也没动。战斗结束后，他拎起藏在草坑里的机枪，把敌人抢的老百姓的东西用小车子推到区里，回来路上还帮助运送了4名伤员。他在战斗中表现出来的勇敢机智，受到县团首长表扬。

民国36年11月24日凌晨，尤玉贵和海南区队部分队员到靠近海安的敌占区活动，伺机伏击敌人。天刚亮，敌人从海安出发，到蚂蟥沟后敌人分散活动，一部分地主"还乡团"从蚂蟥沟向西窜动。为阻击敌人到中心区骚扰，他避开正面敌人，从侧面向敌人开了一枪，试探敌人虚实。不料，敌人从河对岸扫来一梭子子弹。面对这种情况，他吩咐区队队员，迎面拖住敌人，自己从沟里绕到敌人背后，扔出一颗手榴弹。随着手榴弹爆炸声，敌机枪手和弹药手倒下。尤玉贵正要上去夺枪时，不料一个装死的敌人爬起来拖着枪就逃，尤玉贵拔腿紧追。这时，田庄北边的敌人听到这里有枪声，便集中火力向这边射击，区队战士全力阻击掩护尤玉贵，不料尤玉贵腿部受伤，踉跄倒下。尤玉贵从昏痛中苏醒，只见一群自卫队员围着他。敌人将尤玉贵的双腿绑住，倒吊在汽车后面，上半身贴在地上。尤玉贵随着敌人汽车的行驶，沿途洒下了他的鲜血。敌人到海安后，将血肉模糊的尤玉贵抛入土城门外的荒场，将其遗体曝晒三日。解放后，南屏乡人民怀念他，将他的遗骨重新安葬。

沈　立（1918—1946）　城东镇堑南村人，原名沈锡根，号道生，化名沈六一、陆有一。姐弟8人，他为长子，排行老二。

民国27年（1938年）4月18日，沈立目睹了日寇在陆堑乡一带犯下的累累暴行，非常愤怒。之后他主动参与当地为灾民捐赠衣被、抚慰灾民的活动。其时，国民党如皋县政府在西场都天庙设立国民军事训练中心民校，沈立参加该校的军事训练。这期间，他结识一名叫张忠祥的人，受其影响，决意参加革命。一天，他给母亲留下一封信离家出走。然而传统观念严重的父亲很快把他找回来，让他担任陆堑乡河南5个保的乡副队长兼第十保保长，暗里他却帮助做党的群众工作。

民国30年7月20日，沈立参加泰东行署李堡区武装成立大会。8月，任泰东县平西乡乡长。当年冬季，由立发区区队长刘亮介绍加入中国共产党。入党后，他仍以保长、赌友等灰色面目在立发区几乡各阶层中做党的统战工作，宣传减租减息。

民国31年的"二五减租"，沈立坚持统一战线政策。经过周密计划和艰苦工作，说服陆堑乡最大的地主，使其接受"二五减租"，并乐意献出11亩地用于办学，献出小麦3900公斤用于民兵武装。同时，沈立还利用开明地主为本乡民兵购置枪支，壮大乡民兵组织。

沈立任职期间，每天把敌伪及反动地方武装的活动情况写好，交通讯员送达区署，为上级了解敌情、制定斗争策略提供可靠的依据。为扩大武装，巩固民主政权，他借来留声机，在许氏家庙把参军大会搞得热火朝天，使平西乡一次就有10多名青年报名参加新四军。

同年秋，沈立采纳群众创办堑南小学的建议，他发动大家砍伐土地庙旁的树。离堑南小学3里多路的双榆庄有两棵大榆树，人们都视为神树，不敢动手。沈立知道后，亲自带头砍伐，学校的教室、桌凳用材很快就解决了。在他的主持下，学校对师生采取老师轮膳、学生免费入学的做法，受到乡里欢迎。

在抗战支前中，为减轻农民负担，完成上级下达的军粮任务，沈立总是向地主家征收。在军粮运送过程中，他精心安排，事前侦察好路线，组织好游击队、联防队沿途保护，故多次运送皆未发生事故。

民国32年，春荒严重，全乡缺粮户较多，沈立响应党的号召，发动全乡开展互募互济活动。民国33年秋，沈立兼任平西乡财委后即组织力量在全乡开展查田定征等工作，为计征爱国粮奠定依据和基础。

沈立家有瓦房6间，草房3间，四五口人种10多亩地，敌人曾多次白天、黑夜或没有规律地袭击他家。为不连累家人，他和妻子在品建村非常偏僻的地方搭了3间简易的“元宝屋”，临时作住处，白天不在家里，夜晚回来灯也不能亮，长年在艰苦和危险中度过。

民国34年8月20日，苏中地方武装攻克洋蛮河据点。9月2日新四军攻克如皋城。为庆祝这两次胜利，沈立谱写歌曲，编写剧本，组织老师、有文化的青年和民间艺人10多人，建立祝捷文艺宣传队，在全乡巡回演出《蒋汪双簧》《活捉孔瑞五、孟宪平》的话剧，用道情、秧歌、快板、说唱等多种形式欢呼战斗胜利。

民国35年3月，在惩奸运动中，面对清算工作一时难以开展的局面，沈立紧密配合地县派来的工作队，提出“还政于民”的方针策略，既调动了受害群众惩奸的积极性，又准确地把握了斗争对象。他亲自整理材料，将两名罪大恶极的伪乡长予以镇压。8月3日，国民党7个旅5万余人进犯海安。6日上午，敌一〇五旅、六十五师计2.5万人奔向丁所宿营，构筑工事，依靠地方便衣队四出搜捕地方干部，抬猪抢粮，劫掠财物。沈立与地委、县委工作队的干部在刘庄朱家套召开乡村干部会议，研究土改、支前等工作。会议正开得热烈，负责警戒的通讯员来报“西边有情况”。工作队为把会开完，不顾通讯员数次催促，沈立从容地把盒子枪交给身旁的战友，前往西边侦察，不料被埋伏在车篷里的国民党军队及便衣特工持枪包围，沈立知道难以脱身，随即将身上的文件等甩到河里。为了让其他人员安全撤出会场，他束手就擒，并将敌人引向西边。

沈立被捕后，敌人将他带到葛家庄，绑在一户人家的猪圈里过了一夜，第二天被押至丁所、李堡，后又转至海安、如皋。被捕20多天中，沈立受尽严刑。8月23日下午，沈立被敌人反绑着，插着标签，用铁丝穿着双手在如皋城里游街。下午4时，沈立被拉赴西门刑场，慷慨就义。

为了纪念他，泰东县政府将沈立创办的堑南小学改名为沈立小学。

乔德山（1919—1942） 城东镇堑南村人，贫苦农家出身。民国31年，立发区派李静来到净土乡，建立民兵组织，乔德山有了用武之地。开始，他们白天在家种田，晚上根据侦察的情报出去破拆公路，割电话线，阻挠敌人的“清乡”“扫荡”行动。8月26日，乔德山得到西场伪军从如皋运来一批军需物资的情报，便带领几个民兵在七里井截获下来。西场伪军探得实情后，第三天专门带人来捉拿乔德山，交通员刘培元及时报信，乔德山未被抓获。净土乡联防队在李静带领下，与敌人展开游击战，他们拦汽艇、截汽车、除汉奸。在反“清乡”斗争中乔德山积极参与，勇敢战斗，搅得敌人狼狈不堪。9月6日，净土乡游击队得到如皋日军1个排到北乡“清乡”的情报，立即分成4个组阻击敌人。在十三里港夹路东段，乔德山埋伏在坟堆后面，看到敌人往南撤退，一颗手榴弹扔去，炸倒后面两个鬼子。但暴露了目标，鬼子的子弹打中了乔德山的腿，由于他手中没有武器，只好趴在地上不动。过了一会儿，乔德山满以为鬼子去远了，抬头一看，十几个鬼子离自己仅有几步远，想跑已经来不及了，鬼子冲上来在他的胸部刺了3刀。年仅23岁的乔德山为此献出了年轻的生命。

刘　亮（1920—1942） 原名刘量，祖籍扬州，民国9年（1920年）生于上海。民国27年在沪江大学读书时参加中国共产党，积极投入抗日救亡运动，组织夜校，开展文艺宣传演出。后被敌人发现，到处追捕。民国30年初，党组织把他调到江北，分配到泰东县立发区工作，先后任区委宣传科科长、武装科科长、区队队长等职。

民国30年春，刘亮担任立发区区队长后，立即创建区游击连，筹集6支步枪、几把大刀，发展20人，编成两个班。他抓紧训练，亲自上政治课，和战士一起出操。区游击连不断壮大，发展到50多人，战斗力不断加强。下半年的一天夜里，区游击连随区公所行动。在柴湾到十三里港路上，刘亮带一个班担任前哨，不期与伪三十四师下乡绑票的60多人遭遇。刘亮急中生智，命令战士们把枪栓拉得咔啦啦响，敌人以为碰上新四军主力，吓得掉头就逃。东陈镇以北的云龙乡，有个保长周启宗，他玩两面派手段暗中帮敌人搜集情报。一个大雪纷飞的夜里，刘亮执行区委决定，率锄奸队前去镇压。周启宗正在家里召集甲长、保丁开会。刘亮翻过院墙摸进去，大喊一声："不许动！"几个甲长吓得发抖，周启宗却狡猾地溜向后屋。屋后是一条河，刘亮跳进冰冷的水中，与之展开格斗。手枪浸了水打不响，就用枪把砸烂了周启宗的脑袋，为民除了一大害。

民国31年春的一天，驻西场伪警察10多人全副武装下乡抢劫，有4个伪警察窜到池旺头一带。刘亮闻讯，叫村民鸣锣呐喊，4个伪警察吓得屁滚尿流，刘亮带队追击，一枪未发，抓了两个伪警察，缴了两支步枪、80发子弹，受到泰东县委嘉奖。

区队在刘亮领导下不断发展壮大，敌人愈加仇恨。恶霸李伯璜（后被镇压）披着"开明绅士"外衣，用金钱、美女、吃喝玩乐、拜把子等"软刀子"向区队进攻。李伯璜唆使其侄女向刘亮大献殷勤，遭到拒绝。但区游击连连长杨进被拉下水。刘亮及时教育。杨进不思悔改，在李伯璜唆使下当了伪军。副连长季宜太和排长季本全也被拉拢过去，成了刘亮身边的定时炸弹。民国32年4月4日夜，区队移驻牌楼乡开蛋行的季本裕家。谁知季本裕成了汉奸，立即告密。驻西场伪军三十四师团长陈玉树冒着大雨倾巢出动，包围区队驻地，在汉奸配合下，缴了区队枪械，击伤并捉住刘亮。伪团长劝刘亮投降，允以副营长之职，赏钱100万元（伪币），还帮他找个漂亮太太。刘亮严词拒绝，给以痛斥。伪军押着刘亮向西场走去。刘亮坚决不走，当即被敌人杀害在田边上。

刘亮的遗体原葬于夏家庄。1962年4月，如皋县政府把这个乡命名为刘亮乡，把养粹小学改名为刘亮小学，遗体迁葬校内。1993年4月4日在校内建成"刘亮纪念室"，永远纪念这位坚贞不屈的抗日英雄。

吴华山（1923—1946） 城东镇立发村人，原名崔怀富。邻居吴宝生没有子女，遂将崔怀富收为养子，取名吴华山。

民国32年春，吴华山家乡遭到日军洗劫。同年8月，他和好友吴有法一起，步行至大中集（今大丰县）参加抗日游击队。

民国33年1月，游击队上升编为东台警卫团。3月，又编入苏中四分区特务团，吴华山在该团三营五连二排任班长。他严格要求自己，利用战斗空隙带领全班战士钻研军事技术。他帮助不识字的战士学文化，写家信，多次受到连队表扬和奖励。

民国35年1月14日清晨，国民党军七十一军九十一师二七一、二七二两个团及如皋伪保安大队2600余人，猛攻白蒲华中一分区特务三团。15日，为避免战事扩大，分区领导决定撤出杨家庄，由特务三团二营五连一支10人小分队掩护撤退。具有三年作战经验的吴华山第一个报名参加阻击敌人的小分队。在他影响下，同班战友都积极报名。领导任命吴华山为分队长。当主力部队开始撤退时，敌人的炮火像雨点般地向他们倾泻过来。吴华山运用迂回战术钳制敌人，带领战士利用有利地形，灵活使用多种武器，打一枪换一个地方，想尽一切办法拖住敌人，吸引敌人火力。这时敌人以为主力部队还在阵地上，就对着枪响的地方乱放枪，死死盯住小分队不放。当吴华山发现身边的机枪手倒下时，就立即接过机枪向敌人猛扫。战斗两个小时，接连击退敌人3次冲锋，直到主力部队全部转移。

任务完成后，他和战友们边打边撤。撤退中，他突然感到腹部有一股暖流涌出体外，用手一摸，鲜血已染红了衣裤，接着，一阵眩晕倒下了。时隔不久，激烈的枪声震醒了他。环顾四周，发现敌人正扑向他的战友，他摸出身上仅有的一颗手榴弹，挣扎着爬起来，用尽全身力气向敌人掷去。吴华山在掩护主力撤退中，献出年轻生命，时年23岁。

赵　坚（1923—1946） 又名赵兴、赵长康，南京人。赵坚童年时代受到做教师的母亲贝子云的良好教育。民国25年，他参加南京市党领导的抗日宣传活动。民国26年，侵华日军占领南京，制造南京大屠杀。他母亲忍着悲痛，带着赵坚到如皋城投靠亲友，以教书为业。不久，如城又被日军占领，赵坚母子又移居如皋北乡洪家庄（今海安县城东镇洪旺村）避难。

民国29年10月，新四军东进如皋地区，17岁的赵坚，立即投身于抗日救亡洪流之中。不久，当地党组织安排他到老范庄小学当教师，秘密做情报工作。他经常只身进入如皋城日伪据点，并多次化装成卖草的农民，借送草之机，混入日伪兵营内了解情况，及时掌握敌人动向，进行反“扫荡”斗争。有一次，赵坚去如皋城，被日伪军当作共产党嫌疑分子抓起来，敌人对他诱骗恐吓、严刑拷打，未得到任何口供。因无证锯，后在党的营救下，被释放。

民国34年4月一天，赵坚进如皋城与地下党联系时，不幸被敌人发觉遭捕。敌人对他残酷拷打，他丝毫没有动摇意志。第二天夜里，敌人把赵坚等三人带到如皋南门枪决，他怒视着刽子手。枪响后，当另外两人倒在血泊之中时，他才知道自己属于陪绑。日寇奸笑着对他说：“这就是你的样子，快快地说出共产党，大大的有赏!”赵坚怒目而视，厉声斥责道：“要杀要砍随你们的便。”狡猾的敌人为有更大收获，把赵坚当作诱饵放了，并秘密派出特务跟踪监视。由于党组织的掩护，跟踪的特务被赵坚甩掉，又回到洪庄小学做教师。

民国35年秋，解放战争爆发，如皋、柴湾、海安、立发、丁所等地先后被国民党军队修筑据点，当地还乡团经常下乡骚扰，反攻倒算，捕杀基层干部和翻身农民。这时，担任立发区文教股副股长的赵坚，按照区里分工，带领联防队坚持在西场楼基、堑南大庙头一带打游击，寻找战机，打击敌人。不久，由范钦山介绍加入中国共产党。8月，在李堡战斗中，立发区副区长范饮山和赵坚带领联防队员及时打扫战场，从河里捞到重机枪2挺、轻机枪4挺、长短枪120余支、子弹1万余发。11月2日夜，赵坚率4个乡联防队驻在堑南大庙头一带，由于叛徒告密，当夜遭到国民党立发区和乡自卫队包围，联防队损失很大。赵坚急切地对范钦山说：“我来掩护，你们赶快从西边突围出去。”说着，他冲进一家草房，向敌人连发三枪，并大声高喊：“赵坚在这里!”把敌人引向自己。他连续打退敌人几次冲锋。范钦山和联防队突围转移了，赵坚正要冲出草房时，却被一颗子弹击中，被俘后敌人将他杀害于季家桥口，时年23岁。

张子宏（1926—1946） 城东镇新立村人，原名张嘉猷，字子宏，化名华叶。子宏自幼聪明活泼，深得长辈疼爱。先后在储洋、丁所和西场小学读书。民国29年夏就读于通州中学。不久，通中停办，转入栟茶中学读书。民国31年秋入邱陞中学高一班，民国32年春转至紫石中学。次年春，“联抗”将紫石、成达、进德三所校高中部合并，组成紫石联合高级中学，在曲北区雍徐乡荀家园沟开学上课，张子宏随紫石中学高中部并入联中高二班读书。

“联抗”聘请一些知名教师去联中任教，派一些党员进入紫石中学边读书边做学生思想工作。张子宏和进步师生接触较多，一起学习革命理论，一起参加各项活动，并帮助印发抗日宣传品。

民国33年4月，经王泽介绍，张子宏加入青年解放团。同年夏，参加“联抗”组织的中学生夏令营活动，认真学习革命理论。9月，张子宏修完高中三年级上学期课程，回到家乡，积极向乡亲们宣传抗日民主政府的政策。

民国34年初，他参加革命工作。先在紫石县曲北区千步乡任乡学教员，后任曲北区署文教干事、区委民运干事，并住在王楼乡。这个乡是紧靠胡家集日伪据点和海安、泰州交通线上的一个边区乡，王姓大地主多，封建势力很顽固，斗争极其尖锐。为了便于开展工作，他改名华叶，坚决执行抗日民主政府各项政策，团结群众，当地群众称他为华指导员。

同年，张子宏被调至曲北区，任民运工作组组长。冬，张子宏被调到紫石县团担任连文化教员，并加入中国共产党。民国35年7月去三分区教导队学习。9月，回紫石县团任二连指导员。9月22日，部队驻在曲北区田家庄东边，因事不密，被敌人发现。第二天凌晨，曲塘和胡家集据点两个连敌人前来偷袭。因雾特别大，10步以外看不见人影，敌人偷袭了二连岗哨。在紧要关头，二连司务员起早外出采购时发现了敌人，随即报警，二连立即应战，张子宏主动带领部分战士负责掩护，最后在突围时溺水牺牲，年仅20岁。

焦长旺（1949—1973） 城东镇五坝村人。1971年1月，参军，在部队执行战备施工任务。9月，焦长旺加入共青团。翌年担任副班长，入伍3年，多次受到营、连表扬和嘉奖。

焦长旺对工作热情、主动、笃实。每次值班都认真查铺，对睡觉“不老实”新战士，他特别关心，一个晚上总要去帮助他们盖二三次被子。

焦长旺说得少、做得多。每天工余和节假日，他都花在班里勤务上。山地开荒生产，他把十字镐抢在手中，手上磨出泡也不放手；种植蔬菜，他起早打扫猪舍，把肥料一担又一担往菜地里挑。有一次，下小雨，连队从外地买回来一车土豆，到连部时将近熄灯了，连里决定当晚入库。这天，焦长旺患了感冒，洗漱后正准备就寝，当他看到车子停在伙房门外卸货，便一声不响地回到宿舍穿好衣服，直奔食堂帮助卸土豆。

焦长旺对工作认真负责，对技术精益求精。在营建洞口油库时，他负责装修贴面工作，一天连续干14个小时，从不叫苦，完成自己的任务后就去帮助别人。每次下班，别人走了，他还要仔细检查一遍，发现事故苗头宁可吃不成饭、睡不成觉，也要把它搞好。

在八里铺李家凹坑道施工中，塌方和坠石频繁发生，每当观察员发出警报时，他总是在最后撤离。

在部队，焦长旺是执行纪律的模范。1972年秋，焦长旺母亲和未婚妻到部队看望他。临走时，他请假把他们送往江浦县汽车站，由于汽车没有准点开，他叫母亲和未婚妻在候车室等车，自己按时赶回营部销假，又投入到紧张施工中去。

1973年10月7日早晨，焦长旺和往常一样，干完早工后，在施工洞口外吃早饭。突然，洞内一声巨响，一股浓烟冲出洞外，这是施工电机设备漏电引起的火灾。由于洞内贮油库是密封的，外面看不到一丝火光，只见滚滚毒烟往外翻腾。说时迟，那时快。焦长旺甩掉饭碗，就往洞内冲，他边跑边脱下棉衣，冒着毒烟冲过200多米长的通道，第一个从60厘米直径的管口钻进失火的贮油罐里，用棉衣扑打火苗。焦长旺与五六个战友在高9米、宽9米、长60米、相当于一个千人电影院空间的贮油罐内急切地扑打烈火，然而，烈火翻卷着一股股气浪，刮断了10厘米直径的电缆线，掀起一两百公斤重的电动机，使他们站立不住。浓烟毒雾使他们透不过气来，焦长旺跌倒又爬起来，勇猛地向烈焰扑去。

烈火被扑灭了，贮油罐被保住了，但焦长旺为了保护国家财产，英勇地献出了宝贵生命。

徐春明（1950—1972） 海安县城东镇刘缺村人。徐春明小学毕业后，因家中人手少，便返乡务农，在家务农期间，坚持自学学完初中课程。

1969年春季征兵工作开始后，徐春明第一个报名应征，大队党支部考虑他是独子，决定缓征。他为了实现自己愿望，多次找各级领导，表明自己保卫祖国的决心。他的要求和决心，感动各级领导，终于同意让他参加体检。入伍后，徐春明在某后勤部弹药库任战士，以后又担任过炊事员、给养员和保管员，连续两年被评为“五好战士”，并加入共青团，担任团小组长。

徐春明学习刻苦，在部队几年，他通读《毛泽东选集》，写了不少学习心得笔记。入伍后部队发的津贴费除留点零用钱外，其余都寄给父母。所在班战士谁生了病，他总是主动热情地帮助端饭、拿药洗衣服。他领导的团小组多次被评为“模范小组”。部队曾调换他几次岗位，他干一行爱一行，从不叫苦。他在担任炊事员兼上司工作时，把做好饭菜、保证战士吃好吃饱当作自己的光荣职责，经常下班里征求对伙食的意见，不断改进烹调技术。稍有空闲，他就主动参加生产劳动。他还担任过饲养员，千方百计节约精饲料，利用休息时间挑猪草、捞水草，精粗搭配喂猪。由于他精心饲养，头头猪子长得膘肥体壮。他在干好本职工作同时，还抢着干分外事，库里运送物资，他抢着帮助装卸；伙房有时忙不过来，他主动去帮忙；周围社员劳动时，他烧好开水送到田头。

徐春明当保管员时，对各种弹药武器存放了如指掌，漆黑的夜间，不用灯照，能准确地拿出弹药武器，多次受到上级表扬。

1972年夏，徐春明参加游泳集训。他勤学苦练，每天坚持六七个小时练习，有时累得腰酸腿痛，头昏目眩，仍然坚持练习，终于掌握武装泅渡运送弹药本领，受到大家称赞。7月初，部队所在地区接连下了几次暴雨。3日晨，山洪暴发，营区四周山上洪水向驻地倾泻而来，威胁着弹药库的安全，徐春明和大家一道，扛着大锹，冒着倾盆大雨，不顾路滑，迅速向库房冲去。当徐春明等到达库房时，水已涨到齐脖子。库内有2000多公斤电石浸水后正在“噼噼叭叭”地起着化学反应，产生出大量易燃的乙炔气体，随时有爆炸的危险。仓库水位继续上涨，顷刻间水位已达一人多深，徐春明和7位战友一道，不顾一切地冲进库房，屏住呼吸，敏捷地爬上高处开窗放气，截断电源。在最紧张时刻，突然一道闪电，强烈的电火花触到乙炔气体发生爆炸。徐春明和两位战友为抢救国家财产，献出了宝贵的生命，时年22岁。7月4日，徐春明所在部队在仓库驻地召开隆重追悼大会，根据徐春明生前要求和表现，追认他为中国共产党党员。

二、名　录

从土地革命战争到社会主义建设时期，城东镇籍英勇牺牲的革命烈士有369人。

城东镇革命烈士简表

表21-1

姓　名	出生时间	所属村	参加革命时间	牺牲时单位职务	牺牲地点及原因
冯书明	1920年	爱凌村	1943年	“联抗”二大队战士	1944年11月在紫石县陆家窑因战牺牲
徐荣宽	1919年	爱凌村	1943年	西场区游击连战士	1945年在曹园朱庄因战牺牲
顾用乔	1924年	爱凌村	1946年7月	华东野战军某部战士	1947年失踪，1982年5月追认为烈士
洪友银	1925年5月	爱凌村	1945年3月	25军73师219团3营7连战士	1949年4月在渡江战役中牺牲
金如宝	1921年	丰产村	1943年3月	苏中一分区特务团1营2连炊事员	1946年失踪，1982年5月追认为烈士
杨建国	1922年	丰产村	1945年	东台独立团侦察班长	1946年8月在曲塘因战牺牲
曹裕元	1926年	丰产村	1948年	西场区队班长	1948年4月在西场夹巷因战牺牲
王其璋	1924年8月	丰产村	1940年	29军85师255团排长	1949年4月在渡江战役中牺牲
章发如	1921年11月	戚庄村	1942年6月	新四军“联抗”一大队战士	1943年3月在紫石县胡集因战牺牲
许秀盛	1922年	戚庄村	1943年3月	新四军“联抗”2团3连战士	1944年11月在紫石县陆家窑因战牺牲
王德成	1923年	戚庄村	1943年	紫石独立团班长	1945年3月在泰县白米因战牺牲
崔怀贵	1923年	戚庄村		西场区吴庄村民兵中队长	1945年4月在西场缸园被捕牺牲
顾维银	1924年	戚庄村	1942年8月	华中野战军某部战士	1946年7月在海安因战牺牲
史崇贵	1925年6月	戚庄村	1942年3月	东台独立团战士	1946年8月在贲家集因战牺牲
陈德旺	1901年2月	戚庄村	1946年7月	华中野战军6纵6师47团战士	1946年9月在大丰草堰因战牺牲
陈九江	1924年	戚庄村	1946年9月	华中野战军6纵47团战士	1946年11月在涟水因战牺牲
仲跻友	1908年10月	戚庄村	1946年8月	华东野战军6纵16师47团3营炊事员	1947年2月在莱芜战役中牺牲
吴德仁	1920年	戚庄村	1947年	西场区队战士	1948年在西场雄庄失踪，1982年5月追认为烈士
王加银	1928年2月	戚庄村	1946年8月	西场区队战士	1948年6月在韩洋徐家庵因战牺牲
周友林	1924年4月	戚庄村	1946年2月	华东野战军85师255团1营3连战士	1948年7月在涟水因战牺牲
陈金献	1928年	戚庄村		西场区楼基乡周庄村村长	1948年8月在韩洋洋蛮河被捕牺牲
周福元	1929年8月	戚庄村	1946年9月	华东野战军11纵31旅93团战士	1948年11月在山东沙土集因战牺牲
胡耀光	1928年4月	戚庄村	1945年3月	福建厦门修枪所修枪员	1951年3月在福建厦门因公牺牲
郭建银	1930年8月	戚庄村	1951年5月	志愿军炮兵6团战士	1952年3月在朝鲜因战牺牲
顾拥才	1928年	戚庄村	1949年5月	志愿军24军70师208团一机连战士	1953年6月在上甘岭因战牺牲

续表21–1

姓　名	出生时间	所属村	参加革命时间	牺牲时单位职务	牺牲地点及原因
许秀成	1917年	堑南村	1949年5月	29军某部战士	1949年10月在福州失踪，1982年5月追认为烈士
钱惠银	1922年	堑南村	1944年10月	29军后勤部军械处军械员	1951年在福建失踪，1982年5月追认为烈士
许德鹤	1912年12月	热港村	1938年	李堡区委书记	1941年11月在西场被捕牺牲
濮益山	1923年	热港村	1943年	新四军“联抗”二大队战士	1943年2月在紫石县陆家窑因战牺牲
周广法	1922年	热港村	1943年8月	东台独立团战士	1944年失踪，1982年5月追认为烈士
仲　浩	1921年	热港村	1942年	苏北文化工作团团员	1944年在兴化沙沟因公牺牲
许有全	1924年	热港村	1942年	西场区民兵基干队员	1944年8月在西场区陈庄因战牺牲
曹　显	1920年	热港村	1940年10月	西场区区队会计	1944年10月在如皋丁堰因战牺牲
王则全	1919年11月	热港村		西场区陆陈乡乡队副	1944年12月在西场因战牺牲
冯广来	1925年	热港村	1943年	华中野战军某部通讯员	1945年10月在盐城因战牺牲
杭中乔	1928年	热港村	1946年8月	华中野战军1师1旅3团3营7连战士	1946年失踪，1982年5月追认为烈士
许德全	1920年	热港村	1946年9月	华中野战军6纵49团战士	1946年失踪，1982年5月追认为烈士
仲跻春	1913年	热港村	1941年	华中野战军某部战士	1946年失踪，1982年5月追认为烈士
王玉喜	1920年	热港村	1941年2月	紫石县团战士	1946年5月在海安田家庄因战牺牲
濮存怀	1928年	热港村	1946年6月	华中野战军1师3团3营9连2排4班战士	1946年7月在如皋杨花桥因战牺牲
仲兆富	1921年	热港村	1941年	华中野战军1师3团3营9连2排6班战士	1946年7月在如皋杨花桥因战牺牲
储开余	1920年	热港村	1944年	华中野战军11纵31旅93团战士	1946年9月在盐城因战牺牲
张子宏	1926年	热港村	1944年	紫石县团2连指导员	1946年9月在曲北区，因战斗溺水牺牲
薛玉文	1905年12月	热港村	1946年9月	华中野战军6纵47团战士	1946年11月在涟水因战牺牲
杭庆友	1921年	热港村	1946年8月	华中野战军6纵48团2营1连战士	1946年11月在涟水失踪，1982年5月追认为烈士
杭忠祥	1928年	热港村	1946年8月	华中野战军6纵47团3营9连战士	1946年11月在涟水失踪，1982年5月追认为烈士。
王资龙	1923年	热港村	1946年8月	华中野战军6纵47团3营8连战士	1946年11月在涟水失踪，1982年5月追认为烈士
仲兆虎	1921年	热港村		许冯乡冯荡村村长	1946年12月在冯荡村被捕牺牲
梁宏彬	1925年	热港村	1942年	华东野战军4纵10师29团班长	1947年2月在莱芜战役中牺牲
储开云	1927年	热港村		许冯乡农会长	1947年7月在西场夹巷被捕牺牲
王维益	1922年	热港村		西场区陆陈乡冯荡村翻身组长	1947年7月在冯荡村被捕牺牲
吕玉根	1912年7月	热港村		热港村村长	1947年8月在西场被捕牺牲
仲跻旺	1920年	热港村	1941年	西场陆陈乡乡长	1947年8月在丁所被捕牺牲
仲统祥	1919年8月	热港村		西场区楼基乡家庙村翻身组长	1947年8月在家庙村被捕牺牲

续表21-1

姓　名	出生时间	所属村	参加革命时间	牺牲时单位职务	牺牲地点及原因
仲续来	1908年2月	热港村		冯洋村农会长	1947年12月在海安刘庄被捕牺牲
仲延准	1918年	热港村		西场区楼基乡民兵大队队副	1947年12月在西场立头被捕牺牲
仲跻法	1929年	热港村		西场区陆陈乡冯荡村民兵中队队副	1947年12月在冯荡村被捕牺牲
魏　根	1921年9月	热港村	1943年4月	东台县西噇区税务所所长	1947年12月在沿口新藏庙被捕牺牲
王资法	1920年	热港村		西场乡民兵中队长	1947年12月在西场刘庄被捕牺牲
仲延圣	1923年	热港村	1946年	海安县西场乡游击队战士	1948年2月在西场仲庄因战牺牲
吴作荣	1892年7月	热港村		许冯村副农会长	1948年5月在西场被捕牺牲
夏吉如	1916年7月	热港村	1947年5月	西场区陆陈乡三阳村村长	1948年11月在西场陈庄被捕牺牲
仲延山	1928年	热港村		楼基乡民兵	1948年11月在西场新桥因战牺牲
储开富	1925年	热港村	1947年	西场区陆陈乡乡长	1948年8月在西场陆堑被捕牺牲
陈龙才	1920年6月	热港村	1944年3月	华东野战军1师6团3营9连1排战士	1948年11月失踪，1982年5月追认为烈士
吴祥有	1928年	热港村	1947年10月	东台独立团班长	1949年4月失踪，1982年5月追认为烈士
储有山	1926年	热港村	1948年9月	解放军某部战士	1949年7月失踪，1982年5月追认为烈士
储友桐	1946年12月	热港村		6068部队战士	1968年1月在连云港因公牺牲
张华八	1917年	石桥村	1940年12月	新四军1师1旅1团战士	1941年2月在泰县大泗庄因战牺牲
毛盛余	1921年7月	石桥村	1944年2月	新四军某部战士	1944年6月在东台十八总因战牺牲
刘兴龙	1919年	石桥村	1944年1月	“联抗”1团团部通讯员	1944年9月在紫石县莫家庄因战牺牲
杭忠明	1915年	石桥村		西场夹巷村村长	1944年9月在西场袁家庄被捕牺牲
管贤广	1925年8月	石桥村	1943年6月	苏浙军区3纵7支队2营5连班长	1945年6月在浙江桃花山因战牺牲
王　林	1921年6月	石桥村	1940年12月	新四军1师1团3营机枪排班长	1945年9月在北撤渡江时遇难
储祥友	1921年	石桥村	1942年	东台独立团3营战士	1946年失踪，1982年5月追认为烈士
刘　炳	1925年4月	石桥村	1943年8月	华中野战军6纵52团1营1连排长	1946年8月在泰兴因战牺牲
间树春	1890年	石桥村	1942年	西场区署炊事员	1946年8月在贲家集因战牺牲
杭忠俊	1922年5月	石桥村	1943年2月	苏中军区特务团战士	1946年10月在盐城伍佑因战牺牲
金长松	1918年6月	石桥村	1941年	紫石县团战士	1947年2月在海安高家花园因战牺牲
刘学虎	1924年	石桥村	1945年8月	华东野战军6纵47团3营8连战士	1947年6月失踪，1982年5月追认为烈士
储加裕	1922年10月	石桥村	1945年4月	西场区队副班长	1947年8月在韩洋大桥因战牺牲
仲跻林	1913年	石桥村		西场夹巷村村长	1947年9月在夹巷被捕牺牲
储家山	1920年3月	石桥村	1947年8月	泰兴独立团战士	1947年10月在泰兴因战牺牲
王资德	1907年	石桥村		陆陈乡夹巷村翻身组长	1947年12月在夹巷村被捕牺牲
陈　钧	1921年	石桥村	1940年6月	20军58师176团副连长	1948年3月在鲁南兰封战役中牺牲
周远文	1921年	石桥村	1946年8月	华东野战军6纵16师47团战士	1949年失踪，1982年5月追认为烈士

续表21-1

姓　名	出生时间	所属村	参加革命时间	牺牲时单位职务	牺牲地点及原因
王则高	1929年2月	石桥村	1949年4月	志愿军20军58师173团战士	1950年11月在朝鲜咸镜南道因战牺牲
万宝圣	1918年8月	石桥村	1941年	志愿军20军58师某部排长	1951年在朝鲜失踪，1982年5月追认为烈士
朱先富	1918年	西场村	1944年	新四军1师1旅2团卫生队包扎所卫生员	1945年6月在海安失踪，1982年5月追认为烈士
吴仁发	1923年	西场村	1946年7月	华中野战军6纵46团战士	1946年在海安失踪，1982年5月追认为烈士
陈昌银	1902年	西场村	1944年	西场区队战士	1946年10月在西场因战牺牲
范钦元	1913年	西场村	1941年	东屏乡民兵大队长	1946年12月，攻打立发据点时牺牲
储家志	1918年	西场村	1943年	西场乡财委	1947年7月在西场陆堑因公牺牲
王维珍	1926年	西场村	1947年9月	华东野战军1纵3师7团1营3连战士	1948年12月在淮海战役中牺牲
周宣如	1928年10月	西场村	1945年10月	华东野战军6纵16师47团通讯员	1948年12月在淮海战役中牺牲
仲　芝	1924年	西场村	1943年	中国人民志愿军9兵团20军58师173团战士	1950年11月在抗美援朝第二战役东线作战中牺牲
吴德山	1920年	新立村	1942年3月	新四军“联抗”2团战士	1944年5月在紫石县崔家庄因战牺牲
仲维山	1926年	新立村	1944年2月	新四军“联抗”1团1连通讯员	1944年8月在紫石县莫家庄因战牺牲
储有明	1924年	新立村	1940年	华中野战军6师52团战士	1946年7月在如皋丁堰因战牺牲
闵正元	1910年	新立村	1946年9月	华中野战军6师47团3营8连炊事员	1946年11月失踪，1982年5月追认为烈士
王广发	1900年	新立村		西场区楼基乡王家村村长	1947年2月在西场立头被捕牺牲
申子盛	1919年	新立村		西场区委委员兼区公安股长	1947年4月在东台因战牺牲
俞金山	1921年	新立村		西场楼基乡民兵中队长	1947年7月在西场王家村被捕牺牲
朱宏盛	1921年	新立村	1947年9月	西场区队战士	1948年4月在西场新桥因战牺牲
吴志进	1925年	新立村	1947年2月	志愿军某部战士	1951年在朝鲜失踪，1982年5月追认为烈士
田宝稳	1915年	韩徐村	1946年	华中野战军6纵48团3营2连战士	1946年11月在盐城伍佑因战牺牲
邓广才	1924年	韩徐村	1945年10月	华东野战军1师1旅2团战士	1947年1月在山东小忠村因战牺牲
周克荣	1927年4月	韩徐村	1946年9月	东台独立团1营1连战士	1947年4月在大公贲家巷因战牺牲
陈式臣	1923年	韩徐村	1946年	华东野战军4纵10师29团5连战士	1947年10月在山东因战牺牲
吕忠才	1943年	韩徐村	1968年3月	4658部队3中队1分队战士	1969年9月在山东崂山因公牺牲
韩铁心	1905年9月	韩洋村	1924年	如皋县委书记	1930年5月如皋刘家渡因战负伤后牺牲
韩招怀	1929年	韩洋村	1944年8月	新四军1师1旅2团战士	1944年9月在紫石县章郭庄因战牺牲
韩招来	1925年	韩洋村	1944年	紫石县团战士	1946年在泰兴因战牺牲
夏吉璋	1924年	韩洋村		西场区韩东乡民兵中队长	1946年在西场冷水港因战牺牲
储祥明	1913年	韩洋村	1946年9月	华中野战军6纵46团1营1连战士	1946年失踪，1982年5月追认为烈士

续表21-1

姓　名	出生时间	所属村	参加革命时间	牺牲时单位职务	牺牲地点及原因
张书生	1920年6月	韩洋村	1946年7月	华中野战军6师46团战士	1946年11月在涟水因战牺牲
储祥龙	1920年6月	韩洋村	1946年9月	华中野战军6师46团2营5连战士	1946年11月在涟水因战牺牲
赵广才	1927年2月	韩洋村	1946年4月	华中野战军某部战士	1946年11月在涟水因战牺牲
余德连	1924年	韩洋村	1945年	紫石县团侦察员	1947年在东台时堰因战牺牲
冯向怀	1923年	韩洋村	1946年	紫石县团战士	1947年在东台嵇家楼因战牺牲
李才莲	1920年	韩洋村		韩洋乡妇女代表	1947年在海安唐家园被捕牺牲
严德界	1901年	韩洋村		韩洋村农会长	1947年11月在韩洋韩南被捕牺牲
张兴德	1928年	韩洋村		韩洋乡民兵	1948年在韩洋丰港因战牺牲
穆珍山	1921年9月	韩洋村	1947年5月	如皋县城东区游击连战士	1948年6月在如皋陈桥因战牺牲
张龙山	1920年	韩洋村	1944年	华东野战军11纵31旅93团3连战士	1948年11月在淮海战役中牺牲
韩才林	1921年1月	韩洋村	1940年6月	浙江省委机关炊事员	1950年1月失踪，1982年5月追认为烈士
韩兆根	1925年7月	韩洋村	1950年	志愿军20军58师174团班长	1950年11月在朝鲜鲸下里因战牺牲
周福立	1932年4月	韩洋村	1951年3月	志愿军炮兵6团3营8连战士	1951年10月在朝鲜归国途中因公牺牲
王维富	1909年	三丰村	1940年2月	西场区队战士	1940年10月在如皋东陈因战牺牲
汪友富	1914年	三丰村		乡游击队战士	1944年在韩洋洋蛮河因战牺牲
刘　平	1924年	三丰村	1943年	紫石县海富区游击连战士	1945年12月在泰州塘头因战牺牲
赵凤淦	1926年	三丰村	1946年	华中野战军某部战士	1946年在海安因战牺牲
刘松奇	1930年8月	三丰村	1945年9月	苏中军区特务团战士	1946年失踪，1982年5月追认为烈士
朱永来	1920年	三丰村	1946年9月	华中野战军6纵46团战士	1946年失踪，1982年5月追认为烈士
管维荣	1926年	三丰村	1945年8月	华中野战军11纵31旅92团3营7连司号员	1946年8月在如东马塘因战牺牲
夏余田	1919年	三丰村	1941年1月	华中野战军1师1旅1团3营7连班长	1946年9月在盐城伍佑因战牺牲
韩永富	1901年8月	三丰村		支前民工	1946年9月在东台九里长岸因战牺牲
徐东武	1922年	三丰村	1946年9月	华中野战军6师46团3营8连战士	1946年11月在涟水因战牺牲
焦文海	1920年6月	三丰村	1946年8月	华中野战军6师46团3营9连战士	1946年11月在涟水因战牺牲
储祥宝	1927年	三丰村	1946年9月	六纵队16旅47团1营1连3排2班战士	1946年11月在涟水因战牺牲
王焕金	1926年	三丰村		韩洋乡民兵中队长	1946年11月在韩洋王猫桥因战牺牲
陈申余	1927年	三丰村	1946年11月	华中野战军6师46团3营9连战士	1946年11月在涟水因战牺牲
储祥玉	1928年9月	三丰村	1946年9月	华中野战军6师46团3营9连战士	1946年11月在涟水因战牺牲
张兴常	1921年	三丰村	1944年7月	华中野战军6师46团炮兵连战士	1946年11月在涟水失踪，1982年5月追认为烈士
王焕银	1926年	三丰村	1945年3月	西场区通讯员	1947年在韩洋乡龙王桥被捕牺牲
孙兴元	1925年	三丰村	1945年	华东野战军6纵18师战士	1947年2月在海安因战牺牲

续表21-1

姓 名	出生时间	所属村	参加革命时间	牺牲时单位职务	牺牲地点及原因
葛先法	1925年	三丰村	1946年8月	华东野战军13纵37师110团3营7连战士	1947年5月在孟良崮战役中牺牲
曹裕来	1931年	三丰村	1946年9月	韩洋乡通讯员	1947年5月在韩洋丰河被捕牺牲
吴大钱	1917年2月	三丰村		丰港民兵	1947年5月在丰港因战牺牲
许学文	1926年	三丰村		韩洋乡民兵中队长	1947年5月在韩洋被捕牺牲
刘金元	1926年	三丰村	1942年	32旅战士	1948年在泰兴因战牺牲
仲延来	1917年	三丰村		丰港村村长	1948年9月在丰港杨木桥被捕牺牲
张龙庆	1922年	三角村	1944年	新四军1师“联抗”1团3连战士	1944年失踪，1982年5月追认为烈士
崔广太	1920年	三角村	1944年	苏浙军区3纵某支队2营5连副班长	1945年6月在浙江桃花山因战牺牲
吕忠兴	1907年	三角村		支前民工	1946年在东台富安因战牺牲
杨万才	1921年	三角村		支前民工	1946年7月在海安中楹桥被捕牺牲
仲兆祥	1923年	三角村		支前民工	1946年7月在海安中楹桥被捕牺牲
杨树青	1900年	三角村	1944年	西场区队侦察员	1946年10月在韩洋三角池被捕牺牲
吕忠来	1928年3月	三角村	1946年9月	华中野战军6师46团战士	1946年11月在涟水因战牺牲
周红树	1930年2月	三角村	1946年8月	华东野战军13纵37师110团3营9连卫生员	1947年5月在孟良崮战役中牺牲
李友裕	1928年	三角村	1944年8月	华东野战军6纵18师52团1营副班长	1947年9月在山东沙土集因战牺牲
朱金龙	1920年	三角村	1946年	唛口区游击连战士	1948年失踪，1982年5月追认为烈士
赵凤林	1925年	三角村	1948年11月	志愿军29军68师256团2营5连战士	1951年在朝鲜因战牺牲
徐连学	1898年	洋蛮河村	1940年2月	立发区游击队战士	1941年4月在立发因战牺牲
史友盛	1925年	洋蛮河村	1943年2月	东台独立团3营7连战士	1945年7月在韩洋洋蛮河因战牺牲
杭广和	1923年	洋蛮河村	1945年2月	新四军1师2旅2团3营战士	1945年9月在紫石县莫家庄因战牺牲
孙宝山	1926年8月	洋蛮河村	1945年8月	华中野战军6纵53团2营5连副班长	1946年7月在如皋杨花桥因战牺牲
江仁生	1925年6月	洋蛮河村	1944年1月	华中野战军1师1旅1团2营1连战士	1946年7月在杨花桥因战牺牲
史道石	1926年	洋蛮河村	1944年	紫石县团战士	1946年7月失踪，1982年5月追认为烈士
吴金桂	1921年	洋蛮河村	1946年7月	华中野战军7纵61团战士	1946年8月在李堡因战牺牲
田宝雯		洋蛮河村	1946年7月	一分区特务团班长	1946年9月在泰兴因战牺牲
杨维根	1910年	洋蛮河村	1942年	华中野战军6师53团1营班长	1946年11月在涟水因战牺牲
吴德银	1920年1月	洋蛮河村	1941年	西场区东屏乡民兵大队长	1946年12月在东屏被捕牺牲
王可发	1923年	洋蛮河村	1945年9月	华东野战军6纵52团2营4连炊事员	1947年失踪，1982年5月追认为烈士
周 序	1919年	洪旺村	1940年	玉树乡乡长	1944年5月在如皋净土庵战斗中牺牲
薛芝友	1905年	洪旺村		池旺乡立志村翻身组长	1946年7月在池旺头战斗中牺牲
蒋崇林	1927年	洪旺村	1941年5月	华中野战军6纵46团2营班长	1946年8月在大丰大中集战斗中牺牲

续表21-1

姓　名	出生时间	所属村	参加革命时间	牺牲时单位职务	牺牲地点及原因
范迪宗	1923年	洪旺村	1944年	华东野战军6纵16师46团战士	1947年3月在陇海铁路因公牺牲
杜学余	1924年	洪旺村		如皋县城东区池旺乡民兵	1947年5月在如皋被捕牺牲
吴国林	1900年	洪旺村	1942年	西场区池旺乡通讯员	1948年2月在如皋十里庙被捕牺牲
吴宗来	1923年	洪旺村	1947年	池旺乡武工队队员	1948年7月在海安丁所被捕牺牲
刘　连	1931年	洪旺村	1949年5月	29军85师253团3营机枪连战士	1949年失踪，1982年5月追认为烈士
万进达	1927年	施秦村	1944年6月	新四军1师战士	1944年9月在浙江新登战斗中牺牲
季本年	1923年	施秦村	1944年10月	新四军1师1旅1团战士	1945年11月失踪，1982年5月追认为烈士
许王氏	1912年	施秦村		池旺乡新民村翻身组长	1946年2月在丁所被捕牺牲
葛群山	1918年	施秦村		支前民工	1946年7月在如皋张八里战斗中牺牲
晁金贵	1909年	施秦村		支前民工	1946年7月在如皋丁堰战斗中牺牲
范迪高	1920年	施秦村	1944年5月	如皋警卫团3连9班战士	1946年10月在如皋浪荡庄战斗中牺牲
崔伯山	1927年	施秦村	1946年8月	华东野战军11纵战士	1947年失踪，1982年5月追认为烈士
郭忠如	1920年	施秦村		品端乡清堂村翻身组长	1947年2月在壮志乡洪家庄被捕牺牲
杜义龙	1881年	施秦村		如皋县城东区杨庄乡民主村翻身组长	1947年3月在壮志百岁桥被捕牺牲
范迪寿	1915年	施秦村	1945年	西场区武工队队员	1947年4月在如皋松杨树战斗中牺牲
丁帮富	1929年	施秦村	1948年11月	如皋县城东区游击连战士	1948年在丁所被捕牺牲
许金学	1926年	施秦村	1944年	如皋县城东区队战士	1948年2月在丁所因战牺牲
秦朋山	1920年8月	施秦村	1944年	华东野战军某部班长	1948年6月在如皋柴湾因战牺牲
吴伯来	1930年	施秦村		池旺乡民兵侦察员	1948年6月在壮志沙马地被捕牺牲
濮一明		施秦村		如皋县城东区武工队队员	1949年2月在如皋松杨树因战牺牲
毛云海	1925年	施秦村	1944年5月	29军85师253团1营司号员	1949年4月失踪，1982年5月追认为烈士
潘德富	1932年6月	施秦村	1949年5月	志愿军58师174团战士	1951年在朝鲜因战牺牲
许波扬	1924年	石庄村	1944年	如皋县城东区游击连排长	1945年10月在刘亮乡范家庄战斗中牺牲
缪德贯	1917年12月	石庄村		如皋县城东区杨庄乡民兵大队长	1946年7月在如皋周家庵被捕牺牲
洪新林	1924年	石庄村		如皋县城东区杨庄乡乡长	1946年7月在如皋周家庵被捕牺牲
仲　文	1925年	石庄村		如皋县城东区杨庄乡民兵班长	1947年5月在壮志三里桥因战牺牲
沙金堂	1921年9月	石庄村		如皋县城东区杨庄乡民兵大队长	1947年6月在西场二里庙被捕牺牲
范崇发	1927年	石庄村	1946年	品端乡民兵分队长	1948年5月在如皋吴窑被捕牺牲
卢妹亭	1926年	石庄村	1945年	25军75师223团排长	1949年4月失踪，1982年5月追认为烈士
张长留	1927年5月	石庄村	1943年2月	生前为志愿军某部战士	1951年在朝鲜失踪，1982年5月追认为烈士
陈如金	1918年	壮志村	1941年9月	新四军1师“联抗”2连战士	1942年1月在紫石县曲塘战斗中牺牲

续表21-1

姓　名	出生时间	所属村	参加革命时间	牺牲时单位职务	牺牲地点及原因
赵凤美	1924年	壮志村	1942年	新四军1师1旅1团战士	1944年在紫石县莫庄战斗中牺牲
张加法	1922年	壮志村	1945年	如皋警卫团战士	1945年在如皋战斗中牺牲
赵凤金	1917年2月	壮志村	1943年	如皋城东区联络站站长	1945年2月在杨庄井被捕牺牲
陈国明	1921年	壮志村	1943年8月	苏浙军区3纵7支队2连战士	1945年6月在浙江孝丰战斗中牺牲
陆志成	1920年	壮志村	1944年	如皋警卫团副班长	1946年8月在如皋战斗中牺牲
洪新才	1922年	壮志村		壮志乡民兵班长	1946年8月在李堡杨庄战斗中牺牲
高仁宽	1925年	壮志村	1945年	华中野战军某部排长	1946年10月在李堡战斗中牺牲
谢永田	1923年	壮志村	1945年	西场区队战士	1946年10月在韩洋因战牺牲
涂伯圣	1923年	壮志村	1946年8月	华中野战军47团3营机枪连战士	1946年11月在涟水因战牺牲
蒋长余	1920年	壮志村		壮志乡通讯员	1947年11月在壮志被捕牺牲
杨玉余	1921年	壮志村	1944年	如皋县柴湾区游击连侦察班长	1948年2月在如皋东陈镇战斗中牺牲
钱俊宝	1923年	壮志村	1946年6月	紫石县团排长	1948年8月在曲塘因战牺牲
金广学	1910年	民桥村		某乡民兵中队长	1946年11月在范桥被捕牺牲
丁忠余	1923年	民桥村	1942年3月	华中野战军某部通讯员	1946年8月在如皋柴湾因战牺牲
于友才	1916年	民桥村	1944年	李仁乡指导员	1946年9月因叛徒出卖被捕牺牲
卢德任	1921年	民桥村	1946年	华东野战军11纵21师61团1营战士	1947年在海安李堡失踪，1982年5月追认为烈士
许秀银	1921年	民桥村	1946年9月	东台独立团1营3连战士	1947年2月在大丰大中集因战牺牲
宗式坪	1915年	民桥村	1940年	城东区民兵联防队大队长	1947年2月由于叛徒告密被捕牺牲
宗式富	1920年	民桥村	1943年	城东区交通站秘密联络员	1947年2月由于叛徒告密被捕牺牲
宗式祥	1909年	民桥村	1943年	玉树乡民兵	1947年2月由于叛徒告密被捕牺牲
宗式撰	1924年	民桥村	1946年7月	华东野战军11纵战士	1947年8月失踪，1982年5月追认为烈士
许金臣	1930年7月	民桥村	1949年5月	志愿军20军59师175团3营7连通讯员	1951年3月在朝鲜因战牺牲
孙兴圣	1917年	农林村	1945年1月	新四军3师9旅26团战士	1945年8月在大丰因战牺牲
张春明	1925年	农林村	1944年	新四军6师18旅战士	1945年9月在如皋因战牺牲
丁昌月	1919年	农林村	1943年9月	华中野战军6纵53团班长	1946年7月在如皋杨花桥因战牺牲
贲厚和	1922年	农林村	1944年	东台独立团3营9连副班长	1946年12月在西场冷水港因战牺牲
张光富	1920年	农林村	1943年8月	如皋警卫团排长	1948年10月在海安麻油垛因战牺牲
丁忠元	1920年	品建村	1942年	如皋县警卫团班长	1945年8月在如皋柴湾因战牺牲
许秀明	1920年	品建村	1945年	如皋县城东区联防队队员	1946年在如皋被捕牺牲
陈根玉	1919年	品建村	1944年	西场区堑南乡游击队队员	1946年7月在西场陆堑因战牺牲
徐怀仁	1927年	品建村		支前民工	1946年7月在海安因战牺牲

续表21-1

姓　名	出生时间	所属村	参加革命时间	牺牲时单位职务	牺牲地点及原因
刘　根	1920年8月	品建村		西场区堑南乡游击队员	1946年8月在新生龙树庵因战牺牲
许秀如	1920年	品建村	1943年8月	苏中四分区独立团战士	1946年8月因战牺牲
葛显有	1917年	品建村		堑南乡游击队员	1946年8月新生龙树庵因战牺牲
刘盛贵	1921年	品建村	1944年	如西独立团3营战士	1946年9月在如皋冯家岱因战牺牲
武伯林	1924年	品建村	1943年8月	如西独立团班长	1946年10月在如皋石庄因战牺牲
吴金元	1905年	品建村		新民村村长	1946年10月在三十里墩因公牺牲
范存富	1927年	品建村	1946年	华东野战军11纵战士	1947年4月在如皋因战牺牲
张光成	1929年	品建村	1946年	志愿军30军89师267团战士	1950年12月在朝鲜因战牺牲
许洪银	1924年5月	品建村	1944年5月	志愿军20军60师179团战士	1950年在朝鲜失踪，1982年5月追认为烈士
范钦余	1927年	品建村	1949年5月	0080部队2支队2分队炊事员	1955年1月在浙江一江山岛因战牺牲
刘维凤	1920年	堑南村	1940年	新四军1旅1团战士	1941年在泰兴黄桥因战牺牲
乔德山	1919年	堑南村	1942年	乡游击队民兵	1942年在反“清乡”斗争中因战牺牲
沈　立	1918年7月	堑南村	1938年	平西乡乡长	1946年8月在刘庄朱家套被捕牺牲
储加旺	1927年6月	堑南村		西场区堑南乡联防队副班长	1946年9月在贲家集因战牺牲
崔玉田	1929年	堑南村		堑南乡联防队队员	1946年10月在西场区北凌因战牺牲
范崇裕	1921年5月	堑南村	1944年8月	华中野战军1师2旅5团3营班长	1946年10月在山东小高林因战牺牲
陈长富	1921年	堑南村	1944年	如皋警卫团1连战士	1946年10月在如皋十里桥因战牺牲
王则发	1920年9月	堑南村	1945年	西场区队战士	1946年10月在王家院因战牺牲
葛　达	1922年	堑南村	1944年	九分区通讯站站长	1946年10月在东台唐洋因战牺牲
范钦银	1924年	堑南村	1944年	如皋城东区联防队侦察员	1947年在海安丁所因战牺牲
许逢友	1923年	堑南村	1946年8月	如皋警卫团副班长	1947年1月在角斜场因战牺牲
沙永才	1928年5月	堑南村	1947年2月	华东野战军某部战士	1948年3月在海安徐家庵因战牺牲
许秀成	1924年10月	堑南村	1945年7月	29军86师258团2营5连班长	1949年在福建厦门失踪，1982年5月追认为烈士
洪　尧	1928年	堑南村	1944年12月	济南军区政治部毛著进修班教员	1976年12月在济南军区总医院病故，后追认为烈士
许德银	1917年5月	上湖村	1940年	平西乡农会主任	1944年5月在如皋柴港太平庵战斗中因战牺牲
陈龙江	1926年6月	上湖村	1944年5月	如皋县城东区游击队队员	1945年6月在如皋陆家小桥因战牺牲
张国太	1921年	上湖村	1944年	新四军6师18旅战士	1945年9月在如皋因战牺牲
朱玉山	1917年	上湖村	1944年	西场区联防大队长	1946年8月在西场季家桥因战牺牲
范钦圣	1926年	上湖村	1946年7月	华中野战军6纵47团2营5连战士	1946年9月在海安五里庙因战牺牲

续表21-1

姓 名	出生时间	所属村	参加革命时间	牺牲时单位职务	牺牲地点及原因
刘佩根	1920年	上湖村	1944年7月	华中野战军1师1旅1团3营9连战士	1946年9月在如皋丁堰失踪，1982年5月追认为烈士
濮义文	1916年	上湖村	1943年	玉树乡民兵大队长	1946年10月因叛徒告密被捕牺牲
殷宗林	1915年	上湖村	1945年8月	西场区队战士	1946年10月在堑南因战牺牲
范崇海	1929年	上湖村		支前民工	1946年10月在韩洋洋蛮河因战牺牲
许秀圣	1924年	上湖村	1946年4月	华中野战军6纵47团3营9连战士	1946年11月在涟水因战牺牲
范广友	1927年	上湖村	1948年	19师56团战士	1949年8月在甘肃仁山河因战牺牲
范存忠	1933年	上湖村	1951年5月	志愿军炮兵6团3营3连战士	1951年10月在朝鲜因战牺牲
丁帮礼	1930年	上湖村	1951年5月	志愿军64军192师炮兵6团副班长	1951年11月在朝鲜因战牺牲
王凤刚	1920年	上湖村	1943年9月	新四军1师3旅警卫员	1946年8月在泰兴黄桥因战牺牲
吕龙盛	1908年2月	界墩村		支前民工	1946年8月在海安战斗中牺牲
钱如根	1927年2月	界墩村	1946年8月	华中野战军6师48团战士	1946年11月在涟水战斗中牺牲
袁布明	1922年	界墩村	1946年9月	华中野战军6纵46团2营4连3排1班战士	1946年11月在涟水因战牺牲
姜银根	1925年	界墩村	1947年	华东野战军6纵16师47团重机枪连战士	1947年农历一月在山东枣庄因战牺牲
储有龙	1928年4月	界墩村	1942年	华东野战军11纵32旅95团司号员	1948年6月失踪，1982年5月追认为烈士
赵正贵	1925年11月	界墩村	1942年	华东野战军11纵32旅95团战士	1948年6月失踪，1982年5月追认为烈士
陈吉甫	1922年	立发桥村	1939年	新四军民运工作队员	1941年9月在对反动道会门做工作中牺牲
丁正荣	1920年10月	立发桥村	1942年9月	苏中一分区特务1团3营9连战士	1946年失踪，1982年5月追认为烈士
吴华山	1923年7月	立发桥村	1943年	苏中四分区特务团班长	1946年1月在如皋白蒲镇因战牺牲
丁学德	1908年	立发桥村		支前民工	1946年8月在南屏马王沟被捕牺牲
张广甫	1926年	立发桥村	1944年	新四军1师1旅2团2营5连卫生员	1947年1月在山东省枣庄失踪，1982年5月追认为烈士
张英富	1929年	立发桥村	1946年8月	华东野战军6纵16师46团3营9连战士	1947年5月在开封失踪，1982年5月追认为烈士
潘 徐	1923年	立发桥村	1940年	华东野战11纵32旅96团排长	1947年7月在如东栟茶因战牺牲
朱广荣	1920年11月	立发桥村	1944年3月	紫石独立团战士	1948年5月在泰县白米因战牺牲
倪德龙	1924年	立发桥村	1949年5月	31军炮团1营2连3排战士	1950年失踪，1982年5月追认为烈士
刘善富	1929年	立发桥村	1949年5月	志愿军20军58师172团战士	1951年4月在朝鲜战斗中牺牲
丁正泉	1927年	立发桥村	1947年12月	志愿军38军112师334团3营9连班长	1952年10月在朝鲜战斗中牺牲
张广连	1924年	立发桥村	1949年1月	农建2师6团1营机炮连战士	1954年12月在黑龙江虎林县因公牺牲
郭瑞林	1924年	立发桥村	1945年2月	华东野战军6纵16师47团战士	1947年10月山东作战负伤，1960年9月因伤口复发病逝
田甫卿	1914年11月	刘缺村	1944年3月	华东野战军4纵11师32团特务连战士	1947年2月在莱芜战役中牺牲

续表21-1

姓　名	出生时间	所属村	参加革命时间	牺牲时单位职务	牺牲地点及原因
徐瑞桐	1928年6月	刘缺村	1946年8月	华东野战军6纵16师46团1营通讯员	1948年11月在淮海战役彭庄战斗中牺牲
徐春明	1950年9月	刘缺村	1969年3月	中国人民解放军某部后勤部洋药库保管员	1972年7月在抢救国家财产中因公牺牲
陈茂宏	1926年9月	五坝村	1943年10月	苏中军区特务5团2营5连班长	1944年4月在泰州杨家庄战斗中牺牲
丁德林	1929年8月	五坝村	1943年	东台独立团战士	1945年11月在如皋因战牺牲
夏满海	1925年3月	五坝村	1945年	华中野战军1师1旅3团3炮连战士	1946年8月在皋南战斗中牺牲
杨忠德	1929年5月	五坝村		民工	1946年9月在东台富安战斗中牺牲
王志和	1922年	五坝村	1942年	华中军区一分区特务团1营2连战士	1946年10月在泰兴县战斗中牺牲
叶富俊	1924年5月	五坝村	1943年9月	华中野战军6师46团战士	1946年11月失踪，1982年5月追认为烈士
田满龙	1929年4月	五坝村	1946年8月	华中野战军6师46团战士	1946年11月在涟水战斗中牺牲
邵林国	1924年8月	五坝村	1945年3月	华东野战军4纵10师卫生员	1947年8月在河南濮阳战斗中牺牲
朱维益	1928年2月	五坝村	1946年5月	西疃区游击连战士	1948年6月在韩洋陈家桥战斗中牺牲
田满银	1924年	五坝村	1945年	华东野战军1纵2师4团战士	1948年9月在济南失踪，1982年5月追认为烈士
俞宝祥	1928年6月	五坝村	1946年8月	苏南军区警卫1连副班长	1950年11月失踪，1982年5月追认为烈士
梅广桐	1926年	五坝村	1949年1月	志愿军66军197师591团3营8连战士	1951年3月在朝鲜战斗中牺牲
焦长旺	1949年	五坝村	1971年	中国人民解放军某部副班长	1973年10月为保护国家财产因公牺牲
金松桥	1901年	葛家桥村		南阳乡地下党	1930年8月在海南区双车篷被捕牺牲
王盛稳	1924年	葛家桥村	1940年	苏浙军区3纵7支队3营1连副排长	1945年9月在江南失踪，1982年5月追认为烈士
吕昌宜	1906年1月	葛家桥村	1945年2月	南阳乡农会长	1946年在南屏葛家桥被捕牺牲
沈裕根	1924年	葛家桥村		南阳乡新生村农会长	1946年8月被捕牺牲
张凤来	1923年	葛家桥村	1944年4月	华中野战军7纵战士	1946年9月失踪。1982年5月追认为烈士
张兴朋	1928年	葛家桥村	1946年	海南区队战士	1947年2月在海南区仁桥六十亩因战牺牲
葛炳仁	1924年2月	葛家桥村	1944年	海南区游击连战士	1947年2月在仁桥六十亩因战牺牲
孙占余	1913年	葛家桥村	1943年	周济乡民兵大队长	1948年11月在海南区文化乡通学桥因战牺牲
王　忠	1925年2月	葛家桥村	1949年4月	志愿军27军80师239团警卫连战士	1951年在朝鲜失踪，1982年5月追认为烈士
葛仁道	1930年	葛家桥村	1951年5月	志愿军68军炮兵团2营6连战士	1952年3月在朝鲜因战牺牲
孙长明	1928年	葛家桥村	1951年	志愿军炮兵6团2营6连战士	1952年5月在朝鲜因战牺牲
杨树俊	1920年	开屏村	1943年	海南区游击连战士	1946年9月在海安中楹桥被捕牺牲
许树泽	1926年	开屏村	1949年5月	志愿军27军80师239团2营机枪连班长	1951年5月在朝鲜松亭里因战牺牲
葛显发	1929年	开屏村	1949年5月	志愿军后方勤务司令部警卫第5团3营9连战士	1951年6月在朝鲜江东仁兴里因战牺牲

续表21-1

姓　名	出生时间	所属村	参加革命时间	牺牲时单位职务	牺牲地点及原因
张久山	1927年9月	开屏村	1949年4月	志愿军27军80师239团3营7连战士	1951年10月在朝鲜失踪，1982年5月追认为烈士
程　坤	1922年	南屏村	1941年	苏中四分区税务处总务科工作人员	1945年在如东县栟茶被捕牺牲
赵正文	1920年	南屏村	1944年10月	苏浙军区4纵10支队3营9连战士	1945年8月在浙江孝丰桃花山因战牺牲
程再天	1921年	南屏村	1941年	华中野战军9纵77团3营机枪连连长	1946年10月在盐城因战牺牲
朱盛裕	1921年10月	南屏村	1945年9月	华中野战军6师52团机枪手	1946年10月在山东失踪，1982年5月追认为烈士
高永和	1926年	南屏村	1944年	华东野战军6纵16师47团2营营部通讯员	1947年在山东泰安因战牺牲
张祥余	1924年10月	南屏村	1946年	如皋薛窑区吴塘桥税务所税收员	1949年1月在薛窑姜家园因战牺牲
陈　鈜	1925年	南屏村	1942年	华中野战军六6纵18旅54团2营4连指导员	1947年5月在孟良崮战斗中牺牲
祝阴珍	1925年	南屏村	1944年8月	泰州独立团1连副班长	1947年8月在泰县姜堰因战牺牲
陈永康	1929年	南屏村	1946年9月	华东野战军1纵1师1团2营4连战士	1947年9月在山东泰安因战牺牲
尤玉贵	1917年	南屏村	1942年	南屏乡乡长	1947年11月在海安敌占区伏击敌人中受伤被捕后牺牲
张宏琪	1921年3月	南屏村	1949年5月	志愿军炮兵21团3营7连战士	1953年3月在朝鲜仙游洞因战牺牲
杨文福	1921年	泰宁村	1942年	苏中军区独立团战士	1946年9月失踪，1982年5月追认为烈士
周荣宣	1922年	南阳村	1940年	新四军1师“联抗”四大队二中队战士	1943年7月在紫石县曹家庄因战牺牲
杨勤义	1922年5月	南阳村	1940年	华中野战军8纵68团3营7连班长	1946年3月失踪，1982年5月追认为烈士
杨本宽	1925年	南阳村	1943年	海南区游击连战士	1946年7月在南屏乡被捕牺牲
张加奎	1900年	南阳村		支前民工	1946年8月在海安镇三里闸因战牺牲
刘忠法	1896年	南阳村		双鱼乡翻身组长	1946年10月在南屏宋家桥被捕牺牲
朱宝祥	1923年7月	南阳村	1943年3月	华中野战军1师1旅1团6连副班长	1946年12月在宿北战役中牺牲
杨元太	1927年8月	南阳村	1946年	海南区游击连战士	1947年1月在营溪黄柯庄因战牺牲
李元富	1913年	南阳村	1942年	海安县海南区游击队班长	1948年10月在海南区文化乡轻脚沟因战牺牲
徐希斌	1925年	南阳村	1942年4月	华东野战军4纵10师30团3营9连副连长	1948年11月在淮海战役中牺牲
葛炳银	1910年	南阳村	1944年	海安县南阳乡乡长	1948年11月在海安县文化乡通学桥被捕牺牲
赵兴友	1927年10月	南阳村	1949年1月	华北野战军19兵团某部战士	1949年5月在甘肃因战牺牲
葛仁龙	1927年3月	南阳村		志愿军27军80师239团3连战士	1951年11月在朝鲜新安里因战牺牲
邓玉来	1920年9月	油坊头村	1940年10月	紫石独立团1连通讯员	1943年7月在东台张家灶因战牺牲
徐德和	1923年	油坊头村	1946年5月	海南区游击队战士	1947年2月在周家跳被捕牺牲
徐德盛	1924年	油坊头村	1944年8月	泰州独立团2排战士	1947年4月在仁桥四棵榆因战牺牲
王启华	1925年	油坊头村	1946年	泰州独立团战士	1947年9月在泰兴县因战牺牲

续表21-1

姓　名	出生时间	所属村	参加革命时间	牺牲时单位职务	牺牲地点及原因
葛　测	1921年3月	油坊头村	1941年	泰县货管局会计	1948年5月在泰兴县被捕牺牲
蒋荫奎	1919年	油坊头村	1944年	泰州独立团1营班长	1948年10月在海南区文化乡轻脚沟因战牺牲
葛显辉	1922年	油坊头村	1942年	苏中一分区特务团战士	1948年12月在泰兴县黄桥因战牺牲
张显华	1927年	油坊头村	1949年5月	志愿军26军77师231团1营战士	1950年12月25日在朝鲜咸镜南道泗水里因战牺牲
孟志成	1930年	油坊头村	1948年	志愿军20军59师175团战士	1951年4月在朝鲜因战牺牲
王友田	1929年4月	油坊头村	1949年	志愿军20军60师警卫连战士	1951年6月在朝鲜金城战役中牺牲
葛仁钧	1931年	油坊头村	1949年7月	志愿军20军警卫营战士	1951年9月在朝鲜杨国洞因战牺牲
张本义	1929年	油坊头村	1951年5月	志愿军某部炮兵6团战士	1951年10月在朝鲜杨谷郡因战牺牲
朱桂林	1924年	油坊头村	1949年6月	志愿军某部副班长	1953年在朝鲜因战牺牲

第三节　名人履痕

范仲淹修建捍海堰　范仲淹（989—1052），北宋著名文学家、政治家、军事家，祖籍苏州。

北宋天禧年间（1017—1021），范仲淹任泰州西溪盐仓监。天圣元年（1023年），范仲淹满怀“有益天下之心”上书淮南转运副使张纶，建议急速修复捍海堰，以救万民之灾。几经周折，在天圣六年终将途经城东镇域东北的捍海堰修成，前后历时四载。城东镇境域内古镇西场自古就是沿海盐场，堰成后，受益显著，“来洪水不得伤害盐业，挡潮水不得伤害庄稼”，外出逃荒的众多居民、盐民陆续返乡，百姓得以安生，且农灶两受其利。明代后，人们将阜宁至吕四的海堤统称为范公堤。明嘉靖七年（1528年），海安在西寺为其筑范文正公祠。清乾隆十九年（1754年）西场进士仲鹤庆诗赞范仲淹：“茫茫潮汐中，矶矶沙堤起。智勇敌洪涛，胼胝生赤子。西塍发稻花，东火煎海水。海水有时枯，公恩何日已。”

图21-10　天圣二年（1024），范仲淹征集兵夫四万余人兴筑捍海堰　（蔡方俊/提供）

1998年5月，西场镇政府为纪念范仲淹的功绩，雕刻一尊范仲淹石像，安放在西大街202省道与西港路交会处。西场人范韧庵为范仲淹二十九世裔孙，现旅居上海，为当代著名书画家。他特作《范公仲淹像赞》：“范公仲淹，北宋名臣。少怀大志，不碍孤贫。初作盐官，请命抗尘。筑堤防海，造福万民。宦途多故，不为已营。公私壁垒，冒死廷争。捍御西夏，胸有甲兵。构城筑寨，计决谋精。办学储才，郁郁彬彬。任人唯贤，罢黜唯亲。文主醇正，养活存真。先忧后乐，革故鼎新。”西场书法家仲贞子也赋七绝一首，名为《捍海长城》诗曰：“范公忧乐关天下，捍海长堤百代功。阅尽沧桑堤尚在，造林今日更防风。”

斗转星移，沧海桑田。历史上的范公堤今虽失却捍海之能，但范仲淹为城东镇先民们所做的贡献以及他的千古名言“先天下之忧而忧，后天下之乐而乐”则永载史册，百世流芳。

刘景韶抗倭　刘景韶（1507—1578），明抗倭英雄，字子戎，号白川，湖北崇阳县人，嘉靖二十三年（1544年）进士。浙江海道副使刘景韶初至海安，见倭寇沿海大肆骚扰祸害黎民百姓，并有西犯淮扬之势。他同巡抚唐顺之一道，除运筹布策率兵进剿外，又动员民众重建坚固的海安土城。嘉靖三十八年（1559年）夏，倭寇再次聚集数千人乘海船进犯。他们在水上打败通州副总兵，进而直抵如皋，西窥淮扬，势如风火。紧要关头，刘景韶身先士卒，率部奋勇抵抗，在丁堰、如皋等地杀得倭寇尸横遍野。倭寇星夜沿海边逃往庙湾，又被一举击败。不久，从江南溃退的倭寇重新纠集起来，再度侵犯通州。刘景韶闻报，当即挑选战军数百，扼守如皋岔河（今如东县境域内），截阻敌人，自己与边将邱陞率兵埋伏于西场，伺机出击。是日，东南方向尘土飞扬，倭寇果至。刘景韶一声号令，骑兵风驰电掣，分两路左右夹击，步卒以大炮从中路猛轰。一场恶战过后，倭寇被杀被擒300余人。混战中，有一群倭寇逃奔西场东郊的仲家园。刘景韶率兵将敌兵围困激战三昼夜，直至全胜，计斩敌大酋长以下1527人，活捉15人。

在平倭战役中，刘景韶驰骋于通、如、扬、淮之间，风餐露宿，衣不解带有三月之久，共歼倭寇3000余人。由此，沿海倭患逐渐平息，各地民众得以安宁。

仲家园大捷后，西场民众当即聚埋倭寇尸骨，封土其上，并立"刘公平倭冢"石碑一块，以彰显刘景韶功绩，并祭此役中壮烈牺牲的邱陞将军及其士卒英灵。

图21-11　刘景韶抗倭纪念馆内刘景韶石刻坐像

邱陞迎战倭寇　邱陞（？—1559），明抗倭英雄，河南封邱人，字嵩山，号跻堂，明嘉靖武举，

图21-12　邱陞杀敌图　（蔡方俊/提供）

后升任山西平阳游击将军。嘉靖三十八年（1559年），倭寇扰乱江南，邱陞提兵镇宁。是年三月，倭寇入侵通州、如皋等地，邱陞率兵抗击，屡建战功，升任扬州参将。是年七月，配合刘景韶在西场迎战倭寇，邱陞奋力当先，力斩倭寇90余人，残敌逃往仲家园。时夜降大雨，邱陞穷追倭寇，马失前蹄坠地为敌所害，士民闻讯无不痛哭流涕。2008年，原西场镇将平倭冢原址南北新筑一条水泥路，命名为邱陞路，以纪念邱陞功绩。

图21-13　韩国钧像

韩国钧不忘乡情　韩国钧（1857—1942），晚清名臣、抗日楷模，字紫石，晚号止叟，海安镇人。晚清时，韩国钧在河南、吉林、广州游宦。清光绪丙午（1906年）秋，紫石姻兄宦成假归，邀集族众决议，实行修谱及分举执事。

民国初，韩紫石任江苏省民政长期间又一次回乡，专门调解南庄纠纷。并校订东坝城东韩洋一支谱录。其间，陆续为韩氏宗谱撰写3篇传记，并亲自为终卷作跋。韩国钧官至省长，却一直不忘资助自己求学的长字辈本家兄弟韩茂香一家给予的恩情。在苏皖任职期间，经常到韩家洋看望。韩茂香之父去世后，他常来吊祭，每到丁家缺，下轿步行三里路，以重礼仪凭吊。坐落在韩徐九组建于清乾隆年间的地藏庵，大门上方一块白条石上，曾有韩国钧为其书写的"地藏庵"三个大字，引人注目。

民国30年（1941年），日军再次入侵海安镇时，韩紫石避居韩家洋北的徐家庄，拒绝出任伪江苏省省长，被日伪围禁于徐家庄。1942年他忧愤成疾，终至不起，以身殉国。

粟裕坐镇指挥苏中战役　粟裕（1907—1984），原名粟多珍，曾用名粟志裕，革命家、军事家、大将，侗族，湖南会同人。粟裕在抗日战争期间率部在海安城东地区抗击日伪军。解放战争初期，国民党军队即将进攻如皋、海安等地时，粟裕将华中野战军司令部设在境域景家庄，借住在景学银、景伯屿、景伯鸣家中。民国35年7月10日，粟裕在此主持召开华中野战军作战会议，决定将国民党整编第83师作为首歼目标，签发《关于攻击泰兴、宣家堡之敌的作战命令》，召开营以上干部参加的动员誓师大会。粟裕与经过苏中的滕代远一起出席誓师大会，并作动员报告，号召华中野战军，彻底粉碎国民党顽固派的进攻，保卫苏中解放区，掀开苏中七战七捷的帷幕。同年8月10—11日，他率指挥部坐镇境域立头集镇，指挥苏中战役第四仗李堡战斗。7月13日至8月26日，以3万多人迎战国民党军队12万余人，首创一个战役歼敌5.3万余人的记录，对解放区南线扭转局面起到重要作用。苏中地区当时流传一句民谣：

图21-14　粟　裕

"毛主席当家家家旺，粟司令打仗仗仗胜。"

叶飞率部界墩练兵　叶飞（1914—1999），军事家、政治家，原名叶启亨，曾用名叶琛。祖籍福建南安市金淘镇，生于菲律宾奎松省，是中国唯一一位具有双重国籍的开国上将。民国30年，叶飞任新四军第1师副师长、第1旅旅长兼政治委员和中共苏中第三分区地委书记，参与指挥苏中地区反"扫荡"、反"清剿"和反"清乡"作战。民国32年5月，叶飞在海安一带开展工作。同年6月4日晚，叶飞和朱克靖（时任苏中三分区专员公署专员）率一个警卫排30余人在"白皮红心"伪乡长葛仁凤（地下工作者）的秘密帮助下，从通学桥出发经孙公铺（今城东镇油坊头村）后，再从洋蛮河过河到东台北部地区向陈毅汇报工作。1949年1月，华东野战军第一纵队司令兼政委的叶飞率10兵团29军86师到立发桥界墩村进行渡江战役战前训练。界墩群众腾房子让部队住宿，卸门板、锯木头给部队练水上功夫。当时立发地区为大军南下投入民工3400多人。

邢白坚守西场七春秋　邢白（1923—2008），江苏如皋人，省人大常委会原副主任。民国29年11月加入中国共产党。民国31年，时任苏中四分区地委组织部组织干事的邢白，在对日军进行反"清乡"斗争中，以地委交通委员会委员的身份在通、如、海、启成功建立秘密交通线。是年底，他和孙颂山、苏明等深入城东境域内的新运、立发、练港等乡组织农会，发展民兵，培养骨干，发展党员，开辟新区；发动群众、民兵挖公路、割电线，惩汉奸，实行"二五"减租减息，建立人民民主政权。民国34年11月，邢白任西场区委书记。民国35年8月，他组织民兵配合主力部队攻打李堡、参加洋蛮河伏击战、组织担架队支援海安包围战。是年11月，韩徐、鸭港乡"铁叉队"（地方反动组织，武器为两齿铁叉）活动猖狂，邢白和区游击连连长仲跻山带队，兵分两路，引蛇出洞，当场处决"铁叉队"首恶分子。同年12月，西场、喧口两区合并为西喧区，成立西喧区武工队、游击连，邢白任西喧区委书记。他组织西喧区武装力量开展边区除奸，配合东台县团参谋长石根攻克姚家码头据点，在西洋蛮河设伏毙伤国民党军，在韩洋倒窑儿桥一带打退下乡抢粮抓人的国民党联防队和还乡团，为城东人民的翻身解放立下不朽功勋。新中国成立前后，邢白先后任海安县委宣传部部长，海安县县长，苏北行署卫生局副局长，江苏省人事局副局长，中共海安县委第一书记，中共无锡市委副书记，中共南通市委书记，中共江苏省纪委书记及江苏省第六、七届人大常委会副主任。

第四节　人　物　表

一、2011年城东镇在外部分乡贤简表（以地区分布排序）

表21-2

省、市	姓名	性别	出生年份	工作单位	毕业院校	学历学位	职务职称	原籍所在地
南京市	陈玉贵	男	1950	南京市雨花台区人民法院	南京师范大学	大学	副巡视员、高级法官	城东镇
南京市	袁辰光	男	1950	南京医科大学	徐州师范学院	大学	处级调研员	堑南村
南京市	张　坚	男	1951	南京市公安局	江苏电大	大学	副调研员、高级工程师	西场街道
南京市	张加明	男	1952	南京市第一医院	皖南农学院	大学	主任、书记、工程师	新生村
南京市	田政权	男	1954	南京黄浦汽车修理厂	总参五局	大学	党委书记	刘缺村
南京市	曹　进	男	1954	江苏海事职业技术学院	东北师范大学	大学	副教授	石桥村
南京市	许秀平	男	1957	江苏省农林厅	江苏农学院	大学	研究员	品建村
南京市	王圣柏	男	1959	南京秦淮区环保局	徐州师范学院	大学	副局长	葛家桥村
南京市	黄仁俊	男	1959	金陵药业有限公司	安徽教育学校	大学	书记、高级会计师	品建村
南京市	茅建国	男	1961	南京工业大学	英国威尔斯大学	硕士	后勤集团总经理、高级工程师	堑南村
南京市	章　俊	男	1961	南京港口集团	武汉交通科技大学	大学	董事长、高级经济师	洋蛮河村
南京市	储建安	男	1961	南京市下关区司法局	中央党校	大学	办公室主任	西场街道
南京市	丁　旭	男	1962	译林出版社	解放军外国语学院	大学	首席编辑、副编审	城东镇
南京市	刘才赋	男	1962	江苏星汉置业有限公司	南京大学	博士	总经理	韩徐村
南京市	王晓平	男	1962	江苏省人力资源和社会保障厅	南京大学	大学	处长	韩洋村
南京市	季俊来	男	1962	南京市十二中学	江苏省委党校	大学	中学高级教师	立发桥村
南京市	康　斌	男	1962	江苏宁沪高速公路股份有限公司	中央党校	大学	副经理	三角村
南京市	戴秀丽	女	1962	江苏教院附属高级中学	南京师范大学	大学	中学高级教师	韩徐村
南京市	仲伟俊	男	1962	南京大学	东南大学	博士	副院长、教授、博导	西场街道
南京市	苏　斌	男	1963	江苏省安全生产监督管理局	南京大学	博士	处长	城东镇
南京市	刘　俊	男	1963	江苏省地方志办公室	南京陆军学校	大学	副处长	堑南村

续表21-2

省、市	姓名	性别	出生年份	工作单位	毕业院校	学历学位	职务职称	原籍所在地
南京市	陆　明	男	1963	南京理工大学	华东工学院	博士	教授、博导	农林村
南京市	闻雪芹	女	1964	江苏省总工会干部学校	南京师范大学	大学	教研室主任、副教授	立发桥村
南京市	严　芳	女	1964	江苏省质检院	东南大学	大学	高级技师	韩洋村
南京市	姚松根	男	1964	南京汽车锻造有限公司	洛阳工学院	大学	高级工程师	堑南村
南京市	周　俊	男	1964	南京师范大学附中	南京师范大学	大学	副校长、中学高级教师	三丰村
南京市	吉开俊	男	1964	江苏省电力公司	武汉大学	硕士	高级工程师	刘缺村
南京市	袁永生	男	1964	河海大学	南京大学	博士	教授	界墩村
南京市	张仁杰	男	1964	江苏海事学院	上海海事大学	硕士	副主任、副教授	农林村
南京市	於明亮	男	1964	南京林业大学	南京林业大学	研究生	主任、副教授	民桥村
南京市	刘少春	男	1964	熊猫电源设备公司	哈尔滨工业大学	大学	副总	堑南村
南京市	徐竹贤	男	1964	江苏纺织集团	对外经济贸易大学	大学	总经理	韩徐村
南京市	景生成	男	1964	南京海事局	南京河运学院	大学	大队长、高级工程师	城东镇
南京市	许　立	男	1964	南京中医药大学	南京中药学大学	博士	教授	楼基村
南京市	徐循华	男	1964	江苏省文化厅	上海华东师范大学	研究生	处长	壮志村
南京市	卢宗林	男	1965	南京海力海运有限公司	大连海事大学	大学	指导船长、高级工程师	壮志村
南京市	陆　建	男	1965	南理工紫金学院	南京师范大学	博士	院长、教授	农林村
南京市	何循宏	男	1965	江苏省农业科学院	江苏农学院	大学	主任、副研究员	堑南村
南京市	刘兰芳	女	1965	南京市十二中	扬州大学	大学	中学高级教师	城东镇
南京市	何秀国	男	1965	南京军区空军司令部	西安空军电讯工程学院	大学	高级工程师	油坊头村
南京市	葛坤林	男	1965	南京市城建集团	南京大学	大学	高级会计师	油坊头村
南京市	葛仁余	男	1965	建设银行江苏省分行	东南大学	大学	总经理、高级工程师	优胜村
南京市	杨和稳	男	1966	南京信息职业技术学院	南京师范大学	硕士	主任副教授	南屏村
南京市	范存美	女	1966	东华汽车实业有限公司	扬州师范学院	大学	高级讲师	堑南村
南京市	杨秀彬	男	1966	南京扬子石化公司	南京大学	大学	高级工程师	洋蛮河村
南京市	祝宏俊	男	1966	南京师范大学	吉林大学	博士后	副院长、副教授	开屏村
南京市	刘加平	男	1967	江苏省建筑科学研究院	东南大学	博士	副院长	葛家桥村
南京市	李海燕	女	1967	中石化华东分公司	东南大学	大学	高级工程师	开发新村
南京市	沈　巍	男	1967	北京华联综合超市南京江宁分公司	北京科技大学	大学	经理	新生村
南京市	倪富健	男	1968	东南大学	东南大学	博士	教授、博导	洋蛮河村
南京市	丁国明	男	1968	江苏省军区	江苏省委党校	研究生	副团职	城东镇

续表21-2

省、市	姓名	性别	出生年份	工作单位	毕业院校	学历学位	职务职称	原籍所在地
南京市	王小平	男	1968	中国药科大学基础部数学教研室	北京师范大学	大学	副教授	三角村
南京市	王　勤	女	1968	陶行知实验中学	河海大学	大学	中学高级教师	泰宁村
南京市	杨　森	男	1968	南京军区空军司令部	空军领航学院	大学	副处长	泰宁村
南京市	郑谦益	男	1968	南京邮电大学	苏州大学	硕士	副研究员	城东镇
南京市	韩　健	男	1968	江苏省苏建集团股份有限公司	南京大学	博士	董事长、高级经济师	南屏村
南京市	钱文军	男	1968	南京工业大学	南京建筑工程学院	硕士	高级工程师	施秦村
南京市	李明富	男	1969	南京大学	南京大学	博士	副教授	新生村
南京市	赵正驰	男	1969	江苏省人大常委会	南京大学公共管理学院	硕士	办公室主任	南阳村
南京市	陈广俊	男	1969	江苏鑫剑商务服务有限公司	东南大学	大学	总工程师	堑南村
南京市	陆长梅	女	1969	南京师范大学	南京师范大学	博士	副教授	农林村
南京市	张祥云	男	1969	江苏省地质调查研究院	南京大学	硕士	高级工程师	城东镇
南京市	周建稳	男	1969	江苏警官学院	江苏警官学院	大学	副主任	刘缺村
南京市	仲　璐	女	1969	共青团江苏省委	南京大学	大学	办公室副主任	戚庄村
南京市	张卫东	男	1970	江苏省第二建筑设计院	中国纺织大学	大学	高级工程师	洋蛮河村
南京市	徐伯衔	男	1970	南京市十二中	南京师范大学	大学	中学高级教师	城东镇
南京市	解祥梅	女	1970	南京晓庄学院	南京师范大学	硕士	副教授	界墩村
南京市	解奇林	男	1971	江苏国信集团	东南大学	大学	高级工程师	三丰村
南京市	陆　剑	男	1972	南京艺术学院	南京艺术学院	硕士	副教授	西场街道
南京市	张海青	男	1974	江苏省人民检察院反贪局	江苏警官学院	大学	办案二组组长	戚庄村
南京市	王庆生	男	1975	南京理工大学	南京师范大学	硕士	支部书记	壮志村
南京市	葛宇清	男	1975	南京市铜山缫丝厂	苏州丝绸工学院	大学	厂长	上湖村
南京市	丁莲华	女	1976	瑞控机械（南京）有限公司	南京大学	硕士	财务经理	壮志村
南京市	吴海勇	男	1976	南京晓庄学院	南京航空航天大学	硕士	副教授	雄庄村
南京市	曹晓妹	女	1976	江苏海事职业技术学院	江苏教育学院	大学	系党总支书记	西场街道
南京市	曹瑞兵	男	1976	南京农业大学	南京农业大学	博士	副教授	热港村
南京市	仲海宁	男	1977	江苏省教育考试院	苏州大学	大学	助理研究员	西场街道
南京市	涂　勇	男	1977	江苏省环境科学研究院	河海大学	硕士	副所长	城东镇
南京市	石　磊	男	1978	国网电力科学研究院	清华大学	硕士	部门主任	立发桥村
南京市	许爱华	男	1980	南京航空航天大学	南京航空航天大学	硕士	主任	上湖村
无锡市	许秀连	男	1964	无锡市航天金穗高技术有限公司	南京航空学院	大学	高级工程师	城东镇
无锡市	吴正国	男	1966	江南大学	南京师范大学	大学	办公室主任	戚庄村
无锡市	虞爱国	男	1967	江苏省军区无锡干休所	解放军广州通讯学院	大学	政委	热港村

续表21-2

省、市	姓名	性别	出生年份	工作单位	毕业院校	学历学位	职务职称	原籍所在地
无锡市	姜和俊	男	1968	无锡市308电子研究所	北京航空航天大学	大学	高级工程师	刘缺村
无锡市	储　玲	女	1969	常州常申会计师事务所	南京建工学院	大学	造价师、高级工程师	堑南村
无锡市	吴兴跃	男	1970	无锡市越燕电子设备有限公司	中国计量学院	大学	总经理	西场街道
无锡市	周　健	男	1970	无锡盛邦电子有限公司	东南大学	大学	高级工程师、总经理	葛家桥村
无锡市	顾　宁	男	1971	常州市业成房地产开发公司	江苏财经大学	大学	财务总监、高级会计师	堑南村
无锡市	季　鸿	男	1971	江苏省环保厅苏南环保督查中心	南京大学	大学	主任	石桥村
徐州市	吴俊来	男	1947	南空徐州干休所	第二军医大学	大学	医务主任	壮志村
徐州市	韩才根	男	1962	徐州矿务集团	江苏省委党校	研究生	副矿长、会计师	韩洋村
徐州市	刘昌明	男	1964	徐州矿务集团	江苏省委党校	硕士	秘书长	新立村
徐州市	陶学勤	男	1965	徐州市贾汪区人民武装部	解放军南京政治学院	大学	政委	石庄村
徐州市	陈仁富	男	1966	徐州医学院附属医院	徐州医学院	硕士	主任、主任医师	界墩村
徐州市	范从海	男	1974	徐州市儿童医院	徐州医学院	大学	院长、副主任医师	新生村
徐州市	张　林	女	1981	中国矿业大学	中国矿业大学	博士	讲师	界墩村
苏州市	宗序明	男	1954	苏州市发改委	中央党校	大学	调研员、副主任	民桥村
苏州市	陈玉书	男	1954	苏州市供电局	上海交大	大学	党委书记、高级工程师	韩洋村
苏州市	王则斌	男	1960	苏州大学	苏州大学	博士	副院长、教授	韩徐村
苏州市	王克稳	男	1964	苏州大学王健法学院	苏州大学	大学	教授、博导	五坝村
苏州市	夏科峰	男	1965	张家港保税区华协国际贸易有限公司	天津科技大学	大学	总经理	韩洋村
苏州市	俞广建	男	1966	苏州市农业委员会	合肥炮兵指挥学院	大学	副处长	上湖村
苏州市	周　毅	男	1966	苏州大学社会学院	中国人民大学	大学	副院长、教授	立发桥村
苏州市	杨余春	男	1967	苏州大学	武汉大学	博士	教授	南屏村
苏州市	魏钦海	男	1968	苏州大学附属第二医院	苏州大学	大学	财务处长、高级会计师	民桥村
苏州市	曹　宏	男	1969	苏州市苏苑高级中学	苏州大学	大学	主任、中学高级教师	西场村
苏州市	丁邦勇	男	1969	上海绿地集团	江苏职业大学	大学	注册造价师	立发桥村
苏州市	史肖华	男	1969	苏州市立医院	山东医科大学	硕士	副主任医师	城东镇
苏州市	葛健锋	男	1972	苏州大学	苏州大学	博士	副教授	葛家桥村
苏州市	魏志勇	男	1975	苏州博瑞特机电科技有限公司	苏州大学	大学	总经理	农林村
苏州市	郁　琳	女	1978	苏州集创电子有限公司	广州暨南大学	博士	会计主管	泰宁村

续表21–2

省、市	姓名	性别	出生年份	工作单位	毕业院校	学历学位	职务职称	原籍所在地
南通市	孙宝玉	男	1944	如东县发改委	江苏理工大学	大学	高级工程师	壮志村
南通市	仲　银	男	1955	江苏省南通农场	南京农学院	大学	党委书记、高级农艺师	爱凌村
南通市	仲崇明	男	1957	南通市信息中心	山东矿业学院	大学	副处级职员、高级工程师	新立村
南通市	潘绍来	男	1960	南通纺织职业技术学院	无锡轻工业学院	硕士	处长、研究员	堑南村
南通市	魏钦稳	男	1961	南通市国土资源局	中央党校	大学	副局长	民桥村
南通市	徐　蔚	男	1961	南通大学	江苏科技大学	大学	主任	立发桥村
南通市	仲崇俊	男	1962	南通市第一人民医院	南通医学院	博士	副院长、硕士生导师	爱凌村
南通市	王　欣	男	1962	南通市发展与改革委员会	苏州大学	大学	副处长、高级会计师	城东镇
南通市	张卫斌	男	1962	南通大学	中央党校	大学	副部长	城东镇
南通市	管怀进	男	1962	南通大学附属医院	中山医科大学	硕士	全国著名眼科专家、眼科文史研究专家、管子思想文化研究专家	南屏村
南通市	刘才旺	男	1963	南通大学附属医院	南通大学	大学	副主任医师	韩洋村
南通市	许其国	男	1963	南通二纺机有限公司	南京大学	硕士	副总经理	西场街道
南通市	范　华	男	1964	南通市医疗保险基金管理中心	江苏省委党校	硕士	副主任、高级会计师	壮志村
南通市	王　芳	女	1964	南通大学	南京师范大学	大学	副教授	城东镇
南通市	朱美红	女	1964	南通市第一人民医院	中国药科大学	大学	主任药师	农林村
南通市	陈锡龙	男	1964	南通市人事局	上海交通大学	硕士	处长	五坝村
南通市	张　华	男	1964	南通大学	中科院上海光机所	博士	副处长、教授	洋蛮河村
南通市	魏钦才	男	1964	南通市房产管理局	东南大学	硕士	高级工程师	农林村
南通市	潘建华	男	1965	如东县委、县政府	江苏省委党校	研究生	县委副书记、县长	壮志村
南通市	范志翔	男	1965	南通航运职业技术学院	中央党校	大学	处长	壮志村
南通市	储开岳	男	1965	南通市肿瘤医院	南通医学院	大学	副主任医师	热港村
南通市	王　柱	男	1965	华能南通电厂	东南大学	大学	主任	城东镇
南通市	吴海霞	女	1965	南通大学	江苏教育学院	研究生	副研究馆员	韩洋村
南通市	季瑞元	男	1965	南通市建设局	南京农业大学	大学	处长	城东镇
南通市	仲岑然	女	1966	南通纺织职业技术学院	东华大学	硕士	副教授	西场街道
南通市	周海峰	男	1966	南通天生港发电有限公司	上海电力学院	大学	副总工程师	西场街道
南通市	崔伯平	男	1966	江苏中瑞华会计师事务所	澳门科技大学	硕士	总经理	洋蛮河村
南通市	梅德林	男	1966	南通市财政局	南京大学	大学	处长、高级会计师	界墩村
南通市	刘书平	男	1966	南通佳嵘机械有限公司	江苏大学	大学	总经理	石桥村
南通市	汤常青	男	1966	南通港航工程有限公司	扬州大学	大学	书记	戚庄村

续表21-2

省、市	姓名	性别	出生年份	工作单位	毕业院校	学历学位	职务职称	原籍所在地
南通市	葛健民	男	1967	农银南通市港闸支行	东南大学	大学	总经理	城东镇
南通市	丁邦东	男	1967	南通大学	苏州大学	博士	教授	上湖村
南通市	田　巍	男	1967	江苏南通女子监狱	南京大学	硕士	副政委、纪委书记	韩徐村
南通市	刘才盛	男	1967	如东县人民政府	江苏省委党校	研究生	副县长	韩徐村
南通市	吕广明	男	1967	南通大学医学院	日本德岛大学	博士	主任、教授、博导	城东镇
南通市	陈广健	男	1967	南通职工大学	大连理工大学	大学	副主任、高级工程师	洋蛮河村
南通市	严红梅	男	1967	南通市劳动和社会保障局	江苏省委党校	硕士	处长	南屏村
南通市	李　擎	男	1967	华能国电实业开发有限公司	东南大学	硕士	总经理、副研究员	西场街道
南通市	杨　毅	女	1967	南通大学	江苏理工大学	大学	副处长、高级会计师	城东镇
南通市	杭　斌	男	1967	如皋市高等师范学校	苏州大学	大学	副校长	洋蛮河村
南通市	徐　荣	男	1967	南通市安全生产监督管理局	华东管理大学	硕士	副局长	西场街道
南通市	沈爱明	男	1968	南通市接待办公室	扬州大学中文系	硕士	处长、副研究馆员	堑南村
南通市	仲国华	男	1968	南通市编办	南通经济学院	大学	处长	新立村
南通市	熊忠林	男	1969	南通中远川崎船舶工程有限公司	江苏工程大学	大学	高级主管工程师	葛家桥村
南通市	宋祥建	男	1969	南通市海洋与渔业局	上海水产大学	大学	主任	南屏村
南通市	张怀国	男	1969	江苏省纺织工业设计研究院有限公司南通分公司	扬州大学	大学	副总经理、国家二级注册结构师	热港村
南通市	许波建	男	1970	南通外轮代理公司	镇江冶金学院	大学	财务经理、高级会计师	三丰村
南通市	仲丛贵	男	1970	南通大学	苏州大学		副教授	热港村
南通市	王林峰	男	1973	南通大学	上海复旦大学	博士	副教授	三丰村
南通市	李爱玲	女	1974	南通职业大学	南京师范大学	硕士	副教授	新生村
南通市	崔建生	男	1974	南通建筑科学研究院有限公司	华中科技大学	大学	总经理、高级工程师	新立村
南通市	丛小祥	男	1976	南通和信工程勘测设计院	扬州大学	大学	主任	泰宁村
南通市	贲树俊	男	1980	南通供电公司	上海交通大学	大学	主管	三角村
南通市	张茂祥	男	1954	如皋市勘测院	江苏建筑工程学院	—	副院长	韩洋村
连云港	葛存榴	男	1944	中交三航局江苏分公司	华东水利学院	大学	技术顾问、高级工程师	洋蛮河村
连云港	王跃进	男	1959	连云港市云安消防工程有限公司	江苏高教自学考试英语专业	大学	总经理	戚庄村
连云港	吕国平	男	1966	连云港市建筑工程研究院有限公司	东南大学	大学	主任、高级工程师	洋蛮河村
淮安市	宋长平	男	1965	华能淮阴电厂	上海电力学院	大学	高级工程师	立发桥村

续表21-2

省、市	姓名	性别	出生年份	工作单位	毕业院校	学历学位	职务职称	原籍所在地
盐城市	吴俊卿	男	1955	江苏悦达盐城拖拉机制造有限公司	镇江农机学院	大学	副总经理、高级工程师	西场街道
扬州市	潘绍伟	男	1954	扬州大学	扬州师范学院	大学	副院长、教授	西场街道
扬州市	许金来	男	1955	江苏扬农化工集团有限公司	浙江工业大学	大学	副总经理、高级工程师	西场村
扬州市	范丛山	男	1964	扬州工业职业技术学院	江苏工学院	大学	高级工程师	民桥村
扬州市	张远萍	女	1968	江都市人民医院	南京医学院	大学	护士长、副主任护师	堑南村
扬州市	严长杰	男	1970	扬州大学	扬州大学	博士	系副主任、教授	界墩村
扬州市	李海滨	男	1971	江苏省牧羊集团有限公司	江苏农学院	大学	部长、高级工程师	城东镇
镇江市	许友谊	男	1962	江苏大学工业中心机电总厂	江苏大学	硕士	书记、厂长、研究员	热港村
镇江市	张　健	男	1964	江苏科技大学	南京农业大学	大学	副处长、副研究员	爱凌村
镇江市	周　旭	男	1967	江苏省镇江监狱	无锡轻工业学院	大学	监区长	三丰村
镇江市	杨　进	男	1969	镇江高等专科学校	江苏教育学院	大学	系书记	泰宁村
镇江市	陈云俊	男	1970	三五九医院	镇江医学院	大学	主任、副主任医师	品建村
镇江市	刘彬霞	女	1971	江苏大学	江苏理工大学	硕士	主任	西场村
泰州市	吉　林	男	1962	泰州大桥指挥部	河海大学	博士	总工程师	城东镇
泰州市	王永宏	男	1966	中国银行泰州分行	中央党校	大学	经理	丰产村
北京市	葛楚民	男	1932	中央军委办公厅	华东军政大学	大学	原办公室主任、研究员	葛家桥村
北京市	曹德泉	男	1948	国防大学	国防大学	大学	大校	戚庄村
北京市	景梅芳	女	1951	农业部	东北农业大学	大学	处长、高级农艺师	界墩村
北京市	储祥银	男	1951	北京气象宾馆	南京气象学院	大学	总经理	壮志村
北京市	贲能鉴	男	1962	北京三兴加腾石化集团	北京大学	硕士	常务副总、高级会计师	五坝村
北京市	储呈平	男	1963	中国民用航空局	北京大学	研究生	副司长	丰产村
北京市	成秀虎	男	1964	气象出版社	对外经贸大学	硕士	编审、副总编辑	新生村
北京市	田桂山	男	1964	中央农业广播电视学校	南京农业大学	大学	副校长、高级农艺师	刘缺村
北京市	王国田	男	1964	海军装备部	海军第二炮兵学院	研究生	高级工程师	葛家桥村
北京市	陈波涛	男	1964	北京奥信化工公司	南京理工大学	博士	高级工程师	城东镇
北京市	吉英存	男	1965	北京恒润科技有限公司	北京航空航天大学	博士	总经理	界墩村
北京市	仲继寿	男	1965	国家住宅与居住环境工程技术研究中心	中国矿业大学	博士	主任、教授级高工	韩洋村
北京市	于学平	男	1965	北京市大昆仑房地产开发有限公司	北京理工大学	硕士	财务总监	三丰村
北京市	王太国	男	1965	总后勤部财务部综合计划局	中国社会科学院	研究生	副局长	五坝村

续表21-2

省、市	姓名	性别	出生年份	工作单位	毕业院校	学历学位	职务职称	原籍所在地
北京市	张　英	女	1965	北京五洲工程设计研究院	东南大学	硕士	教授级高工	城东镇
北京市	沈义银	男	1965	海军政治部办公室	海军航空技术学院	—	招待所书记	洪庄村
北京市	赵桂生	男	1965	北京工业大学	北京师范大学	硕士	副教授	城东镇
北京市	彭传圣	男	1966	交通部	大连理工大学	硕士	研究员	城东镇
北京市	吴义勤	男	1966	中国现代文学馆	苏州大学	博士	副馆长、教授、博导	丰产村
北京市	李存进	男	1967	财政部	中央党校	研究生	副主任医师	城东镇
北京市	张　韦	男	1967	北京赛能杰高新技术股份有限公司	北京大学	硕士	副总经理、高级工程师	丰产村
北京市	朱　明	男	1968	北京新兴医院	—	—	院长、书记	西场街道
北京市	王念鸿	女	1971	清华大学医院	南通医学院	硕士	副主任医师	洋蛮河村
北京市	宋权斌	男	1972	中国科学院工程热物理研究所	中国科学院工程热物理研究所	博士	助理研究员	开屏村
北京市	范广群	男	1972	北京市公安局	北京师范大学	大学	副主任	洪旺村
北京市	刘　军	男	1972	北京市人民政府	北京大学	研究生	处长	开屏村
北京市	史旭宇	男	1972	全国妇联	解放军理工大学	硕士	副主任	施秦村
北京市	王海彦	男	1973	北京华美源公司	中国农业大学	硕士	总经理	油坊头村
北京市	顾旻霞	女	1974	中国联通总部	南京航空航天大学	硕士	处长、高级工程师	壮志村
北京市	刘小燕	女	1976	外交部	南京大学	硕士	副处长	泰宁村
北京市	方　军	男	1978	北京搜狐网站	清华大学	硕士	总　监	泰宁村
北京市	吴夕春	男	1979	中国银行总行	清华大学	硕士	高级经理	戚庄村
北京市	周志明	男	1982	中国建设银行总行	北京大学	研究生	业务经理	城东镇
上海市	陈志忠	男	1954	上海东洋工程勘察设计研究所、国家海洋局东海信息中心	海军通讯学校	大学	党委书记、工程师	洪旺村
上海市	阙兴贵	男	1955	公安部上海消防研究所	清华大学	大学	副主任、研究员	品建村
上海市	陈延德	男	1955	上海市公安局	南京政治学院	大学	政委	立发村
上海市	葛培岩	男	1959	上海市葛培岩口腔诊所	北京协和医科大学	硕士	所长、教授、主任医师	葛家桥村
上海市	薛桂平	男	1962	中国人民解放军驻上海航天局中心军事代表室	上海第二医科大学	硕士	副主任医师	壮志村
上海市	徐　宏	男	1962	华东理工大学	华东理工大学	博士	处长、教授	泰宁村
上海市	吕厚军	男	1963	海富产业投资基金管理公司	南京大学	博士	高级经济师	城东镇
上海市	蔡祥军	男	1965	中国石化上海立德催化剂有限公司	江苏化工学院	博士	副总、高工	南阳村
上海市	许四杰	男	1966	上海海洋大学	上海海洋大学	硕士	党委书记、副研究员	施秦村

续表21-2

省、市	姓名	性别	出生年份	工作单位	毕业院校	学历学位	职务职称	原籍所在地
上海市	郭彩俊	男	1966	中国海运集团公司	大连海运学院	大学	指导船长、高级工程师	新立村
上海市	朱　俊	男	1968	上海市规划建筑设计研究院环境规划设计分院	上海复旦大学	博士	分院院长、研究员	五坝村
上海市	杨得智	男	1969	上海典畅文化传播有限公司	北京工商学院	大学	艺术总监	界墩村
上海市	王广林	男	1969	上海涵林工贸有限公司	—	大学	总经理	刘缺村
上海市	王勇军	男	1969	上海棉柯服饰有限公司	无锡轻工学院	大学	总经理、董事长	石桥村
上海市	丁晓阳	男	1971	朗盛化学（上海）有限公司	武汉大学	硕士	经理	民桥村
上海市	杨　进	男	1971	上海市汉玛公司	南京医药大学	硕士	总经理	南屏村
上海市	范存晔	男	1971	韩东化妆品有限公司	江苏理工大学	大学	设计总监	石桥村
上海市	左祥瑞	男	1971	上海市普陀区法院	南京大学	硕士	副庭长	壮志村
上海市	宋祥军	男	1972	基伊埃工程技术（中国）有限公司	西北工业大学	大学	经理	城东镇
上海市	吴　斌	男	1974	普印力中国	复旦大学	研究生	市场总监	南阳村
上海市	刘　俊	男	1974	上海海斯特叉车有限公司	东南大学	硕士	主管、高级工程师	民桥村
上海市	韩向阳	男	1975	上海飞思卡尔半导体有限公司	南京邮电学院	硕士	高级部门经理	韩洋村
上海市	朱清华	女	1977	上海大学	上海大学	硕士	人事处主任	刘缺村
上海市	朱海斌	男	1977	上海柴油机股份有限公司	同济大学	大学	华东分公司经理	戚庄村
上海市	杨和振	男	1977	上海交通大学	中国海洋大学	博士	副教授、硕士生导师	泰宁村
上海市	张　浩	男	1979	上海西信信息科技有限公司	英国伦敦大学、西敏寺大学电子	双硕士	总经理	农林村
山东省	李　宁	男	1961	山东泰安公路局	重庆后勤工程学院	大学	主任	洋蛮河村
山东省	陈　俊	男	1964	山东省高级人民法院	西安政治学院	大学	正处级	三角村
山东省	崔　然	男	1965	山东科技大学	山东矿业学院	硕士	主任、副研究员	新立村
山东省	韩　忠	男	1968	中国人民武装警察部队	中国地质大学	研究生	支队长、高级工程师	三丰村
山东省	许　升	男	1968	济南军区某要塞	合肥炮兵学院	大学	主任、副师	新生街道
山东省	刘　忠	男	1969	青岛市市北区91033部队	国防大学	硕士	政委	堑南村
山东省	刘远龙	男	1971	青岛供电公司	华北电力大学	双硕士	处长、高级工程师	品建村
山东省	张雪峰	男	1971	青岛海军潜艇学院	海军工程大学	大学	副主任	壮志村
山东省	徐从华	男	1972	海军北海舰队	海军广州兵种指挥学院	大学	主任	洋蛮河村
广东省	赵启华	男	1962	深圳市建设工程质量监督站	湖南大学	硕士	高级工程师	西场街道
广东省	张加宏	男	1965	广东湛江91878部队	解放军电子工程学院	大学	主任	壮志村
广东省	刘培贵	男	1966	深圳市大综艺房地产开发有限公司	河海大学	硕士	副总经理	洋蛮河村

续表21-2

省、市	姓名	性别	出生年份	工作单位	毕业院校	学历学位	职务职称	原籍所在地
广东省	沈树红	女	1966	广州白云国际机场民航广州医院	广东医药学院	大学	主任	上湖村
广东省	李紫阳	男	1971	格仕特集团公司	清华大学	大学	董事、总经理	城东镇
广东省	杨小栋	男	1971	施伟拔咨询（中国）有限公司	美国阿肯色州立大学	研究生	高级工程师	三角村
新疆维吾尔自治区	刘　勇	男	1959	财富商务酒店 新疆华富科技发展有限责任公司	重庆理工大学	大学	董事长	刘缺村
新疆维吾尔自治区	刘　洪	男	1960	新疆警官高等专科学校	首都经贸大学	硕士	处长、教授	韩洋村
新疆维吾尔自治区	王　宏	男	1962	新疆吐鲁番鑫磊建工集团有限责任公司新疆江苏企业联合会	新疆财经大学	大学	董事长、常务副会长	品建村
新疆维吾尔自治区	禾新来	男	1965	新疆国土资源厅	中央党校	硕士	副厅长	施秦村
新疆维吾尔自治区	徐科森	男	1966	新疆巴里坤县县委	厦门大学	大学	副书记	立发桥村
新疆维吾尔自治区	李　新	男	1968	库尔勒出入境检验检疫局	新疆大学	大学	副局长	丰产村
安徽省	仲兆宁	男	1953	中共安徽省纪委	中央党校	硕士	副书记	西场村
安徽省	仲兆京	男	1953	蚌埠医学院	安徽劳动大学	大学	党委书记、高级经济师	西场村
安徽省	仲宏斌	女	1956	安徽省台湾同胞联谊会	安徽大学	大学	常务副会长、高级工程师	西场村
安徽省	丁忠明	男	1962	安徽财经大学	安徽财经大学	博士	校长、教授、硕导	油坊头村
安徽省	陈延祥	男	1970	安徽79091部队	郑州高炮学院	—	政治委员	城东镇
浙江省	储开宏	男	1965	国航股份有限公司浙江公司	解放军空军后勤学校	大学	主任	农林村
浙江省	刘加华	男	1970	舟山中远船务工程有限公司	扬州大学	大学	主任	葛家桥村
浙江省	江海洋	男	1975	浙江省河道管理总站	河海大学	大学	副主任工程师	洋蛮河村
福建省	崔胜平	男	1955	武夷（福建）物业管理有限公司	福建师范大学	大学	董事长	西场村
福建省	史跃进	男	1958	福州市仓山区文化体育局	大连海军政治学院	大学	副局长	戚庄村
河南省	魏钦平	男	1969	解放军71315部队医院	济南军医学院	大学	门诊部主任、中校	品建村
河南省	许逢权	男	1974	中国铝业河南省焦作市中州分公司	郑州轻工业学院	大学	副主任	上湖村
黑龙江省	吴　平	男	1968	大庆油田有限责任公司	中国地质大学（北京）	博士	总会计师、高级会计师	刘缺村
河北省	何循来	男	1969	石家庄军械工程学院	石家庄军械工程学院	博士	副教授	堑南村
山西省	徐林坤	男	1952	山西省人力资源和社会保障厅	中央党校	大学	处长、高级经济师	西场街道

续表21-2

省、市	姓名	性别	出生年份	工作单位	毕业院校	学历学位	职务职称	原籍所在地
海南省	李秀生	男	1941	海口经济学院	北京石油学院	博士	院长、教授、博导	西场街道
广西壮族自治区	马　红	男	1944	广西壮族自治区柳州市政协	北京政法学院	大学	原副主席、党组副书记、高级律师	品建村
四川省	吴宝和	男	1974	中国地质科学院	四川大学	大学	高级工程师	城东镇
陕西省	乔龙海	男	1965	中国石油集团测井有限公司	华东石油学院	大学	安全副总监、高级工程师	农林村
江西省	陆中光	男	1928	江西地质矿产局	—	大学	教授、高级工程师	西场街道
香港	李江玕	男	1983	新加坡《未来政府》（FUIUREGOV）杂志社香港分社	新加坡南洋理工大学	大学	编辑兼香港分社负责人	西场街道
美国	韩召进	男	1960	东芝医学成像研究所（美国）	美国奥本大学	博士	高级工程师	韩洋村
美国	沈　旺	男	1964	美国旧金山医药公司	美国匹兹堡大学	博士后	科研组长	上湖村
美国	余志凌	男	1965	美国加州尔湾爱立根制药公司	美国费城药学院	博士后	首席科学家	城东镇
美国	许　强	男	1967	美国沃尔密基电子公司	新加坡国立大学	硕士	主任工程师	南屏村
美国	吕向阳	男	1969	美国阿特金斯公司	美国北卡罗那州立大学	博士	总工程师	洋蛮河村
美国	王　谦	男	1970	梅瑟大学	南京大学	博士	—	油坊头村
美国	王九芹	女	1971	美国国家卫生局过敏与感染研究所	美国马里兰大学	硕士	—	油坊头村
美国	钱学梅	女	1974	美国花旗银行加州山锦城市分行	美国加州立海沃德大学	硕士	理财投资主管	界墩村
澳大利亚	解　斌	女	1974	澳大利亚悉尼建筑事务所	—	硕士	—	界墩村
英国	宋国祥	男	1967	英国剑桥大学	英国剑桥大学	博士后	教授	开屏村

二、1950—2011年城东镇部分县以上先进人物一览表

表21-3

授予时间	荣誉授予单位	荣誉称号	荣誉获得者
1950	政务院	全国劳模	西场爱国高万隆
1956	江苏省人民委员会	优秀教师	韩洋乡中心小学陈松树
1960.5.20	省委、省人委	先进工作者	西场初中王恰邻
1960	全国妇联	全国“三八红旗手”	西场大队4队殷春兰
1974.4.19	南通地区革委会	上山下乡知识青年先进个人	壮志公社刘美玲
1977.11	县委、县革委会	优秀教师	韩洋乡中心小学蔡方俊
1977	江苏省革委会	工业学大庆劳动模范	城东镇广播站许映荣
1978.12.21	县革委会	优秀教育工作者	西场公社立新小学王文景 壮志中学杭祝平 西场区扫盲辅导员王长圣 西场中学周文卿
1979	全国妇联	全国“三八红旗手”	韩洋医院田宝芳

续表21-3

授予时间	荣誉授予单位	荣誉称号	荣誉获得者
1983.2.6	县政府	1982年度计划生育工作先进个人	西场区卫生所陈彦珍 壮志大队仲跻松 西场区韩永琪 西场公社卫生院刘美玲 农林大队崔益芳 石桥大队管贤壁 西场公社西场二队张文静 壮志公社卢庄大队卢忠山 壮志公社仲兆和
1983	省政府	农业劳动模范	南屏乡葛桥村张祥璜
1984.2.17	南通市政府、南通军分区	武器装备管理先进个人	张发来
1984.4.2	县政府、县人武部	民兵武器装备管理优秀保管员	张发来
1984	总参通讯兵部	优秀教员	南屏乡初级中学潘根生
1984.5.11	县委、县政府	教育系统记功人员	壮志中心小学陆广源、西场中学马明道、西场小学仲济霞
1985.3	南通市妇联	“五好家庭”户主	卫同村
1986.1.3	南通市妇联	南通市妇女创造发明竞赛项目饲养生殖良性循环二等奖	张友美
1986.3.8	省、市妇联	“三八红旗手”	张友美
1986.3.11	国家计划生育委员会	全国计划生育先进个人	立发乡田宝银
1986.6.27	南通市委	优秀党员	立发中学徐春赋
1986.7.11	县委、县政府	1985年度教育系统记大功、记功人员	韩洋乡中心小学刘桂平 立发中学张吉士 新生乡中心小学周梅山、丁邦达 南屏乡中心小学葛凌
1986.10.17	县政府	县企业财务会计工作先进个人	立发砖瓦厂刘发祥 南屏砖瓦厂卢圣桂
1987.4.8	南通市财政局	财政系统先进工作者	丁文松　钱文海
1987.4.16	县委、县政府	1986年度记功人员	新生乡钱文海 立发乡张佳生 南屏乡唐仲山
1987.4.20	县政府	1986年度教育系统记功人员	西场镇中心初中周建康 壮志中心初中薛其祥 新生中心初中韩忠俊 韩洋中心初中于代昌 立发新华小学王布根 立发教育经费会计刘德凤 南屏乡教育助理戎枝淦 南屏中心初中潘根生、赵兴芝
1987.4.25	县政府	扶贫工作先进个人	仲伟富　范从文　钱文海 朱锦山　储友付　韩才桂 钱夕龙　梅从仁　葛坤如 杨　馨　刘善来
1987.8.5	县委	优秀共产党员	赵正湖　许书平　彭龙圣 丁邦明　徐奇云　张　兰 蒋义芳

续表21-3

授予时间	荣誉授予单位	荣誉称号	荣誉获得者
1987.12.30	县委	优秀党员	石明镜　王克林
1988.3.10	县政府	1988年度教育系统记大功人员	西场镇楼基初中崔同平 新生乡品建小学何纯理 韩洋乡教委何世江 壮志中心初中许文生 立发乡教委戴伍福 南屏乡教委徐培高
1988.4.18	县委、县政府	县“五好家庭”户主	宋少凤　杨德凤
		县“三八红旗手”	杨德兰
1988.5	县政府	1987年度教育系统记大功人员	西场中学高卫星 南屏乡中心初中葛坤进 西场镇刘基初中周德
		1987年度教育系统记功人员	壮志乡中心小学张英兰 立发教委戴伍福 韩洋乡中心小学张仲民
1988.5	县委	1987年度记大功表彰人员	新生乡钱文海 西场镇刘念渠
		1987年度记功人员	新生乡赵风林
1988.5	南通市政府	劳动模范	张风岚　王婉华
1988.12.29	县委	优秀纪检干部	赵风林　顾伯平
1988	南通市政府	非农业用地清理先进个人	杨云桂
1989.2.10	县委、县政府	1988年度国防教育先进个人	苏中潜　石明镜　仲迎官　陶政岳
1989.2.20	县委	优秀村党支部书记	周梅芳
1989.5.4	共青团南通市委员会	“我为南通腾飞做贡献”先进个人	丁邦银
1989.8.3	南通市政府	1988年度中青年专业技术拔尖人才	西场镇仲跻止
1989.9	国家教委、人事部、中国教育工会	全国优秀教师	韩洋乡中心初中许秀龙 韩洋乡中心小学王婉华
1990.3.27	南通市政府	1989年度全市优秀农经干部	陈国新
1990.6.22	县委	1989年度记大功奖励人员	张佳生　戴伍福　王鸿静
		记功奖励	王文模　张光荣　于东炎
1990.6.26	县委	优秀共产党员	张英明　赵虎呈　葛坤林　卢德喜
1990.7.18	县政府	军队转业干部先进个人	周克悦
1990.8.1	县政府	军人好家长	刘昌稳　高志荣　丁美云　赵兴美
1990.10.23	县委	先进老龄工作者	南屏乡丁国喜、立发乡颜森荣 新生乡储友根
		保护老年人合法权益先进工作者	新生乡陆良友
1990	中央纪委	全国优秀纪检干部	刘念渠

续表21-3

授予时间	荣誉授予单位	荣誉称号	荣誉获得者
1991.2.9	县委、县政府	1990年度先进个人	周梅芳
1991.3.12	县政府	1990年度工业供销工作先进个人	韩洋乡吴志璜、新生乡印建民、南屏乡吉基民
1991.3.31	县政府、县人武部	1990年度人武工作先进个人	蔡庆来　杨和春
1991.4.4	县政府	“七五”期间计划生育先进工作者	杨珍秀　徐　兰　储祥忠　刘之美　仲兆和　仲伟明　刘炳根　陈玉云　储祥美　许树平　王立芳　杨树琴　宗免逸　储呈平　贲桂兰　周建来　崔玉萍
1991.4.10	县委、县政府	1990年度给予记功奖励	立发乡张佳生 南屏乡吴辉
1991.4.30	南通市政府	市劳动模范	姜春桐
1991.5.4	共青团南通市委	优秀团干部	解　明
1991.6.19	县委	1991年度优秀共产党员	乔义虎　周梅芳　蒋万里　杭庆稳　贾天方　丁兆平　王大森　吉开余
1991.6.19	市人口普查领导小组	第四次全国人口普查工作市级先进个人	李德茂　顾祖发
1991.8.13	县委、县政府	抗洪救灾先进个人	张明群　丁邦银　倪建国　杨德来　徐瑞余　李群富　杨和春　黄　勇　冯孝楼　张佳生　蔡庆来　储呈平
1991.8.17	县政府	十佳幼师	立发乡朱之芳、南屏乡袁宇珍
1992.1.25	南通市科委	1991年度科技综合试点乡镇先进工作者	王希成　施　颖
1992.2.10	县委、县政府	1991年度机关事业单位先进个人	西场镇左银美
1992.2.10	县委、县政府	1991年度机关事业单位先进个人晋级工资人员	新生乡顾兴余
		1991年机关事业单位记大功人员	新生乡葛坤武、立发乡张佳生 韩洋乡蔡方俊
		记　功	韩洋乡于九山
1992.2.14	县委、县政府	1991年度先进个人优秀村支书	南屏乡周济村张凤岚 新生乡新生村周梅芳
		优秀企业家	南屏建筑工程处赵呈坤
1992.4.1	县委	农村社教优秀工作队员	王冰川　崔世荣　张英连　吕新农　濮　权　范钦红　顾祖来　杨传宝　韩回金　刘建华　钱增喜　徐　监　潘建华　徐　鼎　杨德安　姚志讯　张英来　仇金树　徐利泉　林昌明　陈显坤　华　炼　丁邦银　洪德清　徐仕明　江爱东　张英奎
1992.7.12	县委	优秀共产党员	韩忠富　王玉良　何世江　龚小文　石广元　杨忠元
1993.1.12	县政府	1992年度工业系统供销工作先进个人	南屏乡吉基明
1993.1.21	县委、县政府	1992年度优秀经理	赵呈坤
1993.3.2	县政府	全县防止民间纠纷激化先进集体和先进个人	张加圣　卢中和

续表21-3

授予时间	荣誉授予单位	荣誉称号	荣誉获得者
1993.3.3	县政府	1992年度工交供销工作先进个人	王布祥
1993.4.1	南通市科委	1992年度市乡镇科技综合试点工作先进工作者	施 颖
1993.4.2	南通市政府	1990—1992年度市乡镇科技综合试点工作先进工作者	王希成
1993.5.4	县委、县政府	1992年度机关事业单位记大功人员	朱生国 戎健泉
		1992年度机关事业单位记功人员	张吉士 陆长芳
1993.5.4	县政府	1992年度人民武装工作先进个人	蔡庆来 何家淦
1993.6.13	县政府	1992年度海安县科技兴县先进工作者	韩洋乡许秀堂、南屏乡李卫军
1993.12.22	县政府	以劳养武先进个人	南屏乡谢加国、杨和春
1994.2.17	县委、县政府	1993年度优秀厂长	海安县沪屏丝织厂丁兆平
1994.3.	县委、县政府	1993年度先进集体和先进个人	壮志乡池旺村党支部书记范明山
1994.3.9	县政府、县人武部	1993年度人武工作先进个人	杨和春 蔡庆来
1994.3.15	县委、县政府	1993年度先进个人（记功）	壮志乡范本华
1994.3.18	县政府	1993年度海安县科技兴县先进工作者	海安橡胶三厂仲跻和
1994.3.23	县委	1993年度优秀纪检干部	西场镇王维山
1994.6.28	县委	优秀共产党员	王大庆 尤加稳 蒋德凤 张玉宏 许树平 龚小文
1994.7.1	县委	1993年度全县机关事业单位晋级人员	季高峰
		1993年度全县机关事业单位记大功人员	王大庆
		1993年度全县机关事业单位记功人员	奚培云 吴志宏 范本华
1994.7.1	县委、县政府	1993年度机关事业单位晋级记功人员	戎健泉 杨昌镠 张吉士 陈绍富
		先进工作者	仲 明 林统贵 李仁林 张兴宽 吴秀萍
1994.8.30	县政府	教育系统优秀教育工作者	傅世良 陈顺元
1995.2.16	县政府	1994年度人武工作先进个人	蔡庆来
1995.6.26	县委、县政府	1994年度全县机关事业单位记三等功人员	吴金贵 季永康 姜和珠 傅世良 陆长芳 姜圣荣 彭剑威 李 鑑 李仁林 蔡方俊 管纯友 郑 华 张凤岚
		1994年度全县机关事业单位嘉奖人员	张祥来 何家淦
1995.7.8	县委	优秀共产党员	夏广其 陈 荣
1996.2.8	县政府	1995年度全县人武工作以劳养武先进个人	许金余
1996.2.14	县委、县政府	1995年度优秀厂长、经理	海安县建材机械设备厂龚小文
		勤劳致富能手	立发乡界墩村徐瑞松（养蚕）
1996.3.13	县委、县政府	老龄工作和先进个人	曹正光 陈广林
1996.3.13	县委	优秀宣传工作者	任兴云

续表21-3

授予时间	荣誉授予单位	荣誉称号	荣誉获得者
1996.4.2	县政府	1995年度先进个体劳动者	张宏生　周修银　徐为贤　徐从甫　赵祖梅　张　俊　朱荣方　陈旺源　王世荣　陈昌宝　丁佳俊
1996.5.3	省司法厅	江苏省人民调解工作先进个人	葛培友
1996.5.15	县政府	1995年度环保先进个人	壮志乡范存和
1996.6.4	县委、县政府	1995年度机关事业单位先进个人	徐兆熊　晁炳祥　万　进　张广龙
		1995年度机关事业单位记三等功人员	陈顺元　苏中潜　陆长芳
		嘉奖人员	陈国平　赵　进　田宝银　陈厚存　刘元平
1996.6.22	县政府、县人武部	角斜“红旗民兵团”命名20周年纪念活动先进个人	张兴宽
1996.6.22	县政府	土地管理先进个人	钱加美
1996.12.4	县委、县政府	企业产权制度改革先进工作者	吉传稳　周建国　彭剑威　王　骅　许波荣　刘圣来　毛美华　彭昌宏　韩家荪　丁文松　马克林　葛乃发
1997.2.3	县委、县政府	1996年度先进厂长经理	南通七建三分公司赵呈坤
		种田能手	立发乡界墩村徐瑞松
		嘉奖人员	刘永平　周建国　蒋卫红　王圣祥　王玉良　解　明　丁文松　郁兆斌　田宝银　谢青卿　王芝稳　王　军　储　亮
1997.2.19	县政府、县人武部	1996年度先进专职人武干部	杨和春
		1996年度以劳养武先进个人	海安县坩埚厂谢加国
1997.2.21	县政府	1996年度生猪管理工作先进个人	杨勤宽　范秀广
1997.5.30	县委、县政府	1996年度机关事业单位先进个人	陆广源　李建华　丁邦明　丁邦兰　张英松　赵松山　金　干　万　健　张爱明　于长海
1997.5.30	县委、县政府	1996年度机关事业单位三等功人员	张山林　汪　萍
1997.5.30	县委、县政府	1996年度机关事业单位嘉奖人员	田宝银　谢青卿　王芝稳　王　军　储　亮　杨兴建　蒋德凤
1997.7.2	县委	优秀共产党员	吴宏斌　葛汉澄　刘宏燕　吉传稳　蒋映方　丁邦宣　陈顺源　陆昌和　董玉龙
1997.7.29	县政府	拥军优属先进个人	田　汉　徐　德　卢德时　王世荣　赵兴兰
1997.10.21	县政府	全县创建国家级消灭无标生产县先进个人	周冬梅　徐宝银　魏竹银　刘发振
1998.1	县委、县政府	人大工作先进个人	何家淦
1998.1.16	县委、县政府	依法治村先进个人	史有海　姚玉龙　张英奎　丁文涛
1998.1.23	县委、县政府	1997年度先进个人养蚕能手	徐瑞松
1998.1.28	县委、县政府	1997年度优秀村支书	西场镇许冯村卢忠东
		优秀科技文卫新闻工作者	西场中学印文权

续表21–3

授予时间	荣誉授予单位	荣誉称号	荣誉获得者
1998.2.24	县政府	表彰奖励仲贞子捐赠艺术作品，授予仲贞子艺术馆终生名誉馆长荣誉称号，奖励人民币10万元	仲贞子
1998.3.1	县政府	1997年度工业经济营销标兵	赵兴进
1998.6.1	县委、县政府	1997年度机关事业单位先进个人	吉传稳
		1997年度机关事业单位记三等功人员	单世来
		1997年度机关事业单位嘉奖人员	周建国 董玉龙 王希成 刘永年 朱荣甫 钱加美 沈永勤 单玉宏 蒋卫红 田宝银 王 旭 储 亮 金山存 杨和春 丁文松 殷玉林 姜春桐 陈国新
1998.6.27	县委	优秀共产党员	杨友来 左建国 宋群根
1998.11.15	省科委、教委、科协	实施素质教育先进个人	韩洋乡中心小学蔡方俊
1999.1.26	县委、县政府	1998年度农村明星经纪人	南屏乡油坊头村何秀松
		农村优秀经纪人	新生乡双井村 刘 杰 韩洋乡赵桥村 朱兴桂 立发乡界墩村 姜同成
1999.3.19	县委	十佳村支部书记	许树平（南屏）
1999.3.18	县委、县政府	1998年度工业技术进步先进个人	立发乡刘仁荣 县沪屏丝绸公司焦建宏（南屏）
1999.6.28	县委	优秀共产党员	季从海 刘宏燕 刘丙根 姜丽华 祝应平 丁国俊 陈顺源
1999	南通市政府、军分区	优秀基层武装干部	韩洋乡人武部申修明
1999	南通市委、市政府	两个文明建设先进个人	西场镇叶希华
1999	江苏省文化厅、省人事厅	全省群众文化先进工作者	韩洋乡文化站徐耘
2000.2.1	县委 、县政府	1999年度农业和农村工作优秀村主任	西场镇光荣村邱双国
		1999年度工业、外向型经济优秀厂长	海迅公司仲跻和
		1999年度优秀厂长（经理）	南屏乡赵呈坤
2000.2.17	县委、县政府	1999年度农村工作优秀村主任	南屏乡济民村孙逸文
		优秀农村经纪人	韩洋乡殷祥荣、朱兴桂 立发乡姜同成、赵玉富
2000.4.4	县委	“夕阳工程”建设先进个人	赵虎乔 王 平 赵松山 刘宏燕 仲维明 丁国喜 解 明
2000.6.26	县委	优秀共产党员	李友平 王玉良 唐 生 赵呈坤 彭剑威 陈昌存
2000	南通市委、市政府	优秀科技副镇长	吴建华
2001.1.21	县委、县政府	2000年度优秀企业经营者	丁国庭 赵呈坤
		优秀农民经纪人	何秀松
		优秀村支书、村主任	孙逸文

续表21-3

授予时间	荣誉授予单位	荣誉称号	荣誉获得者
2001.3.14	县委	2000年度优秀纪检监察干部	吴亚萍
		创安先进个人	陈顺源
2001.5.10	县委、县政府	2000年度全县机关事业单位嘉奖人员	于长海　周元太　仲跻和　张英龙　陈汝剑　张加英　仲　俊　王则奎　蔡方俊
2001.7.23	县委、县政府	“三五”法制宣传教育先进个人	吴盛茂　李自来　郁兆龙
2001.12.3	县委	“九五”期间计划生育先进个人	张瑞芳　陆永金　陈昌芳　钱祖兰　朱兴来
2001.12.20	南通市人口普查领导小组办公室	第五次全国人口普查南通市先进工作者	何家稳　陆永金
2002.2.8	县委、县政府	2001年度优秀农民经纪人	丁忠发
		优秀村支书、村主任	翟富平
2002.4.30	县委	2001年度机关事业单位先进个人	金山存　丁国俊　解　明　何家稳　杨勤宽　冷培生　石仁山　袁正发　范秀君　夏友华
2002.8.20	县委	创建全省工会工作“十强县”先进个人	范本来　颜修龙　郁兆斌
2002.9.17	县委、县政府	创建江苏省文明城市先进个人	丁国俊　吴　昊　俞文江　杨国华　黄建国　王银俊　郑红军
2002	省总工会	“五一劳动奖章”	陈汝剑
2003.1.28	县委、县政府	2002年度全县两个文明建设先进个人　星级企业家	仲跻和
		2002年度全县两个文明建设先进个人　优秀企业经营者	秦祥玉
		2002年度全县两个文明建设先进个人　科技标兵	陈汝剑
		2002年度全县两个文明建设先进个人　优秀农民经纪人	王广来
		2002年度全县两个文明建设先进个人　优秀村支书	卢忠来
		2002年度全县两个文明建设先进个人　优秀村委会主任	王其海
		2002年度优秀企业经营者	赵呈坤
		2002年度优秀农民经纪人	丁忠发
2003.2.20	县政府	2002年度人民武装工作先进个人	颜夕圣
2003.3.12	县委	支持国防后备力量建设的好领导	陈　杰
		2002年度优秀党务工作者	丁国俊
2003.5.22	县委、县政府	2002年度全县机关事业单位嘉奖人员	李存玉　杨秀珍　马冬花　张英龙　陈汝剑　张加英
2003.6.25	县委	优秀共产党员	王　丽　陈汝剑　范存生　孙锦坤　王　欣　祝应平
2003.9.14	县委、县政府	全县防治非典型肺炎工作先进个人	丁国俊　徐永章　戎世春　郑红军
2003.10.14	县委、县政府	民营经济工作自主创业先进个人	西场镇三星纺织有限公司仲伟光
2003.10.14	县委、县政府	海安县“自主创业”先进个人	邓锦高　丁忠发　郑明洪
2004.1.17	县委、县政府	2003年度招商引资先进个人	陈　楷
		优秀农民经纪人	丁忠发

续表21–3

授予时间	荣誉授予单位	荣誉称号	荣誉获得者
2004.1.17	县委、县政府	优秀村支书	杨国华
		优秀村民委员会主任	邓井江
2004.6.7	县委、县政府	2003年度全县机关事业单位嘉奖人员	范本来　张英龙　秦正友
2004.6.28	县委	优秀共产党员	戎世春　谢加国　杨国华　王　欣
2004	南通市政府	南通市见义勇为先进分子	康宜俊
2005.3.28	县委	2004年度全县机关事业单位嘉奖人员	颜夕圣　崔　健　仲　俊　张加英　陈汝剑
2005.4.21	县政府	2004年度创建国家级生态示范区先进个人	黄志平
		2004年度全县环境保护工作先进个人	魏少芹　范拥军
2005.6.13	县委、县政府	2004年度全县机关事业单位先进个人	郑延年　钟景平　杨晓琴　潘智勇　仲伟明　倪大珠　石仁山　祝应平　夏友华　徐　梅　陈昌存　于　梅
2005.6.18	省关工委、省文化厅	优秀“五老”网吧义务监督员	周克悦
2006.1.25	县委、县政府	2005年度优秀村支书	朱兴来
2006.3.24	县委、县政府	2005年度全县机关事业单位嘉奖人员	颜夕圣　余瑞林　顾森林　王了一
2006.3.27	县委	2005年度关心支持国防后备力量建设好领导	周小平
		优秀组织干部	解明
		优秀纪检监察干部	李存玉
		优秀统战干部	杨珍秀
		优秀群团干部	严文芳
		优秀政法干部	杨宝虎
		老干部工作先进个人	黄志平
2006.7.9	县委、县政府	“十五”期间人口计生工作先进个人	周时兰　许金美　韩文英　俞贵群　仲重阳　陈千留　陆永金　丁建峰　杨国华　吴昌银　杨晓琴　张媛媛　钱祖兰　陈昌芳　于龙美
2006.11.1	县政府	海安县少数民族“十佳致富典型”	王玲（土家族）　包茂琳（土家族）
2006.12.11	南通市政府	全市农村扶贫开发先进个人	刘凤翔
2006.12.25	县委	角斜“红旗民兵团”命名40周年纪念活动先进个人	王银俊　蔡晓冬
2007.2.16	县委、县政府	2006年度优秀企业经营者	赵呈坤　吕忠山
		招商引资先进个人	吴太宾
		服务业先进个人	解　明
		“十佳”村党组织书记	杨国华
		“十佳”村委会主任	陆长富

续表21–3

授予时间	荣誉授予单位	荣誉称号	荣誉获得者
2007.2.26	县委	2006年度优秀党务工作者	陈关飞
		关心支持国防后备力量建设好领导	潘志立
		优秀秘书	丁中铁
		优秀群团干部	郁兆斌
		人口和计划生育工作先进个人	张海青
		关心下一代工作先进个人	刘凤翔
2007.4.5	县政府	2006年度全县机关事业单位记三等功人员	徐祝军　仲　俊
		2006年度全县机关事业单位嘉奖人员	李明山　周元太　许　平　范本来　张英龙
2008.2.1	县委、县政府	2007年度优秀企业经营者	赵呈坤　吕忠山
		超千亿功臣	潘志立　王荣贵　吴建华　魏少芹
		服务业先进个人	吴建华
		“十佳”村党组织书记	杨国华　祝应平
		优秀村民委员会主任	周元旺
		“双带”先进个人	谭德稳
2008.2.2	县委	2007年度“两治理一推进”主题教育活动先进个人	储祥国　杨中年
2008.2.13	县政府	2007年度农村公路管护达标升级工作先进个人	西场镇　丁邦银
2008.2.22	县政府	2007年度服务业争先进位工作先进个人	杨中年　张大德　解　明
		生猪屠宰管理工作先进个人	范秀广
		食品安全生产先进个人	吴亚萍
2008.2.23	县政府	2007年度城市重点工程建设先进个人	潘志立　王荣贵　陈　进　王银俊　唐　明　吴建华　王生贵　吴亚萍　解　明　印　峰　蒋卫红　许　鹏　黄　红　吴　昊　顾用荣　缪卫国　金加海　何加稳　王则和　景宝银　范晓林　韩小安　朱兴来　蒋万仁　祝应平
2008.2.23	县政府	交通重点工程建设先进个人	印　峰　王晓红　王建年
2008.2.23	县政府	农村公路管护达标升级工作先进个人	王生贵
2008.4.7	县委	关心支持国防后备力量建设好领导	潘志立
		优秀纪检、监察干部	张增云
		优秀宣传干部	孙宝峰
		优秀政法干部	祁桂丰
		老干部工作先进个人	王荣贵

续表21-3

授予时间	荣誉授予单位	荣誉称号	荣誉获得者
2008.6.27	县委	优秀共产党员	杨国华　王则和　孙长青　徐祥来　张志强　杨锡山　陆长富　王一欣
2008.7.24	南通市食品安全委员会	南通市食品安全工作先进个人	吴亚萍
2008.11.28	县委、县政府	奥运会、残奥会期间信访稳定工作先进个人	王荣贵
2008.12	省文化厅、省关工委	优秀“五老”网吧义务监督员	王智言
2009.1	县委、县政府	2008年度四星级企业家	孔祥军　储呈平　朱建国
		2008年度三星级企业家	陈正荣　卞　童
2009.1	县委、县政府	2008年度二星级企业家	徐铁泉　仲跻和
		2008年度一星级企业家	赵呈坤
		科技进步标兵	陈工荣
		招商引资先进个人	施　成
		服务业先进个人	吴建华　张大德
		重大动植物疫病防控先进个人	蒋德凤
2009.3.18	县委	2008年度“效能建设年”专题教育活动创新成果先进个人	西场镇吴晶
2009.12.11	南通市委、市政府	关心下一代工作先进个人	刘凤翔
		优秀校外教育辅导员	刘振宇
2009	省老区开发促进会	老区开发促进工作先进工作者	刘凤翔
2010.1.27	县委、县政府	2009年度五星级企业家	孔祥军
		2009年度四星级企业家	朱建国　卞　童　储呈平
		2009年度三星级企业家	陈正荣　徐铁泉　仲跻和
		2009年度二星级企业家	陆建军
		2009年度一星级企业家	赵呈坤
		2009年度优秀企业经营者	陆建军　丁成进　韩良荣　葛仁楼
		科技进步标兵	仲跻和
		招商引资先进个人	吴太宾　吴建华　施　成
		服务业先进个人	王鸣昊　张大德　解　明
		服务和推进项目建设先进个人	王荣贵　吴昌银　许　鹏
		“十佳”村党组织书记	杨国华
		“十佳”村民委员会主任	朱兴来
2010.3.20	县委	2009年度党建精神文明建设民主法制建设优秀党务工作者	张忠宏
		2009年度党建精神文明建设民主法制建设优秀宣传干部	孙宝峰
		2009年度党建精神文明建设民主法制建设优秀统战干部	陈蓉蓉

续表21-3

授予时间	荣誉授予单位	荣誉称号	荣誉获得者
2010.3.20	县委	2009年度党建精神文明建设民主法制建设信访稳定工作先进个人	许波荣
2010.6.30	县委	优秀共产党员	储明星　李存生　李永明
2010.7.5	省文明办、省关工委	优秀校外教育辅导员	刘振宇　丁正国
2011.3.18	县委、县政府	2010年度科教文卫新闻先进工作者	仲跻柏
2011.4.28	县政府	“十一五”期间全县统计工作先进个人	徐守萍　仲　智　孙宝纪
2011	南通市委、市政府	“十一五”水利工作先进个人	城东水利站韩良明
2011	省教育科学研究院	江苏教育科研先进个人	立发中学梅广稳
2012.1.21	县委	2011年度先进单位和先进个人七大战役年度功臣	周宗泉　王荣贵　钱亚洲　吴建华　王晓红　陈　进　陈　杰
		2011年度先进单位和先进个人“十佳”村党组织书记	储开银
		2011年度先进单位和先进个人村民委员会主任	葛坤如
2012.5.18	县委	2011年度全县机关事业单位记三等功人员	王则和　孙逸文　李晓亮　徐　燕　王荣贵　钱亚洲　陈　杰　周宗泉　吴建华　王晓红　陈　进　李　健　丁建峰
		2011年度全县机关事业单位嘉奖人员	张增云　孙宝军　潘智勇　吴亚萍　徐祝军　蒋德凤　陆大兵　储祥国　涂祥俊　严丽芸　薛　萍　徐海燕　高玲玲　缪四华　范本华　凌　勇　汤成林　谢国华　梅　军　储瑞明　解　明　乔苏婷　蒋荣中　杨立萍　吴昌银　刘　莹　陈昌存　范秀君　王春惠　葛乃发　许　月　刘　俊　仲跻青　王了一　陈汝剑　王　云　鲁冬青　包平东　徐兴仁　薛　珉　范小磊　袁　飞

附　　录

一、集体荣誉

（一）1960—2011年城东镇（含原乡、镇）获县以上集体荣誉一览表

附表1

授予时间	获得单位	荣誉称号	授予单位
1960.1	立发、新生、壮志公社	1959年度农村社会主义建设先进单位	省委、省人委
1975.3	立发公社	抓革命促生产先进单位	南通地委
1979.3	立发公社	粮食、生猪、蚕茧生产先进单位	县革委会
1979.12	立发公社	海安县农业生产先进单位	县革委会
1979.12	立发公社	江苏省农业生产先进单位	省革委会
1980.2	立发公社	全县农业先进单位	县革委会
1980.2	西场公社	计划生育先进单位	县革委会
1984.2	南屏乡	民兵武器装备管理和“百日无事故”活动先进单位	南通市政府、南通军分区
1984.4	南屏、立发、壮志乡	民兵武器装备管理和“百日无事故”活动先进单位	县政府、县人武部
1986.2	西场镇、壮志乡	1985年度计划生育工作先进单位	县政府
1986.10	立发乡政府	扶贫工作先进单位	省政府
1987.1	韩洋乡	江苏省基础教育先进乡	省政府
1987.3	立发乡	南通市计划生育先进单位	南通市政府
1987.3	立发乡	体育先进乡	南通市政府
1987.4	南屏、新生、立发乡政府	扶贫工作先进集体	县政府
1987.4	西场镇、新生乡政府	农村能源建设先进集体	南通市政府
1987.8	新生乡党委	党建工作成绩显著的党委	海安县委
1987.12	新生乡政府	“五保”工作先进集体	省政府
1988.4	立发乡、韩洋乡、西场镇	1987年度计划生育先进单位	县政府
1988.8	西场镇	1987年度校舍建设成绩显著单位	县政府
1989.2	南屏乡、立发乡、西场镇、壮志乡	1988年度工农业生产成绩优异乡镇	县委、县政府

续附表1

授予时间	获得单位	荣誉称号	授予单位
1989.8	壮志乡	1988年度计划生育工作先进集体	县政府
1990.2	南屏乡	1989年度农副工生产先进乡镇、蚕茧生产先进乡镇、外贸生产先进乡镇	县委、县政府
	立发乡	1989年度计划生育先进乡镇	
1990.4	立发乡	1989年度文明单位	县委、县政府
1990.5	立发乡、南屏乡	1989年度农村计划生育工作目标管理先进单位	南通市政府
1991.2	新生乡、立发乡	1990年度党建工作先进党委	县委、县政府
1991.3	立发乡、南屏乡	1990年度人武工作达标先进单位	县政府、县人武部
	新生乡、韩洋乡、西场镇	1990年度人武工作达标单位	
1991.4	韩洋乡、立发乡	1990年度计划生育先进乡镇	县政府
	新生乡、南屏乡、西场镇	1990年度计划生育达标乡镇	
1991.6	新生乡政府	第四次全国人口普查先进集体优秀奖	南通市政府
1992.1	南屏乡	1991年度科技综合试点乡镇 工作先进集体	南通市科学技术委员会
1992.2	壮志乡	1991年度综合治理先进单位	县政府
1992.3	南屏乡	1991年度多种经营生产先进单位	南通市政府
1992.4	新生乡、南屏乡、立发乡	农村社教先进单位	县委
1992.6	南屏乡、立发乡	1991年度县级文明单位	县委、县政府
1992.7	立发乡	“双拥”工作先进单位	县政府
1993.1	新生乡（粮食） 南屏乡（蚕桑） 立发乡（家禽） 壮志乡（生猪）	1992年度农业生产先进乡镇	县委、县政府
	立发乡、壮志乡	计划生育先进乡镇	
1993.3	南屏乡	1992年度多种经营生产先进单位	南通市政府
1993.10	立发乡	征兵工作先进单位	县政府
1994.2	西场镇、壮志乡	农业生产先进乡镇	县委、县政府
	西场镇	乡镇工业先进乡镇	
1994.3	立发乡、壮志乡	1993年度计划生育工作先进单位	县政府
1994.5	西场镇、新生乡	江苏省群众文化先进乡镇	省文化厅
1995.1	立发乡	1994年度先进集体	县委、县政府
	新生乡、韩洋乡、南屏乡、西场镇	1994年度农业生产先进乡镇	
	南屏乡	1994年度乡镇工业先进乡镇和市场建设、个体经营经济发展先进单位	
	壮志乡	社会治安综合治理先进乡镇、殡葬改革先进乡镇	
	立发乡	1994年度计划生育先进乡	
1995.2	立发乡	1994年度人武工作先进单位	县政府
1995.6	西场镇、壮志乡	创建文明城镇先进单位	县委、县政府

续附表1

授予时间	获得单位	荣誉称号	授予单位
1996.2	壮志乡	1995年度人武工作先进单位	县政府
1996.2	立发乡	1995年度扭亏增盈先进单位	县委、县政府
1996.5	西场镇、壮志乡	1995年度环保先进单位	县政府
1996.6	西场镇	“二五”普法先进集体	县委、县政府
1996.12	韩洋乡、南屏乡、新生乡、立发乡	企业产权制度改革先进集体、按期完成企业改制阶段目标任务先进单位	县委、县政府
1997.1	南屏乡	“八五”期间农机化先进乡镇	县政府
1997.2	立发乡	1996年度计划生育先进乡镇	县委、县政府
1997.2	壮志乡	两个文明建设先进乡镇	县委、县政府
1997.2	南屏乡、韩洋乡、新生乡、立发乡	1996年度生猪管理工作先进乡镇	县政府
1997.11	南屏乡政府	南通市幼儿教育先进乡镇	南通市教委、妇联、卫生局、总工会
1998.1	西场镇	工业先进乡镇、农业亿元乡镇、党建工作先进单位、“三大国策”先进单位	县委、县政府
1998.2	西场镇	1997年度三产暨民营经济先进单位	县委、县政府
1998.10	西场镇	江苏省民间艺术之乡	省文化厅
1998.10	西场镇	1997年度征兵工作先进单位	县政府
1999.1	南屏乡	1998年度优秀农业领导工程（周济粮食丰产方）	县委、县政府
1999.1	西场镇	1998年度农业和农村工作先进单位	县委、县政府
1999.3	韩洋乡	1998年度先进基层党委	县委
1999.5	新生乡	1999年度创建南通市中医工作先进乡	南通市卫生局
1999.5	南屏乡、新生乡、韩洋乡、立发乡	第七批江苏省体育先进乡	省体委
1999.12	韩洋乡	江苏省实现教育现代化先进乡镇	省政府
1999	南屏乡	江苏省科技工作先进乡镇	省科委
2000.1	新生乡	南通市第二批农村中医工作合格乡（镇）	南通市卫生局
2000.1	西场镇	社会治安综合治理先进集体	南通市委、市政府
2000.2	西场镇、韩洋乡	1999年度两个文明建设先进乡镇	县委、县政府
2000.2	韩洋乡	对外经贸先进乡镇	县委、县政府
2000.2	壮志乡	工业先进乡镇	县委、县政府
2000.3	西场镇	1999年度党建精神文明建设民主法制建设先进集体	县委
2000.3	西场镇	先进基层党委	县委
2000.3	立发乡	全县个体私营经济暨第三产业综合考评先进单位	县人民政府
2000	西场镇	1999—2000年度南通市文明乡镇	南通市委、市政府
2000.12	西场镇	江苏省实施教育现代化工程先进乡镇	省教育厅

续附表1

授予时间	获得单位	荣誉称号	授予单位
2001.1	开发区	2000年度工业经济先进单位	县委 县政府
	西场镇	私营个体经济先进乡镇	
	开发区	外向型经济先进单位	
	南屏乡	小农水改革先进单位	
	立发乡	清收原农村合作基金会贷款先进单位	
2001.2	南屏乡	南通市第三批农村中医工作先进乡（镇）	南通市卫生局
2001.2	南屏乡	2000年度优秀农副产品基地（优质原料茧基地）	南通市委、市政府
2001.3	城东镇	乡镇企业分档竞赛优胜乡镇	南通市委、市政府
	城东镇党委	2000年度党建工作先进集体	县委
2001.6	西场镇	先进基层党组织	南通市委
2001.7	西场镇	1999—2000年度文明乡镇	县委、县政府
2001.10	西场镇	幼儿教育先进集体	南通市教委、市卫生局、市妇联、市总工会
2001.12	城东镇（开发区）	2000年度计划生育示范乡镇	县委
2002.2	开发区、西场镇	2001年度工业经济先进单位	县委、县政府
2002.2	城东镇、西场镇	农业经济先进单位 农业综合开发先进单位	县委、县政府
2002.2	城东镇	开放型经济先进单位	县委、县政府
2002.2	西场镇	小城镇建设先进单位	县委、县政府
2002.2	城东镇、西场镇	三产先进单位	县委、县政府
2002.3	城东镇	优秀农副产品基地	南通市政府
2002.8	西场镇	创建全省工会工作“十强县”先进单位	县委
2002.9	开发区（城东镇）	创建江苏省文明城市先进单位	县委、县政府
2003.1	开发区（城东镇）	2002年度工业经济先进单位、开放型经济先进单位、招商引资先进单位、三产服务业先进单位、农村经营管理重点工作先进单位	县委、县政府
2003.1	开发区（城东镇）、西场镇	大交通建设先进单位	县委、县政府
2003.3	城东镇（开发区）党委、西场镇党委	2002年先进基层党委	县委
2003.9	城东镇	全县防治非典型肺炎工作先进集体	县委、县政府
2003.10	城东镇、西场镇	海安县民营经济工作先进单位	县委、县政府
2003.4	城东镇	2002年度南通市农村经营管理先进乡镇	南通市委农村工作办公室
2003.12	城东镇	2001—2002年度江苏省文明乡镇	江苏省精神文明建设指导委员会
2004.1	开发区（城东镇）	2003年工业经济先进单位、招商引资到账额超千万美元单位、乡镇工业园区建设先进单位、三产服务业先进单位、城市重点工程建设先进单位	县委、县政府
2004.1	开发区（城东镇）、西场镇	大交通建设先进单位	县委、县政府
2004.2	西场镇	人民武装先进单位	县委、县人武部

续附表1

授予时间	获得单位	荣誉称号	授予单位
2004.2	开发区（城东镇）、西场镇	科技进步示范乡镇	县委、县政府
2004.2	西场镇	农村草房危房改造工作先进单位	县政府
2004.3	开发区（城东镇）	2003年度国土资源管理工作先进乡镇	县政府
2004	城东镇	2004年度民营经济“十强乡镇”	南通市委、市政府
2004.12	城东镇	江苏省教育现代化工程先进乡镇	省政府
2004.4	城东镇（开发区）	2004年度创建国家级生态示范区先进单位	县政府
2005.8	城东镇	2004年度江苏省科普宣传先进集体	江苏省科学技术协会
2005.9	城东镇	2003—2004年度文明单位、文明镇	县委、县政府
2005.12	城东镇	2003—2004年度南通市文明乡镇	南通市委、市政府
2005.12	城东镇	2004年度江苏省科普宣传先进集体	省科学技术协会
2005.12	城东镇党委	南通市为侨服务先进单位	南通市政府
2005	城东镇	南通市有线电视先进乡镇	南通市广播电视局
2005	城东镇	2003—2004年度江苏省文明乡（镇）	江苏省精神文明建设指导委员会
2005	城东镇	江苏省文明村镇	省文明委
2006.1	城东镇	2005年度明星镇	县委、县政府
2006.1	开发区（城东镇）	工业经济突出贡献奖、服务业先进单位、工业集中区建设先进单位、城市重点工程建设先进单位	县委、县政府
	城东镇	农业农村工作先进单位、民营经济先进单位	
	开发区	招商引资突出贡献奖	
	城东镇	大交通建设先进单位	
	城东镇、西场镇	科技进步示范镇	
2006.1	城东镇	2004—2005年度南通市宣传思想工作先进集体	南通市委宣传部
2006.2	城东镇	南通市环境优美乡镇	南通市环保局
2006.2	城东镇、西场镇	2005年度“民营经济先进单位” 重大动植物疫病防治先进单位	县委、县政府
2006.2	城东镇	2005年度南通市民营经济总量“十强乡镇”	南通市委、市政府
2006.3	城东镇党委	2005年度先进基层党委、精神文明建设先进单位	县委
2006.5	开发区（城东镇）	2005年度国土资源管理工作先进单位	县政府
2006.7	西场镇	“十五”期间人口计生工作先进集体	县委、县政府
2006	城东镇	平安江苏建设先进集体	江苏省委、省政府
2007.1	城东镇	2006年度南通市民营经济总量“十强乡镇”	南通市委、市政府
2007.2	西场镇	“平安农机示范乡镇”创建平安农机工作先进集体	南通市综治委、市农机局
2007.2	城东镇	2006年度海安县明星镇	县委、县政府
2007.2	城东镇党委	2006年度先进基层党委	县委

续附表1

授予时间	获得单位	荣誉称号	授予单位
2007.2	开发区（城东镇）	工业经济先进单位、工业集中区建设先进单位、城市重点工程建设先进单位、科技进步先进单位	县委、县政府
2007.2	城东镇	农业农村工作先进单位、民营经济工作先进单位、服务业工作先进单位、高效规模农业建设先进单位、重大动植物疫病防治工作先进单位、2006年度科技进步示范镇	县委、县政府
2007.2	开发区（城东镇）、西场镇	招商引资突出贡献奖、招商引资先进单位	县委、县政府
2007.2	城东镇、西场镇	大交通建设先进单位	县委、县政府
2007.2	城东镇	精神文明建设先进单位、基层人大工作先进单位、政协工作先进单位	县委
2007.2	城东镇党委	老干部工作先进集体	县委
2007.2	城东镇	2006年度绿化造林“十佳”乡镇 2006年度外向型农业“十佳”乡镇	南通市委、市政府
2007.3	城东镇	2006年度国土资源工作先进集体	县政府
2007.4	西场镇	内部审计工作先进单位	县政府
2007.6	城东镇	2005—2006年度文明镇	县委、县政府
2007.12	城东镇	2005—2006年度南通市文明乡镇	南通市委、市政府
2007	城东镇	2007年度科技进步示范镇	县委、县政府
2007	城东镇	江苏省外普宣传先进镇	省外协
2007	城东镇	市有线电视示范镇	南通市政府
2007	城东镇	市高效农业规模先行乡镇	南通市委、市政府
2007	城东镇	市“十佳”绿化乡镇	南通市政府
2007	城东镇	市科技20强乡镇	南通市政府
2007	城东镇	市发展民营经济先进乡镇	南通市委、市政府
2008.2	城东镇	2007年度明星镇	县委、县政府
2008.2	城东镇	2007年度南通市发展民营经济先进乡镇、南通市高效农业规模化先行乡镇	南通市委、市政府
2008.2	西场镇	2007年度“两治理一推进”主题教育活动先进单位	县委
2008.2	西场镇	2007年度城乡建设先进单位	县政府
2008.2	城东镇政府	2007年度食品安全先进单位	县政府
2008.2	开发区（城东镇）	2007年度城市建设拆迁安置工作先进单位	县政府
2008.2	城东镇（开发区）	工业经济先进单位	县委、县政府
2008.2	城东镇	农业农村工作先进单位、民营经济发展先进镇、建管工作先进单位、2007年度“食品安全先进单位”示范镇、规划全覆盖工作先进单位、农民进城工作先进单位	县委、县政府
2008.2	开发区	招商引资先进单位	县委、县政府
2008.2	开发区（城东镇）	服务业综合先进单位、工业集中区建设先进单位、科技进步先进单位	县委、县政府
2008.2	开发区（城东镇）、西场镇	城市重点工程建设先进单位、大交通建设先进单位	县委、县政府

续附表1

授予时间	获得单位	荣誉称号	授予单位
2008.2	城东镇、西场镇	交通重点工程建设征地拆迁安置工作先进单位	县政府
2008.2	城东镇、西场镇	农民集中居住区建设先进单位	县政府
2008.2	城东镇、西场镇	农村公路管护升级达标工作先进单位	县政府
2008.2	西场镇	农村环境整治先进单位	县政府
2008.3	西场镇	“双拥”模范镇	县委
2008.4	城东镇人大	2007年度基层人大工作先进单位	县委
2008.4	城东镇党委	2007年度“三大建设”先进单位	县委
2008.4	城东镇	精神文明建设先进单位	县委、县政府
2008.4	城东镇人大	基层人大工作先进单位	县委、县政府
2008.4	开发区	政协工作先进单位	县委、县政府
2008.4	城东镇	人口和计划生育工作先进单位	县委、县政府
2008.6	城东镇	2005—2006年度海安县文明镇	县委、县政府
2008.10	西场镇	2007年度征兵工作先进单位	县委、县人武部
2008.11	城东镇、西场镇	信访稳定工作先进集体	县委、县政府
2008.12	西场镇	全县违法生育专项治理行动先进集体	县政府
2008	城东镇、西场镇	江苏省体育强镇	省体育局
2009.2	西场镇	2008年度国土资源管理工作先进集体	县政府
2009.2	西场镇	县安全生产先进镇	县政府
2009.2	城东镇	农民健康工程先进乡镇	南通市农民健康工程领导小组
2009.2	城东镇	2008年度民营经济发展先进镇、农业农村工作先进单位	县委、县政府
2009.2	城东镇（开发区）	2008年度精神文明建设先进单位	县委
2009.2	城东镇（开发区）	2008年度“服务业综合先进单位”	县委、县政府
2009.3	西场镇	2008年度农业农村工作先进单位	县政府
2009.3	西场镇	2008年度环境保护工作先进单位	县政府
2009.3	城东镇、西场镇	2008年度领导接访、下访工作先进集体	县委、县政府
2009.3	城东镇党委	2008年度老干部工作先进集体、2008年度先进基层党委	县委
2009.5	城东镇	2008年度被征地农民基本生活保障工作先进集体	县政府
2009.5	西场镇	新型农村社会养老保险工作先进集体	县政府
2009.10	西场镇	2008年度征兵工作先进单位	县政府、县人武部
2009.11	西场镇	信访稳控工作先进集体	县委
2009.11	城东镇	2009年县城区环境综合整治百日会战先进集体	县政府
2009.12	城东镇	放心消费创建先进区域	南通市放心消费创建活动指挥部
2009	城东镇	科技进步示范镇、建管工作先进单位	县委、县政府

续附表1

授予时间	获得单位	荣誉称号	授予单位
2010.1	城东镇（开发区）	2009年度明星镇、工业经济先进镇、民营经济发展先进镇、服务业先进镇、建管工作先进镇、城市重点工程建设先进单位、特色产业园建设先进镇	县委、县政府
	西场镇	农业农村工作先进镇	
	城东镇（开发区）、西场镇	科技进步先进单位、招商引资先进镇	
2010.1	城东镇	2009年度南通市发展民营经济先进乡镇	南通市委、市政府
2010.2	城东镇	南通市服务业发展特色镇	南通市服务业办公室
2010.2	城东镇	2009年度“三大合作”建设先进单位、2009年度绿化工作先进单位、2009年度农机工作先进单位、2009年度重大动植物疫病防治工作先进单位、2009年度农村环境综合整治先进单位	县政府
2010.3	西场镇	新型农村社会养老保险工作先进单位	南通市政府
2010.3	西场镇	基层人大工作先进集体、老干部工作先进集体、信访稳定工作先进集体、关心下一代先进集体	县委
2010.3	城东镇	2009年度人口和计划生育工作先进单位	县委
2010.3	城东镇、西场镇	2009年度先进基层党委	县委
2010	开发区（城东镇）	2009年度江苏省工会工作模范镇	省总工会
2010	城东镇	新农村建设示范镇	省档案局
2011.1	西场镇	2010年度安全生产先进单位	县政府
2011.1	开发区（城东镇）	2010年度明星镇、全面达小康先进镇、工业经济先进镇、建管工作先进镇、城市重点工程建设先进单位、特色产业园建设工作先进镇	县委、县政府
	开发区（城东镇） 西场镇	民营经济发展先进镇、服务业工作先进镇、大交通建设先进单位、科技进步先进单位	
	西场镇	农业农村工作先进镇、招商引资先进镇	
2011.2	西场镇	南通市农村居民社会养老保障全覆盖先进单位	南通市政府
2011.3	西场镇	2010年度基层人大工作先进单位、信访稳定工作先进集体	县委
2011.4	西场镇	2010年度人力资源和社会保障工作先进集体	县政府
2011.4	西场镇	“十一五”期间全县统计工作先进集体	县政府
2012.1	开发区（城东镇）	2011年度红旗区、农业经济单项突破奖、服务业经济单项突破奖、招商引资单项突破奖、小城镇建设单项突破奖、工业经济先进区、财政收入先进单位、农业农村工作先进区、招商引资先进单位、民营经济发展先进区、项目建设先进区、对台经济工作先进区、农业招商引资先进单位、项目农业建设先进单位、监管工作先进区、城市重点工程建设先进单位、大交通建设先进单位、科技进步与人才工作先进单位、高新技术产业发展先进区、产业集群培育工作先进区、创建国家生态县先进单位	县委、县政府

（二）2001—2011年城东镇（含原乡、镇）下属单位获县以上荣誉一览表

附表2

授予时间	获得单位	荣誉称号	授予单位
2001	洋蛮河党校	省红旗基层党校	省宣传部、组织部
2001.7	西场镇：公安局西场分局、地方税务局西场分局、西场中学、中心幼儿园、国家税务局西场分局、中心小学、中心卫生院、福兴织布厂、信用社、农行西场办事处、缫丝有限责任公司、纺织机械厂、延寿学校、戚庄小学、光荣小学、砖瓦厂、西场供电所、海迅实业有限公司、壮志卫生院、壮志小学、壮志初级中学、壮志敬老院、壮志建筑安装工程公司、壮志供电所、壮志畜牧兽医站、壮志信用社、成人教育中心学校、壮志幼儿园、工商局西场工商所、自来水公司、陆堑小学、杨港小学、邮政局西场分局； 洋蛮河镇：党校、新生初级中学、新生中心小学、邮政局新生所、新生敬老院、新生卫生院、新生砖瓦厂、新生砖瓦二厂、新昇建筑安装工程有限责任公司、友诚服饰有限责任公司、新生包装装潢厂、新生中心幼儿园、新生工艺针织厂、新生信用社、新生供电所、韩洋初级中学、韩洋中心小学、韩洋卫生院、韩洋砖瓦厂、南通南洋缝制有限公司、韩洋信用社、韩洋建材设备厂、韩洋中心幼儿园、供电所、韩洋丝厂、新生漂白粉厂、韩西小学、蒋庄小学、韩洋自来水厂、水利管理服务站； 城东镇：南屏初级中学、南屏中心小学、坩埚厂、南屏供电所、南屏中心幼儿园、南屏信用社、立发中学、立发中心幼儿园、立发中心小学、立发卫生院、立发信用社、南通市环球化工厂、县车辆配件厂、刘缺初级中学、刘缺小学、南通市立发建筑安装工程有限公司、立发交通运输管理站、南屏卫生院、葛桥小学	1999—2000年度文明单位	县委、县政府
	西场镇：丰产村、洪庄村、仲庄村、爱国村、石桥村、风景村、秦庄村、热港村、迎春村、新农村、石庄村； 洋蛮河镇：翻身村、丰港村、大桥村、高印村、丰河村、韩南村； 城东镇：张池村、金凤村、刘缺村、练港村、济民村、周济村、巷池村	1999—2000年度文明村镇	
	开发新村	1999—2000年度文明小区	
	城东镇文化站	“三五”法制宣传教育先进集体	县委、县政府
2001.12	南屏村、泰宁村、界墩村	“九五”期间计划生育先进集体	县委
2002.2	江苏西蒙奇通电器有限公司、 海安福兴织布厂、 南通海迅实业有限公司	2001年度工业先进企业	县委、县政府
	南屏建筑安装工程有限公司	2001年度建筑安装先进企业	
	南通市苏中钢铁管件有限公司	2001年度科技进步先进企业	
	江苏鑫港企业有限公司	2001年度开放型经济先进企业	
2002.5	立发中学、立发小学、南屏小学	2001年度绿化达标单位	县政府
2002.9	泰宁村	创建省文明城市先进单位	县委、县政府

续附表2

授予时间	获得单位	荣誉称号	授予单位
2003.1	南阳村	2002年度农村经营管理重点工作先进单位	县委、县政府
	南通海迅实业有限公司 海安县福兴织布厂	2002年度工业先进集体	
	南通海迅实业有限公司	2002年度科技进步先进单位	
	南屏建筑安装工程有限公司	2002年度建筑安装先进企业	
	泰宁村	2002年度两个文明建设先进村	
2003.2	西场镇人民武装部	2002年度人民武装工作先进单位	县政府
2003.3	开发区公安分局	2002年度社会治安综合治理先进集体	县委
2003.3	泰宁村	第三轮村民自治模范村	县政府
2003.5	西场镇：地方税务局西场管理分局、国家税务局西场管理分局、南通海迅实业有限公司、中心小学、纺织机械厂、中心卫生院、供电所、壮志小学、壮志卫生院、西场中学、信用社、福兴织造有限公司、敬老院、壮志信用社、延寿学校、光荣小学、自来水公司、邮政局西场支局、人民法庭； 洋蛮河镇：党校、新生初级中学、新生小学、新生卫生院、新昇建筑安装工程有限责任公司、新生包装制品有限公司、新生幼儿园、新生信用社、韩洋初级中学、韩洋小学、南通南洋缝制有限公司、韩洋信用社、韩洋建材设备厂、供电所、韩洋制丝有限公司、宏鑫焊材辅料有限公司、新生畜牧兽医站、蒋庄小学、水利管理服务站、韩洋卫生院、双丰漂白粉厂、新生自来水厂、韩洋自来水厂； 城东镇：地方税务局征收分局、国家税务局涉外税收管理分局、海安工商行政管理局开发区分局、南屏小学、坩埚厂、城东供电所、南屏信用社、立发中学、立发小学、立发卫生院、立发信用社、南通市龙兴建筑安装工程有限公司、地方税务局稽查局、南屏建筑安装工程有限公司、中心幼儿园、国家税务局征收分局、农机服务站	2001—2002年度文明单位	县委、县政府
	城东镇：泰宁村、立发桥村、界墩村、刘缺村； 洋蛮河镇：三角村、洋蛮河村、三丰村、新生村； 西场镇：丰产村	2001—2002年度文明村	
	西场中学仲贞子艺术馆	2001—2002年度文明示范景点	
2003.6	县地税稽查局党支部	先进党支部	县委
2003	韩洋小学	全国示范青少年法律学校	团中央、国家司法部、公安部、全国少工委等
		全国读书育人特色学校	共青团中央宣传部、教育部、关工委
2004	城东镇泰宁村党支部	双建设示范村党组织	南通市委
2004.1	南通市南屏建筑安装工程有限公司	2003年度建筑安装先进企业	县委、县政府
	南通市龙兴建筑安装工程有限公司		
	南通天成饲料有限公司	2003年度科技进步先进单位	
	南通鑫平制衣有限公司	2003年度开放型经济先进企业	
	泰宁村	2003年度先进村	

续附表2

授予时间	获得单位	荣誉称号	授予单位
2004.6	海安县立发中学党支部	先进党支部	县委
2004.11	城东镇党校	2001—2003先进基层党校	省委宣传部、组织部
2005.2	海安县福兴织造有限公司	工业“三比二争”先进单位	县委、县政府
	石桥村	农业结构调整先进单位	
	壮志村	民营经济20佳村	
2005.3	西场镇初级中学	平安创建工作先进集体	县委、县政府
2005.9	城东镇界墩村、刘缺村、三丰村、南屏村、立发桥村、泰宁村、开屏村	2003—2004年度文明村镇	县委、县政府
	东城街道开发新村社区	2003—2004年度文明社区	
	西场镇：光荣小学、地方税务局第五税务分局、中学、敬老院、纺织机械有限公司、中心小学、中心卫生院、壮志医院、延寿学校、国家税务局第四税务分局、福兴织造有限公司、自来水厂、壮志小学、西场信用社、壮志信用社、西场供电所； 城东镇：国家税务局第七税务分局、地方税务局第一税务分局、海安工商行政管理局开发区分局、宏鑫焊材辅料有限公司、城东水利管理服务站、韩洋自来水厂、龙兴建筑安装工程有限公司、立发中学、新昇建筑安装工程有限责任公司、文化服务站、立发医院、新生医院、新生初级中学、韩洋初级中学、新生小学、南屏小学、韩洋小学、开发区实验小学、中心幼儿园、新生幼儿园、成人教育中心校、南屏初级中学、韩西小学、农机服务站、江海坩埚制造有限公司、南洋缝制有限公司、新生包装制品有限公司、地方税务局稽查局、新生自来水厂、城东广播电视服务站、城东信用社、立发信用社、韩洋信用社、新生信用社、城东供电所、南屏信用社、南屏邮电所、西场邮电支局	2003—2004年度文明单位	
2005.10	泰宁村	江苏省卫生村	南通市爱国卫生运动委员会
2006.1	南通市龙兴建筑安装工程有限公司	2005年度建筑安装先进企业	县委、县政府
	海安县华润生猪合作社	2005年度先进农民专业合作经济组织	
	泰宁村	2005年度先进村	
	新生村、开屏村、立发桥村	2005年度民营经济20强村（居）	
2006.2	泰宁村、南屏村、界墩村、南阳村、葛家桥村、立发桥村、开屏村、新生村、堑南村、品建村、三丰村、农林村、民桥村、油坊头村、洋蛮河村、爱凌村、戚庄村、新立村、丰产村、石桥村、施秦村、洪旺村、石庄村、西场村、壮志村	海安县村民自治模范村	县政府
2006.2	新生村	南通市生态村	南通市环保局
2006.6	泰宁村	海安县创建江苏省科普示范县先进集体	县政府
2006.6	石桥村、开屏村	先进党支部	县委

续附表2

授予时间	获得单位	荣誉称号	授予单位
2006.7	城东镇计划生育服务站、开发新村居委会、泰宁村、西场村、石桥村、洋蛮河村、南通鑫来丝绸制衣有限公司、海安纺织机械有限公司、立发法律服务所	“十五”期间人口计生工作先进单位	县委、县政府
2006.9	城东镇关工委	全省关心下一代工作先进集体	省关工委、省文明办
2006	城东镇工会	全国先进劳动争议调解组织	全总劳动保障部等
2006	城东镇泰宁村	江苏省廉政文化示范村	江苏省纪委等
2007.2	城东镇纪委监察室	纪检监察先进集体	县委
2007.2	西场村	2006年度南通市发展民营经济先进单位	南通市委、市政府
2007.2	泰宁村	2006年度“三村”建设先进单位	县委、县政府
	南通市南屏建筑安装工程有限公司	2006年度建筑安装先进企业	
	南通市龙兴建筑安装工程有限公司		
	城东镇金屏生猪合作社	2006年度先进农民专业合作经济组织	
	海安县华润食品有限公司	2006年度农业产业化龙头企业	
	泰宁村、石庄村	2006年度综合考核先进村	
	堑南村	2006年度“争先晋位”先进村	
	泰宁村、三丰村、新生村、开屏村	2006年度民营经济20强村	
2007.2	开发区高新技术产业园拆迁工作组、南阳村拆迁工作组、南屏村拆迁工作组	2007年度城市建设拆迁安置工作先进单位	县政府
2007.5	城东镇农业技术推广站	弱筋小麦高产调优技术推广及产业化开发二等奖	县政府
2007.6	南屏村、泰宁村、开屏村、刘缺村、新生村、东城街道、开发新村社区	2005—2006年度海安县文明村	县委、县政府
2007.6	江苏隆辉建设有限公司、海安立发医院、南通市龙兴建筑安装工程有限公司、海安信用联社城东信用社、南屏信用社、立发信用社、新生信用社、韩洋信用社、县供电公司城东供电所、海安县江海坩埚制造有限公司、立发中学、南屏初级中学、新生初级中学、韩洋初级中学、开发区实验小学、南屏小学、韩洋小学、中心幼儿园、新生幼儿园、城东镇农机服务站、城东镇广播电视服务站、海安县地方税务局稽查局、刘缺小学、南屏医院、韩洋幼儿园、农村经济服务站、海安县国土资源局城东镇国土资源所、城东劳动人事和社会保障服务站、城东镇敬老院、韩洋医院、县公安局开发区中心派出所、县公安局交通巡逻警察大队城南中队、南屏自来水管理站、南通保来利轴承有限公司、南通华虹服装有限公司、南通晔司电梯部件有限公司、西场供电所、县邮政局西场支局、西场信用社、壮志信用社、西场镇中心小学、延寿小学、壮志小学、光荣小学、西场中心卫生院、江苏海迅实业有限公司、西场中心幼儿园、西场初中、壮志幼儿园	2005—2006海安县文明单位	县委、县政府
2007	开发区（城东镇）总工会	省农民工工作先进集体	省总工会
2008.2	泰宁村、石庄村	2007年度“四村”建设先进单位	县委、县政府
	南通市南屏建筑安装工程公司	2007年度建筑安装先进企业	
	南通市龙兴建筑安装工程公司		
	南通市隆辉建筑安装工程公司		

续附表2

授予时间	获得单位	荣誉称号	授予单位
	泰宁村、丰产村	2007年度综合考核先进村	
	开屏村、界墩村、开屏村、南屏村、立发桥村、南阳村、开发新村社区、丰产村	2007年度民营经济20强村	
2008.2	县公安局开发区中心派出所	城市重点工程建设服务工作先进单位	县政府
	油坊头村	城市重点工程建设服务保障工作先进单位	
	南屏村、西场村、立发街道办事处	农民集中居住区建设先进单位	
2008.3	戚庄村	关心下一代先进集体	县委
2008.3	西场镇人武部	人民武装先进单位	县委、县人武部
2008.6	井屏村党支部	先进党支部	县委
	海安县地方税务稽查局党支部		
2008.12	鑫缘茧丝绸集团、联发集团、华强纺织、联发制衣	2007—2008年度中国纺织服装企业竞争力500强	中国纺织工业协会
2009.1	鑫缘茧丝绸集团股份有限公司、江苏联发纺织股份有限公司、江苏海迅实业集团股份有限公司、清华科技园启迪（海安）软件科技园	2008年度科技进步先进单位	县委、县政府
	鑫缘茧丝绸集团股份有限公司、江苏省华强纺织有限公司	2008年度总体达小康帮促工作先进单位	
	南通晓星变压器有限公司、西蒙电气（中国）有限公司、江苏联发纺织股份有限公司、鑫缘茧丝绸集团股份有限公司	2008年度开放型经济先进企业	
	南通市南屏建筑安装工程有限公司、江苏新龙兴建设发展有限公司、江苏隆辉建设有限公司	2008年度建筑业先进企业	
	南通晓星变压器有限公司、西蒙电气（中国）有限公司、江苏联发纺织股份有限公司、江苏省华强纺织有限公司	2008年度地方财力贡献20强企业	
	鑫缘茧丝绸集团股份有限公司、南通家惠油脂发展有限公司、南通华润食品公司、南通康德生物制品有限公司、南通金旺农业开发有限公司	2008年度农业产业化龙头企业	
	泰宁村	2008年度综合考核先进村	
	泰宁村、立发桥村、界墩村、开屏村、五坝村、韩徐村、丰产村	2008年度民营经济发展20强村（居）	
	石庄村	2008年度“四村”建设先进村	
2009.3	城东镇纪委监察室	2008年度纪检监察工作先进集体	县委
2009.5	丰产、泰宁、开屏、南屏、葛家桥、五坝、南阳、立发桥	2007—2008年度文明村	县委、县政府
	西场镇：县国税局第四税务分局、西场广播电视服务站、西场国土资源所、初级中学、中心小学、壮志小学、延寿小学、光荣小学、中心幼儿园、壮志幼儿园、农合西场支行、壮志支行、海迅实业集团股份有限公司、西场镇农业技术推广站、农行西场分理处、县邮政局西场支局；	2007—2008年度文明单位	

续附表2

授予时间	获得单位	荣誉称号	授予单位
2009.5	城东镇：地方税务局稽查局、国土资源局开发区分局、开发区中心派出所、交通警察大队城南中队、城东供电所、农村经济服务站、农业技术推广站、水利管理服务站、农机服务站、计划生育服务站、广播电视服务站、劳动人事和社会保障服务站、畜牧兽医站、韩洋畜牧兽医站、敬老院、东片敬老院、农合行城东支行、农合行南屏支行、农合行太平支行、农合行韩洋支行、农合行新生支行、南屏医院、立发医院、韩洋医院、新生医院、立发中学、南屏初级中学、韩洋初级中学、新生初级中学、实验小学、南屏小学、韩洋小学、新生小学、中心幼儿园、韩洋幼儿园、新生幼儿园、隆辉建设股份有限公司、南屏自来水管理站、韩洋供水站、新生供水站、县坩埚制造有限公司、华虹服装有限公司、保来利轴承有限公司、久立安全玻璃有限公司、晋宏化纤有限公司、康桥油脂有限公司、雅琪针织天鹅绒厂	2007—2008年度文明单位	县委、县政府
2010	西蒙电气（中国）有限公司第一工会小组	全国模范职工之家	中华全国总工会
2010	城东镇敬老院	江苏省文明敬老院	省文明委、省民政厅
2010	西场中学	江苏省平安校园	省教育厅、省综治办、省公安厅
2010	城东镇开屏村	江苏省创建文明村工作先进村	省文明委
2010.1	江苏联发纺织股份有限公司、江苏晨朗电子集团有限公司、江苏天成生化制品有限公司、鑫缘茧丝绸集团股份有限公司	2009年度科技进步先进单位	县委、县政府
	南通晓星变压器有限公司、江苏省华强纺织有限公司、江苏天成科技集团有限公司、南通市康桥油脂有限公司、海安美亚热电有限公司、南通家惠油脂发展有限公司	2009年度“三比二争”先进企业	
	南通晓星变压器有限公司、西蒙电气（中国）有限公司、海安美亚热电有限公司、江苏联发纺织股份有限公司、南通华银毛绒制品有限公司	2009年度开放型经济先进企业	
	南通南屏建筑安装工程有限公司、江苏新龙兴建设发展有限公司	2009年度建筑业先进企业	
	海安正元商贸有限公司	2009年度服务业先进企业	
	江苏联发集团股份有限公司、南通晓星变压器有限公司、江苏省华强纺织有限公司、西蒙电气（中国）有限公司、江苏晨朗电子集团有限公司、鑫缘茧丝绸集团股份有限公司、江苏海迅实业集团股份有限公司、海安县开发区房地产开发有限公司	2009年度税收基金超千万元企业	
	鑫缘茧丝绸集团股份有限公司、南通家惠油脂发展有限公司、南通康德生物制品有限公司、海安县婷婷农副产品有限公司	2009年度“十佳”农业产业化龙头企业	
	城东镇泰宁村、南阳村、洋蛮河村	2009年度综合考核先进村	
	城东镇油坊头村	2009年度村级经济发展先进单位	
2010.6	西场镇丰产村党支部、西场派出所党支部	先进基层党组织	县委
2011.1	江苏联发纺织股份有限公司、江苏晨朗电子集团有限公司、鑫缘茧丝绸集团股份有限公司	2010年度科技进步先进单位	县委、县政府

续附表2

授予时间	获得单位	荣誉称号	授予单位
2011.1	江苏联发纺织股份有限公司、西蒙电气（中国）有限公司、江苏天成科技集团有限公司、南通市康桥油脂有限公司	2010年度“三比二争”先进企业	县委、县政府
	江苏海迅实业集团股份有限公司、南通菲希尔测试仪器公司		
	西蒙电气（中国）有限公司、南通晓星变压器有限公司、江苏联发纺织股份有限公司	2010年度开放型经济先进企业	
	江苏新龙兴建设发展有限公司、江苏信拓建设（集团）股份有限公司	2010年度建筑业10强企业	
	王府大酒店、海安正元商贸有限公司	2010年度服务业先进企业	
	江苏联发集团股份有限公司、西蒙电气（中国）有限公司、江苏省华强纺织有限公司、南通晓星变压器有限公司、江苏晨朗电子集团有限公司、江苏天成科技集团有限公司、鑫缘茧丝绸集团股份有限公司、南通康桥油脂有限公司、江苏海迅实业集团股份有限公司	2010年度税收基金超千万元企业	
	鑫缘茧丝绸集团股份有限公司、江苏天成科技集团有限公司、南通家惠油脂发展有限公司、南通丝乡丝绸有限公司	2010年度“十佳”农业产业化龙头企业	
	泰宁村、三角村、新生村、石桥村	2010年度全面达小康先进村	
	泰宁村、南阳村、开屏村、丰产村、西场村、戚庄村	2010年度综合考核先进村	
	葛家桥村、洪旺村、壮志村、立发街道办事处	2010年度村级经济发展先进单位	
2011.4	壮志村	“十一五”期间全县统计工作先进集体	县政府
2011.6	西场教育党支部、爱凌村党支部	先进基层党组织	县委
2011.7	丰产、开屏、泰宁、南屏、葛家桥、农林、上湖、韩徐、刘缺、立发桥、界墩、五坝	2009—2010年度文明村	县委、县政府
	西场镇：第四税务分局、西场广播电视服务站、西场国土资源所、海安纺织机械有限公司、西场供电所、西场初级中学、西场中心小学、壮志小学、延寿小学、西场中心幼儿园、农商行西场支行、壮志支行、海迅集团、农行西场分理处、西场财政所、西场农业服务中心、西场中心卫生院； 城东镇：地方税务稽查局、国土资源局开发区分局、开发区中心派出所、城东供电所、农业服务中心、农村经济服务站、水利管理服务站、人力资源和社会保障服务所、人口和计划生育办公室、畜牧兽医站、敬老院、东片敬老院、农商行城东支行、农商行南屏支行、农商行韩洋支行、农商行新生支行、立发医院、韩洋医院、南屏医院、新生医院、立发中学、新生初级中学、实验小学、韩洋小学、新生小学、中心幼儿园、韩洋幼儿园、新生幼儿园、供水城东分公司、隆辉建设股份有限公司、新龙兴建设发展有限公司、信拓建设股份有限公司、江海坩埚制造有限公司、华虹服饰有限公司、保来利轴承有限公司、久立安全玻璃有限公司、晋宏化纤有限公司、康桥油脂有限公司	2009—2010年度文明单位	
2011	延寿小学	感动南通教育群体	南通市委宣传部、南通市教育局

续附表2

授予时间	获得单位	荣誉称号	授予单位
2013.5	泰宁村、开屏村、南屏村、五坝村、丰产村、石桥村、洋蛮河村、南阳村、壮志村	2011—2012年度文明村	县委、县政府
	江苏海安软件科技园管理中心、海安县国土资源局开发区（城东镇）分局、海安县水利局城东镇水利服务站、城东镇人力资源和社会保障服务所、海安县公安局开发区中心派出所、海安县公安局交通巡逻警察大队开发区中队、南通市海安工商行政管理局开发区分局、海安县国家税务局第四税务分局、海安县国家税务局第七税务分局、海安县立发中学、城东镇新生初级中学、海安韩洋医院、海安县区域供水有限公司城东分公司、农商行城东支行、农商行南屏支行、农商行壮志支行、农商行韩洋支行、江苏联发纺织股份有限公司、江苏海迅实业集团股份有限公司、南通家惠油脂发展有限公司、南通华虹服装有限公司、南通保来利轴承有限公司、南通市康桥油脂有限公司、南通华强布业有限公司、海安经济开发区政法综治局、海安经济开发区财政局、农商行开发区支行、城东镇南屏街道办事处、南通市海安地方税务局第六税务分局、壮志幼儿园、立发幼儿园、南屏小学、韩洋初级中学、南屏初级中学、南通联发印染有限公司、南通联发热电有限公司、南通晓星变压器有限公司、南通繁华玻璃金属制品有限公司、江苏赛莱雅工艺服饰用品有限公司、江苏福克斯机械有限公司、南通恒生服饰有限公司、江苏同泽机械制造有限公司、海安经济开发区农村工作局	2011—2012年度文明单位	

二、重要文件选编

（一）关于同意建立海安经济技术开发区的批复

通政复〔1992〕29号

海安县人民政府：

你县海政发〔1992〕123号《关于建立海安县经济技术开发区的请示》收悉。经研究，批复如下：

一、为进一步改善投资环境，充分发挥海安在苏中地区的交通优势及经济战略地位优势，加速海安经济的发展，同意建立海安经济技术开发区。

二、原则同意海安经济技术开发区的规划布局，开发区规划总面积为九点九六平方公里，其中首期开发面积为一点零三平方公里。

三、海安经济技术开发区的开发，应充分利用已有和即将兴建的公路、河道及铁路等交通方面优势，依托和借助老城，紧紧依靠全县各方面的力量，共建共用，滚动发展。希接文后迅即组织力量，着力抓好开发区详细规划的制订（规划应注意区内主要交通干线两侧留有充分余地）；要加强招商工作，引进更多的项目到开发区来；要加大改革力度，探索实行与发展商品经济相适应的管理方式和运行机制，努力为海安经济的超常规、跳跃式发展做出贡献。

南通市人民政府
一九九二年八月十一日

（二）关于加快县经济技术开发区建设有关问题的决定

海委发〔1993〕14号

海安开发区自一九九二年八月建立以来，由于全县上下的共同努力，已完成初步规划和三通一平的基础工作，进区的基本条件逐步成熟，开发区管理委员会也已建立。根据省、市人民政府关于加快开发区建设的有关意见和我县经济发展的客观要求，现就加快我县经济技术开发区建设的有关问题决定如下：

一、加快开发区建设的指导思想和建设目标

1.海安地处沿海开放地区，利用自身的区位优势和交通优势，抓住机遇，以老城区为依托，以204、328国道为中心，以新长铁路、宁启铁路和通扬、通榆运河为骨架，做出建立海安经济技术开发区的决策，完成符合改革开放的方针和加速经济发展的客观要求。努力建设好开发区，已成为加快我县新城区建设的紧迫任务和加快全县经济发展的新的生长点。

2.当前开发区建设的指导思想是：按照市场经济要求，建立新的管理体制，采用新的经济手段，建设全县的“经济特区”，使之成为对外经济的窗口，与国际经济接轨的示范区，市场经济的试验区，海安经济发展的新的生长点，以推动全县经济的快速发展。

3.开发区建设的目标是：今年完成1.03平方公里起步区内三通一平工作，并有10个以上的项目进区开工建设；一九九四年建成区域超过1平方公里；到二〇〇〇年，建成9.96平方公里的新城区，国民生产总值、财政收入、创汇额超过老城区。

二、赋予开发区管委会在开发区内行使特别管理权

4.开发区管委会为开发区的最高行政管理机构（副处级），代表县政府对开发区实行统一的领导和管理。开发区管委会有权根据开发区建设的需要，在开发区内制定和推行有别于全县其他地区的各项促进开发区快速发展的特殊办法和措施。在开发区建设中，遇到涉及县各职能部门的问题，包括一些难题，县各职能部门应本着特事特办、急事急办的精神积极予以办理。

5.开发区内行政、事业机构的设置，按照精简、效能的原则，由开发区管委会根据实际需要确定，县各有关部门不得以上下对口、名称一致等为由加以干预。

6.开发区管委会享有作为综合改革试点县人民政府具有的兴办企业、基本建设和外商投资项目审批权。凡需进区兴办各类企业和开发各类项目的投资者，直接向开发区管委会提出申请，由管委会一条龙审批，抄送有关部门备案。需报上级批准的，经管委会同意后，县各有关部门直接办理上报手续。

7.县工商部门派员驻开发区管委会办理开发区内的工商登记有关手续，并根据实际情况，实施工商管理。

8.赋予开发区管委会对区内土地及其他自然资源统一规划和管理权限。开发区内所有的用地，由分管开发区工作的县政府负责人负责审批。土地征用税费和出让、转让收入等，除上缴国家和补偿村组的以外，全部留开发区使用，县各有关部门不再征收对土地的各种费用。县有关部门要把开发区建

设的总体规划和资源开发利用规划列入本部门工作的重要内容，按开发区建设的要求及时完成。

9.开发区管委会负责开发区内的规划、建设管理工作。凡在开发区内建设的一切项目（含农民建房），必须报管委会审查、批准、发证。各项费用按开发区优惠政策和具体规定执行。所缴费用全额留开发区统一安排使用。县建委、公安、环保、质检等有关部门要积极参与管委会组织的审批、监督工作，主动搞好服务。凡进入开发区规划范围内施工、承担开发区项目建设的建筑队伍，由开发区管委会负责管理。

10.赋予开发区管委会对开发区范围内新增财政收入（含预算内外的税、费、基金等）的管理权。开发区财政计划单列，自收自用，在开发区内，享受综合改革试点县的税收管理权限。在开发区建设初期，实行新增财政收入全留（除中央、省级收入外），用于开发区建设。

11.开发区管委会具有人事调配权。对其管理权限内的人员，可以直接办理调动手续，报县劳动人事部门备案。对开发区急需人才，县组织部门和劳动人事部门应根据开发区管委会的要求，可以在全县范围内指令调配，必要时允许干部职工辞去原职进开发区工作，县劳动人事部门和开发区承认其原有工龄及待遇。凡开发区借用人员，各部门、各单位应积极支持，并在一定期限内承担相应的费用。要积极改革用工制度，积极试行聘用制，凡被开发区有关单位聘用的干部、职工，原性质、职级、工资级别保留，存入档案，具体待遇由招聘单位和被聘者商定。各部门各单位也应允许去开发区工作的干部、职工停薪留职，时期最长可至2年。开发区内有关对外经济贸易方面的出国组团，由开发区管委会审核后，报分管领导批准。

三、各地区、各部门共建共用开发区

12.建设、土管、供电、邮电等部门要按照新城区建设的要求，配合开发区管委会及时搞好开发区建设的规划，并优先保证开发区的工程建设需要。要从全局利益和长远的效益考虑，把开发区工程列入本部门的重点工作加以安排，加大投入。

13.县政府每年从财政预算中安排部分资金，专项用于开发区建设。各银行、各基金会、各部门要对开发区建设所需资金实行倾斜，重点扶持。凡各方面安排给开发区的各项资金，必须根据需要保证到位，由管委会统一安排使用，任何部门、任何单位不得拖延、截留、占用或变相拒付。

14.开发区内的教育、医疗卫生和文化等公共事业，列入全县统一规划，由教育、卫生、文化等主管部门会同开发区管委会组织实施。

15.开发区内现有的村组和企业，行政上目前仍由所在乡镇管理。有关乡镇党委、政府要根据开发区建设的要求，认真执行政策，保证做好户籍管理、土地征用、房屋拆迁、群众安置等具体工作，配合做好基建中的群众工作，不将矛盾上缴。开发区规划范围内除正常的婚进外，一般不得“农迁农”。确属对海安经济建设有特殊贡献，需要办理“农迁农”的人员，必须经乡镇党委、政府集体研究，并报经管委会批准，由有关部门办理手续。

16.要积极组织企业进区。今后新办的高新技术产业项目，凡适合在开发区的，一律办到开发区；新办的三资企业，原则上都要进区兴办。

17.凡进区兴办的各种性质各类产业的项目，在享受开发区各项优惠政策的同时，还可享受国家给予原行业、原系统、原乡镇、原企业的各种优惠政策。

18.凡在开发区兴办的项目，产值、利润指标同时纳入原部门、原乡镇统计上报，纳入考核。对其新增税收，可根据投资比例、技术先进程度和出口创汇等情况，确定不同比例，由开发区管委会返还给企业所属乡镇政府。

19.管委会必须根据县委、县政府关于加快建设开发区的要求制定详尽的目标规划和年度、季度工作计划，并将实施情况每半年向县委、县政府报告一次。管委会必须加强对现有人员的管理，并按工作性质制定各种形式的工作责任制度，考核结果作为原借调单位年终奖励依据和今后使用的主要考核材料。

20.县委、县政府和各部门过去所发文件和做出的规定，凡与本决定有抵触的，以本决定为准。

中共海安县委
海安县人民政府
一九九三年五月二十一日

（三）关于部分乡镇行政区划调整的实施意见（摘要）

海委发〔2000〕9号

各乡镇（场）党委、人民政府，县委各部门，县各委办局、各直属单位，县各群众团体：

经江苏省人民政府批准，我县部分乡镇行政区划进行调整，将角斜镇、沿口镇合并为角斜镇，镇政府设于角斜镇；李堡镇、丁所乡合并为李堡镇，镇政府设于李堡镇；西场镇、壮志乡合并为西场镇，镇政府设于西场镇。为保证这次行政区划调整健康顺利稳妥地实施，特提出如下意见。

（以下略）。

中共海安县委
海安县人民政府
二〇〇〇年四月二十日

说明：本文件共4页，此为第1页。因其他页面内容与2001年1月9日海委发〔2001〕1号文件相近，故省略。

（四）关于部分乡镇行政区划调整的实施意见（摘要）

海委发〔2001〕1号

各乡镇（场）党委、人民政府，县委各部门，县各委办局、各直属单位，县各群众团体：

根据全省部分乡镇行政区划调整工作座谈会精神，经江苏省人民政府批准，我县对部分乡镇行政区划做以下调整：将新生乡、韩洋乡合并，以原辖区域设立洋蛮河镇，镇政府设于洋蛮河，合并期间暂住韩洋乡政府；立发乡、南屏乡、县经济开发区合并，以原辖区域设立城东镇，镇政府设于开发区，城东镇与开发区实行合署办公；白甸乡、瓦甸乡合并，以原辖区域设立白甸镇，镇政府设于白甸庄；南莫镇、沙岗乡合并为南莫镇，镇政府设于南莫镇；曲塘镇、李庄乡合并为曲塘镇，镇政府设于曲塘镇；雅周镇、张垛乡合并为雅周镇，镇政府设于雅周镇。为确保这次行政区划调整工作顺利进行，特提出如下意见：（略）

各合并乡镇要精心组织，加紧部署，加快实施，确保2001年1月底前完成区划调整工作。同时在春节之前召开合并后的党代会，并尽快做好节后乡镇的人代会准备工作。

县级机关各部门都要积极支持、紧密配合乡镇搞好下属单位调整合并工作，派出专人到被调整的乡镇去指导下属单位搞好财产盘点、财务清理、档案文件的清理，并直接参与监交；做好下属部门人员的思想工作，严肃纪律，确保稳定和工作正常运行。

中共海安县委
海安县人民政府
二〇〇一年一月九日

（五）关于部分乡镇行政区划调整的实施意见（摘要）

海委发〔2004〕7号

各乡镇（场）党委、人民政府，县委各部门，县各委办局、各直属单位，县各群众团体：

经江苏省人民政府批准，我县部分乡镇行政区划进行调整，将隆政镇、海安镇合并为海安镇，镇政府设于海安镇；洋蛮河镇、城东镇合并为城东镇，镇政府设于城东镇；古贲乡、大公镇合并为大公镇，镇政府设于大公镇；章郭乡、双楼镇、曲塘镇合并为曲塘镇，镇政府设于曲塘镇。

（以下略）。

中共海安县委
海安县人民政府
二〇〇四年七月十九日

说明：本文件共8页，此为第1页。因其他页面内容与2001年1月9日海委发〔2001〕1号文件相近，故省略。

（六）关于部分乡镇行政区划调整的实施意见（摘要）

海委〔2011〕66号

经江苏省人民政府批准，我县部分镇行政区划进行调整，撤销城东镇、西场镇，组建新的城东镇。按照省政府的批复精神，结合海安实际，在行政区划调整中做到“区镇合一、以区为主、全面融合、一步到位”。为保证这次行政区划调整顺利稳妥实施，特提出如下意见：

一、 加强宣传教育，统一干群思想认识行政区划调整是经济社会发展内在的必然要求，是一个地方发展到一定阶段的必然选择。这次我县部分镇行政区划调整，是县委、县政府在科学、理性把握发展大势的基础上做出的一项重大决策，对于我县在更高起点上优化基层行政架构，促进资源合理配置、统筹城乡发展，“打好新征程七大战役，实现新时期七战七捷”，具有重要现实意义。

（以下略）

中共海安县委
海安县人民政府
二〇〇一年十二月九日

说明：本文件共6页，此为第1页。因其他页面内容与2001年1月9日海委发〔2001〕1号文件相近，故省略。

三、城东之最

1.最早地名——郧　郧，今立发桥一带，最早见之于《左转》记载。春秋战国时期，鲁哀公十二年（公元前483年）吴王夫差、鲁哀公及大臣子贡、卫国出公、宋国代表宋皇瑗在郧（今立发桥，其时又为发繇口）会盟，后建发繇亭于其上以示纪念。宋时在此建立石桥，名立发桥。郧·发繇口（立发桥）成为当时南北交通要冲，成为海安地区见诸史册最早地名。解放后置立发乡（立发人民公社），今有立发桥村。

2.最早商埠要道——立发桥　西汉高祖十二年至景帝三年（公元前195—公元前154年），吴王刘濞召天下亡命之人到海边煮盐，并主持开凿上官运盐河（通扬运河），自扬州湾头经海安、立发至三十里墩。立发桥成为"苏北三十六盐场之咽喉，数十县之要道"。

3.最早如皋县治——立发桥　东晋义熙七年（411年），置海陵郡辖建陵、宁海、如皋、蒲涛、临江五县，如皋县治设在立发桥。立发桥成为如皋县政治、经济、文化中心。南唐保大十年（952年），如皋县治由立发桥迁往现如皋城。

4.最早互助组、合作社——祁常玉互助组、前进初级社　1951年9月，噇口区练港乡祁常玉等5户农民组建互助组，成为全县最早的6个互助组之一。1953年9月，祁常玉组织20多户农民建立前进初级农业生产合作社，这是噇口区第一个初级农业社，也是全县15个最早的初级社之一。

5.最早国营商业——新生食品站　1954年1月，新生乡建立新生食品站，经营生猪、家禽、蛋品的购、销、调业务，属国营商业，为县食品公司下属单位，是城东地区最早国营商业企业。

6.最早工厂——江河油厂　1952年，位于韩庄的江河油厂转为地方国营，1957年8月迁至立发集镇，更名为地方国营立发油厂。

7.最早邮政网点——立发桥邮政代办所　南唐年间（937—975），泰州至如皋设有驿道，立发桥建有驿站，即邮驿，传送文书信件。至清宣统年间成立立发桥邮政代办所，为全县最早的6个邮政代办所之一。

8.全县最早的"江苏省基础教育先进乡"——韩洋乡　1987年韩洋乡被评为全县第一个"江苏省基础教育先进乡"。

9.最早省级群众文化先进乡镇　1994年，西场镇、新生乡获"江苏省群众文化先进乡镇"称号。

10.最早省级蚕桑工作试点公社——南屏人民公社　经县推荐，1960年12月9日，南屏公社被确定为全省蚕桑工作试点5个公社之一。

11.最早全国农业劳动模范——高万龙　海安县第一位农业劳动模范高万龙，家住原西场区雄庄乡爱国村7组（今城东镇爱凌村7组）。1950年被评为全国农业劳动模范，光荣出席在北京召开的全国首届工农兵劳动模范代表大会，受到毛泽东主席等党和国家领导人的接见，聆听毛主席代表中共中央致的祝词和多位中央领导人的报告和讲话，并获得全国工农兵劳动模范代表会议纪念章和证书。

12.最早江苏省劳动模范——祁常玉　1951年9月，练港乡1村祁常玉互助组水稻亩产812斤，祁常玉出席江苏省劳动模范代表大会。

13.教育系统最早江苏省优秀教师——陈松树　1956年，韩洋乡教师陈松树被评为江苏省优秀教师，受省人民委员会表彰。

14."海安第一家"——韩忠银、张远美家庭　1986年1月18日，县科委题贺南屏乡陵园村养猪专业户韩忠银、张友美为全县农民科学致富、勤劳兴家的榜样，赠送"海安第一家"光荣匾。《南通日报》1月28日头版头条刊登张友美"海安第一家"照片。1月15日《新华日报》刊登张友美1985年卖给国家猪肉0.85万公斤的消息。3月8日，省、市、县分别授予张友美"三八红旗手"称号并颁发证书。

15.改革开放后捐资助学第一人——葛克全　1999年10月11日，旅美华人葛克全捐资50万元，兴建南屏"克信职业中学"大楼。

16.城东镇构思最为独特的旅游景点——蓉和怡心园　蓉和怡心园位于城东镇壮志街道壮志村3组，以其多重特色，尤其是文化特色成为国家、省、市认定和表彰的旅游景区。园中的"孝道"，堪为构思独特、传播中华美德的亮丽景点。

17.彰显民族气概的石碑——平倭冢记碑 “平倭冢记碑”，碑文记载明代嘉靖三十八年（1559年）海道副使刘景韶与边将邱陞在西场一举歼灭倭寇1527人，生俘15人的辉煌战绩。该役声震海疆，朝野欢庆。平倭冢记碑现置海安县西场镇“刘景韶平倭纪念馆”内。平倭冢记碑现为江苏省文物保护单位。

18.名人石像——范仲淹石像 西场集镇西街有一标志性景点——范仲淹石像，堪为城东之最。

1998年5月，西场镇政府为了纪念范仲淹的功绩，决定雕刻一尊范仲淹石像，矗立于西大街202省道与西港路交会处。

19.城东地区最古老的银杏树 西场镇西场村10组有一棵古银杏树，树龄在240多年，树高20米，干径60厘米，此树管护单位为西场镇政府。

20.最古老的朴树 城东镇南屏村6组有两棵古老的朴树，树龄均在110年以上，树高均为8米，干径分别为50厘米和60厘米。两棵朴树的管护人为赵呈林。

21.城东镇最早的名人艺术馆——仲贞子艺术馆 仲贞子艺术馆坐落于仲贞子曾任教的海安县西场中学内，馆舍面积1500平方米，1998年2月28日开馆，由华夏厅、弘艺厅、海天阁、碑刻室等5大展厅（室）组成。馆内展出仲贞子历年来创作的诗、书、画、印精选作品。馆名由中国书法家协会主席沈鹏题写。仲贞子艺术馆开馆以来，每年都接待大批的参观者，该馆被列为南通市爱国主义教育基地、南通市艺术教育基地。

22.海安县最早被命名的江苏省民间艺术（书法）之乡——西场镇 西场镇1998年10月被省文化厅命名为“江苏省民间艺术（书法）之乡”。该镇是海安县文化古镇之一，书香门第颇多，拥有中国书法家协会会员仲许、范韧庵、仲贞子三位书法大家。仲贞子先后三次访问日本办展并作书法交流。该镇在西场中学建有“仲贞子艺术馆”，还建有机关、工会、老年、少儿书法协会或研究会。

23.全县首个全国文明村——泰宁村 泰宁村以经济建设、富民强村为抓手，全面推进文明建设协调发展，各项工作迈上新台阶。2011年7月16日，省文明委对该村文明创建工作现场验收。12月20日，在北京召开的全国精神文明建设工作表彰大会上，该村获“全国文明村镇”称号。

24.城东镇长寿之村——洪旺村 洪旺村是城东镇长寿之村，新中国成立后，全村有5位百岁老人。洪旺6组高义芳90多岁还下地干活，百岁以后生活自理，2010年无疾而终，享年108岁。赵坚烈士的母亲贝子云享年105岁。百岁寿辰那天，县委、县政府、县民政局，原壮志乡党委、政府为她举行隆重祝寿仪式，并把友谊桥改为百岁桥，在桥头立碑，以表纪念。2011年，全村有80岁以上老人84人，90岁以上老人18人。

25.江苏省最具魅力休闲乡村——壮志村 2000年后，多座植物园相继落户壮志村。蓉和怡心园位于壮志乡3组，占地170亩，是集旅游、娱乐、健身、休闲于一体的乡村旅游基地。南通花中花园艺生态园占地200亩，总投资3000多万元，主要生产瓜叶菊、甘蓝、吊兰、蒲公英、报春花、一品红等草花、盆花、插花，销往南京、上海、苏州、无锡等大城市。海安果之鲜生态农业园占地200亩，种植油桃、樱桃等绿色食品，树下散养沂蒙山鸡，产品销往上海、苏州等地。2011年，壮志村被省农委评为“江苏省最具魅力休闲乡村”。

四、西场的古树古墓

大难不死的古银杏 海安西场镇新立村（原立头村）12组有株远近闻名的古银杏。该树传为泰州和尚东去海边每隔数里做个记号所栽，距今已不知生存了多少年。

很久很久以前，海安东边海堤溃决时，海水把西场周围的农田、村庄全淹没了，村民们四处逃难。数月后回乡，想看看溃堤时海水到底淹了多深，有人爬上树叶掉光却依然挺立在旷野上的白果树上一看，发现树梢上挂着的都是水草。可以想象当年海浸时水势之大。许多人都以为这棵白果树像其他树一样淹死了，谁知第二年它竟然活了……

又不知过了多少年，有一次白果树被雷电击

中，一下子把树冠全部劈掉，树身也被烧焦，只剩下树桩像支硕大的宝剑直刺苍穹，人们以为白果树这下子再也活不过来了。谁知没过多久，那被烧焦的白果树从树身南侧一块残存的皮上又生出新芽，并逐渐长成树冠，很快膨大包裹烧焦的树身，北侧也长出新枝头，形成新老树交错拥抱的树形。

该树长势旺盛，每年谷雨前后灿然著花，许多村民到树上取花粉用于嫁接白果树授粉。经实地测量，古银杏胸围约2米，树高近20米。

"榔榆王"　西场镇新立村6组有株古榆树（当地人叫它"斑驳榆"），树冠蓬径16~18米，胸围近两米，根部还有3个分杈。

这株古榆树长在原"立头庙"旁边。传说历史上"红头鬼子"到这儿，就是在这庙里聚头的。经考证该树为榔榆，亦称"脱皮榆""小叶榆"，属榆科，落叶乔木，树皮呈不规则鳞片状脱落，故树身常呈"斑驳"状，老百姓叫它"斑驳榆"。榔榆小树细叶互生，窄椭圆形，单锯齿，羽状脉，秋季开花，翅果椭圆状卵形。该树种喜光，耐干旱瘠薄，亦耐水湿，生长较慢，木材坚实……

据推算，该树至少在150年以上。周围四乡八邻的人家逢年过节都到古榆树这儿烧香；有的人家有了新生小孩，还请人掐个八字，起个好名字，写在纸上，然后用红头绳系到树上，希望孩子长命百岁，谓曰"系名"。

"古榆树"长势旺盛，生机蓬勃，为海安东乡最大的古榆树。

米将军墓　米将军墓坐落在西场镇河南。米将军为何人？何时战死埋在那儿？无法考证。《如皋县志》上有一首古诗：

蓉塘秋水阴，白日满衣襟。
来访将军墓，还为梁父吟。
树犹前代伐，草竟几年深，
欲唤陈人起，留名释我心。

这是清代如皋名士郭雍南的《访西场米将军墓》诗。清人都不知米将军为何人，今天考证则更难。可不管怎么说，米将军墓的存在说明西场古代就有战事，传说与唐代薛仁贵东征有关，自古以来这儿就是争战要地。

五、碑　　文

（一）立发桥碑文

同治年间立发桥石桥碑文

立发桥，在如皋县北四十五里，春秋时为发繇口。鲁哀公十二年，公会卫侯于郧，建发繇亭于其上，即此地也。宋朝于发繇口建立石桥，名曰立发桥。载志可考。于国朝雍正癸丑冬，海陵殿宫公，同妻吴夫人独修，更名力乏，勒石永存，迄今百有三十年矣，屡经大水泛涨，坍塌已久。凡我同人，矢志倡首捐修，奈工程浩大，非独力而能不日而成也！兼江左兵荒，公事烦冗，无暇及此。延至于咸丰十一年五月初四日辰刻，倒卸殆尽。但此桥系三十六盐场咽喉，数十州县要道，非徒杠舆梁齐寻常之病涉云。然若不蚤为筹备修葺完固，则何以为江北之保障、淮南之锁钥也！是以我等士庶联名，呈请邑令剑华徐公、集甫张公，示谕各城乡镇场殷实之家，同力捐输，经营告成。庶几数十年之古迹，藉此不朽矣！

时维

同治元年岁次，壬戌春三月之上浣

绅董　陈士绂　范征华　陈士登　丁远慎　僧静华等募捐

雉皋朴斋顾元辂谨跋　蓉塘积原仲续馀敬书京口金元章修造。

民国年间如皋立发桥碑文

曰惟立发，古称发扬。鲁卫会郧，云是斯地，春秋时有也。吴凿邗沟，导淮注海，径口北趋，兹为要会。居民安定，行旅停止，发繇有亭。殆几魏晋，桥格初建，莫窥其纪。县故舄场，保大十年，改场为县，复晋旧名。亦越有宋，海陵设监，移县以治。历祀逾千，繵縺至今。循濠东泝丁堰、马塘，支贯掘港，仄注丰利；北折而径李堡、西场，复出立发，蜿蜿蜒蜒，二百余里。褒县东北，曰串场河，河流如玦，桥纽其鼻。盐艘贾舶，往来衔接，道所必经。春夏潦集，波浪溢溢，千夫邪许，无间夙暮。篙攒綷属，沟窦交午，蛾孔?穴，涛啮沙漱，水失其静，石亡其坚。清历皕载，再圮再修。光绪乙巳，暑霆横降，双垛垝一，舆不得济，人不得涉，涂纡流远。行李怨咨，瞻望齐萌，力弗克胜。秉政之牧，知不暇图。于时，两江总督建德周公，巡盐淮南，目闵楚瘁，爰戒有司，是度是营。纲官榷吏，罔不蠲贷。符移事易，因仍复辍。会吴县叶君厥字瀚甫，经鹾广陵。岂第多仁，寓书诏余，愿佽五千，克蒇斯工。乡邑慕风，翕然猋起。汪君云龙，练晓营建，畀其董督。庀材伐石，无或羡绌。月见六朒，金逾万圜。甲寅季夏，功乃底完。坚固广夷，群免砅涉，行人欢悀。不有周公，孰举其坠？不有叶君，孰宏其惠？小子何德，不为而名。铭诗于石，用垂厥声。诗曰：壤可潴而澮，川可堙而岸，石可砺而烂，沛哉！惠施，不刊！

民国四年十二月建，如皋沙元炳。撰，顾锡爵书，倪景山镌

（二）平倭冢记碑碑文

刘公平倭冢记

自辽阳守将刘江败倭寇于樱桃园之后，不敢犯顺者，几二百年矣。嘉靖壬子，东南又受荼毒，而淮扬尤甚。天子轸念畿辅重地，特简白川刘公以浙江副使拜命兹地，运筹布策，井井有条。己未夏，倭连艘数千余人，寇破通州副总兵于水上，遂薄如皋，西窥淮扬，势如风火。公誓诸将，奋不顾身，亲勒部陈，一捷于丁堰，再捷于东门，贼乘夜循海而趋庙湾。军门李公遂大破之。此盖初至之贼云。既而，江南逸贼初复犯通州，公乃选轻车数百，扼皋之岔河，以断贼西向。而自以其兵同边将邱公待贼于西场。少顷，贼果趋西场。公命骑兵张两翼以冲其腋，而以大炮推其中，俘斩者三百有奇。贼遂奔入仲家园。公进围越三昼夜，缺其一面，贼终不敢遁，入斩大酋长以下千五百二十七级，生虏十五人，余党歼于刘庄。迄无噍类海帮，赖以安堵。蒙吉以公务至西场，见路有碣，题曰刘公平倭冢。盖场之人仿古京观萃倭贼骨而封之，以识公功也。蒙吉询诸父老，津津道公灭贼状。夫西场之捷，其已未成功之尤者乎！盖胜之丁堰诸处者，至西场而后，赫其威；歼于刘庄者，西场已先褫其魂。而西场之得名与樱桃园一辙矣，然樱桃园一捷，而倭奴不敢犯华者二百年。则斯捷也，又焉知不可保数百年无虞矣？公为人沉毅，而智虑绝人。师行尤有纪律，不扰民间一草一木，而以休养抚循之意寓于师旅饥馑中。故民之肖像以生祀公者，无问远迩。在扬州则祠，在泰州则祠，在如皋则祠，在宝应则祠，在海安镇则祠。兹石之树，乌足以尽公哉！尝窃计之，公之老成厚重似赵充国，忠义精诚似郭汾阳，仁和谦谨、敬礼士夫下吏似曹彬，岂刘江可同日语哉！于戏自倭犯中国，未有能一大创者。公以文墨儒绅，义激于衷，率兴师挞伐，横厉岛夷，前后折馘约三千有奇。铭纪旂常有国史氏在，蒙吉何能与焉！公讳景韶，字子成，号白川，湖广武昌府崇阳县人，起家甲辰进士，今升浙江按察使，仍掌海道事。斯为记。

嘉靖三十九年，岁在庚申春三月朔日，直隶扬州府泰州如皋县知县临安童蒙吉顿首。

索　引

说　明

一、本索引采用主题词索引分析法，按主题词首字汉语拼音音序顺序排列，同音字按声调排列。

二、概述、大事记、章题不做索引。

三、主题词后的阿拉伯数字表示内容所在的页码，有几个数字的表示同一主题的内容在不同的页码。数字后的英文字母a、b分别表示左、右栏。

A

B

C

D

E

F

G

H

J

K

L

M

N

P

Q

R

S

T

W

X

Y

Z

编 后 记

《城东镇志》历经9个寒暑，终于编纂告竣，付梓问世，是开发区城东镇上下共同努力的结果，这是集体智慧的结晶。

《城东镇志》的编纂大致经历了以下6个阶段。第一阶段从2009年8月到2010年2月，主要是组建班子，落实编纂人员。2009年8月，城东镇党委、政府根据国务院关于开展第二轮修志要求，落实《地方志工作条例》及省、市、县政府关于编纂地方志的意见，决定建立《城东镇志》编纂委员会和编志办公室，拟定征集资料纲目，召开修志动员会，进行修志辅导，做到有组织领导、有一支编写队伍、有工作经费、有一套管理制度，并开始征集资料。第二阶段从2010年3月到2012年1月，编志人员主要从事城东镇农村文化遗产调查，整理成50多万字文字稿，报送海安江海文化研究会汇总出版，为编纂镇志积累了部分历史文化资料。第三阶段从2012年2月至2014年1月，主要是征集原城东镇（南屏、立发、韩洋、新生）区域的历史资料与现状资料，完成志稿初稿编写及复审稿的编纂。编纂人员先后多次至海安县和如皋市档案馆查阅档案6600本，收集资料近百万字，加之镇属各部门、企事业单位提供的有关资料和征集的有关史志资料有300多万字，编辑人员按分工要求开始编辑工作。刘凤翔负责大事记、农业、工业、党群团体、地方政权、社会管理、荣誉栏的编纂；蔡方俊负责大事记、总述、建置区划、建筑业、财税金融、社会保障、军事、教育、文化科技、精神文明创建编纂及电脑存录、照片收集与文字说明、编辑；朱生国负责大事记、凡例、自然环境、居民、商贸服务业、经济管理、镇村建设、卫生体育、人物、风土人情、附录、城东之最以及部分照片收集与文字说明。第四阶段，从2014年2月至2016年12月。2014年2月，在完成《城东镇志》第二稿审阅之际，镇党委、政府决定《城东镇志》要将2011年12月并入的原西场镇历史资料融入《城东镇志》之中，志书下限由2010年延伸至2011年12月。为完成这一新任务，编志办重新征集有关西场的资料，新增加王万章、丁中铁参与修志工作，分别负责大事记、文稿校对、原西场镇资料的收集整理、第二轮审阅。经过两年多的反复修改，于2016年10月形成终审稿，12月通过县史志工委组织的专家终审。第五阶段，从2017年1月至2019年4月，主要是编纂江苏省名镇志《城东镇志》。2017年初在传统志书准备根据终审意见进行进一步修改准备出版之际，江苏省启动名镇名村志工程，经县、市地方志部门推荐，城东镇被列为全省首批省名镇志编纂单位，于是镇编志办集中全力编纂名镇志，经过初审、复审、终审、验收，于

2019年5月形成验收定稿，等待江苏人民出版社出版。此阶段完成传统志书招标和志书初步排版工作，方志出版社完成城东镇传统志书审稿。第六阶段，从2019年4月至2019年10月，传统志书形成验收定稿。这一阶段，在完成名镇志编纂的基础上，镇志编写组集中力量，根据方志出版社审稿意见和省志办专家审稿意见校改，修改完善传统志书，同时重新梳理，充分吸收编纂名镇志时征集资料的成果，补充宗族谱祠及有关人物等，以弥补传统志稿资料的不足；完善纲目结构，规范行文体例，个别篇章节目重新编辑加工，对志稿做了认真细致的再修改再完善，使志书质量跃上一个新的台阶。

编纂《城东镇志》，我们坚持质量第一的指导思想，严格按照志书编纂要求，坚持实事求是原则，努力凸显地方特点和时代特色。第一，坚持求真求实。2018年初期，完成传统镇志终审意见吸收消化后，本可以就此出版，但我们没有满足于此，又将志稿请有关专家进行审读。2019年4月，我们在专家新提出的意见后，仍不满足，加强志书统稿，充分发挥集体的智慧，用近6个月的时间，由孙宝峰、周宏文、刘凤翔、丁中铁、蔡方俊从头到尾逐章逐节逐目进行集中审改，针对志稿中的不足之处，核实有关事实，事实不准确或有疑问的，宁缺不用，纠正了若干史事讹误。第二，寓地方特点于各章节之中；突出城东特点。地情是立志之本，《城东镇志》努力追求个性，反映地方特色。根据城东镇建筑业比较发达的情况，将建筑业单独设章，以充分突出"建筑之乡"的地方特点。镇志尽量做到章章有特点，如居民章设长寿之乡节并附设百岁老人简表、百岁寿星简介，农业章设特种养殖、农业园区、特色农产品节，工业章设产业园区及工业小区、机械、纺织服装节，服务业章设物流软件节，风土人情章设民间传说、地名掌故节，等等，以充分反映城东的地方特点和优势。第三，突出时代特点。开发区城东镇是海安改革开放的前沿阵地，为此镇志在工业章设招商引资节，商贸服务业章设外经外贸节。城东镇是全国文明镇、江苏省文明镇，文明创建成果丰硕，为此我们专设文明创建章，以充分突出城东镇精神文明建设的成果。

在镇志编纂过程中，开发区、城东镇党政领导王荣贵、钱亚洲、任永峰、严长军、王晓红、金山存等全力支持，孙宝军、申燃、景爱喜等党群局负责人悉心关照，分管编志的孙宝峰正常参与相关工作，收集并拍摄相关照片，帮助解决工作难题，使其修志工作顺利开展。《城东镇志》在初审、复审、终审阶段中，省、市、县有关专家学者多次帮助修改、指导，提出许多的意见。《城东镇志》在资料征集和编纂过程中得到多方鼎力支持，海安县档案局的同志不厌其烦地为我们提供编志需要利用的案卷；县史志工委多次提供史志资料，给予具体的业务指导；城东镇各单位、部门、街道、村（社区），提供了大量的宝贵资料。镇志编纂工作开始时，杨静、顾欣、陆大兵等参与档案资料的查阅。志书审阅阶段，秦美根、仲雨薇、葛菲菲、李玉以及南通大学闵静雅、景春辉、汤玉鹏、李芙蓉四名大学生先后帮助整合资料。2019年8—9月，开发区、城东镇新录用的公务员和事业人员唐磊、曹皓雯、顾勇、周哲远、崔耀宇参加校改稿文字录入，并进行读校，为志书顺利交付出版做出了贡献。在此，我们对所有给予镇志工作支持和关心的领导、专家、学者以及实际工作的有关人员致以衷心感谢！

城东镇历史虽然悠久，但却没有形成系统的地域史料，民国以前的资料多为碎言片语，多散见于历代文献及碑刻文字，最早当数春秋时期《左传》的记述，鲁哀公十二年（公元前483年）吴鲁卫宋会盟于郧（今立发桥，其时为发繇口）。明清时期，城东地域分治于泰州、如皋、东台诸邑，修志资料大都零散在周围县市史志籍内。编纂人员历经数年，备尝艰辛，终玉汝于成，完成了城东地域数千年文明史上第一部志书，第一次贯通了城东境域数千年的建置演变，理清了工业、商贸、交通等各业的发展脉络，第一次系统搜集整理了城东境域的风土人情、方言俚语。编纂期间，虽经多方求索，然浩海寻针，加之资料收集仍存在不足，水平有限，定有疏漏之处，恳望各界人士不吝赐教。

《城东镇志》编纂委员会

2019年10月18日

《城东镇志》编纂委员会

总　　纂　周宏文　孙宝峰　刘凤翔　蔡方俊
编　　纂　刘凤翔　蔡方俊　朱生国　王万章　丁中铁
特约审稿　陈克诚　杨　询　张应和　于德贵　冷培生　何加淦　石明镜　顾伯平
终审人员　吉　祥　缪小咏　黄　静　卢建汶　沙锦程　虞建宣　董玉龙　吉　光　王宝勇　杨　斌　崔广华　周宏文

终审验收单位　海安市委史志工委
批准出版单位　城东镇人民政府

《城东镇志》资料征集及单位审稿人

（以姓氏笔画为序）

丁　萍　丁邦林　丁益民　于德贵　马玉玲　马呈瑞　马祥斌　马梦展
王　平　王忆东　王玉良　王建年　王春华　王资来　王智言　邓井江
石圣荣　石明镜　石高山　叶必俊　生龙官　吕昌玉　朱兴来　仲　庆
仲伟明　仲春梅　仲跻云　仲跻清　刘　琪　刘圣贵　刘远田　刘培军
许有峰　许树楼　许映钢　孙逸文　孙锦坤　杨　询　杨文芳　杨国华
吴夕来　吴志凌　吴忠林　吴高旺　何加淦　冷培生　沙子余　沈永平
沈永明　张大德　张应和　张怀栋　张英海　张显生　张媛媛　陈云付
陈旭宇　陈昌存　陈钦山　陈宽林　范从文　范存生　杭年芳　郁兆斌
周克悦　周建华　赵爱祥　荀中桥　胡　康　祝应平　秦长忠　袁正发
夏有华　顾伯平　钱锦旺　徐　耘　徐　燕　徐发明　徐宝富　徐爱平
徐培根　陶　明　黄兴来　曹　振　崔恒余　葛乃发　葛乃成　葛仁楼
葛坤如　蒋万仁　韩良明　韩良荣　韩良银　景宝银　傅　军　储开银
储亚平　储新生　谭德稳　濮晓美